谨以此书献给我慈爱的母亲

秋水自勉

求真理　讲真话　办真事　用真情

秋水谏政

辛秋水 著

辛秋水文集

上卷

雷洁琼 题

中国社会科学出版社

图书在版编目（CIP）数据

辛秋水文集/辛秋水著 . —北京：中国社会科学出版社，2013. 11
ISBN 978 - 7 - 5004 - 8929 - 0

Ⅰ. ①辛…　Ⅱ. ①辛…　Ⅲ. ①辛秋水—文集②社会学—文集
Ⅳ. ①C91 - 53

中国版本图书馆 CIP 数据核字（2010）第 137321 号

出 版 人	赵剑英	
责任编辑	王　曦	
责任校对	孙洪波	
责任印制	戴　宽	

出　　版　中国社会科学出版社
社　　址　北京鼓楼西大街甲 158 号（邮编 100720）
网　　址　http：//www. csspw. cn
　　　　　中文域名：中国社科网　　010 - 64070619
发 行 部　010 - 84083685
门 市 部　010 - 84029450
经　　销　新华书店及其他书店

印　　刷　北京君升印刷有限公司
装　　订　廊坊市广阳区广增装订厂
版　　次　2013 年 11 月第 1 版
印　　次　2013 年 11 月第 1 次印刷

开　　本　787×1092　1/16
印　　张　66.25
字　　数　1631 千字
定　　价　258.00 元（上、下卷）

甘载风尘为报国　丹心一点贯千秋。

——张恺帆（安徽省政协主席）

文锥痛贬匡时弊　独胆横陈逆耳言。

——罗荣渠（北京大学教授）

　　1999年作者（前排左二）与被他援救出狱的纪业辉（后排右一）等四青年合影（前排左一为纪业辉亲属）。纪业辉等青年因受明光市明东派出所严刑逼供屈打成招被判处劳动教养。其亲属四处告状。作者秉于义愤向省委汇报，卢荣景书记、方兆祥副书记分别批示，省检察院白全民副检察长亲自到出事地点深入调查证明是冤案，四青年获得平反和经济赔偿。中央电视台《焦点访谈》采访作者并报道，《中国青年报》《农民日报》《安徽日报》《合肥晚报》等也均作了报道。

作者1958年因被错划右派，在北京清河农场三分场修建队劳动。

作者在母校安徽大学的学术会议上接受其八十寿辰的鲜花祝福。

秋水辞 ——项文谟 （《安徽老年报》记者）

邹人煜先生有"冷蕊别成妍"文，述辛秋水身世，
诵之如聆悲筑。余怆然出涕，作"秋水辞"以歌之。

心忧天下匹夫责，魂系苍生赤子情。秋水襟怀存浩气，嵯峨肝胆贯忠贞。

每因耿介针时弊，无路排云叩九阍。逐客生涯投海角，楚囚身世徙边尘。

五年睽隔家何在，举室南迁转问音。人厄珠城归不得，囊空如洗心如焚。

衣衫典卖盈眶泪，行李萧条两鬓尘。实望相逢同一哭，谁知反目竟生嗔。

妻孥怨怼难容辩，骨肉生分妇再婚。泪滴娇儿心已碎，可怜子难亲其亲。

街头踯躅阴寒夜，凄绝长天雁叫群。吊影谁悲孤旅客，辞行但见隔窗灯。

长淮云树伤心地，大泽荒烟弃置身。沧海迷家深漫草，风尘失路满荆榛。

投荒流徙空皮骨，遣地谪居赤贱贫。面壁无言藏劲节，书生有识秉丹诚。

岂因祸福行趋避，但听民间疾苦声。复出尽规原尽责，调研求实务求真。

急公好义垂夙志，疾恶如仇抱不平。披腹献书资上策，推诚言事得民心。

世存遗直仁风溅，民颂青天正气伸。誉望不因官位显，令名向以德行尊。

先生品质何须论，有口皆碑裕后昆。

作者简介

辛秋水，1927 年生于安徽省明光市横山乡。毕业于国立安徽大学法律系。社会问题的探索者、干预者，关注国事，实话实说。他的箴言是：求真理、讲真话、办真事、用真情。虽经二十二年的牢狱之灾，而献身于社会主义事业矢志不渝。

1958 年因错划右派，在北京清河农场和安徽省白湖农场劳动教养及留场就业。1973 年遭送回原籍继续监督改造。直到 1978 年底，由中共中央宣传部改正了他的错划右派，调安徽省社会科学院任社会学研究室主任。

少年时期树立了社会公平与正义的理想追求。大学时期当选为安徽大学学生会副主席，在学生中传播革命思想，组织学生运动，因而受到国民党特务的追捕，越过国民党封锁线来到解放区投身革命。1949 年 7 月到中苏友好协会总会工作。

他秉持"不唯上、不唯书、只唯实"和"说真话、做真事"的做人做事方针，虽历经坎坷，但为了人民的革命事业九死不悔。在"三反"运动中，因经手巨额经费，受到严格检查，结论是"一尘不染"，受到时任中直党委书记杨尚昆同志在中直党代会上的提名表扬。"三反"结束后，被作为优秀团员，向党组织直接输送。1953 年，他在中苏友协总会组织部工作，感到友协"个人会员制"不适应中苏友协的宣传任务，在历次会议上提出废除"个人会员制"，受到友协领导的严厉批评，但为了坚持真理，他最后上书刘少奇同志提出改变中苏友协组织形式和组织任务的建议。三天之后，获刘少奇同志亲笔回信，内称"秋水同志，你的建议基本正确，我已提交中共中央宣传部讨论处理。此致　　敬礼　　刘少奇"。因而改变了友协组织形式，使中苏友协工作走上坦途。为此，熊复同志指示中宣部召开中宣部系统的青年党员和团员大会，由辛秋水在会上作《反对官僚主义、保守主义的报告》。1978 年底改正错划右派，恢复工作，即深入农村作社会调查，他鉴于随着改革开放而滋生的贪污受贿之风十分严重，1981 年写出《有些国家干部贪污、行贿之风严重》的调查报告，胡耀邦同志对此文作了近 500字的批示，并将此文刊登于 1981 年 7 月 23 日《人民日报》。中纪委派出调查组到华东五省一市调查，证实作者调查所反映的情况是普遍的、严重的。随之，1982 年中共中央、国务院《关于在经济领域中打击犯罪活动的决定》出台，在全国经济领域中开展轰轰烈烈的反贪污行贿的运动，他也被省委派到滁州地区参加此项工作。1983 年，他目睹当时社会刑事犯罪现象十分严重，深入合肥市东城区调查，写出《当前青少年犯罪的几个问题》，获得省长王郁昭和副省长程光华同志的肯定和批示，省政法委开会专题研究这份调查，合肥市立即开展了对刑事犯罪的集中打击。后来，这份调查报告经有关部门转到中央，全国人大法制委员会作为典型材料印刷成册，送全国人大常委以上负责同志参阅。不久，中央作出了《关于严厉打击严重刑事犯罪活动的决定》。1984 年，他在肥西县农村作社会调查时发觉农民"单身汉户"问题突出，他预见农村计划生育也实行一胎化政策，造成农民大量溺杀女婴现象严重，今后农民单身汉的现象将日益严重，于是写出《要重视解决农村"单身汉户"的问题》，大胆提出由于农村和城市情况不同，城市有劳保，农村还是养儿防老，因此城乡计划生育政策应有所区别，胡耀邦和万里同志对此分别给予重要批示，且胡耀邦同志指示新华社给作者复信（此文刊登于新华社《国内动态清样》和《内部参考》）。当年全国农村工作会议将"调查"作为会议文件下发，全国14家报刊转载此文。上海《社会》（1984年第6期）刊登此文时所加的编者按，称此文"对社会学的家庭理论作了具体的发展"，此文获当年安徽省社科院科研成果唯一的一等奖。此后不久，国家计划生育政策由城乡统一实行一胎化，后改为农村人口第一胎生育女孩的母亲允许再生二胎。

他在农村的长期调查中感到扶贫工作中只重视"扶物"，忽视"扶人"，效果不好。他认为扶贫必须首先重视"扶贫扶人，扶智扶文"，人的素质提高了，在政府的支持下依靠自己的大脑和双手而脱贫致富。同时他又感到农村工作的好坏不仅取决于中央政策的正确与否，而且更取决于执行中央政策的干部的作风和能力，以及能否获得群众的拥护和支持。1987年他上书中共安徽省委提出实施"文化扶贫"和"村委会'组合竞选'制"方案，获省委批准后，到岳西县莲云乡蹲点一年，亲自实施这一扶贫方案取得成功。中共安徽省委书记卢荣景同志称赞"科技文化扶贫为安徽'大包干'以来的又一创举"。1992年7月15日，《安徽日报》头版头条以《扶贫扶人，扶智扶文——省委决定推广莲云乡经验》为题，报道了辛秋水文化扶贫和村委会"组合竞选"的成功事迹，中央电视台"经济半小时"栏目和安徽电视台"中国纪录片"栏目分别派出摄制组到岳西县莲云乡实地调查录制并专题播放了辛秋水文化扶贫和村委会"组合竞选"制的情况，在全国引起广泛的反响。他先后应邀到静冈大学、香港中文大学、澳门大学、中正大学以及大陆许多大学作文化扶贫和村委会"组合竞选"制的学术讲演。

他离休后仍担任江淮乡村建设研究院院长、安徽省文化扶贫与村民自治研究实验中心主任、安徽省农村社会学研究会名誉会长。曾先后兼任华中农大、华中师大、安徽大学、安徽师大、中共安徽省委党校教授。1992、1994年两次获得国务院颁发的对社会科学有突出贡献证书和政府特殊津贴。1995、1997、1999年分别获得安徽省"五个一"工程奖，1999年在香港中文大学获"终身成就奖"，2002年获中共安徽省委宣传部颁发的"晚霞奖"，2003年被评为全国"情系三农20人"之一，2008年荣获"见证安徽改革开放三十周年经济进程30位代表人物"之一。

主编《中国农村社会学》（农村读物出版社出版）、《中国村民自治》（黄山书社出版）、《传统文化与现代文明对接——论新农村建设》（合肥工业大学出版社出版），与吴理财合著《文化贫困与贫困文化》（陕西人民教育出版社出版）。发表学术论文、调查报告二百余篇，先后三次主持国家社会科学研究规划基金项目课题。

辛 书 序

邓伟志[*]

什么是社会学家？这是一个需要社会学界，乃至全社会都来议论的问题。尤其是在举国上下都把社会建设提到一定高度的时候，这个问题更加值得大家关注。

参照现行的教授评定标准，要称"家"都要有论著。不仅如此，还要计算字数。字数少了，是过不了关的。仅仅是字数够了，如果不是在核心期刊上发表的还不行，非核心期刊不可。

至于说，论文从哪里来的，评委就不管了。是抄来的，还是雇人代写的，天晓得！不过，有一点评委是能看得出的，那就是论文中的立论是从实践中来的，还是从书本到书本的。二者照理应当统一，实际上总有所侧重。有了侧重，就有了不同的评价尺度。

称得上"家"的学者，自然应该有理论。不过，早几年有些学者的理论多为"二手货"。一为诠释派，或称"唯上派"。他们喜欢把上边的片言只语拿来做文章。不管上边发什么话，他都称之为"划时代"、"纲领性"、"高屋建瓴、高瞻远瞩"。殊不知，时代不同于时间，是有相对稳定性的。有些时代要几十年、几百年才划一次，怎能经常划呢？二为拿来派，或称"崇洋派"。他们的观点看似新鲜，实际上是打了个"舶来"路上的时间差，把洋学说生吞活剥地搬到中国。不能说二者毫无可取之处，可是从根本上说，又很不可取。

当然，这是用比较法得出的结论。比较，说上述两派不可取，是同本书作者辛秋水先生的治学之道比较的。辛秋水研究员研究社会，是沉到底的。他长期蹲在安徽省岳西县莲云乡和其他乡镇，搞民主选举的实验。在科学的道路上，他既不是走马观花，甚至也不是下马观花，他是下马栽花。观花容易栽花难。栽花要浇水、要施肥，浇水会溅一身泥，施有机肥还会闻到刺鼻的臭味，栽久了不是腰酸，就是背痛。辛先生义无反顾，一往无前。他创造了村民委员会"组合竞选"制，第一个提出"文化扶贫"，在试验中取得成功。正因为他"沉到底"，正因为他所到之处为他人所不到，所以才能提出独到的见解，抽象出独到的理论。也正因为他有独到的实践、独到的理论，才堪称真正的社会学家，才是受农民欢迎的社会学家，才是不诠释领导反而更受领导称颂的社会学家。

收入《文集》的文章，我全都看了。我看，辛秋水学兄的作品是以大别山为笔，以江淮之水为墨，写在安徽13万平方公里土地上的。什么是功底？扎根在人民中才是深厚的功底！什么叫原创？从亲自参与的实践中升华出的理论才是原创。

书中有泥土香，书中有稻花香，这是辛氏版的书香。愿辛氏之书香飘进寻常百姓家！至于说，自以为不是"寻常百姓"的人，不愿读辛著，那就不去读吧！人各有志啊！

丙戌年中秋节于上海

---

* 邓伟志：全国政协常委、中国民主促进会中央副主席、中国社会学会副会长、中国妇女研究会副会长、上海大学教授。

感　言

叶尚志[*]

落霞与孤鹜齐飞，秋水共长天一色。（王勃）

一

　　辛秋水教授的大著，研究的主题虽然很集中，着重的是村民自治、文化扶贫，但涉及的范围却很广，既联系到我国和全球古往今来人类赖以生存的"三农"问题，也涉及党和国家过去、现在和未来的社会主义建设整体战略部署，攸关中华民族生存和发展的命运，极其重要。

　　因为他的论著涉及面很宽，重点研究的内涵涉及很多专业领域，除拜读欣赏外，愧难一一置评。我倒联想起对辛秋水同志的思想境界、实践精神、事业成就和由此建立起来的我们之间的友谊谈一些感想，不敢作序，仅供茶叙之资而已。

　　我少年离开故乡一直在省外闯荡，抗战爆发便远奔陕北、华北抗敌，成了个北方人。只是新中国成立后，偶然经过故土，工作紧张，政治运动应接不暇，哪有心思久留？所以与故乡、故人没有什么来往。直至粉碎了"四人帮"，"文化大革命"结束，政治环境宽松，加上年龄到线退出岗位，做些沪皖经济文化联络促进工作，才得以与安徽省市县的耆宿、硕彦、各界名流联谊交往。

　　正在此时，我有幸得以与长期埋头于村民自治、文化扶贫，卓有建树的辛秋水教授结识。他与我常穿梭于上海、合肥等地，参加各种集会，交往渐多，相知渐深，结下了坚固的友谊。

二

　　我在早期常阅读到钱俊瑞的政论、文论、大块文章。新中国成立后，我在中央统战部和中央民族事务委员会主持人事工作，包括培养少数民族干部；与中央教育部常有业务联系，参加过全国教育和民族教育工作会议，听过钱俊瑞（当时是副部长，马叙伦是部长）的报告。给我印象深刻的是钱俊瑞的报告与一般的教育工作报告不同之点，是他不是就事论事，就教育谈教育；而是眼界放得很宽，是从社会主义阵营与资本主义

* 叶尚志，原沪皖经济技术文化促进会会长，曾任中共上海市委组织部常务副部长。

阵营之间的斗争形势、文化教育之间的竞争，来谈新中国的教育建设，把人们的思想境界大大提高，气势磅礴，很有激励作用，启发很大。

我一直认为钱俊瑞是党内一位很有思想水平、理论素养、知识丰富的不可多得干才。但是很不幸，在极"左"路线下，他受到排斥和打击，"文化大革命"期间处境恶劣，他被下放到合肥，监督改造，不幸早逝。我为他、为"左"倾路线造成的党内外众多冤假错案受害的精英人士，寄予海样深沉的同情，惋惜他们的才华和生命的夭折，其损失之大不可言表，不可弥补。想想辛秋水同志也受过极"左"路线的打击，所幸至今健在，为祖国作出了贡献。我想他一定对钱俊瑞同志了解得更多、更深、更全面，感情更深厚。但他很少向我流露他和钱老历史的伤痛。这更加表明，这一代党内外精英人士，虽背负着历史的重负，仍然奋力前行。这需要加倍的坚强，加倍的毅力，才得以站起来，挑起新的担子，作出贡献。多么不易，多么可贵。这就是辛秋水同志这一代人精神面貌之内在的高尚品质所在。

坦白地说，这是我与辛秋水同志交往建立友谊的第一个基础，也可以说是心照不宣、无言心仪的友好基础。

三

我与辛秋水同志友谊的另一基础，是他无私执著地把后半生的全部精力投入农村、农业、农民的"三农"事业。这是他改革开放后，还没离休便自主选择的终生事业。他放弃城市的安逸生活，自找苦吃，一头扎进饱受战乱、灾害，极度贫困，而又对革命作出突出贡献的我的故乡大别山区等最偏僻的农村，与贫苦农民为伴、为友，研究"三农"问题，探索改造农村的一条出路。他几十年如一日，坚持实验，终于取得了丰硕的成果。这是一种什么精神？如果不是把农村改革建设当做终生革命事业，如果对贫苦农民没有深厚的感情，如果没有艰苦卓绝、牺牲奉献的决心，如果没有坚忍不拔、顽强奋斗的意志，如果没有坚持不懈、百折不挠的毅力，要做到几十年如一日，执著从事这一艰巨事业，是不可能的。

我虽然没有到过他做实验的农村，看到他的实践和成果，但是我看过他提供给我的丰富的实际材料；请他到上海安徽经济文化促进会作过系统介绍。尤其我应邀于2000年5月到阜阳，参加了安徽社会科学院和全国乡村自治文化研究会举行的文化扶贫、农村建设的全国性大型学术研究会。在会上，我不但看到了丰富的研究资料，听了不少专题报告；还见到辛秋水同志蹲点的大别山区岳西县、阜南县、凤阳县等地乡长、村委会主任、劳动模范、先进人物，听过他们现身说法，赞扬农村民主、自治，普及文化、科技、教育的作用和成果，推崇辛秋水同志带领他们创造的业绩。给我的印象是从理论到实际，实实在在，非常丰满、充实、深刻，永不能忘。

我从少年接受革命思想教育和影响，生在农村，是从农村走出来的，在长年战争时期走南闯北，都没有离开过农村。是广大农民养活了我们，哺育了革命队伍。中国共产党及其领导的部队，长期依托农村进行战斗；与农民尤其是与贫苦农民结下了牢不可破的亲密友好关系。像毛与皮的关系一样，不可分离。"皮之不存，毛将焉附？"是千真万确的真理。所以，我们从农村进入城市的人，与农民有一种天然的血肉之情。党总是教育我们不要忘本，我们在城市生活的时间再长，魂牵梦萦，总是忘不了农民，忘不了农村，忘不了农业。

正是由于这一背景，使我对辛秋水同志执著实践的村民自治、文化扶贫事业，从一接触，直到现在约 20 年，总是特别关注。这是我与辛秋水同志建立友谊、常有联系的第二个始终不变的基础。

四

我与辛秋水同志之所以至今保持着联系，还由于二十年来，我与他虽然离休，但都不愿偷闲、沉浸在安乐享受的生活之中。他执著于村民自治、文化扶贫，研究"三农"问题，主动实验，老有所为。我认为，他深谙人生价值的真谛，是一种无私、高尚的追求。余也不才，自愧少小奔波，中年碌碌，学养阙如，所涉很杂，样样不精，搞来搞去还是"万金油"，一无所长。内耗无奈，老大徒叹，失去的时间太多；只得利用身心幸存，从头奋起，笨鸟先飞，以勤补拙，夺回失去的时间；常以"六十岁开始进入第二个青春"，八十岁倡言进入"第三个青春"自况，并与同时代的老者互勉。自忖庶几差可追随于古今许多自强不息的老人之骥尾，驽骀犹可奋蹄，以自慰、自律。这正与辛秋水同志所追求的人生价值真谛不约而同，找到某种共同点。

尤其是改革开放以来，"三农"方面老问题堆积如山，新问题层出不穷，引起社会和高层的广泛关注。我辈从农村走出来，受过党的长期教育，能不竭尽绵薄，做些研究，量力而行，尽力而为！故常以秃笔写些随感、杂论，其中涉及政经、文化、教育、人才，尤其是经济发展的结构、地区、投入、分配不平衡；更少不了"三农"问题与农民工问题。常吟《岳阳楼记》"先天下之忧而忧，后天下之乐而乐"，"是进亦忧，退亦忧"。故将脑际储存的问题作些思考，写些建议，权作宣传与呼喊，咨询与参考。在"解放思想，实事求是"的号召和改革、开放宽松条件下，不吝表示一孔之见，不过履行一个公民的权利、义务、天职和责任而已。

这些想法，与辛秋水同志的作为，或许有某些不谋而合的契合之点，这就足矣。果其如此，恐怕也是我与辛秋水同志交往中之所以有不少共同语言，也可说是彼此建立友谊的一种要素和基础吧！

五

改革开放以来，辛秋水同志执著地埋头扎根于大别山老区岳西县从事村民自治、文化扶贫实验，是一种高尚的志愿，竭尽义务的模范行为。我联想到，18 世纪有一位英国人欧文，到美国农村去做过共产主义的实验。虽然属于空想社会主义，却载入了史册。我国自古至民国肇基未见此先例，只是 20 世纪二三十年代有三个人做过这类实验。他们是从美国留学回国的晏阳初、国学大师梁漱溟和人民教育家陶行知。辛秋水同志所做的实验可以与他们作些比较。他们都是自创一套，各有特色，并不雷同。我认为辛秋水同志是"站在前人的肩膀上"进行实验的改进和发展。

晏阳初，四川人，教育家。他所从事的是乡村平民教育、乡村改造运动。选择的是河北定县这一贫困县做实验，干了十几年。后到四川、南洋和南美等地从事平民教育、农村改造运动。梁漱溟，广西人，专研国学，自学成才。1917 年任北大哲学讲席。1931 年选择山东邹平，进行乡村建设实验，以办乡村师范带动农村自治，初具规模，也有成效；至 1937 年日寇入侵而中断。他办乡村师范所培养的学生，大部分参加了抗日战争，成为根据地的骨干人才，有的是我在冀鲁平原游击战争中的老战友。陶行知，安徽歙县人。1918 年从美国留学回国后，先辞去东南大学月薪四百银元（购买力相当于现在的四万元）教授职务，执著于平民教育、大众教育。他脱掉西装，穿上布鞋，拿起锄头，到南京郊区农村，办起晓庄师范，实行亦工亦教，手脑并用，作育人培德的劳动即德育教育。晓庄师范招收的都是志愿奉献的贫苦学生。在抗日战争中都成为革命骨干，有的成为党和国家领导人（如张劲夫）。

我系安徽人，少年在安庆上学，曾聆听过陶行知先生关于平民教育、推广"小先生制"的演讲。青年时代曾在冀鲁根据地工作，对晏阳初、梁漱溟先生略知一二；新中国成立后在北京见到过梁先生。所以对这三位来自我国农村，又反馈于农村的学者都很景仰。年老接触更多报道，自然对他们有更多了解和不同的评价。极"左"时期对这三位都有不同程度的否定，给他们分别戴过尺寸不同的"封资修"帽子。哪有不允许人家为贫苦农村进行一些实验的道理？这是非常不正常的。早应还我农村文化建设探索留下历史印记的原貌，返璞归真；纠正"唯我独尊"、"吹毛求疵"、"排斥一切"、"绝不宽容"的错误心态。

要说，梁漱溟、晏阳初和我最敬仰的陶行知先生有局限性，这是可以研究的。但是古往今来任何人，包括最伟大的思想家，难道没有局限性吗？任何人在历史上都是相对的在一定的历史条件制约下存在，历史的局限性谁也逃避不了，离开历史条件绝对地存在的人是没有的。任何人毕竟是人，而不是神，这是历史唯物主义科学观的起码知识。

2004 年 5 月 4 日，我写了一篇《要公平公富，不要贫富悬殊——当前我国社会主义分配问题管窥》，曾在论及解决"三农"问题、提高农民素质的重要性时写道："安徽有一位辛秋水老教授，二十多年在大别山等贫困地区，大力开展文化扶贫、村民自治活动，成效显著，值得推广"（刊于《华夏纵横》）。在其他论及"三农"问题的文章中还试论过辛秋水教授农村实验的一些特点。由于时代前进，历史条件不同，辛秋水同志与历史上的同类实践所不同的是，他是在社会主义条件下，有中国共产党的领导和马克思主义的指引，又有前人实验正反两方面的许多经验教训可资借鉴，所以他有可能干得更好，而且确实干得不错。因此凭我长期在农村工作的体会，为尽快改变贫困农村的面貌的相同愿望所驱使，我一再推荐辛秋水同志经验应该推广。

有一点，至今感到遗憾的是，我抱着一相情愿的热忱，曾与辛秋水同志相约，打算邀请他到大别山老区我的故乡去开展文化扶贫、村民自治实验。但是终未如愿。说明想推广辛秋水的经验模式，要弄通思想，取得共识，并不容易。也反映人们对农村民主与文化建设的重要性认识还有距离。来日方长，任重道远。

值得庆幸的是，我写此文时，正仔细阅读近日党的十六届六中全会通过的《中共中央关于构建社会主义和谐社会若干重大问题的决定》（以下简称《决定》）。《决定》虽然没有单列"三农"问题，但所有政治、经济、文化、教育、社会事业，尤其是投资、建设、就业、分配、教育、医疗、社会保障，等等，要向"三农"倾斜，都包括了"三农"问题。说明农村和城市、农民和城市居民要一样对待，一视同仁；要打破城乡二元结构思维和框框，城乡都要加快建设和谐社会。"三农"问题的解决会更有希望、更加快速，前景光明。这正是广大关心三农问题的人所企盼实现的。六中全会的《决定》，是行动纲领和城乡人民美好的愿望。要实现，必须动员广大人民，依靠党的艰苦奋斗、无私奉献的优良传统，发扬锐意开拓、不断创新的事业精神，脚踏实地，一步一步向前迈进，假以时日，一定会把城乡建设得更加繁荣昌盛，把祖国建设成为民主、富强、文明、和谐的国家，立于世界先进民族之林。

目　　录

（上卷）

秋水文章

建言献策——社会学家的神圣职责

村民自治——新一轮"农村包围城市"

理论创新——在求真求实的道路上攀登

铁肩担道义——科学家的道德要求

秋 水 文 章

建 言 献 策

——社会学家的神圣职责

我的社会科学观

　　社会的发展总是由社会的良性运行和恶性运行交叉组成的，因而社会现象中既有生态现象，又有病态现象，有病理和生理两个方面。社会科学工作者就是要以马克思主义的基本原理为指导，运用各个学科的理论，研究社会生理和病理，研究社会两类运行、两种态势的运动规律并提出相应对策，抑制甚或消除社会恶性运转，使之转化为良性运转。我1957年被错划为右派，度过22年社会最底层的"贱民"生活：15年劳教和留场就业，7年农村监督劳动。这22年的岁月虽然难熬，却有助于提升我对社会的洞察力，使我能够从漂浮的社会泡沫下面看到社会的本质和历史长河深处的主流，使我能够比较清晰地看到沿着各个分力的互相撞击、互相制约的历史合力线下社会运动的图像。基于这些认识，我在恢复工作以后，选择了最能经常接触实际的社会调查研究工作岗位，并把它作为我为人民服务的途径。社会科学理论作为认识社会、改造社会的武器，要研究事物现象，探求事物的本质，发现矛盾，解决矛盾，以推动事物的前进、社会的发展，服务于广大人民的根本利益。那种"六经注我，我注六经"的治学途径，固然不能否定，但也只能由少部分人去做。我1979年恢复工作到现在21年时间，前半期是搞经济调查研究，后半期是搞社会调查研究。不论是经济调查研究，还是社会调查研究，我都是以上述的社会生态和病态，社会的良性运行和恶性运行，特别是两类运行的联结点和它们的运动规律作为我的探索课题。

　　1980年11月，针对在"对外开放、对内搞活经济"的背景下所出现的腐败现象的苗头，我进行深入调查，撰写了题为《有些国家干部贪污、行贿之风严重》的调查报告，引起了安徽省委领导同志的重视。省委第一书记张劲夫和第二书记顾卓新在我的原稿上作了重要批示。这篇调查报告在加了重要的编者按后，在1981年第12期安徽省《调查研究》上发表。后来该文转到中央，中央领导极为重视，在我的原稿上作了逐页批示，并将这份调查报告批转给中纪委王鹤寿副书记。批示是："现在，我把昨天收到的一份材料转给你，请你们看看，我主张除决议草案第三部分适当增加有关这方面的一些内容之外，有关这个问题请你们再研究一下。第一，可否把这个材料登《党纪》刊物，并加按语，要求各级纪委充分重视。第二，是否再作点调查，争取在4月至迟在5月，专门写个通告公开号召广大干部、党员和群众坚决同这歪风邪气作斗争。此外，我看到这次会议的一些简报，感到不少同志在小组会上的发言相当空，似乎对下面干部的党风情况并不很了解，这一点，请你们加以注意。"

　　中纪委遵照批示，除了在中共中央纪律检查委员会第三次全体会议决议文件的第三部分增加了反对贪污行贿的内容以外，并将我的这份调查报告刊登在中纪委机关刊物1981年第10期《党风与党纪》上。《人民日报》又于1981年7月23日第4版转载了我这份材料，又加了编者按。中纪委还遵照批示，派工作组到华东几个省、市作了调查。该工作组组长孙克悠到合肥后对我说："我们调查结果完全证实了你的调查报告中所提出的目前干部贪污、行贿问题的普遍性和严重性。"这就引起了党中央的重视。国务院随之发出了《关于制止经济流通领域中不正之风的通知》。接着，1982年，中共中央国务院发出了《关于在经济流通领域中开展打击严重犯罪活动斗争的决定》。在这里需要说明的是，中央作出这项重大决定，除了看到我这份调查报告外，当然还掌握了其他更多的材料和论据，但是我的报告引起中央领导的高度关注，起到了报警作用也确是事实。

1984年，我在肥西县调查时发现，农业包产到户以后，农村出现了新的社会问题，即农村"单身汉户"问题。这些"单身汉户"农民原来在生产队里都是"挑大梁"的。工分比一般劳动力高，他们又无老弱的负担，生活还过得去（实际上他们还负担着生产队里劳力少、老弱多的透支户生活）。但是，包产到户以后，单身汉户的情况却发生了反方向的变化。他们同普通社员一样分得了同等的一份2亩左右土地。田里犁耙栽种的农活不够他们两天干的。因为他们一般有简单的单项劳动本领，如犁田耙地、挑抬等，但缺少多种经营的技能。同时，他们无后勤劳力，"出门一把锁，进门一盏灯"，连猪、鸡都无法饲养，发展副业更谈不上，收入就相对低下。物质困难造成他们精神不振，而精神不振、前途悲观又挫伤他们对生产劳动的积极性，形成恶性循环。他们单门独居生活，无妻子儿女的关怀，在穷极无望之时，易于铤而走险，造成了单身汉户的犯罪比例偏高。单身汉户之形成，还与农村男女性别比例失调、农村妇女婚姻梯形流动（即贫困地区妇女向富裕地区流动，富裕地区妇女向城郊流动，城郊妇女向城内流动）相关。更应值得注意的是，那几年农村和城市一样，实行一刀切的"一胎化"计划生育政策，农村群众因无社会保险的保障和生产方式的落后，就必须依靠男劳动力为支柱，加上农村还存在着重男轻女传统观念，造成了农村溺杀女婴之风，这就必然使这种"单身汉户"的后备军随着时间的推移而越来越扩大，成为建设社会主义新农村的消极因素。为使党委、政府和社会各界重视这一重要的社会问题，我在深入调查后，写成《要重视解决农村"单身汉户"的问题》的调查报告，此调查报告迅即受到中共安徽省委和中央负责同志高度重视。新华社《国内动态清样》第2573期、《内部参考》第83期均用黑体字作为重点文章刊登，并加了重要的编者按。随之，《中国农民报》、《文摘报》、《工人日报》、上海社会学杂志《社会》等全国14家报纸刊物先后转载，中央人民广播电台1984年11月2日在全国新闻联播节目中，摘要作了报道。《社会》认为："辛秋水同志面对现实的社会问题，进行调查研究，他的成果已引起有关领导机关的重视，而他的研究同时使得我们社会学的家庭理论具体地得到发展。由此可见，问题导向的调查研究工作不仅不会同理论探索相矛盾，而且正是理论工作的基础和源泉。"这份调查报告在1984年安徽省社会科学院科研成果评奖中被评为该次唯一的一等奖。

自1987年以后，我的工作重点转向对安徽省大别山贫困山区普遍贫困根源的调查，以寻求对策，直到1991年。5年间，我先后深入贫困山区的岳西、金寨等地进行调查，写了《这些农户为何长期不能脱贫》、《南庄乡的贫困及其脱贫起步》、《贫困户岂能越扶越贫》、《莲云乡脱贫综合治理试点方案》、《扶贫扶人、扶智扶文——辛秋水蹲点一年归来谈扶贫新思考》、《我国农村实行民主政治的基础》、《山区扶贫的难点和对策》

等多份调查报告和论文。在上述这些文章中我的观点是：山区贫困的根源不是自然资源的缺乏，而是社会资源的贫困，是智力贫困、文化贫困，归结为一句话，即"人"的自身贫困，因此扶贫之道应首先扶人、扶智、扶文。为此，我著文在报刊上呼吁"迅速组织一支支持贫困落后地区的智力大军"，引起了省委重视，并成为省委的一项重要决策。

为了实践我的上述扶贫观点，我又向安徽省委提出了《对一个山区贫困乡的综合治理试点方案》，其要点一是普遍发展文化教育，以服务于山区发展经济的需要；二是改善党群关系，密切干群联系，实行乡、村干部"组合竞选"，以伸张民气，增强干部的公仆意识，克服官僚主义；三是加强信息疏通，建设农村广播网、文化站，及时将党和政府的政策法令送到千家万户，推广先进的生产经验和科学种田方法，普及法律知识，更新观念，培养和发展农村中的文化户和科技户，发挥邻里效益。这个方案得到省委书记卢荣景的热情支持，他当即作了批示："很好，原则赞成。具体实施方案由县委讨论定。"这个方案经岳西县委通过付诸实施，由我亲自在岳西县莲云乡蹲点具体操作。我在该乡组织民主选举干部，实行"竞选制"、"组合制"，这是该乡历史上破天荒的事件。群众的主人翁意识和干部的公仆意识均明显地得到增强。我在该乡7个行政村设立35个贴报栏，向山区农民及时输送各种信息。办了多期实用技术培训班，向全乡农民传播各种生产致富的经验与技术。办了一个文化室，内藏各种实用技术小册子，为广大农村知识青年提供求知之所，致富之路。我在莲云乡蹲点一年结束时，写了一个总结，题名《扶贫扶人，扶智扶文——辛秋水蹲点一年归来谈扶贫新思考》，刊登于1989年4月28日新华社《内部参考》，这份材料反响较大。省委书记卢荣景对我在岳西县莲云乡进行的"文化扶贫"、组合竞选村干部的试验，给予了充分肯定。他说，莲云乡几项试验都是很有意义的，尤其是在偏僻贫困的山村，更显得紧迫和必要，这里能办到的、能办好的，其他地方也可以做到。后来，省委作出决定，在全省重点推广莲云乡文化扶贫成功经验。十年来，安徽省文化扶贫取得了重大成效。卢荣景高度评价说："这是我省自农村大包干以来的又一创举。"

这些年来，我总共写了各种调查报告和论文200余篇，主持了两项国家重点课题，撰写了《文化贫困与贫困文化》一书，并先后主编《中国农村社会学》、《中国村民自治》等书。我从中得到的认识是，任何职业都要讲求职业道德，具体到我们做社会调查研究工作的最高道德，那就是完全忠实于事实，忠实于科学，忠实于真理，忠实于人民，没有任何其他更高的权威不可触犯，不可冲破。历史在发展，认识在飞跃。在宇宙、社会和人类的无限发展过程中，任何人所获得的任何真理性认识都只能是相对的，不完全的。任何一门科学，一旦被当成教条对待，就开始阻碍科学的发展，从而也就阻碍了它自身的发展，也就要失去它原有的科学光辉而成为僵死和没落的东西。

坚持和发展马克思主义，这二者是不可分割的统一体。马克思主义基本原理一定要坚持，但马克思主义必须发展。因为历史在前进，世界在变化，正所谓"生活之树是常青的，而理论是灰色的"。而发展马克思主义的前提又必须是"坚持"，但坚持的不是马克思主义创始人在他们所处的特定的时代、特定的环境、当时世界科学发展和人类对社会认识的总体水平的情况下，对一些问题所作的各个具体结论，而是坚持马克思主义的基本原理，坚持马克思主义的辩证唯物主义的世界观和方法论。这个世界观和方法论，直到今天，仍然继续放射着金光四射的灿烂光辉，葆其旺盛的生命力。我的文章著述总是努力坚持运用这个思想武器向前探索。其次，理论联系实际，密切联系群众，是我们社会主义国家一切工作人员，包括理论战线上的工作人员的神圣职责，必须时刻倾听广大群众的呼声，反映客观事实和历史要求，考虑群众的现实利益和长远利益，总结群众在实际斗争中的经验和教训，并将其作为我们理论思维的源泉。那种哗众取宠，不敢面对现实，不能触及现实中的尖锐问题，不敢根据自己的调查研究得出正确结论的人，说重一点，根本没有资格做党的理论工作者和调查研究工作者。

是提倡理论联系实际，还是提倡理论脱离实际？是提倡让社会科学研究工作者到沸腾的现实生活中去反映现实，研究现实，为国家的改革和建设的实际服务，还是提倡蹲在故纸堆里抄来编去，拾人牙慧？这是多年来社会科学战线上斗争的焦点之一。毛泽东同志 50 年前在延安开展的整风运动，就是要解决主观主义、宗派主义、党八股的问题。经过 3 年的整风运动，在理论上和实践中基本上解决了这个大问题，从思想路线上奠定了抗日战争和解放战争胜利的基础。但是那种不愿花大力气深入社会实际、乐意蹲在书斋里抄来编去的倾向并未就此罢休，还是"剪不断、理还乱"，有时甚至形成"气候"反过来压制、排斥那些坚持党的理论联系实际的研究路线、深入实际调查研究的同志及其科研成果。在当前社会科学领域里就已经出现这种令人不安的现象，特别是某些科研部门的领导人的指导思想就存在这种错误倾向，应该引起重视。绝不能让谬论流传，误国误人。例如，某些社会科学研究机关在学术职称评定中就屡屡暴露出那种贬低、排斥对现实研究的科研成果，公开或私下里嘲笑调查研究为"简单劳动"，是难登大雅之堂的"下里巴人"。我个人曾深受其害，故体验也深。我的科研价值取向一直是：深入社会最底层，探索社会新动态，提出解决社会问题的可行方案，勇于充当人民的喉舌，反映群众的愿望，及时总结社会发展中的新经验，以供党政机关参考，实现智力和权力的结合。

论　决　策

　　决策之事，决策之词自古有之，如诸葛亮《隆中对》里面的"未出茅庐而知天下三分"。朱元璋采纳"高筑墙，广积粮，缓称王"的建议而创立明王朝。决策是领导者的主要职责，领导过程就是决策过程和决策的实施过程。决策有经验决策和科学决策之别，人们常说的眉头一皱，计上心来，这种依靠领导者个人的经历、经验和智慧决定问题，多属于经验决策。经验决策是同小生产方式相适应的。如今社会化的大生产给社会生活带来一系列的根本变革，人们的社会生活规模越来越大，变化的频率越来越快，社会联系面越来越广。当今之世，不论是领导一个国家、一个省或一个地区，不论从事任何一项社会工程或自然工程的改革或建设，如果没有一个正确的科学的决策，都会给事业带来损失和危害。可惜，由于几千年小生产经验的影响，由于科学文化教育的落后，由于法制的不健全，以及干部素质等方面存在的问题，我们至今仍然没有建立一套严格决策制度和决策程序，没有完善的决策支持系统、咨询系统、评价系统、反馈系统。科学的决策无法形成，决策的失误难以受到及时有效的监督。直到今天，领导人凭经验拍脑袋决策的做法仍然司空见惯。决策出了问题难以及时纠正，只有等到出了大问题，才来事后堵漏洞，或者叫做拨乱反正，而那时悔之晚矣。如"反右派"、"大跃进"和"文化大革命"都是盲目拍板、轻率决策造成的恶果。前事不忘，后事之师，现在已经到了非改不可的时候了。这个问题不解决，我们的社会主义制度就是不完善的、不健全的，我国的经济也难以得到持续稳定的发展。划时代的十一届三中全会以后，我们总结以往决策的经验和教训，才取得改革开放事业的成功。决策民主化、科学化，大大完善和巩固了我国的社会主义制度，充分发挥亿万人民建设社会主义事业的积极性和创造性。

　　我们党长期倡导"从群众中来，到群众中去"的群众路线，"集中起来，坚持下去"的领导方法，抓典型、搞实验、调查研究、解剖麻雀的工作方法等等，都是行之有效的决策方法，至今仍然是我们应该继承的宝贵财富。但同时我们必须看到，今天的情况确实发生了深刻的变化。决策的理论和方法都需要向前大大发展。调查民情即深入了解客观事物的本质和运动，这固然是重要的，而更重要的是，对复杂的经济现象和社会现象要进行系统的多层次的科学考察分析，并从它们的互相联系、互相影响中进行综合的研究。这就要求我们根据现代自然科学和社会科学的原理，采用电子计算机等先进计算工具和测试手段，把静态的典型的调查研究和动态的系统分析和测算结合起来，把定性分析同定量分析结合起来，把决策的民主化同科学化结合起来。过去凭个别事例，不作定量分析，就对重大问题作出判断，这是吃过很多苦头的。因此，应当排除决策的个人色彩、感情色彩，充分实现决策的理性化、民主化、科学化。

科学决策已在我国兴起，这不是一种偶然现象，而带有历史的必然性，带有鲜明的时代特征。它是我们党和政府决策工作中总结正反两方面经验，坚持实事求是的思想路线的产物，也是适应新时期开放和改革形势下经济社会发展的紧迫需要的产物，又是当代科学技术高度发展的产物。

在古代，国家高层次的重大决策是由封建帝王决定的。他决策的主要依据，是个人的才智和经验、个人的感情和好恶以及谋士们的进谏，是贤臣主政还是佞臣当道，这些往往决定着国家的命运。这种决策体制和方法的落后性、局限性是人所共知的。到了近代，社会化的大生产给社会政治经济生活带来了一系列根本性的变化。知识和信息量有了极大的增加，各种需要决策的问题堆积如山，错综复杂，千变万化。这是任何卓越的领导人单凭个人智慧难以掌握和应付的。于是产生了各种智囊团、咨询机构。它们把具有不同知识结构、不同经验的专家、谋士集中在一起，借助众人的头脑，以弥补领导者个人才智、经验和精力的不足。运用现代科学理论、方法和手段，可以补充、启迪和丰富决策的资源和思路。

在一个现代化的社会里，科学和民主是不可分的。没有民主，就谈不到真正的科学决策；没有科学决策，也无从建立真正的民主。因此，决策的科学化和民主化也不可分。所谓决策科学化，首先就是民主化。没有民主化，不能广开思路，广开言路，就谈不上尊重知识，尊重人才，尊重人民的创造智慧，尊重实践经验，就没有科学化。反过来说，所谓决策民主化，必须有科学的含义，有科学的程序和方法；否则只是形式的民主，而不是真正的民主。所有这些，不仅是一个理论问题，而首先是一个紧迫的实践问题。今后对任何重大问题的决策，不能再停留在凭领导者个人经验和意志办事的传统方法和水平上，而必须采取科学的方法，按照科学的程序，进行科学的论证，力求减少和避免可能出现的重大失误。在一切失误中，决策的失误是最大的失误。一着不慎，全盘皆输。"大跃进"决策的失误造成人力、财力、物力甚至大量人口死亡的重大损失。比这影响更为严重的"文化大革命"的决策失误，更是祸国殃民，祸及子孙。

过去说"言者无罪，闻者足戒"。这是正确的，但还有点消极。积极的说法应该是："言者有功"，"闻者受益"。这种良好的政治环境对决策咨询机关来说，尤为重要。因为科学决策是既涉及学术又涉及政治的创造性的复杂脑力劳动。只有在高度宽松的气氛中，才能才思如泉涌，触类旁通，独立思考，提出真知灼见。也只有在宽松的气氛中，才能言无禁忌，力排众议，慷慨陈词。决策的咨询部门研究工作应该只尊重客观事实，崇尚真理，不迷信权威。一切结论不能产生在决策咨询研究之前，只能产生在研究之后，产生在经过实践的检验之后。有的领导人往往喜欢把他们主管的研究部门，当作为他们的任何决策拼凑各种"理论根据"的工具。这种所谓"科学"的决策论证，具有更大的欺骗性和危险性，比没有论证更坏。决策的咨询部门研究工作必须有不受决策者个人意志影响的相对独立性。它只接受实践的检验，只对人民和历史负责，而不能只看领导者的眼色行事。领导者可以不同意研究人员的观点，否定他们的结论，不接受他们的建议，但不能强迫研究人员违心地改变观点，修改结论，以迎合自己的需要。

根据我几十年来的自身经验的体会，我们认为决策咨询部门的人员，至少应该具备这样的一个基本素质，即要具有彻底的唯物主义精神，这种彻底的唯物主义精神具体表现在陈云同志的一句名言，那就是"不唯上，不唯书，只唯实"。为什么不唯书呢？因为书本所记载的是死的东西，而生活却是生动活泼的。一般讲，书本上的经验，是反映过去的经验，当然前人的经验和书本上的经验都是可贵的，但是它最终还要让位于实践的呼声。列宁说：实践高于（理论的）认识，因为它不但有普遍性的品格，而且还有直接现实性的品格。

给刘少奇同志的报告*

——关于改变中苏友协组织形式与组织任务矛盾的建议

少奇同志：

您好！

我是中苏友好协会总会组织部的一名普通工作人员。由于我在组织部工作，经常到基层友协调查研究，从中发现一个尖锐的问题就是基层友协工作人员每天为收会员交的会费、发会员证、发证章等烦琐事务工作忙得不可开交，因而怨言不断。我认为，这主要是基层友协，比如工厂的车间、学校等，都没有专职的友协干部所致。大量的事务工作仅靠一两名兼职人员来做，自然是无法应付。另一方面，广大的中苏友协会员也是牢骚不断，责怪友协每月收他们的会费，可自己又没能从中受益。少数友协干部和广大会员群众双方面都有不少牢骚和怨言，这是客观存在的事实，但是问题的根子在哪里呢？我认为问题的根子出在中苏友协组织形式和党中央给予友协的任务不相适应。人所共知，友协的基本任务是宣传中苏友好，宣传国际主义。这项宣传任务是针对全国人民的，全国人民（包括工、青、妇等），都很愿意接受这种宣传和教育，而我们现在的组织形式呢？却是省有分会，县有支会，工厂、街道等都有总支会，等等，组织非常严密。据统计，目前中苏友协会员已达 6000 万，对这 6000 万会员每月收会费、发会员证、发证章，等等，试想需要多少干部才能办完这些事？而我们友协的干部数量除了省分会有一二十名，县支会有一两名，到了基层根本没有友协干部的编制，仅靠少数兼职干部来做，无疑无法应付。其结果是基层干部终日忙于此类事务，几乎没有时间去做友协的宣传服务工作（比如放电影、图片展览等），因而必然造成基层干部因组织事务太多，广大会员群众又因只交会费而看不到友协对他们的服务而发牢骚，说怪话。这样就使友协肩负的宣传中苏友好和国际主义的任务被削弱了。为此，我在友协组织部会议上

---

* 作者当时在中苏友协总会组织部工作，感到当时中苏友协的组织形式与组织任务存在着尖锐矛盾，造成了大量人力、物力的浪费和干群关系不协调。曾多次在部务会议提出改变中苏友协组织形式的建议，但均遭到批评，认为作者的目的是要取消中苏友好协会。在不得已的情况下，作者给当时兼任中苏友协会长的刘少奇同志写信提出上述建议。少奇同志在三天之内就给作者亲笔回信，同意作者的建议。作者接信后当晚，中苏友协总会总干事钱俊瑞同志通知总会办公室主任潘德枫同志、叶随之同志和作者到钱俊瑞同志的住处，钱俊瑞同志当面说："昨天晚上在怀仁堂少奇同志批评了我，我们老了，今后的事由你们小青年干了。"次日，中央宣传部秘书长熊复同志与作者见面，熊复同志鼓励作者的反对官僚主义的精神，并要作者在中宣部新闻学校向中宣部系统的党团员做反对官僚主义的报告。不久，中苏友协总会根据少奇同志的指示，召开全国工作会议。改变了中苏友协组织形式，取消了当时6000 万中苏友协会员，改由工、青、妇等群众团体的中央一级组织作为团体会员参加中苏友协。作者本人当年被选为中直团委优秀团员。

提及过，并给友协总干事钱俊瑞同志写过信，建议取消友协的个人会员，改为将工、青、妇等群众团体的中央一级组织吸收为友协总会的团体会员，对这些群众团体成员的宣传教育可通过这些群众组织来做，而友协组织本身则可面向全社会进行带有共性的宣传教育工作。由于把大量的组织事务工作包袱卸掉了，大量的友协干部，特别是兼职干部就可以为宣传中苏友好和国际主义做更多的工作。我的这个建议不仅没有被采纳，反而遭到批评，认为我的建议本质上就是取消友协。我对这种批评无法接受。我认为如果按照我的意见办，不仅不会削弱友协工作，相反友协工作职能还会大大加强。为此，特给您写这封信。请审阅。

　　此致

敬礼

辛秋水

1953 年 2 月 3 日

附录

刘少奇同志给辛秋水的亲笔回信

秋水同志：

　　来信收到，你的意见基本正确，我已提交中共中央宣传部讨论处理。

　　此致

敬礼

刘少奇

1953 年 2 月 10 日

回忆人民领袖从一封群众来信引起对一项决策失误的纠正

北京解放后，我即到中央一个协会总会工作，少奇同志是会长，我因而有幸接触少奇同志，聆听他的教诲。他那高尚的无产阶级革命家的品德和情操，特别是他那实事求是、认真负责、走群众路线的工作作风，使我永远难以忘怀。1953 年春，我们协会总会组织部几个同志，正在办公室争辩一件什么事，忽然收发员送给我一封信，信封上署的是"中共中央机要室"，我拆开一看，原来是敬爱的刘少奇同志亲笔给我写的一封信。顿时，我的双眼湿润了，模糊了，简直不敢相信是真的，难道少奇同志能亲笔给我这样一个普普通通的青年人写信吗？尽管不敢相信，而刘少奇同志的亲笔信又明明放在眼前。同志们都纷纷围聚过来，争相观看，无比高兴，赞叹不已。少奇同志为什么给我写了一封亲笔信呢？事情的经过是这样的：

我所在工作的协会总会是 1949 年在北京成立的。因为经验不足，当时协会的章程中关于组织形式方面的有些规定与协会的发展任务很不适应，随着组织的发展和会员的增加，这种矛盾变得愈来愈突出，协会的基层专职干部终日忙于收会费、登记会员、发证章等烦琐的事务，难以再去搞好宣传工作。当时我据此情况建议改变协会组织形式，即取消个人会员，吸收工、青、妇等群众团体中央一级组织为团体会员。这样，协会就可摆脱事务搞好宣传工作。这个建议我是在协会组织部部务会上提出的，不但没被采纳，还遭到当时的友协总干事钱俊瑞、副总干事辛志超、李沾吾等同志的严厉批评。在这种情况下，我坚决认为我的建议观点是正确的，大大有利于友协工作的健康开展，而减少不必要的人力财力的巨大浪费。于是我奋笔疾书、通宵未眠给当时兼任友协总会会长的刘少奇同志写了一封长信，力陈我的这个建议的根据，实施这个建议将给友协工作带来的好处。但是万万没有想到少奇同志能在发信后三天之内，不但看完了我的信，作了妥善处理，而且还亲笔给我写了复信。

少奇同志在复信中说："秋水同志，来信收到，你的意见基本正确，我已提交中央宣传部讨论处理。此致 敬礼 刘少奇。"

接到少奇同志回信的当天下午，当时的中宣部秘书长熊复同志通知我，要我就如何改进机关业务的问题写一份发言稿，在中宣部系统党团员大会上发言。不久在少奇同志的亲自指导下，召开了协会全国工作会议，改变了协会的组织形式，加强了宣传工作。我的这封普通的人民来信，正是由于少奇同志善于倾听群众呼声的优良作风，才使它发挥了应有的作用。现在我之所以追忆这件事，仅仅是作为一个普通工作人员对少奇同志这种彻底的唯物主义的，对人民事业高度负责的品质和作风的无限缅怀！

有些国家干部贪污、行贿之风严重[*]

中共安徽省委内部刊物《调查研究》1981年第12期编者按：辛秋水同志反映的问题是严重的，现根据省委负责同志的意见刊登出来，希望引起各级领导的重视，并积极采取措施，认真加以解决。

第一，要加强基层工作，加强基层的思想政治工作的领导，对目前经济工作中存在的这些问题，主要是进行政策教育，进行思想引导，使广大干群分清正当经营和投机倒把，合法与非法的界限，以自觉地遵守国家的政策、法令，与此同时还要进行必要的行政干预，结合本地情况订出改善和防范的制度和条例，建立健全经济法规，支持正当经营，制裁违法活动。

第二，积极疏通商品流通渠道，及时调整供求矛盾。有些问题的产生，往往与我们商业、税收、物资供应工作中的漏洞有直接关系，因此必须健全制度，改进作风，广开前门，堵塞后门，才能把市场搞活、供应搞好，杜绝行贿、受贿、请客送礼等不正之风。

第三，经济、司法、物资、交通等部门都要严格执行国家政策法令，凡是不正当、不合法的产业活动都应当严加禁止；对从事投机倒把、损害国家和人民利益的活动的任何单位和个人，都要根据情节轻重分别给予经济制裁，行政制裁，以至法律制裁，坚决刹住这股歪风。特别是那些屡教不改，现在还在搞非法经营的违法分子，要坚决打击，加重惩处。

---

* 中纪委根据中央领导的批示，除在中纪委第三次全体会议决议草案上增加反对贪污行贿的内容以外，并派出以孙克悠同志（副部级）为首的调查组就干部贪污受贿问题到华东五省进行调查。在经过合肥时，约见作者本人，谈道："我们这次调查结果发现的问题比你所讲的还要严重得多。"调查组回京后，随即由国务院发出《关于制止经济流通领域中不正之风的通知》。接着中央又作出《中共中央、国务院关于在经济领域中打击严重犯罪活动的决定》。

本文在《人民日报》上发表后，使得曾在调查座谈会上揭露山东潍坊、上海、河南等地某些干部受贿行为的明光市二轻局个别人害怕起来，怕因此断了他们的生意关系网。遂向中纪委和《人民日报》社写信申明《人民日报》上公布的事实不实，他们不是这样汇报的。真是一时间风云骤起，作者大祸临头。但真理总是真理，事实总是胜于诡辩。明光市二轻局个别人先向作者说出真话，后又否认他们讲过真话，为了用谎言淹没他曾说过的真话，竟向他们明明白白揭露过的人，寄去类似"攻守合同"的信，以便共同协力掩盖真相，此时，那位曾经被他揭露过的人一下觉悟了，不接受他们的"攻守合同"，愿意承认错误，改邪归正，并将来自明光市的这份"攻守合同"信，送给他们的上级——中共潍坊市纪律检查委员会。潍坊市纪检委又将这份材料转送给《人民日报》、中央纪检委及作者所在单位安徽省社会科学研究所。至此，企图出尔反尔用编造谎言篡改他们讲过的真话，而在真理上面散布的层层疑云又被他们自己伸出去的黑手拨开了。这是一出多么惊险的戏剧，多么发人深省的真实故事，它提醒一切敢于坚持真理、坚持人民的利益，敢于向邪恶势力作斗争的人们要坚定，再坚定，勇敢，再勇敢。

劲夫同志、卓新同志并省委：

上个月我们在滁县等地区调查时，接触到一些问题，我认为这些问题值得向省委反映：

一、国家干部经商、挪用公款入伙倒买倒卖耕牛，或用公款入股开店做买卖。这些干部中有公社书记、中小学校长等，影响十分恶劣。嘉山县公安局杨新全同志向我说：该县国家干部通过各种形式做买卖，搞投机倒把的事最近发生不少。如古沛公社有个副书记挪用公款投资入股做生意，秋后坐分红利。

至于干部中利用公款入股开店、贩卖耕牛，以及向信用社搞"耕牛贷款"买牛交给别的社员放牧、秋后卖牛，坐收渔利的就更多了。

干部经商搞投机倒把，岂止于嘉山县？我曾到泾县农村调查，该县中村公社王书记向我们深有感触地说："我们这个公社实际上是半瘫痪状态，全公社 12 个大队书记，就有 6 个长年做投机倒把生意的；有两个书记原来一贯正派，在群众中有威信，最近也在这股歪风中下了水。"他说，党支部书记带头破坏政策，党支部这个战斗堡垒就瓦解了。王书记问我们：这怎么办？既要坚持四项原则，就得组织力量同破坏四项原则的现象作斗争，否则四项原则是坚持不住的。

据我们同基层干部和群众接触所掌握的思想情况：大部分人对党的政策迷惑不解，用他们的话，就是弄不清。另一部分人乘机捞一把，浑水摸鱼。除了上面讲的国家干部挪用公款做生意外，有些群众也在这些不正风气影响下搞起歪门邪道赚大钱。干部群众中相当一部分人对当前这种情况十分不满。他们说：现在谁思想坏，谁吃香，谁有钱；谁正派，谁倒霉，钱都让私人赚去了。购买力强了，市场商品供不应求，物价上涨，通货膨胀，还是我们这些人倒霉。这种情绪十分普遍，望能引起领导同志高度注意。

二、二轻系统行贿之风严重。嘉山县二轻局局长张志斌在我们召开的一个小型调查会上说：我们社会主义企业用的是资本主义经营方式，天天宣传十二条准则，可我们却天天破坏十二条准则，行贿送礼、走后门成为我们企业采购物资、推销滞销品的手段。不这样办，我们企业几乎无法生存。他还说：现在法院逮捕我，不用整理材料就够判罪的。我多次请求县委调动工作或者轮流干二轻局局长，免得到时候肉落千人口，罪由一人当。近两年来价格搞乱了，木材、钢材大幅度涨价。议价的东西就看你的关系如何，也就是看你搞的不正之风成效如何；如县农具厂和耐火材料厂到外面买的是同一品种钢材，可价格悬殊，耐火材料厂买一吨钢材是 750 元，而农具厂却要花 1050 元。

对于原材料是"找米下锅"，结果采购员满天飞，车旅费、运输费、送礼费、招待费多得惊人，光是今年的招待费，我们就用了 1 万多元。送礼、行贿费用还未统计，以县工艺美术厂而论（100 多人的小厂），今年的送礼费用多达 4000 多元。这样一来，产品的成本自然高了，于是有些东西销不出去。推销滞销品也要行贿送礼，1979 年在贵州省开的全国工艺美术品展销会，带去的多数是滞销品，我们带去的绣花被面质量不如芜湖的，可是由于我们带去了许多花生米，结果我们销了 3000 多床，而芜湖只销了 600 多床。

请客、送礼从领导到业务部门人员，关关都要到，哪一关不到都无法办事，而请客光是陪客就是一大串子，因为工人太多了，自然拉不上。于是工人和领导又增加了一层矛盾。现在是正气越来越少，邪气越来越浓。十二条准则变成纸上谈兵，实际上时时都在破坏。我是一个共产党员，于心有愧，但是不这样办，原料搞不到，工厂开不了工，广大工人和家属要吃饭。我们二轻系统在明光养活了一万五千人，占明光镇人口总数的三分之一。这种"共产党领导、社会主义制度、资本主义的经营方式"是办不好的。

本来许多东西并不是很紧张，而是人为地搞紧张，互相卡脖子，造成开后门、送礼行贿，经手人中饱私囊、损公肥私，使不正之风越刮越猛。

近两年来片面地鼓吹奖金、滥发奖金，对于工人思想、工厂管理和社会风气都产生很坏的影响，所谓"团结起来向钱看"是目前的实际情况，有奖就干，无奖不干。县五金厂工人为了搞到加班费，故意地把造好的成品留下一个零件不干，等下半月加班，人为地搞上半个月松，下半个月紧。搞计件工资弊病也大，只顾数量，不顾质量，不顾原材料的消耗。搞计时工资就混，检查管理人员是多栽花、少栽刺。总之，人的思想意识腐蚀了，什么办法都不行。中央说，搞活经济可以三多得，即国家、集体、个人三多得，现在是只有个人多得，上缴给国家的利润、企业的积累都很少，钱都弄到私人腰包里头去了。社会购买力大增，市场上东西不多，物价就涨，文教、机关人员倒霉，于是牢骚怪话就多起来了。

顶替制度也暴露出很大弊病，择优录用这一条作废了，更重要的是，往往40多岁就退休，回去干私活，拿双份工资，顶替来的子女又拿一份工资。这样国家就出了三份工资。目前的合理不合法、合法不合理的事多得很。

阚克让（县工艺美术厂厂长）说：送礼、行贿、开后门成为我们企业经营的重要环节了。大家都骂它，可大家又都这样办。去年我亲自到河南郑州纺织机械厂买一种机件，该厂生产科长开始说没有，继之就问："你们那里有什么土产？"我拿出事先准备好的三条绣花被面，他把绣花被面接了过去，提笔开了个条子说：还有3个，本来已许给人家的，现在给你吧。可我拿条子到仓库去领，结果保管员这一关通不过，硬说已许给别人了，不能发。这位科长同保管员一吵，他没法就给我写封信，要我到山东昌潍地区纺织机械厂买。我于是又到昌潍，甫一见面，经办人便给我订了到1981年7月交货，这对我厂的生产工作影响太大了。我问他能否提前？他问："你们那里茶叶有名？"我说茶叶未带，可我带了几床绣花被面，你看如何？他一看被面子便赞不绝口，可一掏钱，又说是未带，以后再付。把被面子接去后，立即将订期改到当年底。到期我去提货，又带了4斤茶叶（共值20元）。非常顺利地把机器拿到手了。为了买这点东西，河南、山东两地就花了4斤茶叶，5床绣花被面子。

胡青士（县工艺美术厂采购员）说：我们当采购员的离开这股不正之风什么事也办不成，送礼、行贿、走后门，还要瞒着，不敢讲，不敢揭，更怕报上写文章登出来。自己既怕受处分，更大的难事是从此就堵住一切门路，以后你喊他爸爸，他也不给你东西了。

不仅市场调节的商品要开后门，就是国家调拨的计划物资，离开送礼行贿也是弄不来的。比如1980年国家调拨给我厂两吨人造丝，由设在上海的"轻工业部华东轻工供应部"供应，我们拿着调拨单跑了两趟，路费花了许多，也弄不到，最后我们带了5床线绨被面，两床绣花被面，20斤花生米去，这一趟真灵，一谈就成。那位经办人收下礼品，掏出15块钱，我们收10元，顺顺当当地把东西运回了。这些礼品计算起来价值90元。这种腐败风气不改变，四化建设从何谈起？十二条准则怎么贯彻?！

因此，我建议：

1. 应当承认，当前某些干部贪污、行贿之风十分严重，如不采取断然有效的措施，后果将难以设想。号召一切马克思主义者、社会主义制度拥护者和一切爱国者团结起来，向一切破坏四项基本原则的现象作坚决斗争，严惩破坏者，不如此，不能扬正气、灭歪风。我赞成治乱世用重典，从上到下，从党内到党外，任何人在法律面前都一视同仁。

2. 抓紧这两个月的时间，大张旗鼓地进行社会主义宣传教育。恢复 50 年代党的宣传员、报告员制度，在工厂、机关、学校、农村的基层进行马克思主义的立场、观点、方法的教育。每个人的学习成绩如何，作为政治考核的重要标准。就是说，从各个方面来恢复马克思主义的权威。最近从中央党校学习回来的全省 30 多人要抽出来参加这一工作。

3. 对中央关于经济流通领域各种规范性的法规，我省要加大力度宣传，如张贴布告、登报、广播，并规定出各种具体的制裁办法。

4. 党内要搜集材料，抓些典型，严厉处理，通报全党。对那些破坏党纪国法，搞投机倒把、受礼行贿的人绳之以党纪国法。

5. 凡是条件困难、维持生产有困难的工厂企业，应在调整中关停并转，以并、转为主。

6. 鉴于行贿、送礼、走后门不正之风弥漫全国，应由中央通盘考虑一个打击、杜绝的措施。

以上汇报和建议，均系个人一孔之见，但我觉得我有义不容辞的责任向党的领导反映，供领导同志参考。

安徽省社会科学研究所

辛秋水

1981 年 2 月 13 日

附录 1

中共安徽省委第二书记顾卓新同志的重要批示

袁振同志，此件总的看来，作者是个有心的人，很好。是否由政研室整理研究，提点意见。印发时要加发地、市、县委。我还要主张：（一）大家多抓基层党委工作，其实中央政策都好，但行不通。（二）当前判处应从重。（三）报道开会抓工作，再不要注重形式，要抓出实效。

附录 2

胡耀邦同志就辛秋水调查报告给中纪委王鹤寿同志的信

鹤寿同志：因为一些事情，这个决议我无法仔细推敲，请你们负责定稿就行。我只是感到有两点似乎强调得不够：一、是不少党委的纪委会还没有正式建立，建立了也很不健全，中央决定全党要成立纪委已两年多了，有些地方对此不积极，这不好。决议上虽可不批评，但似应写上两三句。二、据我所知，现在一些中下层干部，特别是农村中的一些干部，投机倒把，行贿受贿，甚至向下级向群众敲诈勒索之风相当严重。现在，我把昨天收到的一份材料转给你，请你们看看。我主张除在第三部分适当增加有关这方面的一些内容之外，有关这个问题请你们再研究一下。第一，可否将这个材料登《党纪》刊物，并加按语，要求各级纪委充分重视。第二，是否再作点调查，争取在四月至迟在五月，专门写个通告公开号召广大干部、党员和群众坚决同这种歪风邪气作斗争（当然行文时还要把这些行为看成是少数人的行为，以免引起人们对党的不信任）。此外，我看到这次会议的一些简报，我感到不少同志在小组会议的发言相当空，似乎对下面干部的党风情况并不很了解。这一点，也请你们加以注意。

胡耀邦

1981 年 3 月 26 日

注：胡耀邦批语中"我把昨天收到的一份材料转给你"，这份材料即作者的"国家干部贪污行贿之风甚炽"的调查报告。

附录 3
必须制止行贿敲诈勒索不正之风

本报讯 中央纪律检查委员会机关刊物《党风与党纪》今年第 10 期，摘要刊登了两封党员来信，其中一封是安徽省社会科学研究所辛秋水今年 2 月写给安徽省委的信，并为此加了编者按。编者按指出：从来信所反映的情况可以看出，现在有一些基层干部和企业工作人员行贿受贿、敲诈勒索的不正之风相当严重。党的各级纪委对这些问题应引起足够重视。目前应当协同有关部门，对经济领域中的这种不正之风和一些党员的政治思想问题，做深入系统的调查，摸清情况，提出纠正措施，协助党委在学习贯彻《准则》的过程中，加强对党员干部的政策和纪律教育。对于那些违犯党纪国法，行贿受贿，敲诈勒索的党员干部，要根据情节给予严肃处理，切实做好对党员的思想政治工作，搞好党风建设。

辛秋水同志在给省委的信中说，今年初他们在滁县等地区调查农村经济时，了解到一些中下层干部和农村基层干部行贿受贿和敲诈勒索的问题。这些问题是严重的。在嘉山县他们召开了一个小型调查会，有几个同志的发言很能说明问题。

这个县的二轻局局长张志斌说：送礼、行贿、走后门，已成为我们企业采购物资、推销滞销品的手段。采购员为了搞原料，"找米下锅"，满天飞，差旅费、送礼费、运输费、招待费多得惊人，仅今年一个半月的时间，二轻局就花了招待费 1 万多元，而且送礼行贿不在其内。县工艺美术厂今年一个半月花掉送礼费 4000 余元。为了推销滞销品也要行贿、送礼。1979 年在贵州举办的全国工艺美术品展销会上，嘉山县工艺美术厂带去的多数是滞销品，绣花被面质量不如芜湖的，可是由于我们带去了许多礼物，结果推销了 3000 多床，而芜湖只销了 600 多床。请客送礼，有的单位从领导到业务部门、业务人员，关关都要到，哪一关照顾不到事情就办不成。请客光是陪客的就是一大串。《准则》变成纸上谈兵。我是一个共产党员，于心有愧，但是不这样办，原料搞不到，工厂开不了工，工人和家属要吃饭。我多次请求县委调动我的工作，或者轮流干二轻局局长，免得"肉落千人口，罪由一人当"。

嘉山县工艺美术厂厂长阚克让说：送礼、行贿、开后门成了我们企业经营的重要环节。大家都骂这样办，可大家不得不这样办。去年我到河南郑州纺织机械厂买一种机件，该厂生产科长开始说没有，继之问我们那里有什么特产。我拿出事先准备好的3床绣花被面，他接了过去，提笔开个条子说：还有3个，本来已许给人家的，现在给你吧。可我拿条子到仓库去领，结果保管员这一关通不过，硬说已许给别人了。这位科长同保管员吵了一阵，没法就写信叫我到山东昌潍地区纺织机械厂去买。我于是又到昌潍。一接头，经办人给我订到1981年7月交货。我问他能否提前，他说，你们那里茶叶有名。我说，茶叶未带，带了几床绣花被面，你看如何？他一看被面连声称好，可一掏钱，说是未带，以后再付。他把被面接去以后，立即将订期改到当年底。到期我去提货，又带去4斤茶叶，这样就非常顺利地把机件拿到了手。

嘉山县工艺美术厂采购员胡青士说：我们当采购员的离开这个不正之风什么事也办不成，送礼、行贿、走后门还要瞒着，不敢讲，不敢揭，更怕写文章登出来。自己既怕受处分，更大的难事是从此堵住一切门路，以后你喊他爸爸，他也不给你东西了。胡青士还说，不仅市场调节的商品要开后门，就是一些国家调拨的计划物资，离开送礼行贿也是弄不来的。比如1984年国家调拨给我厂2吨人造丝，由设在上海的"轻工业部华东轻工供应部"供应，我们拿着调拨单跑了两趟，路费花了许多，也弄不到，最后我们带了许多礼品。那位经办人收下东西，就顺顺当当地协助我们把事情办成了。

辛秋水在给省委的信中说，以上这几个人的谈话，生动地说明了送礼行贿已成为一种很坏的社会风气。这种风气不改变，四化建设从何谈起，《准则》怎样贯彻！为此，他向省委建议：对行贿、走后门等不正之风，应考虑一个打击、杜绝的措施。党内要搜集材料，抓好典型，以教育全党。对那些破坏党纪国法、受礼行贿的人，绳之以党纪国法。

(原载《人民日报》1981年7月23日)

附录4
二轻供销公司华东供销站党支部接受报纸的批评
——严肃查处读者来信揭发的有关人和事

本报讯　7月23日本报刊登了安徽省社会科学研究所辛秋水同志的来信，揭发了"轻工业部华东轻工供应部"（系"轻工业部二轻供销公司华东供销站"之误），经办人借调拨产品之机收礼受贿的问题。轻工业部二轻供销公司华东供销站党支部对此很重视，在弄清情况的基础上，对当事人进行了批评教育和帮助。

当事人在逐步提高认识的基础上向全站职工作了检查，表示痛改前非，并将收受的嘉山县工艺美术厂送的绣花和线绨被面各两条原物如数退回该厂，还寄去花生米差额款

5元2角。鉴于当事人对所犯错误有所认识，经济上也已退赔，站党支部经群众讨论决定并报上级纪律检查部门同意，对两个当事人分别停发一个季度奖金和一个半月奖金，免于行政处分。

为认真贯彻执行国务院关于制止商品流通中不正之风的通知，这个站的党支部在组织全体职工多次学习讨论的基础上，还制定了关于抵制商品流通不正之风的八条守则，以便互相监督。

（原载《人民日报》1981 年 10 月 20 日）

附录 5   国务院《关于制止经济流通领域中不正之风的通知》(略)

附录 6   中共中央、国务院《关于在经济流通领域中开展打击严重犯罪活动斗争的决定》(略)

我对当前经济领域中打击严重犯罪活动斗争的看法和建议*

我参加的省委派往滁县地区的工作组工作已经结束。在这6个月中，确实揭露和处理了一批贪赃枉法、投机倒把分子，刹了一下歪风，受到广大人民群众的拥护。这个成绩是应该肯定的，但是同样应该清醒地认识到这个斗争还很不深入，许多部门、许多地方对斗争的领导还很不得力。我们许多同志在一起交谈时，都有一种共同的忧虑。

1. 有些地方的斗争搞了几个月，目前的形势仍然处于上不去也下不来的阶段，专案组查的案子一旦牵涉到某些领导人的问题时，至多不过是礼貌地去请他核对一下，答一个"否"往往就不能往下问。一些有问题的领导干部既不愿意你深追，专案人员也不敢深追。一些专案组人员思想上有顾虑：斗争过后领导同志还是领导同志，自己还是下级，得罪了他，今后的日子难过，何不现在落得做个顺水人情？有的干脆将矛盾上交。有的第一把手既怕乱了自己的班子，又怕造成矛盾牵涉多，难处理，故一拖再拖。基层工厂、企业、区社普遍的情况是：横向是互相牵连（蜘蛛网），纵向是上下挂钩（一环扣一环）。已查出的案子就说明，稍大一点的，没有领导开绿灯，是根本兴不起风雨的。你刚刚调查一个坏人，就往往有十个"好人"为之解困、申辩、托人情，软硬兼施，层层包围。已查出的几个罪犯，大都是不牵涉或很少牵涉领导人员的浮在水面上的"小鱼"，秃子头上的虱子明摆着的。群众说：捉住泥鳅，放了黄鳝，抓几条小鱼做祭品而已。

2. 群众没有发动起来。中央鉴于过去的教训不搞群众运动，但是"决定"中明确提出要走群众路线，在已发现问题的单位可以发动群众进行检举揭发。中央的正确指示到了底下受到极片面的歪曲，不搞群众运动的正确方针，到了基层就被那里的领导歪曲，连发动群众也在禁止之列了，甚至上级的检查组到群众中访察，也被指为是文革"揭盖子"而遭到反对。据我观察，这不光光是理解上的问题，更主要的是有些自身不干净的领导同志害怕发动群众揭出自身问题的心理使然。他们害怕拔了萝卜带出泥，为了遮住自己的丑事，连别人的问题也给盖住了。打着"不搞群众运动"的盾牌反对走群众路线，反对在有问题的单位发动群众。这些人才是当前斗争的阻力，如果说这场斗争要"夭折"就夭折在这些人手里。万望决策机关对此进行调查研究，迅速作出决断。

3. 当前打击经济领域中严重犯罪分子的反腐蚀斗争，本身就是群众性的斗争，群众性的斗争离不开发动群众，光凭几个专案人员去办，造成少数人干，多数人看，连少数人干也是带引号的。以上是凤阳县委宣传部长沈淑在该县座谈会上所讲的。这样干下

---

* 1982年10月26日送阅材料，并刊于《红旗》杂志内参。

去，而要获得预期的胜利是难以想象的。我们党几十年来积累的一条经验，就是群众发动起来以前要防"右"，群众发动起来以后要防"左"。然而今天这场斗争刚一开始，一些领导同志中就存在着"三怕四不搞"的情况：一怕群众发动起来影响生产和安定，二怕自己手脚不干净被牵连进去，三怕自己暴露问题太多影响自己威信；牵连到自己的不想搞，问题揭露出来的不能搞，熟人熟事的不好搞，触动到上级领导干部的事不敢搞。这重重顾虑，就使这场群众性的反腐蚀斗争变成仅仅是缩手缩脚的少数专案人员的事了。

4. 广大群众对近几年来的贪污行贿、投机倒把等犯罪活动积愤已久，抱着善有善报恶有恶报的愿望，早盼有朝一日，党中央一声号令，发动群众对这些出了洞的毒蛇，聚而歼之；而干坏事的坏人也最怕群众起来向他们发起斗争，使他们无处藏身，原形毕露。因此，这场斗争打赢了，好人扬眉吐气，坏人罪有应得，整个社会风气可望获得根本的好转。如果像现在这样，不痛不痒、水过地皮湿，触动不了坏人的根基，恐怕群众将会失望而去，产生离心倾向，党的威信也会下降，回过头再来发动群众搞斗争就更困难了。为此，对今后的斗争有如下几点建议：

（1）进一步大造声势，大造舆论。在这个时期内各种宣传工具要突出报道，宣传，做到家喻户晓，深入人心。

（2）放开手脚，对一些有明显问题的重点单位，有组织地发动群众面对面或背靠背揭发检举，这有利于发扬正气，孤立坏人，解决问题。

（3）对各地各级领导在前一阶段斗争中表现好的要表扬、奖励；对领导不力的要教育批评，甚至在报上点名；对个别阻碍斗争的领导要大张旗鼓地严肃处理。

（4）随着斗争的发展，各级、各地、各单位的领导成分要更新。新生的积极力量补充进去，以代替在斗争中相形见绌或腐化的分子。只有如此才能使这场斗争持续地、健康地向前发展。这同时又是整党、整风和干部队伍新陈代谢的过程。

（5）坚持对外开放对内搞活经济这一正确方针的同时，要大力抓方向路线的宣传教育，使精神文明、物质文明建设齐头并进，社会主义"四化"建设飞跃发展。

罗网不除 四化难成*

旧中国的三座大山已被我们推倒 30 多年了，但是为这三座大山服务效劳的反动思想体系却还没有向人间告别，它要选择新的土壤落地生根。胜利了的革命人民对此要有高度的警惕。我在参加了 3 个月的打击经济领域中严重犯罪分子的实际斗争以后，痛感上述这种反动思想体系的危害性，它们结成一道道、一块块的罗网，里面包裹着各种社会残渣、脓疮、病毒和细菌。对党的政策或是控制之或是歪曲之，以便为他们一小伙人服务。这里，仅举我所接触的一个案例来说明。

×县××公社××厂副厂长兼采购员孙余图，经查明共贪污 2600 元。此案中涉及的贪污数额并不惊人，但是在搜查赃款、赃物过程中，调查人员取到他尚未销毁掉的同一些人来往勾结的信件。从这些信件中我们清楚地看到这个社会蛀虫是如何利用陈腐关系学织成一层层罗网的，他把我们一些党政干部，包括中高层干部拉进来为他的罪恶勾当服务，党的平反冤假错案政策也被他的反动关系学所冲击：县委副书记、法庭庭长也都纷纷为其热心开后门，讲人情，给他送绝密的党内文件，等等，一幅现实的"法庭内外"就在眼前。

据这个犯罪分子交代：他曾经给省××厅厅长叶森的爱人、女儿，送去 3 台 12 寸电风扇，买价每台 151 元，只收 47 元；1 台 16 寸电风扇，买价 150 元，只收 70 元，孙余图通过叶森及其爱人先后搞到 52 立方计划外木材。省××局张北村曾经帮孙余图搞到弹力丝，孙余图则送给张北村狗皮褥、被絮、花生米、油等。有些物品张北村又送给中央××部外事局科长江利非，还有什么×经理、×主任。张北村自家砖瓦运费 200 元，孙余图就在本厂里为其报销。孙余图搞的 52 立方木材中 15 立方是张北村弄来的，这张调拨单的背后还有叶森厅长的批字，由孙余图去购买分给张北村 9 立方，张北村又少付孙余图 230 元。县交通局易长江（孙余图的姐夫）帮孙余图在××局开介绍信找××厅长托购木材，易长江也分到木材。

再说孙余图如何利用"关系"为其所谓错案平反。从被搜集的书信中看到，孙余图原是小学校长，1965 年因强奸女学生被判刑。1981 年 12 月经××地区中级人民法院复查后免于刑事处分，理由是被校长奸污的那个女学生已经毕业。该女生被奸污时是否已经从这个小学毕了业，以及在法律上有多大区别，我们未再进行深研究。但是，在孙余图申请"复查"过程中，利用我们一些党政负责人为其开后门、讲人情、拉关系确是事实。这件事为我们提供了一份珍贵的反面教材，说明党风也受到冲击。从材料看，帮孙余图进行私下活动的有××县委副书记黄德胜（和孙余图是同学），在给孙余图的

* 1982 年 10 月 26 日送阅材料，并刊于《红旗》内参。省委书记周子健在中共安徽省委常委会上宣读。

信中说："在收到你的信以前，庭长已给我写了信，你的情况尽知……所谈之事，正在进行，预计月内能结束。庭长曾到这里主动和我谈你的问题，他的意思是撤销判决、宣告无罪。你耐心等待吧，我所写的内容一定保守机密，免得增加不必要麻烦。"×县×局长写信给孙余图，并摘抄省委（81）8号文件，信中说："此系绝密文件，希保密，心中有数。"×县××局×副局长为孙余图的问题写信给县法庭庭长尤特新，信上说："关于上次在东门酒馆所谈之事，希望能抓紧进行，希望你能在未下任以前抓紧时间上报，勿失良机。第二，希望你能不留尾巴，因为此人和我犹如兄弟关系……"省××局张北村给孙余图的信中说："高院H说，高院在某地人员回来说：中院讲问题解决了。""找×主任谈复职。""问×组长信怎样写的，估计I的干预作用大一些。"张北村还在信上要孙余图找×副县长帮助解决××农场拖拉机驾驶员J转正问题。

孙余图在被查账后，看到问题已经败露，便自己花钱请人到江苏向采购员罗兆龙通风报信，孙余图交代说：无论如何不能牵涉到××厅厅长叶森和张北村。

从以上这些信件和孙余图的活动中看到，这个以前的劳改释放人员、今天的贪污犯罪分子是如何利用庸俗的"关系学"为其罪恶行径服务的，而那些县委副书记、副局长、庭长等党政负责干部在来信中讲的是"犹如兄弟"的江湖义气，而不是党的原则，甚至将党内绝密文件抄给孙余图，还要这个犯罪分子保密。说明孙余图利用反动"关系学"这个罗网，已把我们的许多党员套得结结实实，全心全意为他个人的阴暗勾当服务。

再从孙余图贪污案中看一看，他牵涉到我们多少党政干部，甚至省××厅厅长叶森被其牵连进去。他用金钱、物质腐蚀了我们多少干部，使其一一俯首听命，为其效劳。孙余图所倚仗的仍然是腐朽反动的关系学。

尽管旧社会已成为过去，一切封建主义或资本主义的剥削的生产关系已被我们埋葬，但是旧社会、旧时代的各种陈腐并没有随之而消逝，就像一具具腐烂了的尸体一样在毒化着人们的灵魂。各种各样的腐朽关系学，就是一层层一道道罗网，阻拦我们党的政策的正确贯彻，包庇着社会残渣和蛀虫。结论是：罗网不除，四化难成。

当前青少年犯罪的几个问题[*]

一条人命案

1982 年 11 月 8 日下午，在逍遥津公园门前以宋中林为首的一伙青少年流氓将三里街青少年流氓集团头目项高华包围起来，拳打脚踢穷砸猛摔，项高华退到一家铺子，抓住酒瓶、汽水瓶还击。宋中林的流氓团伙中 17 岁的王国年用钢珠枪击中项高华的胸部，项中弹而倒，宋一伙人还对着项的头砸了一砖，又踢了一脚，扬长而去。项胸部被击穿，口吐鲜血，瘫倒于地，围者济济，却无一人出救。项忍痛爬到边上拉住一位行人的自行车央求去医院抢救，遭骑车者拒绝。等到项的家属闻信赶来，将项送到医院抢救时才发现项已死亡。在街谈巷议中人们深感不安，光天化日之下就在省会城市中心，流氓结伙械斗历时 10 分钟，最后居然用明枪把人打死。围观者如此之多，竟无一人出来劝阻、干预或报公安部门。这说明坏人嚣张到何种程度，合肥市社会治安糟到何种地步，社会公德低到何种水平！

一夜六家被抄

宋、项两伙流氓在逍遥津公园门前械斗前夕，即同年 11 月 7 日夜间，双方彻夜进行抄家互搞打砸抢。花冲派出所管辖地段有六家被抄被砸被抢。七起向派出所报案。先是五里井赵魁赶到派出所，说他家被韩永贵抄了，老头、哥哥均被打伤。派出所的人尚未出门，宋中林家来人报案，说是韩永贵带人把他家抄了，门窗家具都被打烂，父亲被打休克。派出所正要去人，夏强家又来报案，说不仅他家被砸，连一个来串门的老大娘也未幸免，流氓对着她的手连打数枪。接着是第四家来报案了，一个住在五里井四幢楼上的无辜青年王成彬有事下楼，见流氓打架，扭头就走，结果被流氓捉住打成重伤，手表也被抢走了。第五家报案，韩永贵家也被抄了，父亲头被打烂。第六家报案，吕国计被宋中林等人打成重伤，这一夜 6 家遭到打砸抢，数人被打成重伤。流氓危害社会如此

* 1983 年，全国打击严重刑事犯罪斗争前夕，作者就当时青少年犯罪严重破坏社会治安问题到合肥市东城区进行社会调查，并给中共安徽省委及安徽省政府写了这份关于当前青少年犯罪问题的调查报告，提出了对青少年犯罪的社会综合治理方案。其核心一是严厉打击，二是多方疏导，三是实行单位、学校、居委会和家庭对青少年犯罪的连带责任制。这份调查报告受到安徽省委、省政府的高度重视。原省长王郁昭、副省长程光华均作了重要批示。随后合肥市立即开始了对刑事犯罪的集中打击。后来，这份调查报告经有关部门转到中央，全国人大法制委员会作为典型材料印刷成册，送全国人大常委以上负责同志参考。不久，全国人大常委会作出了《关于严厉打击严重刑事犯罪活动的决定》。

严重，人民的财产哪里还有保障？派出所人少力弱，疲于奔命，孤军作战，主犯均未捕获。遂有次日逍遥津公园门前致人死命的一场更大规模的械斗。也许，这只不过是流氓集团彼此间的争斗，百姓们还是安然的吧？其实不然。

青少年犯罪直线上升

最近，我们对花冲派出所所在的合肥市东市区近年的刑事犯罪案件作了一番调查，并着重了解了青少年的犯罪情况。从调查中可以看出两个严重趋势。一是青少年犯罪的比重逐年上升：1979 年刑事犯罪总人数为 24 人，其中青少年 6 人，占 4.3%；1980 年刑事犯罪总数为 37 人，其中青少年 8 人，占 21.6%；1981 年刑事犯罪总人数为 75 人，其中青少年 51 人，占 68%；最近几年，青少年犯罪率竟高达 87%。二是青少年在恶性犯罪中的比重也在逐年上升：1979 年犯强奸、伤害、抢劫罪的共 7 人，其中青少年 4 人，占 30%；1980 年犯强奸、伤害、抢劫罪的共 7 人，其中青少年 4 人，占 57.1%；1981 年犯强奸、伤害、抢劫罪的共 45 人，其中青少年 40 人，占 88.9%；1982 年犯强奸、伤害、抢劫罪的共 75 人，其中青少年 72 人，占 96%，增长速度达到惊人的程度。

合肥市东市区人口 20 万，约占全市总人口的三分之一。据有关部门介绍：各区青少年犯罪情况都有类似发展趋向。这难道不是一个极其严重的情况吗？

他们为什么会犯罪

宋、项两个流氓集团不过 20 余人，年龄最大的不过 22 岁，最小的 16 岁，大多是各单位的待业青年，他们不在单位劳动，终日成群结伙到处为非作歹，有的拦路打劫，有的强奸妇女，有的打群架，持凶器伤人，以至发展到以三里街、五里井为据点每日不绝的械斗。自 1982 年 10 月到逍遥津公园门前打死人为止，两伙人打群架就达 20 起，居民视他们为虎狼，恨之，畏之，避之，主要原因一是"怕"字当头，二是不做综合治理。花冲派出所瞿福贵同志说："现在是大人怕小孩，好人怕坏人，工厂的保卫科只敢管好人，不敢管坏人。"派出所通知单位把这些人扣住并交给派出所，可这些单位的保卫部门就是不管。每天早晨他们到厂里报到后即离去，派出所找不到人。两伙流氓在这些单位打群架，单位的保卫科不管不问，至多给派出所打个电话，等派出所的人赶到时，流氓早跑了。流氓张建刚无病硬要医务所开病假条，医务所不敢不开，甚至公安人员也怕他们三分。一次流氓韩永贵拿把三角刀顶住大师傅的屁股勒索，大师傅一回手夺下三角刀，送给正在这个饭店吃饭的某派出所所长，所长拿着刀对着韩永贵问话，结果刀竟又被韩永贵夺了回去，反过来对着这位所长喊："你敢动！"所长同他的同伴数人，在这个气势汹汹的流氓面前只好甘拜下风，一齐躲到后面的房里去了。最近某某机械厂有个别职工勾结外面的一些流氓，大白天把这个厂一把手二把手从楼上打到楼下，当时围观者达 200 多个职工，中间既有保卫科人员，又有经济警察。这么多人对几个流氓不敢拦也不敢抓，只是打个电话给花冲派出所，等公安人员赶到现场，流氓凶手早就逃之夭夭。至于流氓在大街小巷作案抢劫，围观的人，不加阻止干涉，也不去派出所报案，更不足为奇。例如，去年 3 月 26 日上午 11 时，在二十里铺汽车站的马路上，6 个小流氓对红旗旅社服务员方某持刀索钱连刺三刀，夺去二元钱，群众围观不敢问。事后一个老头子说他认得这些小流氓，但叫他写材料，他不敢写。现在群众被坏人压，现场不敢问，事后不敢讲，以致这些流氓气焰一天比一天嚣张。他们在大街上追着行人要钱。最近甚至许多青少年流氓在学校门前公开掏学生腰包，调戏女学生，教师干涉遭到毒打，在二路、十一路汽车上竟有手持凶器抢劫的事发生。可见一个"怕"字。很显然，这与政府打击不力很有关系，致使社会正气难以抬头，法制越来越松，社会越来越乱，作案越来越多。知青所在单位怕，社会上的路人怕，甚至个别公安人员也怕，怕多管"闲事"，惹火烧身，怕钢珠枪，怕三角刮刀，怕家里被抄……人们"怕"的心理状况已发展到如此严重的地步，难道不值得党和政府领导高度重视吗？

一个好端端的青年怎么会变成流氓，以致犯罪作案被抓、被捕的呢？很有必要进行剖析。

宋中林是逍遥津公园门前打死项高华的凶犯之一，现年18岁，合肥味精厂待业知青。两年前初中毕业在家还算安分，后来到滑冰场溜冰，一些痞子向他勒索香烟、钱财，欺侮他，于是他就结交另一些痞子对抗。后来他到味精厂当知青工，因离家较远，就住在味精厂，家里管不着。他每天在味精厂报个到就跑到外面干坏事，厂里每月照发给他工资，别的不去管。他首次作案是与人结伙到长丰县抢劫，被抓住后关了一阵就放了。出来后老实了一段时间，不久他又干坏事，发展到强奸少女。他身藏五支钢珠枪。一次他对绰号叫二赖皮的王正斌打了三枪，医院在王身上取出两颗子弹，还有一颗子弹在脾脏里，未取出来，王正斌曾三番五次到派出所告状，派出所多次说逮不着宋中林，叫味精厂保卫科在厂里抓，厂里不敢抓，人抓不住，案子没法处理。王正斌也不找派出所了，就带着几个人专找宋中林自行报仇，说是"自己处理"，于是械斗越打越大。宋中林直到这次参与打死项高华才被捕在押。

黄春心出身工人家庭，现年20岁，高中毕业，合肥电机厂待业知青。在学校时该生直到高一，表现一直很好。有一次他到上海探亲，大伯给他十几块钱，他都买了书带回来。进了高二时，班上有几个坏同学拉他混，他逐渐变了。1981年参军他第一次体检合格，但后来未被录取；而另一个同学体检时不合格却被录取了。他想不通，认为人家有后门，而他家是工人，无后门可走，感到悲观，说是"这一生没有希望了"。他每天到厂里报个到就出来同痞子厮混，在外面打群架，拦路抢劫，一次他在偷盗人家厨房时被抓住了。在拘留所里他还扒人家衣服行凶打人，因此关了一个月，出来后派出所叫他写个保证书，他一字未写就跑了。后来同宋中林、夏强等人混到一起。父母把他关在家可坏人在外吹哨子，催他出来，他的魂如同附在这些人身上似的，一有机会就溜，父亲打他也没用。这次在逍遥津公园门前他参与了打死项高华事件，以后在警察的追捕中落水而死。

从以上两个案例可以看出青少年由好变坏都同坏人接触有关，一个是直接被社会上的痞子拉下水，另一个是在溜冰场受痞子欺侮而去投靠另一伙痞子后自己陷进去的。再就是都与知青厂纪律松懈对知青工不管不教有关，他们上班报个到就走，不干活到外面干坏事还照发工资。治安机关抓到犯罪知青，关上半月、一月就放。结果形成一种"犯了罪关，关了放，继续犯，抓住了再关再放"的恶性循环。

救救孩子吧

青少年犯罪现象如此严重，而且与日俱增。为国家利益，为百姓安宁，为广大青年健康成长，也为挽救一大批失足青年，有必要采取以下措施：

一、在全社会掀起对流氓分子敢管、敢教、敢打击的强大舆论。对少数流氓集团头子要判刑改造。一般流氓习气严重的青少年交单位或街道严格管教，限制其行动自由。这些人在管教期间继续犯罪，除对其本人重判外，还必须追究管教人的责任。

二、加强家庭教育。据了解，家庭情况复杂，后父或后母对孩子管教不严，听之任之，孩子容易变坏。父母溺爱，也容易使孩子走上邪路。家长本身坏，影响就更大了。如老流氓蔡有金，四个儿子有两个儿子早已判刑，另两个儿子不久前也因犯罪被捕。这个老流氓平时就对儿子灌输道："宋朝有五鼠闹东京，今天我家有五虎闹合肥，东闹到廿里铺，西闹到三孝口，南闹到安纺，北闹到双岗。"可见家庭教育的重大作用。为此建议要建立家庭教育辅导机构，广泛发动离退休老干部、老工人、老教师当辅导员。

三、大力整顿知青待业单位。目前待业单位真正办得好的寥寥无几，这些单位经营管理混乱，长期靠"大锅里的粥往小锅里舀"来养活这些待业青年。实际上他们是姑息养奸，放纵犯罪，贻害青年，荼毒社会，用劳动人民的血汗钱来养活一批危害人民的寄生虫。对此要立即采取措施进行整顿，不可再耽搁下去。

四、要立即采取严厉措施，严禁制造、收藏"钢珠枪"。据调查，全市死于流氓"钢珠枪"的已不在少数，其对人民生命财产安全已构成严重威胁，甚至某些公安人员对此都有畏惧情绪。政府虽三令五申收缴"钢珠枪"，但收效甚微，派出所反映越禁越多。有些青少年手中已不是一支，而是数支，并且技术上从"单响"发展到"双响"了。建议政府对此立法规定：凡制造、收藏、使用钢珠枪者罪同非法制造、收藏、使用其他枪支武器，予以判罪，绝不宽容，并令出即行，判他一批，以威慑之。

最后一点属于认识的问题。从上面材料看，青少年犯罪已对居民生命财产安全构成严重威胁，已经成为社会治安问题的主要矛盾。过去我们政策法令一直对青少年犯罪采取宽容的原则。可是很多青少年甚至有些家长却钻政府的政策空子，依仗自己不够法定年龄，肆意犯罪，这既不利于稳定社会的正常秩序又害了青少年本身。我认为国家立法机关和社会单位要面对此情况，得出新认识，作出新举措，全力刹住青少年犯罪直线上升的严重趋势。为此，特拟定一份"关于筹建青少年犯罪综合治理中心的建议"送上，请予审阅并作批示为感。

关于筹建青少年犯罪综合治理中心的建议

近几年，我省青少年犯罪现象十分严重。以省会合肥市为例，甚至在光天化日之下，在熙熙攘攘的人群中间，青少年犯罪分子，公然拼刀执枪，敲诈勒索，行凶抢劫，以致强奸轮奸少女，屡见不鲜；进而发展到流氓之间互相抄家，格杀斗殴。株连者不计其数，搞得社会乌烟瘴气，居无宁日，广大人民群众生命财产安全受到严重威胁。最近，我在合肥市的一些地段进行抽样调查发现，青少年犯罪率急剧上升。因此，为实现"四化"计，为中华民族昌盛计，也为我们的子孙后代计，采取各种切实有效措施，迅速扭转和制止青少年违法犯罪的恶性势头，争取社会治安的根本好转，已成为一项刻不容缓的硬任务。

据各地有关青少年犯罪的调查材料反映，青少年走上犯罪道路，是由多方面因素造成的。因此，只有综合治理，才能真正奏效。综合治理，就是家庭、学校、单位和社会四个方面一齐动手，互相配合，缺一不可。据《光明日报》4 月 18 日报道：上海市由于近年来对违法犯罪青少年进行综合治理，取得了显著效果。1979 年，全市中学生犯罪率为 0.8%，去年下降到 0.2%。今年 1 至 3 月比去年同期又下降 11.2%。因此，上海市决定撤销几所工读学校。对比之下，合肥市在这方面做得很差，从基层调查所得的材料表明，综合治理实际上处于放任自流状态。这是合肥市社会治安情况不好、青少年犯罪率急剧上升的重要原因之一。

鉴于上述原因，我建议立即在省、市、县建立青少年犯罪的综合治理中心，在同级党委领导下，联合公安、司法、民政、文教、经济等部门组成指导委员会。机关仅设少量专职人员，主要聘请社会上已退休离休的工人、干部和教师，组成一支有力的教育、辅导队伍，对社会上失足或可能失足的青少年进行广泛、深入、细致的教育、开导和挽救工作。对辅导工作成绩卓著的，可授予各种荣誉称号，并在适当时候组织他们旅行或疗养。

为充分发挥家庭、学校、单位和社会（居委会和派出所）的作用，应分别对它们提出严格要求，建立责任制；一旦发生青少年违法犯罪活动，除惩治犯罪者外，还要追究负责单位的责任。

各级"综合治理中心"的组成，为了避免重染官僚衙门机关的恶习，其主持人选，采取立军令状，保证限期内改变青少年犯罪的现状，到期不能兑现者，自动下台，仍回到原来的工作岗位。综合治理中心的工作人员也必须是既有志于"治理"又有"治理"能力的人，采取聘用制或合同制，到期可续聘可解聘。这里的工作人员主要时间不是坐在办公室里"指导"，而是同辅导员一起，深入到家庭、学校、社会每一角落，做艰苦、细致的工作，对失足青少年耐心挽救，对可能失足的青少年采取有效措施，防祸于未然。

附录 1

1983 年 3 月 23 日安徽省省长王郁昭同志的批示

这份调查材料反映的情况很重要，值得重视。

附录 2

副省长程光华同志的批示

这份调查报告写得好，所提建议亦可参考，打印五十份。召开省直有关单位和合肥市的同志开会研究。

正确认识和处理新形势下的特殊斗争[*]

——从几则典型事例看打击刑事犯罪分子前后的变化及建议

近两年来，由于中央在全国大张旗鼓地开展打击刑事犯罪活动的斗争，包括合肥市在内的全国治安形势大有好转。这正如毛泽东同志早就教导过的：扫帚不到，灰尘照例不会自己跑掉。说明对一切假恶丑的东西是不打不倒、不斗不净的真理。

一、几个典型

公共汽车是城市交通运输的重要工具。然而，一段时间内，合肥市公共汽车上竟成了坏人抢劫、偷盗、侮辱妇女甚至残害人命的场所。当我访问合肥市公交单位时，这里的工作同志很自然地想到以往惊心动魄的一幕幕。

1983年5月上旬，合肥市一路2013号车行驶到安医站时，售票员陈杰发现四个痞子正在扒窃一个乘客，就对这个乘客打了招呼，痞子扒窃不成，手持凶器围打陈杰，另一售票员王兰项（女）上前阻拦也遭毒打。王的爱人此时正在车上，见状上前评理，身上被刺多处。此类案件屡有发生。又如四路2086号车行至卫岗站。五个青年上车后公然指令售票员万社云关灯，以便乘暗扒窃。这样公开行窃，危害乘客的行径理所当然遭到拒绝，但这伙人却侮辱殴打万社云。再如，五路035号车行驶至钱小店站，售票员徐柏芳（女）要一青年买票，该青年蛮横无理，竟将徐右胳膊扭成骨折，徐当时疼痛昏倒在地。至于刑事犯罪分子夺取驾驶员的方向盘，抢劫售票员的票夹更为常见。这些害群之马作恶多端，弄得人人自危。女驾驶员、乘客早晚上下班唯恐途中被抢劫、被伤害。这些流氓、小偷作案时旁若无人，甚至多次发生扒窃被当场抓获后，反过来殴打当事人。一次，两个扒窃分子作案被发现，毒打当事人以后，拿出三棱刀，站在车门口狂叫"谁敢看我一眼，我就戳死谁"。满车乘客一瞬间都把眼避开他，可车到下一站，一个未闻"禁令"的上车乘客，一抬头看了这个手提凶器的痞子，痞子猛地一刀当场戳死这位无辜的乘客，满车人束手无策，眼看着这两个杀人凶手下车扬长而去。

仅据1983年5月14日到23日统计：市区主要线路上的不法分子作案达50多起，其中行凶抢劫案4起，聚众斗殴3起，扒窃案3起，威逼殴打驾驶员、乘客15起。

对痞子们这些罪恶行径，驾驶人员在愤慨着，广大乘客在愤慨着，全社会在愤慨着。正不压邪，好人怕坏人。我们知道，一旦正气上升，形势就会发生根本变化。这就是正与邪不两立，道与魔不并存，总是此长彼消，所谓"不是东风压倒西风，就是西风压倒东风"。全国人大常委会通过的"关于严厉打击刑事犯罪分子的决定"，具有极

---

* 此文写于1984年1月11日。

大的威慑力量，政府依法将这些民贼抓的抓、判的判。顿时，作为城市精神文明窗口的公共汽车车厢气氛变了，那些不三不四、面目狰狞的家伙不见了，文明、礼貌的语言多了。售票员在车上大胆、认真售票，售票额大幅度增加，就是形势好转的证明。

"打击"以前，公交派出所的民警到车上突击检查时，每次都满获"丰收"，都要带回一堆凶器、赃物和一批作恶分子。在"打击"以后，几次到车上巡查却是空手而还。

"打击"不仅扭转了车厢里的治安状况，也大大改变了汽车公司的内部秩序。干部敢于管理了，歪风邪气下降了，领导作风和驾、乘人员的服务质量都有了明显的改善。

狠狠打击刑事犯罪，也大大促进了对后进青年的"帮教"工作，出现了前所未有的"帮教"对象不请自来，上门求教现象。教得进，帮得上，不少人行动上、言语上骤然变了，显出了求好向上的苗头。也许"打击"触及了他们的灵魂。

打击刑事犯罪的斗争，使一些担负领导工作的同志焕发出革命精神，改进了工作。公交公司领导严格实行"早送车、晚接车"，以身作则，教育了全公司的职工，驾、乘人员迟到早退现象大为减少，各方面积极因素正在调动起来。例如：去年9月间，公司党委收到一位乘客的感谢信，感谢该公司售票员李宝云同志见义勇为，使她的一块贵重的手表失而复得。

原来是这么回事，1983年9月2日那天，2路车上一位女乘客的手表脱落，被同车的一位小青年拾起带到手上，等她发觉后向拾者索要，可拾者却一本正经地声称是自己的表，各执一词。正在难解难分之时，车上售票员李宝云同志走了过来，义正词严地证明手表是女乘客丢失的，于是拾者在这个权威性旁证之下，只好理屈词穷地物归原主，失者为了表达感谢之情，给汽车公司组织写了感谢信。

公司接到感谢信的消息传出后，上上下下议论着：要是在去年8月中旬以前（合肥市8月中旬对本市刑事犯罪分子重点打击），这种事是不会发生的。在那个时候，别说是拾来的，就是明明偷的让售票员看到，也不敢公然出来作证。顶多，走到被窃者的面前，暗示一下你被盗了，这还必须以不被痞子们发觉为限，否则售票员就有吃不尽的苦头。

我们再看一个由乱到治的工厂，同样说明了狠抓打击刑事犯罪的必要性。合肥矿山机械厂自从狠抓了打击刑事犯罪的斗争，短短3个月内，旧貌换新颜。

这个厂拥有2200多名职工，有几十年建厂历史。近一段时期厂内秩序混乱，邪气歪风盛行，生产每况愈下。一直对社会造成极大危害的钢珠枪，不少是产于这个工厂。一些青工在车间里公开用公家材料，大明大亮地制造钢珠枪，试验钢珠枪，甚至把车间门窗玻璃打穿打烂，领导见到，侧目而过，没人敢管，没人敢问。据已查明在册的，该厂共有26人参与制造，造出了各式钢珠枪达43支之多。厂党委书记因坚持原则被本厂痞子工人从他家打到公司。一个车间工段长就是因为说一声"这里电话坏了，请到那里去打"，就被痞子青工追到厂区几个地方三起三落地打。每逢厂内发工资那天，痞子们三三两两地拦在厂门口对身上带着工资的职工敲诈勒索，职工们敢怒而不敢言。许多车间连会都开不成。有一次，一个车间开会，车间支部书记正在会上讲话，可一个青工却在下面点起鞭炮来，闹得乌烟瘴气。所有以上这些事虽然向上级作了反映，但都没有得到认真追查、严肃处理，而是不了了之。面对如此现象，从群众到领导都唉声叹气，喊着没办法。实践证明：只要各级领导克服软弱病，不信鬼、不怕邪，狠打歪风，严整纪律，就能迅速地扭转局面，由乱到治。

1983年8月18日，市内统一行动打击各类刑事犯罪分子。这个厂的一些害群之马被抓走了23名，对全厂产生极大震动，一些原来大错小错不断或濒于犯罪边缘的人悬崖勒马了，收敛了，有的想法子以功补过，改邪归正。总之，这次来势迅猛的"打击"吓垮了痞子们。正气抬头了，到今天，短短三个月，全厂面貌发生了深刻的变化。

犯案率直线下降："打击"以前的1983年1月至8月18日，厂内的撬锁盗窃案就发生了12起。8月18日"打击"以后到10月份未发生过一起撬锁案件。厂内斗殴事件，1983年1月至8月18日就发生10起，"打击"以后到今天未发生一起。

劳动生产率直线上升：1983年7月，全厂完成生产总值704700元，8月份完成753300元，9月份完成801700元，10月份完成961800元，11月份完成972800元。国家下达该厂68台机械和液压掘土机的任务，按当时情况很难完成。"打击"以后就变了，如1到7月份生产了26台，8月到12月份就生产了42台，1983年任务超额完成。全厂4个主要生产车间完成平均工时定额，在8月份"打击"以后也是直线上升，7月份是1784工时，8月份是2031工时，9月份是2925工时，10月份是3710工时，11月份是3747工时。

厂风在"打击"以后明显好转。过去师傅怕徒弟，在车间里常常看到师傅卷着袖子在机器旁认认真真地干活，徒弟却在一边叼着香烟休闲。"打击"后师徒关系有了明显变化，有150个徒工，主动订立了尊师公约，出现了许多尊师爱徒的动人事迹。过去一些青年工人，以奇装为荣、打架斗殴为好汉，终日追求的是吃喝玩乐。"打击"事件以后变了，人们都把被抓去的23个青年作为前车之鉴。目前该厂的读书活动掀起了高潮，职工们自发地组织了50多个读书小组，有500多人参加，其中青年工人就占300多个，读书、研究技术、学习本领已成为青年工人谈论和活动的主题。

企业领导的令能行、禁能止了。前不久，锻工车间一个工人（党员），不服调度员分配，还骂人，论资格他老，要是过去就不了了之了。这次，党支部立即要他就此事公开检查，并视结果再处理，他只好老老实实检查，老老实实去完成任务。另外，一个铸工车间的工人，不服分配，在车间里坐着半天不干活，车间立即要他检查，停止他的工作，他也只好老老实实检查了，并接受了任务。车间还把他半天不干活的时间作旷工处理，做到令行禁止。另外该厂还顺利地解决了一些职工长期占住公房不退的问题。矿山机械厂从工人群众到厂里领导，异口同声一句话，8月中旬打击了刑事犯罪分子，厂里的生产、生活秩序和政治气氛变了样，这就是"旧貌换新颜"吧。

最后，我们再来看看学校的情况。过去的社会治安不好，使得坐落在合肥市区的前进小学也备受其害。现任校长孙传德同志在去年3月刚到这个小学上任时，映入他眼帘的是这个学校的门窗没有一块完整的玻璃。他就换上，可换上一块就被砸坏一块。他下决心，全部换上新玻璃，可就在一个星期天，这些新装的玻璃无一幸存被砸碎了。社会上的痞子就是这样肆无忌惮地破坏、骚扰这所学校。

教师在上课，教室门前还有痞子公然在叫唤，课上不下去；学生上自习，痞子干脆跑到课堂里搜学生腰包，抢夺学生东西，搂抱猥亵女同学；学生在去校的路上，不断地遭到痞子抢劫、抢钱、抢粮票，痞子甚至殴打和污辱女同学，逼得学生家长次次都接送。甚至，家长就在后面跟着，痞子也照常作恶。家长们不敢得罪这些家伙，怕他们报复，只好苦苦哀求。

一次一个痞子手持气枪，到学校乱瞄乱打，把一个五年级小学生的脸打伤了，把老师家的母鸡打死了，顿时全校师生乱成一团，忙给派出所打电话，可派出所却要他们把这个持枪行凶的痞子抓送到派出所去。这可把师生们难住了，谁敢去抓？最后还是让他逍遥自在地走了。

一次，学校开家长会，痞子混了进去，他捂住一个五年级女同学的嘴，拖到空教室企图作案，幸而被发现未遂。

学校花费偌大的人力、物力出的墙报，痞子一根火柴就把它全部烧光。

前任梁校长曾对作乱的痞子发过狠，制止过一两次，可马上大祸临头。梁校长有天晚上正在家看电视，墙外突然飞来一块砖头，接着连声钢珠枪向他射来，梁校长险些丧命，痞子们还扬言要把梁校长的孩子搞死。从此以后，梁校长每天早上到校可有事干了，学校大门的锁经常在夜间被浇上大便，梁校长要端水冲干净才能动手开门。

痞子们在这个学校做的坏事，真是罄竹难书。据该校不完全统计，截至本年4月18日止，全校14个班的学生，被痞子搜身的有273人363起，共抢去人民币20元，帽子18顶，乒乓球26个，球拍4个及粮票、钢笔等等。学校的门锁被砸坏了几十把。试想，像这样的秩序，老师怎能安心教学，学生又怎能安心读书？学校是委曲求全，以忍求安，可是痞子的作乱却有增无减，越来越嚣张。究竟怎么办？师生们等着望着，相信政府总会有法子的。

时间到了。8月22日，在全市范围内对作恶多端的流氓、痞子的严厉打击，把这个学校从备受摧残、骚扰的困境中解脱出来。从此，学校的锁没被砸，大门的锁再不用早到的同志端水冲洗大便了，新换上的玻璃窗子再没有砸烂过，教师上课没人来叫喊吵闹，学生到校来回路上再不怕痞子抢劫了，因而家长也用不着接送了。教师们谈起这些，往日的愁眉苦脸为之一扫，高兴地说："总算有了安定的教学环境了。这是师生们盼望已久的事。"

这次对全市刑事犯罪分子的打击，还有一个极其重要的作用，就是用活生生的事实，向学生们指出了是非，分清了好坏。过去学生们看到流氓、痞子打人、骂人，没人敢动他们，有些同学就误认为他们是英雄好汉，于是就模仿他们。这次，那些过去称王道霸、干尽坏事的家伙，关的关，杀的杀，对青少年来说是一堂极深刻、形象的政治课。

上述几则典型情况，充分地说明了全国人大常委会通过的"关于严厉打击刑事犯罪分子的决定"的英明正确。这次打击严重刑事犯罪分子所采取的有力手段是一次成功的实践。这次实践，极大地丰富和提高了对新时期社会治安问题上"防"和"治"的认识，证明了维护社会稳定是压倒一切的政治任务，因为只有稳定，才能谈得上发展，只有稳定才能进行我们要做的一切工作。但是要实行稳定的条件之一就是要不懈地同社会上的坏人作斗争。为此我建议：

1. 坚持落实综合治理方针，但综合治理必须把打击法办现行的社会犯罪分子作为重中之重的任务。事实证明，有一个时期，对犯罪分子捉了放，放了捉，片面理解综合治理，把感化教育手段捧上天，闹得坏人越来越嚣张，好人越来越受气，罪犯横行，好人自危，许多地方的犯案率直线上升。而一旦开展了对刑事犯罪的严厉打击，坏人迅即夹起了尾巴，好人又扬眉吐气，正气上升了，社会又恢复了平静，大家有了安全感，干"四化"的信心增强了，这个一正一反的经验和教训是要深刻记取的。

2. 打击刑事犯罪分子必须从重从快。"治乱世，用重典"，自古即然。社会犯罪分子往往觉得有机可乘，乘机作案。我们的政策是有宽必有严，宽严结合才能保证党和国家的政策方针的正确贯彻。

只有从重从快地打击，才能使罪犯在犯罪后所受的痛苦大大超过其犯罪时所得的快乐，才有可能破除其犯罪心理结构中的侥幸心理，才有可能消除其犯罪倾向；只有从重从快地打击，才能使社会上有犯罪可能的人有所畏惧而悬崖勒马；只有从重从快地打击，才能使社会生活中被十年内乱所颠倒了的是非善恶标准和界线得到彻底的纠正。这对广大青少年的教育作用是十分深刻、有效的。

3. 除恶务尽，持续打击。经过一个战役的集中打击，治安形势明显好转。但必须充分认识到，治安问题，积弊甚深，流毒已久，一阵风只能刮掉一批，其余的暂时偃旗息鼓。等风声一过仍会继续作恶，所谓"来势凶猛一阵风，狂风刮过又太平，狂轰滥炸我钻洞，炮声一停我再冲"。因此，必须在一定时期内，对他们保持强大的、持续的压力和攻势，不间断地进行严厉打击，以达到除恶务尽，使歪风邪气不能抬头。

4. 加强思想政治工作，巩固和发展"打击"的成果。经过集中严厉的打击，坏人畏惧，邪风收敛，许多人可能会萌发弃恶向善的想法，此时正是做政治思想工作的好时机，拉他们一把，促使他们转变，使之走上正途，变消极因素为积极因素。在此基础上，进一步整顿单位的生产、生活秩序，建立和健全规章制度。总之，绝不能看到打击的收效迅速，就纯粹依靠打击解决治安问题，放弃其他治理手段，这同样是对综合治理方针的片面理解。

5. 建立家庭教育、社会教育的辅导组织。从调查中看到，相当多的青少年犯罪与其家庭教育不当或家庭关系的不正常有直接关系。娇生惯养或棍棒"教育"会促使青少年犯罪，而家庭关系的不正常，继父或继母的虐待，父母双方的恶劣关系殃及子女，也使许多青少年的心理反常而走上犯罪。其次是左邻右舍和社会上的痞子流氓的教唆、引诱甚至逼迫，对许多青少年走上犯罪道路也有重要影响。因此，建立家庭和社会的教育辅导机构是十分必要的，把社会上退休的工人、干部、教员等积极因素调动起来，让他们从事这方面的社会活动，这也是让他们发挥余热的一项精神文明活动。

6. 大力发展职业教育。从调查统计材料来看，在整个青少年犯罪中，辍学待业的青少年占有很大比例。这批人不读书，没工作，在社会上闲游浪荡，加上其父母多数是双职工，管不上，看不到，于是同坏人混在一起，逐步走入歧途，结果害己、害家、害社会。从根本上讲，最大的受害者是我们民族的下一代。因此对这批人做好教育工作，不仅是燃眉之急而且是根本大计。对此国家要将其作为一个战略环节加以重视。普遍地设立职业学校是个重要措施，首先把城市的初高中辍学、待业的青少年统统招进来，进行职业、政治、道德、法制教育，期满考核合格发给证书，由国家统一分配或推荐介绍就业，这是解决社会治安的长久之计。

7. 争取党风和社会风气的根本好转，是全面解决社会治安问题的关键。党风和社会风气不良，对近年来青少年犯罪猖獗、治安混乱的直接影响是众所周知的。在调查中可以看到，一方面许多青少年在恶浊的社会风气熏染下，随波逐流陷入歧途；另一方面，有一些青少年自身的合法权利因党风和社会风气的不正，而受到侵犯或未能实现，于是产生了对社会的不满和愤慨的情绪，以致消沉、悲观、绝望、自暴自弃而走上犯罪的道路。如在招工、参军、考学等问题上受到了不公平的待遇，看到那些有后台、能开到后门的同学同事侵占了自己应得的名额或权利，往往产生与社会极端对抗的思想和错误行动，对社会造成不良的后果。因此，我们说：坚决地把当前正在进行着的全党整风搞好，从而带动整个社会风气的根本好转，是全面彻底解决社会治安和青少年犯罪问题的关键。

要重视解决农村"单身汉户"的问题[*]

——来自肥西县农村的调查报告

目前,安徽省肥西县农村未婚的"单身汉户"人数较多,社会后果严重。这是一个涉及农村社会安定团结,涉及建设具有中国特色的社会主义农村的大问题,希望社会有关方面予以重视,认真解决。

农村"单身汉户"问题种种

一、生产上困难多,有混日子思想。在农村全面推行联产承包责任制后,单身汉的生产和生活虽有不同程度的提高和改善,但是,目前存在的问题仍然不少。这里所说的"单身汉户"指的是超过30岁而无配偶、单立门户独居的男性青壮年。据肥西县河东乡调查,共有30到40岁的单身汉177人,占全乡总人口数的1.8%。这些人除极少数懒汉外,大多数都是过去生产队集体的壮劳动力。实行家庭联产承包责任制后,他们因为协作无人,内外不能兼顾,副业没法搞,只能单抓粮食生产,而粮食生产成本又高,经济效益低。例如,33岁的"单身汉户"陈某有弟兄三人,老三会开拖拉机,娶了老婆,他和老大都是单身汉。老大到学校去做炊事员,陈某一人种了两份承包田共3亩,1983年收稻谷2500斤、麦250斤、油菜籽200斤、黄豆80斤,卖粮1700斤,得300元。生产费用及各项开支共161元,结果只剩下139元,生活困难。

人到中年,单身生活,困难较多,许多人丧失了上进心、积极性,产生了过一天了一日的混事思想。

二、"单身汉户",无拘无束,放荡自流。一人独居无牵挂,白天黑夜想干什么就干什么,加之,村队干部对社员劳动不大过问,政治空气淡薄,有些村里的"单身汉户"是惯偷,将偷来的东西回乡销赃,群众乐于争购便宜货。

---

* 新华社《国内动态清样》第2573期、《内部参考》第83期均用黑体字作为重点文章刊登,并加了重要的编者按。随之,《中国农民报》、《文摘报》、《工人日报》、上海社会学杂志《社会》等全国14家报纸杂志先后转载,中央人民广播电台1984年11月2日的全国新闻联播节目对本报告做了摘要性报道。《中国农民报》于1984年11月1日以头版头条位置刊登了这份调查报告并加了编者按。本调查报告在1984年安徽省社会科学院科研成果评奖中被评为唯一的一等奖。同年,本调查报告作为当年全国农村工作会议大会文件之一,特别是本调查报告提出"'一胎化'政策在城市是可行的,但在农村不行。因为城市有养老保险,农村没有。根据传统'养儿防老'的习惯,农民生第一胎为女儿的话,有些会将女婴溺死,虽然行为十分残忍,但是从农民的立场看却是情有可原的。农村女婴数量的减少,会导致农村'单身汉户'的问题愈加严重"的观点。随后中共中央、国务院对农村计划生育政策进行了调整,改为如果农民第一胎是女孩,可以生第二胎。

三、有些刑满释放回乡生产的"单身汉户"，乡、村干部以无田分、无房住为由不予接收，或接收后不予妥善安置，致使这些人重新回到社会上流浪、犯罪。肥西县拘留所提讯的"单身汉户"犯罪分子，其中就有两个是由于上述原因而重新犯罪的。

四、独居日久，心理变态。长期的独身生活常常使之发生心理变态。有一天，我到河东磨坊拐村调查，正遇该村一个40多岁"单身汉户"孔某手持铁锹四处找其弟弟的一个独生幼子，扬言要打死其独子，还说"我这一辈完蛋了，也要你这一辈子完蛋"。村里群众介绍说：这个单身汉原来是个正直的人，但是他一来无副业、手中拮据，二来饥一餐饱一顿（单身汉户大多如此），生活不正常，把身体搞垮了，有了病没钱医疗。现在得了"头风"，夜间四处跑，饮食日少，神经已乱，找人闹事，眼看着他已面临着悲惨的末日，怎么救他？村里群众说，"单身汉户"的精神状态都有些类似之处。

"单身汉户"问题的严重社会后果

从以上所述"单身汉户"的种种状况，可见其已成为农村的尖锐社会问题，不利于农村的物质文明和精神文明建设，甚至成为消极因素。这一群人目前很难致富，特别是其中一些人偷鸡、摸狗、药鱼、强奸妇女、破坏森林，不仅时时威胁着勤劳致富的专业户（专业户怕这群人），而且对整个城乡治安都是一种不安定因素。他们中间刑事犯罪率很高，据肥西县人民检察院统计，1981年的数字该院全年批准逮捕各类犯人118人，其中农村"单身汉户"就有26人，占批准逮捕数的21%。1982年全年批准逮捕各类人犯87人，其中农村"单身汉户"22人，占批准逮捕数的21.2%（1983年的数字该院未统计出来）。该县官亭区18个盗窃犯中竟有11个是"单身汉户"。这群人随着时间的推移，将越来越成为集体和群众的社会负担。同时，他们的孤独、贫困状况和其中有些人的污秽行为，也对社会心理构成不良影响。

农村"单身汉户"队伍在扩大

农村"单身汉户"问题目前在不断地发展，"单身汉户"相应也会同步扩大。以肥西县河东乡为例，该乡现有人口9831人，男性5231人，女性4600人，相差631人。其中15岁以下男女比例是1952∶1586，相差366人。而1980年以后出生的，男女比例失调就更加严重得惊人了。据调查了解到，造成男女比例严重失调的主要原因是溺弃女婴。这个问题在肥西县农村自古就有，如今尤烈。如果此风刹不住，男女比例失调以及随之而来的"单身汉户"问题都是无法解决的，并且会愈演愈烈。

"单身汉户"问题火上加油——高价买卖婚姻

男女比例失调使农村有女之家奇货可居，高价买卖婚姻盛行，要想娶妻没有三千两千的是不行的。这样的情况使那些家庭经济较差的青年男子只好望女兴叹。有一光棍汉为了娶老婆，动员说客到一农户家中提亲。女儿的母亲还装着很开明，她说：我不要一点彩礼，只要男方按我女儿 27 岁年龄，一天二角生活费给我就行。男方一算，好家伙，也得要两千多元。

值得高度注意的是：买卖婚姻陋习，近年来在该县农村似已成为普遍、持久、公开的惯例和"规矩"，变成了一种社会风气，又反过来支配人们的思想和行动。比如，目前在一些农村，哪家姑娘出嫁，聘金不重就会被周围说成是"此女不怎么的"，女方"身价"遭贬低，所以弄成女方家庭即使是富户也得要向男方索重礼，否则女儿嫁到婆家要遭耻笑和欺辱。

这种高价买卖婚姻不仅使得经济收入低下的男子难成婚配，同时加速经济落后地带的女子向经济较好地带流动、边远地带女子向城郊流动、城郊女子又向城市流动。婚姻问题上这种普遍的梯形流动规律更加重了贫困落后的边远地区男女比例失调，加重了那里的买卖婚姻，加重了那里的"单身汉户"问题。

解决农村"单身汉户"问题的几点意见

一、立即着手抓紧解决现有的"单身汉户"的出路。这里有多种办法，一是把他们组织起来同煤矿订合同，到煤矿做井下工。目前许多煤矿的井下工甚感不足，该工种艰苦但工资高，城里青年不大乐意干，农村人不怕苦愿意干。"单身汉户"到那里干三五年，有了较多的积蓄，有助于解决婚姻问题。二是把他们组织起来办各种工匠训练班，使他们受雇于人，或办经济联合体，将专业户的技术、资金和"单身汉户"的劳动力结合起来，为社会创造财富，双方得益。

二、开展批判买卖婚姻的宣传教育活动，采用经济制裁办法处理一批大搞买卖婚姻劣迹昭著者，并用法律手段严厉打击一批因虐待妇女、溺弃女婴而在群众中造成恶劣影响者。

三、农村的计划生育政策要作一定调整，要同在城市里实行的政策有较大区别，对农民实行两胎化，或在只生一个子女的情况下，给予优厚的照顾。目前溺弃女婴现象的继续存在，固然是由于封建传统观念的残余影响，但是与农民的切身处境也有很大关系。现阶段我国农业生产力水平很低，大部分地区还是处于老牛拉木犁、肩挑背扛的状态，男子仍是"田力"，主要劳动依靠男子。我国农村短时期内还不可能有劳动保险。"养儿防老"还是农民现实的信条。女儿出嫁了，父母年老时主要靠儿子。这都使许多农民在只许生一胎的情况下一定要生个男的。社会存在决定意识，生产力水平决定人们的价值观念，从这些实际出发，对有关政策作适当调整，是十分必要的。

附录 1
胡耀邦同志的批示

转穆青同志酌处，并请代我给他一个简要的回音（附批示复印件）。

附录 2

万里同志的批示

调查报告所提意见大体可以，如这种情况相当普遍，即可将此问题发一通知以引起全国注意。

附录 3

《中国农民报》编者按

《中国农民报》编者按：《农村"单身汉户"问题亟待解决》一文，提出了农村的一个社会问题。目前，"单身汉户"限于处境和条件，难以致富成家，如不及时帮助他们摆脱困境，其中有些人将会成为社会的消极因素，影响农村的两个文明建设。辛秋水同志提出的帮助"单身汉户"的办法是可行的。我们希望各地县、乡、村三级党政部门、群众团体，采取切实措施，关怀"单身汉户"，帮助他们树立前途无限美好的信念；同时，因地因人制宜，帮助引导"单身汉户"学习各种生产技术，从事经济收入较高的劳动，以便他们尽快成家立业，过上幸福的日子。

附录 4

上海社会学刊物《社会》杂志编者按

《社会》编者按：家庭的定义，无论从哪一角度加以概括，人们一般总认为是两个人以上的共同生活单位，现在出了个新名词："单身汉户"。这种单身汉户不同于因故只剩下一人的"残缺家庭"，而是由一人组成的独身家庭，这种家庭单是上海就有一千多户，辛秋水同志面对现实的社会课题，进行调查研究，他的成果已引起中央有关领导机关的重视，而他的研究同时使得我们社会学的家庭理论具体地得到发展。由此可见，问题导向的实际研究工作不仅不会同理论探讨相矛盾，而且正是理论工作的基础和源泉。

就设立邹平县乡村文化建设实验区一事,给中共山东省委书记梁步庭同志的一封信

梁步庭同志:

　　您好!多次从报刊上,特别是《民主与法制》报道您答记者问和其他文章。我对您的见解和气魄十分钦佩。

　　不久前我应邀到贵省邹平县参加《梁漱溟乡村建设学术讨论会》,参观了邹平县工农业建设,深深感到山东省干部、群众的精神状态、社会风气和建设的成就值得我们学习。邹平县是梁先生"乡建"理论最早实验的地方,在国内外都有较大的影响。邹平县几位领导同志有将邹平县辟为农村文化建设实验区的愿望,我对此甚表赞成。目前我国有十四个农村方面的实验区,但遗憾的是尚缺少文化建设的实验区,而农村文化的贫困,恰恰是农村的社会发展、经济建设和社会主义民主政治的重大障碍,是实现我国农村社会主义现代化所必须解决的问题。因此,为了探索乡村文化建设的可行之路,设一农村文化建设实验区是完全必要的。我曾向国务院农研室王郁昭副主任口头提出这项建议,他表示赞成。我和顾卓新同志交谈时,他对此也有同感。但据我观察,中央已搞了许多农村方面的实验区,暂时恐难有余力再辟新的实验区。因此,我想向您提出建议,如果您表示赞许的话,可将邹平县辟为山东省文化建设实验区,待工作进行取得一定成效时,我们再进一步向国务院农研中心申请。(其实,只在踏踏实实做出成绩,取得经验,什么名义并不是第一位的事情,不知以为然否?)

　　我作为中共党员在哪里为人民服务都是一样的。我在邹平短短的日子里,对县里几个主要负责人的印象是好的。他们很想干事,这种精神在今天就是难得的。如果你们不嫌弃的话,你们一旦批准邹平县为省里的农村文化建设实验区,我愿意充当邹平县的一名参谋人员,竭尽全力搞好实验区的建设。这里附上我的一张名片暂作自我介绍。望复。

　　谨致

敬礼!

1987 年 11 月 4 日

附录

中共山东省委书记梁步庭同志的批示

枫林同志:秋水同志的建议很好,他愿意协助做好这件事,应给予积极响应,望酌处。

1987 年 12 月 15 日

以文扶贫　综合治理[*]

——对一个山区贫困乡的扶贫改革试点方案

中共安徽省委并

卢荣景同志：

你们好！

根据我历次对岳西县山区贫困农村调查所得出的印象，这里贫困问题长期得不到解决的主要根源不是自然资源的贫乏，而在于社会资源的贫乏，交通不便、文化落后、信息封闭、观念陈旧，贫而安贫、坐等救济，使当地自然资源的优势得不到发挥，生产力得不到发展。因此治贫之计首先是治愚。从开发智力，更新观念，发展商品经济入手，从经济基础到上层建筑进行全面改革，才能使贫困山区脱贫致富，进而实现社会主义现代化。为此，特拟定以下分阶段的实施方案，以资研究讨论。

第一阶段为沟通党群对话渠道的阶段。由乡领导班子巡回到各行政村和广大群众、基层干部通过各种座谈会的形式进行公开对话，倾听群众和基层干部的批评、建议和要求，并力求当场解决能解决的问题以增强群众对党和政府的信任度。同时，立即动手改善居民群众的环境卫生，整修门前门后的断桥窄路，实行毛泽东早年一贯教导的"关心群众生活"。使群众看到党和政府是在真心实意地为他们服务，体现我党为人民服务的好形象，进一步密切党群关系，为今后开展工作奠定群众基础。

第二阶段是实施脱贫方案的阶段，拟分以下几个层次进行。

脱贫的第一个层次是在居民组内选择智力和体力较好的农户，由政府向其提供技术指导和贷款，帮助他发展家庭工副业，使他先富一步，但同时给他以义务，要他扶持带动左邻右舍中的二三户智力体力较差的赤贫户的脱贫，并定出具体指标，到期验收。如他所扶持的这二三户不能按期脱贫，则政府停止对其资金和技术上的支持，以示惩戒。政府对赤贫户的资金信贷均由扶持户经手，并由其负责归还。赤贫户的劳动力生产等脱贫安排均由该扶持户负责。作为报酬，被扶植户应与扶持户订立合同，被扶持户在脱贫指标实现以后应由被扶持户付给扶持户一定的劳务报酬。

脱贫的第二个层次是在一个行政村中选择几户资金、技术、劳动力基础比较雄厚的能人给予重点扶持，发展规模较大一些的工副业、畜牧业、种植业，使其能辐射和影响到全村，成为一个村的致富样板，借以打破山区贫而安贫的传统和保守的社会心理，使

* 该文 1987 年 11 月 27 日写成，送省委卢荣景同志。12 月 17 日获卢荣景同志批示，后载于安徽日报社《内部参考》1988 年 6 月 10 日第 19 期。

之在商品经济的影响下活跃起来，充分发挥能人效应和大户的邻里示范效应，并负责本行政村若干赤贫户的脱贫工作，其义务和权利与上述居民组中的扶持户相同。

脱贫的第三个层次是发展以当地自然资源为基础，以千家万户为对象，适应于本地群众的体力智力条件的乡镇龙头企业，其作用是在全乡范围内活跃商品经济，带动发展联户办的工副业，吸收安排赤贫户的劳动力，培养商品经济人才，并缓解穷困的乡政府财政。这项工程较大，当地的管理、技术人才又奇缺，需延请外部人才和有关单位对口支持，先来本乡进行实地考察，建立项目，提供设备和资金，并跟踪指导管理，直到产品进入市场获得赢利。作为报酬，援助单位可按合同提取一定的利润提成。

第三阶段根据脱贫致富的需要进行农村教育文化的改革。脱贫不论在居民组的层次、行政村的层次还是在乡一级的层次，都必须依靠相关技术的培训和传授，都必须请本地或外地的技术能人来这里办各种类型的、定期或不定期的、白天的或夜晚的技术传播学习班，在全乡形成一种技术教育的网络。在"以文脱贫"大气候的社会需要中，本地中学小学的课程内容势必也要根据当地脱贫致富的需要加以适当改革。如规定农村初中三年后再读一年农村实用技术课，始可获得初中毕业证书，以克服学用脱节现象。贫困山区历来人才奇缺，而中学教育又都在实际上成为"跳龙门"的跳板，考取中专、大学的人，均作"孔雀东南飞"，一去不回头，考不取大学和中专的初高中毕业生回到家，所学又非所用，这是一种极大的教育浪费，故必须进行根本改革！但改革的阻力极大，只能逐步推进。

为改变山区信息闭塞、文化活动贫乏的严重状况，一个乡设一个电影队是必需的，但放映的内容最好是与当地脱贫和群众生产生活实际密切相关的科技片和新闻纪录片，切忌把那些脱离山区人民生活实际、思想实际，而为城市小青年热衷的一些荒诞离奇、搂头抱颈、亲嘴接吻之类的影片引入山村。必须在山村建设健康的社会主义精神文明。

山区乡村群众绝大多数是看不到报纸的，也不知道什么国家大事。建议在每一个自然村的公共场所墙上设一个阅报栏，指定专人负责收报贴报和保管报纸，定期展览新华社的新闻图片。这件"小事"如认真做好了，对沟通信息，改变山区群众各种陈旧观念意义极大。再者，山区乡村往往被重山阻隔，"老死不相往来"，信息闭塞，因此，山区应尽快架设有线广播，以便于向他们传播和介绍各种信息、政策和国家大事。

山区医疗极端困难，好的医生不来，来了也用不起，当地（乡和村）有一点医疗知识的一些人就充当开业医生，技术不高明收费没标准，群众叫苦不迭！怎么办？暂时无法想出很可行的办法，只有呼吁军队、省及地区医疗部门经常到那里巡回医疗，免费为群众治病，发扬一点共产主义风格！

第四阶段是社会改革阶段。越是落后，越是封闭，越是商品经济发展不充分的地方，群众中的封建主义传统就越重，陈规陋习、封建迷信也就越易泛滥。这些属于观念上的落后意识，对于目前人们的生活和商品经济的发展妨碍极大！这也是山区长期不能脱贫的主要根源之一。要清除它甚至比脱贫还要困难。改革的步骤首先是通过学校、剧团、广播、报纸等途径，在发展商品经济的基础上进行现代科学的普及宣传，抵制、冲刷封建迷信。用群众中那些受封建迷信之害的典型例子，在群众中进行宣传和教育，让群众自己动手拆除自己所兴建的许多小庙，鼓励群众中特别是青年中的积极分子抵制婚丧嫁娶中的陈规陋习，通过民间的各种反对陈规陋俗的协会以倡导之，务必认真抓到底。

在一些落后偏僻地区的农村还存在一些恶势力，还存在这个霸、那个霸，这些人依仗权势，依靠拳头硬、门户大，欺压左邻右舍，实为民间一害。对这类人绝不能宽容，发现一个解决一个。伸正气，压歪风，这是争取社会风气好转的重要一环。但是这些人大多有后台、有网络，一旦触及，他们就会串联上下左右反咬一口，告黑状，造谣生事，混淆是非。遇到这种问题时就要求省委领导及地县委领导完全支持和绝对信任我们，否则在前沿工作的同志由于腹背受敌终至一败涂地。社会改革之所以特别艰巨，因为它表现出来的是新旧观念的冲突，而在冲突的背后却隐藏着新旧势力之间的斗争。

第五阶段是建立民主政治阶段。当居民普遍解决了温饱问题，商品经济获得了一定程度的发展，群众对党和政府的信任度有较大增强的时候就可以进行政治改革，实行带有中国特色的"民主政治"。所谓"民主"就是人民当家做主管理社会，真正由自己来选择能为他们服务的公仆（即各级干部）。当人民感到某些干部不称职时，可以及时地撤换他们。这样就使各级干部在观念中形成了权力来自人民并接受人民监督的牢固基础，这就是马克思所说的巴黎公社原则，也是我们共和国宪法的原则。目前各级领导人员绝大多数都是由上级指定名单，群众及其代表只是在这些名单中画圈，即使是差额选举，群众选择的余地也是很窄的。要实现党中央提出的建设民主政治的目标，就要逐步改变这种状况，让群众在选择为自己服务的勤务员方面，能享受更多的主人翁的权利。我们计划在这个乡脱贫和综合治理取得成效之后，首先在村民小组里充分酝酿，选举公道正派能带动村民组致富的能人为村民小组组长（即过去的生产队长）；在一个行政村里发动群众，选举正直而又有较强管理能力的开拓性人物为他们的村委会主任。在村一级的民主选举以后，召开乡人民代表大会，选举乡长。在以上各个层次的选举方式方法上一律实行群众推荐或自荐的竞选制，由各个竞选者向村民大会或村民代表大会发表竞选演说，提出自己在任期内必须达到的工作目标，最后由选民投票表决。这样做才能把群众和干部中的精英选拔上来，才能体现出人民群众真正当家做主，才能创造出既有民主，又有集中，既有统一意志，又有个人心情舒畅的生动活泼的政治局面。乡、村和村民组都必须定期召开村民大会或村民代表大会，由党支部和乡党委主持，以体现党组织对政府的领导和监督职能。

第六阶段是全面验收检查阶段。扶贫乡在实现上述几个阶段的综合治理和改革之后，由省、地、县各级负责干部检查验收，合格后则试点工作宣告结束。如验收不合格我们将继续留下工作直到完全合格为止。

试点将作为省、市、县山区农村脱贫的实验乡，有关农村脱贫致富的实验项目可多在这里试验。省政府及地县各级领导机关在物质技术、财政方面要给予适当的支持，原则上不吃"小灶"，不搞特殊待遇。但是在试验工作起始时，需要邀请外地技术人员协作单位来考察项目；需要准备一些经费，派人出去联系。实验乡在原有乡党政班子的基础上，适当调整，在事业开拓阶段必须实行权力比较集中的领导体制。既是试验乡，那么，在一系列政策上就更要放宽，乡里要有较大的自主权，特别是在人事任用和机构设置上有相对的自主权。

以上设想方案很不全面，很不周到，将在听取多方意见后逐步加以修改和补充。

特此报告，谨请审阅。

辛秋水

1987 年 11 月 27 日

附录 1

中共安徽省委书记卢荣景同志的批示

很好，原则赞成。建议总体实施方案由县委讨论定。另外，希望在实施过程中，一切要从当地实际情况出发。如何设法用党的政策和我们自身的模范行动把广大群众的积极性调动起来，不要人一离开就留下反复的后遗症。日常工作请老贫办注意联系。

附录 2

中共岳西县委同意辛秋水在该县莲云乡进行文化扶贫试点的通知

辛秋水同志：

我县县委常委 1988 年 5 月 12 日召开会议，学习讨论了你所制定的《对一个山区贫困乡的脱贫综合治理方案》和卢荣景同志对该方案的批示，现将会议讨论情况函告如下：

一、对你关心我县脱贫工作，不辞劳苦亲自组织治理，表示热烈欢迎和坚决支持；

二、原则同意你的设想方案，并确定莲云乡为试点单位，请你根据对该乡的调查，会同乡党委提出具体实施方案；

三、在进行民主选举上，请慎重做好工作，乡级民主选举时间应与换届时间相一致；

四、确定县委副书记汪泽和、孟庆银同志负责与你联系此项工作。

此致

敬礼！

中共岳西县委办公室

1988 年 7 月 14 日

关于岳西县当前政情及今后工作打算的汇报

省委并

卢荣景同志：

你们好！

遵照组织决定，我到岳西县莲云乡一不带职、二不带权，只做一些对脱贫有益的实际事情。

一、我认为文化、信息、观念的贫乏是山区贫困长期不能摆脱的重要根源，是山区农民群众和山外农民群众素质差异的一个重要方面。为改变这种状态，我用了1200元订了12种报纸，在全乡7个行政村开了35个墙上阅报栏，聘请了一个回乡知青，每天把送来的报纸全部贴上。农户中识字的青年看了报纸，回家传播给不识字的，相互传播、讨论，就使党的政策、国家法令、科技新闻、生产经验通过舆论传播到千家万户，起到输入信息、提高文化、改变观念、普及科技、使之转化成经济效益的诸多作用。在穷乡僻壤从来读不到报，开不成会，缺少电视、收音机等信息工具的条件下，广开阅报栏并认真地坚持下去，意义极大。

二、农村知识青年离开学校后，一般就再没有读书求知上进的机会了，因而造成很多消极后果。为了改变此种状态，我在莲云乡办了乡文化中心，设在乡政府附近。在7个村每村设了一个文化室。我在合肥买了600多元的农村实用技术书籍，省社科院又无偿捐助我们一批书籍。乡文化中心聘一专职知青负责图书阅览室工作，农村知识青年随时到图书阅览室读书看报，寻求致富之路。

三、此间乡村农民凡有一技之长能人一般都不是贫困户，有的还是富裕户。我来莲云乡就注意办实用技术培训班，培育农村科学种田的能人，使之能依靠自己的大脑和双手摆脱贫困，步入小康。我已办过桑蚕培训班、中药材栽培培训班、养猪培训班，我还筹备办了漆工培训班。我们有意多让贫困户子弟来学习，务使一切社会福利尽可能地通过我们的各种手段落实到贫困户身上去。

关于村级干部民主选举，乡党政领导同志到群众中去听取群众意见，这些事办起来阻力很大，必须有县委派人来主持，我正接洽中。

岳西县党政领导班子人心不稳，很需要上级领导关心。为此，我写了一份政情汇报，请审阅。

此致

敬礼！

辛秋水敬上

1988年12月4日

附录

中共安徽省委书记卢荣景同志的批示

辛秋水同志"关于岳西县当前政情的汇报"尽管文字长了一些，但值得仔细看看，请各书记、广才、省纪委一阅。并转安庆市委阅。

1988 年 12 月 12 日

就文化扶贫与村民自治问题
给卢荣景同志的信[*]

卢荣景同志:

您好!

根据您的指示,1988年春我到岳西县莲云乡实施文化扶贫。几年来,该乡广大农民通过贴报栏、图书室和实用技术培训中心这三块文化扶贫基地,获得了致富信息、致富技术、知识脱了贫。该乡人均收入从1988年的190元提高到1994年的900元,六年翻了两番多。但是由于诸多主客观因素,这里的集体乡镇企业没有得到很好发展,乡财政还是很困难的,这个乡离实现小康目标距离甚远。最近,岳西县人民政府聘请我去担任政府顾问,我计划在一年之内,在文化扶贫的基础上,依靠当地党委和群众,对该乡政治建设、经济建设、文化建设和社会建设,进行以下试验:

一、政治建设方面。"领导干部要讲政治。"这是一个极端重要的、非常及时的指示。什么叫政治?我的理解:一是立场,一是方向,一是观点,一是方法。立场当然是工人阶级、人民大众的立场;方向当然是社会主义的方向;观点、方法当然是马克思主义的唯物论和辩证法。据此,我考虑,在农村乡镇一级的政治建设,必须同发展地方经济和加强基层政权建设紧密联系起来。围绕这个基本设想,我打算分三步走:第一步是与乡党委乡政府一起,在认真总结"八五"经验的基础上,研究和制订"九五"至2010年发展战略规划,在科学论证的基础上付诸实施,今后班子动了,仍能按统一科学的规划办事,做到发展规划的连续性、继承性。第二步是认真贯彻落实《中华人民共和国村民委员会组织法》的村民自治原则,由群众无记名投票选举村民委员会,真正体现出在社会主义制度下人民群众是我们社会的主人,以此加强基层政治建设。第三步是在县委的领导下,帮助搞好乡、村两级领导班子的自身建设,使每位领导干部都能廉洁奉公,勤政为民,密切联系群众,每年为群众办几件看得见、用得上的好事。这样,政治建设建立在经济发展和基层政权两个基础上,就会取得应有的成效。

二、经济建设方面。也就是以脱贫致富为目标,在贫困山区培育新的经济增长点。根据莲云乡人口素质和资源的状况,我们拟分三个层次进行,培育三种类型的经济增长点:

第一个层次是在每一个村民组内选择条件较好并有强烈脱贫意识的农户,由政府向其提供技术指导以至扶贫贷款,帮助其发展户办的或联户办的养殖业、种植业以及其他工副业。这些先富一步的农户起到了增长点的作用,势必影响和带动一大片。同时,政

---

  * 原载《科技与企业》1996年第4期。

府还赋予这些农户扶持带动左邻右舍的二三户赤贫户脱贫的任务，到期验收，如该户所扶持的赤贫户不能按期脱贫，政府则立即收回贷款，停止技术支持以示惩戒。政府对赤贫户的资金、信贷均由扶持户经手并负责归还，赤贫户的脱贫安排均由该扶持户负责，被扶持户与扶持户订立合同，被扶持户在脱贫指标实现以后应交付扶持户一定的劳务报酬。

第二个层次是在每一个行政村中选择一二户资金、技术、劳力基础比较雄厚的能人，给予重点扶持，发展规模产业，使其辐射和影响扩大到全村，成为一个村的经济增长点和致富样板，并提取其收入的一部分（如 10%），作为对全村的五保户之类的贫困户救助之用。

第三个层次是发展以当地自然资源为基础，以千家万户为对象，适应于本地群众的智力、体力条件的乡镇龙头企业作为当地的增长点，其作用是在全乡范围内活跃商品经济，带动户办、联户办的农户经济，以解决广大农户经济的供销困难，吸收安排赤贫户的劳力。

三、文化教育建设方面。走"以文扶人，以文脱贫"的路子，以培育和提高农民的整体素质。对农村教育文化进行改革的目的在于解放生产力、发展生产力。具体办法是聘请本地或外地的技术能手在这里办各种类型的、定期或不定期的、白天或夜晚的技术培训班，培养大批技术人才，在全乡形成技术教育网络。此外对本地中小学的课程内容要根据当地脱贫致富的需要加以适当改革，增加脱贫致富知识的教学内容，克服学不致用的现象。贫困山区历来人才奇缺，而中学教育又都在实际上成为"跳龙门"的跳板，考不取中专、大专、大学的初、高中毕业生回到家，所学又非所用，这是一种极大的教育浪费，必须进行根本改革。但"跳龙门"观念已经形成，所以教育改革的阻力极大，只能逐步推进。

为改变山区信息闭塞、文化活动贫乏的严重状况，一个乡设一个专业电影队是必要的，但放映的内容主要应该与当地脱贫及群众生产生活实际密切相关的科技片和新闻纪录片以及政治片；切忌把那些脱离山区人民生活实际思想实际而为城市小青年热衷的一些荒诞离奇、暴力武打、黄色半黄色影片引入山村，污染山区比较朴实的精神生活。

根据调查，山区人口寿命平均比平原地区低。主要原因，一是穷，二是山区医疗极端困难。好的医生不来，来了也用不起。当地（乡和村）一些人有一点医疗知识就充当开业医生，技术不高明，收费没标准，群众叫苦不迭！怎么办？看来暂时想不出很可行的办法，只有呼吁军队及地区医疗部门定期到那里巡回医疗，对赤贫户人家的病人免费治病，发扬革命人道主义精神。据我看，送医疗到山区农村去犹如"希望工程"一样，是对山区人民的雪里送炭。

四、社会建设方面。愈是落后，愈是封闭，愈是商品经济不发达的地方，封建迷信、陈规陋习愈多，阻碍着社会进步，改变这种情况甚至比脱贫还要困难。社会建设的任务以改造这种情况为目标，其办法是在发展商品经济的基础上对农民进行科学常识的宣传，注意用当地封建迷信之害的典型事例在群众中现身说法，让群众自己动手拆除自己兴建的小庙；鼓励群众特别是青年中的积极分子抵制婚丧嫁娶中的陈规陋习，通过民间各种反对陈规陋俗的协会以倡导之，务必认真抓到底。

在一些落后偏僻地区的农村还存在一些恶势力，甚至还存在东霸天、西霸天之类的事。这些人往往依靠权势、拳头硬、门户大,欺压左邻右舍,对这类人要发现一个打击一个,以弘扬正气,压制歪风,促进社会风气的好转。社会改革之所以特别艰巨,不仅因为这里有新旧观念的斗争,还有背后隐藏着新旧势力之间的斗争。

莲云乡是文化扶贫的试验乡,如作为省委负责同志或您亲自抓的点来试验比较有力。有关农村脱贫致富的实验项目可多在这里试验,并给予适当的支持。原则上不吃"小灶",不搞特殊待遇。乡党委要加强对试验工作的联系,并给试点工作一定的自主权。若能坚持试验下去,我相信会取得一定的成效。

以上设想方案妥否,请指示。

此致

敬礼!

辛秋水
1996 年 2 月 8 日

附录

中共安徽省委书记卢荣景同志的批示

莲云乡实施文化扶贫,效果十分显著。辛秋水同志对下一步工作提出在文化扶贫基础上进行政治、经济、文化和社会建设试验,我赞成。在进行试验中要注意和实现小康目标紧紧挂起钩来,这是党中央提出的政治目标。特别要注意因地制宜发展乡村两级集体经济。

卢荣景

迅速组织一支开发贫困山区的智力大军[*]

《安徽日报》编者按: 这个建议很好,现予发表。开发和改变贫困落后的山区,需要从政策入手,调动群众积极性,搞活经济,更要培养人才,首先要选派一批有志之士,扎扎实实地抓几年,把局面打开,希望大家都来开动脑筋,献计献策,从多方面帮助贫困山区尽快走上致富之路。

随着我国社会主义现代化建设事业的发展,智力和人才的不足总是越来越突出,这已经成为顺利实现 2000 年工农业总产值翻两番的主要障碍,这是多年来轻视知识、轻视知识分子、忽视智力投资的恶果。知识就是资源,知识就是生产力。这一真理已经日益为全党全国人民公认。智力不足这一普遍性的矛盾在贫困落后地区(如山区)显得更加尖锐。缺少知识,缺少人才是这类地区长期不能摆脱贫困的关键所在。近年来我常到山区农村,一些群众的贫困状况使人触目惊心。他们衣衫褴褛,目光呆滞,长年缺油少盐,冬天缺衣少被。有的穷得一家几个人睡在一张床上,大龄儿女长期同父母共宿一张床,同盖一床被,弄到伤风败俗的程度,问题出在一个穷字上。但是环顾他们屋前屋后,却四处是宝,弃而不取。比如那些高寒山区适于窖天麻的地方,群众却把窖天麻的主要原料——大树根卖给外地人。培养木耳、银耳、蘑菇的原料——各种树干,他们不知利用却劈成一块块当烧锅柴卖,甚至山上石矿也不会开,路也不会修,还得雇用外来的人开石、修路,钱被人家挣去,自己在家受穷。山区难以看到什么集市,群众思想闭塞到连挑篮菜到外边卖都觉得害羞,更不知怎样去卖。这一切都说明:一些山区还处于生产力极其低下、商品经济不发达的自然经济状态。经济落后导致文化落后,反过来,文化落后又导致经济落后,造成恶性循环。这些地方教育极不发达,根本不可能培养出知识分子,城里的知识分子和得力干部又不愿去,若不采取一些特殊措施,这些山区的贫困落后局面将会继续下去。

再反顾城市,特别是大中城市,一些机关、学校、医院等单位的工作人员已是人满为患,以至医学院、师范学院的毕业生在这里分配不下去。党政机关更是人浮于事,机构臃肿,造成互相扯皮,"文山会海"。城里积压大量宝贵的人才,贫困地区又人才奇缺,必须采取紧急措施,组成一支开发贫困落后山区的智力大军。为此我建议:

在省直、地(市)直、县直机关进行动员,号召那些立志振兴中华建设安徽的有为之士,自愿到山区和贫困落后地区工作,由本人提出改变那里(乡、村、队)贫困落后面貌的

* 《安徽日报》1985 年 3 月 18 日在头版头条位置刊登了这篇文章,获得了社会舆论的广泛赞同,省委常委一致支持我这个用智力支持开发贫困落后地区的建议。中央作出决定,推行"星火计划"用科学技术开发贫困落后地区。

硬指标和好办法；签订合同，带职下放到那里担任实职（生活和工资待遇上给予一定照顾），到期考核，完成任务后回原单位，组织上论功行赏，给予优厚的物质和精神鼓励，包括提级、提职和破格使用。这样做，既可使贫困落后山区的经济文化得到迅速起飞，又可使城市机关的官僚主义现象得到克服，达到一举两得的目的。同时，可以从那些响应党的号召，牺牲个人利益，坚持真理，战胜困难，取得显著成绩的同志中选拔干部，以消除干部队伍中好逸恶劳、投机钻营、不干实事的侥幸心理，以利于社会风气的改善。

附录1

中共安徽省委副书记史钧杰同志的批示

这是一篇好文章。送广才、胡彬同志阅。

史钧杰
1985 年 2 月 8 日

附录2

安徽省常务副省长苏桦同志的来信

秋水同志：

你在省农村智力开发和思想政治工作理论研讨会上的发言我恭听后很受启示，确实抓住了问题的要害。开发和改变贫困落后的山区，既要从政策入手调动群众积极性搞活经济，更要培养人才，选拔一批有智之士，扎扎实实地抓几年，把局面打开。为了让立论付诸实践，我将你的稿子推荐给史钧杰、卢荣景二同志，希望他们二位给予考虑。

有机会我想见见你。

此致

敬礼！

苏　桦
1985 年 1 月 3 日

附录3

《光明日报》报道：寻求贫困山区致富之路，提出脱贫致富建议[*]
——辛秋水等四名知识分子到大别山区考察

边远山区贫困的主要根源在于社会资源贫乏，要迅速加强智力开发，扩大信息输入量

---

[*] 原载《光明日报》1987 年 4 月 22 日头版头条。

本报讯　记者薛昌嗣报道：安徽省社科院副研究员、省农村社会学研究会会长辛秋水，安徽工学院管理工程师施正宗，安徽省政协委员童车五等4位年过半百的知识分子，前不久结伴到大别山区岳西县南庄乡徒步调查10余天，对73户农民逐户了解情况，具体帮助每户制定近期脱贫方案。他们还对贫困山区如何脱贫提出对策："边远山区贫困的社会根源在于智力资源贫乏，信息闭塞，扶贫工作长期以来只管填饱肚子，不管脑子。投资无效益，年复一年，造成恶性循环。为此，要迅速加强智力开发，扩大信息输入量。"

长期潜心于农村社会研究的辛秋水，曾几下大别山区搞社会调查，寻求贫困山区致富之路。他对革命老区长期不能摆脱贫困状况，十分焦急与忧虑。去年底，他与省农村社会学研究会其他三位同志一道，专程对岳西县南庄乡进行调查。他们吃住在农民家，徒步逐户实地察看，与农民促膝谈心，得到丰富的第一手材料，重点帮助73户农民制定脱贫方案，与此同时，他们还进行了总体分析，认为在贫困山区，自然资源相对优于社会资源，社会资源贫乏致使自然资源优势得不到发挥，只能大量出售自然资源，造成滥伐林木，水土流失严重，生态环境恶化。从73户调查看，人口文化水平很低，文盲占58%，小学文化程度占32%，高中文化程度占1.6%，基本属智力"赤贫"型。由于南庄乡地处山区，交通不便，信息闭塞，73户中，偶尔听到广播的人占15%，偶尔看到报纸的人占5%，外界对农民是一个陌生的世界。生产方式依然是自给自足的小农经济，社会心理状态是贫而安贫，故土难迁的观念居统治地位，大量劳力没有输出，白白浪费。为此，他们提出如下建议：

——对贫困山区实行免费义务教育，把这作为改变山区落后面貌的战略性措施。国家支持山区的扶贫款要合理安排，拨出一部分用于发展普通教育与职业教育。要重视扫盲工作，每年冬季可抽派一部分人进山扫盲。

——要改变山区闭塞状况，大力修路、通电，架设有线广播，少数山区架有线广播不便，可免费赠送贫困农民一台10元钱的收音机。鼓励农村电影放映队到山区放映，宣传科学文化知识。

——号召、鼓励城里的知识分子支援山区。目前执行的优惠政策缺乏吸引力，实际是引进的人才少，流出的人才多。建议国家有计划分批组织一批人才到山区工作，户口、行政关系不转，工作3至5年后再回原单位。进山后，工资上浮两级，3年后可作为固定工资，对于成绩显著的知识分子要论功行赏。

——有关高等院校要为山区培养人才，高等院校和科研部门应派人到山区办各种训练班。同时，山区也可派人到城里培训。

——培养和发挥现有回乡知青作用，办好职业学校，并聘请外地能人传授实用技术。

扶贫扶人　扶智扶文[*]

——辛秋水蹲点一年归来谈扶贫新思考

贫困乃是一个社会问题，涉及方方面面：信息封闭、观念陈旧、经济落后、教育危机、文化贫乏、人才缺乏。总结一年来我在莲云乡调查研究的感受，我的结论是，应走"以文脱贫、综合治理"的路子。

一、以文脱贫，提高民智。扶贫扶智，脱愚脱贫。过去，我们的扶贫是送粮、送衣、送钱，实行物质救济，喂鸭式的扶贫，结果救济几十年，贫困仍是贫困，还需要继续送下去，造成贫困地区干群的依赖思想。由于贫困根源关键在于生产力落后，要改变贫困面貌必须发展生产力，要发展生产力必须调动人的积极性、创造性。人的积极性、创造性调动起来了，人可以改变劳动工具，可以改变劳动对象，所以扶贫工作必须抓住人这个关键，使贫困地区人民树立志向，脱去愚昧，自强自立。为此，首先使他们打消扶贫就是给钱给物的老观念，再进一步就是如何去扶智脱愚了。对于扶智脱愚、提高民智，在岳西县我采取的具体措施有：输入信息，更新观念，办墙上阅报栏、建文化室，开展实用技术培训。

二、以文脱贫，伸张民气。创造轻松的、民主的、心情舒畅的社会环境，使群众和干部面貌为之一新，精神为之一振。贫困地区和扶贫工作中目前呈现出形形色色的腐败现象，一些干部背离了为人民服务的宗旨，失去号召力、凝聚力和向心力。传统的干群鱼水关系破坏了，群众对干部失去信心，干部失去群众基础，使党和政府各项政策，包括扶贫的政策和措施也难以落实，扶贫工作受到干扰和阻碍。因此，我们依据宪法、法律的有关规定，经省委、县委同意，在岳西县莲云乡腾云村推行了直接民主选举，由选民直接选举村委会，提高群众主人翁意识和监督干部的能力，提高干部的公仆意识，重构干群关系。这种政治上的改革，为在经济上的脱贫创造了良好的社会心理环境。从生产力角度看，干部与群众同是生产力要素中的人，但反映了生产力与生产关系、经济基础与上层建筑两对范畴的关系。实行以文脱贫，改变群众的精神状况，进行民主选举，改变干部的精神状况，保证基层政权建设与新的社会发展需要相适应。经济、文化建设与政治民主化同步，这个原理在扶贫工作中仍有它的指导意义。

三、以文脱贫，综合治理。贫困是综合征，任何单打一的治疗办法，都难以取得显著的效果，必须以综合治理的办法来治理综合征。综合治理并不意味着平均用力，可以因时因地，根据不同贫困地区的不同情况，从查病因着手，从一点突破，然后综合政

---

* 此文写于 1989 年 3 月 1 日，原载新华社《内部参考》1989 年 4 月 28 日。

治、经济、社会、文化等手段，全方位地向这个贫困综合征展开攻势。在岳西县，我就选择了"以文脱贫"为突破口，综合治理贫困。

区域贫困、发展不平衡是我国社会经济发展中的重要问题。为解决这个问题，国家在方针、政策和扶贫实践上曾经作过不少努力，但走过的路却不是笔直的。从单纯救济到经济开发，到今天的以文脱贫、综合治理，是长期以来扶贫的经验积累和认识深化的结果。我认为"以文脱贫、综合治理"应该成为扶贫工作新起点。在这个方针下，还必须注意把上级扶贫工作的积极性与当地政府的责任感结合起来，克服过去那种把扶贫纯粹视为上级政府的事，而被扶贫地方干部却处于一旁观望的倾向。将扶贫工作从主要由上级政府抓，被扶贫的地方当局被动应付，变为主要是被扶贫的地方当局抓，最终实现主要依靠本地的政治、经济力量来脱贫致富，自强自立。

从腾云村"组合竞选"村委会，
看中国乡村民主[*]

——辛秋水在岳西县莲云乡腾云村蹲点一年

（总结报告之一）

发展乡村民主、推行村民自治对于建设有中国特色的社会主义民主制度具有极其伟大的意义。但村民自治目前也遇到各种各样的阻力，流行的一种错误说法就是："中国农民文化水平低，缺乏参政能力，封建宗族派性严重，搞村民自治会乱套，破坏稳定，村民自治是超前法规。"果真如此吗？农民真的自己不能主宰自己命运，必须仰仗于青天大老爷？当代中国农民能否扮演好自己所承担的角色？检验真理的唯一标准只能是广大人民群众的实践。

一

1989 年 1 月 17 日，安徽省岳西县莲云乡腾云村村民欢聚一堂举行选举大会，直接投票"组合竞选"村委会。这在莲云乡是开天辟地第一回。村民们出席踊跃，心情激动，思考着如何投上庄严的一票，选出自己满意的脱贫致富带头人。

这次选举的特点是打破过去上级提名、村民举手通过的"走过场"老框框，不由上面提名候选人，不打招呼，采取选区推荐、联名推荐和本人自荐的方法，不限额地产生候选人并张榜公布，让选民们评头论足加以比较，在全村造成选择致富带头人的热烈气氛，然后召开选举大会。4 个村委会主任候选人在选举大会上一一发表竞选演说，讲自己为村民服务的诚意和施政宏图，同时把自己的组合名单公布于众，让全体村民鉴别审查。经两轮无记名投票，农民技术员王先进击败原村主任和另外 2 名候选人，当选为腾云村村委会主任。

选举大会从上午 8 时开到下午 4 时结束，外面下着雨雪，室内却是暖洋洋的，285 名选民忍着饥饿，一直坚持到底。唱票一结束，村民们纷纷议论说："这样选举才是真选举，上面不定框子，我们自由选择，硬碰硬地选出的干部，我们信服！"选举取得完全成功。

---

* 原载《安徽贫困地区开发》1989 年 3 月 13 日第 4 期。

二

腾云村是莲云乡7个行政村之一，人口1200余人，自然条件较好，但社会经济发展和人均收入长期处于下游，主要原因是村领导班子的工作状况不佳。该村自从"学大寨"以来集体财产一直下落不明，财务不公开，干群矛盾突出，致使上级布置给该村的任务往往难以落实。所以乡党委决定选择该村作为我们这次实施村民自治的试点，看看能否扭转那里的局面。腾云村群众听说要在村里实行民主选举村委会都喜形于色。因为过去该村的干部都是上面指定的，村民选举只是走过场而已，群众对干部工作不满意也无可奈何。

为了保证民主选举成功，有关方面从县、区抽调6名干部成立选举委员会，由莲云乡乡长任委员会主任，分人包干腾云村各个村民组选举的宣传和组织工作。他们首先认真宣传解释《中华人民共和国村民委员会组织法》（试行），让选民懂得如何做好社会主人、行使民主权利。第一步是由每个村民组经过充分讨论后就全村范围各提出一名村委会主任候选人，全村14个村民组共推荐出4名候选人；第二步是各村民组对所有候选人进行再评议，最后召开全村村民竞选大会选举村委会主任。由于大量农民长期在外地务工经商，不可能专为参加选举而丢开生计回家来，他们依法由每户派代表参加选举。全村共306户到了285户代表，占应到人数的90%以上，符合法定人数。第一轮投票结果无一人得票超过半数，于是将得票多的前两名候选人作为第二轮候选人重新投票。

根据农村实际，我们把竞选和组合结合在一起，因为农民大多是世代定居一地，村民之间遍布血亲网，而某些邻里之间也往往由于生活或生产上的矛盾而成为冤家对头，如果由各村民组分别选举村委会成员，一些血亲很近的人若同时被选进一个领导班子里显然不妥，而把世代冤家选进一个班子里也无法正常工作。因此，我们决定只选村委会主任一人，村委会其他委员由主任候选人在竞选时作为竞选伙伴提名，并向全村选民公布。这样，如果"组合"名单不注意近亲回避或名望不好就可能因此失去选票，同时也有利于当选后减少村委会内耗。这种将竞选与组合相结合的选举办法，不仅能广开人才竞争的渠道，而且有利于直接提高人民群众的民主意识，养成民主政治的习惯；既能提高人民群众参政的能力，又强化了村委会班子的聚合力和办事效率。

三

腾云村这次"组合竞选"出来的村委会，上任后的第一招是建立一个专事监督村委会的机构。成员都是村里公认的正派公道人，还聘请一名住在本村的离休干部担任村委会顾问。此事一公布就获得了群众的信任。第二招是成立了财务清理小组，对该村群众意见最大的村财务账目进行清理通报全村，使从来不公开的村财务公开化。第三招就是收回了前任干部占用的一笔茶叶款，用这笔钱使得多年架不起电线的西岭村民组当年腊月通了电。这几招在人心的回音壁上引起了回响。村民们议论开了："新班子胆大敢抓，像个干事的，大伙儿没有看错人。"干群关系逐步融洽了。

接着，村委会又带领群众大搞杂交水稻制种。村委会举办制种户技术培训班 13 期，把技术辅导工作做到了每块田、每个环节，保证了制种的全面成功。群众说，我们家每块稻田里都有民选的村干部的汗水。

腾云村老百姓长期埋怨山林管理混乱，新班子上任不久就充实了林场管理力量，对此前上山砍树的少数村民及知情不报的村民组长都作了相应的处罚。不久，一位村干部家属又第二次上山违禁砍伐，村委会则处以重罚。这样从干部管起，罚款也从干部头上开刀，在群众中引起了强烈反响，乱砍滥伐的现象从此得以制止，群众植树造林的热情高涨，全村新栽板栗树 5500 株、松树 7000 株、桑树 5000 株，超额完成了乡政府下达的任务。

腾云村原有 4 处多年应该修复而未修复的河岸和田坎，村委会及时修复。

农民说："干部健不健，要在秋天见。"民选的村委会上任后的第一个秋天，就向全体村民交了一份不负众望的答卷：杂交稻制种奏响丰收曲，共创经济效益达 30.3 万元，可得粮 34 万斤，比前 3 年平均产量整整翻了一番，经济收入增加 16.5 万元，是常规稻能收获的经济收入的 4 倍，抱了个金娃娃。

1995 年 4 月 25 日，腾云村最新一轮选举仍采取竞选和组合的结合的办法，同样获得圆满成功。

这里要特别指出的是，腾云村前后两届选出的村委会主任都非该村大户而恰恰都是单门独户人家。

四

若按"超前论"所说：像腾云村这样经济、文化落后的大别山腹地山村实行村民直接选举村委会，简直是百分之百的"超前"。选举定会被宗族、宗派势力和落后习俗、低级趣味左右，百分之百要乱套，但是实践的回答恰恰相反。在宣传教育后，村民们不但知道自己应有的权利义务，而且知道怎样运用。他们谨慎考虑、反复掂量，选出能代表广大群众意愿的人来带领他们前进。而民选的村委会上任后卓著的政绩，更进一步证明《村民委员会组织法》是合乎当今中国国情、顺乎历史潮流、稳定社会、促进发展的好法律。

为什么今天的中国农民，甚至像在穷乡僻壤的大别山山窝里的农民都能够有这么高的参政意识呢？

首先，当代中国农民有着悠久的民主启蒙运动的历史。中国共产党领导的新民主主义革命就是从落后的农村开始的，毛泽东同志建立农村革命根据地发动农民、组织农民起来斗争，直至取得胜利，实际上都是对农民进行民主主义的洗礼、培养农民独立人格、民主参政意识的过程。因此"民主"二字是中国广大农民早已熟悉的字眼。过去农民识字的极少，在根据地里实行民主选举干部时，有些地方只能采取数豆子等土办法来计票，当时全国人民对根据地政权统统称之为民主政府。甚至在革命军队里也广泛实行政治民主、军事民主和经济民主的三大民主。当时共产党在根据地讲民主，蒋介石在他的统治区里搞独裁，成为神州大地上光明与黑暗的鲜明对照。民主的延安，民主的解放区，吸引着全国人民特别是广大青年知识分子，最终是中国共产党以民主旗帜战胜了蒋介石的独裁取得了政权。由此可见，中国广大农村虽然文化落后，商品经济不发达，但在那里却有着源远流长的民主主义历史传统。

其次，新中国成立后的历次政治运动也从正反两面对中国农民参政意识的成熟起到了催化剂的作用，使得今天的中国人（包括 8 亿农民在内）遇到事情大多要开动脑筋想一想，不再绝对盲从，政治鉴别能力大大提高了，这也是世所公认的。据此，人们不禁要问：为什么 40 多年前文化教育和经济状况比现在要落后得多的解放区农村用数豆子的计票办法也能行使好自己的民主政治权利、选举出好干部，今日经济、文化进步得早已今非昔比的中国农村反而必须由上级包办代替农民当家做主指定村干部？这于情于理能说得通吗？毛泽东同志有一句名言："我们应当相信群众，我们应当相信党，这是两条根本的原理，如果怀疑这两条原理，那就什么事情也做不成了。"[①] 相信群众、依靠群众是中国革命胜利的法宝之一，同样也是我们今天建设有中国特色的社会主义的保证。

最后，社会主义市场经济大发展使农民成为商品经营者，也为乡村民主政治创造了良好条件。市场是最好的课堂，农民进入市场就必须学会自主、平等竞争的精神才能打开市场经济之门。多年来被扭曲的农民形象重新舒展开了，几千年封建主义烙在农民身上的依附和盲从的伤痕，已随商品经济的发展、文化水平的提高、社会信息的大量传播而逐年消退，民主精神在广大农村中升华。民主法制是组织社会主义市场经济的最重要的元素之一。市场经济能最大限度地发挥每个人的潜能，对于农民而言，这不但是求发展的千载难逢的时机，也是培育自己民主、平等、竞争意识的最好学校。在这样的历史时刻，认真推行村民自治是非常及时非常必要的，也非常符合广大农民群众的心愿。当然，我们应当承认当前农民身上还存在着某些小农意识、宗派主义、无政府主义以及封建主义的残余。但克服这些错误思想，单靠行政命令、行政管理也是很难奏效的，还必须依靠民选的村委会运用群众自我教育的方法予以克服。

五

顽固坚持认为中国农村搞村民自治是超前的人之所以"能明察秋毫，而不见舆薪者"，其问题的关键可能在于本身就缺少民主意识，把马列主义的著名原理"只有群众自己才能救自己"丢到了九霄云外。

还有一些人总是贬低或埋怨广大农民缺乏民主参政意识，但如果仅限于"埋怨"而不给群众进行民主实践的条件和机会以进行训练，又怎能培育出群众的民主意识呢？只有在实践中让群众真正成为社会的主人，让群众行使社会主义的民主权利，群众才可能在实践中真正产生社会主人翁意识，培育出参政能力。实行村委会"组合竞选"使选民和被选举的人清清楚楚看到，即使是小小的村干部乌纱帽也不是由谁封的，而是竞选者向选民们作了信誓旦旦的种种允诺才获得选民们的信任而被授予的，并且在他们当选后工作不力时，选民群众又有权通过合法程序把他们撤下来。这就迫使干部们不得不全心全意地为选民服务，这种群众监督比其他任何监督都更有效。而群众也因为干部是

---

① 见《关于农业合作化问题》（1955 年 7 月 31 日）。

包括自己在内的群众大多数选举出来的，对干部们的行使职权于情于理都应切实支持。

列宁认为：人民需要共和国，为的是教育人民走向民主。需要的不仅仅是民主形式的代表机关，而且要建立由群众自己从下面来管理整个国家的制度，让群众实际地参加各方面的生活，让群众在管理国家中起积极作用。腾云村的民主竞选是对列宁上述观点的实践。这种实践启示人们，既然在比较落后的地区能够实行如此广泛的民主，那么，在比较先进的地区当然更应该能做到。中国社会发展到今天，在邓小平同志建设有中国特色社会主义理论指引下，全面贯彻《中华人民共和国村民委员会组织法》（试行），实行村民自治，应该是水到渠成的事了，容不得怀疑，容不得以各种名义、理由来阻碍这个国家大法的实施。

中国共产党领导广大人民浴血奋斗几十年，其目的就是为了建设一个民主、繁荣、强大的社会主义新中国。

山区扶贫的难题与建议*

——岳西县三个行政村扶贫调查的思考

（总结报告之二）

最近，我们对岳西县科技扶贫示范乡——莲云乡的关畈、腾云和双储三个行政村扶贫情况作了调查。从三个村近三年来的扶贫实践看，明显地存在着一些妨碍脱贫目标实现的难题。

难题之一：扶贫结果与目标管理错位。调查中，我们发现，几年来接受政府扶贫项目、扶贫贷款等优惠政策受益最大的并不是扶贫的主要对象——衣食艰难的贫困户，而是那些本来就无温饱之虞，甚至还是较富裕的农户。一些扶贫户一是家底子薄，二是劳动力的体力弱、智力差，三是社会关系网络少，因而在政府同等的扶贫优惠政策和资金贷款环境下，他们总是远远落后于一般农户，特别是落后于富裕农户。现在贫困地区流行这样一句话："扶贫政策未扶贫，扶官、扶干、扶了富。"

难题之二：部分干部、群众单纯依赖思想严重。国家历年来对贫困地区送钱、送物、送粮支持，在一定程度上缓解了贫困地区群众饥寒交迫的困境，但另一方面却在一部分干部和群众中养成了心安理得、伸手向上、无所作为的依赖思想，降低了自身内在活力。作为贫困地区一级政府，往往向上夸大贫困面，以使国家对其投入更多的物力和财力。一般群众对于外边的调查人员则往往少报收入、少报田亩、少报产量，开口闭口都是要钱、要物、要救济。我们对双储村王墩村民组 24 户人家作了一周的调查，所得材料经过验证，发现这 24 户中只有 7 户自报的田亩、产量、收入的数字是实事求是的，这 7 户又多是退伍、离休或在职干部家。其余 17 户都少报了田亩、产量、人均收入，其中 16 户在我们尚未离开该村民组时就送来了要求贷款的申请书。这种一切伸手向上的严重依赖心理，是贫困地区脱贫致富的障碍。

难题之三：群众智力低下，体弱多病。就我们抽样调查的 73 户 251 位农民的情况来看，其中文盲占 52%，小学文化程度的占 32%，高中文化程度的占 1.6%。显然，这是属于智力"赤贫型"。再就这些农民接触外部的信息情况来看，他们中偶尔能听到村头广播的占 15%，能看到报纸的占 5%。封闭的环境形成了封闭的观念，这些居民大部分仍然承袭着祖祖辈辈传下来的落后意识。"盖大屋"即是其中一例。他们盖的空空荡荡、又宽又大、实用价值很小的一座大屋，不仅耗尽了多年的积蓄，而且要背上几年

---

* 原载《安徽日报》1989 年 1 月 24 日。

才能还清的债务，还能有什么财力扩大再生产？居住传统也对居民身体健康极为不利，他们往往多户甚至 10 户、20 户居住一个大宅，许多还是明、清时代遗留下来的大宅，大宅的子孙都住在这里面。大屋里有数不清的走廊和"一线天"式的天井，孳生大量的蚊子、苍蝇，臭气冲天；大部分房间不见阳光，窗户很小，屋内阴暗潮湿。去年底，省委书记卢荣景到这些大屋视察时深有感慨地说："我们这些身体健康的人在这样的屋子里住上几个月也要得病。"这里居民大部分面黄肌瘦、个子矮小、身体瘦弱，患肺结核的人比例很大，病残和死亡率高。据统计，岳西县人口平均寿命是 56 岁，而我国人口平均寿命已达到 60 岁，此间家里死了人，孝子孝孙同他们的亲戚都须披麻戴孝，成群结队捧着亡灵牌到附近村庄跪拜，所到村庄户户烧冥纸或放爆竹。盖新屋请风水先生，几乎是必行之规。我曾就此访问了几个离退休的老同志，他们说，他们家盖房子也得请阴阳先生，自己虽不信这一套，但也得这样干。因为如果盖房子不请风水先生，日后邻居家里有了天灾人祸，都要骂你盖房子造成的。愚昧的风俗窒息人们对精神文明的接受，制约着商品经济的发展。

难题之四：群众故土难迁的观念根深蒂固。岳西县的三大姓：储、刘、王共约占全县总人口的一半，占这三个行政村人口的 1/3。这三大姓都是明朝以前从外省迁来的，至今已有 600 年的历史。世代传袭，人口流动基本上处于停滞状态，造成了经济、文化、观念、社会结构的僵化，并使人口的素质，包括智力和体力素质，不是进步而是退化。近几年来岳西县政府有鉴于此，采取措施促使人口向山外流动，但是受到群众故土难迁习惯的抵制，许多人宁愿在山窝里受穷，也不愿到山外创造更好的生活。即使去了，一些人过了一段时间又纷纷地回来。去年岳西县劳动局和上海市订立合同，由岳西县送一批青年女子到上海纺织厂做工，有些女青年到上海干不了 3 个月就纷纷打退堂鼓。她们说，那里的生活太紧张，过不惯。这个回答就道出了她们"贫而安贫，但求清闲"的心态。

综上所述，可见造成这里长期贫困的因素是多方面的，但主要是智力贫困、观念贫困、社会资源贫困。扶贫就要扶根本，脱贫就要脱愚。为此，提出以下几点建议：

一、把实用技术培训列为扶贫的主要战略措施。调查所见，这里凡是房屋盖得好，屋里设施好的农户，一部分是脱产干部家，另一部分就是石匠、木匠、漆匠等工匠能人家。用办各种实用技术培训班的办法来进行脱贫是投资少而功效大、脱贫快的途径。

二、扩大信息传播，打破山乡封闭的环境，促进观念更新。目前，岳西县乡乡有广播站，并配有一至二名专职干部，但电线历年被破坏殆尽，未能发挥作用。贫困山区农村有线广播网络应是发展农村政治、经济、文化事业的一项重要的战略性措施，应当整顿恢复有线广播。其次，可以在山民聚居处广泛张贴报纸，使有一定文化的群众常常读报，耳濡目染，彼此议论，互相传播，促进乡村精神面貌的变革。

三、建立乡村文化站和文化室。我省平畈地区的乡政府所在地，一般都已有文化站设置。可是，极端需要文化的贫困山区的许多地方至今尚缺这类设施。如莲云乡就是这样的文化沙漠。乡政府所在地建立文化站或文化中心，各行政村建简单的书报阅览室，便于农村有点文化的人，如回乡的高初中毕业生有个增长知识，学习科学技术，了解外部世界，接受信息的机会。

四、组织人口流动。这三个村人均耕地面积 6 分左右（岳西全县也大体如此），口粮不足要靠政府调进平价粮补充。由于口粮不足，甚至蔬菜、鸡鹅鸭都要从外地运进来，因而岳西县农产品价格一般都高于山外。山上又多半是荒山秃岭，耕地不足就毁林开荒，因而水土流失严重。生态破坏，殃及山区人民，不仅殃及现在，更殃及子孙后代。显然，人口繁殖超过了当地自然资源（主要是土地）的承受能力，向自然界超额索取，恶化了人的生存环境，最后必然陷于不能自拔的恶性循环之中。人口流动势在必行。人口流动有两种，一是迁到新地落户；二是短期流动。前者叫移民，后者为劳务输出，使一部分农民离开穷窝奔富路，留下来的人主要发展林果业、畜牧业。移民是个系统工程，要坚持自愿和示范吸引的方法。开始可以两头有家，条件成熟后再定居；劳务输出外出挣钱养家，广开眼界，这种短期移民花钱省、见效快，走南闯北学技术，学经营管理知识，给家乡带来信息和新的脱贫机会，培养造就一支从事商品生产、交换的大军。

目前，我省山区，如岳西县的最大优势——山林，由于历史上的多次浩劫，受到严重的破坏；再加上人均土地少得可怜，自然资源十分贫乏。而社会资源更贫乏。这两个贫乏之间，社会资源贫乏显然具有决定性的意义。因此，解决山区贫困问题的根本之道应从解决社会资源贫乏入手，发展文化教育，输入信息，输出劳力，推广实用技术，培训造就一批又一批有一技之长的能人，开发智力，提高人的素质，那么，这里几十万劳动人民就可实现"自己动手，丰衣足食"了。

向贫困户传授一技之长[*]

——谈莲云乡的实用技术培训工作

（总结报告之三）

我自 1981 年以来，六进大别山，留给我深刻印象的是，凡是看到一些从外观到内部设置都悦人耳目的房舍，几乎用不着细问，他们不外是两类人家：一类是干部、职工家，另一类则是各种能工巧匠家。调查的统计数字表明，在这个著名贫困区的农户家庭中，只要有劳动力是从事石匠、篾匠、木匠、瓦匠、漆匠以及其他各种工匠行业的，这个农户的收入一般不会在贫困线以下，甚至有些还成为闻名乡里的富户。这一事实应了中国的一句老话，"一技之长可以养生"。当时我想要是聘请一些工匠师傅或专业教师办实用技术培训班，向贫困户传授一技之长，对脱贫或可取得事半而功倍的效果。

反之，当我们走到那些贫困户的家里，在一片腥霉阴湿的破屋中，住着几个衣衫褴褛、双目呆滞的人，问他家今年收多少粮、有几亩地等极简单的问题也难回答出来。但他们有一句话常挂在嘴边上"我们靠政府啊！"靠政府送粮、送钱、送衣来养活他们。我们的党中央和省委确实很重视改善贫困地区群众的生活状况，确实做到了年年送粮、送衣和送钱。光是 37 万人口的岳西县，国家每年要送去 1000 多万元及大批粮食。如果扶贫的路子不变，今后还得继续送下去。而这些面黄肌瘦、一脸惨相、"靠政府送"的贫困户，还是依然故我的"等着送"。造成这种结果，一方面固然因为上面扶贫的雨露之恩，大多被层层"荷叶"遮住了，而另一方面贫困户本身素质的各种劣势，如智力劣势、观念劣势等极大地限制了贫困户对党的各种扶贫优惠政策的运用，也是一个十分重要的因素。送的粮吃光了、钱用光了、衣穿破了，扶贫生产贷款挪作非生产用途，有贷无还，造成再贷不灵。当地人形容他们是"有自由，无主张，甩着膀子晒太阳。""手捧玉米糊，脚蹬暖火炉，皇帝老子不如我。"对这些人来说，莫如授予一技之长，用以谋生，用于脱贫。

各种渠道下达扶贫项目时，只注意贷款，而不重视技术培训，结果往往造成损失。1987 年，岳西县以巨资从省外调来一批种兔，贷给群众饲养，结果惨败。国家贷款收不回来，群众也蒙受了损失。原因是在落实该项目前缺少对农户养兔技术的严格培训，后来当饲养的种兔普遍患脚癣病时，饲养户束手无策，致使这些珍贵的种兔死亡殆尽。

通过对这些正反两面的事例的总结反思，人们逐渐总结了一些解决问题的方法。故我在《脱贫综合治理方案》中就将实用技术培训列为"以文脱贫"的主要内容之一。

---

* 此文写于 1989 年 3 月。

1988 年 4 月，我到岳西县莲云乡后，该乡在乡党委的统一领导下，以省农科院驻点同志为主力，各方合作，一年内办了中药材、大棚菜、蘑菇、蚕桑、养猪、杂交稻等十来个实用技术培训班。这些培训班均密切结合生产实际、结合扶贫的产业项目，收到了学以致用、立竿见影的效果，因而受到当地群众的由衷拥护，参加培训者十分踊跃。有的项目在培训结束时还举行严格的结业考试，如中药材栽培技术训练项目，经过 5 天课堂授课以后，举行了考试，合格者发给毕业证书，并注明在今后遇到下达中药材栽培贷款，将对持毕业证书者优先。

关于中药材技术培训，在上级尚未对该乡下达发展中药材的扶贫项目时，我们就超前举办了这种技术培训班，因为我们和当地干部、群众研究过，岳西是传统的中草药产地，如天麻、茯苓名传国内外。中草药栽培成本低、经济价值高、见效快、技术简单、不与粮争地，正符合山区群众家底薄、耕地少（人均 6 分）、智商低的特点。我们预计中药材将成为这里群众脱贫致富的拳头产业，故而超前办了一期中药材栽培技术培训班。

实用技术培训要将短期培训、系统培训和农村教育体制改革同步进行。上述培训班均属于短期培训。

系统的农业技术培训，可利用中央和地方办的各种有关农业方面的电大、广播大学和函授大学的现成教学系统，在农村区、乡设教学点，对回乡的高、初中毕业生进行培训，使这些人可能成为建设本乡本土的有用人才。

在改革农村中、小学教育体制方面，应在贫困地区的中、小学教学中设有为本地脱贫服务的课程。例如小学高年级应有适应于本地特点的开发性农业知识课程，让学生自小就养成建设家乡的感情。初级中学实行四年毕业制，三年初中普通课以后以开发性农业为重点，再添加一年农业技术课。开发性农业是低成本、高效益的新路子。贫困区普通高级中学还应划出三分之一来办各类职业学校。

应该特别强调的是，不论是办短期、中期或远期的实用技术培训，都必须坚决杜绝形式主义、走过场的做法。有些地方挂的是职业中学的牌子，教的是普通中学的课程，以骗取国家的各种优惠，令人痛心。

目前办技术培训，特别是办职业中学困难较多，例如师资奇缺、基地难建等，但这并不是不可克服的。关键问题，一是在于办事者有无一往无前、献身事业的高度责任心，二是领导机关的支持是否坚决。首先要选择一批事业心强的人，授予全权开创局面，深入到农村第一线，亲自动手办班、办校。

扶贫的实用技术培训真正抓好了，我省脱贫的步伐就加快了。依靠自己学到的技术、本领挣钱脱贫，是人的素质提高的结果，因而这种脱贫的成果也将是稳定的。

附录 1

省委书记、省长卢荣景同志的批示

拜读辛秋水同志送来的几份材料，颇有启示。莲云乡几项试验，都是很有意义的，尤其是在偏僻贫困的山村，更显得紧迫和必要。这里能办到能办好的，其他地方也可以做到。

1989 年 3 月 8 日

附录 2

扶贫扶人　扶智扶文——省委决定推广莲云乡经验*
—— 《安徽日报》 1992 年 7 月 17 日头版头条报道

本报讯　走发展农村科技文化路子，从提高人的素质起步。这一"扶贫扶人，扶智扶文"新思路在岳西县莲云乡经过 4 年的实践，已证明是有效的、成功的。省委日前决定在嘉山、歙县和岳西县进行推广试点。

发展农村科技文化，从提高人的素质起步，这一扶贫新思路是由省社科院研究员辛秋水首先提出并付诸实践的。1988 年，年过花甲的辛秋水来到贫困山区莲云乡蹲点。针对贫困地区存在的信息封闭、观念陈旧、教育落后、文化贫乏、人才奇缺等问题，辛秋水得出了扶贫必须从提高人的素质着手这一结论。在岳西县委、县政府的大力协助下，辛秋水很快在莲云乡创办了文化扶贫中心，并以"中心"为基地，办了 4 件实事：一是建了拥有 4100 册图书、26 种报刊的图书室。书刊内容以农村实用科技为主。全乡目前普遍展开的食用菌栽培和种桑养蚕两大经济效益最好的致富项目，就是从这里孕育发展的。二是建立信息源，扩大信息输入量，在全乡主要路口设立 35 个阅报栏，使农民及时了解国内外大事、党的方针政策和现代科技信息。三是传授实用技术，普及科技知识。从 1989 年起，文化扶贫中心配合乡政府进行农户文化素质、经济情况和需要的培训项目的调查，制订莲云乡实用技术培训规划，举办蚕桑、板栗、大棚蔬菜等 10 期培训班，累计培训 1000 人次。培训过的农民把学到的知识用于生产实际，同时又作为示范户，把技术和信息传播开去，带动了全乡种植、养殖业的发展。四是对全乡 12 岁以上的文盲半文盲分期分批扫盲。

经过 4 年实践，莲云乡贫困面貌有了明显改观。1991 年，全乡工农业总产值达 580.7 万元，比 1987 年增长近 5 倍，年平均增长率为 55.7%；人均收入达 299 元，年平均增长率为 13.9%。

附录 3

辛秋水扶贫摸出新路子　安徽决定推广农村科技文化县试点
—— 《光明日报》 1992 年 6 月 30 日报道

本报讯（记者薛昌嗣）安徽省社科院研究员辛秋水 4 年扶贫实践，把提高人的素质作为农村发展的中心环节，摸索出了促进农村发展的好经验。安徽省委已决定在 3 个县进行推广试点。

农村社会学家辛秋水 1988 年到岳西县莲云乡蹲点。经过连续 4 年的工作，他得出结论："贫困"是一个复杂的社会问题，信息封闭、观念陈旧、教育落后、文化贫乏、人才奇缺等等因素在这里互为因果、恶性循环，构成了一种贫困综合征。

---

　*　本文作者系《安徽日报》记者江海波。

辛秋水扶贫走发展农村科技文化的路子，从提高人的素质起步。莲云乡从 1988 年起办起了文化扶贫中心，并以"中心"为基地，办了 4 件实事：一是建了 35 平方米的图书室，购置图书杂志 4000 余册。图书以科技书籍为主，并与本乡经济发展的需要紧密联系。二是建立了信息源，扩大信息输入量，在全乡交通要道处建立 35 个阅报栏，使农民们能及时了解国内外大事、党的方针政策和现代科技信息。三是传播实用技术，普及科技知识。从 1989 年开始，文化扶贫中心配合乡政府进行农户文化素质、经济情况和需要进行培训的项目的调查，制订了《莲云乡农村实用技术培训计划》，举办了蚕桑、板栗、大棚蔬菜等 10 期培训班，累计培训 1000 人次。培训过的学员把学到的知识用于生产实际，同时传播给周围农民，产生了良好的经济效益和社会效益。四是开办扫盲夜校，对全乡 12 岁以上的文盲、半文盲分期分批扫盲。

从办文化、教育、科技起步，远水解了近渴。1991 年与 1987 年相比，莲云乡工农业总产值增长了 5 倍，年平均增长速度为 55.7%，人均收入增长了 1.5 倍，人的精神面貌也发生了变化。重文化、重教育已成风气，靠科技一年收入几千元的冒尖户有了一批。

安徽省委书记卢荣景和副书记杨永良重视莲云乡的成功经验，要求在全省范围内选择不同类型的县开展农村科技文化扶贫试点。

关于我们在若干农村进行村委会
"组合竞选"制试验情况的报告

卢荣景同志:

您好!

在中共安徽省委的关心与支持下,我们对村民自治的选举制度进行了长达十年的探索和试验,创造了村委会"组合竞选"的经验。值此《中华人民共和国村民委员会组织法》(以下简称"村委会组织法")修订之际,现将我们的实验情况及其主要成果汇报如下,并希望这一重要经验能够被新的"村委会组织法"吸收采纳。

一 试验基本情况

早在十年前,即 1989 年 1 月 17 日,我们遵照您的指示,在岳西县莲云乡腾云村开始了村委会"组合竞选"试验,取得了意想不到的成功,令在场的县区干部惊喜不已。当时,《中国社会报》于 1990 年 7 月 7 日以《硬抵硬选出的干部就是好!》为题作了详细报道。此后,安徽省人民广播电台、中央人民广播电台、中央电视台、安徽电视台以及中央和地方各家报刊也都对此作了专题报道。

腾云村民主选举出来的村委会果然没有辜负村民的信托。1989 年 1 月,这个民选的村委会上任伊始,就建立了一个专门监督村委会的机构(监事会),还聘请了本村离退休干部担任顾问,指导村委会工作。第二招是成立了财务清理小组,对该村"学大寨"以来的村财务账目进行清理,通报全村,实行了财务公开。他们还收回了前任村干部占用的一笔茶叶款,用这笔钱使多年架不起电线的西岭组当年腊月通了电。随后,村委会又带领村民大搞杂交稻制种,修复了 4 处年久失修的河岸田坎,加强了山村管理,当年全村粮食产量比前 3 年平均产量翻了一番,经济收入是常年收入的 2 倍。民主选举村委会,既调动了广大人民群众的积极性,又增强了干部为人民服务的意识,腾云村第一次选举是在《中华人民共和国村民委员会组织法(试行)》正式试行仅半年之后进行的,这在全国来说应该是最早的。后来,我们又在 1995 年 4 月和 1998 年 6 月先后在这个村采用"组合竞选"进行了村委会的改选工作,均取得了圆满成功。值得一提的是,地处贫困山区的腾云村前后三次选举出来的村委会主任都不是本村大户,这就充分说明了即使腾云村这般封闭落后的山村,也并不像某些人担心的那样:宗族宗派势力会严重干扰民主选举。

前不久(1998 年 3 月),我们又应原中共滁州市委书记张春生同志之邀,到来安县邵集乡进行村委会"组合竞选"试点,对全乡 8 个村委会同时进行了改选。从宣传发动到最终"竞选"投票，一共 10 天时间，顺利完成了试点任务。这次选出的新班子年龄、文化结构都有较大改善，新班子中党员干部占总数的 86.6%，文化程度全部为初中以上，其中高中以上 18 名，8 名女同志当选，班子平均年龄降至 34.9 岁。在这次选举中，只有 2 名原任村委会主任落选，与乡党委的意图基本一致。

从历次选举来看，广大村民不但十分珍视自己手中的民主权利，而且表现出极大的热情。在邵集乡选举过程中，北涧村赵学东等 9 名在外打工的农民，在选举前夕连夜赶回家参加投票选举，在 3 月 2 日选举日那天，全乡 3165 户农民的参选率达 99%。实践证明，广大村民不但能正确行使自己的民主权利，还能选举出比较得力的村委会班子，这表明当今中国农民不仅具有成熟的民主意识，而且具有成熟的民主参政能力。

二　村委会为什么要"组合竞选"

"村委会组织法"规定："村委会主任、副主任和委员由村民直接选举产生。"至于这种直接选举采取何种途径、方法和方式，并没有明确具体的统一规定。目前，各地村委会选举方式普遍是仿照或借鉴基层人大的选举方法，选举村委会委员时，就明确谁是主任、副主任和委员，并明确规定村委会主任没有差额，只在副主任、委员间有差额，再在村委会委员里推选村委会主任，或者是采取平行选举的方式，同时选举村委会主任、副主任和委员，这有许多弊端无法克服。

在中国农村，农民大都是世代相居一地，由于这一基本特点，村民之间遍布血亲网，存在着宗族和地缘关系；也是由于这种世代相居一地，某些邻里、门户之间往往世代冤仇，见面就眼红，说话就顶撞，如果平行选举（或分别选举）村委会主任、副主任和委员，一些血亲很近的人，如父子、兄弟、郎舅等很可能同时选到一个村委会班子里，这固然不妥，违反了近亲回避的原则；而把世代冤家对头选到一个村委会班子里，也无法工作。由此可知，如果采取传统的选举办法，是无法克服上述这些弊端的。

而采取"组合竞选"，就能避免这些弊端。首先由村民推选村委会主任候选人 3—4 人，每位村委会主任候选人提出自己的"组合"名单。在"竞选大会"上，他们在发表"竞选演说"的同时，公布自己的"组合"成员名单。为了争取村民的信任，他就不会把自己"九亲六族"拉进来，更不会把名望不好、明显带有某种集团利益和经济利益关系的人，作为自己的"竞选"伙伴，否则他就会丢失选票。当然，他们也不会把同自己谈不拢的人组合到自己的班子中来，这样，如果他当选了，他的班子将是一个优化的班子，又是一个能够拧成一股绳，带领广大村民致富奔小康的团结的班子，战斗的班子。

那么，村委会其他成员由村委会主任候选人"组合"是否违反了直接选举的原则呢？回答是否定的。这里的所谓"组合"，实际上是提名之意，最终都必须经过投票选举来决定。当某一村委会主任候选人"竞选"成功后，我们再将这一当选村委会主任的"组合"名单作为村委会其他成员候选人，进行差额选举。这等于是把村委会主任同他提名的"组合"班子进行"联选"，得票过半数的当选，否则落选。由此可见，"竞选"充分发扬了民主，"组合"体现了民主基础上的集中，而"组合竞选"则是民主与集中的完美结合，达到优化组合班子的目的。

三　积极影响及建议

我省村委会"组合竞选"试验，经过广播、电视和报刊等传媒的宣传报道，已在社会上产生巨大反响，引起理论界的高度重视。

过去十年，全国各地在推行村民自治制度的过程中，都对村委会的选举制度进行了大胆创新和改革，积累和创造了不少有益的经验，如吉林梨树县首先采用的"海选"模式，以及福建的"函投"方式。去年，在北京召开的村民自治国际学术研讨会上，我省实行的村委会"组合竞选"列为大会的一项主题，由本人向大会作了详细报告，获得了与会中外专家、学者的重视，认为这是比较规范、可行的村委会选举制度，符合中国农村民情。他们认为安徽省首创的村委会"组合竞选"是个很好的典型，值得进一步推广。目前，这种村委会"组合竞选"已被一些兄弟省市竞相采用。

今年7月中旬，上海社会科学院派出了以副院长左学金博士为首的专家考察组，专程来我省考察文化扶贫与村委会"组合竞选"。7月17日，安徽省社会科学院与上海社会科学院联合举办了"文化扶贫与村民自治研讨会"。经过为期一周的实地考察，上海市专家们认为，"组合竞选"所设计的程序十分科学，由此选举出来的村委会工作效率高。与会专家、学者还建议省委、省政府进一步加大推广力度，并希望把安徽省首创的这一经验及时报告给全国人大常委会，以利于新的"村委会组织法"的修订和完善。

另外，由于当前农民外出务工经商的较多，我们建议在选举中可根据当地农村实际，由当地选举委员会自行决定是由户代表或是由全体选民参加选举。至于一些地方在投票中采取委托投票或"函投"，我们认为不宜提倡，因为我们在实地调查中发现委托投票或"函投"都可能产生舞弊行为，且又不容易防止。

以上意见妥否，希望批评指正，以使我们在村委会选举制度上的探索，在执行全国人大"村委会组织法"的基础上进一步完善和成熟。

安徽省文化扶贫与村民自治研究实验中心

辛秋水

1998 年 7 月 27 日

附录1

中共安徽省委书记卢荣景同志的批示

请传秀、多良同志阅：村民自治的选举制度，势在必行。希望进一步加大力度在全省有序展开。辛秋水同志提供的材料很有价值。

附录2

安徽省人大常委会主任孟富林同志的批示

辛秋水同志很关心农村基层民主政治建设，多次在当地党委领导下实验村委会

"组合竞选"。这种精神很好，所探索的经验值得重视。实行村民自治是符合我国国情的社会主义民主的一种形式。我们要认真落实党的十五大提出的要求，扩大基层民主，保证人民群众行使民主权利，依法管理自己的事情，创造自己的幸福生活。要认真实行民主选举、民主决策、民主管理和民主监督。进一步加强社会主义民主和法制建设，保障促进农村建设、发展、稳定工作。

附录3

中共安徽省委副书记、常务副省长汪洋同志的批示

因事前已安排工作，不能到会，谨表歉意。感谢辛秋水同志长期以来在文化扶贫工作中作出的努力。

汪洋

1998 年 7 月 16 日

附录4

中央有关领导和部门的批示与评价

村委会"组合竞选"应向全国推广

——袁振同志向江泽民总书记写信建议推广村委会"组合竞选"
和江泽民同志办公室、温家宝同志、段应碧同志的批示

秋水同志：

您好！您寄来的文件均已收阅，前天已转呈给总书记了（见后面的注——作者），我附了个信，对您的情况做了简单的介绍，特别对您发明的"组合竞选"法，我建议希望中央能在全国推广。特告。

另外昨天我给孟富林同志写了一封信，我希望他找您谈谈，并希望他在安徽省推广您的试点经验。同时也建议请省里支持让您搞个乡级政府发展民主的试验。不知他们打算如何？张春生是个积极分子，今后还望您多找他聊聊为盼。

祝您春节快乐！

敬礼

袁振

1999 年 1 月 20 日

秋水同志：

新年好！昨晚在电视上看到您的讲话，我非常高兴，您的实验，已被中央认可了，太好了，太可贺了。祝您继续努力。

关于发展民主问题在十五大前我向中央写过报告提过建议。中央公布村民委员会组

织法时，我又向中央提了建议。第一为了落实这个法，建议由省市县派工作队下乡帮助支部去搞，否则很可能落空或走样。第二建议将民主的精神逐步推广到乡以上的领导机关。我党的政治优势是很大的，不要害怕有失控的问题。我国现在民主太少的问题已明显不适应经济基础了，应加快改革。您是否可在乡以上也搞个实验呢？是否可建议省委省人大搞一个县的实验呢？我认为，农村民主的发展和企业股份制民主的发展，是解决当前许多困难的必由之路，不知您以为然否？

如您同意我的意见的话，请您费心把我这个意见转交给良玉、太华、富林、兆祥等有关同志看看为盼。

敬礼并祝春节好！

此致

袁　振
1999 年 2 月 4 日

注：袁振同志给江总书记建议在全国推广村委会"组合竞选"的信，已由江泽民同志办公室批转给温家宝副总理："请温副总理阅。"温家宝副总理又批给段应碧同志："请段应碧同志阅。"段应碧同志又批给国家民政部。国家民政部委托安徽省民政厅基层政权处陈处长转话给辛秋水："村委会组织法目前不便修改，但支持你继续实验。"

中国扶贫基金会会长、著名三农问题专家段应碧同志高度评价村委会"组合竞选"

—— 段应碧在"中国农民组织建设国际论坛"上的讲话（摘要）

昨天辛秋水同志说，他曾到两个省讲课，发现乡、镇党委书记大多对村民自治不大理解，我认为这恐怕不是个别现象，应该是普遍现象，但是这件事情，这种情况不能埋怨乡镇干部，他有他的难处，如果你都自治，我这里县、市、省布置那么多的任务下来我怎么办？假如你是乡党委书记，你怎么办？面对两三万人口的乡，面对一家一户时，是没有办法的，我们要求发挥自治功能，自治性的社会管理，可是我们上边那么多部门，每时每刻都在下达任务，所以说不是乡镇的同志舍不得放权，乡镇的同志有难度，在整个上面体制这套没有变化之前，在政府职能没有转换之前，你要完全实现村民自治，"难"。我们必须认识到这一点，并不等于说不坚持这个方向，我们要往这个方向走，但是只能逐步地推进，这个过程要多少年？现在还很难说，但是这个方向是必须坚持的，我们可以形成一种倒逼机制，比方说直接选举，"海选"，还有辛秋水讲的"组合选"，这个"组合选"很管用的，乡这一级希望村成为它的下级，执行它的任务，因此它希望干部必须是听话的，必须是努力奉行完成任务的，必须是镇得住的，可是让农民选就是要能办事公道，能够带领他们致富的，这两个要求是不一样的，就把我们村干部夹在中间，这就可能会形成大家对选举比较急切的希望，我觉得可能会产生倒逼机制。如果村民自己选，乡政府就有退路了，就可以抵制上级领导的任务，这个要逐渐的，快不起来，只能慢慢往前推进……

"采用'两票制'和'组合竞选'制等有效措施,增强村级组织的'草根性'"

——"中国农民组织建设国际论坛"通过 18 条建议的第 6 条

　　1988 年《中华人民共和国村民委员会组织法》修订并颁布后，是农村基层民主政治建设全面深入向农村社会铺开的时期。在这一时期，一些地方尝试运用基层民主建设的方式解决矛盾，客观上增强了村级组织的"草根性"。以湖北省广水市和曾都区为典型推进的村级选举"两票制"、村级决策"两会制"，以及安徽省乡村建设研究院院长辛秋水研究员十多年来试验的"组合竞选"，具有制度创新的示范和先导意义。

　　"两票制"是指村支部书记选举由全体村民的信任票和党员的选举票决定的制度，具体做法是先由群众投信任票推荐党支部书记候选人，再由党员投选举票选举村支部书记；村级决策的"两会制"是指凡涉及村民切身利益的重大事项都由党员大会决定的制度，具体做法是凡涉及村民切身利益的重大村务，"两委会"都以议题的形式，先交党员大会讨论形成预案，再交村民代表会议表决形成决议，最后由村务监督小组监督"两会"执行。"两票制"和"两会制"不仅为解决当前农村存在的一些突出问题提供了有效的方式，而且增强了农村基层组织的"草根性"，加强了民主选举后的村级民主决策、民主管理和民主监督问题，使之赢得村民的拥护和支持。

　　"组合竞选"是村民小组首先推选若干村民委员会主任候选人，并同时推荐众多的村委会委员候选人名单。每个主任候选人都可以在委员会候选人中自主选择形成自己的村委会班子参与竞选。第一轮选举村民委员会主任，在几个候选人里面，经过差额选举推选出主任。第二轮对当选的村委会主任所提名的委员，也就是组合的成员进行推选，最终的结果组成了新一届的村民委员会。"海选"容易出现有权势的（宗族）集团或个人操纵选举结果的不理想局面。"组合竞选"较"海选"有更高的参与度、合理度和抗干预度，并容易得到广大农民的认可。

就王胜泉教授来函质疑安徽农村直选是否获得省委批准一事给中共安徽省委书记卢荣景同志的报告

卢荣景同志：

　　您好！北京经济学院教授、著名社会学家王胜泉同志来一封信①，对于我省岳西县莲云乡腾云村实行村民自治很有兴趣，并说北京的一些学者对此也很关心。认为此举意义深远，对全国农村推行社会主义民主及如何操作有现实价值。但他们发觉《光明日报》、《安徽日报》报道莲云乡腾云村经验时，均未提到那里实行民选村委会主任、实行村民自治的事，北京的同志虽想研究和宣传安徽莲云乡的经验，但他们弄不清省委和您的态度，他们不知您是否支持在莲云乡实行民选村委会主任一事。（我本人深知没有您的支持，是根本不可能在腾云村进行民主选举干部这件事的。）

　　现送上王教授这封信，请审阅并尽可能写上几句话寄回，以便澄清北京教授们的认识，特此请示。

辛秋水

1993 年 4 月 24 日

附录

中共安徽省委书记卢荣景同志的批示

　　请兆祥同志阅：（1）辛秋水同志在岳西县莲云乡腾云村实行村民自治试点，我是支持的，对此省委宣传部已发通知。（2）建议对这个村的点要继续予以关注，在做到政治上有充分自主权，经济上一定要摆脱贫困，使农民过上富裕生活。只有这样才有说服力。

1993 年 4 月 25 日

---

① 见本书"友人来鸿"中王胜泉教授的第一封信。

建议村委会实行"组合竞选"制

——给省人大常委会的报告

安徽省人大常委会：

我们在原省委书记卢荣景同志的直接支持下，在岳西县莲云乡开展文化扶贫、村民自治至今已整整十年，一直得到省里各领导机关的大力支持、关心，因此上述文化扶贫、村民自治的实验，从岳西县很快扩展到滁州市来安县以及阜阳地区，工作十分顺利，成绩亦很显著。

特别是村民自治，积十多年经验，我们认为采取"组合竞选"这种直接选举方法，对于优化村委会班子，使村委会班子具有高度凝聚力，具有决定性意义。至少在这个方面，"组合竞选"明显优于吉林梨树县的"海选"模式和其他各种传统选举制度。"组合竞选"是在省委领导的支持下，由我省首创的成功经验，并得到省内外和中央大众传媒以及理论界的充分肯定和国家有关部门的高度重视。去年10月，本人在香港举行的"中国大陆农村基层组织建设研讨会"上所作的在我省农村村委会选举中实行"组合竞选"的报告，受到与会各国（地区）专家学者的高度评价，并因此获得了香港中文大学颁发的"终身成就奖"。一个月前，中国社会科学院还将我省的"组合竞选"实践经验刊登在重要内参《领导参阅》上。因此，我们没有理由不珍惜我们自己创造的这一成功经验。

最近省民政厅起草的《安徽省村民委员会选举办法（草案）》我已详细拜读，这个草案是有一定缺陷的，它基本上是套用吉林梨树县并不成熟的"海选"模式。为此，我们希望将"组合竞选"列入我省村委会选举办法之五，在该草案第八章附则中另加一条："过去我省行之有效的其他直接选举办法，如'组合竞选'制，也可继续实验和推行，在实践中加以比较、完善。"只有这样，才能有力地推进我省村民自治的发展。

此致

敬礼

辛秋水

1999年1月15日

再就村委会实行"组合竞选"制
给省人大常委会的报告

孟富林主任:

你好!省人大即将讨论通过的《安徽省村民委员会选举办法(草案)》关系到我省村民自治能否健康稳步地发展,故而,我不厌其烦地向你汇报,目的是要你支持一个正确的选举办法,而淘汰那些会给村民自治带来隐患的、缺陷很多的选举办法,例如,现在人大所讨论的《安徽省村民委员会选举办法(草案)》第四章"候选人的产生"第十二条第一款"由村民选举委员会召集过半数的有选举权的村民投票,按得票多少确定正式候选人",这就是吉林省梨树县若干年前创造的"海选"模式。这种模式的优点就在于它扬弃了多年来村干部的上级任命指派制,而代之以民选制。这种民选的办法,随着实践的深入,逐渐暴露了它的缺陷和弱点。因为,"海选"是每人发一张选票,选票上列有村委会主任、副主任、委员候选人栏目,由全体村民秘密地在每个栏里填上所要选的人的名字。这当然是很民主的,但是,由于农村居民基本上都是世代相居,而世代相居产生两个恶果,一是由于农民婚姻圈很狭窄,前庄后邻,左邻右舍,往往遍布着血亲网,通过这种"海选"秘密投票方式,极容易把血亲很近的人,如郎舅、兄弟等选到一个村委会里,这是完全违背近亲回避原则的。农民世代相居的另外一个恶果是,邻里之间,村民与村民之间,往往积累的矛盾很多、很深,有的甚至是几代冤仇,"海选"要是将这样一些冤家对头、见面脸就红说话就顶嘴的人,选到一个班子里,那还不是一盘散沙吗?第二条的选举办法是:"以村民小组为单位,搜集过半数的有选举权的村民,投票提名初步候选人,再由村民选举委员会召开村民代表会议投票,按得票多少确定正式候选人……"这条显然是过去村委会选举办法的重复,哪里谈得上村民委员会的直选呢?村民提出村委会成员的初步名单,而由村民代表会议决定,也就是说,村民提出的名单只是参考,究竟谁能成为村委会候选人,这要由村民代表会议决定,村民代表会议又是由什么人组成呢?通常都是由村民小组组长,再加上少数的其他人组成的。上述这几部分人,都是现任的村里的领导层、决策层,由这些人来决定由谁来当下一届村委会候选人。选择的人是要符合这样一些人的观点和利益的。这同今天推行村民自治所要实现的由村民当家做主,由自己直接选举村委会之间的距离不是太大了吗?我在农村做调查研究二十年,后来又在农村连续搞了十年村委会选举,对农村的民情,对现成的各种选举办法,孰优孰劣,我深有体会,所以我没有采取以上两种办法,而是创造了一种"组合竞选"制。这种选举可以一次选成,也可以两次选成,十年试验无一失败,通过这种办法选出的村委会是个优化的、凝聚力很强的班子,此点前函已述,在此不重复。

　　如果因我们的选举办法不妥，而造成选出的村委会人员结构上有上述两种偏差（一是血亲网，二是散班子），使得村民自治结果不孚众望，结果人们不是指责选举办法，而是怀疑村民自治本身是否正确，使村民自治信誉受到损害。那些原来不赞成村民自治的人就能找到口实，来质疑由村民直接选举村委会一事的正确性了，使村民自治的进程受到阻滞。像这样一件大事，作为有责任心的中国人，尤其是作为曾从事十年选举实践的我，明知前面是弯路，是陡坡，难道能不大声疾呼："请另走一条路！"如果实在难以改变前两条已定的选举办法的话，那么，最后要求在"草案"最后一条即二十八条加上："过去在我省行之有效的其他选举办法，如'组合竞选'制，仍可继续实验和推行，以便在实践中进行比较、完善和改进本办法。"

　　随函附上最近我同陆子修同志共同拟定的《安徽省村民委员会选举办法（建议稿）》，供参阅。

　　此致
敬礼！

辛秋水
1999 年 1 月 25 日

附录

安徽省村民委员会选举办法（建议稿）

目　录

第一章　总则

第一条　依据《中华人民共和国村民委员会组织法》，制定本选举办法。

第二条　村民委员会主任、副主任和委员，由村民直接选举。任何组织或个人不得以任何理由、任何形式指定、委派或者随意撤换村民委员会成员。

　　村民委员会每届任期三年，届满应当及时换届选举。村民委员会成员可以连选连任。

第三条　年满十八周岁的村民，不分民族、种族、性别、职业、家庭出身、宗教信仰、教育程度、财产状况、居住期限，都有选举权和被选举权；但是，依照法律被剥夺政治权利的人除外。

第二章　选举工作机构及其职责

第四条　村民选举委员会主持本村村民委员会选举，村民选举委员会由村民会议推选产生，设主任委员1人，委员5—7人。任何组织或个人不得干预村民选举委员会的工作。

第五条　村民选举委员会的主要职责是：

（一）主持村民委员会选举；

（二）向广大村民宣传宪法、村民委员会组织法以及有关规定，进行社会主义民主和法制教育，讲解村民委员会选举的具体方法；

（三）进行选民登记、统计，审查选民资格，印发选民证；

（四）受理村民申诉，并及时地作出处理决定；

（五）组织推荐和预选村民委员会主任候选人，根据村民意愿，确定和公布村民委员会主任候选人的名单；

（六）规定和公布选举日期与地点；

（七）确定选举结果是否有效，公布当选人名单，并颁发"村民委员会成员当选证书"；

（八）负责做好选举过程中的文书资料的收集、整理、立卷和归档。

第三章　村民委员会主任候选人的提名

第六条　村民委员会主任候选人完全由村民提名，任何组织或个人不得干扰村民自主提名。

第七条　村民委员会主任候选人按村民小组提名产生。召开村民小组会议，每个有选举权的村民在全村范围内推荐一名村民委员会主任的最佳人选（也可以推荐自己）。

第八条　村民选举委员会将村民推荐的村民委员会主任人选名单进行汇总。以推荐者人数多少为序，在选举日十天前张榜公布村民委员会主任人选的推荐名单，让广大村民审查。

第九条　再次召开村民小组会议，将村民委员会主任候选人推荐名单交由村民讨论，采取无记名投票方式进行预选，以预选得票多少确定村民委员会主任正式候选人名单，每村至少确定3名村民委员会主任候选人。

第四章　选举程序

第十条　在选举日二十日前，公布全村选民名单。

第十一条　在选举日五日前，每一村民委员会主任候选人必须提出村民委员会（包括副主任和委员）组成人选，交给村民选举委员会印制选票。

第十二条　在选举日五日前，村民选举委员会张榜公布村民委员会主任候选人及其提出的村民委员会组成人选名单，同时公布选举日期、地点和选举办法。

第十三条　在选举日前，村民委员会主任候选人必须准备自己的竞选演说讲稿。

第十四条　每村只设一个主会场（即"竞选大会"），不设分会场，不采取流动票箱投票。

第十五条　由选民大会推选监票人和计票人，村民委员会候选人不得担任监票人和计票人。

第十六条　由村民选举委员会主持"竞选大会"。

第十七条　通过抽签决定村民委员会主任候选人上台发表竞选演说先后次序。

第十八条　村民委员会主任候选人轮流发表竞选演说，并向选民介绍自己提名的村民委员会组成人选名单。

第十九条　村民凭选民证领取选票，不得代替他人领取选票或者接受他人委托投票。

第二十条　全村选民进行投票选举，一律采取无记名投票和公开计票方法。选举时，设立秘密写票处，有秩序地进行投票。

第二十一条　首先投票选举村民委员会主任（票样附后），再对当选的村民委员会主任所提名的村委会组成人选进行差额选举。

第二十二条　每次选举，所投的票数，多于投票人数的无效，等于或少于投票人数的有效。

第二十三条　在选举村民委员会时，全村选民过半数参加投票，选举有效。村民委员会主任候选人，获得参加选举的选民过半数的选票，以得票多的当选。如遇票数相等不能确定当选的或均不超过半数选票的，应将得票最多的前两名候选人进行复选，以得票多者当选。

村民委员会组成人选，获得参加选举的选民过半数的选票，始得当选。

第二十四条　投票选举时，主持人应向"竞选大会"报告应到选民数和实到选民数，宣布村民委员会主任候选人及其提名的村民委员会组成人选名单，说明投票的方法和注意事项，然后当众检查票箱，依次投票选举。

第二十五条　投票结束后，由监票人、计票人和主持选举的人员将投票人数和票数加以核对，作出记录，计票人签字，由村民选举委员会统一封存。

选举结果由主持人依据村民委员会组织法和本选举办法确定是否有效，并当场公布，由村民选举委员会颁发"当选证书"。

第二十六条　当选的村民委员会主任代表村民委员会，发表"施政演说"。

第五章　对破坏选举的制裁

第二十七条　为保障村民自由行使选举权和被选举权，对有下列违规行为者，应当依法交由有关部门给予行政处分或者刑事处分：

（一）用暴力、威胁、欺骗、贿赂等非法手段破坏选举或者妨害选民自由行使选举和被选举权的；

（二）对于控告、检举选举中违法行为的人进行压制、报复的。

第二十八条　各级有关部门应当接受村民的检举、控告，并及时调查并依法处理。

以暴力、威胁、欺骗、贿赂等不正当手段当选的，经查实，其当选无效。

第六章　附则

第二十九条　本选举办法由安徽省人民代表大会常务委员会负责解释。

第三十条 本选举办法自公布之日起施行，《安徽省实施〈中华人民共和国村民委员会组织法〉（试行）具体办法》及有关选举规定同时废止。

附件

选举票样

1. 村民委员会主任选票
2. 村民委员会组成人员选票

××村民委员会主任选票

村民委员会主任候选人名单	A	B	C	D	E
画票					

注：你同意哪一个候选人为村民委员会主任，就在其名字下面空格内画"○"，不同意不画。

××村民委员会组成人员选票

村民委员会主任姓名	×××					
村民委员会组成人选名单	A	B	C	D	E	F
画票						

注：你同意村民委员会主任所提名的村民委员会组成人选名单中哪几个为村民委员会组成人员，就在他们的名字下面空格内画"○"，不同意不画。

建议人：辛秋水
1999 年 1 月 25 日

村民自治:农村社会转型的必然要求[*]

中国改革首先是从二元结构转型开始的。所谓二元结构转型,就是从旧有的计划经济体制向现代市场经济体制转变。在这个过程中,社会的自主性日益增强,平等、民主和法治成为改革时代的强音。党的十一届三中全会以后,中国农村实行了家庭联产承包责任制,解放了农村的生产力,推动了农业和农村社会的发展。农村社会主体性的增强和农村社会权力的分化,导致了生产大队、生产队组织的瘫痪和人民公社体制的瓦解,在此基础上孕育产生的村民委员会这一村民自治组织逐步取代了原来的生产大队,从而开始了一场涉及 9 亿农民的乡村民主化进程。扩大了基层民主,保证了人民群众直接行使民主权利,依法管理自己的事情,创造自己的幸福生活,这是社会主义民主最广泛的实践。农村大包干以前的几十年,农业上不去,农民生活贫困,政府历年都派了大量的工作队来加强农业第一线,而农业生产始终处于低回状态。其根本原因,主要不是干部无能,而是当时的体制违背了生产关系与生产力相适应的原理。所以,一旦实行了家庭联产承包责任制,立竿见影,农业生产出现空前高涨,这就叫做体制一变,不着一字,尽得风流。

村民自治:社会主义民主在农村最生动的实践

早在十年前,即 1989 年 1 月 17 日,我们遵照省委书记卢荣景的批示精神,在岳西县莲云乡腾云村开始了村委会"组合竞选"试验,取得了意外的成功。1990 年 7 月 7 日,《中国社会报》以《硬抵硬选出的干部就是好!》为题作了详细报道。此后,安徽人民广播电台、中央人民广播电台、中央电视台、安徽电视台以及中央和地方各级报刊也都对此作了多次专题报道。

前不久,我们应中共滁州市委书记张春生之邀,参加来安县邵集乡进行的村委会"组合竞选"试点,对全乡 8 个村委会同时进行了村委会改选。从宣传发动到最终"竞选"投票,一共 10 天时间,顺利完成了试点任务。这次选出的新班子年龄、文化结构都有较大改善,新班子中党员干部占总数的 86.6%,文化程度全部为初中以上,其中高中以上 18 名,8 名女同志当选,班子平均年龄降至 34.9 岁。在这次选举中,只有 2 名原任村委会主任落选,与乡党委的意图基本一致。

从历次选举来看,广大村民不但十分珍视自己手中的民主权利,而且还表现出极大的热情。在邵集乡选举过程中,北涧村赵学东等 9 名在外打工的农民,在选举前夕连夜赶回家参加投票选举,在 3 月 2 日选举日那天,全乡 3165 户农民的参选率达 99%。实践证明,

---

* 原载《安徽日报》1999 年 3 月 18 日。

广大村民不但能正确行使自己的民主权利，还能选举出比较得力的村委会班子，这表明当今中国农民不仅具有较成熟的民主意识，而且具有较成熟的民主参政能力。

村民自治：政治体制改革的一个突破口

中国的特殊国情决定中国实现社会主义民主的道路有自己的特色，背着几千年封建主义沉重包袱的中国进入社会主义民主制，就像千军万马经过卡夫丁大峡谷一样，在通过这道峡谷时，有序比无序速度要快。在政治体制改革上，我们应该实行宏观稳定，微观启动，找准选择点。这个选择点或突破口最好是在农村。这个突破口现在看来就是村民自治。作出这样的判断是由中国国情决定的。农村与城市比较起来，人与人之间的利害关系也不像城市那样错综复杂，牵一发而动全身。即使在农村某一地区实验失败了，震荡面也不大，不会波及全局。采用村民自治形式，从农村的底层进行民主政治的实践，让广大农村干部群众在实践中学习，养成民主的习惯、民主的心理、民主的氛围，并由此而形成一个良好的民主环境。如果说，1978 年包产到户，农民在自己经营的土地上当家做了主人，那么，村民自治则是农民在社会生活、政治生活上的一大解放。这是历史的跨越与进步。

村民自治孕育着中国社会主义民主政治未来的希望。只要我们认真地切实地按照党中央的统一部署，村民自治一定会像农村经济改革那样，取得辉煌的成功，以农村的村民自治为起点的政治体制改革必定会再一次推动城市和全国的政治体制改革。正像十多年前主持制定《中华人民共和国村民委员会组织法（试行）》的原全国人大常委会委员长彭真同志所说的那样："有了村民委员会，农民群众按照民主集中制的原则，实行直接民主，要办什么，都由群众自己依法决定，这是最广泛的民主实践，农民群众把一个村的事情管好了，逐渐就会管好一个县的事情，逐步锻炼，提高议政能力，逐步扩大民主范围。"可以预见，肇启于农村的这一基层村民自治改革，必将推进有中国特色的社会主义民主政治向前发展。

附录 1

辛秋水就本文发表引起的匿名信诬告问题给省委常委、宣传部王明方部长的一封信

王明方部长并
诸位副部长：

你们好！解放前，我在大学里从事学生运动，屡遭国民党的通缉追捕。我从反动派的兵营中逃跑出来，奔赴解放区，投身革命。北京解放我被调到党中央机关工作。1957年被错划为右派分子，在农场和农村劳动 22 年。直到党的十一届三中全会以后，我才被改正右派回到革命队伍中来。1978 年底，中共中央宣传部调我到安徽省委宣传部，在当时的社会科学研究所（即省社科院的前身）工作。今年已 72 岁，尚未办理离休手续。改正右派恢复工作后这 21 年在安徽省委的关心支持之下，一直从事农村的调查研

究工作。从 1988 年开始，我到大别山区岳西县莲云乡蹲点扶贫，向省委提出文化扶贫、村民自治的扶贫方案获得省委负责同志的批准和支持。这十多年来一直从事这项工作。虽然遇到很多困难，但我都义无反顾地顶了下来。我牢记着毛泽东所教导的：共产党人必须随时准备坚持真理，因为任何真理都是符合于人民利益的。我之所以年达高龄尚未离休，并在农村四处奔波，也是想用余年时光的劳动补上 22 年在劳改场所虚度的年华。我一生不能做到无可指责，但是我能做到在辞世之时问心无愧。

但是现在，我痛感做件好事实在太难，俗话说"明枪好躲，暗箭难防"。前面的任何荆棘我都有信心大步踏过，但是从背后来的刺刀，却躲不胜躲。近两年来，我只要写篇文章，总会有人用匿名信来断章摘句，进行歪曲造谣，然后无端上线上纲，实际上是政治陷害，以达到个人报复打击之肮脏目的。最近，我在 1999 年 3 月 18 日《安徽日报》上发表一篇题为《村民自治：农村社会转型的必然要求》一文，随之就有"罗平"写匿名信给《安徽日报》，声称该文所提的"组合竞选"是违法的。并责问《安徽日报》在"当前'三讲'时发表这篇文章究竟要干什么"。问题提得多么严重啊！其实在村民委员会选举中，实行"组合竞选"是原省委书记卢荣景同志所批准的，并在这十年来一直支持这样做的。而在 1998 年全国人大正式公布《中华人民共和国村民委员会组织法》，1999 年安徽省人大正式颁布《安徽省村民委员会选举办法》以后，我们在村民委员会选举中一律按照上述"两法"操作。3 月 18 日一文只有两句话提到"组合竞选"，就被匿名信无端上纲攻击为违法，并责问《安徽日报》在"三讲"中登这篇文章想干什么？这样一来，我们今后的学术研究怎么搞法，动辄得咎，我真感到难以工作。特此向你们汇报，并请你们给予指示。

为了帮助《安徽日报》澄清是非，以正视听，我给《安徽日报》写了一封长信，并附上了原省委书记卢荣景同志，省人大常委会主任孟富林同志，省委常委、常务副省长汪洋同志以及原省委副书记、省顾问委员会主任袁振同志就向江泽民同志推荐安徽省试验的村委会"组合竞选"给我的来信。现一并将上述材料送上。请予审阅。

此致

敬礼！

辛秋水

1999 年 4 月 22 日

附录 2
中共安徽省委常委、宣传部部长王明方同志对上文的批示

辛老：凡符合党的基本路线、基本纲领，符合法律法规的探索我们都支持，不实之信，不实之词，我们不会理睬，您也不要在意。望辛老多保重身体。

王明方

1999 年 5 月 16 日

附录3

就辛秋水《村民自治：农村社会转型的必然要求》一文
省民政厅基层政权处给《安徽日报》社的一封信

《安徽日报》社：

你们好！

辛秋水同志的《村民自治：农村社会转型的必然要求》一文在贵报发表后，我即拜读。我认为，该文对于宣传村民自治，推进我省村民自治事业的进一步发展，大有裨益，无任何不当之处。

至于贵报收到一封盗用民政厅信纸信封，化名罗平，自称是民政厅工作人员的匿名信，这绝非我厅我处工作人员所为，我厅更无罗平其人。前两天，贵报曾派人来我处了解情况，我恰巧出差在外，未及详谈。我认为，"匿名信"指责之事纯属无稽之谈，更为严重的是，它损害了我处工作人员的形象。

关于"组合竞选"的问题，我想补充说明如下：

1. "组合竞选"是我省社会科学院辛秋水研究员十年前在原省委书记卢荣景同志的直接支持下，并经岳西县委常委会讨论通过，在岳西县莲云乡进行的一项试验，该项试验对于村民自治选举制度的探索，具有一定的意义，它为后来的《中华人民共和国村民委员会组织法》的修订积累了有益的经验。

2. 这项试验自始至终都是一种组织行为。即使后来在来安县邵集乡进行试点，也是受原滁州市委书记张春生同志之邀，经来安县委常委会讨论决定的，来安县委书记陈乔连同志亲自带队进驻农村进行具体指导、操作的。

3. 不可否认，"组合竞选"在试验之初有它的不完善之处，这也无可厚非，因为任何事物的发展都有不断完善的过程。就其不足之处，我曾与辛秋水同志作过探讨，因而后来得到逐步改进和完善。其村委会候选人也全部是由村民直接提名的，并由村民直接投票选举村委会主任、副主任和委员，完全符合《中华人民共和国村民委员会组织法》规定的直接选举的原则。

4. 需要指出的是，这项试验是在《中华人民共和国村民委员会组织法》1998年正式颁布实行之前进行的。《村民自治：农村社会转型的必然要求》一文也是客观叙述以前的历史事实，这更毫无可指责之处。

以上说明，请参考。

安徽省民政厅基层政权处处长　陈云开
1999年5月6日

附录4

《安徽日报》社编委会关于对辛秋水文章匿名信诬告一事
给回书记、王部长、窦副部长的调查汇报

回书记、王部长、窦部长：

4月中旬，有位自称是省民政厅罗平的人，给回书记寄去一信，对省社科院研究员

辛秋水同志3月18日发表于本报理论版的一篇文章——《村民自治：农村社会转型的必然要求》提出严厉质询，说这篇文章违反了国家大法，责备《安徽日报》在"三讲"时刊登这篇文章违背省委精神，甚至称"社科院要是一再这样去研究，我看也没有存在的必要"，把辛秋水的文章，社科院的科研方向都当作重大政治问题提出。与此同时，张育瑄总编辑收到这两封来信极为重视，批示理论部和有关发稿部阅读和研究，并委托理论部就信中提及的有关问题进行调查核实。现向省委、省委宣传部作如下汇报：

一、辛秋水文稿早在去年六月间便寄给理论部，几经作者、编者修改，又加理论版发稿周期长，故延至今年3月中旬才发表，这在理论版发稿周期中完全是正常的，根本没有和省人大今年2月刚通过的村民选举法有对抗之意。

二、这篇文章的主题是讲村民自治的社会经济作用，村民选举并不是文章的重点。即使提及的村民选举，也没有错误。经向辛秋水本人及省社科院负责人了解，答称辛秋水同志试验的"组合选举"实质是联选，也是村民的直接选择，不过是选举方式上有自己的独特形式。"组合选举"并不是西方选举制度中那种意义上的组合，即村主任选出后，由他任命村委。"组合选举"在这里仅是一种借用，所以在本报发表的文章中采用了"组合选举"一词，把组合选举四个字加上引号，意在说明这仅是一种形容。只要仔细琢磨这一提法，是不会产生歧义的。当然今后本报在宣传中应尽量不用"组合选举"一词，以免引起误解。

三、辛秋水搞村民自治试验已有十年之久，始终是得到省委、省政府支持的。从辛秋水提供的老同志袁振以及卢荣景、孟富林、汪洋等省领导同志的批示、信函、讲话的复印件，我们可以看出辛秋水称他的这项试验是组织行为，而不是个人行为是可信的。

四、罗平究竟是何人？我们走访了省社科院、省社联、省民政厅，都说绝无此人。民政厅对罗平自称是民政厅工作人员的做法极为反感和气愤，认为这实在是不光明正大。农村基层处张副处长说，我们和辛老很熟，经常在一起交流思想，就是有不同看法，当面争执，也不会借用匿名信的方式攻击人。

通过上述调查，我们认为，自称罗平之人，匿名上书，又盗用民政厅名义，这种做法违背常理，也不正派。书信内容偏颇，而且无端上纲上线，透出了一股"文革"整人的遗风，有个人攻击之嫌，如再出现这类匿名信，可不予理睬。

《安徽日报》编委会
1999年5月9日

附录5

"匿名信"："文革"整人遗风今安在？

欧远方（原安徽省社科院院长）

4月中旬，有位盗用省民政厅信笺、信封并自称是省民政厅罗平的人，给省委书记回良玉同志寄去一封信，对省社科院辛秋水研究员3月18日发表于安徽日报理论版的一篇文章——《村民自治：农村社会转型必然要求》提出严厉质问，说这篇文章违反了国家大法，责备安徽日报在"三讲"时刊登这篇文章违背省委精神，甚至称"社科院要是一再这样去研究，我看也没有存在的必要"，把辛秋水的文章、社科院的科研方向都当作重大政治问题提出。与此同时，《安徽日报》总编辑张育瑄同志也收到一封匿名信，指责《安徽日报》在当前"三讲"中发表这样的文章究竟想干什么？不过这封信未署名省民政厅而用的是省社联信笺。张育瑄总编辑对这两封信极为重视，当即指示理论部和有关发稿部门传阅、研究，并委托理论部就信中提及的有关问题进行调查核实。

那么，这个自称"罗平"的人到底是谁呢？《安徽日报》社的同志走访了省社科院、省社联和省民政厅，他们都说绝无此人。省民政厅对自称罗平是民政厅基层政权处工作人员的做法极为反感和气愤，认为这实在是不光明正大。农村基层政权处负责人说："我们和辛老很熟，经常在一起交流思想，即使有不同看法，当面争执，也不会借用匿名信的方式攻击人。"

为了进一步澄清是非，以正视听，5月9日省民政厅基层政权处处长陈云开还专门致信给安徽日报社，声称"'匿名信'指责之事纯属无稽之谈"，并强烈指出："它损害了我厅工作人员的形象。"同时，还就匿名信所说的（辛秋水文章提到的）"竞选组阁制"（又称"组合竞选"）问题，作了详细说明：

"1. '组合竞选'制是省社科院辛秋水研究员十年前在省委卢荣景同志的直接支持下，并经岳西县委常委会讨论通过，在岳西县莲云乡进行的一项试验，该项试验对于村民自治选举制度的探索，具有一定的意义，它为后来的《中华人民共和国村民委员会组织法》的修订积累了有益的经验。

2. 这项试验自始至终都是一种组织行为。即使后来在来安县邵集乡进行试点，也是受原滁州市委书记张春生同志之邀，经来安县委常委会讨论决定的，来安县委书记陈乔连同志亲自带队进驻农村进行具体指导、操作的。

3. 不可否认，'组合竞选'制在试验之初有它的不完善之处，这也无可厚非的，因为任何事物的发展都是不断完善的过程。就其不足之处，我曾与辛秋水同志作过探讨，因而后来得到逐步改进和完善。其村委会候选人也全部是由村民直接提名的，并由村民直接投票选举村委会主任、副主任和委员，完全符合《中华人民共和国村民委员会组织法》规定的直接选举的原则。

4. 需要指出的是，这项试验是在《中华人民共和国村民委员会组织法》1998年正式颁布实行之前进行的。《村民自治：农村社会转型的必然要求》一文也是客观叙述以前的历史事实，这更毫无可指责之处。"

《安徽日报》社经过认真调查核实以后，在给省委领导《关于对辛秋水文章匿名信的调查汇报》中也写道："这篇文章的主题是讲村民自治的社会经济作用，村民选举并不是文章的重点。即使提及的村民选举，也没有错误。经向辛秋水本人及省社科院负责人了解，答称辛秋水同志试验的'组合选举'实质是联选，也是村民的直接选举，不过是选举方式上有自己的独特形式。'组合选举'并不是西方选举制度中那种意义上的组合，即村主任选出后，由他任命村委。'组合选举'在这里仅是一种借用，所以在本报发表的文章中采用了'组合选举'一词，把组合选举四个字加上括号，意在说明这仅是一种形容。只要仔细琢磨这一提法，是不会产生歧义的。"而且，"辛秋水搞村民自治实验已有十年之久，始终是得到省委、省政府支持的。从辛秋水提供的老同志袁振以及卢荣景、孟富林、汪洋等省领导同志的批示、信函、讲话的复印件，我们可以看出辛秋水称他的这项实验是组织行为，而不是个人行为是可信的。""通过上述调查，我们认为，自称罗平的人，匿名上书，又滥用民政厅名义，这种做法违背常理，也不正派。书信内容偏颇，而且无端上纲上线，透出了一股'文革'整人的遗风，有个人攻击之嫌，如再出现这样的匿名信，可不予理睬。"显然，匿名信的指责纯属无端造谣攻击，写信人采用这一惯用伎俩十分卑劣可耻。

谈到辛秋水同志，谁都知晓他。解放前，他在大学里从事学生运动，屡遭国民党的通缉追捕。后来从反动派的兵营中逃跑出来，奔赴解放区，投身革命。北京解放后他被调到党中央机关工作。1957 年由于为知识分子鸣不平被错划为右派分子，在农场和农村劳动 22 年，直到三中全会以后，才被改正错划右派回到革命队伍中来。1978 年底，中共中央宣传部调他到安徽省委宣传部，安排在当时的社会科学研究所（即省社科院的前身）工作。今年已 72 岁，尚未办理离休手续。改正右派恢复工作后这二十一年在安徽省委的关心支持之下，一直从事农村的调查研究。从 1988 年开始，他到大别山区岳西县莲云乡蹲点扶贫，向省委提出文化扶贫、村民自治的扶贫方案获得省委负责同志的批准和支持。这十多年来一直从事这项工作。虽然遇到很多困难，但他都义无反顾地顶了下来。"风雨难摧少年志，铁窗难改旧时颜。从来铁肩担道义，自古文章辣手传。"袁振同志赠给辛秋水同志这首诗最能说明他的一生。作者与辛秋水同志交往经年，很了解他的为人。他一生为追求真理无悔无怨，孜孜不辍。他常挂在嘴边的一句话是毛泽东同志的一句名言：共产党人必须随时准备修正错误，因为任何错误都是不符合人民利益的。他之所以年达高龄，尚未离休，并在农村四处奔波，也是想用余年时光的劳动补上 22 年在劳改场所虚度的年华。

但是，这次匿名信实在令他感触颇多："我一生不能做到无可指责，但是我能做到在辞世之时问心无愧。可是现在，我实在痛感做件好事实在太难，俗话说'明枪好躲暗箭难防'。前面的任何荆棘我都有信心大步踏过，但是从背后来的刺刀，却躲不胜躲。近两年来，我只要写篇文章，都会有某个人用匿名信来断章摘句，进行歪曲造谣。然后上线上纲，实际上是政治陷害。以达到个人报复打击之肮脏目的。"这真是哪个人有了成就，有了创造，受到社会或组织上的重视，他马上就会成为"红眼病"者斗争的对象。于是，打小报告，暗地里或公开攻击、贬损、穿小鞋、使绊子、设陷阱，有的甚至不顾事实，制造谣言、谎话，必欲打翻在地而后快。这就是中国人"窝里斗"的一种表现。对那些嫉妒人才的不正之风，要狠狠煞一煞，一是不予理会，一是揭露他的阴暗心理和自私的嘴脸。

值得庆幸的是，我们的省委领导同志能善辨是非，以百倍的热情，关心和支持我们的科研人员，特别是一些老学者、老专家。省委常委、省委宣传部长王明方同志在辛秋水同志的来信上批示道："辛老：凡符合党的基本路线、基本纲领，符合法律法规的探索，我们都支持。不实之信、不实之词，我们不会理睬，您也不要介意。望辛老多保重。"这是对诬陷者最好的回击，也是这封匿名信风波最好的结尾吧。我们希望今后不再有此类无聊的事情发生。

（原载《华夏纵横》1999 年第 1—2 期，笔名：一兵）

对现行教育体制的一个挑战[*]

——关于肥西县私立学校的调查报告

前不久，我在安徽省肥西县农村调查中看到一种可喜景象，即完全依靠自己白手起家，自筹经费，自聘教师创建起来的各种私立学校，竟能以其教学的负责、学生成绩的优异赢得群众拥戴。它雄辩地证明了在社会主义建设中，人民群众的智慧和力量是我们搞好改革、实现四化取之不竭的源泉。

"私立学校"的成功折射出"公立学校"的弊端

肥西县农村中已兴办起来的 3 所私立中学和 9 所私立小学都办得很成功。其共同特点是勤俭办学，教学负责，学生成绩优良，周围群众爱戴，赢得教育部门的重视。这里仅举几例：

私立燎原初级中学，招收的都是小学升学落选的考生。他们虽然起点低，但进该校学习后成绩提高很快。1984 年冬期末考试，该校采用市统一考卷，数学平均 77 分，其他各科均在 60 分到 70 分之间，深得家长的好评，而其收费标准与公立燎原中学相同。

私立大墙小学，创办于 1981 年。由于该处公立文斗小学管理混乱，教学质量差，1981 至 1983 年 38 个毕业生一个都未考取初中，群众意见很大。大家建议由一个退休教师带头办这个私立小学。该校创办以来，教学质量公认全乡第一，连续几年升学率冠于全乡。公立文斗小学的学生和教师，纷纷前往大墙小学就读和教学，文斗小学因无学生去而自行停办。经组织决定，把原文斗小学全部校舍转让给私立燎原小学。该校经费完全自给，以生养师，以生养校，民师不要群众补贴。1984 年学校还自盖瓦房课室 6 间，对草房进行了维修，其收费标准与该乡其他公立小学相同。

私立群力小学，是由一对只有初中文化程度的"下放"职工夫妇创办起来的。建校初期，以其居住的几间破陋不堪的茅屋做教室，但是破陋的教室却教出好的成绩来，学生升学率和统考成绩均占全乡第一。1984 年 21 名毕业生考取了 16 名，升学率为76.2%，列全乡第一。1985 年毕业生 30 人，参加县毕业会考总平均得分 82.5 分，不

---

* 原载《安徽日报》1985 年 9 月 23 日，《江淮论坛》1985 年第 6 期，《学术研究动态》1986 年第 6 期，中共中央办公厅信访局主办的《群众反映》，并加编者按。1985 年 10 月 18 日内参的送阅范围是：中共中央政治局委员和书记处书记。后来内参由中央送达安徽省委，省委书记黄璜同志在这份内参上作了重要批示。这份调查报告还被上海社会学杂志《社会》1986 年第 3 期全文刊登，全文约 6000 字。

及格一人，毕业率为 96.7%。乡举行数学竞赛时，第一名、第三名均由该校获得，把附近的公立吴圩小学挤垮。后来，上级决定将公立吴圩小学的校舍全部移交给私立群力小学。私立群力小学的收费标准不仅不高，而且还低于附近公立小学 1.5 元。

有比较才有鉴别。这些事实发人深省：公立学校校舍是公家建的，教职员工的工资福利是公家给的，学生同样交学费，但却面临经费困难，这也不能办，那也办不了，说是影响教学。而这些私立学校白手起家，自租校舍。更重要的是教学成绩远高于公立学校，其故何在？看来，其源盖出于公立学校一切由国家包下来的这个"优势"恰恰变成了它们的劣势。经费统统由国家包下来，就使得公立学校的教职员工很少想到勤俭办学。我们常看到农村一些公立中小学校没有几扇完整的门窗，打坏了没有人管，更谈不到自己动手修了。遇到放假，教职员工回家了，学校财物任人糟蹋破坏，被偷被盗，无人爱护。私立学校则不同了，校内一草一木的损坏都要靠他们辛勤教学得来的学费去修缮，同每个人的利益息息相关。不是国家包而是他们自己包。不同的包，产生的态度和结果大不一样。我在该县栗树村私立燎原初级中学看到，由该校教职员工自己动手为该校学生修建的一所土墙草顶的厕所。而有些公立学校，国家给它盖上砖墙瓦顶新校舍，但未盖厕所，男女学生下课后就四野奔走大小便，既妨碍卫生又有伤风化。校长和老师们竟然睁眼看着，无动于衷，一拖几年无人筹划为学校建造一个厕所。在教学成绩上，那所私立学校只有 1 个初中文化程度女职工加上 3 个回乡知青领导，学生成绩为什么名列全乡第一、第二，压倒由中级师范毕业生领导的公立小学学生的成绩呢？原因就在于，这所公立小学的领导人捧的是铁饭碗。学校办不好，他们认为没有什么了不起，学校垮了有什么可怕？换一个地方好啦！"这里不养爷，自有养爷处。"反正工资待遇是保险的，不减一分一厘。这点，捧泥饭碗的私立学校的校长和教师们，就没法比了。他们只有励志图强，以优取胜。这也正是许多公立学校办得不死不活的致命之处。

私立学校的教职员工都是创办人即校长按合同聘请的，干得好，下学期续聘，干得不好，下学期不聘。校长对学校有着实实在在的治校权。校长本人固然是全身心地治校，学校名誉不佳，没人来上学，他的学校自然失去了存在条件；教员不认真负责教学也就会被解聘，校长、教员人人身上都有着压力，压力产生动力和活力。这同有些公立学校里缺课、误课，敷衍塞责，校长、教员谁也怎么不了谁，形成鲜明的对照。兼之，社会上的不正之风和各种关系网的影响，他们的精力往往都消耗在应付人情世故或校内人事纠纷上，不可能集中精力搞好教学，抱着"过得去就行"的态度，怎么能教出好的教学成绩来？！

在私立学校兴起的地方，一些久已看不到的尊师爱生的传统美德也随之恢复。教师家访，教师护送学生回家，教师常常晚上留宿在学校为学生补习，不索取任何报酬。教师们这样的辛劳，群众报之以热情的关怀。董岗育贤中学创立后，群众为了保证师生们的用水，在抗旱救禾的重要时刻，宁愿少收点庄稼，也忍痛保留一口塘水供给师生们用，当发现有人在这口塘里放鸭放鹅时，群众立即自动出来制止，他们说："塘水搅混浊了，师生们怎么用水？"其情着实感人。

农村公立学校的校址一般都建在一村、一乡的中心，建在交通方便处。而乡与乡、村与村边界的偏僻地区，难得有所学校。那里的学生每天要走好远的路去上学，遇到大风大雨或汛期水阻就得辍读，因此偏僻地区的学生成绩普遍上不去，学生和家长将之视为头痛事。而私立学校却大多设在这些偏僻地方，对于那里的孩子们真是名副其实的及时雨，也相应地改善了农村教育的布局问题。但令人十分惊异的是，那些设在穷乡僻壤的私立学校却能把处于中心区的公立学校学生纷纷吸引去。真如陈毅元帅的诗所云："幽兰生山谷，本自无人识；只为馨香得，求者遍山隅。"

在私立学校未兴起以前，一乡一个初级中学，一村一个小学，并规定学生只能在本村小学、本乡中学就学。不论所在村、乡学校办得好坏，只要上学都得往那里送。这种规定似是合理，实则不然，因为它不能满足农村普及义务教育的需要。私立学校的兴起，打破了公立学校长期一家独办的局面，一些公立学校遇到一点竞争就垮台了。看来，私立学校兴起对公立学校确实构成某种威胁，它迫使公立学校在竞争对手面前改善管理，加强教学责任心，发愤图强。事物都是在对立斗争中发展的，排除竞争就会形成垄断、停滞不前，甚至导致腐败。

上述的农村公立学校和私立学校相比，瑕瑜之见，十分明显，当务之急是公立学校甩掉"老大"包袱，积极学习私立学校的成功经验，改革自身的一些陈腐的管理制度，把公立学校办成普及农村义务教育的主阵地。

私立学校兴起的社会基础

历史唯物主义认为：当一项历史任务被提上日程的时候，解决这一历史任务的力量就已相伴而生。因此人们在社会矛盾面前，要善于察觉解决矛盾的力量，并努力汇集这些力量去积极地解决矛盾。

一、家庭联产责任制的实行，使广大农民逐步走上富裕之路。与此同时，广大农民从切身利益中看到有文化和没有文化、文化程度高低对于发展生产、提高经济效益、实现勤劳致富的决定性作用。知识就是力量，知识就是生产力，这已经不再是争辩的理论问题，而是人们的社会实践。农民迫切希望自己的子女读书，有文化，懂科学。但是，目前国家限于人力、财力，在农村兴办的学校数量和质量还远远不能满足广大农民的这种要求（特别是中学）。肥西县 1985 年有 17551 名小学毕业生，而全县初中一年级本年实招人数只有 8970 人，约近一半的小学毕业生升不了学。这些孩子年龄一般都只有十二三岁，难以参加生产劳动，在家闲着，不需多久，原来学得的几个字也就丢得差不多了，变为新文盲。最使家长们烦恼的是，这些辍学的青少年，在不良的社会风气感染下，终日闲游浪荡，容易染上许多毛病，弄得谁家有一个辍学的小学毕业生，谁家就添了一个包袱，家长们急着要让孩子们找一个就学之所，这是当前农村私立学校兴起原因之一。

二、农民群众长期以来对农村许多公立学校管理秩序混乱，教学质量低下，极其不满，但当时公立学校又是独此一家，不容选择。现在出现了热情负责的私立学校，尽管私立学校房屋简陋，教具短缺，但也都积极送孩子到那里去。

三、目前我国城乡有着一批潜在的教学力量。首先是近年来，由于退休制度不严，许多远不够退休条件的教师（其中有一部分还是骨干教师）为了让子女顶替，通过各种渠道办了退休手续在家赋闲。据统计，该县现有 750 多名退休教师，其中 500 多名全在 50 岁左右，他们大多数教学经验丰富，精力未衰。另外该县还有近 3 万名回乡高中毕业生，而这批人都是可以调动起来的教学力量。该县现有的 3 所私立中学、9 所私立小学都是由这些退休教师、回乡知青创办起来的。他们既有办学能力又有办学积极性。放手使用这批社会力量办教育，可缓解当前农村教育不能满足群众需要的矛盾。

　　调查证明，发展教育事业同发展农业、发展工商企业一样，要充分给予自主权，有权可因地、因人、因事制宜地创造出符合实际需要的组织形式和工作方式，干部和群众的积极性才能得到充分发挥，甚至出现奇迹。农村家庭联产责任制如此，城市工商企业扩大自主权如此，普及农村义务教育也是如此。目前，我们应放手鼓励一批有志于发展教育的同志去办各种各样的私立学校（尤其提倡他们办职业学校），组成千军万马的办学大军，贯彻中央关于体制改革的决定以满足群众学习科学文化的需要。只要这样做就可以解决目前我们教育中存在的问题。

附录
中共安徽省委书记黄璜同志的批示

　　请小梅同志认真研究办理。

黄　璜

1985 年 11 月 5 日

党风和社会风气的几个严重问题[*]

——淮北调查见闻实录

这次到淮北地区阜阳、宿州、萧县等地调查经济问题。这些地方给我的一个突出印象是生产形势很好，人民生活有显著提高。以阜南而论，全县人口100万，一直是脊背平原上最穷的县份之一。从土地改革到1978年，购销相抵，28年向国家贡献的粮食平均每人每年不到1斤。1976年以前每年还要国家调进食油5万斤，去年这个县交售的粮食却达10408万斤，交售的油菜子1500万斤，相当于13年油料征购任务的总和，总之形势是喜人的。这是党的十一届三中全会以来，在农村落实一系列正确政策所取得的胜利成果。

但是，同任何事物都具有两重性一样，大好形势这个主流底下还有支流，还有阴暗面。这个支流、阴暗面是什么？就是城市和农村里政治空气极端瘠薄，正气不升，邪气盛行，投机倒把触目皆是，贪污行贿不以为怪；干部利用特权侵吞土地，成片盖私人楼房和四合院。更为严重的是，竟有人公然违法成片种植鸦片。其中，就有党员和党组织的负责人。非法宗教和其他迷信活动也很猖獗，其中也不乏党员。现将耳闻目睹的事，列举如下：

（一）公安部门和检察院机关少数人员执法犯法，为非作歹，影响恶劣

我在阜南参加一次审判会，审判的对象是该县公安局刑事警察王某，他同一个劳改释放犯，一个痞子，结伙偷盗。王某身穿公安服装，手拿公安武器，带着两个同伙，驾驶警车，冲到供销社一个兔毛收购员家中，砸开门锁偷了二麻袋兔毛（价值2000元左右）。不久，案发被捕。这名罪犯本来在社会上就行为不端，为什么能混进公安机关？据了解，他原来是该县县委某副书记的儿子。

在宿州市，我路过红旗路，见到闹市中心一群人熙熙攘攘，阻塞交通。走近一看，乃是一个中年男子在毒打一个妇女，那妇女被踩在地下，惨叫呼援，围观者竟无一人出来干涉。我上前一把拉开行凶者。正在斥责时，有一警察骑车过来，始知行凶者是宿州市检察院书记员。当时我随同警察和行凶者进入检察院见了检察长，证实行凶者确实是该院书记员。被打者是他准备离婚的老婆。检察院干部是国家执法人员，竟在光天化日之下，行凶打人，侵犯人权，多么令人惊骇！我认为，要整饬社会风气，严肃党纪国

* 原载中共安徽省委宣传部《宣传工作》1983年第20号增刊，全文5000字。根据本调查报告所提出的淮北地区投机倒把和种植毒品鸦片等严重事例的线索，省内有关部门已派人下去查处。

法，维护安定局面，必须首先从公检法机关本身整顿起，一方面选拔一批刚正廉洁的同志补充到公检法机关中去；一方面在公检法内部坚决惩办一些为非作歹之徒，并把那些只顾个人往上爬，不敢坚持原则的政治庸人调整出去。这样的公检法机关才能真正起到打击坏人、保护人民的作用。

（二）干部搞特权，人民敢怒不敢言

阜南县城里有块连片地方盖了许多幢砖瓦结构的四合院，这是县里某单位的干部通过非法手段侵占附近生产队耕地，公私物资一起上，盖成的私人住宅。阜南群众纷纷议论，我们这里比《人民日报》报道的舒城干部大盖私房问题严重。我离开阜南时，阜南县委常委正在研究处理这一问题。

我从阜南到萧县，接触到一些干部群众谈到干部特权时都唉声叹气。萧县人民政府一个工作人员偷偷同我说："要揭发这些顶头上司？小鞋有你穿的。写人民来信往往转到当事人手中，这杯苦酒就让你够喝的了！"他说，该县某负责人盖四合院，县委机关一名工作人员写人民来信，结果这封信转到这个负责人本人手中去了。他拿着这封人民来信在会上厉声地说："有人写我的人民来信，说我盖四合院，我还要盖更大的四合院呢。"

阜南县委副书记王志纯说："生产形势好了，歪风邪气不整，党的威信也不能提高，现在一些短缺商品如复合化肥、尿素等，再如耕牛及其他农资，都是干部搞去了，群众沾不上边。煤油一类紧缺商品，干部买平价的，群众却只能买高价的。群众气愤，也只能闷在肚子里。"

（三）投机倒把已发展到内外勾结之势

投机倒把活动无孔不入，在阜南街上，一些好烟只能到私人小铺子里去买，当然要出高价。为什么国营店里不卖？我问县委第一把手陆庭植同志。他说，投机倒把分子用各种办法从烟厂里把烟搞走了，进不到国营商店里，即使进来一点，也都从后门走掉了。电影院的电影票都是这样，稍叫座一点的，你不要想买得到，早被投机倒把分子搞走了。据阜南干部同我说，一篮子松花蛋送礼给售票员就可按价买回几十张电影票。一些畅销的书籍，有的人从新华书店买出到书店对门就可加价出售。

兔毛投机倒把更是猖獗。大量兔毛流入河南、武汉、广州，开始用自行车贩运，后来就用汽车贩运，有的工商行政管理部门为了堵截这种汽车，把耙田的耙倒置在公路上，就这样都拦不住投机倒把的汽车。兔毛是国家规定统购物资，由供销社收购交给外贸部门，可是有的收购点工作人员同投机倒把分子串通起来干，压级压价，指点你到某处卖高价。阜南王化集公社养兔专业户谢继昌揭发说，靠兔毛投机发横财的多得很，王化集街上的痞子王小狗，据说已成投机兔毛的暴发户。他曾被有关部门抓到过，后来大事化小，小事化了。

（四）案犯不办，一拖了之，揭发者无信心，犯罪者有所恃

阜阳地区农委副主任肖国玺深有感慨地说："现在下面有些领导班子都是'看守内阁'，遇事能糊就糊，能推就推，能拖就拖，精力都花在钻营个人利益上。"阜南县委

副书记王志纯说："现在是群众各顾各，干部见利就上。什么廉耻、风格，不屑一顾。"领导班子这种精神状况，自然形成坏人不臭，好人不香，犯罪者得不到应有的惩处，正义者得不到支持的局面。阜南县黄岗区焦坡公社一个营业员贪污了7000元，已经定案，但结果却被不声不响地越过县委组织部调到阜阳，还晋升了一级。

不久前阜南发生一桩奇案，县油厂从某粮站调来菜子，卸车时有一麻袋破损漏出的竟是草种子，检查结果竟有十二袋草种子冒充油菜子运来了。粮食局追查，汽车司机推粮站，粮站推司机，直到现在莫知所终。有人说，像这样有根、有线的案子都查不出，公安机关还办什么案子？也有人说这里面牵涉到一些人物，才是问题症结所在。

（五）有些生产队成片种植鸦片，迷信活动猖獗

我在阜南期间，正值地、县有关人员在农村检查非法种植鸦片问题。据初步了解，该县赵集区任庙公社有14个生产队种植鸦片，其中温西生产队有23户社员种鸦片达2.8亩，温宏如一户就种了四分七厘鸦片。赵集区宣传委员温金喜种了两处，共二分九。三塔公社赵棚生产队有49户社员，竟有42户种鸦片，共达5亩之多。据了解，其他各区种鸦片也很严重。更为严重的是，有些党员、党组织的负责人，种了鸦片无人揭发、制止。检查人员查到鸦片田块却四处问不到田块的主人，最后从一个小孩嘴里才得到真实答案。据查获鸦片的公安人员对我说：一斤鸦片到新疆要卖5000元。我在阜南招待所，正遇河南驻马店公安局人员带着贩毒者来阜南追同案犯，到了这个同案犯所在公社，该公社干部不但不予协助，而且百般刁难。相反，他们和贩毒犯（是个党员）同坐一条板凳，互递香烟，有说有笑（驻马店公安人员为此专门写了一份材料在我处）。

农村迷信活动也很猖獗：阜南县信教的群众已从1978年的8000多人发展到今天3万多人，其中很多是披着合法宗教外衣的非法宗教活动，光是三塔区就有十几个党员参加。萧县农村不少地方在搞"打鬼"，一个村子一个村子在树上挂灯打鬼。还有一股给女婿包饺子免灾的风。有一个人给女婿包饺子，错把老鼠药当成胡椒粉，把女婿一家6口人毒死5口。至于盖庙塑菩萨的事就更多了。

（六）一些党组织的负责人竟把行贿作为工作的手段

我在阜南高寨大队调查社队企业，这个大队的企业主要依靠一个立式窑烧砖赚钱。我问大队书记煤从何处来，大队书记回答说煤从淮南开后门买来的。我问：后门怎么开？他说用高价："国家煤是28元一吨，我们要80到90元买一吨，因为从买主到开票人中间要经过几道手，道道手不空过，所以花八九十元一吨。"他说，这算得了什么，很多短缺货都是这样搞到手的，很正常的。

我在宿县地区多种经营办公室听取介绍该地区情况时，谈到灵璧县大理石，他们说：一个县委书记曾来我们这里说，以前上海为该县代销大理石，省里要自销，又销不出去，这次他带了大量的香油花生米到上海去托人家代销，人家（上海）都不干了。县委书记提到"带香油花生米到上海托人代销"都不感到害羞，好像行贿是理所当然，县委书记尚且如此，还追查别的什么人的行贿之罪呢！

很显然，造成不良现象的原因是多方面的，有历史原因，如十年"文化大革命"

造成的后果，也有制度上不健全的原因。解决之道，我认为首先必须改革制度，特别是要从改革干部制度入手，领导班子不"四化"（革命化、知识化、专业化、年轻化），党的政策再好只能是空谈。唯此一项阻力特大，在党内要充分相信和依靠广大党员群众，按照中央的政策推选领导班子，不要全由领导班子提名。可以相信，党员群众大多数是有这个觉悟和识别力的，会把符合中央选干标准的优秀同志选进领导班子的。只有如此，党内民主生活才能真正活跃起来，才能使党员群众对各级领导真正起到监督作用，才能推动领导班子达到新陈代谢。这是改革干部制度、消除阻力唯一的可行办法。为了防止选举出流弊，中央要发布一则严格规定，凡是在选举中搞宗派活动、营私舞弊查有实据的一律开除党籍，并一定要做到令行禁止。政府领导人员，工厂企业领导人员，科学研究机构的领导人员，总之一切可以用民主选举办法产生的领导人员，都要用民主办法来选举。要充分相信群众的大多数是讲道理，明是非，能够掌握党的政策的。

改革干部制度，改革各级领导班子的结构，是我们搞四化的关键，也是我们一切事业成败的关键，是当前党内外广大群众最焦心、最急迫的事。党中央一定要下定决心，贯彻到底，党的十一届三中全会以来党中央的路线方针是深得人心的。有了群众就有了战胜一切困难的力量。也会有反对的，那只是极少数把持特权，继续为其六亲九族服务的人。这些人没有什么真正力量，他们最怕的是群众觉悟起来，当家做主，因而他们往往利用手中的权来压制人民群众当家做主的强烈要求。

二是狠抓公检法和党的纪委工作。狠狠打击坏人，煞住歪风邪气。对那些屡教不改的刑事犯罪分子，对流氓、地痞，危害社会之徒要向当地群众宣布，交群众监督劳动，过去对四类分子那一套行之有效的办法对他们很适用，这不是极"左"，这是符合广大人民切身利益的事。人民会鼓掌欢迎。目前人民对这些不良分子恨透了，而对政府的过分宽大确有不满。

党委要一手抓组织部，一手抓纪委。组织部手中掌握一份优秀干部名单，纪委对那些领导班子中违法乱纪、严重不称职的人换下一个，组织部就输送一个。这是经常性的干部更新办法。

三是抓新形势下的思想政治工作。农村、城市、厂矿、企业都要建立政治工作体系，以发起强大的宣传声势，在一切上层建筑、意识形态领域对群众进行世界观的教育，宣传政治工作是一切工作的生命线，宣传世界观的转变是一个根本性的转变。三年来我们在这方面抓得不够，其不良后果已显而易见。要大量地表扬好人好事，严肃惩办坏人坏事，推动绝大多数中间分子向前进，使社会上的正气上升，邪气收敛。

附录
中共安徽省委副书记、宣传部长兰干亭同志的批示

请部长、处长们一阅，今后下去的同志都要深入实际，倾听群众呼声，掌握真实情况，此风值得提倡。

有关整顿党风、政风的几点建议

——给安徽省委的报告

一、令不能尽行，禁不能尽止。这是当前国家生活中各种矛盾的中心环节（即主要矛盾），这个矛盾不解决，其他的矛盾顺利解决是难以想象的。中央制定的许多正确政策，到了实际工作中不是被搁置就是受到歪曲，使之得不到预想的效果，甚至反而产生相反的恶果。这类例子多得很，诸如党中央三令五申禁止走后门，但是现实生活中却是走后门之风大盛；禁止分配住宅时领导干部非法多占，一些有能力分配住宅的单位，领导往往先考虑自己，能多占就多占；禁止在耕地乱盖房屋，一些村委会或者为了当下利益，或者为了一己私利，而乱占耕地，在耕地上乱建房屋。同样在打击经济犯罪、计划生育等等方面，只要深入群众、深入实际一听一看，就会感到"令不能行、禁不能止"在今天确非过分夸张之词。因此，当前应花大力气首先解决这个主要矛盾，达到"令行禁止"，整个国家机器高效运转。唯有如此，各项改革和建设事业迅速发展才有保证。

要达到"令行禁止"的目的，必须从雷厉风行地贯彻奖善惩恶的方针做起，奖要重，奖不重无以扬善；惩必严，惩不严无以抑恶。如此才能率众以趋善，杜恶于未萌；正气上升，歪风自然下降。改变当前实际存在着的该香的不香，该臭的不臭，先进的被孤立，落后的吃得开，刚正不阿的人处处受打击、受压制、被穿小鞋，趋炎附势、营私舞弊、逢迎拍马之徒扶摇直上的反常局面。现在流行一首民谣："要发财胡乱来，要当官找后台，找清官上戏台。"我听了以后不禁毛骨悚然，痛感必须动大手术以治沉疴。首先，中央、省、地、县各级领导应经常轻衣简从地走到工人、农民和一般干部中去谈谈心，亲自看一看，听一听，让群众畅所欲言，最难听的话也都要硬着头皮听一听。而且要严惩贪官，狠煞歪风。

二、迅速扭转各级领导班子存在的散软状态。各级领导班子的团结、步伐整齐是做好工作的前提。遗憾的是，目前许多班子严重存在软、散现象，有的甚至处于瘫痪状态。大凡是某种现象带有普遍性，就要找其普遍的原因，不能仅仅从某个人的品质、能力好坏寻找原因，而应从我们某些制度本身去找。我认为目前我们的某些人事管理制度，是既不能民主，又做不到集中，造成班子涣散，拧不成一股劲。我建议在广泛民主选举的基础上，实行高度的集中制，在各级政府中实行"责任组合制"。方法是在各级人代会上只选举一把手，由他向代表大会提出自己的"组合"班子名单和施政方针，取得代表大会表决通过后有效。任期满了以后，请代表大会审查政绩，决定去留。"组合"成员由组合者自择，这就有力地保持了班子的目标一致、指挥统一；可避免目前各级领导班子中的相互拆台、扯皮、运转不灵等弊端。这项改革实行起来牵涉面大，必须谨慎从事。可先选择个别县、区进行试点。厂矿企业等单位也可采取此法。在上级任命人员时，只任命第一把手，其余的由第一把手自己挑，第一把手向上级交"军令状"，由第一把手直接向上级向广大群众负责，在任期满了以后，由上级领导和群众考核决定奖惩去留。实行这种首长负责的"组合制"的优越性已如上述，但是它也可能产生某些弊端，其中主要是权力滥用。因此必须建立独立于同级党委和政府之外的监督系统，对同级党委和政府进行严格监督。

三、在各级党委组织部内，成立专门选拔和考核干部的机构，加速干部队伍新陈代谢。但是，怎样才能把真正的中青年干部提拔上来呢？实际上现在实行的是由单位领导干部掌握选拔干部大权，于是唯上、媚上、拍马逢迎之风盛行于官场。这样选拔出来的人，大多是庸才甚至奴才（不敢坚持原则只能曲意奉承），而绝不是人才。真正的人才是有气节、有胆识，是表里一致、敢于向特权、向歪风邪气斗争的人。而这样的人是最容易得罪人、最不容易受上级领导青睐的人。所以，必有专门机构负责对干部的考察工作，他们定期到各单位广泛征求民意，开座谈会，开大会……也可采取不记名方式来考核和选拔干部。初选的名单要张榜公告，征求民意。这样做不仅能选拔出坚持原则、德才兼备的好干部，而且这些选拔到领导岗位的同志也有真正的群众基础。更大的好处是可以大大地改变目前的不靠苦干、实干、全心为人民服务的精神，而专靠看风使舵、拍马逢迎就能仕途亨通的反常风气。

四、我党历来就有干部定期交流的好制度，应该恢复并坚持下去。这样，一能解开许多同志之间长年积累的矛盾和无原则纠纷，二可避免多年来在一起工作结成的无形帮派和有形的攀亲结党关系。这种"关系"和帮派严重妨碍党内积极思想斗争。以我所熟悉的一个县而论，我深知这里绝大多数干部新中国成立后几十年都在一起工作，革命同志之间的原则基础很多已被亲戚、朋友及各种利害关系所代替。公章不如私章，不走小路办不成事之风弥漫；变相的行会、帮派左右局面；坚持原则廉洁奉公的好干部受孤立、排挤；党和政府的正确政策常为一己之私所歪曲和利用。在这样的"组织基础"和"思想基础"的地方，即使来了一个真正的包公也转变不了局面。本着急则治其标的原则，当前动手术的下刀处应放在组织干部流动的措施上。抓好这一环节为解决其他环节上的矛盾提供一个重要条件。进行这项工作当然是思想教育先行，继之以法纪党规，严惩少数顽抗者，以鞭策推动大多数。人身上都有自觉性和惰性这两个方面，对自觉性加以启导，对惰性加以鞭策，双管齐下。目前许多政策都有失之过宽、过软的倾向，使某些人得寸进尺，不顾大局，极端个人主义歪风蔓延。

五、建议恢复50年代初期的年终召开民主总结检查大会制度。其主要内容是让群众以主人翁姿态，行使主人翁的民主权利，按照党中央的政策检查本单位过去一年工作，大胆给领导提批评意见，改进领导作风，保证以后的工作任务完成得更好一点。

那时，每年年终上级党委负责人总是要到下级机关听取群众意见。办法是先动员大家考虑一下本单位工作上有什么问题，酝酿成熟后召开全体职工大会，全体职工在会上知无不言地给领导提意见，上级主要领导坐在会场。这样一来，本单位的问题得到揭发，领导同志也受到教育帮助，上一级党组织也考核了干部，了解了真实情况。群众心里话也有机会说出来，群众中的错误缺点也在民主生活中得到批评和自我批评，获得改正，正气因而得到发扬。这是一件天大好事。其关键是在总结检查期间上级领导部门负责同志必须坐在那里，否则上级领导部门难以了解真实情况，群众也不敢大胆揭发问题。广大群众是讲道理的，是衷心拥护党中央正确路线的，坏人毕竟是个别的。群众的民主生活真正得到发扬后，一切歪风邪气就会变成过街老鼠，人人喊打。实行上述年终民主检查总结大会制度，会有阻力，会有障碍，主要可能出现在少数领导人身上，有些领导人官做长了，官做大了，很容易以个人利益代替人民的利益，遇事总想一手遮天，个人把持以遂其私欲，压抑广大群众的积极性。这样的领导干部已经成为拦路虎、绊脚石，搞得一些单位死气沉沉，一些关心国事的人想提意见也无门可入，给社会主义事业造成不可估量的损害。对于一个单位的弊病，只有本单位群众最清楚来龙去脉，最熟悉病因，也有法子对症下药去治病。因此建议各单位恢复 50 年代初期每年年终召开民主检查总结大会制度，进行一年一度小整风。毛泽东同志教导我们："我们应当相信群众，我们应当相信党，这是两条根本的原理。"[1]

以上建议，十分粗略，如有点滴可取，益于国事，则幸甚。谬误之处，尚望批评指正。

辛秋水

1983 年 2 月 3 日

（本文曾在省委常委中传阅）

---

[1] 见《关于农业合作化问题》1955 年 7 月 31 日。

农民自杀现象应当引起注意[*]

    新华社《内参选编》编者按：最近，安徽省社会科学院辛秋水同志给本刊来稿，反映他在肥西县发现农民中轻生自杀现象比较突出。仅据这个县 13 个乡、镇（人口 230033 人）不完全统计，自 1984 年到现在就有 36 名农民自杀身亡。他们认为，这一情况应当引起各级领导重视。

    自杀者大都是有家室、儿女的中青年人。一人轻生身亡，不仅给家庭造成巨大的痛苦和灾难，而且增加社会的不安定因素。这个问题应当引起各级领导的重视。

一　农民自杀的基本情况和分析

    ——自杀者中妇女占大多数。36 名自杀者中妇女有 23 名，占 63.8%。在农民的家庭和婚姻纠纷中，妇女常处于弱者、被欺凌的地位，是残存的封建势力和传统观念的直接受害者。兼之她们的生活圈子一般都囿于家庭之中，见识不广，胸襟狭窄，遇到问题想不开，所以自杀的多。山南镇栗树村 19 岁女青年邢某，养母骂她同养父有两性关系，女被逼自杀（死后经检查，该女已无处女特征）。她是既被养父奸污，又遭养母辱骂而丧命的，但未追查其养父母责任。

    ——自杀者绝大多数是文盲或半文盲。36 名自杀者中，全文盲 26 人，读过小学的 14 人，读过初中的 1 人，读过高中的 1 人（曾精神失常）。文化程度高低，对于一个人的思想、视野和胸襟有着决定性的作用。有些农民遇到难题，缺少对策、出路和选择，便想到绝路上去。他们确实不能透彻理解死亡意味着什么，常说"不如死的好"，如丰乐乡的周宽武（文盲）仅仅因为别人的牲口糟蹋了他的庄稼，就愤而轻生。为了区区小事而自杀，对于任何一个有文化素养的人来说，都是难以想象的。

    ——自杀有相互传导的特点。如高店乡网圩村，在短短的一年半时间内连续有 5 人自杀，山南镇竟连续有 8 人自杀，有一家在半年内儿子、继母相继自杀。有的自杀者死前常说："某某不是死了吗？一死减少多少麻烦。"明显地表现出自杀有相互传导作用。

    ——自杀的原因。在 36 名自杀者中，因家庭琐事争吵而自杀者 19 人，因邻里纠纷自杀者 4 人，因涉及两性关系的闲言碎语自杀者 6 人，因订婚、退婚引起矛盾自杀者 4 人，因儿媳不孝，老人愤而自杀者 1 人，其他 2 人。

    从这 36 名自杀者家庭经济状况来看，经济困难者 10 户，经济上属于下等水平者

---

  *　原载新华社《内参选编》1985 年第 30 期。

17 户，经济上属于中等水平者 9 户，没有一家是富户。俗话说"穷讧饿吵"，经济困难，家庭矛盾增多，看不到美好前景，觉得生活犹如苦海，轻生之念油然而生。而经济富裕的家庭，一来矛盾少，二来看到生活有奔头，当然会留恋生活，重视生命的价值了。

——农村中直到现在还普遍实行订婚、结婚两道手续，一般还是先由媒妁之言介绍订婚，以后男方陆续赠钱送礼，再过若干时候结婚。这期间，男女双方关系如有变化，矛盾就会接踵而来，形成民事纠纷以至人命案件。如高店乡岗圩村 21 岁女青年潘胜荣，原已订婚，后因男方说她生理有缺陷而退婚，羞愤自杀。高刘镇高刘村康永兴之妻自杀，就是因为女儿退婚后，男方经常来索退彩礼，母女受气，经常争吵而服毒自杀的。此类事例，随处可见。

——农药家家有，取用顺手，是农民自杀多的重要客观因素。36 名自杀者中有 31 名是服用农药致死的。有的人服毒后就后悔，自己喊人抢救，已经来不及了。要是当时手边没有农药，时过境迁气消了，就不会酿成苦果。

——乡、村基层干部普遍缺少法制观念，自杀事件发生后，往往不按法律程序办事，常采取不告不理态度。而自杀者其他家庭成员，也大多不当作什么案件来报。即使报了案，基层干部一般也是简单地要求引起自杀的一方做些经济补偿，如给死者买棺材，做寿衣，请死者亲属吃喝一顿等，从不考虑追究当事人的法律责任。这就不能维护法律的严肃性，不能通过对自杀案件的处理来教育群众，反使农民认为"是他自己要死的，与别人无关"。

二　防范农民自杀的若干建议

——严格控制农药的出售，加强农药的管理。农民购买农药，须凭乡、村证明，由村上统一购买并保管。农户使用农药，须到村长处领，如用不完，须于当晚交回，不交者予以罚款。村长未尽责任而造成事故者，要追查责任。

——充分发挥农村基层党团组织、妇联和调解组织的作用，把减少和制止农民自杀，作为年终干部考核的根据之一，促使他们认真及时地处理民事纠纷，把各种矛盾解决在萌芽状态或未激化阶段。

——自杀事件发生后，必须迅速报案，按国家法律规定进行处理，如法院验尸、公安机关侦察等，最后作出处理结论，该追究法律责任的，必须追究，以此教育干部和群众加强法制观念，坚决破除农村流行的"造成人命，花钱了事"的错误观念。目前，在农村中，还存在以"权"、"拳"欺人的恶习。某些有权势的干部家，男丁多门户大的强姓，常常以势力欺压弱小者。被欺压的弱者，说不过人，打不过人，到公家讲理也讲不赢，只得忍气吞声，有些想不开的就一死了之。死了怎么办？往往大事化小，小事化了。今后，一定要依照法律，追究肇事者的责任，坚决刹住靠"权"、"拳"欺人的歪风。

——广泛宣传"订婚"不具有法律效力的道理，要求农民在婚姻问题上取消这道不必要的手续。这样既可减少纠纷，也可减少浪费。实际上是为广大农村青年，特别是为女青年解除了一道封建枷锁，扩大了婚姻自由。

——防止农民轻生自杀的根本途径是大力发展生产，使农民普遍富裕起来，感到生活甜滋滋的，有希望、有奔头、有恋头。与此同时，要大力发展农村文化教育事业，提高农民文化素质，开阔视野，使他们境界高尚，充满理想，以减少各种不必要的纠纷，或者即使产生了纠纷和矛盾，也能够采取适当的办法解决。还要深入开展五讲四美三热爱活动、五好家庭活动和文明村活动，进行社会主义精神文明建设。在共产主义思想指导下，人们之间的关系摆正了，农民自杀现象自然可以大大减少甚至杜绝。

总之，目前农民自杀现象，是完全可以设法减少的，关键在于我们各级领导要重视，采取具体的防范措施，要对我们服务的对象有高度的责任感。

附录
安徽省省长王郁昭同志 8 月 3 日的批示

这个问题确实应当引起各级党委和政府注意。除应加强社会主义精神文明建设，加强思想政治工作，引导人们积极向上，热爱生活，热爱社会主义外，今后对出现的自杀案件应认真查处，不能马虎了事，通过案件的处理向群众进行法制教育。同时要加强基层调解工作，不使矛盾激化。此件可印《送阅材料》，发至县以上党委、政府主要负责同志一阅，以引起他们的注意。

文化扶贫

——从"输血"、"造血"到"树人"

从"输血"、"造血"到"树人"*

——莲云乡文化扶贫八年的思考

安徽省岳西县地处大别山腹地，交通不便，信息闭塞，自然资源相对贫乏，是全国著名的贫困县。然而在该县莲云乡，一个引人注目的变化在短短的几年内发生了：1987年，全乡人均年收入是 192 元，到 1991 年也只有 299 元，而到 1994 年底，农民人均年收入已达到 900 多元！人的精神面貌也有了明显的变化。

人均年收入 900 多元，对于一些经济较发达的农村来说，并不算稀奇，但对于这个自然条件恶劣，地处"八山一水半分田，半分道路和庄院"的山区，已经习惯于"穷山恶水"、"穷窝子"之类称谓的莲云乡来说，这种跨越无疑是振奋人心的。他们已经可以自豪地宣布："我们甩掉了贫困帽子。"发生这种巨大变化的主要原因是当地干部和群众发扬了艰苦奋斗的老区人民革命精神，但同我们八年来在这里坚持不懈地实施文化扶贫也是分不开的。

一 文化扶贫是发展经济、脱贫致富的关键

向贫困地区输入科学技术和文化，绝不能脱离当时当地的实际需要。贫困地区农民的"生存型"特点，决定了科学技术和文化必须首先有益于他们解决温饱、脱贫致富。所以，当 1988 年我们初到这个山乡时，就决定围绕一个中心——提高人的素质，建立文化扶贫三大基地，并将它的功能定位于"党的政策宣传站、发展经济的信息站、实用技术的培训站"。

莲云乡文化扶贫的第一个基地是实用技术培训中心。这个"中心"自 1988 年建立以来就协同乡政府办了蚕桑、板栗、食用菌和大棚蔬菜等多种项目的培训班，累计培训技术骨干 1000 人次。培训过的学员不仅能将所学用于实际生产，同时还能传授给其他农民。青年农民储成苗参加了大棚蔬菜栽培技术培训班后，发展大棚蔬菜生产，当年收入 2300 元。他还现身说法，把学到的技术传授给别人，带动了周围一大片农民搞大棚蔬菜。许多人学到一技之长，很快走出贫困。

为了把农业科技知识送给每个农户，培训中心采取了定点和巡回教学的方式，利用录像机放映实用科技录像，直接宣传实用科学知识。1990 年，文化扶贫中心购置了录

---

* 原载《求是》1996 年第 4 期，《文汇报》1996 年 11 月 25 日以"莲云乡扶贫之路"为题作了转载。此文获安徽省1996 年度"五个一"工程奖。

像设备，多渠道搜集农业科技录像片 70 多种，其中《杂交稻》、《蚕病防治》和《食用菌栽培方法》等科技片最受群众欢迎。这几年，文化扶贫中心下乡巡回放映科技录像平均每年都在 30 场以上。

莲云乡文化扶贫的第二个基地是广泛设立的阅报栏。莲云乡地处大别山腹地，方圆10 平方公里，居住分散，交通不便，农民不可能经常跋山涉水来图书室看书学习。文化扶贫中心要想真正成为全乡农民生活的一部分，就必须打破"等客上门"的服务方法，扩大服务面。为此，我们在全乡 7 个行政村的道路两旁设立 35 个常年阅报栏，让识字的人看了报讲给不识字的人听，让路过阅报栏的中小学生将报上的信息在饭桌上讲给父母听，从而使全乡农民在不知不觉中接受时代信息，开阔视野，以新的观念取代旧的观念，促进山村精神面貌的变革。为办好阅报栏，文化扶贫中心的同志不管刮风下雨，每天骑车几十里，把当天的报纸准时贴到各个阅报栏上。由于报纸内容丰富，政治、经济、法律、文学、实用技术、生活知识无所不包，深受农民欢迎，往往在贴报员尚未到达时，阅报栏下就已经围着许多人等着看报了。据统计，全乡阅报栏前的读者平均每天在 500 人次左右，读报已成了信息闭塞的山乡农民生活中的一项重要内容。

莲云乡文化扶贫的第三个基地是图书室。1988 年，我们在这个乡办起一个图书室。从乡情出发，图书室加大了农村实用科技书籍在整个藏书中的比例。在 4100 册图书中，与本地生产紧密联系的实用科技书籍占 55%，从食用菌、板栗、药材的种植到家禽、家畜的喂养；从良种推广、作物栽培到病虫防治等科普读物都能从这个图书室找到。图书室除每天开门接待读者外，还变"人找图书"为"图书找人"，进行跟踪服务。腾云村农民储成雁为了扩大粮食种植，需要良种，图书室主动向有关部门索取了"中分 1号"玉米种、美国狼尾小麦的种植资料，并向其提供了种源。图书室在室外墙上专门做了一块大黑板，根据农时介绍农民急需的信息。这种良好的服务吸引了很多读者。据统计，图书室每天接纳读者 40 余人次，其中农村知识青年占大多数。

上述三个文化扶贫基地的影响和作用，极大地改变了当地农民落后的生产观念，促进了农业科技的推广，在当地的传统产业中逐渐形成了一批拳头产品。

二　选好带头人是科技文化扶贫的保障

文化扶贫和其他扶贫一样，需要得力的干部去组织、去实行。毋庸讳言，在贫困乡村，同样存在着某些腐败现象。有些干部背离了为人民服务的宗旨，使党的扶贫政策和措施难以落实。制止腐败最有效的方法还是依靠人民群众自下而上的社会监督。因此，依法实行村干部民主选举，增强干部公仆意识，为脱贫创造良好的社会政治环境，已是刻不容缓的事。从生产力角度看，干部和群众同是生产力要素中的人。实行扶智扶文，是为改善群众精神和智力状况；实行干部民主选举，则是为改变干部精神状态和工作作风，以保证基层组织建设与扶贫工作的需要相适应，二者都是发展生产力的题中应有之义。我们根据全国人大公布实施的《中华人民共和国村民委员会组织法（试行）》，于1989 年 1 月在该乡腾云村进行首次村民委员会的选举，获得很大成功。

腾云村是莲云乡 7 个行政村中地理位置和自然条件比较好的 1 个村，但该村的社会经济发展状况和人民的文化生活水平却长期居于下游，主要原因是原村领导班子的工作状况不佳。自 70 年代以来该村许多集体财产一直下落不明，账目长期不公布，干群矛盾突出，上级布置该村的任务往往难以落实，所以乡党委决定选择该村作为实行干部民主选举的试点。

这次选举打破了过去上级提名、村民通过的老框框，采取选区推荐、联名推荐和本人自荐相结合的办法，不限额地产生村委会主任候选人。然后召开选举大会，由村委会主任候选人发表竞选演说，陈述带领全村人民脱贫致富方略，公布村委会的组合人员名单，进行无记名投票。结果，一位农民技术员当选为村委会主任。

民选的村委会就任后，首先从密切干群关系着手，建立监委会，监督村委会的工作；继而，又成立了财务清理小组，将清理的结果制成通表发到 14 个村民组，并收回了前任干部占用的 950 元茶叶款。这几件事引起了村民强烈的反响。看到新班子胆大敢抓，像个干事的，大伙儿说没有看错人。

新班子接着把目光紧紧盯在全村水稻田上，他们向乡政府立下了水稻增产 20% 的军令状，带领全村人热火朝天地干起杂交稻制种。村里为此举办的制种培训班就有 13 次之多，把技术辅导工作落实到每块田、每个环节，保证了制种的全面成功。再就是抓制种外的丰产田。新班子搞来了两吨"油优 63 号"杂交良种，全村遍栽杂交稻，印了栽培说明书 600 份，出了虫情预报 3 期。群众说：我们每家稻田里都有村干部的汗水。

秋天到了，新班子向村民交了一份不负众望的答卷。"杂交稻制种"共产种 5.5 万斤，产粮 6.5 万斤，创产值 23.6 万元，扣除成本 3.3 万元，经济效益达 20.3 万元；加上国家按规定拨给的指标粮 27.5 万斤，累计制种户可得粮食 34 万斤。与前 3 年平均年产 17 万斤相比，粮食翻了一番，经济收入增加 16.5 万元，是常规稻经济收入的 4 倍。同时，大面积丰产田杂交水稻增产 8%，旱地杂交玉米增产 3%，全村农业生产出现了喜人的景象。

三　提高人的素质是文化扶贫的中心环节

回顾过去，我们的扶贫工作经历了几个发展阶段：最初是"输血"，向贫困地区送粮、送衣、送钱，虽然起到暂时救济作用，但没能使"体质孱弱"的贫困地区出现生机与活力。

为克服这一状况，后来将救济扶贫改为开发扶贫，即注入资金、上项目，促进贫困地区形成"造血"机制。应该说，这种扶贫前进了一大步，但是却没有考虑到开发是要贫困地区的人自己来开发的，外来的人是无法永远代替的。由于贫困地区人口（包括干部）素质不高，信息不灵，管理水平落后，结果是新项目年年有，上马时轰轰烈烈，管理上冷冷清清，效益上惨惨淡淡，扶贫贷款沉淀，而"造血"机制却没有形成。

一次又一次的扶贫结果都与原先目标错位了，这就不能不使我们进一步分析造成贫困的根本原因。根据对贫困地区长期调查和观察的结果，我们认为：贫困地区普遍具有一种规律性的恶性循环，即经济基础差，物质贫困，严重制约教育、科学、文化事业的发展。而科学、教育、文化事业的落后反过来又制约了经济的发展，这种恶性循环的一个直接后果就是低素质的人口。人的素质差，既是物质贫困的结果，又是物质贫困的根源。从这个意义上说，山区的贫困不仅仅是物质资源的贫困，更是社会资源的贫困，即智力贫困、文化贫困、信息贫困、观念贫困。贫困地区走出贫困必须紧紧扣住提高人的素质这个中心环节。人口素质的基础是人口的文化程度。人的素质提高了，"造血"机制才能真正形成。所以，文化扶贫的根本任务是通过提高人的文化素质，才能为贫困地区的脱贫致富和实现农村现代化打下可靠的基础。

　　莲云乡经过 8 年文化扶贫，基本上走出了贫困，解决了温饱，但是就农村实现小康这个目标来说，这只是一个起步。要在奔小康的道路上再创佳绩，还需要在教育改革、社会改革以及经济建设和基层组织建设方面进行综合治理，这是一个长期的过程。毫无疑问，提高人的素质，仍旧是下一步工作的中心环节。

揭开贫困的"面纱"[*]

——安徽省文化扶贫的经验性研究

一 引言

反贫困是当代中国社会的主要潮流之一。20 世纪 80 年代中期以来大规模有组织的扶贫开发活动，揭开了中国反贫困历史的重要一页。

在最近 10 年里，我国农村贫困人口大面积减少，从 1986 年的 1.25 亿锐减至 1997 年底的 5000 万，贫困人口从占世界 1/4 下降到 1/20，这是一个历史性的成就。

但是，反贫困绝非一个轻松的话题。贫困，尤其是农村地区的贫困，依然是个十分严峻的社会问题，成为当今社会最难解决而又必须解决的难题。长期以来，人们把贫困看作生存环境的伴生物，认为土地等自然资源的匮乏是阻碍经济发展、导致人们贫困的罪魁祸首。对此，美国著名经济学家、1979 年诺贝尔经济学奖得主西奥多·W. 舒尔茨早就提出了质疑，"因为居住在撒哈拉大沙漠边缘不毛之地的人民，以及居住在生产率很高的尼罗河沿岸和河口冲积平原的人民，他们共同的命运也都是贫困"。

那么，贫困的根源到底在哪里呢？

80 年代初，我在大别山地区调查时，得到以下两个方面的启示：

启示 1：在贫困地区农村，经济条件比较优越、生活水平比较富裕的家庭，基本上是有一技之长（如农村的工匠等）或有一定文化、经济头脑的农民家庭。由此可见，农民一旦掌握了一定的文化科技知识，就能依靠自己的聪明才智和勤奋品性很快摆脱贫困。事实上，也只有这些农民才懂得文化科技的重要，并重视子女的教育，认为良好的教育是通向美好前程之路。

启示 2：大凡一些长期依靠政府救济的赤贫户、特困户，除了生理上的病残外，绝大部分是文盲又无一技之长的农民家庭。他们文化素质低、思想观念保守、懒惰乃至低能弱智。从反面可以更加清楚地看到，贫困绝非仅是个"物"的问题，更重要的是一个"人"的问题，人的素质不济才是贫困的症结所在。"人"是生产力中最活跃的因素，如果没有一定的科技文化素质，就不能运用先进的生产工具，开发和利用现有的物质资源，将其变为现实的财富，也就很难摆脱贫困的处境。

由此，引起人们进一步的思考：为什么处在相同的生存环境之中，一些人能够摆脱贫困，而另一些人却不能摆脱贫困？为什么条件优越的地区，同样有贫困的现象？显

---

* 原载《安徽工作》1998 年第 10 期。

然，那种把贫困简单地归咎为生存环境的恶劣、自然资源的匮乏，并不能令人十分信服。

　　著名人类学家马林诺夫斯基就主张，人类学者不应把物质文化、人类行为与理念分割开来进行分析的排列组合，而应把它们放在"文化事实"这样一个整体中进行考察，展示它们之间的互动关系。一般的，在贫困地区普遍地存在着一种恶性循环：经济基础差、物质条件落后制约着文化、教育、科技等社会事业的发展，而文化、教育、科技等社会事业的落后又反过来影响着经济的发展。从这个意义上说，这些地区的贫困不仅仅是由于物质资源的贫乏，更重要的是由于社会资源的贫乏，即社会文化的贫困。这种恶性循环的直接后果是出现低素质的人口和人口群。1986 年 11 月 19—27 日，我们安徽省农村社会学研究会一行四人，在岳西县白帽区南庄乡调查时发现，该乡黄岗、马山两村共有 73 户 351 名农民，文盲就占了 58%，小学文化程度占 32%，初中仅占 8.4%，整个南庄乡只有 4 名高中生。全乡没有一所中学，而在小学，许多农民家庭因交不起学费而不得不使子女辍学，从而造就了一大批新文盲。政府多年来对贫困山区的扶持，只注意供粮、供衣和发放救济金，而忽视了对贫困山区的智力开发，不注重文化、教育、科技等社会事业的发展，从而使这些地区经济发展越发滞后，形成周期性恶性循环，始终走不出贫困的怪圈。

　　贫困，表面上看是经济性的、物质性的，而从深层剖析，则是社会文化的因素起着作用。这种社会文化因素长期积淀后就形成落后的心态和一成不变的思维方式和价值取向，这些结合在一起，进而形成落后的文化习俗（生活方式）、意识形态（理念），即贫困文化（Culture of Poverty），这种文化实际上是对贫困的一种适应。而浸淫在这种文化中的人们不是穷则思变，奋发图强，而是消极无为，安贫乐道。这也就是 S. 沃尔曼所指的"甘于贫困"的人，对于任何促使他们发展和增加财富的事物都不感兴趣（注：S. 沃尔曼：《发展概念》）。这些落后的文化意识，表面上不容易觉察，但却具有内在根生性，一时难以改变。即使一时脱离了物质的贫困，却轻易改变不了作为完整生活方式、意识形态的贫困文化，以至许多贫困者从贫困的泥淖之中爬起，旋即又陷入贫困的沼泽里。

　　"个人以多种形式使自身对象化，他通过塑造他的世界而塑造自身。"文化就是在这种对象化的反复之中沉积而成的，因而，"人"始终是文化的主体性因素。无论是物质性贫困，还是文化性贫困，最终还是"人"自身的贫困。人的素质低是形成贫困这个恶性循环链条的关节点。人口素质低，既是贫困的结果，又是贫困的根源。扶贫是一项系统工程，单纯物资投入或外力扶持不可能建立起有效的"造血"机制。要想彻底摆脱贫困，扶贫方式还必须实现从"扶物"到"扶人"的根本性转变，大力实施文化扶贫，切实提高人口素质。

二　方案

　　不可否认，多年来实行的"输血"救济和"造血"开发，在一定程度上缓解了我国农村的贫困。适当的"输血"和着力营造"造血"机制固然是需要的，然而最根本的是要提高贫困主体"人"的素质，调动他们的生产积极性，发挥其变革社会的创造性，从而使之自觉地走出贫困，推进贫困地区社会经济的发展。我们进行文化扶贫实验研究的基本目的就是直接以贫困主体"人"为对象，由"扶物"向"扶人"转变，以文化为载体，通过文化科技的注入与辐射来开启民智，提高贫困人口的素质；通过民主选举干部和实行村民自治来改善干群关系，增强干部服务意识和人民群众主人翁责任感，从而发挥他们的主动精神，消除消极无为的依赖思想，以此重新构造贫困地区的经济社会良性运行的新机制。

由于大别山区地处东西联结地带、南北交汇地区，具有一定的代表性和典型性，所以我们选择在这个地区进行本项实验，并以乡村作为实验单位。我们主要是从四个层次和两个方面设计以下实验方案：

首先，是在实验乡村广泛设置贴报栏，建立贴报栏群。通过每天张贴各种报纸，不断向落后的乡村注入大量的时代文明信息，将党和国家的各项政策法令一竿子戳到底，用新的社会规范、观念和道德信念冲刷、更新各种陈规陋习。

其次，是举办各种实用技术培训班，向农民传授"一技之长"。这个培训班，根据农业生产季节需要和当地生产特点，培训一些与本地资源开发、经济发展相适应的技术项目，通过科技的培训、学习、推广，让受培训的农民直接将科技运用于生产增加收入，或使已经从事这方面生产的农民在科学生产上更加提高一步；在与当地资源开发项目结合时，培育新的经济增长点来发展经济。

再次，是建立乡村图书室，满足人民日益增长的文化需求。在贫困地区，人民群众首先要解决"温饱"问题，因而创办乡村图书室必须符合贫困地区的实际，满足群众脱贫致富的需要。为此，图书室以普及农村实用科技小册子为主，同时配合政治、文化、法律等方面的小册子和各种实用科技报刊，让那些稍具文化的农民都能从这里学到文化知识，找到致富门路。

最后，是民主选举乡村干部，实行村民自治。以人为对象的文化扶贫，不单是对普通农民"扶智扶文"，提高其素质，而且要提高广大基层干部素质（特别是政治、道德素质），以此来构建文化扶贫的组织保障。一些贫困地区的干部由于自身素质差，加上思想不解放、观念陈旧，甚至个别干部背离了为人民服务的宗旨，衍生了大量的腐败现象，使党的扶贫政策和措施难以贯彻落实，抑制了群众的积极性，制约了社会经济的发展。毛泽东同志有句名言：政治路线确定之后，干部就是决定性因素。因此，对干部依法进行民主选举，实行村民自治就成为必要。

上面所说的设置贴报栏群，举办实用技术培训班和设立图书室，目的都是借此来提高广大贫困人口的素质，启发民智，开发潜能（文化扶贫的"教育功能"）。（如图1所示）它们一个是从文化层面入手，另一个是从政治层面入手的；一个是从主体素质角度出发，另一个是从整体关系角度出发的；一个是从社会精神维度切入，另一个是从社会组织维度切入的，这两个方面并非决然分开的，综合起来就能起到比较好的根治贫困的效果。

而从设置贴报栏群，举办实用技术培训班，设立乡村图书室到民主选举与村民自治又是一个渐进的过程。设置贴报栏群，主要是输送信息，塑造良好的社会文化氛围，为文化扶贫的实施提供环境支持，扩大文化扶贫的影响和辐射作用；举办实用技术培训班则是通过实用技术的培训和推广，在短期内，使贫困地区的农民学以致用，起到立竿见

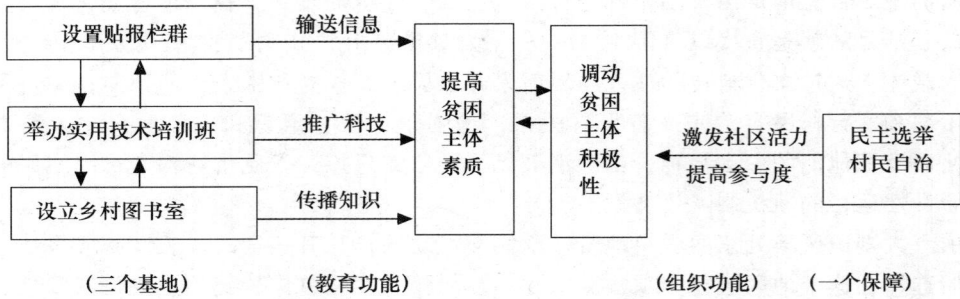

图 1　文化扶贫的结构功能示意图

影的效果，并在科技示范的带动下，增加人们对科技的兴趣，从而为文化扶贫的推行创造条件；设立乡村图书室的目的是传播知识，进一步满足脱贫群众对文化科技的需求，在图书室里，人们可以自学钻研一些适用于自己正在从事的生产或行业的专门技术知识，提高技术水平，还可以从这里借阅政治、经济、文学等方面的书籍，扩大知识面。

　　但这还不够。"温饱"和"民主"，是人民的两大基本权利和迫切需求。地处贫困地区的人民，同样有迫切的民主要求。这首先是由于中国共产党领导的新民主主义革命，就是从农村开始的，即使偏僻落后的贫困农村也都经历了民主主义的启蒙运动。从某种意义讲，中国革命的胜利，正是中国农民民主意识的觉醒，是争取自己民主权利的胜利。其次是新中国成立后的历次政治运动，无不从正反两个方面对农民民主意识的成熟起到促进作用。最后，多年来社会主义民主与法制教育的现代文明的传播，无数次社会主义民主政治的训练和熏陶，特别是改革开放以后，市场经济体制的建立，都是对农民民主意识的培养和推动。在文化扶贫中引入干部民主竞选机制，实行村民自治，既是满足人民民主的迫切要求，又能为文化扶贫的推广提供组织保障。

　　当然，也只有贴报栏群、实用技术培训班、乡村图书室和民主竞选、村民自治四位一体，互动推进，才能破除陈规陋习，逐渐消解贫困文化，真正起到文化扶贫的功效（如图 2 所示）。

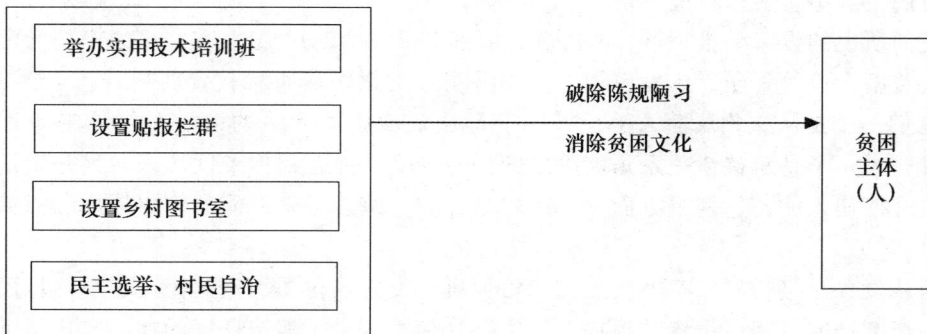

图2

三　实验

　　为了在实践中检验文化扶贫的可行性与科学性，我们选择了地处大别山腹地的安徽省岳西县莲云乡作为实验区，进行文化扶贫实验。岳西县地处皖西南边陲，是大别山 18个贫困县中唯一的纯山区县。境内沟壑纵横，峰峦叠嶂，千米以上高峰就有 86 座，交通十分不便，信息非常闭塞。1985 年该县农民人均收入仅 188 元，被列为国家和省级重点贫困县。1987 年建档贫困人口就达 4.9 万户、24.7 万之众，是全省 17 个国家贫困县中最贫困的县。据统计，1987 年全县文盲半文盲高达 10 万多人，占总人口的 1/4，整个劳动力的 1/2。正如有些学者所指出的那样，高文盲率在一定社会中是穷人自我维护的最严重障碍之一。莲云乡是岳西县的一个贫困乡，1987 年全乡人均收入不足 192 元，低于全县平均水平。因而选择岳西县莲云乡为实验区具有一定代表性和典型意义。

　　1987 年 11 月，我向中共安徽省委提出了具体的实验方案《以文扶贫——对一个贫困山乡扶贫改革方案》，中共安徽省委书记卢荣景批准了这个方案，并给予热情支持。次年 4 月，我便来到岳西县莲云乡蹲点实验，在莲云乡先后建立了三块文化扶贫基地，即贴报栏群、实用技术培训班和乡村图书室，并于 1989 年元月和 1995 年 4 月，在莲云乡腾云村采取 "组合竞选"，进行了两次民主选举村委会的尝试，都取得了圆满成功。

　　我之所以选择 "组合竞选"，是因为农民大都是世代相居一地，村民之间遍布血亲（或宗亲）网；同样也是由于世代相居一地，有些农户邻里之间往往世代冤家对头，见面就眼红，说话就顶撞，如果分别选举（或平行选举）村委会主任、副主任和委员，一些血亲很近的人如父子、兄弟、郎舅等很容易同时选进一个村委会里，这固然不妥，而把那些世代冤家对头选到一个村委会里，更无法正常工作。因此改为 "竞选" 的办法，在村民选举村委会主任大会上，各村委会主任候选人在发表竞选演说的同时，把自己 "组合" 的村委会成员名单公布于众，由全体村民审议甄别。这样，村委会主任竞选者与他的 "组合" 成员形成 "命运共同体"，如果村委会主任竞选者提出的 "组合"名单，不注意近亲回避或名望不好，他就会失去村民信任（因为村民社会是个 "熟悉的社会"，一个人的习性和才能彼此都了解），丢失选票，这对优化村级班子有好处；同时，村委会成员既然是由村委会主任自己物色的，他对整个班子的驾驭自然得心应手，可以减少内耗，提高工作效率，达到民主与集中的有机统一。这种将 "竞选" 与"组合" 相结合的选举办法，不仅能广开人才竞争的渠道，而且还能提高人民群众的民主意识，养成民主政治习惯；既提高了人民群众参政议政的能力，又强化了村委会领导班子的聚合力和办事效率，使其一心一意地带领村民脱贫致富奔小康。

　　这里需要特别指出的是，腾云村先后两次选出的村委会主任都不是该村大户，而恰恰都是单门独户的人家，仅凭这一点，就能说明许多问题。那种认为贫困落后的山区农民缺乏民主意识，难以推行民主选举的看法，已被上述腾云村的实践所否定。列宁说得好：除了立刻开始实行真正的人民自治外，还有其他训练人民自己管理自己，避免犯错误的方法吗？真正适合农村实际的民主化模式，就是这样一种符合农民愿望，而且能使农民的积极性、创造性和主动精神得到充分调动和发挥，最终达到社区发展目的的自治形式。

经过 10 年来不懈的工作，文化扶贫使莲云乡发生了可喜的变化：根据 1994 年抽样调查表明，农民人均纯收入已由 1987 年的 192 元增加到 1994 年的 900 多元，去年已达到 1200 多元。在人的精神方面也发生了明显的变化，当地的陈规陋习和贫困文化受到很大冲击。对于一些经济发达地区的农村来说，这些变化也许不算稀奇，但对于一个自然条件十分恶劣、人文条件极端落后的莲云乡来说，对于在并不遥远的过去常常连饭也吃不饱的农民来说，这种跨越是惊人的。这里的农民自豪地宣布：由于持续几年的文化扶贫，我们甩掉了贫困的帽子。莲云乡文化扶贫的成功经验引起了中共安徽省委的高度重视，并决定在全省推广这个经验。从 1992 年开始，省委决定在明光、歙县、岳西、霍邱、青阳、亳州六个试点县、市推广莲云乡文化扶贫经验。如今，文化扶贫已推广到全省，并取得了显著成效。对此，中共安徽省委书记卢荣景给予了极高的评价："文化扶贫在我省已推行 10 年，成绩显著，有力推动了农村精神文明，加快了贫困地区农民的脱贫步伐，这是我省自农村大包干以来的又一创举。"[①]

四　结束语

回顾过去，我国反贫困主要经历了以下几个发展阶段：最初是"输血"，即单纯地向贫困地区送钱送物，虽然起到了暂时救济作用，但没有使原本"体质孱弱"的贫困地区出现生机与活力，相反的却养成了当地群众的严重依赖思想和干部无所作为的工作作风，只是年复一年地伸手向上级要，等着政府的救济。后来，反贫困转向"造血"开发，即向贫困地区大量注入开发资金，上项目，办企业，这当然是很大的进步，但"造血"必须依靠当地的干部群众，必须依靠内因。外因只是条件，并要通过内因最终起作用。由于贫困地区干部群众文化科技素质不济，经营管理水平不高，信息不灵，市场观念不强等原因，结果往往是，新项目年年有，上马时轰轰烈烈，经营时冷冷清清，效益上惨惨淡淡，导致大量的资金沉淀流失，"造血"机制最终难以形成。也正如英格尔斯所说：如果一个国家的人民缺乏一种赋予这些制度以真实生命力的广泛的现代心理基础，如果执行和运用这些现代制度的人自身还没有从心理、思想、态度和行为方式上都经历一个向现代化的转变，失败和畸形发展的悲剧性结局是不可避免的。再完美的现代制度和管理方式，再先进的工艺，也会在这一群传统人手中变成废纸一堆。

一次又一次的反贫困结果都与原先预想的目标错位了，这就不能不使人进一步分析造成贫困的深层原因，探索新的反贫困之途。我在大别山贫困地区长期的调查研究中，发现贫困不单纯是一个物质的（或经济的）问题，拨开迷雾，从更深层面上看，它还是一个社会文化的问题。如果仅仅是物质贫困，这不足为虑。但是，要根除文化性贫困则比根除物质性贫困本身还要困难得多。这种文化性贫困主要在两个方面与贫困相联系，一是对贫困的文化性适应，二是由于具有独特的结构与功能，往往使贫困长期存在。对此，我们对文化扶贫的研究与实验还仅仅是个开端，面对新世纪的曙光，面临知识经济时代的到来，文化扶贫将大有希望，大有可为。

安徽省 10 年文化扶贫的实践同时也证明，文化扶贫不但有益于我国反贫困工作的

---

① 见卢荣景《致文化扶贫与农村精神文明建设研讨会的贺信》。

改进，有益于贫困地区的自我发展和尽快脱贫致富，而且有益于农村社会的持续发展和全面进步，促进农村的现代化。因为一切现代化，本质上是人的现代化，一个地区的落后，本质上也是人的素质的落后。文化扶贫不仅是现阶段反贫困的上策，也是农村下个世纪经济发展、社会进步的良方。它"不光对安徽，对大别山有意义，对全国也是很有意义的事情"（陆学艺语）。如果中国农村社会实现了现代化，那么一个繁荣、昌盛、富庶的中国将指日可待了。

岳西县莲云乡文化扶贫研究实验报告[*]

一 文化扶贫方案

在贫困山区的长期调查研究的基础上，我们真正认识到：山区贫困或制约山区社会发展的根本原因，并不仅仅由于自然资源的匮乏，以及经济、技术的落后，更重要的是由于这些地区社会文化的贫困（或者说是人文资源的贫乏）。但是，这并不等于说，这些地区没有或不存在文化，只是他们的文化是一种与社会发展不相适应的落后文化，缺乏现代的科学文化，因而，改变贫困山区面貌，发展山区社会经济，最首要的任务是改造他们的落后文化。那么，如何才能改造他们的落后文化（或贫困文化）呢？我们认为，改造贫困文化还必须从"人"开始，因为贫困文化的主体是"人"，贫困文化的承受者也是"人"。而改造"人"的关键就是"开启民智"，提高"人"的素质——这就是"以文扶贫、扶人扶智"的主要思想。

我们还认为，社会科学作为一种科学形态，一般来说它也是可以实验的。当然，它的实验不同于自然科学，而是一种社会性实验。其中，建立实验点（或实验区），进行小区实验，是一种重要而有效的社会科学研究方法。正如马克思主义原理所强调的那样，社会实践是检验真理的唯一标准。如果社会科学研究只是进行片面的学术分析，就很难证实分析是否正确、合理和科学。因此，为了检验"以文扶贫、扶智扶人"这一文化扶贫思想正确与否，我们选择了位于大别山区经济文化落后、交通信息闭塞的岳西县莲云乡进行文化扶贫的实验。

1987年11月17日辛秋水写出了《以文扶贫——对一个贫困山区乡扶贫改革方案》，其要点：一是重视乡村教育，以文扶贫，开启民智；二是民主选举小区领导人，改善党群、干群关系，伸张民气，增强干部的公仆意识，调动人们的积极性；三是扶植科技脱贫示范户；四是改善社会环境，促进社会进步发展。

（一）试验点

我们之所以选择岳西县莲云乡作为试验点，是因为岳西县莲云乡具有一定的代表性或典型意义。

岳西县地处大别山腹地，皖西南边陲，是1936年由潜山、太湖、霍山、舒城四县边界结合部组成的，是大别山18个贫困县中唯一的纯山区县。总面积2398平方公里，

———————————

* 本文为《莲云乡文化扶贫与村委会"组合竞选"制课题组》研究报告，作者为课题组主持人。

人口 40 万，农业人口占 91% 以上。境内沟壑纵横、峰峦叠嶂，千米以上高峰就有 86 座，交通十分不便，信息非常闭塞。全县山场 272 万亩、耕地 23 万亩，人均山场 7.4 亩、耕地 0.6 亩，而海拔在 600 米以上的国土面积约占 2/3，住有 1/3 人口。1985 年该县农民人均收入仅 188 元，被列为国家和省级重点贫困县。1987 年建档贫困人口就达 4.9 万户 24.7 万人，在全省 17 个国定贫困县中属最贫困的县。

岳西县在历史上是革命老区，解放前深受长期战争的创伤；经济上是最贫困山区，解放后又由于"左"的折腾，自然资源特别是森林资源、生态环境遭受严重破坏，加上交通闭塞、经济基础薄弱，靠山无树，靠田缺粮，财政靠补贴，经济发展明显滞后于其他地区；文化上极端落后，是最不发达地区。据统计，1987 年全县文盲半文盲高达 10 万之众，占总人口的 1/4，整个劳动力的 1/2。

莲云乡是岳西县的一个贫困乡，1987 年全乡人均收入不过 192 元，低于全县的平均水平。岳西县莲云乡可谓是我国贫困山区社会的一个典型缩影。

（二）实验内容

通过岳西县莲云乡的蹲点观察，得出结论：多年来实行的"输血"救济和"造血"开发，在一定程度上缓解了我国农村的贫困。适当的"输血"和着力营造"造血"机制固然是需要的，然而最根本的是要提高贫困主体的素质，启发民智；调动贫困地区人民的积极性，伸张民气，增强他们的"文化自觉"能力，从而从根本上使他们走出贫困，推进贫困地区社会经济的发展。进行文化扶贫实验的基本目的就是直接以人为对象，由扶物向扶人转变，以文化为载体，通过现代科学文化注入与辐射来开启民智，提高贫困人口的素质，通过民主选举干部和实行村民自治来改善干群关系，增强干部服务意识和人民群众主人翁责任感，从而充分调动他们生产的积极性和改革的热情，以此重新构造贫困地区的经济社会良性运行发展的新机制。为此，我们准备从以下四个层次和两个方面进行具体的实验。

首先，是在实验乡广泛设置贴报栏，建立贴报栏群。目的是通过每天张贴各种报纸，不断向封闭的山区人民注入大量的时代文明信息，将党和国家的各项政策法令一竿子戳到底，到达千家万户；用新的社会规范、观念和道德冲刷更新山区的各种陈规陋习，建设社会主义精神文明，培养新一代农民。

其次，是举办各种实用技术培训班，传授给农民"一技之长"。这个培训班，必须根据农业生产季节需要和当地生产特点，培训一些与本地资源开发、经济发展相适应的技术项目，通过科技的培训、学习、推广，让受培训的农民直接将科技运用于生产，增加收益，或者使已经从事这方面生产的农民在科学生产上更加提高一步；在与当地资源开发项目结合时，培育新的经济增长点来发展经济。

再次，是建立乡村图书室，满足人民日益增长的文化需求。在贫困地区，人民群众首先要解决"生存"和"温饱"这两个基本问题，因而创办乡村图书室必须符合贫困地区的实际，满足群众脱贫致富的需要。这个图书室以普及农村生产适用的科技小册子为主，同时配合有政治、文化、法律等小册子和各种实用科技报纸杂志。让那些稍具文化的农民都能从这里学到现代科学文化知识。更重要的是，从这里找到与他们生产经营活动密切相关的各种实用技术和致富门路。

最后，是采取"组合竞选"（所谓"组合竞选"，就是首先由村民自由推选村委会主任、副主任和委员候选人，然后由村委会主任候选人在村民推选的副主任和委员人选中进行"组合"，即提名自己的竞选班子，参加竞选角逐，通过村民投票，由村民自己挑选小区领导人），民主选举乡村干部，实行村民自治。长期以来，农村干部基本上是实行委任制度，一些地方由此而衍生了大量的腐败现象，破坏以至恶化了干群之间关系，使党和政府的各项政策难以落实，阻碍了社会经济的发展。毛泽东同志曾有过这样一句名言：政治路线确定之后，干部就是决定因素。对干部来说，主要的是提高他们的政治素质，根本的是提高他们为人民服务的积极性和人民公仆的责任感，而在这方面最有效最根本的方法，就是人民通过"选举"，来挑选人民所需要的公仆、致富带头人。

所谓村民自治，就是由村民当家做主管理本小区的事务，实现村民自我管理、自我教育和自我服务。"自治"使乡村干部认识到权力来自人民，这就是马克思所说的巴黎公社原则，也是我们共和国宪法的原则。实行村民自治就是贯彻落实宪法原则，让群众在选择为自己服务的公仆方面享有更多的主人翁权力。全国人大常委会已颁布了《中华人民共和国村民委员会组织法（试行）》（以下简称《村民委员会组织法》），为村民自治作出了法律规范，这样就能充分调动人民群众的积极性。农业生产大包干，是从生产力方面调动了人民群众的社会生产积极性，而实行村民自治，更主要地是从生产关系及其相关的社会政治层面调动人民群众的社会改革积极性。

设置贴报栏、举办实用技术培训班和设立图书室，目的是借此来提高广大贫困人口的素质，启发民智，开发潜能。而实行民主选举干部与村民自治，则是以此来改善干群的关系，搭建二者之间沟通的桥梁，增强干部的公仆意识和群众主人翁观念，从而调动人们的积极性，激发小区活力（如图1所示）。这种思想切合贫困落后的山区的社会经济发展，一方面从知识文化层面入手，另一方面从政治文化层面入手的；一方面从个体素质角度出发，另一方面又从整体关系角度出发；一个从社会精神维度进入思路，另一个从社会组织维度进入思路，这两个方面并非决然分开，综合起来就能起到比较好的治贫效果，启动贫困地区发展潜能，从而使之得以持续发展。

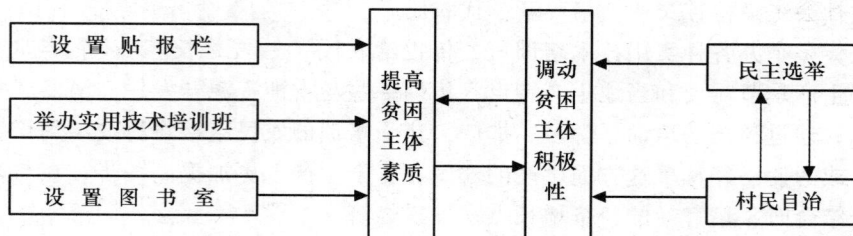

图1

而从广泛设置贴报栏，举办实用技术培训班，设立图书室到民主选举与村民自治则又是一个循序渐进的过程（如图2所示）。

广泛设置贴报栏主要是塑造良好的社会文化氛围，为文化扶贫的实施提供环境支持，扩大文化扶贫的影响和辐射作用。举办实用技术培训班则是通过实用技术的培训和推广，在短期内，使贫困地区农民学以致用，起到立竿见影的效果，为扶贫的推行创造条件。设立图书室的目的是进一步满足群众对文化科技的强烈需求，并在科技示范的带动下，增加人们对科技的兴趣。在图书室里，人们可以自学钻研一些适用、先进的专业技能，使他们的技术水准有一个更大的提高，同时他们又可以在这里借阅政治、经济、文学等方面的书籍，以提高自身综合素质。

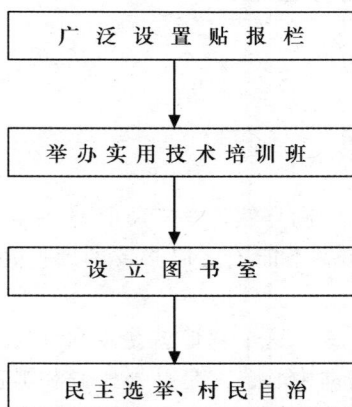

```
┌─────────────────────┐
│  广 泛 设 置 贴 报 栏  │
└──────────┬──────────┘
           │
           ▼
┌─────────────────────┐
│  举 办 实 用 技 术 培 训 班 │
└──────────┬──────────┘
           │
           ▼
┌─────────────────────┐
│   设 立 图 书 室    │
└──────────┬──────────┘
           │
           ▼
┌─────────────────────┐
│ 民 主 选 举、村 民 自 治 │
└─────────────────────┘
```

图 2

　　除此以外，"民主"（人民当家做主）还能调动人们的积极性，激起人们进行社会改革的热情。从这个意义上来说，"民主"不失为破除人们"安贫认命"意识、增强"文化自觉"能力、改造他们的"贫困文化"、推进社会发展的一种有效途径。但是，却有许多人对贫困地区人民的"民主"要求、民主能力怀有偏见，往往低估他们的民主要求、民主能力。其实，这是毫无道理的。地处贫困地区的人民，同样有迫切的民主要求。这首先是由于中国共产党领导的新民主主义革命，就是从农村开始的，即使在偏僻落后的贫困农村地区，也都经历了民主主义的启蒙运动。从某种意义上讲，中国革命的胜利，正是中国农民民主意识的觉醒，争取自己民主权利的胜利。其次是新中国成立后的历次政治运动，无不从正反两个方面对农民民主意识的形成起了推动作用。最后是由于新中国成立以来农村文化教育、思想政治教育和现代文明的传播，他们又经过无数次社会主义民主政治的训练和熏陶。特别是改革开放，以及随后的市场经济体制的建立，都是对农民民主意识的培养和推动。

　　我们认为，在文化扶贫中引入村委会"组合竞选"这种方式的村民自治，既能满足人民民主的迫切要求，又能为文化扶贫的推行提供组织保障。当然也只有设贴报栏群、办实用技术培训班、建图书室和民主选举村民自治四位一体，互动推进，才能破除陈规陋习，消除贫困文化，真正起到文化扶贫的功效（如图3所示）。而这些作用主要是潜移默化式的，一两年可能很难见效，但四五年必见其效，而到了八九年后，这种功效则会成倍地增长，出现意想不到的良好效应。

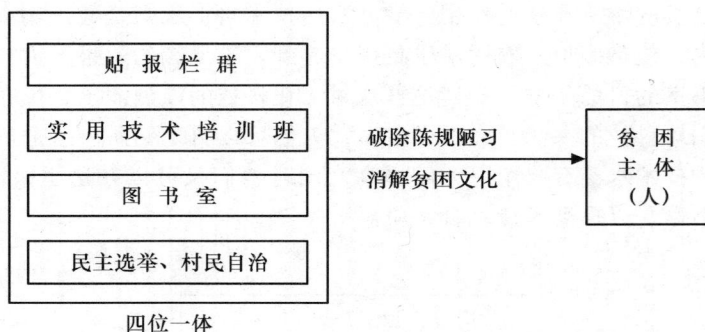

图3

（三）实验方法

我们同时还认为：社会科学同自然科学实验研究一样，文化扶贫的实验自然不能离开一定的"场所"和载体。如果不能辅之以必要的硬件建设，文化扶贫必会陷入"一手软"境地，而流于空泛。

首先建立文化扶贫实验基地。这个基地就是乡村文化扶贫中心，它由三部分组成：一是图书室；二是实用技术培训中心；三是贴报栏群和黑板报。文化扶贫中心在当地党委政府的统一领导下，开展文化扶贫活动。通过"基地＋文化扶贫＋农户"的形式作用于广大贫困农户（如图4所示）。（1）图书室的工作对象是有一定文化程度的农民、乡村干部和中小学生，通过他们借阅图书，科技示范后，再间接传授给其他农户，让他们带动左邻右舍，甚至一个村民组或一个村；（2）实用技术培训中心根据当地生产需要，聘请本地的农技人员或外地的专家讲课，放映科技录像，发放实用科技小册子，培训乡土科技人才，再由这些乡土科技人才将技术传授给其他村民；（3）贴报栏要广泛设置在每个村落里，使偏远的村落，直接能从贴报栏上了解党和国家的政策方针、法规法令，从报纸上学到一些实用技术，获悉外界的信息。村民们一有空闲可以在贴报栏上学到各种东西。这样比较符合农村的实际，满足农民的需要。同时设立黑板报，及时介绍新信息，发布农村生产情报；宣传党和政府的富民政策，让政策同群众"见面"，使之真正贯彻落实下去。

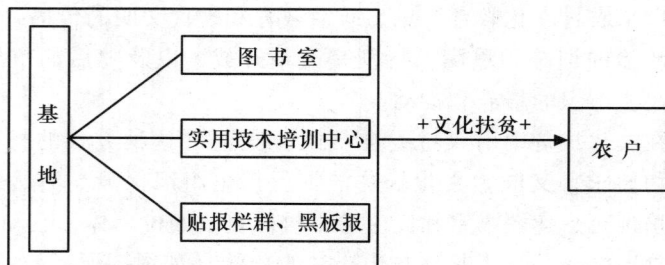

图4

　　然后，进行乡村民主选举和村民自治的试点。为了对基层民主建政进行深入细致的研究，初期以一个村为单位进行试点比较合适。

　　在选举中之所以选择"组合竞选"，是因为农民大都是世代定居一地，极少流动，村民之间遍布血亲或宗亲网；同样也是由于这种世代定居一地，有些农户邻里之间往往世代冤家对头，见面就眼红，说话就顶撞，如果采取通行的平行选举（或分别选举）的方法，同时选举村委会主任、副主任和委员，那么，一些血亲很近的人如父子、兄弟、郎舅等就很容易同时被选进一个领导班子里，这样固然不妥；同样也有可能将那些世代冤家对头选到一个领导班子里，这样更无法正常工作。很显然，传统的选举制度无法克服乡村社会的这种固有特性所造成的制度性弊端。而"组合竞选"就是针对这些实际情况，进行合理改造，加以设计的。这样做的好处，一是如果村委会主任候选人提出的"组合"名单不注意近亲回避或名望不好，当然他就会失去选票，这对优化村级班子有好处。二是村委会的班子成员既然是村委会主任自己物色的，他对整个班子的驾驭自然易于达到得心应手，减少内耗，提高工作效率，达到民主和集中的有机统一。这种将"竞选"与"组合"相结合的选举办法，不仅能广开人才竞争的管道，而且还能提高人民群众的民主意识，养成民主政治的习惯，既提高了人民群众参政议政的能力，又强化了村委会领导班子的聚合力和办事效率，一心一意地带领村民脱贫致富奔小康。

二　文化扶贫实验

　　这份文化扶贫实验方案——《以文扶贫——对一个贫困山区乡扶贫改革方案》，得到了当时中共安徽省委书记卢荣景同志的批准和热情支持。1988 年 4 月，开始进行文化扶贫的实验工作。在莲云乡先后建立了三块实验基地，即贴报栏群、实用技术培训中心和图书室；并在 1989 年 1 月、1995 年 4 月和 1998 年 5 月，在莲云乡腾云村采取"组合竞选"，先后进行了三次民主选举村委会的成功实践。

　　经过几年来不懈地工作，文化扶贫使莲云乡发生了可喜的变化：根据 1994 年一份抽样调查表明，农民人均纯收入已由 1987 年的 192 元增加到 1994 年的 900 多元。在人的精神方面也发生了明显的变化，当地的陈规陋习和贫困文化基本消解。对于一些经济发达的农村来说，也许不算稀奇，但对于一个自然条件十分恶劣、人文条件极端落后的莲云乡来说，对于在并不遥远的过去常常连饭也吃不饱的农民来说，这种跨越无疑是惊人的。现在，这里的农民自豪地宣布：由于持续几年的文化扶贫，我们甩掉了贫困的帽子。如今莲云乡人正朝着小康文明的生活迈进。

（一）图书室——经济发展的"加油站"

　　图书是文化的载体，而图书室的建制在莲云乡历史是个"空白"。我们到莲云乡办的第一件事，就是设法开办图书室，将莲云乡腾云村两间破旧、已废弃多年的仓库打扫得干干净净，修茸一新，作为莲云乡文化扶贫中心的办公场所。在有关方面的支持下，添置了 16 张桌子、32 张椅子和 10 个书橱，并从省城合肥买来 4100 多册图书，当年（1988 年）就订了 26 种报纸杂志，加上安徽省教委赠送的一台放像机，很快为该乡办起了第一个图书室。

这几年，该乡图书室不断发展壮大，加上中共安徽省委办公厅、安徽省社会科学院、安徽省图书馆、安徽省烟草局、安庆市委宣传部、岳西县图书馆、岳西中学团委等单位捐赠的图书，目前已拥有图书 1 万多册，其中科技类图书就占了 55%；从 1989 年开始，图书室每年征订各类报纸 29 种、刊物 27 种。其中经济科技信息类报刊就达 32 种，占一半以上。图书室面积达 70 平方米，设有藏书室和阅览放像室。图书室白天夜晚都对读者开放，每天开放的时间不少于 10 个小时，晚上附近的村民可以到这里读书看报，观看有关实用科技录像。图书室由文化扶贫中心管理，文化扶贫中心每年年初都要制订工作计划，与乡党委、政府签订工作责任书，年终由乡党委、政府考核。文化扶贫中心工作人员是从农村知识青年中择优选聘的，目前有 2 名工作人员（储彩琴，女，1964 年 12 月生，高中文化程度，中共党员，文化扶贫中心主任；刘和奇，男，1967 年生，高中文化程度，团员），他们一人负责内勤工作，如图书借阅登记等工作；一人负责外勤工作，张贴报纸，回馈信息与搜集材料。

图书室自开办以来，每天平均接待读者 40 余人次，自 1988 年以来，共接待读者 16 万人次，其中借阅图书的累计达 1 万多人次。读者不仅分布整个莲云乡，还覆盖影响到周边的天堂镇、五河镇、中关乡、温泉镇、来榜镇等乡镇（其他乡镇的读者占 2 成以上），形成数量可观的固定读者群。在这些读者中，18 岁以下的占 35%；18—60 岁的占 55%；60 岁以上的占 10%（如图 5 所示）。

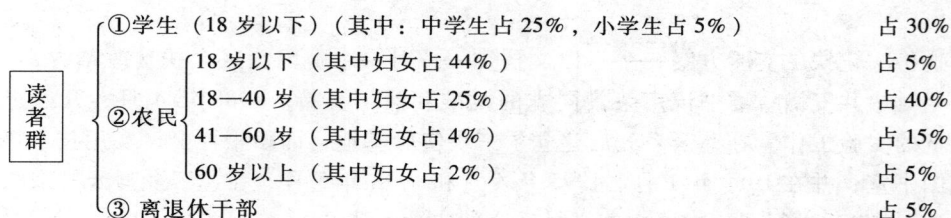

读者群			
①学生（18 岁以下）（其中：中学生占 25%，小学生占 5%）			占 30%
②农民	18 岁以下（其中妇女占 44%）		占 5%
	18—40 岁（其中妇女占 25%）		占 40%
	41—60 岁（其中妇女占 4%）		占 15%
	60 岁以上（其中妇女占 2%）		占 5%
③ 离退休干部			占 5%

图 5

许多农民来图书室借阅科技图书，并按照书上的方法试做，边自学边实践。青年农民储一贯借阅了《食用菌的栽培与加工》、《中国食用菌》爱不释手，就地取材搞起了香菇栽培，1989 年自制了 3000 棒，成功率达 99.6%；1990 年又自制 5000 棒，因杂菌影响坏了 100 棒，他再从图书室借来的书刊中找到利用作废的香菇棒栽培平菇的技术，按此操作，不仅避免了损失，还获利 4000 元。1991 年又扩大到 1 万棒，获利近万元。储一贯借书三年脱贫又致富，在村里反响很大，有 5 户农民跟着他办起香菇栽培，二三年后，也脱了贫致了富。腾云村西岭组吴继承从阅报栏的《致富报》上看到科学养鸭致富消息后，立即到图书室借去《高产鸭鹅的饲养》一书，购买了 350 只鸭，成为养鸭专业户，半年后鸭育肥后公鸭全部出售，留下了 50 只母鸭，每天产蛋 35 个，收入日增，也很快脱贫致富。

为了扩大图书室对脱贫致富的作用，图书室还变"人找图书"为"图书找人"，开展跟踪服务。1989 年，农民储昭银种天麻因技术不过关，没有好收成，图书室人员得知后，立即赶去向他推荐了《庭院经济植物栽培实用技术手册》，储昭银根据书上所说，改进了天麻栽培方法，第二年见了成效。腾云村储成雁为了扩大粮食种植，需要良种，图书室主动上门服务，向有关部门索取了中心一号玉米、美国狼尾小麦的种植资料，并提供了种源。这种良好的服务吸引了很多读者。为了尽快向农民传送一些重要信息和科技知识，图书室在室外墙上专门做了一个大黑板，根据农时介绍农民急需的信息，如油菜初花季节，农民在喷施硼肥的过程中遇到硼肥难以溶化的问题，文化扶贫中心工作人员马上就把磷酸二氢钾与硼肥合喷的方法在黑板上介绍出来。农民看了就懂，懂了就用，赶了季节，有了收成，贫困离他们就越来越远，致富与他们越来越近。

小小乡村图书室成为农民脱贫致富的无声老师，吸引了越来越多的农民。图书室成了莲云乡群众生活中不可缺少的一部分，他们纷纷赞扬说：图书室是我们贫困山乡农民脱贫致富、经济发展的"加油站"。

（二）贴报栏——农民的情报、信息源

图书室对文化扶贫具有重要作用。但是，莲云乡地处山区，面积约45平方公里，交通不便，居住分散，农民不可能经常跋山涉水常来图书室看书学习，乡村也没有条件办更多的图书室。针对这个情况，我们依托文化扶贫中心在全乡7个村（1992年撤区并乡后，将朱屋乡并入莲云乡，现在有11个村170个村民组，4628户19168人）的道路两旁和村落中心设立了35处常年贴报栏。乡文化扶贫中心的工作人员不分刮风下雨，每天骑车几十里，把各种报纸准时张贴到每处贴报栏里。贴报栏上张贴有《安徽日报》、《农民日报》、《安徽科技报》、《实用技术信息》、《致富报》、《安徽科技信息》、《中国青年报》、《安徽法制报》和《安庆日报》、《岳西报》等报纸。由于贴报栏内容丰富，政治、法律、经济、实用技术、文学、生活知识无所不包，深受广大农民欢迎。据不完全统计，全乡贴报栏前每天的读者平均达500人次，常常是贴报人员尚未到达，就有许多农民已经在贴报栏下等着了。35处贴报栏成了35个微型阅览室，成为莲云乡文化扶贫的第二块基地。

一个贴报栏，大小不过几平方米，却把各种信息、科技送到农民面前，在闭塞的山村，起着十分巨大的作用。识字的人看了讲给不识字的人听，中小学生看到什么消息回家在饭桌上讲给父母听，一传十、十传百。全乡农民广泛地接受时代信息，开阔了视野，增长了知识，传统落后观念在不知不觉中被改造、更新。文化扶贫在更大的范围和更深的层次上发挥作用。王畈村青年农民刘同法，前几年养蚕不得法，自从文化扶贫中心设立贴报栏后，他天天看报，从报上学到养蚕技术，1991年养蚕收入达4800元。有一青年看到报上登载某地贪污扶贫款的干部被惩办的消息后，立即写信检举了一个犯同样错误的乡干部。还有一次，一对青年夫妇去乡政府办离婚手续，路过贴报栏，看到报上刊登的关于夫妇应如何互谅、互忍、互敬、互爱的一篇报导，这对夫妻解开了疙瘩，两个人相对一笑重归于好，成为当地农村的一个佳话。

在莲云乡，贴报栏深入农民的日常生活之中。识字的人养成了每天到贴报栏前看报的习惯，不识字的人也爱向识字的人打探贴报栏的信息。贴报栏已成为山区农村精神文明建设的活教材，脱贫致富的信息源。

(三) 实用技术培训中心——庄稼人的学校

推广实用技术，调整传统的产业结构，发展优质、高产、高效农业，是贫困山区脱贫致富的重要途径。为此，将莲云乡政府礼堂改造成实用技术培训中心，开辟了文化扶贫的第三块基地。1988年，我们在对全乡农户文化素质、经济和农业技术状况调查的基础上，我们筛选出20个适宜当地发展培训项目，与乡政府一起制订了培训计划（参见表1）。仅1990年和1991年两年间，就举办了蚕桑、板栗、食用菌、大棚蔬菜、中药材种植和养猪、养鸡、养羊等10期培训班，累计培训1000多人次。培训过的学员不仅能将所学的技术用于实际生产操作，同时还能传授给其他农民，带动一大片农民运用科技脱贫致富。

定期举办的实用技术培训班一般是由本地的农技人员讲课或实地指导，有时也聘请农科院校的专家讲课，或组织大中专院校学生到这里实习，进行科技指导和咨询。实用技术培训中心还根据农村实际，因地制宜开展形式多样的科技活动，如课堂面授、实地演习指导、放映科技录像、发放实用科技宣传小册子、开办技术咨询和举办科技赶集等活动。这些喜闻乐见的形式深受农民欢迎。实用技术培训中心根据农时特点和生产需要，开办技术培训班，一般一个月一次，每次培训时间3至5天，以便系统讲授、学习各种实用技术，互相交流经验。

许多参加技术培训的农民成了当地的科技示范户和小康示范户。青年农民储茂苗参加了大棚蔬菜栽培技术培训班后，发展大棚蔬菜生产，当年收入2300元。他还现身说法，把学到的技术传授给别人，带动了周围一大片农民搞大棚蔬菜。许多人学到一技之长，很快走出贫困。腾云村青年农民陈子斌参加了食用菌培训班后，1990年借了500元，当年栽培香菇1000棒，净收入800元；1991年他与三户联户栽培香菇1万棒，每户收入4000元。1992年他帮助贫困户魏国正等周围20余户农户，代购棒袋、制种、做技术指导，使这些农户也很快脱了贫。现在香菇生产已发展到和平、六义、旗寨、林坦四个村民组。陈子斌也因此于1995年4月25日被村民们选为腾云村村委会主任。

表1　　　　　　　　　　　　实用技术培训计划表 (1988年)

培训项目	培训内容	人数（人）	地点	技术指导	备注
1. 蚕桑	桑园管理、扦插、病虫害防治、养蚕技术	1100	培训中心	王来	培训班，放录像
2. 板栗嫁接	嫁接技术与病虫害防治	100	培训中心	乡林业站	培训班、放录像
3. 猕猴桃	栽培与管理	20	双珠村	县罐头厂	实地演示
4. 山楂	栽培与管理	10	将军村	县罐头厂	实地演示
5. 苹果	栽培与管理	30	通真村	夏国庆	实地培训
6. 水稻旱育稀植	育秧及大田栽培	2000	各村	乡农办	以会代训，放录像
7. 香菇	制棒、栽培管理与加工	50	腾云村	储一贯	实地培训
8. 木耳	栽培技术与管理	15	腾云村	陈子斌	实地培训
9. 养猪	"三化"养猪技术	1100	培训中心	程友政	培训班，放录像

续表

培训项目	培训内容	人数（人）	地点	技术指导	备注
10. 蔬菜	大棚栽培、良种推广	500	培训中心		培训班，放录像
11. 茶叶	茶园低改、茶叶采摘、加工技术	2000	培训中心		培训班，放录像
12. 中药材	鉴别、栽培、采收与加工	300	培训中心		培训班
13. 食用菌	生产与精加工	1000	培训中心	县科委	培训班，放录像
14. 农电知识	农村安全用电	3000	培训中心	农电所	培训班，放录像
15. 水稻病虫害	病虫害防治	2000	各村	农技站	实地培训，放录像
16. 蔬菜施肥	施肥技术	500	培训中心		培训班
17. 黄鳝、泥鳅	养殖技术	10	腾云村		实地培训
18. 鸡、鸭、鹅、羊	饲养与管理技术	500	各村		放录像
19. 农药	配制、应用技术	2000	各村		放录像
20. 杂交稻	种植、制种技术	3000	各村		放录像

　　针对山区农民居住分散的情况，为使更多的农民学到实用技术，尽快脱贫致富，在乡政府的帮助下，培训中心还购买了实用科技录像带和放像机，采取巡回教学的方式，深入山村，向农民宣传实用科技知识。仅1990年，培训中心就购进了70多种农业科技录像片，其中《杂交稻》、《大棚蔬菜》、《家庭养猪专集》、《家前屋后》、《人工栽培平菇》、《家庭养鸡》等录像片最受群众欢迎。1994年3—4月份，文化扶贫中心工作人员根据季节、农时，抬着放像机跑遍全乡11个村，放映了《蚕、桑、茧优质高产综合技术》、《蚕病防治》和《食用菌栽培方法》等科技片。一次在莲塘村青树组放映时，蚕农们看了一遍后，认为技术细节没掌握，十几个农妇围住放映员要求再放一遍，结果连放两场直到深夜两点才结束。

　　腾云村西岭组栽有1万多棵板栗，组长储昭款找到实用技术培训中心，对我们说："我组板栗栽的多，但嫁接的少，这是由于组里多数人不会嫁接技术，请人嫁接，又要花钱，请你们到我们那儿放板栗嫁接技术录像吧。"1995年3月，我们从岳西县委组织部借来《板栗嫁接》录像带，到西岭组进行现场培训。7月份我们又到该组进行了茶园管理技术培训。现在该组板栗和茶叶成为当地农民家庭收入的"大头"，农民因此脱了贫致了富。王畈村燕窝组残疾人储树民，1991年看了巡回播放的《桑树绿枝扦插育苗》科技片后，育了500株桑叶苗，养起了蚕，当年收入1800元。1995年养了5张蚕，养蚕收入4000元。储树民因此脱贫致富是人们所想象不到的，在当地产生了很大的影响。

　　为了推广杂交水稻种植技术，1991年水稻育秧期间，文化扶贫中心工作人员抬着放像机到全乡各个村播放《杂交稻》、《农业科技知识》等科技录像片，前后放映了29个晚上，观众达2600人次。当年杂交水稻播种面积就占整个水稻播种面积的75%以上，提高单产68公斤。1995年4月11日，为了推广水稻旱育稀植技术，实用技术培训中心又配合乡政府举办了水稻旱育稀植技术培训班。由农技员讲解推广意义和一套育秧技术，并发放了相关的技术数据，使该项技术在全乡范围很快地推广开来。仅此一项粮食亩产提高100公斤。水稻种植前后两项技术的推广，极大地提高了粮食的产量，目前全乡粮食基本能够自给。这对于人多地少、常年缺粮的贫困山区群众加快脱贫起到了巨大的作用。这几年，实用技术培训中心下乡巡回放映科技录像平均每年都在 30 场以上。很多农民通过实用技术培训班而脱贫致富，他们自豪地说：实用技术培训中心是我们庄稼人的学校。

　　上述三个文化扶贫基地是有机联系的整体，它们相互补充，相互推进。几年来，文化扶贫的开展，给莲云乡的社会经济和群众精神风貌带来了深刻的影响，取得了可喜的成果。乡村经济实力明显增强，多种经营迅速发展，农民收入成倍增加。群众落后的思想观念，传统习惯和生产方式得到改变，学科学、信科学、用科学已成为群众的自觉行为，加快了脱贫致富奔小康步伐。目前，全乡 85% 以上的劳动力除掌握农业生产技术以外，还有一技之长，已涌现出养蚕专业户 4200 户，蘑菇、平菇专业户 800 户，其他科技示范户 100 余户。在莲云乡形成了一批拳头产品，其中食用菌、蚕桑、大棚蔬菜已成为岳西县商品农业的重要生产基地。1996 年全乡农民人均收入达到 1100 元以上。全乡有 700 户（3000 余人）人均纯收入在 1200 元以上，有 12 户群众安装了程控电话，有 70 户（150 余人）在城关经商盖了楼房，有 2200 个劳动力从事第二、三产业的生产。同时在精神文明建设方面也有了发展。1998 年，在有关部门的资助下，新建了一幢文化扶贫中心大楼。由于十几年来文化扶贫的开展，岳西县莲云乡成了远近闻名的先进、文明乡。原来那个"穷山恶水"的"穷窝窝"正以崭新的姿态展现在世人面前。

（四）民主选举与村民自治的三次成功实践

　　以人为对象的文化扶贫，不仅是对普通农民扶智扶文，提高农民的文化素质，更重要的是提高基层干部的素质，构建文化扶贫的组织保证。毋庸讳言，在贫困地区，同样存在着某些腐败现象。有些干部背离了为人民服务的宗旨，使党的扶贫政策和措施难以落实。制止腐败最有效的方法还是依靠人民群众自下而上的社会监督。因此，民主选举村干部，实行村民自治，为脱贫创造良好的政治社会环境，已是刻不容缓的事。为此，我们在莲云乡蹲点扶贫时就根据《村民委员会组织法》的精神，选择莲云乡腾云村实行了村干部竞选。这次竞选，采取了"组合竞选"。

　　1989 年元月 17 日，安徽省岳西县莲云乡腾云村村民欢聚一堂举行选举大会，直接投票选举村民委员会干部。这在莲云乡还是开天辟地第一回。村民们出席踊跃，心情激动，思考着如何投上庄严的一票，选出自己满意的致富带头人。

　　这次选举打破了过去上级提名、村民举手通过的老框框，采取选区推荐、联名推荐和本人自荐的办法，不限额地产生候选人并张榜公布，让选民们评头论足加以比较，最后确定了 4 名村委会主任正式候选人。然后召开选举大会，4 个候选人在选举大会上一一发表竞选演说，讲自己为村民服务的诚意和施政宏图，同时把自己的"组合"名单公布于众，让全体村民鉴别审查。经过两轮无记名投票，农民技术员王先进击败原村长（在实行民主选举之前，村里负责人一般是由乡政府直接任命的，故称作"村长"）和另外 2 名候选人，当选为腾云村首届民选村委会主任。

　　选举大会从上午 8 时开到下午 4 时结束，外面下着雪，室内却是暖洋洋的，285 名选民忍着饥饿，一直坚持到底。唱票一结束，村民们纷纷议论说："这样选举才是真选举，上面不定框子，我们自由选择，硬碰硬选出的干部，我们信服！"选举取得完全成功。

　　腾云村人口1200余人，自然条件较好，但社会经济发展和人均收入长期居下游，主要原因是村领导班子的工作状况不佳。该村自从学大寨以来集体财产一直下落不明，财务不公开，干群矛盾突出，致使上级布置给该村的任务难以落实。乡党委之所以同意选择该村作为实施村民自治的试点村，是想看看能否扭转那里的局面。腾云村群众听说要在村里实行民主选举村委会都喜形于色。因为过去该村的干部都是由上面指定的，村民选举只是走过场而已，群众对干部工作不满意也无可奈何。

　　为了保证民主选举成功，有关方面从县、区抽调6名干部成立选举委员会，分人包干腾云村各个村民组选举的宣传和组织工作。首先是认真宣传《村民委员会组织法》，让选民懂得如何做好社会主人，行使民主权利；其次是由每个村民组经过充分讨论后在全村范围各提出一名村委会主任候选人；然后是各村民组对所有候选人进行再评议，确定4名正式村委会主任候选人；最后召开全村竞选大会选举村委会。这样既养成民主政治习惯，又强化了村委会班子的聚合力和办事效率。

　　腾云村民主选举出来的村委会上任后的第一招，是建立一个专事监督村委会的机构——村务监督委员会，成员都是村里公认的正派公道人，还聘请一名住在本村的离休干部担任顾问，指导村委会工作。此事一公布就获得了群众信任。第二招是成立了财务清理小组，对该村群众意见最大的村财务账目进行清理，并通报全村，使从来不公开的村财务公开化。第三招就是收回了前任干部占用的一笔茶叶款，用这笔钱使得多年架不起电线的西岭村民组当年腊月通了电。这几招在人心的回音壁上引起了回响。村民们议论开了："新班子胆大敢抓，像个干事的，大伙儿没看错人。"干群关系逐步融洽了。

　　接着，村委会又带领群众大搞杂交水稻制种。村委会举办制种技术培训班13期，把技术辅导工作做到了每块田、每个环节，保证了制种的全面成功。群众说，我们家每块稻田里都有民选村干部的汗水。

　　腾云村老百姓长期埋怨山林管理混乱，新班子上任不久就充实了林场管理力量，对乱砍滥伐的少数村民及知情不报的村民组长都作了处罚。不久，一位村干部家属又第二次违禁砍伐，村委会则处以重罚。这样从干部管起，罚款也从干部头上开刀，在群众中引起了强烈反响，乱砍滥伐现象从此得以制止，群众植树造林的热情高涨，当年全村共栽板栗树5500株、松树7000株、桑树5000株，超额完成了乡政府下达的任务。

　　腾云村有4处应该修复而多年未修复的河岸和田坎，村委会也及时修复。

　　农民说："干部好不好，秋天见分晓。"民选的村委会上任后的第一个秋天，就向全体村民交了一份不负众望的答卷：杂交稻种植奏响丰收曲，共创经济效益达30.3万元，可得粮34万斤，比前3年的平均产量整整翻了一番，经济收入增加了16.5万元，是常规稻经济收入的4倍，抱了个"金娃娃"。

　　1995年4月和1998年5月，腾云村对村委会先后两次进行了改选，选举仍采取"组合竞选"，同样获得圆满成功。陈子斌先后两次当选为村委会主任。这里要特别指出的是，腾云村前后三次选出的村委会主任都不是该村大户，而恰恰都是单门独户的人家，仅凭这一点，就能说明许多问题。

　　腾云村的三次选举，已初步形成了村干部的竞选淘汰机制，充分体现了村民们主人翁的责任感。村干部兢兢业业地为村民服务，带领群众共同脱贫致富，为文化扶贫和山区人民的脱贫致富构建了群众信得过的组织保证。那种认为贫困山区农民缺乏"参政"

意识，难以推进民主选举的看法，已被上述腾云村的实践所否定。革命导师列宁说得好：除了立刻开始实行真正的人民自治外，还有其他训练人民自己管理自己，避免犯错误的方法吗？

（五）文化扶贫由点到面的推广

莲云乡文化扶贫的试点工作，是在不开小灶，不受任何特殊待遇，仅仅依靠三个文化扶贫基地和民主选举、村民自治，就使这里的社会经济发生了明显的好转。实践证明文化扶贫这条路选对了，因为它是从贫困农村地区实际出发的。

莲云乡蹲点扶贫一年后，我们向中共安徽省委提交了一份工作总结，题为《扶贫扶人，扶智扶文——一年蹲点归来的新思考》。当时中共安徽省委书记卢荣景同志看到这份工作总结后，欣然批示："拜读了辛秋水同志送来的几份材料，颇有启示。莲云乡几项实验都是很有意义的。尤其是在偏僻贫困的山村，更显得紧迫和必要。这里能办到的，能办好的，其他地方也可以做到。"从此，文化扶贫开始由点到面在安徽省推开了。

中共安徽省委在全省确定了嘉山（今明光市）、歙县、岳西、霍邱、青阳、亳县（今亳州市）六个试点县，推广岳西县莲云乡文化扶贫经验。推广工作自1994年正式启动。中共安徽省委宣传部分别于1994年10月下旬和1995年10月下旬在岳西县和亳县召开了试点县经验交流会。当时《安徽日报》曾作过这样报道："一项以我省省花为名的文化扶贫试点工程——'杜鹃花工程'正在江淮大地上兴起。……文化扶贫工作，是由省社会科学院辛秋水研究员于6年前在岳西县莲云乡开始试点并积极倡导的，他的建议和做法得到省委领导的重视和支持。"莲云乡文化扶贫的星星之火，首先点燃了六个县十个文化扶贫试验点，三年试验成功后，现已基本燎原到全省。

"一个正确的认识，往往需要经过由物质到精神，由精神到物质，即由实践到认识，由认识到实践这样多次的反复，才能够完成。"[1]"以文扶贫，扶贫扶人"这种从实践中得出的新思想，也必将经过反复的研究实验后，逐步完善，并得到进一步的发展。文化扶贫这朵奇葩必将越开越美，越开越茂盛。

三　小结

多年的实践证明，把贫困地区干部群众的自身努力同国家的扶持结合起来，开发当地资源，发展商品生产，改善生产条件，增强自我积累、自我发展的能力，这是摆脱贫困的根本出路。岳西县莲云乡进行的这项文化扶贫研究，正是农村扶贫最佳途径和合理模式的一种积极探讨和科学实验。10年来的实践证明，文化扶贫不但有益于我国扶贫工作的改进，有益于贫困地区的自我发展，加快这些地区的脱贫致富，而且还有益于农村精神文明建设的发展以及农村社会的全面进步，促进农村社会的现代化。文化扶贫不仅是农村物质文明建设和精神文明建设的生长点，也是二者的有效结合点。

---

①　毛泽东：《人的正确思想是从哪里来的?》，载《毛泽东著作选读》，人民出版社1986年版，第840页。

1. 文化扶贫是一种有效的扶贫开发方式

党的十一届三中全会以来，我国的贫困人口从原来的 2.5 亿锐减到 4200 万。在中华大地扶贫大业的交响乐中，安徽是占有很大席位的。继农业"大包干"以后，安徽首先提出了农科教思路，接着又在岳西县莲云乡最早开展了文化扶贫试点。继之，把莲云乡的成功经验向不同区域、不同条件、不同典型的 10 个点进行推广，试点成效显著。文化扶贫抓住贫困问题的根本——人口素质——做文章，扶贫扶人，扶文扶智，从而增强脱贫致富本领，开发资源，创造财富。从安徽省的文化扶贫实践看，它是贫困地区自我积累、自我发展的有效扶贫开发方式。它不仅是现阶段扶贫的上策，也将是农村下个世纪经济发展、社会进步的良方。

2. 文化扶贫是物质扶贫的延伸与发展

20 世纪 80 年代初，国家对贫困地区开始实施扶贫工程。随着时间的推移，扶贫从最初的道义扶贫发展为一种制度。由于对贫困地区的认识，有一个过程，因而扶贫表现出了阶段性，但无论是"输血"式扶贫，还是"造血"式扶贫，作为单纯的物质（经济）投入来说，都不可避免地存在一些弊端，客观上影响了扶贫的效果。如"输血"救济，不仅资金不能很好地发挥效益，而且助长了农民两眼向上的依赖思想；"造血"扶贫抓项目，办企业，由于把着眼点仅放在物质上，忽视了项目操作的主体——劳动者——生产力最核心的因素，结果因为劳动者的素质不济，因为管理等"软件"跟不上，许多项目都失败了。这在涉及千家万户的种、养、加工业和有规模的乡镇企业中屡有表现，比例很高。在这种情况下，文化扶贫——塑造新型农民（与项目相适应的劳动者）的"造人"工程出现了。文化扶贫就是在总结以往扶贫经验教训的基础上提出来的，是物质扶贫深入发展的结果。

文化扶贫同物质扶贫相互补充，并为物质扶贫提供条件。文化扶贫的直接对象是贫困主体，着眼点是贫困主体素质的提高。通过文化扶贫，贫困地区农民开阔了视野，增强了致富本领，同时其经济项目的运作能力、民主法制政策能力和市场经济适应（生存）能力都有较大提高，从而在农民素质提高的基础上，激发了农村社会的内在活力。

从文化扶贫的产生和作用看，文化扶贫同物质扶贫关系密切，相辅相成，是一个系统工程。物质扶贫是扶贫的基础，文化扶贫是物质扶贫的延伸和发展，并为物质扶贫创造良好的条件。落后地区在扶贫攻坚中，必须把物质扶贫和文化扶贫结合起来，实施大扶贫，扶贫才会有力度，扶贫工作才会出现良性循环，贫困地区才能实现持续发展的目标。

3. 文化扶贫也是农村精神文明建设的有效形式

十年来的实践也证明，文化扶贫的正确实施，同样有利于农村特别是贫困落后地区农村的精神文明建设。我国是农业大国，80% 的人口生活在农村。他们的思想、道德、教育、科学和文化水平如何，不仅关系到农村本身的精神文明建设和奔小康进程，而且还直接影响到全国现代化宏伟战略目标的实现。因而农村精神文明建设，尤其是贫困地区农村精神文明建设就具有十分重要的作用。在广大贫困地区开展文化扶贫，对此将具有十分重要的意义和深远的作用。因而，文化扶贫将大有可为，大有希望。

走文化扶贫之路[*]

——论文化贫困与贫困文化

一

贫困是一个困扰世界的话题。缩小贫富差距，实现共同富裕也是社会主义中国和我们党的一贯方针和政策。20世纪80年代中期以来大规模的扶贫开发活动，揭开了中国反贫困历史的重要一页。

在最近十几年里，我国农村贫困人口已大面积减少，从1986年的1.25亿锐减至1998年的4200万，从占世界1/4贫困人口下降到占世界1/20贫困人口，这是一个历史性的成就。但是，反贫困绝非一个轻松的话题。贫困，尤其是农村地区的贫困，依然十分严重，这已成为当今社会最难解决而又必须解决的难题。

回顾过去，我国反贫困主要经历了两个发展阶段，扶贫方式实现了由道义性扶贫向制度性扶贫转变，由救济式扶贫向开发式扶贫转变，由扶持贫困地区向扶持贫困人口转变。最初是"输血"救济，即单纯地向贫困地区送钱送物，虽然起到了暂时救济作用，但没有使原本"体质孱弱"的贫困地区出现活力与生机，相反养成了当地群众的严重依赖思想和干部无所作为的工作作风，贫而安贫，一蹶不振。送的粮吃光了，钱用光了，衣穿破了，扶贫生产贷款挪作非生产用途，有贷无还，再贷不灵。"输血"救济不但没有帮助贫困户走出贫困，反而使他们陷入了贫困的"怪圈"之中，难以自拔。有人说，新中国成立前是"命运意识"将他们牢牢地锁在贫困之中，他们自认贫穷是命中注定的；新中国成立后由于政府的救济和扶贫优惠，逐渐养成了他们的"依赖意识"，从依赖集体到依赖国家，把希望一味地寄托在各种扶贫和救济上，不思进取，从而成为他们贫困延绵的主要内因。"包公放粮，犁耙上墙"这句俗语可谓是这部分贫困者消极无为心态的真实写照。而这恰好应了陈俊生同志（曾负责国家扶贫工作的国务委员）的那句大实话："花了1500亿元救济款，买来的是贫困山区群众的一个'懒'字。"

后来，我国反贫困又转向"造血"开发，即向贫困地区大量注入开发资金，上项目，办企业，促进贫困地区形成"造血"机制。这无疑是很大的进步，但"造血"必须依靠当地干部群众，必须依靠"内因"。由于贫困地区干部群众文化、科技素质不济，经营管理水平不高，信息不灵，市场观念不强等原因，结果往往是，新项目年年

---

* 本文系作者1993年2月18日参加"中国NGO扶贫国际会议"提交的论文。

有，上马时轰轰烈烈，经营时冷冷清清，效益上惨惨淡淡，导致大量的扶贫开发资金沉淀流失，"造血"机制终难形成。据不完全统计，1984—1993 年间，中央财政和国家银行共配置扶贫专项资金 381.5 亿元（不含银行贴息），根据长期从事扶贫工作的权威人士估算，大约有 40% 的扶贫资金没有用于扶贫，而有的学者估算扶贫资金的"漏出"量已超过 50%，甚至高达 70% 以上。同时，几乎所有承担扶贫贷款业务的银行和信用社都有因借款者拖欠而沉淀大量呆账的教训，相当一部分金融组织至今仍然承担着不良资产的巨大压力。从总体上看，我国扶贫资金的效益并不尽如人意。每年扶贫资金的成倍增长却没有带来扶贫效果的成倍增加，农民的实际收入增长缓慢。

当我们反思多年来政府的反贫困行为的同时，不得不追问贫困者自身：为什么有些人能够依靠国家政策和自身努力很快摆脱贫困，而另外一部分人却长期难逃贫困的厄运？贫困的症结也许就在于一个"人"字上。笔者在长期的农村调查中也发现，凡是生活能够达到温饱或比较富裕的家庭，其户主都是头脑比较清醒，有一定文化的人；反之，那些衣不蔽体、食不果腹的极贫户，家庭成员中或者有慢性病或残疾人，或者头脑糊涂，没有文化。造成这一明显反差的关键正是人的素质差别，即人的智力差别。也就是说，人口的科学文化素质、价值观念及其生活方式，以及一个社会的文明开化程度，从更深层次上决定着人们是否贫困的命运。因此，从这个意义上说，贫困不仅仅是物质资源方面的贫困，更是社会资源方面的贫困，即智力贫困、信息贫困、观念贫困、文化贫困。社会学家胡格韦特说得好："对于人类生活来说，外部环境仅仅是条件而非决定因素。人的生活需求和生理特性仅仅是限制行为反应范围的有机的基础，并不能决定人的行为的实际内容。实际上，行为的实际内容取决人的文化和人的社会组织。"[1]

根据贵州省 1983 年的调查，在贫困户中文盲、半文盲（尽管一个人的教育程度并不完全反映一个人的知识水平，但是它却是最常用的衡量方法，至少它可以提供一些基本的事实）占 80%，而在富裕户中仅占 10%。[2] 1993 年陕西省的一项对农村住户的抽样调查也表明，贫困家庭的劳动力中，中专文化水平占 0.34%，高中占 8.37%，分别比总体劳动力平均文化水平占比低 0.25 和 2.37 个百分点；初中占 41.18%，小学占 32.35%，分别比总体劳动力平均文化水平占比高 0.93 和 2.28 个百分点；贫困人口中无一人具有大专以上文化程度[3]。又据北京大学人口所柳玉芝对六个贫困县劳动力素质与农户经济收入的实证分析，贫困户中的文盲率比富裕户高 30 个百分点，具有初中以上文化的劳动人口比重比富裕户低 30 个百分点。[4] 这充分说明，只有具有一定文化的劳动者才能及时掌握各种信息，不失时机地改进经营方式，更新生产技术，从而提高生产效率，增加经济收入。从微观层面上看，知识的贫乏或文化的贫困不仅是物质贫困或经济贫困的结果，也是其最主要的原因。

如果我们再从宏观层面上看，文化贫困也是一个地区或者一个国家经济发展的主要障碍之一。据统计，1990 年，我国东部发达地区、中部欠发达地区和西部不发达地区

① 引自胡格韦特《发展社会学》，四川人民出版社 1987 年版，第 48 页。
② 引自李强《中国大陆的贫富差别》，中国妇女出版社 1989 年版，第 129 页。
③ 引自郑晓英《略论影响欠发达地区发展的思想障碍》，《中国人民大学学报》1998 年第 5 期。
④ 引自柳玉芝《劳动力素质与贫困农户脱贫致富》，《经济科学》1993 年第 6 期。

人均受教育年限分别是 6.71 年、6.24 年和 4.31 年，与之相应的，农村贫困人口占地区贫困人口的比重分别为 4.80%、8.42% 和 13.53%，贫困发生率分别为 4.2%、10.3% 和 17.8%。从表 1 可以看出，我国地区社会经济发展的差距背后有着深刻的文化背景因素的影响、作用。

表 1　　　　　20 世纪 80 年代末国内三大经济带发展指数与文化指数的比较

	社会劳动生产率		人均国民生产总值		人均国民收入		农户文化投入系数		农村贫困发生率	
	元/人	差距	元/人	差距	元/人	差距	%	差距	比例(%)	差距
东部地区	3045	1.81	1688	1.92	1577	1.87	3.31	1.09	4.80	1.00
中部地区	2103	1.24	1078	1.22	1005	1.19	3.23	1.07	8.42	1.15
西部地区	1685	1.00	881	1.00	842	1.00	3.03	1.00	13.53	2.82

	人均受教育年限				文盲、半文盲人口占 15 岁及以上总人口比重				
	1982(年)	差距	1990(年)	差距	1990/1982	1982年(%)	差距	1990年(%)	差距	1990/1982
东部地区	5.81	1.80	6.71	1.56	0.90	19.31	1.00	12.91	1.00	6.40
中部地区	5.28	1.63	6.24	1.45	0.96	21.30	1.10	14.75	1.14	6.55
西部地区	3.23	1.00	4.31	1.00	1.09	29.27	1.52	24.27	1.88	5.00

资料来源：《中国社会统计资料》（1990 年），《中国人口资料手册》（1989 年）和《中国人口年鉴》（1985、1990 年），转引自穆光宗《论人口素质和脱贫致富的关系》，《社会科学战线》1995 年第 5 期。

现代世界经济发展史也证明，物质资源的匮乏并不是一个国家发展的决定性障碍，相反的，如果缺乏高素质的人力资源或者文化贫困，即使拥有再多的物质资源也难以实现持续的发展。在发达国家的经济发展中，科技进步的贡献率已由 20 世纪初的 5%—20%，增加到五六十年代的 50%—70%（参见表 2），目前甚至高达 80% 以上，而我国的科技贡献率仅为 30%—35%（"八五"时期），贫困地区更低。由此可见，文化的差距也是发展的差距，文化的贫困也是发展的困难。因此，"发展最终所要求的是人在素质方面的改变，这种改变是获得更大发展的先决条件和方式，同时也是发展过程自身的伟大目标之一"⑤。

表 2　　　　　　　科技进步对经济增长贡献率的比较　　　　　　　单位:%

国家	中国	日本	美国	加拿大	比利时	丹麦	法国	意大利	荷兰	挪威	英国
年份	1986—1990	1953—1971	1948—1969	1950—1967	1950—1962	1950—1962	1950—1962	1950—1962	1950—1962	1950—1962	1950—1962
科技进步贡献率	30.00	55.16	47.75	39.60	61.39	57.30	73.62	70.36	53.07	69.68	53.66

资料来源：中国数据引自《光明日报》1991 年 10 月 26 日，其他数据引自王积业主编《经济效益新论》，中国财政经济出版社 1987 年版，第 393 页。转引自穆光宗《论人口素质和脱贫致富的关系》，《社会科学战线》1995 年第 5 期。

⑤　引自英格尔斯等《人的现代化》，四川人民出版社 1985 年版，第 6—7 页。

二

　　智利知识界的领袖萨拉扎·班迪博士曾经说过这样一句含义深刻的话："落后和不发达不仅仅是一堆能勾勒出社会经济图画的统计指数，也是一种心理状态。"他认为，这种社会的、文化的或心理的因素长期积淀后，就会形成落后的心态和一成不变的思维定式、价值取向，进而形成顽固的文化习俗（或生活习惯）、意识形态（或理念），即贫困文化（Culture of Poverty）。这种文化实际上是对贫困的一种适应，使浸淫于这种文化的人无法自觉到它的影响作用，以至在外人看来，他们是安贫乐贫、自甘"堕落"、没有"进取精神"的一群，而不可救药。这也就是 S. 沃尔曼（S. Wallman）所指的"甘于贫困"的人，对于任何促使他们发展（比如教育）和增加财富的事物都不感兴趣，以至许多贫困者从贫困的泥淖之中爬起，旋即又陷入贫困的沼泽里。

　　最早将贫困视作一种文化现象进行专门研究的，是美国人类学家刘易斯（Oscar Lewis）。1959 年，他在其《五个家庭：贫困文化的墨西哥个案研究》（*Five Families—Mexican Case Studies in the Culture of Poverty*）一书中首次提出"贫困文化"（Culture of Poverty）这一概念。他认为，穷人之所以贫困和其所拥有的文化——贫困文化——有关。这种贫困文化的表现是，人们有一种强烈的宿命感、无助感和自卑感；他们目光短浅，没有远见卓识；他们视野狭窄，不能在广泛的社会文化背景中去认识他们的困难。

　　刘易斯的理论在西方社会历久不衰，至今仍有一些学者被其所吸引，因为许多下层社会的状况的确如他所描述的那样，具有自身独特的文化特性。

　　毛泽东说过：一定的文化是一定社会的政治和经济在观念形态上的反映，即一定的经济基础，决定一定形态的文化。简而言之，贫困文化是贫困阶层所具有的一种独特生活方式，是长期生活在贫困之中的一群人的经济状况的反映。如果穷人的愿望或目标，超出了他们生活现实的范围，得到的往往是失望和无奈，极少会满足他们不切实际的要求。因而，"在极其贫困的家庭里长大的孩子不会具有获得和占有的欲望。他们的愿望超不出日常需要的范围，或者即使表现出了某种超出常需的愿望，这种愿望也不过是一种痴想，永远不会发展成为强烈的意志力量。当这种状态变成了一种习惯的时候，人就会变得没有远见，满不在乎，苟且度日"⑥。这样一来，我们就不难理解，为什么穷人常常表现出消极无为、听天由命的人生观，安贫乐贫、得过且过的生活观，懒散怠惰、好逸恶劳的劳动观，不求更好、只求温饱的消费观，老守田园、安土重迁的乡土观，等等。所谓"种田为饱肚，养猪为过年，养牛为犁田，喂鸡喂鸭换油盐"，这样一种简单的生活方式在广大贫困乡村普遍存在；对一些长期接受政府救济的农民来说，"春等救济粮，冬等冬令装，夏炎秋雨不出房"的现象也便不足为奇了。

　　类似的"贫困文化"现象还有许多，如："三口之家五亩田，种好家中本分田，舒舒服服享清闲。"你若跟他们讲富裕地区、富裕户的好日子，他们会说："嗨！人比人，活不成，人哪能比着过呢？人要知足，适可而止，钱挣多了会扎手，心想大了会扎肺，

---

　　⑥　引自［德］弗里德里希·包尔生《伦理学体系》，中国社会科学出版社 1988 年版，第 463—464 页。

树大必招风，何必做出头的橼子！"⑦ 他们自卑自贱的同时，又容易滋生自足自乐的心态。因而，一个贫困乡民的理想生活也不外乎"一亩地一头牛，老婆孩子热炕头"。很显然，如果他们满足于他们的生活，他们就不可能有热情去改变他们的生活，甚至他们会成为维护既有社会秩序的保守力量（只要不破坏他们现有生活的平静，维持他们脆弱的"收入—消费"平衡）；即使外部力量抱着善意的愿望，改造他们的生活，也可能会遭到他们的反对。因此，针对他们的反贫困计划必须首先考虑他们的"贫困文化"，否则，再完美的反贫困计划也会在他们面前流产。

自 1981 到 1996 年十几年间，笔者曾先后数十次到地处大别山腹地的安徽省岳西县进行详细的社会调查，并且在素有"穷窝子"之称的莲云乡蹲点扶贫达一年，这里贫困的状况令人吃惊，生活在这里的人封闭的观念、麻木的精神和无为的心态更令人震惊。这里，我们不妨再具体地看看这些贫困乡民们的心态，以及由这些心态所折射出的贫困文化，是如何阻碍他们的发展，是如何使他们陷入贫困的"怪圈"而难以自拔的。

怪圈之一，盖大屋的风气是山区人的一种特有社会心理。当山外人初到贫困山区农村时，仅看房屋外观，他们绝不会相信这里是贫困地区，为什么？因山里农村人新盖的房子，大都是又高又大，可是走进屋里一望，往往是四壁空空，除了地上堆的、梁上挂的那些从山上砍来的树木外，就看不到值钱的东西了。盖 3 大间、5 大间高大的房屋，对于一个还只能维持简单再生产的山区农户来说，确实是要费一把劲的，一般先得积蓄几年，还要背几年债才能盖起来。盖好的房子就闲置在那里。为什么这些农民不将这些血汗钱用来扩大再生产而将其闲置起来呢？原来山区有一个传统的陋习，叫做"不孝有三，无后为大"，他们认为一个人从娘胎里生下来的头等大事就是给祖宗传宗接代，要养个儿子，再给儿子娶个媳妇抱个孙子才算完成自己一生的职责。可是为儿子定亲的前提条件就是要给未来小两口盖 3 间至 5 间新瓦房；而 3 大间、5 大间新瓦房按现在标准最低限度也得要一两万元。积聚盖房子钱总得三五年，盖好房子还欠账也得二三年。从事体力劳动的农民劳动的黄金时期是短暂的，哪里还有多少扩大再生产资金的投入？

怪圈之二，求神拜佛心理。由于山区的地理和文化、经济等原因，居住在农村里的人不少还处于只信神不信人的迷信之中。一次我们到山区某地，看到路上一群群男男女女不绝于途，干什么去呢？去拜佛求子、拜佛治病，所拜的佛原是大路边一块石头。这块石头为什么吸引成千上万的人来磕头求拜呢？据说在不久前有几个小学生上学时路过这块石头旁，有个学生说这块石头像菩萨，有的说像观音，回家向家里人一说，开始只有几个人去烧香，后来传开了，相邻乡村成百上千的人到这里烧香磕头，影响扩散到几个乡镇。现代文化的缺乏，必然使各种封建迷信泛滥成灾。目前许多山区的农村迷信、宗法、宗教活动日益频繁。另外，一些地方修家谱、立牌坊、开祠堂之热，令人吃惊。据皖南山区某地抽样调查，近年来，农民加入各种教会和封建迷信组织的人占农村总人口的 10%—20%。产生这种现象的主要原因，一是穷，二是愚。

怪圈之三，"安土重迁"心理。这也是古老的农业社会传统心理，山区农村群众直到现在还以不出远门为孝，安土重迁。在笔者蹲点的岳西县莲云乡，有 32 名女青年由

---

⑦   引自王培暄《来自传统观念的阻力：论欠发达地区农村商品经济发展中的几种思想障碍》，《南京大学学报》（哲学、人文、社会科学版）1994 年第 1 期。

该县劳动局与上海市劳动部门签订合同，被送到上海某纺织厂做工，可不到半年这些女孩子又都回来了，理由一是"想家"，二是"过不惯"。较高的收入和繁华的城市都抵不过山区人的"安土重迁"、"贫而安贫"的惯性心理。这就对人口流动——山区社会经济发展的迫切需要构成重大障碍。

怪圈之四，小农的轻商、故步自封心理。山区人商品意识极其缺乏，直到今天还有些农民为挑担子上街卖东西感到害羞，如岳西县头陀区新建农贸市场时，干部动员农民群众把多余的农副产品拿到街上的农贸市场卖掉，农民却说"难为情"。有的农户宰头猪，由于无钱买盐腌，而使肉在家臭掉，却不知道卖掉几斤肉来买盐，这事外边人听了，会以为你是讲笑话的，而在山区却并不是奇闻。

怪圈之五，"火炉心理"。山里人素有烤火习惯，一般农历九月到第二年四月，他们都要烤火。当笔者已是60岁的人还穿着夹衣到山野里调查时，这里的人就在家里烤起火来了，反正柴火不用花钱买，到山上砍就是了，一家人整天围在火炉边，甚至走亲串户时手里还提着火炉，中小学生上学手里也提着火炉。两只创造财富的手都被大火炉占去了，试问财富从哪里来？饭从哪里来？衣从哪里来？这里人有句顺口溜："脚蹬小火炉，手捧玉米糊，皇帝老子不如我。"这充分体现了贫困山区一些群众贫而安贫、不思进取的心理。古人云"哀莫大于心死"，山区人口的这种心态是脱贫路上的大敌，是构成山区人口素质低下的重要内容。

怪圈之六，"等、靠、要"心理。我们长期实施"输血"式的扶贫政策，产生了一定消极作用。山里的人在心理上普遍产生了依赖感，抱着靠老天，靠政府救济度日，他们看到上级政府有几个人到村里来，就窃窃私语："大概又是送救济来了哩！"作者1988年和几个人在双储村村民组作调查时，在那里住了7天，该村民组共14户，我们一户一户地看，一个人一个人地交谈，自认为这次调查可谓细也深也，可是将调查材料与乡政府掌握的材料核查时，发现调查材料严重不符合事实，被调查的农户普遍少报田亩、少报产量、少报收入；多数调查户都装出一副揭不开锅的样子。调查组还没有离开该村就有几份申请救济的报告送来了，弄得大家都叹气，我们政府单纯实施的救济扶贫起了这么大的副作用，使干部、群众形成了"等、靠、要"的心理状态。这种社会心理对社会进步、对人的积极性的发挥的压抑作用是不可低估的，扶贫绝不能这样扶！笔者有一次和省里负责同志一道到山区考察，正当秋冬交接时，俯视山野，所见的良田里到处都是没有翻耕的稻茬。当时省里负责同志责问随从的当地的地、县负责同志："你们到底是怎么搞的？"他们回答说："我们三令五申叫群众把稻茬田翻耕过来，他们硬是不动，当作耳边风。至于再种上一季粮食如油菜、红花草等，更谈不到。"为什么当地群众这样懒散，难道真是不想吃饭吗？答案是清楚的。"反正有政府救济，没有吃，有照顾的平价粮；没有穿，自有上面支持的衣被，总之靠政府。"这就是当地群众的心态。就在这个遍野是稻茬懒于翻耕的地方，群众还把支持他们的平价粮小本子拿到粮站去卖，因为自己吃不完。

怪圈之七，"亲上加亲"心理。由于地理上的原因，山区人口流动缓滞，长期以来基本上处于封闭状态，这种客观地理条件与山区人口近距近亲婚配情况直接相关。以岳西县而论，全县40万左右人口中储、刘、王三大姓占总人口一半以上，这三大姓是明朝以前从外省迁来的，至今有600年以上的历史，三大姓之间亲上加亲，几十年重复循环早已形成血亲网络，这与当地人口素质低下无疑是相关的。山区痴呆病人之多，造成社会和家庭的沉重负担，问题的严重性还在于这些痴呆病人之间还往往相互成婚，继而繁殖大量痴呆后代。我曾对岳西县来榜区痴呆病人和他们彼此之间婚配生育痴呆子女情况作了以乡为单位的调查（见表3）。

表3

乡名＼指标	总人口数（人）	痴呆病人数（人）	痴呆人口占总人口百分比（%）	男女痴呆人数相互婚配对数（对）	占痴呆病人数的百分比（%）	男女痴呆病人相互成婚生育子女数（人）	其中痴呆病人子女数（人）	占生育子女数的百分比（%）
来榜	9338	108	1.16	9	16.67	16	2	12.50
斑竹	5207	42	0.81	/	/	/	/	/
和平	9143	217	2.23	8	7.37	10	1	10
花灯	3906	107	2.74	14	26.17	30	16	53.33
横河	2160	38	1.76	16	84.21	25	6	24
羊河	2115	22	1.04	1	9.09	4	4	100
青天	4329	117	2.70	42	71.79	62	10	16.13
明山	3097	67	2.16	1	3	2	/	/
道义	4464	77	1.72	15	38.96	35	19	54.29
包家	4216	48	1.14	5	20.83	6	/	/
美丽	1770	27	1.53	6	44.44	9	5	55.35
全区合计	50345	870	1.73	117	26.9	199	63	31.66

调查中了解到，痴呆病人较多的4个乡的大部分人口都居住在偏僻的山旮旯里，很少与外界社会交往。有的人40多岁了还没有看过一场电影，许多人没有见过汽车，他们只能在极小区域范围内婚嫁，经过一代代的反复，早已形成血缘关系非常浓密的近亲繁殖，这是贫困山区痴呆病人多，并不断繁衍的重要根源。

山区痴呆病人的配偶，即使不是痴呆病人，也大多是残疾或穷困的人。这样的夫妻组成的家庭，其生活苦不堪言，终身挣扎在困境中。

怪圈之八，贫困户常把自己发家致富的希望寄托在儿孙身上，把脱贫希望寄托在多生孩子上。越是贫困山区，人口素质越低下，就越是拼命地生孩子。据1982年人口普查，全国人口平均自然增长率才142‰，但贫困山区人口的平均自然增长率一般为25‰左右，1985年全国人口的自然增长率降到11‰左右，但贫困山区仍在20‰以上。

由此可知，"贫困对人的尊严和人性的堕落所造成的后果是无法衡量的"。[8] 从一定意义上说，贫困文化是贫困恶性循环的内在的症结。

---

⑧　引自［美］查尔斯·K. 威尔伯主编《发达与不发达问题的政治经济学》，中国社会科学出版社1984年版，第452页。

三

文化贫困从根本上说是产生贫困的主要根源，而贫困文化则是文化贫困的直接后果，是长期生活在贫困之中的乡民的文化习俗、思维定式和价值取向的积淀，是贫困者对贫困的一种适应和自我维护。从我国多年来的扶贫实践和长期的农村调查中，笔者逐渐体会到，要想根治贫困，必须从贫困的主体——"人"——入手，走文化扶贫之路，即向他们输入新的文化、知识和价值观念，传授适用科技，并开拓交通，输入各方信息，从整体上提高贫困群体的素质，驱散笼罩在贫困乡民头上的贫困文化的乌云，让他们可以利用自己的双手和大脑，化当地的潜在财富为现实财富。这才是投入最少、产出最多，从根本上扭转贫困的正确道路。早在1987年，笔者曾将上述设想向省委作了书面汇报，提出"以文扶贫、综合治理——对一个贫困山乡的综合改革方案"。获得当时中共安徽省委书记卢荣景同志的赞同后，笔者即于1988年4月只身来到岳西县莲云乡，蹲点一年，亲自组织文化扶贫的实验。文化扶贫的内容可概括为"三个基地，一个保障"。第一个基地是因陋就简，办一个科技文化阅览室，让那些稍具一点文化程度的农民在这里能学到一些实用的生产科技知识。第二个基地是在全乡交通要道两旁设立35个阅报栏，每天派专人将当天收到的报纸贴上，农民可直接接收到来自各方的信息包括党和国家的政策法令，使封闭中的农民群众逐步实现人的现代化。农村的各种陈规陋习就会被新鲜、文明的氛围所代替。第三个基地是结合农时季节，举办实用技术培训班，放映农技录像，向广大农民传授实用技术。这一招既能让农民立竿见影地将学到的农业技术用之于手中的农活，又能为农村培养一大批科学种田的人才。"一个保障"就是实行村民自治，对干部进行民主选举。这一文化扶贫实验的结果如何呢？就农民收入的层面来看，文化扶贫前一年，即1987年，该乡人均收入是192元，而到1992年时，该乡人均收入达到900多元。就社会精神文明层面来看，自实行文化扶贫以来，这里的打架斗殴等恶性事件减少了许多。更重要的是，由于农民从贴报栏和图书室里获得了不少政策法令方面的知识，对干部一贯俯首帖耳的农民开始拿起法律武器进行抗争了。有的当地干部就曾这样对文化站的工作人员发过牢骚："如果不是你们的文化站、贴报栏，农民哪里懂得利用法律来告我们？这是我们自己找出来的麻烦事。"莲云乡的文化扶贫事业取得了明显的成就，引起了中共安徽省委的重视。1992年，中共安徽省委作出决定，在全省四个地区推广莲云乡文化扶贫的经验（见1992年7月17日《安徽日报》头版头条新闻"扶贫扶人、扶智扶文——省委决定以三年为期推广莲云乡经验"，1992年6月30日《光明日报》"辛秋水扶贫摸出新路子——安徽推广农村科技文化实验县试点"）。为此，安徽省财政厅一次性拨款27万元，三年扩大试验结果，证明了文化扶贫是一条正确的扶贫之路，而且是农村"两个文明"建设新的增长点。原由省委宣传部负责管理的文化扶贫工作移交给安徽省文化厅管理。文化厅将文化扶贫更名为"杜鹃花工程"，并上报文化部和安徽省人民政府立项。中央电视台"经济半小时"栏目以"书记、教授与农民"为题，安徽电视台"中国纪录片"栏目以"扶贫扶人，扶智扶文——记社会学家辛秋水"为题对莲云乡文化扶贫作了20—30分钟的专题报道。中央和地方报刊也不断进行宣传，因而安徽省的文化扶贫影响到全国。中央宣传部在1993

年成立了文化扶贫委员会，接着其他各省市也相继成立了文化扶贫委员会。文化扶贫实验获得了成功。

可以说，文化扶贫是在总结以往扶贫经验教训的基础上提出来的，是物质扶贫深入发展的结果。十多年来的实践证明，文化扶贫不但有益于贫困地区的自我发展，而且还有益于农村精神文明建设的发展以及农村社会的全面进步，促进农村的现代化。文化扶贫是我国现阶段扶贫的良策，也是农村20世纪经济发展、社会进步的良方。

自党的十一届三中全会以后掀起的中国大扶贫举措的二十多年来，正面经验和负面教训都告诉我们一个真理，贫困地区和贫困人口的贫困表现在物质方面的贫困，而这物质方面的贫困的背后正隐含着人的贫困，即文化贫困。因此，在对贫困地区进行物质投入之外，核心问题是提高人的素质，改变人的精神面貌。只有在文化贫困及其所引发的贫困文化消失之时，才是贫困地区和贫困人口迈开大步，轻装前进，摆脱贫困，实现小康之日。

纵比变化不小　横看问题不少 *

——岳西县两个贫困村十年变迁跟踪调查

《安徽日报》编者按：这份调查，是我省贫困山区十年来发展变化的一个缩影，我们从中既要为那里的变迁而欣慰，更要重视目前仍然存在的各种制约因素。请各地加强这方面的调查研究，继续关心、支持贫困山区，采取得力措施搞好扶贫经济开发，为使贫困山区在不太长的时间内赶上全省发展水平而努力。

1980 年秋，我们对岳西县来榜区同兴大队和头陀区头陀大队进行调查，写成了《从两个贫困落后大队看山区经济中的问题和出路》一文。经过十年改革开放，去年 11 月，我们又对上述两个大队（现为村）作了为期一周的调查，发现这里人民的生活已有很大改善，但仍存有许多亟待解决的问题。

农民收入增加　生活改善

1990 年，同兴村人均收入达 305 元，是 1979 年人均收入 60 元的 5 倍多。头陀村 1990 年人均收入 297 元，是十年前人均收入 42 元的 7 倍。这两个村当年贫困户占 40%，现在不到 10%，只有极个别的残疾户衣食问题尚需救济。

头陀村祠堂村民组农民胡忠亭，31 岁，全家 4 口人，夫妻和两个小孩。本人是石匠，现有新瓦房 4 间，全家年耗粮 1500 公斤，人均 375 公斤。副业收入 2000 元；养猪一头，全部自食。十年前的调查报告中对这一户记载是："父母兄弟姐妹仅住 3 间茅屋，常年无油吃，吃盐也困难。"农民胡兴旺家有 6 口人，人均产粮 175 公斤，购买供应粮 125 公斤，耗粮 300 公斤；养猪 2 头，一吃一卖；人均吃油 4 公斤；自家办了一个加工厂，收入近千元；现有瓦房 3 大间，其中 1 间半是二层楼；家有电视机、自行车、两块手表；崭新的木质家具排列整齐、美观。十年前，我们来调查时，他家只有茅房 2 间，是本组严重超支户，粮、油、盐都难以解决。

同兴村农民汪全古，十年前我们的调查报告中记载："汪全古，44 岁，头痛腰痛，面色焦黄，妻子患哮喘病，妹妹先天性痴呆，两个孩子年幼体弱，一家 5 口，只有破屋 1 间，烧饭锅 2 口，全部家产不值 30 元。喂了一头猪，两年多还长不到 60 斤。供应粮无钱买，穿衣靠救济，一套旧衣从冬到夏，十分破烂。欠生产队和亲戚 120 元钱，多年

---

* 原载《安徽日报》1992 年 2 月 24 日。

无法还清。"现在的汪全古怎样呢？1991 年他家人均收入 300 元，盖了新房 3 大间。仅
窖茯苓一项收入就达 800 元。当年两个年幼体弱的孩子，都读到初中毕业。由于儿子有
文化水平，学习了新技术，所以他家栽培的茯苓获得高产。

突破单一粮食经营格局

十年前，解决温饱问题是这里农民的头等大事。为此，不惜毁林开荒种粮食，多种
经营和副业在人均收入中所占比例极小。现在这里是"3 个月种田，8 个月挣钱，1 个
月过年"。商品经济意识逐渐渗透到农村经济的各个领域。过去这两个大队农民多种经
营和工副业收入人均只有 20—28 元，工分所得口粮折款是农民一年创造的主要收入。
现在发生了巨大变化。同兴村经济作物和药材以及工副业收入占农民全年收入的 70%，
头陀乡 1990 年茶叶收入 17.78 万元，人均 33 元；养殖业仅生猪一项收入 27.62 万元，
人均 51.5 元；养蚕和药材逐渐成为农民家庭支柱产业之一。头陀村 1990 年茶叶收入近
3 万元，养蚕收入 2 万元，天麻收入 1 万元，占农民总收入的 63%。

基础设施有了改善

十年前，群众贫困，集体家底极其微薄，公共设施极少。头陀区在这十年间建公路
47 公里；26 个村已有 11 个村通了公路。头陀乡十年间建设四级公路 8 公里，建 200 千
瓦水电站一座；架设小型桥梁 2 座，建成蓄水 70 万立方米梯形调节水库一座。现在该
区全部校舍都盖成砖瓦房。来榜区"七五"期间修建公路 113 公里，实现了乡乡通公
路；建设 3.5 万伏变电所一个，325 千瓦电站一座，架设高低压电线 168 公里，90% 的
村民家里有了电灯。

变化机理探微

政策威力。党的改革开放政策，特别是家庭联产承包责任制调动了广大农民的生产
积极性。头陀村十年前亩产 170 公斤，1990 年达 320 公斤。生产责任制还解放出一大
批剩余劳动力，去从事各种既能挣钱又有益于社会的非农产业。

文化和技术效应。调查表明，十年来农民家庭经济变化幅度的大小主要取决于农户
家庭劳动力素质提高的程度。头陀村劳动力的文化水平十年间有很大提高，1980 年具
有初中文化的有 145 人，高中文化的有 15 人，大专文化的有 2 人，而到了 1990 年，具
有初中文化的人增加到 212 人，高中文化的人增加到 47 人，大专文化的增加到 6 人，
劳动力文化水平的提高同该村经济的发展、人民收入的增长成正比。

山区里的富裕农户，往往不是职工干部家庭就是能工巧匠家庭。山区自然资源并不
贫乏，关键在于人的文化和智力贫乏。头陀村的许贻民比较典型，十年前全家住一间房
子。客人来了连坐的地方都没有。刚谈好的女朋友到他家里一看这个穷相就流泪了。现
在他家各种家用电器应有尽有，还有一座小楼房，是远近皆知的富裕户。原因就在于他
本人初中毕业学了农业技术，当了农民技术员，月工资虽只有 40 元，但他家养鱼、养

兔、养蚕、养猪等多种经营项目都取得了高效益。

扶贫效应。党和国家对扶贫工作高度重视，对岳西这样一个老革命根据地的贫困状况尤为关怀。近十年来，对该县年年投入巨大的财力、人力和物力，从送衣、送粮到办经济实体，以至星火计划、科技扶贫。这对于贫苦群众解决温饱问题所起的作用是不可低估的。例如，在这两个大队居民收入结构中，农户栽培食用菌的收益是明显的，这同县食用菌总公司的支持和协助是分不开的，另外在种养业方面，普遍推行科学养猪、大棚蔬菜，对农户的脱贫作用也是显著的。

前进中的阻滞因素

同兴、头陀两村十年来的变化令人兴奋，但一经横向比较，就显出他们仍然处于落后地位，变化的速度也仍是缓慢的，主要受以下几种因素制约：

构成生产力的两个基本要素——生产工具和劳动者状况没有明显变化。这里主要是生产资料严重缺乏，农民最主要的生产资料是人均半亩多耕地和一些最简单的传统工具，与10年前相比变化不大。一般农户拥有三分之一头牛、二分之一张犁和一些镰刀锄头之类的工具。这里的农民除了使用少量的化肥农药外，农用机械、能源、电力设备和农膜等生产资料大多是空白。许贻民是这个村唯一使用复合肥的农户。这里农业生产除了必要的劳力外，其他方面的投入每亩不超过30元，不仅没有拖拉机，连简易的脱粒机也没有，是被大农业和集约经营农业遗忘的角落。

劳动力的素质低。十年来，同兴、头陀两个村在农业第一线劳动的农民结构出现老化、弱化、童化现象。年轻力壮有文化的人多数从事非农产业。头陀村祠堂村民组26户农民，从事农业的劳动力90%以上都是文盲或半文盲，其中还有不少是弱智和痴呆病人。痴呆病人是山区劳动力整体素质不能提高的重要因素之一。

农户债务累累。首先是1980年前承包责任田时分摊的集体债务。头陀村农民人均100多元，同兴村农民人均80元。农民背着包袱爬坡，经济发展缓慢就难以避免。形成农民家庭债务的第二个因素是：盖房子、娶媳妇或生病就医以及办丧事等。村民盖3间土坯瓦房要5000元左右，男青年婚亲平均得花2500元左右，农民患病住进医院动辄几百元、上千元，办丧事按习俗一般都得花1000元以上。还有人情费，一般家庭一年开支约在400—500元。第三个因素是子女上学费用上升幅度大大超过家庭经济承受力，这两个村有21.1%的学生因为家庭负担不起而退学。

提高劳动力的文化素质和劳动技能主要靠教育，而现行教学体制、布点与这里山区特点很不适应。目前普通学校教学主要是为升入大学作准备，而山区学生能考进大学者凤毛麟角，绝大多数得留在本地从事生产劳动，所学不能致用。山区发展前途主要在茶、林、果、药、蚕等多种产业，但至今这里区、乡尚无一所讲授农业和茶、林、果、药、蚕技术知识的职业学校。普通学校目前过分强调以生员比例安排学校布点，使山区一些偏远村庄的学生不能入学或中途辍学。

缺少公共文化设施。这里的农民特别是青少年业余、正当、健康的娱乐活动场所还是空白，文化室、图书馆一个也没有。这对于传播信息、革新观念、建设社会主义精神文明、推广科学技术都十分不利。

结束语　抓好两个基本建设

纵观上述两村十年变迁的全过程，其变化的社会背景、动力和发展的阻力在哪里，也就一目了然。

党的十一届三中全会以来，党的改革开放政策是这两个村变化的主要宏观条件，而从调查中看到，这两个村各个农户脱贫致富速度上的差异、快慢以至分化，也与各个农户家庭劳动力的文化程度密切相关。我国山区之所以普遍贫困，是由多种因素决定的，最后都沉淀到作为社会主体"人"的身上。因此，根治山区贫困，一要全方位综合治理，二要在综合治理中突出一个"人"字，以提高人的素质为中心来带动社会、经济的整体发展。反过来，社会、经济的发展又是全面提高人的素质的必要条件，人的素质的改变是改变贫困地区面貌的突破口和中心环节。事实上贫困山区的人，若是文化素质不提高，即使搞科技扶贫、推广星火计划这类事也是步履维艰，事倍功半。文化素质很低的劳动者，接受新的生产方式或生活方式是十分困难的，甚至外来人员手把手教他们也只能暂时奏效，因为一旦外来的科技人员离开了，"拐杖"丢了，他们又会迅速地走回头路，照老样子去干。

还应该提出的是，上述两个被调查的村及类似这两个村变化状况的地区，当温饱问题基本解决，也就是说，在扶贫初步目标已经实现的情况下，下一步奋斗目标，是向山外的富裕地区看齐，建设繁荣富裕的新山区。此时，我们的扶贫战略重心要转移到为实现这个目标创造必要的条件，我们认为，就是要搞好两个基本建设：一是大力进行贫困地区能源、交通和山林、农田、水利的基本建设；二是大力开发贫困山区的文化教育，进行人的基本建设。这两项基本建设搞好了，就会招来山外的金凤凰。人们（包括贫困山区内部的人和山外来的人）就可以更有效地在这里发展和开拓。至于办什么企业，怎么办，价值规律会引导他们，国家有关方针、政策会指导他们。各级党政领导机关尤其是扶贫领导机关的主要工作，就是要抓好这两件大事。在继续提供财政支持之外，可将城市里实际上闲置着的人才，按照一定的奖惩办法引到贫困山区去，引到那里去发展农村文化教育事业，去搞农科教、工科教以及各式各样以虚带实、以文带实、以科技带实体的开发性事业，将文化教育同当地的经济建设和生产发展直接挂起钩来，达到精神文明建设和物质文明建设比翼齐飞。

附录

中共安徽省委书记卢荣景同志的批示

《两个贫困村十年变迁跟踪调查报告》很好，此种调查方法值得提倡。另外，对于农村目前存在的问题，特别是贫困山区的问题，要引起足够的重视。此报告可请《安徽日报》斟酌发表。

从两个贫困落后大队看山区经济的问题和出路[*]

　　岳西县地处大别山腹部，是红军时期的革命根据地之一。但长期以来，生产发展缓慢，人民生活困难，山区经济遭到严重破坏。1979 年收成较好，全县农业人口平均收入 63 元。人均 50 元以下的生产队 1267 个，占生产队总数的 31.5%；60 元到 80 元的生产队 2057 个，占 51.3%；90 元以上的生产队 698 个，占 17.2%。我们调查了两个生产大队：来榜区的同兴大队，人均收入 60 元、粮食 476 斤；头陀区的头陀大队，人均收入 42 元、粮食 430 斤。这两个大队在岳西县属于中等水平，对于了解山区的生产和生活现状，总结经验教训，抓好山区建设，改变贫困面貌，具有一定的代表性。

一　一幅贫穷落后景象

　　新中国成立前，同兴、头陀地区，是"挑水养鱼"的地方，人民生活十分困苦，讨饭的人占当时人口的六分之一。新中国成立三十年来，群众生活虽有所改善，但是，由于种种原因，直到现在，从生产到生活，从个人到集体，还都十分贫困落后。

（一）林、茶生产严重下降或停滞不前

　　同兴大队的林业生产每况愈下。1949 年，山林面积 4000 多亩，1957 年减到 3200 亩，1958 年降到 2400 亩，到 1979 年，仅存稀疏幼林 2000 亩。从 1957 年到现在 22 年中，只给国家提供木材 10 立方米，毛竹 1000 根。

　　茶叶是这个大队最主要的经济作物。新中国成立前有茶园 16 亩，年产干茶约 2300 斤。1979 年，茶园面积扩大到 20 亩，产干茶 2600 斤。30 年时光，茶园面积增 4 亩，总产增 300 斤而单产却减少 14 斤。据老社员讲，现在的茶树，绝大部分是新中国成立前的老茶树，有的甚至是清代乾隆年间的"多朝元老"。

　　不仅林、茶生产的境况不佳，即使处于"为纲"地位的粮食产量，按人口平均占有量计算，增长幅度也很小。1958 年，该大队的粮食播种面积 407 亩，亩产 295 斤，总产 12 万斤。大丰收的 1978 年，播种面积达 444 亩，增加 37 亩，通过推广绿肥、良种等措施，亩产提高到 610 斤，总产达 266000 斤。同一时期，人口增长 0.8 倍，平均每人粮食占有量，仅增加 100 斤，口粮问题仍未解决。

---

　　* 安徽省社会科学研究所经济研究室沈昆、辛秋水调查，沈昆执笔。原载《安徽经济论文集》1980 年 9 月 28 日。

（二）收入水平很低

同兴大队，96 户，1979 年年终分配，64 户超支，欠款 8900 元，32 户分空，应得款 6800 元。头陀大队祠堂生产队，19 户，1979 年年终分配，全部倒挂，共欠款 1016 元。所有生产队的年终分配，社员分配金额总数和分配粮食折款总数基本相等。高坝生产队，1979 年社员工分分配款为 4005 元，分配粮食折款为 3878 元，工分款多 127 元。祠堂生产队，社员分配金额为 3642 元，粮食折款总额为 3829 元，缺粮食款 187 元。工分款总额和粮食款总额大体相等，说明生产单一，收入很低，这是出现超支户（超支粮食）和分空户（被超支户的粮食款占去了）的基本原因。多年来，生产队的年终分配，光算账，不分钱，辛辛苦苦又一年，大家提不起劲头来。

集体收入很低，家庭副业也非常有限。社员家前屋后的树木不多，经济作物则更少，养猪成了这里家庭副业的主要项目，加上砍柴、做零活、手工业等，每人每年平均家庭副业收入在 20 元到 28 元之间。

（三）吃穿用都很困难

从 1979 年起，国家对岳西县每年供应粮食 3000 多万斤，口粮问题基本上有了保障。但是，买供应粮的钱没有来处，粮食还是落实不了。1979 年，国家供应来榜区粮食 400 万斤，由于群众手中缺钱，未卖完的还有 100 万斤。

盐是人不可缺少的生活资料之一，价格低廉，每斤一角五分。同兴大队还有 35 户经常无钱买盐，平均每月断盐 8—10 天。缺油吃的群众则更多了，全年（除过年外）没有油吃的 30 户，半年时间没有油吃的 30 户。

缺衣无被的也不少。同兴大队 479 人，不少人衣衫破烂不堪，无棉衣过冬的有 52 人，无棉被的 6 户（有的因无被，成年儿女和父母同睡一床）。

（四）生活贫困实例

从总的方面看，这里人民生活比较贫困，发展不平衡，有的极端贫困，如果没有国家救济，就无法维持劳动力自身的再生产；有的生活艰难，在没有天灾人祸的情况下，还可维持，一遇意外，就要靠救济、靠借贷；生活好、有节余的富裕户很少，每百户中，不上 10 户。

极端贫困户。这种户队队都有，每 10 户平均 1 户、2 户、3 户不等。同兴大队姚冲生产队，12 户中有 4 户极端贫困。例如社员汪全古，44 岁，头痛腰疼，面色焦黄，妻子患哮喘病，妹妹先天性痴呆，两个孩子年幼体弱。一家 5 口，只有破屋一间，烧饭锅两口，全部家产不上 30 元。喂了一头猪，已经两年多了，才 60 来斤重。供应粮 800 斤，借贷无门，从去年到现在没有买过一斤。多年来，穿衣靠救济，冬无棉夏无单，一套旧衣，十分破烂。国家所发布票，去年买了 7 尺，给上学的大孩子做了一件衣服，其余全部换米充饥。目前，欠生产队 80 元，欠亲戚 40 元。这些极端贫困的群众，长期遭受贫病交加的折磨，精神委靡，表情迟钝，坐等国家救济。

生活艰难户。这类户占十之六七，有饭吃，有衣穿，生活勉强可以维持，有的负债百元左右，有的超支一二十元。姚冲生产队社员汪文秀，64 岁，7 口人（老伴、儿子、媳妇、三个孙子），两个整劳动力，一个辅助劳力。1979 年做工 5002 分，扣除粮食款，得三元五角五分。前几年超支，欠生产队 104 元，欠私人 80 元。每年喂猪两口（今年3 口），一杀一卖。闲时打草鞋，挣些零花钱。

（五）集体家底十分微薄

不仅多数群众贫困，集体家底也相当微薄。公积金，账上有，账下无，都在超支户上，生产队没有一分现金。储备粮，年年储，户户借，借了又不还，也是一笔名义账。同兴大队姚冲生产队，除耕牛、农具外，全部家当只有超支户作价抵偿的棺材一口。头陀大队 53 个生产队，有 19 个生产队耕牛不足，其中 5 个队只有 1 头牛，3 个队没有牛。

（六）文化教育落后

岳西县 61 个公社，只有 21 个农村电影放映队。全县 33 个公社不通汽车，山高路远，交通不便。教育也很不发达。生活在贫困之中的山区人民，绝大多数缺乏正常的文化生活，缺少科学知识，往往成群结队地搞迷信活动，或求仙治病，或求神送子，有时多达千人以上。今年 5 月，同兴大队黄金梅等 7 个小孩（大的 17 岁，小的11 岁），到汤池去请什么菩萨。返回途中，在一块石头上休息，其中有个叫吴金兰的小孩说，那块石头就像送子娘娘，其余小孩都说像，于是回去通报家人，纷纷来烧香磕头。来往行人见此情形，也就跟着烧香磕头，一传十，十传百，轰动几个县，连续五天，每天有近千人前来烧香，求药求子，后被公社制止。据来榜区的同志讲，今年以来，这类事件发生多起。这说明经济上文化上的落后，必然导致意识形态领域旧思想旧风俗的复活。

二　十分沉痛的教训

岳西县人均 7 分耕地、8 亩山场。连绵不断的群山，适宜发展林木；土壤肥沃的山坡，是培植茶、桑、油桐、油茶、乌桕、漆树等的优良场所。粮食作物有水稻、玉米、豆类、薯类等。土特产有木耳、金针、板栗等城乡人民喜爱的佳品。资源如此丰富的山区，人民生活为什么这样贫困？新中国成立已经 30 年，为什么山区的面貌改变不大？山区干群普遍认为，路线、方针、政策上的失误，林彪、"四人帮"的干扰破坏，加上工作上的瞎指挥，造成了山区不少社队长期贫穷落后，教训十分沉痛。

（一）"左"倾干扰频繁，资源屡遭破坏

木材是山区的主要资源。1958 年大炼钢铁，十万人进岳西乱砍滥伐。当时 260 多人的同兴大队，进驻 800 人，折腾了 8 个月，砍光成林山 1800 亩，损失木材 3000 多立方米。1961 年，上级命令开荒，每人 5 亩。霎时间，八方起火，处处冒烟，柴草、幼林统统付之一炬。十年浩劫期间，号召大建万亩杉木林，实行四全：全砍、全烧、全垦、全栽，连深山中幸存的被称作"霸王"树的古树，也都在劫难逃。

据 1954 年普查，岳西县森林面积 280 万亩，内有成材林 170 万立方米。1976 年普查，成材林仅有 34 万立方米。从 1950 年到 1976 年，共造林 150 万亩，由于管理不善，

现仅存 28 万亩。

许多经济价值高、需要量大的资源，也横遭破坏，生漆产量只有新中国成立初期的几十分之一。头陀区的桐仁、乌桕产量，逐年下降。20 世纪 50 年代，全区每年收购桐仁 1 万斤，乌桕 5 万多斤；1979 年，仅收购桐仁 3000 斤，乌桕 1 万斤。

值得注意的是，直到目前，破坏山林的严重现象仍然存在。有些社员因生活所迫，无钱买供应粮，上山砍树卖钱。有少数人搞投机倒把，内外勾结，每天有大批外地人员流入山内，偷树卖树成风。成群结队的偷树贩树分子，依仗人多势众，抵制检查，多次殴打公社书记、武装部长和林业部门的管理人员，还抢劫公社财产，放火烧毁民房，十分猖獗。据林业部门同志估计，每天流失木材达 50 立方米。

（二）学大寨瞎指挥，严重劳民伤财

在林彪、"四人帮"的干扰下，农业学大寨运动走上了邪路，硬性推行大寨的做法，给集体经济和人民群众造成了巨大的损失。1979 年，几个公社联合起来在同兴大队修建水库（此地完全没有必要建水库）。总共来了上万人，干了一年多，所剩的成林山全部被砍，包括社员家前屋后的风水树，也一扫而光。水库建成不久，大坝全部倒塌，殃及下游良田 30 亩。头陀公社于 1975 年，集中大批劳力，在公社所在地的 4 个生产队搞会战，把小田并成大田。农闲时候，"人带口粮猪带糠，老婆孩子一齐上"；农忙季节，成立常年专业队（劳力四抽一），"早上戴星星，晚上披月亮"。干了四个年头，群众的家底赔光了，集体储备粮吃光了，山上的树木砍光了，结果收效甚微。石盆公社搞了一项改河造田工程，大干 5 年，丢了三个 30 万：投工 30 万个，花钱 30 万元，贴粮 30 万斤，留下的却是一堆沙石。

（三）大搞"以粮为纲"，丢掉优势抓劣势

这一带是"八山一水半分田"的山区，长期以来，硬性推行"以粮为纲"的方针，丢掉八分山，单纯在半分田的粮食生产上打主意，花气力。不发挥山场大，适宜搞林业和多种经济作物这个优势，弄得县里穷，集体空，人民苦。同兴大队 1979 年集体总收入 27000 元，其中粮食占 87%，茶、蚕占 10%，其他占 3%。岳西全县 1979 年农业总产值（包括国营农场、集体、家庭副业）的比例构成为：粮食 67.4%，林业 6%，畜牧业 15.6%，副业 10%，渔业 1%。国家每年给这个县财政补贴 400 万元，而县里可以机动的财政只有 2 万多元，无法兴办任何事业。

（四）价格不合理，经济收入少

处于单纯出售原料和初制品地位的山区，虽有丰富的自然资源，但自己不能充分利用，不能加工出售，绝大多数以原料和初制品运往外地，价格低廉，收入甚少。木材生产周期需 20—30 年，出售给国家 1 立方米木材，群众实得 10 元左右，细算起来，不如卖柴火实惠。茶叶生产除去生产费用和税金，每斤干茶收益九角六分八厘，而生产一斤干茶需投工两个，每工不值五角钱。近年来，竹、木、茶价格的增长幅度都低于稻谷和山芋。如以 1957 年为 100，1979 年竹、木、茶的价格指数分别为 114.2、142.5、144.9，稻谷和山芋的指数则为 178.5、166.7。这也不利于调动社员发展竹、木、茶叶

的积极性。

三　抓好山区建设,需要注意解决的几个问题

为了改变山区的贫困面貌,在人民生活困难、集体积累很少、资源破坏严重的情况下,必须把政策放宽,把经济搞活,坚持自力更生为主、国家支持为辅的方针,从长计议,长短结合,进行综合治理。

(一) 政策要稳定

政策相对稳定,人民安居乐业,是发展经济的基本前提。目前,在农业生产责任制问题上,举棋不定,变来变去,不利于恢复和发展生产。今年8月20日,县委召开会议,要求"区委、公社党委要统一认识,拧成一股绳,形成拳头","对于那些条件较好而搞了分田单干,或者是'一分百了'的生产队进行纠正"。来榜区委在贯彻这次会议精神时,要求各公社定出纠正包产到户的时间和指标。最近县委办公室又转发了定远县实行农业生产责任制的条例。基层干部反映,今天这样讲,明天那样讲,我们吃不透上面的精神。从这两个贫困落后的山区大队来看,地广人稀,耕地分散,山场面积很大,适宜发展多种经营,目前完全靠牛拉人种、肩挑背驮,应根据大多数群众的意愿和要求,或者实行包产到劳动力,或者实行大包干,或者实行家庭联产责任制。目前有些地方由于政策不稳,人心不安,干部群众都怕变,故对栽培生长期长、收益较慢的经济作物,疑虑重重,怕将来又收归集体,只有少数人在家前屋后栽了些泡桐和连皮,多数人等待观望,宁要现的,不要欠的,不愿搞一些早上栽树、晚上成荫的事业。

(二) 山林管理要落实

岳西县森林资源已十分枯竭,蓄积量每公顷只有32立方米,大大低于全国平均79立方米的水平,更低于110立方米的世界水平。为了加快林业生产的步伐,今年3月,县委发了关于发展林业和多种经营的两个文件,对山林管理作了若干规定。但五个月来,不少生产队没有贯彻执行,毁林之风愈演愈烈,不仅县委文件不能生效,连《中华人民共和国森林法》也失去了作用。林业部门的同志认为,林业生产中最突出的是体制问题。如果体制不解决,干部束手无策,群众照样乱砍,你拦大路,他走小路。林业问题和千家万户的利益紧密相关,单纯用行政办法难以奏效,他们建议采取以下四种形式的林业管理体制和责任制:

1. 给社员划一定数量的自留山,解决烧柴和自用材的困难,推动养殖、种植等家庭副业的发展。山场多的社队,每户3—4亩为宜。划定以后,由县政府发给自种、自养、自得、不准开荒的自留山执照。

2. 离社员住地较近的山场,可以包给专业户管理,也可以按劳动力划分管理。生产队和社员签订合同,确定管理范围、工分报酬和收益的分成比例。社员普遍赞成这种办法。姚冲生产队划分管理山后,群众上山砍柴,每隔一米留树苗一株,形成天然的混交林。群众说,山场分给我管,我刀下留情,树木就长起来了。

3. 远山、高山，由生产队统一管理，建立专业组，实行"三定一奖"。

4. 办好社队林场。对现有社队林场要进行整顿，精简多余人员，实行独立核算。对经营有困难的，建议国家根据林木生长情况给以无息贷款或适当补贴。还可兴办队与队联合经营的林场。

（三）要注意经济效果

提高山区生产的经济效果，关键在于坚持因地制宜的原则，切实搞好经营管理。同兴大队 1976 年开了 30 亩桑园，号称 60 亩。4 年来，信用社贷款 1200 元，社员投工 5000 个，买化肥用去 400 元，仅㕥产蚕茧 400 斤，收入 800 元，除去化肥和信用社贷款，尚欠债 800 元。办桑园本来是件好事，但由于当地土层薄，无霜期短，不利于桑苗生长；兼之缺乏技术，管理不善，群众辛辛苦苦劳动 4 年，一无所获。山区人民已经十分贫困，办任何事情，一定要按照自然规律和经济规律办事，考虑经济效果，力求"吹糠见米"，否则，就达不到休养生息的目的。

严格管理制度，纠正不正之风，是提高经济效益的重要条件。同兴大队和另一大队合建的小水电站，国家投资 7800 元，信用社贷款 4700 元。兴建一年多，许多器材被盗，几十包水泥过时失效，社员投工 3000 个，花钱 1.1 万多元（其中招待费 250 元），渠道未挖通，地基未平好，现在成了无人过问的工程。有些社队企业也存在类似情况，办了几年，把投资花光了，年年亏损，负债累累。目前，基层单位吃喝风比较严重，上下来人都要请客。一方面，有些群众食不果腹；另一方面，有些人慷集体之慨，大吃大喝。此风不止，提高经济效益就是一句空话。

（四）管理体制要改革

据县里同志反映，凡是赚钱较多的产品和行业，都归条条管，而且管得很死。这些给上面抓去了，而县里财政则很紧，能动用的款项很少。要使山区尽快地富裕起来，必须改革管理体制，开辟多种渠道的商品流通，一切按等价交换原则办事，建立适合山区特点的经营管理体制，扩大山区县一级的经济自主权。县里许多同志赞成试行以下办法：

1. 财政包干，多收多用，少收少用。

2. 成立县一级林、农、工、商综合经营公司，主要是收购和销售山区土特产品，有权和外贸部门以及全国各地发生贸易关系。

3. 大力发展加工工业，把山区原材料、土特产加工制作后再外销，改变单纯输出原料和初级产品的状况。

4. 在国家价格政策指导下，对统购、派购物资在完成规定任务之后，可以自行议价收购和销售。

（五）国家要大力支持

岳西人民在革命战争年代作出了巨大牺牲，贡献很大；而今，生产不振，生活困难，国家应当给予重点支援。山区当年收益的经济作物比较少，木材、油桐、漆树、茶叶等生长期比较长，国家不扶持，多种经济就不能得到应有的发展。去年国家提高农副产品价格，粮产区平均每人得益 15 元，岳西山区只得益 4 元。从这个意义上讲，国家也应采取特殊措施，加强对山区人民的支持。国家的支持，可采取多种形式：对极端困难户，要给予救济，更要帮助他们发展家庭副业；对山区基本建设，如修公路等，应由民办公助改为主要由国家投资；对生产周期长的林业，可签订生产合同，发放长期无息（或低息）贷款。在国家支持下，山区社队要正确处理长和短、当前利益和长远利益的关系，从解决群众的实际困难入手。关心和安排好群众生活，组织群众发展收益快的生产项目，以短养长，有计划地建设好山区，逐步走向富裕。

岳西见闻实录[*]

此次我们到岳西县调查山区经济，触及一些社会性问题，实录如下。

偷树毁林、十分猖獗

目前每天都有大批外县人员（舒城、潜山）流入岳西，同当地不法之徒内外勾结，贩卖和偷盗木材，破坏森林，据岳西县林业部门估计，全县每天要损失 30 立方米木材。县委领导为了保护森林，组织干部和群众拦截偷盗木材的歹徒。但偷盗木材者，成群结队、依仗人多势众，曾多次殴打公社书记和林业部门的管理人员，冲击区、社党委，抢劫集体财产，甚至夺取武装干部枪支，放火烧毁民房，还威胁要杀人报复。一个月前姚河公社林业检查站，因检查和拦阻偷盗木材，检查人员中有十人被打，其中五人重伤，目前尚有两人在医院住院治疗。林区干部和群众对于此种状况十分愤慨和忧虑。迫切要求政府采取坚决措施、打击这些破坏山林的歹徒，以保障山区人民生命财产的安全和林业的发展。

赤贫生产队背负沉重派购任务

岳西县来榜公社的同兴大队共有 96 户人家，其中经常断盐的就有 35 户、长年吃不上油的农户更多，一片凄凉寒酸的景象。但是多年来如此贫困的山村却负担着一些完全脱离实际的派购任务，如有关部门规定，每户农民每年要向国家出售半头生猪，许多农民连口粮都不够，更不要说养猪、喂猪了。在无猪可以出售时，为了完成这一极不合理的派购任务，农民们不得不花 30 元到 50 元的高价，去购买其他出售生猪的"猪非子"抵消任务，这些"猪非子"有的还是舒城人从山外把猪赶来这里出售取得的"猪非子"。该大队花屋生产队，今年已有四户农民花了 65 元买了两张"猪非子"完成这种不合理的派购任务。

再如，山区无霜期短，气温较低，不利油菜生长。但政府每年都要向当地农民摊派油菜籽的交售任务。实在完成不了这个任务怎么办？生产队只能采用向粮站交付现金的办法（按平价和议价之间的差额计算）以完成政府摊派的这项油菜籽征购任务。例如，同兴大队姚冲生产队今年的油菜籽的征购任务是 51 斤，由于油菜歉收，就向粮站按上

———————————

* 本文写作于 1980 年 9 月，是作者第一次深入大别山区岳西县农村进行调查，也是第一次将大别山区的贫困面貌向社会展现。

述规定付给现金。农民真是苦不堪言。我们认为，山区粮食困难，每年需要国家调进大批口粮。同时，其他地方生猪生肉销售困难，为什么不可以让山区生猪生产实行自产自销的原则，取消脱离实际的上调和派购任务。

无被之家的惨相

岳西山区农民穷困的严重状况，不到这里来亲眼看看的人，是很难想象的。姑且不说缺衣缺粮，甚至许多农户连被都没有盖。来榜区同兴大队就有六户是无被之家，以致成年儿女同父母同睡一床、同盖一被。该大队有一户农民汪前远，30 多岁同 60 岁妈妈盖一床破被、一顶破帐。妈妈生病在床，儿子体弱，每年放牛挣不到 1000 工分，穷得连水桶都买不起，一个破了底子的脸盆，既当脸盆又做脚盆，又当和面盆，还当舀水盆，屋顶上还有个斗大的洞。我在现场观察，全部家当估计不会超过 30 元。像这种赤贫户，各个大队都有一些，急切需要采取紧急措施，扶持他们摆脱惨境。

少数干部为非作歹、农民苦不堪言

越是边远地区，党和政府的法令越容易受到歪曲和搁置，岳西自不例外，这里仅举一例。我们到该县头陀区调查，群众到我们这里陈述，在 1978 年春节后，头陀区文化馆桂馆长家里丢失了一只闹钟和两台旧收音机，区人保委员×××仅仅根据被盗家的围墙外靠的梯子是农民胡中来家的，于是他便把胡抓来，（据县公安局同志谈胡是忠实农民）胡在严刑拷打下，谎说是他的妻弟杜先文合伙盗窃这些东西的，于是这位区人保委员又把无辜的杜先文抓来，采取殴打罚站、捆绑、不让睡等方法进行非法逼供，杜则坚持自己的清白。而后×××又把杜的父母和岳父一并抓来，继续审讯了七天三夜，×××亲手用竹棍殴打杜先文，逼杜回家取赃物。杜哪里能制造出来"赃物"，就被逼从家中拿一把弯刀，到山后刎颈自杀，后被人发现，死里逃生。花了 67 元医药费，命虽保下来了，但因声带损坏，留下了嘶哑症（杜自杀事件×××未向县公安局报告）。一个月后，县公安局来人审查此案，又找胡中来谈话，胡被逼得走投无路，只好上吊自杀。妻子于数月后改嫁，留下 70 高龄的老父和幼子，生活无着，连安葬胡中来的棺材钱都无力偿还，这两家就被这个无法无天的干部弄得非死即伤、家破人亡。此事件引起当地干部和群众的强烈反应，民愤极大。但冤案未平，制造冤案的×××却调到姚河公社任党委副书记。官升一级，这个理往哪里说？

县检察院违章办案

1980 年 5 月 15 日岳西县石油公司车队队长×××驾驶车闸不灵的解放牌卡车，前往店前公社。在河头公社主坪大队上屋生产队门前时车已挂上四挡，车速很快。见前方路侧有小孩行走，也未曾减速或鸣笛示警，导致三岁小孩王满平撞伤致死（经医生解剖，死者小肠破裂 3 厘米）。而驾驶员×××为了逃避法律责任，竟将现场破坏，妄图逃避应有的法律后果（×××自开车以来曾发生六次交通事故、死亡两人）。县公安局根据刑法第 113 条，向县检察院提出依法逮捕×××，并追究其刑事责任的申请。而县检察院在没有证据的情况下，仅仅根据肇事者的自述和同车人的证词，罔顾事实，竟对肇事者采取免于刑事责任的处理。死者家属不满，母亲服毒自杀未遂。此事引起当地民愤，连办理此案的公安人员亦愤愤不平，认为此案不按刑法审理，也就无所谓"违法必究"，他们今后也再难执法了。肇事者于此案审理期间，托其亲友或自行出面四处活动，找车辆监理所及公检法机关负责人求情说好，影响司法公正，情节极端恶劣，在干部和群众中都造成了很坏的影响。

迷信之风

来榜区青天公社，今年 5 月份有黄金梅等 7 个小孩（大的 17 岁，小的 11 岁）到汤池去请菩萨。路上在一块石头上休息时，其中有个叫吴金菊的小孩说，这块石头就像送子娘娘，其余小孩都说像，于是四处告诉家人，家人就来烧香磕头。路过的行人见此情形也就跟着来烧香磕头。接着一传十、十传百，连锁反应，一时间轰动了几个县，成百上千的人前来烧香求福、求子。这样的情况越演越烈，后被公社制止。据来榜区的同志谈，今年以来，此间这类迷信事件发生多起、求神治病的更多，原因是群众生活十分贫困，精神亦无寄托，生病无钱治，一遇谣传，就会立即掀起轩然大波。解决这类问题的根本办法，只有大力提高人民生活水平和文化水平，生了病有条件医治，普及科学文化知识，扫除产生迷信的根基。

东风区的三大头

在调查途中，此处基层干部和群众多次向我们反映：岳西县东风区八里大队书记×××、大塘大队书记×××、黄羊大队书记×××（均是以大队为核算单位）贪污集体财产，欺压群众，成为地方一霸，谁也动不得他们。过去县农办周秘书曾到那里做过调查，向县委写过报告材料，都未见结果。

我们认为岳西县委要倾听群众这种呼声，深入了解，绝不允许在人民解放后的今天，还有东霸天、西霸天之类的恶势力骑在人民的头上！

南庄乡的贫困及其脱贫起步[*]

安徽省农村社会学研究会赴岳西县扶贫考察组，于去年 11 月下旬对该县白帽区南庄乡的贫困状况、贫困原因和脱贫致富的可行途径，进行调查研究。考察组共用 4 天时间，对该乡的 73 户共 351 人作问卷户访。

贫困状况及原因分析

这 73 户中，年人均收入在 80 元以下的占 24%，80 元至 120 元的占 35%，120 元至 150 元的占 22%，150 元以上的占 19%。按照国家统计局制定的标准，基本上是属于贫困线以下的贫困型。

南庄乡人均土地 6 分多一点，这些土地又多是冷浸田和荒地，产量历来很低。其余就是白秃秃的荒山，地下亦无可供开采的矿产，居民的文化素质和身体素质极差。被调查的 73 户 351 人中，文盲占 58%，小学文化占 32%，初中占 8.8%，高中占 1.2%，基本上是属于文盲型的。多数劳力瘦弱矮小，几乎有一半以上患有各种疾病。

南庄乡居民能偶尔在村里听到广播的，占 15%，偶尔能看到报纸的占 5%，农民家中没有一台电视机。这里是一个信息闭塞的地区。

脱贫的起步产业

上述南庄乡的自然状况、社会状况、劳动力的体力和智力状况，就是我们在南庄乡贯彻脱贫致富政策、采取措施的出发点和现实条件。

南庄乡扶贫的起点目标应该争取在最短期间（如两年），达到年人均收入 200 元以上。这是居民最低限度的温饱条件，这个目标能否达到呢？我们认为，是可以达到的，以栽培苎麻一项而言，正常年景种一亩地苎麻，每年能收入 600 元；种 2 亩地苎麻，一年就能收入 1200 元，一家 3 口人，拿一亩地来种苎麻是可能的，仅此一项年收入就有 600 元，人均收入即可达 200 元。其次，皖西大白鹅，连毛带肉，一只一年可收入 20 元，一家 3 人，养 30 只大白鹅，年收入可达 600 元。再则，以竹草编来说，工艺简单，大人小孩都可以干，一个劳力搞竹草编正常收入每月可达 40 元，而且原料丰富。所以只要搞起来并抓好，仅这三项生产，一个农户的脱贫目标（人均收入 200 元以上）是不难达到的。

---

* 原载《安徽日报》1987 年 1 月 21 日。

致富的突破口

南庄乡是一个文化极端落后的地区。因此，这个乡脱贫致富的根本突破口，只能有待于智力的开发。谁来开发？靠这里的文盲来开发文盲的智力吗？不可能！暂时只能靠外部的知识输入、智力输入。

国家、省、县，对于贫困地区的支持，除了给以物力财力暂时必要的"输血"，以创造他们自身"造血"的条件外，更重要的是要把着眼点放在发展这些贫困地区的文化教育上。目前还要从外部输入智力，输入知识分子。号召城市里的、山外的仁人志士，拿出爱国家、爱人民、建设社会主义的高尚精神，到山区来，到贫困地区来！把知识献给这里的人民。当然，国家和政府不能让那些抱着自我牺牲精神而来的人吃亏。可以规定：对那些外来支援的知识分子，户口不迁，原来的工资不变，原来的职务不变，在山区、困难地区工作期间，还要另外给予物质上较为优厚的待遇。

南庄乡的信息是闭塞的。改变这种状况是使他们摆脱贫困的重要条件，这件事难吗？不难。一户赠送一个八块钱一只的小收音机，他们不就可以随时听到国内外的大事以及文化、经济、政治等方面的信息了吗？不就可以接受一些科学种田、科学养猪等等生产致富的信息了吗？再如，在每一个自然村里，指定一个专人，每月补贴他两三块钱，负责把收到的报纸按期用糨糊贴在墙上，让那些有小学和初中文化的人有机会看到报纸，这个事，难道有什么难度吗？山区的每一个乡都有电影队，每半月一次到那些交通不便的地方，多放一些与农业生产、与致富有关的纪录片，不就形象地给他们带来了与致富有关的信息和本领了吗？

一切决定于实干

几十年来，我们关于扶贫、脱贫的会议，开得够多了。光是会议的纸张、茶水、吃喝费不知用去了多少，有多少益处落到那些尚未解决温饱的农民身上？现在，一切空话要少说！空洞的会议要少开！将那些真正为人民服务的同志派到贫困地区去，给他们以硬任务，按时、按户、按人均收入增长数来计算的硬指标，到期验收，能按质按量按时完成任务的，给予重奖，包括物质奖励与政治上的破格提拔；因畏难懈怠及对扶贫这一重要任务毫无责任心，以致失职而未完成任务的，予以惩戒。只有如此，贫困地区的脱贫才有希望。

这些农户为何长期不能脱贫*

　　新中国成立几十年，在一些山区和农村，仍然随处可见农民的困苦景象。群众面黄肌瘦，不得温饱。多年来，尽管国家对他们供粮、供衣、拨款救济，结果救济粮吃光了，救济衣穿破了，救济款用完了，又等着救济，年复一年……

　　安徽省农村社会学研究会一行4人，于1986年1月19日至27日，对岳西县白帽区南庄乡黄岗、马山两个村的73户351个农民作了调查。

　　考察山区致贫因素、探索脱贫致富道路需用系统工程方法，既要考察系统内部的制约作用，又要考察更高层次系统的制约作用。以研究一个人为例，不仅需要注意这个人所受自身运行系统（如生理运行系统）的制约，还要看到他受家庭系统的制约和高层次社会系统的制约，以及更高层次大自然系统的制约。研究贫困也是如此。如果十户中仅一两户贫困，只需在这两户的家庭系统中研究致贫因素即可。如果十户中有八九户贫困，那就不能只注意家庭制约因素，还要从整体上分析这十户所处的社会环境系统和自然环境系统。考察自然系统，就要研究其资源和气候；考察社会系统，就要研究群体的社会组织结构、群众文化素质、人的智力和体力素质，找出群体贫困的自然原因和社会原因。

　　在我们户访抽样调查的73户中，处于贫困线以下、人均年收入200元以下的有71户。其中人均年收入150元以上的占19%；121—150元的占35%；81—120元的占22%；80元以下的占24%。深入分析这一群体几十年来一直处于贫困状况的原因，才能找出正确的脱贫道路。

一

　　从调查材料看，山区贫困是多种因素相互交织，因果关系连锁反应所形成的恶性循环。在自然条件方面，岳西是"八山一水半分田"。在这73户中，人均土地只有6分，其中大多是冷浸田和坡地，作物产量很低。各户承包的20亩—30亩山场基本上属荒山，无成片林木，大多只长荒草；当地也缺乏矿产、大宗药材及土特产品，形不成可集中开发的产业优势。

　　岳西地处大别山腹地，交通极其阻塞，公路只通到乡政府，有些村庄到乡里要翻山越岭走数十里路，不少农民一年只到集镇走两趟，销粮和买煤油。交通阻塞造成信息闭塞，外界信息传递不进来，报纸基本看不到，73户中能在村头听到有线广播的只占

　　* 原载《社会》1987年第2期，合作者：施正宗、童车五、朱造江。

15%。全乡仅供销社和信用社各有一台黑白电视机，但因听不懂普通话，群众不能全面地理解广播内容。接受外界信息的主要渠道，仅是靠干部或亲戚串门谈心。

文化教育极端落后。在 73 户 351 人中，文盲占 58%，小学文化程度的人口占 32%，初中文化程度的人口占 8.4%，整个南庄乡只有 4 名高中生。全乡没有一所中学。政府多年来对山区的支持，只注意供粮、供衣和救济金，忽视了对贫困山区的智力开发；不注意发展文化教育，也没有下大力气千方百计从外地引进知识分子，以开发本地资源。结果救济粮吃光，救济款用光，救济衣穿破，又等着救济，如此年复一年，周期性恶性循环，始终摆脱不了困境。这是当地长时期贫困的主要社会原因。

交通不便，信息闭塞，文化教育落后，造成了当地群众智力水平极端低下。而经济贫困，文化落后，卫生知识缺乏，又导致这里群众的身体素质偏差，大部分人的体质羸弱，病残、痴呆者几乎随处可见。考察组挨户访问时，大多数山民都目光呆滞，有的连自己承包多少田，收多少粮，贷多少款，都说不清楚。

造成山区贫困，还与政策上的失误有关。例如，1958 年 10 万人进山伐林炼钢铁，使当地林木带来毁灭性灾难，导致生态失调。又加农业学大寨，山区也搞以粮为纲，毁林开荒，使山区雪上加霜。党的十一届三中全会以后，实行生产责任制，调动了人的积极性，但由于人们智力贫困，信息闭塞，土地资源不足，找不到致富之路，因而难以脱贫。

二

根据岳西县山区的具体情况，应把脱贫和致富在方案和措施上区别开来，对于年收入在 80 元以下占 24% 的特贫户，由于智力和体力极差，又缺乏生产经营能力，只能通过救济维持生活；扶贫的生产资金，应首先考虑近期有可能脱贫的农户。对那些前几年已借数万贷款发展起来的专业大户，应逐步收回贷款，鼓励他们在当地起示范作用。山区根本的脱贫致富之道，在于开发智力资源，发展文化教育，输入知识，输入信息，利用山区有限的自然资源，创造更多的财富，从根本上解决脱贫问题。

在今天，脱贫的第一步，是首先组织一些低层次的加工生产。在岳西已有一批这类的加工厂。例如白帽区白帽乡的草竹编加工厂，利用当地遍地皆是的毛竹和巴茅草，在外来技师的带领下，加工各种花色草帽等上百种工艺品，年产值已达 40 多万元。该厂的产品目前供不应求，正在向四个乡进行技术扩散和产品扩散，以形成一个竹草编织乡。再如县科委扶持的木珠帘厂、竹帘厂、农用斗笠厂，各自带动了二百多个人均收入在 120 元以下的贫困户，使之达到了人均收入 250 元。其次，发展草食动物，利用漫山遍野的草资源，饲养牛、羊、鹅等牲畜，只要防疫工作跟得上，可以千家万户迅速推广。再次，广种经济作物。当地人均六分田，靠种粮食，难以脱贫致富。如果有计划地改种经济作物，如多种苎麻，通常每亩地年收入达 600 元。只要简单改善耕作制度，脱贫并非难事，但是农民受自然经济观念的束缚，不愿把种粮食的田腾出来种苎麻，说"种了麻，粮食不够吃"，他们连简单的商品意识都接受不了，这正说明需要进行智力开发。

但是，岳西县、区、乡村干部都热衷于办企业。据了解，以往国家给予的扶贫资金的绝大部分都用在办企业上面，但经济效益不佳。据县农业银行统计，1986 年 1 月至 9 月底，全县已关停乡镇企业 108 个，占该行贷款关系的企业的 50%，共欠该行贷款 108.56 万元无法偿还。另外还有一大批乡镇企业在困难中挣扎。主要原因在于办企业的基层干部技术素质和管理素质不适应办工厂的需要，加上交通不便，企业大多亏损。

干部热心办企业，有两个重要原因：一是办企业，全县 750 名村干部每年的 25 万元固定补贴才有着落；二是国家的各个投资项目，都要县里自有资金配套，县里挤不出钱来，只有办企业才能解决问题。此外，办企业对干部好处很多，不仅有利可图，也便于安排干部及关系户的家属和亲戚。但办企业对那些嗷嗷待哺的贫困农民的脱贫来说，近期关系不大。

考察组认为，应该把有限的扶贫资金，用来发展与千家万户脱贫直接有关的种（植）、养（殖）、加（工）业上，其步骤应该是先脱贫，后致富；先富民，然后才能谈到其他。

三

近年来，许多会议沾染上了不正之风，如借机游山玩水，住高级宾馆享受一番，空吹一通。即使下农村调查，也是"下乡下乡，只下到乡"，转一圈子了事。这样的研讨和调查，既不能发现问题的症结所在，也提不出解决问题的可行方法。

为了避免犯这种毛病，我们在这次调查中，穿山过岭，走访了山乡 73 户农民，搞了问卷户访，除了面谈，还用心观察每一户吃的油盐饭菜、穿的衣服和床上的铺盖。我们会同区、乡、村干部和省委驻岳西扶贫工作队的同志，把每一户的体力、智力、资源和资金条件、贫困状况、致贫原因和脱贫措施按事先准备好的表格分项逐一填写，并为每一户农民制订出脱贫方案争取近期脱贫。

在做了大量的调查研究后，我们在南庄乡召开了"山乡脱贫研讨会"。参加者除了考察组成员和省扶贫工作队的同志外，还有区、乡、村干部，农技员及专业户。大家根据当地的条件，共商脱贫方案。与会者根据岳西县的实际情况，就扶贫的策略、步骤、当前的突破口等作了热烈讨论，统一了认识。我们体会到：理论工作者与实际结合，不仅可以帮助广大群众和基层干部开展工作，而且可以在实践中吸取营养，在丰富和发展理论方面作出贡献。这是马克思主义社会科学具有无穷活力的源泉。

四

扶贫成效大小的关键在于地方干部的素质。从调查中发现，不少地方干部，在精神面貌、工作作风方面问题比较突出。如在山乡，随处可见农民困苦的景象，群众面黄肌瘦，衣着破烂，甚至有一家人共用一床破被的现象。新中国成立几十年了，还有许多老百姓的生活如此艰难困苦，实在让人感到震惊和惭愧。然而，当地一些基层干部，只要上面来人，他们带着去看贫困户的目的是伸手向上要钱、要物资。很少认真反思多少年来，国家对贫困山区的经济支援并不算少，为什么扶贫效益不高？但看一下当地机关，漂亮的办公大楼巍然矗立，有的县财政所、税务所、农业银行等单位的四层大楼的建筑水平，已可与省市一些单位的办公楼媲美。岳西县城的林业大楼，其外观装潢之阔气、内部装修之富丽，已超过省林业厅的办公楼。这与当地农民贫困的状况形成了鲜明的对照。

毋庸讳言，国家多年来扶贫的效益不高，固然有多种原因，但是把许多资金用到兴建豪华的办公楼和高级宿舍上面，也是一个重要的方面。

考察组来到南庄乡马山村调查时，带路并做方言翻译的是一位年轻的乡长。当我们进屋访问时，这位乡长却躲到一边看小说去了。那种全神贯注的样子，好像身旁不是破旧的房子，面带菜色的群众，而是在幽静的图书馆或闲适的住房中。大概嫌屋内光线不足，不一会儿这位乡长又溜到屋外看起小说了。看他那昂首朝天，单腿支身，另一只脚用皮鞋跟很有节奏地打着地面的悠闲样儿，哪里像一个访贫问苦的地方干部！

或许由于群众的疾苦与干部的切身利益毫不相干，长期处在这种环境之中的干部已麻木不仁；或许是上面来人太多，而又不能解决实际困难，所以他就漫不经心地流露出对抗心理。

在县里的"扶贫理论研讨会"上，不少人的发言在谈到如何帮助全县3.1万贫困户脱贫和本单位以往的扶贫工作时，很少从主观上总结应该吸取的教训，却几乎是异口同声大谈部门如何困难，提出种种要求，归根结底是要钱，要物资，似乎要上级政府包办一切。

由此可见，如果不提高干部素质，改变干部的精神面貌，即使国家继续投放大量的人力、物力帮助山区脱贫，其成效也是有限的。

由于岳西贫困的面积大，时间长，致贫的原因又包括自然的和社会的、历史的和现实的多侧面多层次性，因此脱贫的任务是艰巨的，需要有一个过程。从考察情况看，主观因素大于客观因素，社会因素强于自然因素。只要政策办法对头，提高干部素质，在各级政府部门的有力支持下，不仅脱贫可能，而且致富有望。

贫困户岂能越扶越贫[*]

——关于岳西县莲云乡双储村王墩村民组的调查报告

莲云乡位于岳西县城西 6 公里处，双储村地处该乡东北角，是莲云乡最远的一个村。该村王墩村民组距乡政府 4 公里许。我们于 1988 年 4 月 20 日至 5 月 2 日 7 次到王墩，采取户访面谈、集中座谈等多种形式，对全组 24 户（其中有一户父子近期分家，实有 25 户）进行了调查。

全组 24 户全是王姓，出五服（五代以外）的 8 户，未出五服的 16 户，人口 121 人，承包耕地 80.22 亩，人均耕地 0.66 亩，有水田、旱地，无山场。耕牛 4 头，一般 5 户共养共享 1 头牛。包产到户十年来未发生过饲养纠纷。双储村在该乡经济收入属中等，王墩组在该村居中等水平。由于距县城不远，在外做木工、瓦工等手艺人多。每年一季中稻，亩产在 800 斤以上，旱地种麦、玉米、豆杂、山芋等，全村人均口粮 550 斤。同时进行多种经营，茶、蚕桑、蔬菜也占有一定面积。种养蘑菇、饲养母猪、繁殖仔猪也在许多农户中形成气候，相应增加了家庭经济收入。

此地农民喜高堂大屋，大都建在倚坡面水处，门前开阔，多户接瓦连墙成片搭盖，内部走廊畅通。许多老屋自上辈沿袭而来，往往是四五户相连接，同供神位，其中有些不是同一村民组，更不同姓，也无亲缘关系，住在一起也能和睦相处。

这次调查我们自认为是认真的，可是，当我们调查结束整理材料时，却发现他们向我们所报情况有许多严重失实。例如，根据他们自己所报，该村民组 1987 年人均产粮 500 斤以上的只有 10 户，300—500 斤的 11 户，300 斤以下的 4 户，其中一户只有 150 斤。后来我们又进行了复查和核对田亩并结合侧面了解，结果验明竟有 18 户自报的是假数字，只有 7 户报的实在（这些讲实话的户多半是退休或在职干部家）。

这些农户之所以少报收入，目的是要政府给钱救济。其中就有 1 户在我们调查后立即写报告要救济。根据我们所见所闻和侧面了解，该组 24 户一般衣食都没有问题。这反映了山区农民多年来依赖着党和政府的扶贫政策过生活，养成了坐等救济的依赖心理。正如人们形容的那样，这些人"有自由，无主张，甩着膀子晒太阳，坐等上面送钱粮"。山区群众以及某些干部这种单纯依靠国家优惠，缺乏自力奋发致富的心态，是山区摆脱贫困的重大障碍。因此，必须将国家的限期脱贫和逾期不再给特殊优惠的政策广泛宣传，作为鞭策力量以克服坐等救济长期依赖的错误思想。

过去扶贫产业项目落实时缺少对群众认真严格的技术培训，造成项目失败，给国家

* 原载《安徽经济文化研究》1988 年 5 月 10 日，合作者：宋克英、王士磊。

和群众都带来损失。如 1978 年，莲云乡推广皖西大白鹅和皮肉兔时，由于群众不懂饲养技术，造成该项目完全失败，兔子、鹅死亡殆尽，国家的 30 万元项目贷款沦为"沉贷"。为此我们建议今后对接受扶贫产业项目贷款的农户进行认真培训。培训结束时，经过严格考试（口试、笔试和现场模拟），考试合格签发结业证书，始有取得承受项目和项目贷款的资格。并可结合这种培训，在各乡建立项目性、季节性和常年性的"农村技术培训中心"，以便向山区广大群众推广当地生产急需的实用技术。关键是选择具有高度事业心的同志去办，使之不致流于形式而无实效。

扶贫项目贷款难收，也是个头痛的问题。项目贷款收不回来的主要原因：一是农户项目失败，无力归还；二是项目贷款挪作他用，如挪用盖新房、办婚事等；也有极少数存心耍赖不还贷的。解决的办法是哪个单位依据农户的技术培训合格证书签发项目贷款，哪个单位就负责该农户项目贷款的回收。建议由乡农技站负责人来承担这项工作，使培训签发合格证书、签发项目贷款、项目技术指导和回收贷款成为一条龙。如此可鞭策乡农技站负责人加强对项目的管理，如对承担项目农户的技术指导应签订承包合同，对农技站负责人能否如期收回农贷制定奖惩条例，使之坚决兑现，如此则可以解决技术项目落实和回收贷款的一系列问题。

岳西县农村贫困状况究竟怎样？包括我们在内许多外面同志是知之不深的，因为我们大多没有亲自深入到最底层去做过系统调查。按照毛泽东的说法，我们没有取得发言权资格。为了改变这种知之不深的状况，绝不能图方便只听汇报，必须扎实地进行调查，亲自动手取得第一手资料。如我们亲自深入到农户中去，口问、笔录、眼观、侧探和小型座谈等项工作，否则是不可能达到目的的。现在做这项调查也是有条件的，省里厅局和农科院派有许多扶贫工作人员在那里，请他们下去亲自由点到面进行调查，查清该县农村富裕户、温饱户和贫困户的数量比例；在贫困户中再查清有多少户经过支持可以短期脱贫和近期难以脱贫，要靠救济过日子的，以此作为对该县扶贫和开发的政策根据，也是该县一项历史资料。再者，党的十一届三中全会以来国家对岳西年年救济，年年贷款，都被用到哪些方面去了，在这些方面收效如何？应该从中吸取什么教训？现在应该到了分类调查总结的时候了。国家很穷，百废待兴，应该珍惜国家一分、一厘钱的投入。盲人骑瞎马，一笔糊涂账，只管给钱，不查结果；该奖者不奖，该罚者不罚，是一种失职行为。要打开我们目前扶贫工作（包括其他方面工作）的局面，必须坚决克服这种官僚主义作风，实行"令行禁止，奖惩兑现，用人不疑，全责全权"的十六字方针。实行这个方针是需要领导人有战略家的气魄和决心的。莲云乡经济发展水平居于岳西县的中等，王墩村民组又居于该乡中等，有一定代表性。以下是王墩 24 户分户材料，从这 24 户的各户经济收入真实情况可以了解到居于该县中等经济水平的农民生活的一个侧面。这份材料的价值就在于它是素描性提供各户收入、生活和生产状况的。

岳西县莲云乡双储村王墩村民组分户材料：

1. 王业怀，男 35 岁，高中毕业，该村小学公办教师。8 口人：母亲，兄长（精神分裂症），弟弟（大学毕业，现在北京建材研究院工作），妻子，妹妹（初中文化），两个儿子（一个 5 岁、一个 2 岁）。除两个吃商品粮外，农村人口 6 人。家有 7 间新房。

1987 年，承包田地 6 亩。收稻 3000 斤、小麦 400 斤、玉米 200 斤，总产粮 3600 斤，人均粮 600 斤。

兄弟俩工资收入 1760 元，除去生活费用，能交家中 300 元，年农业收入 565.2 元，年菜金 144 元，年总收入 1509.2 元，人均年收入 251.53 元。

一年农活用工 70 个（播种、犁耙、收割、打场），全由妹妹做裁缝抵平。前几年兄长去合肥看病花钱多，又为做丧事，底子空，加上弟弟上大学开支大，经济颇显拮据。现在问题已解决，今后的日子会越来越好。

2. 王业波，岳西县纪委退休干部，男，58 岁。9 口人，大儿子王根明在乡中学任教已另立门户，尚有 6 口。妻子 55 岁，文盲，两个儿子上中专，一个儿子初中文化和媳妇在家种田。独家小院，房子 7 间，是一个富裕和谐的家庭。

1987 年，承包田 3.3 亩，收稻 2500 斤，小麦 300 斤，玉米 300 斤，年总产粮 3160 斤，年人均粮 526.6 斤。

王业波年退休金约 960 元，去年卖一头猪 400 元，年菜金 144 元，计年总收入为 2000.12 元，人均年收入为 333.35 元。

侧面了解和这家谈的情况差不多，征税耕地为 4.5 亩，少报 1 亩多。

3. 王学宫，男 56 岁，当过十多年的生产队长。3 口人，妻子 59 岁，女儿 17 岁，初中文化。三间屋，本人有哮喘病，妻子也多病。

1987 年，承包田地一亩七分，收稻 1000 斤，小麦 30 斤，年总产粮 1030 斤，年人均产粮为 343.3 斤。

据本人口述：去年老母猪连同小猪 6 只一起死掉，其他无收入。原来家中有 7 间屋，由于近年来两个儿子分别结婚，老夫妻把原来的 7 间住房分给了儿子，自己借钱千元占地半亩盖了 3 间大屋。我们认为：现在 3 人空守 3 间大屋，就其经济条件来说是可以不盖的，可以住在原 7 间屋内，千元资金可扩大再生产，也不至占用耕地半亩，搞得无地可种。若利用这半亩地种大棚菜，年收入能达 500 元。从这可看出，山区农民在处理生计上只顾盖大屋，占资金，急于占耕地为宅基，而把解决贫困的希望寄托于国家。从盖好的 3 间屋看，完全可以腾出地方种养蘑菇，但他无意经营，只想等救济，还给村里写了申请。如果种蘑菇 400 平方尺，年净收入可达 300 元以上，当年就可脱贫。

收入情况：农业收入 161.71 元，年菜金收入 72 元，年总收入为 233.71 元，人均年收入 77.90 元。

据侧面了解，他个人所说的情况严重失实。他和小儿子王业兵共有征税地 3.7 亩，王学宫给儿子 1 亩，自己尚有 2.7 亩。盖房用半亩，仍有 2.2 亩，也应产粮 1298 斤（按 1984 年 590 斤/亩算）。1986 年全村人均口粮已达 550 斤，不可能到 1987 年反而更少了（年景正常），根据他的能力，他年年都卖壮猪和仔猪，不可能借债，或者不可能借那么多债盖房子。

4. 王业根，男 27 岁，县能源办招聘的农业沼气技术员，小学文化，4 口人，妻子 32 岁，两个男孩。4 间屋。

1987 年，承包田地 2.7 亩，收稻 2000 斤，小麦 150 斤，玉米 150 斤，豆杂 15 斤，年总产粮 2315 斤，年人均产粮 598.175 斤。

砌一沼气池报酬 30 元，每年可作 3—5 个，最高能收入 150 元。年农业收入 363.46 元，年菜金 96 元，年总收入 609.45 元，年人均收入 152.36 元。本人口述去年分家，盖厨房借债 400 元。

据侧面了解该户农业收入基本符实。只是砌沼气池的收入失实，少报了一半。

5. 王业兵，男 27 岁，初中文化。小夫妻刚结婚不久，和父亲王学官分家过活。3 间屋。

1987 年，承包田地不到 1 亩，收稻 500 斤，麦杂 100 斤，年总产粮 600 斤。年人均产粮 300 斤。

每年在外打短工至少有 150 个，每个劳动日收入 2.5 元，年计收入 375 元，年农业收入 94.24 元，年菜金 48 元，年总收入为 517 元，人均年收入为 258.6 元。

本人不在家，通过邻居等侧面了解，情况属实。

6. 王英算，男 41 岁。是个糊涂的五口之家，妻子同龄，两个儿子，19 岁的初中文化，学木工，17 岁的小学五年级，停学拾猪草，干家务。

1987 年，承包田地 4 亩，收稻 2000 斤，麦 300 斤，玉米 500 斤，年总产粮 2800 斤，人均年产粮 560 斤，年总收入 559.60 元，人均年收入 111.92 元。

妻子系村文书的姑母，文书又是村长的女婿，村长是王英算的哥哥，夫妻两个精神状态都不好，同我们讲话时开口“我是中农”。有 3000 棵桑未养蚕；150 棵茶，谷雨已过还未采过；去年贷款千元兴大棚菜，选地不当未种好。他搞的头绪不少，但经营不好，又不求上进，虽然社会关系、生产条件都好，但他并没有充分利用。

据侧面了解，他报的水稻产量失实，耕地少报半亩。他去年卖壮猪收入和仔猪收入约千元，自己和孩子都打短工，一年约挣 500 元。

7. 王业明，小学文化。夫妻二人都是 38 岁，儿子 6 岁，3 口人，4 间屋。

1987 年，承包田地 2.2 亩，收稻 1500 斤，小麦 100 斤，玉米 200 斤，山芋 1000 斤（折粮 200 斤）。年总产粮 2000 斤，人均年产粮 666.6 斤。年总收入 386 元，人均年收入 128.67 元。

国家贷款 1000 元，今年兴种大棚蔬菜四分地。家里现有 2 头猪，大的 100 多斤，小的 30 多斤，养 10 只鸡，粮食不卖，人吃稻米、小麦，山芋和玉米做饲料。去年支出：买复合肥 300 斤，17.6 元；买供应粮 200 斤，34 元；买尿素一袋 22.6 元；买某某化肥 100 斤，30 元；买 14.5 元氮肥；买杂交玉米种子 2 斤。这些都是他利用社会关系开后门平价买的，要便宜得多。政府供应的化肥只有 5.6 斤。今年买 100 元左右的生产工具。有一部新自行车，便于他跑四方，捕获信息，寻找门路。他是一个善于经营的精明户，凡事有计划，有安排，心中有数。还打算腾出屋子养蘑菇。

8. 王学恋，51 岁，王墩村民组组长，当了 30 多年基层干部，给人印象是精明强干、善于经营，和王学官系胞兄弟，可两人的观念截然不同。全家 9 口人，妻子同龄，大儿子 25 岁初中毕业，在家种田；二儿子 21 岁，在街上做小工；三儿子 16 岁初中毕业学瓦工。独家小院 7 间屋。

1987 年，承包田地 7 亩（包括自开地），收稻 6000 斤，小麦 500 斤，玉米 500 斤，杂粮 500 斤，年总产粮 7500 斤，人均年产粮 833.33 斤。

去年大棚菜收入 500 元，儿子们在外做工收入千元，年总收入 2893.50 元，人均年收入 321.5 元。

他还有茶园 1 亩，去年已采摘。桑 1500 棵。一头母猪带 9 头小猪，还有小母猪。后院圈养 10 只鸡。2 辆自行车，家有带音箱的组装设备。

据侧面了解，此户谈的情况实事求是，他真正代表了王墩组的平均水平，只能算个中等户。

9. 王学富，59岁。全家文盲，老夫妻多病，大儿子31岁，痴呆，二儿、二儿媳、孙子，全家6口。据他说：大儿的病是因为大炼钢铁时夫妻都不在，刚2岁的孩子无人照顾所致。父母两系均无此病史。

1987年，承包田地4亩，收稻2000斤，麦杂450斤，玉米450斤，年产粮2900斤，人均年产粮483.3斤。

靠小儿子烧一点小窑土瓦和到外面打短工增加收入，去年只干三个多月，收入180元，年总收入779.3元，人均年收入129.88元。

据侧面了解粮食收入及打短工收入都报得少。

10. 王学田，46岁，妻丧，四个孩子，大儿子在安农读书，两个女儿在家种田，四女儿上初中，5口人，4间屋。

1987年，承包田地3.5亩，收稻1200斤，麦150斤，玉米200斤，山芋400斤（合粮80斤），年总产粮1630斤，人均年产粮326斤。

去年本人和大女儿在外打短工收入700元，卖一头猪120元，年总收入1195.91元，人均年收入239.18元。

据侧面了解，该户报的粮产量严重失实。开始听他本人叙述，以为确是由于土质薄、无肥料、劳力缺而和周围产量大有悬殊。通过邻里了解才知道他是有意讲少，渲染苦穷，目的还是想政府救济。该户已有茶50棵，今年又订了1000平方尺的蘑菇养殖合同，通过引导扶持可很快致富。

11. 王新后，56岁。全家7口人，妻50岁，两个儿子，娶一房儿媳，一个女儿，一个孙女。大儿子初中文化当木工年收入200余元。二儿子小学毕业在家务农，女儿16岁，务农。三间屋。1987年，承包田地4.2亩，收稻1500斤，小麦180斤，玉米300斤，山芋600斤（折粮120斤），年总产粮2100斤，人均年产粮300斤。年总收入697元，据此，人均年收入仅99.67元。

侧面了解该户粮食产量严重失实，大儿子已能带徒弟，收入要高得多，报的很不真实。

12. 王海元，35岁，文盲，贫困户，有一痴呆哥哥，10岁以下两个孩子上小学，4口人，5间屋，本人谈吐和外相给我们的印象是勤劳能干的。

1987年，承包田地2亩，收稻1000斤，小麦200斤，玉米300斤，山芋500斤（合粮100斤）年总产量1600斤，年人均产粮400斤。

去年卖一头猪收入150元，政府救济30元，年总收入527.2元，年人均收入131.8元。

该户孩子幼小，妻早丧，又要负担一个残疾兄长，里里外外全仗一人，去年全家未添新衣，外靠救济和支持，达到温饱就算不错了。

他今年打算将屋腾出部分和别人合养蘑菇，增加收入。

侧面了解，该户报粮食产量也失实。他是本组最贫困户，但是勤俭之家，温饱没有问题。

13. 王天生，文盲，50岁，贫困户，四口人，女儿13岁，儿子12岁，妻痴呆，38

岁，夫妻俩完全是为了繁衍后代而结合。

1987 年，承包田地 1.9 亩，收稻 900 斤，麦 100 斤，玉米 200 斤，山芋 400 斤（折粮 80 斤）。年总产粮 1280 斤，人均年产粮 320 斤。

去年卖猪一头，收入 160 元，用于购回销粮。此人会耕地，常为乡里邻居耕田卖劳力，年收入 150 元左右。年总收入 510.96 元，年人均收入 127.74 元。家里只有一间半屋，今年准备再盖一间，今后打算靠蚕桑增加收入，争取 1989 年达到温饱。在儿女未成年前，仍需依靠外力支援方可达温饱。

据侧面了解，该户的产量严重失实，田亩也少报。他有 1 块田，1.5 亩，在"农业学大寨"时插地落户进入炉湾村民组。这次炉湾进行杂交稻制种，为了不至混杂，要求与其调换或赔产 1500 斤。他不同意，至少要 1700 斤，双方未商妥。由此可见，他的农业生产技术水平是较高的，实际年产量要高得多。

14. 王七贤，71 岁，老队长，贫困户，5 口人，老两口，小两口，一个孙女（婴儿）。屋 3 间。

1987 年，承包田地 1.4 亩，收稻 600 斤，麦 60 斤，玉米 90 斤，年总产粮 750 斤，人均年产粮 150 斤。年总收入 237.75 元，人均年收入 47.55 元。

今年准备拿出 3 间屋种蘑菇，已经订了 1000 平方尺的合同。脱贫在望。

据侧面了解，该户报的产量严重不符，实际耕地瞒报 8 分。根本不像他所说得那么贫困。若按他说的人均口粮那么少，哪有他七旬老人红光满面的气色和体面的穿着。

15. 王学前，52 岁，妻 44 岁，3 个女儿，大女儿招婿入赘（肥西人），女儿才 18 岁就结婚生一外孙。有屋 5 小间。7 口人。

1987 年，承包田地 3 亩，收稻 1200 斤，麦 130 斤，玉米 180 斤，山芋 800 斤，年总产粮 1670 斤，人均年产粮 238.6 斤。

去年死了两头猪，卖一头收入 165 元，盖屋用掉，自己常年做散工收入 300 元，今年打算还养猪。年总收入 895.19 元，人均年收入 127.88 元。

据侧面了解该户粮产量应加倍计算才对，按征税耕地有 3.7 亩。翁婿二人都做工，自报的收入很不实。

16. 王应书，47 岁，贫困户，妻子 44 岁，女儿招肥西人入赘，生一外孙女，5 口人，4 间屋。女婿在外修鞋挣钱，不贴补家里。1987 年，承包田地 1.7 亩，收稻 1000 斤，麦 120 斤，玉米 230 斤，山芋 300 斤（折粮 60 斤），黄豆 10 斤。年总产粮 1420 斤，人均年产粮 284 斤。

去年卖 1 头猪 200 元。由于开了两次刀，常年有病，对生活失望，用卖猪款早早为自己备好了寿材。自己有一手种菜技术，由于思想动摇，耽误了一年，没种大棚菜，今后打算按季节种菜增加收入。去年总收入 542.94 元，人均年收入 108.59 元。据侧面了解，该户的粮食产量和其他收入都不符实，耕地也少报半亩。女婿常年在外修鞋不可能不送钱回来，要不然就失去了招女婿的意义。

17. 王东，33 岁，精明能干，妻 30 岁，男孩 6 岁，4 口人，两间半屋。

1987 年，承包田地 1.7 亩，收稻 1600 斤，麦 180 斤，玉米 300 斤，山芋 500 斤（折粮 100 斤），豆子 8 斤，年总产粮 2188 斤，人均年产粮 547 斤。

去年木工收入 200 元，卖猪一头收入 200 元。年总收入 899.52 元，人均年收入

209.88 元。

有茶 40 棵今年才开摘，桑 1500 棵，未养蚕，养鸡 7 只，还打算和父亲（村委会主任）合种大棚菜增加收入。

侧面了解该户耕地少报半亩。干木工活已能带徒弟，仅木工活一年收入要超过 400 元以上。

18. 王海龙，36 岁，初小文化，精明能干，妻 34 岁，儿子 13 岁，小学五年级，女儿 11 岁，小学三年级，4 口人。

1987 年，承包田地 2.92 亩（用半亩多旱地作了五间屋），收稻 1500 斤，麦 140 斤，山芋 500 斤（折粮 100 斤），年总产粮 1740 斤，年人均粮 435 斤。

去年自开茶园 70 多棵，未采收，插桑 1300 棵，尚未养蚕，养蘑菇收入 200 元，尝到甜头，今后还要多养。男勤女俭，思想活跃，前途颇有希望。年总收入 569.18 元，年人均收入 142.30 元。

侧面了解该户所报粮产量及其他收入都有保守。

19. 王应生，35 岁，妻 28 岁，两人都具有初中文化程度，3 个孩子，5 口人。

1987 年，承包田地 2.2 亩（占旱地半亩作了 5 间屋），收稻 1500 斤，人均产粮 300 斤。

1 亩大棚菜收入 500 元，卖 1 口猪收入 180 元，还杀 1 口猪自食，闲时摆摊子卖杂货，一年收入 500 元，年总收入 1435.58 元，人均年收入 287.1 元。

这家人计划周到，有农、有商，小日子挺好，看来夫妻双方都有文化，也与父亲（退休小学校长）指导有关。

侧面了解该户报的粮、菜产量稍有保留。

20. 王缄三，64 岁，退休小学校长，妻子 60 岁，小儿子 21 岁，太湖师范毕业，在斯桥中学任教，女儿带资 300 元考上岳西棉织厂做工，4 口人，6 间屋。

1987 年，承包田地 1.6 亩，收稻 1500 斤，人均年产粮 375 斤。

去年杀一口猪 200 斤自食，本人退休工资每月 80 元，小儿子每月工资 60 元，加上女儿每月工资 30 元，和大儿子共卖小百货收入 500 元，年总收入 2871.5 元，人均年收入 717.88 元。

侧面了解粮产量和耕地面积少报。此户在全村属上等经济收入。

21. 王学习，48 岁，文盲，妻 46 岁，小儿子 18 岁，小学五年级文化程度，两个女儿，一个 15 岁，一个 12 岁，都未上学，在家打柴，拾猪草，5 口人，2 间屋。

1987 年，承包田地 3.5 亩，收稻 1300 斤，麦 130 斤，玉米 160 斤，山芋 1000 斤（折粮 250 斤），年产粮 1840 斤，人均年产粮 368 斤。

去年卖一头猪收入 220 元，小儿子在凉亭电站长年做工，除自己花费外，每年还能给家里 500 元。年总收入 1078.6 元，人均年收入 215.72 元。

今年家中养两口猪，一个 80 斤，一个 50 斤。该户达温饱水平，与其儿子每年挣回几百元有关，有工有农互为补充。在岳西县人均耕地不到 7 分的条件下，要脱贫致富既要种好现有耕地，同时发展养殖业，还要借助于工副业或劳务输出。在林业未形成气候时，单靠秃山薄田绝对无法脱贫，富也是富不起来的。

侧面了解，该户耕地少报，其余情况属实。

22. 王业志，24 岁，小学二年级文化程度。妻同龄，文盲，患神经官能征，两个女孩，2 间屋。

1987 年，承包田地 1 亩，收稻 800 斤，麦 90 斤，玉米 90 斤，山芋 300 斤（折粮60 斤），年总产粮 1040 斤，人均年产粮 260 斤。

去年出去做了个把月零工收入 60 元，1 头猪用于罚款（超计划生育），年总收入319.28 元，人均年收入 79.82 元。

侧面了解，和他父亲王学习一样所报耕地面积与产量都失实。

23. 王英望，52 岁，本村村委会主任，5 口人，父亲 80 岁，妻 54 岁，女儿 18 岁，儿子 17 岁，儿女都是小学文化。房屋 3 间。

1987 年，承包耕地 2.5 亩，收稻 1700 斤，小麦 300 斤，玉米 500 斤，山芋 700 斤（折粮 140 斤），年总产粮 2640 斤，人均年产粮 528 斤。

去年卖一头猪收入 250 元，茶收入 50 元，村干补助 200 元，年总收入 1034.48 元，年人均收入 206.9 元。

去年植桑 1500 棵，今后打算养蚕，1988 年，发展大棚蔬菜，家养 10 只鸡。

侧面了解，此数字是妻子所报，除水稻产量少报些许，其他基本符实。

24. 王业和，37 岁，小学文化，3 口人，母亲 60 岁，弟弟 23 岁，高中文化，连云中学民办教师。屋 4 间。

1987 年，承包耕地 3.7 亩，收稻 1500 斤，麦 200 斤，玉米 350 斤，山芋 500 斤（折粮 100 斤），年总产粮 2150 斤，人均年产粮 716.66 斤。

去年卖 1 头猪收入 300 元，本人外出做工收入 150 元，弟弟每月工资 56 元，年总收入 1513.55 元，人均年收入 510.52 元。

今年准备腾出房屋种蘑菇。

侧面了解情况属实。

25. 王学腾，42 岁，文盲，6 口人，妻 40 岁，文盲，两个儿子，一个 17 岁，初中文化在家干活；另一个 16 岁，初中读书；两个女儿，一个 9 岁，小学读书；一个 6 岁。屋 4 间。

1987 年，承包耕地 3.7 亩，收稻 2200 斤，麦 450 斤，玉米 600 斤，山芋 800 斤（折粮 180 斤），年总产粮 3430 斤，人均年产粮 517.67 斤。

去年卖猪收入 230 元，本人外出做零工年收入 200 元，年总收入 1112.5 元，人均年收入 185.42 元。

今年打算种桑养蚕增收。

侧面了解情况基本符实。

注：本次调查计算方法

（一）年农业收入：按年产粮稻乘以 0.157 元计算。

（二）年菜金：农户种菜、杀猪自食按每人每年 24 元计算。

（三）全年总收入：按（1）年农业收入 +（2）工副业收入 +（3）其他收入 +（4）年全家菜金之和计算，未除生产资料等开支。

（四）人均年产粮：按年实产粮稻用人口平均，未除饲粮、种子粮。全组 25 户均按此法计算。

贫困山区人口素质状况堪忧[*]

——对岳西县来榜区痴呆病人生育痴呆子女情况的调查

《华夏星火》编者按：山区贫困，贫困在哪里？新中国成立四十多年来，为什么一些贫困山区变化不大？安徽省社会科学院研究员辛秋水同志长期从事贫困山区的社会学调查与研究，本文是他对这一问题的思考与回答，希望能引起有关部门及社会的关注。

山区贫困根源不仅在于自然资源的贫困，而且在于社会资源的贫困，在于人的素质低下。而山区人口中众多的痴呆病人以及各种病残人，是构成山区人口素质低下的一个重要方面，并由此派生出一系列问题。为什么国家这些年为扶贫付出了巨大财力和物力，而扶贫效益不高，贫困地区旧貌未换新颜，关键在于没有把提高人口素质这一问题放到战略高度来重视，没有把开发山区人的智力和增强山区人的体力（对现有人的医疗、保健，对未来人口的优生优育）工作放在首位来抓。因而使许多扶贫措施不能落实，不能产生应有的效应。

十年来，笔者不断在岳西山区调查，对于这一点感受尤深。

1982年，岳西县在人口普查时发现，大脑发育不全，反应迟钝的痴呆半痴呆人数就有3.6万，占普查人口的13.3%。这些痴呆人体质十分羸弱，目光呆滞，吃饭不知饱，淋雨不知躲，即使在国家目前的救济条件下，温饱问题都不能完全解决。山区是谁家有个痴呆病人，谁家就难以摆脱贫困，这成为家庭和社会的沉重负担。问题不仅如此，还在于这些男女痴呆病人之间相互通婚，继而繁殖大量痴呆病后代，给山区脱贫致富背上永远也卸不下来的包袱。

1992年1月，我对岳西县来榜区痴呆病人和婚配生育痴呆子女情况作了以乡为单位的调查，惊人地发现痴呆病人相互间婚育的子女中竟有31.66%是痴呆病人（见附录）。

从表中可以看出青天、明山、花灯、和平四乡成年痴呆病人比率较高，分别占2.70%、2.16%、2.74%、2.23%；这四个乡的大部分人口都处在闭塞的山旮旯里，与外界社会交往极少，有的人40多岁还没看过一场电影，许多人没见过汽车。他们只能在极小区域内婚嫁，经过一代一代的反复循环，早已形成血缘关系非常浓密的近亲繁殖。这是贫困山区痴呆病人多并不断繁衍的重要根源。

---

[*] 原载《华夏星火》1992年第4期，本文同时在《人民日报》1992年6月6日刊载。

调查中还发现，痴呆病人的配偶即使不是痴呆病人，也大都是身有残疾的人。这样的人组成的独立家庭，其生活多是苦不堪言，终身挣扎在维持生存的困境中。尤其是他们生育下的子女，缺乏正常的培养和教育，其将来状况是可想而知的，更不用说他们生育下的子女中有1/3的比例是痴呆病人。

痴呆病人家庭永远是扶贫工作中一个无法解决的难题。解决痴呆病人家庭贫困的唯一出路只能是社会各个方面的人道主义救济，但必须对痴呆病人婚前实行绝育手术，使其不再繁衍痴呆病人的后代，免得遗患自己、遗患后代、遗患社会。

贫困山区人口素质的提高，是山区彻底脱贫的必由之路。要解决山区人口优生问题，必须认真落实禁止近亲婚配的立法条例，提高人民群众优生优育的科学认识，要更新山区人的旧观念，要为山区群众婚姻圈的扩大创造客观条件，要促进山内山外人口的流动和劳动力的转移，发展农村公共文化，如乡村图书馆、文化室的设立，电影电视的普及，商品流通渠道的扩展等。

总之，山区贫困之源——人口素质低下这一问题必须引起社会的真正重视。这是关系到山区人民脱贫的根本大计，也是关系到中华民族繁荣昌盛的根本大计。

附录

岳西县来榜区痴呆病人及其相互间通婚生育痴呆子女情况统计表　　单位：人，%

乡名＼指标	乡总人口数	痴呆病人数	占人口总数的百分比	男女痴呆病人相互婚配对数	占痴呆病人数的百分比	男女痴呆病人相互成婚生育子女数	其中痴呆子女数	占生育子女数的百分比
来榜	9338	108	1.16	9	16.67	16	2	12.50
斑竹	5207	42	0.81	无	无	无	无	无
和平	9743	217	2.23	8	7.37	10	1	10.00
花灯	3906	107	2.74	14	26.17	30	16	53.33
横河	2160	38	1.76	16	84.21	25	6	24.00
羊河	2115	22	1.04	1	9.09	4	4	100.00
青天	4329	117	2.70	42	71.79	62	10	16.13
明山	3097	67	2.16	1	3.00	2	0	0.00
道义	4464	77	1.72	15	38.96	35	19	54.29
包家	4216	48	1.14	5	20.83	6	0	0.00
美丽	1770	27	1.53	6	44.44	9	5	55.55
全区合计	50345	870	1.73	117	26.90	199	63	31.66

注：统计时间为1992年1月18日。

贫困山乡发展之路在何方?*

——一个贫困山乡以文化扶贫和政治改革推动经济发展的纪实

硬道理和软道理

邓小平在 1992 年南方讲话中，提出了一个著名观点："发展才是硬道理。"① 由此将中国的改革开放向更高层次推进，极大地调动了全国人民建设有中国特色社会主义的积极性。但是，有些人却对发展是硬道理作了狭隘的、片面的理解，且这种片面思想已经在实际中产生了许多恶果。这些同志把发展是硬道理简单理解为：只有抓经济工作，只有总产值超常规高速增长才是硬道理。在这种思潮之下，泡沫经济一时大膨胀，重复建设、无效益建设比比皆是，长期无人开发的"开发区"遍布城乡，闲置浪费了大量的沃地良田。而另一方面，文化教育经费严重短缺。我国教育经费之少，甚至低于许多其他发展中国家（如印度）。农村学校危房破屋无钱整修，学费昂贵，失学儿童日增，旧文盲未去，新文盲又来，新的"读书无用论"沉渣泛起。在那些急功近利、热衷于玩弄总产值数字游戏的人看来，文化教育是软任务中的软任务。经济过热使通货膨胀率达到新中国成立 45 年来的最高峰，浮夸、吹牛之风四起。经济失衡、人心失衡、社会运行失衡，已是世所公认，有目共睹。小平同志所说的"发展才是硬道理"，绝不是要我们偏执一端，罔顾其他。"发展"无疑是包括文化教育、社会政治等一切社会领域诸系统的社会主义事业平衡、协调发展。邓小平曾多次强调：物质文明和精神文明都要抓，两手都要硬。这里说的"两手都要硬"是两个轮子一起转，是两条腿走路。如果没有经济发展，文化教育和其他事业固然发展不起来；反之，没有文化教育和其他事业的发展，经济事业也绝不能孤立地、健康地向前发展。社会各系统之间都是相互制约，相互影响，相互促进的。任何一个系统的孤军突进绝不能反映社会整体的进步，只能破坏社会整体动态平衡。而任何一个系统过分滞后，都必定会限制社会整体发展的步伐。比如，我们在贫困地区调查时，就发现贫困地区普遍具有规律性的恶性循环，即经济基础差，物质贫困，严重制约着教育、科学、文化事业的发展。而科学、教育、文化事业的落后反过来又制约了经济的发展。这种恶性循环的一个直接后果就是低素质人口。人的素质差，既是物质贫困的结果，又是物质贫困的根源。从这个意义上说，山区的贫困不仅仅是物质资源的贫困，更是社会资源的贫困，即智力贫困、文化贫困、信息贫困、

---

　* 此文写于 1994 年 12 月 19 日，原载《科技与企业》1995 年第 2 期。
　① 《邓小平文选》第三卷，人民出版社 1993 年版，第 377 页。

观念贫困。贫困地区社会发展，实质上是一场克服愚昧的深刻的社会革命。脱贫是一项综合性工程，单纯的资金投入是不可能建造起"造血型"脱贫机制的。山区扶贫，关键在于提高人的素质，这就必须加强文化投入，发展农村科技文化，走扶贫扶人、扶智扶文之路。这也说明一个道理，对于贫困地区的扶贫来说，只抓经济建设，不抓文化建设，经济是发展不起来的，而一切建设都是需要人来干的，人的素质状况是个关键性的因素。由此可见，对于"硬道理"和"软道理"应该有分析地、辩证地看待。社会学中的一个著名理论即"木桶公式"对此有精辟阐述，这里就不详谈了。

下面我就大别山区一个贫困山乡依靠文化扶贫和该乡的一个落后村因为实行了村委会"组合竞选"，从而使这个乡和这个村工农业生产和其他各方面工作均获得巨大成绩的实例，进一步论证非经济因素的发展对经济发展的巨大作用。

实践的启示

1992 年 7 月 17 日，《安徽日报》头版头条以《扶贫扶人、扶智扶文——省委决定推广莲云乡经验》为题，报道了这个贫困山乡——莲云乡通过文化扶贫活动，使该乡的工农业总产值比 4 年前有了巨大增长的情况。事情经过是这样的：1988 年 4 月间，该乡建立了文化扶贫中心，设立一个以陈列该乡工农业生产实际需要的科技小册子为主的阅览室，一切具有高小文化程度的农民来到这个阅览室，都能获得他们脱贫致富所急需的科技知识，并在生产中学以致用。该乡各个村落的墙壁上还设置了 35 个常年不断更换内容的贴报栏。路过这里的人只要浏览一下贴报栏，就能知晓一些天下大事，包括党和政府的方针政策法令以及工农副业信息和新道德、新风尚的报道，从而开阔山民眼界，帮助山乡破除陈规陋习，逐步形成新的社会风气和社会舆论。这个文化扶贫中心还成立了一个实用技术培训中心。这个培训中心依靠一台科技放像机在各村巡回放映符合农村实际生产需要的一些科技录像片，如科学种田、科学养猪、科学养鸡等，并就近邀请农业技术员做老师，举办各种农业生产技术培训班。如此一来，培养了一批又一批的农业技术骨干，传播了农业科学技术知识，从而推动了当地农业的发展。依靠这三个阵地，开展文化扶贫，使得该乡的工农业总产值四年之中迅速增长，增加了农民的收入，社会秩序和社会风气也都有明显的好转。许许多多农民就是从这里获得一技之长而成为技术能手，成为这样、那样的专业户的。他们不是依靠这个单位给多少钱，那个单位送多少物，靠的是对文化、技术的学习和各种信息的输入，提高了他们自身素质，从而自力更生地摆脱贫困，发展生产，逐步向小康迈进。中共安庆市委和安徽省委调查了解了该乡上述经验后，给予了充分肯定，决定在安徽省部分地、市进一步推广莲云乡经验。

又一则新闻报道：1994 年 11 月 2 日《安徽日报》以《实施"杜鹃花工程"加快脱贫致富——省委宣传部召开现场会，交流全省科技文化试点工作经验》为题，报道了中共安徽省委宣传部召集部分地、市县委宣传部部长、文化局局长在贫困山区岳西县开会，交流总结两年来各地推广莲云乡经验的情况和问题，并实地考察了莲云乡文化扶贫的各种做法，和一些因文化扶贫脱贫致富的农户进行了座谈。与会同志进一步论证了实施文化扶贫，提高人的自身素质，实现脱贫致富的正确性和可行性。

再一则新闻报道：1990 年 7 月 17 日《中国社会报》以《硬抵硬选出的干部就是

好》为题，报道了岳西县莲云乡腾云村。自学大寨以来该村的财务就没有公布过，群众意见极大，但因干部都是上级任命的，群众提意见不顶用，结果就形成群众的软抵抗，各项工作都上不去，生产搞不好，政府布置的任务完成不了。该村在1990年1月实行了村委会"组合竞选"。选举程序是先由该村的7个村民组各推选一人为村委会主任候选人，并把各组推选的候选人名单公布于众，号召全体村民对这些候选人评头论足，形成舆论气氛。这样一来，这些候选人的优缺点就搜罗出来了。然后再由各村民组开会对这些候选人进行筛选。最后召开全村选民大会，这些候选人一个一个登台向村民发表竞选演说。在演说中，一方面阐述自己当选后如何为村民服务，如何发展生产，增加人民收入，等等；另一方面又向选民大会推荐自己当选后"组合"的班子的成员，并一个一个向大会作介绍（这样的做法对候选人物色的组合人选是个制约）。该村那次选举，得票最多的是村农民技术员王某，当选为村民委员会主任。王某当选后整顿了该村的财务并向村民公开，整顿了村办林场。由于他精通农业技术，大力推广经济效益好的杂交稻制种，并领导村民精耕细作，短短一年时间，使该村的杂交稻制种户增收16.5万元，是种常规稻经济收入的4倍，人称"抱了一个金娃娃"。所以，《中国社会报》以《硬抵硬选出的干部就是好》为题，报道了这一振奋人心的新鲜事。

扶贫工作新思考

　　1988年4月初，我根据理论从实践中来，必须再回到实践接受实践的检验，从而修正错误、完善理论的马克思主义经典作家的一贯教导，来到大别山贫困地区岳西县莲云乡蹲点，实施我提出的文化扶贫方案，此举得到了省委书记卢荣景的支持。我一直认为，贫困乃是一个复杂的社会问题，涉及方方面面，其中如信息封闭、观念陈旧、教育落后、文化贫乏、人才奇缺等等。贫困与造成贫困的因素之间互为因果、恶性循环，构成贫困的综合征。如何治理呢？众所周知：在复杂的事物发展过程中，有许多矛盾存在，其中必有一种是主要矛盾，由于它的存在和发展，规定和制约着其综合矛盾的存在和发展。抓住这个主要矛盾，其他问题就可迎刃而解。我认为在构成贫困山区长期不能摆脱贫困的诸矛盾中，"人"是矛盾焦点。这表现为两个方面：一是人和物的关系，即由于贫困地区群众的智力素质低下，因而不能变自然资源为现实财富；二是人和人的关系，主要指的是干部和群众的关系，越是边远贫困地区，干部作风问题越严重。由于那里农民群众文化素质太低，对干部更加缺乏制约力，少数干部就更加作威作福，极大地妨碍着那里的脱贫工作。因此那里的扶贫之道首先应该是"扶贫扶人、扶智扶文，改革政治、伸张民气"，全力解决人的素质低下和一些干部的官僚作风这两个主要矛盾。

　　1. 以文扶贫，提高民智。贫困地区长期以来生产力水平低下，经济落后，温饱问题无法解决。过去年年送粮、送衣、送钱，"喂鸭式"的扶贫收效不大，形成了"年年送，年年要，年年穷"的循环。后来，国家又来用大量投放扶贫贷款、办经济实体等办法进行造血式扶贫，但这些扶贫性企业和经济实体办垮的多，办好的少，国家贷款大量沉淀，无法收回，究其原因都是因为没有把提高当地干部和群众的素质作为脱贫起点或中心环节来抓。这种单纯送和贷的扶贫办法还产生了很多消极后果。例如：中间拦截、贪污、挥霍浪费以及养成贫困地区一些干部群众伸手向上、一切靠政府的依赖思想，等等。人是生产力中最活跃的因素，人的素质低下状况不改变，贫困地区的生产力是不可能大发展的，贫困问题也不可能最终获得解决。扶贫工作必须抓住"扶贫扶人"这个根本环节。发展教育、输入信息、更新观念，改变人的愚昧状况，向广大贫困户进行实用技术培训，传授一技之长，让他们获得谋生、脱贫的能力，用自己的双手开发自然，向沉睡在地下的资源索取财富，使摇钱树摇下钱，聚宝盆生出宝来。这是帮助贫困地区摆脱贫困的一条根本性、长期性的措施。人的状况改变了，贫困问题也就解决了。

2. 改革政治，伸张民气。目前，腐败已是全社会公害，贫困地区和扶贫工作中同样存在着许许多多的腐败现象。一些干部背离为人民服务的宗旨，因而失去号召力、凝聚力和向心力，传统的干群鱼水关系遭到破坏，群众对干部失去信心，干部失去了群众基础，党和政府各项政策法令，包括扶贫的政策、措施也难以得到彻底落实，扶贫工作受到严重干扰和阻碍。因此，必须实行政治改革以伸张民气，鼓励人民群众对国家工作人员进行有效的监督。为此要根据《中华人民共和国宪法》、《村民委员会组织法》等有关法律法规，实行由村民直接选举村干部，以提高群众主人翁意识，增强其监督干部的能力；同时强化干部的公仆意识，重构干群关系，为在经济上脱贫创造良好的社会政治环境。从生产力角度看，干部和群众同是生产力要素中的人，反映着生产力与生产关系、经济基础与上层建筑两对范畴的关系。实行扶智扶文，改变群众的精神和智力状况，实行政治改革以伸张民气，改变干部的精神和工作状况，促使基层政权建设工作与扶贫工作的需要相适应，使经济文化建设与政治民主化同步进行。

3. 内因是发展的根据。区域贫困、发展不平衡是我国社会经济发展中的重要问题。为解决这个问题，必须注意把国家和上级扶贫的积极性与当地干部、群众脱贫的积极性结合起来。一切外因都必须通过内因起作用，事物发展根本原因不在事物外部，而在事物的内部，在于事物内部的矛盾性。只有贫困地区干部和群众的自身素质真正提高了，人的内在活力真正启动了，精神能量才能转化为物质财富。

在历史发展的长河中，一切都是相对的、暂时的、过渡的，绝对真理只是一切相对真理的总和，绝对真理也始终处于动态之中。主要矛盾和非主要矛盾，矛盾的主要方面和非主要方面，都是随着时间、地点、条件的转移，而不断互易其位。人们的认识必须要符合客观事物的辩证发展规律，否则理论就要僵化，脱离实际而变成教条，逐步地枯萎下去。

贫困山乡发展之路在何方？答曰：人的基本建设与物的基本建设兼顾并举，但人是一切事物的主体，人是中心环节，因而人的建设应是扶贫脱贫的突破口。

小康水平下的新"贫穷"及扶贫措施[*]

一

中国经济取得了震惊中外的成就，"八五"计划所提出的许多任务都将超额完成。原定在 2000 年实现人均国民生产总值比 1980 年翻两番的目标，大约可以提前 5 年实现。中国大陆目前已有相当大一部分地区处于小康水平，而且这类地区今后 5 年还会逐渐扩展，直至全国各地区都将达到或超过小康水平。国务院总理李鹏在《关于制定国民经济和社会发展"九五"计划和 2010 年远景目标建议的说明》中指出："小平同志 80 年代初在提出用 20 年时间实现国民生产总值翻两番的目标时说过，这是雄心壮志。在经济总量已经比较大的基础上，下世纪初用 10 年时间再翻一番，应当说也是雄心壮志。到那个时候，我们的综合国力就会再上一个大台阶。人民生活水平将显著提高，虽然还是处于小康阶段，但是与 2000 年的小康水平相比，将是更加宽裕的。"显然，中国大陆正在实现小康水平，"一穷二白"的中国正在变成小康中国。套用中国著名社会学家费孝通教授的一句名言："中国乡土社会造就了'乡土中国'，而中国实现小康水平之后，也会造就一个'小康中国'。研究'小康中国'的种种经济、社会问题，应是当代中国社会学家和经济学家的主要任务。"

邓小平提出：对于地区差距问题，"在本世纪末达到小康水平的时候，就要突出地提出和解决这个问题"[①]。我们觉得：地区差距问题不仅指的是"在全国各地区的经济发展过程中，虽然都有显著的变化，但由于发展的起点和条件不同，有的地区发展快些，有的地区发展慢些，这就使得地区之间的差距扩大了"，而且指的是在全国实现小康水平的过程中和全国绝大多数地区都达到小康水平时，仍然会有少数地区处于贫困状态，从而构成了中国小康水平下的新贫穷问题。据山东省最近的实地调查资料显示，虽然山东省的经济发展速度在全国来说也是比较快的，但以 1994 年底作为截止日期，全省农村小康实现程度仅为 82%，约有 18% 的欠缺度。从各县（市）情况来看，全省有农村人口的 133 个县（市）中有 33 个县（市）基本实现了小康标准，占 24.8%；有 20 个县（市）小康实现程度在 90% 以上，占 15.0%；有 20 个县（市）小康实现程度在 82% 到 90% 之间，占 15.0%；有 60 个县（市）在 82% 以下，占 42.8%；其中有 29 个县（市）小康实现程度不到 70%，占 21.8%。山东省委研究室的报告称："我们调查的烟台、淄博所属的县市区和乡镇，80% 都达到了小康标准；而聊城、菏泽却没有一

---

　* 原载《江淮论坛》1996 年第 2 期，合作者：王胜泉。

　① 《邓小平文选》第三卷，人民出版社 1993 年版，第 374 页。

个县或乡镇实现小康。特别是自然条件差的部分山区、库区、滩区、湖区，至今没有解决温饱问题。"他们在调查中还发现，这些贫困地区在市场经济的现行环境中，往往会较过去更为吃亏，因而减少了收入。例如：他们在"济宁、菏泽调查，仅去年国家定购夏粮与市场差价，两地农民就分别少收入 7 亿元和近 10 亿元，人均 120 元以上"。因此，他们认为："东西部发展进程悬殊，这是制约我省小康目标如期实现的一个突出问题。"我们觉得：这里谈到的山东情况实际上是全国情况的缩影。我们一方面固然要充分肯定已经取得的伟大成绩，但同时也应认识到在中国大陆实现小康水平时，仍然会有贫困地区和贫穷人口在个别地区出现。这可以称之为小康水平下的新"贫穷问题"，我们应对此重大经济、社会问题进行广泛、深入、科学的探讨。

二

中国大陆在实现社会主义市场经济体制的过程中，由于各地区的条件和机遇不同，地区经济差距不是在缩小，而是被拉大了。这已是人所共知的事实。下面是 1995 年 8 月 5 日《市场经济报》公布的"地区收入差距一览表"，见表 1：

表 1　　　　　　　　　　　　　地区收入差距一览表

项目	全国平均（元）	收入最高地区（元）	收入最低地区（元）	收入高低地区比较（%）
农村居民家庭平均每人纯收入	921.62	上海　2726.98	甘肃　550.83	495.06%
农村居民家庭平均每人生活费支出	769.95	上海　2200.07	甘肃　537.76	409.12%
城镇居民家庭平均每人实际收入	2583.16	上海　4297.40	内蒙　1901.69	225.97%
城镇居民家庭平均每人生活费支出	2110.81	上海　3530.07	江西　1577.18	223.82%

根据 1994 年各地区公布的最低工资标准来看，广东省为 320 元，福建省为 280 元，可是新疆、安徽为 180 元，云南为 185 元，其中广东最低工资标准约为安徽的 177.77%。从各地区公布的贫困标准看，上海为 168 元，广东为 157 元，北京为 143 元，新疆为 60 元，江西为 62 元，山西为 67.7 元。以上海与新疆相比，相差实为 280%。显然，各地区计算贫困人口的标准是不一致的，但又确实反映了中国目前的实际状况。这些数据所提供的资料，虽然从统计上看，也许不十分科学与精确，但已告诉了我们一个基本事实，那就是在社会主义市场经济体制成长的过程中，中国很快就会达到小康水平，但贫穷人口仍然存在，而且多数是绝对贫穷人口。有一位学者曾经计算了 1994 年中国绝对贫穷人口数量，他得出的结论是：1994 年，中国有绝对贫穷人口 9200 万，其中城市绝对贫穷人口 1200 万，农村绝对贫穷人口 8000 万。中国官方确认的集中扶持的贫困人口，主要是指居住在农村的物质生活特别困难，只能维持甚至不能维持简单再生产的家庭人口，其食物支出应占农户生活消费支出的 60% 以上，日摄热量不足

2100 大卡。他认为：这个标准是根据中国大陆的经济发展水平而制定的，与其他国家和国际标准相比显然是较低的。如果按照国际标准计算，则我国的绝对贫穷人口要比现在公布的 9200 万大得多①。

中国人民大学社会调查中心曾在全国范围内进行过抽样调查。1994 年调查结果是：我国城乡居民家庭人均收入的基尼系数为 0.434；同年，按城乡家庭户收入分组计算的基尼系数为 0.445。显然，不论按什么标准来计算，中国 1994 年现状都已超过国际上通常认为的基尼系数在 0.3—0.4 之间的中等贫富差距程度。如果采用五等分划分法，则 1994 年中国最贫穷的 20% 的家庭仅占有全部收入的 4.27%，而 1994 年中国最富有的 20% 的家庭却占有全部收入的 50.24%。另据美国 1990 年公布的资料表明，美国 1990 年最贫穷的 20% 的家庭仅占有全部收入的 4.6%，而美国 1990 年最富有的 20% 的家庭占有全部收入的 44.3%。显然，中国大陆目前贫、富家庭收入之间的差距从数字上看，还要高于美国，这大大出乎一般人的意料。对此问题，中国人民大学社会学系李强教授的说明是：美国虽然有极富的富翁存在，但绝大多数人口居中等收入阶层；相比之下，中国现在居于中等收入的阶层的人口所占比例较低，因而就使得采用五等分划分法时，中国最贫穷家庭与最富有家庭收入差距被拉大了。我们在这里不想详细讨论此问题的细节，但由此也可看出中国大陆今日贫穷问题是多么严重了。

三

中国是社会主义国家，中国主张一部分人先富起来的目的是实现共同富裕。因此，中国大陆在实现小康水平时，仍会存在一个相当巨大数量贫穷人口的现实，这只是一种过渡现象，终究要为共同富裕的现实所代替。如果细加分析，便可看出中国小康水平下的新贫穷问题与过去相比，已有了新的历史特征：

第一，中国小康水平下的新贫穷问题是在新的起点上出现的。据世界银行计算的资料表明：1978 年中国城镇居民个人收入的基尼系数是 0.16，这个指标就全世界来说也是非常低的。这说明：当时中国"大锅饭"体制盛行，平均主义十分严重。自党的十一届三中全会后，收入差距开始拉开。1986 年城镇居民个人收入的基尼系数为 0.19，1990 年为 0.23，1994 年为 0.37。中国农村居民个人收入的基尼系数，1982 年为 0.22，1985 年为 0.30，1988 年为 0.34，1994 年为 0.411。我们已经从一个平均主义盛行、大多数人处于温饱线下的贫穷状况，过渡到只有少量的处于温饱线下的贫穷人口，而绝大多数人已实现了温饱，其中一部分人已经富裕起来的小康状况。

第二，中国大陆小康水平下的贫穷人口绝大多数仍分布在农村，农村贫穷人口占全国贫穷人口的 87%。这显然与中国大陆当前二元经济的社会结构有密切关系，也与中国城市中仍基本保留原有的为居民提供基本需求的稳定的社会福利保障措施密不可分。但是，中国社会保障体制改革正在进行，企业破产法已经出台，城市失业人口和变相失业人口正在扩大，因此，城市贫穷人口有进一步扩大的可能。另外，由于城乡之间人口流动的法制日益完备，农村剩余劳动力向城市流动的规模和速度都在增强，因而贫穷人

---

① 杨钟：《中国消除贫困的形势与对策》，《中国贫困地区》1995 年第 1 期。

口的城乡结构也会有所变动。中国大陆小康水平下的新贫穷问题将会由绝大多数在农村的状况向城乡兼有而且城镇贫穷人口日益增多的状况过渡。

第三，中国沿海地区这几年经济发展较快，而中、西部地区则发展较慢。特别是那些自然条件十分恶劣，基础设施极为缺乏，社会服务非常落后，地处偏远，交通闭塞，远离交通线和社会经济活动中心的"中西部的深山区、石山区、荒漠区、高寒地区、黄土高原区、地方病高发区以及水库库区"，集中出现了 592 个贫困县（详见《国家八七扶贫攻坚计划》1994 年第 2 页）。当中国实现小康水平时，国家和人民的财力都仍然无法改变这些由于自然地貌条件所带来的贫穷现象，因此中国小康水平下的新贫穷问题仍然带有自然地理区域特征的现象还不能发生根本性的变化。

第四，中国是一个多民族的国家，由于长时期各种历史因素的影响，使得我国的少数民族往往居住在自然、经济条件较差的地区，因而形成了少数民族地区经济发展较为缓慢、落后的现象。在这十几年的开放、改革过程中，由于边贸的发达、某些自然资源（如石油）得到大力开发以及政治资源和经济资源的分配处于有利地位（如海南和过去的"三线"）等方面因素的影响，一些少数民族地区经济有了快速发展，贫穷人口大量减少。但是，从全国来看，当中国大陆实现小康水平时，这一长时期"历史后遗症"所造成的特有贫穷现象也是难以根本改观的。

总之，中国实现小康水平时将会出现新贫穷问题已成必然，我们只能严肃而科学地面对它，绝不可以采取回避的非科学态度。

四

中国的"九五"计划和 2010 年远景目标已经确立，中国将具备更为充实、完备的经济实力，因而也就可以采取更为坚强有力的反贫穷措施。国际社会经济发展的历史告诉我们：当一个国家日益走上富裕的道路时，不但贫穷人口会逐渐绝对和相对减少，而且贫穷问题也日益由经济问题社会化而成为重大社会问题，再演变为重大政治问题。反贫穷已不仅是贫穷人口"发家致富"的群体要求，而且逐渐成为社会的一致呼声，为社会上所有的人，包括"穷人"和"富人"在内的共同强烈要求，并与政治密切联系起来，成为维持社会稳定和巩固政治秩序的必要条件。中国在今后 15 年内，将会把反贫穷作为重大政治和经济目标，并在 2010 年之前消除绝对贫穷人口，使全体人民都过上富裕的生活。在今后将要采取的反贫穷措施中，经常为人们所提到的有：开发经济资源，为贫穷人口提供更多的就业机会，其中包括改善农业生产条件，提高土地生产力，开发自然资源，发展二、三产业，输出劳务，转移人口等；开发人力资源，提高贫穷人口的竞争力，其中包括加强贫困地区计划生育，提高人口健康水平，增加教育投入，开展职业培训，提供初级卫生保健服务等；建立贫困地区社会安全保障网络，实行财力支持，其中包括建立食品计划补贴，各种社会救济和社区服务，以工代赈，医疗保险，老年养老保险以及残疾人扶助等；拟订贫困地区社会经济发展计划，出台贫困地区改革和开放新方案，并建立新的更强有力的反贫穷行动组织机构和管理制度等。我们相信：在今后 15 年内，这些措施都会陆续出台，并在反贫穷行动中取得实效。在过去的十几年中，我们曾参与了中国的反贫穷的实际工作，实践使我们认识到中国反贫穷事业的艰巨性和复杂性，也认识到中国反贫穷事业的进行必须在邓小平同志提出的有中国特色的社会主义理论指导下进行，才能逐步取得切实成效，一步步向消灭贫穷问题的目标前进。

1. 要由"输血"型、"造血"型向"造人"型转化。中国反贫穷措施，最初是"输血"，即向贫困地区送粮、送衣、送钱，虽然起到了暂时救济作用，但是并没有能使"体质孱弱"的贫困地区健康、强壮起来，出现生机与活力，而且还产生出许多负面影响。最突出的一点就是使贫困地区一些干部群众养成了可怕的惰性心理，贫而安贫，一蹶不振。救济粮吃完了，救济衣穿破了，救济款用完了，又等上面送，年复一年，恶性循环。后来，改为开发扶贫即注入资金、上项目，促进贫困地区形成"造血"机制。应该说，这种扶贫前进了一大步，但是却没有考虑到开发要靠贫困地区本地的人来开发，外来的人是无法代替的。由于贫困地区人口（包括干部）素质低下，信息不灵，管理水平落后，结果是新项目年年有，上马时轰轰烈烈，管理上冷冷清清，效益惨惨淡淡，扶贫贷款沉淀，而"造血"机制并没有形成。同样，在一些贫困地区，由于观念落后和文化上的空白，对送上门的农业新技术往往一时难以接受；"你送去致富的金钥匙，他却觉得不如使惯了的刀斧更顺手"，享受不了"星火计划"、"科技推广"的效益。由于人是生产力要素中最活跃的因素，人的素质低下状况不改变，任你千方百计，贫困地区的生产力也不能大发展，贫困问题就不可能获得解决。"扶贫"的实质应是以"造血"为核心。只有人的整体状况改变了，才能形成造血机制，激发起贫困地区群众和干部自身内在的动力，使"要我脱贫"的思想变成"我要脱贫"。人的素质变了，"造血"机制才能真正形成，并为下一步实现农村现代化打下可靠的基础。

2. 要由"财政扶贫"、"项目扶贫"向"科技扶贫"转化。中国的贫穷问题，在计划经济时代突出地表现为：贫困地区的县政府在财政上长时期处于亏空赤字状态，因此，必须由上级财政直至国家给以支持，这就是一般常提到的"财政扶贫"。后来，扶贫工作逐渐转向经济扶贫，即用上项目的方式，使贫困地区的生产力水平逐渐摆脱落后状态，从而形成了一种"项目扶贫"模式。据了解，1986 至 1993 年，中国每年投入贫困地区的扶贫资金，包括贴息贷款、财政拨款、中央各职能部门的扶贫资金估计超过 100 亿元。但是，人们在实践中逐渐认识到：光有财政拨款，光有项目，没有科技水平，仍然发挥不了反贫穷效用。"科技扶贫"的理论和模式不胫而走，并逐渐成为人们普遍接受的一种模式。

3. 要由"经济、物质扶贫"向"社会、政治扶贫"转化。过去在研究贫困地区机制的时候，总是对经济、物质因素考虑得多，而对经济、物质之外的人文因素，即超经济因素考虑得十分不够。谁都明白，经济先进地区的先进，经济落后地区的落后，不仅表现在各项经济指标和科技水平的高低上，同时也表现在人口素质、价值观念和思想意识的差异上；落后和不发达，不仅仅是一堆能够勾勒出社会经济图画的统计指数，也是一种人的社会、政治心理状态。中国今日之贫穷，已不仅是经济问题，还是社会问题和政治问题。偏僻贫困山区人民之所以长期处于贫穷状态，固然与自然、经济有密切关系，但也和当地的社会、政治生态密切相关。推动社会进步、政治民主化以缓解贫困地区的社会、政治压力，往往会成为动员贫穷人口自己起来解除贫穷的原动力。实践证明，一旦在偏僻贫困山区打破过去基层干部统统由上级指派的传统，实行公开竞选制，对传统的官本位观念进行冲击，就会促使处于政治文化封闭中的深山农民群众来一次大的思想解放，就会使民主的政治文化向贫困落后山区进军，其现实意义和历史意义都是无法估量的。21 世纪即将到来，中国人民一定会全部摆脱贫穷，以崭新姿态迎接新世纪新时代的到来。

改造乡村文化,推进乡村社会发展[*]

一

在今天看来,中国也许不再是一个以乡村为本的社会,但是无论如何她仍是一个以乡村为基础的社会。这不但是因为至今仍有80%左右的人口住在乡村(县级以下的社会),70%的人口仍然以农为生。而且更为重要的是,近百年来,尽管中国社会结构发生了巨大变迁,社会形态亦为之一变,但是中国社会无形的"根"——乡村文化——却几乎没有什么大的变化。

马克思主义唯物史观指引了我们从物质资料的生产方式中寻求各种人类社会的难解之谜。根据物质资料的生产方式决定其他社会关系和方式的理论,中国社会结构的原形只能是具有五千年(可能更长)历史的以中国农耕经济为基础的封建宗法社会结构,费孝通先生称之为"乡土社会结构"。乡土社会最主要的文化特征是(1)以血缘与地缘相融合的社会关系;(2)以人伦等级为特征的差序结构:"以'己'为中心,你是石子一般投入水中,和别人所联系成的社会关系,不像团体中的分子一般大家立在一个平面上的,而是像水的波纹一般,一圈圈推出去,愈推愈远,也愈推愈薄"[①];(3)因而,"在中国乡土社会中,家并没有严格的团体界限,这社群里的分子可以依需要,沿亲属差序向外扩大"[②],构成家族,成为这一社会的主要组织。"团体与个人,在西洋俨然两个实体,而家庭几若为虚位。中国却从中间就家庭关系推广发挥。以伦理组织社会,消融了个人与团体这两端"[③],由是,家庭与家族,在中国人身上占重要位置,乃至亲戚乡党,亦为所重。习俗又以家庭骨肉之谊,推于其他,如师徒,邻居,社会上一切朋友同侪,或比于父子关系,或比于兄弟关系。让我们再回到现实中来,观察今日之中国社会,进行理性反思,试问:这种乡村文化改变了多少?

新中国成立以来,我国社会结构开始向现代化转型,(从表面上)基层社会也被重新加以整合,最显著的莫过于"国家"(State)力量对乡村社会的下延、渗透和控制(这似乎是所有现代化转型国家的共同特点)。因为在历史上,"国家"的直接行政力量从来都没有真正深入到乡村社会之中,国家政权也仅止于州县,从而形成乡土中国的"礼治秩序"、"无为政治"和"长老统治"形态。直到新中国成立以后,这一乡村社

---

　*　原载《福建论坛》2000年11月,合作者:吴理财。

　①　费孝通:《乡土中国》,人民出版社2008年版,第30页。

　②　同上书,第46页。

　③　梁漱溟:《中国文化要义》,上海世纪出版集团2005年版,第70页。

会形态才被打破。最初的土地改革不仅是一场改造乡村的经济革命，更是一个重新确立"国家"与乡村"社会"的关系，实现"国家"对乡村控制的政治过程；随后的人民公社对于包括经济、政治、社会和文化方面的资源的统一管治和分配左右着乡村社会的实际发展。在这种政治环境下，原来的乡土社会结构似乎被彻底摧毁，家族或宗族组织也曾一度销声匿迹。

但是，这种基层政治社会形态最终还是崩解了。党的十一届三中全会以后，随着农村家庭联产承包责任制的推进，不但解放了农村的生产力，推动了农业和乡村社会的发展，而且推动了农村生产关系领域的变革。乡村社会主体性不断增强，权力也逐步分化，这些都导致了人民公社体制的瓦解，在此基础上孕育产生的村民委员会这一村民自治组织逐步取代了原来的生产大队，从而开始了一场涉及9亿中国农民的乡村社会主义民主化进程。人民公社体制的解体以及随后村民自治制度的确立、推行，标志着"国家"权力开始从乡村社会的退出，从而再一次重塑了"国家"与乡村社会的边界，并最终确立了"乡政村治"的基层政治社会形态。许多学者认为，这是中国政治秩序迈向合理化的重要一步，是中国政治现代化的重大进步。

随着这一政治社会形态的转变，我国乡村社会的许多文化属性再次复萌，其中，家庭、宗族组织就成为当前中国乡村社会的重要非正式组织，对乡村社会的整合起着异乎寻常的影响作用。另外，血缘和地缘关系也在一定程度上影响着乡村社会的发展。当然，这些并非传统乡土社会文化的简单"复活"，因而，它们必然具有迥然不同的历史作用。尽管如此，我们依然不能小视这种文化在中国乡村现代化中的实际作用，从乡村现代化的整体进程或历史框架来看，它已经成为中国乡村现代化的内在障碍。

<h2 style="text-align:center">二</h2>

根据吉尔伯特·罗兹曼的定义，所谓现代化，就是"从一个以农业为基础的人均收入很低的社会，走向着重利用科学和技术的都市化和工业化社会的这样一种巨大转变"。目前，学术界普遍认为，我国已进入工业化中期阶段，我国的城镇化水平还只达到工业化的初期水平，1978年，我国GDP中第一产业为28.1%，第二产业占48.2%，第三产业占23.7%，但城镇人口只占人口的17.9%；20年后的今天，GDP中的第一、二、三产业的比例演变为18.7%、49.2%、32.1%，但是城镇化率仍然很低，仅为29.9%，与世界平均水平相比，落后了12.1个百分点。对于中国城镇化严重滞后于工业化的原因，学术界有许多不同的争论。我认为，除了社会体制或结构上的原因外，乡村文化的影响与作用可能是一个更为主要和内在的原因。

例如，乡村工业乡土化、农民兼业化、进城农民"两栖化"以及大量农工返乡回潮或候鸟型迁移等现象，都反映了农民"安土重迁"的社会文化心理以及血缘、伦理的"乡土"社会关系。一位研究中国城镇化的学者曾经指出：农村剩余劳动力转移具有渐进性是由劳动力素质决定的，不可能设想在一夜之间将数以亿计的农村剩余劳动力由农业人口变为非农业人口，由农民变为市民。这种转化过程需要相当长的时间，需要经过几个步骤。很显然，这位学者对中国城镇化渐进性的判断是中肯的，但他将之归结为"劳动力素质低"似乎狭隘了些，更准确地说，应该是乡村文化的"乡土性"内在地制约着中国城镇化、乡村工业化进程。

实际上，中国乡村工业化水平也并不很高。仅从 GDP 来看，我国城市的工业化显然占据了很大的比重，除城市部分以外，我国乡村工业化并非一些学者所乐观估计的那样，已经达到了工业化中期阶段的水准。目前，中国乡村工业化的一个主要度量指标就是乡镇企业的发展水平。但是，直到现在，我国乡镇企业还没有摆脱血缘性和地缘性的束缚，这种地缘性和血缘性所带来的必然结果是它的分散性，形成了"村村点火，户户冒烟"的格局。据统计，乡镇企业的 80% 分布在自然村落，7% 分布在行政村所在地，12% 分布在乡镇所在地，只有 1% 分布在县城及周围。正如某位专家所指出的那样，农村工业化最大的问题是这类企业具有分散性、地缘性和封闭性。而这正好证明：乡村文化"乡土性"的影响作用，已经对中国乡村现代化构成了巨大的障碍。

三

既然中国是一个以乡村为基础的社会，乡村文化又内在地制约着中国乡村社会的发展，因此，当下最要紧的就是从"乡村建设"入手，改造乡村文化，推进乡村的发展和现代化。

当然，今天的"乡村建设"与 20 世纪二三十年代的"乡村建设"不同：旧的"乡村建设"的主旨是要复兴乡村文化，而主张返回到"农本社会"、"伦理本位社会"中去，"振兴农业，以引发工业"，"以农村为主体来繁荣都市"；新的"乡村建设"则是要引进"科学"和"民主"以此来改造乡村文化，并且由下向上逐步推进中国现代化。因而，新的"乡村建设"不是复古，乃是图新。换言之，在今天看来，乡村文化并非代表先进生产力的文化，它是落后的"贫穷文化"（Culture of Poverty）。对此，很早就有人指出："其实中国数千年来的文化之所以停滞而不能发达的一个重要的原因，恐怕正是因为中了这种乡村制度的遗毒，受了老子的'老死不相往来'的理想乡村的影响。结果是知识闭塞，科学不振，工业商业无从发展，连所谓作为乡村基础的农业，也是沿旧蹈常，与所谓原始文化的社会的情况，相去不远。"要想除去这种遗毒，也只能从乡村重新做起。过去我们计划通过"国家"力量自上而下地对乡村社会的整合来达到这个目的，结果虽不能说是失败却也不能说是十分成功的。这便进一步说明了，新时期开展"乡村建设"的重要意义和深远价值。借用当年"乡村建设"运动的主要代表人物晏阳初先生的话来说，"乡村建设虽然始于乡村，但不止于乡村，它不过是从拥有最大多数人民的乡村下手而已，它的最终目标当然是全中国的富强、康乐，因而奠定世界和平"。所以，七十年前应该是这条路，今日还是只有这条路可走。舍此别无二途，更无捷径。

自 1988 年起，我在大别山贫困的乡村开展"文化扶贫"和以"组合竞选"为主要特色的村民自治实验活动，以期通过科学的传播、民主的训练，来改造传统的乡村文化，为建设和繁荣社会主义文化的新乡村而贡献自己的一份绵薄之力，发挥自己的所有余热。

这些年来，我之所以抱定"乡村建设"的主张，并非源于一时热情、冲动，而是基于对历史和现实中国的双重认知和理性思考。众所周知，旧中国之所以积弱、腐败，主要是由于科学不兴、政治专制的缘故；新中国成立以后，之所以酿成"文化大革命"悲剧，大抵也是由于鄙视知识、缺乏民主的缘故。从根本上分析，还是由于中国传统文化缺少"科学"、"民主"的"基因"。因此，近代以来，特别是"五四"以来，先进的中国人都主张用"科学"和"民主"改造旧的文化，建设新的文化，代表先进生产力的中国共产党人就是高举着"民主"和"科学"的大旗，战胜了一切封建主义的、帝国主义的压迫，推翻了黑暗的、专制的旧政权，建立了属于人民自己的"共和国"。

在今天这样一个"知识经济"的时代里，人们对于科学或知识价值的重要性已经没有任何的歧见了。这些年来，我在农村推行"文化扶贫"也得到了社会各方面不遗余力的支持。但是，我所进行的村民自治实验遭遇了不小的阻力。这是为什么呢？直到今天，有些人对"民主"还比较忌讳，以至谈"民主"便色变。其实中国共产党人历来就主张"人民当家做主"。新中国成立前，革命根据地的政权统统称之为"民主政府"，过去农民识字少，在根据地就用"丢豆子"的办法民主选举乡村干部。当时共产党在根据地讲民主，蒋介石在他的统治区内搞独裁，成为神州土地上光明与黑暗的鲜明对照。民主的延安、民主的解放区，吸引着全国人民特别是广大青年知识分子，最终是中国共产党以民主为旗帜战胜了蒋介石的独裁，取得了政权。正如邓小平同志所说的那样，没有民主就没有社会主义。在党的第十五次全国代表大会上，江泽民同志则进一步指出：社会主义愈发展，民主也愈发展。发展社会主义民主政治，是我们党始终不渝的奋斗目标。而扩大基层民主，保证人民群众直接行使民主权利，合法管理自己的事情，创造自己的幸福生活，则是社会主义民主最广泛的实践。在今天如果没有民主，不但没有社会主义，而且没有社会主义的现代化。

因此，村民自治在推进社会主义民主化进程中具有重要的"基础性"意义。它不单是村级社会的一种"社区自治"形式，重塑了"国家"与乡村社会的边界，重构了基层政权的合法性，而且"为上层建筑提供了社会支柱和基础结构"。相反的，如果没有乡村社会村民自治的基础，这种民主化就可能在上层演变成为权力的争夺，而祸及国家和人民。这在中国历史上有过许多的惨痛教训。在历史上，如果国家统一遭到破坏，就会出现地方割据和军阀混战局面。一旦出现这种局面，也只能依靠武力，靠强化官僚体制来解决。如此，又怎么能跑出专制官僚体制的恶性循环的怪圈呢？历史是最好的一面镜子，对于我们今天的人们仍有启迪、借鉴作用。从这个意义上来说，中国民主化最稳妥的步骤还是从乡村基层做起，即从村、乡镇、县一级一级向上推行。正如彭真同志所说："把一个村的事情管好了，逐渐就会管好一个乡的事情；把一个乡的事情管好了，逐渐就会管好一个县的事情，逐步锻炼，提高参政能力。"让几千年封建主义烙在农民身上的依附、盲从的印痕，在社会主义民主化中逐渐消退，使民主的精神在中国广袤的乡村土地上升华。

最后，我想提请大家注意的是：除了"科学"和"民主"之外，还有第三条道路可走吗？总而言之，"科学"和"民主"是改造乡村文化的利器。只有从乡村根植"科学"和"民主"的"种子"，才会确保社会主义现代化这棵参天大树茁壮成长。

但是，发展乡村文化并不是就"文化"本身而言的，关键还是这种"文化"的主体——人，因为文化归根结底都是由人创造的，人是文化的主体，人是文化的核心。如果没有人的发展，就根本谈不上文化的发展，更谈不上整个社会的发展和现代化。一些地区之所以发展缓慢，恐怕与只重物的建设、忽视文化的发展和人自身的发展不无关系。在这里，我们不妨记住恩格斯的一句名言：文化上的每一个进步，都是迈向自由的一步。

用先进文化推进乡村社会发展[*]

一

对于中国这样一个乡村人口占 80% 左右的农业大国来说，如果没有乡村社会的发展，就根本没有整个国家的发展。中国乡村社会的发展，始终是近代以来中国知识分子探索、研究的一个重要问题。诸多的研究文献似乎集中于指出中国乡村社会发展的阻力，如土地、资源、资本、技术乃至制度等等。它们单纯地以为，只要消除其中一种或几种阻力，乡村社会发展的力量就会像打开栅栏后的赛马一样狂奔而出。但是，乡村社会发展的事实和经验却不是这样的，诚如美国社会学家英格尔斯所言："当今任何一个国家，如果它的国民不经历这样一种心理上和人格上向现代性的转变，仅仅依赖外国的援助、先进技术和民主制度的引进，都不能成功地使其从一个落后的国家跨入自身拥有持续发展能力的现代化国家的行列。""如果一个国家的人民缺乏能赋予这些制度以真实生命力的广泛的现代心理基础，如果执行和运用着这些现代制度的人，自身还没有从心理、思想、态度和行为方式上都经历一个向现代化的转变，失败和畸形发展的悲剧结局是不可避免的。再完美的现代制度和管理方式，再先进的技术工艺，也会在一群传统人的手中变成废纸一堆。"这里所谓的心理、思想、态度和行为方式，就是我们通常所言的"文化"。在文化与发展之间事实上存在着一种对应性，没有文化的进步，便没有社会的发展。我国乡村社会之所以相对落后，中西部地区农村之所以贫困而难以自拔，往往与其文化有着密切的渊源关系。文化变革的迟缓，尤其是一些贫困地区乡村特有的文化传统、文化体制、文化形态和文化环境，犹如一副沉重的翅膀抑制着它们的腾飞、发展。

在当今社会，乡村社会发展的一个重要标志是其城镇化或工业化水准。就拿农村城镇化来说，尽管我国目前已进入了工业化中期阶段，但是我国农村的城镇化水平却非常落后，只达到工业化的初期水平。1978 年，我国 GDP 中第一产业占 28.1%，第二产业占 48.2%，第三产业占 23.7%，但城镇人口只占总人口的 17.9%（实际上，1960 年即为 19.7%）；20 年后，GDP 中第一、二、三产业的比例演变为 18.7%、49.2%、32.1%，但是城镇比例仍然很低，仅为 29.9%，与世界平均水平相比，落后了 12.1 个百分点。在地区分布上，中西部地区农村城镇化水平明显低于东部地区。根据有关资料显示，早在 1989 年我国东部地区农村城镇化率就已高出全国平均水平（10.14%）1.57 个百分点，中部基本与全国平均水平持平，而西部则落后 25.4 个百分点。进入 20 世纪 90 年

* 原载《江淮论坛》双月刊 2000 年 6 月。

代以后，东部地区与中西部地区城镇化水平差距越拉越大。1997 年，安徽省城镇化率仅为 22.02%，已比全国平均水平落后 7.9 个百分点，与山东、浙江比较则相差 12.08 和 13.50 个百分点。对中国城镇化严重滞后于工业化，特别是中西部地区农村城镇化落后于东部地区的原因，学术界有许多不同的争论。我们认为，除了社会体制、结构、经济和技术上的原因外，乡村文化的影响与作用可能是一个更为重要和内在的原因。

例如，乡村工业化乡土化、农民兼业化、进城农民"两栖化"以及大量农民工返乡潮或候鸟型迁移等现象，都反映了农民"安土重迁"的社会文化心理，以及血缘、伦理的"乡土"社会关联。一位研究中国城镇化的学者曾经指出："农村剩余劳动力转移具有渐进性是由劳动力素质决定的，不可设想在一夜之间将数以亿计的农村剩余劳动力由农业人口变为非农业人口，由农民变为市民。这种转化需要相当长的时间，需要经过几个步骤。"很显然，这位学者对中国城镇化渐进性的判断是中肯的，但他将之归结为"劳动力素质"似乎狭隘了些，更准确地说，应该是乡村文化的"乡土性"内在地制约着中国城镇化、乡村工业化进程。

实际上，中国乡村工业化水平也并不高。仅从 GDP 来看，我国城市的工业化显然占据了很大的比重，除开城市部分以外，我国乡村工业化的水平仍然比较落后，目前，中国乡村工业化的一个重要度量指标是乡镇企业的发展水平。但是，直到现在，我国乡镇企业的发展还没有摆脱血缘性的束缚，这种地缘性和血缘性所带来的必然结果是它的分散性，形成了"村村点火，户户冒烟"的结局。实际上，我国乡村工业仍处于初级水平，走的是一种分散化、小规模、数量式扩张的发展模式。据 1992 年的调查，在我国 2097 万家乡镇企业中，有 1990 多万家分散在自然村里，占 92%，7% 的企业设在建制镇，只有 1% 的企业建在县城里，这种状况至今没有明显改变。中国乡村工业化之所以表现出如此高的分散性、地缘性和封闭性，主要还是由于乡村文化"乡土性"在作祟。而这正好证明，落后的乡村文化，已经严重地阻碍了中国乡村社会的发展，成为中国乡村社会现代化的内在障碍。

二

所谓乡村文化的"乡土性"，实际上就是传统中国乡土文化的表现。至今，我国乡村文化之所以还表现出很强的乡土性，主要是由于文化变迁的独立性和滞后引起的。美国社会学家威廉·奥格本（William F. Ogburn）认为，一定的文化在变迁时，其各个组成部分的变迁速度是不相同的。一般而言，物质文化的变迁速度较快，非物质文化的变迁速度较慢；而在非物质文化中，制度文化变迁较快，其次是风俗（customs）和民德（mores），最后才是价值观念的变迁。由于物质文化与非物质文化（特别是价值观念）的变迁速度不同，作为非物质文化（即所谓观念形态的文化）就不可避免地发生滞后变迁效应。尽管我国乡村社会的经济和政治都发生了翻天覆地的变化，特别是与传统的中国乡村社会相比更是如此，但是与之相应的文化却没有完全建立起来，传统的乡土文化依然起着作用，并在相当程度上决定着乡村社会发展的速度和方向。

我国乡村文化受道家文化和儒家文化影响最深。道家希望人人"甘其食，美其服，安其居，乐其俗，邻国相望，鸡犬之声相闻，民至老死不相往来"，"重死而不远徙"

的小国寡民式生活。儒家则憧憬乡村人民"死徙不出乡，乡田同井，出入相友，守望相助，疾病相扶持"的田园美景。唐朝诗人白居易的《朱陈村》基本上反映了传统中国乡村社会的理想："有财不行商，有丁不入军。家家守村业，头白不出门。生为村之民，死为村之尘。田中老与幼，相见何欣欣。一村唯两姓，世世为婚姻。亲疏居有族，少长游有群。……生者不远别，嫁娶先近邻。死者不远葬，坟墓多绕村。"这是一幅多么恬静、和谐而又封闭、静止的生活图景。这种静态社会的人民，便极容易囿于乡土观念。

乡土社会之所以缺乏流动性，人们安土重迁，是与农耕文明和自给自足的自然经济分不开的。因为农业与游牧、工商业不同，游牧之民逐水草而居，居无定所，飘移不定；工商之民则择地而居，迁移无碍，来去自由；农耕之民，由于搬不动土地，只得黏附在土地之上，与土地形成"情结"——对于他们而言，土地不仅是谋生的手段，而且也是他们全部人生的希望之所在。正是由于这一原因，对于以耕种土地为生的农民来说，世代定居才是常态，迁移是变态。土地的重要性使农民形成了浓厚的重本轻末的"贱商"意识，"有财不行商"正好符合他们的思想。直到现在，还有不少农民仍为挑担上街卖东西感到羞愧。前几年我们在大别山区岳西县调查时就发现一件令人难以置信的怪事：一户农民宰了猪由于无钱买盐腌肉，宁可让肉在家臭掉，也不知道卖几斤肉换盐。这种小农本位、轻商贱商的意识，不仅使农民在简单再生产的狭窄磨道里转圈子，而且还使他们的头脑僵化呆滞，不能适应市场经济的需要。乡土观念，紧紧地将乡村人民束缚在土地上，限制在封闭的环境里，使他们缺乏进取、开拓、冒险和竞争的精神，使他们安于乡土匮乏、贫困的生活。由此足见，乡土文化对乡村社会发展造成的消极作用是何等严重。

把乡村人民束缚在土地上，除了地缘性的乡土观念外，还有血缘性的家族观念。"血缘是稳定的力量。在稳定的社会中，地缘不过是血缘的投影，不分离的。'生于斯、死于斯'把人和地的因缘固定了"。正如一位外国人所观察的，"总的说来，中国人没有离家不归的。他们总是希望发财回来，死在家里，葬入祖坟。'渴望在后代的脚下朽烂'，这个命中注定的愿望，如此长久地支配着中国人的情感，长期阻碍着他们采取一种可以有效减轻痛苦的显而易见的措施"。

不过，这只是一个问题的一个方面而已。实际上，中国历代皇权政治都有一套将农民固定在土地上的制度和方法。无论是井田制，还是乡里、里甲或保甲等制度，都禁止农民的流动和迁移。从巩固专制政治这个角度来看，"一切纲常教义，一切'安分守己'、'安土重迁'的大道理，都是要他们继续在土地上生存下去，才能发生作用。一旦四方八面的压迫榨取过大，就会使他们从土地上'游离'出来，而变为所谓的流浪者、浮食游民，以前所有的社会思想的羁绊，便不再对他们发生效用了"，因而专制政治害怕人民的流动和迁移。从这一点上，我们可以进一步了解到，所谓乡土文化不但是前现代社会自然经济的反映，而且是专制政治的反映。只不过，在长期的历史演化过程中，专制政治的一套制度、思想和方法，逐渐被乡村人民所接受和内化，仿佛是他们固有的文化属性。以至在今天，还有不少人甚至一些学者对乡村人民存在着偏见，认为他们天性就是宿命主义者，听任命运的摆布，而不知进取、反抗和主动改变自己的人生。

事实上，我国乡村人民受传统的乡土文化毒害至深，不可能一朝一夕就能改变。再以政治文化为例，我国乡村人民对于政治的热情、认识和参与的程度，也仅仅局限于乡村范围之内（在传统乡村社会，主要局限于家族之内，现在的"乡村"不过是"家族"的一种放大而已），而且对于政治的参与也不过是为了维持、保护和增加他们的经济利益，对于政治本身的权利（或权力）则没有过高的要求，对于整个政治制度则根本是不去理会的。依据美国政治学家阿尔蒙德的研究，这种政治文化，实际上仍是一种地域型、从属性的政治文化，阿尔蒙德将政治文化划分为三种类型，即地域型政治文化（Parochial Political Culture）、从属型政治文化（Subject Political Culture）和参与型政治文化（Participatory Political Culture）。地域型政治文化不过是一种以村庄、家族、种族、地区为基础的地方性政治文化。与此相反，从属型政治文化和参与型政治文化都是一种全国性政治文化。在从属型政治文化中，人们尽管知道这种政治制度，但对它持有消极态度，置之度外，他们坐等它为自己效劳或担心被它所敲诈、压迫，而没有想到他们可以改变它。参与型政治文化则与之相反，公民们认为他们可以通过选举、示威、游行、请愿、压力集团组织等不同手段去改变既有政治制度的不合理的地方，决定它的演进方向。每一种政治文化都同一种政治结构相适应，地域型政治文化适合于一种分散的传统政治结构；从属型政治文化适合于一种专制和集中的政治结构，参与型政治文化适合于多元的或民主的政治结构。很显然，在我国乡村社会发展中，参与型政治文化还有待进一步发展，民主不仅仅是指一些民主的政治制度或设备，更主要是一种关于民主的意识、思维和思想。正如阿尔蒙德所言，"对于民主首先必须认识到民主是一种关于态度和感觉的问题，而恰恰这一点是最难以认识到的"。我们不能不承认，我国乡村社会主义民主制度具有广泛的先进性，但是与之相应的民主政治价值观却远未建立。这从另一角度再次说明，建设社会主义乡村文化，用先进文化推进乡村社会的发展，任重而道远，同时它又到了刻不容缓的地步。

三

那么，什么是先进文化？先进文化又该如何推进乡村社会发展？特别是在当前我国乡村社会正处于从传统社会向现代社会的转型时期，乡村的文化发展尤其重要。在这种新形势下，如何在我国乡村弘扬先进文化，武装广大乡村人民，促进乡村的生产力发展和社会进步，推进我国社会主义现代化事业不断向前发展，都是亟待探讨和研究的重大时代课题。我们党和政府历来都十分重视乡村文化建设问题，党的三代领导人都对文化的建设、发展问题作出精辟论述，尤其是江泽民同志关于"三个代表"的重要论述，始终把代表"先进文化的前进方向"作为党的先进性的重要特征和标志，这在马克思主义党建学说发展史上还是第一次。这就充分说明了在新时期加强先进文化建设的重大意义。用先进文化推进社会主义现代化事业发展，是何等重要。我国是农业大国，建设社会主义乡村文化，用先进文化推进乡村社会的发展，则更具有特别重要的意义。

马克思主义认为，一定的文化是一定社会的经济和政治的反映。所谓先进文化就是与社会主义的先进生产力、生产关系和社会主义民主政治相适应的文化。邓小平同志曾经指出，科学技术是第一生产力。扼要言之，先进文化就是科学的文化和民主的文化。科学与民主，是人类社会历史发展的必然规律和不可阻挡的趋势，是当今时代的主旋律。马克思主义始终高举科学和民主的大旗，从而成为人类社会持续发展永久推动力和前进的坐标。

作为马克思主义的忠实信徒，我始终把民主和科学作为我人生的志业，为之奋斗。早年我参加革命，是为了追求民主和科学；自改正"右派"之后，二十多年来我一直深入社会的底层，也是抱定为建设和发展社会主义民主和科学事业贡献自己绵薄之力，开展"文化扶贫"和以"组合竞选"为特色的村民自治的研究实验活动，以期通过科学的传播、民主的训练，来改造传统的乡村文化，弘扬社会主义先进文化，用先进文化推进乡村社会的发展。

从前面分析来看，我国传统的乡村文化缺少科学、民主的"基因"。正如陈序经先生早年曾经所指出的，"其实中国数千年来的文化之所以停滞而不能发达的一个重要的原因，恐怕正是因为中了这种乡村制度的遗毒，和老子的'老死不相往来'的理想乡村的影响。结果是知识闭塞，科学不振，工业商业固无从发展，连作为乡村基础的农业，也是沿旧蹈常，与原始文化的社会的情况，相去不远"，因此，造成了旧中国的积弱、腐败；新中国成立以后，之所以酿成"文化大革命"悲剧，大抵也是由于鄙视知识、缺乏民主的缘故。对此，早已有人指出过，早在 1980 年 5 月 24 日，李维汉就曾向邓小平提出，之所以出现"文化大革命"这样的悲剧是因为中国的封建遗毒太深，因此建议中央"补上肃清封建遗毒这一课"。邓小平完全同意李维汉的意见，并且在当年 6 月 27 日指示在起草《关于建国以来党的若干历史问题的决议》的报告时，特别提出要"继续肃清思想政治方面的封建主义残余影响"。当然，肃清封建主义遗毒，建设社会主义先进文化，还必须从基础做起，即从乡村出发，逐步改造传统的乡村文化，彻底铲除封建主义赖以寄生的土壤。这是一项基础性工程，需要一代乃至几代人的努力。

在今天这样一个"知识经济"时代里，人们对于科学或知识价值的重要性已经没有任何歧见。这些年来，我在农村推行"文化扶贫"也得到了社会各方面的支持。但是，我所进行的村民自治实验却遭遇了不小的阻力。这是为什么呢？直到今天，还有一部分人对"民主"比较忌讳，以至谈"民主"便色变。殊不知我们共产党人历代就主张"人民当家做主"。最初，我们共产党之所以战胜专制独裁的蒋介石政府，就是因为我们共产党人高举民主的旗帜，将全国人民吸引到民主的旗帜下，从而取得了人民政权的胜利。正如邓小平所总结的，没有民主就没有社会主义。我们党历来就十分重视基层的民主建设，社会主义愈发展，民主也愈发展，发展社会主义民主政治，是我们党始终不渝的奋斗目标。而扩大基层民主，保证人民群众直接行使民主权利，依法管理自己的事情，创造自己的幸福生活，则是社会主义民主最广泛的实践。在今天如果不发展民主，就没有社会主义现代化事业的不断进步。很显然，发展社会主义基层民主，是社会主义乡村现代化题中应有之义。在用先进文化推进乡村社会发展中，绝不能轻视或有意忽视、回避乡村民主政治文化的建设。

一国的民主化最稳妥的步骤还是从社会基层做起，中国也不例外，即从村、乡镇、县一级一级向上推进，正如彭真同志所希望的那样：人民"把一个村的事情管好了，逐渐就会管好一个乡的事情；把一乡的事情管好了，逐渐就会管好一个县的事情，逐步锻炼，提高参政能力"。从而，让几千年封建主义烙在农民身上的依附、盲从的印痕，在社会主义民主化进程中逐渐消退，使民主的精神在中国广袤的乡村大地上升华。

这些年来，我之所以在"文化扶贫"上用功不辍，也主要是基于上述目的。"文化扶贫"究其实质就是用先进的生产力取代落后的生产力，用先进文化改造贫困的乡村文化，因而它代表了广大人民群众的利益，得到了农民的广泛欢迎。实践证明，它已经成为当前乡村"两个文明"建设的重要生长点和有效结合点，有力地推进了乡村社会的发展。原中共安徽省委书记卢荣景对"文化扶贫"工作给予了高度的评价，称之为"自农村大包干以来，我省的又一创举"。但是，在先进文化推进乡村社会发展的探索过程中，这仅仅是一个开始。我们将以江泽民同志关于"三个代表"的重要论述为指导，在乡村文化建设的道路上继续探索下去。

相对贫困:中国社会转型的一大隐忧[*]

如果说绝对贫困是影响农村稳定的主要隐患,因为农民抗议的往往不是他们一般的贫困,而是抗议他们的过分贫困;那么,对于城市来说则正好相反,相对贫困是影响城市稳定的一大隐忧。

但是,迄今为止,人们对城市的相对贫困问题似乎还未引起应有的重视,无论是各级政府还是理论界,对城市贫困问题的关注还仅仅停留在绝对意义(或生存层面)上,政府的行动和政策行为主要是社会救助、建立最低生活保障线、对失业、贫困居民给予一定的政策性优惠,等等,而理论界则在失业率、绝对贫困线的确定等经济指标上纠缠不清。实际上,城市的相对贫困问题已经成为当前社会转型的深层隐忧。根据有关资料估算,1993 年我国农村的绝对贫困发生率与相对贫困发生率分别为 9.4% 和 119.3%,城市的绝对贫困发生率与相对贫困发生率分别为 4% 和 50.7%;到 1998 年,农村与城市的同类指标分别为 4.6% 与 97.33% 和 5.3% 与 106.2%。由此可见,近年来,我国农村的贫困正在缓解,而城市的贫困问题却日益加剧,大有越演越烈之势,特别是城市相对贫困问题日益凸显出来。

相对贫困意味着"相对剥夺"的存在。"相对剥夺",这一概念最早是由英国著名学者彼德·汤森(Peter Townsend)提出来的,他对贫困问题作了充分考察后认为:"当某些人、家庭和群众没有足够的资源去获取他们所在那个社会公认的、一般都能享受到的饮食、生活条件、舒适和参加某些活动的机会,那么就可以说他们处于贫困状态。他们由于缺少资源而被排斥在一般生活方式、常规及活动之外。"他强调的是社会资源的分配不均,而非因资源的贫乏而不能维持基本的生活。因此,相对贫困的本质是指一定阶层的人物质上或非物质上遭到持续性的"剥削"而导致的社会不平等。

在当前中国城市社会中,最能反映这种不平等现象的是贫富的两极分化。表 1 基本上可以反映这一情况。特别是最近几年来,这种贫富两极分化更加突出,并呈加快扩大之势。表 2 显示,1990—1997 年间,我国城镇居民 20% 最高收入户与 20% 最低收入户年收入的差距已由 4.2 倍扩大到 17.5 倍(若将 10% 最高收入户与 10% 最低收入户比较,差距会更明显);20% 最低收入户的收入占城镇居民总收入的比重从 9% 下降到 3.0%,20% 最高收入户的收入占总收入的比重从 38.1% 上升到 53.7%,10% 最高收入户的收入占总收入的比重达到了 37.0%。这种收入差距,即使从国际比较来看也是很大的(1990 年美国 20% 富有家庭和 20% 低收入家庭的收入占总收入的比重分别为 44.4% 和 4.6%),更何况我们这样一个以"公平"过渡作为改革起点

* 原载《华夏纵横》2000 年第 4 期(总第 11 期)。

的社会主义国家？

表1　　　　　　　　　　　　城镇居民收入"基尼系数"表

年份	基尼系数	年份	基尼系数
1978	0.160	1992	0.250
1981	0.150	1993	0.270
1985	0.190	1994	0.300
1990	0.230	1995	0.280
1991	0.240	1996	0.300

資料来源：钟鸣、王逸：《两极鸿沟？当代中国的贫富阶层》，中国经济出版社1999年版，第38页。

表2　　　　　　　　　　中国城镇居民贫富差距的发展趋势

	最高20%与最低20%人均收入之比（倍）	最低20%收入户所占总收入之比重（%）	最高20%收入户所占总收入之比重（%）	最高10%收入户所占总收入之比重（%）
1990	4.2	9.0	38.1	23.6
1993	6.9	6.3	43.5	29.3
1996	17.9	3.1	54.6	39.2
1997	17.5	3.0	53.7	37.0

再以1996年的上海、广东和内蒙古为例，上海作为城镇居民家庭人均生活费用收入最高的城市（人均7721.4元），最高收入户人均收入达14952.96元，最低收入户为3785.04元，前者是后者的3.95倍；人均生活费用收入次高的广东省（人均7487.9元），当年最高收入户人均收入达15549.88元，最低收入户为3291.46元，前者是后者的4.72倍；作为全国城镇居民人均生活费用收入最低的内蒙古（人均3101.46元）最高收入户人均收入为6338.63元，最低收入户仅为1259.46元，前者是后者的5.03倍。另据全国10万城乡住户调查，用国际通用的五等分法，以20%的高收入户和20%的低收入户人均收入相比较，1995年，我国城镇居民的贫富收入差距为3.0倍，比1978年的1.8倍扩大了1.2倍。根据世界银行的有关统计数据来看，1992年，中国占社会成员20%的高收入户的收入是占社会成员20%的低收入户的8.6倍，这一数字已高于大多数低收入国家贫富差距的水平，接近美国1985年8.9倍的水平。1995年我国城市占居民家庭比例7.6%的贫困户阶层的户均收入为4612元；占居民家庭比例5%的富裕户阶层的户均收入为80091元，是贫困户阶层户均收入的16.6倍。

实际上，仅从收入水平来看，还不能明显反映贫富两极分化的严重性。根据有关研究表明，中国城镇居民的财产分配差距已远远超过了收入分配差距，从基尼系数比较，前者比后者高出13个百分点，这也就是说，前者的不均等程度远比后者的不均等程度严重得多（参见表3）。

其中，据全国10万户城乡住户调查，1995年，富裕户阶层户均金融资产为169121

元，是贫困户阶层户均金融资产 3139 元的 53.88 倍。由此可见，中国城市相对贫困问题已相当严重，各级政府和理论界都应给予足够的重视和关注。

表3　　　　　　　　　　1995 年中国城镇住户（个人）财产分配情况

财产及构成	比例（%）	以住户为单位的分解		以个为单位的分解	
		基尼系数	集中率	基尼系数	集中率
财产总额	100.0	0.403	0.403	0.411	0.411
其中①房产	67.31	0.470	0.435	0.476	0.441
②金融资产	17.06	0.600	0.391	0.605	0.401
③耐久消费品	13.60	0.379	0.215	0.391	0.232
④生产性资产	0.70	0.992	0.616	0.952	0.578
⑤其他财产	2.55	0.821	0.340	0.819	0.336
⑥债务	（－）1.22	0.953	－0.219	0.992	－0.214

　　而且，我国城市相对贫困现象还会随着经济转轨和社会发展转型日益凸显出来。因为经济转轨，要求就业制度从计划安置型向市场供求型转变，隐性失业显性化，必会出现经济转轨时期特有的"体制转轨型失业"；而社会发展转型，又意味着技术升级、产业重组和国际化竞争的多重推进，又会引致"资本深化型失业"，伴随着大规模的持续性下岗，失业"洪潮"，我国城市阶层畸形分化（即贫富两极化）将进一步加速扩大。尽管目前城镇居民登记失业率仅为 3.1%，但据专家估计，实际失业率则为 8% 左右，甚至有的学者测算认为我国城镇真实失业率已高达 19.3%。国际经验表明，一旦失业率达到一定水平，就存在着失业一直保持在较高水平上的危险，这在许多国家被称为滞后效应。问题的复杂性还在于，我国作为一个发展中国家，农村的自然就业状态同样也存在着严重的隐性失业，这些剩余劳动力转移出来，对城市就业也将形成持久的压力。在就业空间的刚性约束下，失业和贫困化将对我国社会经济发展产生持续的消极影响。

　　当然，我们绝不能因此就可以忽视城市的绝对贫困问题。不过，实际上，大多数"贫困"家庭的生活状况并不是人们想象的那样坏。这一方面是由于，在正式的社会保障制度之外，贫困家庭还可以依仗非正式的社会支持网络，这个网络主要是由家庭、亲戚、朋友和社区组成的。据一些专家较为保守地估算，他们从非正式的社会支持网络中得到的现金资助至少相当于他们从正式的社会保障网络中得到的救助金额的一半（这还不包括许多志愿性服务和政策性优惠）。另一方面是由于，大量的失业、下岗职工"隐性就业"。我们从实际调查中了解到，许多失业、下岗职工的"隐性就业"收入已远远超出原有的工资水准，就连他们自己也承认："一开始下岗的确不好过，后来自己找工作，收入比原来的工资高了许多，不瞒你说，心理还真有点感激自己下了岗呢。"相信随着城市社会保障体系的进一步完善和社区功能的健全，我国城市绝对贫困问题将会得到有效的解决。

　　但是，相对贫困问题却与绝对贫困问题不一样，相对贫困表现的是与社会的一般生活水准、财富的分配、地位系统和社会期待的相对关系，相对贫困者被排斥在社会的主流生活之外，具有某种边缘化的色彩，而这些正是相对贫困者所难以接受的，由此，他们会滋生对社会的不满、愤懑，乃至仇世的心态，从而极容易引发更大范围的社会不安甚至一定的社会动荡。目前，一些城市失业、下岗职工"闹事"屡有发生，正是这种相对贫困社会的一个重要表征。

长期以来，人们对贫困的认识仅仅停留在生存的层面上或绝对的意义上，他们远未注意到贫困所造成的心理的和社会的作用。其实早在 150 年前，马克思就曾精辟地论述道："我们的需要和享受是由社会产生的。因此，我们对于需要和享受是以社会的尺度，而不是以满足它们的物品去衡量的。因为我们的需要和享受具有社会性质，所以它们是相对的。"他还打了一个生动的比喻：

"一座小房子不管怎样小，在周围的房屋都是这样小的时候，它是能满足社会对住房的一切要求的。但是，一旦这座小房子近旁耸立起一座宫殿，这座小房子就缩成可怜的茅舍模样了。这时，狭小的房子证明它的居住者毫不讲究或者要求很低；并且，不管小房子的规模怎样随着文明的进步而扩大起来，但是，只要近旁的宫殿以同样的或更大的程度扩大起来，那么较小房子的居住者就会在那四壁之内越发觉得不舒适，越发不满意，越发被人轻视。"

因此，一个人的所得即使可以维持基本的生活，但如果他仍然落后于所在社会一般人的标准，他就会受到贫困的打击，从而衍生强烈的被剥夺感；他们往往将贫困归咎于各种社会的因素，而非视为个人问题的集合。一旦这种被剥夺感长期积聚之后突然暴发出来，社会的冲突和分裂就势所难免。

一些学者认为，这种现象主要发生在现代社会里。因为在传统社会里，贫困往往被视为一种自然现象，因而，在这种社会里，人们通常将贫困归咎于命运，并滋生安贫乐道、恬静寡欲的社会价值，同时，出世的宗教取向又将人们对现世困境的纾解导向安于现状而寄望来世。所以，在传统力量主导的乡村社会里，人们看重的主要是绝对贫困问题，而在现代文明的中心——城市社会里，人们更加注重相对贫困问题。对于城市来说，相对贫困的消极作用远比绝对贫困的消极作用大。尤其是在今天的中国，城市的相对贫困问题更加严峻（如前所述），这主要是由于我国当前正处在社会转型的关键阶段，特殊的社会背景使相对贫困问题更加复杂化，牵一发就可能动全身。当前城市的相对贫困问题，如果不能及时、有效地加以治理，我国社会能否顺利实现转型，无疑将是一个很大的疑问。

21 世纪初期安徽扶贫攻坚与文化扶贫对策[*]

贫困问题是当今中国乡村社会最突出的一个社会问题。改革开放以来，我省扶贫开发取得很大进展，全省乡村绝对贫困人口由 1978 年的 1200 多万人减少到 1998 年底的 134 万人，乡村绝对贫困发生率由 29% 下降到 2.67%，低于全国平均水平 1.9 个百分点。从总体上看，全省绝对贫困人口为数不多，但贫困问题又发生了新的变化，突出表现为：绝对贫困与相对贫困并存，区域贫困与结构贫困同在，物质贫困与文化贫困相交织，我省扶贫工作面临着新的一轮挑战。进一步认识我省扶贫攻坚形势、任务，特别是开拓文化扶贫思路推进扶贫攻坚，将是 21 世纪初期安徽经济社会发展的一个重大问题。

一 21 世纪初期我省乡村社会贫困的新特点和新矛盾

根据 20 世纪 90 年代我省农村扶贫工作的实际情况看，在 21 世纪初期，我省农村社会贫困状况的变化将会有以下新的特点和新的矛盾：

一是绝对贫困难以完全消除，相对贫困问题却将日益突出。所谓绝对贫困，主要是基于生存意义而言的，是指社会成员的基本生活需求得不到必要的满足，其生活处于"生存危机"状态。这一部分贫困人口，就是我们通常所说的"没有解决温饱的人口"。1999 年底，我省乡村绝对贫困人口只有 19 万户 78 万人，今后这部分人口将会逐步减少，但是由于基本解决温饱的人口基数较大，脱贫水平不高，脱贫状况极不稳定，稍遇灾害即可返贫。如 1991 年大水灾，原六安地区就有近 75% 的农户返贫；1993 年的"青风灾"，大别山区又有 1/3 的群众返贫。根据有关统计资料显示，在正常年景乡村返贫率平均水平即为 15% 左右。较低的脱贫水准和较高的返贫率，加重了我省扶贫攻坚的难度。不过，最严重而又最难解决的还是日渐突出的相对贫困问题，而这一点尚未引起人们足够的关注。

所谓相对贫困，是指社会成员基本生活的满足程度以及发展的机会低于或少于当时社会公认的基本水准。造成相对贫困的原因很多，其中，在经济转制、社会转型的过渡时期，主要是由于经济与社会资源不公平分配引起的；而在一般社会里，主要还是由于社会主体素质的差距所致。相对贫困容易滋生普遍的社会心理问题，尤其是有相对剥夺感，不仅强化人们对相对贫困的感受，而且还表现出一种"晕轮效应"，从而感染社会大众，造成社会的不安甚至社会的动荡。很显然，解决相对贫困问题比解决绝对贫困问题更为棘手。根据有关统计资料估算，我国乡村的相对贫困发生率 1993 年和 1998 年分

---

* 原载《二十一世纪初期安徽经济和社会发展若干重大问题研究》，安徽人民出版社 2001 年版。

别为 119.3% 和 97.33%，与相应的绝对贫困发生率（即为 9.4% 和 4.6%）相比，处于居高难下的状态之中。21 世纪初期，缓解相对贫困势必成为我省扶贫工程的重点。

二是区域贫困仍然存在，结构贫困将日趋扩大，成为影响乡村发展的一个重大社会问题。对于我省而言，乡村绝对贫困人口主要分布在大别山区、皖南山区和沿淮沿江低洼地区的 17 个国定贫困县和 5 个省定贫困县中，1999 年底，17 个国定贫困县的贫困人口尚有 58.7 万人，占全省绝对贫困人口的 75.3%；5 个省定贫困县绝对贫困人口 2.4 万人；而分布在皖南之大别山两个山区的 26 个山区、半山区县（市、区）的绝对贫困人口，1999 年底就达 34.7 万人，占全省绝对贫困人口的 44.5%，其中处于深山区、库区的绝对贫困人口则占全省贫困人口的 30%。在 11 个深山区、库区县，绝对贫困发生率是全省乡村绝对贫困发生率的 3 倍。如岳西县的绝对贫困发生率就高达 28.4%，远远高于全省的平均水平。而且，这些居住在深山区、库区的贫困人口生存条件十分恶劣，有近 10 万人人均耕地不足 2 分，有近 40% 的村不通公路，有十几万人饮水困难，有 7 万多人没有基本的生存条件，有的乡村贫困程度十分严重。

结构贫困是社会成员收入差距扩大而出现的一种相对贫困。随着我国社会的加速转型，乡村社会的结构贫困亦越来越严重，其突出表现是乡村社会阶层的"对极化"，即贫者越贫，富者越富，造成社会的结构性矛盾。这种结构性矛盾一旦激化，就有社会分裂的危险。几乎所有处于现代化进程的国家或社会，都曾不同程度地经受社会结构性矛盾的冲击，一些国家和社会之所以断送现代化进程，就是由于社会结构性矛盾激化造成的社会分裂引起的。因此，结构贫困问题必须引起政府足够的重视。根据有关调查，我国乡村 20% 的高收入户和 20% 的低收入户人均收入相比较，收入差距已由 1978 年的 2.9 倍扩大到 1995 年的 6 倍多，而且这个趋势还在扩大。农民收入的"基尼系数"也由 1978 年的 0.212 提高到 1996 年的 0.330。我省的结构贫困问题大致相似。

三是物质贫困与文化贫困相交织。长期以来，人们总是认为贫困主要是由于物质匮乏引起的，因而在很长一段时期里，扶贫方式主要是物质救济，即"送衣、送粮、送钱"的"输血"式扶贫，认为弥补了物质匮乏就会摆脱贫困。殊不知这样却养成了贫困地区干部、群众的依赖思想。他们坐等政府的救济，不从自身寻找致贫的内因。甚至在个别地区还曾经出现这样的现象，他们躺在政府救济上多生孩子，反正多一个人头，就多一份救济。大别山区就曾有一些农民为了多要政府救济，故意少报田亩和粮产。实践证明，这种单纯救济式扶贫效果非常有限，不但不能有效解决贫困问题，反而助长了贫困农民的懒惰怠慢，形成了他们"等、靠、要"的度日观。"有自由、无主张，抱着膀子晒太阳，坐等上面救济粮"就是这些贫困人口形象的写照。

进一步深入调查就会发现，贫困人口之所以长期陷入困境的恶性循环，更重要的还是由于"贫困文化"（Culture of Poverty）的影响。贫困表面上看是经济性的、物质性的，但从深层剖析，则是社会文化因素的内在作用。这些社会文化因素长期积淀后就会形成落后的心态、不易改变的思维方式和价值取向，进而形成顽固的文化习俗（生活方式）、意识形态（理论），即贫困文化，这种贫困文化实际上是对贫困的一种适应，从而使一些贫困人群表现出较强的"安贫乐贫"的心理。对他们而言，人家"金窝银窝，不如自家草窝"。浸淫在这种文化中的人们不是穷则思变，奋发图强，而是消极无为，安贫乐道。这也就是沃尔曼（S. Wallman）所指的"甘于贫困"的人，这些人对于任何促使他们发展和增加财富的事物都不感兴趣。岳西县一些山区的人们普遍存在一种"火炉心理"，即每年深秋就闲在家里烤火炉，仲春以后才丢掉火炉，一年中长达半年多的时间被火炉消磨掉，他们不以为痛惜，相反却在贫困的悠闲中颇感满足："脚蹬小火炉，手捧玉米糊，皇帝老子不如我"，这句当地的顺口溜，最能反映"贫困文化"的影响。扶贫开发以来，贫困地区人们的物质生活条件有了很大的改善，但这些贫困人口即使一时脱离了物质的贫困，却轻易改变不了作为完整生活方式、意识形态的贫困文化。在21世纪初期，物质贫困和文化贫困仍然交织存在。

根据上述分析可以预料，在21世纪初期，我省的贫困人口尽管少了，但贫困的根源并没有根除；扶贫任务不是轻了，而是难度加大了。可以说，我省扶贫又会进入新一轮的攻坚阶段。对农村贫困的攻坚必须有攻坚的办法，我们认为，这个办法就是文化扶贫。

二　文化扶贫:21世纪初期我省扶贫攻坚的有效方式

（一）我省文化扶贫的成功实验

20世纪80年代中期以来，我们在对大别山贫困地区长期调查研究的基础上才真正认识到：导致贫困的根本原因，并不仅仅由于自然资源的匮乏，以及经济、技术的落后，更重要的是由于社会文化贫困（或者说是人文资源的贫乏）。但是，这不等于说，他们没有或不存在文化，只是他们的文化是一种与社会发展不相适应的落后文化。那么，如何才能改造他们的贫困文化呢？我们认为，改造贫困文化还必须从"人"开始，因为贫困文化的主体是"人"，贫困文化的承受者也是"人"。而改造"人"的关键就是"开启民智"，提高"人"的素质。扶贫当然要"扶人"，而人的贫困的根本原因是文化贫困，所以，扶人必须扶智扶文。于是，我们产生了这样的扶贫思路："扶贫扶人、扶智扶文"，这就是文化扶贫。

在当时正需要物质扶贫的时候，文化扶贫是否有效，应怎样开展，必须经过实验。我们选择位于大别山深山区经济极其落后的岳西县莲云乡进行实验，并向省委提出了请示报告和实验方案，得到了省委的批准和热情支持。1988年4月起，我们在岳西县莲云乡开始进行文化扶贫的实验工作。

在县、乡党委、政府的帮助下，我们依靠人民群众，探索了"三个基地、一个保障"的文化扶贫方式。所谓"三个基地"，就是建立贴报栏群、实用技术培训中心和乡村图书室等三块实验基地；所谓"一个保障"，就是采取"组合竞选"，有村民自己民主选举村民委员会。具体做法是：

首先，在该乡广泛设置贴报栏，建立贴报栏群，目的是通过每天张贴各种报纸，不断向封闭的乡村人民注入大量的时代文明信息，将党和国家的各项政策法令一竿子戳到底，到达千家万户；用新的社会规范、观念和道德冲刷更新山区的各种陈规陋习，建设社会主义精神文明，培养新一代农民。

其次，定期和不定期地举办各种实用技术培训班，向农民传授"一技之长"。这个培训班根据农业生产季节需要和当地生产特点，培训一些与本地资源开发、经济发展相适应的技术项目，通过科技的培训、学习、推广，让受培训的农民直接将科技运用于生产增加收益，或者使已经从事这方面生产的农民在科学生产上更加提高一步；在与当地资源开发项目结合时，培育新的经济增长点来发展经济。

再次，建立乡村图书室，满足当地农民的文化需求。这个图书室以普及农村生产适用科技小册子为主，同时配合有政治、文化、法律等小册子和各种实用科技报刊，让那些稍具文化的农民都能从这里学到现代科学文化知识，更重要的是，从这里找到与他们生产经营活动密切相关的各种实用技术和致富门路。

最后，是采取"组合竞选"，通过民主选举村民委员会，实行村民自治，由村民自己选村干部、致富带头人；由村民当家做主管理本社区的事务，实现村民自我管理、自我教育和自我服务。这个做法完全符合后来由全国人大常委会颁布的《中华人民共和国村民委员会组织法》（以下简称《村民委员会组织法》），为文化扶贫提供政治上和组织上的保障。莲云乡腾云村自1988年以来，先后进行过三次民主选举，效果都很好。

设置贴报栏、举办实用技术培训班和设立图书室，目的是针对贫困的根本原因即"文化贫困"，提高贫困人口的素质，启发民智，开发潜能。广泛设置贴报栏主要是塑造良好的社会文化氛围，为文化扶贫的实施提供环境支持，扩大文化扶贫的影响和辐射作用；举办实用技术培训班则是通过实用技术的培训和推广，在短期内，使贫困地区农民学以致用，起到立竿见影的效果，并在科技示范的带动下，增加人们对科技的兴趣，从而为文化扶贫的推行创造条件；设立图书室的目的是为有一定文化程度的农民提供学习适用专业技术和其他知识的场所、条件，逐步提高他们的综合素质。

民主选举村民委员会干部，激起贫困地区农民改革的热情，逐步破除他们"安贫认命"意识，增强"文化自觉"能力，从而逐步改造他们的"贫困文化"，起到文化扶贫的功效。"三个基地、一个保障"的作用是潜移默化的，一两年可能很难见效，但四五年必见其效，而到了八九年后，这种功效会成倍的增长，出现良好的效果。

果然，莲云乡推行文化扶贫以来，当地的社会经济和群众精神风貌发生了可喜的变化；乡村经济实力明显增强，多种经营迅速发展，农民收入成倍增加，群众落后的思想观念、传统习惯和生产方式得到改变，学科学、信科学、用科学已成为群众的自觉行为，加快了脱贫致富奔小康步伐。目前，全乡85%以上的劳动力除掌握农业生产技术以外，还有一技之长，已涌现出养蚕专业户4200户，蘑菇、平菇专业户800户，其他科技示范户100余户。形成了一批拳头产品，其中食用菌、蚕桑、大棚蔬菜已成为岳西县商品农业的重要生产基地。全乡农民人均纯收入在1200元以上，有12户群众安装了程控电话，有70户（150余人）在城关经商盖了楼房，有2200个劳动力从事第二、三产业的生产；在精神文明建设方面也有很大的发展，文化贫困问题也大大改观。现在，这个乡的农民已告别了贫困，不少家庭已过上了小康生活，成为远近闻名的先进、文明乡。

莲云乡文化扶贫实验的成功经验得到了省委、省政府的高度重视。1992年省委确定在嘉山（今明光市）、歙县、岳西、霍邱、青阳、亳县（今亳州市）六个县扩大试点，推广岳西县莲云乡的文化扶贫经验。六个县建立了十个文化扶贫实验点，三年实验成功后，又扩大到阜南、临泉、凤阳等县，也取得了同样的成效。同时，"组合竞选"的实验也从一个村扩大到一个乡的范围，1998年3月，我们在来安县邵集乡全乡8个村同时进行了"组合竞选"村委会的成功试点，这次试点得到了省人大的高度支持，在 1999 年修订《安徽省村民委员会选举办法》时，对我省创造的"组合竞选"这一适合乡村社会实际的民主选举制度给予了充分的肯定，并同意在全省推广扩大。

（二） 文化扶贫是 21 世纪初期我省扶贫攻坚的有效方式

我省文化扶贫在岳西、来安、阜南等地的成功实验表明，面临 21 世纪初期我省扶贫攻坚的艰巨任务，文化扶贫可以作为一种有效的扶贫攻坚方式。

首先，文化扶贫是一种深度扶贫，可以作为扶贫攻坚的有效方式。贫困的根本原因不是物质贫困，而是精神贫困。文化扶贫抓住了贫困形成的要害性问题，以人为对象，以文化为手段，深入贫困的深层问题，可以攻克扶贫的难点问题。20 世纪 80 年代以来，我们推行的扶贫方式，无论是以救济为主的"输血"式扶贫，还是以办项目为主的"造血"式扶贫，都属于物质扶贫。物质扶贫尽管很必要，而且今后还要继续坚持下去，但这种扶贫主要着眼于解决贫困人口的物质贫困，在解决贫困人口的文化贫困方面效果并不显著。文化扶贫是一种"造人"式扶贫，作用点是劳动者这个生产力中最核心的要素，用适用先进文化武装贫困地区劳动者可以激发贫困农民的文化觉悟，最大限度地挖掘人的潜能，全面提高人的素质，从而可以逐步克服贫困地区的封闭性、保守性和落后性，与现代社会主义市场经济逐步接轨，贫困地区的人口就可以直接分享工业化和现代文明的成果，逐步形成"后发优势"，实现贫困地区经济与社会的跳跃式发展。因此，文化扶贫作为一种深度扶贫方式可以攻克扶贫的难点问题，达到扶贫攻坚的预定目标。

其次，文化扶贫是物质扶贫的延伸与发展，可以做到投入少、产出大的效果。对我省的扶贫攻坚地区来说，给予适当的财政支持，继续进行物质扶贫，仍有必要。但是，只有物质扶贫而没有文化扶贫，可能会助长贫困人口的依赖思想，物质扶贫没有很大的效果，贫困攻坚的"硬骨头"也就很难啃下。在这方面，我省已有很多教训。我省的文化扶贫就是在总结物质扶贫经验教训的基础上提出来的，是对物质扶贫的延伸和发展。一方面，文化扶贫的直接对象是贫困主体，着眼点是贫困主体素质的提高和贫困文化的消解。通过文化扶贫，贫困地区农民开阔了视野，增强了致富本领，逐步提高对市场经济的适应能力，在先进文化的推动下，激发乡村社会的内在活力。这样，可以最大限度提高物质扶贫的效果。另一方面，文化扶贫投入少产出大，在市场经济中风险性最小，可以化解物质扶贫的风险，扩大物质的作用，更适用于扶贫攻坚，收到投入小产出大的最佳扶贫攻坚效果。

最后，文化扶贫是贫困地区精神文明建设的有效形式，并且是物质文明建设与精神文明建设的有效结合点和具有生命力的生长点，可以加快贫困地区的经济社会发展，成为扶贫攻坚的直接动力。江泽民同志指出，共产党是先进生产力、先进文化和最广大人民根本利益的忠实代表，而文化扶贫就是向贫困地区输入实用技术和先进生产力，用先进文化改造贫困文化，极大地改变贫困人口和贫困地区的社会面貌，既是贫困地区发展经济的直接途径，又是贫困地区精神文明建设的有效形式。通过文化扶贫，贫困地区的人民不仅可以在物质上逐步致富，更可以获得文化上的进步，从而成为贫困地区精神文明建设与物质文明建设的有效结合点和具有生命力的生长点，也就会逐步攻克扶贫难点，推进扶贫攻坚的发展。

三　"十五"期间推进我省文化扶贫的对策建议

文化扶贫在我省十多年的实验已取得巨大成效，并且又是扶贫攻坚的有效方式，"十五"期间，我省应在贫困地区大力推进文化扶贫，运用文化扶贫培育贫困地区的"后发优势"，使贫困地区的人民可以与全国人民一道走上共同富裕的道路。为此，特提出以下对策建议：

1. 加强领导，提高认识，进一步抓好文化扶贫工作。文化扶贫既是一项迎接新时期反贫困挑战的战略选择，又是一项推进乡村社会现代化的基础性工程，因为现代化本质上就是人的现代化和文化的进步，"文化上的每一次进步，都是迈向自由的一步"。荷兰当代哲学家 C. A. 冯·皮尔森还专门提出"文化战略"（the strategy of culture），他认为"文化"本身就不是一个名词，而是一个动词，即一个不断创新的过程。因而，"比起以往任何时候来，今日的文化更是一种人的战略"。但是，至少还有不少人不理解文化扶贫，认为文化扶贫就是单纯的"文化下乡"、"科技下乡"或"送书下乡"等，对反贫困关系不大。从乡村实际看，提高人口素质，改造和发展乡村文化，增强贫困地区自我发展能力，仍是下步工作的中心。

从文化扶贫的试点由点到面的推开看，12 年来，我省文化扶贫之所以取得如此巨大成效，与各级党委、人大、和政府的支持，社会的配合是分不开的。因而在提高文化扶贫认识的同时，更要加强对这项工作的组织领导，切实把文化扶贫工作摆上各级党委和政府的议事日程。通过文化这个载体，把我省乡村社会经济建设、精神文明建设和民主建设统一起来，推进我省乡村社会经济的全面发展。

2. 成立组织，加强对文化扶贫的进一步研究、推广。省里已经成立了"安徽省文化扶贫研究实验中心"和有关协调组织，主要负责总结、推广我省文化扶贫的经验、成果，并根据中央、省委省政府关于扶贫的战略思想，进一步探讨在社会主义市场经济体制条件下，脱贫致富奔小康的最佳方式和贫困地区乡村发展的良性机制。为了进一步加大文化扶贫的推广力度，建议在各有关地（市）、县也成立相应的组织，组织、协调和指导本地区的文化扶贫工作。组织、宣传、文化、科技、教育、财政、民政、农业等有关部门要积极加强协作，共同搞好文化扶贫工作。当地党委、政府要指派一名领导同志分管这项工作。

3. 加大推广力度，因地制宜开展文化扶贫。岳西县莲云乡文化扶贫虽已取得了一定的成效，但由于试点范围小，限制了文化扶贫的作用与影响。为此，建议在全省选择不同地区开展文化扶贫试点，当然，各地的文化扶贫试点可以根据当地实际及其经济发展水平，采取不同的形式和方法，不一定要完全仿照岳西县莲云乡文化扶贫的做法，即所谓的"三块基地"（贴报栏群、实用技术培训中心和乡村图书室），比如经济较发达地区，可以结合现代信息工具（如电视、电话、电脑等）开展文化扶贫。文化扶贫并不仅仅局限于贫困地区，对经济较发达地区亦有意义，尽管一些发达地区的农民在物质上富裕了，但是他们的文化状况仍然比较落后，文化的发展对所有乡村社会进步都具有深远的意义。不过，对如一些发达地区乡村，此项工作不一定都要叫做"文化扶贫"，也可称之为"文化致富"或"文化发展"。

4. 文化扶贫要与各地农村的经济结构调整和农业产业化相结合。我省农村经济结构调整和农业产业化的主要障碍也是农民素质问题。针对这一问题,运用文化扶贫方式提高农民素质,可以有效推进农村经济结构调整和农业产业化。因此,在"十五"期间,各市县应将文化扶贫与农村经济结构调整、农业产业化紧密结合起来,以取得更大的效果。

5. 加大对文化扶贫的投入,以推进我省文化扶贫事业健康向前发展。文化扶贫尽管投入少产出大,但毕竟需要一定的经费保障。过去,一些地方文化扶贫由于缺少资金而难有作为,从而制约了文化扶贫事业的发展。为此,建议将文化扶贫作为我省扶贫攻坚的一项基本战略,列入我省扶贫攻坚规划之中,确定一定的固定扶贫资金投入到文化扶贫事业上来。

重视农村的文化扶贫[*]

我国反贫困主要经历了两个发展阶段，扶贫方式实现了由道义性扶贫向制度性扶贫转变，由救济式扶贫向开发式扶贫转变，由扶持贫困地区向扶持贫困人口转变。最初是"输血"救济，即单纯地向贫困地区送钱送物，虽然起到了暂时救济作用，但没有使原本"体质孱弱"的贫困地区出现活力与生机，相反却养成了当地群众的严重依赖思想和干部无所作为的工作作风，贫而安贫，一蹶不振。送的粮吃光了，钱用光了，衣穿破了，扶贫生产贷款挪作非生产用途，有贷无还，再贷不灵。"输血"救济不但没有帮助贫困户走出贫困，反而使他们陷入了贫困的"怪圈"之中，难以自拔。有人说，解放前是"命运意识"将他们牢牢地锁在贫困之中，他们自认贫穷是命中注定的；解放后由于政府的救济和扶贫优惠，逐渐养成了他们的"依赖意识"，从依赖集体到依赖国家，把希望一味地寄托在各种扶贫和救济上，不思进取，从而成为他们贫困延绵的主要内因。

后来，我国反贫困又转向"造血"开发，即向贫困地区大量注入开发资金，上项目，办企业，促进贫困地区形成"造血"机制。这无疑是很大的进步，但"造血"必须依靠当地干部群众，必须依靠"内因"。由于贫困地区干部群众文化科技素质低，经营管理水平不高，信息不灵，市场观念不强等原因，结果往往是新项目年年有，上马时轰轰烈烈，经营时冷冷清清，效益上惨惨淡淡，导致大量的扶贫开发资金沉淀流失，"造血"机制最终难以形成。

反思使我们不得不追问贫困者自身：为什么有些人能够依靠国家政策和自身努力很快摆脱贫困，而另外一些人却长期难逃贫困的厄运？贫困的症结也许就在于一个"人"字上。本人在长期的农村调查中也发现，凡是生活能够温饱或比较富裕的家庭，户主都是头脑比较清醒，有一定文化的人；反之，那些衣不蔽体、食不果腹的极贫户，家庭成员中或者有慢性病或残疾人，或者头脑糊涂，没有文化。造成这一明显反差的关键正是人的素质差别。这也就是说，人口的科学文化素质、价值观念及其生活方式，以及一个社会的文明开化程度，从更深层次上决定着人们是否贫困的命运。因此，从这个意义上说，贫困不仅仅是物质资源的贫困，更是社会资源的贫困，即智力贫困、信息贫困、观念贫困、文化贫困。

贫困文化是贫困阶层所具有的一种独特生活方式，是长期生活在贫困之中的人群的经济状况的反映。如果穷人的愿望或目标，超出了他们生活现实的范围，得到的往往是失望和无奈，极少会满足他们不切实际的要求。因而，"在极其贫困的家庭里长大的孩

* 原载《瞭望》，http://newsxinhuanetcom/comments/2006—02/20/content_ 4203774htm。

子不会具有获得和占有的欲望。他们的愿望超不出日常需要的范围，或者即使表现出了某种超出常需的愿望，这种愿望也不过是一种痴想，永远不会发展成为强烈的意志力量。当这种状态变成了一种习惯的时候，人就会变得没有远见，满不在乎，苟且度日。"（见弗里德里希·包尔生：《伦理学体系》）这样一来，我们就不难理解，为什么穷人常常表现出消极无为、听天由命的人生观，安贫乐贫、得过且过的生活观，懒散怠惰、好逸恶劳的劳动观，不求更好、只求温饱的消费观，老守田园、安土重迁的乡土观，等等。所谓"种田为饱肚，养猪为过年，养牛为犁田，喂鸡喂鸭换油盐"，这样一种简单的生活方式在广大贫困乡村普遍存在；对一些长期接受政府救济的农民来说，"春等救济粮，冬等冬令装，夏炎秋雨不出房"的现象也便不足为奇了。很显然，如果他们满足于他们的生活，他们就不可能有热情去改变他们的生活，甚至会成为维护既有社会秩序的保守力量（只要不破坏他们现有生活的平静，维持他们脆弱的"收入—消费"平衡）；即使外部力量抱着善意的愿望，改造他们的生活，也可能会遭到他们的反对。因此，针对他们的反贫困计划必须首先考虑他们的"贫困文化"，否则，再完美的反贫困计划也会流产。

　　文化贫困从根本上说是产生贫困的主要根源，而贫困文化则是文化贫困的直接后果，是长期生活在贫困之中的乡民的文化习俗、思维定式和价值取向的积淀，是贫困者对贫困的一种适应和自我维护。从我国多年来的扶贫实践和长期的农村调查中，我逐渐体会到，要想根治贫困，必须从贫困的主体——"人"——入手，走文化扶贫之路，即向他们输入新的文化、知识和价值观念，传授适用科技，并开拓交通，输入各方信息，从整体上提高贫困群体的素质，驱散笼罩在贫困乡民头上的贫困文化的乌云，让他们可以利用自己的双手和大脑，变当地的潜在财富为现实财富。这才是投入最少、产出最多，从根本上扭转贫困的正确道路。

村 民 自 治

——新一轮"农村包围城市"

中国乡村民主化的第一步[*]

民主化是中国乡村社会现代化的一项重要主题，而民主化的进程又是具体地落实在一些民主程序和民主制度之上，其中表现人民当家做主的最佳方法及完美程序，莫过于民主选举。因而民主选举是中国乡村民主化的重要起点和突破口。

目前，全国各地乡村选举基本上是仿照或借鉴基层"人大"的选举方法，采取平行选举（或分别选举）的方法同时选举村委会的主任、副主任和委员。从选举制度本身来看，它只注重个体素质的选择，却忽视了整体的优化组合，并形成如下的民主悖论：在提名上越是充分发扬民主，越是难以形成协调合作的班子。事实上，由此产生的班子不团结、聚合力差、工作效率低等现象屡见不鲜。据一项权威调查表明，全国处于"松散、瘫痪"状态的村委会占1/3以上。我们认为，之所以产生这种现象与选举制度本身深层次的不合理性不无关系。

中国乡村社会完全不同于城市社会，由于人口流动性差，农民大都是世代定居在一地。由于这一基本特点，村民之间遍布血亲网，存在着错综复杂的血缘和地缘关系；也是由于这一基本特点，某些邻里、门户之间往往世代"冤仇"，见面就眼红，说话就顶撞，如果采取平行选举（或分别选举），一些血亲很近的人，如父子、兄弟、郎舅等很可能同时选到一个村委会班子里，这样，各种家庭、宗族力量就很容易干扰、操纵选举，滋长反民主、反现代化的分离性权威；而把世代冤家对头选到一个村委会班子里，更无法工作。由此可知，这些都是传统选举制度无法克服的弊端。

为此，我们安徽省社科院对乡村选举制度进行了长达10年的探索、试验，积累和创造了一套"组合竞选"的经验，取得了较好的效果。所谓"组合竞选"，就是首先由村民自由推选村委会主任、副主任和委员候选人，然后由村委会主任候选人在村民推选的副主任和委员人选中进行"组合"，即提名各自的竞选班子，参加竞选角逐。为了争取村民的信任，谁也不敢把自己的"九亲六族"拉进来，更不会把名声不好、明显带有某种集团（如宗族、自然村落）利益和经济利益关系的人，作为自己的竞选伙伴，否则他就会丢失选票。当然，他们也不会把同自己谈不来的人提名到自己的竞选班子中来。这样，无论谁当选为村委会主会，他都能驾驭自己的班子，不至于变成"散"班子、"软"班子，从而达到优化组合的目标。

十年来，我们采取"组合竞选"的办法，先后在安徽省岳西县腾云村进行三次村委会选举，在来安县邵集乡全乡8个村同时进行试点，都取得了成功。现已经扩展到阜阳、滁州等地。值得一提的是，地处贫困山区的腾云村前后三次民选的村委会主任都不

---

* 原载《炎黄春秋》1999年总第92期。

是本村大户,这就充分说明了即使如腾云村这般封闭落后的山村,也并不是某些人担心的那样:宗族、宗派势力会严重干扰民主选举,地处穷乡僻壤的农民没有民主能力。由此看来,社会转型中乡村民主化完全能够健康发展,关键要在某些民主程序、民主制度上进行改革,以适应转型社会的特点。

其实,社会转型问题并不是乡村民主化的主要障碍。我们认为,主要障碍是传统的乡村权力(利益)结构。

现在学术界有一种流行的观点,很有代表性。这种观点认为:农民文化低,没有民主能力,加之农村家族、宗族力量的回潮,必须加强"国家力量的介入、干预(或曰'指导')"。"通过国家权力支撑下的公共权威的作用,抑制家族力量对村民自治的渗透。"可是,为什么1978年以前人民公社强大的行政干预,未能消灭家族力量?恐怕这不仅仅是一个政治性问题,而是一个文化、伦理的问题。因而,仍然采取过去的办法,显然是无用的,只能是重蹈覆辙。在乡村民主化之前,将家庭及其营造的传统文化视为社会主义现代化进程的主要障碍,而以一种前所未有的方式将国家的权力渗入、扩展到乡村社会的各个角落,重新组织了一个"政社合一"的准军事化组织。实践已经证明,这种国家权力无限扩张,非但没有推进中国乡村社会的现代化,相反使乡村社会更加凋敝、落后、贫困化。同时,它也导致了国家权力自身的危机。

然而,后来的以村民自治为主要特征的乡村民主化却开辟了另一道路,它不仅给中国乡村社会注入了生机和活力,促进了乡村社会的复兴、繁荣,而且还挽救了基层政权的危机,这是一条唯一的道路。我们有理由相信:通过民主的不断演习、不断训练,乡村民主化中的许多问题必将在村民自治中逐渐得到解决。村民自治就是广大农民在自己的社区内当家做主的最好"学校"、"训练班"、"操练场"。

大量的事实说明,现在不是国家"政治输出"的不足,而是"政治输出"过多和不恰当,阻碍了乡村民主化的实际进程。例如在村民选举中,乡镇采取各种形式干扰、破坏,许多地方选举是"新瓶装老酒",与以前指定、委派村干部并没有什么实质性的差别。我们在调查中发现,村委会的候选人大多是由乡镇考察的,也有的是由村党支部提名,上报乡镇党委、政府审查批准确定。选民只能在拟好的候选人名单下画圈圈、打叉叉。选举村委会核心人物村主任一般不搞差额选举,即使实行差额选举,也是找一个与之差距明显的弱者陪选。据调查,大多数村委会选举,其候选人基本上是原班人马不动。我们在一个县调查时发现,某村的村委会选举一开始就是由村党支部书记一手操纵的,他提名的村委会候选人是在原村委会人员的基础上,找了两个近亲做差额。试问,这种选举与过去指定、委派村干部有多大差别?而建立在此种选举制度上的村民自治还有什么意义?

这些指定、委派的村干部只对上级负责,而无视群众的意见和要求。上级要他们多提留,他们就会加倍地提留,以至于农民负担有增无减。一旦实行了村民自治,由村民自己来选举自己村委会的领导人,这种权力(利益)结构就会发生变化,村委会的权力来源不是乡镇,而是人民群众。民选的村干部认识到自己头上小小的"乌纱帽"是人民给的,不是上级封的,他们就必然会对人民群众负责,争取人民群众的信赖。这样就从根本上割断了传统的乡、村之间利益上的依附关系。

再从政治上分析,国家权力的过多介入势必造成社会僵化和对个人的压制。"权威"的东西多了，自治的东西必然减少，民主是以尊重个人价值为基础的。政府应在其合法的范围内活动，而不能超出这个范围。《村民委员会组织法》明确规定：乡镇政府对村委会是指导关系而不是领导关系；任何组织都不得指定、委派或随意撤换村委会成员。如果我们为了避免家族、宗族等乡村力量的干扰而去求助于另一个"权威"，那么，一个集权怪物便又会卷土重来，而将中国"草根民主"的希望彻底压碎。

我们应当看到，尽管村民自治在中国农村推行已有十余年了，但传统的乡村权力（利益）结构并未很快地退出历史"舞台"，现实的村委会毕竟是从人民公社制度中脱胎出来的，它仍然或多或少地带有"政社合一"的遗迹和准政权的功能。很显然，这种新旧社会结构交织的情形将会持续相当长的时期，传统的乡村权力（利益）结构仍然具有强大的惯性作用。因此，最后我们主张：清除乡村民主化的路障，必须适时进行乡镇一级的民主改革，其突破口就选择在乡镇的竞选、直选上。只有乡、村同步进行民主改革，才能真正推进中国乡村民主化进程。

村民自治亟待解决的八大难题*

具有划时代意义的我国村民自治事业，在全国范围内已胜利地迈出了它的第一步——村民选举，这是值得庆贺的。但是，完成选举的程序只是拉开了村民自治工作的序幕，接踵而来的更繁重的任务却是如何实行民主管理、民主决策、民主监督。这一系列的新问题都要依靠我们广大干部群众在实践中积累经验，更需要领导机关以及理论界去总结这些经验，从政策上、理论上去指引，去回答。最近，我们邀集安徽省的57位乡镇领导同志进行座谈。会上，这些同志畅所欲言，提出各种各样丰富多彩并富有启发性的问题。我们在这里，对这些问题进行了初步分析、解读，提出了我们初步意见与大家共同商讨。

（一）民选的村委会成员不能胜任新的工作岗位，甚至发现其曾有轻微违法乱纪行为，怎么办？

这种情况可分为两类。一类是有些人在竞选时热情高涨，但选上后又不认真工作；有的人被选上后，发现其过去曾有轻微违法乱纪的行为；有的是因为人缘好被群众选上来，但又很难适应工作岗位要求的老好人；有的被选上后，因为村里经济基础差，其家庭干扰或其他一些原因，畏缩而又不愿意担任其职位；也有的原村委成员重新被选上后，发现以前曾有贪污等劣迹。从道理上讲，这些人可通过合法程序进行改选或罢免，但在实际运用中却存在着罢免会议无法召开等这样那样的难题，而且如果让群众随时选，随时罢免，法律的严肃性也将受到影响。另一类是部分新选上来的村干部虽然积极性很高，但不知道如何开展工作，如何带领群众致富。这些人中，有的以前连村民组长都未当过，有的是因为过去喜欢上访或闹事才被选上来的，无法适应工作岗位，诸如此类问题怎么办？

我们认为：马克思主义的活的灵魂在于对具体问题的具体分析。选举工作同其他事务一样都是复杂的，当选的人总的来说是因为他们得到了广大群众的支持，但并不排除也还存在着其他的因素。由于被选为村委会主任的人其自身具体条件存在着很大差异，因而在选举后所表现出来的问题也是千差万别、各有其特点。我们在处理这些问题时，一个最基本的原则就是具体问题具体对待。例如，对于那些从未担任过公职，但为群众办事积极性很高而被群众推选上来，其对担任村委会主任一职所面对的两方面责任，即完成国家政府下达的任务和服务于本村人民群众的利益（包括长远利益和眼前利益）的统一还缺少全面的正确的认识，一时还不能做到完美地履行职责的那些同志，按照我们党的方针，应对其培养、训练（以乡或县为单位举办短期培训班）；必要时进行适当

---

* 原载《瞭望》周刊 2000 年 4 月 3 日。

的批评和帮助，让他们在游泳中学会游泳，在干中学，逐步地成长起来。而对于那些当选后查明过去曾有轻微违法行为或劣迹的人，要看这些劣迹是否构成犯罪，如果构成犯罪就依法处理。如若属于一般性的错误，仍应对其批评教育帮助改正和提高。至于少数当选后受到各种压力（包括工作中遇到的各种困难和家庭的干扰等）而有畏缩情绪的同志，组织上除对其本人进行开导外，还要做其他多方面的工作，以减轻这些同志工作中的障碍和心理压力，至于对某些村干部需要召开村民会议依法罢免，而这种村民会议却又难以召开的问题，这完全是我们领导上工作效率和能力的问题，应从领导自身来考虑。

（二）在村民委员会换届选举中，由于种种障碍无法进行选举或选举失败，怎么处理？

这里有几个案例。

案例一：在宿松县白玉乡马场村，有三大姓：陈、汪、张。两位村委会主任候选人分别姓汪和张。在正式选举时，姓陈的家族坚决不参加选举。直到现在，这个村的换届选举都还未结束。

案例二：据芜湖县某某镇干部介绍，他们在一个村实施选举时，从早上七点就开始设立了投票站，直到下午两点都还没有人去投票。无奈之中，镇里干部，只好挨家挨户上门劝导。谁知老百姓竟说："我才不为你们选呢？"群众不认为选举是自己的权利。

案例三：在芜湖县某某村的换届选举中，村委会本应选出 5 个人，但最后只选出来 3 人，正主任空缺，选出来的副主任只有 19 岁，致使村里工作只能由会计和村支书两个人代替。镇里想对该村"两委"班子进行调整，但又怕违反国家法律。

我们认为：对于此类案例，重要的一点是依照《中华人民共和国村民委员会组织法》的有关规定办理。如第一次选举失败，应认真细致地调查失败原因；如人民群众对选举法、选举程序不清楚，对选举与他们自身利益关系缺少正确认识等，则应进行正面宣传引导，将群众中的大多数引入正确轨道；如有极少数人干扰选举，应依国法严肃处理，以维护选举工作的正气。总之，我们要坚信群众中的大多数是讲道理的，是拥护党的方针政策的，是会逐步理解、逐步认识村委会选举是关系到广大农民切身利益的。

（三）从乡镇到村委会到农民都感到各自的负担太重，该怎么减轻？

现在从中央到地方，都在强烈呼吁减轻农民负担，但乡镇一级干部的负担却往往被忽视了。从乡镇一级来说，作为乡镇干部，感受到越来越强烈的危机感，各种负担接踵而来，使乡镇财政不堪承受。比如明文规定各级党报党刊的征订，来自上级各部门的检查，某些村级基础差的村干部的工资，村干部退休后的补贴等等，名目繁多。目前各级部门均实行财政包干体制，大家日子都不好过，但上级可以利用权力将负担推向下级，而下级为了保住官位，谁也不敢得罪，下达的任务只好不折不扣地完成。这样一来，乡镇一级财政的压力可以想见，于是只好向银行贷款，银行贷不到，就向私人贷款，而私人贷款，往往是高利贷，弄得许多乡镇债台高筑，要债的不绝于门，有些乡镇主要干部终日忙于逃债。

从村委会一级来说，其工作负担一是来自繁重的村级债务，二是农村收费太难。就村级债务而言，仅以庐江县为例，有些村债务多达二三百万，负债在 100 万以上的村占 2%—3%，加上这些债务利滚利，使村里越来越难承受。对于农村收费问题，许多乡镇干部认为，现有的弹性的政治体制与刚性任务之间很难协调。村民自治就属于这种弹性的政治体制，而刚性的任务就是计划生育、上缴、提留及其他收费等等。以往计划生育被认为是农村工作第一难，但现在计生工作已退居其次，取而代之的是农村收费问题。农民生活并不富裕，民选村干部又不敢过分得罪群众，因而收费成了村级工作的难点和无法摆脱的困扰。

农民负担过重，是从中央到地方都强烈呼吁的问题。但许多乡镇干部认为，农民负担问题表现在下面，但根子却在上面，关键是县级以上各级部门对下面层层施加的压力，如果乡镇一级不想办法从农民口袋里掏钱，根本没有其他的办法。农民负担加重是一个深层次的问题。

我们认为：以上这些关于负担问题的反映十分重要，也切中当前农村基层工作中的要害。负担过重，这本身意味着许多不合理的负担同合理的负担搅在一起。从上面来的各种达标、各种指数、各种费用有许多都属于形式主义，搞花样，不顾实际需要和可能，更不体谅农村基层干部和群众的负担。对此，中央多年来三令五申下达许许多多的文件，反对这种华而不实的各种所谓"达标"，但是某些单位就是充耳不闻，继续我行我素。要解决这个问题，说难办其实也好办。说好办是因为我们现在实行了村民自治，对从上面来的各种征缴费用，凡超过国务院规定的当年人均收入的5%的部分，有权抵制、拒交，对强行勒索者，可依法进行"民告官"。而对于那些负担较重的乡、村来说，对明显违反国务院规定的来自上面各部门的各项达标要求，对于官僚主义和各种歪风邪气，对于违反中央和国务院精神的一切行为，要上下齐心共同抵制，使之成为"老鼠过街，人人喊打"。我们党的一切工作都建立在实事求是的基础之上，任何部门违反这一原则，我们都可以提出批评，要求改正。如其坚决不改，要一面依法抵制，一面积极向上级反映。

（四）选举产生的村委会和党支部以及同乡镇一级关系不协调，怎么办？

"两委"关系不协调主要体现在双方各自的心态上。党支部认为自己是"核心"，凡事必须由他说了算，把村委会的正当职权给夺了去；而村委会则认为自己是民选出来的，因而党支部无权干预。这两种心态的矛盾造成"两委"工作中的不协调。村委会和乡镇一级之间的矛盾，主要是来自于有些乡镇干部在实行村民自治后，仍然沿袭着过去传统命令式的工作方式，要求民选的村委会仍然沿袭着过去对乡镇的依附，不论对与不对，都得唯乡镇领导的马首是瞻，因而与民选村委会的自治意识发生冲突。乡镇对村民自治不断发出怨言，所谓"民选村委会不听话，工作难办"。或者责难村民自治是"超前"，等等。

对于村委会与村党支部的关系问题，《中华人民共和国村民委员会组织法》明文规定："中国共产党在农村的基层组织，按照中国共产党章程进行工作，发挥领导核心作用；依照宪法和法律，支持和保障村民开展自治活动、直接行使民主权利。"这里所谓的"核心"是贯彻执行中央方针、政策的核心，是农村的政治领导核心。村民委员会是"村民自我管理、自我教育、自我服务的基层群众性自治组织，实行民主选举、民主决策、民主管理、民主监督"。村民委员会是在党支部的政治领导下实行村民自治的。属于村民自治范围内的一切事项，党支部不可能也不应该全权包揽，否则不仅会削弱党支部的政治领导核心功能，也将削弱村民委员会村民自治的功能。关于村委会与乡镇政府之间的关系，《中华人民共和国村民委员会组织法》第四条规定："乡、民族乡、镇的人民政府对村民委员会的工作给予指导、支持和帮助，但是不得干预依法属于村民自治范围内的事项。村民委员会协助乡、民族乡、镇的人民政府开展工作。"因此，乡镇一级对村委会是指导、支持和帮助的关系，而协助乡镇政府开展工作，包括协助其完成国家下达的任务，则是村委会的职责。无论就哪一方面关系而言，做好思想政治工作，一切以村委会组织法为依据，是正确解决和处理村委会与党支部以及村委会和乡镇关系的指导原则。

（五）有些人怀疑村民自治能否解决农村的根本问题。

许多乡镇干部在实施村民自治以后，认为村民自治虽然在短期内解决了农村长期以来难以解决的一些关键问题，缓解了较为紧张的干群关系，但并不能在长时间内保持这种效果。这是因为现行的体制和工作方式还制约着村干部的行为。一般而言，村干部的主要任务是发展村级经济，带领群众致富。但在现行的体制下，村干部长时间里被上缴、提留、计划生育等中心工作所困扰，再加上短短的三年任期，村干部第一年要考虑改善干群关系，第二年要考虑争取乡镇干部的信任，第三年才轮到考虑发展本村经济，可是三年任期已到，这种种因素使得村干部根本无暇顾及发展经济。同时，形势逼迫村干部必须跟着乡镇一级走，这不可避免地又会与群众利益发生冲突，比如上缴、提留、计划生育等。时间一长，群众渐渐地就会认为自己选上来的村干部，与以前的村干部并没什么两样。如此一来，新的干群关系又开始紧张，形成恶性循环。

我们认为：村委会作为全村人民选出来的群众性自治组织，其主要职责毫无疑问是带领全村人民发展经济、文化和社会事业，以满足全村人民物质上和精神上的最大需求。但同时它又必须协助乡镇政府贯彻党中央、国务院的有关指示，完成国家下达的任务，并对那些违反党和国家有关政策的不合理摊派等加以坚决抵制。这二者是统一的，不存在根本上的矛盾。但在实际生活中，政府有关部门下达的某些不合理的繁琐的任务和指标干扰了村委会主要工作的现象还时有发生，这些问题也正是党和国家不断采取措施所着力消除的。民选的村委会只要正确地理解和坚持党中央、国务院的有关政策、指示，特别是减轻农民负担方面的有关政策、指示，就能把主要精力投入到带领全村人民脱贫致富奔小康中去，就能够大大改善干群关系，就不会重复过去诸如一些村干部只是唯上，而不管乡镇下达的指示和任务是否符合党中央国务院的有关政策，不顾人民群众实际困难的种种做法。因此，民选的村干部要做到两个贴近，即贴近中央方针政策和贴近人民群众。如此，就能摆脱村干部工作上的被动局面。

（六）村民大会或村民代表大会决定的事项究竟有多大的法律效力？如有少数捣蛋户不执行该怎么办？有无依法处理的依据？

我们认为社会生活中的消极因素和积极因素是同时存在的，广大的农民群众对于自己选出来的村委会肯定是支持的，但也完全可能在群众中出现少数不讲理的人，对这种人怎么应付？从大的方面讲，有国家各项法规制约着他们，一旦违反即按法办事，而对待这些人的小毛病，则只有借助各种村规民约和村民大会所定的各项规章制度以及奖惩办法处理。当然，对待这些人首先要进行引导、教育，多做思想工作。教育并不是万能的，对于屡教不改，破坏群众利益，破坏集体决议，甚至违法乱纪者，只有按规按法处理之。

（七）乡镇领导干部可否与村干部一样由群众直接选举？这样选举出来的乡镇干部就容易与群众保持一致，就不会像现在这样，不顾实际情况、不顾群众利益的只唯上，不唯实了，可是现在还没有这个法。

对此，原全国人大常委会委员长彭真同志，早在十多年前就村民自治的发展远景问题这样说过："一个村管好了，就可以管好一个乡，一个乡管好了，就可以管好一个县……"村委会的民主选举只是我们整个国家民主政治的一个起点，也是一个训练人民参政、议政，当家做主的大学校。通过村民自治，实行民主选举、民主管理、民主决策、民主监督，在广大农村中营造出一种民主环境、民主氛围和民主心理，循此渐进，到一定时候乡镇一级就完全可以按照这种模式民主选举乡镇长了。现在四川省达川市和深圳市都出现了在全乡人民代表大会上竞选乡镇长的事例。对待这个问题，一定要根据实际情况而定，急躁情绪和不能与时俱进都是有害的，都会造成社会不稳定和发展的中断。

（八）有些同志说："按照现在的习惯，上级领导下来了解情况时，只有下级单位的一把手才有资格去汇报，其余的人没有办法将真实的情况反映上去。结果上级听取的汇报不真实、不完面，甚至掩盖问题和错误。如此一级一级向上面反映的是不全面、不真实的情况。这样下去怎么办？"

我们党的领导方法从来都是强调从群众中来，到群众中去，要倾听广大群众的意见。这里的群众不仅包括一般的人民群众，也包括我们的干部群众。上级领导到下面来调查，按照我们党的传统和规矩，听下级单位主要领导干部的汇报是必要的，但不能仅限于只听个别领导的汇报，还应该到广大干部和群众中去了解情况。古有名言"兼听则明，偏信则暗"，应引以为戒。如果发现此类不正常情况，我们一方面要向上级提出批评意见，另一方面也应积极主动向下来调查的上级领导反映真实情况。

矛盾是普遍存在的，没有矛盾就没有世界，这是矛盾普遍性。旧过程结束了，新过程出现，又会出现新的矛盾。解决矛盾就是解决问题，就是推动事物发展。村民自治以后，在农村政治生活中，出现了一个新的过程。各种新的矛盾扑面而来，这是符合规律的。我们的任务不是掩盖矛盾、畏惧矛盾，而是正视矛盾，分析和解决矛盾。正确而大胆地处理各种矛盾，在解决矛盾中，将我国农村刚刚起步的新的民主政治生活，逐步地完善起来，并向前继续推进。

村民自治与"组合竞选"*

一　村民自治的历史定位

村民自治，是中国农村经济、政治体制变革的逻辑产物。我们不能人为地置身于历史规律之外，历史有其自身的发展规律。众所周知，新中国成立以来，中国农村基层组织变迁绕了一个讽刺的曲线：分田到户→初级社→高级社→人民公社，这样一个高度集中的组织形态，一个公社内的生产由一个公社统一指挥，一个大队内的生产由一个大队统一安排，一个生产队内的生产由一个生产队统一计划，这严重压抑了群众的积极性，最终导致生产力的下降和人民群众物质生活的极度匮乏。中共十一届三中全会以后，中国农村以"包产到户"为形式的家庭联产承包责任制改革，解放了农村的生产力，推动了农业和农村社会的发展。至此，中国农村基层组织变迁的曲线才画上了一个句号。随着人民公社体制的瓦解，原来的生产大队、生产队组织也随之萎缩瘫痪了。一时间，农村基层出现了权力真空，社会治安、公共事务、公益事业等处于无人管理的状态。旧的管理体制崩解了，新的基础性权力结构尚处于孕育之中。

1980 年，广西河池地区的宜山、罗城两县的农民自发地组建了一种全新的基础性权力共同体——村民委员会，以取代正在迅速瓦解中的生产大队组织。这是中国农民的又一伟大创造。村委会的功能，最初是协助政府维持社会治安，后来逐渐扩展了活动的空间，演变为群众自治性组织。

1982 年 12 月，五届人大五次会议通过了新宪法（简称为 1982 年宪法），总结了各地农村的实践经验，正式确认了村委会的法律地位。从 1984 年起，中国政府便着手村民自治的立法工作，直到 1987 年 11 月 24 日，全国人大常委会通过《中华人民共和国村民委员会组织法（试行）》，前后经历了五年的时间，这是一部开展村民自治的基本法。这部千呼万唤才出台的法案到今天已整整"试行"了十个年头，其间的阻力是可想而知的。但是，历史发展有其自身的逻辑轨道，是任何人也无法逆转、无法阻挡的。

村民自治，是解决我国当前农村社会矛盾的必然要求，近几年来，在农村屡屡发生的农民负担问题，可以说是当前农村社会的突出矛盾之一。1978 年改革伊始，农民负担尚不显著，但到 80 年代中期以后，农村农民负担问题日益突出。1985 年 10 月，中共中央、国务院首次发出了关于制止向农民乱摊派、乱收费的通知，其后十几年直到现在几乎年年都大声疾呼要减轻农民负担，却年年有问题。农民负担逐年加重，不仅严重挫伤了农民的生产积极性，而且还恶化了党群、干群关系，引发了诸多社会矛盾。而这

＊　原载《安徽决策咨询》1998 年 9 月。

些社会矛盾，也只有通过村民自治的方式，发动农民参与基层管理，让人民真正当家做主，才能从根本上加以解决。

村民自治，也是我国政治体制改革突破口的重要选择。政治体制改革是我国整体改革中关键的环节。如果没有农村基层村民自治的基础，这种改革在上层就会演变成为权力的争夺。而一旦发生权力真空，目前广大干部和群众担心的县霸、乡霸和村霸等就会横行乡里，各霸一方。这在中国历史上有过许多的经验教训。因此，中国的政治体制改革从农村基层开始比较稳妥，即从村、乡镇、县一级一级向上推行。

二　我国村民自治目前发展的现状和难点

全国绝大多数村都挂起了村委会的牌子（也有极少数村挂着村公所的牌子，成为乡政府下面的一级基层政权组织），在31个省级行政区域内，总计有92.8万个村委会。已经制定了比较规范的村民自治章程的村委会，不超过55万个，仅占总数的60%。中国村民自治目前仍处于示范阶段。据中国社科院公共政策研究室1996年出版的一项全国性调查研究报告表明，开展村民自治示范活动的农村，尚不足农村总数的1/3；处于中间状态的农村"村民自治"基本上停留在口头上，选举不同程度地流于形式；还有近1/3的村，属于村民自治搞得不好的，被称为"瘫痪村"和"失控村"。上述数字表明，推进村民自治工作任重而道远。

《中华人民共和国村民委员会组织法（试行）》规定："村委会主任、副主任和委员由村民直接选举产生。"至于这种直接选举采取何种途径、方法和形式，它并没有明确具体的规定。从全国各地实际操作情况看，多数是"新瓶装老酒"，没什么大的变化，不久前笔者从一个县的问卷调查以及本人实际调查中发现，村委会成员候选人大多是由上级（乡镇党委或政府）考察遴选的，也有的由村党支部提名，上报乡镇党委、政府审查批准确定。由选民在拟好的候选人名单下画圈圈、打叉叉，当然选民在选举时也可以弃权或者另选他人，但那是不会成气候的。作为村委会核心人物的主任一般不搞差额选举，仅在副主任和委员中设一两名差额。据调查，大多数地方的村委会选举，其候选人基本上是原班人马不动，有的找一两位候选人与之陪选。试问，这种村委会选举与过去传统的由上级任命委派村干部有多大差别？而建立在此种选举制度之上的村民自治还有多大意义？

·近几年，在少数地方由于群众自发的要求，因而出现了直接由群众提名的选举方式。例如吉林省梨树县的"海选"。所谓"海选"，就是全体有选举权的村民无记名投票提名村委会成员候选人。不可否认，这些选举方法的运用在一定程度上表达了村民意愿，比由上级提名或农村党支部提名的方式前进了一大步。但是它们仍局限于对传统选举制度的修补上，只是在一些具体环节上做了改革，还没有在制度层面规范化。

为什么村民自治推行起来如此举步维艰呢？根据我们调查，主要有两大障碍：一是我们的干部队伍中许多同志的认识障碍。主要认为：（1）农民文化低，没有参政能力；（2）农村宗族、宗派观念强，容易发生宗族、宗派势力的干扰；（3）知识界的个别同志囿于马克思主义经典作家的教条，对农民怀有偏见，认为农民是无法组织的一袋土豆，自己不能救自己，只能仰望青天。二是来自乡镇一级对权力的分割。因为村干部由他们任命或委派，村干部对他们俯首帖耳，言听计从，这样的村干部好"管"。这些任命或委派的村干部只对上级负责，而无视群众的意见和要求。上级要他在群众中多提留，他就多提留，从不考虑群众的利益，这就是前述农民负担年年增加的主要症结之一。一旦实行村民自治，由村民自己来选举自己社区的领导人，这种格局就发生了变化，村级组织的权力基础不是来源于乡镇，而是来源于人民群众了。民选的干部也认识到自己头上小小的乌纱帽是人民给的，而不是上级封的，他就必须对人民负责，争取人民群众的信赖。这样就从根本上割断了乡、村干部之间利益上的依附关系。因而来自于乡镇一级的阻力才是推行村民自治的真正要害之处。

三　"组合竞选"是村委会选举制度的最佳选择

为什么要采取竞选？只有竞选才能体现真正的民主，才能使潜在的人才被群众推举出来，才能体现干部之所以是人民的公仆，才能体现人民群众之所以是主人翁。在竞选大会上，那些要求当村民的公仆的人，他们信誓旦旦地向村民承诺，自己将为村民办哪些事，以赢得村民的选票。只有在这个时候，他们才真正感受到权力是来自于人民群众；而人民群众有自己真正的选择权，这时候他们才真正体会到自己是社会的主人。

为什么要采取"组合制"？按照现行的村委会选举方法，即使完全由村民提名，也会产生弊端，这不是村民的过错，而是现在选举制度本身的原因。当前村委会选举普遍沿用基层"人大"选举的方式，没有考虑到中国农村的实际特点。

在农村，农民大都是世代相居一地，由于这一基本特点，村民之间遍布血亲网，存在着错综复杂的血缘和地缘关系；也是由于农民世代相居一地，某些邻里、门户之间往往世代冤仇，见面就眼红，说话就顶撞。如果分别选举村委会主任、副主任和委员，一些血亲很近的人，如父子、兄弟、郎舅等很可能同时选到一个村委会班子里，这固然不妥，违反了近亲回避的原则。而把世代冤家对头的人选到一个村委会班子里，也就更无法工作。据此可知，如果采取传统的选举方法，是无法消除上述这些弊端的。而采取"组合竞选"则可避免这些弊端。首先由村民推选村委会主任3—4人，每人提出自己的"组合"成员名单，在"竞选大会"上，他们在发表"竞选演说"的同时，公布自己的"组合"成员，为了争取村民的信任，他们就不会把自己"九亲六族"拉进来，更不会把名望不好、明显带有某种集团利益和经济利益关系的人，作为自己的"竞选"伙伴，否则，他就会丢失选票。当然，他们也不会把同自己谈不拢的人组合到自己的班子中来。这样如果他当选了，他就能驾取自己的班子，不至于变成"软"班子，"散"班子；就能团结村委会一班人，大家拧成一股绳，带领广大村民脱贫致富奔小康。

"组合竞选"已经经过10年来几个地方的实践所检验。

而且，从历次的选举来看，广大村民不但能正确行使自己的民主权利，而且能选举出比较得力的村委会班子，这表明当今中国农民不仅具有成熟的民主意识而且具有成熟的民主参政能力。

去年召开的"加强村民自治法制建设国际学术研讨会",将安徽省村委会"组合竞选"列为大会的主题之一,由笔者向大会作报告。经过大会讨论,国内外专家学者一致公认,这是比较规范的选举制度,值得进一步推广。

中国村民自治选举制度经验性研究

——村委会"组合竞选"试验报告

引　言

村民自治是社会主义民主在中国农村最广泛的实践。

无疑，民主选举村委会是村民自治的关键环节，它是实现村民民主管理、民主决策和民主监督的基础和前提。村民自治试行十多年来，全国已建立93万个村委会。但是至今为止，仅有3.6亿农村人口参与了村委会选举，50%左右的村委会是实行民主选举产生的。尽管如此，一些村委会的选举仍停留在"上边定调调，下边画圈圈"，个别乡镇干脆指选、派选，或在选举以后随意更换、调整村委会干部，直接违反了《村民委员会组织法》。

《村民委员会组织法》规定，村委会主任、副主任和委员必须由村民直接选举产生。但没有具体规定应采取何种途径、方式，进行直接选举。因此，全国各地在推行村民自治过程中，除了上述的指选、派选以外，主要还有以下几种选举模式：

在提名方式上，主要有"海选"、自荐、联名、户代表、村民代表会议、村民小组、选举领导小组、村党支部等几种提名方式。由于"海选"的提名方式具有公平、平等、民主和透明的特点，深受人们的欢迎，在更多的地方得以推广开来。

在正式选举投票的程序上，主要有平行式、职次式、叠加式和累计式四种投票选举方式。

1. 平行选举，就是分别提名村委会主任、副主任和委员候选人，同时投票选举村委会主任、副主任和委员（与基层人大选举方式相同）。目前，各地大多采取这种选举方式。由于一位候选人只能竞选一次职位，这种选举方式对于高职位落选者不公平，没有机会参加较低职位的竞争，容易导致"能者下、庸者上"不正常现象。

2. 职次选举，就是依次选举村委会主任、副主任和委员，或是先选委员，再从委员中推选村委会主任和副主任（与各级党委选举相似）。这种方式的优点是高职位落选者有机会参加较低职位的选举，缺点是操作复杂，社会成本太高。

3. 叠加选举，就是三项职位一次投票，高职位候选人同时也是低职位候选人。这种方式保证了高职位候选人入选机会，但选举缺乏竞争性，由于高职位候选人挤占低职位候选人的选票，容易导致一次性选举失败，复选概率较大。

4. 累计选举（倒叠加式），就是每位候选人可以同时竞选三个职位，一位候选人可能有主任、副主任和委员三种职位的选票。这种方式虽然简单易行，缺点是职位竞争意识模糊，民意不清，不同的统计方法可能得出不同的选举结果，容易发生争议。

以上四种选举方式，从选举制度本身来看，均只重视被选人个体素质的选择，是从传统"选贤举能"政治理念中产生出来的。其最大的缺点是忽视了选出的班子整体的优化组合，极易形成如下民主的悖论：在提名上越是充分发扬民主，越是难以形成协调合作的班子。在实践中容易产生班子不团结，聚合力差，工作效率低等现象。据一项调查表明，全国农村处于"松散、瘫痪"状态的村委会占了1/3以上。我们认为，村委会之所以产生如此病象与选举制度本身深层次的不合理性有密切关系。

事实上，选举方式和选举程序是否科学合理，是民主选举成败的决定性环节。为此，我们对村民自治选举制度进行了长达十多年的探索和试验，创造了村委会"组合竞选"的选举模式。

试验基本情况

早在十多年前，我们遵照中共安徽省委负责同志的指示，在岳西县莲云乡进行文化扶贫，我们的文化扶贫方案的内核是"三个基地，一个保障"。"三个基地"是在一个乡建立一个科技文化阅览室、一个实用技术培训中心、一个阅报栏群。一个"保障"是由村民直接选举村委会，实行村民自治。我们根据对那里农村实际情况的调查研究，决定采取"组合竞选"的方式产生村委会。所谓"组合竞选"，即首先在每个村民小组酝酿推选村委会主任的候选人一名，然后由推选出来的若干名村委会主任候选人，各自在全村范围内自由地组合自己的竞选班子，并将名单在正式选举前一周报村选举委员会，张榜公布，让全体村民对之进行评头论足，交流信息。在竞选大会上，每位村委会主任候选人在发表竞选演说时，都要向选民们介绍自己的组合班子成员状况，由村民直接投票选举村委会主任，然后对当选的村委会主任决定他的村委会"组合"成员，从而组成这一届的村委会。

村委会"组合竞选"的第一次试验，是在1989年1月17日的岳西县莲云乡腾云村进行的。这次选举的特点是打破该村过去村干部选举的上级提名、村民举手通过的老框框，采取了村民小组推荐、联名推荐和本人自荐的办法产生了4位村委会主任候选人，4位候选人在选举大会上一一发表竞选演说。经过两轮无记名投票，一名农民技术员击败了原村长和另外2名候选人，当选为腾云村首任民选村委会主任。选举大会上从上午8时开始到下午4时结束，外面下着雪，室内却是暖洋洋的，285名选民忍着饥饿，一直坚持到底。唱票一结束，村民们纷纷议论："这样选举才是真选举，上面不定框框，我们自由选择，硬抵硬选出的干部，我们信服！"选举取得完全成功。①

这次腾云村民主选举出来的村委会没有辜负村民的信托，1989年1月，这个民选的村委会上任伊始，就建立了一个专门监督村委会的机构（监事会），还聘请了本村离退休干部担任顾问，指导村委会工作。继而又成立了财务清理小组，对该村"学大寨"以来的从未公开过的村财务账目进行了清理，通报全村，实现了财务公开。他们还收回了前任村干部占用的那笔茶叶款，用这笔钱使多年架不起电线的西岭组当年腊月通了电。随后，村委会又带领村

---

① 1990年7月17日《中国社会报》以"硬抵硬选出的干部，就是好！"为题作过专门报道。

民大搞杂交稻制种，修复了 4 处年久失修的河岸田坎，加强了山林管理，当年全村粮食产量比前 3 年平均产量翻了一番，经济收入是往年收入的 2 倍。民主选举村委会，既调动了广大人民群众的积极性，又增强了干部为人民服务的意识。腾云村第一次选举是在《村民委员会组织法（试行）》实施仅半年就进行的，这在全国来说应该是最早的一次按《村民委员会组织法》规定进行选举的村委会。

腾云村第二次试验是在 1995 年 4 月 25 日[①]、第三次试验是 1998 年 5 月。这两次腾云村选举比第一次有了较大的改进，即村委会主任候选人在竞选大会上提出的"组合"成员也必须经过村民投票选举，从而实现了村委会所有成员都由村民直接选举产生。值得一提的是，地处贫困山区的腾云村前后三次选举出来的村委会主任都不是本村大户，相反的都是从外地迁移过来的单门独户。这就充分说明了即使像大别山区岳西县腾云村这般封闭落后的山村，也并不像某些人担心的那样：宗族、宗派势力会严重干扰民主选举。

后来我们又将试验扩大到一个乡的范围，而且是在另一个市。1998 年 3 月，我们应原滁州市委书记张春生同志之邀，在安徽省来安县邵集乡八个村同时进行村委会"组合竞选"试点。从宣传发动到最终竞选投票，一共用了 10 天时间，顺利完成了试点任务。[②]

邵集乡通过"组合竞选"产生的村委会，其成员年龄、文化结构都比以前有了较大改善，新班子中党员干部占总数的 86.6%，文化程度全部为初中以上，其中高中以上 18 名，8 名女同志当选，班子平均年龄降至 34.9 岁。在这次选举中，只有 2 名原任村委会主任落选，与乡党委原来的意图基本一致。说明群众考察干部是比较公正的，他们对民主的认识也是十分理性的。

从历次选举来看，广大村民十分珍视自己手中的民主权利，对投票选举表现出极大的热情。在邵集乡选举过程中，北涧村赵学东等 9 名在外打工的农民，在选举前夕连夜赶回家乡参加投票选举。在 3 月 2 日选举日那天，全乡 3165 户农民的参选率达 99%。实践证明，广大村民不但能正确行使自己的民主权利，还能选举出比较得力的村委会班子，这表明当今中国农民不仅具有成熟的民主意识，而且具有成熟的民主参政能力。

村委会为什么要采取"组合竞选"？

众所周知，在中国农村，农民大都是世代相居一地，由于这一基本特点，村民之间遍布血亲网，存在着宗族和血缘关系；也是由于这种世代相居一地的特点，某些邻里、门户之间由于生产、生活上的矛盾积累，往往世代冤仇，见面就眼红，说话就顶撞。如果平行选举或分别选举村委会主任、副主任和委员，由于选民投票时，只能看到被选者个人的德才状况，而无法预测选出后的村委会班子的整体状况。因而很可能将某一些血亲很近的人，如父子、兄弟、郎舅等同时选到一个村委会班子里，这固然不妥，违反了近亲回避的组织原则；而把世代冤家对头的人选到一个村委会班子里，更无法正常的工作。由此可知，如果采取传统的选举办法来选举村委会班子，是难以克服这些弊端的。

[①]　1995 年 8 月 14 日《安徽日报》以"腾云村民选村长"为题作了报道。

[②]　1998 年 4 月 20 日《安徽日报》以"由村民直接选举社区领导人——邵集乡试行'组合竞选'制"为题作了报道。

　　而采取"组合竞选",就能避免上述弊端。首先由村民推选村委会主任候选人3—4人,每位村委会主任候选人提出自己的"组合"名单,在正式选举前一周公布于众。为了争取村民投他一票,谁也不敢把自己"九亲六族"拉进来,更不会把名望不好、明显带有某种集团利益和经济利益关系的人,作为自己的竞选伙伴,否则他就会丢失选票。当然,他们也不会把同自己谈不拢的人"组合"到自己的班子中来。如此,无论谁当选为村委会主任,他都能驾驭自己的班子,不至于变成"软"班子、"散"班子,从而把村委会一班人拧成一股绳,做好工作。

　　需要特别指出的是,这里的所谓"组合",实际上是提名联选之意,最终都必须经过投票选举来决定。当某一村委会主任候选人"竞选"胜利后,再将他所提名"组合"名单进行差额选举。这等于是把村委会主任同他提名的"组合"人选进行联合竞选。由此可见,"竞选"充分发扬了民主,"组合"体现了民主基础上的集中,而"组合竞选"则是民主与集中的完美结合,达到优化组合班子的目标。

村委会"组合竞选"在社会上的积极影响

　　安徽省村委会"组合竞选"试验成功,经过大众传媒的广泛传播,已在社会上产生巨大反响,引起理论界的高度重视。

　　过去十多年,全国各地在推行村民自治制度的过程中,都对村委会的选举制度进行了大胆创新和改革,积累和创造了不少有益的经验。如吉林梨树县首先采用的"海选"模式,以及福建的"函投"方式。1997年,在北京召开的《村民自治国际学术研究会》上,把安徽省实行的村委会"组合竞选"列为大会的一项主题,由作者向大会作了详细报告,获得了与会许多中外专家、学者的好评,认为这是比较规范、可行的村委会选举制度,符合中国农村民情。他们认为安徽首创的村委会"组合竞选"是个很好的典型,值得进一步推广。目前,这种村委会"组合竞选"已被一些兄弟省市竞相采用。

　　1998年7月中旬,上海社会科学院派出了副院长左学金博士为首的专家考察组,专程来安徽省考察文化扶贫与村委会"组合竞选"。7月17日,安徽省社会科学院与上海社会科学院联合举办了"文化扶贫与村民自治研讨会"。经过为期一周的实地考察,上海市专家认为,"组合竞选"所设计的程序十分科学,由此选举出来的村委会工作效果好。它是理论结合实际,对传统村委选举制度的重大创新。与会专家、学者还建议安徽省委、省政府进一步加大推广力度,并希望把安徽省首创的这一经验及时报告给全国人大常委会,以利于新的《村民委员会组织法》的修订和完善。我们相信,新的《村民委员会组织法》在广泛充分吸收各地经验的基础上,必将进一步推进中国乡村民主化进程,中国式"草根民主"终会在广袤的中国大地上生根,开花,结果。

　　最后,我们寄希望于《中华人民共和国村民委员会组织法》修订时,将我们在安徽省若干地方试验成功的村委会"组合竞选"纳入这项法律之中,使我们的"草根民主"与现代民主选举制度的机制接轨。

一次成功的民主政治实践[*]

——记岳西县莲云乡腾云村民主选举

　　1989 年 1 月 17 日，岳西县一个深山乡——莲云乡腾云村六百多居民欢聚一堂，举行选举大会，直接投票选举该村村委会主任，取得圆满成功。这次选举是根据省委书记卢荣景批准的、中共岳西县委通过的《以文扶贫——对一个山区贫困乡的脱贫综合治理方案》实施的。

　　腾云村是莲云乡 7 个村子之一，人口 1200 余人，该村地理位置和自然条件在 7 个行政村中是比较好的一个村，但该村的经济发展速度，人民的经济、文化生活状况在全乡恰恰居于下游。主要原因是村领导班子的工作不佳。群众普遍反映该村从学大寨以来，多年的集体财产下落不明、账务不清，干群之间矛盾突出，致使上级布置的任务难以落实，因为村干部的话，群众不大听了。在此情况下，村里群众听说我们要在该村实行民主选举村长，都怀着热切的希望，予以欢迎、拥护。多年来该村的干部都是由上级"封"的。

　　选举工作班子的组成。在县、区、乡各级党委和政府的积极支持下，由县委组织部、县民政局、汤池区委和莲云乡党委共抽调 6 名专职干部，分人包干腾云村 14 个村民组选举的宣传和组织工作，务必使这次民主选举的重要意义和程序规章家喻户晓，深入人心。这是保证选举工作取得胜利的关键。

　　经过一段时间的宣传工作后，我们开始做候选人的推荐工作。推荐分两个阶段，第一阶段是由各村民组先开会选出本组组长，然后再提出村委会主任候选人。规定每个村民组只能在本村范围内提出一名村委会主任候选人。第一轮推选的结果，全村 14 个村民组共推荐出 5 名村委会主任候选人，他们是刘同应、王先进、刘碧朗、储成焰、储关送。然后，又经过第二轮筛选，14 个村民组对这 5 个人经过复议后保留 4 名候选人，将刘碧朗筛选掉了（后来刘碧朗又以自荐名义参加了村委会主任竞选）。

　　召开村民选举大会。由于村民居住分散，而且有许多人长年在外经商或做工，很难使有选举权的村民一时全部集中起来。于是，我们试行以户为单位，每户派代表 1 人参加选举。

　　腾云村共 306 户，结果来了 286 户代表，占应到人数的 90% 以上，符合法定人数。选举时，腾云村党支部书记刘向冰主持大会，由乡选举指导组组长，中共莲云乡党委副书记、乡长汪功灿宣读腾云村民主选举村委会主任办法。然后，5 个村委会主任候选人

---

　　[*] 原载《安徽农村》1989 年 5 月 9 日、《乡镇论坛》1990 年第 8 期。本文为作者蹲点一年经验的部分摘要。

分别向选民大会发表竞选演说，各人提出自己当选后的工作纲领并亮出竞选伙伴名单。当时会场群众情绪十分热烈，但秩序井然。竞选演说后，由选民进行无记名投票选举，第一轮投票得票情况：王先进 91 票，刘同应 79 票，储成焰 69 票，刘碧朗 42 票，储关送 8 票。由于得票最多的王先进所得票数没有超过半数，根据村民委员会选举法，须重新投票。即将得票多的前两名候选人王先进和刘同应，作为第二轮候选人重新选举。第二轮投票结果是王先进 143 票，刘同应 137 票。王先进所得票数超过总有效票数 284 票的一半。这样，王先进当选为村委会主任。

这次在腾云村历史上破天荒的第一次民主政治的演习，在庄严肃穆的国歌声中胜利结束。

选举大会从上午 8 时开到下午 4 时，外面虽然下着雨雪，286 位农户代表仍冒着严寒，忍着饥饿，一直坚持到底。唱票一结束，村民们纷纷议论，说："这次选举过劲，上面没有框子，我们没有顾虑，硬抵硬选出的干部，我们信服！"

这次选举是成功的，为什么在这样一个穷乡僻壤、信息闭塞、文化落后、商品经济极不发达的深山村第一次实行民主政治选举就能获得如此顺利的成功呢？我们认为：

一、民主的要求已成为当代不可阻挡、不可逆转的潮流，是当前中国的建设和改革中所迫切需要解决的主要矛盾之一。讲民主的话，办民主的事，让人民充分当家做主，就顺民意，就得民心，就会受到广大群众的由衷欢迎和支持。这次选举从开始到胜利结束，没有发现对民主选举干部工作的任何敌意破坏以及其他如宗族宗派非法拉帮结派挣选票等不良现象。这就充分证明搞民主政治是大势所趋、人心所向。

二、中国农村有悠久的民主启蒙运动的历史。中国共产党领导的新民主主义革命，最初是从落后的农村开始的。毛泽东同志建立农村根据地，发动农民、组织农民起来斗争，就是用反封建的民主主义精神，对广大农民进行民主主义的教育和鼓励，提高农民群众的阶级觉悟。几十年的农村革命斗争直到取得胜利，实际上都是在对农民进行民主主义的洗礼。因此，"民主"二字是中国广大农民很熟悉的字眼。那时农民识字的很少，在根据地里实行民主选举干部时只得普遍采用数豆子的方法。当时，全国人民对根据地的政权统统称为民主政府。

在革命军队里也广泛实行民主制度和民主教育，如在军队里实行著名的三大民主，即政治民主、军事民主和经济民主。中国共产党在根据地讲民主，蒋介石在他的统治区里搞专制独裁，成为神州大地上光明和黑暗的鲜明对照。民主的延安，民主的解放区，成为全国人民特别是青年知识分子向往的地方。中国共产党最终以民主战胜了独裁，农村包围城市夺取了政权。

一句话，中国的广大农村，虽然文化落后，商品经济不发达，但是在那里却有着源远流长的民主传统。

三、中华人民共和国成立已经 40 年了，今天农村的文化和经济状况，比解放前不知好了多少倍，这是世所公认的。建国以来搞了不少大规模的政治运动，这些政治运动虽然带来了不少消极后果，却对中国人民的政治成熟起了催化剂的作用。今天的中国人遇到事情都要想想，不像过去那样盲从了。中国人的鉴别能力大大提高了，这也是世所公认的。为什么解放前那么落后的农村，人们不识字，可以用数豆子办法民主选举干部，而在今天广大农民文化水平普遍提高，大多数人都认字的情况下，历史反而必须倒退到只能由上级派人来当干部管理他们，而当地农民自己却没有识别和选择干部的本事了？于理讲得通吗？今天中国的农民已完全有能力选择谁来当他们的公仆，这是通过腾云村选举结果所得出的又一个体会和结论。

四、具有划时代意义的党的十一届三中全会全面恢复和发展了马克思列宁主义、毛泽东思想，实行了全面改革开放搞活政策。发扬了民主尤其是在广大农村实行了联产承包责任制，八亿农民多年来被扭曲了的形象，重新舒展开了，人的尊严恢复了。农户们独立自主地生产、独立自主地经营、独立自主地收入、独立自主地支出。一句话，三中全会以后的八亿农民，他们作为一个独立的人存在着、生活着、思想着，独立自主地辨别着是非，区分着善恶。奴性和盲从随着商品经济的发展，文化水平的提高，从农民的身上一层一层地蜕脱。民主精神正在广大农村中升华。这又是我们通过这次选举实践获得的另一点体会。

五、思想政治工作是我党的传统优势。选举工作是一个政策性十分强的工作，尤其是在这个从来没有认真实行过民选干部的村落里更是如此。这次我们在选举过程中从头到尾紧紧抓住群众的心态，采取针对性的宣传解释和组织动员。例如，选举工作正式开始前几个月，我们就在乡、村的各种会议、座谈、户访及和群众的交谈中，不断地吹风通气：要在腾云村搞村民直接选举干部。其目的一是让这个村的干部、群众精神上有所准备，制造舆论。二是放个"气球"，测探气候，观察社会的反应和人们的心理动态。

当时搜集到的反应是：现任村干部中有的对此有顾虑，怕跌相；也有的说反话，"我早就不想当这个村委会主任了，这次乘机下台"。绝大多数群众普遍拥护、欢迎由他们自己直接选举干部。但也有些人怀疑："这还是走过场装样子"，"从来都是上面提名单，让我们去画圈圈"。也有的说："管他选什么人，天下老虎都吃人，没有干部不揩油的。"针对这些思想问题，我们在选举的实施阶段开始后，深入每家每户，同他们谈心，讲解我国的宪法对于选举的各项规定，讲人民是新社会的主人，各级干部都是人民的勤务员。决定谁能充当人民的干部，只应由人民自己来挑选而不能像封建社会那样官由皇封。当然，我们也说明，对于那些不属于民选范围的公务人员，实行的应是委任制和聘任制。在村民组会议上，我们还反复讲解选举干部的德才标准，两者不可偏废，偏废了对人民不利，引导选民们用正确态度对待候选人酝酿、提名和选举。

六、我们这次采取的是由上级机关派得力的同志来主持下级选举工作的方法。因为人事问题牵涉面较广，比较复杂，稍有不慎，就会走样，使好事变成坏事，本来是得人心的事走向反面，变成失人心。在这个问题上，我们花费多一点的人力、物力是值得的。我们这次选举就是由县委、区委和乡党委抽出6名干部进行这一工作的，有力地保证了选举工作的顺利进行。

七、实行"组合竞选"是我们这次在腾云村选举工作中的大胆创新。所谓"组合制"，就是只选举村委会主任一人，村委会其他成员由村委会主任候选人自己提出其认为德才兼备、深孚众望的人作为其竞选伙伴，并在向选民发表竞选演说时，同时公布他的竞选伙伴名单。

我们这样做的出发点是根据农村的特点。农村的居民大都是世代定居，遍布着血亲网；同样也是由于世代定居，这里有些农户邻里之间世代是冤家对头，见面就眼红，说话就吵架。

如让各村民组分别选出村委会委员的话，将一些血亲关系很近如父子、弟兄、郎舅等选到一个班子里能行吗？而把那些世代冤家对头的人选在一起更是无法共事，故只选村委会主任一人，其他委员由村委会主任候选人提名。如果村委会主任候选人提的竞选伙伴不孚众望，当然就受到选民唾弃。其次，村委会的班子既然是村委会主任候选人自己物色的人选，那么村委会主任当选后也就便于和他们同心同德地共事，减少许多不必要的内耗，提高工作效率，使民主和集中达到有机的结合。"组合竞选"不仅能拓宽人才竞争的渠道，更为重要的是，它是提高群众民主意识的最好学校。我们常说要培育群众的民主意识，仅仅对他们讲一番大道理，就能培育出民主意识吗？那是不够的。必须在实践中首先让群众成为社会的主人，让群众行使主人的权利。所谓"在游泳中学会游泳"、"在战争中学会战争"、"在干中学"，历来就是最有效的培育训练人才的途径。实行"竞选制"可以通过竞选，使选民和被选出的干部清清楚楚地明白，干部的乌纱帽（即使是小小的）不是来自上面"封"的，而是由选民们授予的，是通过竞选者向群众作了许多信誓旦旦的允诺，获得选民群众的信赖而得来的。并且，当你工作不得力时，选民群众又可通过合法程序，把你撤下来。这一切就迫使干部不得不好好地、尽心尽力地为人民服务，为选民服务。从而，也就切实地增强了干部的社会公仆意识和人民群众的社会主人翁意识。

八、腾云村破天荒第一次实行民主选举的工作顺利取得成功，说明在我国目前首先从基层开始实行民主政治是可行的，不会发生多大震荡。人们曾经对在农村搞民主政治顾虑重重，顾虑农村文化素质低，族性强、派性严重，搞民主要乱，等等，而岳西县腾云村不仅是个典型的农村社区，而且是我省农村中处于社会经济、文化发展层次较低的大别山封闭地区。在这样一个山村都能顺利地实行民主政治，那么，其他社会经济、文化较发展的农村实行民主政治当然更不在话下。关键在于我们的同志自身民主意识如何，是继续固守"为民做主"那一套封建糟粕，还是坚信"只有群众自己才能解放自己"的马克思主义原则？

实行民主政治是清除官僚特权、营私舞弊等腐朽行为的根本途径，是保障"四化"取得成功的必不可少的配套工程。要使国家摆脱贫穷、愚昧、落后的困境，必须将政治体制改革和经济、文化、教育、科技等体制改革几个轮子一起转动起来。正如邓小平同志所说的"重要的是政治体制不适应经济体制改革的要求"，"不改革政治体制，就不能保障经济体制改革的成果，不能使经济体制改革继续前进"①。政治体制改革的核心，归根到底是逐步实现政治民主化，就是在党的领导下，指导人民群众当家做主，成为社会的真正主人翁。

---

① 《邓小平文选》第三卷，人民出版社 1993 年版，第 176 页。

关于来安县邵集乡"组合竞选"村委会给安徽省人大常委会的报告[*]

由于省委及卢荣景书记对岳西县莲云乡文化扶贫（包括村委会"组合竞选"）成功经验的重视，文化扶贫（包括"组合竞选"）已在省内外产生广泛影响。去年11月，中共滁州市委书记张春生邀请本人到滁州市推广上述经验，张春生亲自陪同本人到该市来安县主持了选点工作，来安县委从县直机关抽调了40名科（局）级骨干组成下乡工作队。由本人对其进行了培训，讲授我国村民自治的历史、现状及其发展趋势，介绍了岳西县莲云乡在9年前采用的"组合竞选"的选举方式，并当场排定在邵集乡选举的具体日程表。接着由县委书记陈乔连同志亲自率领工作队于2月25日进驻邵集乡各村，广泛进行宣传发动。我们（我与本中心吴理财同志）于2月27日到达该乡，并立即进入工作岗位。2月28日，全乡8个村对各村民小组提出的村委会主任候选人名单（初步候选人由村民自由推荐，不受任何限制）进行预选，确定村委会主任正式候选人名单（2—3名）。3月1日，各村公布预选出来的村委会主任候选人及各候选人自己的"组合"成员名单，村委会主任候选人准备"竞选演说"。3月2日，全乡同时进行村委会选举。村委会主任候选人轮流上台发表竞选演说时，除陈述自己的"施政纲领"外，还同时公布自己的"组合"名单。然后由村民直接投票，分别选举村委会主任及其成员。全乡选举结果有6个村的原任村委会主任再一次当选，2个村，原任村委会主任落选。这次"组合竞选"村委会工作，在中共滁州市委、来安县委的高度重视和县委书记陈乔连的正确指挥下，取得了圆满成功。

在这次选举中，我们有以下几点认识和体会：

1. 通过多年来社会主义民主与法制教育，广大农民的民主意识和参政能力日益成熟。（1）广大农民对于民主选举自己的村委会领导人一事，十分关心，十分积极，十分认真。据统计，这次选举，全乡各村参选率都达到90%以上，其中有2个村达到100%。在这次选举中，还出现了一些十分感人的事例。例如：石桥村邱郢村民小组刘厚坤、刘厚财兄弟俩在投票场上为了争夺父亲的投票权，弄得面红耳赤，最后还是干部解了围。刘本庄村民小组一名残疾人自己摇着手推车参加投票，更令人想不到的是，他的80岁高龄的奶奶，也拄着拐杖来参加投票选举，她怕人家知道自己投谁的票，便附在孙子耳边，轻轻地将自己看中的候选人告诉他，叫他代写选票。由此可见，广大村民十分珍视自己手中每一份民主权利。（2）各村选举秩序井然，操作也比较规范，并没有产生明显的宗派、宗族等势力的干扰。个别村在选举中出现了曲折，如高涧村在投票

---

* 此文写于1998年3月16日。

结束计票时，在票箱里多出 7 张选票（据说是村里干部作了弊），只得重新投票，耽误了时间，但村民们仍然坚持在漆黑而又寒冷的会场上，有条不紊地进行了重新选举，直到晚上 8 点选举结束才离开。（3）从选举结果可以看出，由村民自由选举的村委会干部与乡党委的意图基本一致，说明群众考察干部是公正无私的，对于民主的认识也是十分理性的。

2. 同时，我们也看到当前在推行村民自治过程中还存在着一些普遍性问题，主要是我们的基层干部队伍中仍有少数同志对村民自治的重要意义认识不够。他们对村民能不能参政持怀疑态度，对村民自治后果更是忧心忡忡，害怕一旦实行村民自治，村民就更难管了。除了认识上的问题之外，还有属于权力分配上的思想障碍，主要是认为过去村干部由他们任命，对他们俯首听命，今后村干部是民选的，不会这样听话了。因而，这些同志不积极支持村民选举，甚至干扰村民选举。例如，个别村在推选村委会主任候选人时，总是千方百计地把不合自己意图的人排斥掉，用种种借口不让他参加"竞选"（该人预选时，票数排在第 2 位），后来，经过县委书记陈乔连同志和我们耐心做工作，才让他参加"竞选"，并最终当选为该村村委会主任。还有的个别村，村委会主任候选人的提名也受到村干部的干扰，这个问题直到投票选举时才暴露出来。在选举会场上，有些村民没有拿到选票，个别干部竟然说："几个人没拿到选票，也没什么奇怪的。至少有 80% 以上的人拿到了选票，就有 80% 以上的民主。"在这次选举中暴露的一些问题有一定的代表性，这使我们认识到，对广大干部，特别是对广大农村基层干部进行社会主义民主法制的系统教育，提高他们对人民当家做主重要意义的认识，是保障村民自治健康发展的重要条件。

3. 村民自治是符合我国国情的社会主义民主的一种好形式，也是训练广大农民群众当家做主的好学校。七十多年前，中国共产党领导的新民主主义革命就是从农村开始的，由农村包围城市，取得了伟大胜利。党的十一届三中全会以来的改革浪潮也是从农村包产到户开始掀起的，农村改革推动了城市改革，从而推进了全国的改革和发展。今天在广大农村社区推行村民自治，应该说是中国社会主义民主化进程的又一个重要步骤，具有伟大的历史意义。这项工作在全国来说目前仍处于示范（实验）阶段，有待进一步去完善。

4. 1987 年公布的《中华人民共和国村民委员会组织法（试行）》只规定了村委会由村民直接选举产生，但对于如何进行直接选举没有作具体规定，因此，全国各地在推行村民自治中都在大胆尝试。十年前，在省委的支持下，我到岳西县莲云乡蹲点，结合农村实际，采用"组合竞选"这一村民自治选举模式，在该乡腾云村先后进行了两次实验，均获得了成功。这次在更大范围内推行这一做法，也获得成功。实践又一次证明，"组合竞选"是完善村民自治选举制度的可取方案。去年在北京召开的加强村民自治的民主与法制建设国际学术研讨会上，把我省实行的"组合竞选"列为大会的主题之一，由本人向大会作了报告，获得与会中外专家的好评。他们一致认为这是比较规范和可行的村委会选举制度，符合中国农村民情，值得在全国进一步发扬推广。

5. 任何一项改革，都会触及一部分人的利益。尽管村委会"组合竞选"充分体现了村民自治和人民当家做主的精神，但在实际推行中，由于牵涉传统的乡村权力和利益结构，必然会受到不同程度的干扰。因而，民主选举村委会以及实行村民自治必须在党的统一领导下进行。这次选举，来安县委从县直机关抽调骨干人员，直接进驻农村，主持村委会选举工作，是一个很好的经验，值得总结和推广。过去，一些地方村委会选举之所以出现形式主义走过场现象，主要是由于放松了组织领导，任凭下边随意操作造成的。这次选举经验表明，即使像邵集乡这样由县委书记亲自带队，吃住在农村，严密组织选举工作，个别村仍然出现了乡村干部干扰选举的现象（详见"选举日记"）。由此可见，民主选举工作是一项十分严肃而复杂的工作，必须摆脱来自任何方面的干扰，方可达到预期的目标，即完全按照《中华人民共和国村民委员会组织法》的规定，由村民直接自主地选举自己社区的领导人。

附录1

由村民直接投票选举社区领导人①
——邵集乡试行村委会"组合竞选"
吴理财

3月2日上午，来安县邵集乡石桥村举行了村委会主任"竞选大会"。同一天，该乡其他7个村也将"组合竞选"村委会，村民们将投下自己的神圣一票，直接选举产生新一届村委会班子。

所谓"组合竞选"村委会，就是由各个村委会主任候选人在选民大会上发表竞选演说时，同时向选民推荐自己的合作伙伴（即村委会成员），由选民对村委会全体成员进行投票。早在十年前，安徽省社科院社会学家辛秋水研究员，就在岳西县莲云乡腾云村进行了"组合竞选"村委会的成功实验。

1992年7月，省委决定在全省推广的莲云乡文化扶贫经验中就包括了村委会"组合竞选"。目前，"组合竞选"已在社会上产生了巨大影响。两个月前，中共滁州市委书记张春生邀请辛秋水研究员到滁州选点推广村委会"组合竞选"，最后商定在来安县邵集乡进行试点，然后再推广到全县全市。

中共来安县委十分重视这项工作，成立了相应的领导小组，并从县直机关抽调了40名科（局）级干部，经过集中培训后，分赴邵集乡各村，开展"组合竞选"村委会试点工作。他们向广大村民详细讲解《中华人民共和国村民委员会组织法（试行）》（以下简称《村委会组织法》），进行社会主义民主与法制教育。各村开始推荐村委会主任候选人时，上级不定任何框框，即首先召开村民小组会议，由村民无记名投票推荐候选人，每个村民在全村范围内挑选最佳人选一名，然后以村为单位将各村民小组推荐票数汇总后得出各村的初步候选人名单，将之公布于众，再召开村民小组会议，通过村民无记名投票确定正式候选人，参加村委会主任的"竞选"角逐。3月2日，村委会主任候选人分别"组合"自己的村委会班子，并准备"竞选演说"。

当日，全乡8个村同时举行"竞选大会"，由村民直接投票选举自己社区的领导人。"竞选大会"一开始，村委会主任候选人轮流上台发表"竞选演说"，表达自己为

---

① 原载《安徽日报》1998年4月20日，本文作者系安徽省社科院助理研究员。

村民服务的诚意，当众承诺自己将为村民办哪几件实事，并再次公布自己的"组合"名单，以赢得村民信任。然后，由村民直接投票选举村委会主任。再将当选的村委会主任"组合"成员名单作为村委会其他成员的正式候选人，进行差额选举。全乡选举结果有 6 个村原任村委会主任继续当选，2 个村原任村委会主任落选。据统计，这次选举在全乡各村参选率都达到 90% 以上，其中有两个村达到 100%。

村委会"组合竞选"，是对传统村委会选举制度的创新。1987 年公布的《村委会组织法》只规定了村委会由村民直接选举产生，但对于如何进行直接选举没作具体规定。在我国农村，农民大都是世代相居一地的。如果按照传统的选举方法，分别选举（或平行选举）村委会主任、副主任和委员，一些血亲很近的人，很可能同时选进一个村委会里，这固然不妥。而把世代冤家对头的人选进一个村委会更无法工作。采取"组合竞选"就能避免上述弊端。实践证明，"组合竞选"是完善村民自治选举制度的可取方案。

附录 2

选举日记[②]
——邵集乡"组合竞选"村委会实录
吴理财

十年前（1989 年 1 月），安徽省社会科学院资深社会学家辛秋水教授，在中共安徽省委书记卢荣景的热情支持下，在岳西县腾云村进行了"组合竞选"村委会的成功实验。村委会"组合竞选"，是对传统村委会选举制度的创新。1987 年公布的"村委会组织法"只规定了村委会由村民直接选举产生，但对于如何进行直接选举没有作具体规定。在我国农村，农民大都是世代相居一地的，如果按照传统的选举方法，分别选举（或平行选举）村委会主任、副主任和委员，一些血亲很近的人，很可能同时选进一个村委会班子，这固然不妥。而把世代冤家对头的人选进一个村委会里更无法工作。采取"组合竞选"就能避免上述弊端。实践证明，"组合竞选"是完善村民自治选举制度的可取方案。1992 年 7 月，中共安徽省委决定在全省推广的莲云乡经验中就包括了村委会"组合竞选"的经验（刊 1992 年 7 月 17 日《安徽日报》）。目前，"组合竞选"已在社会上产生了巨大影响。

2 月 16 日　（星期一）　阴　培训

不到 8 点钟，来安县政府会议室已是座无虚席，来安县"组合竞选"村委会试点工作培训将在这里举办。县委从县直机关抽调了 40 名科（局）级干部进行培训。经过培训后，他们将分赴农村开展"组合竞选"村委会试点工作。

两个月前，中共滁州市委书记张春生邀请辛秋水教授到滁州选点推广村委会"组合竞选"，并将之列为全市 1998 年度四项重点工作之一。在张书记的陪同下，辛教授来到来安县，最后商定首先在该县邵集乡进行试点，然后再推广到全县、全市。中共来安

---

② 原载《社会》1998 年 4 月 20 日。

县委十分重视，专门召开了县委常委会议，成立了以县委书记陈乔连为组长的试点工作领导小组。培训班一开始由县委副书记朱明龙作动员报告，然后由辛教授讲课。辛教授讲授了我国村民自治的历史、现状及其发展趋势，并详细介绍了"组合竞选"的由来、基本原则和具体操作方法。下午自由座谈，大家统一了认识，并当场排定了邵集乡试点工作日程表，会上安排2月23日县工作队进驻邵集乡。

由于明后天来安县将召开全县"三级"干部工作会议，我们准备明天暂离来安城回到合肥，等待来安县委通知。

2月27日　（星期五）　晴　初到邵集

中午，来安县委政研室副主任李平来合肥接我们去来安。下午两点半，我们乘坐来安县委派来的汽车向来安驶去。雨后天晴，车窗外的天空格外的湛蓝，田野里绿意浓浓。汽车直接向邵集乡驶去。

汽车停在邵集乡政府大院里。辛教授和我刚一下车，县委书记陈乔连就迎上来，握着辛教授的手急忙说："乡里动员大会刚结束，我们等着您来讲几句话，因为太晚了，就散了会。"陈书记说，他们两天前刚下来，县里一共抽调了20名骨干，工作队员都吃住在各村农户家里，他自己住在石桥村，已在全乡进行了宣传发动，现在各村已初步提出村委会主任候选人名单，准备明天进行预选，确定各村的正式村委会主任候选人。

当晚，邵集乡党委书记李久山把我们安顿在私人旅社里。

2月28日　（星期六）　晴　提名

（一）

在乡党委李书记的陪同下，我们一大早就下乡到村里了解村委会主任候选人的推荐情况。这次"组合竞选"村委会，要求村委会主任候选人必须完全由村民自己推荐，上级不定任何框框。即首先召开各村民小组会议，由村民无记名投票推荐候选人，每个村民在全村范围内挑选最佳人选1名。然后，以村为单位将各村民小组推荐票数汇总后得出各村的初步候选人名单，将之公布于众，让全体村民知晓。再召开村民小组会议，通过村民无记名投票预选确定正式候选人。在县培训班上，辛教授明确要求每村至少确定4名正式村委会主任候选人，由他们"组合"、"竞选"，使村民中的潜在人才有更多涌现出来的机会。后来，来安县试点工作"实施方案"改作"村主任候选人原则上确定2名，特殊情况下可确定3名。"

上午，我们先后到了石桥、姚塘、高涧、松郢、罗山和刘郢6个村。除了姚塘村只推荐出2名候选人之外，其他几个村都推荐了十几名初步候选人。姚塘村地处乡政府所在地，据工作队员介绍，该村11个村民小组，有10个村民小组都推荐现任村委会主任作为唯一候选人，另外1个村民小组推荐出2名候选人，一个也是现任村委会主任，另一位是村妇女主任（也是村支部副书记）。目前村妇女主任推托家里小孩尚小，家务负担重，不愿意参加"竞选"，工作队正在做她的工作动员她参选。当我们来到刘郢时，已近中午，村民们正在清点预选选票，这个村的工作组长是县监察局副局长，我们与村民们一起愉快地合了影。

吃过午饭，由乡党委李书记驾车，我们来到鱼塘村。听说这个村只推荐了1名候选人，这个候选人也是现任村委会主任，我们疑惑不解。辛教授和我分别走访了两个队（这里习惯上将村民小组称作队）的村民。据村民反映这个村主任廉洁能干，办事公道，群众很信任他。拿就医看病这件小事来说，虽然村里办了合作医疗，他也照样看病付钱，从不贪小便宜。后来与村主任交谈中，我们也感觉这个人不错。村民心中自有一杆秤哩。

然后，我们又赶到北涧村。当我们到达北涧村时，村委会主任候选人已经确定下来，一个是现任村委会主任，另一个是现任村支部副书记。很有意思的是，他们分别代表着本村的东头和西头。两位候选人在"组阁"时，都把对方"组阁"在自己的"内阁"之中，其他"内阁"成员两人基本相同。

（二）

夕阳染红了西天的云彩，我们回到石桥村。据县委书记陈乔连介绍，这个村候选人竞争十分激烈。有两件十分生动感人的事：一个发生在邱郢队，兄弟俩争父亲一张票。老大叫刘厚坤，老小叫刘厚财。由于父亲没有来参加预选投票，兄弟俩都想为自己看中的候选人多投一票，于是两人都来"争夺"父亲的一票权。一个说："父亲没跟你过，你没权代表！"另一个也不退让："你也没权代表，父亲的提留我没少交一分！"两个人你一言我一语，争执不下。这时候工作队有人问，你们两个都争，父亲委托哪一个？两个都说没委托。既然都没委托，那只能算你们父亲缺席，工作队这样一说，兄弟俩才罢休。

另一个发生在刘本庄队。一名残疾人自己摇着手推车赶来参加预选投票，而让人意外的是他80岁的祖母也赶来投票。为了怕别人知道自己投谁的票，她俯在孙子耳边悄悄地告诉他自己看中的人选，叫孙子代她写选票。

（三）

我们在农户家吃罢便饭，便与县委书记一道乘着夜色匆匆赶到乡政府参加工作组长碰头会。工作组长分别汇报了各村村委会主任候选人的推选情况：

高涧村：确定2名候选人，1名是现任村委会主任，另1名是村支部副书记；

刘郢村：确定2名候选人，1名是现任村委会主任，另1名是现任村委会副主任；

松郢村：待定（原因见附记）

北涧村：确定2名候选人，1名是现任村委会主任，另1名是村支部副书记；

鱼塘村：确定1名候选人，即现任村委会主任；

罗山村：确定2名候选人，1名是现任村委会主任，另1名是现任村委会副主任；

姚塘村：确定2名候选人，1名是现任村委会主任，另1名是村支部副书记（兼任村妇女主任）

石桥村：确定2名候选人，1名是现任村委会主任，另1名是现任村委会副主任。

附记：

松郢候选人为什么难定？

2月28日晚工作组长会议上，松郢工作组伍组长汇报松郢村候选人推选情况："全村共推荐14名初步候选人，我们张榜了6名（其他8名候选人推荐票数不够10张）。今天经过预选我们确定了2名正式候选人，分别是现任村委会主任顾忠仁和副主任李金才。"

　　副乡长老何（乡武装部长）急忙插嘴："你们不公正！张正龙得票 73 张，李金才得票 58 张，凭什么把张正龙搞掉？"

　　乡党委李书记："你插什么嘴！让伍组长汇报。"

　　伍组长接着汇报："张正龙是去年经乡党委处理的。这个人选举动机不纯，他公开说如果他当选，要与村支部书记对着干。他还活动了四五个队的票。"

　　何："他没有活动，也没讲那种话。"

　　李："人家还没讲完，你老插什么嘴？"

　　伍："我那儿有检举信，今天没带来。"

　　县委书记陈乔连问："李书记，这个张正龙到底是怎么回事？"

　　李："张正龙原是村民兵营长，去年秋种期间，全村开沟取土，他妹妹家的田在路边，沟开得不直，乔乡长到那儿检查，要她重新开，她不依……乔乡长，你讲吧。"

　　乡长乔庆华接着说："松郢村民兵营长的事是这样的。去年规划丰产片，他妹妹家没出工，后来全队帮她家挖土取沟，叫她出工钱，她不同意，我在那儿，就与我争了几句。我对村里王书记讲了，叫他去讲讲，王忙就去了，张正龙的妹妹又与王书记争了起来。她家请的帮工，有神经病，也跑来帮忙，骂王书记，王书记打了她的嘴巴，而张正龙当时是村干，又负责他妹妹那一片，他始终没有制止。晚上我们把当事人双方都弄到乡派出所处理，罚她妹妹家 100 元，实际上是 50 元。他又跑到乡里，与王书记争吵起来，丝毫不听我们规劝。乡党委开会对他做了处理，撤了他村委会副主任和民兵营长的职务，要他写书面检查，后来他也写了检查。"

　　何："我是乡党委成员，乡党委作出的决定我应该服从，但是直到今天，我还是要保留个人意见。别的不说，只说张正龙任民兵营长期间，我布置的工作他总是首先完成。那次决定对他有偏见。而且，这次选举他并未活动，即使有活动也不奇怪。而是工作组有问题，开始两个队都是村支部书记王振国带头提的名，叫村民举手，村民哪个敢提不同意见呢？"

　　李："你只要讲张正龙本人的事，提名的事不要再讲了！"

　　何："那我不讲了。"

　　辛教授："有什么不同看法，你讲嘛。"

　　何看看陈书记，陈也说："你讲嘛！你是不是晚上喝了酒？"

　　何："我……没喝……"

　　陈："你到底喝没喝？"

　　何："我喝了。"

　　陈："怪不得你东一榔头西一棒的。今后开会，谁也不准喝酒！"

　　会场一下子静了下来。

　　辛："你讲嘛。"

　　何再次看看陈，陈说："你讲啊。"

　　何嗫嚅地说："张正龙的票数排在第二位，怎能不让人家参加'竞选'呢？……"

　　伍："这个人动机不纯，我们经过审查，他不符合'村委会候选人应具备的条件'，不能让他参选。我们是 25 日早上进的村，为了搞好这次选举，我们也是边摸索，边总结经验。25 日上午，我和村支部书记先到两个队摸情况，村民很快来了，我们首先做了宣传，然后王书记讲某某人怎么样，同意的请举手。"

何："开始两个队，是王振国带头举拳头的。"

伍："他是习惯性动作。"

何："那为什么把他也算上一票呢？他不是这两个队的人。"

伍："是你数的票。"

何："他带头举后，群众哪个敢提反对意见。"

伍："他是习惯性动作。经过上午两队摸情况，只推荐了1名候选人。我们正愁没人与之'竞选'呢。吃过中饭，我们正在商量。乡里通知我去开组长碰头会，选举的实施方案才拿到手，上面规定每个队推荐1—2名候选人，由村民无记名投票。我们后来在其他队都是按这个统一规定去搞的。如果讲有什么失误，是我们提前摸情况不对。"

会场空气比较紧张。陈书记突然幽默地说："伍组长，你走在我们前头。"

伍接着说："而且，张正龙不是初中文化程度。"

李："如果张正龙不够初中文化程度，就不能同意他参选。"

何："他初中毕业，我看过他的毕业证书。"

陈："你们查查。如果是初中，搞三个候选人怎么样？辛老，您说呢？"

辛："人家排在第2位，怎么能不让人家参加呢？！这样老百姓谁还会相信我们是搞真选举。好的马拉出来让大家遛遛。"

陈："那就搞三个吧。"

碰头会结束后，李书记要求乡党委成员留下来开会。

3月1日 （星期日） 晴　松郢村确定三个人"竞选"

刚吃完早饭，李书记就来请我们到松郢村去。一上车，李书记就说："我们就来一次彻底的民主，让两个出问题的队重新无记名投票。辛老，您看怎么样？"辛教授说："昨晚陈书记不是讲过：三个人同时都参加竞选吗？"李书记回答道："我们决不能让坏人选进来，您知道吗？昨晚何部长之所以为张正龙争，是因为他们认了干亲戚。"田野里虽然铺满了新绿，但从车窗缝儿挤进来的风仍有些寒冷。大家没再说什么，汽车飞驰在乡村公路上。

工作队员都住在村里王书记家，我们径直来到王书记家。辛教授要求与该村三个候选人见见面，李书记派人喊来了现任村委会主任顾忠仁（预选得票121张）和副主任李金才（预选得票58张）。辛教授单独与这两个候选人谈话。我和李书记、伍组长在隔壁闲谈。

过了半个小时，辛教授提出要与张正龙见见面，王书记又派人去喊。从谈话接触，张正龙是个直爽人。张正龙走开后，辛教授又去做乡党委李书记的工作："张正龙这个人并没什么大错，应该让他参选。老百姓的眼光盯着我们呢。如果两个队选过了再重选，会引起大风波的。你认为呢？"李书记没有表示反对。这个时候，王书记进来了。王书记对辛教授说："三个人'竞选'定会把顾忠仁选掉。"辛教授追问："顾忠仁预选的票数不是比张正龙多一倍吗？""不要看预选顾比张多，真的'竞选'就难说了。"王书记担心地说。"我看，张正龙这个人是可以团结的。今后，好好团结会对你工作有帮助的。"辛教授劝道。王书记没再说什么话。最后还是决定三个人出来"竞选"。

工作组的同志又将张正龙叫来，要他赶快把自己的"组合"名单报来（其他两位昨天已经"组合"好了），以便下午打印选票，明天上午就要进行"竞选"。经过再三考虑，张正龙把自己"组合"名单上的顾忠仁和李金才两个人的名字划掉，换上了两个队的队长。

王书记这才去通知村两委成员和各队队长开会，在会上进行了再动员，要求大家明天一定要把"竞选大会"开好。

中午，我们在王书记家吃的饭。村妇女主任也在帮忙烧饭，后来得知，村妇女主任是王书记的近亲。吃过饭，我们便回到乡政府。下午，乡信用社吴主任开车送我们去半塔（镇）洗澡（邵集乡没有洗澡的地方）。中途，吴主任把车子停下来，与对面驶来的小车打招呼。车子发动后，吴主任向我们解释说："刚才小车上是某某镇党委书记，他在石桥有个亲戚，明天参加'竞选'，他是专门去看看的。可能是帮他策划'竞选'的事。"

3月2日　（星期一）　晴转阴　"竞选"

吃过早饭，我们便乘车来到石桥村。石桥村是县委书记陈乔连蹲的点，今天上午选举村委会。这个村村委会主任竞选人有两个，一个是现任村委会主任郑加付，大约35岁，初中文化程度，在乡镇企业干过；另一个是村支部副书记郑少祥，年纪较大些，也是初中文化程度。

"竞选大会"在村小学举行，事先工作队已在操场上划了范围，每个队都按次序坐好。全村500多户代表都来了（考虑到农村外出打工经商的人员多，而且在农村，家长的意见基本代表全家的意见，由每户派1名代表参加选举，但是该名代表必须具备选民资格），还引来了许多观众（总共约有1000人）。中共滁州市委副秘书长江正行和市委组织部、市电视台的同志也专门赶来参加"竞选大会"。

"竞选大会"由村支部书记主持，一开始是乡党委书记讲话，接着就是候选人轮流发表"竞选演说"。先是郑加付演说。从演说可以看出，郑加付年轻，不太熟悉农村工作，不会用群众的语言，一篇演说听起来，像是作政府工作报告一样。县委书记陈乔连听了一会儿，就离了席，对乡党委李书记说，这个郑加付没经验，可能要落选。陈书记的看法与我相同。郑加付长篇大论讲了三四十分钟，一些村民有些不耐烦了。李书记多次提醒他少讲些，不要太长。

接着就是郑少祥上台演说，郑少祥的演说赢得了在场工作队的欣赏，从这儿可以看出，他比郑加付老练，而且似乎有人替他策划过。从演说看，郑少祥必胜无疑。投票结果，印证了我们的想法。郑少祥以347票的绝对优势（郑加付191票）赢得"竞选"。

然后，是将郑少祥"组合"的名单拿出来（把当选的村委会主任"组合"人员作为村委会委员的候选人），投票选举村委会成员。要求6名候选人差额1名（郑少祥也把郑加付"组合"在内）。投票结果，把郑加付给"差"掉了。选举还未结束，郑加付就骑摩托车走了。选举一直持续到下午两点钟，虽然村民们都没有吃中饭，但大家都没有饿意。自始至终，会场秩序井然。

与此同时，上午邵集乡一共举行了4个村的选举。松郢村3个人"竞选"，张正龙顺利当选。

下午也有 4 个村选举。姚塘村选举在乡政府会议室举行。我们刚吃完饭，辛教授与市委政研室周科长一起到会场看看。谁知一下子聚拢来了十几个村民，他们反映候选人提名是村干指定的，这与过去没有什么两样。辛教授听后马上找来乔乡长，乔乡长说先去问问工作组。辛教授坚持说："你先听听群众意见，然后再去找工作组。"来到村民跟前，乔乡长手指着村民一个个地问"你是哪个队的？你们讲啊！"村民开始被吓得不吱声，个别滑头乘机缩了回去，只有二三个村民嗫嚅地说："候选人提名，我们不同意。"后来又有几个年轻人补充上来说："是村干在会上指定的。"

我们找到工作组人员和市委江副秘书长。乡宣传委员（联系姚塘村）争辩说："我亲自开过几次广播，宣传工作做得很到位。我们都是按照统一部署来搞的。全村 11 个队，10 个队只提了现任村委会主任，另外一个队提了两个人，一个也是现任村委会主任，另一个是村支部副书记，她兼任村妇女主任。这个妇女主任自愿退出，说自己年轻，家里有小孩要照顾。"工作组长也上来辩解："如果从头来，会扰乱选举，谁还会干呢？村委会主任本来人家就不愿意干。"（因为乡党委李书记提出重来，当场进行"海选"）工作组其他人也说，他们工作做到位了，个别老百姓有意见是难免的。辛教授实在忍不住了，站起来说："有这么多群众反映问题，难道这不是问题吗？"江副秘书长也批评道："你们既然工作到位了，为什么会发生这种情况呢？"这个时候，会场上已经开始投票了。从会场上又传来消息，有几个村民没拿到选票。工作组里有人说："几个人没拿到票，没什么奇怪的。至少有80%以上的人拿到选票，就有80%以上的民主。"这个村是一个候选人参选的，也就不存在"竞选"。至此，这种局面也没法再挽回了。

下午四五点钟，辛教授又与江正行等人到刘郢、高涧去看选举情况（我因事没去）。据辛教授介绍，刘郢村组织得比较好，各个队分别在指定位置坐好。投票时设了投票间，进来一个村民，画一张选票。如果村民不会画票，只需用手指，工作人员代画。但是高涧村，却出了不少问题。第一轮投票，竟然多出了 7 张选票。据村民反映，乡干把一大把选票塞到票箱里去了。而且一开始提名候选人，就是乡干指定的。排在第三名的候选人，是个年轻人，高中文化程度，在村民中口碑不错，如果让他参加"竞选"，可能会当选。因此，村民意见较大。第一轮投票只能作废，然后用白纸裁成选票，编上号码，写上候选人的姓名，进行了第二轮投票。直到晚上七八点钟才结束，村民们一直坚守在寒冷的会场里。

3 月 3 日　（星期二）　阴雨　选举结果

上午在乡政府会议室召开工作组长碰头会，各村工作组组长汇报昨天选举情况。

北涧村：全村 462 户，到会 462 户代表，发票 462 张，收回 457 张。原村主任当选。"组合"成员没有差额，也全部当选。

姚塘村：全村 418 户，到会 379 户代表，发票 379 张，收回 370 张。只有一个候选人参选，仍是原村主任当选。"组合"6 人，当选 5 人。

松郢村：全村 394 户，到会 378 户代表。第一轮投票，发票 378 张，收回 378 张。原村主任得票 119 张，张正龙得票 162 张，都未过半数；第二轮投票，发票 380 张（又来了 2 户），原村主任得票 200 张，张正龙得票 234 张，张正龙当选。"组合" 5 人，当选 4 人。原村主任、副主任均落选。

高涧村：全村 348 户，到会 319 户代表。第一轮投票多出 7 张，作废；第二轮发票 318 张（走掉 1 户），原村主任当选。"组合" 4 人，当选 3 人（原村计生主任落选）。

刘郢村：全村 432 户，到会 346 户代表。原村主任当选。村委会原班子增加 2 名新委员。在计票间隙，还选举产生了 49 名村民代表，组成村民代表会议事会、监事会。

鱼塘村：全村 422 户，第一次投票到会 378 户代表，发票 378 张，收回 371 张。原村主任当选。第二次投票到会 386 户代表，发票 386 张，收回 382 张，"组合" 6 人，当选 5 人（基本上是原村委会班子）。

罗山村：全村 303 户，到会 302 户代表，发票 302 张，收回 295 张。原村主任当选。村委会成员选举，原村委会副主任落选。

石桥村：全村 532 户，到会 532 户代表，发票 532 张，收回 532 张。村支部副书记（兼任村计生主任）当选村委会主任。"组合" 6 人，当选 5 人。原村主任落选（原村委会班子保留 2 人，新进 3 人）。

[**附记**] 任何一项改革，都会触及既得者的利益。尽管村委会"组合竞选"充分体现了村民自治和人民当家做主的精神，但在实际推行中，由于牵涉传统的乡村权力和利益结构，必然会受到不同程度的干扰。

目前，社会上总有人以为，农民文化低，没有民主参政能力；农村宗族、宗派势力强，不能搞民主选举。对此，事实给了一个极好的回答：通过多年来社会主义民主与法制教育，当今中国社会农民的民主意识和参政能力已相当成熟。据统计，邵集乡村委会选举，各村参选率都在 90% 以上，其中有 2 个村达到 100%，广大农民对于直接选举自己村委会领导人不但十分关心，还十分积极认真，他们十分珍视自己手中每一份民主权利。各村选举秩序井然，操作也比较规范，并没有明显的宗族、宗派等势力的干扰。个别村在选举中出现了一些曲折，但村民们仍然坚守在会场上，直到选举结束才离去。这次选举结果表明，有 6 个村原任村委会主任再次当选，2 个村原任村委会主任落选，各村 80% 以上都是原村委会班子成员继续当选，由村民自由选举的村委会干部与乡党委的意图基本一致，说明群众考察干部是公正无私的，现今中国农民对于民主的认识也是十分理性的。

相反，从以上日记可以看出，怀疑、干扰乃至阻挠村民民主选举的，恰恰不是这些"无知褊狭"的乡间"草民"！我以为，村民民主选举乃至乡村民主化的障碍主要是传统的乡村权力（利益）结构。要想真正地推行民主选举，实行村民自治，必须对乡村权力（利益）结构进行重构。

附录3
村委会选举尝试"组合竞选"

【解说】

安徽省颍上县王岗镇新安村是一个普通的行政村，全村共有1087人，耕地面积3000多亩。今年5月23日，村里进行了第五届村委会改选。与以往不同的是，这次选举用了一种全新的方法。

【同期】安徽省颍上县王岗镇新安村党支书　邢洪奎

这次选举与以前有些不一样，我们按照辛教授的方法来进行选举，以前我们用"海选制"，现在叫"组合竞选"。

【解说】

据村支书邢洪奎介绍，"组合竞选"是安徽省社科院研究员辛秋水的发明。

【同期】安徽省颍上县王岗镇新安村党支书　邢洪奎

我们按照《村民自治组织法》的要求，先由村民推选出选举委员会，这次我被推举为选举委员会主任，然后再按"组合竞选"方法推选出村委会主任候选人，由候选人组合自己的竞选班子，再由村民选举。

【解说】

按照"组合竞选"方式，新安村这次推选出了三个村委会主任候选人，一个是前任村支部书记王青昌；另一个是村里的技术能手，30岁的高明；第三个是穆远平。按组合竞选方法和选举规则，这三个人需组合三个不同的村委会领导班子再进行第二轮投票，但在第二轮投票之前，穆远平突然宣布退出竞选，并被组合到高明的班子里。最后，技术能手高明以237票当选，前任村支书记王青昌以70多票落选。

【同期】村委会主任候选人　穆远平

我被村民推选为村委会主任候选人之一，但在竞选中，我感觉到我的条件不如高明，我对高明更有信心，所以我便宣布自动退出，最后高明又将我组合到了他的班子里。

【同期】村委会主任候选人　王青昌

我没有想到他们两个人联合起来，要是如此我当时也不应该参加。这一选举方式确实不错。我如果重新组合班子，说不定谁的票多了。

【同期】村委会主任当选人　高明

这次我当选是村民对我们这个组合的班子充满信心，我们一定不辜负大家的愿望，带领全村人民致富奔小康。

【解说】

王岗镇党委书记崔黎认为，高明之所以当选与他组合的班子具有广泛的群众基础有关。与以往的"海选"相比，"组合竞选"实际上是充分相信群众的选择，相信群众会选择了最好的带头人。

目前我国大部分地区采用的"海选"起源于东北农村，"海选"指的是把选民聚集到一起，然后大家选出几个得票最多的人作为村委会成员。"海选"选的是相对独立的个体，而"组合竞选"选的则是一个班子。

【同期】安徽省颍上县王岗镇党委书记　崔黎

"组合竞选"把一个班子推到选民面前，让选民选择，这便于班子的凝聚。

【同期】安徽省颍上县王岗镇镇长　兰向雷

"海选"容易把几个相互有关系的人或有矛盾冲突的人选举到同一个班子里，这为村委会工作留下了隐患。"组合竞选"班子是通过最优化的组合以后，再由选民选举诞生，是经得起考验的。

【解说】

安徽省人大副主任张春生对记者说，"组合竞选"在很大程度上削弱了家族、宗族势力对选举的影响，在根本上打破了一些地区农村大宗族的垄断地位。同时，为了争取村民的支持与信任，候选人不敢把自己的"三亲六故"拉进班子，更不敢把名望不好、明显带有某种集团利益关系的人作为自己的竞选伙伴。

【同期】安徽省人大副主任　张春生

这一方法在设计上很科学，适合中国国情，体现了村民自治的原则精神。它的最大的好处就是避免了长存于农村的家族势力影响，表达了大多数选民的意愿，公开、公平。

【解说】

王岗镇新安村新当选的村委会能否实现带领全村奔小康、建设家园的诺言，还有待于时间的检验。但值得注意的是，新安村这次选举选民到场率达70%以上，是这个村历次选举中选民参与率最高的一次。

【同期】村民　陈章林

这次我听说家里投票，就从河南省赶回来了，就是为了给高明投一票。

【同期】安徽省社科院研究员　辛秋水

用组合竞选方法，新安村这次选举取得了圆满成功，组合竞选方法完全符合《中华人民共和国村民委员会组织法》规定的直接选举原则。

【解说】

据辛秋水介绍，村委会"组合竞选"是在安徽省委的指导下，经过长期的农村调查并结合农村特点而提出来的，"组合竞选"从提出至今已在安徽省的几个不同地区进行了反复的试验。

【同期】安徽省社科院研究员　辛秋水

"组合竞选"重在"组合"两字，这跟西方的"组阁"完全不同，"组阁"只选一个个体，"组合"则是整个班子都必须交由选民评议挑选，这非常符合中国农村的实际。

【解说】（解说中上字幕、图表）

另外，辛秋水还告诉记者，"组合竞选"在安徽省的其他地区也获得了成功。在岳西县莲云乡腾云村，有"储、刘、王"三大姓，三大姓人口占全村人口80%以上，但在1989年，1995年和1998年的三次"组合竞选"中，三大姓均无人当选。第一任当选者是从潜山县移居而来的农民技术人员王先进。后两任当选者是回乡知识青年陈子斌。组合竞选的村委会上任后，修复了4处多年失修的河岸田坎，加强了山林管理，后来又带领村民大搞杂交水稻制种，当年的粮食产量比村里前3年的平均产量翻一番，经济收入是往年的两倍。

1998年，辛秋水又在来安县邵集乡的八个村同时进行村委会"组合竞选"试验，也获得成功。这次新安村是实验的第三个站点。现在，"组合竞选"被一些理论界人士作为村民自治选举的模式之一进行研究。

1992年5月20日新华社安徽分社电视部　提供

记者　吴恺之　路巨平

编辑　周　虎

权力——来自人民[*]

在整个农村基层组织中，村级具有突出的分量，它是国家政权进行农村社会管理的基本依托，是党和国家各项政策的汇合点，它既具有"政治职能"又具有"经济的和社会的职能"，对于农村的社会发展、社会安定具有极其重要的作用。

怎样建立村级组织？村民委员会组织法规定：村民委员会是群众性的自治组织，村干部不属国家干部，其产生应采用民主的方式，但在（草案）公布后，有些地方的同志却以各种方式抵制村民自治制度的实施和落实。其理由不外是：村民文化水平低，参政意识不强，让他们直接选举要出乱子。还有的同志，顾虑实行村民自治后政府对农民难管了，上级布置的任务更难完成了，等等。

对群众不信任，还有重要的原因：由群众选举的村干部，代表群众利益，易产生"抗上"现象，因而剥夺了他们行使自己法律所赋予的选举权利。不能不说这是封建专制思想的余毒在我们干部头脑中的反映，就其实施效果来说，不啻是对共和国宪法的嘲弄！中华人民共和国成立四十余年，长期在马克思主义、毛泽东思想教育下的农民，竟连按照法律程序选举村干部都没有能力、没有资格，这岂不可笑嘛！问题是我们的干部长期"管"惯了农民，一级级命令、指示、任务叠加到农民身上，他们成为最后的负担者，只有执行、顺从的义务，而没有自治权、自主权、自我管理的权利，一下把民主选举权利交给他们，有的人思想上拐不过弯来。群众不渴望民主吗？不渴望自治吗？不愿意参加选举吗？中国新一代农民正迈开现代化的脚步，不会那样的愚不可及，他们呼唤着民主自治、民主选举，期望着农村社会管理的进步。党和他们的心是相通的，国家赋予他们这种民主自我管理的权利，为什么我们的一些从事农村工作的干部不是积极地"疏通"，而是在制造矛盾、制造隔阂呢？这种对党的方针政策、国家法令的"中间屏蔽"、"中间歪曲"实在令人不可思议！

农村基层政权形式虽然几经变更，村级干部由上级指派的做法，几乎一直保留着。长期的农村工作实践，完全可以说明它的优劣，稍加考察，不难发现它的以下弊端：

1. 指派村干部，丧失了村子自治的基本功能，变成单一向上负责，村干部往往是看乡领导脸色行事、对村民利益要事过问较少。主要职责演变为"催钱、催粮、催民工"。长时间积累，加剧了农民与政府之间的矛盾。在乡村，尤其在偏僻的乡村，极少数的基层干部以权谋私、横行霸道，严重地影响党群关系。不经村民选举的干部，缺少群众信任和支持，因此，工作开展困难，形成村干部"压"村民，而村民则力图摆脱村干部控制的不正常状况。

---

[*] 原载中国基层政权建设研究会《实践与思考》，第338—342页。

2. 指派村干部，很大程度取决于乡政府领导的"关系"（血缘、亲缘、钱缘），形成家族、亲属干部网。"一人得道，鸡犬升天"，能安排就安排，不能安排也可多方给予利益上的照顾。纯凭干部的关系网、血亲网的关系而被委任为村干部的已不足为奇。财粮员、民办教师、电工、乡镇企业的管理人员等这些在农民眼中的"肥缺"，多由搭"缘"关系的人填充。形成无名有实的"亲友集团"，官官相护、统治一方，翻手为云，覆手为雨；党纪、国法已被个人意志所取代。有的人甚至成为"恶霸"，横行乡里，欺压百姓，"天高皇帝远"，待国家执法人员冲破阻力，伸张正义时，付出的代价已很沉重，由此而造成的惨痛事例屡见不鲜。

3. 指派村干部，"尚方宝剑"高悬。村民没有选举权，当然就不存在监督和制约村干部行为的权力，更不可能罢免那些不称职的村干部，只能忍气吞声。

4. 指派的村干部往往形成终身制，有的地方村干部一干几十年，土改时期的村干部今天仍然在位。他们不能随着社会进步和农民本身素质的提高而及时更新，这些领导和"代表"，抑制了乡村中的活泼因素，阻滞了农村社会的全面发展。

把民主选举权利交给农民，不但是维护共和国法律的尊严，也是社会主义现代化建设的迫切要求。十年农村改革的历史发展证明：是时候了，不应当再以任何理由对此阻挡和耽搁。

在中国漫长的封建社会，农村的最基层的控制是由家族、宗教、帮会及形式上的保甲制度来实现的。新中国成立后，合作社、人民公社建立了完全新式的管理制度，毫无疑问是历史的进步。但是由自然村为生产单位的生产方式，把农民依然禁锢在地缘之内，而且，血缘、亲缘仍然是人们联系业务的纽带。农村基层干部本身就是农民，往往成为纽带的"要结"，利用这种关系谋取私利，形成新的家族势力。在公社的"一大二公"之下，中国农民几乎是在进行"准军事化"的劳作，没有什么自主权，仅有的几分自留地也曾一度被当作资本主义的尾巴割掉。这些构成了任命式村民组织上的存在"合理性"。

改革的潮流，冲破了单一生产方式，猛烈地冲击着传统的观念和习惯势力，农村的经济向多元化发展。家族经济实体的恢复，使他们有了自主权；有了商品生产意识，走出祖辈劳作的地域，搞副业、经商、购买像汽车、拖拉机这样的大型生产机械；组织建筑队，合资办工厂，进城从事第二、第三产业的生产。思想解放了、观念变化了、视野拓宽了，这样的农民还等同于十年以前的农民吗？交通便利、发展较快的村子也好，贫困状况一时没有改变的偏僻村落也好，农民需要的是有魄力、有办法，带领他们发展经济、尽快致富的人。这种人只有靠农民群众自己选择，任何人都不应强加给他们。

农村社会分工渐趋复杂化、多样化，农民的成分也在不断变化。随着经济活动的扩大，农民的交际范围也在扩大，由此产生新的人际关系。血缘、亲缘、地缘关系渐被业缘、趣缘关系冲淡，新型的人际关系在农村生活中作用明显增加。村民委员会的领导者，必须具有这种人际关系的适应和调节能力，因而，也只能由村民自己选举产生的人，才有可能进行有效的管理。农村社会机能在进化，把民主选举的权利还给农民是历史发展之必然，这必促成农村社会发展基本要素的自我更新。

民主化:中国乡村社会实践的一根主线[*]

一

　　民主化是中国乡村社会二元结构转型,就是从旧有的计划经济体制向现代市场经济体制转变,从以党代政的高度集中的政治社会向民主法治社会转变。在这个过程当中,社会的自主性日益增强,平等、民主和法治成为时代的强音和主流。其结果之一,必然会导致国家与社会的分离。国家并不是从来就有的,而"是社会在一定发展阶段的产物",随着社会的不断进步,国家将逐渐回归社会,以至最终消亡。这是马克思主义科学社会主义的一条基本原理。但是,在高度集权的政治社会里,国家政治的触角无所不及,人是没有真正权利可言的。众所周知,在社会转型之前,中国农民是不得随意迁移的(就是在今天,农民的迁移仍然受到种种限制,还不是一个真正的"自由人"或完全的"公民"),他们被禁锢在土地上,连走亲戚的自由都没有。生活在这种社会里的人们,必然产生"对国家以及一切同国家有关事物的盲目崇拜"和恐惧。中共十一届三中全会以后,中国农村实行了家庭联产承包制,解放了农村的生产力,推动了农业和农村社会的发展。农村社会主体性的增强和农村社会权力的分化,导致了生产大队、生产队组织的瘫痪和人民公社体制的瓦解,在此基础上孕育产生的村民委员会这一村民自治组织逐步取代了原来的生产大队,从而开始了一场涉及 9 亿中国农民的乡村民主化进程。从这个意义上来说,导源于家庭联产承包责任制的经济改革,无疑是一场深刻的革命,它肢解了集权政治的大厦,并逐步消解了人们对强权的崇拜意识,使社会主义民主化真正起步。

　　值得一提的是,民主无论从其产生、发育还是从其发展、成熟,都与基层自治息息相关。古希腊的民主是现代民主的滥觞,它最初是从城邦自治中产生、发育出来的。在公元前 5 世纪,古希腊是由一百多个城邦组成的,一个城邦实际上就是一个相对独立的自治单位。而现代性民主,就有学者说过"地方自治(Local Self-govemment)发源于英国,为今日民权主义之源流","英国人民之种种自由,均植基于其自由的地方政治制度之上,从其远祖盎格鲁‒萨克逊(Anglo-Saxon)时代,英国之后裔,在其家教中,已经习知公民应尽之义务,与应负之责任"。所以,英国人常常自诩其民主制度"是长成的(By growth),而不是做成的"。

　　而在中国,三代之始,虽无地方自治之名,然确有地方自治之实。自隋朝中叶以来,直至清代,国家实行郡县制,政权止于州县。那时,乡绅阶层成为乡村社会的主导

---

　　* 原载中国管理科学研究院农业经济技术研究所编《通讯》1999 年 6 月 30 日。

性力量，乡村公共事务主要由绅士出面组织，从而在客观上造就了乡村社会一定的自治空间。但是，与其说那时是乡村"自治"，还不如说是"乡村绅治"。所谓的乡村"自治"社会，也不过是"弱受强欺、愚受智诈、寡受众暴"的社会。农民"除向最不愿问之衙门求救，仰最不愿仰之劣绅土棍求指点外，别无他法。云官治，乃贪官污吏之实况；云自治，亦劣绅土棍之变名"。这种由乡绅把持的"自治"带有浓厚的封建性，它不是现代民主意义上的自治。孙中山先生早年就曾指出："官治之者，政治之权，付之官僚，与人民无关，官僚而贤且能，人民一时亦受其赐，然人亡政息，曾不旋踵，官僚而愚且不肖，则人民身被其祸而不自拔，前者为婴儿之仰浮，后者则为鱼肉之于刀俎而已。"人民要想摆脱"仰浮"、"刀俎"之境，求生存，必须追求民主。随着民主的发展，人民"需要的不仅仅是民主形式的代表机关，而且要确立由群众自己从下面来管理整个国家的制度，让群众实际地参加各方面的生活，让群众在管理中起积极作用"。"自治是人们实施社会活动和社会组合的一种形式，也是一种社会关系体制。其特征是自治成员的管理与被管理的身份主体化。"

自20世纪开始，国家就企图加强对乡村社会的控制。新中国建立以后，国家政权空前强大，"政社合一"的人民公社将国家政权的末梢延伸到最基层的乡村社会，直至每个农民。这一"三级所有、队为基础"的人民公社管理体制，对乡村社会强有力的控制达到了前所未有的程度，从而将以往萌发的各种形式的自治形式、民主主义启蒙思想（包括新民主主义传统）给压制甚至扼杀了。

中共十一届三中全会以后，家庭联产承包责任制的推行，不仅仅是经营方式的改变，它一方面促进了非农经济的发展和农民的分化，形成了新的利益主体和阶层结构；另一方面又促进了乡村社会的权力分化，使乡村社会的自主性、独立性不断增强。这些都为乡村自治及其民主化提供了制度空间。1982年，《中华人民共和国宪法》正式确立"村民委员会是基层群众性自治组织"原则。1988年6月开始，村民自治在全国各地得到普遍的推行。人民公社制度的解体以及随后村民自治制度的确立、推行，标志着国家权力在乡村社会的退出和乡村社会民主化的开始。中国农民自己创造的"村民自治"这一"草根民主"（Grass-roots Democracy）形式，开始在中国大地上发芽、生根、成长。

二

但是，由于中国乡村民主化处于社会转型期特殊的社会背景之下，姗姗来迟，必然会伴随和衍生一些问题，值得我们去研究、探索。

一是乡村人民参与质量较低。没有人民的参与，就谈不上真正的民主。从一定意义上说，农村改革本身就是对乡村人民参与的一种社会动员。农民因经营自主而提高的自主意识，必然要求在公共事务以至政治上相应的参与权利。由于历史的原因和种种现实因素的作用，我国乡村人民的参与还处于自发状态向自觉状态过渡之中，因而参与的方式也是五花八门，除了正当的投票选举、参政议政、反映情况、逐级上访以外，从总体上来看，呈现出低度、不均衡的特征：（1）农民实际参与公共事务、政治事务的空间还很狭小，参与的次数、频率仍然有限，有民主参与意识和有机会参与政治的农民实在太少，而且他们的参与基本上局限于社区（如村、组）性参与、问题性参与；（2）目前农民的参与主要是以维护其经济权益为目的，政治性参与只不过是一种手段，并没有把政治性参与当作一种目标、一种价值、一种文化自觉去追求；（3）农民非制度化参与时有发生，干群冲突屡禁不止，在有些地方已经影响到乡村社会的稳定。

二是农民的民主能力太差。我国农民的民主能力是受多种因素限制的，最主要的还是自身文化素质的局限。但是，需要指出的是，尽管农民文化素质的局限在客观上影响了其民主能力的实现和发展，但如果以此来否定农民的民主要求和理性选择能力，不是偏见就是有意的歪曲。因为即便在当今发达的民主国家里，也不可能要求绝大多数人民具备政治上的这种理性选择能力。对此，约翰·密尔就曾分析过：即使承认一个人由于文化不高，不能对一个议会候选人的合格条件作出很好的判断，也没有必要实行间接选举，因为他只需私下问问他所信赖的人该投哪个候选人的票就行了。何况，目前我国村民自治的民主选举是在一个村庄中进行的，一个村庄就是一个"熟悉社会"，生活其中的村民彼此之间都十分了解。也许选民的受教育程度越高，对于民主越有利。但在村庄这样的"社会"里，民主选举、民主决策、民主管理、民主监督并不需要高深的专业知识。只要农民熟悉、了解这些权利，他们就能很好地参与，行使自治权力。即使没有接受多少教育，在正常的社会化过程中，在村民日常的交往中，农民也能基本掌握上述技能。"在许多社会中，例如在希腊或美国的边远地区，由于有了最低限度的惯例性教育的支持，民主也能成功。在今天某些边远地区的小型社会中，情况仍然如此。"因而，诚如美国学者乔·萨托利所指出的："理性参数"实际上是对现实的曲解，或是对人民或整个民主大厦所提出的不可能实现的要求。毛泽东同志有句名言：群众是真正的英雄，而我们自己则往往是幼稚可笑的。家庭联产承包责任制是中国农民最先创造的，村民自治也是中国农民的智慧结晶。我们有理由相信，只要给农民提供广阔的民主空间，营造自主的民主氛围，开拓平等的民主渠道，他们一定会充分展现自己的民主才能。所以，我们说"扩大基层民主，保证人民群众直接行使民主权利，依法管理自己的事情，创造自己的幸福生活，是社会主义民主最广泛的实践"。

三是农村家族势力的复萌。中国乡村社会是血缘和地缘关系的复合体，尽管新中国成立以来中国社会发生了巨大的变迁，但是传统的家族文化并未完全消匿。相反，它随着家庭经营的恢复，以及人民公社的解体，乡村整合力量的一度缺位和公共权威的弱化，而伺机复苏，成为乡村社会一支重要的整合力量。尽管如此，这些家族、宗族组织始终认同国家的正式权威。如果认真地进行分析，农村宗族势力的复萌和存在有其历史的客观性：（1）现阶段的家庭经营经济是其复萌和存在的经济基础；（2）农村社会化服务的欠缺和市场经济发育不足，是其复萌和存在的重要条件；（3）维护农民经济利益，保障自身的合法权益，是其复萌和存在的主要目的。如果上级不顾民意，随意任命、委派干部，农民就会用派系来抵制；如果基层部门乱收费、乱摊派，肆意加重农民负担，农民就会运用宗族、家族力量来对抗。如果仅凭这些就反对村民自治，或者利用种种形式来操纵选举，就十分荒谬；如果将基层组织的弱化、瘫痪的责任，归咎于宗族的复萌，就十分可笑。

当然，转型中的乡村民主化还有许多问题正在和即将发生。但是其中的许多问题并不是因为乡村民主化而产生的；而有些伴生的问题，与其说是民主的"失误"、"过错"，还不如说是不民主导致的直接恶果。例如：基层干部作风粗暴、采取各种形式干扰和破坏村民选举、村务和政务不公开、农民负担有增无减等问题，难道是由于民主造成的吗？事实给了一个否定的答案：在一些村民自治搞得好的农村，干部和群众的积极性不但被调动起来，而且干群关系也十分融洽，社会稳定，经济发展，一派安居乐业景象。

三

中国乡村民主化最初是由家庭经营经济所导源的，它在转型期中所伴生的问题，从根本上来说也是家庭经营经济所引发的。有什么样的经济基础，就有什么样的政治形式。对此，早有学者指出：家庭经营容易形成散漫的乡村秩序，如梁启超所谓的除纳钱粮外几与官府无涉的自然社会。这种乡村社会，使国家难以有效地动员其社会资源。有学者认为中国社会不发展的原因之一在于动员资源能力太低，而动员能力低下的社会基础是社会的散漫，缺乏联结家庭与社会的中间组织。近年来，农村复萌的家庭、宗族组织正好起到了这种中间组织的作用。但是，这种家庭经营经济又不同于传统的家庭经济，它仍然对农民保持着一种土地的束缚，农民虽然拥有土地经营自主权，但土地仍归集体所有。这一方面限制了农民的社会化和现代化，另一方面又为某些基层政府加重农民负担、压制农民自治提供了借口和条件。农村随着家庭联产承包责任制的推行，农户虽然成为独立的生产者，但随着市场经济的建立与发展，独立、松散的农户往往无法有效地应对市场经济的各种变化和挑战，加之农村市场经济的不完善，农民无力承担市场的风险。这些因素又促进了"新集体主义"的兴起、滋长。而这些"新集体主义"因素所呈现的本质又与尊重个人价值的民主精神相背离。

家庭经营经济实现了农户（家庭）一定的自主性、独立性，但离农民个体的自主和独立还有相当的差距。在家庭经营中，家庭作为一个经营者拥有权利，这仍然有别于家庭中的每个成员个人掌握有关的权利，而现代民主制度是建立在个人权利之上的。因而，乡村民主化的进一步发展依赖于市场经济的发育、发展和成熟。诚如美国学者巴林顿·摩尔在系统地考察全球现代化中农民问题时指出的那样"土地贵族是否转向农业商品经济，是决定而后政治进程的最关键因素"。

农村市场经济的发展，带来乡村民主化的真正进步。市场是最好的课堂，农民进入市场就必须学会自主、平等和竞争。这种存在于商品交换之中的自主、平等和竞争精神，乃是市场经济最基本的原则。在传统的计划经济时代，个人在社会中是没有独立地位的，而是从属于大大小小的各种群体；对社会上多数人来说，既没有个人的自由，也感觉不到个人的存在。随着市场经济的发展和成熟，个人才有可能完全摆脱群体的羁绊，从而实现以个人价值为基础的民主形式。当每个人还从属于这样或那样的群体时，一切都将以群体的利益为转移，而在群体中决定一切的只能是权威。在这种情况下，只能是人治而不可能有法治，只能是"主民"而不可能有民主。这也就是恩格斯说过的，"权威与自治是相对的东西，他们的应用范围是随着社会发展阶段的不同而改变的"。随着市场经济的发育、发展和成熟，中国农民多年来被扭曲的形象必将舒展开来，几千年封建主义烙在农民身上的依附和盲从的痕迹必将会消退，民主精神必将在广袤的农村大地上成长、升华，中国乡村民主化必将得到实质性的发展、进步。

四

民主化是中国乡村社会现代化的一项重要主题，而民主化的进程又具体地落实在一些民主程序和民主制度之上，其中表现人民当家做主的最佳方法及完美程序莫过于民主选举。因而民主选举是中国乡村民主化的重要起点和突破口。

目前，全国各地乡村选举基本上是依照或借鉴基层"人大"的选举方法，采取平行选举（或分别选举）的方法同时选举村委会的主任、副主任和委员。从选举制度本身来看它只注重个体素质的选择，却忽视了整体的优化组合，并形成如下的民主悖论：在提名上越是充分发扬民主，越是难以形成协调合作的班子。事实上，由此产生的班子不团结、聚合力差、工作效率低等现象屡见不鲜。据一项权威调查表明，全国处于"松散、瘫痪"状态的村委会占 1/3 以上。我们认为，之所以产生这种现象与选举制度本身深层次的不合理性不无关系。

如前所述，中国乡村社会完全不同于城市社会，由于人口流动性差，农民大多是世代定居在一地。由于这一基本特点，村民之间遍布血亲网，存在着错综复杂的血缘和地缘关系；也是由于这一基本特点，某些邻里、门户之间往往世代"冤仇"，见面就眼红，说话就顶撞，如果采取平行选举（或分别选举），一些血亲很近的人，如父子、兄弟、郎舅等很可能同时选到一个村委会班子里。这样，各种家族、宗族力量就很容易干扰、操纵选举，滋长反民主、反现代的分离性权威；而把世代冤家对头选到一个村委会班子里，更无法工作。由此可知，这些都是传统选举制度无法克服的弊端。

为此，我们对乡村选举制度进行了长达 10 年的探索、试验，积累和创造了一套"组合竞选"的经验，取得了较好的效果。所谓"组合竞选"，就是首先由村民自主推选村委会主任、副主任和委员候选人，然后由村委会主任候选人在村民推选的副主任人选中进行"组合"，即提名各自的竞选班子，参加竞选角逐。为了争取村民的信任，谁也不敢把自己的"九亲六族"拉进来，更不会把名声不好、明显带有某种集团（如宗族、自然村落）利益和经济利益关系的人，作为自己的竞选伙伴，否则他就会丢失选票。当然，他们也不会把同自己谈不来的人提名到自己的竞选班子中来。这样，无论谁当选为村委会主任，他都能驾驭自己的班子，不至于变成"散"班子、"软"班子、"烂"班子了，从而达到优化组合的目标。

十年来，我们采取"组合竞选"的办法，先后在安徽省岳西县腾云村进行了三次村委会选举。在来安县邵集乡全乡 8 个村同时进行试点，都取得了成功。现在已经扩展到阜阳、滁州等地。值得一提的是，地处贫困山区的腾云村前后三次民选的村委会主任都不是本村大户，这就充分说明了即使如腾云村这般封闭落后的山村，也并不是某些人担心的那样：宗族、宗派势力会严重干扰民主选举，地处穷乡僻壤的农民没有民主能力。由此看来，社会转型中乡村民主化完全能够健康发展，关键要在某些民主程序、民主制度上进行改革，以适应转型社会的特点。

五

其实，上述社会转型问题并不是乡村民主化的主要障碍。我们认为，社会转型中乡村民主化的主要障碍是传统的乡村权力（利益）结构。

现在学术界有一种流行的观点，很有代表性。这种观点认为：农民文化低，没有民主能力，加之农村家族、宗族力量的回潮，必须加强"国家力量的介入、干预（或曰'指导'）"、"基层政权的政治输出"或"国家进入"。有的还特别强调"通过国家权力支撑下的公共权威的作用，抑制家庭力量对村民自治的渗透"。可是，为什么1978年以前人民公社强大的行政干预，未能消灭家族力量？恐怕这不仅仅是一个政治性问题，而是一个文化、伦理的问题。因而，仍然采取过去的办法，显然是无用的，只能是重蹈覆辙。乡村民主化之前，就将家族及其营造的传统文化视为社会主义现代化进程的主要障碍，而以一种前所未有的方式将国家的权力渗入、扩展到乡村社会的各个角落，重新组织了一个"政社合一"的准军事化组织。实践已经证明，这种国家权力无限扩张，非但没有推进中国乡村社会的现代化，相反使乡村社会更加凋敝、落后、贫困化。同时，它也导致了国家权力自身的危机。

然而，后来的以村民自治为主要特征的乡村民主化却开辟了另一条道路，它不仅给中国乡村社会注入了生机和活力，促进了乡村社会的复兴、繁荣，而且还挽救了基层政权的危机。这是一条唯一的道路，我们有理由相信：通过民主的不断演习、不断训练，乡村民主化中的许多问题必将在村民自治中逐渐得到解决。村民自治就是广大农民在自己的社区当家做主的最好"学校"、"训练班"、"操练场"。正如彭真同志当年所预示的那样："他们把一个村的事情管好了，逐渐就会管一个乡的事情；把一个乡的事情管好了，逐渐就会管一个县的事情，逐渐锻炼，提高参政议政能力。"对此，列宁也说过："除了立刻开始真正的人民自治外，还有其他训练人民自己管理自己、避免犯错误的方法吗？"

大量的事实说明，现在不是国家"政治输出"的不足，而是"政治输出"过多和不恰当，阻碍了乡村民主化的实际进程。例如在村民选举中，乡镇采取各种形式干扰、破坏村民自由选举，可谓屡见不鲜。许多地方选举是"新瓶装老酒"，与以前指定、委派村干部并没有什么实质性的差别。我们在农村调查中发现，村委会的候选人大多是由乡镇考察的，也有的是由村党支部提名，上报乡镇党委、政府审查批准确定。由选民在拟好的候选人名单下画圈圈、打叉叉，当然选民在选举时也可以弃权或另选他人，但那是不成气候的。作为村核心人物的主任一般不搞差额选举，仅在副主任和委员中设一两名差额，即便村委会主任实行差额选举，也是找一个与之悬殊明显的弱者与之陪选。据调查，大多数地方村委会选举，其候选人基本上是原班人马不动。我们在一个县调查时就发现，某村的村委会选举一开始就是由村党支部书记一个人操纵的，他提名的村委会候选人是在原村委会人员的基础上，找了两个近亲做差额。试问，这种选举与过去指定、委派村干部有多大差别？而建立在此种选举制度上的村民自治还有什么意义？

那么，为什么会出现乡镇变着花样干扰、破坏村民民主选举呢？因为村干部由他们指定、委派，村干部对他们就会俯首听命，言听计从，这样的村干部好"管"，村干部捞来的"好处"自然少不了他们的一份。这些指定、委派的村干部只对上级负责，而无视群众的意见和要求。上级要他们提留，他们就会加倍地提留，从不考虑群众的利益，以至于农民负担有增无减。一旦有了村民自治，由村民自己来选举自己社区的领导人，这种权力结构就会发生变化，村委会的权力来源不是乡镇，而是人民群众。民选的村干部认识到自己头上小小的"乌纱帽"是人民给的，不是上级封的，他们就必然会对人民群众负责，争取人民群众的信赖。这样就从根本上割断了传统的乡村之间利益上的依附关系。

再从政治上分析，国家权力的过多介入势必造成社会的僵化和对个人的压制，"权威"的东西多了，自治的东西必然减少，民主是以尊重个人价值为基础的。约翰·密尔在讨论限制政府的不恰当的干预和滥施权力中就曾指出："许多事情，虽然由一些人来办一般看来未必能像政府官吏办的那样好，但是仍宜让个人来办而不要由政府来办；因为作为对于他们个人的精神教育的手段和方式来说，这样可以加强他们主动的才能，可以锻炼他们的判断力，还可以使他们在留给他们去对付的课题上获得熟悉的知识。"他还指出："在政府现有职能之外的每一项增加，都是以更加扩大散布其对人们希望和恐惧心理的影响，都是以使得活跃而富于进取性的一部分公众愈来愈变成政府的依存者，或者变成旨在组成政府的某一党派的依存者。……并且，这种行政机器愈是构造得有效率和科学化，网罗最有资格的能手来操纵这个机器的办法愈是巧妙，为患就愈大。"当然，我们的意思不是不要政府的合理指导，而是政府应在其合法的范围内活动，而不能超出这个范围。《村民委员会组织法》明确规定：乡镇政府对村委会是指导关系而不是领导关系；任何组织都不得指定、委派或随意撤换村委会成员。如果我们为了避免家庭、宗族等乡村力量的干扰而去求助于另一个"权威"，那么，一个利维坦式的集权怪物便又会卷土重来，而将中国"草根民主"的希望彻底压碎。

不过，我们应当看到，尽管村民自治在中国农村推选已有十余年了，但传统的乡村权力（利益）结构并未很快地退出历史"舞台"，现实的村委会毕竟是从人民公社制度中脱胎出来的，它仍然或多或少地带有"政社合一"的痕迹和准政权的功能。很显然，这种新旧社会结构交织的情形将会持续很长一段时间，传统的乡村权力结构仍然具有强大的惯性作用。因此，最后我们主张：清除乡村民主化的路障，必须适时进行乡镇一级的民主改革，其突破口就选择在乡镇长的竞选、直选上。只有乡、村同步进行民主改革，才能真正推进中国乡村民主化进程。如果是这样的话，在不远的将来我们同样会自豪地说：中国式民主是从中国土地上长成的，她必将枝繁叶茂，结出丰硕的果实来。

村民自治是我国民主政治的伟大创举[*]

听众朋友，欢迎收听我们的节目。

在今天的《理论与实践》栏目里，请听《民主政治的伟大创举——话说村民自治》下篇。

[出录音]

（1）这次我被选举当了这个村主任，决不辜负父老乡亲对我的厚望，不辜负江总书记对我们小岗的希望！

（2）选举是很好的，心情是愉快的，在我们农村讲，这是大喜事，从来没有这样的。

（3）（女）选的忠忠实实的人，能替老百姓干点好事。

（4）很好，通过群众，毛主席不是讲吗，群众的眼睛是亮的。

（5）村务公开了，财务公开了，看了心里明了，还有什么意见呢？

（6）（女）这个方式很好，从各方面看都好，能办好事。

[录音止]

听众朋友，听着农民这些发自肺腑的对村民自治制度的赞语，让人深深感到这一制度在农村有着广泛的群众基础，有着极强的生命力。村民自治制度之所以如此深受农民欢迎，正是因为这一制度的创造来自于农民。

随着社会的发展与进步，当某种旧制度、旧体制或旧的组织形式被千百万群众冲破，新的需要普遍产生时，一种代表未来方向的新事物，往往会在人们的追求中应运而生。党的十一届三中全会以后，我省凤阳县小岗生产队农民创造的"大包干"责任制，以燎原之势，蔓延全国。原有的人民公社体制处于风雨飘摇之中，一些大队、生产队组织瘫痪了，解体了。一时间，一些农村基层出现了权力真空，村里的事没有人管，民事纠纷无人问，社会治安、公共事务、公益事业处于无序状态。就在这种情况下，一个代表崭新秩序的婴儿呱呱坠地。1980年，在广西宜山、罗城两县，一些村里的农民自发地通过直接选举组成了村民委员会，实行村民自治。这是中国农民的又一伟大创造。

那么，这一颗直接民主的种子萌芽出土后，走过了一个怎样的历程？目前状况如何？推行这一制度有何深远的意义？近日，记者访问了著名社会学家、中国农村社

---

* 本文系 1998 年 12 月 8 日作者接受安徽人民广播电台记者焦福伦采访时的谈话。

会学研究会副理事长、安徽省村民自治与文化扶贫研究实验中心主任、研究员辛秋水。

辛秋水作为一名资深学者，中国著名的农村问题专家，早在 1989 年 1 月就深入岳西县大别山区，亲自带领村民进行村民自治试点。他在农村一抓就是 10 年，每一个点都获得了成功。在 1995 年第六届亚洲社会学大会和 1996 年中国村民自治国际学术研讨会上，他的关于村民自治的主题演讲引起了轰动。今年 10 月，在香港中文大学召开的中国村级组织建设国际学术研讨会上，他介绍的亲身实践的经验和研究成果，受到与会专家、学者的高度重视和评价。大会鉴于他在十多年的实践与研究中，为我国农村村民自治所作的艰辛努力和贡献，授予他"终身成就奖"。

下面就请听辛秋水研究员就记者提的几个问题谈的看法。

［出录音］

记：辛教授，您好。

辛：您好。

记：请您简要地谈谈我国农村实行村民自治的基本历程。

辛：好。广西宜山、罗城等地的农民创造了自治组织——村委会后，1982 年修订《中华人民共和国宪法》时，正式确认了村委会作为群众自治组织的法律地位，农村建立村委会代替生产大队。之后，在当时的全国人大常委会委员长彭真的直接领导下，着手起草《中华人民共和国村民委员会组织法》。

记：据说在立法过程中，上上下下争论很激烈。

辛：争论主要集中在两点上：一是认为农村实行大包干责任制后，本来工作就不好做了，再实行自治，乡镇与村委会由领导关系变成指导关系，工作就更难做了；二是认为这样做是不是超前了。结果前后经历了五年时间，1987 年 11 月全国人大常委会通过，被冠以"试行"二字出台。从 1988 年到 1998 年，一试就是 10 年，这种情况在我国法律史上是罕见的，其间的阻力是可想而知的。

记：试行 10 年间，我国大概有多少个村实行了由群众直接行使民主权利的村民自治？

辛：全国建立村委会 90 多万个，制定了比较规范的村民自治章程的约占 20%。从全国来看，真正实行直接民主的面还是很有限的。党的十五大和十五届三中全会对扩大基层民主高度重视，对村民自治给予了高度评价，今年 11 月 4 日，全国人大常委会正式通过了修订后的《中华人民共和国村民委员会组织法》，公布时终于去掉了"试行"二字。国家主席江泽民签署主席令，这部法律自公布之日起施行。至此，农民直接行使民主权利终于有了法律保障，拉开了全面实施《中华人民共和国村民委员会组织法》的伟大序幕。

记：根据您的实践和了解，您认为目前推行村民自治制度的难点是什么？如何解决？

辛：根据国家民政部及有关各方面的调查，根据我自己抓的点和广泛了解，当前村民自治主要有两大障碍：一是认识上的障碍。不少人认为农民文化低，缺乏民主意识，参政能力差，宗族宗派观念强，只能仰望"青天"来做主，不能自己救自己。对于这些错误认识，十年来村民自治试点中的大量事实已做了很好的回答。

记：您能不能举几个例子？

辛：这方面的例子很多。我在最贫困的大别山区岳西县的腾云村抓点，先后进行了三届村委会直选，村民直接选出的村委会主任都不是本村大姓，而是单门独户。选举中，也有的地方个别村子出现过请吃请喝甚至威胁手段拉选票，但选的时候一般都落选了。有一个村竞选村委会主任的两位演讲人，第一轮选举得票相同，未过半数。第二轮投票前，其中一个竞选人请客拉选票，结果落选的就是他。村民们说：你选举时都搞歪门邪道，选上了办事能公道吗？最近，我陪同上海社科院专家考察组到来安县去考察，了解了许多村民自治的生动事例。这个县邵集乡鱼塘村，有一口大鱼塘，多年来都是前任村党支部书记承包，每个承包期上交承包费500元。今年又一轮承包到期了，由于村民直接选举的村委会，私下几个人或个别人说了算行不通了。村委会根据村民的要求，实行了公开招标。结果在竞标中，鱼塘承包费一下从原来的500元抬到12000元，原承包户还是承包下来了。凡此种种都证明：就是在一个社区或单位，人民群众不管文化高低，他们对这里的人际关系、人的品德好坏、能力的强弱，是了解的，是有鉴别力的，因此由他们来直接选举自己的公仆，是天经地义的，群众是能够自己办好自己的事情的。

记：您说的这确实是一个朴素而普遍的真理。刚才您就村民自治中存在的认识上的障碍，谈了自己的看法，那么，另一个障碍是什么呢？

辛：另一大障碍，主要是一些乡镇一级党政干部和村党支部的一些干部，对乡村权力格局的重新调整不满；一些人失去了对村委会干部的任免权、决定权，出于种种考虑，对村民自治有抵触情绪。村民选举中出现的种种复杂的局面和问题，如变相圈定村委会成员候选人等等，常常都与这个问题有关。

记：《中华人民共和国村民委员会组织法》里规定，要发挥农村基层党组织的领导核心作用，一些地方有你讲的这个问题存在，应如何处理呢？

辛：村民自治要坚持党的领导是毫无疑问的，但是不能把党的领导理解为什么都是自己说了算，自己作决定，党组织、党支部可以包办代替，那样村民自治就成了一句空话。《中华人民共和国村民委员会组织法》讲得很清楚，农村基层党组织的领导就是按照党章进行工作，依照宪法和法律，支持和保障村民开展自治活动，直接行使民主权利。党章是怎么规定的？党章规定党必须在宪法和法律的范围内活动。如果你的行为不是在支持和保障村民自治，而是在其中做手脚，另搞名堂，就是违反党章，也是违法的。相信，随着农村基层民主的不断扩大，群众素质不断提高，各种配套措施的建立和完善，这个问题会逐步得到解决的。

记：请您根据您多年的实践与研究，谈谈实行村民自治有何深远的意义？

辛：首先我们就从农村存在的矛盾谈起吧。矛盾是多方面的，但主要的最突出的矛盾是什么呢？是干群关系的矛盾。这个矛盾如何解决？通过行政手段把有问题的干部拉下来，然后再换一个人，很显然，这个办法已难以真正奏效。你给他换了一个人，管理体制还是沿袭计划经济下形成的封闭行政命令的那一套，他还会变，还那么做，问题还是解决不了。

记：就是说光换人，不从制度上解决问题仍然逃脱不了在旧的管理模式中的循环。

辛：对，要打破这种循环，就要从制度上寻找解决问题的办法。农民创造的村民自治制度就触及这个根本问题，是从制度上解决问题的一个伟大创造，具有十分深远的政治意义。

再一点，我国是个有着几千年封建社会历史的国家，封建统治阶级的"主民"思想，即封官治民、官主宰民的思想，老百姓在无权无地位的情况下，盼望"清官做主"的"青天"意识，在人们的思想中还有很深影响。村民自治制度的推行，将使"主民"思想向"公仆"意识、"青天"思想向"自主"意识方面真正转变；是从缺少民主传统、缺乏民主意识到当家做主的民主思想逐步树立和普遍形成的一次飞跃。

记：从这个意义上说，村民自治也是对封建意识的一场深刻的革命，也将是我们中华民族精神的一个新的升华，我们民族魂的一次质的伟大飞跃。

辛：中国的民主化也像其他改革一样，不是一个运动而是一个过程，是一个逐步发展的过程。从农村做起，从基础抓起，这是一个十分明智、很有远见的选择。

记：万丈高楼平地起，必须首先打好一个坚实的基础。

辛：扩大基层民主，实行村民自治，这是社会主义民主最广泛的实践。朱镕基总理说，这是一个非常好的方向。二十年前：农业大包干点燃了农村改革之火，并推动了城市改革，进而撼动了庞大的国家计划经济体制大厦。毫无疑问，农村的村民自治，也必将有力地推进有中国特色社会主义民主政治向前发展。

再一点就是，我国的农村人口占世界人口近六分之一，九亿中国农民实现了直接行使民主的权利，这在全世界是一件了不起的大事。它汇入世界民主的大潮，既是加入，也是对世界人民民主力量的壮大，是很大的贡献。因此，我们说，实行村民自治，它的现实意义和历史意义怎样估计也不会过高。

［录音止］

听众朋友，刚才您收听的是《民主政治的伟大创造——话说村民自治》下篇。听了我们的节目您一定有所感想吧。村民自治是我国农民的伟大创造，在农村全面推行村民自治制度，是我们党在迎接新世纪到来时，推进民主政治发展的绚丽曙光。让我们为她发扬光大、辉煌灿烂而奋斗而添光加彩吧！

村民自治后,存在着十四个怎么办*

一、对于民选以后不称职的村委会成员难以罢免,该怎么办?

这里所谓不称职是指有的在竞选时热情高涨,但选上后又不认真工作;有的素质不高,作风漂浮或在工作中有轻微违法乱纪现象;有的是因为人缘好被群众选上来但又很难适应工作岗位要求的老实人;有的被选上后,因为村里经济基础差,其家属干扰或其他一些原因,畏缩而不愿意担任其职位;也有少数原村委会成员被选上后,发现以前曾有贪污等劣迹。从理论上讲,这些人可通过合法程序进行改选或罢免,但在实际运作中却存在着各种各样的难题,而且如果让群众随时选,随时罢免,法律的严肃性也将受到影响。

案例一:宁国市某某村按《中华人民共和国村民委员会组织法》程序选出来的村委会主任是个有经济头脑、比较能干的人,但却不愿意到位任职,当然这其中很大一部分是因为其家属的干扰。镇上的工作人员向他做了三天三夜的工作,也未能说服,直至最后才勉强同意担任村委会会计兼出纳,而他的主任工作则暂由副主任代替,但群众不愿意配合这位副主任的工作,村里工作时常出现问题。

案例二:在繁昌县某某村,选出来的村委会主任很敬业,但人老实,点子少。村里经济基础差,加上今年防汛任务又重,这位村主任干脆写了份辞职报告,不愿意当下去了。政府上门做工作,最后这位主任硬推托说自己身体不好。村里的老百姓不愿意罢免,暂时也只能由副主任主持工作。

案例三:颍上县某村的村委会主任在换届以前是村里的民兵营长。换届以后,在村财务交接过程中,发现这位主任以前曾贪污6万多元。于是镇上组织纪检人员,对村里账目进行全面清理。按规定,案件可移交检察院,但他作为依法选举出的村委会主任,得依程序对其进行罢免。开了三次村代会均未开起来,群众不愿意参加罢免会议。原因有二:一是这位村主任姓田,在这个村姓田是大户;二是村主任的父亲是这个村干了30多年的老支书,有一定的威望。

二、农民负担过重,该怎样减轻?

许多乡镇干部反映,农民负担问题表现在下面,但根子却在上面,关键是县级以上各级部门对下面层层施加的压力,促使你不得不为之。就拿乡镇一级来说,除了政府开支外,还有上面转下来的各种负担,如果乡镇一级不想办法从农民口袋里掏钱,还有没有其他的办法?农民负担加重,这是一个深层的问题。就拿农民人均纯收入来说,上面布置要进行抽样调查,先按好、中、差三等级选三个行政村,再按好、中、差三个等级

* 原载《决策咨询》2000年第1期(总第133期)。

选十户农民，可选来选去，绝大多数都是较富裕的村干部，这样统计出来的数据难免有些浮夸。国务院规定的两税标准不超过农民人均纯收入的 5%，无疑是合理的，可因为领导追求政绩等原因，一级一级算下来，人为抬高了农民的人均纯收入。所以即使从表面上看并未超过这 5% 的界限，但农民仍然承受不了。

三、村委会工作负担太重，该怎样减轻？

村委会工作负担主要来自于两个方面：一是繁重的村级债务，二是农村收费第一难。部分乡镇机关工作人员认为，村民自治以后，如何尽快减轻村级债务是村级工作的关键。仅以庐江县为例，有些村债务多达二三百万元，负债在 100 万元以上的村占 2%—3%。农民负担已不能再增加，村里又没有什么企业，欠的外债无法归还，利滚利，使村里越来越难以承受。庐江县有一个村的外债，从最初的 3 万元竟一下子涨到了现在的二十几万元。繁重的债务困扰着村级工作，如此下去，即使村民搞得再好，今后也将有不少村被债务拖垮。有些村甚至出现了债主盈门的局面，村干部即便个人能力再强，群众再拥护，也无法应付局面。

村级工作的另一关键所在即是农村收费问题。以往计划生育被认为是农村工作第一难，但现在计生工作已退居其次，取而代之的则是农村收费问题。不少同志认为，现有的弹性的政治体制与刚性的任务之间很难协调。村民自治就属于这种弹性的政治体制，而刚性的任务就是计划生育、上缴提留及其他收费等等。目前农村村一级经济基础都比较薄弱，农民大多数还不富裕。在繁昌县城关镇，有些地方一个人口仅收费 40 元（其中含 28 元的教育附加费），按说并不多，可还是收不上来。村干部也不敢过分得罪群众，害怕三年以后换届选举，群众不选他了。从这方面讲，村民自治确实需要必要的行政手段的配合。座谈会中有人特别提到，现在实行费改税势在必行，这是规范农村工作行为，特别是为村委会减轻工作压力的必要措施。

四、乡镇负担繁重，怎么办？

与会同志都认为，现在从中央到地方，都在强烈呼吁减轻农民负担，但乡镇一级的负担也要减轻。作为乡镇干部，已经有越来越强烈的危机感，各种负担接踵而来，使乡镇财政不堪重负。负债的乡镇不在少数，这种极不正常的现象已变得很正常。就拿订报刊一项来说，一到订报刊的时间，各种渠道的报刊源源而来，是无法阻挡的。再一个方面就是上面检查太多，民政部门、计生部门、组织部门等，常常是送走一茬又来一茬。宁国市某某镇一位工作人员说，在他们镇今年仅为应付计划生育检查一项就拨了专项经费 69000 元，并且他还半开玩笑地说，为了迎检查仅买花一项就花了上万元。各方检查加重了基层财政的压力，最终也加重了农民负担。再从村一级来说，在一些基础差的村，村干部的工资无法支付，也只得由乡镇一级包揽下来。而且按过去的办法，村干部退休后有一定的补贴，而按新的村委会组织法规定，村干部在职时有报酬，不在职时就没有报酬，但如果真要这样做，退下来的村干部又会同我们闹。其实，据宁国市某某镇的工作人员反映，乡镇干部四五个月发不出工资是很正常的。目前各级部门均实行财政包干体制，大家日子都不好过，但上面可以利用权力将负担推向下面，而下面为了保住官位，谁也不敢得罪，下达的任务只好不折不扣地完成，基层财政的压力可以想见。乡镇干部到群众家里要钱、拉粮，其实也是形势所迫。从这个角度讲，基层干部与老百姓之间关系紧张，其中很大一部分原因正是体制造成的。

五、形式主义严重，该怎么根治？

形式主义严重所导致的一个直接后果就是加重了乡镇及村级财政的负担。其表现有二：一是部分领导片面追求政绩，属于短期行为；另一是基层领导为了保全官位而不得不为之。比如农民人均纯收入问题，据宁国市某某镇负责人反映，全省人均 1957 元，按国家规定，当年 12 月 25 日上报数字，可在他们这个镇还未到 12 月份，人均纯收入就已经报上去了，是 1997 元，让人不能不怀疑这个数字的真实性。还比如各项指标要达到多少，才能向上报小康村、小康县、小康镇等，往往是流于形式，盲目追求达标，片面强调达标。

六、部分新选上来的村干部虽然积极性高，但不知该如何开展工作，怎么办？

许多同志反映，通过第四届村委会换届选举，一些新选上来的村干部中，有的以前连村民组长都未当过，有的是因为过去喜欢上访或闹事才被选上来的。但选上以后，在工作方面适应不了，甚至不知如何着手开展工作，带领群众致富。因此急需县及乡镇对他们进行规范地培训。否则，即使上面的各项工作做得再好，到下面也无法彻底贯彻下去，最后就会形成一个断层。乡镇干部建议要办村级干部培训班，培训的内容可由上级有关部门编写，也可由各个县结合自身实际编写，培训时间可放在对村委会换届选举验收后进行。

七、民选以后"两委"关系不协调，怎么办？

这种不协调集中表现在农村党支部和村委会两者各自的心态上。党支部认为自己是"核心"，凡事必须由它说了算，把村委会职权给夺了去，而村委会则认为自己是民选出来的，党支部无权干预。两种心态的矛盾造成"两委"工作中的不协调。

八、民选以后的村委会和乡镇不协调，怎么办？

一方面，作为乡镇干部，仍然沿袭着过去传统命令式的工作方式，另一方面，作为新选举的村民委员会自治意识又不强，对乡镇一级的依附度还比较高。因而，部分乡镇干部认为，实行真正的自治还须假以时日。乡镇一级可在实际工作中给村干部多提供一些工作机会，以培训他们的自治意识，并对村级工作加强指导，转变以前的领导方式工作作风。

九、村民自治能否在长期内解决农村问题是个疑问，怎么办？

许多乡镇干部在实施村民自治以后认为，村民自治虽然在短期内解决了农村长期以来难以解决的一些遗留问题，缓解了较为紧张的干群关系，但并不能在长时间内保持这种效果，这是因为现行的体制和工作方式还制约着村干部的行为。一般而言，村干部的主要任务是发展村级经济带领群众致富，但在现行的体制下，村干部长时间里被上缴提留、计划生育、兴修水利等几项中心工作所困扰，再加上三年任期太短，村干部第一年要考虑发展干群关系，第二年要考虑争取乡镇干部的信任，第三年轮到考虑发展经济的时候，三年任期却一晃而过，这种种因素便使村干部根本无暇顾及发展经济。同时，形势逼迫村干部的中心工作必须跟着乡镇一级走，这不可避免地又会牵涉到与群众利益的冲突。比如上缴提留、计划生育等。时间一长，群众渐渐地就会认为自己选上来的村干部与以前的村干部并没什么两样，如此一来，新的干群关系又开始紧张，形成恶性循环。所以，从这个意义上说，与村民自治相配套的应该是体制上的改革。

十、在村委会换届选举中，由于种种障碍无法进行选举或选举失败，怎么处理？

案例一：在宿松县白玉乡马场村，有三大姓：陈、汪、张。两位村委会主任候选人分别姓汪和张。在正式选举时，姓陈的家庭为不知选谁而紧张，只好不参加选举。直到发稿时，这个村的换届选举都没有结束。

案例二：据芜湖县某某镇干部介绍，他们在一个村实施选举时，从早上7点就开始设立了投票站，直到下午2点还没有人去投票，无奈之中，镇里干部只好挨家挨户上门劝导。谁知有老百姓竟说："我才不为你们选呢！"群众不认为选举是自己的权利。

案例三：在芜湖县某某村的换届选举中，村委会本应选出5个人，但最后只选出来3个人，正主任空缺，选出的副主任只有19岁，致使村里工作主要由会计和村支书两个人做。镇里想对该村"两委"班子进行调整，但又怕违反国家法律。这种情况怎么处理？

十一、为了减轻乡镇及农民的负担，上级要求压缩精减乡镇机关工作人员，但精减下来的这部分人多数是乡镇自聘的人。这批人无身份、资历、办事有能力、勤勤恳恳，剩下来的都是吃"皇粮"的，抱着混日子的人为数很多。

十二、村民大会或村民代表大会决定的事项究竟有多大的法律效力？如有少数捣蛋户不执行该怎么办？有无依法处理的依据？

十三、乡镇干部可否与村干部一样也进行选举？这样选举出来的乡镇干部就容易与群众保持一致，就不会像现在这样不顾群众利益，只唯上，不唯实。

十四、按照现在的习惯，上级下来了解情况时，只有下级的一把手才有资格去汇报，其他的人没有办法将真实的情况反映上去。结果上级听取的汇报不真实。一级一级向上面反映的是不真实汇报。这样下去怎么办？

村民自治与乡村民主

人们常说，人类文明发展史是生产力不断解放的历史，但是只讲这一点不行，还要讲文明发展史是人类不断解放的历史。在我们这块古老的中华大地上，从过去至现在对人的解放问题上一直存在着两个相互对立的观点。一个是"主民"思想。持这种思想的人，他们自命为人民的"大人"、"青天"、"主宰者"。对"主民"主义者来说，人民群众多是供他们奴役、使用的会说话的工具，人民群众是"阿斗"。持这种观点的主要是历史上反动阶级以及附在这张皮上的辩护士。与此种观点相对立的另一种观点是"民主"思想，持这种思想的是一代代的人民利益代表者，而中国无产阶及其政党——用马克思主义武装起来的中国共产党则是始终高举这面旗帜的旗手。马克思主义认为人民群众才是历史的创造者，只有人民群众才是历史的主人，1949 年中国共产党领导的新民主主义革命的胜利，是对中国封建专制主义一次极其巨大的冲击；推翻了三座大山，撕掉了中国历史上黑暗而"羞辱"的一页，特别是广大农民从封建的土地制度下得到了解放，这是中国社会文明发展史上从"主民"社会向"民主"社会的一大飞跃。不过，封建地主阶级虽然被打倒了，却并不等于封建主义思想会自动地随之而去。正如邓小平同志在《党和国家领导体制的改革》一文中所提出的："我们进行了二十八年的新民主主义革命，推翻封建主义的反动统治和封建土地所有制，是成功的，彻底的。但是，肃清思想政治方面的封建主义残余影响这个任务，因为我们对它的重要性估计不足，以后很快转入社会主义革命，所以没有能够完成。现在应该明确提出继续肃清思想政治方面的封建主义残余影响的任务，并在制度上做一系列切实的改革，否则国家和人民还要遭受损失。"① 实际上资本主义在中国远远没有成熟，而封建主义在中国却有几千年的根基。请看带着浓厚的封建主义"主民"思想，不是无处不在吗？我们不是随处都可以听到，"我这个人民的父母官"这样的称谓吗？新中国成立几十年来对国家造成灾难的，如"大跃进"、"反右"、"文化大革命"基本上都是封建专制主义作祟。历史的沉痛教训给人们留下了不可磨灭的记忆，给中国人民留下了无法治愈的伤痕。

"主民"到"民主"的过渡，也像我们的整个改革事业一样，绝不是一个政治运动所能完成的，而是一个历史过程，也就是说必将是长期的、艰巨的。虽然改革这个历史的大潮已是人心所向，大势所趋，但是，改革和发展可不是一个轻松时髦的名词啊。改革，是对旧体制动手术，而旧体制不是空壳，在它里面站着与旧体制利益血肉相连的人。因此改革总会遇到各种挫折，发展总会有阻滞，这就需要我们改革者认真考虑主客观条件，如何绕过暗礁达到彼岸，实现中国从落后、愚昧到先进文明的过渡。

---

① 《邓小平文选》第二卷，人民出版社 1994 年版，第 335 页。

　　从 20 世纪 80 年代初掀起的中国改革大潮，带动了社会一切领域的激烈变动，使今天的中国人在他们短暂的一生中，必须适应以前要经历几代人才能经历的演变和发展，这就是我们生命承受之重啊。这种情况，无论对个人，还是对国家来说，都会引起某种躁动甚至不安定，此时有序比无序要速度快、损失小、效益好。一旦失控和无序威胁到大多数人的安全时，秩序就成为大多数人的第一位要求。李瑞环同志最近接见瑞士《每月导报》记者时说："中国的政治体制改革只能取积极的、稳妥的方针，根据中国的实际情况，随着经济、社会的发展，有秩序、有步骤地向前推进。"在中国实现这种稳定有序过渡，工作重点仍在农村。

　　有人说：中国农民文化水平低，农村封建性宗族主义横行，搞村民自治注定会乱套的。还有些人向我提问："农民实行自治行吗？是不是超前了？"我的回答是，检验真理的唯一标准，只能是广大人民群众的自身实践！大别山老区——安徽省岳西县莲云乡腾云村两次真正的民主竞选村委会主任的成功，就是这样一个有力的回答。岳西县莲云乡腾云村是一个只有 1100 人的山乡村，它地处 105 国道沿线，又邻近岳西县城，地理位置、自然条件也并不比该乡其他行政村差，但就是经济搞不上去。1987 年底该村人均收入只有 190 元，是一个贫困村。1988 年我们到莲云乡蹲点进行社会调查，发现该村干部矛盾尖锐，党和政府的各项政策和措施落实不下去，群众的积极性受到压抑，是这些年来长期不能摆脱贫困的关键问题之一。因此，我们在获得上级党委的批准，按照全国人大公布的《中华人民共和国村委会组织法》（试行）的原则和精神对该村委会实行民主选举，到现在已历时八年，已进行两次民主选举村委会：

　　第一次，通过竞选、组阁，由农民直接选举村委会。一个农民技术员王某击败了原来的村委会主任，当上了腾云村首任民选主任，这是莲云乡历史上破天荒的一次民主选举。选举一结束，村民们纷纷议论："这样的选举才是真选举"，"我们自己做主，硬抵硬选出的干部，我们信服！"果然不出所料，民主选举的村委会一上任，就将这个村"农业学大寨"以来从未公布过的村里财务账目公布于众，并请了一些德高望重的老同志监督村委会工作，还收回了前任干部占用的一笔茶叶款，用这笔茶叶款，使多年架不起电线的西岭组，当年腊月通了电。村委会主任用自己一技之长，带领人们搞杂交稻制种，使该村当年经济收入比常年平均收入高出了一倍。

　　1995 年 4 月 25 日，进行了第二次选举，这又是腾云村一次成功的民主选举。但这次选举，却将第一次民主选举出来的村委会主任选下去了，新当选的村委会主任陈某，是一个三十来岁的高中毕业青年，论生产经验他比不上上届主任王某，但人比较忠厚老实。为什么腾云村人作出如此的选择呢？为什么原来的某某那么能干，又取得了那么大的成绩这次却被选掉了呢？这是因为，过去腾云村人穷，长期落后，他们需要找一个能人，带领他们摆脱贫困，走向富裕。但是后来，他们发现这个"能人"当村委会主任几年以后有些变了，老百姓说他，"腿懒了、手长了、架子大了"，引起了群众的反感，丢掉了选票。人们反过来，一是转向人品选择，二是转向高文化层次选择，三是转向这位兼是养蘑大户的能人选择。这就是群众的心态表现。人们在一次次实践之后，总会一次次反思。而每一次反思就是一次理性升华，都会在农民的传统心理上交互撞击，碰出一些民主与进步的火花。这就是村民自治在群众层面上真正价值所在。

　　而在干部这一层面上，村民自治的意义亦十分深刻。那就是，只有经过不断的、定期的换届和竞选，干部才能始终以饱满的热情投入工作。"铁交椅"必会滋生懈怠和腐败。中国有句古话讲得好："流水不腐，户枢不蠹。"长期不动，一池死水终究要腐烂的！人们常说，"权力不受监督，必将导致腐败！"根治腐败，不仅需要自上而下的监督，更需要从下而上的千百万人民群众的监督；这使这些领导干部永远保持为人民服务的积极性，克服当官做老爷的作风。列宁说过："除了立刻开始真正的人民自治外，还有其他训练人民自己管理自己，避免犯错误的方法吗？"领导者几双眼睛，再能明察秋毫，也比不上群众几万双、几亿双眼睛雪亮！

这里需要特别指出的是，腾云村前后两次选举的村委会主任都不是本地大户，而恰恰是单门独户人家，若按"超前"说，像腾云村这样一个经济落后、文化贫困的大别山腹地的山村，实行村民自治简直是百分之百的"超前"。选举定会被宗族、宗派势力和落后习俗、低级趣味所左右，百分之百的要乱套。但是实践恰恰给这些人一个相反的答案。这里农民不但认清了民主自治的好处，而且还十分珍惜自己的民主权利和公众利益。选举自始至终秩序井然，他们对待选举是极其严肃的、极其认真的，民主意识和自治要求一次比一次提高了。这既说明了中国农民有很强的民主参政意识，又说明了，在农村实行村民自治是符合中国国情特点，顺潮流、合民意。更重要的是它打消了那些认为农村落后、封建宗族残余思想严重，民主选举势必被血亲、宗族、派性所左右的疑虑，有力地反驳了村民自治超前的论调。熟悉中国历史的人会知道，在中国农村就有着悠久而光荣的民主启蒙运动的历史。中国共产党领导的几十年革命是民主革命性质，我们称之为新民主主义革命，这个革命就是从落后的农村开始的。毛泽东同志建立农村革命根据地，在广大农村，发动农民，组织农民，起来斗争，直至取得胜利，就是广大农民摆脱奴役，推翻压迫，争取当家做主的过程，也是广大农民的自我解放运动，也是对农民进行的最深刻的民主洗礼，也是培养农民当家做主的独立人格的过程。50年以前的中国农民当然基本上是文盲，在根据地农民选举干部时，连候选人的姓名都不认识，怎么画圈？当时那里的党组织就采取"数豆子"的办法来选举。人们对根据地的政府，称之为民主政府，共产党人在根据地讲民主，蒋介石在国民党统治区搞独裁，成为神州大地上光明与黑暗的鲜明对照。民主的延安、民主的解放区，吸引着几万万同胞，特别是广大青年知识分子。有一首歌不是这样唱的吗？"解放区的天是明朗的天，解放区的人好喜欢，民主政府爱人民……"最终是中国共产党以民主旗帜战胜了蒋介石的独裁统治，使解放区的民主推行到全国。忘记这段历史，割断历史联系，就会滑向人民的对立面，被历史车轮无情地碾碎。

特别是，当前建立和发展着的市场经济，又是人民的参政意识和自治要求不断走向成熟的催化剂。市场经济本身，就代表了平等和竞争、自由和民主、法制的精神。随着市场经济的不断发展，我们相信，人的地位和自主精神将再一次获得解放！

实行村民自治是历史发展的要求*

　　随着改革的深入，农民的思维方式、价值观念、生活态度以及经济手段的不断更新，给农村社会结构、社会组织格局、社会控制方式带来深刻的影响，连根深蒂固的传统的血缘、亲缘、地缘关系，也渐次失去了它特有的凝固力。然而值得忧虑的是，目前，农村存在着一个比较严重的问题，就是农村基层政权特别是村级组织很不健全。据调查，有20%左右的村处于瘫痪、半瘫痪状态，在这些村子里党和国家与群众的联系出现"堵塞"，社会的整体功能出现"断层"，国家任务往往完成不了，如计划生育、土地保护、基础教育等。而封建迷信、赌博、买卖婚姻等腐朽现象重新出现，群众的温饱问题都难以解决。如不迅速改变这种状况，势必影响农村改革的进一步深化和两个文明的建设。不久前公布的《中华人民共和国村民委员会组织法（试行）》（以下简称《村委会组织法》）是整顿和建设农村村级基层组织的正确指针。

　　众所周知，在整个农村基层组织中，村级组织具有突出的分量，它是国家政权进行农村社会管理的基本依托，是党和国家各项政策的汇合点，它既具有"政治职能"又具有"经济的和社会的职能"，对于农村的社会发展、社会安定具有极其重要的作用。

　　怎样建立村级组织？《村委会组织法》规定：村民委员会是群众性的自治组织，村干部不属国家干部，其产生应采用民主的方式。但在该部法律公布后，有些地方，不少同志却以各种方式抵制村民自治制度的实施和落实。其理由不外是"村民文化水平低，参政意识不强，让他们直接选举要出乱子"，还有"布置的任务更难完成了"，等等。因此，农村基层政权形式虽然几经变更，村级干部由上级指派的做法，几乎一直保留着。长期的农村工作实践，不难发现它有以下弊端：

　　1. 指派的村干部，丧失了村民自治的基本功能，变成单一向上负责。这种村干部只看乡领导脸色行事，主要职责演变为"催钱、催粮、催民工"，长时间积累，加剧了农民与政府之间的矛盾。在乡村，尤其在偏僻的乡村，极少数的基层村干部俨然以农民的主宰者身份出现，当然，那些不经村民选举出来的干部，就容易缺少群众信任，得不到群众由衷的支持，工作开展困难。

　　2. 指派村干部，很大程度上取决于乡政府领导的"关系"（血缘、亲缘、钱缘），形成家族、亲属干部网。财粮员、民办教师、电工、乡镇企业的管理人员等这些农民眼中的"肥缺"，多由搭"缘"关系的人充填，形成无名有实的"亲友集团"，官官相护，统治一方，有的人甚至横行乡里，欺压百姓。待国家执法人员冲破阻力，伸张正义时，付出的代价已很沉重，由此而造成的惨痛事例屡见不鲜。

---

　　* 原载《安徽民政》1991 年第 1 期。

3. 指派的村干部"尚方宝剑"高悬。村民没有选举权，当然就不存在监督、束缚村干部行为的权力，更不可能罢免那些不称职的村干部，只能忍气吞声。

4. 指派的村干部往往形成终身制，有的地方村干部一干几十年，土改时期的村干部今天仍然在位。他们不能随着社会进步和农民本身素质的提高而及时更新，这些领导和"代表"，抑制了乡村中的活泼因素，阻滞了农村社会的全面发展。

实行村民自治，把民主选举权利交给农民，不但维护了共和国法律的尊严，同时也是社会主义现代化建设的迫切要求。改革的潮流，冲破了单一生产模式，冲击着传统观念和习惯势力。农村的经济向多元化发展，家庭经济实体的恢复，使他们有了自主权，有了商品生产意识，走出祖辈劳作的地域，做副业、经商，购买像汽车、拖拉机这样的先进生产机械，组织成建筑队，合资办工厂，进城从事二、三产业的生产。思想解放了，观念变化了，视野拓宽了。交通便利、发展较快的村子也好，贫困状况没有改变的偏僻村落也好，农民需要的是有魄力、有办法，带领自己发展经济，尽快致富的人。这种人只有靠农民群众自己选择，任何人都不应强加给他们。

农村社会分工渐趋复杂化、多样化，农民的成分也在不断变化。随着经济活动的扩大，农民的交际范围也在增大，由此产生新的人际关系，血缘、亲缘、地缘关系逐渐被业缘、趣缘关系冲淡，新型的人际关系在农村生活中的作用明显增强。村民委员会的领导者，必须具有这种人际关系的适应和调节能力，因而，也只能由村民自己选举产生才有可能进行有效的管理，促成农村社会发展基本要素的自我更新。把民主选举的权利还给农民，是历史发展之必然。

在民主选举的基础上建立村级组织是完全可行的，我在大别山区的实践给予了很好的证明。农民不但有觉悟行使自己的选举权利，而且有能力选好自己的管理者。

腾云村位于岳西县偏僻山区，第一次实行了真正的民主选举。全村600多居民，满心欢喜，积极而又认真地参加选举。群众自己提名酝酿候选人，候选人发表竞选演说，然后进行无记名投票。自始至终，选民和候选人的行为十分规范，从未产生什么大的麻烦和干扰，表现出高度的主人翁精神和强烈的参与意识，选举获得了圆满成功。这样的村级民主选举既自然又合理，既体现了民主自治，又让选民和被选人都得到了应有的尊重。当选人充满责任感、使命感，选民们则对被选人充分信任，寄托希望，这样的结果是"上封"村干部绝不可能得到的。

腾云村民主选举后一年多时间里，村干部团结群众，制定规章制度，科学种田，多种经营，植树造林，修路架桥，村子里各方面工作都有较大的起色。当年粮产翻一番，经济收入增加十几万元，还有些措施正在发挥长远效益，农业生产出现喜人景象。这对该村的社会进步将会产生很大的推动作用。如果这种产生干部的方式推广开来，经过一段时间的实践、探索，扩大到乡、镇和县级民主选举应是完全可能的。只要我们心想社会主义现代化的宏伟目标，脚踏实地实践社会主义现代化的工作，积极慎重而又大胆、义无反顾地在全国推行《中华人民共和国村民委员会组织法》，实行村民自治，则我国农村的兴旺发达是指日可待的，这也将为整个国家实行民主法制打下坚实的基础。

当前农村问题的中心环节在哪里？*

　　党的十一届三中全会以来，我国农村总的形势是好的。但是，近几年来农村积累的问题也较多，令人欣慰的是农村问题已引起中央领导的高度重视。根据新中国成立以来四十多年的经验，我们国家出现的任何问题一旦引起中央的重视，解决这些问题就指日可待了。当前，农村最突出的问题是什么？农村问题产生的根源在哪里？解决农村问题应该从哪里着手呢？这些都是应该认真探讨的问题。农村"白条子"是大家当前议论的焦点。但"白条子"是不是农村唯一的大问题呢？最近，作者曾到部分省市对当前农村热点问题作了广泛的调查。

　　一、一些地区农民负担沉重，收入减少；农产品和工业品的"剪刀差"越来越大，造成农民种田的积极性大减；盲目外流或到城市中寻找栖息之地，甚至乞讨的农民，日渐增多。有关部门想阻止也阻止不了。对这些问题，如不动大的手术，不对社会进行新的利益分配与政策调整，不将"包产到户"形式进一步完善与发展——向适度规模农业引导，则难以恢复农民的生产积极性，保持农业的持续发展。

　　二、农村的治安问题在许多地方已到了十分严重的程度。有些歹徒竟敢大白天到农民家中行盗抢劫。有的地方，妇女不敢上山打猎、砍柴、赶集。歹徒们公然在山上路上追逐拦截妇女，施暴轮奸。甚至更令人气愤的是光天化日之下，歹徒竟敢结伙到农户家中把农民的妻子拖到外边强奸，其丈夫阻拦惨遭毒打，谁也不敢去报案。因为农民怕公安机关把歹徒抓去再放回来，"放虎归山"打击报复。有些地方，天一黑，人们就不敢走远了，两村相距仅一里路，却经常有歹徒出没拦路抢劫。作者曾亲自访问遭拦路抢劫的几个受害者，他们只有一声长叹，说声"没办法"。至于偷鸡、摸狗、盗牛这类事，更是司空见惯。乡村干部很为难。他们说，我们有多次在现场捉住歹徒将其扭送到公安部门，但奇怪的是要不了几天，这些害群之马又神气活现地回来了。这些坏人回来后，气焰更加嚣张，毒死人家禽畜，焚烧农户草垛，正不压邪，弄得农户人心惶惶，不敢得罪这些人。这种恶性循环不断重复，社会治安状况愈来愈坏。农村干部无可奈何，唉声叹气。在这种治安状况严重恶化的情况下，农户生命财产无保障，怎能安居乐业呢？怎能发展农业生产呢？形势急切要求加强和整顿公安队伍，更严厉地打击各种危害社会治安的犯罪分子，以安定农村社会、繁荣经济。

　　三、"大盖帽"满天飞，给广大农民带来灾难。政府虽已采取多种措施逐步改变这种状况，但是，戴"大盖帽"者到农村骄横跋扈的现象，依然存在。在农村往往可以看到，只要农民搞运输的拖拉机一上路，一道关卡一道费，弄得农民苦不堪言。有一个

　　* 原载《安徽老年报》1993 年 9 月 1 日。

村子农民过去是靠拉沙子致富，可是近几年来，拉沙子的车子一辆接一辆地停下来了，就是因为无法承受路上真假"大盖帽"的各种重复收费。有的地方，甚至把路上收费的关卡，"承包"给私人。承包者就雇用那些游手好闲的痞子，戴上大盖帽，到乡下耀武扬威，甚至将收到的钱就地找个地方大吃大喝，挥霍浪费。农民看到这种现象，能不气愤吗？于是，各种乱摊派、乱集资、乱收费者同农民之间的冲突性事件频频出现。比如，作者在某县农村考察期间，就接连发生两起恶性事件。一起是土地管理部门派人下去收土地资源被破坏的罚款，由于这些人大吃大喝后，醉醺醺地到农户家砸门、砸锁，强行入室，便与农户发生殴打冲突，结果土地部门的一位工作人员被打死，造成严重后果。另一起事件是由于县有关执法部门派人下去处理建筑房屋纠纷，胡乱地将当事人老公公与儿媳妇非法铐在一起，甚至用警棍毒打体罚，结果儿媳突发心脏病而死，引起当地群众的义愤，影响极其恶劣。执法人员知法犯法，严重破坏了自身在群众中的威信。

还有诸多这类或那类问题。很显然，这些问题都是令当前农民揪心，需要迫切解决的。这是稳定农村、提高农民种田积极性所必须扫除的障碍。有人问，上述这些问题之间是否有联系呢？有的，其共同点是无视农民的合法权益，甚至剥夺农民的人身自由，"众口齐吃唐僧肉"。归根到底，是农民的公民权利还没有得到应有的尊重。记得在党的十一届三中全会前许多年，我们党和政府想尽了一切办法，派了数不清的工作组，都没有能够真正掀起发展农业的高潮，以提高农民生活水平。可是，三中全会以后就是简单的"包产到户"这四个字竟一举解决了发展农业方面几十年没有解决的问题，掀起了前所未有的农业生产高潮，并进而推动了整个国民经济的大发展。所谓"体制对头，不着一字，尽得风流"。这个对头的体制，就是农民通过包产到户获得了自己生产和经营的自主权，激发了农民发展生产的热情。在历史进入新阶段的今天，农村这个问题那个问题大量出现，斩不断，理还乱，今天解决了，明天又回潮了，其根本原因在哪里？我看，广大农民的自主权特别是社会生活和政治生活的自主权没有真正落实，是一个根本性的问题。其实，解决农民社会生活和政治生活自主权问题的法律早就有了，那就是几年前颁布的《中华人民共和国村民委员会组织法》。这个大法反映了我们时代发展的方向，体现了我们党对农民的真正关心和对农民权益的尊重。这个大法的核心内容，就是农民直接选举村委会，实行村民自治。政府部门同村民委员会之间的关系只能是指导关系。据此，所有一切不符合法律和政策规定的，强加于农民头上的种种不合理的负担，农民群众都可以依据《中华人民共和国村民委员会组织法》按法律程序加以拒绝，并有权上诉。在村民自治的权限内，依靠群众可以有效地解决和处理农村中的许多棘手问题。农民在包产到户中获得了生产与经营的自主权，又从村民自治中获得社会生活和政治生活的自主权。农村的经济、政治、社会关系理顺了，农村基本矛盾得到了解决，那么其他的次要矛盾和问题，也就易于解决了，农村形势的发展会更快、更好、更扎实。

排除一切阻力，坚决执行全国人大通过的《中华人民共和国村民委员会组织法》，实行村民自治，这是解决当前农村问题的中心环节。

村民自治:中国农村社会发展的逻辑必然[*]

一 村民自治的历史定位

村民自治,是中国农村经济、政治体制变革的逻辑产物。我们不能人为地置身历史规律之外,历史有其自身的发展规律。众所周知,新中国成立以来,中国农村基层组织变迁绕了一个讽刺的曲线:分田到户——→初级社——→高级社——→人民公社。这样一个高度集中的组织形态,一个公社内的生产由一个公社统一指挥,一个大队内的生产由一个大队统一安排,一个生产队内的生产由一个生产队统一计划,严重压抑了群众的积极性,演绎了许多荒唐可笑的闹剧,最终导致生产力的下降和人民群众物质生活的极度匮乏。党的十一届三中全会后,中国农村以"包产到户"为主要形式的家庭联产承包责任制改革,解放了农村的生产力,推动了农业和农村社会的发展。至此,中国农村基层组织变迁的曲线才画上一个句号。随着人民公社体制的瓦解,原来的生产大队、生产队组织也随之萎缩瘫痪了。一时间,农村基层出现了权力真空,社会治安、公共事务、公益事业等处于无人管理的状态。旧的管理体制崩溃了,新的基础性权力结构尚处于孕育之中。

1980年,广西河池地区的宜山、罗城两县的农民自发地组建了一种全新的基础性权利共同体——村民委员会,以取代正在迅速瓦解中的生产大队组织。这是中国农民的又一伟大创造。村委会的功能,最初是协助政府维持社会治安,后来逐渐扩展了活动的空间,演变为群众自治性组织。

1982年12月,全国五届人大五次会议通过了新宪法(简称为1982年宪法),总结了各地农村的实践经验,正式确认了村委会的法律地位。从1984年起,中国政府便着手村民自治的立法工作,直到1987年11月24日,全国人大常委会通过《中华人民共和国村民委员会组织法(试行)》,前后经历了五年的时间。这是一部开展村民自治的基本法。这部千呼万唤才出台的法案到今天已整整"试行"了十个年头,其间的阻力是可想而知的。但是,历史发展有其自身的逻辑轨迹,任何人也无法逆转、阻挡的。村民自治,是解决我国当前农村社会矛盾的必然要求。近几年来,在农村屡屡发生的农民负担过重问题,可以说是当前农村社会的突出矛盾之一。1978年改革伊始,农民负担尚不太重,但到80年代中期以后,农村农民负担过重问题日益突出。1985年10月,中共中央、国务院首次发出了关于制止向农民乱摊派、乱收费的通知,其后十几年直到现在几乎年年都大声疾呼要减轻农民负担,但并没有解决问题。以乱集资为例,各地

---

* 原载中共安徽省委党校《报告选》1998年3月19日。

方、各部门巧立名目，增设各种集资项目，少则十几种，多则数十种。开封市农民负担项目在 1978 年才 5 项，1990 年高达 97 项。四川省界定乡农户 1985 年负担项目为 68 项，1991 年增加到 107 项，结果导致民怨极深。

1997 年中共中央政策研究室、农业部农村固定观察点办公室，在 14 个省随机抽样发现，1992 年平均每一调查户负担支出占当年人均纯收入的 12.9%，已大大超过了农民的承受力；另一项调查表明，1994 年农民的社会负担比 1993 年增长 38.2%，金额高达 85 亿元。

再据安徽省审计厅对 35 个县的 114 个乡镇资金审计发现，一些地方乱收费、乱集资、乱罚款，加重农民负担问题十分严重。审计部门共查出加重农民负担金额 5200 多万元，其中乱集资 3768.67 万元，乱收费 1306.28 万元，用其他方式加重农民负担 147 万元。加重农民负担的主要表现：一是提留款项名目繁多；二是任意加大提留数额；三是层层加码；四是强行摊派；五是乱支乱用。例如有个镇挪用教育集资款 21.4 万元，其中用于干部赴厦门考察花了 4 万元，建镇政府办公楼花了 15.4 万元，其他集资款也都用在了个人吃喝招待上。这些都说明了中央一再呼吁减轻农民负担的政策在农村并未真正落实。

农民负担逐年加重，不仅严重挫伤了农民的生产积极性，而且还恶化了党群、干群关系，引发了诸多社会矛盾。而这些社会矛盾，也只有通过村民自治的方式，发动农民参与基层管理，让人民真正当家做主，才能从根本上加以解决。

村民自治，也是我国政治体制改革突破口的重要选择。政治体制改革是我国整体改革中的关键环节。江泽民总书记在党的十五大报告中把"政治体制改革和民主法制建设"提到重要战略位置，这是中国共产党人胜利迈向 21 世纪的重大决策。随着经济体制改革的逐步深入，改革政治体制势在必行。

但是，政治体制改革是比较敏感的一部分，是更容易出现震荡的一部分。由于中国历史特点和现状，中国的民主改革不能照搬西方的套路，也不能仿照苏联和某些东欧国家的做法，要有自己实现民主的形式，这种形式要依靠自己的不断探索，寻找突破口。中国农村和城市比较起来，人口相对分散，流动性差，人与人之间的利害关系也不像城市那样错综复杂、牵一发而动全身。即使在农村某一地区实验失败了，震荡面也不大，不会波及全局。所以，采用村民自治形式，从农村的底层进行民主政治的实践，是最佳的改革选择方案。农村实行村民自治试验成功，就可逐步推广到全国。

相反，如果没有广大农村基层村民自治的基础，这种改革在上层就会演变成为权力争夺。而一旦发生权力真空，目前广大干部和群众担心的县霸、乡霸和村霸等就会横行乡里，各霸一方。这在中国历史上有过许多经验教训。在历史上，如果国家统一受到破坏，就会出现地方割据和军阀混战的局面。一旦出现这种局面，也就只能依靠武力，靠强化官僚法制来解决。如此，又怎么能跳出专制官僚体制的恶性循环的怪圈呢？历史是最好的一面镜子，对于我们今天的人们仍有启迪借鉴的作用。

因此，中国的政治体制改革还是从农村基层开始比较稳妥，即从村、乡镇、县一级一级向上推行。正如彭真同志所说："把一个村的事情管好了，逐渐就会管好一个乡的事情；把一个乡的事情管好了，逐渐就会管好一个县的事情，逐步锻炼，提高参政议政能力。""建设社会主义民主政治，是逐步发展的历史过程，需要从我国的国情出发，在党的领导下有步骤、有秩序地推进。社会主义愈发展，民主愈发展。"

二　我国村民自治目前发展的现状和难点

全国绝大多数村都挂起了村委会的牌子，据统计，在 31 个省级行政区域内，总计有 92.8 万个村委会。已经制定了比较规范的村规民约的村委会，不超过 55 万个，仅占 60%；已经制定了比较规范的村民自治章程的村委会，不超过 18 万个，仅占 20%。中国村民自治目前仍处于示范阶段，据中国社会科学院公共政策研究室 1996 年出版的一项全国性调查研究报告表明，开展村民自治示范活动的农村，尚不足农村总数的 1/3；处于中间状态的农村"村民自治"基本上停留在口头上，选举在不同程度上流于形式；还有近 1/3 的村，属于村民自治搞得不好的，被称为"瘫痪村"和"失控村"。上述数字表明，推进村民自治工作任重而道远。

《中华人民共和国村民委员会组织法（试行）》规定："村委会主任、副主任和委员由村民直接选举产生。"至于这种直接选举采取何种途径、方法和形式，它并没有明确具体的规定。从全国各地实际操作情况看，多数是"新瓶装老酒"，没什么大的变化。不久前我从一个县的问卷调查以及我个人的实际调查中发现，村委会成员候选人大多是由上级（乡镇党委和政府）考察遴选的，也有的由村党支部提名，上报乡镇党委、政府审查批准确定。由选民在拟好的候选人名单下画圈圈、打叉叉，当然选民在选举时也可以弃权或者另选他人，但那是不会成气候的。作为村委会核心人物的主任一般不搞差额选举，仅在副主任和委员中设一两名差额。据调查，大多数地方的村委会选举，其候选人基本上是原班人马不动，有的找一两名候选人与之陪选。去年我在一个县调查村民自治，该县某某村的村委会选举一开始就是由村党支部书记提名的，在原村委会班子成员的基础上，另外加上两个候选人作陪选，这两个候选人都是他的近亲。试问，这种村委会选举与过去传统的由上级任命委派村干部有多大差别？而建立在此种选举制度之上的村民自治还有多大的意义？

近几年，少数地方由于群众自发的要求，因而出现了真正由群众提名的选举方式。例如吉林省梨树县的"海选"。所谓"海选"，就是全体有选举权的村民无记名投票提名村委会成员候选人。东北方言谓"大"为"海"，形容范围很大。我在我省当涂县吴桥乡调查时有个村也是采取这种方法推选候选人的，群众反映较好。不可否认，这些选举方法的运用在一定程度上表达了村民意愿，比由上级提名或农村党支部提名的方式前进了一大步。但是它们仍局限在对传统选举制度的修补上，只是在一些具体环节上做了改革，还没有在制度层面上规范化。

为什么村民自治推行起来如此举步维艰呢？根据我们调查，主要有两大障碍：一是我们干部队伍中许多同志有认识障碍，他们认为：（1）农民文化低，没有参政能力；（2）农村宗族、宗派观念强，容易发生宗族、宗派势力的干扰；（3）知识界也有少数人错误地认为农民是无法组织的一袋土豆，自己不能救自己，只能仰望青天。

另一大障碍也是主要的障碍来自乡镇一级对权力的分割。过去由他们任命或委派的村干部对他们俯首帖耳，言听计从，这样的村干部好"管"。这些任命或委派的村干部只对上级负责，而无视群众的利益和要求。上级要他对群众多提留，他就多提留，从不考虑群众的利益，这就是上述农民负担年年增加的主要症结。一旦实行村民自治，由村民自己来选举自己社区的领导人，这种格局就会发生变化，因为村级组织的权力基础不是来源于乡镇，而是来源于人民群众了。民选的干部也认识到自己头上小小的乌纱帽是人民给的，而不是上级封的，他就必须对人民负责，争取人民群众的信赖。这样就从根本上割断了乡、村干部之间利益上的依附关系。因而来自于乡镇一级的阻力才是推行村民自治的真正要害。

三　"组合竞选"是村委会选举制度的最佳选择

自治不自治，民主还是"主民"，关键是选举制度上的落实，也就是怎样提名，怎样选举。民主政治是人民当家作主的政治，而表现人民意志之最佳方法及完善民主程序，就是自主、平等、公开的选举。众所周知，鉴别民主之尺度，不但要看其政策及主义，而且还要看其实践政策及主义的民主程序，我们将这个程序称之为民主选举制度。

目前村委会选举普遍是仿照或借鉴基层"人大"的选举方法，首先选举村委会委员，再在村委会委员里推选村委会主任，或者是采取平行选举的方式，同时选举村委会主任、副主任和委员，这有许多弊端无法克服。

为什么要采取竞选？只有竞选才能体现真正的民主，才能使潜在的人才被群众推举出来，才能体现干部是人民的公仆，才能体现人民群众是主人翁。在竞选大会上，那些要求当村民的公仆，他们信誓旦旦地向村民承诺，自己将为村民办哪些实事，以赢得村民的选票。只有在这个时候，他们才真正感受到权力来自人民群众；而人民群众有自己真正的选举权，才真正体会到自己是社会的主人。这是多么生动、形象的民主教育啊！这是用实际生活训练广大人民群众当家做主的学校！

为什么要采取"组合竞选"？按照现行的村委会选举方法，即使完全由村民提名，也会产生不良的弊端，这不是村民的过错，而是现存选举制度的原因。当前村委会选举普遍沿用基层"人大"选举的方式，没有考虑到中国农村的实际特点。

在农村，农民大多是世代相居一地，由于这一基本特点，村民之间遍布血亲网，存在着宗族和地缘关系；也是由于农民世代相居一地，某些邻里、门户之间往往世代冤仇，见面就眼红，说话就顶撞。如果分别选举村委会主任、副主任和委员，一些血亲很近的人，如父子、兄弟、郎舅等很可能同时选到一个村委会班子里，这固然不妥，违反了近亲回避的原则。而把世代冤家对头的人选到一个村委会班子里，就更无法工作。据此可知，如果采取传统的选举方法，是无法克服上述这些弊端的。

而采取"组合竞选"，就能避免这些弊端。首先由村民推选村委会主任候选人3—4人，每人提出自己的"组合"成员名单。在"竞选大会"上，他们在发表竞选演说的同时，公布自己的施政纲领和竞选伙伴名单，为了争取村民的信任，他们一般不会把自己的"九亲六族"拉进来，更不会把名声不好，明显带有某种集团利益和经济利益关系的人，作为自己的竞选伙伴，否则，他就丢失选票。当然，他们也不会把同自己合不拢的人组合进到自己的班子，不至于使村委会变成"软"班子、"散"班子；这样就能使村委会一班人，拧成一股绳，带领广大村民脱贫致富奔小康。

"组合竞选"已为十年来几个地方的实践所检验。

　　早在十年前，即 1989 年 1 月 17 日，我就在岳西县莲云乡腾云村，采取"竞选组阁制"，进行民主选举村委会的实验，取得了成功。

　　1995 年 4 月 25 日，我又在腾云村主持第二次村委会选举，仍然采取这种方法。

　　那么，腾云村通过"组合竞选"民主选举出来的村委会到底怎么样呢？1989 年 1 月，这个民选的村委会上任后的第一招，建立了一个专门监督村委会的机构，成员都是公认的正派人，还聘请了本村的离休干部担任顾问，指导村委会工作，此事一公布就获得了群众的信任。第二招是成立了财务清理小组，对该村群众意见最大的村财务账目进行清理，通报全村，使从来不公开的村财务公开化。第三招是收回了前任村干部占用的一笔茶叶款，用这笔钱使得多年架不起电线的西岭村民组当年腊月通了电。这几招在人心的回音壁上引起了回响，村民们纷纷议论开了："新班子胆大敢抓，像个干事的，大伙儿没看错人。"干群关系逐步融洽了。

　　接着，村委会又带领群众大搞杂交稻制种。村委会举办制种户技术培训班 13 期，把技术辅导工作做到了每块田、每个环节，保证了制种的全面成功。群众说："我们每家田里都有村干部的汗水。"

　　腾云村老百姓长期埋怨山林管理混乱，新班子上任不久就充实了林场管理力量，对违章上山砍树的少数村民及知情不报的村民组长都作了相应的处罚。但这次整顿不久，一位村干部家属又第二次上山违禁砍伐，村委会则处以重罚。这样从干部管起，罚款从干部头上开刀，在群众中引起了强烈反响，乱砍滥伐现象从此得以制止，群众植树造林的热情高涨，全村新栽板栗树 5500 株、松树 7000 株、桑树 5000 株，超额完成了乡政府下达的任务。腾云村有 4 处多年应修复而未修复的河岸和田坎，村委会及时给予修复。

　　农民说："干部好不好，秋天见分晓。"民选的村委会上任后的第一个秋天就向全村人民交了一份不负众望的答卷：杂交稻制种奏响了丰收曲，共创经济效益 30.3 万元，可收粮 34 万斤，比前 3 年平均产量整整翻了一番，经济收入增加了 16.5 万元，是正常年景收入的 2 倍。

　　不久前，我们又应中共滁州市委书记张春生之邀，到来安县邵集乡推广岳西县腾云村"组合竞选"经验，对邵集乡 8 个村委会同时进行了改选。从宣传发动到最终"竞选"投票，一共 10 天时间，取得了圆满成功。

　　而且，从历次的选举来看，广大村民不但能正确行使自己的民主权利，而且能选举出比较得力的村委会班子，这表明当今中国农民不仅具有成熟的民主意识，而且具有成熟的民主参政能力。

　　在去年北京召开的"加强村民自治法制建设国际学术研讨会"上，将我们安徽省村委会"组合竞选"列为大会的主题之一，由本人向大会作报告。经过大会讨论，很多学者认为，这是比较规范的选举制度，值得进一步推广。

四　我国当代农民具有强烈的参政、议政的要求和能力

　　如果按照有些人的看法，即认为村民自治是超前了的，那么像在大别山区的贫困县，即岳西县以及很不发达的来安县邵集乡这样经济、文化落后的山村实行村民直接选

举村委会，简直是百分之百的"超前"，选举定会被宗族、宗派势力、落后习俗、低级趣味左右而失败。但是实践的回答恰恰相反，在选举委员会的宣传教育后，村民们不但知道自己应有的权利、义务，而且知道怎样去运用。他们谨慎考虑、反复掂量，选出能代表广大群众意愿的人来带领他们前进。而民选的村委会上任后卓著的政绩更进一步证明全国人大常委会通过的《中华人民共和国村民委员会组织法》，是合乎当今中国国情、顺乎历史潮流、稳定社会、促进发展的一部好法律。

列宁说："人民需要共和国，为的是教育人民走向民主。需要的不仅仅是民主形式的代表机关，而且要建立由群众自己从下面来管理整个国家的制度，让群众实际地参加各方面的生活，让群众在管理国家中起积极作用。"今天在中国大地上实行村民自治，就是让广大农民群众实际地在管理国家的公共事务中发挥主人翁的应有作用。

我省村民自治现状亟待改变

　　1982 年《宪法》第一次把村民自治作为基层民主政治的原则加以确认，到 1987 年《中华人民共和国村委会组织法》（试行）的贯彻落实，我国基层政治民主逐渐走上了制度化轨道。十多年来，安徽村民自治状况如何呢？最近，我们选择 5 个具有代表性的县、市进行抽样调查，共发放问卷 1600 份，回收问卷 1548 份，有效问卷 1503 份，其中村民样本 1299 份，村干部样本 204 份。调查结果表明，我省村民自治状况并不令人乐观。

我省村民自治现状

　　村民自治的实质是在村民中实行民主选举、民主监督、民主决策和民主管理，我们主要从这四个方面进行抽样调查。通过对问卷的归纳分析，发现我省村民自治主要存在如下问题：

　　（一）村民选举普遍性低，公正性较差。调查表明，对选举持积极态度的样本仅占合格样本（指 1299 份村民样本，下同）的 53%，参加过最近一次选举的村民也只占被调查对象的 70.7%。更突出的问题是：投票方式是逐户收选票，使得这种低普遍性的村民选举带有"暗箱操作"的可能；认为选举前上级打招呼和村党支部指定候选人的样本占 31.4%；认为私下做工作和贿选的样本占 23.4%；认为宗族势力干扰村民选举的样本占 5.1%。这些因素显然会影响村民选举的公正性，影响村民对选举的态度，从而导致村民选举的普遍性降低。

　　（二）村民民主监督意识不高，对村务公开的信任度低。民主监督是实行村民自治的保障，在现行的制度框架下，村务公开是民主监督的唯一平台。调查显示，完全知道村务公开的人仅占 35.3%，知道一点的占 39.3%，令人遗憾的是竟然还有 25.4% 的人不知道村务公开，这个比例足以引起我们的高度重视。经常去看村务公开栏的被调查村民有 362 人，占 27.9%；有 34.7% 的人根本不去看或根本不知道有村务公开栏。同时，被调查村民对村务公开的理解比较狭隘，虽有 65.6% 的村民对村务公开感兴趣，但其中的 70.3% 仅对"村务账目"感兴趣。对村务公开内容完全相信的样本仅 22.3%，有一点相信的 36.9%。

　　（三）村民民主决策参与意识薄弱，决策者漠视民意。被调查村民只有不到 50% 愿向村干部反映自己的意见，72% 认为村里的事情村民没有必要介入；仅有 54.5% 的村民认为村里的重要事情必须通过村民代表大会决定。调查表明，当村民意见和乡（镇）政府指示有矛盾时，有 33.5% 的村民样本和 57.4% 的村干部（村干部总样本 204 份，下同）认为应该按照乡（镇）政府的指示去做，74.9%的村民和78.4%的村干部样本都认为乡（镇）政府的指示应优先，而认为村民意见优先的村民样本和村干部分别只有27.6%和17.6%。另外有98.3%的村干部认为应把"完成乡政府布置的任务"放在首位，认为向乡（镇）政府反映村民意见非常重要的也只有30.4%。同时，有的乡镇政府对村民自治干预严重，无视《中华人民共和国村民委员会组织法》，随意撤换村委会干部。

改进我省村民自治的对策建议

为改进我省的村民自治，特提出如下对策建议：

（一）进一步贯彻《中华人民共和国村民委员会组织法》，改进和完善村民自治制度。村务公开的操作者是村委会，到头来还是自己监督自己，这种制度设计本身并不是最合理的。为此，一方面要逐渐完善相关制度，通过制度促进农村民主政治的发展；另一方面，又要切合农村的特点和实际情况，按制度的进行实际操作，做到公开、公平、公正。村民自治改革的关联面很大，尤其会涉及相关的经济制度的改革。所以，村民自治制度的改进是一个系统工程，需要有与农村工作相关部门的支持与合作。

（二）努力增强村民民主政治意识，完善村民委员会监督机制，我省村民对村务活动参与率不高的主要原因是民主政治意识薄弱，必须把提高村民民主政治意识，作为当前我省村民自治工作的主要内容之一。有效的监督机制是村民自治的重要组成部分，但我省以村务公开为核心内容的监督并未达到应有效果。由抽样调查可知，其原因除了村民的民主政治意识不强外，最主要的是"村官"及少数乡镇的领导层漠视民意。真正的监督应该是主动的，因此，必须完善村民代表会议等监督机构，构建更为有效的监督平台。

（三）推行"组合竞选"，真正实现"村官民选"。好的选举制度必须保证自由意志表达、低干预、高参与，以及使选举行为与人们的利益建立联系。目前全国农村在若干年的实践中，创造了"海选"制和我省的"组合竞选"制等方法，"组合竞选"先由村民小组推荐村委会主任及委员候选人，主任候选人从委员候选人中自主组合村委会竞选班子，报村选举委员会张榜公布，然后再经全村选民两轮差额选举产生村委会主任及委员。抽样调查数据间接证明，"组合竞选"出来的村委员会是相对优化的村班子，而且村民参与率也会相对提高。所以我认为，"组合竞选"是一种较好的村民选举制度。这种制度能有效地排除制度外干扰，能使村民充分表达意志，更有利于民主选举、民主监督、民主决策和民主管理四个实质问题的落实，使农村政治文明建设得到强化。

村委会选举往何处去？[*]

——两种选举制度模式对比问卷调查报告

本文就我省部分地区农村基层民主选举模式作了深入细致的问卷调查。该调查分别从村委会选举过程、模式效果两个方面，对"海选"与"组合竞选"两种选举模式进行了比较分析，认为"组合竞选"其认同度和生命力都要大大超出"海选"。

村民委员会的产生办法，《中华人民共和国村民委员会组织法》（以下简称《组织法》）规定了差额选举和秘密投票等原则，但没有对选举程序做具体的技术设计。为了填补这个空白，各级人大、地方政府开始制定地方性的选举办法。结果，不同的省、县、乡镇甚至村之间出现了各式各样的选举模式。"海选"和"组合竞选"就是其中两种具有代表性的模式。那么这两种选举模式的效果究竟如何？为了作出有效的检验，安徽省文化扶贫中心的工作人员在几个既采用过"海选"又采取过"组合竞选"的乡村开展了一项大型的对比问卷调查，调查的目的在于了解广大乡村群众和干部对"海选"和"组合竞选"的看法，以便为进一步的行政决策和学术研究打下基础。

本次调查以安徽省来安县邵集乡 8 个村、颍上县王岗镇新安村等 9 个村为调查点，结合样本规模和乡村实际情况，我们首先成比例地在每个村抽取若干村民作为调查对象，然后分别采用结构访问、个别发送、集中填答等方法获得样本资料。本次调查时间为 2003 年 2—3 月，共发出问卷 1600 份，回收问卷 1562 份，其中有效问卷为 1506 份，包括一般群众问卷 1183 份，乡村干部问卷 323 份。

一 选举过程的对比

选举过程是衡量选举模式规范性的指标。它分为三个次级指标，即选举的参与度、合理度和干预度。参与度反映了选举模式的被接纳程度，合理度是对选举模式本身的客观评价，干预度是一个逆指标，是制度规范运行的保证。本次调查分别从这三个方面对比"海选"和"组合竞选"的差异。

（一）参与度

表 1 的结果显示，认为"组合竞选"参与度更高的有 62.9% 的干部和群众，这其中一般群众的认同率占其总体的 68.4%，而干部为 43%。认为"海选"参与度更高的

---

* 原载《咨政》（安徽省社科院内部刊物）2004 年第 3 期。

占被调查对象总体的 20.3% ，其中一般群众为 15.2% ，干部为 38.7% 。另外有 16.8% 的群众和干部认为两者差不多或说不清楚。

表1　　　　　　　干部和群众对"海选"和"组合竞选"参与度的看法　　　　单位：份,%

	"组合竞选"更高	"海选"更高	两者差不多	说不清楚	合计
群众	809 (68.4)	180 (15.2)	158 (13.4)	36 (3.0)	1183
干部	139 (43.0)	125 (38.7)	42 (13.0)	17 (5.3)	323
合计	948 (62.9)	305 (20.3)	200 (13.3)	53 (3.5)	1506 (100)

从表1的统计数据，我们不难看出"组合竞选"相对于"海选"有着更高的参与度。究竟是什么原因导致这种差异呢？主要在于这两种选举模式的设计理念不同，"海选"注重形式，把村民参加投票只作为程度意义考虑，人为地降低了投票的重要意涵，即表达权利。而"组合竞选"围绕实质性，即如何充分创造条件让村民行使权利，因此就会更加注重参与率。同时，这与"组合竞选"广泛的宣传动员也是分不开的。

（二）合理度

表2　　　　　　干部和群众对"海选"和"组合竞选"选举程序的看法　　　　单位：份,%

	"组合竞选"更公正	"海选"更公正	两者差不多	说不清楚	合计
群众	890 (75.2)	169 (14.3)	79 (6.7)	45 (3.8)	1183
干部	164 (50.8)	121 (37.5)	25 (7.7)	13 (4.0)	323
合计	1054 (70.0)	290 (19.2)	104 (6.9)	58 (3.9)	1506 (100)

表3　　　　　　干部和群众对"海选"和"组合竞选"民主程度的看法　　　　单位：份,%

	"组合竞选"更公正	"海选"更公正	两者差不多	说不清楚	合计
群众	890 (75.2)	169 (14.3)	79 (6.7)	45 (3.8)	1183
干部	164 (50.8)	121 (37.5)	25 (7.7)	13 (4.0)	323
合计	1054 (70.0)	290 (19.2)	104 (6.9)	58 (3.9)	1506 (100)

表4　　　　　　干部和群众对"海选"和"组合竞选"公开程度的看法　　　　单位：份,%

	"组合竞选"更公开	"海选"更公开	两者差不多	说不清楚	合计
群众	919 (77.7)	171 (14.5)	57 (4.8)	36 (3.0)	1183
干部	159 (49.2)	117 (36.2)	36 (11.1)	11 (3.4)	323
合计	1078 (71.6)	288 (19.1)	93 (6.2)	47 (3.1)	1506 (100)

　　本次调查问卷中有三项内容涉及这一问题，即对选举程序、民主程度、公开程度的考察。反映到统计数据上（如表2、3、4），有70%的被调查者认为组合竞选更公正，70%的被调查者认为组合竞选更民主，71.6%的被调查者认为组合竞选更公开。而相对的"海选"，这些数据分别为19.2%、19.2%、19.1%。于是我们不难得出结论，如果以公正度、民主度和公开度作为衡量合理度的次级指标，数据显示"组合竞选"比"海选"要合理得多。

（三）干预度

　　一般来说，村民选举受到的干预主要来自三个方面，一是乡镇领导或组织的干预，二是村党支部的干预，三是宗族家庭势力的干预。一种再好的设计如果不能排除制度外的干预，那么制度必然是失败的，选举也就丧失了本身的意义。

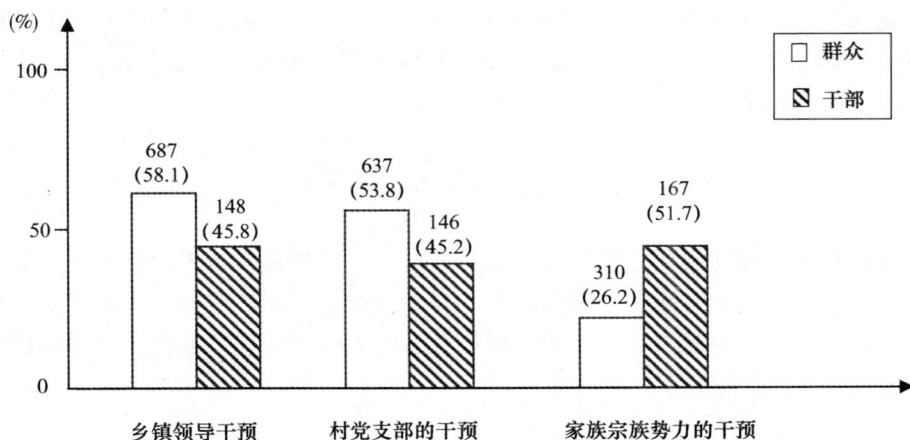

图1　干部和群众中认为存在各类干预的人数比例

　　从图1可以看出，不少干部和群众认为在当前的乡村选举中存在着不同程度、不同类别的干预。比如，有58.1%的群众和45.8%的村干部认为存在乡镇领导的干预；有53.8%的群众和45.2%的村干部认为存在村党支部对选举的干预；另有26.2%的群众和51.7%的村干部认为存在乡村宗族家族势力对选举的干预。

　　表5反映了不同类别的干预对两种选举模式的干预程度，其中2.9%的群众和8.7%的村干部认为乡镇领导对"组合竞选"的干预要比对"海选"的干预严重，3.7%的群众和7.7%的村干部认为村党支部对"组合竞选"的干预要比对"海选"的干预严重，5.2%的群众和7.4%的村干部认为宗族家族势力对"组合竞选"的干预要比对"海选"的干预严重。而认为干预"海选"要比干预"组合竞选"严重的这些对应数据分别是46.0%和30.0%，51.6%和29.1%，17.7%和32.5%。对这些数据的简单梳理，我们便可看出，"海选"似乎使干预有机可乘，而"组合竞选"却存在免疫力。那么是什么构成了"组合竞选"的有效抵抗呢？

表 5   干部和群众就乡镇领导、村党支部、乡村宗族家族势力
对"海选"和"组合竞选"干预程度的看法   单位：份,%

	对"组合竞选"干预程度更高		对"海选"干预程度更高		两者差不多		说不清楚	
	村民	干部	村民	干部	村民	干部	村民	干部
乡镇领导干预	34 (2.9)	28 (8.7)	610 (51.6)	194 (29.1)	17 (1.4)	13 (4.0)	26 (2.2)	13 (4.0)
村党支部干预	44 (3.7)	25 (7.7)	544 (46.0)	97 (30.0)	22 (1.9)	12 (3.7)	27 (2.3)	12 (3.7)
宗族家族干预	61 (5.2)	24 (7.4)	209 (17.7)	105 (32.5)	17 (1.4)	23 (7.1)	23 (1.9)	45 (4.6)

首先在于"组合"。"组合"是公开的组合，所有的组合名单必须公布，接受公众舆论的评议和质疑；"组合"是均衡的组合，组合者势必会均衡各门户、宗族、区域的利益，从而无形之中化解或分解家族宗族力量；"组合"是优势的组合，为了赢得成功，组合者都会吸优纳良，增添自己实力。其次在于"竞选"。竞选的实质在于公开，从而杜绝干预的可能性。

二 模式效果的对比

模式效果是测量选举模式效用性的指标，而比较选举模式效果的核心在于对其分别产生的村委会做比较。本次调查采用的是感受性指标，即调查对象的主观评价，而没有采用客观性指标，比如村财政收入等，所以这里的模式效果很大程度上体现为群众和干部的满意度。

（一）村委会干部个人素质比较

表 6   干部和群众对"海选"和"组合竞选"产生的村委会成员个人素质的看法   单位：份,%

	"组合竞选"产生的更好（高、强）		"海选"产生的更好（高、强）		两者差不多		说不清楚	
	村民	干部	村民	干部	村民	干部	村民	干部
人品	841 (71.1)	148 (45.8)	148 (12.5)	113 (35.0)	148 (12.5)	49 (15.2)	46 (3.9)	13 (4.0)
威望	864 (73.0)	152 (47.1)	148 (12.5)	116 (35.9)	121 (10.2)	44 (13.6)	50 (4.2)	11 (3.4)
办事积极性	848 (71.7)	157 (48.6)	154 (13.0)	109 (33.7)	128 (10.8)	44 (13.6)	53 (4.5)	13 (4.0)
办事效率	868 (73.4)	159 (49.2)	143 (12.1)	111 (34.4)	126 (10.7)	40 (12.4)	46 (3.9)	13 (4.0)

这里把个人素质化解为"人品"、"威望"、"办事积极性"和"办事效率"四个次级指标，表 6 的统计数字显示有 70%—75% 的群众和 45%—50% 的干部认为由"组合竞选"产生的村委会干部在这些指标上要优于由"海选"产生的村委会干部，而持相

反观点的群众只有 12%—13%，干部为 30%—35%。显然这种优势得益于制度设计的功劳。"海选"虽然也是推贤举良，但没有充分的机制让候选人展示能力，因此可能存在"误识"因而"误举"的现象，另外即使优秀的被选中者也由于缺乏足够的动力机制而不能充分有效地崭露头角，从而让人们产生一种不好的印象。"组合竞选"则通过"组合"与"竞选"的程序设计，一方面让候选人充分展示自己，另一方面制度的目的也在于产生一个优化的领导班子。

（二）村委会工作业绩比较

对村委会干部个人素质的比较不是评价模式效果的主要方面，关键在于制度所产生的生产力和工作业绩、效益的比较。

表7　　干部和群众对"海选"和"组合竞选"产生的村委会工作业绩的看法　　单位：份,%

	"组合竞选"更优		"海选"更优		两者差不多		说不清楚	
	村民	干部	村民	干部	村民	干部	村民	干部
反映民意	901 (76.2)	156 (48.3)	174 (14.7)	121 (37.5)	64 (5.4)	34 (10.5)	44 (3.7)	12 (3.7)
财务公开	623 (52.7)	131 (40.6)	122 (10.3)	111 (34.4)	312 (26.4)	57 (17.6)	126 (10.6)	24 (7.4)
资源利用	718 (60.7)	106 (32.8)	121 (10.2)	105 (32.5)	213 (18.0)	65 (20.1)	131 (10.1)	47 (14.6)
为民办事	862 (72.9)	118 (36.5)	126 (10.7)	105 (32.5)	152 (12.8)	74 (22.9)	43 (3.6)	26 (8.1)
提高收入	793 (67.0)	141 (43.7)	119 (10.1)	108 (33.4)	224 (18.9)	54 (16.7)	47 (4.0)	20 (6.2)

态度的倾向性体现在数字中，有超过半数的群众认为"组合竞选"产生的村委会在反映民意、财会公开、资源利用、为民办实事等方面要比"海选"产生的村委会做得好。而持相反观点的村民均不超过 15%（见表7）。干部的态度虽然在这些指标方面有较大的差异但也都维持着一个基本的态度，即"组合竞选"要优于"海选"。

"组合竞选"之所以能产生比较优秀的领导集体，在于它不仅注重个体的能力，而且注重整体的优化组合，使村委会的整体凝聚力得到增强。

在对两种模式产生的村委会工作业绩的总体评价中，有 938 名干部和群众认为"组合竞选"好，占被调查总数的 62.3%，而认为"海选"更好的只有 227 人，仅占 15.1%。可见，"组合竞选"的效用性已经被广泛认同。

三　建议

通过对两种模式在选举过程和模式效果的对比分析，我们可以得出结论："组合竞选"作为一种选举模式其认同度和生命力都要大大超出"海选"。因而，我们建议在已有的基础上扩大试验范围，选择一个县，整体推广村委会组合选举。如果试验仍然获得成功，就可以建议安徽省人大在村委会选举办法条例中增加一条，即可以在村委会选举中实行"组合竞选",以利发挥组合竞选的优势,将我国的村民自治事业向前推进一步,促进社会、政治、经济的稳定发展。

附

张春生同志的批示

批示与回馈:

安徽省人大常委会副主任张春生 2004 年 3 月 16 日致函省社会科学院咨政研究中心,对《咨政》2004 年第 3 期省社科院辛秋水研究员的"村委会选举往何处去"一文作出批示:辛秋水教授多年来为推进基层民主政治建设作了大量的调查研究,进行了不懈的探索。在实践中总结出来的村委会"组合竞选"的选举办法的确是一项比较成功的好方法。这份调查报告很有说服力,建议有关部门能积极支持,继续扩大试点面积,进而总结,写进今后村委会选举条例中。任何法规条例都不是永远一成不变的,成功的典型和经验都是从基层创造出来的,我们应当积极支持鼓励敢于创新者。辛秋水同志的精神值得弘扬。

村委会"组合竞选"理论与实验研究[*]

导论 "组合竞选"是实现当今中国乡村民主的最佳模式

一 民主是中国现代化发展的大趋势

纵观世界先进国家现代化历史的进程，民主、法治、科学缺一不可。民主是现代文明社会最重要的标志！没有民主的社会是一个不可持续发展的社会！中国的历史发展表明，中国农村现代化决定中国未来。中国新农村政治文明的建设，决定中国农村发展的速度和质量。

政治体制的改革，由于涉及国家的稳定和长远发展，因此，必须根据各个国家的社会实际，科学、有序、渐进地进行，否则就会造成混乱。亚洲、非洲、拉美的第三世界国家强行推广西方式民主导致社会混乱就清楚地说明了这一点。

中外国家兴亡的历史表明，任何一个非民主政权建立之后，统治阶级形成新的利益集团，为了攫取最大的政治和经济利益，这个政权就从亲民走向了欺民害民。就开始害怕人民，实施独裁镇压人民，最后失去民心，走向灭亡。黄炎培在延安时曾质询毛泽东：中共取得政权后，如何避免历史上的农民政权其兴亦勃，其亡亦速的怪圈。毛泽东说，我们已经找到了解决的办法：这就是民主！

近年来，农村政治与社会问题的研究一直是社会学、人类学和政治学等多个学科关注的焦点之一。相当一部分学者从不同的视角出发，尝试对已有的研究成果进行梳理和分析。综合起来看，国内外学术界对中国农村政治及其变迁的研究范式，主要有国家与社会关系、政治经济学、新制度主义等①。而"组合竞选"的实践则是从比较政治学、新制度主义等学科角度进行研究。

由于中国有两千四百多年的封建历史，传统文化中缺少民主的"基因"，因此，民主的启蒙与实施需要一个长期的过程。从 20 世纪初叶推翻封建制度至今只有近百年，而社会主义制度建立仅有近六十年。因此，在我国实行民主政治、政治体制改革必须循序渐进，在保持社会稳定、经济稳步发展的前提下进行，才能引领中国走向民主、法治、自由的现代社会。在占中国大多数人口的基层农村进行村民自治的试验，有助于国家的长治久安。

---

* 本文为国家社科基金项目：村委会"组合竞选"理论与实验研究（项目号：06BSH032）的研究成果。

① 库恩提出的"范式"这一范畴本身可以在本体论、认识论、方法论多个层面展开，笔者在此主要是指农村政治学的分析和解释框架。

　　中国的国情决定了这样的选择。农村与城市比较起来，一乡一村，人口居住相对集中，流动性差，影响面小。即使在农村某一地区局部实验失败了，震荡面也不大。所以，采用村民自治形式，在农村的底层进行民主政治的实践，是最佳的选择方案。在村民自治的成功经验的基础上，推广到乡镇、县、城市，逐级上延，将对我国政治体制改革产生深远的影响。

　　回顾中国革命的历程，正是毛泽东创造性地提出了走农村包围城市的战略思想，引导中国革命取得了新民主主义的胜利；中国共产党第十一届三中全会后，在农村实行联产承包责任制，解放了生产力，焕发了农民空前的创造力和积极性，掀开了乡村基层政权改革与经济快速发展的序幕，继而推动了城市的改革，第二次走出了一条农村包围城市之路，开创了改革开放的新纪元。

　　今天，中国在进行现代化建设、构建社会主义市场经济体制的进程中，保持经济体制改革与政治体制改革的同步发展，从农村、农民问题入手，实行村民自治，在政治体制改革中再走一条农村包围城市之路，是非常必要的，将为我国在21世纪的可持续发展奠定坚实的基础。1978年包产到户，农民在自己经营的土地上当家做了主人，1988年开始的村民自治，进一步让九亿农民在自己社区当家做主，耕耘自己的民主"责任田"，这是我国农民在社会生活、政治生活上的历史性的进步。

　　彭真同志说："把一个村的事情管好了，逐渐就会管好一个乡的事情；把一个乡的事情管好了，逐渐就会管好一个县的事情，逐步锻炼，提高参政议政能力。"① 回顾历史，如果没有农村基层村民自治的基础，民主与政治体制改革在上层就有可能演变成权力的争夺。一旦发生权力真空，目前广大干部和群众担心的县霸、乡霸、村霸等就会横行乡里。中国历史上类似的教训比比皆是。解决了基层民主问题，就奠定了民主、法治与政治体制改革的基础，形成一种"倒逼"机制。②

二　"组合竞选"对乡村民主制度的四大改造

　　村民委员会"组合竞选"是笔者于1989年在安徽省岳西县莲云乡腾云村首创的一种村委会选举制度，其后又历经来安县邵集乡8个村，颍上县王岗镇的新安村、郑湾村以及岳西县、灵璧县的整体试验，已经形成了一种独具特色的选举模式。所谓"组合竞选"，就是首先由村民自由推选村民委员会主任和委员候选人，由村委会主任候选人根据提名委员名单，自由组合竞选班子，通过村民投票，由村民挑选领导人。十多年实践表明，村委会"组合竞选"既适应中国农村社会的特点，也解决了长期以来乡村民主制度中的缺陷。

　　（一）文化改造——对农村选举制度民主观念的培养

　　首先，"组合竞选"是作为"文化扶贫"的一个内容而存在的，也可以说它是在文化扶贫背景下展开的。单一的制度设计如果没有一项辅助的情境变迁，其实施的效果就

---

　　① 1987年11月，彭真在第六届全国人大常委会第23次会议通过《中华人民共和国村民委员会组织法（草案）》前一天的讲话，转引自《经济观察报》2008年1月6日。

　　② 中共中央财经小组办公室副主任、中国扶贫基金会会长、著名农村问题专家段应碧同志2005年在海南召开的"中国农民组织建设国际论坛"上的讲话。

要大打折扣，笔者用自己的亲身实践证明了这一点，在对农村选举制度的改革之前，提出了文化扶贫的措施，通过文化改进为乡村民主营造氛围。

其次，"组合竞选"蕴涵了真正的民主理念——人民当家做主。在正式选举之前，要在全村公布候选人及其组合班子的名单，选举的指导机构派出工作组进行民主宣传，正式选举时要召开选举大会，候选人要发表竞选演讲，等等，这些细节都表明了制度设计时以人民为主的理念。当然民主操作过程本身也有利于这种文化的改造。

（二）制度改造——对农村选举制度的技术改进

"组合竞选"首先就是一场关于村民委员会选举制度的创新，具有规范性、程序性、效益性。其目标主要在于克服传统选举模式中的制度缺陷，力求通过技术改进，达到制度的效用最优化。

首先，"组合竞选"强调"竞选"，即真正落实竞争机制。最早系统提出政治交换理论的著名经济学家布坎南把政治看成一种复杂的交换结构，在政治市场中，公职候选人以给国家和选民提供优质服务的承诺来争取换得选民手中的选票。政治家得到的是权力与职位，老百姓得到的是政治家的优质服务。这种政治交换也适用于乡村选举，老百姓用手中的选票换取候选者的服务。既然是交换，就需要择优。在经济交换中，消费者总是以成本效益核算来指导自己的消费行为，买东西也要货比三家。选民与公职候选人进行交易的过程也是进行成本收益核算的过程。选民对成本享权，因为这些成本最终要由选民来负担。作为公民的选民若要得到政治家的优质服务，就必须有权利在公共服务的不同潜在提供者中进行必要的选择，"组合竞选"真正体现了这一原则，公布候选人名单、候选人发表施政承诺等竞选措施，改进了以前选举模式中存在的单一候选人、不发表竞选演说等不严谨方式。

其次，"组合竞选"着重"组合"，即注重整体效应。众多的传统选举模式在进行程序设计时，都潜在地包含着一个理念，即每一个职位都产生最佳的就职者，但事实证明这往往并不能产生最佳的结果，因为多个强势个体组成的整体并不一定是强势整体，即整体的合力不一定等于或大于各个个体的分力之和。从关系论的角度看，这些单个的就职者之间可能存在私人矛盾或者并不能形成良好的合作关系，那么由此而产生的村委会班子就不可能是一个团结合作强势的班子，整个村委会工作也就无法展开。而"组合竞选"在重视个人能力的同时，又强调了整体的优化组合，注重整体关系的和谐和整体功能的发挥。因为各村委会主任候选人为了争取选票和村民的支持，他们绝不敢把自己的"九亲六族"或把名望不好、明显带有某种集团利益关系的人作为自己的竞选伙伴。为了在任期内取得优良的成绩他们也绝不会把同自己有矛盾、谈不拢、无法合作的人"组合"到自己的竞选班子中来。而这样的选举方式也就从根本上保证了整体的强势。

最后，传统的选举模式很难摆脱权势单位、权势个人以及宗族家族势力对选举的干扰，从而使选举失去合法性。而由于竞选制的彻底公开化，组合竞选通过程序的技术设计，可以从根本上摧毁权势干预的可能性。

当然需要说明的是，村委会"组合竞选"既是具有中国特色的"草根民主"形式又与现代民主制度相接轨。"组合"、"竞选"是现代民主制度的重要特色，其可取性在于它既合理地吸收了现代民主选举制度的机制，又与中国农村社区特点相结合，亦衔接了《中华人民共和国村民委员会组织法》的有关规定。

（三）利益改造——对利益表达机制的建立和利益团体的培育

民主不仅仅是一种素质问题，更是一种利益关系。农村实行联产承包责任制即经济体制改革后，利益关系发生变化，经过实践和理论探索，建立村民自治成为调整基层内部关系的一种必需机制。然而经验表明，村民自治的实施并没有形成农民的利益代言人集团，乡村利益表达机制依然处于不完善状态。

村民委员会在本来的制度设计中是作为村民的自治代表，它由村民选举产生，就应该向村民负责，但一些制度性因素也同时决定了这种代表的不完全性。这是由村民委员会的"双重角色"以及乡（镇）与村关系定位不清决定的。村民委员会除了担当村民代言人角色之外，也是政策的执行者，这就决定了村民委员会又必须服从上级的领导。当这两种角色承担的内容处于冲突状态时，村民委员会就将处于一种尴尬的境地。经验调查表明，传统的政治思维使得村民委员会往往会依照上级命令行事，而不能真正代表老百姓的利益。长期以来在中国农村的基层政权体系中，村民委员会实际上一直被作为乡镇权力的延伸机构，乡和村形成了一种密切的领导与服从的关系。在缺乏明确的制度更正情况下，这种关系就无法得到改善，真正的乡村利益共同体就无法形成。

实际上，在市场经济的时代，理性的农民总能根据个人利益作出判断和选择，其关键是必须制定相关的法律法规。选举制度、程序要能够保证农民充分发挥他们的权力，"组合竞选"的实践表明这种选举制度的实施有利于保证村民的利益表达。

首先，"组合竞选"中竞争机制的采用，使得真正的政治交换成为可能，而当交换成为机制后，利益便开始凸显，成为引导人们行动的唯一原则，经过长期的实践操作，人们的利益观念会不断增强。

其次，通过"组合竞选"产生的村委会班子深知权力来之不易，只有真正代表广大人民群众的利益才能取得信任。于是他们肯定会千方百计健全农村的利益表达机制，从而最终形成一个完整的利益团体。

（四）素质改造——对个体民主素质的锤炼

虽然说素质并非民主的决定因素，但至少也是一种牵引力。如果选民素质低下，对选举法、选举程序不清楚，对选举与他们自身利益关系缺少正确认识则有可能出现不愿参加选举、干扰选举等不利于村民自治开展的现象。然而，事实确实是广大农村地区居民文化素质普遍低下，尤其是偏僻落后的乡村更是如此。素质低的主要原因是知识的缺乏，区域性的知识缺乏，就形成文化贫困。长期以来，中国广大农村地区的村民由于教育不足、信息不灵通以及贫困文化的持久作用从而造成一种文化的贫困。农村人口文化素质的低下，已成为制约农村经济、社会、文化发展的主要因素，同时它也已成为制约农村民主发展的重要因素。以往的选举制度只注意到投票的形式性而把选民设计为这种形式的参与者，而不顾及选票表达的真实性，这就往往会形成"假民主"。

"组合竞选"的价值不仅在于前面所提及的诸方面，还在于"竞选"过程本身就是一个学习民主的操练场，在组合竞选的实践中，群众不是抽象的，而是在实践中活生生地感受到作为社会主人的地位和价值。被选举者也因此切身感受到，通过公平竞争得到的权力来源于村民的信任，而不是上级的赐予，他们是村民的公仆，必须首先对村民负责。

总之，"组合竞选"既是理论创新，也是实践创新，更是制度创新。它的有效开展从文化、制度、利益、素质四层面对我国传统的乡村民主制度进行了改造，真正达到了效用最大化的理想境界，它具有其他模式所没有的优点，具有强大的生命力。它科学规范、公平合理、简便易行，必将成为中国农村基层社会民主选举制度的最佳模式。

三 "组合竞选"是实现乡村民主的最佳模式

民主政治是人民当家做主的政治，表现人民意志之最佳方法及完善民主程序，就是自主、平等、公开的选举。自治或不自治，是民主还是主民，选择并实施选举制度是重要的前提。正是以此标准来评判，并经过338个村制选举实践的检验，"组合竞选"是当今中国村委会选举制度的最佳选择。"竞选"体现了民主，"组合"体现了民主的集中，而"组合竞选"则是民主与集中的完美结合①。

所谓"组合竞选"，就是竞选加组合。

为什么要采取竞选呢？

只有竞选才能体现真正的民主，使潜在的人才被群众推举出来，体现干部之所以是人民的公仆，体现人民群众之所以是主人翁。在竞选大会上，那些要求当村民公仆的人，他们开诚布公向村民承诺，自己将为村民办哪些实事，以赢得村民的选票。只有在这种情况下，他们才真正感受到权力是来自人民群众；同时人民群众有自己真正的选择权，这时候他们才真正体会到自己是社会的主人。

为什么采取组合呢？

首先它能避免过去种种选举的弊端。由村民推选村委会主任三至四人，每人提出自己的"组合"成员名单，在"竞选大会"上，他们发表"竞选演说"，同时公布自己的"组合"成员。为争取村民选票，他们就不能把九亲六族拉进来，更不能把名望不好或带有某种集团利益和经济利益关系的人，作为自己的竞选伙伴，否则，就会丢失选票。他们也不会把志不同道不合的人组合到自己的班子中，这样他如果当选了，就较易于驾驭并避免出现软、懒、散班子，团结村委会一班人，带领广大村民脱贫致富奔小康。

十多年来的实践证明，实行"组合竞选"村民委员会的方法，符合《中华人民共和国村民委员会组织法》，符合民意民心，符合市场经济的要求和发展，对全面提高村民的政治素质、促进社会经济发展，起到了积极而明显的促进作用。

早在20年前的1989年1月17日，我们在岳西县莲云乡腾云村，采取"组合竞选"方法，进行民主选举村委会的实验，获得了圆满的成功。腾云村民选的村委会上任后，立即建立了一个专门监督村委会的机构，成员都是公认的正派人士，并聘请本村离退休干部担任顾问，指导村委会工作。继之成立了财务清理小组，村财务公开化，对该村群众意见最大的几十年未公布的村财务账目进行清理，收回了前任村干部占用的茶叶款等欠款，用这些钱给多年架不起电线的西岭村民组通了电。这些举措顺民意，得民心，村民们纷纷议论："组合选举就是好，选出了真正代表村民意愿胆大敢抓干真事的领导。"一年后，全村的经济社会发展上了一个新台阶。农村中存

---

① 刘豪兴、徐珂主编：《农村社会学》，中国人民大学出版社2008年版。

在的不公开、不公正、不公平、财务混乱等主要矛盾得到化解，干群关系逐步融洽，社会趋向稳定。

四　中国特色的社会主义民主一定能够实现

事实已经证明，在现阶段的乡村实施"组合竞选"，加快民主建设，非常及时，非常必要。

为什么今天的中国农民，甚至地处穷乡僻壤的岳西县大别山区的农民，能有如此积极的参政意识呢？首先，新中国成立几十年来我国农村社会的巨大变迁，对广大农民群众的政治意识，产生了深刻影响。其次，当代中国农民有着悠久的民主启蒙运动的历史。考察历史，孙中山先生首次提出民族、民权、民生的主张，这是在推翻帝制后的第一次民主启蒙。由于历史的原因，孙先生的旧三民主义没有能够实现。实现民主的历史的重任，由中国共产党人高举新民民主主义的大旗实现了。

中国共产党领导的新民主主义革命是从落后的农村开始的。中国共产党建立农村革命根据地，发动农民、组织农民起来斗争，直至取得全国的胜利，实际上就是培养农民独立人格、民主参政意识的过程。因此"民主"二字是中国广大农民早已熟悉的字眼。过去农民识字的极少，当时在根据地里实行民选干部，有些地方只能采取数豆子等土办法来计票，根据地政权被全国人民称之为民主政府。与此同时，在革命军队里也实行政治、军事和经济三大民主。

共产党在根据地讲民主，蒋介石在他的统治区里搞独裁，形成神州大地上光明与黑暗的鲜明对照。民主的延安、民主的解放区，吸引着全国人民特别是包括笔者在内的广大青年知识分子奔赴延安，奔赴民主的革命根据地。最终是中国共产党高举民主旗帜战胜了蒋介石的独裁专制。由此可见，中国广大农村虽然文化经济落后，却有源远流长的民主历史传统。

另外，新中国成立后的历次政治运动，从正反两面强化了中国广大农民的参政意识。今天的中国人政治鉴别能力已经大幅提高，遇事不再绝对盲从，个人维权意识加强。

毛泽东有一句名言："我们应当相信群众，我们应当相信党，这是两条基本的原理，如果怀疑这两条原理，那就什么事情也做不成了。"相信群众、依靠群众是建设中国特色社会主义民主制度的保证。试想，五十多年前文化经济比现在要落后得多的解放区，农民用数豆子的办法行使自己的民主权利、选举出好干部，今日中国农村，经济、文化、农民的素质已今非昔比，反而要由上级包办指定村干部，这完全违背今日中国的国情，也违背了世界历史发展的潮流。

社会主义市场经济大发展使农民成为商品经营者，为乡村民主政治创造了条件。农民进入市场就必须学会自主、平等、竞争才能打开市场经济之门。多年来被扭曲的农民形象重新校正，几千年封建主义烙在农民身上的依附和盲从的烙印，随着市场经济的发展、文化水平的提高、社会信息的大量传播在逐年消退，民主精神在广大农村中得到升华，民主法制成为社会主义市场经济的有机组成。市场经济对于农民而言，不但是求发展的千载难逢的机遇，也是培育自己民主、平等、竞争意识的最好学校。在这样的历史时刻，推行村民自治、贯彻《中华人民共和国村民委员会组织法》可谓正当其时，符合社会发展的潮流，符合广大农民群众的心愿。依靠民选的村民委员会运用民主法治的手段教育广大农民，克服当前农民身上存在的小农意识、宗派主义、无政府主义以及封建主义的残余，培养、提高村民的参政议政的素质。

有些人高高在上或者出于某种偏见总是不相信广大农民民主参政意识和能力。这完全脱离中国的现实，只有在实践中让群众真正成为社会的主人，让群众行使社会主义的民主权利，才可能培育出群众的参政能力，也即所谓只有在游泳中才能学会游泳。

实行"竞选"和"组合"使选民和被选举人明白，村干部的权力不是由谁"封"的，而是选民们授予的，是竞选者向选民们作了种种允诺才获得选民们的信任，并且在他们当选后工作不力时，选民群众又有权通过合法程序把他们撤下来。这就迫使干部们不得不全心全意地为选民服务。历史事实证明，群众监督比其他任何监督都更有效。又因为干部是人民群众自己选举出来的，因此会大力支持村干部行使职权。

列宁说：人民需要共和国，为的是教育人民走向民主。需要的不仅仅是民主形式的代表机关，而且要建立由群众自己从下面来管理整个国家的制度，让群众实际地参加各方面的生活，让群众在管理国家中起积极作用。因此，真正落实宪法赋予的人民当家作主这一权利，就必须加快政治体制改革，让人民在民主管理中接受民主教育，享受民主的实惠。

邓小平在 1987 年 4 月 16 日会见香港特别行政区基本法起草委员会委员时指出：即使搞普选，也要有一个逐步的过渡，要一步一步来。大陆在下个世纪，经过半个世纪以后可以实行普选。中国的民主政治建设只要坚持"渐进"的战略方针，就一定能不断扩大和不断发展，实现现代化、民主化的目标。[①]

通过长期的实践检验，我们相信，在辽阔的中华大地实施村民委员会"组合竞选"这一科学规范的民主范式，将为我国政治体制改革取得实质性进展起到重要的推动作用。正如彭真同志所言，占 80% 以上人口的农村民主自治问题解决好了，我国的政治体制改革就进入一个新阶段。

第一章　村民自治——中国走向民主的先导

自治理论是马克思主义的重要组成部分。马克思在《法兰西内战》中，专门总结了巴黎公社的经验后指出：公社的存在本身自然而然会带来地方自治，但这种自治已经不是用来牵制现在已被取代的国家政权的东西了，也就是说，在无产阶级夺取国家政权以后，要通过自治自己管理自己，防止一部分人由社会公仆蜕变为特权阶层。列宁在十月革命后，在《苏维埃政权当前的任务》初稿中，在阐述民主集中制时指出：实际上，民主集中制不但丝毫不排斥自治，反而以必须实行自治为前提。

一　中国村民自治的由来和发展

改革开放以来各种研究农村政治社会的范式竞相登台亮相，新制度主义研究范式就是其中之一。新制度主义研究范式侧重于社会制度与政治制度的相关性及其对人的行为

---

① 曹沛霖：《新世纪中国政治学的"三个走向"》，《天津社会科学》2001 年第 2 期。

的影响。把关注的焦点放在制度、结构、集体行动、公共选择等层面上，更加强调国家、制度的自主角色，并批评那种将国家、制度、集体行动还原成个人动机与选择的还原主义。由于村民直选、村民自治等制度都是建构性的政治制度，对这种制度建构过程及其社会效应的分析研究，新制度主义的解释框架展现了它的优势。

实际上，这种范式被研究村民选举和自治制度的学者广泛采取。徐勇、张静、张厚安、白钢、郭正林、白益华、王振耀、詹成付等国内学者，史天健、墨宁（Melanie Manion）、帕斯特（Robert Pastor）、王海（Thomas Heberer）、阿伯曼（Bjorn Alpermann）、金山爱（Maria Edin）等国外学者都采纳了制度主义的分析框架。不少学者注意到，村民选举、村民自治制度的建立和发展，使中国乡村政治结构发生了重大变化，有力地推动了中国农村政治结构转型和发展。[①]

围绕县、乡、村组织的关系及村级两委关系，亦可见大量的研究成果。其中，张静的研究比较引人注目。她用结构—制度的研究方法，从分析基层政权的角色、功能入手，提出基层社会与基层政权的利益分离是基层社会低度稳定之源。[②]

行政村是中国行政体系中最基层的一级。据沈延声研究考证，历史上作为自然聚落的原始村落，早在新石器时代便在中国出现。而作为基层行政区划的村，则经历了邑里时期、村坞时期和里社时期三个阶段的演变。古代乡村行政组织，主要责任有两个：一是为官府催办差钱，二是维持地方治安。

在我国，"村治"的历史比较久远，但是，真正现代意义上的"村治"却是近年才出现的。改革开放以后，广西宜山县三岳乡冷水村和罗城县四把乡冲弯村率先建立村民委员会，开创了村民自治的先例。农民群众创造的这一新生事物，得到中央的认可和赞许，并在全国迅速推广。[③] 时任全国人民代表大会常务委员会委员长的彭真对此给予大力支持，并组织草拟了《中华人民共和国村民委员会组织法》。1982年12月，五届人大第五次会议通过的《中华人民共和国宪法》第一百一十一条规定：农村按居民居住区设立的村民委员会是基层群众性自治组织，村民委员会主任、副主任和委员由居民选举，村民委员会同基层政权的相互关系由法律规定。

历史有其自身的发展规律。回顾20世纪80年代初期人民公社解体后，基层政权崩溃，村庄权力被滥用，农村行政的合法性基础遭受破坏。公社时期由国家掌管和控制一切的状况发生了改变，但在当时"社会国家化"的状况下，社会的基础性力量极为弱小，这就使中国的政治结构处于一种极度危险的态势：外部性国家治理乡村的体制一旦发生变化，乡村内部没有相应的组织来承接和应对大量农村内部公共事务，进行自我整合，就会陷于治理真空，社会将处于严重无序状态。农村治理机制的缺失促使一部分研究者开始探讨新的治理体制，以便将农村社会秩序纳入组织化和体制化的运作轨道。

---

① 徐勇：《中国农村村民自治》，华中师范大学出版社1997年版；白钢：《中国村民自治法制建设平议》，《中国社会科学》1998年；王振耀：《中国村民委员会选举的基本进展与理论依据》，转引自《两岸基层选举与政治社会变迁》，（台北）月旦出版社1998年版；詹成付：《中国村民自治的现状和未来的基本走向》，转引自《村民自治论丛》第1辑，中国社会出版社2001年版。

② 《基层政权乡村制度诸问题》，浙江人民出版社2000年版；《村庄自治与国家政权建设华北西村案例分析》，《中国乡村研究》第1卷，商务印书馆2003年版。

③ 参见曾业松《新农论》，新华出版社2004年版。

因此可以说，20 世纪 80 年代初研究者的进入是符合农村的现实需要的。虽然关注该问题的学者较少，且研究处于起始阶段，但可以看出，这种研究更多的是在国家缺位的背景下展开的，与后来村民自治研究受政府的特别眷顾相比，它更多的是从学者本身的理性角度出发作出判断的。新中国成立以来，中国农村基层组织的变迁走了一个螺旋曲线：分田到户—初级社—高级社—人民公社—承包责任制。改革开放前社队三级生产统一计划的模式，严重压抑了群众的积极性，导致生产力下降和人民群众物质生活的匮乏。中共十一届三中全会以后，中国农村以"包产到户"为形式的家庭联产承包责任制改革，解放了农村的生产力，推动了农业和农村社会的发展。

随着人民公社体制的瓦解，原来的生产大队、生产队组织也随之萎缩瘫痪。农村基层出现了权力真空，社会治安、公共事务、公益事业等处于无人管理状态，新的基础性权力结构开始孕育。广西河池地区的宜山、罗城两县的农民自发地组建了全新的基础性权力共同体村民委员会，取代了迅速瓦解中的生产大队组织。这是中国农民的又一伟大创举。

村委会的功能，最初是协助政府维持社会治安，继之，逐渐扩展了活动的空间，演变为群众自治性组织。

1982 年新宪法的通过正式确认了村委会的法律地位。1984 年，全国人大着手村民自治的立法工作，1987 年 11 月 24 日，全国人大常委会通过《中华人民共和国村民委员会组织法（试行）》，1998 年 11 月 4 日第九届全国人民代表大会常务委员会第五次会议正式通过。

村民自治是当前我国新农村建设的必然要求，新农村建设要靠全体农民在党的政策引导下发挥主动性才能够健康进行，新农村建设要解决农村面临的各种矛盾，完全依靠外力推动是不可能的。只有通过村民自治的方式，发动农民参与基层管理，让人民真正当家作主，才能从根本上加以解决。

村民自治也是我国政治体制改革突破口的重要选择。政治体制改革是我国整体改革中关键的环节。历史表明，中国的政治体制改革从农村基层开始比较稳妥，即从村、乡镇、县一级一级向上推行。

推进村民自治工作任重而道远：现在全国绝大多数行政村都挂起了村委会的牌子，在 31 个省级行政区域内，总计有 69 万个村委会（2007 年上半年统计数据）。但制定了比较规范的村民自治章程的村委会，不超过 55 万个，占总数的 79.7%。中国村民自治目前仍处于示范阶段。处于中间状态的农村"村民自治"基本上停留在口头上，选举不同程度地流于形式。

《中华人民共和国村民委员会组织法》规定："村委会主任、副主任和委员由村民直接选举产生。"至于这种直接选举采取何种途径、方法和形式，它并没有明确具体的规定。这个缺位带来村委会选举的混乱，从全国各地实际操作情况看，多数是"新瓶装旧酒"，没什么大的变化。以前，村委会成员候选人大多是由上级（乡镇党委或政府）考察遴选的，也有的由村党支部提名，上报乡镇党委、政府审查批准确定，由选民在拟好的候选人名单下画圈圈、打叉叉。有些地方，作为村委会核心人物的主任即使搞差额选举，也只是一种形式，落选的人就是一个摆设，仅在副主任和委员中设一两名差额。据调查，大多数地方的村委会选举，其候选人基本上是原班人马不动。这种村委会选举与过去传统的由上级任命、委派村干部没有多大差别，失去了村民自治的意义！

1992年，少数地方由于群众自发要求，出现了直接由群众提名的选举方式。例如吉林省梨树县的"海选"。所谓"海选"，就是全体有选举权的村民无记名投票提名村委会成员候选人。不可否认，这些选举方法的运用在一定程度上表达了村民意愿，比由上级提名或农村党支部提名的方式前进了一大步。但是它们仍局限于对传统选举制度的修补上，只是在一些具体环节上做了改革，还没有在制度的层面上给予规范。

为什么村民自治推行起来如此艰难呢？据我们调查，主要有两大障碍：一是干部队伍中许多同志的认识障碍。他们认为：（1）农民文化低，没有参政能力；（2）农村宗族、宗派观念强，容易发生宗族、宗派势力的干扰；（3）理论界的个别同志囿于对马克思主义经典理论的曲解，对农民怀有偏见，认为农民是无法组织的一袋土豆，自己不能救自己，只能仰望"青天"。二是来自乡镇一级对权力的分割。过去村干部由乡镇任命或委派，村干部对他们俯首帖耳，言听计从，这样的村干部好"管"。这些任命或委派的村干部只对上级负责，而无视群众的意见和要求。一旦实行村民自治，由村民自己来选举自己社区的领导人，这种格局就发生了变化，村级组织的权力基础不是来源于乡镇，而是来源于人民群众了。民选的干部也认识到自己的权力是人民给的，不是上级封的，他必须对人民负责，争取人民群众的信赖。这样就从根本上割断了乡、村干部之间利益上的依附关系，化解了来自乡镇一级推行村民自治的阻力。

二　民主选举是四大民主的前提和基础

20世纪90年代，中国的政治学研究者带着理想来到农村研究领域进行试探性耕耘。此时进入农村研究领域的人类学、社会学和地方史的学者已做了相当出色的工作。大多数研究者均以乡村社会为对象，采用国家与社会的研究范式从历史的视角来讨论国家与民间社会关系。国家与社会研究范式以官治与民治、地方政府与基层社会这一假定的二元对立与互动为前设，它事实上认同了一种价值观，即"国家"、"社会"要有一定的分离。在国家与社会范式下的农村政治研究，提出了一些有价值的分析概念，如黄宗智（Philip Huang）的"第三领域"、舒绣文（Vivienne Shue）的"蜂窝状结构"、萧凤霞（Helen F. Sui）的"细胞化社区"、杜赞奇（Prasenjit Duara）的"权力的文化网络"，等等；也涌现出了一批有价值成果，如王铭铭的《村落视野中的文化与权力》、张静的《基层政权：乡村制度诸问题》、吴毅的《村治变迁中的权威与秩序》、何包钢、朗友兴合著的《寻找民主与权威的平衡》、樊红敏、贺东航的《农村政治学研究范式的检视与拓展》，等等。

实行村民自治以来，在提名选举方式上，主要有"海选"、自荐、联名、户代表、村民代表会议、村民小组、选举领导小组、村党支部等几种。在正式选举投票的程序上，主要有平行式、职次式、叠加式和累计式四种投票选举方式。

1. 平行选举，就是分别提名村委会主任、副主任和委员候选人，同时投票选举村委会主任、副主任和委员（与基层人大选举方式相同）。目前，各地大多采取这种选举方式。由于一位候选人只能竞选一次职位，这种选举方式对于高职位落选者不公平，没有机会参加较低职位的竞争，容易出现"能者下、庸者上"的不正常现象。

2. 职次选举，就是依次选举村委会主任、副主任和委员，或是先选委员，再从委员中推选村委会主任和副主任（与各级党委选举相似）。这种方式的优点是高职位落选者有机会参加较低职位的选举，缺点是操作复杂，社会成本太高。

3. 叠加选举，就是三项职位一次投票，高职位候选人同时也是低职位候选人。这种方式保证了高职位候选人入选机会，但选举缺乏竞争性，由于高职位候选人挤占低职位候选人的选票，容易导致一次性选举失败，复选概率较大。

4. 累计选举（倒叠加式），就是每位候选人可以同时竞选三个职位，一位候选人可能有主任、副主任和委员三种职位的选票。这种方式虽然简单易行，缺点是职位竞争意识模糊，民意不清，不同的统计方法可能得出不同的选举结果，容易发生争议。

以上四种选举方式，从选举制度本身来看，均只重视候选人个体素质的选择，是从传统"选贤举能"的政治理念中产生出来的。其最大的缺点是忽视了选出的班子整体的优化组合，极易形成如下民主的悖论：在提名上越是充分发扬民主，越是难以形成协调合作的班子。在实践中容易产生班子不团结、聚合力差、工作效率低等现象。据一项调查表明，全国农村处于"松散、瘫痪"状态的村委会占了三分之一以上。笔者认为，村委会之所以产生如此病象与选举制度本身深层次的不合理性有密切关系。事实上，选举方式和选举程序是否科学合理，是民主选举成败的决定性环节。为此，我们对村民自治选举制度进行了长期的探索和试验，创造了村委会"组合竞选"的选举模式。

三　"组合竞选"是村委会选举制度的最佳选择

对于村民自治的实践，如果没有统一、规范的民主选举制度，极容易产生偏差，甚至走到民主的反面。民主选举方式和选举程序是否科学合理，是民主选举成败的决定性环节。

据有关资料统计，中国有九亿农民，分布在六十多万个行政村中，约有五百万村干部。处于最基层的村干部，掌管农村政务及村民生活的大事小情。然而村委会的选举，由于多年来延续上级提名、群众举手的惯例，农村基层选举成为走过场，致使其中相当一部分村干部，眼睛向上，无视群众，利用手中权利，贪污腐败，成为群众上访、社会动荡的制造者。组合竞选制的创新实践为解决这种社会弊端，提供了一种可行的选择。

加拿大约克大学教授 W. C. 本杰明和中国首都经济贸易大学教授王胜泉在《实行"组合竞选"的村民自治——中国政治体制改革的曙光》一文中说："'组合竞选'很像西方政治体制中的'半总统制'，是吸收并发扬了'总统制'与'内阁制'的优点，避开其缺点。'总统制'的特点是行政权和立法权分立，'总统'和'议员'都由民选产生，双方都得代表民意，具有合法性，在重要议题上往往针锋相对，互不相让，容易造成政治僵局。'内阁制'的特点是行政与立法合为一体，在多数一致条件下，容易形成政局稳定，但在缺乏稳定多数的条件下，政局往往动荡不安，利益矛盾丛生，政策难于一致。'半总统制'既突出了行政权与立法权的分立，又促使行政权与立法权的合作，容易开拓工作。"

"组合竞选"完全符合《村民委员会组织法》关于村委会主任、副主任和委员，由村民直接提名、直接选举的原则。可以看出："竞选"体现了民主，"组合"保证了整体的优势，而"组合竞选"是对传统选举制度的重大创新，是在充分的理论架构和全面把握农村社区客观实际特点的基础上提出来的。

　　"组合竞选"的功能和价值：第一个功能和价值是民主习惯的训练。我们口头认为民主就是人民当家做主，在西方政治学中，民主有不同的解释。怎样实现民主有很大的分歧。有人认为越直接就越民主，主张村委会的选举必须采取那种直接的方式，而且要采取"海选"的方式，认为这样就是民主。二十多年的经验告诉我们，"海选"并不能带来我们期望的。在西方，直接选举只存在了很小段的时间，就是古代雅典的城邦时期：城邦的领袖选举、城邦的公共决策都是由人民集中在一个广场上投票决定。这样的城邦政治有一个前提条件，就是人口很少，否则是不可行的。在现代的西方选举方式中，基本上很少有这样直接的民主方式。什么是民主，民主无非是人民通过自己的选择产生统治自己的领导人，而不是由人民直接来统治。政治始终是一部分人的游戏，民主在现代社会里也只能是精英式的民主。"组合竞选"符合现代民主制度的需要，是一种比较好的民主习惯的训练方式。第二个功能和价值是有利于竞争文化的培育。一个开放的政治市场必然是竞争的，没有竞争很难选出一个优秀的领导人。"组合竞选"最大的特点是其竞争性，而且是个团队的竞争。这样一个选举方式会慢慢培育一个良性的竞争文化，这种政治文化对我们基层民主的发展具有非常重要的价值。第三个功能和价值是合作精神的养成。一个团队要想竞选成功，首先要培养团队合作的精神。当下中国农村政治社会缺少的就是这种合作精神，因此农村的公共事业，特别是税费改革以后，农村的公共事业的发展日益困难，农民的公共生活日渐式微。在人民公社、集体经济时代，农民的公共生活是通过国家的强制力、强制性的生产方式把大家组合在一起形成一种公共的生活方式。改革开放以后，农民的公共生活日渐消亡，且越来越功利化，越来越疏离化，讲究很直接的利益，这是中国农村面临的一个很大的困局，"组合竞选"的团结合作精神对农村政治社会的发展具有重要价值。笔者认为"组合竞选"最后一个重要的价值是制衡机制的形成。在"组合竞选"中至少有两个团队竞选，他们之间不仅仅是竞选的关系，还有制衡的关系，落选的团队会形成在野的势力，会对当选的团队进行有效的监督和有力的制衡。然而"海选"就没有这样的价值，因为分散的个人对当选的组织就不能构成有力的制衡，很难发挥监督和制衡作用。没有监督和制衡，一个民选的村委会会变质腐败，因为没有约束的权力必然导致腐败。"组合竞选"中蕴涵着很有效的制衡机制，是很现实的制衡作用，能形成很强的监督功能。

　　根据前几年调查，全国有三分之一的村委会班子是瘫痪、半瘫痪的班子，这里原因固然很多，但这主要与过去的选举方式，即选举人只能考虑被选举人个体优劣，而无法预见未来村委会班子的整体阵容这个缺陷有密切关系。采取"组合竞选"的机制既能够化解宗族、家族及亲戚的血亲网对选举的干扰和操纵，又能使选举出来的村委会班子是一个优化的、有高度凝聚力的、能为村民办实事的班子。

第二章　村委会"组合竞选"科学规范

　　马克思主义认为，经济基础决定上层建筑，生产关系必须符合生产力发展的要求。一定的文化是一定社会、经济和政治的反映。近三十年来，政治经济和社会发生了剧烈的变化，但由于社会科学研究的滞后，政治学、社会学对政治社会中的新现象、新问题解释乏力，解决这个问题的根本出路在于理论创新。当代中国经济学必须进行理论创新，建立社会主义市场经济理论，从而科学解释社会主义市场经济条件下的经济问题。政治学本来就是有时代特征的，有不同的阶级属性。不同时代的政治学具有不同时代特征的中心内容。当前，中国转型期政治就是当代政治学研究的中心内容，同时，也只有通过研究转型期政治，科学地回答政治生活中的问题，并由此上升到理论认识，才可能进一步完善具有中国特色的政治学理论体系。这也是中国政治学走向科学发展的必由之路。

政治学研究的范围包括了民主政治的实践，中国在改革开放后加快了迈向民主的步伐，解决民主实现的途径和方式方法，就是政治学家和社会学家必须涉及并完成的任务，"组合竞选"就是在这种背景下从实践到理论上的创新体现。

一　"组合竞选"的概念、基本程序及特点

（一）"组合竞选"的概念

所谓"组合竞选"，就是首先由村民自由推选村民委员会主任候选人，然后由村委会主任候选人自由提名他的竞选组合班子人选，并通过村民投票，由村民挑选社区领导人。

（二）基本程序

"组合竞选"村民委员会的基本程序为：

1. 提名。全村各村民小组分别召开会议，采取无记名投票，由具有选举权的村民在全村范围，分别按村民委员会主任、副主任和委员三个职位各提出一名候选人。村选举委员会将各村民小组的提名票数进行汇总统计，以得票多少为序确定村委会主任候选人3—4名，副主任候选人5—10名，委员候选人10—15名。然后，每位村民委员会主任候选人，分别在提名得票较高的5—10名副主任候选人和10—15名委员候选人中，挑选合适人选，以差额的原则"组合"自己的村民委员会"竞选班子"（多于法定村委会委员人数），即村委会委员候选人，并张榜公布，让全村家喻户晓，对之品头论足，相互比较。

2. 竞选。在竞选之前，村民委员会各竞选班子要认真撰写竞选演说稿。集中选举不易的大村，村民委员会各"竞选班子"要分片开展竞选活动，发表竞选演说，接受村民质询。人口容易集中的村，应当举行全村竞选大会，在竞选大会上，各竞选班子轮流发表竞选演说，回答村民的当场提问，营造民主竞争氛围。

3. 投票。首先由选民直接投票选举村民委员会主任；然后，由选民对村民委员会主任当选者组合的村委会班子成员进行投票选举，以得票过半数选票者当选为村民委员会副主任和委员。若村委会主任选举的第一轮投票，无一位候选人得票超过总票数的50%，则得票较多的前两名候选人将进行第二轮投票，得票多者当选为村委会主任。接着对当选的村委会主任提名的村委会班子进行差额选举，得票超过半数者始可当选。若村委会委员当选人数达不到法定人数，则等以后召开村民代表会议，进行补选，得票过半方可当选。至此，完成了村委会选举的全过程。

（三）"组合竞选"的特点

1. 先组合、后竞选，选前公示

与其他选举方式相比，组合竞选的特点主要在于它是先组合、后竞选。首先以村民

小组为单位推选出村委会主任和村委会委员候选人，然后报村选举委员会，由选委会根据选票高低，确定两名主任候选人。委员候选人的资格也是根据群众投票确定的，他们都有被村委会主任候选人组合的平等权利。村委会主任候选人可在委员候选人内自由组合自己的村委会班子，组合结果由村选举委员会张榜公布。在正式选举大会召开之日，两个由不同主任候选人组合的村委会班子再通过两轮投票展开竞争，第一轮投票是选主任，得票较多且过半数者当选；与此同时，随着另一主任候选人的落选，他所组合的所有人员也全部落选。第二轮投票针对当选主任所组合的委员，他们只有通过村民投票、差额选举这一程序之后才能真正成为村委会班子的合法成员。

"组合竞选"的这一制度设计使它与"海选"有了明显的区别，由于是先组合后竞选，在正式选举结果确定之前，群众就有机会看到可能产生的村委会班子的整体面貌。"组合竞选"的这一特点为分散、化解村委会选举中的矛盾，减少选举冲突提供了很大的回旋空间。

2. 选举操作规程科学合理、细致严密，行政成本较低，符合农村实际

与其他选举方式相比，"组合竞选"制定了更为科学合理、细致严密、成本较低的选举规程。它的选举规程从选举委员会的产生开始，经选举前对"组合竞选"有关规程的宣传、选民登记、村委会候选人的产生、村委会班子的组合到最后召开选民大会投票选举，每一步骤都有科学严格、符合法律的规定。我们是在经过多年农村调查研究的基础上提出这一制度的，所以设计中充分考虑了农村的现实复杂人际关系，尽可能排除人为因素对制度公正性的影响。不主张采用在其他选举方式如"海选"使用的流动票箱、委托投票方式，选举必须在《组合竞选选举规程》中相关规定的严密组织指导下进行。"组合竞选"的这些特点为减少选举冲突提供了制度保障。

二 "组合竞选"的由来与发展过程

"组合竞选"范式的出现，是在农村进行民主制度的一种创新，完全出于中国国情的需要，是在多种选举方式上进行的新的尝试和提高。人民公社解体后，农村社会对民主的需求是否已经到了足以催生村民自治的程度，从而使学者对民主的关注成为一种自然而然的取向？否则，它为何在如此短的时间内，便在国家改造农村的大话语面前赢得了主导地位？这个问题之所以重要，是因为它在相当程度上影响了村治研究的路径及其选择。

与公社时期对个人的自由、尊严和正义感的忽视和压制相反，改革开放后，农村普遍实行了家庭联产承包责任制，农民获得了土地的使用权和经营权，生产的积极性提高了，人们也在摆脱以往的束缚和压力下获得了更多的自由和主动性。联产承包责任制的推行使农民获得了一定实惠，并积累了一定的资源。在这种状况下，人们的政治诉求开始增长。正是在此基础上，村民自治的核心价值在于为农民的自由、自主和自治活动提供了广阔的制度性平台。

1987年底，笔者根据多年在山区扶贫的体验，对过去的扶贫思路和实践进行了反思，认为政府年年送衣、送被、送粮票只能起到救急的作用，不能真正扶贫。贫困的根源不在于物，而在于人，在于人的智力、观念和能力，人是第一资源。

为此，笔者向省委提出《对一个贫困山乡扶贫改革方案》，这个方案的核心是文化

扶贫，具体措施是：在一个乡的范围内成立一个文化扶贫中心，即一个图书阅览室、一个实用技术培训班、一个贴报栏群（35 个贴报栏），统称为"三个基地"，另外，还有"一个保障"，就是实行村干部由村民直接选举产生。1988 年 6 月，获得省委批准，我们到岳西县莲云乡开始实施这个文化扶贫方案。

如何在一个村范围内实行民主选举呢？根据我们对农村村情的调查，不宜实行现行选举的模式，而应创造一个符合农村民情的选举模式，我们采取"组合竞选"，即先只选举村委会主任候选人 2—3 人，再由村委会候选人各自组合自己的村委会班子，展开竞选，选举成效很好。

但是，有人提出这种"组合竞选"只选村委会主任一人，村委会委员不经过选举是违反《村委会组织法》的，为此，在腾云村村委会第二次换届选举中，结合这个规定，我们对村委会"组合竞选"进行了改进：由村民按照一定的差额比例，直接推选包括村委会主任在内的所有班子成员；然后，由至少 2 名村委会主任候选人，在村民推选的班子成员人选中，分别"组合"各自的竞选团队；最后，交给村民直接投票选举。选举的结果和村委会的表现获得了认可，经过大量传媒的报道，也得到了社会各方的认可。

1998 年，在滁州市委领导的邀请下，我们到来安县邵集乡 8 个村推广村委会"组合竞选"。2005 年我们到阜阳市颍上县王岗镇新安村、郑湾村推广村委会"组合竞选"，同样获得了预想的成功。同年，中共阜阳市委决定在阜阳市颍上县、太和县、阜南县、颍泉区推广村委会"组合竞选"，操作顺利，结果圆满，广受农民欢迎。2004 年，全国政协十届二次会议上通过了全国政协常委安徽省原省委书记卢荣景同志，全国政协常委、著名社会学家邓伟志同志联名提出《关于扩大"组合竞选"实验》的提案，随后安徽省人民政府批准在灵璧县、岳西县全县推广村委会"组合竞选"，成效显著。

20 年来，"组合竞选"已经经过了十多个县市、乡村的实践成功检验。而且，从历次的选举来看，广大村民能正确行使自己的民主权利，选举出了比较得力的村委会班子，这表明当今中国农民既有成熟的民主意识，又有成熟的民主参政能力。

三 "组合竞选"具有深厚的农村社会基础

从政治学的角度看，之所以说"组合竞选"是一种成功可行的、具有中国农村特色的民主选举模式，是因为它具有深厚的中国农村政治社会基础。一项再好的制度安排，如果不具备一定的政治社会基础，也会在实践中走样变形，不但不能达到它的初衷效果，甚至会起到相反的作用。

村委会"组合竞选"具有哪些现实的政治社会基础呢？

第一，中国农村的民情是农民累世相居、聚族而居。一个村落可能就是一个家族或几个家族，一个村落是一个农民生活共同体。村民之间遍布血亲网络，一个行政村就是由这样的一些自然村落组成的。如果不采取"组合竞选"的办法，难以避免将一家一族或有姻亲关系的人选举为村委会成员，村委会就有可能沦为彼此有浓密血缘关系的群体。

又因村民累世而居，邻里之间难免存在某些嫌隙冤仇，如果采取海选的办法，就有可能把相互仇隙的人选在同一个村委会班子里，这样无法形成合力，成为一个团结、凝聚力强的班子，不论是前者还是后者，都难免使村委会不能按照正确原则办事。1992年以来全国的村委会的运行状况不佳，据有关部门的调查，处于瘫痪、半瘫痪甚至变质的村委会班子不在少数，影响村委会在群众中的威信，教训值得汲取。

第二，中国农民由于长期生活在权力集中的政治体制里，谈不上民主。在这样的环境中，中国农村基层政治的运作逻辑很难摆脱人民公社体制和计划经济体制的"惯习"，强调"管治"和"控制"，不愿意放权给社会，也不相信社会自治的力量。"海选"实际上没有认真考虑当下中国农村的政治现状，不设议定候选人、完全采取一人一票，以得票多少为序确定村委会班子成员，表面上看起来很民主，但是极其容易被权势者和权势单位操纵，也就是说，既可以被地方上的宗族势力或者其他的恶势力操纵，也可以为上级例如乡镇操纵。结果是一个表面上看起来十分民主的选举方式，其实不但不能达到民主的目的，反而使民主异化。"组合竞选"却能够在一定程度上避免上述弊端，成为一种现实可行的民主选举方式。

第三，近年中国农村行政区划出现新的变化，更迫切呼唤"组合竞选"，因为只有"组合竞选"才能适应这种变化。我国绝大部分农村因为"减人、减支"而大规模进行了村组的合并。一个村的人口从原来的一两千人一下子增加到五六千乃至上万人，村域范围急剧扩大，其直接后果是村民之间互不熟悉，这样的行政村（称为"建制村"更合适）不再是一个熟人社会或者半熟人社会。

在短期内大幅度合并村组，一下子打破了农民的日常生活界限，农民不可能在较短的时间内适应村组合并的新"场域"，他们的日常交往一如既往地局限在原来的界域内。由于各个村组之间原来的土地、山林等资源丰歉不均，债务和集体经济也不尽均衡，合并后的村组为了避免矛盾，许多地方采取"一村多制"的方式进行治理，即涉及土地、债务这样的农民敏感的经济利益问题依然维持原来的村组格局，不再打乱重分。

这样虽然形式上进行了村组合并，但是农民的日常生产、生活乃至地缘认同却未随之改变。所以，在村民选举方面，由于村民之间相互不熟悉，很难选择合适的村委会班子人选；日常的村级治理中，也因为村域规模过大、人口分散难以召开村民大会或村民代表会议，从而使"村民自治"异化为"村委会自治"。

在这种情况下，如果采取"海选"办法选举村委会，其结果可能是因为村民的参与难而举行不了选举，或者是被乡镇政府所操纵，使村委会"行政化"。而采取"组合竞选"则完全可以适应当下中国农村这个现实情况。每个村主任候选人为了使自己"组合"的班子能够当选，都必须考虑到各种因素的影响、各种力量的分布（包括工作的合作、人员的分工、人事的均衡，以及家族、村民小组和各种地缘的联系等），既要争取更多的选票，也要便于以后的工作。"组合竞选"的选举模式能够克服上述"海选"的不足。

四　"组合竞选"更能体现民主的意义和价值

为什么要采取竞选？只有竞选才能体现真正的民主，才能使潜在的人才被群众推举出来，才能体现干部之所以是人民的公仆，才能体现人民群众之所以是主人翁。在竞选大会上，那些要求当村民的公仆的人，信誓旦旦地向村民承诺，自己将为村民办哪些事，以赢得村民的选票。只有在这个时候，他们才真正感受到权力是来自于人民群众；而人民群众有自己真正的选择权，这时候他们才真正体会到自己是社会的主人。

为什么要采取"组合制"？按照现行的村委会选举方法，即使完全由村民提名，也会产生弊端，这不是村民的过错，而是现在选举制度本身的原因。决定民主选举成败的关键，一是看选举是否体现民意，二是看选举方式和选举程序是否科学规范合理，三是看选出的班子是否能够团结一致，做出显著业绩。"组合竞选"具有科学性、规范性、优越性、民本性，可以从八方面更充分地体现民主的意义和价值。

（一）组合竞选能从根本上打破农村大宗族、家族或权势的垄断和操纵

即使某村只有一个垄断性的大宗族，按照"组合竞选"的规定，在这个大宗族里也要产生出几名村委会主任候选人。这几名村委会主任候选人之间展开"竞选"、"组合"，将使大宗族在无形中化解，无法保持其垄断力量。岳西腾云村有"储、刘、王"三大姓，三姓人口占全村人口90%以上，前后三次"组合竞选"选出的村主任均不是本村大姓。第一任当选者是从潜山县移居来的农民技术员王先进，后两任当选者都是该村单门独户的高中毕业生陈子斌。三大姓家族中的人为什么三次均无一人当选，却让"外来人"王先进和陈子斌独占鳌头？这反映出村委会"组合竞选"对家族、宗族势力垄断操纵的化解功能及打破宗族或某种权势集团操纵选举的威力，使村民选择的唯一标准是"人"，是人的人品和才能，而不是其他。

（二）"组合竞选"能缓解本社区内各个门户、家族和利益集团之间的矛盾

由村民推选出的2—4名村委会主任候选人，他们各自为了争取更多选民的支持，在"组合"自己的"竞选班子"时，在德才标准的前提下还要考虑本村各户、宗族、区域的利益均衡。他们可在本村几个门户较大或分散的自然村中，找出有代表性的人物作为自己组合班子的成员，以争取本村各宗族、家族和各自然村选票，以便当选后顺利开展工作。

（三）"组合竞选"能产生优化的村委会

村委会主任候选人为了在任期内做出好成绩，必须挑选有德行有魄力有才干的人，组合成能为村民办实事、创大业的班子。同时，一个团队要想竞选成功，就必须首先培养相互合作的精神。当下中国农村社会政治缺少的就是团队合作精神。因此，农村的公共事业日益衰败，农民的公共生活日渐式微，这是当前农村治理面临的一个严峻困局。在"组合竞选"中，可以培养政治生活的团队合作精神，这对农村政治社会发展具有重要价值。

（四）"组合竞选"能产生凝聚力强的村委会

村委会主任候选人为争取选票和村民的支持，绝不敢把亲族、名望不好、带有某种集团利益关系的人选做竞选伙伴，为今后工作协调一致，更不会把志趣相悖的人选进一个村委会班子里。静冈县立大学国际关系部菱田雅晴教授说："对于'组合竞选'，我的理解是，我要当选村委会主任的话，我就用我推荐的这些人来给你们大家办事，你们对这些人赞成不赞成？在这个前提下决定你们对我的投票，这样一来就引起选民们对这位村委会主任候选人评头论足，比如说，村委会主任候选人提名的班子中的成员是不是他的亲戚啊？同他是不是有利害关系啊？他们每个人的人品和能力怎么样啊？等等。这

种'组合竞选'的办法就这一点来说，肯定是好的。"①

（五）"组合竞选"的"竞选"过程就是学习民主的操练场

培养广大村民的民主意识，营造乡村的民主氛围、民主环境、民主心理及民主文化。调动各方面的积极性和主动性，使选民们都能通过选举对民主与自治获得更深的认识，让群众切身感受到作为社会主人的地位和价值。被选举者感受到通过公平竞争得到的权力来源于村民，而不是上级赐予，首先必须对村民负责。

（六）"组合竞选"促进竞争文化的培育和制衡机制的形成

现代开放的政治市场，必然是竞争的；没有竞争，就很难选出优秀的领导人。"组合竞选"最大的特点是其竞争性，而且是一个团队的竞争，这样的选举方式，会培育一种良性竞争的政治文化。在"组合竞选"中，至少有两个团队的竞选，不仅会形成竞争关系，也形成一种制衡关系。落选的团队自然会形成一种在野的势力，对当选的团队能够进行有效的监督和制衡。"海选"不具备这样的功能和价值，因为单个的或者分散的大众，对一个组织形态完备的村委会，很难发挥有效的监督和有力的制衡作用。没有有效的监督和有力的制衡，即便是一个民选的村委会也会变质腐败，因为没有约束的权力必然导致腐败。

中国社会科学院农村发展研究所研究员、经济学博士党国英在《两大措施根治"贿选"》一文中说：大量的贿选行为是隐蔽的，而一般选民要发挥监督作用是很难的。通常，真正能起监督作用的是政治活动的竞争者。你的对手搞贿选，你自然要比一般选民更操心，你也通常比一般选民有能力对竞争对手进行监督和制约。所以，保持政治活动的某种竞争性，是消除贿选的重要途径。我国安徽省某地在村委会选举中实行"组合竞选"效果就比较好。

首都经济贸易大学王胜泉教授说：由于条件限制，乡村人口流动性差，村民大都是世代相居一地，由于这一基本特点，村民之间遍布血亲网，存在着宗族和血缘关系；也是由于这种世代相居一地，某些邻里、门户之间往往世代冤仇，见面就眼红，说话就顶撞，如果平行选举或分别选举村民委员会主任、副主任和委员，一些血亲很近的人，如父子、兄弟、郎舅等很可能同时被选到一个村委员班子里。这样，村民委员会就会无法避免被一家、一族所把持，而把世代冤家对头的人选到一个村民委员会班子里，更无法开展工作。为此，他们根据我国乡村社会这一特点，对"组阁制"和"竞选制"进行了合理"嫁接"和改造，创造了一套新的选举模式，即"组合竞选"。由于村民委员会主任候选人与其竞选班子构成"命运共同体"，如果某个村民委员会候选人"组合"时不注意近亲回避，故意将其亲属或家庭成员作为自己的竞选伙伴，他就会因此而失去村民的信任、丢失选票。同时，村民委员会主任候选人也不会把同自己谈不拢的人"组合"到自己的班子中来。这样，就能对选举本身起到一种很好的制衡作用，是一种极为重要的民选机制。它不但有效地防止了家庭、宗族势力对选举的非法侵扰，而且也有效地阻止了其他组织（包括乡镇组织、村支部等）对选举过程的不恰当干预。②

现在，十几年过去了，"组合竞选"在安徽的许多县里得到了推广，获得了很好的

---

① 日本静冈县立大学国际关系部菱田雅晴教授在岳西县参观时的讲话。
② 王胜泉：《"组合竞选"利于民主与监督》，《北京观察》2003 年第 3 期。

业绩。有位村主任就曾谈到：在"组合竞选"中是几个竞选班子参加选举，无论哪一个竞选班子当选，"在野"的竞选班子必然会时时刻刻地监督当选的班子，这对当选者是一个有力的制约力量；而在目前情况下，这种制约力量正是我国当前乡村选举所急切需要的。因为在许多地方，民主选举产生的村民委员会正面临着这样一道难题：从法理上来说，乡镇组织只能对村民委员会进行工作指导，而不能干预它，由于缺乏有效的制约机制，即使是民主选举产生的村民委员会也难免不会异化或变质。因为没有约束的权力，往往导致腐败。而"组合竞选"产生的后续功能（即"在野"势力对当选者的监督作用），恰好提供了这样一种体制内的制约机制。总之，社会实践已说明："组合竞选"是实现村民自治的一种好形式，值得提倡。

当然，"组合竞选"也有需要完善的地方，因为任何一项选举制度都不是尽善尽美的。在这里，需要强调的是，所有有生命力的制度，都必须植根于社会现实的土壤之中，否则，它将难以健康"成长"。我们曾研究了安徽地区实行"组合竞选"的许多现实资料，得出了以下认识：

第一，"组合竞选"保证了村民的选举权。在"组合竞选"下，虽然每位村委会主任候选人不仅要在竞选中发表自己的"政见"，而且要公布自己提名的村委会组成人选名单，这一切都会促使选民在选举时了解更多的候选人情况，能更有把握地作出判断，保证了村民不折不扣地行使自己的选举权。这样的选举方式可以提供一种机会，使村民不但能正确行使自己的民主权利，而且还能选举出比较得力的村委会班子。

第二，"组合竞选"使候选人的被选举权得到了充分发挥。村委会主任候选人的被选举权是否得到充分发挥，是建立良性、高效村民自治的前提。在"海选"、"平行选举"、"分别选举"等选举形式下，虽然也充分地发挥了民主，但是从候选人的被选举权是否得到充分发挥看，选民只是注意每个候选人的个体素质水平，而忽视了整体结构素质水平。这样选出来的村委会领导班子有时就无法形成聚合力强、优势互补、工作效率高的整体素质，甚至从个体看都十分优秀，但组成班子却会出现松散、瘫痪、内斗、不团结的局面。

第三，"组合竞选"很像西方政治体制中的"半总统制"。它既吸收并发扬了"总统制"与"内阁制"的优点，又避开了其缺点。大家知道："总统制"的特点是行政权和立法权分立，"总统"和"议员"都由民选产生，双方都要代表民意，具有合法性，在重要议题上往往针锋相对，互不相让，容易形成政治僵局。"内阁制"的特点是行政与立法合为一体，在多数一致的条件下，政局稳定，但在缺乏稳定多数的条件下，政局往往动荡不安，利益矛盾丛生。"半总统制"即突出了行政权与立法权的分立，又促使行政权与立法权的合作，容易开拓工作。

第四，"组合竞选"在形成村民自治核心集团时，得到了民意、法理、人际关系上的凝聚，有助于增强村委会班子的整合力、聚合力和统率力，可以大大推进村民自治的民主程度和工作效率。从民意上看，不仅是村民委员会主任一人得到民意支持，而且是村委会领导班子整体得到了授权。从人际关系上看，不仅会使乡村中各种利益集团都得到了尊重，而且为了竞选，他们也不会仅仅把自己的"九亲六族"拉进来，更不会把名望不好、明显带有某种集团和经济利益关系的人作为自己的"竞选"伙伴，从而大大增强了领导班子的公正性。

第五，"组合竞选"符合中国国情和当前乡村社会生活的实际。民主政治作为政治体制要想在中国乡村建立牢固基础并扎根、开花、结果，关键之处在于民主政治体制要与中国国情及当前中国社会生活实际相结合。中国政治体制改革之路之所以困难重重就在于此，"组合竞选"在这方面是一个良好的尝试。①

（七）"组合竞选"在减少选举冲突中的作用显著

在村委会选举程序启动之后，各选举阶段都存在着不同利益群体的矛盾与较量。是让这些矛盾及早地通过一定渠道分散出去，还是任其积聚能量直至最后统一爆发，这是决定选举冲突是否会出现、以何种方式出现的重要因素。不过"组合竞选"的程序设计在一定程度上避免了矛盾的集中爆发。"组合竞选"在主任候选人与委员候选人产生以后，采取先组合后竞选的方式，先让主任候选人在委员候选人中自由组合自己的村委班子，然后由村选举委员会将其组合结果公之于众，从公布组合结果到召开村民大会正式选举，中间有十天的时间间隔。在此期间，选举工作的组织者、指导者有较为充裕的时间倾听来自不同方面的声音，了解村内不同利益群体之间暴露出的矛盾，从而对可能出现问题及早做好疏导工作或应对准备，能较好地预防矛盾的集中爆发。同时，这种制度设计也为参与竞争的各方提供了一定的进退空间，使各方能够根据自己的实际情况采取不同的竞争策略，为他们自行化解矛盾留有一定余地从而避免选举过程中的冲突发生。

从"组合竞选"的制度设计来看，由于它采取的是先组合后竞选、两轮投票（第一轮投票选主任，第二轮投票选委员）的方式，如果一个主任候选人在第一轮投票中落选，那么他所组合的整个班子的成员都失去了当选的可能。这样一种制度设计，使竞选班子因紧密的利益关联而成为一个"利益共同体"，这个利益共同体的形成村庄内大范围的高强度矛盾转化成小范围的低强度矛盾提供了基础。即使出现冲突，各方也很难将其具有的能量在冲突中完全释放，冲突以低强度的状态展现出来，其影响力大大减小。

同时，严格的选举程序，减少了冲突诱因，降低了事件发生的频度。"海选"中各类与选举相关的冲突事件，有相当一部分是由人们对于选举公正性的怀疑引发的，而对选举公正性的怀疑又大多集中在对流动票箱的公正性、选举程序是否被依法实施等等方面的质疑。为使"组合竞选"的实施尽量少受人为因素的干扰，我们制定了严密的实施方案，如不设流动票箱、对委托投票的严格限制等。颍上县十八里铺镇村委会的"组合竞选"中，为使选举公正性得以充分体现，镇政府在选举过程中邀请一些在校大学生协助监督，使选举的公正性得到广大村民的认可。由于对选举公正性的普遍认可，输者心服赢者心安，无形中降低了冲突出现的频度。以2005年颍上县村委会换届选举为例，该县一半"海选"一半"组合竞选"，实行"海选"的地方出现打架斗殴，相关人员被送拘留所，不是个别的事例，而实行"组合竞选"的地方，没发生一起这样的事，就是明证。②

概括起来有以下几点：

---

① 王胜泉：《"组合竞选"利于民主与监督》，《北京观察》2003年第3期。
② 杨雪云：《村委会"组合竞选"在减少社会冲突中的重要功能》，《文化扶贫与村民自治》2008年第1期。

1. 矛盾的分阶段呈现、竞争风险的自我估量与化解，降低了冲突的烈度

冲突的烈度是指在冲突过程中参与冲突的各方为达到各自的目的和利益而使用的手段。由于在选举中人们为达到各自目的可选择很多手段，所以在由选举引发的冲突中，冲突烈度的变化范围往往很大，从各方理智的和平谈判到群体性的越级上访以至最后的群体性暴力事件，形成一个烈度逐渐增加的系列。

在选举过程中利益冲突的各方究竟选择何种手段实现个人利益，是受多种因素影响的，其中一个重要因素就是冲突的分散与累积的状况如何。如果小的矛盾不能得到及时的化解，最后可能积聚成为一个难以化解的大矛盾，这时冲突各方原本通过低烈度的手段就可以解决的问题极有可能会通过高烈度的暴力手段去解决。

事实上，在村委会选举程序启动之后，各选举阶段都存在着不同利益群体的矛盾与较量。是让这些矛盾及早地通过一定渠道分散出去，还是任其积聚能量直至最后统一暴发，这是决定选举冲突是否会出现、以何种方式出现的重要因素。

"组合竞选"的程序设计不但为矛盾的分阶段呈现提供了可能，也为竞争各方提供了对竞争风险进行自我估量、自行化解的余地，这在一定程度上避免了矛盾的集中爆发。

"组合竞选"在安徽省各试点的实地运作，进一步从实践中证实了"组合竞选"的制度设计所具有的这一功能，宋洋村即是其中一例。该村矛盾错综复杂，存在许多不安定因素，是令乡镇政府颇为担忧的一个村。在推举主任候选人这一环节，原村委会副主任汪某得票最多，位居第一，刘某第二，排在第三位的是张某。刘某经过慎重考虑后不愿冒险与汪竞争，甘愿作为一名委员被汪组合进他的竞选班子，通过这种方式化解了他与汪直接竞争可能产生的矛盾。这样，因第二名刘的退出，张成为可能与汪竞争的人，鉴于张在村中也有着相当的实力，汪为降低竞争风险也曾向张提出让其退出主任竞选，由他将张组合进自己的村委班子。张经一番思想斗争，最后还是决定参加主任竞选，自己组合一班人马，与汪展开竞争。最后的选举结果是汪当选村委会主任，张竞选失败。由于张与汪素有矛盾，很多人担心张落选后会出来闹事，但他并未那样做。当问及他是否后悔当时没有接受汪的建议时，他很平静地表示："我做出这个决定也是有考虑的，两个人竞争必定一个上，一个下，这我早就有心理准备。"正是由于"组合竞选"为竞争者在事前留有一定的化解风险的选择空间，从而使一部分矛盾通过竞争者的自行妥协得以化解，对于那些甘冒风险的人而言，也因为事前对风险的充分认知而降低了一旦落选可能带来的巨大情感落差。这样，选举中的矛盾被层级冲淡、化解，最终以较低的烈度表现出来，破坏性大大降低。

2. 利益共同体的形成和矛盾的区域分化，降低了冲突的强度

冲突的强度是指冲突各方在冲突中所消耗的能量及其卷入冲突的程度。在冲突中所消耗的能量越多、卷入的程度越高，冲突的强度越大，反之则越小。

冲突强度的大小也受多种因素的影响，首先是冲突的分散或重叠的程度，即冲突各方的能量与人格在多大程度上投入到冲突当中来。如果冲突各方都能够将其所具有的能量与人格在冲突中全部发挥出来，冲突的强度就高，这种情况只有在冲突各方的各种利益完全重合、力量完全凝聚时才有可能出现。反之，当冲突各方只有部分的利益关联时，它就不可能将自己的全部能量都卷入冲突之中，这时，冲突就会呈现出较低的强度。

从"组合竞选"的制度设计来看，由于它采取的是先组合后竞选、两轮投票（第一轮投票选主任，第二轮投票选委员）的方式，如果一个主任候选人在第一轮投票中落选，那么他所组合的整个班子的成员都失去了当选的可能。这样一种制度设计，使竞选班子因紧密的利益关联而成为一个"利益共同体"。这个利益共同体的形成村庄内大范围的高强度矛盾转化成小范围的低强度矛盾提供了基础。因为，首先，按照组合竞选的规程，即使在只有一个垄断性的大家族的村子里，村委会主任也必须在几个主任候选人的竞争中产生，这样，一个大家族的垄断力量就在无形中被分解，共同利益的缺失使其很难形成能量较大的一股力量。其次，不同的主任候选人各自为了争取到更多选民的支持，在组合自己的竞选班子时，都会考虑到村内各门户、宗族以及各区域的利益均衡，尽量使自己的组合成为各方利益兼顾的、由各派代表人物参与的"联合政府"。以上两点的结合就使得村庄的选举竞争呈现出这样一种格局：竞争中有联合、联合中又有竞争，这种交错的利益网络结构，使得冲突产生的概率大大降低，即使出现冲突，各方也很难将其具有的所有能量与人格在冲突中完全释放与发挥，冲突以低强度的状态展现出来，其影响力大大减小。

3. 严格的选举程序，减少了冲突诱因，降低了事件发生的频度

频度在这里指选举中冲突事件发生的密集度。"海选"中各类与选举相关的冲突事件，有相当一部分是由人们对于选举公正性的怀疑引发的，而对选举公正性的怀疑又大多集中在对流动票箱的公正性、选举程序是否被依法实施等方面的质疑。为使组合竞选制的实施尽量少受人为因素的干扰，我们制定了严密的实施方案，如不设流动票箱、对委托投票严格限制等。在这次颍上县十八里铺镇村委会的"组合竞选"中，为使选举公正性得以充分体现，镇政府在选举过程中邀请一些在校大学生协助监督，使选举的公正性得到广大村民的认可。由于对选举公正性的普遍认可，输者心服赢者心安，无形中降低了冲突出现的频度。

4. "组合竞选"对减少选举冲突的启示

（1）采取措施，发动村民，做到问题及早发现及早解决，防止矛盾的积聚

前文对冲突烈度的成因分析表明，为预防选举冲突的出现和减少冲突的破坏力，及早发现问题，防止矛盾的能量积聚非常关键。村庄所具有的"熟人社会"的特点，使得它内部积聚的各种错综复杂的矛盾往往为大多数村民所熟知，只要深入了解群众就能够掌握村庄矛盾的主要动向，并对其可能产生的破坏性进行预测，以便及早做好各方面的疏导工作，防止矛盾的集中爆发。

（2）利用村庄各利益群体的中心人物，分解潜在的、破坏性较大、涉及面较广的高强度冲突，降低矛盾的破坏力

"组合竞选"之所以能够将村庄潜在的、涉及面广、破坏性强的冲突化解为破坏性较小的冲突，一个重要因素是它的制度设计化解了村庄的强势力量，使其很难集结成一股有共同利益的力量，从而降低了它可能产生的破坏性。因此，为避免选举中冲突事件的发生、减少冲突带来的危害，利用村庄中心人物在村内的影响力，尽量做好利益的协调工作，防止冲突各方能量的集中释放，可大大降低冲突的破坏力。

（3）严格实施选举规程，减少选举冲突的诱因

选举冲突产生的一个重要诱因是选举未能完全按照相关规程进行，从而使部分人对

选举的公正性、合法性产生怀疑。为此，采取具体措施，做深入细致的工作，保障村委会选举中各项规程的真正落实，使选举真正做到公开、公正、透明，是减少选举冲突的重要一环。

（八）"组合竞选"具有中国特色的"草根民主"形式，接轨现代民主制度

"组合"、"竞选"是现代民主选举制度的重要特色，是西方发达民主国家民主政治的两个支撑点。我们所使用的"组合"和"竞选"合理吸收了现代民主选举制度的机制，与中国农村社区特点相结合，衔接了《中华人民共和国村民委员会组织法》的有关规定。竞选培养了农民的民主意识，营造了农村民主氛围，奠定了农村的现代民主基础。

中国（海南）改革发展研究院2004年召开《中国农民组织建设》国际研讨会，向中央提出十八条建议，其中第六条"采用'两票制'和'组合竞选'制等有效措施，增强村级组织的'草根性'"，具有制度创新的示范和先导意义。

《中国青年报》曾报道：全国政协委员文家庭呼吁，制定《村民委员会选举法》，明确规定竞选机制，"没有竞选就没有民主"。

我国的《村民委员会组织法》规定，村委会成员由村民直接选举产生，但并没有规定如何直接选举。近年来，弊端相继凸显，贿选、操纵选举、行政干预等问题不断暴露。文家庭委员分析说，农村社区人口流动率低，男女婚姻半径狭窄，往往左邻右舍都是一个家族或亲戚。同时，由于生活和生产上的矛盾积累也可能产生很多冤家对头。"目前的选举方式很容易把近亲选到一个班子，也容易把冤家对头选进一个班子，导致很多村委会就像一盘散沙。"

全国人大代表应松年把村民选举中的问题分为三个方面，一是程序混乱，不搞选民登记，不召开村民选举会议；二是秩序混乱，存在着作假、贿赂、威胁和利诱等非法手段，也存在着利用各种势力左右选举；三是行政干预，一些地方乡镇干部以民主选举之名，行上级任命之实。

文家庭认为："组合竞选"的选举方案：首先由每个村民组在全村范围内推选一名村委会主任候选人，然后根据每人得票多少为序，确定2—4人为村委会主任候选人的正式名单，接着由各候选人提出自己的村委会组合班子，并公开让村民讨论。在全村选举大会上，各村委会主任候选人要发表竞选演说，然后投票，谁当选村委会主任则将他所提出的组合班子名单进行差额选举选出村委会委员。

各候选人为了争取选票和村民的支持，绝不敢把名望不好、明显带有某种集团利益关系的人作为自己的竞选伙伴，因此"组合竞选"将是一个既有民主又有集中的班子。候选人在台上竞选演说，对他们来说是民主的启蒙，使他们意识到自己的权力是人民给予的。对村民来说，这种民主的氛围也可以锻炼其参政、议政、当家做主的能力。

这一方法在安徽省已经有3个县12个村推行。一项调查表明，72.8%的干部群众对此非常认可。文家庭提议将"组合竞选"作为一种选举模式写入《村民委员会组织法》，并在时机成熟的情况下，制定《村民委员会选举办法》。

总之，"组合竞选"重视个人能力，强调整体的优化组合，注重整体关系的和谐和发挥整体功能。选出的村委会能团结和谐、坚强有力的开展工作，成为"分则全面，合则协调"的强势领导集体。

第三章　村委会"组合竞选"的提出与成功实验

　　"组合竞选"作为一种新的成功的选举模式，能够在我国经济社会大转型时期成功诞生发展，引起国内外的广泛关注，值得我们从实践和理论两方面进行研究思考，使之更为科学规范。美国著名比较政治学家阿伦德·莱哈特认为，科学研究的本质是发现问题和解决问题。社会学、政治学作为科学走向实际，解决政治生活中的问题是科学本质的要求。"组合竞选"最初是从现实的需要中提出来的，因此具有坚实的社会基础和旺盛的生命力。"组合竞选"从一开始就显示了能够激发选民热情、选出优秀村级领导人、促进社会经济发展的优势，同时又用制度的设计，排除了家族宗族和黑恶势力等各方面的干预，为我国乡村民主政治的发展，提供了一条切实可行的路径。

　　笔者在第二章简单介绍了"组合竞选"的由来与发展过程，本章就"组合竞选"理论的提出与初期在岳西等县的乡村进行的实验进行较为详细的回顾分析，尽可能撷取在村委会"组合竞选"第一线的最真实、最生动、最鲜活的场景和材料，说明"组合竞选"在当今中国农村受农民欢迎的程度。

一　新时期基层民主迫切需要理论与实践创新——"组合竞选"理论的提出

　　改革开放以来，随着社会主义市场经济的发展和社会政治的变化，在计划经济体制下用来解释和认识社会政治现象和问题的学说和理论，已经不能适应新变化的需要，因此，这要求政治学在实践中提出新的认识，进行理论创新。自从中国农村实行家庭联产承包制，社会经济资源就逐步转归社会支配，把国家本来借以控制乡村的经济基础让出去了，而乡村本来依靠国家维持的社会结构松懈了，但又没有及时对社会进行重新整合建立新的结构，导致出现诸多问题。从政治学的视角看，这些问题可以说是政治发展中的现象，在社会经济转型期必然会给上层建筑带来政治上的不适应，但这并不是从集权计划经济向社会主义市场经济转型的必然结果，这说明了经济体制改革后必须及时相应地对政治体制进行改革。邓小平同志早就看到这一点，明确指出："现在经济体制改革每前进一步，都深深感到政治体制改革的必要性。不改革政治体制，就不能保障经济体制改革的成果，不能使经济体制改革继续前进，就会阻碍生产力的发展，阻碍四个现代化的实现。"①

　　政治学研究面对实际应承担起的历史任务是非常繁重的，不仅要从理论上解释这些现象，分析这些现象形成的原因，更重要的还要运用政治学理论来解决由这些现象所产生的问题，并且在解决问题的过程中丰富自己，进行理论创新。如果从国家与社会的关系来说，在国家与社会分离以后，我们就不得不把传统的国家政治建设分成两条路径来思考和设计。其中一个是国家政权建设，另一个是社会建设。对前者的认识和实践我们有充分的理论准备和经验，由此，我们不能不把社会基层民主政治作为政治学研究的重点项目。如果我们的社会建设取得成效，基层民主自治制度健全起来了，党的政治思想领导作用加强了，作为现代社会标志之一的基层民主

---

　　①　曹沛霖：《新世纪中国政治学的"三个走向"》，《天津社会科学》2001 年第 2 期 。

实施了，人民群众当家做主了，必然有利于社会主义现代化的实现，从而形成政治安全、经济安全、社会安全的局面。

笔者在安徽农村长期的调研中发现，鉴于农村农民在经济发展之后迫切需要政治诉求的实际，农村中诸多问题依靠传统的管理方式已经过时，基层民主的全面实施已经迫在眉睫，但是农村普遍实行的"海选"等选举模式，存在很多弊病。

目前村民自治实践中存在的重要缺陷，首先是村委会选举缺少全国性统一的选举科学程序和选举条例。《中华人民共和国村民委员会组织法》第十一条规定"村民委员会主任、副主任和委员，由村民直接选举产生。任何组织或者个人不得指定、委派或者撤换村民委员会成员"，只规定了由村民直接选举产生，对如何直接选举却无具体说明。于是各地分别制定地方性的村委会选举办法，不同地区之间出现了各式各样的选举模式。这为村民委员会选举中的形式主义、走过场和各种各样的假选举提供了条件。

村民委员会的选举具有很强的程序性。国内村民选举出现的问题表明，必须找出一种符合我国农村农民特点的选举方式。如果制度设计不好，村民的民主权利仍不能得到保障。之所以出现村民参选率并没有达到普遍性，选举的公正程度受到怀疑，村民对村务公开了解的广度、深度不足，村民对村务公开的信任度很低，村民对村务管理和村务决策的参与意识很弱，决策者和管理者漠视民意，乡镇政府对村民自治的干预严重等，上述问题是制度堕距造成的。因此，在请教农村农民、干部、以及法律专家、领导干部、理论学者后，根据我国现阶段的实际情况、借鉴国内外诸多选举模式的基础上，我们设计了一种新的选举理论和方法"组合竞选"，并选择了安徽岳西县作为"组合竞选"长期试验基地。

"组合竞选"理论的提出与实践分为四个阶段：

1. 1989 年 1 月至 1998 年 9 月，在安徽大别山贫困地区岳西县莲云乡腾云村试行村委会"组合竞选"。在这个村连续三次村委会"组合竞选"的成功实践充分地表现了这种选举制度的优越性，在安徽全省引起了广泛的反响。

2. 1998 年 10 月至 2002 年 5 月，中共滁州市委书记张春生，邀请我们到来安县邵集乡八个村成功进行村委会"组合竞选"试验。

3. 2002 年 5 月至 2005 年 5 月，到颍上县王岗镇继续进行村委会"组合竞选"的试验。

4. 2005 年 5 月至今，在安徽阜阳市四个县（区）部分乡镇，岳西县、灵璧县全县村委会换届选举，采用了"组合竞选"的选举方式。

二　实验基地的选择——"组合竞选"在岳西县村委会的十年实验

安徽岳西县莲云乡腾云村，地处大别山区，是莲云乡 7 个行政村之一，1200 余人，社会经济发展落后，主因是村领导班子软、懒、散。该村 1965 年以来就出现如集体财产不明、财务不公开、干群矛盾突出、上级布置的任务难以落实等问题，于是乡党委决定选择它作为实施村委会"组合竞选"试点。1989 年 1 月至 1998 年 9 月，在安徽岳西县莲云乡腾云村开展村委会"组合竞选"试验。该村委会连续三次"组合竞选"成功，村主任廉洁奉公、一心为民、班子团结、经济社会取得了显著的业绩，获得了村干部、村民、上级领导的首肯，充分体现了这种选举制度的优越性，引起广泛反响。由于岳西县莲云乡腾云村是最早开展村委会"组合竞选"试验的，所以，首先把在岳西县村委会十年实验的历程座作一重点介绍。

（一）莲云乡腾云村第一次成功进行"组合竞选"

1989 年 1 月 17 日，安徽省岳西县莲云乡腾云村村民举行选举大会，直接投票"组合竞选"村委会。这次选举，上面不提名候选人、不打招呼，采取选区推荐、联名推荐和本人自荐的方法，不限额产生候选人并张榜公布，然后召开选举大会。4 个村委会主任候选人在选举大会上分别发表竞选演说，介绍自己的施政目标，同时把自己组合的村委会委员名单公之于众，让全体村民鉴别审查。经两轮无记名投票，农民技术员王先进击败原村主任和另外 2 名候选人，当选为腾云村村委会主任。接着对当选的村委会主任提名的村委会委员候选人进行差额选举。

为保证民选成功，有关方面从县区抽调 6 名干部成立选举委员会，莲云乡乡长任主任，选举委员会成员分别包干腾云村各个村民组选举的宣传和组织工作，宣传解释《中华人民共和国村民委员会组织法》（试行），让村民懂得如何行使民主权利。第一步，每个村民组就全村范围各提出一名村委会主任候选人，全村 14 个村民组推荐出 4 名候选人；第二步，各村民组对所有候选人再评议；第三步，召开全村村民竞选大会选举村委会主任。

大量农民长期在外务工经商，也依法由每户派代表参加选举。全村 306 户实到 285 户代表，占应到人数的 90% 以上，符合法定人数。第一轮投票结果无一人得票超过半数，于是将得票最多的前两名候选人作为第二轮候选人重新投票。

根据农村实际，我们把竞选和组合结合在一起，决定只选村委会主任一人，村委会其他委员由主任候选人在竞选时作为竞选伙伴提名，并向全村选民公布。这样，如果"组合"成员名望不好或不注意近亲回避，村委会主任就可能因此失去选票。这种将竞选与组合相结合的选举办法，不仅能广开人才竞争的渠道，而且还有利于直接提高人民群众的民主意识，养成民主政治的习惯；既能提高人民群众参政的能力，又强化了村委会班子的聚合力和办事效率。

（二）"组合竞选"的村委会顺民意、得民心

腾云村首次"组合竞选"出来的村委会，首先建立专事监督村委会的监委会，成立财务清理小组，清理并公开群众意见最大的村财务账目，收回了前任干部占用的茶叶款，为无电的村民组通了电。接着，村委会带领群众开展 220 多亩杂交水稻制种，举办制种户技术培训班 13 期，保证了制种成功。

腾云村山林管理长期混乱，一位村干部家属违禁上山砍伐，村委会处以重罚，乱砍滥伐现象从此杜绝。全村新栽板栗树 5500 株、松树 7000 株、桑树 5000 株，修复了 4 处 200 多米毁损的河岸和田坎。

民选村委会上任后第一个秋天，杂交稻制种创经济效益 30 万元，收粮 34 万斤，比前 3 年产量翻了一番，经济收入增加 18 万元。50 多户摘掉了贫困帽子，盖起了新房，十几个大龄青年娶上了媳妇。计划生育等其他各项工作迈进全乡先进行列。

1995 年、1998 年，腾云村村委会选举继续采取竞选组合，同样获得圆满成功。

（三）"组合竞选"避免了宗族宗派等黑恶势力的干扰

国内某些认为村民民选时机不成熟的超前论者认为：目前国内很多地方的村民文化

程度低、民主意识差，村委会民主选举，易受困于宗族、宗派以及黑恶势力等方面的干扰。照此观点，像地处大别山腹地的腾云村这样经济、文化落后的山村实行村民直接选举村委会，更容易会被宗族、宗派等势力左右。但是实行村委会"组合竞选"的结果完全相反，腾云村前后三届选举出的村委会主任均非本村大姓。腾云村有"储、刘、王"三大姓人口占全村人口80%以上。三次选举中，三大姓均无人当选。第一任当选者是从潜山县移居的农民技术员王先进，后两任当选者是单门独户的陈子斌。为什么三次三大姓无人当选，却选了"外来人"王先进和单门独户的陈子斌？实在出人意料，从此可以看住村民的民主意识之强，民主觉悟与参选热情之高，这充分显示出村委会"组合竞选"对家族、宗族势力的化解功能。

民选的村委会的业绩证明，"组合竞选"是现阶段中国农村实现民主的最佳方式。

王先进作为腾云村组合竞选的第一任村委会主任，在任期间取得了显著成绩，但在1995年腾云村第一次换届选举中却落选了。王先进从他的当选和落选中得到的启示是：

1. 依法办事，村务公开，无私奉献，才能赢得民心。

2. 选举制度科学，发扬民意，才能选出真正的民选村领导。

3. 时刻想着村民，为民办实事，发展村级经济，才能取得村民的信任。

4. 组合竞选能够保证选出的村干部保持活力。我1989年当选，1995年换届选举落选。主要原因就是热情减退，工作懈怠，骄傲自满。村民用选票选出了更优秀的村主任陈子斌。①

1995年4月25日，腾云村村委会实行"组合竞选"的第一次换届选举中，王先进落选。陈子斌被选为第二任民选村主任，1998年再次当选。

陈子斌刚上任就召开了全村党、团员、离退休干部及村民组长等122人参加的扩大会，确定了腾云村"稳林抓粮促经济"的七字发展方针。从管理不善的林业着手，派专人看管，封山育林。依靠科学技术，利用文化站为场地，举办水利旱育稀植培训班，引导群众兼种套种，使腾云村的粮食连年丰收，村民生活改善。加固六义大河堤约300米，腾云大河堤约150米，修复小湖坝，加固河堰、田坝等几十处。引导农民脱贫致富，发展壮大本村经济，根据旱地、山场的地势及土质等，合理布局茶桑、板栗、食用菌、药等基地建设。开通组办路，解决了6个生产组无公路历史。西岭组添了一部三轮车，部分农户买了摩托车，盖了楼房。

随着村委会带领村民走上脱贫致富的道路，人民群众的物质文化生活水平不断提高，村民与村委会水乳交融，团结一心奔向小康。腾云村荣获岳西县2000年度先进村、计划生育先进村等多项荣誉。

三　解决经济落后村的典型案例

（一）来安县邵集乡八个村的"组合竞选"实验——李久山（原中共来安县邵集乡党委书记）

"组合竞选"在岳西县腾云村级全县推广，受到社会广泛关注，1992年7月17日，《安徽日报》以《扶贫扶人、扶智扶文——中共安徽省委决定推广莲云乡经验》为题报道

---

① 　王先进在阜阳村民自治研讨会上的发言，《文化扶贫与村民自治》1998年第8期。

了岳西县实行文化扶贫和村委会"组合竞选"。①

1996年,中央电视台、安徽省电视台以《扶贫扶人、扶智扶文——记辛秋水教授》为题,分别用18分钟和20分钟在全国范围内播出,中共滁州市委张春生书记邀请笔者到滁州市在全市农村普遍推行"组合竞选",并以该市来安县邵集乡8个村为试点。这8个村多年来存在经济落后、宗族、宗派等势力干扰、村委会选举混乱或无法开展等不良现象,基层民主选举意志淡薄。

1999年2月,来安县邵集乡8个村,按照"组合竞选"的既定程序进行,各村参选率90%以上,其中两个村达100%。各村选举秩序井然,操作规范,没有宗族、宗派等势力的干扰。这次选举有6个村原任村委会主任再次当选,两个村原任村委会主任落选,各村80%以上都是原村委会班子成员继续当选,由村民自由选举的村委会干部与乡党委的意图基本一致。

选举后的8个村委会都发生了巨大的变化。该乡刘郢村水库在公开招标以前是由一个老支书承包的,承包费每年500元,群众久有不满。"组合竞选"出来的村委会对水库公开招标,承包价猛增到12000元,最后还是由原承包人承包,村民拍手称快。邵集乡8个村通过"组合竞选",提高了村委会班子的整体素质,增强了村委会班子的号召力、凝聚力,振奋了干群精神,村级工作出现了新面貌。

"组合竞选"解决了基层选举这一难题。时任邵集乡党委书记李久山和乡长俞德贵撰文认为:组合竞选程序合法,组织严密,科学合理,成本较低,领导放心,群众拥护。"组合竞选"村委会有三大优点:

1. 优化了班子结构,增强了班子合力和责任心。新班子中党员干部占总数的86.6%,文化程度全部为初中以上,其中高中以上18名,8名女同志当选,班子平均年龄34.9岁,

2. 建立了规章制度,理顺了干群关系。在认真抓好村委会换届选举的同时,完善了各项规章制度,提高了决策管理透明度。同时,村民议事会的建立,也为村民提供了发表意见的场所和机会,加强了村干部与群众的联系和沟通,使得村干部能及时了解和处理村民反映的问题,农村大量的矛盾和不安定因素能够在萌芽状态中得到解决,维护了农村社会稳定。

3. 增强了村民民主法制意识,激发了参政热情,促进了村级工作。广大村民基本做到了"三个明确,两个学会,一个懂得"。即明确了自己的主体地位,明确了自治的条件,明确了自治的方法和手段;学会了运用法律的手段维护自己的权益,学会运用民主处理自己的事务;懂得了如何正确行使自己的民主权利。②

1999年4月,《滁州日报》③、《党员生活》等报刊,对来安县邵集乡8个行政村"组合竞选"进行村民委员会换届选举一年后的成功经验,进行了全面跟踪报道,著名经济学家、上海社科院常务副院长左学金博士考察了安徽省岳西县和来安县"组合竞选"实验区,在一篇学术报告中这样评价:安徽省首创的村委会"组合竞选"是个重要的成功经验。

在来安县,我们听了邵集乡8个村和另外两个乡的两个村的介绍,也走访了一些农

---

① 参见《安徽日报》1992年7月17日头版头条。
② 参见《安徽工作》1998年第10期。
③ 王清:《民主清风扑面来——来安县邵集乡村民自治见闻》,《滁州日报》1999年4月10日。

户,在岳西县,我们听了莲云乡腾云村的介绍。总共看了11个村。在这里,笔者想谈谈参观学习的感受和几点认识。

邵集乡的实践和腾云村的实践证明,诸如村民会不会拉帮结派,会不会有宗法思想的担心是完全没有必要的。腾云村最典型,它第一次选举出来的村主任姓王,在这个村里是单门独户,第二次选出来的村主任姓陈,而这个村319户人家,又唯一这么一家姓陈,而且第三次选举,这位姓陈的村主任还是连选连任呢。我们在邵集乡调查,也没有发现这个问题。上述这些担心可能有一定的理论依据,但实践证明这些担心是多余的。

目前,村民自治还处在实验示范阶段,全国各地都在探索,安徽省首创的村委会"组合竞选"是一个成功的经验,值得推广。笔者认为,"组合竞选"最大的特点是科学、有效。首先,以村民小组为单位推选村委会主任初步候选人,全村汇总以后进行预选。然后取预选得票最多的2—4名候选人"竞选"村委会主任。这个程序非常科学,因为完全的"海选",容易导致票数分散,预选就有一定的难度。这既民主,又使这个程序操作起来不太困难。其次,候选人有"组合"权,他自己来组合竞选班子。选民在选举这村委会主任候选人时,会同时考虑到他组合的村委会成员是些什么人,村民对此有选举权、决定权,这也是很科学的。如果是平行选举村委会,村委会主任很难发挥重要作用,而且往往产生班子的不团结现象。村委会班子聚合力差,在群众中没有威信,影响了村委会的工作效率。而由村委会主任自己挑选几个人,作为自己的"竞选"伙伴,同时进行选举,这几个人与他搭配起来就容易做好村委会工作,这样"组合"而成的村委会工作起来会更有效率。况且村委会主任的"组合"人选也要经过村民投票选举,丝毫不违背直接选举的原则。这既有民主,又有集中,体现了民主与集中的完美结合。

(二)颍上王岗镇、十八里铺镇21个村实验

1. 解决脏乱差村典型案例——王岗镇新安村实验

在来安县邵集乡8个村"组合竞选"成功的影响下,各地积极要求推广"组合竞选",2002年5月中旬,笔者偕同安徽农业大学教授黄邦汉、安徽大学教授朱士群、池州师范学院副教授王良虎以及安徽省电视台一行数人,到颍上县王岗镇新安村进行村委会"组合竞选"的扩大试验。

新安村是淮河北大堤退建工程的移民村。因搬迁的村民来源不同,治安混乱,宗族纠纷、打架斗殴频发,环境脏乱差,生产落后,靠救济粮度日,上访、群访事件经常发生。乡镇对之束手无策,村委会选举受各种势力干扰难以进行,中共颍上县委邀请笔者到新安村进行"组合竞选"选举村委会。

我们按照"组合竞选"的程序,成功进行大会选举,农民企业家高明当选为新安村村委会主任。以前没机会崭露头角的乡村优秀人才,借此一显身手。

新安村村委会选举实行"组合竞选"后,全村面貌发生了巨大的变化。《新安村 新气象》一文对选举前后的变化作了详细的描述。

新安村是1988年淮河退建时迁到王岗的沿淮新村,因安置工程配建不完善,没有民选的村委会、领导瘫痪等因素,全村垃圾成堆。干群关系紧张,宗族宗派争斗不已,赌博成风,酗酒闹事,上访不断。村里召开会议无人参加,新安村成了有名的后进村。

2002年5月,王岗镇党委、政府特邀安徽省文化扶贫与村民自治研究实验中心和笔者到王岗镇进行村委会"组合竞选"试点。

多年不愿参加会议的新安村群众,听说真正发扬民主,实行"组合竞选"选举村委会,打工仔、学子纷纷归来。新安村群众破天荒参会率达 95% 以上。由于操作科学合理,整个选举过程有条不紊。通过竞选,高明当选为村民委员会主任,穆远平、蒋洪轩当选为村民委员会委员。

选举后不到一年,新安村面貌焕然一新:村两委建起了两层五间的村委会办公楼。设有办公、电教、科技文化扶贫图书阅览、广播、妇检室。举办各种培训班 23 期,培训学员 200 余人次。劳务输出 150 多人次。新安村有大小拖拉机、收割机、农用三轮车 180 多辆,组织跨区收割作业组,成为新安村的经济支柱。现在的街面生意兴隆,街道宽敞明亮。

两委多方争取资金,改造数万亩荒滩地变成新安村米粮仓。村民理财小组把财务、政务公布于众。新安村第一次在全镇率先完成农业税,第一次无一人拖欠税款。村两委成立了扶困济学领导小组。高明解囊并动员社会捐助,为家庭贫困没钱上学的两位同学支付了学费。

村两委组织治安联防队,24 小时轮班,义务为村民巡逻放哨。开展评先进树新风活动。2002 年底,新安村被评为全县先进村。

新安村新选的村委会用实际行动证明,"组合竞选"顺应中国农村变革的需求,打破了制约基层发展的宗族或权势的阻力,培养了村民的民主意识,营造了乡村的民主文化氛围。[①]

2. 解决大村大户宗族干扰典型案例——王岗镇郑湾村实验

新安村选举成功以后,王岗镇郑湾村接着进行"组合竞选"。

郑湾村是郑姓占绝大多数的大户村,3000 多人。这个村委改选以前采用海选办法。但由于郑姓宗族干扰、操纵选举、候选人不符合宗族要求就闹事,多年选不出村委会,2003 年我们在郑湾村也采取了"组合竞选"。

同时,该村以前党支部书记两推一选,发展党员都是他们宗族亲友,每次党内选举时这些人都能选上,表面是党的领导,实际是家族领导,该村由此成为老大难。

鉴于此,在该村这次实行村委会"组合竞选"前,镇长兰向雷带工作组在那里住了一月,宣传动员,清理村账务,解决村民多年来的困扰和疑虑,然后进行村委会组合竞选。群众不再顾虑家宗族对选举的干扰,参政议政意识空前高涨,1000 多村民有八百多个参加选举投票。

《王岗镇郑湾村村委会组合竞选大会侧记》记录了选举的现场:

2003 年 2 月 14 日,按照"组合竞选"的操作规程,郑湾村第五届村委会选举大会开始,应到选民 1182 人,实到选民 853 人,达到法定人数。9:30,按程序选出的两位村委会主任候选人郑兰林、郑传合根据抽签依次上台进行竞选演说。演讲时,选民们聆听他们的执政承诺以及对各自班子成员的介绍。郑传合,大江村村民组组长,忠诚正直,在群众中颇有威信。郑兰林经商,富有朝气。两位村委会主任候选人的演说,赢得了选民们的掌声。然后,选民依次到主席台领取选票。再到秘密画票处画票,或由工作人员代写,最后到投票箱投票。

12:00,现场计票显示,郑兰林得票 383 张,郑传合得票 435 张,郑传合高票当选为郑

---

① 王山中、孙立国:《新安村,新气象》,《文化扶贫与村民自治》2003 年第 6 期。

湾村第五届村民委员会主任。接着对郑传合组合的四位委员候选人江大伟、郑传照、郑兰坤、郑家强进行差额选举,选出了 3 位村委会委员。14∶10,主持人宣布郑湾村村民委员会主任为郑传合,委员为郑传照、江大伟、郑兰坤。

这次"组合竞选"选出的村主任都是村里公正而有威信有能力的人,多年来首次用"组合竞选",解决了过去大村大户宗族控制选不出村委会的难题。①

3. 解决综合因素影响村委会选举典型案例——颍上县十八里铺镇实验

王岗镇新安村、郑湾村"组合竞选"的成功,影响了安徽全省。中共阜阳市委决定在该市颍上、太和、阜南县和颍泉区推广王岗镇"组合竞选"。十八里铺镇是颍上县的大镇,辖 18 个村委,124 个自然村,13069 户,54426 人,社会情况复杂,受宗族势力影响,每次村委会换届都不成功。

这 18 村以前采用海选进行换届选举,存在多种弊端和干扰。综合干扰来自乡镇和原班子,其中 1 个村王姓较多,支部书记是村长的侄子,班子全是王家人。村委会换届选举无法进行,工作无法开展。

18 村全部采用高度公开透明的"组合竞选"的选举,两个班子竞选,彼此监督,保证了选举的规范公平公正。成功选举后,18 村气象一新,干群关系和谐,促进了当地社会、经济的发展。中国科技大学教授张允熠,安徽大学副教授、博士杨雪云,华中师范大学副教授吴理财等,率调查组前来考察。《新京报》记者钱昊平写出三篇专题采访,产生了较大影响。2005 年 7 月张允熠教授的"组合竞选"调查采访②,记录了中国农村民主大课堂的生动场景:

(1)桅杆村两块牌子、一套班子

2005 年 1 月 30 日,因多年综合因素影响村委会选举的十八里铺镇的桅杆村,举行了一场别开生面的民主竞选。该村是省、市、县三级"组合竞选"的试点村,按照组合竞选细则,一个村民组推荐 1—2 名主任候选人,共推出 12 位,对这 12 位主任候选人按照从高票到低票的排序,取出最高票的两位候选人进行竞选。结果,王家国和李应奎及其组合的成员形成竞选对手。

最后,王家国当选为新村委主任,其组合班子成员李应胜、卢友才、吴翠兰当选新村委会班子,李应胜被选为村委会副主任。

这届村委会有一个显著特点,五位成员兼任村党支部的五个职务:村主任王家国兼村党支部书记,副主任李应胜兼党支部副书记,其余三位分别兼任组织委员、宣传委员和纪检委员。这是一个两委(村民委员会和村支部委员会)合一的结构。人们不禁要问:这个机构到底是村党支部还是村委会呢? 二一制两块牌子一班人马,可能减少相互的扯皮现象,但是否缺少了相互制衡的力量? 是否模糊了政党组织与公民组织的属性?

王家国认为:一套班子两牌子,不会混淆村务工作和党务工作的界限。村委会主任兼村党支书,全村的村民自治事务和党的事务相互协调。一个班子比两个班子有优势,两个班子一套人马完全交叉任职,关键要加强民主决策、民主管理、民主监督。

① 孙标:《王岗镇郑湾村村委会"组合竞选"大会侧记》,《文化扶贫与村民自治》2003 年第 4 期。
② 张允熠:《颍上十八里铺三个村"组合竞选"调查采访》,《文化扶贫与村民自治》2005 年第 9 期。

王家国告诉我们,"组合竞选"出来的村委会是素质过硬的班子,李应胜村委会委员兼任党支部副书记,是王家国的副手;卢友才任文书兼会计;朱士平负责治安并担任民兵营长;吴翠兰负责计划生育和青妇卫工作。这套班子充分考虑到姓氏和自然庄的分布情况,打破了家宗派势力垄断村委会的局面。如卢友才,全村只有三户姓卢的,按照海选的方法,卢友才是选不进来的,而王家国看中了卢的才干人品,把他组合到自己的竞选班子中,选民一眼就看出王是任人唯贤的主任候选人。

桅杆村新一届的村委会和村党支部完全交叉、重合,这种结构提高了工作效率,村委会主任兼支书的责任和压力也相应地增大;由于选出的党支部成员跟村委会成员完全重叠,新一届的桅杆村村委会成员全部是党员,党在乡村基层的工作应得到了加强。

桅杆村第六届村委会成立后,制定了村民议事、村务公开、村规民约等项规章制度,按照法律规定的三个自我和四个民主实行村民自治。村委会的重大决策都由村民代表会议表决,利用广播、墙报公布于众,真正做到村务公开,接受群众监督。

桅杆村新一届村委会成立以来,促进了社会和谐,上访、告状绝迹,违法犯罪案件减少。

(2)闫邢村新村委冲破家宗族控制

闫邢村是十八里铺镇最大村,宗族势力最强。全村4500多人,5000多亩地,6个自然庄,19个村民小组,朱姓是最大的家族,2500多人,超过全村人口的二分之一,其余由李、王、陈等姓组成。以前村里两委由朱姓势力占据着,排除外姓参与村务,村干部为所欲为,群众上访、告状不断。

该村地处偏远,社会、人口状况复杂,从20世纪70年代至2004年混乱了30多年,前几任村干部都受到了留党察看的处分。2002年第五届村委会是海选,竟然选了3次才选出一个村委会主任,上任后短短6个月就贪污3万多元。那次选举表面上看是海选,其实完全是暗箱操作,负责选举的人叫几个人抱着流动票箱到村里转一圈,看时间到了,他们关起门来画票,既不当众唱票,也不公布票数,最后宣布一下名单就完事了。这样所谓海选的村委会易受家宗族势力的操纵,闫邢村长期成为老大难村、上访村、告状村。

这样一个落后村,推广"组合竞选"方式,按照《安徽省村民委员会"组合竞选"试点规则》,闫邢村一共推选出了11名主任候选人和57名委员候选人。票数排名前两位的陈孝军和朱巨宏被确定为正式的主任候选人,他们分别得了934票和142票。

按照相关规则,2名正式候选人产生后,分别组合7名村委会委员候选人组成"候选村领导班子",选举前公示。陈孝军将上届村委会5个成员的3人组进了自己的班子,没有包括群众意见较大的上届村委会主任朱巨喜。

通过选民第一次投票,陈孝军以631票对241票击败了朱巨宏,成了闫邢村第六届村民委员会主任。最终陈孝军班子里共有三名村委员候选人因为没过半数而被淘汰,这样,闫邢村最后选出的委员是4名,比计划的5名少了一个。

闫邢村用运用"组合竞选",防止了家宗族的干预控制,选出了新的有公信力的村委会班子,彻底改变了原来的旧面貌,一跃成为先进村。①

---

① 张允熠:《颍上十八里铺三个村"组合竞选"调查采访》,《文化扶贫与村民自治》2005年第9期。

（三）"组合竞选"选出乡村优秀人才——以制度防治腐败

上文已经讲过，经过长时间的反复实践和完善，"组合竞选"在充分尊重民意、发扬民主、防范各种因素干预民主选举等方面，显示出了其优于其他选举方式的特点，"组合竞选"的最大收获就是用科学的制度保证选出农村最优秀的人才，用制度保证预防腐败，防止出现一人腐败导致出现集体腐败。

民主不仅仅是一种素质问题，更是一种利益关系。农村实行联产承包责任制即经济体制改革后，利益关系发生变化，经过实践和理论探索，建立村民自治成为调整基层内部关系的一种必需机制。然而经验表明，村民自治的实施并没有形成农民的利益代言人集团，乡村利益表达机制依然处于不完善状态。

村民委员会在本来的制度设计中是作为村民的自治代表，它由村民选举产生，就应该向村民负责，但一些制度性因素也同时决定了这种代表的不完全性。这是由村民委员会的"双重角色"以及乡（镇）与村关系定位不清决定的。村民委员会除了担当村民代言人角色之外，同时也是政策的执行者，这就决定了村民委员会又必须服从上级的领导。当这两种角色承担的内容处于冲突状态时，村民委员会就将处于一种尴尬的境地。经验调查表明，传统的政治思维使得村民委员会往往会依照上级命令行事，而不能真正代表老百姓的利益，长期以来在中国农村的基层政权体系中，村民委员会实际上一直被作为乡镇权力的延伸机构，乡和村形成了一种密切的领导与服从的关系。在缺乏明确的制度更正情况下，这种关系就无法得到改善，真正的乡村利益共同体就无法形成。

在市场经济的时代，理性的农民总能根据个人利益作出判断和选择，关键是制定法律法规。选举制度、程序要能够保证农民充分行使他们的权利，"组合竞选"的实践表明这种选举制度的实施有利于保证村民的利益表达。通过"组合竞选"的村委会班子深知权力来之不易，只有真正代表广大人民群众的利益才能取得他们的信任。于是他们肯定会千方百计建立健全农村的利益表达机制，从而最终形成一个完整的利益团体。①

一些在乡村中的优秀人才、能人，具有一定的个性和独特的能力，上级领导可能不会发现，但是与之朝夕相处的乡亲，却知道得一清二楚。如果仍然延续使用"海选"等存在缺陷的选举制度，或者仍然由上级指定，这些乡村的优秀人才是不可能崭露头脚，也不可能用自己的聪明才智为中国农村在新时期的发展展现自己的才华，为加快乡村的发展步伐作贡献的。但是运用"组合竞选"，充分发挥民主民意，用选举制度选出千里马，一大批优秀人才如王先进、陈子斌、王家国、高明、陈孝军等脱颖而出，成为带领农村农民脱贫致富奔小康的带头人。

王振博士在调查多位村"组合竞选"的村主任后，分析了村主任积极参选的另一个因素：村委会候选人参选的动机是什么？按习惯性解释，候选人参选是为了经济利益。为此我们特别地问了几位新选出来的村委会主任，发现他们不一定是为了钱的缘故，从工资收入来看每年也只不过一两千块钱。主要是一种自身价值实现感，或者他觉得自己有这个能力，应该为村民做点事情，经过考察证实，其中荣誉感、

---

① 邓伟志：《"组合竞选"的四层面改造》，《福建论坛》2003年第6期。

价值感体现得更多。而且，新选上来的村委会主任基本上是些能人，他们都有较好的经济收入，不会在乎这一两千块钱，这反过来证明，荣誉感、价值感在里面占的份额更大。①

过去的选举注重选能力，"组合竞选"更注重选班子，选出一个利于工作的班子。为了选票，候选人是不敢将自己的亲戚宗族拉进班子的。村官和班子同进退，这种选举方式有利于减少一人腐败进而造成集体腐败的概率，同时也利于村委班子的团结。

阳光政策是最好的防腐办法，"组合竞选"的全过程都处于公开透明的状态下，公正公平地竞选，"组合竞选"的班子选举前要公示，不仅仅是村主任，候选人提名的村委会班子要接受村民的两次表决，这在最大限度上杜绝了选举舞弊暗箱操作的机会。

颍上县瓦房村1800多人，今年40岁的村主任吴天耕是从上届村主任的岗位上连任的。这次换届选举时，他重新组合了两名村委，原来的三个村委一个也没要。这次，在正式选举之前，吴天耕就组合了几名责任心强、工作能力被人称道的人进入自己的班底。按规定，每个主任候选人都要发表10分钟的竞选演讲展示水平。这是以前从没见过的。

同时，"组合竞选"落选班子，又成为一支监督在任班子的监督力量。2003年夏天，淮河流域洪灾泛滥，王岗镇新安村淹死了一片柳树。新安村将死树卖了3200元钱，原支书认为新一届村委会私自变卖了集体财产，告到了镇政府。去后才知道村委会的举动是镇里决定的。2002年3月，"组合竞选"上任的村主任高明介绍，原支书没有被选上一直在监督着我们，看我们有没有违规的事，公私事都监督，有人监督，我们会少犯错误。颍上县十八里铺桄杆村主任王家国也有同感。他是2002年1月29日击败竞选对手李应奎当选村主任的，李应奎的那个班子对他们这个村委会的行动也就更加注意了。当地老百姓称"组合竞选"培植了一个"在野党"，无时不在监视"在朝者"。②

来自农村第一线的乡镇领导叶克连的感受最有说服力：村委会"组合竞选"产生的村委会班子是一个优化、团结、凝聚力强的班子。因为所有的程序都是在高度透明化下完成的。村委会"组合竞选"从根本上打破了农村大宗族家庭权势的垄断和操纵。可缓解本社区内家庭、门户、利益集团之间的冲突，同时还在很大程度上避免了海选的盲目性。海选中村民无法预见选举结果，"组合竞选"使村民在结果出现之前就了解了要当选班子的全貌，减少了冲突可能出现的诱因，降低了冲突的强度。

村委会"组合竞选"无形中形成了强大的在野监督力量，弥补了村委会自我监督和群众监督的不足。村委会"组合竞选"既充分体现了民主，又加强了领导的服务意识，实现了社会主义政治文明。③

---

① 王振：《安徽"组合竞选"乡村考察》，《文化扶贫与村民自治》2005年第4期。
② 钱昊平：《安徽村官组阁竞选扩大试点，抑制集体腐败》，《新京报》2005年9月15日。
③ 叶克连：《十八里铺十八村实践证明"组合竞选"优于"海选"》，《文化扶贫与村民自治》2008年第4期。

第四章　村委会"组合竞选"理论的完善发展与大范围推广

一　"组合竞选"是可以大范围推广的科学理论

政治学走向实际，研究社会生活中现实的政治问题是政治学发展的动力，政治学研究实际的政治问题是作为一门独立存在的学科应承担的历史任务。同时，政治学也只有这样，才能使自己的理论体系不断完善，保持学术生气，不断理论创新，走向学术前沿。在自然科学和社会科学研究中，试验结果的可重复性是一项科研成果为社会承认、推广、发展的重要标志，"组合竞选"就是这样一种可以重复试验并且大范围推广、经得起历史考验的理论。

"乡村发展、村民自治的关键在于把乡村的发展权和建设权交给村民自己。村民自治包括民主选举、民主管理、民主决策、民主监督。要让农民有其田，有其利，有其权，这个权就是村民自治。"①

中国农村基层群众直接行使民主权利主要在选人、议事和监督三个环节，民主选举是村民自治的前提。农民对民主选举权的要求随着物质生活的改善和文化素质的提高愈加迫切。中共十五大到十七大都强调："没有民主就没有社会主义，就没有社会主义现代化。""社会主义愈发展，民主也愈发展。"② 村民选举和村民自治既是中国农村经济、政治体制改革的逻辑产物，也是中国农村社会发展的必然要求，同时也是推动农村经济社会发展的重要动力和体制保障。

科学规范的选举是人民发表意见的基本表现。一国政治是否民主，要看它是否真正具有普遍、自由、公正和平等的选举制度。随着民主政治的发展，现代意义的选举不仅指推选合格的领导人，还包括罢免不称职的领导人。通过选举，人民既可以赋予或肯定当权者的合法性，又可以否定他们的合法性。村民自治更深远的历史意义在于通过不断的民主竞选的反复实践，在广大农民中培养出一种民主意识、民主习惯、民主环境和民主操作能力，为我国实现全面社会主义民主奠定基础。

正如前所述，"组合竞选"作为一种新的成功的选举模式，是在中央号召建设物质文明、精神文明、政治文明，大力建设乡村基层民主的经济社会大转型时期应运而生的，笔者在有关领导和社会支持下，在安徽岳西、来安等县乡试验"组合竞选"成功后，又在颍上、阜阳等地建立了新的三农科研基地，在更大范围推广"组合竞选"。

2005 年 5 月至今，安徽阜阳市四个县（区）乡镇，岳西、灵璧全县 307 个村委会换届选举都进行了"组合竞选"选举实验。

二　第一个县域推广的成功案例——岳西全县推广村委会"组合竞选"

2004 年春，全国政协十届二次会议通过了卢荣景、邓伟志同志关于建议推广村委

① 曾业松：《耕者有其利》，经济出版社 1996 年版。
② 邓小平：《邓小平文选》第二卷，人民出版社 1994 年版，第 168 页。

会"组合竞选"的提案，为进一步推广"组合竞选"创造了良好的环境①。中共岳西县委非常重视腾云村组合竞选的成功经验，决定 2004 年 9 月始，全县 186 个村实行村委会"组合竞选"。由于"组合竞选"的科学规范和公开透明，竞选过程中群众踊跃参选，这是"组合竞选"历史上第一次在一个全县进行实验。选举成功后，全县农民心情舒畅，干群关系融洽、经济快速发展、社会和谐，呈现一片新气象。岳西请寨村村委会选举就是一个缩影。

人民日报记者萧寒现场直击并详细报道了岳西请寨村第六届村委会选举的实况，生动鲜活，真实可信，特转载如下：民主——冬季乡村最滚烫的词汇②。

（一）现场直击"组合竞选"

2005 年 1 月 15 日上午 9 点，岳西县中关乡请寨村第六届村委会换届选举正式举行。进入当天正式选举的两组候选人，是经过 5 个环节之后才进入正式选举的。即个人报名参加竞选；组织第一次演讲、由报名参加竞选的人向选民演讲；选民提名、按简单多数产生村委会正式候选人，包括两名村委会主任候选人，4 名副主任候选人，8 名委员候选人；组合，由两名主任候选人在全部候选人中各组合两名副主任候选人、4 名委员候选人，组成两组候选人；组织第二次演讲，由主任候选人代表自己的竞选班子向群众陈述"施政纲领"。

选举日到达选举主会场的是全体村民代表、选委会成员、候选人，共计 100 余人。在全体村民代表表决通过选举办法，推举出监、计票人后，在场的选民进行投票。

10 点钟，乡工作人员和村民代表分成 24 组，带着 24 个流动票箱分赴全村 48 个村民组，进行投票。下午 3 点钟，最后一只流动票箱返回。计票结果显示，储成水得 1621 票，超过半数，另一名候选人崔正理得 1041 票。

在召开简短的选委会议之后，选委会主任杜守合向村民代表宣布，储诚水当选为该村第六届村委会主任。4 点钟，按照主任选举一样的程序，第二个层面的选举即副主任和委员选举开始。选举实际上是在储诚水组合的两名副主任候选人和 4 名委员候选人之间选出一名副主任和 3 名委员。为了保证崔正理组合的副主任和委员候选人的被直接选举的权利，在选票的上方留有空格，选民依然可以投他们的票。晚上 8 点，最后一只流动票箱收回。计票结果显示，储诚水组合的一名副主任候选人和 2 名委员候选人当选。整个选举工作在晚上 11 点半结束。

这就是岳西第六届村民委员会换届中普遍推行的"组合竞选"。在全县推开之前，该县首先在青天乡界岭村和响肠镇千佛塔成功举行了县级试点，随后各乡镇进行了乡镇试点工作，皆获得成功。

（二）"组合竞选"的技、战术分析

选举，是一种技、战术都很强的政治活动，什么样的选举形式决定了竞选者必须采取什么样的技、战术，技、战术应用得当与否，往往直接影响选举结果。从这个层面上

① 《2004 年全国政协提案第 3360 号》2004 年春，全国政协十届二次会议通过了卢荣景、邓伟志关于建议推广村委会"组合竞选"的提案。

② 萧寒：《民主——冬季乡村最滚烫的词汇》，2005 年 1 月《人民日报》、《安徽日报》、《安庆日报》等数十家媒体发表或转载。

分析，可以说，选举形式很大程度上决定了选举结果，组合竞选有利于选出高效团结的班子。岳西县第六届村委会换届选举是在并村的背景下举行的。实行组合竞选创新方式，重要目的之一就是试图用这种办法，解决并村后大量村干部滞留、区域矛盾突出的问题。为适应经济发展的需要，减少村级行政成本，岳西县于 2004 年年中，用一个月的时间，对村级区域规划进行了大面积调整，将原来的 376 个行政村和居委会合并为 186 个行政村和居委会。

并村后，原来各村两委成员暂时继续留任。通过近半年的工作，群众已经比较全面地了解了原来的村干部，放手让他们选择当家人的条件基本成熟。但采取原来的海选办法，有一个区域矛盾的问题。例如，某村是由原来甲、乙、丙三个村合并而成。甲村有 3000 人、乙村有 1000 人、丙村有 800 人。按照海选办法，很有可能选出的主任、副主任和委员都是原来甲村的人。这样的结果，无疑不利于弥合并村带来的区域矛盾，反而会加剧这种矛盾。按照组合竞选办法，则似乎可以克服并弥合这种矛盾。假设一个地方存在明显区域势力和宗族势力。那么，村主任候选人在组合副主任和村委会成员候选人时，比较明智的做法是自己处于大村时，他会尽量组合小村的班子成员，因为这样他可以尽可能地获得小村的支持，同时并不影响所处大村对他的支持。反之亦然。在村主任竞选成功后，无论他组合大村力量代表还是组合小村力量代表，都还要经过村民正式差额选举。反之，副主任和委员候选人在跟谁走的问题上，为了保险，也会有同样的考虑。总之，按照设计，选出来的都应该是一个尽可能代表各方利益的村委会。

请寨村由 4 个村合并而成，合并前的请寨村在 4 个村中人口最多。和众多已尘埃落定的村一样，请寨村选举结果避免了一面倒的情况，体现了区域平衡。主任、副主任和委员分别来自并村前不同的村，最大限度地代表了各个板块的群众。另一个情况则从反面证明了组合选举有利于体现区域平衡的观点。一些类似于请寨村情况的村，一些很优秀的主任、副主任候选人在双向组合时，因为担心自己影响区域内的候选人会对自己造成威胁，便与其强强联合（比如合并前的大村的支部书记与主任组合），联合的结果是失去了其他选区的选票而落选。

（三）群众做了几十年，这五分钟最有权

"群众做了几十年，这五分钟最有权！"拿着选票，经历了请寨村 5 届村委会选举的 62 岁的王新明兴奋地说。许多村民代表捧着流动票箱，走村串户，从早晨到深夜，他们中、晚餐都是一包方便面。"选举是大事，再忙再累，都值得。"王佳四是个忙人，自从被推选为请寨村选委会成员后，前后一个多月经常开会到晚上 12 点以后，没有一分钱补助。

请寨村的主任选举结果出来后，落选的崔正理非常有风度地和当选的储诚水握手，表示祝贺。并向支持他的选民挥手致谢：虽然我落选了，但此刻我仍然很高兴，因为有 1000 多名选民支持我。界岭村一位群众说：以前上面总担心我们群众素质低，选不好。现在事实证明，没有人愿意在选当家人的问题上马虎。界岭村一位村民代表的话更直接：以前是上面下好了套子让你进，所以无论你怎样宣传发动，参选率就是上不来。这次不一样，放手让群众自己选，大家积极性自然起来了。许多人在外地打工，专门赶回来竞选或投票。岳西县民政局一位负责同志说：这次换届，群众选举热情之高，前所未有。岳西县委书记汪一光说：群众的政治智慧其实是很高的，放手让群众去选，他们一定能选出好的当家人。

"组合竞选"的民主实验到如今已经历 20 个年头，基层民主在渐进，群众的民主意识在增强，干部的观念在改变。选举方式的创新是一个重要因素。采取"组合竞选"模式，一开始就决定了执政者们必须放权。这种选举有很多优点，其成功与否的关键在于选民的认同参与。要想选民认同，必须广泛宣传，必须严格按设计的规则办，这就决定了县、乡两级党委政府从一开始就必须转换角色，找准定位，从选举结果的决定者变为选举规则的维护者和执行者。

任何一个环节的差失都可能导致选举的失败，因为在众多设计的环节一步步变为现实的同时，选举者和被选举者的政治激情都被充分地激发，民主诉求空前强烈，这时，群众的民主热情就像一把越烧越旺的火。"组合竞选"是对选举者和被选举者政治智慧的考验，更是对党委政府执政能力的考验。这次组合选举，有意和无意之间，改变了执政者对选举成功这一概念的理解。原来选举，把组织看上的人选上叫成功；现在呢，把公正地执行了选举规则，让群众选出了自己想选的人叫成功。

日本早稻田大学毛里和子教授说："我们参观的这些村，新选出的村委会主任都很年轻，这对实现现代化有好处。组合班子来竞选，表面上看好像是间接选举的性质，实际上是不是如此，我还希望听到进一步的说明。通过这次参观，我们发现农民的民主意识，通过民主选举获得进一步的提高，农民的责任感也有所增强，运用自己的权利，选举自己满意的人来当干部，这种热情令人鼓舞。'组合竞选'对于类似于中国的发展中国家，尤其经济欠发达地区，实施民主选举，具有很好的借鉴作用，因此，'组合竞选'也可以在发展中国家推广应用。"① 一种成功的制度设计可以为建设和谐社会，带来长期的经济和社会发展的长远效益。

三　第二个县域推广的成功案例——灵璧全县推广村委会"组合竞选"

灵璧县全县面积 2054 平方公里，人口 114 万，辖 19 乡镇 312 村 10 个居委会。2005 年初，灵璧县行政村区划调整原来的 514 村，撤并为 312 村，减幅近 40%，按照省市部署，灵璧 2005 年 3 月启动村民委员会换届选举。面对当前已经发生深刻变化的农村，如何才能充分调动村民参选的积极性，激发广大村民的民主热情？岳西县成功推广"组合竞选"经济社会出现新局面的经验，引起了灵璧县委、县政府的注意。

灵璧县委书记储诚胜家乡是岳西县，他对比"组合竞选"、"海选"认为："组合竞选"更加体现民意，"海选"易受权势部门操纵，而"组合竞选"不易被操纵。"海选"的候选人一般都是乡镇党委提名的。"组合竞选"的候选人都是老百姓提出的，候选人要发表竞选演说，为自己拉选票。拉选票、竞选演说是正常的，符合民主法制进程，随后我们在灵璧县实行"组合竞选"村委会。

2005 年 3 月 17 日，中共灵璧县委、县政府分管负责人带领县委办、组织部、民政局及 2 个试点乡镇赴岳西县考察学习后，决定在该县大庙乡和黄湾镇进行试点。试点成功后，全乡 14 个村随后进行了村委会组合竞选制换届选举，继之在全县推开。

---

① 　日本早稻田大学毛里和子教授在岳西县参观村委会"组合竞选"时的讲话。

灵璧县在村委会"组合竞选"的实践中，坚持突出一重点，把握六关键：

一个重点：全面实施村委会"组合竞选"。确保甲乙两套班子候选人经5个竞选环节后进入正式选举：个人报名参加竞选；组织第一次演讲，由报名参加竞选的人向选民演讲；按照选民支持的多寡产生村委会正式候选人和若干委员候选人；由两名主任候选人在全部委员候选人中各组合两套竞选班子；召开全村选民大会，村委会主任候选人陈述"施政纲领"。

六个关键：一是村民选举委员会由上届村民代表会议民主推选产生，保证村民的推选权。村民选举委员会由主任、副主任、委员共11人组成。选举委员会成员被推荐为村委会成员候选人，必须退出选举委员会，并按规定补选，缺额较少时，经村民代表会议讨论通过，也可以不再补选。

二是村民选举委员会组织改选村民代表，保证村民的参与权。新一届村民代表由村民按每5—15户推选一人，或由各村民小组推选若干人，考虑到并村实际，要求村民代表总人数一般不得少于50人。

三是由村民选举委员会提出换届选举初步方案，提交村民代表会议讨论通过，保证村民的决策权。村民选举委员会确定选举日，向村民公告。

四是做好选民登记工作，保证村民的选举权。在选民登记前，确定选民登记时限，予以公告。在选举日20日前张榜公布选民名单，因故需调整选举日，及时做好选民的补登工作。

五是村民直接提名村民委员会成员候选人，不得用组织提名代替村民提名，保证村民的直接提名权。按照组合竞选的规定确定候选人名单，然后组合产生两套竞选班子，由村民选举委员会在选举日10日前公告。

六是做好选举日的投票工作，保证村民的投票权。在投票选举日3日前，再次公布投票选举的具体时间、地点。按照"组合竞选"的规定，确定选举方式和投票方法。村民选举委员会主持召开选举大会，设立中心投票站和若干个投票分站投票，严格控制流动票箱的使用，依法办理委托投票手续。主任正式候选人在选举大会上发表竞职演讲。坚持村民过半数投票选举有效的原则，选举结果当场公布。

灵璧县在实施"组合竞选"过程中，把合并村、难点村以及部分选派村作为督查指导工作的重点，分类指导，稳步推进，制定选举工作方案，依法按章规范操作，全部圆满完成换届选举。

附件
中共灵璧县委书记储诚胜同志接受北京《新京报》记者采访时，谈村委会"组合竞选"（摘要）

1. 组合竞选更加体现民意，海选可以受上级政府操纵，而组合竞选的难度就小得多，海选的候选人一般都是乡镇党委提出，如果大多数村民没有意见，就决定，老百姓对班子的决定比较单向。

组合竞选的候选人都是老百姓提出的，多数人提出要经过村民代表同意，发表竞选演说，为自己拉选票。

能拉选票是正常的，只要是通过自己的努力，演说也是正常的，符合民主法制进程的。这与贿选是不一样的。

海选是单向的，而组合竞选是多向的，选举空间更大，老百姓的余地更宽阔。

好的组合竞选是给农民的一份厚礼。

2. 政策是短期见效快的行为，体制是长期发挥作用的，很稳固，不会变，所以我们对组合竞选不要看眼前的收获，而是要在历史长河中看待它的作用。

组合竞选在农村发展中具有里程碑作用的意义，中国的改革可以说是经历了三个阶段，第一次是土改的变革，使农民的生产积极提高了，第二次是小平同时的土地承包政策，激发了农民长期受压抑的积极性，而组合竞选就有可能是农村的第三次革命。

3. 一个班子的团队很重要，选票要成为权力的指挥棒，不为我服务，要使用权力为人民服务，村主任选出的班子一定是他自己相信的人，保证是思想相同的、情趣一致的，大家能助村主任实现他在竞选演说中给老百姓的承诺。

4. 过去的村委会对老百姓的作用不是很大与以下的原因有关系，实际上村委还没有对我们的政治、经济、文化产生很大的影响，谁当都是一样的，如果在这几个方面给我们的影响很大，农民就要对他的选择慎重考虑了。

要解决好这个问题就要保障村委会的基本权利，保证其对村内事务的管理权。

5. 靠人选人选不出好人，靠制度选人才能选出好人。

6. 目前组合竞选还存在一些不足，就是竞选演说不是很规范，一般不是靠演说获得高的选票，大多还是靠平时在群众中的品德积累来影响选票。

7. 县委书记要容忍不能改变的事情，要有勇气改变可以改变的事情，所有放弃也是发展，放弃一部分才能抓住一部分。

8. 我们引导老百姓不要满足于今天种花生明天种棉花，而是要让他们有平和的心态去面对，让他们有长远的眼光，这比我们一年完成多少招商引资项目的意义要大得多。

9. 现在农民已经不用给国家上交多少了，而是变为中央倒贴，我们不如放权，给老百姓民主，这不会对中央有威胁。

10. 关系是泥饭碗容易破碎，学历是铁饭碗会生锈，能力是金饭碗会升值。

11. 改革是一个循序渐进、讨价还价的过程，目前我们国家在经济上各企业间的竞争格局已经形成，但是社会管理上管理者之间的竞争还没有形成，这要我们努力去推动。

12. 观念上的差异可能是造成贫富差异的主要因素，看一个人是否优秀，20岁时要看他对一个问题的看法，30岁时要看他的智慧，40岁时就要看他对一件事情的判断能力。

四 "组合竞选"的重要价值体现

灵璧县实行村委会组合竞选，新班子呈现新气象。灵璧县委书记储诚胜认为，选举制度创新，效果立竿见影：

1. 加速村干部优胜劣汰，提高村级班子的整体素质。村干部总数由年初的3556人减少到 2475 人；村干部平均年龄降低 2.31 岁；村干部高中学历 1096 人，占干部总数的 44.3%。

2. 精简了村干部人数。当选的 307 名村主任中有 53 人为现任村党组织书记，688 名副主任和委员中有 397 人为现任村党组织成员，村两委成员交叉任职总数为 397 人，全县交叉任职书记主任一肩挑的有 53 人，黄湾镇 14 个村书记主任一肩挑有 13 个村；减少了村干部职数，发挥了党在农村基层组织中的领导核心作用。

3. 整合村级班子，调动干部的积极性。"组合竞选"产生的村委会，克服了传统选举可能产生凑合型、内讧型的弊病，优化了村委会工作环境。

4. 营造民主氛围，增强民主意识。从候选人提名到当选，都由群众组织、群众参与、群众决策、群众监督、公平竞争，扎实推进了基层民主政治建设。

通过村委会"组合竞选"的实施，开创了基层民主的新选举模式：一是充分保障每个选民的选举权和被选举权，民意民主能得到充分尊重体现。二是用制度选人，选出群众信得过的人，为群众办实事的人。竞争机制得到充分发挥。三是推行村委会"组合竞选"有利于树立新班子在群众中的威信。新班子由村民选举产生，班子在群众中威信高。通过"组合竞选"，班子内部更加团结，战斗力进一步增强。四是有利于推动基层民主向纵深发展。全县在这次村委会换届选举中，全面推行组合竞选制，激活了村级民主选举，对基层民主具有里程碑意义。村委会"组合竞选"顺应了当前农村的发展形势，符合中央全面深化农村改革，创新农村基层工作机制，调动农民群众和基层干部积极性的要求，是农村基层民主发展大方向。

安徽省人大常委会副主任张春生是"组合竞选"的力推者，他认为，要建立民主社会，必须要有秩序突破。一步跨入完全民主制是不可能的，改革要从微观起步，就中国的国情来说，微观的选择点是农村。张春生认为，采取村民自治形式，从农村的底层进行民主政治的实践，是最佳的选择方案。"组合竞选"是在充分的理论支持和系统的实践检验基础上积累和创造出来的，它具有其他模式所没有的优点，具有强大的生命力，科学规范、公平合理、简便易行，必将成为中国农村基层社会民主选举的最佳模式。

在今年初安徽省第六届村委会换届时，安徽省民政厅根据全国政协十届二次会议通过的卢荣景、邓伟志同志《关于建议推广村委会"组合竞选"在全国政协会议上的提案》（第 3360 号）决定在岳西县全县实行村委会"组合竞选"，其他各地是否进行试验由各地自行决定。因而，在岳西县以外的阜阳市六个县区和灵璧县全县自主决定实行"组合竞选"试验。

第五章　"组合竞选"与"海选"优势对比的数理统计与分析

"组合竞选"是一个前无古人的创举，因此，笔者在实践中借鉴国内外选举模式中科学合理的成分，进行多方面的政治学研究创新，取得了预想的效果，得到了政府领导、理论界、农民等社会各界的认可。1989 年首次在安徽省岳西县莲云乡，接着在来安县邵集乡、颍上县王岗镇推广这种选举模式。

没有调查就没有发言权。没有比较就没有鉴别。这是毛泽东同志的名言，也是社会学研究必须遵循的科学要求。

"组合竞选"和目前采用较多的"海选"模式相比,哪种更符合中国实际?用数据和案例是比较科学的考察比较办法。2003—2005 年,安徽省文化扶贫中心、华中师范大学《村民自治比较研究》课题组先后在采用过"海选"、"组合竞选"的乡村举办大规模问卷调查研究。调查结果以翔实的数据,肯定了组合竞选的先进性、科学性、规范性、可操作性。

本章我们用来自乡村一线的具体数据案例来说明"海选"对比"组合竞选"的优劣。

一 安徽省文化扶贫与村民自治研究实验中心 2003 年 1500 份问卷调查分析①

2003 年 2—3 月,安徽省文化扶贫中心主办了安徽来安县邵集乡 8 村、颍上王岗镇 2 村调查,发放问卷 1600 份,有效问卷 1506 份,包括群众问卷 1183 份,乡干部 323 份。调查样本构成情况如表 1。

（一）选举过程的对比考察

本调查为评判"海选"和"组合竞选"两种选举模式的合理性、科学性、有效性,设计成两部分,即对选举过程和模式效果的独立考察。选举过程是衡量选举模式规范性指标,模式效果是测量选举模式效用性的指标,两者构成选举模式是否合理的指标体系。

表 1   调查样本构成情况   单位：个,%

变量	名称	农民	干部
性别	男	652 （55.1）	213 （65.9）
	女	531 （44.9）	110 （34.1）
年龄	29 岁以下	267 （22.6）	56 （17.4）
	30—39 岁	362 （30.6）	109 （33.7）
	40—49 岁	264 （22.3）	85 （26.3）
	50—59 岁	151 （12.8）	43 （13.3）
	60 岁以上	139 （11.7）	30 （9.3）
文化程度	文盲和半文盲	199 （16.8）	30 （9.3）
	小学	391 （33.1）	96 （29.7）
	初中	459 （38.8）	125 （38.7）
	高中	101 （8.5）	67 （20.7）
	大专及以上	33 （2.8）	5 （1.5）

选举规范性测量细分选举参与度、合理度和干预度三个次级指标。参与度反映选举模式被接纳程度;合理度是对选举模式的客观评价;干预度是逆指标,良好的制度设计必须保证低度的外部干预,确保制度规范运行。

---

① 《文化扶贫与村民自治》2003 年第 6 期;辛秋水等:《制度堕距与制度改进对安徽省五县十二村村民自治问卷调查的研究报告》,《福建论坛》2004 年第 9 期。

1. 参与度

表2结果显示，认为组合竞选参与度更高的有62.9%的干部和群众，其中一般群众占总体的68.4%，干部占43%。认为"海选"参与度更高的占总体的20.3%，其中一般群众占15.2%，干部占38.7%。另外16.8%的群众和干部认为两者差不多或说不清楚。

表2　　　　　　　　干群对"海选"和"组合竞选"参与度看法　　　　　　单位：个,%

	组合竞选更高	海选更高	两者差不多	说不清楚	合计
群众	809 (68.4)	180 (15.2)	158 (13.4)	36 (3.0)	1183
干部	139 (43.0)	125 (38.7)	42 (13.0)	17 (5.3)	323
合计	948 (62.9)	305 (20.3)	200 (13.3)	53 (3.5)	1506 (100)

是何原因让干群认为"组合竞选"参与度更高？首先是宣传到位，家喻户晓，其次设计理念更趋合理，海选重形式，只把村民参加投票作为程序意义考虑。"组合竞选"重实质，充分创造条件让村民行使权利，因此村民更注重参与。

2. 合理度

表3　　　　　　　干群对"海选"和"组合竞选"选举程序的看法　　　　单位：个,%

	组合竞选更公正	海选更公正	两者差不多	说不清楚	合计
群众	890 (75.2)	169 (14.3)	79 (6.7)	45 (3.8)	1183
干部	164 (50.8)	121 (37.5)	25 (7.7)	13 (4.0)	323
合计	1054 (70.0)	290 (19.2)	104 (6.9)	58 (3.9)	1506 (100)

表4　　　　　　　干群对"海选"和"组合竞选"民主程度的看法　　　　单位：个,%

	组合竞选更民主	海选更民主	两者差不多	说不清楚	合计
群众	851 (71.9)	181 (15.3)	114 (9.6)	37 (3.1)	1183
干部	162 (50.2)	117 (36.2)	27 (8.4)	17 (5.3)	323
合计	1013 (67.2)	298 (19.8)	141 (9.4)	54 (3.6)	1506 (100)

表5　　　　　　　　　　干群对"海选"和"组合竞"选公开度的看法　　　　　　　单位：个，%

	"组合竞选"更公开	"海选"更公开	两者差不多	说不清楚	合计
群众	919 (77.7)	171 (14.5)	57 (4.8)	36 (3.0)	1183
干部	159 (49.2)	117 (36.2)	36 (11.1)	11 (3.4)	323
合计	1078 (71.6)	288 (19.1)	93 (6.2)	47 (3.1)	1506 (100)

　　本次调查有三项内容涉选举程序、民主程度、公开程度的考察。反映到统计数据上（如表3、4、5），70%的被调查者认为组合竞选更公正，67.2%的被调查者认为组合竞选更民主，71.6%的被调查者认为"组合竞选"更公开。相对应的海选数据分别仅为19.2%、19.8%、19.1%。

　　3. 干预度

　　一般而言，选民选举受到的干预主要来自乡镇领导或组织、村党支部、宗族家族势力三方面。一种再好的制度设计如果不能排除制度外的干预，制度必然失败，选举就丧失了本身的意义。

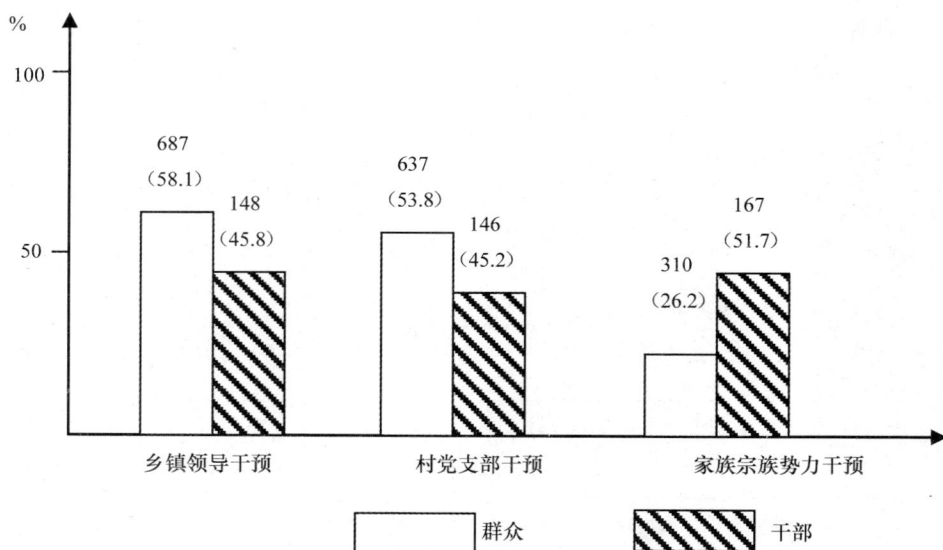

图1　干部和群众中认为存在各类干预的人数比例

　　从图1看出，认为存在乡镇领导干预的群众、村干部分别为58.1%和45.8%；认为存在村党支部干预的群众、村干部分别为53.8%和45.2%；认为存在乡村宗族家族势力干预的群众、村干部为26.2%和51.7%。

　　表6反映了三方面干预对两种选举模式的干预程度。

　　认为三方面干预"海选"要比干预"组合竞选"严重的对应数据分别是51.6%和

29.1%，46.0%和30.0%，17.7%和32.5%。认为干预"组合竞选"要比"海选"干预严重的对应数据分别是2.9%、8.7%；3.7%、7.7%；5.2%、7.4%。数据显示，"组合竞选"比"海选"更能抵抗外部干预，原因何在？

表6　　干群就乡镇领导、村党支部、宗族家族势力对"海选"和"组合竞选"干预程度的看法　　单位：个,%

	对"组合竞选"干预程度更高		对"海选"干预程度更高		两者差不多		说不清楚	
	村民	干部	村民	干部	村民	干部	村民	干部
乡镇领导干预	34 (2.9)	28 (8.7)	610 (51.6)	194 (29.1)	17 (1.4)	13 (4.0)	26 (2.2)	13 (4.0)
村党支部干预	44 (3.7)	25 (7.7)	544 (46.0)	97 (30.0)	22 (1.9)	12 (3.7)	27 (2.3)	12 (3.7)
宗族家族干预	61 (5.2)	24 (7.4)	209 (17.7)	105 (32.5)	17 (1.4)	23 (7.1)	23 (1.9)	45 (4.6)

答案是均衡组合了各门户、宗族、区域的利益，无形中化解分散了家宗族力量；组合是优势组合，组合者吸优纳良，公开组合名单，接受舆论的评议和质疑；公开竞选，将干预的可能性降至最低。

（二）对模式效果的对比考察

村委会是选举的产物，比较选举模式效用的核心在于对其分别产生的村委会做比较。这里的模式效果体现为群众和干部的满意度。

1. 村委会干部个人素质比较

表7　干部和群众对"海选"和"组合竞选"产生的村委会成员个人素质的看法　单位：个,%

	"组合竞选"产生的更好(高、强)		"海选"产生的更好(高、强)		两者差不多		说不清楚	
	村民	干部	村民	干部	村民	干部	村民	干部
人品	841 (71.1)	148 (45.8)	148 (12.5)	113 (35.0)	148 (12.5)	49 (15.2)	46 (3.9)	13 (4.0)
威望	864 (73.0)	152 (47.1)	148 (12.5)	116 (35.9)	121 (10.2)	44 (13.6)	50 (4.2)	11 (3.4)
办事积极性	848 (71.7)	157 (48.6)	154 (13.0)	109 (33.7)	128 (10.8)	44 (13.6)	53 (4.5)	13 (4.0)
办事效率	868 (73.4)	159 (49.2)	143 (12.1)	111 (34.4)	126 (10.7)	40 (12.4)	46 (3.9)	13 (4.0)

村干部素质分为人品、威望、办事积极性、办事效率四个次级指标，表7的统计数字显示70%—75%的群众、45%—50%的干部，认为"组合竞选"的村干部在这些指标上优于"海选"的村干部，相反观点的群众仅12%—13%，干部30%—35%。这种优势得益于制度设计，"海选"缺乏充分的机制让候选人展示能力，存在误识、误举。"组合竞选"通过组合和竞选的程序设计，既能让候选人充分展示自己，又能够产生优化的领导班子。

2. 村委会工作业绩比较

村委会干部个人素质，可以从制度所产生的生产力和工作业绩、效益进行比较。

表8 干群对"海选"和"组合竞选"的村委会工作业绩的看法 单位：个,%

	"组合竞选"更优		"海选"更优		两者差不多		说不清楚	
	村民	干部	村民	干部	村民	干部	村民	干部
反映民意	901 (76.2)	156 (48.3)	174 (14.7)	121 (37.5)	64 (5.4)	34 (10.5)	44 (3.7)	12 (3.7)
财务公开	623 (52.7)	131 (40.6)	122 (10.3)	111 (34.4)	312 (26.4)	57 (17.6)	126 (10.7)	24 (7.4)
资源利用	718 (60.7)	106 (32.8)	121 (10.2)	105 (32.5)	213 (18.0)	65 (20.1)	131 (10.1)	47 (14.6)
为民办事	862 (72.9)	118 (36.5)	126 (10.7)	105 (32.5)	152 (12.8)	74 (22.9)	43 (3.6)	26 (8.0)
提高收入	793 (67.0)	141 (43.7)	119 (10.1)	108 (33.4)	224 (18.9)	54 (16.7)	47 (3.6)	20 (8.0)

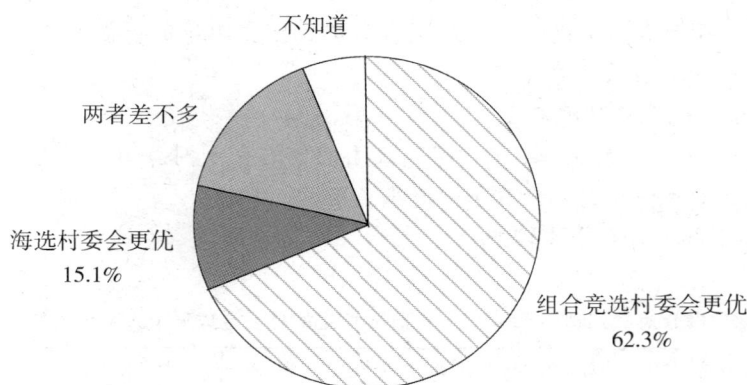

图2 干部和群众对"海选"和"组合竞选"产生村委会工作业绩的看法

表8中超半数的群众认为"组合竞选"的村委会在反映民意、财务公开、资源利用、为民办事等方面比"海选"的村委会做得好。相反观点的村民不超过15%。干部也认为"组合竞选"要优于"海选"。

"组合竞选"之所以能产生优秀的领导集体，在于不仅注重个体能力，而且注意整体的优化组合，使村委会的整体凝聚力得到增强。通过竞选程序的符号意义，村委会更加体会到权力的来之不易，必须真正代表人民才能保证权利的有效性和合法性。

在对两种模式产生的村委会业绩总体评价中，有62.3%的干部和群众认为"组合竞选"好，认为"海选"更好的仅占15.1%。"组合竞选"的效用性已被广泛认同，见图2。

（三）小结

对两种模式在选举过程和模式效果的分析，可以得出肯定的结论："组合竞选"作为一种选举制度其认同度和生命力超出"海选"，表9的一项统计数据中可以看出，72.8%的干部和群众总体认为"组合竞选"比"海选"模式要好，仅有16.3%的村民和干部认为"海选"模式好。

表9　　　　　　　　　　　干群对"海选"和"组合竞选"模式总体评价　　　　　　　单位：个,%

	组合竞选更好	海选更好	两者差不多	说不清楚	合计
群众	944 (79.8)	136 (11.5)	73 (6.2)	30 (2.5)	1183
干部	152 (47.1)	110 (34.1)	37 (11.5)	24 (7.4)	323
合计	1096 (72.8)	246 (16.3)	110 (7.3)	54 (3.6)	1506 (100)

二　华中师范大学《村民自治比较研究》课题组 2005 年颍上县 10000 份问卷调查分析

为进一步考察"海选"与"组合竞选"的优势对比，华中师范大学"村民自治比较研究"课题组于 2005 年 6 月在安徽省颍上县农村进行了万份问卷调查。这次 10000 份大规模调查，进一步证实了"组合竞选"在当今社会推广的历史价值。

（一）被访者基本情况

这次被访者男性占 59.3%，女性占 40.7%；81.4% 被访者是普通群众，11.9% 党员，6.3% 团员。83.7% 的被访者的年龄在 18—60 岁之间，其中 18—29 岁的占 19%，30—39 岁的占 25%，40—49 岁的占 20.8%，50—59 岁的占 18.9%。被访者文化程度基本在高中以下，不识字者占 22%，小学文化程度者占 37%，初中文化程度者占 33%（见图 3）。本次调查主要反映了一般农民的看法和态度，从农民视角看村委会选举及选举模式，将普通农民的意见反映到政府决策层面，对于推进农村村民自治的发展具有现实性意义。

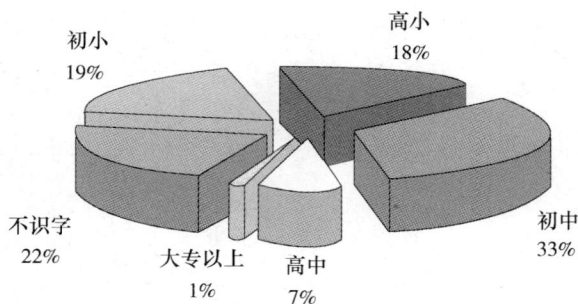

图3　被访者文化程度结构示意图

（二）"组合竞选"跟"海选"比较的优势

1. 选举程序比较

在选举程序方面，87.3% 的人认为"组合竞选"比"海选"更合理、公正；86.7% 的人认为"组合竞选"比"海选"更公开、透明；88.9% 的人认为"组合竞选"比"海选"更民主；86.6% 的人认为"组合竞选"比"海选"更反映民意（参见图 4 至图 7）。

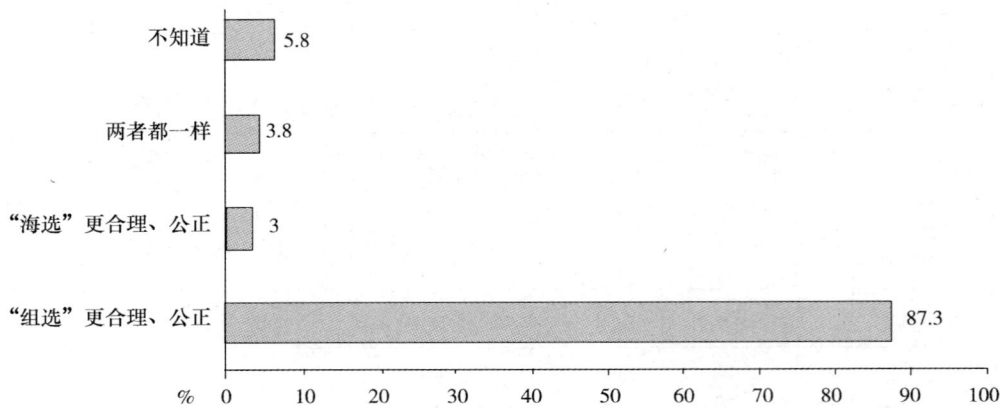

图 4

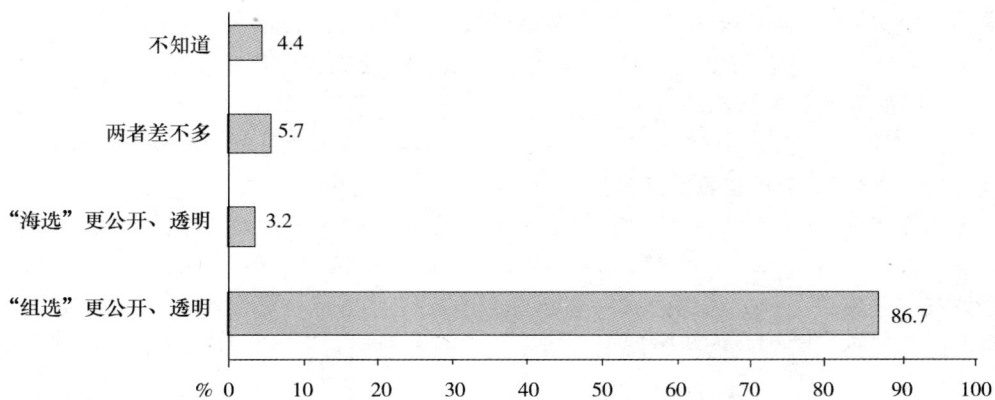

图 5

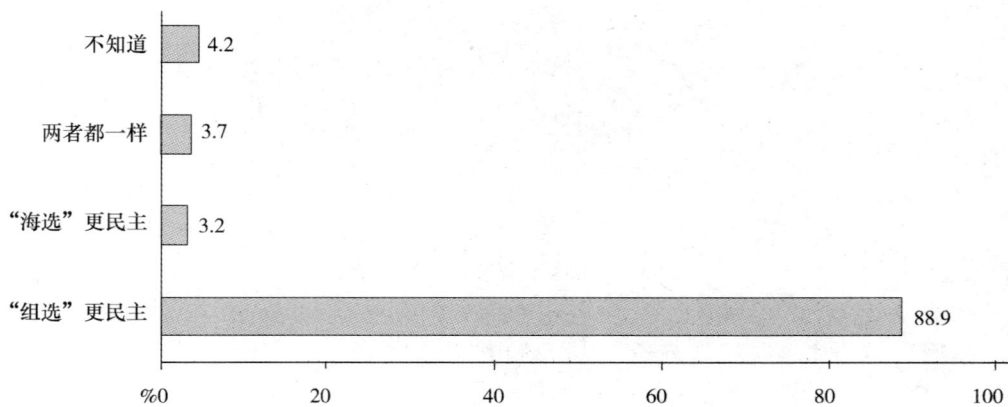

图 6

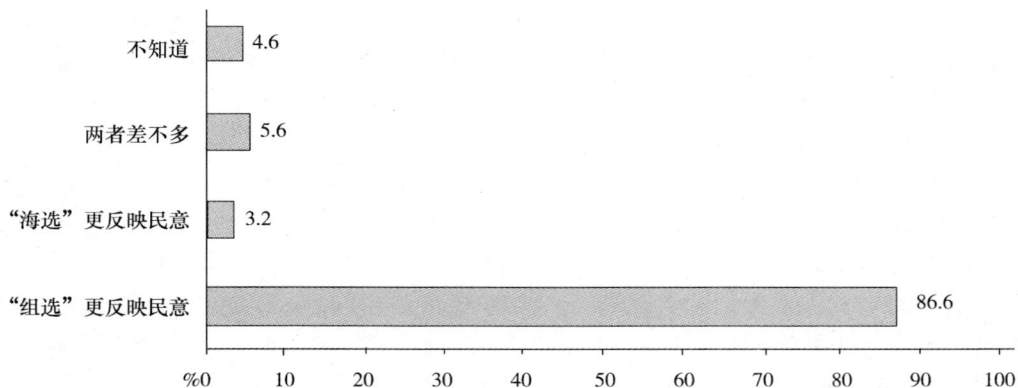

图7

2. 群众参与比较

在群众参与方面，86%的人认为"组合竞选"参与度更高（参见图8）。

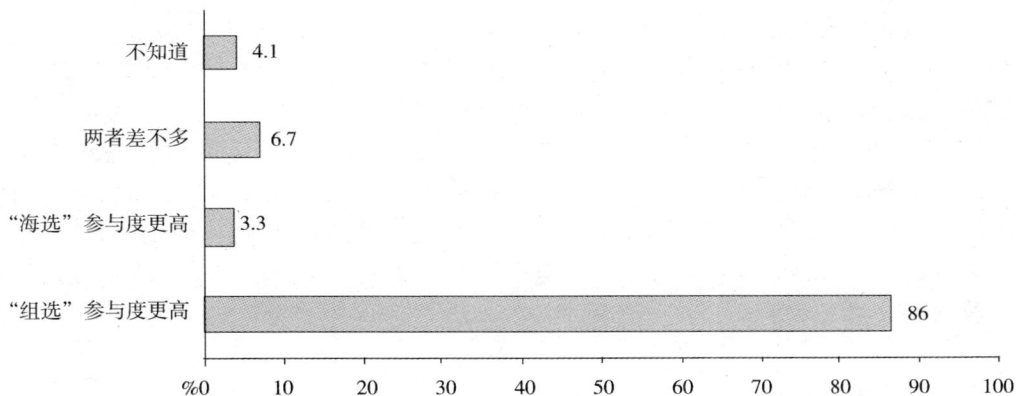

图8

3. 外部干预比较

过去诟病最多的是乡镇政府、村党支部对村委会民主选举的干预。在农村税费改革前，乡镇政府无论是直接还是通过村党支部间接干预，把村委会作为下属的一级行政组织，方便对农民税费收取、完成各种指标，是制度性需求。

农村税费改革后，缓解了乡镇向农民征收税费的考核压力，农业税进一步取消，乡村关系继续维持支配性关系已无必要；反之，乡镇政府会积极推行村民自治，因为在新的环境下，推行村民自治符合其治理的需要和利益要求。村民能够依靠村治，实现一个村庄的自我治理（self-government），乡镇政府求之不得。①

调查显示，6%的人认为乡镇对"海选"干预程度高，5.2%的人认为乡镇对"组合竞选"的干预程度高，"组合竞选"在防范乡镇的干预方面比"海选"强15.4%。

---

① 吴理财：《从农村税费征收视角审视乡村关系的变迁》，《中州学刊》2005年第6期。

7.5%的人认为村党支部对"海选"的干预程度较高，4.9%的人认为村党支部对"组合竞选"的干预程度较高，"组合竞选"在防范党支部的干预方面比"海选"更强达53.1%。乡镇政府、村党支部，对"组合竞选"的干预都弱于对"海选"的干预。[①]

4. 当选干部比较

通过"组合竞选"方式产生的村委会干部在人品、威望、办事积极性、办事效率方面均优于海选产生的村委会干部。

85.7%的人认为"组合竞选"的村委会干部在人品方面更好，仅2.5%的人认为"海选"好。85.8%的人认为"组合竞选"产生的村委会干部威望更高，仅2.7%的人认为"海选"产生的村委会干部威望高，6.4%的人认为二者产生的村委会干部威望差不多。

85.6%的人认为"组合竞选"的村委会干部办事积极性高，2.6%的人认为"海选"的村委会干部办事积极性高。85.3%的人认为"组合竞选"产生的村委会干部办事效率更强，2.4%的人认为"海选"产生的村委会干部办事效率更强。

5. 村委会绩效比较

83%以上的被访者认为"组合竞选"的村委会，在财务公开、资源利用、为群众办实事、提高农民收入等方面，都比"海选"的村委会做得好。

提高农民收入方面，84%的人认为"组合竞选"的村委会做得好，只有2.5%的人认为"海选"的村委会做得好。85%的人认为"组合竞选"产生的村委会政绩大，2.2%的人认为"海选"产生的村委会政绩大。

"组合竞选"与"海选"比较上，87.3%的乡村干部认为"组合竞选"的村委会更有凝聚力，仅3.6%的人认为"海选"的村委会更有凝聚力；87.6%的乡村干部认为"组合竞选"的村委会抓工作更有力度，认为"海选"的村委会抓工作更有力度的只有3.2%。

总体而言，86.4%的人认为"组合竞选"比"海选"好，仅2.7%的人认为"海选"模式好（参见图9）。

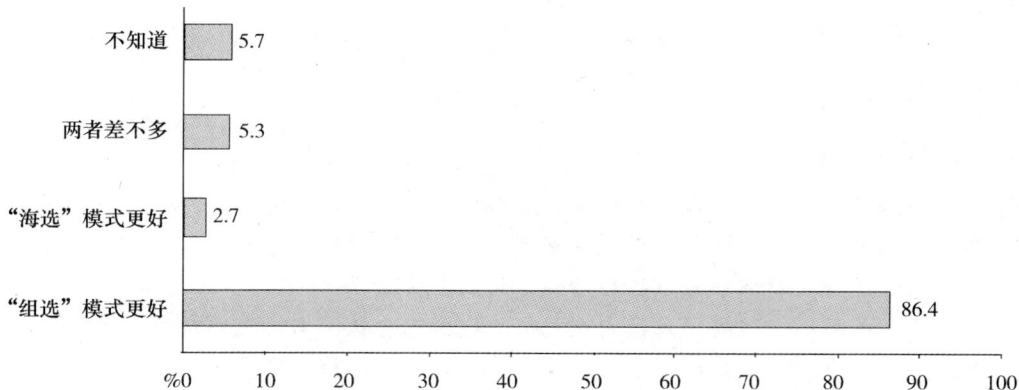

图9　对"组合竞选"与"海选"的总体评价

---

①　辛秋水等：《制度堕距与制度改进对安徽省五县十二村村民自治问卷调查的研究报告》，《福建论坛》2004年第9期。

（三）小结

万份问卷调查表明，"组合竞选"符合现阶段农民对民主法治的要求，对于加快我国农村基层民主建设、促进三农进步，具有坚实的社会基础和旺盛的生命力。

与"组合竞选"村委会比较，"海选"虽是大民主，但"海选"分别或平行选举村委会主任、村委会委员，选出来的村委班子凝聚力不强，不利于村委会发挥正常的村民自治功能。不可能切实推进基层民主，这已为各地出现的各类不良选举现象所证明，而"组合竞选"在诸多方面弥补了"海选"暴露出来的这些弊端。

农村税费改革后，各地进行了大规模合村并组。如继续沿用"海选"办法，原本人数众多的甲村的人选极易当选，而另一个乙村由于人数少很难有人当选，这样选举产生的村委会难以开展工作，没有人当选的乙村往往不配合新村委会的工作，甚至还会出现人数少的村因为当选无望而不去参加或抵制选举，使得新的村委会难以顺利产生。这是村组急遽合并引发的新问题。对于这样合并的村委会选举，因为每个村主任候选人为使自己组合的班子当选，必须考虑各种因素影响，既要争取更多的选票，也便于以后工作。"组合竞选"显然能够克服上述"海选"不足。

结论　"组合竞选"的价值、完善及发展

一　"组合竞选"的价值

随着中国融入世界、现代化进程的加速，中共党和政府重视民生、关注民本、尊重民意，建设中国特色的民主步伐正在加快。中共十七大提出了全面推进小康建设、建设社会主义新农村，构建和谐社会、促进文化大繁荣大发展，建设四大文明：精神文明、物质文明、政治文明、生态文明。实现五化：工业化、信息化、城镇化、市场化、国际化。胡锦涛总书记指出，贯彻落实十七大的核心是以人为本的要求，必须始终实现好、维护好、发展好最广大人民的根本利益，尊重人民主体地位，发挥人民首创精神，扩大人民民主，明显提高全民族文明素质，加快推进以改善民生为重点的社会建设，保障人民各项权益，走共同富裕道路，促进人的全面发展。

所有这一切的实现，都有赖于从民主和法治的制度层面，保证农村村民能够公开公正公平地履行自己的公民权利，选出能够代表村民意愿和利益，能够情为民系、利为民谋、权为民用的村级自治机构。使全国村民成为中国现代化进程的知情者、设计者、参与者、监督者，确保国家政权和政体能够代表最广大人民的根本利益，代表先进生产力发展的要求，代表先进文化的发展方向，确保国家持续走向繁荣富强。解决这个问题的关键就是民主，而实现民主的重要方式之一是民主选举。从现阶段的国情和成功试验观察，"组合竞选"是发挥村民自治和发挥民主的较佳方式。

自1989年至今20年的时间里，笔者长期扎根于安徽"三农"第一线的各种发展类型的乡村，建设"三农"研究基地，专注于中国新农村建设的理论与实践，将民主政治的"组合竞选"与文化扶贫的视角纳入乡村建设的研究，摆脱了传统研究单纯的经济学视角，开创了中国乃至世界农村社会学研究的新方式。根据中国农村特点创新思维、创新理论和创新实践的村委会"组合竞选"模式，已经在安徽337个村进行了大范围的试验，取得了预想的效果，实践证明是具有中国特色的民主选举方式，引起国内

外的广泛注意，国内外有关专家实地考察后一致认为，具有重大学术价值和应用价值。

　　20 年来，由政府和学术机构主持举行了 20 多次由省内外专家学者参加的"组合竞选"理论与实践的实地考察和研讨会，发表了 110 篇论文与调查报告，从理论和实践两方面进行研究总结思考。今天笔者更希望这种来之于民的理论，成为关注民生、体现民意与民主的更为规范完备的科学选举制度，为我们国家的和谐稳定永续发展作出贡献。

　　温家宝总理提出 30 年来中国农村改革"三步走"：第一步，以家庭承包经营为核心，建立农村基本经济制度和市场机制，保障农民生产经营自主权。第二步，以农村税费改革为核心，统筹城乡发展，调整国民收入分配关系。第三步，以促进农村上层建筑变革为核心，实行农村综合改革，解决农村上层建筑与经济基础不相适应的一些深层次问题。1949 年至 2002 年，中国农业发展经历了"农户土地私有，自主分散经营"、"土地集体所有，集中统一经营"、"家庭承包经营，土地集体所有"、"产权调整深化，经营规模扩张"、"协调发展与农业保护" 5 个阶段，从 2003 年开始，中国农村已进入运用科学发展观指导农村建设的历史新阶段。基层农民经济与文化素质的提高反映在政治需求上，要求有更大的知情权、表达权、参与权和监督权，享受改革开放带来的成果，保障农民的权益。党和政府顺应民意，及时启动我国农村第三步改革，促进农村上层建筑变革，村委会民主选举越来越受到党和政府的重视①。"组合竞选"正是在这样一种大环境下创新、实施与发展的。在农村实行"组合竞选"，符合农村实际，既是农民的迫切要求，又是历史发展的大趋势。

　　"组合竞选"的价值在于：为坚持改革开放、建设有中国特色社会主义、实现现代化的我国农村，创新性地提供了一条走向民主法治的切实可行的途径。"组合竞选"的实施，可以从制度的层面保证民主与法治的实施，确保国家的长治久安和经济社会的健康稳定快速发展。概括起来有如下几点：第一是民主习惯的训练。第二是有利于竞争文化的培育。第三是合作精神的养成。

二　"组合竞选"的研究与完善

　　从 20 年的具体实践看，"组合竞选"需要进一步研究与完善的问题尚有：

　　1. 对于村民自治的实践，如果没有统一、规范的民主选举制度，极容易产生偏差，甚至走到民主的反面。民主选举方式和选举制度是否科学合理，是民主选举成败的决定性环节。如何建立"组合竞选"的村民自治保障制度？前些年，"组合竞选"是党政部门组织工作组来推行的，实验阶段可以这么大力宣传强制推行，但如果没有行政和法律的制度或机制来保障，如何持续推广。②

　　2. "组合竞选"须经两次资格审查。第一次是对村委会主任候选人的审查，第二次是对参与竞选的候选班子成员的审查。倘若成员中有不合格者，需设一定差额人选依次替补。需要研究怎样更科学合理。

　　3. 选民的培训和教育是一项不可疏忽的工作。由于目前除了安徽部分地区进行

---

　　①　《温家宝强调农村改革三步走》，《经济参考报》2006 年 9 月 4 日。

　　②　刘豪兴、徐珂主编：《农村社会学》，中国人民大学出版社 2004 年版；王振 1998 年 1 月在"安徽省文化扶贫与村民自治研讨会"上的发言。

"组合竞选"试点之外，全国农村尚未普遍采用，许多群众和干部不熟悉"组合竞选"。需要研究一套规范性的培训体系。①

4. "组合竞选"的村委会和党支部二合一怎么开展工作？"组合竞选"的村委会和村党支部两套班子的关系与协调，"组合竞选"的村委会与村级经济组织关系的问题，尚需深入研究。②

5. "组合竞选"的村委会中个别人犯错误与整个班子的责任如何处理？这涉及民主选举与罢免、民主监督的问题。

6. 从实践中看，推行"组合竞选"的最大阻力在乡镇一级，解决这个问题迫在眉睫。③

三　"组合竞选"的发展与全国推广建议

为了更好地在全国推广"组合竞选"，有关专家学者和工作在农村基层一线的干部、群众建议：

1. 在江泽民、温家宝同志对"组合竞选"的有关批示、全国政协通过的《关于扩大村委会"组合竞选"实验》的建议，省委书记卢荣景、在《关于我们在若干农村进行村委会"组合竞选"试验的情况报告》上的批示的基础上，写成专门报告，申请全国人大建立行政和法律的制度或机制来保障，形成有关具有法律作用的文件规定、法规，在安徽全省及全国推广"组合竞选"。④

2. "组合竞选"方案在对候选班子资格审查以后，对候选人进行能力和学识考试，增加了考试内容，能否将两道选举程序改为对候选班子一次性推选，使推选更具科学性更易操作，同时，使村委会主任候选人对候选成员的选择更慎重，组合更优化。⑤

3. 加大对农村村民的全面素质教育，提高村民的参政议政水平。同时不宜硬性规定必须采取"海选"一种选举方式，允许各地根据当地的实际采取多种民主选举模式；不断完善"组合竞选"的村委会和党支部的工作协调和分工问题。

4. 为了进一步扩大村委会"组合竞选"试点，总结经验，安徽省委组织部和省民政厅要在村委会换届选举实施意见中提出明确要求。在修改村委会选举实施办法时要尊重民众的意见，将他们的想法吸纳到工作中。

5. 村委会"组合竞选"的阻力关键在乡镇，应以县为单位整体推进。竞选既要考虑个人素质，又要考虑整个班子成员素质，"组合竞选"才能避免暗箱操作。乡镇的阻力不仅是不想放权问题，还涉及解决县、乡镇、村的利益问题，使乡镇能够支持"组合竞选"。⑥

---

① 刘娅：《解体与重构》，中国社会科学出版社 2004 年版。
② 莫建备 1998 年 1 月在"安徽省文化扶贫与村民自治研讨会"上的发言。
③ 中共颍上县委常委、常务副县长崔黎 2008 年 1 月在"'组合竞选'研讨会"上的讲话。
④ 原国务院发展研究中心研究院研究员华毅 2004 年 6 月在"安徽省'组合竞选'与'海选'优势对比 3000 份问卷调查成果研讨会"上的讲话。
⑤ 刘娅：《解体与重构》，中国社会科学出版社 2004 年版。
⑥ 中共颍上县委常委、常务副县长崔黎 2008 年 1 月在"'组合竞选'研讨会"上的讲话。

附录

邓伟志、卢荣景同志关于建议推广村委会
"组合竞选"在全国政协会议上的提案

（全国政协十届二次会议提案第 3360 号）

案由　关于推广村委会"组合竞选"案

审查意见：建议国务院交安徽省政府研究办理

内容：村民自治是我国乡村民主建设事业中的一项伟大创举，她的更深远的历史意义还在于通过不断的民主竞选的反复实践，在广大农民中培养出一种民主意识、民主习惯、民主环境和民主操作能力。以此为起点，为我国实现全面社会主义民主奠定稳固的基础。彭真同志早在党的十一届三中全会以后不久，就着手制定了《中华人民共和国村民委员会组织法》，提出村民自治的战略思想。他于 1982 年在全国人民代表大会常务委员会的会议上的一次讲话中就指出："一个村管好了，就可以管好一个乡；一个县……"，他的意思是由村民自治开始逐步向上延伸，稳步地实现全国的社会主义民主。

但是目前我们的村民自治实践中还存在着一个重要缺陷，首先是村委会的选举还缺少全国性统一的选举科学程序、严密的选举条例。《中华人民共和国村民委员会组织法》第十一条"村民委员会主任、副主任和委员，由村民直接选举产生。任何组织或者个人不得指定、委派或者撤换村民委员会成员"，这里只规定了由村民直接选举产生，至于如何直接选举并无具体说明。为了填补这个空白，各地分别制定地方性的村委会选举办法。结果，不同地区之间出现了各式各样的选举模式。这样，就为在村民委员会选举中的形式主义、走过场和各种各样的假选举提供了条件。吉林省梨树县 1992 年实行的"海选"是一个有价值的尝试。安徽省也于 1989 根据农村社区的具体特点和农民素质状况采取了村委会"组合竞选"的办法，先后在岳西县莲云乡、来安县邵集乡、颍上县王岗镇等十多个村，进行了实验，取得了满意的成效。实践是检验真理的标准，近一年多时间由安徽省文化扶贫与村民自治研究实验中心在既实行过"海选"又实行过"组合竞选"的乡村，进行了"村委会'组合竞选'与'海选'优势对比 1500 份问卷调查"，调查证明绝大多数的村民和基层干部都肯定了"组合竞选"优于"海选"。

一　两种选举模式对比调查开展的背景

"海选"和"组合竞选"是两种具有代表性的村委会选举模式。"海选"是指由村民每人一票选举村民委员会成员，并根据得票多少决定村委会成员名单。"海选"的实质是村民直接行使选举村委会成员的权利，但由于农村社区人口流动率极低，而在村、组中普遍产生的血亲网和邻里之间因生活和生产的矛盾长期积累而存在的冤怨关系，由于在村民投票时，只能看到个人状况，而无法看到选举出来的村委会整体形象，因而常常将近亲关系和彼此间矛盾深重的人选到一起，如此选出的村委，自然不能健康、有效地工作。目前一些地方选出来的村委会，有的是矛盾重重，有的是互相包庇，不能按原则办事，这不能说与"海选"的选举模式没有联系。而"组合竞选"的方式产生的村

委会状况就与此迥然不同，根据调查，"组合竞选"出来的村委会都能同心同德地按原则办事，这与"组合竞选"的选举方式的优越性是分不开的。"组合竞选"的选举程序是：首先，由村民通过小组推荐、联名推荐的方式确定若干村民委员会主任候选人，并同时推荐众多的村委会委员候选人名单；由各村委会主任候选人在村民推荐的这些众多的村委会委员候选人的名单中，自主地组合村委会竞选班子成员上报村选举委员会，由村选举委员会将各个竞选班子成员名单（包括主任候选人及其组合人选）张榜公布，接受村民评议；在选举大会上，各个村委会主任候选人发表竞选演说，并同时介绍他所提名的村委会委员候选人情况，然后全村选民进行两轮差额选举，完成整个选举程序。1989 年 1 月 17 日我省岳西县莲云乡腾云村首次进行这种村民委员会"组合竞选"试验成功以来，又有来安县邵集乡 8 个村，颍上县王岗镇新安村、郑湾村都采取了这种模式。那么，这两种选举模式的效果如何呢？安徽省文化扶贫与村民自治研究实验中心的工作人员在上述这 12 个既采用过"海选"又采取过"组合竞选"的乡村开展了一项大型的对比问卷调查，目的在于了解广大乡村群众和干部对这两种选举方式的评价，以供决策部门参考。

二　调查开展的情况和调查结果

本次调查以安徽省来安县邵集乡 8 个村、颍上县王岗镇新安村、岳西县腾云村等 12 个村为调查点，首先在每个村抽取若干村民作为调查对象，然后分别采用入户访谈、个别发送、集中填答等方法获取样本资料。本次调查时间为 2003 年 2—3 月，共发出问卷 1600 份，其中回收有效问卷为 1506 份，包括一般群众问卷 1183 份，乡村干部问卷 323 份。最后形成一份调查问卷分析报告，题为"村委会'组合竞选'与'海选'谁与争锋"，该调查报告认为："海选"由于其制度设计中的不完善以及多种干扰性因素导致了不能有效发挥其理想中的功能；而"组合竞选"作为一种新型现代民主理念的村委会选举方式，同时又结合农村社区特点，最大限度地发挥了农村民主的特色。"报告"从选举过程、村委会工作业绩等五大指标出发，对"海选"和"组合竞选"进行了分析比较，得出结论是："组合竞选"作为一种选举制度其认受度和生命力都要大大超出"海选"。"调查"所得出的数据为这个结论提供了有力的佐证。比如在参与度方面，认为"组合竞选"参与度更高的有 62.9%，认为"海选"参与度更高的只有 20.3%。另外，在对两种模式产生的村委会工作业绩的总体评价中，938 名干部和群众认为"组合竞选"产生的要好，占被调查总数的 62.3%，而认为"海选"更好的只有 227 人，仅占 15.1%。可见，"组合竞选"的效用性已经被广泛认受，而当一种制度具备了广泛的群众基础时，它就具有生命力。

三　"组合竞选"的优势

调查发现，"组合竞选"之所以优于"海选"，是由其自身制度特点决定的。"调查报告"总结了"组合竞选"存在的优势：

（一）"组合竞选"产生的村委会将是一个优化的班子。原因是各村委会主任候选人为了争取选票和村民的支持，他们绝不敢把自己的"九亲六族"或把名望不好、明显带有某种集团利益关系的人作为自己的竞选伙伴，否则群众就不会投他的票。

（二）"组合竞选"产生的村委会是一个有能力、能干事的班子。村委会主任候选人为了在自己的任期内取得工作上的成绩，他们绝不会把那些平庸无能的"老好人"弄到自己的班子里来，否则他们在任期内无法做出优良的成绩，为此他们一定要把那些能力较强，又有工作魄力，有为人民服务理念的人组合到自己的班子里来。

（三）"组合竞选"产生的村委会是有凝聚力的班子。众所周知，一个班子能否团结一致，拧成一股绳是村委会做好工作的关键。为此，村委会主任候选人绝不会把同自己见面就脸红、说话就吵架，同自己有宿怨的人拉到自己的班子里来。他会把那些同自己能谈得拢、合得来的人组合到自己班子里来。

（四）"组合竞选"所产生的村委会是一个能够包容各方面利益，有代表性的班子。因为各个村委会主任候选人为了获得本村各个门户、宗族或自然村（村民小组）的选票和支持，他们在考虑"组合"村委会成员时，一定会在以上几个条件的基础上，设法在全村各个门户、宗族和自然村中选择有代表性的人物参加他的班子，这样一来，当选后的村委会班子就会在实际上打破各个宗族、门户、自然村的偏执之见。各个村委会主任候选人都采取这种方式，从而使本村各种利益集团和宗族都无法操纵或干预选举。

（五）"组合竞选"产生的村委会将是一个既有民主又有集中的班子。目前世界各国的政府形式主要是总统制和内阁制。不论是前者或后者，都有一个核心人物作中坚力量，才能有效地工作。由"组合竞选"产生的村委会班子正符合这样一个原则，它是草根民主，又同现代政治机制相衔接。

（六）"组合竞选"的特点除了"组合"二字以外，还有一个"竞选"的机制。没有"竞选"就没有"民主"，这是世人所公认的。而"组合竞选"从村委会的提名到最后选举结束，都一直处于竞争的状态。各个村委会主任候选人在大会上进行竞选演说，就使在台下的选民们意识到他们是真正的主人，而那些在台上向他们作演说争取他们投上一票的人，只是他们的公仆。而对于在台上作竞选演说的争取当人民公仆的候选人，也是一种民主的启蒙，使他们意识到他们的"乌纱帽"不是上封的，而是由人民群众给予的。如此竞选形式反复多次，就会在偏僻封闭的农村营造出民主的氛围、民主的环境、民主的心理、民主的习惯，并锻炼人民群众的参政、议政、当家做主的能力。"组合竞选"是一场生动活泼的民主教育，而竞选就是最好的实践教育。

安徽省十五年来进行村委会"组合竞选"的试验，一直是在省领导的支持之下进行的。许多省领导对"组合竞选"作过肯定性批示。国内外专家学者如美国杜克大学牛铭实教授、日本早稻田大学毛里和子教授等对安徽省村委会"组合竞选"作了高度评价。中共北京市委《北京观察》2003 年第 3 期刊登了题为《"组合竞选"是村委会选举的正确方向》的文章。《福建论坛》在 2003 年第 6 期首页辟专栏：中国村民自治与"组合竞选"，论述村委会"组合竞选"的优越性。早在 1996 年 10 月，中央电视台《经济半小时》栏目和安徽电视台《中国纪录片》分别以 18 分钟和 20 分钟的黄金时间专题报道了安徽省的文化扶贫和村委会"组合竞选"。

四　建议

最后我们建议扩大村委会"组合竞选"实验范围，在安徽省选取一个县扩大"组合竞选"的实验，同时加大村民自治理论研究，将《安徽省村民委员会选举条例》做个别调整，把"组合竞选"作为村委会换届选举方式列入法规。

　　主 题 词：民政　基层政权

　　提案形式：联名

　　提 案 人：邓伟志（全国政协常委、中国民主促进会中央副主席）

　　　　　　　卢荣景（全国政协常委、原中共安徽省委书记）

　　注：安徽省人民政府批准同意执行此建议，安徽省民政厅决定在岳西县全县试验推广。

理 论 创 新

——在求真求实的道路上攀登

论社会科学实验对社会发展的重大意义[*]

科学实验是自然科学的基础，也是近代文明的奠基石。社会科学研究能不能与自然科学一样进行实验？一直是有争论的。甚至有人说，社会科学在今天还不具备完整的科学形态，因为它不能实验。与之相反，我们则认为，一切客观事物的发展都有其内在的规律，因而都是可以实验的。不过，与自然科学不同的是，由于社会科学研究的对象是社会，因而它所进行的实验是社会实验，其中建立实验区是其最重要的形式和手段。在这里，我不想就此作纯粹的学术争论。事实总是胜于雄辩。请允许我以我多年来的研究案例作个初步的说明，以证明社会科学是完全可以实验的，并且某一个领域课题的实验成功，其对社会的影响或推动意义，不仅不逊于自然科学方面的某一重大发明，甚至更带有全局性、整体性。

一 建立村民自治实验区

在中国目前的条件下，能不能实行民主政治，这是一个众说纷纭、争论不休的大问题。有人说，中国一旦实行民主，就会天下大乱，破坏政治稳定，因而万万实行不得。对此，我则不敢苟同。我认为政治稳定固然是社会发展和改革的前提，一切改革和发展的措施，都不能破坏稳定的大局。但是稳定不是稳而不动。目前政治领域范畴的各种矛盾和冲突如不通过改革进行调适就必然会激化，其结果不但会破坏稳定，还可能招致意想不到的灾难。这应该是一切有识之士的共识，因为历史上就有许多类似的教训。政治上民主改革的实质就是不断地引导人民群众参与政治、当家做主、管理国家公共事务，这是人民国家本质的要求。问题是中国的民主政治改革应该从哪里启动？根据中国的国情应采取哪些步骤？我们认为根据中国革命和改革的历史经验，中国民主改革的突破口应该在农村，从农村的基层起步。尤其是目前，农村基层各种矛盾特别是干群矛盾已经很尖锐了。其根源：一是农民群众已不堪忍受各种不合理、不合法的沉重负担。许多地方的统计都表明，扣除化肥、农药、水利、农业税、提留等各种杂费外，农民一年辛苦劳动所得无几，甚至还要亏本。二是有些基层干部敲诈勒索、欺压良民，而农民又告状无门，致使上访、静坐等现象层出不穷。中央虽对此早有警觉，从1985年开始，几乎年年下达红头文件，派出工作组，制止向农民的乱摊派，查处干部违法乱纪，但实际效果却并不令人满意。我在贫困地区的调查中也发现，中央政策很好，扶贫力度也很大，但到了基层却难以奏效，症结就在于基层干部的"乌纱帽"不是掌握在群众手中，也

* 原载中国管理科学研究院农业经济技术研究所《通讯》2000年第1期。

就是说，农村小区的领导人不是由农民自己选举的，因而他们完全可以不向农民群众负责，所谓"骂则由你骂之，好官我自为之"。说到这里，我想指出的是，制止农民负担无限增长，遏制干部违法乱纪，根治农村问题，不能扬汤止沸，必须釜底抽薪，也就是说，真正让农民在自己的小区里当家做主，由人民自己选举小区的领导人。只要落实了这一条，农村就可以从根本上解决以上两个大问题，就可以斩断无数伸向农民的黑手，也就切断了以权谋私的腐败之源。那么，在农村真正实行民主选举是否可行呢？关于这方面的议论很多，其中反对者的呼声甚高。反对者主要理论根据在于：农民文化水平太低，缺少参政能力，加上宗族、宗派严重，一搞民主，就会造成混乱，影响稳定。小平同志说，"稳定压倒一切"。破坏稳定是一件大事，谁都不敢犯讳。而我认为，在农村有步骤地实行真正的自由民主选举，不但不会破坏稳定，而且有助于社会的最终稳定。这项工作已经到了迫在眉睫的地步，不容迟疑。首先，以往的历史经验表明，任何其他的办法都没能有效地解决多年来困扰我们的农村问题。其次，如果我们再进一步翻开历史，历史将提供给我们又一条经验，一条十分有效的经验：中国共产党领导的新民主主义革命，就是从落后的农村开始的，通过发动群众、依靠群众取得革命的胜利。当时根据地的各级农会干部都是农民真正选举出来的，甚至在高度集中的革命军队里也广泛实行了政治民主、经济民主和军事民主这三大民主，广大农民群众接受了多年的民主教育，有着民主主义的传统。当时农民因不识字而采取数豆子的土办法选出了自己满意的干部。而新中国成立 50 多年，文化教育得到了普及，今天中国农民的文化程度尽管还很低，但已比解放前根据地的农民不知高出多少倍，怎能因为农民文化水平低就断言他们选不出自己满意的干部来呢？再次，市场经济是民主、平等、法制的孪生兄弟，商品交换是一种自由交换，只有在人与人之间平等的基础上并有一套游戏法规（法制）才能进行。改革开放以后实行的社会主义市场经济，正是推进民主与法制的基础，没有民主和法制，社会主义市场经济也得不到健康发展。由此可见，在农村实行干部民选和村民自治不仅是完全可行的，而且也是解决现实矛盾的必由之路。

但认识和观点还需要实践的检验。所以我在 1987 年向中共安徽省委书记卢荣景同志提出并获得赞同的文化扶贫方案中，就有在农村实行民主选举干部这一条。我选择了全国最贫困的地区——大别山区岳西县莲云乡腾云村进行这项实验。在宣传教育的基础上，该村于 1989 年 1 月 17 日召开了选举大会，由群众推荐的 4 名候选人分别上台发表竞选演说。经过两轮选举，一名农民技术员当选为村委会主任。这位民选的村委会主任一上任，就运用自己的农业技术在全村推广杂交稻制种，进行科学种田、修堤造坝、兴修水利，群众皆大欢喜。当年秋天该村农民经济收入就比常年翻了一番，群众说一年抱了一个金娃娃。干群矛盾缓解了，社会比以前更加稳定了。以后该村连续三次换届选举都是我主持的，均获得了圆满成功。1998 年我又将这项实验扩大到来安县邵集乡全乡 8 个村，也同样获得了成功。所有这些村在选举时，群众的参政热情都极高，秩序良好，从未发生人们所顾虑的宗族、宗派把持选举等越轨行为和混乱局面。相反，民选后的干群关系在许多村发生了意想不到的可喜变化。邵集乡的刘郢村有口大水塘，民选干部以前，这口大水塘一直是由原任村支部书记承包的，原承包金额一直是每年 500 元，群众对此极为不满，但又无能为力。民选干部以后，群众说话了，干部也不敢这样做了，就对这口大水塘进行公开招标。在招标大会上，原来 500 元一年的承包金额一下抬到

12000 元，并且还是由原承包户（即原村党支部书记）承包去了。可见民主选举村委会，实行村民自治的威力有多大！还有一个村的村民患了重疾，无钱医治，该村民选的村委会主任得知后，主动上门，为他贷款治病。这户农民又喜又惊。他们说，像这类事过去连想都不敢想。我就询问那位村委会主任（民选前也是村委会主任）过去为什么不这样办呢？他的回答很直爽："过去我这个主任是乡党委任命的，只要工作中不出大错，同乡里关系搞得好一点，村委会换届时一般还是让我干。现在不同了，三年以后换届时，有许多人同我竞选。如果现在不给老百姓好好办事，他们就不选我。干部的补贴没有了是小事，最重要的是面子难看。"请看由人民群众直接选举干部，干部的"乌纱帽"拿在群众手里后是什么景象！真所谓"体制一改，尽得风流"。常言道"牵牛要牵牛鼻子"。解决农村当前许多突出的矛盾，其牛鼻子就是实行民主选举干部，真正让人民当家做主。

社会主义民主化是社会主义现代化的一个有机组成部分。没有民主化的社会主义现代化是瘸腿的。但是，由于中国是一个发展中国家，社会经济发展不平衡，封建主义的尾巴还很长，失控不论对于国家还是人民，都将意味着灾难。因此，政治体制改革必须逐步实验、逐步探索、逐步前进。这种实验和探索首先应该是在农村，在基层。在全国农村基层普遍而真正地实行民主选举村委会，实行村民自治，就是一个学习民主的大学校，训练民主的大操场。基层民主普遍成功了，然后由村而乡，再由乡上升到县、到省，就可保证在社会稳定有序、经济持续增长的前提下，胜利地实现社会主义民主化。我十多年来进行的上述村民直接选举村委会村民自治的实验，就是社会科学实验的一个成功事例。而这一事例通过中央和地方各种大众传媒的报道对全国村民自治的推行无疑起到了不可小视的影响。这同自然科学的某一重大科学实验的成功性质是相同的，其产生的作用也各有千秋。

二　建立文化扶贫实验区

长期以来，人们视贫困为食不果腹、衣不蔽体、屋不遮风雨的物质贫乏状态。极少有人把文化的贫困和落后、信息的封闭划作贫困的范畴，因而所谓贫困指的就是物质贫困，而扶贫就是物质的资助，即送衣、送被、送粮、送钱等。我国近二十年的大扶贫基本上是按这条思路进行的。但实践证明，这种扶贫方式不仅未能从根本上改变贫困农户和贫困地区的贫困面貌，相反的，却养成了贫困地区干部和群众惯于伸手向上、无所作为的严重依赖思想。我在长期的农村调查中发现，凡是生活能够温饱或比较富裕的家庭，其户主都是头脑比较清楚、有一定文化的人；反之，那些衣不蔽体、食不果腹的极贫户，家庭成员中或者有慢性病或残疾人，或者头脑糊涂，没有文化。这一鲜明对照给了我们一个明确的结论，即同处一个村庄，在同样自然环境和社会环境下，为什么家庭收入状况会有如此悬殊？其关键是人的素质差别，即人的智力差别。因而我提出文化扶贫的思路，即向这些贫困的人们普及文化，传授适用科技知识，并开拓交通、输入各方信息，从整体上提高贫困群体的素质，让他们利用自己的双手和大脑，变当地的潜在资源为现实财富。这是投入最少、产出最多，从根本上扭转贫困的重要道路。为此，在1987 年，我将上述设想向省委作了书面汇报，提出"以文扶贫、综合治理——对一个贫困山乡的综合改革方案"。获得当时中共安徽省委书记卢荣景同志的赞同后，我即于1988年4月只身来到岳西县莲云乡，蹲点一年，亲自组织文化扶贫的实验。文化扶贫的内容可概括为"三个基地，一个保障"。第一个基地是因陋就简，办一个科技文化阅览室，让那些稍具一点文化的农民在这里能学到一些实用的生产科技知识。第二个基地是在全乡交通要道两旁设立35个阅报栏，每天派专人将当天收到的报纸贴上，农民可直接接受到来自各方的信息包括党和国家的政策法令。使封闭中的农民群众逐步实现人的现代化，农村的各种陈规陋习就会被新鲜、文明的氛围所代替。第三个基地是结合农时季节，举办实用技术培训班，放映农技录像，向广大农民传授实用技术。这一招既能让农民立竿见影地将学到的农业技术用于手中的农活，又能为农村培养一大批科学种田的人才。"一个保障"就是实行村民自治，对干部进行民主选举。文化扶贫实验的结果如何呢？就农民收入的层面来看，文化扶贫前一年，即1987年，该乡人均收入是192元，而到1992年时，该乡人均收入达到900多元。就社会精神文明层面来看，自实行文化扶贫以来，这里的打架斗殴等恶性事件减少了许多。更重要的是，由于农民从贴报栏和图书室里获得了不少政策法令方面的知识，对干部一贯俯首帖耳的农民开始拿起法律武器进行抗争了。有的当地干部就曾这样对文化站的工作人员发过牢骚："如果不是你们的文化站、贴报栏，农民哪里懂得利用法律来告我们？这是我们自己找出来的麻烦事。"莲云乡的文化扶贫事业取得了明显的成就，引起了中共安徽省委的重视。1992年，中共安徽省委作出决定，在全省四个地区推广莲云乡文化扶贫的经验（见1992年7月17日《安徽日报》头版头条新闻"扶贫扶人、扶智扶文——省委决定推广莲云乡经验"，1992年6月30日《光明日报》"辛秋水扶贫摸出新路子——安徽推广农村科技文化实验县试点"）。为此，安徽省财政厅一次性拨款27万元，三年扩大试验结束，肯定了文化扶贫是一条正确的扶贫之路，而且是农村"两个文明"建设新的增长点。原由省委宣传部负责管理的文化扶贫工作移交给安徽省文化厅管理。文化厅将文化扶贫更名为"杜鹃花工程"，并上报文化部和安徽省人民政府立项。中央电视台"经济半小时"栏目以"书记、教授与农民"为题，安徽电视台"中国纪录片"栏目以"扶贫扶人，扶智扶文——记社会学家辛秋水"为题对莲云乡文化扶贫作了20—30分钟的专题报导。中央和地方报刊也不断进行宣传，因而我省的文化扶贫影响到全国。中央宣传部在1993年成立了文化扶贫委员会，接着其他各省市也相继成立了文化扶贫委员会。文化扶贫实验又一次获得了成功。

三　探索实验智力与权力相结合，实现"士之志"的通道

中国文化传统以"士当以天下为己任"为美德，文人实现以天下为己任之路，一直被认为只有"学而优则仕"，即自己当官，运用自己手中的权力"平天下以济苍生"。但是否还有另一条路可走？就是自己不当官，不掌握权力而为决策者提供治国安邦之谋略以实现"士之志"，即深入社会最底层，调查、掌握还未被决策部门所充分重视的情况和问题，进行研究，引起决策部门的重视，进而形成政府部门的重大决策，也就实现了"士之志"。五十多年的探索实验，特别是近二十年的实践，证明我的这一设想和具体操作是成功的。

智力与权力相结合，实现"士之志"的第一个成功案例：

新中国成立之初，我在北京中苏友协总会工作时，发现当时友协工作中的组织形式和工作任务相矛盾，产生了一系列尖锐问题，以致造成人力物力的巨大浪费和工作的被动局面，毅然提出取消已成为当时友协工作严重负担的个人会员制（六千万会员）的爆炸性建议。该建议虽然受到层层领导的批评和反对，但我仍然坚持这一观点，写成《关于改变当前中苏友协组织形式和中苏友协基本任务的矛盾的建议》，送当时兼友协总会会长的刘少奇同志。三天之内即获少奇同志给我亲笔回信，信内称："秋水同志，你的意见基本正确，我已提交中共中央宣传部讨论处理。此致敬礼。刘少奇。"当时的中宣部秘书长熊复同志迅即招我面示，称"这是机关工作的创造性表现"。随即召开中宣部所属单位团员和年轻党员大会，由我就此一事件过程向大会作了题为《反对官僚主义，开展机关工作的新局面》的报告。当时，会议由中宣部团委书记冷冰同志主持。不久，中苏友协据此召开全国工作会议，决定根据少奇同志批准的这个建议，转变友协组织形式，取消六千万个人会员，改为由工、青、妇等群众团体中央一级组织，加入友协总会为团体会员，从而使友协摆脱了烦琐的组织事务工作。

智力与权力相结合，实现"士之志"的第二个成功案例：

粉碎"四人帮"后，中央逐步实行对外开放、对内改革的正确方针，特别是由于搞活经济、松开人们多年来被捆绑的手脚，我国市场经济逐步发育起来。但是，在这种转轨起步之际，一些手中握有权力的干部以权谋私、以权换钱的现象越来越明显。我觉察到在搞活经济的同时，如不在党风和法纪方面从严治理，社会主义的车轮就会倾斜。于是我着手进行深入调查，以便收集一些典型案例上报中央，以引起中央的警惕并采取对策。1980年，我到我的家乡嘉山县（现明光市）调查。该县二轻局局长张子斌同志向我汇报说："我是一个老共产党员，现在我每天都在靠送礼行贿买进难得的原料，也靠送礼行贿打开产品的销路。我知道这同自己的党员身份是背离的，但迫于目前的形势，我又不得不这样做。所以我常说：现在要判我的罪，不用下去调查，就将现在的材料整理一下就行。"我在该局召开了座谈会。与会者几乎异口同声地反映：目前，社会风气变坏了，送礼行贿成为办事的手段，并提供了大量相关事实。我将他们提供的材料整理为一份题为"当前国家干部贪污受贿之风严重"的调查报告，获得了省委领导张劲夫、顾卓新两位同志的高度重视，并把它刊登在安徽省委《调查研究》1981年第12期上。随之，这份报告被送至中央。领导胡耀邦同志在这份报告上逐页作了批示，并就此给当时中央纪委常务书记王鹤寿同志作了如下批示："第一，可否把这个材料登《党纪》刊物，并加按语，要求各级纪委充分重视。第二，是否再作点调查，争取在四月至迟在五月，专门写个通告公开号召广大干部、党员和群众坚决同这股歪风邪气作斗争。"中纪委遵照耀邦同志的批示，除了在中纪委第三次全体会议的决议中增加了反对贪污行贿的内容以外，并将这份调查报告刊登在中纪委机关刊物《党风与党纪》1981年第10期上（《人民日报》又于1981年7月23日转载了我的这份材料，并附《党风与党纪》的编者按），随之又派工作组到安徽、江苏、福建、山东、江西、浙江华东六省作了调查，完全证实了调查报告中所提到的目前干部贪污、行贿问题的普遍性和严重性。

智力与权力相结合，实现"士之志"的第三个成功案例：

1984年春，社会刑事犯罪日趋猖獗，尤其是青少年犯罪现象严重。人们思索着如何才能扭转这种治安严重不良的形势和防止青少年犯罪。我就发生在合肥市长江路、省委北大门附近的两伙流氓闹事，当场打死一人、打伤多人一事，到合肥市东城区（工厂区）对两伙闹事的主要犯罪分子所在学校、街道、派出所、工厂等有关单位进行深入调查、取证，得出结论：一是由于这些有关单位对其成员的不轨行为不愿管、不敢管，而负责社会治安的政法部门又打击不力，该判不判或重罪轻判，甚至不判，致使一批犯罪分子又轻易地回到社会上去。群众说他们是下山的"老虎"、下乡的"鬼子"，人人怕，唯恐躲避不及，一时形成"好人怕坏人，大人怕小孩"的不正常的风气。此风不扭转，社会何从稳定，社会经济何以发展？我认为必须采取"治乱世用重典"与综合治理相结合的方针。本此思路，我写了一份"关于青少年犯罪问题的调查与对策"。安徽省长王郁昭、副省长兼省政法委员会书记程光华都作了重要批示。陈光华批示是："这份调查报告写得很好，所提建议亦可参考，省政法委员会打印50份，由省政法委员会和合肥市政法部门负责同志开会研究讨论。"随之合肥市迅即开展打击刑事犯罪斗争的行动（比全国早三个月）。后来这份材料被转至中央，全国人大法制委员会将其印刷成册，发给每一位人大常委作为讨论制定《关于从重从快打击刑事犯罪的决定》的重要典型参考材料。实现社会稳定就必须在社会上形成正气压倒邪气、坏人坏事如老鼠过街人人喊打的良好风气，就必须采取对刑事犯罪的坚决镇压与综合治理相结合方针。

智力与权力相结合，实现"士之志"的第四个成功案例：

我们所处的时代是一个新时代、新社会，它是从旧时代、旧社会脱胎而来，因而无疑会打上旧时代、旧社会的印迹。流氓恶霸是旧社会、旧时代的政治、经济基础的产物，但其幽灵并不因为社会时代的变迁而彻底消失，相反还在许多地方，特别是在经济文化落后、民主法制极端薄弱的地区残害着善良的人民。这些丑类之所以得逞于一时一地，还因为：一是当地人民群众还没有打"豺狼"的群体觉悟和组成群体的力量；二是代表国家和政府打击罪犯、维护人民利益的党政部门软弱无力。这里就有一例：1985年，定远县三河乡食品站职工侯鸣放，自恃其会武术，其父又是曾任区委书记的老干部，地方关系甚多，就在地方上到处行凶作恶，曾肆意打伤当地干群约90多人，奸污女青年多人，其淫威之盛使被打者不敢还手，被奸者不敢呼救，事后还不敢告状，否则报复立至。当地执法部门执法不力，致使侯多次进入派出所和县公安局拘留所，均被无罪释放，此后便更加有恃无恐。当时，我根据被侯无端打伤全家五口人的老教师蒋宗汉的控诉信提供的线索，深入到出事地点进行调查，证实了侯鸣放一贯横行乡里、作恶多端、人人痛恨的事实。我据此写出调查报告《恶棍为何如此横行乡里》、《不能让恶棍逍遥法外》、《新恶霸侯鸣放的下场》分别刊登于《安徽日报》（1985年10月31日、12月3日）和《农民日报》（1986年1月26日），通盘托出了事情的前因后果和新恶霸的累累罪行，引起了社会的强烈反响。《安徽日报》（1985年12月3日）以半版篇幅刊登了社会各界知名人士的强烈呼吁，认为该文伸张了正义，充当了人民的喉舌，给以极大的支持。侯鸣放最终被判处十年有期徒刑，定远城乡广大群众为之欢欣鼓舞，庆祝除去一害。

权力与智力相结合，实现"士之志"的第五个成功案例：

正如中央领导同志多次指出的那样，目前党风和政纪方面的问题比较严重，尤其是在那些握有某种特权的单位，如公安队伍中少数人表现尤其突出。1996 年 2 月，明光市公安局明东派出所所长王守富以纪业辉等人有盗窃嫌疑为由，将其带至派出所，酷刑逼供，要其承认所谓的偷窃之罪。在受尽折磨后，纪业辉等人只得屈打成招，画押承认加在他们头上的所谓罪行。王守富拿着这份屈打成招的画押口供，到纪业辉等人家中敲诈巨款，并将纪业辉等人送明光看守所收押 64 天。由于明光市检察院认定此案事实不清，证据不足，对纪等予以无罪释放。纪等回家后，发现家中被无故敲诈达万元，于是上告明光市法院，明光市法院判决明光市公安局一方败诉。责令市公安局退款，并赔偿纪业辉等人因错抓错捕造成的经济损失。明光市公安局不但不执行明光市法院判决，相反却派出两个公安人员到明光市法院将正在办事的纪业辉等人铐走，又利用职权分别给予劳动教养三年处分。执法机关如此执法犯法令人难以置信。我在看了申诉人向我提供的全部材料后，立即到合肥市劳动教养场所，提讯被关押的当事人，写下提讯记录上报给当时安徽省委书记卢荣景同志。卢荣景同志立即批示："此案情节严重，要依据事实和法律尽快处理。另外，明光市公安局有什么责任，也要查清。结案后应公开曝光。"省委副书记方兆祥同志看了提讯记录以后也气愤异常，立即指示省政法委书记、省公安厅厅长陈瑞鼎同志和省人民检察院检察长宋孝贤同志要一抓到底，对执法犯法者决不心慈手软，姑息养奸！随之，省、地、市三级检察院对此联合展开了侦查活动。案情终于水落石出。撤销滁州市劳教委对纪业辉等人劳教三年的决定，并以刑讯逼供罪判处王守富有期徒刑 3 年，其他相关人员也相应受到了应有的惩罚。

智力与权力相结合，实现"士之志"的第六个成功案例：

改革开放后农村实行包产到户，调整了生产关系，促进了农村生产力的发展，农村出现一片大好景象。但是，旧的矛盾解决了，新的矛盾产生了，农村中许许多多的新问题涌现出来。为此 1984 年，我到安徽肥西县农村进行了广泛调查，发现包产到户后，产生了一些新的矛盾，如包产到户以前，农村集体劳动，集体分配，缺少劳动力的家庭收入低于一般家庭平均收入，而那些自成一户的单身汉由于体力强，无负担，工分收入高，因而生活状况相对较好。但在实行包产到户以后，土地按人头平分，那些劳动力虽少，老人小孩比较多的家庭由于分到的土地较多，且此时又提倡发家致富，因而这些家庭的收入较以前大大提高；相反，单身汉户只分得一人土地，又无老人和小孩操持副业，因而收入相形见绌。这些单身汉户生活困难，无妻室儿女，对前途悲观失望，兼之一人独居，无人监督，在穷极无奈之时，铤而走险，于是单身汉户的为非作歹之事就日渐增多。根据当时肥西县检察院的统计，单身汉户的犯罪比例很高，逐渐变为农村社会的一股消极力量。问题的严重性还不止于此。改革开放以后，人口流动的自由度增大了，在婚姻上呈现出梯形流动的倾向，即贫困地区的妇女向富裕地区流动，富裕地区的妇女向城郊流动、城郊妇女向城市流动。这种流动的结果使贫困地区的单身汉户越来越多，特别是当时计划生育政策规定农村和城市一样也实行一胎化，许多第一胎生了女婴的农户为生男孩往往将女婴溺死，一时间农村儿童的性比例严重失调，预期农村未来的单身汉户将越来越多。有鉴于此问题的严重性，我向中央提出决策性意见：一是根据农村生产力水平和实际状况，须对农村计划生育政策作适当调整，二是对农村单身汉户的生活和劳动要给予特别关注。当时中共中央总书记胡耀邦同志对我的材料《农民单身汉户问题值得重视》作了重要的批示，并指示新华社总编辑穆青同志给我复信。新华社国内《动态清样》第 2573 期、《中国农民报》1984 年 11 月 1 日、《工人日报》、《光明日报》、《文摘报》以及《安徽日报》等 14 家报刊都分别作了转载。上海《社会》在刊登该文时，加了重要编者按，内称"辛秋水单身汉户问题一文使得我们社会学的家庭理论具体地得到发展。"《中国农民报》以头版全版篇幅刊登了该文的全文，加了编者按，内称"辛秋水同志提出的建议是可行的。我们希望各地、县、乡、村各级党政部门、群众团体，采取切实措施，关怀'单身汉户'，帮助他们树立前途无限美好的信心；同时，因地因人制宜，帮助引导'单身汉户'学习各种生产技术，从事经济收入较高的劳动，以便于他们尽快成家立业，过上幸福的日子。"中央人民广播电台 1984 年 11 月 2 日全国新闻联播节目中播出了该文的重要摘要。万里同志对此作的批示是："此件请润生同志阅处，所提意见大体可以，但不知此现象是否普遍存在，请查一下。如相当普遍即可将此问题发一通知，以引起全国注意。"同年在全国农村工作会议上，该文作为主要参考文件发给与会代表。全国各级农村工作部门据此都对所在地区农村的"单身汉户"问题作了相应部署，从而，使我关于对这一问题调查研究形成的决策意见通过权力部门得到了落实。

实践检验出一切属于真理的东西，实践也检验出一切属于谬误的东西。离开实践就失去了我们认识的源泉，离开实践也不存在一切是非标准的判断。实践论是马克思主义、毛泽东思想、邓小平理论的基石。毛泽东同志所说的生产斗争、阶级斗争和科学实验的三大运动就是人类社会的伟大实践。本文所叙述的我在社会科学中的实验，首先证明了社会科学和自然科学一样是可以实验的。同时，我所实验的这几个具体问题还都在其各自的领域中产生着特殊的意义和价值。

它证明了我国在进行成功的经济体制改革以后，实行民主政治的突破点选择在农村，选择在农村基层，由此向上延伸，循序渐进，保证我国政治稳定、经济发展和民主建设同步协调进行是可行的。

它证明了扶贫要从根本上扶贫，在贫困地区广泛地发展文化教育，输入信息，走自力更生发愤图强的文化扶贫之路，是扶贫的根本之路。这种扶贫方式不仅可以暂时解决农民的贫困问题，而且还为实现中国社会主义的现代化（包括人的现代化）打下良好的基础。

它证明了知识分子实现"士当以天下为己任"的使命，在"学而优则仕"的途径之外，还有更广阔的天地。如深入群众，调查研究，收集数据，及时发现新动态、新问题、新过程，将所得的理性思路进行微观的实验，扩大影响，通过各种途径获得决策部门的认可，使之变成决策和政令，得到智力与权力的结合而实现"士之志"是可行的。

客观世界发展的无限性与我们认识的相对有限性之间的矛盾，运用科学实验逐步地加以解决，无疑是一个极其重要的手段。特别是在积极推进改革事业的今天，我们各项事业都面临着许多未知数，用邓小平同志的话说就是我们要"摸着石头过河"，因而大力提倡社会科学的实验，应该是我们的迫切任务。

到社会的最底层去[*]

——调查研究的实践和思考

《社会》编者按： 这里发表的是一篇颇有见地的调查体会文章。作者辛秋水同志现为安徽省社会科学院社会学所研究员、安徽省农村社会学学会理事长、中国农村社会学研究会副理事长。他，爱党、爱国，却因敢讲真话，直言不讳而招来不幸，历尽坎坷。早在解放前，年轻的辛秋水就读于安徽大学法律系，曾因从事学生运动，为逃避国民党政府的追捕而进入解放区。1949年北京解放后，他在中苏友协总会工作，曾对协会章程组织形式等不当之处提出意见，遭到有关领导非议，后来他上书万言给当时兼任会长的刘少奇同志，三天后，就收到少奇同志的亲笔复信，复信说："来信收到，你的意见基本正确，我已提交中共中央宣传部讨论处理。"接信后当天下午，中宣部秘书长熊复同志要他将自己如何坚持真理反对官僚主义的经过，向中宣部党团员大会作报告。不久，在少奇同志亲自指导下，中苏友协召开全国工作会议，改变了友协的组织形式。1957年4月，辛秋水为知识分子鸣不平写了万言长信寄给《文汇报》，刊登于该报《内部通信》。编辑部复信给他称：深为作者爱党爱国的热情所感动。但在反右运动中，《文汇报》成了"右派"报纸，他的信被转回原单位，也就此而成了"右派"。从此，他先在劳改农场改造，后遣送回乡监督劳动，前后长达22年之久，直至党的十一届三中全会后，才获彻底改正，被安排在安徽省社会科学院工作。22年中，他生活在社会的最底层，耳闻目睹社会的种种痼疾，深切感到历史灾难的根源之一乃是上头不了解下情，而下情又不能上达。自此，他立志从事社会调研工作，决心深入最底层，反映真实情况，上达决策机关。自1979年以后的七年多来，他的足迹遍及省内外的大小城镇，穷乡僻壤，写出了七十多篇触及时弊、较有深度的社会调查，其中不少调查得到了中央和省市领导的重视和肯定，成为领导机关的决策依据。

太史公马迁曰："盖文王拘而演《周易》；仲尼厄而作《春秋》；屈原放逐，乃赋《离骚》；左丘失明，厥有《国语》；孙子膑脚，《兵法》修列；不韦迁蜀，世传《吕览》；韩非囚秦，《说难》、《孤愤》；《诗》三百篇，大抵贤圣发愤之所为作也。"信哉斯言！盖逆境促人清醒，策人悟彻也。我因1957年错划右派在劳改农场"改造"十五

---

* 原载《社会》1987年第1期。

载，回乡又被监督劳动 7 年。这 22 年的囹圄和贱民生活，使我获得了极其宝贵的知识，见到以前闻所未闻的事，思考了从前不可能思考的问题。大彻大悟的事例之一，是以前我和我的同事、领导，长期蹲在机关办公室里太不了解下情，大多是靠会议桌上听汇报来制定工作方案，偶一涉足"下乡"、"下基层"，一般也只是看到成绩，看到典型；间或听到一点反面意见，不是斥为"落后意见"，就被视为个别现象，是所谓"九个指头与一个指头的关系"。思想封闭了，凝固了，僵化了，脱离了群众，脱离了实际，如此制定出来的政策怎能不出偏差？彼时彼刻确有"悟往者之不谏"之慨，然而毕竟"知来者之可追"，当时就暗下决心，一旦云开雾散，重回工作岗位，我将以勤求民隐，深入基层反映真实情况，上达决策机关，以裨补于国事，作为自己的神圣职责。

近几年来，在调查研究的工作中，我常常看到有些同志下去调查后回来写成的调查报告，除了在下面索取的几行干巴巴的统计数字，再穿插进几个例子，以证明领导机关、领导人的既定方针正确，或已被别人证明过千百次的道理外，实在看不出他从实际中带回什么新情况、新问题和新见解。他们认为如果讲出不同意见，易冒风险，同领导唱"对台戏"，对自己不利。当然，通过到实际中调查研究来验证领导机关和领导人指示、决策的正确也是必要的，但如果一份调查报告仅限于印证一下"什么什么完全正确"，那就很不够了，而调查研究也就成为多此一举了。调查研究工作更重要的任务是通过对实际生活的调查研究以反映生活中的新情况，提出新问题，以补充、丰富我们的理论，并对现行政策作出信息反馈，使之进一步修订和完善。因为，"理论是灰色的，而生活之树则是常青的"。

人们还看到有的同志是这样下去调查的：人未行，电话先到，小车一到，中午一席招待，下午确定调查去向，次日早晨出发，地点往往是三条线：一条是到先进的典型单位去，那里的负责人早就准备好了，小本子上的统计数字也不知照本宣科多少遍了，如今年产量比去年增加多少、比包产到户前增加多少、人均收入多少等令人心花怒放的百分比，最后提出还有哪个水利工程要修，哪条公路要铺，请上级支持；听完汇报的同志最后说几声鼓励的话，调查会就到此结束。如果深入一步，车子开到某一专业户或万元户那里去参观，于是，在他们面前早就放着一群羊或一群鹅，或者一辆小四轮拖拉机，呈现出一片的富民景象。专业户或万元户的汇报也不外是现在如何富，人均收入多少，包产到户以前如何穷，等等。再深入一步到丰产田去，登高远眺，一阵稻花香或者油菜花香迎面吹来，好一派丰收景象。最后，留下几句赞赏声，带着满腹新鲜空气归来。

像这样的所谓"下去调查"究竟有多大价值？能发现什么新情况、新问题？为了克服以上这些错误倾向，我认为马克思主义的调查研究必须：

一、尊重事实，讲真话，调查研究的价值就在于不断地向实践请教，向未知的领域探索，向决策部门提供新情况、新动态、新问题。它必须尊重事实，敢于发现和提出新问题，甚至"唱反调"。

1984 年下半年，我在肥西调查时，听到反映说，目前农民单身汉户犯罪的比例很大，据肥西县人民检察院统计，1981 年，这个院批准逮捕各类犯罪分子 118 人，其中农村单身汉 25 人，占批准逮捕人数的 21%；1982 年，全年批准逮捕各类犯罪分子 87 人，其中农村单身汉户 22 人，占总人数的 25.2%。这引起了我的注意，于是我就此问题深入调查，发现在包产到户以前，单身汉由于都是壮劳力，没有家庭负担，生产队里重活大都要他们去干，他们成了生产队的宝贝，工分收入比一般的劳动力要高得多。包产到户后，情况大变，土地按人头分，原来的那些透支户可以利用老人、小孩发展家庭副业，副业收益比种田收益大，这些农户在经济上翻了身，少数人甚至成了冒尖户。而那些单身汉户，过去由于在生产队里大都是干单项农活、干粗活的劳动力，现在他一人一户，需要有多方面生产本领，于是相形见绌了。他们除了靠他分得的那点土地上的收入外，几乎没有其他指望，"出门一把锁，进门一盏灯"，发展副业困难大，生活上贫困，导致精神上的悲观失望，降低了他们在生产劳动上的积极性。加上单身汉户独居一宅，无妻室儿女的监督，夜深人静，想入非非，有的人就为非作歹，干出了偷盗、强奸等坏事。这样，单身汉户成了实行包产到户后新的农村社会问题。

农村中为什么会出现那么多单身汉户呢？据调查，在农村，特别是贫困地区农村，男女比例严重失调。农村妇女在婚姻问题上，有一种梯形流动的规律：贫困地区的女青年向富裕地区流动，富裕地区的女青年向城郊流动，城郊的女青年向城市流动。这种梯形流动的结果，更加重了贫困地区男女比例失调，单身汉户大量出现。接着，我由此更深一层对农村性别比例问题进行调查。结果发现，近几年来，在农村严格实行一胎化政策以后，有的地区溺弃女婴现象十分严重，造成农村男女婴性别比例惊人失调。

农民为什么要狠心溺弃自己的亲生女婴呢？除传统封建意识作祟外，更与农村的生产力水平低下有很大关系，因为农村现在还处于手工操作阶段，男子仍然是农业生产的主要劳动力。另外，农村没有像城市一样的社会保险，生了一个女孩，成年后出嫁了，一对老夫妻靠谁来养活？由此看来，由于城乡条件悬殊，一刀切地规定农村和城市一样实行一胎化政策显然不切实际。农村中的计划生育必须适当放宽。为此，我写了一份调查报告，实事求是地提出农村单身汉户的问题，又提出了我对农村现行的计划生育政策的一些不同看法。这份调查报告在安徽省委的内参上刊登后，又刊于新华社的《国内动态清样》上。全国多家报刊也都相继发表或转摘了这份调查，中央领导同志对这份调查报告作了重要批示。这份调查之所以取得一定的科研价值和社会效益，获得中央领导同志重视和社会的广泛反响，主要在于它大胆地揭示了农村新旧体制转换过程中出现的新的社会问题。在农村形势一片大好的背面揭露出亟待解决的阴暗问题，有助于党在制定农村政策时进行参考。如果我不敢实事求是地反映客观存在的真实矛盾，墨守现时有些"调查报告"的"大成绩，小问题"的公式框框，能够写出这样的调查吗？四平八稳、左右逢源、不突出矛盾，尤其不敢旗帜鲜明地突出现行基本政策中的矛盾，像钝刀割肉、割了半天割不出血来，这是现在有些调查报告的一大弊病。这主要不是文风问题，而是学风、态度问题，是对党和人民的事业缺乏高度责任感的问题。

二、富于敏感，力戒对客观事物新动向的麻木不仁；提倡同调查对象交心，反对居高临下的钦差大臣作风。

在社会调查中，你只有真心诚意地把群众当作自己的知心朋友和老师，激发调查对象对党和人民事业的责任感和对你的信任，群众才有可能向你交底，甚至不顾个人利害向你提供一切真情实况，帮助你发现社会深层的问题。否则群众对你只能是知而不言、言而不尽。1980年我到安徽滁县地区进行社会调查。当时正值党的十一届三中全会以后，内外开放的政策促进了经济繁荣。可是少数人钻了我们开放的空子，一时投机诈骗、行贿受贿之风甚炽。我预感到这是一个危险的倾向，发展下去势将腐蚀我们党的机体，危害我们"四化"大业。带着这个问题我到一个县的二轻局进行调查，就这股不正之风的危险性同该局领导同志倾心而谈，激发起这位有四十年党龄的老同志对党的事业的责任感。他说："我是一个老党员，我每天宣传十二条准则，可我又天天在破坏十二条准则。现在要判我的罪，用不着调查，把我的材料整理整理就够了。"他和盘托出该系统许许多多不送礼行贿就没法生产经营的事实，于是，我就在二轻局开了个座谈会，局长、厂长和部分采购员都参加了。一些同志敞开思想谈了自己在这种不正社会风气下违心地作出种种错事和坏事，最后我将座谈会上的发言整理成材料送呈安徽省委。省委主要领导同志作了重要批示并在省委内刊上刊登出来。后来这份材料报到中央，胡耀邦同志在中纪委第三次全体会议决议送审稿上作了重要批示，建议王鹤寿同志将这份材料刊登在中央党纪内刊上，并建议中纪委第三次全体会议的第三部分增加关于反对贪污行贿的部分，建议中纪委派工作组到下面去就这类问题再作进一步调查，以引起全党同志的警惕。这份调查材料在《党风与党纪》内刊刊出后，《人民日报》于 1981 年 7 月 23 日很快作了转载。随之，国务院发出关于《必须制止经济流通领域中不正之风》的通知，后来又作出了在全国范围内开展严厉打击经济领域中严重犯罪活动的重要决定，掀起了一场轰轰烈烈的打击经济犯罪的斗争。

　　如果当时我不是以小学生的态度向这位有四十年党龄的老同志真诚求教，并坦陈我对当前社会某些动向的忧虑，激发了他对党和国家的责任感，他能够毫无保留地倾谈他们单位、系统及其本人的种种不光彩的甚至犯罪的行为吗？可见，要了解社会深层的问题，靠公式化的一套来调查固然不行，摆钦差大臣老爷架子"调查"更是难得要领的。

　　三、要一竿子到底地进行面对面的调查，反对仅仅凭借二、三手材料便大做文章的懒汉作风。否则，不但自己受骗上当，还会骗了领导和广大读者，坑害社会和人民，使浮夸之徒获利，助长歪风邪气。

　　一次，我到某县一个企业办得很出名的公社就社队企业问题作调查，当时该公社负责人带我到某大队去，这个大队书记在招待我们吃午饭时，就滔滔不绝地介绍他们的成绩：其中说了该大队有 90% 的家庭都有劳动力在社队企业工作，人均月工资 40 元。以此来说明社队企业对农户收入的重要作用。饭后，他认为我听了他的汇报就算作了调查，当我提出要到生产队社员家中去调查时，他顿时为之一惊，说："我不是都向你介绍过了吗？现在生产队劳动力都下田劳动去了，找不到人。"我说："劳动力下田了，他的家里还有老人呀。"他说，"如果你实在坚持要下去，我就不陪你了。"公社书记朝我看看，也不想下去了。我说："如果你们没有时间就算了，我自己下去，如果我只要听介绍，在合肥到处可以听到，下来，就要面对面地向群众作实地调查。"大队书记不去了，我同其他几个同志到附近一个生产队调查，我一户一户摸情况，从第一户到最后一户。结果，这个有 29 户人家的生产队只有 5 户有人在社队企业中劳动。群众说：能到社队企业做工的人，都是社队干部的家属子女和至亲好友，或能给干部送钱物的人，一般社员是没有份的。

　　四、调查问题要与帮助解决问题相结合，为群众雪中送炭。

　　有一次，我在某市城郊作调查，途中在一个生产队长家喝茶，遇到当地公社的一个干部，他向我们吹嘘所在的这个大队办了一个敬老院，把全大队的"五保"老人集中在一起，专门请人做饭，还有电视机，生活方面也照顾得挺不错。我听得出神，可当我说要到这个敬老院看看时，他却说，路远车不通，我说，车不通就步行。谁知当汽车开到这个敬老院门口时，我就感到其中的蹊跷。一进敬老院就看见几个老人在太阳底下低头不语，个个面呈菜色。一看便知是营养不良。据老人说，他们除半年前过节吃过一顿肉外，天天都是老白菜。当我去问炊事员时，不但证实了老人反映的情况，还得知这里喂有两头猪，但这些用大米饭喂肥的猪到宰杀时，肉不知给什么人分掉了，老人们得不到实惠。我们转身来到大队部，大队书记也有声有色地向我们吹嘘他们社队企业的成绩。当我将刚才亲眼所见的敬老院的情况讲出时，他又马上改口说：我们经济还很困难。我说，你们有那么多的社队企业，为什么对这几位老人如此苛刻呢？如果你们实在养不起的话，不如放回生产队，免得在你们这儿活受罪。返回招待所后，我义愤难平，挥笔给该市报社写了一封信，该报派人调查证实后，在头版头条位置作了报道。该大队接受了批评，决定每周供应这些老人两次肉食。再如 1983 年，我到岳西县某区调查，我在区委附近一个生产队逐户访问时，其中有一家因极端贫困，大龄的儿子（30 岁）长期与母亲共睡一张床，同盖一床被。我对同去的区委同志说，如此赤贫，甚至可能造成乱伦地步的农户就在你们区委机关身边，为何见难不救啊！他说，怎么救法，那个儿子是个半呆子，只能帮人放放牛。我说，你们不是有药材加工厂吗？他在那里削茯苓，每月可得三四十元的收入，这三四十元一月的收入对一个干部家庭是锦上添花，可对这样的赤贫户，却是雪里送炭啊！他听得动了情，便答应帮忙协调。我又找了区委书记，终于获得了解决。帮助群众解决问题，对于我们这些除了手中一支笔外什么权也没有的书生来说，虽然并非易事，有时甚至会遭到非议，说我是管闲事，但是，只要我们有求真的精神，疾恶如仇的态度，视民如手足的情感，不解决问题不罢休的韧劲，有些问题还是可以解决的。

五、深入到被遗忘的角落中去。

一般调查都常常选在交通方便，铁路、公路畅通的地方。负责同志也大都被当地干部引到这些地方。一般讲，这些地方经济、文化发展得好一些，显著的弊端少一些。那些上级负责同志和一般调查人员罕至的边远死角却往往是矛盾尖锐复杂的地方，是发现问题、研究问题的好地方。但是到偏僻的死角去走门串户，并不像到交通要道的"点上"那样方便，那么舒坦，这就需要有吃苦的精神。

1985 年，我到肥西县，就该县一些私办学校挤垮了附近公办学校这个问题作调查。当时，正是烈日炎炎的三伏天，不但要开教师座谈会、学生座谈会，而且还要开家长座谈会，从各个角度，各个层次来观察分析私人办学为什么能取得成功。我走村串户，取消了习惯的中午休息，最后找到答案：公办学校的"铁交椅"、"大锅饭"的僵化模式，是许多弊端产生的主要根源，而私办学校的优势，正在于它没有"铁交椅"、"大锅饭"的僵化模式，压力产生动力，动力产生活力。这就是他们能不要国家一分钱，不要国家派老师，不要国家盖校舍，向学生收的学费又不高于周围公办中小学的标准，而教出的学生成绩却优于公办学校，备受群众赞扬的秘诀所在。我以《向现行教育体制挑战》为题，写了一份调查报告，发表在上海《社会》杂志上，有的报刊作了转载。中共中央办公厅的内刊上也摘登了这份调查，并加了按语，肯定了这份报告的观点。

为了找出山区群众年年领救济，年年穷如故的穷根所在，几年来，我多次深入皖南、皖西山区调查。在调查高山顶上人烟稀少的居民生活时，有时遇到阴雨连绵的天气，山路很滑，几乎不可攀，但是为了掌握这些"死角"的第一手资料，为了了解他们生产和生活的实际情况，我不得不坚持一步一步往上爬。有一次，为了看遍岳西头陀区山顶上的那个梯岭生产队午餐时每户人家桌子上放的究竟是什么菜，我决定挨门逐户地看，但到进行调查时发现，这个仅15户人家的生产队却居住在七零八落的山坡上，那天，等到我全部看完，我的中饭却错过了。令我高兴的是，我获得了山区人民生活状况的第一手资料，找到了新中国成立三十多年来，国家年年拨出巨款救济山区而不能使山区人民摆脱穷困的原因。于是，我写了一份题为《迅速组织一支智力大军开发贫困落后地区》的调查报告，受到社会有关方面的重视。《安徽日报》在头版头条位置发表了这篇报告，所提出的观点和"星火计划"的精神是吻合的。随之，我向省委提出《以文扶贫——对一个贫困山乡的扶贫改革方案》，开拓了一条文化扶贫之路。

六、敢于捅"马蜂窝"，破除一切从个人"安全系数"着想的怯懦心理。

反映真实情况，揭露社会问题，往往会触犯一些既得利益者，甚至会牵涉一些有权势的人。因此，调查者必须要有一种彻底唯物主义者的无所畏惧的态度，敢于捅"马蜂窝"，敢于为人民利益随时准备作出自我牺牲的精神。1981年7月23日《人民日报》转载了我的《关于国家工作人员受贿行贿问题》的调查报告，公开点了所在地、县和单位的名，甚至行贿受贿者的人名。这一下捅了"马蜂窝"，有人告我的状，告到中央、省委以及我单位，说我的调查与事实不符；后院又起了火，机关里，有些人唧唧喳喳幸灾乐祸，议论纷纷。但是事实总是事实，真理总是真理，后来受贿者中有人觉悟了，主动向党组织交代出真情，《人民日报》于1981年10月26日再次发表消息予以澄清，风波平息了，但余波难平，该县有的同志从此与我结下了难解之怨，每逢省里负责同志下去，就要编造不实之词来告我，说我这一篇调查把他二轻系统的生意网（实际上是关系网）斩断了。这个县又是我的家乡，乡亲也责备我"兔子吃了窝边草"。1985年8月份，我收到一封陌生人的来信，信上说他是一个有40年教龄的模范教师，全国教师节前夕他在大街上无端被一个称为"新恶霸"的侯鸣放毒打，无奈就往家里逃，凶手追到家里打伤了他家五口人，追打时沿途数百人围观，无人敢于制止。这位教师告他到乡里，一位副乡长伸出一只曾被这个"新恶霸"打伤的手臂向他说："连我们被打伤都告不赢。"乡党委书记干脆向他说："你找县委书记去，你就说乡里管不了他了。"因为这个"新恶霸"曾被判刑七年，但后来莫名其妙地竟改为免刑释放，释放后调到此地就连续两度打进乡政府，打伤干部及家属多人，事后虽被公安局拘留十多天，但出来后作恶更凶。老教师想：告到县里也无济于事，只好到省里上告。我读罢这封信，五内如焚，我们这些衣于民、食于民的人民公仆，见民困而不能解、见民害而不能除能不自愧吗？我在挂了电话给该县有关部门查实情况后，一面将这封人民来信直接送呈省委负责同志，一面亲自到出事地点进行调查。刚到出事地点，许多被"新恶霸"打伤、被"新恶霸"强奸而告状无门的人纷纷找来控诉"新恶霸"的罪行。初步了解，这个"新恶霸"五年来打伤了干部群众90多人，被他强奸的女青年百多人，她们受暴时不敢呼救，事后也不敢告状，有的甚至藏到家里。"新恶霸"还持刀上门带人，活像当年日本鬼子下乡那样凶恶。我回来后写了调查报告。《安徽日报》、《农民日报》相继作了报道，既对"新恶霸"的罪行进行揭露，又对执法不严打击不力、不能履行保障群众人身安全的社会秩序的县公检法单位进行批评。这一下真正捅了个"大马蜂窝"。恼羞成怒的那一帮人一面在当地散布谎言，说我同被打的老教师是所谓"表兄弟"，以便把水搅浑；一面由地委政法委员会派出强大的工作组到该县去，美其名曰"落实报纸的批评"，实则是去进行反调查以否定我对他们属下的批评，"调查"期间因享用当地酒宴过多以致调查组一名成员竟触发隐病，住院挂危，在全县造成极为恶劣的影响。"调查"结束写出一份"调查报告"四处投寄。由于立论太荒唐，是非颠倒太露骨，使任何一个头脑清醒的局外人一看都能明察其用心所在，因而作茧自缚，自我大暴露。当省委政法委员会、省纪检委、省委办公厅找这个地委政法委员会来汇报时，经不住几个问题的提问，在真理和事实面前，理屈词穷，不得不鸣金收兵，声明撤回他们这个"调查报告"。这件公案虽告结束，但给人们的启迪却是深刻的。第一，我们的社会调查往往不可避免地要触犯某些权势者的"利益"，那就必然会使自己面临风和雨。第二，这件公案的最后结局又昭示人们，我们毕竟是共产党领导下的社会主义社会，须靠着真理走四方，阴暗邪恶勾当是上不了台面的。

历史是沿着各个分力交互作用下产生的合力方向运动的。探索真理的人们在历史的河面泡沫底下寻找深层的主流，以发现那些决定未来发展方问的最根本的东西。发现真理，不依靠主观的夸张，而依靠客观的实践。调查研究本身就是这样一种探索真理的实践：它需要向上攀登，攀登人类认识真理的理论创新；它需要向下深钻，深钻到最广大的群众中去；它需要有最大的理论勇气、最大的实践热情和最顽强的战斗精神。

调查研究工作需五破五立[*]

世间一切事物无不具有两种矛盾属性，即事物的个性和事物的共性，而共性寓于个性之中。调查研究是以接触具体事物、发现和剖析事物的个性为起点，进而暴露事物共性，即矛盾的普遍性，以作为理论思维，作为党和国家制定各项政策的依据和基础。而要发现和剖析事物个性，即矛盾的特殊性，除了接触这个或那个具体事物而外，没有更好的法子。间接的、第二手、第三手数据可以用，但仅能作参考，绝不能代替和具体事物直接的接触。这就决定了一切调查研究都必须深入群众，深入到事物的底里去。

世间一切事物的变动性是绝对的，静止是相对的。由于事物内部固有的矛盾和斗争，一切过程无不向前推移，因此一切调查研究工作者必须坚持动态的观点，善于捕捉新生事物的幼芽，善于察觉被一种倾向掩盖着的另一种倾向，善于在太阳光下找到它的阴影，善于在失利中看到孕育着胜利的曙光，善于在新旧事物或新旧过程交替斗争中看到它们挣扎的景象。否则，你的调查研究就会被抛在事物发展的后面，而不能对现实斗争起到指导作用，其价值也甚微。

要揭露事物发展过程中矛盾的本质，就必须揭露矛盾各方面的特殊性。列宁说过：要真正地认识对象，就必须把握和研究它的一切方面、一切联系和"媒介"。我们不能完全地做到这一点，可是要求全面性，将使我们防止错误，防止僵化。我们不了解事物诸方面之间的既斗争又依赖的关系，也就不能把握事物的内部矛盾和外部矛盾之间的关系，也就不能通过事物的外部联系进而深入到事物的内部联系，即达到事物本质的认识。因此，调查研究必须不厌其烦地大量地全面地掌握材料，正面的、反面的、反映不同观点的材料都需要，对这些材料去伪存真、去粗取精、由表及里、由此及彼地思索，然后才有可能对事物取得全面的而不是片面的、本质的而不是表面的认识。那种以偏概全，仅凭道听途说的一鳞半爪就拿来作为依据下结论，乃是调查研究工作之大忌。

以上应是调查研究工作所必须遵循的一般指导原则。但是，在当前调查研究的实践中，有许多现象却完全脱离或违背着这些原则。为此，我们提倡调查研究领域的五破五立。

（一）立敢字当头，破公式框框。调查研究的价值就在于不断地向实践请教，倾听实践的呼声，向未知的领域进行探索，以便于向决策部门提供新情况、新动态、新问题，丰富、发展甚至修改决策部门的决策，因此，它必须敢于唱反调，否则，调查研究就成为多此一举了。

（二）立同调查对象交心、交朋友，破"居高临下"和神秘感。你把群众当作自己

---

* 原载《中国社会报》1990 年 7 月 20 日。

的老师和知心朋友，激发群众对国家和社会主义事业的责任感，群众才有可能不避个人利害向你无保留地倾吐真实情况，帮助你发现社会的深层问题，否则，群众对你只能是知而不言，言而不尽。

（三）立沉到底精神，破靠二、三手的间接材料做文章的懒汉作风。否则自己上当，还会骗了领导和广大读者，坑害社会和人民，而使虚夸假报的不良之徒获利。

（四）立敢捅马蜂窝的精神，破一切从个人"安全系数"着想的庸夫态度。从事调查研究必须有彻底的唯物主义精神。因为社会调查反映真实情况，揭露社会问题，往往要触犯到一些人甚至是有权势的人的利益，招来是非，弄得浑身荆棘，因此，作为一个马克思主义指导下的调查研究人员必须具备对党和人民的事业的炽热感情，否则就不可能爱人民之所爱，恨人民之所恨，难以发现与人民根本利益攸关的重大社会问题，即使发现了，也不敢如实地去反映这些问题。调查人员不要怕捅马蜂窝，要有为人民利益随时准备作出自我牺牲的精神。

（五）由于自然界和社会的根本区别（自然界变迁缓慢，社会变迁迅速）决定了掌握社会现象的难度。比如，在自然科学方面，科学性＝真实性，而社会科学的科学性＝真实性＋概率性。因为社会现象是随机的，这是社会的层次无穷，多个因果关系造成的统计效果。而认识主体和认识对象（社会存在）之间的相互影响又造成人的综合性认识"畸形"，即人对社会认识的模糊性。这就是说，认识主体在观察社会时存在着的"本底误差"或者说由于客观过程的暴露程度和人的认识能力，不可能完全地反映出社会的真实面貌。因此，轻信那些"走马观花"所得来的道听途说是危险的。因而，要求调查研究工作者更坚决地同各种各样的主观主义、形式主义以及"唯上"、取宠、掩盖真情、浮夸吹牛等错误倾向相决裂，坚持我党一贯提倡的"不唯上，不唯书，只唯实"的实事求是的思想路线。

关于调查研究的几点体会*

　　历史是沿着各个分力交互作用下的合力线方向运动的。探索真理的人们要在历史河面浮游泡沫的下面，寻找深层的主流，以发现那些决定未来发展方向的最根本的东西。大家都在探索，都在寻找，这是共同的；但是得出的结论却往往各不相同，因人而异。究竟谁发现了真理，不依靠主观的夸张，而依靠客观的实践。只有千百万人民的革命实践，才是检验真理的尺度。理论工作者的调查研究本身就是一种实践和探索，由于它是在学科理论指导下的实践，所以它除具有一般的实践品格外，还具有特殊的实践品格。

　　辩证唯物主义认为，世间一切事物无不具有两种矛盾属性，即事物的个性和事物的共性，而共性寓于个性之中。调查研究是以接触具体事物、发现和剖析事物的个性为起点，从而揭露事物的共性，即矛盾的普遍性，进而成为党和国家制定各项决定所依据的基础的东西。而要发现和剖析事物的个性，即矛盾的特殊性，除了接触这个或那个具体事物而外，没有更好的法子。间接的材料可以用，但仅能做参考，绝不能代替和具体事物直接的接触。一切调查研究都必须深入群众，深入到社会的底层去，绝不能满足于道听途说或第二手、第三手材料。

　　辩证唯物主义又认为，世间一切事物的变动性是绝对的，静止是相对的。由于事物内部固有的矛盾和斗争，一切过程无不向前推移，因此一切调查研究工作者必须坚持动态的观点对待事物，善于捕捉新生事物的幼芽，善于察觉被一种倾向掩盖着的另一种倾向，善于在太阳光下找到它的阴影，善于在失利中看到孕育着胜利的曙光，善于在新旧事物或新旧过程交替斗争中看到它们挣扎的景象。否则，你的调查研究就会被抛在事物发展的反面，而不能对现实斗争起到指导作用，失去其应用的价值。

　　辩证唯物主义还认为，要揭露事物发展过程的本质，就必须揭露矛盾各方面的特殊性。列宁说过：要真正地认识对象，就必须把握和研究它的一切方面，一切联系和"媒介"。我们不可能完全地做到这一点，可是要求全面性，将使我们防止错误，防止僵化。我们不了解事物诸方面之间既斗争又依靠的关系，也就不能把握事物的内部矛盾和外部矛盾之间的关系，也就不能通过事物外部联系而深入到事物的内部联系，即达到事物的本质的认识。因此，调查研究必须不厌其烦地大量地全面地掌握材料，并对这些材料进行去伪存真、去粗取精、由表及里、由此及彼的思索，然后才有可能对事物取得全面的而不是片面的、本质的而不是表面的认识。那种以偏赅全，仅凭道听途说的一鳞半爪就作为依据下结论，是调查研究工作之大忌。

　　以上仅是调查研究工作所应遵循的一般指导思想，要做好调查研究工作，还必须进

---

　　*　本文系作者 1984 年在安徽省社科院第一次科研工作经验会上的发言。

一步解决态度和方法问题。

人们常看到有的同志下去作调查研究，上来后写成的调查报告，除了从下面的领导部门索取的几行干巴巴的统计数字，穿插进几个例子，以证明被别人证明过千百次的道理外，看不出他从实际中带回什么新情况、新问题以及得出什么新结论。当然，通过到实际中调查研究来验证领导机关和领导人指示、决策的正确是十分必要的，但如果一份调查报告仅限于验证其"完全正确"，那是很不够的。调查研究工作还应有更重要的内容，就是要深入到实际生活中去反映新情况，提出新问题，以补充、丰富甚至修订领导机关、领导人的决策和指示。因为"理论是苍白的，而生活之树则是常青的"。一个再好的公式也无法完全地、最终地概括无限丰富的实际生活。理论一旦拒绝倾听生活的呼声，拒绝用无限丰富和不停变化的实际生活来补充，必将枯萎、必将僵化并最终被历史所抛弃。

人们还看到有的同志是这样下去调查的：人未到电话先到，小车一到中午一席招待，下午确定调查方向，次日早晨出发，往往是三条线，一条是乡政府，那里的负责人早就准备好了，小本子上的统计数字齐全，按本宣读，今年产量比去年增加多少，党的十一届三中全会以后比党的十一届三中全会以前增加多少，人均收入多少。最后常常提出哪些水利工程要修，哪条公路要铺，请上级支持。或者车子开到哪一家专业户去参观。在你的面前放着一群羊或鹅或者小四轮拖拉机，好一片富民景象；专业户或万元户汇报起来大体也不外是现在如何富，人均收入多少，包产到户以前如何穷，以及致富的体会，再者是将车子开到庄稼地里察看生产，登高远望，一阵稻花香、麦花香或者菜花香迎面吹来，留下几句赞赏，带着满腹新鲜空气归来。像这样的所谓"下去调查"，究竟给党和政府带回什么有价值的可供参考和咨询的见解？能带回什么新情况、新问题？我个人根据几年来调查研究的实践，有以下几点体会，提出来供参考：

第一，敢字当头，破框框，反映真情。如1984年下半年，我在肥西调查时，听到反映说，目前农村单身汉户犯罪的比率很大，引起了我的注意，于是我到农村深入调查，发现包产到户以前，单身汉户由于大都是壮劳力，没有家庭负担，生产队里的重活多是他们干的，他们成了生产队的宝贝，他们的劳动成果不但养活了自己，同时也养活了农村中的那些透支户。他们的工分收入比一般的劳动力要高得多，生活当然没有问题。包产到户后，情况大变，土地按人口分，原来那些透支户可以利用老少发展家庭副业，弱劳力搞副业的收益比强劳力种田的收益还要大，许多原来的透支户因此在经济上翻了身，成了冒尖户，而那些单身汉户呢？他们除了分得的土地外，没有其他指望，"出门一把锁，进门一盏灯"，怎能发展副业？靠两亩地收入仅够糊口而已，除去生产费用外，所剩无几。副业好的家庭，还可以副养农，生产数据充足，粮食亩产高。而单身汉户呢，则相形见绌，生活上的贫困导致精神上的苦恼、悲观失望，进而降低了他们在生产劳动上的积极性，加上单身汉户独居一宅，无妻室儿女的相伴，夜深人静，想入非非，有的人就为非作歹，偷盗、强奸等。因此，单身汉成了当前农村中突出的社会问题。

农村中为什么会出现那么多单身汉户呢？根据调查，在农村，特别是农村贫困地区，男女比例严重失调。农村在婚姻问题上，有一种梯形流动的规律。贫困地区的女青年向富裕地区流动，富裕地区的女青年向城郊流动，城郊的女青年向城市流动。这种梯形流动的结果，造成贫困地区男女比例严重失调，单身汉户大量出现，并成为当地农村中的突出问题。接着，我由单身汉户问题进一步深入调查肥西县农村男女婴儿的性比例状况。经过调查，近几年来，在农村严格实行一胎化政策以后，溺杀女婴现象十分严重，造成男女婴儿性别比例严重失调。以该县河东乡河东村为例，该村自1981年以来共出生45个婴儿，其中14个是女婴，而男孩则有31个。性比例失调状况如此严重，那么二十年以后，社会结构和社会治安将会出现难以想象的局面。

农民为什么如此狠心溺杀自己的亲生女婴呢？在同群众广泛交谈中得知，主要是当前农村中还存在依靠体力型劳动的生产方式所造成的。农村还没有同城市一样有社会保险，男子仍然是农村主要劳力。如果生了一个女孩，长到十八九岁，她还是不能代替父亲犁田耕种，承担重体力劳动，再长大一点就要出嫁了，以后一对老夫妻靠谁来养活呢？晚年的生活靠谁来关照呢？有人说可以招婿嘛，但是大家都是一胎，人家的独生子被你招来后，对方的父母又怎么办呢？由此看来，由于城乡条件悬殊，规定农村和城市一样，实行一胎化的政策是有问题的。农村中的计划生育应该适当放宽。为此，我大胆地写了一份调查报告，实事求是地反映了以上问题。这篇调查报告既提出了农村单身汉户的问题，又提出了我对农村现行计划生育的一些不同意见，并将上述观点在省城召开的一次理论研讨会上作了发言，引起了与会者的强烈反响。后来在省委的内参《安徽情况》上刊登出来，受到省委及社会各阶层的重视。胡耀邦、万里同志对我的这份报告分别作了重要批示，并刊登在新华社《国内动态清样》上，继之《中国农民报》在头版头条加编者按语发表，肯定了我的观点和建议。上海《社会》杂志也对此作了转载，同时加了编者按，认为这篇调查报告对社会学家庭理论作了具体的发展。全国先后有14家报刊予以转载。这就是调查研究要敢于突破框框、敢于提出新问题所取得的社会效果。

第二，调查研究要有随机性，既带着既定的课题，又随时准备变更自己的课题，寻找更有价值的新课题。

1985年底，我同金隆德同志到肥西县调查农村社会综合治理的情况，在听取汇报时，发现当前农村中农民自杀现象十分严重，我们当即决定对此进行调查，最后写成一份"当前农民自杀现象值得重视"的调查报告，引起省委、省政府的重视。《安徽情况》和省政府的《送阅材料》均刊用了这份材料，王郁昭省长并加了批语。新华社《内参选编》也刊登了这篇材料。

第三，要同调查对象交心、交底，把群众当作自己的老师和朋友，激发群众对国家和社会主义事业的责任感，群众才有可能不避个人利害向你无保留地倾吐真情实况，帮助你发现社会的深层问题。例如1980年底，我就当时社会上已显露苗头的贪污行贿等不正之风到嘉山县二轻局进行调查，我同该局长就当前的不正之风对党的事业的危害性倾心而谈，激发起这位原嘉山县明光镇的地下党员的责任感。他说："我是一个共产党员，每天宣传十二条准则，可每天破坏十二条准则，现在要判我的罪，用不着调查，把我的材料整理整理就够了。"语重心长。于是，我就在二轻局开了个座谈会，有局长、采购员等人参加。大家知无不言，言无不尽地交谈。最后，我就座谈会上的发言，整理成材料，送给省委。省委十分重视，常委传阅后，在省委的《调查研究》上刊登出来。后来这份材料送至中央，胡耀邦同志在中纪委第三次全体会议决议送审稿上作了重要批示，同时批转王鹤寿同志，建议将这份材料刊登在《党风与党纪》上，以引起全党同志的重视，并建议中纪委第三次全体会议决议的第三部分增加关于反对贪污行贿的部分，并建议中纪委派工作组到下面去就这类问题再作进一步的调查，写出报告，号召全党同这种歪风邪气作斗争。中纪委按照胡耀邦同志的批示将这份调查材料在《党风与党纪》上加按语刊出。《人民日报》接着转载。中纪委派出孙克悠同志为首的调查组到安徽、福建等省作调查，结果证明，我所反映的问题是普遍性的。于是，国务院发出了关于《必须制止经济流通领域中不正之风》的通知，后来又作出了《中共中央国务院关于打击经济领域中严重犯罪活动的决定》，从而掀起了一场轰轰烈烈的打击经济犯罪的运动。

第四，调查研究不只是要发现社会问题，还应该及时地发现并总结带有普遍意义的成功经验和新生事物。

1985年，我到肥西县作了关于教育方面的调查，发现了几所私人办的小学和中学，他们不要国家一分钱，不要国家派教师，不要国家盖校舍，向学生收的学费又不高于周围公办中小学的收费标准，而他们的学生成绩却优于其他公办学校，从而挤垮了附近一些公办学校，受到群众的赞扬。难道这不是个奇迹吗？我当时就以《私立学校的成功折射出公办学校的弊端》为题，写了一份调查报告，受到省委的重视，《安徽日报》和《江淮论坛》先后刊发。中共中央办公厅为此出一期专刊，摘登了这份调查报告，并加了编者按，肯定了这份调查报告的观点，从而使这份调查报告在全国范围内产生了影响。

第五，要沉到底，不满足于第二、三手材料，否则，自己上当不说，写出文章刊之于报刊还会骗了领导机关和广大读者，坑害社会和人民。

例如，我到某县一个社队企业办得很出名的公社就社队企业问题作调查，当时该公社负责人指定我到某大队去，午饭间这个大队书记介绍说：该大队有90%的农户家庭都有一人在社队企业工作，人均月工资40元，以此来说明社队企业对该大队人均收入起着普遍的重要作用。饭后，该大队支部书记以为我听了他的汇报就算作了调查。当我提出要到生产队社员家中去调查时，他为之一惊，说：现在生产队劳动力都下田干活去了，找不到人。我说劳动力下田了，他们家里还有老少呀。他说如果你实在坚持要下去的话，我就不陪你了。公社书记朝我看看，也不想下去了。我说如果你们没有时间就算了。我是要下去的，如果我只靠着听汇报，在合肥到处可以听到，所以要下来，就要面对面地作实地调查。大队书记不去，我同其他几个同志一道，首先来到附近一个生产队。我一户一户调查，这个生产队29户人家只有5户家中有人在社队企业劳动。群众说：能到社队企业做工的人，都是社队干部的家属子女和种种关系户，一般社员是没有份的。假如我这次不到群众中去作实地调查，不就上了这个大队书记的当吗？我写的材料不也就欺骗了更多人了吗？而这些以权谋私的干部却从中得利。

还有一次，我到马鞍山城郊作调查，一个公社的干部向我吹嘘某大队办了一个敬老院，把全大队的"五保"老人集中在一起，专门请人做饭，生活等方面都照顾得挺不错，平时还有电视看。当我要到现场调查时，他说路远不通车，我说车不通就走去。结果汽车一直开到敬老院。一进敬老院就见几个老人在太阳辰下低头不语，个个面呈菜色，一看便知是营养不良。据老人们说：他们除半年前春节吃过一顿肉外，几乎天天都是白菜。当我将此事询问炊事员时，炊事员回答是如此，同时炊事员还告诉我这里还喂有两头猪，这些完全用敬老院的大米饭喂大的猪到宰杀时，肉都不知道被什么人分掉了，老人们得不到实惠。我又问炊事员为什么会这样。炊事员说现在的风气你是知道的。当我们到大队部时，大队书记还在向我们介绍他们社队企业的盛况，当我们说清自己亲眼所见该大队敬老院情况时，他又马上改口说：我们经费十分困难。我说，你们有那么多的社队企业，还值得对这么几位老人如此苛刻吗？如果你们实在养不起的话，不如放回生产队，比在你们这儿活受罪强。返回马鞍山后，我立即给马鞍山报社作了反映，该报派人实地调查，并在头版头条作了报导。后来，该大队接受了批评，改善了敬老院的伙食，据悉，每周有两次肉食供应。如果我轻信了这个公社干部和大队书记的汇报，岂不又受骗了吗？因此，我认为调查研究必须沉到底，到被调查的人民群众中去，才有可能保证调查材料的真实性。

第六，从事调查研究必须有彻底的唯物主义精神。因为社会调查反映真实情况，揭露社会问题，往往要触犯到一些人甚至是有权势的人的利益，常常招来是非，甚至弄得满身荆棘。因此，作为一个在马克思主义指导下的调查研究人员必须具备对党和人民的事业的炽热感情，否则就不可能爱人民之所爱，恨人民之所恨，也就难以发现与人民根本利益攸关的重大社会问题，即使发现了，也不敢如实地去反映这些问题，不敢越雷池一步，更不敢逆水行舟开顶风船。因此，调查人员要有为人民利益随时准备作出自我牺牲的精神。

为此，要有高度的政治敏锐性，所谓"见微知著"、"一叶落而知秋至"。事物的变动性是绝对的，而静止则是相对而言。必须用动态的观点去看问题，特别是当某一旧的过程结束，新的过程开始时，就会出现新问题、新情况。作为一个调查人员此刻必须敏锐地捕捉新过程、新情况、新动态。只有这样，调查报告才有可能对社会起到预报作用，对党和国家的决策起到重要的参考作用。

为此，要有甘为孺子牛的精神，要有如鲁迅先生所说的吃的是草，挤出来的是奶的精神。调查研究需要沉到底，需要到广大的人民群众中去，甚至到一家一户中去，对群众家的坛坛罐罐、柴米油盐都要调查得一清二楚。为了一个问题，有时要经过多次反复调查、摸索，向群众请教，这样，才有可能取得对情况的发言权。不论是盛夏酷暑，还是数九严寒，为了反映广大群众的呼声，都应在所不辞。例如，1985年我到肥西县调查农村私人办学的情况，正是烈日炎炎的三伏天。既要开教师座谈会，又要开学生座谈会，还要开家长座谈会，从各个角度、各个层次去观察分析私人办学为什么能取得成功。我们走村串户，中午也无法休息。1983年我到岳西头陀区去调查山顶上的居民生活时，正是阴雨连绵，我打着伞，一步一步往上爬，一直爬到山的高峰。山顶上的那个梯岭生产队仅有5户人家，可分散得七零八落，我要看遍这天午餐时每户人家的桌子上放的究竟是什么菜，以反映山区人民的真实生活状况。

近几年来，我在调查研究上虽然做了一点工作，但距党的要求和人民的希望差距还很大。但我始终认为：一个社会科学理论工作者绝不能仅满足于手中的文件、数据，抄来摘去，拾人牙慧，必须深入实际，深入生活，大胆探索，真正使理论与实际结合起来。只有这样，才能发展理论，才能对人民的事业，对四个现代化的实现有所贡献。

从群众"闹事"中看群众
从群众"闹事"中看自己[*]

——学习毛泽东有关正确处理少数人闹事问题的论述

在纪念毛泽东诞辰 100 周年之际，回顾毛泽东的丰功伟绩，世人皆有"仰之弥高"之感。毛泽东对中国人民革命和社会主义建设事业以至对全人类社会进步的伟大贡献是多方面的。但我认为，有一点尤为值得我们继承和发扬，那就是毛泽东对待少数人闹事的态度和处理方法。在这一点上，充分体现出毛泽东作为人民领袖的伟大气概和对辩证唯物主义精髓——事物矛盾的两方面在一定条件下相互转化的成功运用。

一 从少数人闹事中看群众：正确处理人民内部矛盾

以罢工、罢课、示威、游行等形式出现的少数人闹事行为，是任何社会都不可避免的社会现象，过去曾经有过，现在不时也有，将来也难免发生。

主政者对少数人闹事，历来有两种完全不同的态度和方法，一种是倾听群众的呼声，对暂时办不到的要求给以耐心的解释和教育。另一种是视群众为草芥，把少数人闹事行为不加区别分析地统统作为越轨行为，轻则视为无理取闹而驱逐之，斥责之，重则镇压。前一种是人民政权对待少数人闹事的正确态度和方法，后一种是历代没落阶级的垂死挣扎。毛泽东主张和实行的是第一种态度和方法，坚决谴责和反对的是第二种态度和方法。毛泽东的这种主张，体现了他作为人民领袖而与人民群众血肉相连的天然关系。在毕生为人民谋利益，以无比的热情投身于人民革命和建设事业的时候，毛泽东是这样地相信群众和对待群众；在少数人因某种原因而闹事的时候，毛泽东也是这样地相信群众和对待群众的。毛泽东从少数人闹事中正确看待群众的观念，充分反映在他的不朽著作《关于正确处理人民内部矛盾的问题》一文中。

马克思主义哲学认为，对立统一规律是宇宙的根本规律，这个规律不论在自然界、人类社会和人们的思想中，都是普遍存在的。毛泽东认为少数人闹事是社会矛盾的一种表现。在某个时候、某个地方出现了少数人闹事这类的乱子，尽管不是好事，但作为一种社会现象，并不值得大惊小怪。马克思主义又认为，在普遍存在的诸多矛盾中，事物内在的性质不同，矛盾的性质也就不同。对于少数人闹事这样一种社会矛盾，在一般情况下，毛泽东总是把它放在人民内部矛盾范畴内，用处理人民内部矛盾的方法解决。

---

* 原载《江淮论坛》1993 年第 6 期。

毛泽东将少数人闹事作为人民内部矛盾处理，出于两点基本分析：（一）社会主义国家政权是人民通过革命建立起来的自己的政权，这个政权代表人民的根本利益，与人民群众没有根本的利害冲突。在某个时候、某个地方出现了少数人闹事，人民政府不应将其作为敌我矛盾处理，而只能作为人民内部矛盾处理。（二）少数人闹事虽有多种原因，但常见的不外两种，一种是由于我们工作人员的官僚主义或个别政策上的失误损害了群众利益，引起群众的不满和激愤而发生闹事，另一种是有些群众只看到自身利益，而看不到集体、国家和全局的利益，当其某些不切合实际的要求未能得到满足时，可能会发生闹事行为。不论上述两种原因中的哪一种引发的事端，广大群众（除了个别破坏分子以外）都是以信任人民自己的政权为出发点来反映某些要求的。尽管这些要求是如何的不切合实际，但在一般情况下只能被看作是人民内部矛盾的问题，而不是敌我矛盾的问题。

正因为毛泽东将群众闹事问题作为人民内部矛盾，自然也就只能采用处理人民内部矛盾的办法加以解决。这个办法就是"团结——批评和自我批评——团结"。当然，首先要分清闹事中的个别坏人和群众，对极少数坏人要绳之以法，但对绝大多数群众，则应用批评教育的办法，而不能采取简单的粗暴手段，否则，易于引起矛盾的激化，并进而转化为对抗性的矛盾，更加不利于矛盾的解决。

毛泽东主张用"团结——批评和自我批评——团结"的办法处理少数人闹事，毛泽东就曾这样说过："如果由于我们的工作做得不好，闹了事，那就应当把闹事的群众引向正确的道路，利用闹事来作为改善工作、教育干部和群众的一种特殊手段，解决平日所没有解决的问题。""从这一点上说来，坏事也可以变成为好事。"[①] 新中国成立以来，有少数地方也曾发生过一些不同形式的群众闹事，一般都是按照毛泽东的上述主张处理的，不仅很快解决了矛盾，而且还教育了群众，提高了干部和群众的思想认识，党和政府与人民群众的关系更加密切了。

毛泽东从少数人闹事中看群众，也是他一贯倡导的、为我们党所长期实践的群众路线的体现。共产党作为工人阶级先锋队和人民利益的代表者，在群众相信我们的时候，我们要走群众路线；当群众因某种原因而对我们提出批评，甚至采取闹事这种不恰当的批评形式的时候，我们也还应该相信群众，还是要坚持"团结——批评和自我批评——团结"的方针。"我们应当相信群众，我们应当相信党，这是两条根本的原理"[②]，这是何等的远见卓识，是何等的英明正确！毛泽东将少数人闹事作为人民内部矛盾，用处理人民内部矛盾的办法对待闹事的群众，生动地体现了他在任何情况下都始终坚持这两条根本原理。在这一点上斯大林是犯了错误的，20 世纪 30 年代的苏联肃反运动，下至平民百姓，上至革命元勋，不论有无真凭实据，一旦有人举报或根据"莫须有"的罪名，统统杀掉，严重伤害了人民的感情，粗暴地践踏了社会主义法制。由于他滥杀无辜，以至于 1941 年 6 月 21 日当法西斯突然袭击苏联时，斯大林几乎无大将可用，使前线的局势演变成为一泻千里的败势。斯大林的这个错误为害苏联几十年，也是苏联解体和剧变的重要历史原因之一。记取斯大林的这一历史教训，我们倍感毛泽东

---

① 《毛泽东著作选读》，人民出版社 1986 年版，第 792、793 页。
② 《关于农业合作化问题》（1955 年 7 月 31 日）。

的胸怀宽广和高瞻远瞩。

二 从少数人闹事中看自己:反对官僚主义

毛泽东的伟大之处在于不仅能从少数人闹事中正确看待群众,而且还能从少数人闹事中正确看待自己,把板子打在自己身上,反对官僚主义。关于这一点,毛泽东在《关于处理人民内部矛盾的问题》中讲得非常清楚。他指出:"一九五六年,在个别地方发生了少数工人、学生罢工罢课的事件。这些人闹事的直接原因,是有一些物质上的要求没有得到满足;而这些要求,有些是应当和可能解决的,有些是不适当和要求过高,一时还不能解决的。但是发生闹事的更重要的因素,还是领导上的官僚主义。……闹事的另一个原因是对工人、学生缺乏思想政治教育。"① 这是何等的光明磊落,又是何等的宽宏胸怀。毛泽东把少数人闹事视作对我们工作中官僚主义的一种比较激烈的批评方式,并从这个角度吸取群众的正确意见,改进党和政府的工作。而且,这也是宪法赋予他们作为主人翁管理国家大事的权利和义务,是人民民主参政、议政和监督政府的具体表现。按照毛泽东的教导,每出现一次少数人闹事,我们就要从自己内部找原因,清理和克服我们工作中存在的官僚主义和腐败行为,从而使我们党和政府获得人民群众的信任,使我们的事业得以向前发展。

我们不但要接受少数人闹事这种批评方式,而且应经常主动征求人民群众和社会各界的批评意见。马克思主义是科学真理,它是批评不倒的,共产党、人民政府是不怕批评的,也是批评不倒的。我们要提倡批评、提倡民主、提倡民主监督,因为我们是为人民服务的,接受人民的民主监督和批评,只会使我们的事业更加兴旺发达。只要不存在个人的邪念,都应该欢迎群众的批评和监督,以便"兼听则明",避免"偏信则暗"。

早在延安时期,保卫部门将一个咒骂毛泽东"要被雷打死"的妇女抓了起来,毛泽东知道此事后严肃地批评了保卫部门,并将这位农妇请来,认真听取她向对政府反映边区百姓负担过重的意见,在送走这位农妇时,毛泽东还将自己的一包红枣送给农妇带回给孩子吃。毛泽东听了这位农村妇女的批评意见后,认真调查边区群众的负担过重情况,发出"自己动手,丰衣足食"的伟大号召,在边区开展了轰轰烈烈的大生产运动。这件事在当时解放区流传甚广,影响极大,感人至深。人民群众通过这类具体的"小事"看到了人民领袖同他们之间的血肉关系。

通过少数人闹事来检查并克服我们工作中存在的官僚主义、主观主义和各种不正确的东西。少数人闹事的价值就在于它能从另外一个角度反映出我们工作中的问题,反映出我们社会运行机制出现了故障。而社会运行犹如一个不断运行的人体一样,人体一旦内部发生了病变,就会有病态的表现,出现发烧、疼痛、发炎,待到医生对症施治,打针、吃药后,就会炎消、病退,身体趋于平衡,进行新的运转。如果讳疾忌医,听之任之,后果就不堪设想了,亦即所谓"养痈成患"。我们社会运行某个环节出了毛病,也会以各种形式表现出来,而少数人"闹事"就是一种表现形式。如果对我们工作中已暴露出的问题,采取文过饰非、粉饰太平等不正确的态度,那只会使矛盾向恶性发展,

---

① 《毛泽东著作选读》,人民出版社 1986 年版,第 791 页。

以致发展到不可收拾的地步。这正如我国古代名医扁鹊医楚王一样。据说，扁鹊一天见楚王，看过他的面色就对楚王说："大王您有病啊！病在肌肤，我用针灸可以治好的。"楚王回答说："简直是奇谈，医生就会用危言耸听的话吓人，好让人拿钱，您看我身体多棒，哪有什么病啊！"过了一段时间，扁鹊又去见楚王，经仔细观察后，又对楚王说："大王，您的病又重了，现病在腠理，我用药还可以治好。"楚王说："你真是能妖言惑众啊！我感觉良好，吃喝不误，力大无比，精力充沛，何来之病呢？"又过了一段时间，扁鹊再一次见楚王，十分详细地望之、闻之，然后一言不发，掉头疾走而去。楚王不解，就令人追扁鹊，问他何故无言即退？扁鹊说："大王讳疾忌医，病入膏肓，已非人力药力可治了。可谓回天无术，我还在这里干什么呢？"几天以后，楚王即逝。上面这个故事可以给我们很多启发，告诉我们，如果发生少数人"闹事"这种令人不愉快的事，我们不妨反顾一下自己，给自己照照镜子，甚至用 X 光透视一下，看看我们自己的毛病在哪里，然后辨证施治，医好了毛病，改进了工作，岂不更好！

三　从少数人闹事中看现实：变坏事为好事

今天，我国社会处于从计划经济旧模式向新的社会主义市场经济体制过渡的转轨时期，众多新的、尖锐而又复杂的社会矛盾摆在我们面前。如果我们对此视而不见或处理不当，有些矛盾就可能激化，各种各样少数人闹事行为就可能不断发生。此时此刻认真回顾和学习毛泽东对待少数人闹事的马克思主义观点和方法，无疑具有重要的现实意义。

在新的历史时期，由于实行一系列改革开放的正确政策，大量引进外资和发展民营事业，鼓励一部分人和一部分地区先富起来，已有力地促进我国的经济建设。但同时又会造成新的社会矛盾，比如，由于分配体制的变化，逐渐拉开了人们收入的差距，甚至出现两极分化，使我们这个长期"不患寡而患不均"的社会产生了剧烈的震荡，心态失衡，不平则鸣，就可能出现少数人闹事。再如，在新旧体制的转换时期，某些握有实权者以权谋私、权钱交易等腐败行为就可能接踵而至，这将严重损伤人民群众的感情，损害人民的利益。如此等等的新的社会矛盾，如任其泛滥而处理又不当，就会使矛盾涉及人们的切身利益，尽管较为隐蔽，却很敏感，稍有不慎，就可能导致人心浮动、社会动荡。

今天认真学习毛泽东正确对待少数人闹事的现实意义还在于：必须在社会主义市场经济的条件下，按照市场经济的要求，加速社会主义民主和法制建设，使社会主义的政治、经济、文化、社会的发展纳入到民主和法制的轨道上来，给人民群众提供更多的发表意见的管道和更多的参政议政的机会。古人早有"治人之道，宜疏不宜堵"和"防民之口，甚于防川"的宝贵遗训。我们要切记这一历史的经验。

在我们社会主义国家的社会生活中，应该如毛泽东所说的那样："我希望造成这么一种局面：就是又集中统一，又生动活泼，就是又有集中，又有民主，又有纪律，又有自由。两方面都有，不只是一方面，不是只有纪律，只有集中，把人家嘴巴都封住，不准人家讲话，本来不对的也不准批评。"① 毛泽东特别强调："不要怕群众，他们是跟我

---

① 《毛泽东选集》合订本，人民出版社 1966 年版，第 1485—1486 页。

们一块的。"① 我们党和人民政府几十年来连穷凶极恶的帝国主义都不怕，为什么反而怕自己的老百姓呢？还有一些同志极其错误地认为群众不懂道理，只能压服，不能说服，这样的人如果不是思想糊涂就可能是己身不正，害怕群众当家做主，害怕群众讲话。

在我国社会运行机制进行大调整的现阶段，要处理好如此纷繁复杂的矛盾，必须大兴调查研究之风，提倡各级领导亲自动手，深入群众，耳听，笔记，当好群众的小学生，才能在各种复杂矛盾中找出起主导支配作用的主要矛盾，并对矛盾的诸方面特点进行分析比较，找出解决矛盾的最佳方案。一旦发觉我们的某些措施、政策失误或由于官僚主义、主观主义导致少数人闹事时，必须按照毛泽东的坚信群众大多数是讲道理的这一彻底唯物主义精神，在少数人闹事中正确地看待群众，正确地看待自己。少数人闹事是我们所不愿意看到的坏事，但闹事一旦发生了，我们就要正确妥善地处理，力求使之变成改善工作、调节社会秩序的一种手段，也就是所谓的变坏事为好事，化消极因素为积极因素。

---

① 《建国以来毛泽东文稿》第 1 册，中央文献出版社 1987 年版，第 266 页。

毛泽东对建设有中国特色社会主义理论
的探索和贡献[*]

在学习毛泽东著作中，我有两点深刻的感受：一是毛泽东极其重视对于事物矛盾特殊性的研究。他有一句名言：马克思主义的活的灵魂，就在于具体地分析具体的情况。因为只有对具体事物进行分析，才可能发现这一事物区别于另一事物的特殊本质，发现主要矛盾和主要矛盾方面，以及矛盾各个方面的特殊性。只有经过这样一层一层地对具体事物矛盾的特殊性细致入微的分析解剖，才有可能着手解决矛盾。毛泽东在他的名著《矛盾论》中是这样说的：如果不研究矛盾的特殊性，就无从确定一事物不同于他事物特殊的本质，就无从发现事物运动发展的特殊的原因，或特殊的根据，也就无从辨别事物，无从区分科学研究的领域。如何发现一事物不同于他事物特殊的矛盾和特殊的本质？除了对具体的事物的历史和现状做深入细致的调查研究外是没有其他的捷径。由此而引申出毛泽东思想中另一个鲜明的特点，即他一贯将调查研究作为认识客观事物的起点。毛泽东极其重视调查研究，他的另一句名言是：没有调查，就没有发言权。可谓家喻户晓，深入人心，对于纠正教条主义影响下的党风、学风和文风起到了极其重要的作用，功垂千古，开我国思想界的新风。前一条讲的是坚持辩证法，后一条讲的是坚持唯物论。这两条的精通与运用，使毛泽东真正抓住了中国国情的特点，抓住了中国社会矛盾诸方面的特点，从而形成了毛泽东的具有中国特色的新民主主义革命的完整理论和对建设有中国特色社会主义理论的可贵探索和贡献。

毛泽东思想既是马克思主义的，又具有鲜明的中国特点，是中国化了的马克思主义。毛泽东领导了新民主主义革命的伟大胜利，建立了中华人民共和国，已成为历史的结论，毋庸赘述。而关于毛泽东在新中国成立后对建设有中国特色社会主义理论贡献方面，理论界的研究正在开始。本文作为一家之言，将着重在这方面进行探讨。

毛泽东在1956年对中共八大政治报告稿的批语和修改中就明确指出：我国是一个东方国家，又是一个大国，因此，我国不但在民主革命过程中有自己的许多特点，在社会主义发展和社会主义建设的过程中也带有自己的许多特点，而且将来建成社会主义社会以后还会继续存在自己的许多特点。毛泽东用这样极其清楚的语言，表述了中国的社会主义建设将有中国自己的特点这一点，这在中华人民共和国和我们党的历史上还是较早的一次。新中国成立之初，我们在经济建设方面基本上是照搬苏联的办法，这是无可奈何的。因为在经济建设上我们一时还拿不出多少自己的道道来。直到第一个五年计划完成以后，一方面，我们自己有了几年社会主义建设的实际经验了，另一方面，苏

* 原载《江淮论坛》1993年增刊。

共二十大批判斯大林，充分暴露了苏联模式的许多弊端，给毛泽东和我们党以极为重要的启示和教训。人们对客观事物的认识由必然王国向自由王国的发展，是离不开总结自己的和他人的经验教训的。1956 年，在毛泽东主持下召开的中共八大的政治报告和大会决议，毛泽东在最高国务会议上所作的《关于正确处理人民内部矛盾的问题》的报告，以及在《在中国共产党全国宣传工作会议上的讲话》和在省市自治区党委书记会议上作的《论十大关系》的报告等等，都是毛泽东和我们党总结内部和外部的经验教训，在探索建设带有中国特色的社会主义理论方面的光辉文献。事过三十余年，今天读起这些文献还是铿锵有声，还是那样感人。遗憾的是由于后来毛泽东本人主观方面的失误和客观因素的干扰，这些正确的理论和方针没有始终如一地贯彻下去。这是中国人民的不幸，也是毛泽东本人的不幸。

毛泽东对建设有中国特色社会主义理论方面的贡献大致可以归纳为下列几个方面。

一　多党合作、长期共存、互相监督的无产阶级专政的政权形式

十月革命建立起来的第一个社会主义国家——苏联的政权形式是一党专政。这种政权形式，后来成为其他社会主义国家政权形式的蓝本。首先是这种一党专政的政权形式，在苏联几十年实践中，已经暴露出它的弊端，主要是执政者缺少有效的监督和制约，容不得不同的声音，对党和人民利益造成严重的损害，这给毛泽东和我们党以有益的借鉴。其次是中国社会的阶级状况和历史特点，中国民族资产阶级及其代表人物在新民主主义革命斗争中长期和我党合作，同情人民的革命事业，我们党在取得政权以后，当然不能也不应该抛弃他们；又由于中国的经济文化十分落后，必须动员一切力量为改变中国的一穷二白面貌而奋斗。在这样一个伟大事业中应力争多一个朋友，多一份力量。同时，马克思主义认为：在社会阶级完全消灭以前，社会上的阶级、阶层都是要长期存在的。将这些阶级、阶层的代表人物团结到我们党周围，参加到我们政权中来，在中国共产党领导下共同参政、议政，管理国家事务，有利于人民政权通过这些阶级、阶层的代表对他们所联系的群众进行教育和引导，有利于巩固和扩大人民民主统一战线，有利于发展社会主义民主。综合以上诸种原因，毛泽东和中国共产党在新中国成立后不是采取一党专政，而是实行在中国共产党领导下的多党合作制，对各民主党派实行"长期共存，互相监督"、"肝胆相照，荣辱与共"的正确方针；把他们作为自己的友党、参政党；并且，还在一定范围内让他们发展自己的组织。早在 1949 年初，党中央和毛泽东考虑联合政府的组成时，就设想在联合政府中，中共和进步分子占 2/3，中间与右翼占 1/3。党的七届二中全会上，毛泽东指出：我党同党外民主人士长期合作的政策，必须在全党思想上和工作上确定下来。我们必须把党外大多数民主人士看成和自己的干部一样，同他们诚恳地坦白地商量和解决那些必须商量和解决的问题，给他们工作做，使他们在工作岗位上有职有权，使他们在工作上做出成绩来。毛泽东是这样说的，也是这样做的。当时中央人民政府的副主席 6 人中，党外人士 3 人；委员 56 人中，党外人士 27 人。在政务院的 4 名副总理中，党外人士 2 人；15 名政务委员中，党外人士

9 人。在政务院所辖 34 个部、会、院、署、行中，担任正职的党外人士 14 人。

根据薄一波的《若干重大决策与事件的回顾》记载，"毛主席常说，我们不能再长征了，我们要千秋万代长坐北京，没有党外人士进入政府就不行。安置他们（如傅作义、程潜）要各得其所，要用大位置才能安置"①。

毛泽东和中国共产党采用的这种政权形式，经过四十多年的实践检验，证明是成功的，既是马克思主义的，又是具有中国特色的人民民主政权形式。

二　经济建设的统筹兼顾、适当安排的方针

毛泽东善于观察和分析社会矛盾，并利用矛盾的统一斗争规律促进我们事业的发展，在发展经济的战略上也是这样。毛泽东曾在一本读书笔记中写道：要以生产力和生产关系平衡不平衡，生产关系与上层建筑平衡不平衡为纲，来研究社会主义经济问题。这是毛泽东的经济思想在方法论上一个突出的特点和优点。

新中国成立初期，我国一方面照搬苏联的一套，另一方面，毛泽东也在遵循上述方法探索中国式社会主义道路。由他主持制定的《共同纲领》中规定：以公私兼顾、劳资两利、城乡互助、内外交流的政策达到发展生产、繁荣经济之目的。当时人们称之为"四面八方"政策。这个"四面八方"政策对于恢复当时从国民党政权接收下来的支离破碎的国民经济，起了重要的作用。到了 1956 年，我们已有几年的实际经验，又有苏联的失误教训，毛泽东在《论十大关系》和《关于正确处理人民内部矛盾的问题》两个重要论著中，系统地提出了社会主义建设中的多种矛盾，列举了农业、轻工业、重工业的关系，沿海工业与内地工业的关系，经济建设和国防建设的关系，国家、生产单位和生产者个人的关系，中央和地方的关系，社会生产和社会需求的关系，积累和消费的关系，以及关于企业组织结构中大小关系和技术结构中"现代化企业"和旧社会遗留下来的"工业基础"的关系，等等。毛泽东研究解决这些在建设中所出现的矛盾，使之处于平衡、和谐和统一，从而促进经济建设事业的稳步发展。毛泽东的平衡观不是消极的，而是积极的。辩证法认为：平衡、协调和统一都是相对的、暂时的、过渡的；不平衡才是绝对的、永恒的。矛盾的发展总是不断地打破平衡，出现不平衡，再进入平衡。如此往返，以至无穷，这是事物发展的普遍规律和模式。毛泽东据此制定了经济建设总战略，还制定了一整套调动一切积极因素为这条总战略服务的具体方针和措施。

1. 合理配置各种经济因素，使之形成强大的合力。例如，实行发展工业和发展农业并举，大中小并举，土洋并举，以及自力更生为主、争取外援为辅等等一系列"两条腿走路"的方针。他还提出用多发展一些农业、轻工业的办法，正确处理农、轻、重的关系，他说这是"中国现代化的道路"。

2. 重视处理好经济建设中人与人的关系。在经济生活中广泛存在着物与物、人与物、人与人的关系，而在这几对矛盾中，处理好人与人的关系是决定性的环节。毛泽东强调指出，天上的空气、地上的森林、地下的宝藏，都是建设社会主义的主要因素，而一切物的因素，只有通过人的因素才能加以开发利用。

---

①　薄一波：《若干重大决策与事件的回顾》上卷，中共中央党校出版社 1991 年版，第 34 页。

处理好人与人关系的核心问题是经济权益关系。毛泽东从中国的实际出发，从纵向和横向两个方面论述这种经济权益关系。纵向的指国家、工厂、劳动者个人三者之间及中央与地方的经济权益关系。"都必须兼顾，不能只顾一头"，"要有统一性，也要有独立性……才会发展得更加活泼"。横向的指单位之间、企业之间、地区之间、劳动者个人之间只有机会均等、公平对待，才能保持这种横向关系的和谐，有利于发挥在同等条件下竞争的积极性。不仅如此，毛泽东还进一步总结了具有鲜明中国特色的搞好企业管理和农业增产的系统章法；在工业上提出著名的"两参一改三结合"的《鞍钢宪法》；在农业上提出"水、土、肥、种、工、管、密、保"的农业《八字宪法》。这两部"宪法"事过几十年，回过头来看一看，都是掷地有声的正确方针，而且无一不是带有中国自己的鲜明特色。而像"两参一改三结合"的企业管理方法，甚至在国外，如在日本企业中已获得广泛地传播和应用，可是在我们自己国家，人们早已将其淡忘了。

当然，毛泽东在后来指导经济建设的实践中，由于贪多求快，搞超常规的"大跃进"，想"一口吃成胖子"，违反了经济的内在客观规律，结果是欲速则不达，出现了重大失误，给中国国民经济造成惨重的损失。教训是深刻的。应该世世代代铭记不忘。但这种急于求成违反经济规律的想法和做法，在 1958 年"大跃进"失败后却又陆续出现，都以给国家造成损失而告终，好像变成恶性循环了。一遇到经济困难，人们的头脑就冷静些，就能实事求是，但形势一好，有些领导同志头脑就有些发热了。正如薄一波指出的那样：在我们党的历史上，凡一项工作任务的提出，工作布置的轻重缓急，总是同对现实形势的分析和一定的估量相联系的。形势缓和，提出的任务就高一点，步子就迈得快一点；形势紧张，指导思想就特别慎重，步伐更力求稳妥。这种决策方式弄不好就可能成为经济发展周期性"过热"的诱因，使我国经济呈现出"大起大落"的恶性波动特征。

究竟在社会主义国家如何避开高速度陷阱，选择一个相对较高而又能持续稳定的经济增长速度，是毛泽东所未能很好解决的一个重要问题。根据历史经验，要真正解决，除了真正执行决策程序民主化，根除个人专断，没有其他良药可以治疗这种周期性恶性循环的顽症。

三　发展科学文化的"百花齐放，百家争鸣"的方针

这是个突破性的马克思主义发展科学文化的正确方针。这个方针在 1956 年一提出，不仅在我们党内有一些不理解，而且在国际上苏联和其他一些社会主义国家，对此也持惊慌和怀疑的态度。因为苏联在政治上实行一党专政，在意识形态领域实行独家垄断，有异议者，无例外地被斥为资产阶级的谬论遭到无情打击。在这种气氛之下，苏联的学术理论，特别是社会科学，就只能做经典著作的注释品。当时苏联的这一做法被一些社会主义国家作为蓝本照抄照搬。

毛泽东是一贯反对教条主义的。苏共二十大揭露出苏联的种种弊端，打开人们长期被禁锢的头脑。毛泽东此时认真研究了苏联的教训，总结了我们党领导科学文化的经验和教训，也借鉴了我国春秋战国时代诸子百家自由争论的学术文化繁荣的经验，创造性地提出"百家争鸣，百花齐放"的正确方针。1956 年 5 月 2 日毛泽东在最高国务会议

第七次会议上说：百家争鸣是诸子百家，春秋战国时代，两千年前那个时候，有许多学说，大家自由争论，现在我们也需要这个。可惜历史上的百家争鸣局面，到秦汉以后就被"罢黜百家，独尊儒术"所代替了。儒生们的思想活动只能在孔孟之道的框子里钻来钻去，拼凑抄袭。即使某人有一点新想法，也只能托圣人之言而抒己意，造成我国思想界两千年来的僵化半僵化状态。毛泽东的"双百"方针提出后，当时在整个文艺界、科学界产生了强烈的反响，人们的眼界开阔了，思想活跃了，被称之为知识分子的春天来到了。一个新的、正确的方针的提出，总是免不了要遭到错误思想和僵化人物反对的。"双百"方针也不例外，为此，1957 年 1 月 18 日，毛泽东又在省市自治区党委书记会议上针对一些同志怀疑"双百"方针、夸大这个方针提出后出现的消极现象的情况，再一次指出：百花齐放，我看还是要放。有些同志认为，只能放香花，不能放毒草。这种看法，表明他们对百花齐放、百家争鸣的方针很不理解。1 月 27 日，他又在省市自治区党委书记会议上说：百花齐放、百家争鸣这个方针是合乎辩证法的。禁止人们跟谬误、丑恶、敌对的东西见面，跟唯心主义、形而上学的东西见面，跟孔子、老子、蒋介石的东西见面，这样的政策是危险的政策。它将引导人们思想衰退，单打一，见不得世面，唱不得对台戏。同时，他也指出：统一物的两个互相对立互相斗争的侧面，总有个主，有个次。在我们无产阶级专政的国家里，当然不能让毒草到处泛滥。无论在党内，还是在思想界、文艺界，主要的和占统治地位的，必须力争是香花，是马克思主义。

　　彻底的唯物主义从来不怕别人的批评，也从不护自己的短处。毛泽东这位伟大的马克思主义者正是这样的性格。1956 年在中宣部送呈毛泽东的《有关思想工作的一些问题的汇集》上，他就几个尖锐的问题作了这样几处惊人的批语。《汇集》上有一段：有人指出党校是有特殊性的，既然学员都是党员，因此，这里"争鸣"只能限于对马克思列宁主义理解不同之争，不能容许非马克思列宁主义理论、思想来争鸣。毛泽东在这段文字旁加了这样的批语：似乎不很对，何必怕争鸣？《汇集》另一段：有人说提倡百家争鸣和独立思考，对学习马克思列宁主义是有妨碍的，因为这样一来，大家不先去接受经典著作的内容，而是首先去怀疑经典著作了。有人说，经典著作是不许怀疑的。《汇集》再一段，党的政策是否允许怀疑？对党的政策怀疑的意见是否允许争论？毛泽东在上述这几段的边旁批道：不许怀疑吗？为什么不允许争论呢？显然，毛泽东的态度是允许对马列经典著作某些论点、党的某些政策有怀疑的，因而也是允许争论的。

　　毛泽东提倡的"争鸣"，是包括允许别人对他本人理论观点的反对和争鸣的。1956 年，中山大学党委反映苏联在华讲学的一位学者，在向中国陪同人员谈他对毛泽东《新民主主义论》中关于孙中山的世界观的评论的不同看法。中宣部向中央就此写个报告，提出这"有损我党负责同志威信"，请示中央是否有必要向苏反映。显然，他们认为这位学者同毛泽东的理论唱反调，是不得了的严重事端。可是毛泽东对此事的豁达态度却出乎常人意料之外，他在这份报告上写了这样的批语：我认为这种自由谈论，不应当去禁止。这是对学术思想的不同意见，什么都可以谈论，无所谓损害威信。因此，不要向尤金（时任苏联驻华全权大使）谈此事。如果国内对此类学术问题和任何领导人有不同意见，也不应加以禁止。如果企图禁止，那是完全错误的。

　　遗憾的是，毛泽东这极其正确、极其伟大的发展科学文化的方针，在随之而来的

1957 年夏季反右派斗争扩大化以后，没有获得真正的实行。这是对中国科学文化事业发展的沉重打击，是对中国发展民主政治的沉重打击，也是毛泽东本人的不幸。

党的十一届三中全会以后，党认真总结了贯彻执行"百花齐放，百家争鸣"方针的经验和教训，坚决清除了 1957 年以后的"左"的错误，坚定地执行"双百"方针。

"双百"方针是毛泽东总结国际共产主义运动和我们自己历史经验教训，适应社会主义经济、文化建设发展的需要，创造性地提出的一条具有中国特色的发展科学化的正确方针，其功绩将永载史册。

四　化消极因素为积极因素，正确处理人民内部矛盾

毛泽东作为人民革命的伟大领袖和唯物辩证法大师在对待少数人闹事问题上体现得十分鲜明。毛泽东说：我们是不赞成闹事的，因为人民内部矛盾可以用"团结——批评——团结"的方法去解决，而闹事总会要造成一些损失，不利于社会主义事业的发展。我们相信，我国广大的人民群众是拥护社会主义的，他们很守纪律，很讲道理，决不无故闹事。接着他又说：如果由于我们的工作做得不好，闹了事，那就应当把闹事的群众引向正确的道路，利用闹事来作为改善工作、教育干部和群众的一种特殊手段，解决平时所没有解决的问题。① 毛泽东关于处理少数人闹事的方针，可以概括为以下两点：

1. 从少数人"闹事"中看群众，正确处理人民内部矛盾。

执政者对少数人闹事，有两种完全不同的态度和方法，一种是倾听群众的呼声，以正确的方式对待群众提出的问题和批评，对于群众合理要求给以解决，对其不合理的或暂时办不到的要求给以耐心的解释和教育。另一种是官僚主义的态度，把少数人闹事这些行为不加区别不加分析地统统作为越轨行为，作为无理取闹而驱逐之，斥责之，甚至使用更严厉的手段。前一种是人民政权对待群众闹事的正确态度和方法，后一种是错误而危害甚大的做法。毛泽东主张和实行的是第一种态度和方法，坚决反对的是第二种态度和方法。毛泽东的这种主张，体现了他作为人民领袖而与人民群众血肉相连的天然关系。

毛泽东将少数人闹事作为人民内部矛盾处理，是出于两点基本分析：其一是，社会主义的国家政权是人民通过革命建立起来的自己的政权，这个政权代表人民的根本利益，与人民群众没有根本的利害冲突，在某个时候、某个地方出现少数人闹事，人民政府不应将其作为敌我矛盾处理，而只能作为人民内部矛盾来处理。其二是，少数人闹事虽有多种原因，但常见的不外两种，一种是由于我们工作人员的官僚主义或个别政策上的失误损害了群众利益，引起群众的不满和激愤而发生闹事；另一种是有些群众只看到自身的利益，而看不到集体和国家的、全局的利益，他们在自己某些不切合实际的要求未能得到满足时，可能会发生闹事行为。不论上述原因中的哪一种引发的事端，除了可能存在的极个别破坏分子以外，广大群众都是以相信人民自己的政权为出发点来提出某些要求的。尽管这些要求是如何的不切合实际，但在一般情况下只是人民内部矛盾的问

① 《毛泽东著作选读》，人民出版社 1986 年版，第 792 页。

题，而不是敌我矛盾的问题。

正因为毛泽东将少数人闹事问题作为人民内部矛盾，也就自然只能采用处理人民内部矛盾的办法。这个办法就是"团结——批评和自我批评——团结"的办法。当然，首先要分清闹事中的个别坏人和群众，对极少数坏人当然要绳之以法，但对绝大多数群众，则用批评教育的办法，而不能采取简单的粗暴手段，否则，易于引起矛盾的激化，进而转化为对抗性的矛盾，更加不利于矛盾的解决。

2. 从少数人"闹事"中看自己，反对官僚主义。

毛泽东的伟大之处在于不仅能从群众"闹事"中正确地看待群众，而且还能从群众"闹事"中正确地看待自己，把板子打在自己身上，反对官僚主义，尽力使坏事变成好事。按照毛泽东的教导，每出现一次少数人"闹事"，我们就要从自己的内部找原因，处理和克服我们工作中存在的官僚主义、腐败现象，从而使我们党和政府获得人民群众更大的信任，使我们事业快速向前发展。

通过少数人"闹事"来检查并克服我们工作中存在的官僚主义、主观主义和各种不正确的东西，使坏事变成好事，体现了毛泽东的事物内部矛盾着的两方面，因为一定的条件而各向着和自己相反的方面转化的思想。如果发生少数人闹事这种令人不愉快的事，我们不妨反顾一下自己，给自己照照镜子，甚至用"X光"透视一下，看看我们自己的毛病在哪里，然后对症施治，医好了毛病，改进了工作，坏事不就变成了好事了？

毛泽东是一个伟大的真理探索者，在新中国成立以前28年的人民革命斗争中，他在领导中国人民同帝国主义及其走狗的斗争中，不断地总结成功的经验和失败的教训，从而形成一条既是马克思主义又是中国化的新民主主义的革命理论，取得了中国革命的伟大胜利。中华人民共和国成立后，他又在不断地探索符合中国国情特点的社会主义建设道路，并取得了伟大的成就，他是建设有中国特色社会主义理论的当之无愧的开拓者。但是，毛泽东没有将自己的正确理论在实践中坚持下去，甚至走向反面。邓小平同志在十一届三中全会以后，拨乱反正，总结"文化大革命"的教训，坚持了毛泽东思想活的灵魂，提出了解放思想、实事求是，建设有中国特色社会主义系统理论，在新的历史条件下，用新的思想、理论丰富和发展了毛泽东思想。党的十四大提出的建设有中国特色社会主义理论和方法，不仅是我国社会主义建设事业的一个新的里程碑，而且也是马克思主义中国化的新的历史里程碑。大会所提出的发展社会主义市场经济的理论，标志着我党对建设有中国特色社会主义内在规律的认识达到了新的高度，是对马克思主义毛泽东思想的重大贡献和发展。

农村伦理道德观念在变迁*

——访安徽省农村社会学研究会理事长辛秋水

胡　羊　　薛昌嗣　　《光明日报》记者

安徽省农村社会学会理事长辛秋水，多年潜心在农村进行社会调查研究。他走南闯北，足迹遍及江淮大地及深圳、天津、温州等地农村。最近，记者就农村商品经济的发展，引起伦理、道德观念变化这一问题走访了他。

问：你对当前农村伦理道德观念的变革如何评价？

答：中国近代伦理思想史上，曾有过两次浪潮的冲击，第一次是五四运动，宣传了西方资产阶级的伦理道德观念；第二次是新中国成立后以'延安精神'为特征、带有浓郁乡土气息的、古朴的伦理风尚。目前，发展农村商品经济带来的伦理道德观念变革是第三次浪潮。前两次浪潮，对中国的进步有极其重大的影响，但它并没有改变中国的愚昧与落后，也没有从根本上改变传统观念产生的土壤——小农的、封闭的经济关系，因而与传统的伦理道德观念斗了一阵后便偃旗息鼓，旧的东西又死灰复燃，幽灵又附在革新者的身上。第三次伦理道德观念的变革因植根于经济关系的深刻变革之中，产生了强有力的冲击波，对中国的未来发展将产生不可估量的影响，会大大加速现代化的进程。

问：农村伦理观念发生了哪些主要变化？

答：我国农村根深蒂固的传统伦理道德观念主要表现在"知足者常乐"，追求安逸，不求富但求安，不患寡而患不均；这些陈旧的观念正在让位于平等、竞争、冒风险、追求利益的观念，为商品经济发展拓宽了道路。

随之而来，"鸡犬之声相闻，老死不相往来"的封闭的社交模式逐渐崩溃，农民的社交活动半径不断地向外延伸，"最大地节约时间，最快地获得信息，取得最高的效率"成为一些农民评价道德的基石。

问：现代农民追求的楷模形象如何描述？

答：几千年来农民的典型形象：为人忠厚老实，四肢健壮，头脑简单，为人耿直，委曲求全，克勤克俭。商品经济冲击波改变了农民的楷模形象，现代农民的代表形象是：有文化、善经营、广交际、有冒险精神。根据调查，农村姑娘找对象，把"有文化、勇开拓、善经营"，作为首要条件。学文化、学技术、学管理形成了时代的风尚。发家致富者可以拿出 10 万、20 万元办学校，不少农民把文化和科学当成"聚宝盆"和

---

*　原载《光明日报》1986 年 9 月 25 日。

"摇钱树"。电影、电视、录像等文化事业的发展，不仅为了娱乐，在更大程度上是为了获取信息，求富、求知成为新时代农民的普遍要求。

问：伦理观念的变革引起了何种连锁反应？

答：首当其冲的是多元的"邻里效应"，代替了传统农村中单一的封闭式的纵向权力效应。能人、经营大户在经营上的成功，起示范、聚集作用，"邻里效应"日益加强，成为农村伦理价值观念变化的多向先导。现在，挺起胸在群众面前讲话"算数"的已不再是这个书记、那个长，最有权威和影响力的往往是致富户和技术能手。他们勇于开拓，经营上棋高一着，助人为乐的精神辐射着一层层群体圈。

问：为什么商品经济发展产生"二律背反"现象，有的地方封建伦理道德观念沉渣泛起？

答：商品经济意味着竞争，竞争使整个社会、经济生活处于不稳定的变动之中，也冲破了人与人之间的脉脉温情关系，加剧了农民心理结构的变换。在这种形势下，伦理价值观念逐步现代化；与此同时，农村传统观念的深层结构，在放松纵向权力控制的时候，却回光返照，重新登台，近几年少数地方封建势力有所抬头即是明证。例如买卖婚姻、请客送礼、迷信活动猖獗等。有的人将这些腐败现象归结于改革，这显然是错误的。沉渣泛起，一是因为纵向控制放松，思想政治工作薄弱；二是这些地方商品经济有一定发展，但在经济活动中尚未占主导地位。在行政控制放松时，有的人就为所欲为，手里有钱，爱怎么花就怎么花，这些都受价值观念指挥。沉渣泛起，说明在今后相当长的时间里，反封建任务是相当艰巨的。对策不是害怕和担心，更不能沿用老办法堤坝高筑，而是打开闸门，迎接第三次伦理道德观念变化的浪潮，尽快从自然经济转到商品经济轨道上来。一旦商品经济占据主导地位，新观念才会击败旧观念。

政治体制改革也要走"农村包围城市之路"

——在香港中文大学的讲演

各位专家、各位朋友：

中文大学是一个世界知名的大学，我有机会在这里参加学术研讨的盛会感到十分荣幸。

中国大陆改革开放赢得了举世公认的成就，所有的中国人都为之感到自豪，中国的改革经济是成功的，这就是普遍的结论。但是随着经济改革的成功，另一个矛盾出现了，就是社会上出现了严重的腐败和两极分化的现象。于是整个社会的焦点就移到这里。如何克服人民群众所极端厌恶的两种现象，成为举国上下关注的热点，那么出路何在呢？中国改革的总设计师邓小平同志在改革之初就已经明确指出政治体制改革只能是渐进式的。封建制要进入人民主制，就像经过大峡谷一样，在逼过这道峡谷时，千军万马必须有秩序突破，无秩序就会造成混乱。我国的政治体制改革也必须这样。中国传统文化中缺少民主的"基因"，跳不出历史的负担。今天的中国人是历史上所有中国人的承受者。在这种文化背景下，一步跨入民主制是不可能的。但一味求稳，矛盾激化到一定程度是要爆炸的。出路只能是改革。这种改革要从微观做起，微观的选择点是农村，突破口就是村民自治。作出这样的判断是由中国国情决定的。农村与城市比较起来，人口相对分散，流动性差，人与人之间利害关系也不像城市那样错综复杂，牵一发而动全身。即使在农村某一地区实验失败了，震荡面也不大，不会波及全局，所以，采用村民自治形式，从农村的底层进行民主政治的实践，是最佳的选择方案。农村实行的村民自治试验的成功经验，辐射推广到城市，必将对我国政治体制改革产生深远的影响。这同样是一条农村包围城市的道路。毛泽东第一次提出的走农村包围城市之路，使中国革命取得了胜利；中国共产党十一届三中全会后，在农村实行联产承包责任制，焕发了农民空前的创造力和积极性，掀起了农业生产的高潮，继而推动了城市的改革，第二次走出了一条农村包围城市之路，开创了改革开放的新纪元；今天 在建立社会主义市场经济体制进程中，注意保持经济体制改革与政治体制改革的同步发展，从农村、农民问题入手，实行村民自治，在政治体制改革中再走一条农村包围城市之路，必将为我们跨入21世纪奠定坚实的基础。如果说，1978年包产到户，农民在自己经营的土地上当家作了主人，那么，这次村民自治则是让农民在自己社区当家做主，有外国通讯社就曾将我们的村民自治说成是10亿农民在耕耘自己的民主"责任田"，是农民在社会生活、政治生活上的一大解放，这是历史的跨越与进步。相反如果没有农村基层村民自治的基础，这种改革就有可能演变成为权力的争夺。而一旦发生权力真空，目前广大干部和群众担心的县霸、乡霸、村霸等就会横行乡里，各霸一方。这在中国历史上有过许多的经验教训。在历史上，如果国家统一受到破坏，就会出现地方割据和军阀混战的局面。一旦出现这种局面，也就只能依靠武力，靠强化官僚体制来解决。如此，又怎么能跳出专制官僚体制的恶性循环的怪圈呢？历史是最好的一面镜子，对于我们今天的人们仍有启迪借鉴的作用。从这个意义上说，中国的政治体制改革还是从农村基层开始比较稳妥，即从村、乡镇、县一级一级向上推行。正如彭真同志所说："把一个村的事情管好了，逐渐就会管好一个乡的事情；把一个乡的事情管好了，逐渐就会管好一个县的事情，逐步锻炼，提高参政议政能力。"

　　自治不自治，民主还是"主民"，首先是选举制度上的落实。民主政治是人民当家做主的政治，而表现人民意志之最佳方法及完善民主程序，就是自主、平等、公开的选举。众所周知，鉴别民主之尺度，不但要看政策及主义，而且还要看实践政策及主义的民主程序，我们将这个程序称之为民主选举制度。正是以此标准，我们认为"组合竞选"是村委会选举制度的最佳选择。所谓的"组合竞选"，通俗地说就是竞选加组合。为什么要采取竞选？只有竞选才能体现真正的民主，才能使潜在的人才被群众推举出来，才能体现干部之所以是人民的公仆，才能体现人民群众之所以是主人翁。在竞选大会上，那些要求当村民公仆的人，他们信誓旦旦地向村民承诺，自己将为村民办哪些实事，以赢得村民的选票。只有在这个时候，他们才真正感受到权力是来自人民群众；而人民群众有自己真正的选择权，这时候他们才真正体会到自己是社会的主人。这是多么生动，多么形象的民主教育啊。为什么采取"组合制"？首先它能避免过去那种选举的弊端。由村民推选村委会主任3—4人，每人提出自己的"组合"成员名单，在"竞选大会"上，他们在发表"竞选演说"的同时，公布自己的"组合"成员。为了争取村民的信任，他们就不会把自己"九亲六族"拉进来，更不会把名望不好、明显带有某种集团利益和经济利益关系的人，作为自己的"竞选"伙伴，否则，他就会丢失选票。当然，他们也不会把同自己谈不拢的人组合到自己的班子中来，这样如果他当选了，他就能驾驭自己的班子，不至于使之变成"软"班子、"散"班子；就能团结村委会一班人，大家拧成一股绳，带领广大村民脱贫致富奔小康。

　　"组合竞选"村民委员会这种做法，符合《中华人民共和国村民委员会组织法（试行）》，符合市场经济的要求和发展，符合民意民心。实际上早在十年前，即1989年1月17日，我就在岳西县莲云乡腾云村，采取"组合竞选"，进行民主选举村委会的实验，获得了完全的成功。这个民选的村委会上任后的第一招，是建立了一个专门监督村委会的机构，成员都是公认的正派人，还聘请了本村的离退休干部担任顾问，指导村委会工作，此事一公布就获得了群众的信任；第二招是成立了财务清理小组，对该村群众意见最大的村财务账目进行清理，通报全村，使从来不公开的村财务公开化；第三招是收回了前任村干部占用的一笔茶叶款，用这笔钱使得多年架不起电线的西岭组当年腊月通了电。这几招在人心的回音壁上引起了回响，村民们纷纷议论开了："新班子胆大敢抓，像个干事的，大伙儿没看错人。"干群关系也逐步融洽了。

　　为什么今天中国农民，甚至在地处穷乡僻壤的岳西县大别山山窝里的农民都有这么高的参政意识呢？回答这个问题，必须从几十年来我国农村社会所经历的巨大变迁以及这些变迁对于农民群众政治意识的深刻影响来进行考察。

首先，当代中国农民有着悠久的民主启蒙运动的历史。中国共产党领导的新民主主义革命就是从落后的农村开始的，毛泽东同志建立农村革命根据地发动农民、组织农民起来斗争，直至取得胜利，实际上都是对农民进行民主主义的洗礼、培养农民独立人格、民主参政意识的过程。因此"民主"二字是中国广大农民早已熟悉的字眼。过去农民识字的极少，在根据地里实行民主选举干部时，有些地方只能采取数豆子等土办法来计票，当时全国人民对根据地政权称之为民主政府，甚至在革命军队里也广泛实行政治民主、军事民主和经济民主的三大民主。当时共产党在根据地讲民主，蒋介石在国民党统治区里搞独裁，一时形成神州大地上光明与黑暗的鲜明对照。民主的延安、民主的解放区，吸引着全国人民特别是广大青年知识分子。最终是中国共产党以民主旗帜战胜了蒋介石的独裁取得了政权。由此可见，中国广大农村虽然文化落后，商品经济不发达，但在那里却有着源远流长的民主主义历史传统。

其次，新中国成立后的历次政治运动也从正反两面对中国人民（包括广大农民）参政意识的成熟，起到了催化剂的作用，使得今天的中国人民遇到事情大都要开动脑筋想一想，不再绝对盲从，政治鉴别能力大大提高了，这也是世所公认的。据此，我们不禁要问：为什么40多年前文化教育和经济状况比现在要落后得多的解放区农村用数豆子的计算办法也能行使好自己的民主政治权利、选举出好干部，那么，时至今日的中国农村，经济、文化进步早已是今非昔比的时候，反而倒退到必须由上级包办代替农民当家做主指定村干部，这于情于理能说得通吗？毛泽东同志有一句名言："我们应当相信群众，我们应当相信党，这是两条根本的原理，如果怀疑这两条原理，那就什么事情也做不成了。"① 相信群众、依靠群众是中国革命胜利的法宝之一，同样，相信群众、依靠群众也是我们今天建设有中国特色社会主义的保证。

最后，社会主义市场经济大发展使农民成为商品经营者，也为乡村民主政治创造了一个良好的条件。市场是最好的课堂，农民进入市场就必须学会自主、平等、竞争才能打开市场经济之门。多年来被扭曲的农民形象重新舒展开了，几千年封建主义烙在农民身上的依附和盲从的伤痕，已随着商品经济的发展、文化水平的提高、社会信息的大量传播而逐年消退（尽管不能令人十分满意），民主精神在广大农村得到升华。民主法制是组织社会主义市场经济的最重要的元素之一。市场经济能最大限度地发挥每个人的潜能，对于农民而言，这不但是求发展的千载难逢的机遇，也是培育自己民主、平等、竞争意识的最好学校。在这样的历史时刻，认真推行村民自治、贯彻《中华人民共和国村民委员会组织法》是非常及时、非常必要的，非常符合广大农民群众的心愿的。当然，我们应当承认当前农民身上还存在着某些小农意识、宗派主义、无政府主义以及封建主义的残余。要克服这些错误思想，单靠行政命令、行政管理也是很难奏效的，还必须依靠民选的村民委员会运用各种手段，对广大农民进行自我教育。

有些人总是贬低或埋怨中国人特别是广大农民缺乏民主参政意识。我认为，即使这种埋怨是出自善意，但是如果仅仅限于这种"埋怨"而不给群众（主要指农民群众）进行民主实践的条件和机会以进行锻炼，又怎能培育出群众的民主意识呢？只有在实践中让群众真正成为社会的主人，让群众行使社会主义的民主权利，群众也才可能在实践

---

① 《关于农业合作化问题》（1955 年 7 月 31 日）。

中培育出参政能力。实行"竞选"和"组合"使选民和被选举的人清清楚楚地看到，干部的乌纱帽（即使是小小的乌纱帽）不是由谁来"封"的，而是由选民们授予的，是竞选者向选民们作了信誓旦旦的种种允诺才获得选民们的信任，并且在他们当选后工作不力时，选民群众又有权通过合法程序把他们撤下来。这就迫使干部们不得不全心全意地为选民服务，事实证明群众监督比其他任何监督都更有效。同时，人民群众也因为干部是包括自己在内的群众大多数选举出来的，对干部们自身职权的行使，也于情于理都能予以切实的支持。

列宁说："人民需要共和国，为的是教育人民走向民主。需要的不仅仅是民主形式的代表机关，而且要建立由群众自己从下面来管理整个国家的制度，让群众实际地参加各方面的生活，让群众在管理国家中起积极作用。"因此，真正地把宪法赋予的人民当家做主这一权利落实下来，就必须加快政治体制改革，让人民在民主管理中接受民主教育，享受民主的实惠。村民自治与"组合竞选"这一星星之火燎原于中华大地之际，也就是我国政治体制改革取得实质性进展之时。占80%以上人口的农村问题解决好了，我国的政治体制改革就进入一个新阶段。

第三次农村包围城市[*]

——在凤阳县四级干部大会上的讲演

一 村民自治:中国农村社会转型的必然要求,势不可挡

20 年前,就在我们安徽凤阳县小岗村点燃了改革之火,并迅速蔓延全国农村,推动了城市的改革,进而撼动了国家计划经济体制大厦,启动了政治民主化进程。而村民自治,就是中国社会主义民主化进程的伟大起点。

改革首先是从二元结构转型开始的。所谓二元结构转型,就是从旧有的计划经济体制向现代市场经济体制转变。在这个过程中,社会的自主性日益增强;平等、民主、法治则成为改革时代的强音。其结果之一,必然会导致国家与社会的分离。国家并不是从来就有的,而是社会在一定发展阶段的产物①。随着社会的不断进步,国家将逐渐回归社会,以至最终消亡。这是马克思主义科学社会主义原理。但是,在高度集权的政治社会里,国家和政治的触角无所不及,人是没有真正权利可言的。众所周知,改革之前,中国农民是不得随意迁移的,他们被禁锢在土地上,连走亲戚的自由都没有。生活在这个社会的人们,必然产生对国家以及一切同国家有关事物的盲目崇拜②和恐惧。改革,无疑是一场深刻的革命,它动摇了集权、专制政治的大厦,并逐步消解了人们对强权的崇拜意识,从而促进了民主政治的发展。

党的十一届三中全会以后,中国农村实行了家庭联产承包责任制,解放了农村的生产力,推动了农业和农村社会的发展。农村社会主体性的增强和农村权力的分化,导致了生产大队、生产队组织的瘫痪和人民公社体制的瓦解,在此基础上孕育产生的村民委员会这一村民自治组织逐步取代了原来的生产大队,从而开始了一场涉及 9 亿农民的乡村民主化进程。扩大基层民主,保证人民群众直接行使民主权利,依法管理自己的事情,创造自己的幸福生活,是社会主义民主最广泛的实践③。

但是,最近几年,人们共同关注的是,农村干群冲突在许多地区日益普遍,矛盾不断激化。打死群众、围攻政府现象层出不穷,禁而不止。其故安在?谁负其责?把这些责任完全归咎于农村的基层干部,显然是不公允的。其根本原因应从体制上来找。不是由于发展了民主政治,而是由于民主政治发展得不够,是计划经济体制下的政治没有适

---

* 本文系作者 1998 年 11 月 1 日在凤阳县四级干部大会上的讲演。

① 《马克思恩格斯选集》第四卷,人民出版社 1972 年版,第 170 页。

② 《马克思恩格斯选集》第三卷,人民出版社 1972 年版,第 13 页。

③ 江泽民:《高举邓小平理论伟大旗帜,把建设有中国特色社会主义事业全面推向二十一世纪》。

应二元结构的转型进行改革所造成的恶果。许多地方的村民自治还是走过场，搞形式主义，拿村委会选举来说，大多仍是"新瓶"（村民直接选举）装"老酒"（即各种形式的委任制、指派制）。

农村大包干以前的几十年，我们的农业上不去，我们的农民生活贫困，政府每年都派了大量的工作队来加强农业第一线，而农业生产始终处于低回状态。其根本原因，主要不是干部无能，而是当时的体制违背了生产关系与生产力相适应的原理。所以，一旦实行了家庭联产承包责任制，立竿见影，农业生产出现空前高涨。这就叫做：体制一变，不着一字，尽得风流。现在，我们的政治体制改革也到了这种"火候"了。如果政治体制仍然不能随着二元结构转型而改革，势必引发新的矛盾，造成冲突。所以说，农村实行村民自治，推行民主法制，势在必行。要全国共识，全党共赴。

二　村民自治：社会主义民主在农村最生动的实践

那么，农村实行村民自治的效果究竟怎么样呢？是使农村更加混乱了？是政府布置的任务更难完成了？是乡镇领导对农村失控了？还是一经民主选举，实行村民自治，就立竿见影，旧貌换新颜了？现在新闻传媒的报道都已从正面回答了这个问题。用不着我多加赘言了。我现在向你们汇报的是我亲身实践、亲身参与的农村实行村民自治后发生的神奇般的变化。

早在十年前，即1989年1月17日，我们遵照省委书记卢荣景的指示，在岳西县莲云乡腾云村开始了村委会"组合竞选"试验，取得了意外的成功。1990年7月7日《中国社会报》以《硬抵硬选出的干部就是好！》为题作了详细报道。此后，安徽人民广播电台、中央人民广播电台、中央电视台、安徽电视台以及中央和地方各家报刊也都对此作了多次专题报道。

腾云村民主选举出来的村委会果然没辜负村民的重托。1989年1月，这个民选的村委会上任伊始，就建立了一个专门监督村委会的机构（监事会），还聘请了本村离退休干部担任顾问，指导村委会工作。继而又成立了财务清理小组，对该村"学大寨"以来的村财务账目进行了清理，通报全村，实行了财务公开。他们还收回了前任村干部占用的一笔茶叶款，用这笔钱使多年架不起电线的西岭组当年腊月通了电。随后，村委会又带领村民大搞杂交稻制种，修复了4处年久失修的河岸田坎，加强了山林管理，当年全村粮食产量比前3年平均产量翻了一番，经济收入是往常收入的2倍。民主选举村委会，既调动了广大人民群众的积极性，又增强了干部为人民服务的意识。腾云村第一次选举是在《中华人民共和国村民委员会组织法（试行）》正式试行仅半年之后进行的，这在全国来说应该是最早的。后来，我们又在1995年4月和1998年6月先后在这个村继续推行"组合竞选"，进行了村委会的改选工作，均取得了圆满成功。值得一提的是，地处贫困山区的腾云村先后三次民主选举出来的村委会主任都不是本村大姓，而是单门独户，这就充分说明了即使如腾云村这般封闭落后的山村，也并不是如某些人担心的那样，宗族宗派势力会对其产生严重的干扰。

1998年3月，我们又应原中共滁州市委书记张春生之邀，到来安县邵集乡进行了村委会"组合竞选"试点，对全乡8个村委会同时进行了村委会改选。从宣传发动到最终"竞选"投票，一共 10 天时间，顺利完成了试点任务。这次选出的新班子年龄、文化结构都有较大改善，其中党员干部占总数的 86.6%，文化程度全部为初中以上，其中高中以上 18 名，8 名女同志当选，班子平均年龄降至 34.9 岁。在这次选举中，只有 2 名原任村委会主任落选，与乡党委的意图基本一致。

从历次选举来看，广大村民不但十分珍视自己手中的民主权利，而且表现出极大的热情。在邵集乡选举过程中，北涧村赵学东等 9 名在外打工的农民，在选举前夕连夜赶回家参加投票选举，在 3 月 2 日选举日那天，全乡 3165 户农民的参选率达 99%。实践证明，广大村民不但能正确行使自己的民主权利，而且能选举出比较得力的村委会班子，这表明当今中国农民不仅具有成熟的民主意识，而且具有成熟的民主参政能力。

邵集乡民主竞选出来的村委会干部又表现如何呢？最近，我陪同上海社科院专家考察组到邵集乡去考察，接触了许多生动的事例。我在这里举其中几个例子。一个发生在邵集乡鱼塘村。这个村有一口大鱼塘，多年来都是原任村支部书记承包的，每个承包期上交承包费 500 元。今年又一轮承包期到了，这个民选的村委会根据村民的要求，对鱼塘实行了公开招标。最后承包费抬到 1.2 万元，这可是天文数字，但是，就是这样的惊人承包费还是被原来那位书记承包了下来。为什么原来 500 元就能够承包呢？因为原来村务不公开、不透明，由几个村干部说了算，群众根本没有说话的权利。现在不行了，干部要对人民群众负责。若像过去那样，凭个人情面关系，甚至私下交易，拿公家财产做交易，人民群众是绝不会答应的。不答应怎么办？就叫你下台，你这个"乌纱帽"掌握在选民手里。因此，只得公开招标，其结果是实现了社会公平。社会公平了，人们的心理平衡了。这样的社会才是真正稳定的社会，只有真正稳定了，才能实现社会经济的持续发展。

我再举一个例子。它发生在邵集乡刘郢村。一个农民得了重病，想到南京看病却没有钱，一家老少正瞪着眼流泪呢。这个时候，村主任来了，主动为他家担保在信用社借了 2000 元钱，一下子解决了这个难题。这家人感动得落泪，心里想：过去有事找你们没门，现在你们听说咱们有事不请自来，主动上门帮忙。为什么变化这么大？原来这个村主任在民选之前就是这个村的主任，同是一个人为什么前后判若两人呢？于是，我就去采访他。还是这位主任回答得好："过去我只要不犯大错误，同上级搞好关系，他们一般不会换掉我，今年是我干，明年还是我干。现在不同了。现在我们头上的小小'乌纱帽'掌握在老百姓的手里，如果要拍马屁，我得向群众拍。三年一次换届选举转眼就到了。到了三年以后，有那么多人同我竞选，一旦选不上，别的不说，我这脸往哪儿搁？"在这里，村民直选干部、进行民主竞选的威力活灵活现地呈现出来了。

还有一个村，原来的村间公路多少年也未修成。民主选举干部以后，不到三个月时间，就修成了。我问群众："你们哪来的积极性呢？"他们说："过去的村干部是由上面任命的，我们信不过，他们要我们修路，还不知道背后又会得到多少好处呢。现今的干部是我们自己选的，咱们信得过。我们心往一处想，还有什么事办不成的。"这说明村民自治不但增强了干部为人民服务的公仆意识，而且还能真正调动起广大人民的积极性。社会主义民主的本质，是人民当家做主。村民自治，无疑是社会主义民主在中国农村基层最好的实现形式。

三　村民自治：第三次农村包围城市

大家都知道，我国的新民主主义革命首先是从农村开始的，中国共产党领导人民武装，在农村建立根据地，从农村包围城市，取得了革命的伟大胜利，从而建立了人民共和国。

20世纪80年代初，我们凤阳小岗生产队18户农民大胆冲破"左"的禁锢，点燃了承包责任制的火种，并迅速在中华大地上燎原开来。农村改革再一次包围了城市，从而揭开了中国改革的宏伟篇章，造就了今日繁荣景象。

今天，在农村推行的村民自治，孕育着社会主义民主政治的希望。只要我们认真切实地按照党中央的统一部署，村民自治一定会像农村经济改革那样，取得辉煌的成功。以农村的村民自治为起点的政治体制改革必定会再一次进入城市，推动城市乃至全国的政治体制改革。正像彭真同志所说的那样：有了村民委员会，农民群众按照民主集中制的原则，实行直接民主，要办什么，不办什么，先办什么，后办什么，都由群众自己依法决定，这是最广泛的民主实践。农民群众把一个村的事情管好了，逐渐就会管好一个乡的事情；把一个乡的事情管好了，逐渐就会管好一个县的事情，逐步锻炼，提高参政议政能力，扩大民主范围。可以预见，肇启于农村的这一基层村民自治改革，必将再一次"包围"城市，推进有中国特色的社会主义民主政治向前发展。

我为什么提倡村委会"组合竞选"*

——在日本"中国基层自治国际研讨会"上的讲话

各位专家、各位朋友：

我很荣幸在这里介绍中国农村民主自治，特别是我为什么要提倡村委会"组合竞选"，敬请大家批评指正。

村委会实行"组合竞选"的依据在哪里？

主观思维必须符合客观实际，这是认识论的一个普遍原则。人们制定的一切规章和方案都是为了解决客观实际问题的。这些规章和方案必须符合客观实际的内在规律，否则就要失败。村委会之所以要采取"组合竞选"的方案，就是根据中国乡村社会实际情况而制定的。

为了掌握中国乡村社会情况第一手材料，我于1988年4月到大别山区岳西县莲云乡蹲点一年，一边扶贫，一边调查，发现了以前所不知道的这个带有浓厚传统乡村社会特点的山区农村的许多情况。这里农村社会的基本特点是：农民世代相居一地，加之通婚半径很小，因而，邻里之间、村民组之间遍布着家族、宗族、亲戚的血亲网。同时，又由于这种世代共居一地的特点，农户与农户之间由于生产和生活中的矛盾，诸如争水、争地，甚至于牲畜糟蹋庄稼等等，引发他们之间打架、斗殴，以致死伤人命之事屡见不鲜。造成一些人同一些人见面眼就红，说话就吵架，成为世代冤家对头。而城市居民社区由于人口流动率高，婚姻半径广阔，这里的居民之间就没有上述的宗族、家族和亲戚的浓厚血亲网，也不存在由于世代相居在一起而产生的种种矛盾。因而在农村村委会选举方式和方法上，必须立足于农村社区的上述种种基本特点。否则，就是脱离实际，就会失败。例如：在过去提名选举时，只看被选举人个体的优劣而定取舍，而不看或者也看不到未来村委会班子的整体阵容。其结果就很可能将一些血缘很近的人选进一个村委会班子里，也可能将一些见面就眼红，说话就吵架的人选到一个村委会班子里。因为，作为个体的人，这些被选进一个班子里的个人都各有很多优点。但是作为一个班子来说，其成员之间血亲很近，如郎舅、姑表兄弟，甚至叔伯兄弟，那就会造成很多弊端，也违背近亲回避的组织原则；而将那些世代冤家对头的人选到一个班子里，更无法正常工作。根据前几年调查，全国有三分之一的村委会班子是瘫痪半瘫痪的班子，这里

＊ 本文系作者2002年8月14日在日本召开的"中国基层自治国际研讨会"上的讲话。

原因固然很多，但这与过去的选举方式，即选举人只能考虑被选举人个体优劣，而无法预见未来村委会班子的整体阵容这个缺陷有密切关系。

针对我所调查实际情况的上述特点，我才采取"组合竞选"这种方式来选举村委会。因为"组合竞选"的机制既能够化解宗族、家族及亲戚的血亲网对选举的干扰和操纵，又能使选举出来的村委会班子是一个优化的班子、高度凝聚力的班子、能为村民办实事的班子。

"组合竞选"的好处有哪些？

（一）"组合竞选"是在根本上打破农村大宗族、家族或权势垄断和操纵的有力举措。即使某村只有一个垄断性大的宗族。因为按照"组合竞选"的规定，在这个大宗族里也要产生出几名村委会主任候选人。这几名村委会主任候选人之间展开"竞选"、"组合"的结果，必将使这个大宗族势力在无形中化解掉，使之无法保持其统一的垄断力量。岳西县莲云乡腾云村连续三届村委会选举结果的例子，就很能说明村委会"组合竞选"打破宗族或某种权势集团操纵选举的威力。

（二）"组合竞选"可以缓解本社区内各个门户、家族和利益集团之间的矛盾和冲突。因为由村民推选出的3—4名村委会主任候选人，他们各自为了争取更多选民的支持，在"组合"自己的"竞选班子"时，必定要考虑本村各门户、宗族、区域的利益均衡。如他们可在本村几个门户较大或分散的自然村中，分别找出名望较高、德才兼备、有代表性的人物作为自己组合班子的成员，以争取选票和当选后开展工作的顺利。如此，当选后的这个"组合"班子就会在很大程度上获得本村各个宗族、家族和各自然村的认同。

（三）"组合竞选"产生的村委会将是一个优化的班子、凝聚力强的班子。原因是，各村委会候选人为了争取选票和村民的支持，他们绝不敢把自己的"九亲六族"或把名望不好、明显带有某种集团利益关系的人作为自己的竞选伙伴。为了在任期内取得优良的成绩，他们也绝不会把同自己经常有矛盾、谈不拢、无法合作的人"组合"到自己的竞选班子中来。同样，为了在任期内做出好成绩，他们也一定要挑选那些既有德行，又有魄力和才干的人"组合"到自己的班子里来。如此，这个班子自然会是一个优化的、凝聚力强的、能为村民办实事的班子。

（四）"组合竞选"的价值不仅在于最终产生一个团结、优化的村委会班子，还在于"竞选"过程本身就是一个学习民主的操练场。它培养广大村民的民主意识，营造乡村的民主氛围、民主环境、民主心理及民主文化，调动各方面的积极性和主动性，使选民们都能通过选举对民主与自治有一个更深的了解和认识。在"组合竞选"的实践中，群众不是抽象的而是在实践中活生生地感受到作为社会主人的地位和价值。被选举者也因此切身感受到，通过公平竞争得到的权力来源于村民的信任，而不是上级赐予的，他们是村民的公仆，必须首先对村民负责。

（五）"组合竞选"既是具有中国特色的"草根民主"形式，又与现代民主制度相接轨。"组合"、"竞选"是现代民主选举制度的重要特色，是西方发达民主国家民主政治的两个支撑点。目前西方普遍实行着"总统制"和"内阁制"。实行"总统制"的国家先选总统，再由总统提名其内阁成员交议会通过；实行"内阁制"的国家，由国家元首指定议会中多数党领袖为总理或首相，再由被指定的总理或首相提名其内阁成员交议会通过生效。没有这种"竞选"与"组合"，一切发达国家的民主大厦都会成为空中楼阁。从这个意义上说，"竞选"和"组合"的可取性，在于它既合理地吸收了现代民主选举制度的机制，并与中国农村村委会特点相结合，又衔接了《中华人民共和国村民委员会组织法》的有关规定。

（六）"组合竞选"完全符合村民委员会直接选举的原则。它不同于先"竞选"后"组合"的村委会主任"组阁"制。村委会主任"组阁"制的特点是：只竞选村民委员会主任，而由当选的村委会主任来"组阁"村委会班子，这就违背了《中华人民共和国村民委员会组织法》所规定的村委会全体成员都要由全体村民"直接选举"的原则。而村委会"组合竞选"规定所有村委会成员候选人包括主任、副主任、委员都必须由全体村民直接投票选举。村委会主任候选人不能随心所欲地指定（只能推荐）村委会副主任和委员。这对于防止村委会主任候选人提名的狭窄性和可能出现的宗族、宗派势力垄断村委会，有着十分积极的制约作用。

制度是一种极为宝贵的资源，体制理顺了，就可"不着一字，尽得风流"，村委会"组合竞选"就是这样一个拥有无限资源和优势的选举模式。过去的村委会主任、副主任和委员分别是由村民直接选举出来的，由此产生的"凑合型"、"软弱型"的村委会班子不在少数。这种由于选举制度本身缺陷引发出来的长期难以得到解决的矛盾，可望通过"组合竞选"得到解决。"组合竞选"在很大程度上削弱了家族、宗族对选举的影响，也在根本上摆脱了其他选举模式选举村委会可能产生的如下悖论：多个强势个体组成的整体并不一定是强势整体，即整体的合力不一定大于各个个体的分力之和。而"组合竞选"在重视个人能力的同时，更强调了整体的优化组合，注重整体关系的和谐和整体功能的发挥。如此，整体形成的合力必然大于各个个体的分力之和，村委会必将成为"分则全面，合则协调"的强势整体，其功能发挥必将达到最佳，工作效率必将达到最高。

"组合竞选"经过多年、多地区的实践检验

岳西县莲云乡腾云村的初次试验

"实践是检验真理的唯一标准"。村委会"组合竞选"第一次试验，是 1989 年 1 月 17 日在安徽大别山贫困地区——岳西县莲云乡腾云村的村委会"组合竞选"。这次选举打破了过去该村干部一贯由上级指派或变相指派，即由上级提名、村民举手通过的老框框。而是实行由各村民小组分别投票推荐、联名推荐或本人自荐等方式，最后以得票多少为序确定了王先进等 4 名村委会主任候选人。然后，这 4 位主任候选人在全村范围内各自推荐若干人作为各自竞选的组合人选。由村选举委员会将这 4 位村委会主任候选人及其各自所推荐的组合人选（村委会委员候选人）名单张榜公布，让村民评头论足，相互议论，交流信息。在正式选举那天，4 位村委会主任候选人分别上台发表竞选演说并介绍各自推荐的组合人选。接着就是对村委会主任进行投票选举，经过两轮选举，产生了村委会主任。而当选的村委会主任所提名的组合人选，不再经过投票而当然成为新

一届村委会委员。这种方式实际上是带有"组阁竞选制"色彩。这与《中华人民共和国村民委员会组织法》所规定的村民委员会成员都必须经过村民直接选举的规定相悖，所以，腾云村在 1995 年和 1998 年的村委会换届选举时，将当选村委会主任提名的组合人选，也就是村委会委员的人选拿到选民大会上进行差额选举，以得票最多并超过到会选民半数以上选民支持的人才能当选为村委会委员。这也就将"组阁竞选制"改变成为"组合竞选"，从而使其完全与《中华人民共和国村民委员会组织法》规定相吻合。

这个村连续三次村委会"组合竞选"的实践充分地表现了这种选举制度的优越性。

（一）打破农村存在的一些宗族、家族对村委会选举的干扰和垄断。地处贫困山区的腾云村前后三次组合竞选出来的村委会主任均不属本村大姓。腾云村有"储、刘、王"三大姓，三姓人口占全村人口 90% 以上，但三次选举中，这三大姓均无一人当选为村委会主任。第一任当选者是从潜山县移居而来的农民技术员王先进，后两任当选者是该村单门独户的高中毕业生陈子斌。难道三大姓的农民没有宗族意识吗？他们不想自己家族中的人能当选村委会主任吗？但是为什么连续三次均无一人当选，却让"外来人"王先进和陈子斌独占鳌头？这就充分显示出了村委会"组合竞选"对家族、宗族势力垄断操纵的化解功能。

（二）"组合竞选"出来的村委会是优化的、有凝聚力的、能干实事的班子。比如腾云村 1989 年选出的村委会开始工作后，鉴于群众普遍对该村"学大寨"以来的财务账目从未向群众公布过很有意见，新班子打破情面，搜寻该村财务的有关证据，走访群众、干部进行核对。很快就将十分复杂、难以理清的该村财务一一向群众公布，并将查清的被过去干部挪用的公款追收回来，用于为该村尚未通电的两个村民组架设电线，通电到户；其次，又鉴于广大村民对村干部在财务经济上的不放心，村委会主任王先进邀请该村一些离退休老干部，组织一个监察小组，专司该村经济财务的监管；再次，王先进上任后迅速修复了该村 4 处年久失修的河岸田坎，而且将该村混乱不堪的林场进行整顿，对一些偷盗山林者进行严罚，而且首先从村干部头上开刀。从此，村林场秩序好了，看管人员也能大胆管理了。还有一件最得人心的事，就是新选出的村委会大力开展杂交稻制种，由于村委会主任王先进深懂农业技术，他一户一户地、手把手地传播杂交稻制种技术。因而使该村当年的粮食产量比前 3 年的平均产量翻了一番，经济收入更是往常的 2 倍，一时间群众普遍叫好。都说："硬碰硬选出的既能团结又有本事为老百姓干实事的班子就是好"。

第二次试验：来安县邵集乡八个村的村委会"组合竞选"

由于在岳西实行的村委会"组合竞选"取得成功，名声不胫而走。1998 年中共滁州市委书记张春生同志，邀请我到来安县，对该县邵集乡八个村同时进行了村委会"组合竞选"的试验。虽然这八个村情况也很复杂，家族、宗族的势力也很强，但是由于实行"组合竞选"选举的全过程都是高度公开化、高透明度的，使得各种权势力量（包括宗族、家族）都无法插足干扰。所以，选举中秩序井然，选民热情洋溢，选举结果令领导和群众都十分满意。事隔半年以后，我陪同上海市社科院副院长左学金等同志到那里考察调研，耳闻目睹，这八个村经过"组合竞选"，干群关系出现了许多令人鼓舞的好现象。举一个例子来说：该乡刘郢村的一个特大鱼塘（水库），多年来一直以每年 500 元的低价承包给原村支书，广大村民对这种廉价的承包极为不满，但敢怒不敢言。而"组合竞选"后的村委会班子站在广大村民的立场上，对鱼塘承包进行公开招标。招标价从 500 元抬到 5000 元再抬到 10000 元，最后竟以 12000 元的高价中标，而中标人却还是多年来一直以 500 元低价承包的该鱼塘的原承包人即原大队书记。还有一件事，该村一个村民患重病需到南京医治，但经济困难。正在全家焦急之时，该村村委会主任听到这个消息后，就主动跑到乡信用社为这户农民借来了钱。使这户农民十分感动地说："过去别说村干部到农民家中问寒问暖，就是我们有困难找到村办公室，也是门难进、脸难看，而今天的村干部却整个变了个样，不是我们去找他，而是他听到我们有困难，主动来帮我们解决问题，民主选举干部真好。"这户农民得到信用社的贷款到南京治好了病。当我就此事采访了这位村委会主任时，我问他："过去的村委会主任也是你，现在村委会主任也是你，为何你过去就没有这种热情呢?"他的回答很好，他说："因为过去的村委会主任不是民选的，而是由乡党委指定的。只要不犯大错误，不给乡党委留下坏印象，下一届村委会主任还是我的。现在不同了，要有几个人竞选，老百姓不投我的票，我就落选。落选后干部补贴没有了是小事，而丢了面子却是大事。"这一段话是发人深省的。从这两件具体事情上，说明"组合竞选"对选出来的村委会班子作风好坏，起了多么大的制约作用。

第三次试验：颍上县王岗镇新安村村委会"组合竞选"

2002 年 5 月中旬，我应邀到颍上县王岗镇继续进行村委会"组合竞选"的试验。于是我同安徽大学教授朱士群、池州师专副教授王良虎、省电视台"新闻观察"栏目摄制组，到颍上县王岗镇新安村进行村委会"组合竞选"的试验。新安村是一个移民村落，内部家族和门户之间的矛盾和对立情况严重，因为这个缘故，这个村拖延很长时间还没有进行村委会换届选举。王岗镇领导就用这个村来作"组合竞选"的试验，我们仍按照岳西县腾云村和来安县邵集乡的"组合竞选"程序来操作。我们先就社会主义社会人民当家做主，村民自治就是由全村人民选举自己的带头人，自己管理自己这个主题向村民作广泛的宣传动员，并在当地党委的统一布置下，挨门逐户向村民作村委会"组合竞选"的解释。选举过程的高透明度和公平、公正原则，赢得了全村干部群众的由衷拥护和信赖，因而选举的全过程既热情洋溢，又秩序井然。选举结果：原该村党支部书记王青昌落选，而以带动当地群众脱贫致富著称的青年高明当选了。在电视台记者向他俩个别采访时，高明当然完全赞同这种选举方式，而落选者王青昌本人也说："我虽然落选了，但是我心服，这种选举方式公平、公正，透明度高。"参加现场选举大会的当地县、镇领导也都十分肯定这次选举的成功。参加竞选大会的颍上县委副书记武杰同志以及王岗镇的领导都在会上强调，一定要将这种选举方式向全镇和全县推广。

结束语

村民自治的实践在发展，经验在继续积累。新的创造是无穷的，真与假、是与非、美与丑都是相比较而存在的，相对立而发展的。目前，中国农村村委会选举存在着各种模式，希望这些模式都能在实践中积累经验，相互学习，继续完善。村委会"组合竞选"在安徽省领导和群众支持下获得一个实验的机会，也是一个自我展示的机会。但是，人们对真理的认识永远都只能是相对的，村委会"组合竞选"只是我们对村委会选举模式的初步探索，远不能称为完善。希望能在这次会议上，听取在座各国专家学者的宏论和高见，使我们能对这个问题的认识再提高一步。

　　谢谢！

贫困文化是贫困恶性循环的内在症结[*]

——在澳门大学的讲演

贫困文化的存在是一个值得关注的问题，一旦它深植人心，并代代相沿成为一种生活方式，则无论采取任何物质的、经济的反贫困措施、政策都很难一时奏效。正如某个学者所指出的那样，"贫困对人的尊严和人性的堕落所造成的后果是无法衡量的"。从这个意义上来说，贫困文化是贫困恶性循环的内在的症结所在。

贫困文化的概念及其特征

科学研究的首要任务，便是对概念进行分析。可以这么说，概念是科学研究的起点。那么，"贫困文化"到底是一种什么样的文化呢？接下来，有必要具体地讨论一下"贫困文化"这个概念，理清其含义及其主要特征。

在许多文章里，人们常常将"贫困文化"和"文化贫困"混为一谈。如果我们稍加分析，就会注意到二者其实是两个完全不同的概念。前者主要是从文化形态上来理解的，后者主要是从知识层面上来理解的。二者之所以被混淆，主要是由于二者包含的"文化"一词所引起的，因此，我们首先有必要对"文化"一词加以区别。

"文化贫困"中的"文化"几乎可以等同于"知识"一词的含义，所谓的"文化贫困"也主要是指知识的贫乏或者知识的不足。

然而，"贫困文化"中的"文化"远非"知识"所能概括的，它包括更为广泛的内容。如英国文化人类学家泰勒（E. B. Taylor）所说，"所谓文化或文明乃是包括知识、信仰、艺术、道德、法律、习惯以及其他人类作为社会成员而获得的种种能力、习性在内的一种复合整体"。这却不是唯一的定义。"文化"一词如"贫困"一词一样，直到今天还没有一个统一的正式定义。但是，这并不妨碍我们对"文化"一词的理解。据美国文化人类学家克罗伯（A. I. Kroeber）和克鲁克洪（C Kluckhohn）对人类学家、社会学家、心理学家和精神病理学家等对"文化"所下的 1€0 多个定义进行归纳分析，认为这些定义基本上都很接近，所不同的只是方法而已。他们认为："文化是由各种外显和内隐的行为模式构成的。这些行为模式是通过符号习得和传播的，它们构成了人类群体的独特成就，其中包括具体体现在人工制品方面的成就。文化的本质内核是由两部分组成的：一是传统的观点，一是与之相关的价值观。"如果用一个更简单的名词来概

---

* 本文系作者 2004 年 6 月 16 日在澳门大学的讲演。

括，不妨认为：文化就是一种生活方式。所谓"贫困文化"就是指贫困阶层所具有的一种独特生活方式，它主要是指长期生活在贫困之中的一群人的行为方式、习惯、风俗、心理定式、生活态度和价值观等非物质形式。

（一）贫困文化实际上是对贫困的一种适应。对于每个人来说，他都不得不首先适应环境以求得生存；对于长期生活于贫困中的人们来说，他们必须面对贫困的事实，并以这样一个事实为基础建构他们的生活方式、思维理念和价值体系。正所谓"一定的文化是一定社会的政治和经济在观念形态上的反映"，即一定的经济基础，决定一定形态的文化。如果穷人的愿望或目标，超出了他们生活现实的范围，得到的往往是失望和无奈，极少会满足他们不切实际的要求。因而，"在极其贫困的家庭里长大的孩子不会具有获得和占有的欲望。他们的愿望超不出日常需要的范围，或者即使表现出了某种超出常需的愿望，这种愿望也不过是一种痴想，永远不会发展成为强烈的意志力量。当这种状态变为一种习惯，人就会变得没有远见，满不在乎，苟且度日"。这样一来，我们就不难理解，为什么穷人常常表现出消极无为、听天由命的人生观，安贫乐贫、得过且过的生活观，懒散怠惰、好逸恶劳的劳动观，不求更好、只求温饱的消费观，老守田园、安土重迁的乡土观，等等。所谓"种田为饱肚，养猪为过年，养牛为犁田，喂鸡喂鸭换油盐"，这样一种简单的生活方式在广大贫困乡村普遍存在；而那种"手捧玉米糊，脚蹬暖火炉，皇帝老子不如我"的安贫乐道的落后心态，在一些贫困山区并不鲜见；对一些长期接受政府救济的农民来说，"春等救济粮，冬等冬令装，夏炎秋雨不出房"的现象也便不足为奇了。

类似的"贫困文化"现象还有许多，如："三口之家五亩田，种好家中本分田，舒舒服服享清闲。"你若跟他们讲富裕地区、富裕户的好日子，他们会说："嗨！人比人，活不成，人哪能比着过呢？人要知足，适可而止，钱挣多了会扎手，心想大了会扎肺，树大必招风，何必做出头的椽子?!"他们自卑自贱的同时，又容易滋生自足自乐的心态。因而，一个贫困乡民的理想生活也不外乎"一亩地一头牛，老婆孩子热炕头"。很显然，如果他们满足于这样的生活，他们就不可能有热情去改变这样的生活，甚至，他们会成为维护既有社会秩序的保守力量（只要不破坏他们现有生活的平静，维持他们脆弱的"收入—消费"平衡）；即使外部力量抱着善意的愿望，改造他们的生活，也可能会遭到他们的反对。因此，针对他们的反贫困计划必须首先考虑他们的"贫困文化"，否则，再完美的反贫困计划也会在他们面前流产。

荷兰当代哲学家皮尔森就曾注意到：在非洲的某些地区，清除贫民窟，将居住者迁入较好住所的行为，常常遭到强烈的抵制。他认为，"这主要不是因为人们不愿意放弃虽然恶劣但却熟悉的环境，而是因为他们不想失去被他们当作自己的东西、已被承认很久的个性"。其实，这种现象在中国的贫困乡村极为常见——挂在贫困乡民嘴上的俗语便是："饿死不离乡"，"金窝、银窝不如自家草窝"。譬如，在"贫瘠甲天下"的"三西"地区，国家始于1982年决定从贫困的甘肃定西、宁夏西海固地区向河西、黄河可垦灌区计划移民70万人口，但遇到的阻力却令人"费解"——越穷越移不动，贫困者的反应是"人，住惯了哪儿哪儿好，穷就穷一点，穷日子安分"。截至1988年，在已完成的20万移民中，70%以上是见过世面的复员军人、有文化的青年夫妇或跑过江湖的手艺人。近年来，在一些贫困地区实施的"迁移扶贫"和"吊庄移民工程"中，也都遇到过类似的阻力。

由此可见，贫困文化作为一种社会存在，"是一个巨大的社会文化效应场，特别是其中的文化传统有着强大的辐射和遗传力，它常常表现出一种内控自制的惯性运动，作用和影响社会生活各个方面，造成各种不同的社会效应"。贫民的心理和精神被牢固地困锁在其中，构成社会经济发展和自身解放的严重障碍。由此"产生了宿命论的意识和接受了被注定的状态，从而形成了自我保存的贫困链——加尔布雷斯（J. K. Galbrath）称之为'对贫困的顺应'"。

（二）贫困文化是穷人自我维护的需要。按照马林诺夫斯基的"文化论"，"文化是包括一套工具及一套风俗——人体的或心灵的习惯，它们都直接地或间接地满足人类的需要"。"一物品的成为文化的一部分，只是在人类活动中用得着它的地方，只是在它能满足人类需要的地方。"美国社会学家赫兹拉（Hertzler）也认为，文化（或制度）起源于个人与社会生活的迫切需要的满足。中国台湾学者龙冠海依据人的需要，还将文化（或制度）分为以下 12 种：

基本需要主要文化（或制度）

1. 传达意思语言及其他交流沟通方法
2. 性欲与传种婚姻与家庭
3. 营生经济（包括财产）
4. 社会秩序政治（包括政府与法律）
5. 抵御外侮军事（可包括在政治内）
6. 应付超自然力量与安慰精神宗教（广义的，包括原始民族的各种信仰体系）
7. 说明、控制自然现象科学
8. 传授文化（知识）教育
9. 审美艺术
10. 舒畅身心娱乐（包括运动）
11. 健康医药卫生
12. 救助救济与福利（包括社会保险）

而且，几乎所有的文化，都是从某一社会生活的经验中逐渐演化出来的。正如美国人类学家本尼迪克特夫人所言，"文化就像个人一样，是一套大体一贯的思想及行为模式。每一个文化里都会产生某些特殊的需要，且可能是其他类型的社会所无者。在这些需要的推导支配之下，各个民族逐渐形成经验的统合；需要的迫切性越大，则相关的行为越能达到相合一致的情况。只要一个文化具有高度的统合性，则纵使最不调和的行为经过不可思议的转变之后，也会在此文化里成为满足固有需要的策略"。贫困文化也不例外，它也是贫困群体（或社会）生活经验的统合，是满足他们生存或生活的基本需要。以婚育文化为例。许多人对贫困乡村屡禁不止的近亲婚配、早婚早育和重男轻女现象很不理解：即使你面对面地对他们宣传科学的婚配方式、文明的婚育知识和现代的生育观念，他们照样要"我行我素"。但是，一旦你真正地深入他们的实际生活，你就会发现，其实，这也符合贫困乡民的生活需要。

对于一个贫困乡民或贫困乡民家庭来说，婚娶是一生的大事，它往往要消耗他们一生拼命累积的大半财富，甚至为了婚娶倾囊而出、到处举债也在所不惜。对于一些一穷二白的家庭，他们根本无力承担如此沉重的婚娶负担，只得采取换亲、抱养童养媳或近亲结婚的办法，来解决婚姻问题。而且，近亲结婚有利于增强亲属网络在生活、生产上的合作（对于贫困乡民来说，除家族网络和亲属网络以外，极少有其他的社会合作关系）。土家族有句俗语，就很形象地说明了这种现象的背后原因："甜浆稀饭不放盐，表姐表妹不要钱"，"姑家女，舅家娶；舅家要，隔河叫"。

在贫困的生活方式中，早婚早育也是很自然的事。俗语说得好："早栽树，早乘凉。"因为贫困的生产方式一般都是粗放型经营，以劳力的投入为主要特征。为了维持他们简单的生产方式，贫困的家庭就需要较多的劳动力投入，因而，早婚早育就符合了他们的生产需求。另外，对贫困家庭而言，抚养子女花费并不大，只要孩子稍长大一些，即可投入劳动生产，养家糊口。这从另一方面助长了他们"早育"、"多育"的想法。与此同时，"穷人的孩子早当家"也是迫于他们的生活需要。刘易斯在"贫困文化"中提到的：长期生活在贫困家庭中的孩子，他们"性经验较早"，"小孩能享有保护及照顾的童年期相当短暂，小小的年纪即经验到了成人生活"，也是这种事实的反映。

高生育率也与贫困的许多特性相关。正如世界银行在一份减贫手册中所提到的那样："贫困家庭的许多特性造成了高生育率。"在贫困社会中，由于缺乏最起码的社会保障，贫困家庭的父母只能依靠多生子女使其中一些成年后能为自己年老后的生活提供保障。关于贫困与生育之间的关系问题，莱普和科林斯在《食物第一》一书中所写的一段话可能会帮助你认清事实的真相，他们写道："据电子计算机测算，一对印度夫妇平均要生 6.3 个孩子，才能保证有一个儿子存活下来。如果更多的子女有希望存活下来，那么夫妇就感到无需生育那么多孩子了。因此，两位熟知非洲情况的医生得出结论说，最好的节育措施莫过于让孩子吃饱。"贫困家庭的子女能提供劳动力，这对家庭有较高的经济价值。这种现象越在贫困地区越突出。在我国的一些贫困地区，这种现象就极为普遍。例如，甘肃陇南山区文县堡子坝乡的寨子合作社，被调查的两个自然村，生 5 个孩子的很普遍，30 岁的社长已有 9 个孩子，还有生 11 个孩子的。这两个村共有 51 户，只有 1 户不缺吃穿。又如，江西万载县和宜春市 6 个特困乡的 480 户贫困户中，1981 年以来的初婚妇女早婚率平均为 32.6%，个别地方高达 53.3%。有的 15 岁结婚，20 岁已有两个小孩。婴儿近 3/4 是计划外生育的，平均计划生育率只有 28.4%，多胎率高达 42.2%，最多的生了 9 胎。而且，在这种贫困社会里，劳动力的多少和强弱直接同家庭生活状况以及在本社会中的声望、势力紧密相关。这一点，恰好给马克思在《资本论》中引述的赛·兰格的一句话作了最好的注脚，赛·兰格说："贫困在达到引起饥饿和瘟疫的极限以前，与其说会妨碍人口的增长，不如说会促进人口的增长。"以至这些贫困人口陷入"越穷越生，越生越穷"的恶性循环。

在一个贫困乡村中，重男轻女，也就更不足为奇了。一是由于男劳动力比女劳动力能够承担较粗笨的农活；二是女孩子终究要出嫁，成为别人家的人；相反，男孩子长大后还可以娶个媳妇，增加家庭所需的劳动力；三是由于社会保障的不足，养儿可以防老，这可能是贫困家庭所作的最长远的打算了；四是在贫困社会中，权力一般是以暴力维系的，很显然，男子对维系家庭的地位、声望或荣辱等具有潜在的和现实的社会意义；五是在贫困乡村中，男性是家庭嗣业的象征，而女孩子（或女子）则不具有这些社会性、文化性价值。

　　也是由于这些原因，在贫困乡村经常发生"溺弃女婴"现象。据我们 1984 年在安徽肥西县河东乡调查，"该乡人口 9831 人，其中男性 5231 人，女性 4600 人，相差 631 人；其中 16 岁以上的女性比男性少 265 人；15 岁及其以下的女性比男性少 366 人。特别是近几年出生的小孩，男女比例失调更加严重。该乡河东村 1982 年至 1983 年共生男女小孩 54 人，其中女孩只有 14 人"。进一步调查后得知："严重的男女比例失调的主要原因是普遍溺弃女婴。河东乡妇女主任反映：'现在农村妇女第一胎生女孩大都是不留的。'肥西县科协主任家门前曾在一周内拾到被弃的女婴三个。"由此形成的男女性比例严重失调，酿成了贫困乡村普遍存在的严重的"单身汉户"问题。另外，溺弃女婴也是贫困家庭由于经济上的限制（如土地、粮食的限制）限制孩子的数目，实行对人口控制的最原始的手段之一。因此，要评价穷人的婚育文化，必须从他们赖以生存的具体社会出发。比如，如果要问在贫困社会普遍存在的近亲婚配、早婚早育和重男轻女等现象对贫困社会的作用是好还是坏时，我们难以明了地给予回答，它们的具体作用是取决于这个社会的具体条件和基本需求的。

　　以上，我们主要是从生存需要的层面来谈论贫困文化的。按照美国心理学家马斯洛（Abraham Maslow）的需要层次论（Needhierarchy Theory），生存需要（包括生理和安全的需要）是最基本的，其次为友爱、交往与尊重的需要，然后是求知、求美和自我实现的需要。较基本的需要会操纵个人的生活，一直到这些需要满足为止。这就不难理解，温饱有虞的人目光所及也不过是些眼前生存的东西，他们不会痴想太多，也不可能看得长远。正如经济学家丹尼斯·古莱特（Denis Goulet）所言：缺乏自尊和自由往往是因为人们生活水平很低，仅能维持生存。缺乏自尊和经济上的限制容易产生安贫认命的宿命论意识，而缺乏"进取精神"。同时，"贫困文化"却能使穷人应付"意识到根据这一较大社会的价值观和目标而无法取得成功"时所感到的"那种无望或绝望"。总而言之，"贫困文化"是穷人在大社会中自我维护的一种文化，尽管对穷人以外的人来讲，"贫困文化"是如何地妨害穷人的进取和发展。这就是说，不同的文化对于生活其中的人具有不同的意蕴，因而也有不同的评价标准。

　　（三）贫困文化是贫困长期存在的主要根源。短暂的贫困可能是由于物质的原因引起的，但是，长期的贫困则主要不是物质因素作用所引起的，而是一些非物质因素（即贫困文化）作用的结果。由于贫困文化是对贫困的一种适应，它往往使贫困长期存在。这主要是由于：

　　1. 贫困文化具有"自己的结构和机理"。很显然，贫困文化作为一种文化，它也会像其他文化一样，通过无所不在的各种各样的途径潜移默化地作用于生活在其中的人，使其思维、心理、行为、价值观念等都打上它特有的标记，并且会逐渐累积下来，进一步强化它自身的"结构"和"形式"。这样一来，它对生活在其中的人的作用就会越来越大，而且往往不易觉察，因为经过长时间的累积、互动以后，它已经内化为人们个性的一部分了。

　　2. 贫困文化一旦出现或存在，在一个家庭（或社区）中，儿童必然会受贫困文化的影响，当儿童到了六七岁时，他们往往已经汲取了贫困文化的基本价值、观念，至少我们可以认为，要想阻止儿童吸收这些基本的价值、观念是十分困难的。而且，一旦吸收了，这些基本价值、观念便成了他们个性和特征的永久组成部分。实际上，每一种文化的基本价值、观念，犹如经过编码的"遗传因子"，使处于其中的人们成为承递绵延这种"遗传因子"的载体，从而体现它的活性功能。

3. 即使一时消除了物质上的贫困，也不足以根除作为完整生活方式的贫困文化。这主要是由文化自身的特性决定的。在今天，文化被看作人们生活方式的表现，但是这种生活方式不再纯粹地局限于物质范围之内，更主要的是它的非物质或超物质的东西——通常所说的习惯、习俗、价值观、理念或意识形态——它们的变化往往要滞后于它们的物质形式或经济基础，并保持自身运行的一定"惯性"。因此，与其说"文化"是一个名词，不如说它是一个动词，它不仅仅是指一般的生活用具、生产工具、物质制品、建筑和艺术作品，也不消说是指工艺、技术、技能、知识或经验，而主要是指一整套的行为方式、礼仪、风俗、习惯和规则，以及与之关联的观念、信仰和价值体系，它们都具有活性功能，是个动态的范畴。因此，很早以前恩格斯就说过：传统是一种巨大的阻力，是历史的惰性力。列宁也曾指出：习惯势力是一种很可怕的势力。很显然，贫困文化作为一种文化形式，也必然地具有这些特性。所以说，如果仅仅是由于物质原因或经济因素造成的贫困并不足虑，最可怕的是文化性因素所造成的贫困。

由此可见，贫困文化对穷人来说，一方面起着维护的作用，另一方面又使贫困长期存在，一切事物都是如此矛盾地统合在一起。

下面，我们不妨再进一步讨论贫困文化与其他文化的关系。

——贫困文化是不是一种传统文化？对此，主要有两种看法。国内的许多学者都将贫困文化看作是一种传统文化，或者认为，贫困文化是传统小农文化的一种表现。例如：穆光宗将贫困文化（或精神贫困）的具体表现归结为：听天由命的人生观，得过且过的生活观，重农抑商的生产观，好逸恶劳的劳动观，温饱第一的消费观，有饭同吃的分配观，崇拜鬼神的文化观，多子多福的生育观，等等。高长江则认为，这种低品位的价值观，大都是中国传统农耕文明所孕育的封建落后的小农意识的反映。具体表现为：消极无为、听天由命的人生观；安贫乐道、得过且过的幸福观；小农本位、重农轻商的生产观；懒散怠惰、好逸恶劳的劳动观；血缘伦理、重义轻利的道德观；不求更好、只求温饱的消费观；方术迷信、崇拜鬼神的宗教观；老守田园、安土重迁的乡土观；多子多福、香火旺盛的生育观，等等。赵秋成也认为，贫困文化根植于传统小农经济的土壤，是长期与外界隔离的产物。倪虹也认为：贫困文化首先表现为一种特殊的价值观念和心理机制，从自卑到自贱进而自足，久而久之，便形成了抱残守缺、认命的固定的心理习性。由此，又产生出浓重的封建色彩的思想，外化为愚昧的信仰和习俗。章国卿也是类似的观点，他认为"他们拥有的是一套传统而且守旧的价值观念：第一，以农为本、重义轻利的封建小农意识；第二，婚育观念上的'亲上加亲，多子多福'；第三，生活方式落后单一"。类似的观点还有许多，不一而足。它们要么视贫困文化为一种封建文化的残余，要么视作自然经济的反映，或者是符合小农文化的主要特性。

然而，中国台湾学者林松龄则认为："在多数普遍存在着绝对贫困的传统社会，少具有贫困文化的非物质文化特性。例如印度、古巴及东南亚、非洲、拉丁美洲的多数社会，其穷人少有被贬抑、匮乏的感受；少有自卑、愤懑的心态。非但少有对困境的绝望之念头，相反的却滋生了安贫乐道、恬静寡欲的社会价值，同时少感受到被大社会中其他阶层所孤立。"他更倾向于将贫困文化视作现代社会的一种亚文化（或次文化），而不具备传统文化的主要特性。他说："相对的在发展层次较高的富裕社会，贫困非但指示着经济生活的相对缺乏，还表示社会生活方式的差异，包括物质生活外的各项社会次级需求的不平等。生长在这种社会中的穷人常将自己目前的困境归咎于各项外在的压迫，而导致心理上及情绪上的不平衡，滋生了所谓贫困文化的各种价值。"

我们则认为，贫困文化并不能与传统文化简单地画等号，的确，传统社会（或小农社会）相对现代社会（或商品经济社会）来说是落后而贫困的，但是贫困与贫困文化是完全不同的两个概念。总而言之，贫困文化是一种穷人所拥有的文化，至于它更多地表现出传统性或者现代性，要视具体的社会条件而定。在我国的贫困乡村，贫困文化更多地受传统价值所影响，而在发达国家的"贫民区"（或下层社会），贫困文化则不具备传统的主要价值及其相关的特性。

——贫困文化与主文化的关系：很显然，贫困文化是一种次文化。由于这种次文化的影响，贫困阶层与社会其他阶层往往具有一种文化上的差距（或鸿沟）。这种"文化差距"产生了贫困阶层与社会其他阶层之间的隔阂。这种隔阂实际上既是社会不平等的结果又是社会不平等的原因。

——贫困文化与反文化的关系：贫困文化并不一定就是一种反文化，只有当它的价值、信仰、规范，直接与社会的基本价值、信仰、规范相对立时，这种次文化才是一种反文化。一般来说，贫困文化对社会秩序具有一种保守的力量，因为贫民们不希望维持他们生存的脆弱平衡遭到破坏。但是，一旦这一平衡遭到严重破坏，而无法恢复的时候，他们又是社会秩序的破坏者和反对者。这一点很像塞缪尔·P.亨廷顿对"农民"所作的分析："农民可以是捍卫现状的砥柱，也可以是革命的突击队。究竟扮演什么角色，取决于农民认为现有体系满足其眼前的经济、物质需要到什么程度。在正常情况下，这些需要集中在土地的拥有、租佃、赋税和物价上。只要土地所有制的各种条件是'公正'的，也能使农民生存下去，革命是不可能的。如果条件不公正，农民生活于穷困痛苦之中，除非政府迅速采取措施加以纠正，革命即使不是不可避免，也是大有可能的。……在进行现代化的国家里，政府的稳定取决于它在农村推进改革的能力。"因而，从这个意义上来说，反贫困具有维护社会安定的积极功能。当然，这种反贫困政策和措施必须适当考虑贫困文化的影响和作用——既要维持他们的独立性，又要实际地增加他们的利益。

贫困文化能否改变？

说到这里，还有一点值得辨明的是，尽管贫困文化具有冥顽的活性功能，不易根除，但是，这也并不表示生活其中的人没有摆脱贫困的可能。无论是文化贫困，还是贫困文化，最终都会归结为"人"自身的问题。这也就是说，文化的贫困，最终还是"人"自身的贫困，而贫困的文化也是由"人"累积形成的。贫困文化也像其他形式的文化一样，"体现着和积淀着人的本质、能力与活动的自觉自为的'人化'过程及其结果，是属于'作为人的人'的生存和发展方式"。马克思曾经说过，"思想根本不能实现什么东西。为了实现思想，就要有使用实践力量的人"。这句话如果应用到"文化"上来，同样有效。正像文化本身创造着"作为人的人"一样，人也创造着文化。诚如有的学者所论述的那样：文化塑造人，这并不意味着人只是被动地接受文化的塑造。实际上，在任何时候，人们都是在不断地主动地改造着旧的文化，创造着新的文化，因为从本来意义上说，文化归根到底都是由人创造的。无怪乎有人要说："比起以往任何时候来，今日的文化更是一种人的战略。"否则的话，我们一切的反贫困政策、计划和措施还有什么意义呢？如果人们只是被动地接受贫困文化，他们除了接受贫困的命运安排以外，还能做些什么呢？

当然，这种对"人"的主体性（或能动性）认识还是从欧洲文艺复兴和启蒙运动以后才逐渐深入人心的。"文艺复兴和启蒙运动唤醒了人的一种新的自我意识，这种自我意识反对任何依赖。人由于受到他自己的创造力和知识的鼓舞，他要求仅仅依靠自己。他不再想成为上帝王国的一个臣民，而只想成为自己生活的主人。"但是，这只能发生在文化的神话阶段以后（皮尔森将文化分为神话的、本体论的和功能的三个阶段），因为在神话阶段，"人持有这样一种立场或态度：他感到自己完全被周围力量所控制着。他此时还没有能力把自己同环境和包围他的东西区别开来。……他甚至直接参与到了周围环境之中，变成了它的一部分"。只有在文化的本体论阶段及其以后的阶段，人才具有一种"文化自觉"意识。显然，生活在贫困文化中的人最关键的是要具有这种"文化自觉"意识和能力，一旦他具有这种意识和能力，他才能认识到贫困文化对他的羁绊作用，并相信自己有能力挣脱它的束缚，这也就意味着他从命运之神的安排之下获得了解放。

这也就不难理解：为什么在多数传统社会里，贫困被当作一种自然现象，而将贫困归咎于命运而滋生安贫乐道、恬静寡欲的社会价值。所以，荷兰哲学家皮尔森说："过去时代的不幸和陋习在今天越是显而易见，它就离我们今天的时代越是遥远。奴隶制是一件坏事情，这是现在人都同意的；可是在生活于那个时代的人们中，能从中看出不正义的人实在是寥寥可数。……直到最近，在印度，贫困即使对于那些贫困的受害者来说，却被认为是当然之事；贫困和苦难经常以意识形态的理由被证明是正当的。但是，只要人们发现这种情况是不可接受的，他们就会彻底改变这种情境。因为所有生活在这种情境中的人都要变成了这种情境的挑战者，仿佛障眼物从他们的眼睛中掉落了下来。他们对自身情境的抗议被内在化了，变成了内心深处的不满：不再认可，转而反抗。"显然，这完全依赖于生活其中的人具有一种"文化自觉"的意识和能力了。

在这里，我们不妨回到我们最初的主题上来，进一步讨论山区社会的贫困和发展。到此，我们完全可以得出以下几点结论：

1. 一般来说，山区社会的贫困并非由于资源的贫乏、环境的恶劣等物质因素的贫困，而更主要是由于社会人文资源的贫乏，它包括知识的落后、信息的缺乏、心理的保守、价值观念的陈旧，等等。

2. 山区社会贫困的症结是他们拥有一套自己的贫困文化。这种贫困文化更多表现出传统文化的特性。如果以皮尔森关于文化的三阶段论来划分，我国山区社会的贫困文化大多处于神话阶段，他们要么屈从于环境的控制，要么屈从于神的意旨、祖辈的规矩和命运的安排。例如，云南景颇族山区，人们认为刀耕火种是阿祖传下来的，是景颇传统，不能改变。杨胜坤在对贵州贫困山区考察中发现，在这些贫困群体中，"最强的肯定是祖宗至上和祖制祖规至上；最强的价值否定是忘记祖宗和变更祖制祖规；最强的价值情感是追宗忆祖情感和祖尊自卑情感。在这里一些群体中，追宗忆祖是社会化的主要课题。……在这种社会化过程中，祖尊自卑情感，祖宗至上，祖制祖规神圣不可更改等等价值便注入孩子们的人格中，形成一种基本的人格特质。正因为如此，许多落后过时的行为规范才能长期存在并占据统治地位"。

3. 山区社会基本上是村落社会。我国山民之所以聚村而居，一方面是由于山区自然的隔离形成；另一方面是由于文化上的隔离形成。这种文化上的隔离是以家族、氏族、部落和民族为主要标志的。在汉民族聚居的山区，一个村落通常是一个或几个家族（或氏族）形成的，小至三五家，大至几百户乃至上千户比邻而居。在少数民族聚居的山区，通常以一个部落、民族为一个"山寨"或村落。

白居易有诗《朱陈村》云："有财不行商，有丁不入军。家家守村业，头白不出门。生为村之民，死为村之尘。田中老与幼，相见何欣欣。一村唯两姓，世世为婚姻。亲疏居有族，少长游有群。……生者不远别，嫁娶先近邻。死者不远葬，坟墓多绕村。"（《白氏长庆集》卷十）这可能是山民们理想的村落社会形态了。村落社会的突出特征就是封闭、保守和不流动。"使民重死而不远徙；安其居，乐其俗；出入相友，守望相助，疾病相扶持"这一切都符合乡民的心理。因此，"本村的村民加上（他们的）这些姻亲，大致就是一个农民生活的范围，也是他们视野的极限"。

由此可见，村落文化是山区社会贫困文化的主要形式。它是山区社会发展及其现代化的主要内在障碍之一。列宁曾经说过："没有居民的流动，居民的自觉性和主动性的发展是不可能的。"他还认为："迁移是防止农民生苔的极重要的因素之一，历史堆积在他们身上的苔藓太多了，不造成人口的流动，就不可能有人口的发展。"皮尔森也指出："每种古老文化都曾经是一个封闭的系统。但不管是生物学的还是人类历史的经验都启示我们，凡封闭系统都不可避免地会变得陈旧过时，并苦于'动脉硬化'。"因此，要使山区社会发展，必须改造他们封闭的村落社会结构，一方面要使山区社会开放化；另一方面要使山区社会人口流动起来。

4. 很显然，山区社会的发展必须建立在山民的"文化自觉"意识之上，并同时具备一定的行动能力和方法。当然，这些讲起来很容易，但真正付之具体行动就很不容易了。我二十年来坚持实施的"文化扶贫"（或"文化发展"）方略，即"三个基地、一个保障"的具体行动方案或实施模式，实践证明也是成效显著，并在社会上产生了广泛而积极的影响。

村民自治：国家重大政治改革和民主演习场[*]

——在华中师范大学的讲演

  十几年前在北京"中国村民自治国际学术研讨会"上，我和张厚安同志坐在一起，我们两个交谈甚慰。记得我会上交流的论文题目是《从腾云村选举看乡村民主》，他同我在"科学必须试验"的观点上达成了共识。厚安同志长期关注三农问题，主张"理论务农"，当时我们有相见恨晚的感觉。1996年底，厚安同志在湖北省委主要领导的支持下，选择了黄梅县水月庵村建立了村治研究基地，进行村民自治试验。这个研究基地临近安徽省岳西县，我们彼此可以就近相互观摩、相互交流经验。随后不久，他又邀请我到黄梅县水月庵村实地考察、学习。我们因为村民自治事业而相识、相知，并因为共同致力于村民自治事业而成为亲密的朋友、友好的兄弟，彼此开会大家都会到场，后来华中师大又聘请我做兼职研究员。厚安同志和徐勇、项继权等人凭借个人的卓越才华和华中师大雄厚的研究力量，以华中师大的中国农村问题研究中心为载体，深入农村基层进行研究，吸取丰富的调查经验，在中国的三农问题，尤其是村民自治问题上提出了许多珍贵的意见，也做出了许多可喜的成绩，终于创造了一番令人瞩目的成就。现在华中师大中国农村问题研究中心在三农领域已经成为全国最大、最有影响、最有权威、最有实力、最有贡献的研究基地之一。我为你们的成就感到自豪，为你们的奉献感到欣慰。因为我们有同一个目标，即以村民自治为起点，推进中国的社会主义民主事业，我们有同一个理念，就是理论联系实际，理论来源于实际，又返回实际，实际丰富理论，理论指导实际。所以说我们是真正意义上的一个战壕里的同志。

  民主既不是目的，也不是手段，它是人的基本权利。民主是人类文明的主要标志，也是中国人民近一百多年来不怕牺牲、前赴后继所追求的梦想。它是植根于一定社会经济基础的上层建筑，但是民主的实现和实现形式不是任何人的主观意愿所能决定的，它必须根据国家、地区的社会经济、文化现状等各种条件来建立。1987年，由彭真同志主持的全国人大通过了《中华人民共和国村民委员会组织法》，宣布在中国广大农村对村民委员会实行民主选举、民主管理、民主决策和民主监督。按照彭真同志当时说的"把一个村的事情管好了，逐渐就会管好一个乡的事情；把一个乡的事情管好了，逐渐就会管好一个县的事情，逐步锻炼，提高参政议政能力"，由此上延，在保持社会经济持续发展的条件下实现国家的社会主义民主化，就是一条适应中国国情、民情的正确、可行之路，彭真同志当时还说这是一项"国家重大政治改革"。这是渐变的，而不是突

---

  * 本文系作者2006年3月12日在华中师范大学的讲演。

变的，避免了世界许多国家由封建的或者是集权的政治向民主政治转轨所出现的破坏力。

彭真同志又说，这是"一场演练"。是的，在一个封建皇权传统深厚的国度里，人民，特别是广大农民中积淀着"皇权至上，臣该万死"的文化传统，民众实现当家做主必须经过无数次的演练才能培养出民主心理、民主习惯、民主的参政议政能力，创造出民主的氛围、民主环境，从而奠定民主制度的牢固根基。

没有这条，突然实行国家的民主化，也就是实行多党政治，三权分立，那么民主就可能变成坏东西，这就会造成社会动荡，经济社会发展中断。因为，在广大民众还没有民主觉悟的条件下，民主二字就可能为一些政客、野心家所利用，带来社会动乱。孙中山先生40年的奋斗没有实现他在中国建立民主政治的美好理想，临终时才觉悟到一点，也就是他在遗嘱中所说的一句话，"积40年之经验，深知欲达到此目的，必须唤起民众"。

彭真同志所说的村民自治是"演练"，也就是说村民自治是实行民主的大学校，就是"唤起民众"，没有这一条，"国家的重大政治改革"就成为一座没有根基的大厦，势必会坍塌下去。

自1987年《中华人民共和国村民委员会组织法》颁布　我国农村开始了基层的选举制度，期望慢慢走向民主的道路。然理论必须植根实际才有生命力，乡村民主必须植根于乡情。那么中国的乡情是什么呢？其中一条便是，农村社区比城市社区人口流动率低，农民数十年甚至几百年都在一个地方聚族而居，如此这般一个社区内便布满了家属和亲戚的血缘网络。同样，由于人口的流动率低，邻里之间往往由于生产生活间的矛盾而形成许多门户之间的恩恩怨怨。村委会选举中普选的方式，很容易受血缘和恩怨关系影响，选出一个血缘很近或是矛盾重重的班子。继而导致村委会难以健康、正常、有序地工作。20年来许多瘫痪或半瘫痪的村委会都存在这样的情况。

"组合竞选"是我们根据在农村22年的实践经验总结出来的一种选举模式，它是秉承《中华人民共和国村民委员会组织法》第十一条"村民委员会主任、副主任和委员，由村民直接选举产生。任何组织或者个人不得指定、委派或撤换村民委员会成员"的精神建立起来的。运用村民自主推荐、自荐并自主投票选举候选人及其候选班子的方法，结合差额选举的模式，来决定最后的村委会领导班子的归属。它充分体现了民意，也发扬了民主的精神。因此每一次的选举活动都是一场生动活泼的民主教育，而竞选就是最好的民主演习场。

根据"组合竞选"在安徽省近二十年、七个县市近一千个村的实验结果证明，这种选举模式十分适合我国农村的现状。它不仅解决了我国农村选举长期存在的问题，带来了一个优化的、有能力、有凝聚力、具有包容力、既民主又集中的村委会班子，而且还加强了基层农民的民主意识和公平竞争意识。2005年1月21日《人民日报》在重点版面报道了岳西县农村"组合竞选"村委会的事情。这说明"组合竞选"的影响已经开始从安徽走向全国。甚至有专家认为，"组合竞选"对于类似于中国的发展中国家，尤其是经济欠发达地区，都存在普适性。

2005年，全国政协会议通过了原中共安徽省委书记、全国政协常委卢荣景，全国政协常委、著名社会学家邓伟志《关于扩大村委会"组合竞选"的试验》的提案，从而更进一步地推动了村委会"组合竞选"的试验范围，安徽省灵璧县307个村和岳西县全境农村村委会在当年，完全实行了村委会"组合竞选"，其成功事例为《人民日报》、《新京报》等全国各大传媒所广泛报道。安徽"组合竞选"引起了中央高层领导的关注，2005 年全国政治协商会议中，中共中央财经小组办公室副主任、国务院西部开发办公室副主任、中国扶贫基金会会长段应碧，在 2005 年海南"中国农民组织建设国际论坛"听取了关于村委会"组合竞选"的介绍，并且在总结发言中充分肯定了村委会"组合竞选"的优势。他说"辛秋水讲的'组合选'是很管用的，乡这一级希望村成为他的下级，执行他的任务，因此他希望干部必须是听话的，必须是努力奉行完成任务的，必须是镇得住的。可是让农民选就是要能办事公道，能够带领他们致富的，这两个要求不一样的，就把我们村干部夹在中间，这就可能会形成大家对选举有比较急促的希望。我觉得可能会产生倒逼机制。如果村民自己选，乡政府就有退路了，抵制上级领导的任务就有退路，这个要逐渐的，快不起来，只能慢慢往前推进……"中国（海南）改革发展研究院向中央提出十八条建议，其中的第六条建议"采用'两票制'和'组合竞选'制等有效措施，增强村级组织的'草根性'"，充分肯定了"组合竞选"的民主意义。

毛泽东同志说过："人类的历史，就是一个不断地从必然王国走向自由王国发展的历史。这个历史永远不会完结。……人类总得不断地总结经验，有所发现，有所发明，有所创造，有所前进。"① 人们只有走进了自由王国，才能释放出巨大的潜能，极大地提高自己的创造性。在此，我向华中师大中国农村问题研究中心表示感谢，感谢他们召开了这么一次规模盛大的学术会议来纪念《中华人民共和国村民委员会组织法》颁布二十周年，相信这次会议将对促进我国村民自治事业更进一步的发展具有重大的影响。

---

① 《毛泽东著作选读》，人民出版社 1986 年版，第 845 页。

中国大陆的"草根民主"——村民委员会"组合竞选"制[*]

——在台湾中正大学的讲演

各位专家、各位同学：

你们好！今天，非常荣幸地来到中国台湾著名的中正大学和大家进行学术交流，在这里，我谨向大家介绍中国大陆"草根民主"——村民委员会"组合竞选"的理论和实践，敬请各位给予批评指导。

大陆和台湾近六十年来相分离，历史使两地形成了的不同的制度。大陆实行的是中国特色的社会主义，台湾实行的是三民主义。分离造成我们彼此的隔阂和不了解，台湾同胞中许多人对大陆的政治体制有所疑虑；还有些朋友说大陆缺少民主，所以对统一有所顾虑。今天，我在这里明确的回答朋友们——大陆是有民主的，但是还不完善；大陆的民主是初步的，并在不断完善和发展之中。走的是由下而上的逐步发展之路。就是彭真委员长在 1987 年 11 月 23 日六届全国人大常委会委员长会议上所说的那样："村管好了，可以管乡，乡管好了，可以管县。这是扫除几千年来的封建习惯、封建残余的重要手段，是国家政治制度的重大改革。"

1987 年，中华人民共和国通过的《村民委员会组织法》，使发展有中国特色的民主有了重要保障；而村委会"组合竞选"又使村委会民主选举进一步规范化、程序化。民主是全世界各国人民所追求的制度，具有普世价值性，是不可阻挡的世界历史潮流，顺之则昌，逆之则亡。

民主是什么？有人说，民主是手段；也有人说民主是目的。我们认为这两种说法都不确切。民主，是人与生俱来的权利！但人们实现这种权利是一个过程，并且是一个曲折的过程。实现民主权利的形式和方法也不是人们可以随心所欲的，而是要受当时当地各种具体条件所制约的。脱离了当时当地的具体条件的"快"，或者盲目搬用他国形式和方法的做法，都会引起不良的后果，损害经济社会的发展，这非但不能促进历史进步，反而往往使历史倒退。世界各国的经验教训可作为前车之鉴。反之，如果过慢了，就会引起矛盾的积累，最终也会引起社会的动乱。

现在中国大陆是什么样一个国情呢？它是从两千多年封建制度脱胎而出的拥有 13 亿人口、农民占大多数、经济社会发展极不平衡的国家。所以面对这样的国情，我们的双脚必须站在现实的土地上；我们拽着头发是不能离开地球的。抽刀不能断水，现代的

---

* 本文系作者 2006 年 12 月 3 日在中正大学的讲演。

中国人都是历史中国的承受者；画饼不能充饥，对未来应持的态度应该是冷静。因此，近百年来，就如何实现中国的民主化、现代化这个问题，有多少仁人志士为此浴血奋斗、前仆后继地去探索！又有多少国人为此煞费苦心，寻找出路！老子《道德经》中说到"治大国若烹小鲜"。也就是说，治理国家大事就如同烹调鲜嫩的小鱼一样，火大了会烧焦，火小了烧不透。1987年中国大陆颁布了《中华人民共和国村民委员会组织法（试行）》实行村民自治，通过民主选举、民主管理、民主决策、民主监督的四大民主，在经济文化比较落后的广大农村中，营造民主习惯、民主心理、民主能力和民主环境，然后由村而乡、由乡而县逐步上延，实现全中国的社会主义民主化。就是试图在今天大陆农村的具体条件下寻找一个实现人民民主权利的突破口。在一个村的范围内通过民主选举、民主管理、民主决策、民主监督，实行基层民主。这种民主内涵的巨大意义，正如主持制定"村委会组织法"的中国大陆原全国人大常委会委员长彭真先生1987年11月23日在六届全国人大常委会委员长会议上所指出的"村管好了，可以管乡，乡管好了，可以管县。这是扫除几千年来封建习惯、封建残余的重要手段。"他还说，"让群众自己管理自己的事情，这就是最大的民主演习"。

自1987年公布的《村委会组织法》试行以后近二十年来，效果明显，大陆农村广大农民对"民主选举"这个字眼今天再也不感到生疏了，因为它的实施也改善了农村干部和群众之间的关系。这是一个巨大的进步。

民主选举是四大民主的基础和前提，民主选举搞不好，其他三个民主都是空的，为选择一个最适合农村情况、最具操作的可行性的选举模式或操作程序，大陆的干部群众和专家学者作了长期的艰苦的探索和研究实验，到目前为止在多种选举模式中，比较为多数人认可的有两种选举模式：一是"海选"，一是"组合竞选"。

"海选"，即在全体有选举资格的农民中进行无记名投票，每个人都有当选的资格，最后以得票最多的前几名当选为村委会领导成员（5—7人）。这种选举方式的最大贡献是突破了长期以来农村基层干部的上封制和委任制，而改变为由人民群众自己投票选举自己社区的领导人，但在实践中也暴露了这种选举制度的缺憾。主要原因是，它脱离了中国大陆农村社区与城市社区相比所具有的特殊性，即农村社区人口流动率低，农民几十年几百年定居一处，形成宗族和婚姻网络浓密的人际关系，使选举易受宗族和血缘关系的支配和操纵。反之，也由于长期定居一处，农户之间由于生产、生活之间矛盾形成各种恩怨关系，"海选"使选民只能看到自己投票选举的对象个人状况，而无法预见到选出来的班子整体阵容，以致选出来的班子成员间可能亲缘很近，也可能彼此有宿怨，这种班子在未来工作中，有的因亲缘很近而形成一帮一派，有的因原来就有矛盾，而在工作中互相拆台，拢不到一起来。这种选举缺陷的后果已在十多年的村民委员会工作实践中暴露出来，同时这种选举模式也容易被权势人物或权势单位所操纵。

"组合竞选"的操作程序为：先由各村民小组推选出2—4名村委会主任候选人，随即由这几位正式候选人各自根据其自身意愿在村里挑选他所满意的人，作为他组合竞选班子的成员，并将成员名单公布于众，让群众公开评议，而后召开选民大会进行公开竞选。首先，由各村委会主任候选人发表竞选演说，并介绍各自班子成员的个人情况，接着进行投票选出村委会主任，然后再对当选的村委会主任的竞选班子成员进行差额选举，从而完成全部选举程序。组合竞选最早的发源地是安徽省岳西县莲云乡腾云村，

1989 年 1 月 17 日在这个村实行了村委会"组合竞选"，取得了圆满成功。通过大众传媒的宣传介绍，该选举方式已在省内外各地广泛扩散和推广，实行的结果获得了社会各界的肯定和赞同，认为这是比较切合农村实际情况的一种选举模式。

这种选举方式的优点是：

（1）"组合竞选"能从根本上打破农村大宗族、家族或权势的垄断和操纵。即使某村只有一个垄断性大的宗族，按照"组合竞选"，在这个大宗族里也要产生出几名村委会主任候选人。这几名村委会主任候选人之间展开"竞选"、"组合"，必使大宗族在无形中分化，无法保持其垄断力量。如"组合竞选"发源地岳西县腾云村有"储、刘、王"三大姓，三姓人口占全村人口 90% 以上，但前后三次组合竞选产生出的村主任均不是本村这三大姓中的人。第一任当选者是从潜山县移居而来的农民技术员王先进，后两任当选者是该村单门独户的高中毕业生陈子斌。三大姓家族中的人为什么三次选举均无一人当选，却让"外来户"王先进和单门独户的陈子斌独占鳌头。这就显示出"组合竞选"对家族、宗族势力垄断操纵的化解功能。

（2）"组合竞选"能缓解本社区内各个门户、家族和利益集团之间的矛盾。因为由村民推选出的 2—4 名村委会主任候选人为了各自当选，他们会在本村几个门户较大或分散的自然村中，找出有代表性的人物作为自己组合班子的成员以争取选票，从而使当选后的班子具有更广泛的代表性。

（3）"组合竞选"能产生优化的村委会。因为村委会主任候选人为了在任期内做出好成绩，必须挑选在群众中口碑好、有德行、有魄力、有才干的人组合成能为村民办实事的竞选班子。

（4）"组合竞选"能产生既有凝聚力，又不是帮派或亲属化的村委会。因为选举全过程都是高度透明化和公开化的，所以村委会候选人为了当选，绝不敢把自己亲属和带有某种集团利益关系的人拉进自己的班子，更不会把见面就脸红、说话就吵架、无法共事的冤家对头组合到自己的班子里。

（5）"组合竞选"的反复公开竞选过程就是干部群众学习民主的过程。它培养广大村民的民主意识，营造民主氛围、民主环境、民主心理及民主文化，使干部群众都能在选举过程中对民主与自治有更深的认识，让群众切身感受到作为社会主人的地位和价值。被选举者感受到通过公平竞争得到的权力来源于村民，而不是上级赐予，首先必须对村民负责。

（6）"组合竞选"是具有中国大陆特色的"草根民主"形式，与现代民主制度接轨。"组合"、"竞选"是现代民主选举制度的重要特色，是西方发达民主国家民主政治的两个支撑点。"组合竞选"使现代民主制度的精华与中国大陆农村社区特点相结合。

典型事例如下：

1. 岳西县莲云乡腾云村是"组合竞选"首次试验并收获成果的地方。1989 年腾云村的村委会举行"组合竞选"后，新上任的村委会班子立即解决了自 1964 年以来长期存在于村内的财务混乱问题，并大力开展杂交稻制种，传授杂交稻制种技术，使得该村当年的粮食产量比前 3 年的平均产量翻了一番，经济收入提高 2 倍。村民们喜上眉梢，都说："硬抵硬选出既能团结又能为老百姓干实事的班子就是好。"（见《硬抵硬选出的干部就是好！》，《中国社会报》1990 年 7 月 7 日）

2. 来安县邵集乡八个村进行村委会"组合竞选"后，干群关系出现了许多令人欣慰的改变。如该乡刘郢村一个特大鱼塘，多年来一直都以每年500元的低价被原村党支部书记所承包。广大村民敢怒不敢言。但"组合竞选"后的村委会根据群众意愿对鱼塘公开招标，鱼塘承包价由原500元攀升至12000元，还是由原承包人承包。

该乡另一村中有一村民患重病，无钱医治。全家一筹莫展之时，"组合竞选"后的村主任主动跑到乡信用社为这户农民借来了钱，治好了病。该农民十分感动地说："过去别说村干部到农民家中问寒问暖，我们有困难找到村办公室，门难进、脸难看。'组合竞选'后的村干部却变了样，不是我们找他，而是他主动帮我们解决困难，民主选举干部真好。"我问这位村主任："过去和现在的村主任都是你，你过去为何就没有这种热情呢？"他说："因为过去的村主任实际上不是真正竞选，而是乡政府指定。只要我不犯大错误，不给乡政府留下坏印象，下一届村委会主任还是我的。现在不同了，几个人竞选，老百姓不投我的票我就落选。"上述两件事及村主任的回答发人深省。

3. 颍上县2005年在农村村委会换届选举时，一半乡镇是"海选"，一半是"组合竞选"，结果采取"海选"的乡镇发生多起选民间为选举事互相谩骂、攻击，甚至送去派出所、看守所，闹到法院。而实行"组合竞选"的乡镇在选举过程中平平安安，秩序井然，没有发生一件群众因选举而闹事的恶性事件。原因何在？农民评论说"'组合竞选'透明度高、公平度强"，所以选举时和选举后，胜败两方都心服口服。

实践是检验真理的唯一标准。大陆村民自治正在中国大陆农村中广泛实践着，正面的经验和反面的教训将继续不断地涌现出来，"组合竞选"、"海选"也都在接受着检验。美与丑、善与恶、真与假都是相比较而存在，相对立而发展的！人民创造着历史，人民创造着光辉灿烂的未来！

大陆和台湾血浓于水，休戚相关！虽然两岸长期分离，但我相信我们必定能走到一起。因为我们有着共同的祖先，共同的语言！我们有着共同的理想，共同的奋斗目标！让我们在互信互助的基础上，在共同的伟大目标的引领下，携起手来，为占世界五分之一人口的伟大民族的民主事业而努力奋斗！让我们为了中华民族的伟大复兴而奋斗！

相信在两岸人民的共同努力奋斗下，我们的明天会更美好！谢谢！

新农村建设刍议[*]

——在安徽大学的讲演

一　新形势、新挑战、新机遇

"种地不交税，读书不花钱，看病不再难"，这是我最近到农村去所听到的农民的口头禅。近两三年来，中央对"三农"问题倾注了全部力量，使农村呈现出前所未有的好形势，应该承认这种好形势也是逼出来的。工业大发展了，城市现代化了，可是农业还是一盘困局，严重地制约了我国经济的总体发展和社会主义现代化的建设。与发达国家相比，我国农村在整体水平上相差太远。一位北欧国家的驻华大使，在被问及对中国发展的看法时，明确指出"中国的城市像欧洲，中国的农村像非洲，欧洲 + 非洲 = 中国。"这是对我国城乡差距的形象评价，也是尖锐批评。

在新形势下也出现了新的挑战，据有关部门统计：20 世纪 80 年代的乡村工业发展，在十年之内吸收了一亿的农村劳动力。其后是 90 年代的大规模进城打工浪潮，又吸收了一亿的农村劳动力。这样，在短短二十多年中，非农劳动吸收了农村总劳动力的40%，显然在很大程度上缓和了人口对土地的压力。

但是，也就使许多农村成为空壳。随着年轻的、有文化、有能力的农村劳动力大规模转移到城市，农村人口的老化、弱化问题已经十分突出，并且成为一种趋势、一个严重的社会问题。据调查，在一些老山区，60 岁以上的人已经占到现有人口的 30% 以上，鳏、寡、孤、独又占到 60 岁以上人群的 40%。另外，基础设施滞后，公共服务赶不上需要的情况，也非常突出。

农民大量进城务工，对于粮食生产影响很大，基本都是春天回来播种，秋天回来收割，不再使用农家肥，加上农田水利多年失修，农业生产实实在在地变成了掠夺性的生产。这对我们是一个挑战，也提供了一个新的机遇，也就是为我们对农业实施科学种田、进行规模经营提供了良好的条件。正是这样，迫使我们为农业、农村寻找新的出路。

挑战并不可怕，党的十一届三中全会为什么能够扭转局面，实现改革开放？因为在这以前，我国的经济已经被极"左"路线逼上绝路。矛盾出现了，解决矛盾的力量也必将出现。现在全国各地都在对"三农"问题的新的挑战进行探索。已经找到了一些可喜的解决问题的方法和模式。

* 本文系作者 2007 年 8 月 12 日在安徽大学的讲演。

二　推荐一个模式

近年来，我国很多地区都实行了"反租倒包"的土地流转新形式，这一模式的应用在贵州、新疆等地农村都取得了明显的成效。我们认为"反租倒包"有其广阔的发展前景，这一做法不仅弥补了传统家庭种植成本高、种植质量参差不齐的不足，而且有效地整合了农村土地和劳动力资源，为盘活农村土地经营、增加农民收入提供了一种有益尝试。据《安徽日报》记者梁后俊报道，安徽省天长市大力推行耕地反租倒包工作，引导农民调整结构，增加农民收入，增强乡镇财力。全市实行反租倒包面积达 16853 亩，预计农民可累计增加收入约千万元。面对种植结构单一、粮价下跌等问题的困扰，天长市大力推行反租倒包，把不敢调整、不会调整、不愿调整的土地承包过来，在进行水利设施配套后倒包给有市场经验、有调整结构本领、会经营的种养大户和农村科技人员经营。全市 36 个乡镇都有反租倒包示范基地。在经营管理形式上大体采取了统一经营、联产计酬经营、承包经营等方法。有的乡镇农技站发挥特长带头搞承包。全市各乡镇在反租倒包中与农户签订了土地租用合同，明确了双方责、权、利。据统计，全市反租倒包累计投入 1500 多万元，引进了日本大叶木耳菜、脱毒山芋、半支莲等新优品种 30 多个，种植面积达 10 万余亩。芦龙乡反租倒包 2300 亩，每亩 150 元，经过完善配套，以每亩 300 元的价格发包出去，据测算，该乡财政一年增收 30 多万元。全市有 29 个乡镇从反租倒包中获利。反租倒包的推行，取得了调整结构、农民增收、乡镇增财的"一举三得"效果。我本人曾多次到以"反租倒包"闻名的我省临泉县进行社会调查，访问过承包大户，并在他所承包的农田里反复观察，他可以同时在一块土地上种植三茬庄稼，高秆、中秆、低秆。据其介绍，他一季的收入可超过农民自己种植的经济效益三倍。同时，还能起到培训农民科学种田的示范作用，因为他所承包土地的农民还在这块土地上劳动，每天的工资是 9 元到 10 元，农民既有经济收入又在实际操作中学习到科学种田的本事。有许多农民，在学习之后又到外省，例如新疆、甘肃等地去承包土地，成为新的种植大户。因此，我认为这种模式是有生命力的，因为它既保留了农民的土地所有权，又发挥了土地规模经营的效益优势。使农民取得了比他们自己单干时更多的经济效益，又学会了科学种田的本事，做到了可持续发展。

三　落实两个基本建设

我国山区农村的贫困原因很多，但归根结底是归结到人的身上。1981 年我在岳西县两个大队（同兴大队，头陀大队），这两个大队相当贫穷，30% 的农户常年没钱买盐，80% 的农户常年缺油，但是 10 年以后我又重新走访这两个大队，相对来说他们富裕了一些，我询问原因，他们回答，原因有两条，一个是小孩读书成材（高中、初中）回来了，具有相当的知识；二是家门口通公路了，土产品可以运出去卖了。由此看来交通道路和农田水利基础设施和人的文化教育是改变农村社会经济条件的首要和关键问题，其中人的素质提高和观念的改变是重中之重。

1. 狠抓人的基本建设。目前教育的一大陷阱是应试教育，在农村更是为了进入城市而读书，这样的教育无益于改变农村的现状。农村的教育必须首先为本地的经济建设服务，因此在中小学教育中，除基本的课程外，必须加入一两门适应本地产业特点的农技课程，这样，如果这些学生不能接受更高层次的教育，回到农村就可以成为具有一定知识和技术的新农民，达到造血的目的。在公共文化方面，农村的公共文化建设尤其重要，我们早年所搞的文化扶贫就是建设农村的公共文化，其模式就是三个基地一个保障。所谓三个基地，即科技文化阅览室，贴报栏群，实用技术培训中心；一个保障就是组合竞选。现在看来起到了很好的作用。我在岳西县莲云乡进行四年文化扶贫实践后，安庆市委做了一个调查，莲云乡 1991 年工农业总产值达 580.7 万元，比 1987 年增长了近 5 倍，年平均增长率为 55.7%，人均收入达到 299 元，年平均增长率为 13.9%，社会风气和人们的民主意识得到了明显的提高。因而在 1992 年中共安徽省委发布了《在全省四个地市推广莲云乡文化扶贫经验的决定》（见《安徽日报》1992 年 7 月 17 日头版头条《扶贫扶人，扶智扶文——省委决定推广莲云乡经验》）。要建设社会主义新农村，必须要有社会主义新农民；社会主义新农民靠"修路"修不出来的，靠"建房"建不出来的。我们要建设"乡风文明、管理民主"的社会主义新农村，乡风文明需要提高农民素质，管理民主必须对乡村干部实行真正意义上的民主选举，那就是要实行村委会组合竞选制。没有真正为农民服务的基层干部，就不可能有现代化的社会主义新农村。

2. 狠抓物的基本建设。党中央提出的建设社会主义新农村的目标和要求中，就有"生产发展、生活宽裕"，它是新农村建设的首要任务和物质基础。完善基础设施，解决农民的生产生活条件问题。要大力修建乡村公路和农田基本水利设施，为农业增产创造条件。同时进行必要的村庄整治，对于偏僻的村落适当兼并，将太小的村庄，特别是高山上和零散的村户在其自愿的情况下，适当集中起来优化组合，以利于乡村社会生活的条理化、规范化和秩序化。只有物质条件得到相应的改善。公共文化生活才能得到发展和保障。

四　警惕三个陷阱

工业反哺农业，城市支持农村，这是党中央的重大决策。为此国家投入大批资金到"三农"建设上，必须真正落实，根据以往的经验教训要警惕三个陷阱：

1. 要警惕部门分割：现在已经发现一些部门甚至中央的部门也有这样的行为，原农业部政策法规司司长郭书田同志最近在一篇文章中提供了以下的数据：2006 年财政预算支持"三农"支出为 3397 亿元，比上年增加 422 亿元，增长 14.2%，占财政总支出的比重为 8.8%。而 2005 年，支援"三农"支出的比重为 9.2%，为 2975 亿元，比上年增加 349 亿元。财政部在人大常委报告中，只讲 2006 年总量和增量，是历史上最多的一年，而不讲在财政总支出的比重是下降的，即由上年的 9.2% 下降为 8.8%。特别是行政管理费的总量、增量以及在财政总支出中所占的比重，都比支持"三农"资金高出 1 倍左右。这种状况不从根本上加以改变，中央的决策很可能打折扣甚至落空，增加对"三农"的财政支持的承诺就不能落到实处。

2. 警惕"诸侯"截流。有限的支农资金在实践中被大量挪用，跑、冒、滴、漏处处可见。现在中西部县乡政府迫于税费改革后的财政压力，积极向上争取支农专案，"跑项目"成了基层政府的"第二财政"了，他们会说："不跑专案怎么办？没有项目工资都发不了，政府也不能运转了。"中央下决心花钱搞项目，可是到下面就走样了。

3. 警惕基层政府胡花乱用支农资金。防止它们利用这些资金大盖楼堂馆所，大搞"形象工程"、"政绩工程"，甚至贪污肥己，中饱私囊。

这些让人忧虑的问题，主要在于缺乏一个有效的刹车系统和制约系统。因而，解决这一问题的重要途径就是将中央下发的财政经费向全国公开化、透明化，公布给各省各县各乡的资金运用情况，各省各县各乡也要向本省本县本乡民众公布，让全社会都知道，以利监督，发现问题随时揭露。只有这样，才能够制约各种不法行为，将国家建设新农村的各项政策落到实处。

五　结束语

明代方孝孺在《深虑论》中谈道："虑天下者，常图其所难，而忽其所易；备其所可畏，而遗其所不疑。然而祸常发于所忽之中，而乱常起于不足疑之事。"深谋远虑，防微杜渐，力戒形式主义、主观主义、官僚主义，才能扎实稳步推进新农村建设。

新农村建设是十一届三中全会以来改革开放基本政策的继续，新农村建设是一个前所未有的改革，我们正在做前人所未曾做过的伟大的事业，这是一次伟大的改革。新农村建设是把以小农经济为主的落后农村变成具有现代文化、现代科学技术和现代农民的社会主义新农村。

改革是改变现实利益关系和思想观念以求发展的举动，它是一个历史进程，而不是一次政治运动；是对传统的积极扬弃，而不是对传统的简单否定。中国正在步入现代化的历程，无论对本民族，还是对世界而言，都是引人注目的，我们要保持势头，循序渐进，促进经济的高速发展。中国是有希望的。一个民主、和谐、富裕的新农村在向我们招手，一个民主富强的新中国在向我们招手！

"组合竞选"与我国政治体制改革[*]

各位学者和同学们:

两千年前,圣人孔夫子说过:"有朋自远方来,不亦乐乎?"今天,我就借用这句圣人之语来表达此时此刻我对各位的欢迎之情。

在座的既有本省的专家学者,又有上海、北京、武汉远道而来的专家学者,特别是世界知名经济学家、上海市社科院常务副院长左学金博士远程而来。对你们的到来和我们共同研讨村民委员会"组合竞选",我们表示由衷的欣慰!我今天向大家谈一谈"组合竞选"与中国民主之路。

一 生产力的解放和人的解放

人们常说,人类文明发展史是生产力不断解放的历史,这是对的,但是这只讲了一半,还有另一半,人类文明发展史也是人类自身不断解放的历史。

人类从万物之一种变为万物之灵,这是人类的一次解放。后来,人类又从奴隶制度下解放出来,这又是一次解放,以后又从封建农奴制度下解放出来,从资本主义制度下解放出来,这又是一次的解放。将来当社会进入共产主义以后,人类更是一次空前的解放。有人要问:到了共产主义以后人类还需要解放吗?回答当然是肯定的,共产主义社会也是要继续向前不断发展,再从低级到高级,到更高级,以至于无穷的高级。同样,人的解放也将是无穷无尽的。那么到了共产主义以后的人的不断解放的形式是什么样的?对此,今天谁也看不清楚,谁也不能具体回答,只有未来的实践才能给予回答。

在我们这块古老的中华大地上,从过去到现在,在社会发展问题上一直存在着两个相互对立的观点:一个是"主民"思想。持这种思想的人自命是老百姓的"大人"、"青天"、"主宰者"。他们统治人民大众的手法不外乎文武两套,文是各式各样的愚民政策,等到愚民而民不愚,起来抗争求生存时,就"图穷而匕见",采用武力镇压,有所谓"民可使由之,不可使知之"是也。对"主民"主义者来说,人民群众只是供他们奴役、使用的会说话的工具,人民群众是"阿斗",怎能主宰自己的命运?持这种观点的主要是历史上一代一代反动阶级以及依附在这张皮上的辩护士或曰犬儒。与此种观点相对立的另一种观点是"民主"思想,持这种思想的是一代代的人民利益代表者,思想启蒙运动先驱人物,无产阶级及其政党用马克思主义武装起来的各国共产党,他们应该是高举这面旗帜的旗手。这种观点认为:人民群众才是历史的创造者!只有人民群

* 本文系作者 2008 年 1 月 6 日在"安徽省农村社会学研究会换届选举大会"上的讲话。

众才是历史的真正主人。但是，人们必须充分认识到，延续几千年的封建主义"主民"思想在中国同"民主"思想比较起来其土壤要深厚得多。它渗透到社会、文化、哲学以至意识形态的每一个角落，在中国这块古老的土地上起着不可低估的潜在支配作用。

1949 年中国共产党领导的新民主主义革命的胜利，是对中国封建专制主义一次极其巨大的冲击：推翻了三座大山，撕掉了中国历史上黑暗而"羞辱"的一页，特别是广大农民从封建的土地制度下得到了解放，中国社会文明发展史上"主民"社会从制度上退出历史舞台。但是新中国成立后的几十年，我们忽视甚至回避了对封建专制主义思想的斗争，正如邓小平同志在《党和国家领导体制的改革》一文中所指出的："我们进行了二十八年的新民主主义革命，推翻封建主义的统治和封建土地所有制，是成功的，彻底的。但是，肃清思想政治方面的封建主义残余影响这个任务，因为我们对它的重要性估计不足，以后很快转入社会主义革命，所以没有能够完成。现在应该明确提出继续肃清思想政治方面的封建主义残余影响的任务，并在制度上做一系列切实的改革，否则国家和人民还要遭受损失。"① 请看今日带有浓厚的封建主义"主民"思想，还不是到处可见吗？例如我们就常听到某些在职的一地之长们的口头禅："我这个人民的父母官！"这样的称谓，大家注意到没有？他们竟不知羞愧地自命为人民的"父母"，而且是个"父母官"！众所周知，真正有资格作为我们的父母的，只有全体中国劳动人民，他们不是官，是民，是我们的衣食父母！我们这些衣于民、食于民，拿着人民给我们薪俸养家糊口的国家工作人员，只是为他们服务、为社会主义服务的人民"公仆"而已。进而言之，新中国成立几十年来对国家造成灾难的，如"反右"、"大跃进"、"文化大革命"基本上都是封建专制主义的个人专断作祟。历史的沉痛教训给人们留下不可磨灭的记忆。

从"主民"到"民主"的过渡，也像我们整个改革事业一样，绝不是一个政治运动所能完成的，而是一个历史进程，也就是说必将是长期的、艰巨的。虽然改革这个历史的大潮已是人心所向，大势所趋，但是，改革和发展可不是一个轻松时髦的名词。改革，是对旧体制动手术，而旧体制不是空壳，在它背后站着的是与旧体制利益相连的人。因此改革总会遇到各种挫折，发展总会有阻滞，这就需要我们改革者认真考虑主客观条件，如何绕过许许多多暗礁胜利到达彼岸。

二　特殊的国情和特殊的选择

民主是什么？有人说，民主是手段，也有人说民主是目的，我们认为这两种说法都不确切。民主，是人与生俱来的权利！但人们实现这种权利是一个过程，而且是一个曲折的过程。实现民主权利的形式和方法也不是人们可以随心所欲的，而是要受当时当地各种具体条件所制约。太快了和太慢了，或者盲目搬用他国形式和方法都会引起社会动乱，损害经济社会的发展，这就不但不能促进社会进步，而且往往能使历史倒退，世界各国的经验教训可作为前车之鉴。改革开放 30 年来中国奇迹性的经济腾飞，人民生活得到空前改善，百年衰退的中华民族正在走向繁荣富强，但是，由于政治体制改革落实

---

① 《邓小平文选》第二卷，人民出版社 1994 年版，第 335 页。

的不够，我们存在的诸多问题难以解决。正如邓小平同志所说的，"现在经济体制改革每前进一步，都深深感到政治体制改革的必要性，不改革政治体制，就不能保障经济体制改革的成果，不能使经济体制改革继续前进"①。政治体制改革必须立足于本国的国情。

现在中国是怎样一个国情呢？它是从两千多年封建制度脱胎而来的，拥有13亿人口，农民占大多数，经济社会发展极不平衡，我们的各项建设和改革事业特别是政治体制改革必须站在这个现实的基点上，因为拽着头发不能离开地球。为了争取实现中国的民主化、现代化，近百年来无数仁人志士浴血奋斗，前仆后继，寻找出路。民主是全世界各国人民所追求的制度，具有普世价值，是不可阻挡的历史潮流，顺之则昌，逆之则亡。但是，毛泽东同志说过：前途是光明的，道路是曲折的。老子《道德经》中说到"治大国若烹小鲜"——也就是说，治理国家大事就如同烹调精美的小鱼一样，火大了会烧焦，火小了烧不透。这就是说，实现这个理想是需要一个过程，而且是一个曲折的过程。

从20世纪80年代初掀起中国改革大潮，市场经济逐步代替了实行几十年的计划经济，引发了社会一切领域的激烈变动，大改革时期的中国人在短暂的一生中，要适应以前要经历几代人所经历的演变和发展。这就是我们生命承受之重啊！这种情况无论对个人，还是对国家来说都会引起某种躁动甚至不安定。此时有序渐进比无序激进要速度快、损失小、效益好。一旦失控和无序威胁到大多数人的安全时，秩序就成为大多数人的第一位要求，历史的时针就有可能出现暂时的倒转，这是一切改革者在拟订改革策略时所必须牢牢记取的。

因此，有序和渐进是任何一个领域，包括政治、经济、文化和社会领域的改革顺利进行的必要前提。我们强调有序和渐进的改革，特别是政治体制的改革，一方面要坚决反对原地不动，故步自封，不求改革，因为不改革，就意味着倒退！而倒退是没有任何出路的，倒退只能激化矛盾，当矛盾激化到一定程度时，火山必将爆发，最终导致人们讨厌的社会混乱和灾难。但另一方面必须强调政治体制改革尤其要稳妥和谨慎，因为它是最敏感的部分，所以邓小平说："摸着石头过河。"

现在让我们翻开尘封的历史，重温中国革命的经历，我们就会知道，中国农村有着悠久而光荣的民主启蒙运动的历史。中国共产党领导的几十年革命是民主革命性质，我们称之为新民主主义革命。这个革命就是从落后的农村开始的。毛泽东建立农村革命根据地，在广大农村发动农民、组织农民，起来斗争，直至取得胜利，这是广大农民摆脱奴役、推翻压迫、争取当家做主的过程。这也是广大农民的自我解放运动，是对农民进行的最深刻的民主洗礼，也是培养农民当家做主的独立人格、训练人民民主习惯的过程。50多年前的中国广大农民当然基本上都是文盲，在根据地农民选举干部时，连候选人的姓名都不认识，怎么画圈？当时那里（笔者在当时就亲自组织过这样的选举）的党组织还能采取"数豆子"的办法成功地进行干部选举。共产党人在根据地讲民主，蒋介石在国民党统治区搞独裁，成为神州大地上光明与黑暗的鲜明对照。民主的延安、民主的解放区，吸引着几万万同胞，特别是广大青年知识分子。有一首歌，不是这样唱

---

① 《邓小平文选》第三卷，人民出版社1993年版，第176页。

的吗，"解放区的天是明朗的天，解放区的人民好喜欢，民主政府爱人民啊……"最终是中国共产党以民主旗帜战胜了蒋介石的独裁统治，使解放区的民主推行到全国。忘记这段历史，割断历史联系，就会滑向人民的对立面，被历史的车轮无情地碾碎。

历史证明，在中国，有成功希望的改革，往往需要汲取和融汇某些传统的内容和形式。还必须从最简单的、争论最少的，振幅也是最微弱的，最容易起步的，但又最基本的那些地方做起，在那些地方找准突破口。农村就是我们迈出新一步的地方或突破口。1979年掀起中国改革宏伟篇章的就是农村。农村就是当今中国社会震荡面比较少，震颤度比较低的一个领域。我们当时看准了，就大胆地在那里进行家庭联产承包责任制的改革。今天，我们又在农村实行村民自治，这可能就是我们国家进行政治体制改革和推进民主的突破口。1987年全国人大常委会通过了具有划时代意义的《中华人民共和国村民委员会组织法（试行）》，在农村实行村民自治，实现民主政治的大胆而极其正确的政治领域的改革，其可行性和现实性，已如上所述。它将为我们国家实现现代化和民主化，打下一个坚固的基础。这是9亿农民进行民主训练的大学校，是在进行有控、稳定、有序的民主改革和民主演习。等到全国绝大多数地区都认真地、不折不扣地贯彻这部法案，那么可以预见，一个经济繁荣、文化昌盛的社会主义现代化、民主化的中国，将屹立在地球之上。

三　"组合竞选"——民主政治的演练场

"组合竞选"是安徽农村的基层干部和广大人民群众在党的领导下的一项创举，它是植根于中国农村社区的特殊性，又衔接于现代民主制度的一种选举制度。

1987年我国颁布了《中华人民共和国村民委员会组织法（试行）》就是要在我国的具体条件下寻找一个实现社会主义民主的突破口。在一个村的范围内通过民主选举、民主管理、民主决策、民主监督，实行村民自治。在经济文化比较落后的广大农村中，营造民主习惯、民主心理、民主能力和民主环境，然后由村而乡、由乡而县逐步上延，实现全中国的社会主义民主化。村民自治内涵的巨大意义，正如主持制定《中华人民共和国村民委员会组织法（试行）》的原全国人大常委会委员长彭真同志所指出的"村管好了，可以管乡；乡管好了，可以管县。这是扫除几千年来封建习惯、封建残余的重要手段"。他还说，"让群众自己管理自己的事情，这就是最大的民主演习"（1987年11月23日六届全国人大常委会委员长会议上的讲话）。

今天，在中国农村实行村民自治，让农民群众在自己的社区里真正当家做主，这是从"主民"到"民主"的一次飞跃，是中国广大农民的民主演习，是学习参政议政的学校。也可以说这是中国农民又一次新的解放，它将为我国实现社会主义民主创造一个必要的基础条件。

有人说："中国农民文化水平低，农村封建性的宗族主义横行，搞村民自治注定会乱套的。"于是就要提出这样的疑问："当今中国农民实行自治行吗？是不是超前了？"我的回答是："检验真理的唯一标准，只能是广大人民群众的自身实践！"大别山老区安徽省岳西县莲云乡腾云村民主选举成功就是这样一个有力的回答。

岳西县莲云乡腾云村是一个只有1100人的山乡村，它地处105国道沿线，又邻近岳西县城，地理位置、自然条件也不比其他行政村差，但经济就是搞不上去。1987 年底该村人均收入只有 190 元，是一个贫困村。1988 年我们到莲云乡蹲点，进行社会调查，发现该村干部群众矛盾尖锐，党和政府的各项扶贫政策和措施落实不下去，群众的积极性受到压抑，是这个村长期落后不能摆脱贫困的关键问题之一。因此，我们这些蹲点扶贫干部在取得上级党委的批准和支持下，按照全国人大公布的《中华人民共和国村民委员会组织法（试行）》的原则和精神对该村实行村委会"组合竞选"，到今天为止，历时十多年已经进行多次这种民主竞选村委会，均取得圆满成功。

最早的"组合竞选"村委会是在 1987 年 1 月 17 日，通过由小组提名、联名推荐、个人自荐的形式产生村委会主任候选人，然后各位村委会主任候选人各自在全村内组合他的村委会竞选班子成员，并张榜公布。最后各村委会主任候选人在全村选民大会上发表竞选演说，随后进行无记名投票，选出村委会。这一次，一个农民技术员王某击败了以前的村委会主任，当上了腾云村首任民选主任，这是莲云乡历史上破天荒的第一次民主选举。选举一结束，村民们议论纷纷："这样的选举才是真正的选举"！"我们自己做主选出的干部，我们信服！"果然不出所料，民主选举的村委会新班子一上任，就将这个村"农业学大寨"以来几十年从未公布过的财务账目公布于众，并请了一些德高望重的老同志监督村委会工作，还收回了前任村干部久占不还的款项，用这笔款项，使多年架不起电线的该村西岭组当年就通了电。民选的村委会主任用自己一技之长，引导该村农民搞杂交稻制种，使该村当年经济收入比往年平均收入高出了一倍。你们说，这样的村委会，群众不拥护吗？于是干部与群众的长期紧张关系解除了。由此可见，民主选举干部，实行村民自治，不但是行得通，而且还会带来一些人意想不到的好处，那就是人民群众的积极性调动起来了，干部公仆意识增强了，干群的关系融洽了，生产发展起来了，群众收入提高了。这也说明了人的每一次解放，都将导致生产力的一次解放。这就是笔者从腾云村实践所得的第一个结论。

5 年后进行了第二次选举，这又是腾云村一次成功的民主选举。但这次选举，却将第一次民主选举出来的村委会主任选下去了。新选的村委会主任陈某，是一个三十来岁的高中毕业青年，论农业生产技术，他不一定比得上王某。为什么腾云村人民做出如此的选择呢？为什么原来的王某那么能干，又曾经取得那么大的成绩这次却被选掉了呢？这是因为，过去腾云村人穷，长期落后，急需找一个能人，带领他们摆脱贫困，走向致富。但是后来，他们发现这个"能人"当村委会主任工作勤奋几年以后有些变了，老百姓说他，"腿懒了、手长了、心黑了"，引起群众的反感。于是丢掉了选票。人们反过来一是转向选择人品，二是转向选择高文化层次，三是转向选择那位既是村干部又是养蘑菇大户的能人，这就是群众的心态表现。人们在一次次的实践之后，总会一次次反思，而每一次反思就是一次理性升华，都在农民的传统心理上交互撞击，碰出一些民主与进步的火花。这就是村民自治在群众层面上真正价值所在，这是我想说的第二个结论。岳西县腾云村以后的几次选举都是按照这一模式和精神进行的，都获得了成功。

1998 年富有改革意识的中共滁州市委书记张春生，邀请我将岳西县腾云村的村委会选举模式扩大到滁州市村委会的选举，于是我们首先选择了该市来安县邵集乡八个村进行扩大试验。2003 年阜阳市王岗镇新安村和郑湾村也进行了村委会"组合竞选"的试验。2005 年中共阜阳市委作出决定，在该市颍上、阜南、太和、临泉四个县区实行村委会"组合竞选"试验，而同时在最早进行村委会"组合竞选"的岳西县以及灵璧县两个县数百个村同时进行了村委会"组合竞选"，所有以上的试验均取得了完全的成功，群众满意，干部满意，社会安定，生产发展。

而在干部这一层面上，村民自治的民主竞选村委会意义亦十分深刻。那就是，只有经过不断定期的换届和竞选，干部才能永远以饱满的热情投入工作。

"铁交椅"必会滋生懈怠和腐败。中国有句古话讲得好，"户枢不蠹，流水不腐"。长期不动，一池死水，终究要腐烂的！对于当前腐败现象，世人无不厌恶。为什么惩治腐败的阻力那么大呢？这不能不引起我们深思。人们常说，"权力不受监督，必将导致腐败！"根治腐败，需要自上而下的监督。列宁说过："除了立刻开始真正的人民自治外，还有其他训练人民自己管理自己，不犯错误的方法吗？"光靠上级领导者几双眼睛，即使能"明察秋毫之末"，也比不上群众几万双、几亿双眼！明代方孝孺就曾在《深虑论》中说过："虑天下者将图其所难，而忽其所易，备其所可畏，而遗其所不疑。然而祸常发于所忽之中，而乱长起于所不疑之事。"此番告诫，值得我们深思啊！这就是我们从十多年来村民自治的民主竞选中得出来的深刻体会。

这里还需要特别指出的是，上述提到的几个县的村委会"组合竞选"中，都基本上排除了家族、宗族对选举的操纵和干扰。主要原因是，"组合竞选"这种操作的高度公开化透明度使家族、宗族一切权势单位难施其计，如按所谓民主选举"超前论"的说法，像腾云村这样一个地处贫困山区、经济和文化都十分落后的地方，实行村民自治简直是百分之百的"超前"。选举定会被宗族、宗派势力和落后习俗、低级趣味所左右，百分之百地要乱套。但是实践回答恰恰给这些人一个相反的答案。这里农民不但能认识到村民自治的好处，而且还十分珍惜自己的民主权利和公众利益。先后两届选举自始至终秩序井然，农民们对待选举是极其严肃的、极其认真的，民主的意识和自治要求一次比一次提高了。这说明了中国农民目前已有一定的民主参政意识。又说明了在农村实行村民自治不但不是脱离中国国情而是适应今日国情，是顺潮流、合民意的事情。它又从事实上打消了那些认为农村落后、封建宗族残余思想严重，民主选举势必被血亲、宗族、派性所左右的疑虑，有力地反驳了所谓村民自治"超前"的论调。

科学思维 民主文化*

——新时期我国乡村建设的强音

人们不能随心所欲地创造历史。我们必须客观面对我们所立足的现实，因为拔发不能离地；对于中国的过去必须持分析的态度，因为抽刀不能断水；对未来的发展必须持冷静的态度，因为画饼不能充饥。今天的中国是昨天中国的继续，现实的人们都是以往历史的承受者，我们不可能像蜕皮那样丢开过去，也不可能离开现实的基础去寻找前进的新起点。生活在改革中的中国人，在从事各项改革事业的时候必须具备高度实事求是的态度。否则，我们的改革事业就会陷入唯心主义的空想，而唯心主义的空想是注定要失败的。我们提倡实行文化扶贫和村民自治、提倡科学思维和民主文化，既是中国历史逻辑发展的必然，又是解决现实矛盾的钥匙，更是进一步实现中国现代化的基础工程。

今天各位专家、学者和领导同志共聚一堂，商讨新时期乡村建设新思路，是在世纪交替之际，是在我国20年改革开放丰富的实践经验的基础上，面对全世界范围内新的科技革命将人类文明推向无限美好的信息时代所提出来的。是把立足点放在两个文化，即科学文化和民主文化的基点上提出来的。在生产力由社会化走向国际化的当代，一个封闭愚昧的国家是不可能实现现代化的。尽管世界新产业、新科技革命向人们展示了美好的前景和无穷的机会，但信息时代只偏爱有科学思维和民主文化的内外开放的国家。只有让全中国13亿人自觉接受科学思维和民主文化的洗礼，才能在席卷全球的"信息化浪潮"中迎风驾浪，后来居上，跨进21世纪国际新时代的门槛。

一提到科学，许多人立即想到的是发展科学技术，引进科学技术，这对不对呢？说它对，是针对科学的硬件而言的；说它不完全对，因为这种认识没有把科学思维、科学文化的软件纳入其中，而这又正是科学最本质的东西。新的科学技术只有在新的科学思维、科学文化中才能孕育和创造出来。

一提到民主，人们立刻就会想到体制，比如议会制、总统制、内阁制等。因为这些都是民主的重要表现和条件，但它并不是民主的全部。如果只有这些民主硬件，而缺少民主文化这些软件，这些民主的硬件所发挥的不一定是民主的功能，甚至可能是反民主的功能。比如辛亥革命后建立起来的袁世凯式、黎元洪式、曹锟式的总统制，它们有民主吗？蒋介石实行的也是总统制，也有议会，但它有民主吗？根本问题不是在硬件上打上什么符号，而在于运用这些硬件的人是否有民主思维和民主文化。

12年前，我们提出的"文化扶贫"思路中的文化是科学的文化和民主的文化，以

---

* 本文系作者在"乡村建设新思路学术研讨会"上的讲话。

此来熏陶受愚昧困扰的山区农民群众，使之不但能在现今依靠自己的双手运用我们传播给他们的具体科学技术实现脱贫致富，更重要的是在广大农村孕育发展现代的科学思维和民主文化，以洗刷散布在他们心灵中的封建尘埃。这才是我们文化扶贫所要达到的终极目标。

目前，我国经济基础的改革已经触及包括政治领域在内的上层建筑各个领域，一切的一切都向我们提示，不越过这个障碍，改革大业就无法向前推进，甚至已有成果也难以巩固。改革对头了，人的积极性调动起来了，聪明才智焕发出来了，就会像农村大包干生产责任制向我们展示的情景那样，在人们意想不到的地方，以意想不到的活力与方式，创造出意想不到的大量物质财富和社会的勃勃生机。我们在实施文化扶贫的同时，按照现有法律规定提出并组织实验的，由广大农民自由的直接投票选举社区领导人的基层组织产生模式，就是一种思维方式的改革。长期的干部委派制传统思维方式不易改变，我们长期的实践已经证明，进行思维方式的革新，只能在具体实践中潜移默化地进行。它不是一个运动，而是一个过程。如果有朝一日在中国广大农村中，民主成为广大干部群众的自觉行为，并认为只有民主的语言方式、民主的操作方式才是理所当然、天经地义时，我们制度中民主文化的根就牢固地扎下来了。村级民主选举根本目的在于营造一个民主环境、民主氛围、民主心理。使民主理念和行为有序地、逐渐地向上延伸。那时，党的十一届三中全会启动的中国改革大业才实现了基本的目标。我们的国家才会成为高素质人口的文明大国，才会受到全人类的尊敬。

高寨大队是怎样解决农村剩余劳动力的[*]

编者按： 如何解决农村剩余劳动力，是当前各地农村一个带有普遍性的问题。从这篇文章中可以看到，只要采取积极态度，根据当地具体情况，因地制宜，广开生产门路，剩余劳动力问题是能够得到解决的。

安徽省阜南县高寨大队实行生产责任制后，生产发展较央，工效大大提高，农业机械也逐步增加，剩余劳动力越来越多，大约占总劳动力的 1/3，在大量劳动力无事可干的问题面前，是采取消极回避，无所作为，还是开动脑筋，想方设法，积极解决矛盾，这是两种根本不同的态度，实行起来必然产生两种不同的结果。从前一种出发，就会把剩余劳动力完全看成包袱，不管不问，任其自流，对生产、对社会、对群众自身都将会产生各种不良的消极后果。从后一种态度出发，广开生产门路，使剩余劳动力各得其所，既能为社会创造财富，又能增加群众收入，更有利于安定团结，真是一举数得，剩余劳动力就变成了宝贵的人力资源。高寨大队就是采取积极态度，妥善地解决了剩余劳动力问题。他们的措施是：

1. 精耕细作，科学种田，增加投工，提高单位面积产量。以前耕种粗放，广种薄收，土地利用率低；现在不同了，注意实行集约经营。比如社员点棉花、插山芋都一律带水，保证全苗。小麦中耕除草，以往只锄一次，现在增加到两次。棉花打杈、整枝以往是两遍，现在增加到五遍。作物种子下地前都采取拌肥和灭菌措施。用良种、选良种的劲头特别大，为了取得良种不惜跑上百里。据调查，每亩耕地投工量比实行责任制前增加 40% 左右，单位面积产量显著提高。该大队 1981 年 2050 亩小麦平均亩产达 450 斤，这是少有的丰收。

2. 鼓励社员发展家庭副业和容纳劳动量大、收益也大的经济作物。养长毛兔是收益快、容纳劳动力较多的一种副业。该大队饲养量从 1980 年 250 只增加到 1981 年上半年 1200 只。牛马的幼畜也从 1980 年的 19 头增加到 1981 年的 33 头，还有猪、羊、蜜蜂、家禽、草席等副业收入。据 1980 年统计，除成本外，共收入 105597 元，占该大队农业总收入的 29.56%。经济作物方面发展生姜、油菜等。这些都是投入人工多、收益也大的作物。据统计，每个劳动力平均种姜 0.2 亩左右，收入约等于同样面积小麦的 7.8 倍。

3. 发展各类工业。大队根据群众的收入增加、生活改善、普遍有盖新房的要求，首先建立了窑厂。窑厂的资金用群众预付订砖款的办法来解决，并规定一条优惠办法：

---

* 原载《农村经济丛刊》1982 年第 2 期，合作者：吴鸿成。

凡预付订砖款的，每块砖比市价低 1 分钱。两年内群众共预付订砖款 14 万元。还派一些知青到外地窑厂学习技术。窑厂于 1980 年 9 月投产，共安排劳力 107 人。此外，还有社员联户办的小型工副业，如建筑队 5 个，安排劳力 30 人，铁匠铺和面坊各一个，安排劳力 4 人，目前正兴办的还有联户办的两台带锯，一个气焊门市部，等等。

4. 发展服务行业。大队根据群众生产和生活发展的需要，利用窑厂的砖瓦和资金建立了铁匠铺、缝纫组、百货店、生产资料门市部、电影队、澡堂、饭店、牛行等小型加工企业、商业、文化事业和服务行业，解决了一部分劳动力的出路问题。

通过以上四个途径，该大队剩余劳动力的问题已基本解决（见表 1）。

表 1　　　　　　　　　　高寨大队劳动力分布状况

行业	劳动力性质	
	常年劳动力（人）	季节劳动力（人）
农业	316	32
家庭副业	36	96
各类工业	109（本大队 74）	157
商业等行业	9	13
总计	470（本大队 435）	298

由于充分利用劳力资源，促进了各项事业的发展和变化，繁荣了农村经济，形势喜人。

5. 调整和改变了不合理的经济结构和劳动力结构，使工副业的收入显著上升（见表 2）。

表 2　　　　　　　　　各业收入变化情况和占总收入的比重表

项目		1978 年		1980 年		1981 年上半年	
		收入（元）	占总收入（%）	收入（元）	占总收入（%）	收入（元）	占总收入（%）
农业	粮食	156319	45.25	125925	35.26	98400(麦)	35.10
	经济作物	79822	23.10	68330	19.13	59400(油菜)	21.18
家庭副业		109324	31.65	105597	29.56	52887	18.89
各类工业		0	0	57320	16.05	69660	24.84
总收入		345465	100	357172	100	280447	100

6. 巩固和壮大了集体经济。高寨大队队办企业从 1980 年 7 月至 1981 年 7 月共赢利 51145 元，固定资产达 87200 元。1981 年，从赢利中拿出 8000 元架设一条农用线路，解决了全大队社员的生产和生活用电问题，这对改变整个大队面貌起了一定作用。

7. 增加了社员收入。以往这个大队的群众长年处于贫困境地。自广开生产门路、发展集体和个人各种工副业以后，情况发生了显著变化。如 1980 年，尽管农田受灾面积达 2256 亩，农业收入比丰收的 1978 年下降 41900 元，但是总收入却比 1978 年增加

11700 元。1981 年上半年情况更好，总收入比 1978 年同期增长 62.4%。社员收入普遍提高。仅一个窑厂就使这个大队很多社员增加了收入。社员关体宜，一家 8 口人，包地 12 亩，4 个劳动力抽出 3 个到窑厂，本人是烧窑工，小儿子、爱人都在窑厂工作，3 个人一月工资 100 元，家里其他几个人，种地 12 亩，这一家没有一个闲人，都在为社会、为自己的家庭创造财富。

8. 社员收入增加了，就有余力在农业上增加投资，扩大再生产，促进了种植业的大幅度增产，打破了多年来生产力低下——生活贫困——无力增加投资——生产停滞的恶性循环，走上了生产好了——生活改善——投资增加——生产不断增长的良性循环。该大队 1981 年小麦大丰收，比丰收的 1978 年增产将近 1 倍。这样高的产量是同群众手中有了多余的钱，扩大农业投资分不开的。这些资金主要来源于多种经营和家庭副业。而农业的丰收，反过来又促进了多种经营和家庭副业的更大发展。首先饲料充足了，家禽、家畜就可以更多地饲养。该大队现有家禽 1000 只以上，猪 345 头，羊 240 头，牛、马、骡、驴等大小 273 头。呈现出六畜兴旺的喜人景象。

9. 举办了一些文化事业和生活服务项目，对改变不良风俗、发展精神文明起着有益的作用。如该大队组织了电影队，安排了两个劳力就业，丰富了这个偏僻地区的文化生活。办了一座浴室，这在淮北农村平素缺少洗澡习惯的群众生活中，确实是个创新。开办以后，男女老少来浴池洗澡者十分踊跃。由于整半劳力都有安排，各得其所，坏人坏事大大减少，因此，促进了社会的安定团结。

总之，农村在实行责任制以后出现的大量过剩劳动力，是农村经济发展的必然产物，这是一个新问题。实践证明，解决农村剩余劳动力，既要注意发挥两个积极性，又必须充分认识到集体经济是主体，是主要力量，负有领导、组织和扶持社员家庭副业的责任。只要我们方法对头，领导得力，计划周到，农村剩余劳动力的就业门路是十分广阔的。而大量劳力资源的充分利用，必然会带来农村经济的繁荣！

文化扶贫之路是怎样开拓出来的[*]

一　文化扶贫由感性认识到理性认识的飞跃

1985 年 1 月间，我收到时任中共安徽省委常委、安徽省人民政府常务副省长苏桦的一封信，内称："秋水同志：你在农村智力开发和思想政治理论研讨会上的发言，我恭读后很有启示，确实抓住了问题的要害。改变贫困落后的山区面貌，既要从政策入手，调动群众积极性搞活经济，更要培养人才，选拔一批有志之士扎扎实实地抓几年，把局面打开。为了让立论付诸实践，我将你的稿子推荐给史钧杰、卢荣景两位同志，同时希望他们两位给予考虑。有机会我想见见你。"苏桦同志与我从未谋面，为什么突然给我这样一个普通的理论工作者寄来一封热情洋溢、评价甚高的来信，并主动提出要见见我呢？

原来我在上述这个会议上有个发言，后来整理为一份题为《迅速组织一支开发贫困山区的智力大军》的建议材料，刊登在《安徽情况》（1985 年 1 月 7 日增刊第 3 号）上。这份建议总结了我自 1980 年以来在大别山区调查所提出的智力扶贫思路。由于获得苏桦同志的支持和推荐，当时安徽省委采纳了这个建议，部署了一系列智力扶贫的措施。

二　文化扶贫由理性认识走向实践检验

1987 年 12 月 17 日，我向省委书记卢荣景提交了《以文扶贫，综合治理——对一个山区贫困乡的脱贫方案》。卢荣景当即批示："很好。原则赞成，建议具体实施方案由县委讨论。"1988 年 4 月，春寒料峭，我来到大别山腹地岳西县莲云乡蹲点，定期一年。我一面组织实施扶贫方案，一面进一步研究文化扶贫。这个方案是我从 1980 年开始对大别山贫困问题潜心研究的结晶。它以提高人的素质作为打开贫困地区恶性循环这个怪圈的突破口，大体包括四个部分：一是扩大文化教育的投入量，着力提高人的素质（文化改革）；二是因地制宜，发展本地经济（经济改革）；三是在乡村革除传统陋习，大力提倡社会主义精神文明（社会改革）；四是根据国家有关法律，对基层组织进行民主选举，提高基层干部为人民服务的自觉性（政治改革）。

为落实这一方案，我立即着手建立三块文化扶贫基地：第一块基地是科技图书室。该图书室拥有一套录放机、26 种报刊杂志、4100 册图书（其中科技类书占 55%，文

---
* 原载《实与虚》1997 年第 9 期。

艺类书占 35％，政治类书占 10％）。它成为当地农民学知识、学文化、学技术的重要场所。据统计，这个图书室每天接纳读者 40 余人次，许多农民从这里学到了一技之长，成为发家致富的能手。第二块基地是在全乡 7 个村设立 35 个阅报栏，及时将党和政府的政策法令、时代信息、科技知识和各种文明的道德规范传遍到封闭、穷困的山乡。35 个阅报栏成了 35 个微型阅览室。有位农民原来养蚕不得法，自从在阅报栏上学到了养蚕技术后，1991 年春天养蚕收入就达 4800 元。这一小小的阅报栏，使当地农民的视野开阔了，思想解放了，山村的精神面貌改变了。第三块基地是建立一个实用技术培训中心。这个中心按照农村与当地的特点，举办各种科学种田、发展经济的培训班，为农村培训了大批科学种田生产能手和脱贫致富的技术骨干。许多人从这里学到一技之长，很快走出贫困。培训中心还采取定点与巡回教学的方式，下乡放映实用科技录像带，宣传、推广农村实用科技知识，被当地农民称为庄稼人的学校。以上三块基地，费用很少，但收效却很明显：该乡很快形成一批拳头产品，如茶叶、蚕桑、药材、食用菌、禽畜和蔬菜等，其中食用菌、蚕桑、大棚蔬菜等已成为岳西县重要的多种经济作物生产基地。人民生活水平也有了显著提高，人均收入从 1987 年的 192 元，上升到 1994 年的 900 元以上。莲云乡人正在越过温饱线，朝着小康迈进。经过一年文化扶贫的实践，文化扶贫思路逐步成熟了。

1989 年 3 月，我向省委提交了一年蹲点文化扶贫的工作总结，题为《扶贫扶人，扶智扶文——辛秋水一年蹲点归来的新思考》（刊登在 1989 年 4 月 28 日新华社《内部参考》和 1990 年第 8 期《乡镇论坛》上）。当时的省委书记、省长卢荣景看后批示："莲云乡几项试验都是很有意义的。尤其是在偏僻贫困的山村，更显得紧迫和必要，这里能办到的，能办好的，其他地方也可以做到。"这个批示预告了文化扶贫将在全省逐步推开，也表示了省委对这一工作的支持是十分坚定的。

三　文化扶贫由点到面的推开

1992 年 7 月 17 日《安徽日报》在头版头条显著位置报道了《扶贫扶人，扶智扶文，省委决定推广莲云乡经验》，内称："走发展农村科技文化扶贫之路，从提高人的素质起步，这一'扶贫扶人，扶智扶文'的新思路，在岳西县莲云乡经过 4 年实践，已证明是有效的，成功的。省委日前决定，在嘉山、歙县、岳西三县（后来又增加了霍邱、青阳、亳县三县）进行推广试点，发展农村科技文化，从提高人的素质起步。"《光明日报》就安徽省委决定推广莲云乡的扶贫经验一事，作了题为《辛秋水扶贫摸出新路子，安徽决定推广农村科技文化县试点》的报道。

实践是检验真理的唯一标准。我们在莲云乡开展的文化扶贫，是在不开小灶、不受任何特殊待遇的情况下，仅仅靠以上三个文化扶贫基地，使这里的社会经济发生明显好转的。实践证明文化扶贫这条路走对了。

对文化扶贫的推广，省委宣传部、省社科院、省文化厅做了大量工作。早在 1991 年 11 月 15 日，省委宣传部向省委负责同志报告，在全省若干县市的农村推广文化扶贫的试点工作，并作出了具体安排。1992 年 2 月 20 日，省委宣传部又分别给滁县地区、黄山、安庆市委发出通知，要求嘉山、歙县、岳西三县选出若干乡镇进行文化扶贫试点，落实省委的决定。经过上述三年扩大试验，更进一步肯定了文化扶贫在全省推广的必要性。遂由省委宣传部向省委写出报告建议在全省推广文化扶贫，并将这一工作移交给省文化厅负责。随之，省文化厅将此定名为"杜鹃花工程"，向省人民政府和中央文化部备案。各试点县的县委、县政府和宣传部、文化局对这项工程热心安排、精心组织，取得了很好的效果。为促进文化扶贫，省委宣传部于 1994 年 10 月下旬和 1995 年 10 月下旬分别在岳西县和亳县召开了试点经验交流会。通过交流，各县市的文化扶贫又有了新的发展。

3 年文化扶贫的试点，效果很好，促进了当地两个文明建设的发展。实践也进一步证明，文化扶贫的意义，绝不仅限于"扶贫"，还在于它是富农的大计，是发展农村文化教育，奠定现代化基础的大计，是农村两个文明最好的结合点和生长点。正如 1995 年卢荣景在岳西县莲云乡视察工作时所指出的那样："莲云乡以文扶贫工作取得了可喜的成果，给莲云乡的社会经济和群众精神风貌带来了深刻的影响……这是一项重要的基础工程，非抓不可。"

莲云乡文化扶贫的星星之火，首先点燃了 6 个县 10 个文化扶贫试验点。1996 年 10 月 19 日，省委书记卢荣景在全省扶贫开发工作会议上指出："现代化的本质是人的现代化。因此，狠抓科教扶贫，提高人的素质，是扶贫开发的治本之举。""文化扶贫已在我省搞了 10 年，取得了显著的成绩，并积累了一些经验。这是一项基础性工程，对提高人的才智，开发资源，创造财富，加速脱贫步伐很有意义。各地要结合贯彻党的十四届六中全会的精神，广泛开展群众性精神文明创建活动，大力抓好文化扶贫工作。县、乡应建立综合性的文化馆、文化站。有条件的村也可以建综合性的文化站，也可利用现有小学的力量一起办。"

1996 年 10 月 6 日，中央电视台专程赶到安徽报道岳西县莲云乡文化扶贫工作。省委书记卢荣景接受记者采访时，再次指出："文化扶贫在安徽省已经搞了 10 年，出现了显著成绩，并积累了一些经验，正在向全省推开。这是继农业生产实行'大包干'以来，安徽省的又一创举。"这是省委全面肯定莲云乡的文化扶贫方式，并向全省推广动员的号角。

四 文化扶贫的前瞻与体会

为总结和交流经验，进一步推动文化扶贫，安徽省社会科学院于 1996 年 11 月 28 日召开了"文化扶贫与农村精神文明建设研讨会"，60 多名专家和有关方面人士出席了会议。省委书记卢荣景为会议发来了贺信，省委副书记方兆祥作了书面发言，给文化扶贫以很高的评价。文化扶贫虽然是我首先提出的，但是，它的推行及发展是与各级党委、政府的领导和组织分不开的，与广大农民的真诚参与分不开的，也与社会科学界和政府有关部门的支持分不开的。可以说，文化扶贫是集体智慧的结晶，是干部与群众、社会科学研究者与实际工作者共同努力的结果。

给我以深刻印象的是这次研讨会认为，文化扶贫有"三个开拓"：一是突破了原有"输血"式扶贫与"造血"式扶贫的框框，开拓了"造人"或"树人"的扶贫新路；二是在农村引进"组合竞选"的民主选举，对农村社会改革与体制改革具有开拓性作用；三是建立社会科学研究试验地，把社会科学放在可实验的层次上，这在社会科学研究的方法论上，是有开拓意义的。文化扶贫的实际效果以及理论界的评论，展示出文化扶贫具有广阔的发展前景，其意义在于它能造就一代新型农民。这不仅适用于贫困地区，即使在发达地区，乃至在城市，提高人的文化素质也都是永不歇笔的重大课题。面临新形势，尤其是在社会主义市场经济条件下，如何促使文化扶贫取得更大的社会经济效益，如何在更大的范围内持久地推行文化扶贫，在贫困地区的人民脱贫以后，又如何推进文化扶贫向文化致富的转化，还有许多新的问题需要研究、实验。我相信，由于越来越多的人参与文化扶贫、投入文化扶贫，这些问题会逐步得到圆满的回答。我作为一名社会科学工作者，只要生命不息，就要继续全力投入文化扶贫的研究和推广工作。

深化农村改革和向乡镇放权[*]

——兼谈莱芜市改革条块分割管理体制的经验

当横向的乃至全方位的经济联系已经不是个别事实，而成为农村当前经济发展总趋势时，那个曾经主宰中国几亿农民命运达四分之一世纪之久的"政社合一"体制的遗留物——条块分割状况，已越来越成为农村经济、文化建设新高潮的严重障碍。本文试图就如何解决这一问题谈谈自己的看法。

农村第一步改革已经十年了，那一步改革比较顺利，出现了农业增产的飞跃形势，带动了整个国民经济的高涨。但是现在农村的第二步改革却显得步履维艰，原因在于上一次改革，主要是把被"捆束"多年的手脚放开，农民获得生产的自主权和经营权，长期被压抑的积极性像火山似的爆发出来了。农户家庭经济细胞搞活了，整个农村这盘棋就活了；而现在的第二步改革已经远远超出了农业生产的范围，触及国民经济不同领域、不同部门以及不同阶层的利益，需要对传统的利益结构进行调整，很多问题与城市改革、政治体制改革相联系，是全方位的改革，因而改革难度较大。现在对农村第二步改革的突破口的看法就莫衷一是，各执一端。这充分表明了农村第二步改革是一个社会系统工程。系统工程要求整体性、全面性、结构层次性、相关性和动态平衡性，相应地要求在一定的区域范围内有个机制运转高度灵活有力的组织支撑点，以保证各方位之间改革的同步和协调。这个组织支撑点，在农村自然是乡镇一级政权，因为农村乡镇是宏观经济与微观经济的结合点，工农关系的纽带，国家政权的缩影；是经济实体，又是社会实体。其运行机制拥有多方面的结构，如资源结构、产业结构、社会结构、决策结构、信息结构和动力结构。毫无疑问，应该充分发挥乡镇的上述结构功能，以推动乡镇纵横交错的商品经济大发展。但是，恰恰在这一点上却存在着严重障碍。目前农村乡镇政权很不健全，财力薄弱，工作缺少活力。主要是我们现在有关的体制，如领导体制（特别表现在条块关系上）、管理体制、财政体制和商品流通渠道等还没有随着人民公社体制的解体而发生根本性的变化，上边对下边管得太宽，统得过死。乡镇没有形成一级政治、经济、社会的权力中心，尤其是条块分割、政出多门的行政管理体制，已越来越成为农村第二步改革的制约因素。上级有关部门设在乡镇基层政府的机构太多，统得过死，这些部门工作在乡镇，而人、财、物三权却在上边，层层上级都向乡镇布置，任务落在乡镇头上，职责担子压在乡镇肩上，但是，上边派驻乡镇的许多单位承担的业务工作，乡镇政府却无权过问。乡镇要办一件事，有的需要跑许多部门，盖几十个图章才

---

* 原载《乡镇经济研究》1991 年第 1 期。

能得到批准，一家不点头，事情就拖着。这就是说，政府做了决定，还得部门批准，部门不批准就办不成，要办一件事，那要看头头给多大的面子　给面子多就好办，不给面子就难办。这个部门给面子，那个部门不给面子还是办不成，所以要办一件应该办的事，也得"求城隍拜土地"，往往拖很久还是办不了。这种"管得着的看不见，看得见的管不着"的责、权、利相脱离的状况，严重影响了乡镇政府统一组织管理本行政区域的各项工作，使宪法和地方组织法赋予乡镇政府的职权难以落实。由于没有建立起乡镇一级财政，乡镇缺乏生财、聚财的积极性，严重影响生产建设和公益事业的发展。一些基层干部说："乡镇政府牌子响，责任大，权力小，办事难。"不少群众反映："乡镇政府只是改了名字，换了牌子，还是以前公社的老样子。"乡镇一级的实权在分支机构，办起事来，就是部门扯皮，党政主要负责人出面调解，形成恶性循环，项目在扯皮中丢掉，时间在扯皮中拖延，效益在扯皮中降低，这样的一级政权状况能担负起统一组织本区域内纵横交错的商品经济发展支撑点的职能吗？能够担负起统一组织农村第二步全方位改革的系统工程的重担吗？正如孟子所说，"挟泰山以超北海……是诚不能也"。无权和扯皮，逼着人们必须革掉这种责、权、利严重失调的条块分割的旧体制。小平同志早就指出："我们各级领导机关，都管了好多不该管、管不好、管不了的事，这些事只要有一定的规章，放在下面，放在企业、事业、社会单位，让他们真正按民主集中制自行处理。""本来可以很好办，但是统统拿到党政领导机关、拿到中央部门来，就很难办。谁也没有这样的神通，能够办这么繁重而生疏的事情。这可以说是目前我们所特有的官僚主义的总病根。"要清除这个总病根，必须在干部思想中树立简政放权的正确观念。

"向乡镇放权"，具体怎么个放法？放了以后，究竟是忧是喜？对这些问题，笔者不久前应邀考察了山东莱芜市向乡镇放权的实绩，颇有启发。1986 年 4 月，莱芜市（县）根据中央有关指示进行了"简政放权"为主要内容的基层综合体制改革。市委、市政府在调查分析了市直在乡镇的 20 多个分支机构情况后　本着"一切有利于各项建设事业的发展，宜统则统，宜放则放"的原则，除法庭、邮电、银行 3 个部门仍由市（县）集中统一领导外，其余二十几个单位人、财、物全部下放给乡镇政府管理。乡镇政府对下放单位的工作支持不包办，把关不揽权，市直业务部门继续加强对他们的业务指导，从而使这些下放单位权力责任明确，服从乡镇领导，保证了这些单位更有效地开展工作。通过两年来的实践证明，近 20 个部门下放基层管理以后，带来了几个方面的好处：

一是乡镇政权体制得到加强。全市将 1.2 万多名干部职工和 300 万元的财政支出权、近 900 万元的固定资产下放移交给乡镇，使每个乡镇由过去十来人增加到五六十人，乡镇政府真正成了有职有权的一级政府。他们有人、有钱、有物，有了决策和自我协调发展的能力。农、工、商各业俱全，一、二、三产业俱备，成为所辖区域政治、经济、文化中心，发展农村商品经济的组织支撑点。

二是破除了条块分割，理顺了条块关系，加快了工作节奏，使各部门之间形成了各司其职、各负其责、互相配合的新局面。部门工作能更自觉地为当地实际和群众的需要服务。

三是促进了市里的简政。放权后市级机关原有 900 多人的编制，除去下乡扶贫的、在职学习和挂职的以外，目前只有 500 多人便可坚持机关日常工作了。一些机构交了"三权"，无事可做，许多干部便自动要求下基层，这也就为下阶段市（县）级综合体制改革创造了有利条件。过去历次的精简机构常是"精简——膨胀——再精简——再膨胀"。其中一条重要原因，是没有转变机关的职能。这如同是先拆庙后迁神，只要神在就会建起庙来，这次反其道而行之，先放权，后简政，市（县）直有关部门下属单位实行人、财、物全部下放给乡镇，这样神迁了，庙也拆了，一劳永逸。

四是利于纠正行业不正之风。一些行业和系统的个别人，利用国家给的权力，为自己和小团体谋取私利，严重影响着党群关系。而许多系统和行业的不正之风，又突出表现在基层，过去乡镇政府对市直有关部门的下属单位没有领导、管理权，对行业的不正之风，市里管不到，乡镇想管也管不着。农村基层政权搞好了，乡镇政府成了真正有职有权的一级政府，那种以行业谋私，以工作之便拉关系、索要钱物、违反规定乱收费用等违法乱纪现象，迅速得到遏制。

当地乡镇干部在放权后深有感触地对我们说：现在我们乡镇行政指挥灵了，在本乡镇区域内可以依法行使规划决策权、生产经营权、增收节支权、统筹资金权、科技发展权、政法建设权、综合治理权等，说话有人听了，办事的效率高了，事业发展也快了。

"放权"牵涉冲击传统观念，牵涉各方面的利益。因而既有观念冲突，又有利益冲突；解决改革中出现的这些矛盾，也是一个系统工程。当然，首先还必须从层层提高认识、统一思想着手。莱芜放权试点一开始，在全市干部群众中引起了强烈反响，概括起来是"两头热，中间凉，四家怕"。"两头热"是市五大班子和乡镇热。认为加强农村基层政权建设，使乡镇政府成为实力雄厚的发展农村商品经济的组织支撑点，是人心所向，非搞不可。"中间凉"是市直一些部门对这次改革不够放心。"四家怕"一是市里怕权力下放后影响上下关系，怕上级有关部门在资金、物资、技术等方面卡脖子，给亏吃；二是市直有关部门怕放权后对下属部门管不着，事业受损失；三是乡镇政府怕改革方案不落实，权力下放不兑现，折腾一阵子没有成效；四是分支部门职工怕下放给乡镇管理后，晋级、提拔、评定技术职称、资金、福利等得不到保障。市委认为，这些思想问题不解决，放权无法顺利进行，他们在学习有关文件基础上，开展广泛的纵向和横向的对话，他们叫做"五对头"、"五磋商"，即有放权任务的市直部门与上级主管部门、市政府、市组织劳动人事财政部门、乡镇政府、在乡镇的分支机构对头，就有关的财务、物资、机构设置和其他综合问题广泛进行磋商，对上下双方在干部管理、财务管理等许多分歧较大的问题上，统一了意见，消除了顾虑。

另外，莱芜市还在放权过程中实行稳妥而有效的"三不变"、"五不准"和"不批评'认真的反对者'"的政策和原则。

"三个不变"——人、财、物三权下放后，人们最关心的是人的下放，一讲人员下放，一些人就容易想到 1958 年和"文化大革命"期间的干部下放，从而产生种种阻力。为了减少阻力，莱芜市明确规定了"三不变"，即市直部门在乡镇的分支机构交给乡镇管理后，单位性质不变；干部职工的政治、经济待遇不变；业务指导关系不变。这个"三不变"政策，无异于一颗定心丸，稳定了下放人员的思想情绪。

"五个不准"——针对个别单位讲放权就撒手不管的现象，宣传在简政放权未交接前，实行人、财、物冻结的规定，即五个不准：任何单位和个人不准以任何名义和借口动用公款请客送礼，发纪念品，挥霍浪费；不准突击花钱，私分公款公物；不准擅自处理公用物资或廉价卖给个人；不准砍伐树木，破坏房屋建设；不准擅离职守，贻误工作。在此期间，部门在乡镇的分支机构出了问题，市直主管部门要负主要责任。

"不批评'认真的反对者'"——莱芜市委、市政府在领导放权的过程中，多方发动群众开展讨论，提出方案，召开现场办公会听取意见，对各种具体问题反复磋商。在整个放权过程中，允许提不同意见，当时市里党组织在做思想工作时，曾严肃地批评了不负责任的党员干部，但没有批评任何一个"认真的反对者"。他们把"认真的反对"，看作是对工作的负责，让人们能畅所欲言，把话讲透。到最后，问题解决了，认识一致了，没有上访告状的，也没有起哄闹事的。

他们把放权的过程，变成训练干部和观念更新的过程，如一些乡镇长原不知乡镇有个农话组，不知道供销社有支农资金，具体一交接，才明白："噢，还有这个！"而一些上级业务部门，对乡镇政府还以过去"一大二公"的眼光看待，认为把分支机构放下去，就变成集体的了，这么一放，他们也懂了："啊！乡镇政府是我们的基层政权。"

我国现行许多体制，包括行政体制，不能适应商品经济的发展，不能适应加强法制和扩大民主的需要，是我们当前建设和改革的难点，必须尽一切力量予以突破，体制理顺了，其他事就好办了，所谓"投中一着，全盘皆活"。给乡镇放权，健全农村商品经济发展的支撑点正是当前深化农村改革序列中的重要一着，投中这一着，就可以逐步理顺农村各种关系，而发展农村商品经济也就易于搞活了。

千钧一发之间*

——记小岗生产队包干到户中的一场风波

历史的必然性往往是通过历史的偶然性来实现的。

震撼世界的中国在 20 世纪 80 年代初启幕的改革大业是来自中国农村，来自中国农村中最贫困的食不果腹、衣不蔽体的那些村落。安徽省凤阳县小岗村正是这类最贫困的村落中的一个。穷则思变，要干、要革命。穷到衣食不能温饱的时候，不变怎么能活下去呢？这个 150 口人、20 户人家不论"光棍"、"姑娘"人人讨过饭的小岗村，根据 1978 年党的十一届三中全会关于发展农业的两个文件精神，中共凤阳县委在全县推行作业化的生产责任制，也就是通常所说的搞包产到组。小岗队也是这样做的，但是到组后，不过是大呼隆变成小呼隆，仍然搞不好。以后，社员们就"偷偷摸摸"地搞起"包产到户"了。全队 517 亩地，按人头包到户；10 头牛折好价，平均两户 1 头，国家农村产品交售任务、还贷任务、公共积累和各类人员的补助按人包干到户，包干任务完成后，剩多剩少都归自己。

小岗发生的事很快就被公社发觉了，公社觉得这个队太难缠了。不久，这件事又传到在农村工作几十年、自己饱尝过酸甜苦辣的县委书记陈庭元那里。他是深知农村情况的，但又深知党的"规矩"。他想，全县三千多个生产队，一个生产队搞包产到户，就是"复辟"也无关大局。于是就告诉公社的同志说："算了吧，就让他们干吧！"小岗队的包产到户就这样幸存下来了。

小岗队包产到户一年后出了奇迹，全队当年粮食总产 13.2 万斤，相当于 1966 至 1970 年五年粮食产量总和。油料、副业都有大发展。过去 22 年公粮一粒未交，还年年吃供应，而这一年向国家交售粮食 3 万斤，人均毛收入达 400 多元。最好的户收入高达 6000 多元，人均 700 元。

农业大丰收，生活大报喜，愁容变笑容，参观的人多了，名声大起来了，吸引力也大起来了，凤阳县的农民们议论起来："小岗能搞，我们为什么不能搞？"从本公社到外公社，不顾某些社队领导的严禁，农民们瞒上不瞒下，往往一夜之间就把田分好了。小岗队确实起了榜样作用。但是树大招风，县社领导集体觉得不将小岗队这只包产到户带头羊，赶到集体羊群中来，整个羊群就要离开"方向"了，于是，强令小岗归并。连同情小岗的县委书记陈庭元也顶不住了，因为这是方向、道路问题啊！此刻，小岗队的命运也关系到全国农村改革的历史性大业"包产到户"的命运，形势处于千钧一发

---

* 此文写于 1982 年 1 月。

之间。下面就是这"一发"之间的真实记录。

1979年，陈庭元书记到小岗队通知副队长严宏昌同志："我也很同意你们这样干，可党中央没有这个政策。你们还是要并。"严宏昌哪里肯同意并呢？陈庭元同志继续对严宏昌说："我的乌纱帽只有这一点点大，我回去宁愿摘掉乌纱帽也要把情况向上面反映。"并对严宏昌说："你有没有勇气到县委去一趟？我支持你。"严说："天是我戳的洞，我绝不连累你。"次日早上，严宏昌到了县委办公室，那里的人说县里主要干部正在党校开会。严宏昌来到党校，里面果然正在开会。陈庭元同志向会议参加者介绍说："这就是小岗队副队长。"当时，就有人问："你是小岗的吧？你们并起来了没有？"严宏昌说："公小区里通知并，还未并，我就是为此事来看看的。"会场有人说："有什么看头？并起来走大集体是社会主义原则。"严宏昌说："今天我来向你们讲一件事，我小岗就是并，现在也不能并，我们这样干是地委王书记指示的，现在并起来影响明年的产量。"在座的说："你讲给我们听听。"严宏昌接着说："现在叫我们并，小麦种不下去，眼下我队社员听说要并，纷纷将已买到家准备明年用的化肥联系向外卖，明年哪能有产量？地委王书记同其他几个常委不久前在我家开会，我也列席了，王书记指示说，'你们这样干很好。我们今天的地委常委都同意，陈庭元同志能批你这样干，他做对了，我也能叫你这样干，以后，不论谁叫你们并，随时打电话来找我！'现在你们叫我并，我必须报告地委王书记。"此时，在座的几十个人听了严宏昌这段话都大笑起来（笑严宏昌能参加地委会）。当时有人说："你年纪轻轻的就会侃空，王书记向你讲的话，能不向我们县里、公社里讲吗？"此时有人咕叽说：×农民，怎么能叫他参加地委开的会，全是胡扯。于是有人问："可给你什么？"严说："没有。"又有人接着说："你把地委行文拿来给我们看看。"严说："行文不会给我的。"又有人说："即使不下行文给我们，也会有通知给我们的。"严说："看来你们是不相信我讲的了，你们不信，可打电话问问。"说着严宏昌就去拿电话，有人抓住严的手不让他打。并说："哪有电话给你胡摆弄？"严宏昌说："你不让我在这里打，我到邮局照样打，不过多花几毛钱。"这时一个大胖子，把桌子一拍，跃然站了起来，嚷道："年纪轻轻的，一脑壳子里装的什么家伙，我劝你冷静一点，考虑好了，回去并了算啦，你要不并，就是标准的挖社会主义墙脚。"严宏昌此刻反问一句："你从哪说起？"又有许多人问："我们国家有这个政策吗？"严说："国家是不是党领导的？你们是不是共产党员，我们小岗，解放后这么多年，从1956年进高级社起直到1978年，一直是靠吃国家供应粮，用国家救济款过日子。我们小岗贫下中农也实在不忍心再要国家养活。吃国家半辈子了，下半辈子也该对国家有点贡献吧？难道年年吃国家的、用国家的，这叫走社会主义？如果全国农民都这样，工人、解放军又吃什么呢？我们又怎能走社会主义？二十多年来，分到户的第一年我们小岗第一次算是对国家有点贡献了，社员才达到温饱；我们头一次向国家卖了3万多斤粮食（任务是3000斤），2万多斤油料作物（任务是130斤），归还了国家800多元贷款，各户将多年来欠信用社的旧债连同利息一次还清……"座中有人说："你觉得你的贡献大？你反对社会主义，你是标准的反革命，我有权抓你，不老实，把你关起来。"声色俱厉。此时有人在拉严宏昌衣襟，劝他快走，免得倒霉。而严宏昌确实横下一条心，心想，就是关起来，也没什么。他说："你关我还要给我一个申诉的时间。"有人说："你找谁都不行，你在我们县归我们管，你有意破坏我们县的名誉。"那人站起来用手一比画说："你们小岗收这么大的金滚子，我们都不眼热。我们县可以包你小岗全年国家供应，也不让你们这样干。"旁边又有人站起来说："你年纪轻轻的，看起来路快走到头了，我们社会主义这壶尿被你一下倒干净了。你从哪里来的这么大的胆子，你胆子长在皮外头的吗？"宏昌说："我也不是胆大，个人认为，作为一个农民，难道整年吃国家的喝国家的，这叫走社会主义吗？"有人又说："哪有那么多闲工夫同他扯，给他关起来。"严宏昌说："你有权枪毙我，我也不并，我只相信地委的话。"说着他去拿电话，坐在一旁始终未发一言的陈庭元同志站起来说："好吧，他说地委同意他干，我们就打电话问问吧。"宏昌又去拿电话，被陈庭元同志抢拿过去，"还是我来打吧。"电话一打去，正是王郁昭同志接的，陈庭元同志向王郁昭同志说，"严宏昌在这里，县委要他并，他不同意，说并起来损失大，还说你也同意他们分。"王郁昭同志在电话中说："小岗不能并，我支持，你们不要管了，月底在省里开会我找你谈。"王郁昭同志讲话声音很大，在座的都听得清楚。陈庭元同志接完电话说："我说他，（宏昌）不会侃空吧，这一次又找出麻烦来了，你们说小岗影响太坏，一直要他并起来，现在地委不同意咋办？党的政策谁也看不到底，现在既然小岗分田不并了，那就给它起个名字吧。"这下会场的气氛全变了，有的人忙问严宏昌喝不喝水，有的拿烟。此时，会上那种"左劲"被王郁昭的话赶光了，又给小岗分田到户的事起名称。一会儿就起了二十来个名称，例如，"以队为基础，责任到人"，"以组为单位，责任到户"，"联产计酬"……最后严宏昌说："哪个名字算数，我回去好向社员说。"会场都不做声。还是陈庭元同志出来说："回去说名字叫做'大包干到户'。"严说："公小区里一天几趟找，不让我们干活，还说要斗我九十六遍，我们队长会计三个人没一个能安生，他们见到哪个训哪个，大帽子乱飞。"陈庭元答复说："回去你口传我的话。"严说："他们要行文。"陈说："我马上打电话，你赶快回去抓种麦，我过两天就去。"严宏昌从刚去时的紧张到会场"舌战群官"，现在的心情总算松下来了。胜利者吗？此时还不算完局，但起码，眼下他们三个队干部能安生了。被"并"弄得惶恐不安的社员又可以继续在他们分到户的土地上卖劲干活。争取下一年再来一个大丰收。这就是中国包干到户的发源地、中国改革大地最初的火种、凤阳县小岗生产队从捆在一起受穷，转上放开手脚、丰衣足食道路上的千钧一发。在这场向"左"的模式决裂的大战中，决策正确、态度坚决、一言九鼎，挽救了小岗包干到户坎坷命运的是滁县地委书记王郁昭；深刻理解农民，充分认识包干到户是摆脱农村长期贫困的光明大道，而变相地支持小岗包干到户的是凤阳县委书记陈庭元；而包干到户的开拓者，敢于第一个吃螃蟹的严宏昌、严俊昌等小岗队干部和群众才是中国社会主义改革大业的元勋，他们的事迹永垂史册。

小岗村调查[*]

  凤阳县小岗村是中国农村改革的重要发源地。20年前，小岗村18户农民冒着生命的危险，率先在全国实行"大包干"，走在全国改革的前列。那么，20年来小岗村发展变化怎么样？"20年来，我们（小岗人）自身跟自身比，的确变化不小。过去我们吃粮靠供应、花钱靠救济、生产靠贷款，现在我们家家温饱有余，每年对国家都有贡献。"当年"大包干"带头人之一严宏昌谈起小岗村的发展兴奋而不无忧郁地说："但是，最近十几年我们跟邻庄相比发展却明显落后了，与发达地区农村相比发展的反差很大。"至今，小岗村还没有一家像样的企业，全村人均收入只有2500元，只是略高于小岗所在的凤阳县——这个当年"十年倒有九年荒、身背花鼓走四方"全国闻名的讨饭县的农民平均收入水平。

  小岗村之所以发展不快，是不是因为它没有发展的优势？最近，我们应凤阳县委书记李耀才同志之邀，对小岗村进行了为期6天的调查，走访了当地的村民和干部。我们在调查中了解到，小岗村还是有许多的发展优势。一是小岗村地广人稀。小岗全村只有80余户380人，人均占有耕地将近5亩。据小岗村青年农民关正银反映："全村田地都规划过，土地都是成片连在一起的，而且大多农户家庭都有水塘，用水很方便，旱时有（燃灯）水库防水救田，而且田地滤水性能好，能旱涝保收。"但是，小岗村如此优越的土地条件并没有充分利用起来，绝大部分农民仍然习惯于"水田栽稻、旱地种麦"的传统播种方式。全村只有几户农民利用水面发展养殖业，在田地里套种经济作物。所以，现今小岗村的农业收入、粮食产量与"大包干"之初相比没有大的提高，甚至粮食收入还有所降低。村民严美昌的家属说："头几年粮食收入高，主要是因为肥料便宜，那时候肥料只要八九元一袋，现在却要六七十元一袋。"但是，也有个别的农民看到小岗村的农业资源优势。如关正银就看到小岗有发展养殖业的优势和潜力。因为现今农村基本上用机械耕田了，很少有人家养牛，田里的稻草只得白白地烧掉，他就准备用这些稻草来养黄牛。

  二是外部的支持。小岗村的发展问题也是各级政府普遍关注的问题。最近几年，省市县各级都对小岗村给予了大量的资金和项目扶持和政策性优惠，先后为小岗村修建了自来水塔、学校、柏油公路，并投资为一些农户修了院墙、改水改厕、建了沼气池，还支持部分农户盖了砖瓦房。同时，县里专门制定了相关的优惠政策，吸引外资到小岗村落户办企业。1997年，张家港市长江村与小岗村结成友好村，长江村为小岗村无偿修建了一条友谊大道，并从小岗村招收了二三十名青年农民到张家港市学习技术。

  * 本文系文化扶贫与村民自治研究实验中心调查组的调查报告。

三是由于小岗是中国农村改革的发源地，在省内外名声很大，这也是小岗人一种无形的价值资源。其实，小岗还有许多发展优势和潜力值得进一步开发和挖掘。

小岗村最近几年面貌有了一些变化，但这些变化是与上级政府的支持和外力支持分不开的。直到现在小岗村还有个别农户住在草房里，全村只有一户盖了楼房（听说还是政府给的钱）。最近十几年，小岗人的确没有骄人的地方。那么，到底是什么因素制约了小岗村的发展？

问题的关键还是在于人。一是内部不团结。关正银对我们说，小岗村发展慢主要是由于村里不团结造成的。"村里分为两派，核心人物是严俊昌（及其儿子严德友）和严宏昌，他们两人都想争'大包干'第一带头人。两人在'大包干'后不久就产生了矛盾。小岗村的不团结使小岗村失去了几次发展机遇。"小岗村的这种矛盾愈演愈烈，仅1998年8—12月间全村就发生打架事件6起，最近该村还爆出一村民自杀身亡的消息。如此局面岂能发展?! 小岗村不团结问题亟待解决。

实际上，小岗村矛盾既不是什么宗族矛盾——两个"大包干"带头人是堂兄弟，也不是什么派性之争。正如镇党委副书记、小岗村现任支部书记张从安所说，小岗村矛盾"是'台上'与'台下'的矛盾，是干群之间矛盾的一个突出表现"。尽管这些矛盾在不久前的村委会选举前后得到进一步激化，但是矛盾的根源不在村委会选举本身。据村民反映，该村原来的干部都是上级任命的，群众信不过也没有办法，由此造成了干群之间的隔阂和不满。"台下"的怀疑"台上"的有经济等问题，"台上"的又指责"台下"者捣鬼，积怨日深，冲突日剧。一些村民说："以前从未听说过民主选举干部的政策，村里干部过去都是任命的，村务从来都不公开。这些年，村党支部几乎没起到什么作用。自从1993年划建小岗村（原属严岗村）以来，就一直没有发展党员。团支部也是瘫痪的。"村民们还普遍反映，这几年村里信教的日益增多，目前几乎有一半以上的村民信仰"耶稣教"。以党支部为核心的村级组织软弱乏力也是小岗村发展缓慢的一个重要原因。人们把大量精力花在"内耗"上，无暇顾及村里的发展。

解决小岗村的内部矛盾和班子团结问题，只能依靠"民主"和"法制"这两件法宝。首先村党支部和村委会必须实行真正的民主选举，由村民自己挑选自己的当家人。对于小岗村出现的打架事件，必须就事论事及时依法处理，如果一味迁就，就会导致冲突升级。一位村民对我们说："必须依法治村，小岗村如果像这样继续闹下去，将没有发展前途。"一些村民还对我们表示，几个"大包干"带头人都能干，只要他们一心为村民着想。村民严国品的家属说："无论是谁，如果一心为公都能干好，为私都干不好。"关正银说："村里不是没有能人，但都被他们（指几个大包干带头人）给有意或无意地压制住了。"他的这句话颇令人深思。

至今，对于小岗村问题地方上的一些领导还是采取"和稀泥"的办法，总想大事化小，小事化了。据村民们反映，有一次打架，镇里非但没有处理还替一方报销了6000元医药费。有些村民认为，这是镇里鼓励人家打架。小岗村要发展必须稳定，但不能为稳定而稳定，必须在发展中求稳定。当前农村普遍存在的一些问题，在小岗村都有不同程度的反映，解剖小岗村这个"麻雀"，就能对中国农村问题有个大致的了解。

农村"大包干"是在物质层面上对农村生产关系的一次调整，从而使农村生产力得到一次解放和发展。但是，农民科学文化知识的贫乏、生产技能的落后和思想观念的保守等弱点，并未在家庭分散经营中得以消除，相反在一定程度上得到了强化。诸如"小富即安"、"居功自傲"和"安土重迁"的心态和行为方式，从更深层次束缚着中国农民的不断自我解放，这也是中国农村改革、发展较深层次的问题。

仅拿小岗村来说，这几年国家对小岗村给予了大量的支持，小岗村的水泥路是外地援建的，学校是外地一家企业投资兴建的希望小学，牌楼和村部甚至院墙、电话都是国家给的钱。小岗人并没有很好地继承和发扬"自强不息"的"大包干"精神，相反却逐渐显露出依赖的思想，认为过去他们对改革有功，国家对他们的扶持是理所当然的。

当年，小岗村18户农民摁下18颗手印，偷偷摸摸地搞"大包干"，揭开了中国改革的序幕。今天，这18户带头人也频频成为大众媒体关注的新闻人物，各级党委和政府都给了他们很高的荣誉和待遇，这也是应该的。但是，据一些村民讲，这些人大多具有"功臣"意识。小岗村老队长严俊昌的二儿子严龙就说："当年这些带头人现在都以功臣自居。"严留昌也说："18户以功臣自居，义务工什么的都不干，使干部无法工作。"还有村民说："当年18户农民摁下的手印，曾经起到积极的作用，推动了全国农村的改革和发展，但他们也摁住了小岗村的发展。"

近几年，小岗村外出打工的人数微不足道，这或许是小岗人值得炫耀的地方，因为一些人总以为贫困落后的农村地区农民才外出打工。这从另一面也反映了小岗人的保守和封闭性。如当地政府就曾从小岗村派出50多名农民到张家港市学习技术，其中就有30人因所谓"水土不服"回了家。村里也曾多次组织民工到广州等地打工，却几乎没有人要求出去闯天地。在采访中就有村民说："现在不愁没饭吃，何必出门找那个辛苦钱！"有不少农民认为"外面的富窝窝，不如自家的草窝窝"。"安土重迁"心理在中国农民身上烙下了深深的印记。

"大包干"之前，小岗人为了求温饱，他们不得不背井离乡，外出逃荒要饭。严美昌说："那时候，小岗人'春紧，夏松，秋不干，滚子一停就要饭'。"他们受尽了颠沛流离之苦。"大包干"以后，小岗人温饱有余，不想再外出找"门路"了，情愿关起门来过安稳日子。我们看到，农闲季节小岗有不少农民呆在家里"打麻将"，不愿寻活找钱。"小富即安"和封闭保守，使小岗人在改革大潮中缺乏持久的闯劲和冲击力，从而一再错过发展的机遇，逐渐落在他人之后。因此说，一时的先进典型，并不代表长远的先进性。小岗人在"大包干"之初，是全国改革的先进典型，但其随后的发展却让人大失所望。

小岗村20年来的发展变迁历程，是中国农村改革的另一面"镜子"，它至少能给我们如下启示：以农村"大包干"为主要特征的农村第一次改革，主要是从物质层面对农村生产关系的一次调整，使中国农民得到一次解放。但是，随着农村改革的深入，精神层面或上层建筑对农村社会经济发展的反作用逐渐显露出来，农民的积极性受到限制，农村发展的潜能难以发挥出来，阻碍了农村生产力的进一步解放和发展。因此农村第二次改革必须从两个方面着手，一是大力提高农民素质，二是进行农村基层民主改革，扩大基层民主，全面推进村民自治和县乡政治体制改革，使中国农民不断得到解放。只有中国农民和农村现代化了，中国才能真正实现全面现代化。也只有如此，中国才能屹立于世界民族之林。

评马钢"十包"经济责任制[*]

　　大型工业企业能不能搞承包责任制？这是一个很有争议的问题。马鞍山钢铁公司从自己的实际情况出发，大胆创造并实行"十包"责任制的实践，明确地回答了这个问题。

　　马鞍山钢铁公司的"十包"责任制，是以承包为基本形式，以十项指标为主要内容的一种经济责任制。这"十包"是：包内部利润、包产量、包品种、包质量、包消耗、包成本、包流动资金、包定员、包安全、包工程费用。公司根据各单位承包项目的完成情况，对厂矿实行生产发展基金、福利基金和奖励基金的基数分成，对机关处室进行奖金分配。各厂矿、职能处室根据承包的任务及有关指针具体分解，层层落实，对车间、班组和个人进行考核、记分、算奖。

　　马钢的"十包"责任制，符合社会主义计划经济的客观要求，它把"责"摆在前面，通过包的手段明确其责，从而保证了国家计划的完成，马钢是个大型钢铁联合企业，生产生铁、焦炭、钢和钢材，国家对该公司实行指令性计划管理。公司根据国家的指令性计划，再对各单位下达指令性计划十项指标，这就把国家计划指标具体地、明确地摆到了厂矿、处室、车间、班组以至个人面前。由于采取承包手段，从而突出了"责"，明确了"权"，联系了"利"，从而国家计划指标的完成，就有了切实可靠的保证。

　　马钢的"十包"责任制，符合像马钢这样大型工业企业生产力水平的生产社会化的客观要求，有利于企业生产的发展。工业企业，一般都是机器生产，生产力水平比较高，生产社会化程度也比较高，因此，工业企业搞承包责任制，就不能简单地采用农业生产责任制的那一套办法，特别是像马钢这样的大型企业，情况更是如此。农业生产承包责任制具有两个明显的特点，一是由于生产力水平比较低，承包单位比较小，一般是以户为单位；二是由于生产比较简单，承包项目比较少，一般只有产量和品种。而工业生产的承包责任制，由于生产复杂，生产水平和生产社会化的程度高，因而也有两个鲜明的特点：一是承包单位比较大，二是承包项目比较多。马钢以"十包"为主要内容的承包责任制，正具备这两个特点：第一，承包以厂矿为单位，从而适应机器大生产的客观要求；第二，承包的项目有十项，而且这十项又是从该公司的生产实际出发，保证了企业间和公司内外生产间的联系，从而适应了社会化大生产的客观要求。由于具备了这样的特点，因而它符合工业企业生产力水平的客观要求，有利于生产的发展。

　　马钢的"十包"责任制，也适应马钢内部管理体制的客观要求，因而有利于企业管理的改善，马钢是一个大型钢铁联合企业，有采矿、选矿、炼焦、炼铁、炼钢、轧钢等一整套生产环节，有 39 个二级厂矿企业，形成 3 个矿区和 3 个厂区，各厂区相隔 2 至 5 公里，厂矿分散，品种各异。在这种情况下，公司实行的是集中管理为主、集中管理与分散管理相结合的管理体制，二级厂矿具有较多的自主权。"十包"责任制既体现了公司对生产经营的集中统一领导，又充分发挥了各厂矿企业的生产经营自主权，各厂矿企业为了完成承包指标，必须加强自身和经营管理，使改善企业管理成为从公司到厂矿上下一致的共同行为，从而适应了公司内部管理体制的要求。

马钢的"十包"责任制，吸取了首钢"包、保、协"经济责任制的成功经验，总结了自己以往的一些较为成熟的做法，是对自身经济责任制的改进和发展。马钢自 1979 年扩权后，制定了一套比较完整的内销价格和内部结算价格，有一套利润分成和考核办法，厂矿普遍实行小指标计分算奖，这些办法和首钢经验一致，都含有"包"的性质，对生产经营起到了促进作用，只不过"包"的范围比较窄，也没有被提高到应有的地位。"十包"责任制扩大了"包"的范围，在纵向和横向两个方面，形成了一个比较完整的承包体系，使经济责任制具有明确具体内容、切实可行的手段。

马钢的"十包"责任制，摆正了国家、企业和个人的三者利益关系，体现了按劳分配的社会主义原则，厂矿企业在完成承包任务的基础上，对生产发展基金、职工福利基金和奖励基金实行了同经济效益挂钩的分成办法，在保证国家多收的前提下，企业才能多得，个人才能多得，从而摆正了三者关系。对于职工的奖金分配，实行分等、划级、计分、算奖的办法，直接和其承担的经济责任、贡献大小、工作岗位所要求的技术业务以及掌握技术业务的熟练程度相结合，并且随着职工劳动数量和质量而浮动。从而体现了按劳分配的社会主义原则。

实践是检验真理的唯一标准。马钢自去年推行"十包"经济责任以来所取得的实际成果，证实了在这样的大型企业实行承包责任制是可行的，是成功的。1982 年和 1981 年相比，工业总产值增加 7000 万元，增长 11%，利润增加 2676 元，增长 13.9%，劳动生产率增加 936 元，增长 7.0%；流动资金平均占用减少 2200 万元，周转天数减少 22 天，主要产品产量、质量、材料消耗都有较大幅度的改善，在 40 项技术经济指标中，有 25 项创历史最高水平，有 7 项名列全国第一，4 项名列全国第二，7 项名列全国第三，有 26 个单位获冶金部荣誉称号和奖励，13 个单位获省荣誉称号和奖励。今年上半年情况又继续好转，同去年同期相比较，工业总产值增加 4698 万元，增长 13.6%，实现利润增加 1044 万元，增长 13.86%，流动资金平均减少 286 万元，周转天数减少 12 天，在 49 项技术经济指标中，有 3 项名列全国第一，6 项名列全国第二，7 项名列全国第三，有四个单位获冶金部荣誉称号和奖励，两个单位获省荣誉称号和奖励。推行"十包"经济责任制后，马钢出现了创办 30 多年来少有的好形势。

人才难得，难在何处？[*]

——兼论人才管理体制的改革

得人才者兴，失人才者败，自古已然，于今为甚。纵观当前国际间的种种竞争，实质上是一场智力竞争，而人才则又是决定这场竞争胜负的关键。同样，我国当前正在进行的社会主义现代化建设的宏伟事业的前景如何，也决定于我们能否造就和合理使用一批忠实于社会主义事业的人才，党的十一届三中全会以来党中央不止一次地强调了这一点。自古以来，就有人才难得之叹。兼之，我们的建设和改革事业方殷，需才甚急，而现行选拔人才的管道和管理人才体制上的弊端限制了对人才的培养、选拔和使用，这种矛盾更加重了"人才难得"的局面。很多同志都说："发现一个人才，比发现一个大油田还要困难！"人才为什么难得，难在何处？如何寻找建立一个适应人才成长、选拔和使用的体制和环境？本文试图探讨这些问题。

（一）人才难得之一在于选择人才单纯依靠所谓"伯乐相马"——个人举荐制。不论从国际共运史还是从我党历史的许多惨痛教训来看，由领导人指定接班人，即"伯乐相马"的弊端都是有目共睹的。

其弊端之一：易为假公济私者所利用。它抛开了党的选才标准，为那些借举贤之名而行营私之实者，把能听自己话的，能为自己效劳的，感情上较近的，甚至亲朋好友，以举贤为名推举出来荣擢要职提供方便，易给钻营升官之徒以投门路、找靠山上爬之机，造成拉帮结派、近亲繁殖、人身依附的封建关系。而那些真正的人才是不屑为此的，也不可能为这些领导人所看中，因而也就很难被作为人才看待了，结果只能当作"不才"埋没。

弊端之二：这种个人举荐制在思想方法论上具有很大的片面性。因为任何个人（包括伟大的人物）对事物的观察都是有限的，都只能从某一角度上来观察、评价，因而个人举荐的失误，在某种程度上带有逻辑的必然性，特别是对人的观察、评价难度更大，不仅要从现实考察，而且要从历史考察；不仅要听其言，还要观其行。这样多方面的观察结果，才可能比较接近于全面。许多现实事例证明，只有依靠最广大群众，别无他途。

弊端之三：这种个人举荐制在一定程度上抹杀了人民群众的主人翁权利，同社会主义民主的原则相冲突，本质上它是封建主义遗毒在人事制度上的反映。个人举荐制使被举荐的人只知道其官位授自于上，授自某某首长而不是来自人民群众和国家，这就必然

---

* 原载《安徽人才动态》1987 年第 5 期。

淡化了作为社会主义国家工作人员的公仆意识，而只能滋生对某个人的"报恩"之念，使人民群众对他的任免权和监督权，实际上化为乌有。

这种体制有时使庸才、坏才得以逞其"志"，使有胆有识的人才望而生悲。

弊端之四：对一些人来说个人举荐制的举荐标准往往在于任人唯"顺"、任人唯"中庸"、任人唯"无争议"。不管这个人身上正气多寡，才识深浅，而只以领导听得顺耳，看得顺眼，用得顺手来定取舍，以"没有争议"来定取舍，这必然使大量庸才冒充人才被选拔。实际上，真正构成人才的要素首先是能明断是非，敢坚持真理，有独立见解，遇事旗帜鲜明，顺理不顺人，唯实不唯上，爱憎分明，疾恶如仇，有先人之见，不随波逐流，不见风使舵，一身正气。但这种类型的人无疑容易触犯某些家长制作风严重的领导同志，也易得罪群众中的少数人，使某些领导同志感到不顺手，在群众中产生许多争议。其实，历史证明这种人往往是有胆有识，敢顶恶浪、逆浊流的真正人才。现实生活中，这类人才在目前的人才体制中常常被埋没了。这是国家和人民的莫大损失，而官僚主义者却从不为之感到心疼，从而使一些小人钻了这种体制的空子，他们学着看领导的眼色，听领导的口气，察领导的好恶，并趁机大进谗言，诋毁人才，非如此而莫能逞其"能"。另有一批庸才，在群众中是非不表态，善恶不敢分，所谓"明知不对，少说为佳"，当好好先生，领导看得顺眼，群众也说不出好歹，于是青云直上，成为"人才"了。如这样下去，国家的振兴，还有什么指望？例如，1980年9月，石油部海洋勘探局局长，因"渤海二号"沉船事件受审，在法庭上，对完全属于他业务上的问题一问三不知，引起哄堂大笑。旁听群众气愤地说："让这样的外行当领导，怎么会不把工人'领导'到海里去呢？"据说此人是"任人唯顺"看中的，又是没有"争议"的，此人的最大特点就是听话，"老好人"，结果是荣擢重任，祸及国家。

（二）人才难得之二在于人才选拔的神秘主义。违背"从群众中来，到群众中去"的我党历来坚持的马克思主义群众路线，把要提拔的名单严封密保，生怕走了风引起群众议论。为什么不相信群众中的大多数？鼓励群众议论，鼓励群众评头论足，只能有助于对预备选择的人有更多方面的了解，也是对被选拔的人最好的考察和教育。真金不怕火炼，真正的人才也不会被群众议论垮。对于一个人的评价，群众总是各有不同的看法，有些人说好，也会有一些人说坏。但是经过广泛的议论，互相沟通，最终会形成一个较全面的评价。因此，在今后的干部选拔中，要改神秘主义为公开化，变相信少数人为相信大多数人。

前几年，在干部选拔中，走群众路线，搞民意测验，实际上往往为领导包办，群众开始兴致勃勃，后来逐渐淡漠了，因为结果往往大失群众所望，选拔出来的人与群众的意向相反，群众议论纷纷。

再者，这种民意测验往往是在特定的一部分人中间进行的，群众之间，群众与被测验者之间没有交流情况、阐发观点的可能，因此，即使这种测验有其合理性和可行性的存在，但这种方式也带有很大的局限性。

（三）人才难得之三还在于目前社会上存在着严重的重官轻学之风，如学术职称评定授予中还有因官授"学"的情形。打个比方，如果评上某种职称而不因此增加工资者就不占名额；不占名额就可以放宽——开绿灯。照此办下去势必造成各种头衔的学术职称，尤其是高级职称泛滥，致使职称贬值，知识贬值，学术贬值，知识分子贬值，使已膨胀了的趋官心理更加膨胀。一些有识之士业已对此表示了担忧，他们呼吁：再也不能污染圣洁的学术殿堂了。

（四）人才难得还在于人才的单位所有制。突出表现在有些人才怀才不遇，长期被埋没而不得重用，他们要出头无门，要调出无门。相反，一些不是人才的人，却深受重用，窃居要位，故使人事体制成一池死水。还有些急需人才的单位，要人要不到，影响事业开展；人才成堆的地方要调调不出，浪费人才。更有一种不正之风，以封建家长制的作风对待人才，他们把人才据为私有，双方之间是一种封建的尊卑关系，而不是同志式的平等关系。对待爱提意见的知识分子心怀耿耿；对待部下的成就满脸妒忌，唯恐其才能超过自己，进而发展到双方关系紧张，既不用你，也不放你，拖你几年使你意气尽消。这是一种小生产者的保守狭隘心理的反映。另外，也有一些人缺少事业心、责任感，志大才疏，影响事业的发展和新的人才成长。

（五）人才难得之五在于对研究现实、解决现实问题的人才鼓励不足。中央领导同志讲话中多次强调注重研究现实，解决问题，但是落实却很难。特别是在学术职称评审中往往是强调几篇文章几本书，贬低有价值的调查研究，贬低有创见的解决现实问题的成果。大概是历史包袱太重，积重难返吧！此风不改，学术研究中真正有创见的人才就难以选拔上来，这是一大隐患。

鉴于以上种种对"人才"认识上的混乱和使用人才的弊端，人们或许要问：什么是人才？改革时代的人才又需要具备什么样的素质呢？我们认为：人才首先是战略家。所谓战略家就是有远见，有谋略，有胆识，善决策。其次，人才还是实干家。所谓实干家，即是有善于处理问题、解决问题的能力和魄力，能临危受重任，处变扛大梁，能攻克别人攻不下的堡垒，完成别人无法完成的任务，关键的时候，一杆枪，一把刀。再者，人才必须敢于坚持真理，勇于修正错误，大公无私，浑身正气，绝不做私人的工具。

为了国家易于发现、选拔和合理使用人才，我们必须在人才选拔和管理体制上作如下的改革：

——这种体制应有利于在竞争中选拔人才，淘汰庸才，变"相马"为"赛马"，在实践中选拔人才。新中国成立38年来，我国体育事业成果赫赫，冲出亚洲，走向世界，为中华民族赢得了骄傲。原因何在？根本原因就在于体育是青春、智力和体力的竞争，谁上谁下，容不得半点含糊。体育竞赛场上，优胜劣败，泾渭分明，这是真正千里马驰骋的疆场。快速新陈代谢，使整个体育事业蓬勃兴旺。与体育战线相比，其他战线则缺少这种全靠拼搏来选优淘劣的环境。因此我们完全应该把体育战线这种选拔人才的经验、方法和原则运用到各行各业的人才选拔上去。在这种环境下，那种不能独当一面，不能开拓新局面，或是滥竽充数的"南郭先生"，会不挥而去，这将会是一件人人拍手称快的大好事。

——这种新体制必须有利于在人才流动中选拔人才，让人才从单位所有制中解放出来，封闭禁锢是出不了人才的。所谓解放就是允许人们自由选择，自由辞聘，单位又有解雇或解聘权。人人都有自我表现的本能欲望，把人拴住当成附属品，这是奴隶社会和封建社会的意识。个人才能的最大发挥将会对整个社会产生最大效益。实现在宏观控制下的人才自由流动，其结果自然会达到选优汰劣的目的。只有人才流动的管道活了，我们的事业才能虎虎有生机。

——这种新体制必须有助于淡化当"官"心理，而引导社会尊崇学问、钻研技术、廉洁奉公风尚的兴起。学术就是学术，它完全靠学术成果的水平来授予相应职称。绝不允许把"官场"的东西渗透到学术研究中去。否则，学术研究中的"人才"要重新修订。目前的重官轻学之风已愈刮愈盛，大家都往升官的阶梯上挤，而这个宝塔式的升官阶梯愈往上爬，容人愈少，于是你踩我，我伤你，互相排斥，彼此伤害，有用之才在内耗中消耗殆尽。

——这种新体制必须有助于鼓励对现实和应用的研究。奖励对实现国家现代化有显著社会效益和经济效益的研究人员。即使在对现实研究中只有一得之功，也比拾别人牙慧而编出毫无创见的百万字大"著"对社会有益得多。国家人力财力有限，必须用在刀刃上。当然，绝不能忽视其他领域的研究，问题是要有重点。"没有重点就没有政策"。

——这种新体制必须能消除"任人唯顺"，使人才止步，庸才、坏才通行的做法，切实保证人才的选拔。干部的任免由人民群众依法决定，并处于人民群众监督之下，用制度来保证"任人唯贤"。实行选拔人才公开化，干部的提拔应在所在单位或一定范围内交由群众广泛评论。搞神秘化是对官僚主义者在人事问题上搞不正之风的保护。真正的人才经过群众议论，是议论不垮的；反之，被群众议论垮了的就一定不是真正的人才。不排除少数群众可能存在着派性或嫉妒，但是，要相信最广大的群众是讲道理的。从当前人才选拔的弊端来看，问题不是担心群众出偏差，而是某些领导同志的偏见和不正之风。

汉高祖刘邦在得天下后问群臣："刘氏之兴，项氏之败，其故安在？"群臣所答，皆不中其意。高祖曰："公知其一，未知其二。夫运筹策帷幄之中，决胜于千里之外，吾不如子房。镇国家，抚百姓，给馈饷，不绝粮道，吾不如萧何。连百万之军，战必胜，攻必取，吾不如韩信。此三者，皆人杰也，吾能用之，此吾所以取天下也。项羽有范增而不能用，此其为我所擒也。"鉴古抚今，可知发现人才和使用人才，与一国的兴衰、事业的成败息息相关。

新陋室铭[*]

——记一个新颖的软科学研究机构

一间斗室

"604！我是全椒县委的长途！"

"604！我是六安市政府的长途！"

"604！604！我是……"

安徽省政府的总机电话员，正繁忙地将长途电话接通 604 号办公室。这是一个什么单位？为什么这么多市县党政领导机关频频与他们联系？

在省政府大院文化楼一层的一间斗室里，人们好不容易找到了这个"604"。原来，它是一个只有 5 个人的"安徽省经济社会发展战略联合研究室"和咨询的软科学研究机构。

尽管这个研究室叫人找得好苦，但每天高朋满座。来这里的，有教授、研究员、高级工程师和大学生，还有市长、县长、厅长、局长。他们来这里并不是做客，而是在探讨振兴安徽经济的种种战略问题。十几平方米的一间斗室里，来的人有时只能站着说话，但这里讨论的却都是有关国计民生的大事。

这个研究室诞生于 1984 年 7 月，是在省委、省顾委、省人大、省政府领导大力支持下办起来的。由省政府委托苏桦、欧远方同志直接领导，由省政府下达、经省委常委讨论、日前已经省七届人大常委会第三次会议原则通过的《安徽省经济社会发展战略纲要（1986—2000）》，就是由这个研究室组织研究编制的。近 4 年来，这个只有 5 个人的研究室，组织完成了 40 多项研究专题，组织了七八十次大大小小的学术讨论会、论证会以及 8 个县市的发展战略与对策咨询论证，向省领导机关提出了多项政策建议报告，科研成果总字数达 400 多万字。此外，他们还肩负着省发展战略研究会的大量工作，编辑出版月刊《战略研究通讯》，正式出版 4 部专著，还举办战略与决策研究人才培训班，应邀到大专院校、党校、干校和机关讲学作报告，接待了来自 10 多个省市和中央研究单位的来访者……

三圈式结构

这个研究室成员的平均年龄 31 岁，室主任也不过 40 出头。熟知情况的人都知道，

---

* 原载《经济日报》1988 年 8 月 22 日。

他们个个语不惊人、貌不出众。他们是靠什么工作的呢？

原来，他们实行的是"三圈式"的人员组织结构；第一圈叫"常设圈"，就是研究室的 5 个人；第二圈叫"兼职圈"，有 60 多人，是通过课题联系起来的高级研究人员、工程师、中青年机关干部；第三圈叫"顾问圈"，有 20 多人，是曾长期担任领导工作、德高望重的老干部。研究室作为常设圈，第二、第三圈是研究和咨询的依托力量。特别是聘为顾问的老同志，他们有丰富的实践经验，无论是课题研究，还是外出考察，都身先士卒，走在前面。一些研究机关、高等院校的专家、教授和实际工作者无论多忙，总是积极参加研究室组织的各项研究和咨询活动，起了中坚作用。用这个研究室的同志的话说，他们第一圈 5 个人的作用是"搭台"，第二、第三圈的同志在"唱戏"。

值得一提的是，他们是按照"自然科学"与社会科学"交叉结合"的方式，组织这支"三圈式"队伍的，其中有农学家、畜牧专家、果蔬粮食专家、食品专家和各种行业的工程师、设计师，也有经济学家、社会学家、教育学家、财政金融专家，显示了软科学多学科"杂交"的优势。

四个结合

这个研究室的座右铭是：重在务实，实在效益。他们始终坚持了"四个结合"的原则。

第一是智力和权力相结合。比如，他们每到一地，总是同当地领导共同研究，使咨询组的"智力"与县、市领导的"权力"相结合，咨询的意见易于被理解，也易于落实。

第二是当前和长远相结合。比如，他们对各类战略问题的研究，总是从当前的实际出发，和当前的工作结合起来，全面运筹，使得研究成果实在、易行。

第三是研究问题和解决问题相结合。他们不只是研究问题，而且着重研究解决这些问题的政策、措施和办法，并且力所能及地帮助解决。

第四是战略问题和战术问题相结合。战略研究是解决"干什么"的问题，战术研究是解决"怎么干"的问题。他们在研究战略问题时，与经济、技术开发结合起来。

这个在改革中诞生成长的研究室，闯出了一条具有独特风格的路子。

这个软科学研究机构，确是新颖、别致！

从发展经济着眼搞好救灾工作[*]

——关于救灾后重建的若干问题

1991年8月13日至18日，我们对安徽淮南和阜阳部分灾区的灾情、救灾、生产自救和灾后重建等情况除面上调查外，还抽样两个点进行解剖，它们是淮南市潘集区田集乡南圩村缪庄组和颍上县杨湖区沫口乡沙淮村（以下简称缪庄组、沙淮村），调查发现，下面几个问题必须引起有关方面的重视：

一　灾情特点

准确把握这次灾情特点是有效救灾与灾后重建的前提，这次沿淮地区的雨水来得早、来得急、来得猛、去得迟、持续时间长，乃是该地区成灾的自然原因，这一自然原因与沿淮地区的社会经济原因共同作用，形成沿淮地区灾情的两个基本特点。

1. 越穷灾越重，涝灾大于洪灾。

越穷，指穷困地方和穷困户；穷困地区经济结构以农为主，缺乏工副业，农业受灾就全军覆没，生产自救能力差，缺少经济发展的启动资金。穷困户房子都是土坯子，水一泡就倒，过去家底又薄，吃、住都成为问题，因而越穷灾越重，那些乡村企业基础较好的地方，尽管损失大，但恢复能力强，例如颍上县溜口子村，属于重灾区。由于灾前该地乡镇经济搞得比较活，有一批掌握技术的群众和启动资金，灾后很快就组织捕捞、编织、运输等活动，以工补农，增强了抗灾能力。

在重灾区，常常既受洪灾又受涝灾，有的地方这次出现涝灾大于洪灾的现象，凤台县的焦岗湖、西肥河，潘集区的泥河、架河，大通区的窖河等沿岸低洼地带，行洪区淹没土地与内涝相比是1：3.6，受灾人口与内涝区相比是1：4.4。据调查造成这种倒挂现象的原因有以下几个：（1）淮河河床逐年增高，是内河水排不出形成内涝的主要原因；颍上县杨湖区到8月17日还出现了淮河水位下降，而内河水位仍继续上涨的局面。（2）内涝区都是生产区，农业、工业、房产都比行洪区集中，一旦形成内涝，损失巨大。（3）在抗灾的主观能动性上，行蓄洪区群众比涝区大；灾区群众在百年难遇的大水面前，既无思想准备，又缺乏起码的防汛知识、防汛工具；行洪区行洪，像颍上县行洪区，新中国成立后行洪最多的达32次，少的也有18次，干部和群众在同自然灾害作斗争中积累了丰富经验，在水灾到来之际不慌张，心理承受能力强，相反，内涝区群众

---

　　*　原载新华社《内部参考》1991年9月20日，合作者余永东。

心理就脆弱些，颍上县内涝区某青年在洪水卷走全部家产后，上吊自杀。（4）行蓄洪区国家有补偿政策，现在行洪区百姓人手粮本一册，而内涝区在省、中央尚未挂上户头，国家救济分量少。

2. 水位没有 1954 年高，灾情比 1954 年大，抗灾能力比 1954 年强。

以焦岗闸水位测算，下水位（淮河水位）与 1954 年接近，而上水位（内涝水位）超过历史最高水位 1 至 2 米。内河水位高于淮河水位，既有淮河河床抬高等自然因素，也有人为控制的因素；抗洪抢险要保淮河大坝，保工业基础、能源基地，保交通动脉，保城市，就必须牺牲行蓄洪区的局部利益，才能保住全局。

灾情比 1954 年大，表现在三个方面：（1）今年水灾来得早；午季大面积绝收，1954 年水灾是午收之后发生的。（2）社会经济基础比 1954 年强；工业、农业、乡镇企业各部门一旦受灾，损失比 1954 年大。淮南市 284 家地方工业因水灾停产 181 家，半停产 67 家，102 家小煤窑全部停产。（3）成灾的人口比 1954 年多，十一届三中全会以来，千家万户的家底比 1954 年要厚了，社会总财富增加了，因此损失也就大了。另外，正因为社会总财富增长了，所以抗灾能力也比 1954 年强得多了。

二　当前救灾中的主要障碍

由于广大干群的共同努力，救灾工作是有效的、成功的；但救灾工作要进一步搞好，必须克服以下两种倾向。

1. 在主观上，存在着不同程度的"等、靠、要"思想。

据调查，确有一些干部，自觉不自觉地把灾情讲得大大的，把救灾成绩说得很显著。还有个别同志缺乏客观态度，甚至将生产自救与上级救灾的关系倒置，强调渡过难关要以国家救济为主，自救为辅。一些轻灾区的党政负责同志也存在着一叫、二要、三怨、四争的消极态度。这些依赖思想不仅在实际中会落空，而且会延误生产自救的时机，必须及时加以纠正和引导。

重灾区群众中，更存在着"等、靠、要"的思想。在抽样调查的缪庄组，有的灾民对发放的限量救灾物资嫌少之意溢于言表。他们疑惑，电视报道中捐赠那么多，到我们手中的何其少，是不是被干部截留了？

2. 我们的政策是反对平均主义救灾，可是从调查来看，实行的仍是平均主义分配。看来，如果没有特殊措施，平均主义救灾是不可逆转的。

抽样调查的缪庄组共 34 户，人均救灾稻（赊销）22 斤，救济面 9 斤，面包 4 人一个，方便面一家 2—3 袋，炒米人均 0.7 斤，饼干人均 2—3 块。与所在村其他 8 个轻灾组相比，该组人均只多吃 2 斤稻，救灾物资一律组组平均，户户平均。抽样调查的沙淮村共 10 户，救灾粮发放，第一次人均大米 7 斤，第二次，人均大米 2.2 斤；特困户另外发 20 块钱，其他物资平均分配。

平均主义救灾具有极大危害性，它使我们有限的极为珍贵的救灾款物，不能实现其真正救灾目的。那些灾前经济最困难，这次受灾又最重的，其家庭缺乏亲友外援，除了依靠政府救助别无生存之路的灾民，如得不到政府重点、有效的紧急救助，势必威胁他们的生存。而对那些灾前经济富裕或较富裕或有亲友外援的灾民来说，多得一点和少得一点救灾款物，对其生存并不能构成重大影响。

但是，平均主义救灾确有其社会基础。那些贫困户大多无权、无势、无财，是小区中的弱者；而那些富裕户、比较富裕户，往往身强力壮、精明灵活，或有较多关系网，是小区中的强者。土生土长的乡村干部一方面为了自己的利益（干部家的经济状况一般都比较好），平均分配既可得一份，另一方面也不致得罪小区中的强者。如果得罪他们，轻则打闹围攻，重则危及他们的"帽子"、"位子"。而得罪那些弱者，虽欠之公平，但无伤"大局"。

克服平均主义救灾，必须有得力措施，在核实灾情的基础上确定救灾重点户。实践中有的县已经采用了从县、区抽调国家干部到村里蹲点发放救灾款物的措施，这种办法可以克服当地村干部发放款物受地缘、血缘关系的羁绊，便于客观的、公正地执行救灾政策，发放钱物，在一定程度上避免平均主义的款物分配。

三　关于救灾方式

救灾方式是指按一定目标对救灾对象实施救灾的途径和方式，实施什么样的途径和方式取决于什么样的救灾对象和要达到什么样的目标。

我们的救灾目标是什么呢？就是要解决温饱，继续发展，建设繁荣富裕的社会主义新农村。在基层有这样一种反映，鉴于灾情较大，国家是否可以考虑重新修订灾区的"八五"规划。对于这种反映，必须正确分析引导，如果是把灾情这个事实考虑进来，修订实现"八五"规划的措施、途径，则是一种科学的态度；如果是因灾而重新修订"八五"规划的结果是牺牲"八五"规划的社会经济发展目标，则不是可取的态度。应鼓励和号召灾区的广大干部群众，在自力更生、奋发图强的基点上，调动一切积极因素，争取一切可以争取的外援，努力使灾区社会经济发展的进程按预定规划的目标和速度前进；气可鼓，而不可泄，这是任何时候都不可忘记的原则。

目标确定以后，还要再看看面对的是怎样的灾区，怎样的救灾对象，其生产恢复能力如何？我们还是从抽样调查的缪庄组34户来看，由于农户经济能力、殷实程度一时不便以规范化标准来衡量，不妨以是否拥有黑白电视机和盖瓦房这两个"土"标准来衡量农户具备多少生产自救的能力。在缪庄组，拥有黑白电视机或盖瓦房的有7户，约占全组的22%。对于这部分灾民，政府可以不过问，这是第一种类型。第二种类型，即贫困户、五保户、三光户13户，约占38%，他们在灾前温饱问题就没有真正解决，这次受灾是雪上加霜，这种类型的灾民，吃、住、医和生产自救启动资金都必须靠国家救济扶持。第三种类型14户，约占41%，他们手头有一些钱物结余，有房子住，有一定生产恢复能力，需要政府部分帮助、扶持，例如政府分配若干赊销粮、代购种子，帮助排涝等。在南圩村，缪庄组的经济状况最差，这次受灾又是最重的。因而，上述的生产自救能力划分有一定代表性。从全国看，十一届三中全会以后，我国绝大部分农村已解决了温饱，部分地区正进入小康水平，还有少数贫困地区温饱还有待解决。这种国情、国力情况与缪庄组三种类型划分相一致，所以，以缪庄组上述三个层次划分作为判断依据，有科学性。因此，可以把把救灾对象划分为温饱型救灾、发展型救灾和政策型救灾三个层次。

1. 温饱型救灾，是救济型的，它主要解决五保户、特困户、三光户的吃、住、医问题，其目标首先是不饿坏冻坏一个人，其次是解决其生产自救的启动款物问题，再次才是考虑经济发展。其救灾形式也比较简单，即核实灾情，发放款物。

2. 发展型救灾，主要适合于温饱没大问题或较富裕的灾区、灾民。对于灾前家底稍厚的灾区、灾民，政府对他们的救灾重点不应放在救急、救贫上，而应放在致富和发展上。一些经济状况较好的灾区干部是这样建议的。同时有的同志认为，在温饱有保障的前提下，救济款物不宜过度分散发放，如果是撒胡椒面，家家分一点，对灾区人民生活改善和经济发展将不会起大的作用。反之，集中起来，则是一笔相当可观的建设资金。当然，这只能用于与救灾、救济相关的建设，譬如说，某水毁砖窑厂需要3万元资金，它一启动能解决250人就业，250人就是250户，以每户4口算，就可以解决1000人的问题，如果3万元救济资金，平均分配给灾民，人均30元，四口之家每家120元钱很难解决大问题。试想，将这3万元资金挂到温饱没大问题的救灾户头上，集中起来启动该砖窑厂，届时用红砖实物偿还各救灾对象，这不是将死钱变活钱了吗？这样既解决了灾户修缮房屋用砖，又搞活一家企业，促进当地经济发展。类似这种救灾与发展相结合的思路，上级如无政策，基层不敢轻举妄动。

3. 政策型救灾，市县干部建议，省委可以考虑像天津唐山大地震之后重建一样，向中央要政策。同时省委也给下面一定限度的政策主动权。因为钱款毕竟有限，是死的东西，政策可以灵活运用，可以调动人、财、物多方面的积极性，如果发挥得好，执行得好，力量无穷。例如，可否授权地市县对中央、省下拨的救灾款物一定量的处理权，但必须是使用在与救灾相关的事情上。

上述三种救灾方式和思路可以根据灾区具体情况，坚持以一个方式为重心，综合使用。应防止本末倒置，为我使用，泛泛而用，贻误救灾大局。

四　灾后重建的若干问题

1. 必须开通怀远至洪泽湖的淮河行洪道。这次水灾是上游泄、下游堵，安徽成为淮河大肚子，大肚子消不掉，沿淮两岸皆洪涝。在洪峰到来时，蚌埠闸每秒有2000立方米的水泄不出去，急需开凿淮河的分洪道。

治淮要与治涝结合，在颍上县杨湖区，到8月17日天气连续晴一个多星期之后，淮河水位下降了，而内河水位却稳中有升，全区灾民就在家等着水退后秋种，太被动、误农时，该地区目前生产自救急需大量排涝水泵。

2. 不能走一受灾三建房的老路子。过去行洪一次，建房三次，即行洪时在高岗建棚，水退后回原处搭庵子，二三年后重建土坯房，造成人力、财力、物力巨大浪费。现在应立即组织土地、城建、水利、交通等部门，制订新农村建设规划，对地处行蓄洪区和内河低洼地区的村庄，建庄台或保村圩；对新建房址要保证高于这次最高水位1米以上，全部盖砖瓦房；按文明小区规划建设，一步到位。

3. 抓紧恢复灾区教育。不少灾区学校的校舍从小学一年级到初中三年级都泡在水里，如不能正常开学上课，则会造成教育断层，对灾后上学交不起学费的学生，要考虑适当免费。此外，目前可利用庵棚，在灾民空闲时做些扫盲教育、农村科技教育和社会主义思想教育工作，平时难得农民有这样的集中空闲时间。

4. 灾区重建战略思路要新一点、高一点。一些基层干部建议灾后重建，无论是农业、乡镇企业，都不要不加取舍地、重复灾前当地的老模式；相反，发展思路起点应在不脱离实际的基础上，力求站得高一点、新一点。诸如更新传统产业结构，改变农村小区建设的无序状态。颍上县利用午季因灾绝收、种子缺乏的机会改变种子混杂、良种不良的状况，责成县种子公司统一采购良种，全面推广高产优质、抗灾力强的优良品种，这对我们有所启发。

附录
中共安徽省委书记卢荣景同志的批示

已阅。目前实际存在的等靠要和平均主义思想以及平均分配方针是救灾中问题要害，说得对。建议就这个问题写一些有说服力的材料发各地，这对救灾工作是有推动的。另外有三点需说明：一是行蓄洪是必要的，不仅是保城市，而且也是保农村，如淮河大堤破了就要损失1000多万亩农田，农民更惨了；二是行蓄洪区和内涝区政策有不同，已向中央反映；三是怀洪新河已定。谢谢！

1991年9月7日

一个徘徊不散的幽灵[*]

——两位学者关于血缘文化的对话

[辛秋水]：中国的血缘文化，在农村表现得尤为明显、突出，它甚至可代替法律、政府机构的职能，影响社会机制的正常运转。例如，福建省托溪乡和芹洋乡的部分吴姓群众，在清明节扫墓时，公然用石头砸毁余吴根教师家的房瓦，扒掉杨成典教师家的锅灶。

余吴根老师的父亲于 1955 年请人在托溪乡渺洋外湾离吴姓墓地 9 米多远的地方盖了两间房，一家人在那儿住了 30 年。1985 年 3 月下旬的一天，吴姓某人突然威胁余吴根："你家的房盖在吴姓墓前，影响坟墓风水。限你在几天之内拆掉房屋搬走，否则，清明节就把你的房屋毁掉！"听了这话，余老师急忙跑到乡党委汇报。乡党委立即写了一份书面通知给余老师，不准群众乱来，以防不测。

4 月 5 日清明节那天上午，托溪乡圈石村、洋屋村以及芹洋乡岩头石、花溪底村的吴姓群众串联在一起，纷纷向外湾的吴家墓地赶去。首先到达的圈石村吴姓群众在个别人的煽动下，向余老师房屋上扔石头，随后陆续赶到的人也捡起石头往余老师房屋上乱扔，不到一刻钟，余家房屋上的瓦片已被砸得稀巴烂，余老师拿出乡党委的通知书，念给大家听，可谁也不理。

此时，有人又提出吴姓的祠堂被杨成典用做厨房，要把杨家锅灶扒掉。以吴桂英为首的一伙人即去河潭村，冲击杨老师的家，把锅灶扒了。

[沈志屏]：不错，在我近年到云南、新疆、上海、福建、山东等地进行考察之后，更给我留下了极其深刻的印象和思虑。中国的血缘文化可谓源远流长，从北京猿人甚至更早的云南禄丰猿人始，以父亲、母亲为标志的氏族公社，就是典型的血缘文化群体。但那时还是比较有进步意义的，往后就走向了它的反面，中国农村受千百年封建主义的影响，苟延残喘，人口素质差，社会发展迟滞，血缘文化是起了大作用的。我们顶礼膜拜的孔圣人学说强调的就是血缘文化。强调之一，即子承父业。《论语》说："三年无改于父之道，可谓孝矣。"教人必须承袭旧制。"父母在，不远游"，则把人束缚在一片半径很小的土地上，思想窒息。到汉代董仲舒，更进一步鼓吹"君臣父子，三纲五常"。汉景帝时的白虎观大辩论，使中国血缘文化正统化、官方化。到宋代的程朱理学也是在修饰这个窠臼。

* 本文是座谈记录节选，原载《民政导刊》1990 年第 1 期。

　　血缘文化主要表现在血亲政治上。中国历史上有两条线的斗争，一是皇族血缘内部争论、争权，父子母子斗争，外戚宦官之争。二是农民起义。这两条线汇集在一起，始终未能改变血亲政治的局面，一直延续到现在。当前，农村一级政权，以自然村落为主体，自然村落又以本姓同族为主，这就为血缘文化的复活提供了前提。过去的李家大队张家小队一直延续到现在改为张家村、李家圩，实际上是一个样。

　　血缘文化导致血亲政治再演变为非理性政治，使社会发展走向反面。血缘文化、血亲政治以家族为核心、家庭为半径，既是社会稳定的因素，也是阻碍社会发展的因素。日本的一个学者考察中国社会，曾经讲过：贵国的氏族力量超乎寻常，氏族给予家庭成员的好处甚至超过社会的给予。

　　这种血缘文化在整个社会中的负面影响波及全国，群斗、村斗的械斗1980年达到800起，仅6起调解成功，大多数都打得头破血流，或死或伤。1987年最严重，湖南、广西的天柱械斗打死两人，残废近100人，与电影《老井》中的村斗相似。甘肃和陕西交界处的太西煤矿，从1983年起，地下煤层自燃，双方你挖我堵，大打出手，只好都不挖煤，任其白白烧掉。据测算，烧一天相当于27万人民币，估计已有7亿吨优质煤被烧掉了。血缘文化，以家族为中心，又扩展为村镇的规模，以保护村镇的名义，名正言顺出现。山西省有一个村叫管春村，该村干部带头全体辞职，组织30辆卡车到太原请愿要求废去新村名，仍用旧村名。1989年湖北等地陆续出现了一些类似的案件，一个农村的民办教师和女朋友私奔，结果被按家规、族规活埋。

　　[**辛秋水**]：沈教授所讲极是，血缘文化已渗透到我们国家的肌体里面，城乡皆然。几年前，有关专家学者曾建议在人事工作中应该避免"近亲共事"。时至今日，这一未引起人们重视的"近亲共事"现象在一些单位和部门中已显得相当突出，一些掌权者，凭借特权，将其子女塞进自己掌握的部门，子女进机关后，又相互通婚，亲连亲，亲套亲，构成一个纵横交错的裙带关系网，使党政机关的威望大打折扣。

　　诚然，我国目前还没有任何一条法律条文像禁止近亲通婚那样，严禁近亲不能共事。但"近亲共事"这一社会现象毕竟带有封建残余，是社会生活落后、封闭的一种表现。无论是从社会发展，还是从人才成长来讲，都是弊大于利的。

　　首先，"近亲共事"导致人际关系复杂化，有亲缘关系的若干人同在一个单位工作，形成错综复杂的关系网络，使得单位内部的人事关系更加复杂，给干部管理工作带来极大的困难。某某是某书记的儿子，不能得罪；某某是某部长的女儿，不能怠慢。特别是每逢提干、调资、分房等时候，常是以"亲"画线。由"官官相护"发展到"亲亲相护"，近亲者得益，远亲者受气。无形中形成"圈内人"与"圈外人"之间的尖锐对立。凡是"血缘"关系集聚的单位，一旦领导发生分歧，其情况愈加糟糕。对立的双方通过妻室儿女、七大姑八大姨的拉帮结派，相互猜疑，无原则的明争暗斗，长久不息，严重损害了机构的工作职能。

　　其次，"近亲共事"导致机关作风庸俗化。"血缘"关系很密的一些单位，由于各自背景的利害关系和私人感情交织在一起，使得正气每况愈下，庸俗作风与日俱增。遇事不分是非，不讲原则，只看"关系"，只讲人情，明知道自己亲近的人违法乱纪应受到查处，也不秉公查处，而是千方百计为其辩护。在当前党风和社会风气还没有根本好转的情况下，这种"近亲共事"的社会现象，很难摆脱"人情世故"的缠绕。它的最大危害，是抛弃了党性原则，取消了积极的思想斗争，危及正常的政治生活，败坏了工作作风。

再次，"近亲共事"导致人的品格、素质退化。靠关系、权势，而不是凭本事就业的人，独立工作能力往往较差。他们有着一种"父贵子荣"的心理状态，自觉不自觉地生成一种"依赖性"和"惰性"。他们把个人的前途、理想、命运完全寄托在父辈身上，缺乏一种自强、进取精神。在某些单位，那些靠父母权势得以生存的平庸之辈，不仅自己不学无术，而且嫉贤妒能，别人只能在其下，不能在其上。这种"近亲共事"的人事结构，其危害还在于它压制了人才，堵塞了"才"路。

诚然，"近亲共事"的形成，既有历史的原因，也有不正之风的干扰，我们不能企图一下子解决。但是，我们在人事制度上也要研究一些必要的措施，制定一些必要的规定，比如，建立干部回避制度。封建社会历来主张异地做官，以防止地方家族统治，限制贪官污吏的不法行为。我们现在实行干部回避制度同封建社会的做法、性质不同。我们在某些特定的问题上制定明确的回避制度，好处确实很多。由淡化到逐步消除"近亲共事"这一社会现象，将使我们的人事制度更加适应改革和建设的需要，更加有利于人才成长，使社会人际关系获得根本改善。

家庭联产承包责任制的理论升华*

——推荐李云河同志的《中国农村户学》一书

　　最近，有幸读到李云河同志《中国农村户学》一书，很受启发。这是中国农村理论研究中的一朵奇葩，他把十多年来在全国各地农村中普遍实行并取得了重大成效的包产到户和包产到户的"户"提高到了理论范畴加以研究，并作出了创造性的、令人信服的阐述，使理论界为之生辉。

　　对中国农民运动的研究，过去存在着理论上重视农民，实践上却排斥农民的倾向，长期视农户为"小农经济"，认为"小农经济"是每时每刻都大量地产生资本主义的温床。因此，坚持"以阶级斗争为纲"，对农户的经济行为不断地打击、斗争，年年月月"割资本主义尾巴"，长期以来对农户施行捆绑政策。农村之"户"当时成为理论大禁之一，人人望"户"生畏，谈"户"色变，"包产到户"成为"极端落后、倒退、反动的做法"，成为"右倾机会主义纲领"。"户"的周围高悬"危险境地、严禁通行"的无形黑牌，凡靠近或误入禁区的，无一不因这个问题而受到株连。"理论上重视农民，实践上打击农民"的最后结果是杠子打在"户"字的头上，痛苦落在农民身上。这种对农户的打击政策和国外鼓噪一时的"家庭崩溃论"是一脉相承的。

　　党的十一届三中全会以后，中国农村以恢复家庭经营职能为目的的大包干责任制，像春风一样吹遍全国，一举扭转农业长期徘徊萎缩局面，进而推动我国经济的全面高涨。时至今日屈指十年多了，这种家庭联产承包责任制的生命力仍很旺盛，但非议之声并未消失，如果不从政治上、理论上、法律上肯定农户的地位，社会的稳定、经济的稳定、人心的稳定都将没有保证。"到了户就稳住，不到户就稳不住"，这是凤阳人的呼声，也是凤阳人实践经验的总结。为此，坚持"家庭联产承包责任制"不变，坚持家庭经营主体政策不动摇，是正确对待农民的核心问题。党中央一再提出这个政策长期不变，但这个"长期不变"的"长期"究竟长到什么时候呢？我们认为其完全可以和社会主义建设的长期性、人类生育单位的长期性和人类爱之永恒的长期性相提并论。细胞是和生物的生命连在一起的，农户家庭经营形式就我国的现实和它的遥远未来来看，都无法以任何其他的形式来代替。早在 1956 年，李云河同志在浙江永嘉县担任县委副书记期间，以"不唯书，不唯上，只唯实"的战斗的唯物主义者所具有的品质和姿态，率先在永嘉农村实行包产到户的创举，在生产上获得显著效应，受到了广大农民的由衷拥护。

　　* 原载《浙江学刊》1991 年第 1 期。

　　时至今日，我们在研究包产到户和它的历史时，谁也不能翻过 1956 年永嘉实施包产到户这一篇章。开拓者的功绩将会永远载入史册，开拓者的足迹永远是启示后来人前进的路标。在科学上面是没有平坦的大路可走的，只有那在崎岖小路的攀登上不畏劳苦的人，有希望达到光辉的顶点。这是革命导师卡尔·马克思的名言，也是他一生的伟大实践。我们，马克思主义的后生们，遵循导师的教导，为了人民的利益，过去和现在都在不断地追求真理。同样，为了人民的利益，过去和现在都在勇敢地坚持真理。绝不向任何谬误和权势低头，这是马克思主义理论工作者应有的品质，也是革命者起码的情操。愿李云河同志的这本著作既给广大读者以精辟理论和知识，又给读者以追求真理、坚持真理的高尚品质和情操。

农村小环境对农业生产的影响[*]

改革开放以来，农村的小区环境有了很大的变化，其基本特征是家庭联产承包责任制推动了农村小区的组织结构、农民交往关系和社会活动方式的变革。农村小区组织结构由政社合一的一元化结构逐步转向政经分开的多元化结构；农民的交往关系由纵向的垂直关系为主逐步转向以横向的水平关系为主；农民的社会活动方式由集体活动为主逐步转向以分散活动为主，等等。农村小区环境的这种变化，给农民以较多的自主发展条件，对适应我国农村现阶段生产力水平和经济基础状况，有着积极的意义。但是，由于农村小区变动的幅度较大，节奏较快，人们对新环境还缺乏认识，更没有现成的小区规范，这样，农村小区环境的变化带有很浓的自然主义色彩和分散化趋势，对农村社会进步和农业生产的发展，也带来了不利的影响。

对此，我们作以下几点分析。

一　农村基层政权组织的变化及其对农业的影响

农村基层政权是否完备、是否规范，是农村小区环境是否稳定与活跃的基本保证。在人民公社时期，中国农村的基层政权组织是完备的，但并不规范。在这种条件下，农村小区环境是稳定而不活跃的小区环境，公社、大队和生产队三级组织是基层政权和经济组织的双重载体，政经不分，垂直一致。可以做到令行禁止，甚至哪一块田种什么庄稼，都由这种政经不分的组织决定。在农民的眼里，政权的概念是模糊的，也不必要那么清楚。在最基层的生产队里，一个队等于一个大家庭，这个大家庭既是最基本的生产和经济单位，又是农村基层政权的最底层次组织，这种政权组织形式虽稳定，也有效率（有所谓"工作效率"，而无发展效率），但它是以农业的缓慢发展为代价的。

农业联产承包责任制改变了农村经济组织形式，公社、大队、生产队基本上失去了生产与经济活动组织者的功能，依附其上的农村基层政权组织也随之剥离出来，分别改变为乡政府、村民委员会和村民小组。它们作为农村基层政权的完整组织体系，还没有明确的行为规范，因而它们在组织农村社会活动方面的作用大为削弱了。

在某些农民看来，现在的农村基层政权组织根本不能有效地解决农民生产和生活中的实际问题，反而经常给他们增加麻烦和负担。因为实行联产承包责任制后，生产中的各类问题都由承包农户自行解决，乡、村只知道向农民"要粮"（指催交完成定购任务）、"要钱"（指各种税费和集体提留）、"要命"（指计划生育）。而在人民公社时期，

---

　　*　原载《社会》1991 年第 6 期，合作者：程必定。

粮食征购、各种税费和集体提留都由生产队统一结算，不与农民直接打交道，农民似乎感觉不到麻烦和负担，现在直接向农户收取，直接与农户打交道，农民感觉当然不一样了。只有计划生育一项是农村实行联产承包责任制以后所推行的一项基本国策，是新的农村基层政权组织必须要抓好的硬任务。目前，由于传统思想和其他多种因素的影响，一些农民并不积极响应计划生育，他们对认真抓这项工作的农村基层政权组织也就有许多责难。

在某些农村基层政权组织及农村干部看来，由于他们不能直接领导农民的生产和经营活动，自我感觉其地位和作用下降了，而且国家规定的一些硬性任务还要完成，有些任务（比如计划生育、收缴各种税费及集体提留等）的难度还比较大，因而也产生不少怨言，工作也不得力。

部分农民和干部对农村基层政权组织的这些看法，都不免有些偏颇，但这些偏颇的见解却影响着农民和干部的言行，因而也产生出许多消极后果。加之一些基层干部素质差，不廉洁奉公，更加深了一些消极后果。其中，农村基层政权组织对农民取得多、给得少，对农民生产引导作用下降，自然影响了农业生产的发展，成为近年来农业徘徊的一个重要因素。

二　农村小区活动过分分散化及其对农业生产的影响

家庭联产承包责任制使农民取得了自由发展的条件和权益，对农业发展有着积极作用。但是，由于农村中统一经营力量的削弱，特别是某些农村基层政权组织和干部在小区活动中的组织与引导作用没有得到充分发挥，因而给农村社会进步和农业发展带来了许多不利的影响。

其一，农村小区活动过分分散化，削弱了农民团结起来战胜自然灾害的力量，也不利于推进农业生产规模经营的发展。农田水利和基本建设，以及抗旱抗洪、防治病虫害，不是农民一家一户所能完成，而需要一定范围农民的协调劳动，但过分分散化的经营方式给组织协作造成了一定困难。农业的规模经营是中国农业发展的必然趋势，对大多数农村来说，现在只能努力创造实现农业规模经营的条件，但分散化的经营方式却有碍于这个条件的培育和创造，显然，这也不利于推进农业生产规模经营的发展。

其二，农村基层政权不能很好地组织农民的小区活动，农民的社交活动逐步向宗族方面倾斜。以血缘关系为纽带的宗族观是中国农村根深蒂固的传统观念，这种观念有强烈的排外性，与具有开放特征的现代商品经济观念格格不入。狭隘而落后的小区活动为农民由小生产者向商品生产者转变增加了思想与观念的阻力，从而影响了农业生产的发展。

其三，农村小区活动的过分分散化，削弱了农村小区兴办福利和公益事业的力量。农村福利和公益事业是农村社会进步和经济建设的重要条件。小区活动的过分分散化，从两个方面削弱了兴办农村社会福利和公益事业的力量：一方面，农民对兴办这类事业没有积极性，小区干部对兴办这类事业也不热心，加上困难较多，削弱了兴办这类事业的领导力量。在这种情况下，许多农村道路不通、学校破旧、文化卫生体育设施甚为简陋，有的甚至空白，农村文化生活较为贫乏。显然，这对农村经济的发展也是极为不利的。

其四，农村小区活动的过分分散化，使村民的迷信活动和旧风俗有了抬头的机会。在一些地方，不仅老年人，即使青年人烧香、拜佛、信教也越来越多，农村成为迷信活动最自由的地方。一些落后的旧风俗、旧习惯在少数农村也兴盛起来，尤为甚者，是大办红白喜事，农民为此而背上沉重的人情债负担。据安徽省蒙城县 1988 年的统计，该县城镇职工的人情费平均每人达 100 元，农村也在 50—100 元，若农村按 50 元、城镇按 100 元计算，这笔费用是该县全年财政收入的 1.43 倍！据调查，该县有坟头 30 万个，每个坟头平均占地 2.5 平方米，全县坟头累计占地 7500 公亩。可见，农村迷信和旧风俗的抬头，对农业发展带来多么不利的影响。

三　农村小区差异及其对农业生产的影响

改革开放以来，各地农村经济建设都出现了新的局面。但是，由于客观条件的差异，农村小区经济发展水平也出现了差异。特别是随着乡镇企业的发展，这种差异具有愈加扩大的趋势。农村小区差异的扩大，主要表现在以产粮为主的地区与生产经济作物为主和乡镇企业为主的地区之间经济实力和经济发展水平的拉大。产粮区因经济实力弱，投向农业的资金严重不足，难以增产增收；而以生产经济作物和乡镇企业为主的地区，经济实力逐步增强，但仍不愿意将资金投向获利不大的粮食生产中去。农村小区差异引起的一个重要社会问题是农村人口的大规模流动。其特征是：

1. 男性流动多，女性流动少，导致农村劳动力的女性化。由于女性的劳动技能和体力比男性弱得多，男女劳动力的结构失调，农村劳动力的整体力量受到影响。

2. 青年人流动多，导致农村劳动力的老幼化。据安徽滁县某自然村的典型调查，全村 55 个劳动力，18—30 岁的有 16 人，无一人从事农业生产。农村中身强力壮、文化水平稍高的青年人都到外面或去经商或当劳工，剩下的劳动力，基本上都是老幼者，在现阶段农业作业的机械化水平还很低的情况下，老幼化的劳动力从事农耕，农业生产按目前的生产方式难以得到较快发展。

3. 有知识有技能的能工巧匠流动的多。能工巧匠为取得更多的经济收入，便离开家乡，外出谋工。这又削弱了农村的技术力量，对农业开发和集约化的发展也是不利的。

4. 女子婚嫁流动多由穷困地区向富裕地区流动，由农村向小集镇流动，由小集镇向大中城市流动。青年女子希望找个经济条件好的婆家，是情理之中的事。但是，女子婚嫁的这种流动，使比较贫困的农村单身汉户的比例增大。单身汉户是最不经济的家庭结构，也是最不稳定的家庭结构，这对贫困地区的农业发展和社会稳定也是极为不利的。

5. 计划生育导致人口流动，也给农村的社会发展带来了不利影响。由于农业劳动仍是家庭手工劳动，决定了男性在家庭和小区活动中的主要地位。在农民看来，生育男孩是家庭经济和社会保障的需要，生了女孩的家庭，为逃脱计划生育的限制，有的甚至弃田举家外出，这对农民的心理影响当然是不小的。

农村小区环境的这些变化，主要是在新形势下出现的新问题。这些问题，都直接或间接地影响了农业生产的发展。在一个变革时期，出现这些问题也是不奇怪的。我们既要看到并承认这些事实，同时更要因地制宜地采取疏导办法，逐步地创造条件，消除这些不利于农业发展的倾向，不断优化农村小区环境。

关于中国婚姻家庭问题的若干观点[*]

一

市场经济冲击下中国家庭变化之一："农民工"家庭新模式

对北京地区 84 个农民工个案调查研究的结果表明，中国当前农民工家庭模式至少有五种类型：1. 单身子女外出型；2. 兄弟姐妹外出型；3. 夫妻一方或双方都外出的分居型；4. 夫妻子女外出分居型；5. 全家外出型。

农民工的所有上述家庭类型都与社会传统的关于家庭模式的分类不能吻合。因为，农民工家庭的最主要特征，就是家庭成员的长期分居。今天，中国农民工家庭的分居，其规模极其庞大，它已涉及多数的农民家庭。造成这种情况的背景，一是农民工的流动受到劳动力流动一般规律（即它总是从劳动力价格低的地区向劳动力价格高的地区流动）的制约；二是受到我国城市生存空间和户籍制度的制约，因而突破传统社会学关于家庭模式的分类框架。还可以预见，在今后几十年里，我国农民工的分居家庭模式将会有增无减并成为我国农民家庭的主要模式。

农民工长期两地分居，一般并不能造成家庭关系的破裂；这是因为中国农民的传统家庭观念仍在起作用。这种观念认为，家庭传宗接代的纵向关系最为重要，而家庭成员之间的横向关系反而是次要的。这种观念还认为，家庭的整体利益是重要的，而家庭成员之间的横向关系反而是次要的。因此，农民工个人在外受苦挣钱为养活老婆孩子孝敬老人是理所当然的事。虽然也有个别农民工在外挣钱后另谋新欢而丢妻弃子，但这仅仅是个别，个别不能代表一般。

近年来我国人口出生率出现了持续下降的趋势，当然主要是政府强有力地推行计划生育的结果，但也不应抹杀农民工长期分居家庭模式的作用：一方面，分居的家庭模式推迟了青年农民的结婚年龄和减少了他们养育子女的有利条件；另一方面，也许更重要的是，进城农民工开始接受城市文化的生育观念，使他们也逐渐倾向于少要子女。

市场经济冲击下中国家庭变化之二："一家两制"

中国长期计划经济体制形成的依靠铁饭碗的价值观对今日的中国家庭虽然仍有影响力，但此等影响力有些已随着社会大环境的转变而变更其形式和内容，呈现出新旧混合的格局。例如目前中国广大职工中已有相当数量的"双靠"家庭，即一个家庭内既有一个成员在国家机关或企业任职，以享受稳定的收入及政府包下来的各种福利；又有一个成员

---

* 本文系作者参加第六届亚洲社会学大会提交论文，原载《婚姻家庭研究》1996 年第 1 期。

"下海"停薪留职或干脆辞职到市场经济中找机会挣更多的钱，这被人称之为"一家两制"。这是人们为了减低因国家经济政策的可能改变带来的风险而作出的应变措施。中国市场经济发展使社会各个成员的赚钱机会增加，但物价的急剧上涨，又使靠拿国家固定工资生活的职工收入急剧下降。迫使一般国家机关人员或企业职工寻找其他赚钱途径以补不足，最通常的做法是"下海"，到市场上做生意，赚大钱。但"下海"风险性很大，夫妻双方留下一个在国营单位工作可"旱涝"保收，为"下海"遇到风险时留有余地。上述的"一家两制"家庭因而出现。

市场经济冲击下的中国家庭变化之三：外向型适应和内向型适应

家庭是一个具有高度适应能力的群体，能够根据变化了的环境和条件，进行自我调适。如中国农村家庭对市场经济冲击的适应性就是一个例子。这种适应性可以分为外向型适应和内向型适应。所谓外向型适应，就是一部分农村居民，特别是青年人因到非农产业就业而进入城市，这些进入城市的农民，往往获得工作之后就在城市中成家立业，这样，就自然地与农村的老家分离，从而导致农村大家庭的分解和家庭的小型化。所谓内向型适应，是与农村地区市场经济发展相联系的，随着本地市场经济的发展，农民可以不必远离家庭就可从事非农职业，不会形成家庭成员进入城市而导致原有家庭的自然分解。不仅如此，在有些地方由于农村市场经济发展的需要以及经济上相互依赖的增强，农村中的主干家庭和联合家庭不但能得以维持，而且还有增加的趋势。

二

中日两国的家庭伦理比较之一

有的学者认为中日两国家庭继承制的异同对于两国推进国家现代化成效有重大影响，他们认为将中日两国家庭继承制加以比较，就可从中国人社会行为中找到一百多年来在中国推进现代化步履维艰的关键所在。家庭继承制中存在着权威和财产两大项的转移问题。日本在这两项上的转移是一致的，即当事人指定继承人，权威与财产一并由继承者一人承受。而中国家庭的权威一般由长子继承，如"长子不离堂前地"，而财产却诸子平分。日本家庭注重权威转移而不注重财富转移这和日本的集体主义是相通的。集体主义导致的人际关系当然是对权威的服从，这就易于构成许多学者都认同的东方社会那种严格的"辈分等级制"。由于中国家庭在这两项资源转移上的不相关性，形成了中国人在社会行为上，一方面强调权威遵从而具有集体主义倾向，另一方面中国人又强调个人在群体中对财产的平等占有和分配。这二者之间形成了一种张力，这种张力既可能把中国人拉向个体对权威的忠诚上，也可能把中国人引向权威对个体平均分配的妥协上。尤其值得注意的是，分配上的均等性不是单指经济上获得等量的利益，而是包括在心理学意义上的权威者对谁更器重，更亲密或相反。由此而推导出中国人在社会行为的特征上具有四个其他国家不完全具备的要素：

（1）家长权威（家长制）；（2）道德规范（以儒家孝的思想为核心）；（3）平均分配（包括社会、心理和经济性上的均等性）；（4）血缘关系（包括扩大的或心理认同上的血缘关系）。这四个要素包含于中国社会各种各样的社会互动中，尤其是在群体的动作之中。这四个要素可以成为我们分析中国人的社会行为构建中国社会心理学理论的基础，这四个要素对于中国社会实现现代化的正面或负面的影响是不可忽视的。

中日两国家庭伦理观比较之二

一个是"孝为先"，一个是"忠为首"，"有子万事足"，至于其继承能力和家财的亏损与增值，相比之下，都是次要的；在处理孝与忠的关系上，也是孝高于忠；从实质上讲，中国人对尊辈的孝和对君主的忠都是属于非对称的片面义务。日本人在处理忠与孝的关系上，是重忠轻孝；但总是建立在相互对称的义务基础上的、带有契约性；从本质上讲，日本人是将家看作一"经营共同体"，家的延续与发展高于个人自然意义上的血脉相承；对血缘亲属交往看得较轻，而特别重视对基于共居、经济关系而形成的某一共同体的归属与忠诚。所以日本的家庭关系特点是：血缘关系不是家庭赖以建立的唯一基础，而共居关系、经济共同体却常常构成家庭的重要因素，有时甚至超过血缘关系。当事人考虑谁应是他的继承人，首先是看谁最有继承能力，而不是血缘关系，更不是非长子莫属。

三

亚洲社会学者关注中国独生子女问题

1979 年以来，由于"一对夫妻只生一个孩子"政策和其坚决实施，中国目前已产生了多达 5000 万人以上的独生子女，以及同样数目的独生子女家庭。尤其在城市中，独生子女家庭已逐渐成为年轻家庭的主流形式。在 21 世纪到来时，独生子女家庭数量还会进一步扩大。探讨目前独生子女家庭的生活方式及其生活质量，无疑有着十分重要的意义。

根据实地调查的资料，独生子女家庭在生活方式方面具有几个特征：（1）三个人组成的世界。这一特征既是形成独生子女家庭在生活方式上所具有其他各种特征的基础，也是决定独生子女家庭生活质量的内在条件。（2）与祖辈分而不离。调查表明、虽然 75% 左右的独生子女家庭都与祖辈分开居住，但其中大部分都和祖辈共处一地，且相互之间来往频繁，联系紧密。（3）亲子关系日趋平等。随着父母角色内涵的改变和亲子之间交往互相增加，亲子之间的心理距离逐渐拉近，亲子关系不仅更加紧密，也更加平等。（4）子女成为家庭中心。这一方面体现在子女成为整个家庭关注的中心，家庭生活方式的众多方面往往都在围绕着子女运转；另一方面也突出地体现在家庭生活消费呈现出明显子女偏重状况。（5）集体化闲暇和娱乐。传统家庭在闲暇利用和娱乐形式上的那种成人与孩子彼此分离现象，正在不断地被独生子女家庭中全家人的共同参与和共同活动所取代，全家人的"集体行动"成为这种新的生活方式的又一大特征。（6）潮流化、智力化的子女消费大增。独生子女家庭在子女消费上常常受到某种"社会感染"，智力因素在子女消费中影响也越来越突出。

亚洲的崛起与亚洲社会学的兴旺[*]

亚洲社会学大会是全亚洲地区社会学家不定期举行的学术会议，在此以前，已举办过五届。本届大会是中华人民共和国的社会学家作为东道主，邀请亚洲各国的社会学家前来共同讨论亚洲地区的社会发展与未来前景以及亚洲社会学的使命。

本届会议的主题是"21世纪的亚洲社会与社会学"，探讨21世纪亚洲社会及亚洲地区社会学发展问题。就亚洲各国的经济发展与社会变迁、亚洲独特的社会结构与传统文化在亚洲各国经济发展中所起的作用，21世纪亚洲地区所面临的新问题以及亚洲社会学的研究任务等问题进行广泛的讨论。各国和各地区社会学家在讨论中有这样一些共识：

自15世纪以来，英国工业革命、法国大革命、美国超级大国地位的确立、俄国十月革命等影响全世界的大事，几乎都发生在大西洋沿岸，即在欧洲和北美。这些地区几百年来成为世界的中心，而亚洲绝大多数国家在这期间却处于沉沦和停滞状态。到本世纪下半叶，亚洲许多国家相继振兴起来，以至出现经济增长的奇迹。例如：亚洲发展中国家经济增长率1992年为6.5%，1993年为6.7%，而同期世界经济平均增长率分别为1.8%和3.3%。根据有关部门预测，亚洲国家平均经济增长率在进入21世纪以后仍可保持在4%以上。据世界经合组织材料表明，亚太地区的产品1990年占世界的1/4，到2000年将占世界的1/3，到2040年将占世界产品总量的1/2。亚洲这种经济奇迹引起西方不少人的吃惊甚至畏惧。于是人们开始注意东方式的经济组织、管理制度和经济发展人文环境，研究亚洲的传统文化与现代化的关系。

作为亚洲崛起的一个重要组成部分的中国，曾长期被世人蔑称为"东亚病夫"和"睡狮"。自党的十一届三中全会以来，在经济和社会发展方面出现了震撼世界的进步。据统计，1978年至1994年的18年间，中国国民生产总值年均增长率为9.4%。同时，作为现代化标志的农业社会向工业社会、乡土社会向城镇社会、封闭半封闭社会向开放社会、计划经济向社会主义市场经济的转化过程也急剧加快了，中国的现代化正以惊人的步伐前进。

中国及整个亚洲的经济崛起和亚洲社会的巨大变迁向亚洲社会学家提出了严肃而艰巨的任务，同时也为亚洲社会学兴旺、为社会学新框架的创立提供了难得的历史机遇。以往的几个世纪，西欧和北美的经济发展成就，使它们成为世界体系的中心；西方社会学也相应成为世界社会学体系的中心，其他国家社会学的研究不得不从这个中心寻求依托。今天，随着亚洲的崛起，世界的经济中心逐步东移已成为必然趋势；建立亚洲社会

---

* 原载《安徽日报》1995年12月26日。

学以及建立有中国特色的社会主义社会学也是势所必需、势所必至的事。亚洲社会学家将一起创立一个立足于亚洲现实、扎根于亚洲文化、能够解释亚洲崛起的奥秘、具有世界普遍意义的亚洲社会学，它是亚洲的也是世界的。

近年来，安徽省经济和社会的发展极为迅速。这就要求安徽的社会学界同人携起手来深入安徽的社会实际，独立思考，大胆创新，加强实地调查研究，创造出真正有价值的社会学论著来。在当前，尤其要加强对经济发展和政治、社会稳定相关的研究；还要加强对当前的城乡结构、家庭结构、人际关系结构的研究；对边缘地区特别是对贫困地区的贫困人口的研究。通过这些研究，为我省从传统社会向现代社会转变提供理论指导和对策建议，从而更进一步促使我省经济、社会的高速协调发展，促进我省社会学的繁荣和创新。同时，也为建立亚洲社会学大厦作出我们自己的贡献。

走有中国特色的农村社会学发展道路[*]

前　言

　　中国农村社会学的著作在中国出现已有近百年历史，但早期多为外国传教士在华的调查见闻。如我们目前能见到的 1889 年出版的《中国乡村生活》一书，就是出自美国神学博士阿瑟·史密斯（中文名为明恩溥，1845—1932）之手。这些人用西方观点看待中国农村现象，得出了许多奇怪的理论表述。例如此书就有一章专门谈论：基督教如何拯救中国农民。这当然无法真实反映中国农村现实社会生活的本质特征和发展规律，因而也就很难对建立科学的中国农村社会学作出实质性的贡献。1915 年，有两位留英学生陶履恭和梁宇皋，为伦敦政治经济学院的《社会学专辑》写了一本书，书名叫《中国乡村与城市生活》。该书是用英文写的，但可以算是中国人自己研究中国农村社会生活的最早社会学著作之一。不过严格说来，他们仍然是停留在用西方社会学理论解释中国农村社会生活现象的"低级"阶段，同样未能真实反映中国农村现实社会生活的本质特征和发展规律，因而也就未能对建立科学的中国农村社会学作出巨大的贡献。当然，他们对中国农村社会学的发展还是起了十分积极的传播、提倡和奠基的作用的。

　　中国特色的农村社会学的产生，是和一大批献身中国农村社会调查的社会学理论工作者的努力分不开的。在这些人当中，应数现仍健在（已有 86 岁高龄）的费孝通教授为主要代表。1939 年，费孝通在英国出版了《中国农民的生活》。这是他 1936 年在江苏省吴江县开弦弓村的实地调查研究的理论总结，或用他自己的话说：是"旨在说明这一经济体系与特定地理环境的关系，以及与这个小区的社会结构的关系"[①]。这本书的中文版名称叫《江村经济》，今年已是他从事农村调查 60 周年。我们可以以费孝通教授 60 年的科学研究成果为例，来探讨一下有中国特色的农村社会学的基本理论构架。我们认为：所谓有中国特色的农村社会学的基本理论架构，主要应包括以下八项主要内容，或可以称之为有中国特色的农村社会学的"八论"。它们是：

　　（一）"乡土"论
　　（二）"国情"论
　　（三）"差序"论
　　（四）"小区"论
　　（五）"草根"论

---

　　* 本文写于 1997 年 2 月，合作者：王胜泉。
　　① 见费孝通《江村农民生活及其变迁》，敦煌文艺出版社 1997 年版，第 9 页。

（六）"口腹"论

（七）"格局"论

（八）"富民"论

下面我们就简要叙述一下这个"八论"的主要学术观点，并由此展开走有中国特色的农村社会学发展道路的探索。

一 "乡土"论

中国农村社会的最大特色是什么？这是走有中国特色的农村社会学发展道路上遇到的第一个也是最重要的大问题。

对这个问题的理论探索，曾经吸引了许许多多前辈农村社会学者的注意，也曾有过各式各样的表述方式。但是，从社会实践作为检验真理的唯一标准来看，我们仍然比较同意费孝通教授在其成名著作《乡土中国》开篇中提出的学术观点："从基层上看去，中国社会是乡土性的"①；"中国农村社会"具有"乡土本色"。我们认为：有中国特色的农村社会学必须奠基于中国农村的"乡土本色"之上，应该是真正从中国泥土中生长起来的社会学。

中国农村自古以来，即是聚族而居。由于重视家族的利益，"多子多福"，因而人口不断繁衍。虽然中国国土辽阔，但与众多的农村人口相比，耕地仍显不足，因此，中国农民一直把"土地"当作最重要的神灵，十分重视节约土地，精耕细作，在狭小的土地中力求创造出最好的收成。中国农民以及从古到今所有的中国人，都是十分重视农业，"以农为本"的思想一直延续了几千年。美国著名农学家金曾写过一本名叫《五十个世纪的农民》的书。他认为："中国农民已构成整个生态循环的一环，人从土里出生，食物取之于土，排泄物还之于土，一生结束后又回到土里，一代又一代，周而复始，靠着这种循环，人类在这块土地上，创造了五千年文明。"正是农业在中国人头脑中居于十分重要的地位，甚至到了神圣不可侵犯的地步，所以千百年来，不误农时成为一条凌驾一切活动之上的法则。就是最高统治者的皇帝，也必须在春天大地复苏之际，祭拜天地，亲自下田扶犁，关心耕作。如果收成不好，闹了灾荒，还要下"罪己诏"，认为这是自己的"罪过"，应当受到上天的惩戒。

中国农村是"乡土文化"，农民从土里刨食。几千年来，中国农村都是以在广阔土地上种植粮食和其他农作物作为其居民的主要职业活动。农作物离不开土地，农民也离不开土地。这就把中国农民牢牢地拴在土地之上，生于斯，长于斯，世世代代聚居于一地，形成了中国农民的乡土性，或简单称之为"土气"。由于世代定居，人粘在特定的土地上，使得中国农村社会自成一体，形成从语言、风俗、习惯到人的性格和心理结构都有某种地方性。俗话说："出门三五里，各处有乡风"；又说："十里不同俗，百里不同调"；"入乡随俗"，等等。这些民间谚语就充分反映了这种乡土性或地方性，由于乡土性或地方性，中国农村人与人之间的接触面常保持在一定范围内。人与人之间长期相处于一地，从小一块长大，周围的人也是从小看熟了眼的，因此，中国农民生活在

---

①　见费孝通《乡土中国》，人民出版社 2008 年版，第 1 页。

"熟人"社会之中。在这种"熟人"社会里，中国农民之间的交往是直接的互助和全面的投入，相互间的了解是全面的、深入的、具体的，而且由于血缘和姻缘的关系，大大增强了中国农民的认同感，并形成了"四海之内皆兄弟"的亲密的乡土情结。

在浓厚的乡土性之上建立的烂熟的农耕文化，构成中国悠久文明的辉煌篇章。但是不可避免地它也产生或带来一些消极作用。例如，中国农民生活在一个熟悉的、固定的环境之中，久而久之便形成了一种尊重传统、满足现状、保守封闭、怕变怕动的心理结构。所谓"一动不如一静"、"前有车、后有辙"、"多一事不如少一事"等心理，更是其突出的表现。这些都已成为横亘在中国乡村现代化道路上的巨大路障。

二 "国情"论

中国农村社会的乡土本色，决定了中国农村社会学必须从中国国情出发，在科学的理论和方法指导下，探索有中国特色的农村社会学发展道路。无数事实说明：如果我们不认识、研究并充分理解和掌握自己的国情，就一定会在我们的工作中出现"主、客观相脱离"，"好大喜功"，"盲目发展"，产生"工作失误"，还会导致"欲速则不达"的可悲后果，代价大而收获小，从而与成功的机遇失之交臂。中国农村在这方面的教训已经很多。因此，有中国特色的农村社会学发展道路，必须紧紧结合中国国情，脱离国情的任何做法注定都是要失败的。

但是，在中国农村社会里，中国的国情特色主要表现在哪些方面呢？

第一，中国农村沉淀的人口太多。"十亿人口，八亿农民"的局面，至今尚未得到彻底改变。1994 年，全国就业人员总数为 61470 万人，其中在农村就业者为 44654 万人，占 72.64%。中国绝大多数劳动者仍是农民。根据中国科学院国情分析研究小组的预测，2000 年城市率不足 30%，2010 年也不足 40%，农村沉淀的人口过于众多的现象仍会继续存在。数量多、素质差、就业矛盾突出将成为中国农村社会长期存在的社会问题。中国农村社会已出现了潜在失业大军，中国农业劳动者将继续处于开发不足的半失业状态。

第二，中国农业的资源总量居世界前列。如中国现有耕地 20.89 亿亩，林地 17.3 亿亩，天然草地 43 亿亩，水域 4.3 亿亩，河川径流量 2.7 万亿立方米，地下水约 8300 亿立方米，都为数十分巨大。但是，中国农村人口过多，而且处于继续增长过程中，人均自然资源量已低于世界平均水平，而且还不可避免地要继续下降。我们有充分的根据说明：中国农村的自然资源已日益紧张，接近于承载极限。例如，中国农村的水资源不但总量较少，而且时空分布不均，水土资源匹配也欠佳，开发难度在增加。

第三，中国农村生态环境自然条件并不十分优越，由于近年来退化、污染兼而有之，治理赶不上破坏，环境质量每况愈下，前景令人担忧。目前中国农村中，草原退化加剧，沙漠面积在扩展，水土流失进一步扩大的危险依然存在，污染物大幅度增加，再加上水灾、旱灾、风灾、地震等自然灾害的侵袭，使得中国农村面临着有史以来从未出现过的生态破坏和环境污染的严重挑战。根据中国科学院国情分析研究小组预测，2000 年中国废水排放量将达 412.9 亿吨，其中工业废水占 70% 以上；废气排放量将达 11.5 万立方米；工业固体废弃物将达 6.9 亿吨。乡镇企业的发展已大大增加了农村污染的力度。

　　第四，中国农村传统的生产、生活模式仍继续存在。目前中国农村的基本状况是：农业仍较多使用手工工具劳作，物资装备基础薄弱，农民文化程度普遍偏低，农业科技和教育投入较少，农业劳动生产率低下，自给和半自给的消费结构依然存在，小农经济的基本格局尚未发生根本改变。这样一来，就使得社会主义市场经济体制在城乡间的发展具有很大差异性。目前中国的现实情况是：一部分用最新科学技术武装起来的现代化工业和信息业，同大量落后于现代化水平几十年甚至上百年的传统农业并存；一部分与世界市场接轨、经济已经现代化的发达城市，同广大不发达农村和许多连温饱水平也达不到的贫困地区并存；中国农村社会仍是二元结构下的待开发社会。

　　记得中国老社会学家吴景超教授在 20 世纪 30 年代曾写过《第四种国家的出路》一书。他将世界上的国家分为四种：第一种是"人口密度颇高，但在农业中谋生的人，其百分数比较的低"的国家；第二种是"人口密度颇低，但在农业中谋生的人，其百分数也比较的低"的国家；第三种是"人口密度颇低，但在农业中谋生的人，其百分数比较的高"的国家；第四种是"人口密度颇高，农业中谋生的人，其百分数也比较的高"的国家。他认为"中国属于第四种国家"，应该从中国的特点出发，探讨中国的出路①。虽然他的见解中还有许多不成熟的地方，但他认为中国农村社会的发展道路应该从中国国情出发的基本思路还是十分正确的，应该加以发扬光大。

三　"差序"论

　　中国农村社会的基本单位是家庭。家庭是建立在婚姻关系基础之上的亲密合作、共同生活的小型社会群体。家庭在中国农村社会里，仍然具有十分重要的生产职能、消费职能、生育职能、抚育赡养职能以及休息、娱乐职能等。但是，在中国农村社会里，"家"里人、自"家"人、一"家"人中的"家"的概念却是模糊的，其范围可以因时、因地、因事而有很大的伸缩，是一个可以包容很多人在内的社会群体概念。甚至有时可以说"天下一家"，即全天下的人都是一"家"子。但是，在这包容范围无限制的"自家人"中，却是有区别的，即存在着一种中国农村社会特有的"差序格局"。

　　什么是"差序格局"呢？

　　"差序格局"是中国农村社会中的一种有特色的社会结构。这种社会结构是以"己"为中心，然后依据生育和婚姻结成网络，像一块石头丢在水面上所发生的一圈圈推出去的波纹。每个人都是他的社会影响所推出去的圈子的中心。被圈子的波纹所形成的同心圆波纹，越推到远处，就越大，也越弱，因而形成了一种差序。这种以"己"为中心，像石子一般投入水中，和别人所联系的社会关系，不像一般社会团体中的分子，大家都是在一个平面上，而是带有明显的差序特征。由于每个人都以"己"为中心、按差序格局组成社会网络，于是便形成了一个有秩序的社会结构。当然，每个人所形成的以"己"为中心，按差序格局组成的社会网络并不相同。例如，在这种以"己"为中心，按差序格局组成的社会网络中，人人都有父母，可是我的父母不是你的父母。

---

　　①　见吴景超《第四种国家的出路》，商务印书馆 2008 年版。

再进一步讲，天下没有两个人所认取的亲属关系可以是完全相同的。兄弟两人固然有相同的父母，但各人有各人的妻子儿女。因之，以"己"为中心，按差序格局所组成的社会网络，都是个别的、具体的、有差别的；而千百万个以"己"为中心，按差序格局组成的社会网络相互交叉，便奠定了中国农村社会的基本社会关系结构。不但亲属关系是如此组成，就是同乡关系、同学关系、同事关系……也莫不是以"己"为中心，按差序格局组成的社会网络。整个中国农村社会就是按差序格局组成的各种社会网络在运行着。

应该看到：差序格局是以"己"为中心的，但这并不是个人主义，而是自我主义。个人是对团体而言的，是团体的一分子对团体的全体的社会关系。在个人主义下，个人具有人的各种法定权利，团体必须建立在个人发展的基础上，人人在法律面前平等，同一团体中各分子的地位是平等的。团体不能抹杀个人，只能在个人所愿意交出的一份权利上控制个人。但是，在自我主义下，一场由"己"到"家"，由"己"到"人"，从"家"、从"人"到族、到乡、到国、到天下，都是相通的，而且是一圈一圈推出去的。自我主义并不一定意味着纯然的自私，因为当他牺牲"族"的利益时，他可以是为了"家"，而"家"对"己"而言是推出的一圈，因此，在自我主义观念中也可以说是为"公"；同理，当他牺牲"国"的利益为他的小团体（如"乡"、"族"、"家"）谋利益、争权利时，也可以说是为"公"。自我主义并不限于"拔一毛而利天下不为"的杨朱，应该说：连儒家伦理道德也是符合这种有中国特色的自我主义精神的，孔子曾说过："何事于仁！必也圣乎！尧舜其犹病诸！夫仁者：己欲立而立人，己欲达而达人。能近取譬，可谓仁之方也已。"又说："君子求诸己，小人求诸人。"由此看来，儒家的伦理道德系统也是离不开差序格局的。

当然，在新中国成立近半个世纪中，中国农村社会已发生了很大变化。特别是党的十一届三中全会以后，中国实行改革开放和建立社会主义市场经济体制的新政策，中国农村发生了巨大的社会变迁。差序格局在中国农村社会的影响力度已大大减弱了，集体主义已大为增强，个人主义也开始蔓延，但是，以自我主义为特征的差序格局仍严重存在。我们仍然要以这种理论来观察、分析和研究中国当代农村社会中的许多社会行为。

四　"小区"论

在社会学的理论体系中，"小区"是一个很重要的概念。但是，什么是"小区"呢？通常认为：小区是若干社会群体（家庭、民族）或社会组织（机关、团体）聚集在某一地域里，形成的一个在生活上相互关联的大集体。我们可以把"小区"的要素归结为以下四类：

1. 它有以一定的生产关系与社会关系为基础组成的人群；
2. 它有一定的区域界线；
3. 它形成了一定特点的行为规范和生活方式；
4. 它的居民在感情和心理上具有对该小区的地域或乡土观念。

在中国农村社会中，这种小区仍然是以村落作为主要表现形式。村落，是中国传统农村社会生活的组织形式，由于农耕文明的兴起，游牧民族开始定居下来，并从事经常性的种植养殖生产。当时为了便于生产劳动，人们开始在耕地附近构筑起房屋，逐渐形成了遍布祖国大地的村落。人人都会有婚姻、家庭和子女，在中国农村小区中，下一代人要在上一代人的老屋边建造新屋，然后娶妻生子，子孙绵延，于是聚族而居的社会现象便产生了，村落也就形成了。在这里，人们不仅有地缘关系，而且有血缘关系，并且地缘关系还从属于血缘关系。长期发展下去，中国农村社会中的村落便带有许多与众不同的特点。例如：中国农村社会中的村落带有宗族性，一个村落往往是一个家族，同姓聚族而居，社会行为受族规的影响甚大，族长或年老的族人往往在村落内具有很大的权威。中国农村社会的村落还带有农耕性，即村落中的人都以种植一小块土地作为主要生活来源，农耕是主要生产模式。由于农耕生产带有季节性，互助合作，以工换工，更增加了大家的小区观念。中国农村社会里的村落是长期社会变迁的结果，内部功能比较齐全，常喜欢强调"万事不求人"，也常造成村落之间彼此封闭隔绝和不相来往，形成了封闭、保守、稳定和自给自足的小农经济生活。

但是，中国农村社会自古就存在着商品经济，存在着交换。即使是自给自足的小农经济，也要出售其剩余的农产品和购进生活必需品，这样，便产生了集市交易场所。孟子曾说："古之为市也，以其所有易其所无者，有司者治之耳。"显然，这种最原始的交易开始还是以物易物，后来有了货币，才出现了商品交易。当集、市、街的交易活动日益频繁化，于是便在交易场所设置固定的房、舍、亭、廊等建筑物，"行商坐贾"，固定的商店开始建立，同时为了方便交易者的食宿，又出现了饭摊、饭馆、酒店、客栈、货栈等饮食服务业。随着中国经济的进一步发展，人口的定居和增多，一种新的农村小区便形成了，这就是集镇。集镇再进一步得到发展，便成为对全国国民经济都发挥重要影响的小区，即中小城镇或城市。

但是，今日中国农村社会里的小城镇，却是以乡镇企业，特别是以乡镇工业为主，费孝通教授的著名文章《小城镇、大问题》，就是谈苏南社队企业如何发展为乡镇企业，又如何推动小城镇发展，从而为苏南经济的开发作出了巨大贡献。后来，费老曾回忆这件事说，他1980年春节在人民大会堂发过一个言，介绍了苏南社队企业。当时还引起了不少不同意见。有人说社队工业挖了社会主义的墙脚，是不正之风，是资本主义复辟的温床，各种帽子都有，问题提得很严重。那么办社队工业究竟是对的还是错的呢，不同意见争论了四年。1984年的1号文件、4号文件肯定了乡镇工业在社会主义经济中的地位。显然，中国农村社会里的"小区"还处在不断发展过程中。有人说：小城镇和农村的关系，如同细胞核和细胞质。小城镇是周围农村的经济、政治、文化中心，而农村则是小城镇的基础和"乡脚"。这一点在社会主义市场经济体制下，已表现得日益明朗化了。

五　"草根"论

国际人类学著名学者马林诺夫斯基给费孝通《江村经济》一书作序时，曾指出：有关蚕丝业的这一章是本书最成功的一章。它向我们介绍了家庭企业如何有计划地变革成为合作工厂，以适应现代形势的需要。的确，男耕女织乃传统中国农村经济的基本模式，其中具有工农相辅的内涵。农业生产与手工业生产的密切结合，在中国历史上一直延续了几千年，具有草根一样的顽固生命力。现代化也好，工业化也好，出主意、想办法，都不能凭空而来，而要在传统的底子上继承发展，嫁接而生。中国农村在现代社会条件下发展，仍然要走工农相辅之路。农民并不是全部从事农业生产，而要一部分人去发展副业和工业，除了传统的一家一户的手工业以外，更重要的是发展一村或几村联办的乡村工业。这是费孝通在 20 世纪 30 年代就提出的观点。他为此而写了一系列有关"乡土重建"的文章，呼吁"现代工业技术下乡"，推进中国农村的工业化进程，使之走上切实可行的路子。在当年江村蚕丝业改革的具体实践中，在农民利用现代化机器从事缫丝生产的劳动场景中，费孝通也实实在在地看到了现代工业技术进入农村的生动现实与前景。

由于战乱等历史变故，这个工业化进程后来被中断了。直到改革开放以后，中国的现代化进程有了继续推进的社会条件，时代又一次提出了农村工业化命题。在最初一段时间中，苏南的社队企业落地生根，迅速蔓延，引发了乡镇企业的燎原之势。费老曾把乡镇企业比喻为"草根工业"，相信它像离离原上草，自有"野火烧不尽，春风吹又生"的秉性，相信它是具有中国特色的工业化之路。经过一番曲折的探索，渐渐生长起来的市场经济力量终于冲破了传统的计划经济束缚。中国乡镇企业走过了偷偷摸摸、挨批挨骂、理直气壮、财大气粗的艰苦历程，终于异军突起，迅猛发展，带动农村经济的整体飞跃，社会生产力水平大步提高。到 1994 年，中国的乡镇企业已经发展到 2495 万家，当年的总产值达到 42588 亿元。"草根"长成了沃野和森林，乡镇企业撑起了中国国民经济的半壁江山。

半个世纪前的主张和预言，变成了半个世纪之后的辉煌现实。社会发展的具体事实证明，中国农村社会经济的发展道路带有浓重的"草根"性，不但农业是"草根农业"，而且工业也是"草根工业"。这种"草根工业"，不仅没有损害农业和剥夺农民，相反地促成了工农相辅和城乡协作。与西方工业革命的历史相对照，草根工业无疑是中国农民的一个了不起的创举……他们有力量冲破资本主义工业发展初期的老框框，根据自己的生活需要去改变工业的性质，让工业发展来适应自己。在草根工业中，农民表现了充分的主动性，这正是当今中国农村社会的一大特点。我们应坚持这个"草根论"。

"草根"思想，其实质就是实事求是、一切从实际出发的思想。这不是一般意义上的"实际"，而是经过深入调查，具体剖析，研究已有的，预测将有的，从传统之中嫁接来的新生事物。因此，深入实际，了解实际，把握实际是一门大学问，中国农村社会"草根"思想的内容宏大，意义深远，对于克服目前中国农村社会学研究中以"实际"凑"概念"或是用"原则"加"例子"的做法是大有益处的。

六　"口腹"论

"口"和"腹"的关系，是中国农村小区研究上升到区域研究时，提出的一个基本问题。所谓"口"，大体是指一个区域内的流通条件和贸易进出信道，指这个区域连接大城市市场的出入口；所谓"腹"，大体是指这个出入口所能带动和辐射的腹地。"口"的作用是四通八达，货畅其流；"腹"的要害是发展生产，增加收入。可以说，口腹关系问题带有普遍性，任何一个区域的发展都要求能解决好这个问题。例如，在河北省东南部地区的沧州市，黄骅港和神黄铁路的建设，实际上就是口与腹的关系。横穿沧州的神黄铁路，主要任务是往外运煤，运来的煤在黄骅港吐出去。吐出去以后，吃进来什么呢？只出不进，虽然有了口，却发展不起腹地。这种过去常见的有口无腹之局面，不该再继续下去，要及早考虑借口造腹的问题。沧州有了港口，又有了通道，怎样利用这个条件把腹地培养起来，是沧州发展的一个大课题。农村不再是封闭的社会，而是一个开放的社会。

怎么来具体地营造这块腹地呢？仍以沧州地区为例。沧州是个传统农业区，这类地方还是要以农为本，首先要帮助农民发展生产，增加收入，把农业搞起来。利用劳动力，多产东西，多增收入。东西多了，要卖出去，接通市场，这就要求有人、有机构为农民提供服务，把一家一户小生产组织起来，扩大规模，搞活流通。流通要货畅其流，这就要修路。村村相通，镇镇相连。村乡之间有毛细血管，每个农户都是经济细胞。毛细血管把每个细胞都沟通起来，接通大点的血管，再通往大动脉，这就是从村到乡到镇，再从镇到县到市，让其中的人、资金、物资都流动起来，让腹地活起来。可以说，这样的思路，是适合有中国特色的农村社会发展需要的。

在对口腹关系的论述和具体研究中，还需要提出"心"的概念。在区域当中，县可以看作是个小点的中心，市是个大点的中心。市和市相结合，就形成了区域市场，形成了区域经济，这里边有布局问题。可以比喻说：区域经济中，要有颗心，有张嘴，有个肚子。心就是中心城市，嘴就是出口进口，肚子就是腹地。肚子要有货，物产丰富，有东西出去，又要有吸纳能力，吃得进东西。心脏是大的集散地、流通中心，具备完善的服务功能。嘴巴要大开大合，四通八达，出得去，进得来。这样运转起来的区域经济，必定充满生机和活力，广大农村地区才能富起来。

抓住"口、腹、心"三要素来分析和研究区域发展的方法还可扩大运用。如在研究如何促进京津冀联合，重塑华北经济中心的问题时，就可以认为"口"就是天津港口。历史上天津港的位置重要，领风骚数十年，现在又正是发展时期。"腹"就是天津有广大富饶的腹地。"大腹"是整个"三北"地区，"小腹"也有100万平方公里之大。"心"就是天津市区，商业发达，实力雄厚。天津若能联合华北，联合北京，"口、腹、心"共同驱动，必将带来天津及其腹地广大农村社会的振兴和繁荣。

"口、腹、心"三要素都十分重要，缺一不可。"口"要善于吞吐，"腹"要充实，"心"要发达。有口无腹，无以吞吐；有腹无口，必然滞胀。而没有经济中心就没有凝聚点，就没有辐射能力。更为重要的是，这三要素都不是"规划"出来的，而是历史逐步形成的，也是有待于进一步完善和发展的。

七　"格局"论

古人说，"不谋全局者，不足以谋一域"。随着中国社会变革的纵深发展，中国农村社会学研究领域不断扩大，从乡村到小城镇，又从小城镇走向更广阔的区域研究，再从一个区域发展到多个区域，形成了一整套中国农村社会经济发展战略的格局研究。

中国是一个大国，中国各地区的差异性很大，因此，地区的区域社会经济发展战略必然要从本地区实际情况出发，带有一定的区域性。因地制宜应该是一条不可动摇的根本原则。但是，各地区的农村社会经济发展战略，又要服从全国农村社会经济发展战略的总格局安排。在中国特色农村社会学理论体系中，"格局"论占有很重要的位置。

中国农村社会经济发展战略中最大的格局问题是如何安排好 7 个不同区域农村格局的发展。这 7 个区域是：长江三角洲及沿海地区、环渤海地区、东南沿海地区、西南和华南部分省区、东北地区、中部五省地区、西部地区。在地区之间，要鼓励东部沿海地区向中西部地区投资，组织好中西部地区对东部沿海地区劳力输出。东部发达地区要采取各种形式与中西部地区联合开发农村自然资源，帮助中西部地区农村经济发展。

在世纪之交的中国经济格局中，中部地区的地位越来越重要。能否加快发展速度，不光是中部地区的事情，也决定着东部沿海地区的快速发展能否保持下去，决定着广大西部地区能否快点跟上全国的发展步伐。为此，我们要把对中部地区的调查研究列为一个重点课题。在这方面，大陆桥应是一个经济区域的骨架，具有十分重要的战略意义。以此骨架为基础，建设沿桥的经济密集地带，促使大陆桥的交通优势转化成经济优势，是一项战略任务。有了这个承东启西的经济走廊，中部起飞的条件就更好，也更有利于西部加快发展。沿着这个走廊，往东可经连云港面向太平洋，往西经中亚细亚直到阿拉伯，那是一个更广阔的发展空间。中部地区的出路确实天高地阔。

此外，华南地区如何保持健康发展，环渤海地区怎样加快发展步伐，华北地区怎样形成经济中心，东北地区如何寻找突破口等一系列有关全国格局的问题，也都应提到日程上来，以便"为地方经济建设服务，出主意，想办法，做实事"。中国农村是一个大格局，要有全局观点，要树立起一个大农业，并与全世界市场经济接轨的大战略来。这样，中国才有真正的"大有前途"的出路。

八 "富民"论

中国农民的贫困是人所共知的事实，"富民"便一直成为有中国特色的农村社会学基本理论。

以费孝通教授为例：他的学术研究起始于 60 年前，当时，中国社会最基本的问题是人民的饥饿问题，人民的收入低到不足以维持最低生活水平所需的程度。面对这样一种现实，费老把当年踏入社会学领域的初衷和改变民贫国弱状况的志向连接起来，形成了"志在富民"的终生目标，也确立了"民富才能国强"的基本认识。

作为一位学者，怎么能为富民提供切实有用的服务呢？费老认为："对人民实际情况的系统反映将有助于使这个国家相信，为了恢复广大群众的正常生活，现在迫切地需要一些政策。这不是一个哲学思考的问题。真正需要的是一种以可靠的情况为依据的常识性的判断。"[①]

为了提供"可靠的情况"的依据，费老从清华研究院一毕业，就走上了中国社会实地调查的艰辛之路。他写出的被国际学术界视为"人类学实地调查和理论工作发展

---

① 费孝通：《江村经济》，上海人民出版社 2006 年版，第 4 页。

中的一个里程碑"的《江村经济》一书，就来自对其家乡江苏吴江太湖边上一个村庄的实地调查。从该书在英国出版到《禄村农田》、《内地农村》、《乡土中国》、《乡土重建》等著作接连问世，其间还有大量的时评、政论、考察报告发表于报刊，表达了中国老一辈知识分子为民解困的情怀。

在 1980 年中央统战部召开的一次座谈会上，费老表示："我袋里只有 10 块钱了，不该随意零星花掉，而要集中起来买件心爱的东西。"费老当年已届 70 岁，他估计还有 10 年的时间可作学术研究，他要用这"10 块钱"换来失去的 20 年，全力投入中国的富民大业。

为此，费老每年都有三分之一左右的时间穿梭东西，奔波南北，不停奔走。在实地调查中，他紧紧跟踪中国城乡的发展变化，忠实记录、冷静分析，写出了一篇篇带着泥土气息、饱含时代精神的行程报告。《故里行》、《温州行》、《淮阴行》、《海南行》、《侨乡行》、《凉山行》、《镇长们的苦恼》、《小城镇大问题》……用"行行重行行"来概括升华，最为精当。从江村到吴江七镇，从苏南到苏北，从江苏越过省界进入东北、西北、西南、华南、中原，费老进行实地调查的小区范围逐级扩大，魂牵梦绕的却始终是"富民"这个主题。"志在富民"不仅是费老一生的价值取向和执著追求，也是有中国特色的农村社会学的基本理论，更是有中国特色的社会主义的基本理论。邓小平同志有句名言是：贫穷不是社会主义。我们应该使有中国特色的农村社会学成为中国农村"富民之路"的科学。"富民"论应该成为有中国特色的农村社会学的核心理论。

九　结束语

中国农村社会学的学术历程已有百年之久，如果从古代学者对中国农村社会的了解、分析和研究算起，则已有数千年历史。中国古代的伟大政治家管仲的名言："仓廪实而知礼节，衣食足而知荣辱"，把农村社会经济的发展和人民生活的富足当作是政治、道德的基础，这实际上谈的就是农村社会学的基本理论问题。《商君书》中，曾有"立法化俗，而使民朝夕从事于农"的主张；《荀子》更提出"田野县鄙"（即农村经济）称为"财之本"，而且还说："士大夫众则国贫"。这对于后世数千年"农本"学说起到了奠基的作用。毋庸讳言，在中国特定的历史条件下，中国农村社会学曾人为地中断达三十年之久，在理论上和学术上造成的损失是难以挽回的。我们对此，除了加倍努力以赶上世界农村社会学发展新水平外，没有第二条路可走。

但是，在近年来的中国农村社会学发展道路上，由于受不正确的"全盘西化"错误理论的影响，也有一部分人过分强调要按西方农村社会学的路子来建立中国农村社会学，我们认为：西方农村社会学的科学成果一定要吸收和借鉴，但中国农村社会学的发展一定要走有中国特色的农村社会学发展道路。中国有五千年的悠久农业文明，在文化上是与西方文化完全不同的东方灿烂文化的创造者。中国在中世纪时，曾创造出当时最先进的农村经济生活，在西方旅行者如《马可波罗游记》中所表述的那样，是"人间的天堂"。20 世纪后半期的许多新兴工业化国家的成就和中国近十五年改革、开放政策所带来经济社会巨大变迁，无一不说明东方文明正在大放异彩。有中国特色的农村社会学的理论建设，不仅会大大丰富中国理论科学的宝库，也会对世界农村社会学发展发挥巨大的作用。

　　中国农村社会学是一门入世之学，是要为中国 9 亿农民谋福利、争幸福、争权利的科学，是把自己学科的命运和全国 9 亿农民的命运联系在一起的。人民是中国的主人，农民是人民中的绝大多数。因此，农民的命运实际上就代表了人民的命运。中国农村社会学要为今天和明天中国农民的命运建立起经得住历史检验的学科理论，并提供改善其命运的基本设想、措施和方法。中国农村社会学"任重而道远"，我们要和全国人民心连心，同呼吸，共命运，共同为创建和完善有中国特色的农村社会学而努力。

　　奋勇前进吧，胜利已经在望！

小城镇：第三种社会[*]

一

一个新社会总是孕育诞生于旧的社会结构之中，小城镇社会也是这样的。它的形成与发展正是我国城乡二元社会的结构对立运动的逻辑结果。

这种为人所熟知的二元社会结构，表面上看来，似乎是城乡社会的"分割、分离和分治"，事实上却是"统一"在城市对乡村的控制、"剥削"的基础之上。我国城市最初的工业化及其发展是以牺牲农民的利益为代价的，巨大的工农业"剪刀差"为城市的工业化和城市的发展提供了原始的资本积累。尽管在今天这样二元社会结构已经成为理论界的众矢之的，但是在当时的社会历史条件下，它的存在却有一定的合理性。因为它适应了当时的短缺经济，满足了"全能主义"政治的要求。这种社会结构一旦成型、固化之后，它的消极功能才日益凸显出来，并且为人们所认知：它不但压抑了农民的积极性，破坏了农村生产力的发展，而且加剧了城市居民对国家的依附性，限制了城市工业化和其自身的发展，以致整个国民经济畸形发展，使之陷入恶性循环之中。这些结构性矛盾的累积，最终引发了一场规模宏大的农村"革命"——以家庭承包制为主要内容的农村改革从农村很快蔓延到城市，形成了又一轮"农村包围城市"。伴随着家庭承包制的普遍推行，农村生产力逐渐得以恢复和发展，使原本隐藏的农村剩余劳动力问题日益显现出来。按照当时的农村生产力水平计算，我国农村劳动力的剩余率在1/3至1/2之间。如何转化这样一支庞大的农村剩余劳动力队伍，一时间成为我国农村社会发展一道难题。

按理来说，随着我国工业化水平的提高，本应伴随有大量农民进入城市，农民人数大量减少，但是实际情况却非如此。虽然我国已经步入了工业化中期，但城市化却只达到工业化的初期水平，不仅大大低于欧美发达国家平均城市化水平（70%左右），与世界平均47.5%（1995年）的城市化率相比也要低17%左右。到1997年，我国人均国民生产总值已经达到860美元，根据国际经验，相应的城市化水平应达到44%左右，而我国实际的城市人口却只占总人口的29.9%；1998年，我国第二、三产业从业人口达50.4%（也就是说我国农业劳动力已经下降至全社会劳动力总数的一半以下），而城市化水平仅为30.4%。很显然，我国的城市化严重地滞后于工业化。有学者认为，如果我国目前的城市化达到世界的平均水平，将意味着可以增加1.5亿左右的城市人口。而这个人口数量恰好与我国农村现有的剩余劳动力人数相当。这也就是说，我国农村剩余劳动力问题在相当程度上是由于城市化发展不足所造成的。

目前，人们普遍地将我国城市化发展滞后的主要原因归咎于中国独特的二元社会结构。如果仅从现实来看，这种解释还是具有一定的说服力的。但是，如果站在历史的高度来分析，我们将注意到这样一个事实，即我国社会的发展道路始终相异于西方特别是欧洲的现代化路径。西方城市化、工业化一开始就与资本主义发展相一致。"资产阶级使乡村屈服于城市的统治。它创立了巨大的城市，使城市人口比农村人口大大增加起来，因而使很大一部分居民脱离了乡村生活的愚昧状态"。城市的繁荣湮没了乡村的破产。近代初期，我国社会似乎也在被动地或不自觉地沿着这种"现代化"发展，但是，它很快就夭折了——尽管城市的发展也是建立在牺牲乡村的利益之上，但是中国的乡村却顽强地生存了下来，而且它仿佛始终沿着自己的逻辑变迁着。我国乡村发展的内在"韧性"，随着人民政权的建立、土地改革以及随后的农村土地承包制的推行有了进一步的增强。尽管我国乡村"支撑"了城市的发展，但它自身也在缓慢地变迁着并不断向前发展。这是中国社会发展完全不同于西方社会的独特的地方。

众所周知，早在20世纪二三十年代，中国先进的知识分子就曾针对当时的中国社会的发展问题展开过论战。从论战中反映出的观点来看，大致可以分为四派：一派主张复兴农村，振兴农村以引发工业（以梁漱溟、晏阳初为首的"乡建派"）；一派主张先开发工业，"发展都市以救济农村"（以吴景超、张培刚等为代表的"重工派"）；一派主张乡村工业化，在乡村培植小规模乡村工业作为向工业社会的过渡（郑林庄称之为"第三条路"）；还有一派则主张农工并重，这实际上是一种调和的观点。尽管当时（即使在今天仍然）有不少人反对"乡建派"和"第三条路"，视之为"向后倒退派"，而把主张开发工业者称为"向前推进派"，但是近代以来的中国社会发展却进一步提示我们："乡建派"和"第三条路"并不一定就是"向后倒退"的，它们在一定程度上提供了我国社会发展的"合意性"，即我国乡村社会有其内在的变迁逻辑，并且在相当长的时期内决定着我国社会的发展道路及其方向。

在最近20年的发展中，我国乡村社会内在的发展似乎更趋明显。在城乡隔离的社会结构背景之下，乡镇企业的"异军突起"和小城镇的兴起和发展又一次缓解了乡村发展的困境，它从另一方面再一次表现了我国乡村社会内在和发展"韧性"。改革开放以来，尤其是20世纪80年代以来，乡镇企业累计吸纳了1亿左右的农村劳动力就业，年均吸纳近600万人。

它作为转移农村剩余劳动力的重要管道，为农村经济的发展作出了重大贡献，也为减轻整个国民经济的就业压力开辟了新的路径。同时，我国小城镇也得到了相当的发展，我国城镇人口的比例已从1978年的17.9%提高到1998年的30.4%，其中建制镇已从1980年的2874个增加到1998年的18800多个，平均每年新增880多个镇，18年间我国城镇人口增加了98.2%。

我国城市类别

城市类别	规模标准（万人）（按非农业人口）	城市数量（个）	城市人口合计（万人）
特大城市	>100	34	7462.1
大城市	50—100	47	3241.1
中等城市	20—50	203	6096.0
小城市	10—20	384	4543.9
镇	<10	18402	12121.9

资料来源：顾文选：《建立和完善全国城镇体系的几点思考》，《城市发展研究》2000 年第 3 期。

　　经过 20 年来的发展，我国小城镇大约集中了 2.75 亿的常住人口，分别占全国总人口和农村总人口的 22% 和 32%。到 1998 年底，小城镇人口已占城镇总人口的 44%。（可参见上表）。据测算，近 20 年来，小城镇累计吸纳、转移农业劳动力 3000 多万人，占农业富余劳动力转移总量的 30% 以上。特别是进入 20 世纪 90 年代以来，由于乡镇企业吸纳就业能力的明显下降（1990—1998 年，年平均吸纳就业 409 万人，仅相当于 1980—1989 年间每年平均水平的 57.9%，尤其是最近两年甚至出现就业负增长），小城镇日益成为我国农村劳动力转移的主管道。小城镇的这种吸纳功能，还将随着乡镇企业向小城镇聚集而进一步增强。因而，小城镇的发展格外引人注目。

二

　　时下，颇为流行的话语是将小城镇的发展视作一种城市化（或农村城市化）道路。不可否认，一些小城镇可以进一步发展为小城市、中等城市乃至大城市。但是，小城镇一旦成型之后，它便形成了自己的特性。如果仔细地考察小城镇社会，您将发现小城镇社会既不同于一般意义的城市社会，更不是一般意义的乡村社会。

　　我国的城市社会，长期以来是由一种称之为"单位"的组织聚集构成的。这种"单位"，不仅仅是一种广义的生产组织或城市居民的就业场所，同时还是社会福利和社会保障制度的主要组成部分，更是一种社会控制和社会整合的机制，具有经济、社会和政治组织的三重功能。城市社会成员对于单位有着较强的依附性。这种单位体制在改革之前尤其明显。尽管随着改革的深入，这种体制正在逐步松动，走向解体，但是由于体制自身运行的惯性，它还将较长时期地影响着我国城市的发展。即使在今天，许多改革还是通过单位进行的，很多政策也依然依靠单位得以落实。这也就是说，"单位制"对于解析我国城市的结构、性质，仍然具有较强的说服力。

　　我国的乡村社会，则是由无数星罗棋布的"村落"组成的。每个村落都是农民"聚族而居"的结果。一个村落，就是农民生活的基本单位。在村落内部，成员之间达到了充分的信息共享，这是一个"熟悉"的社会，没有陌生人的社会，他们平素所接触的是生而与俱的人物，正像我们的父母兄弟一般，并不是由于我们选择得来的关系，而是无须选择，甚至先我而在的一个生活环境。因而，从熟悉的事物里得来的认识是个别的，并不是抽象的普遍原则，因为在熟悉的环境里生长的人，不需要这种原则，他只要在接触所及的范围之中知道以手段达到目的个别关联。而且，在这种社会里，语言足够传递时代间的经验了。当一个人碰着生活上的问题时，他必然能够在一个比他年长的人那里得到解决这问题的有效办法，因为大家在同一环境里，走同一道路，他先走，你后走；后走的踏的是先走的人的脚印，口口相传，不会有遗漏。在这种社会里生活的人，只需因袭，不必图新，结果是知识固塞，科学不振，工商业无从发展。农民"日出而作，日暮而息"，下一代演绎着上一代的故事，生命仿佛是周而复始的循环——人生的循环可以喻为转动缓慢的巨大的印刷机滚筒，上面印着一代代人的经历。

而村落与村落之间往往又是相互孤立和隔膜的。虽然孤立和隔膜并不是绝对的，但是人口的流动率小，小区间的往来也必然疏少。正如柯库侯姆（A. R. Colquhoum）先生所洞察的那样：如果再加上"隔离"这个因素，那么我们没有理由对中国文明的复杂特性和奇特的保守形式感到任何的惊奇。因此，了解了中国的"村落"，对中国乡村社会便有了一个基本的印象。

很显然，小城镇社会不能归属于上述城市社会和乡村社会的任何一种社会类型。在这里，我们不妨称之为"第三种社会"。那么，对于小城镇社会我们又该如何去认识、去分析呢？大家都承认，我国小城镇的兴起和发展与乡镇企业的发展有着十分紧密的关系，特别是最近 20 年来，我们甚至可以将小城镇的发展看成是农村商品经济发展与乡镇企业发展的直接结果。由于它脱胎于乡村社会，同时又在形式上刻意模仿城市社会，因而它在结构上具有二者的一些复合特点：在形式上它类似城市的"单位制"，"单位"内部，它又结合了"家族主义"的特性。因此，我认为，对小城镇社会可以尝试运用"单位—家族"制来分析。

以小城镇社会的主要组成"单位"——乡镇企业为例。正如有些学者所论及的那样，家庭关系在乡镇企业的组织中起着至关重要的作用，特别是在农民的个体、联户和私营企业中，更是这样。企业的领导往往扮演着老板和家长的双重角色，企业的会计、推销员、司机等关键人员也大多与企业老板有着亲缘关系，尤其是会计一职，多半是直系亲属（小企业中往往是妻子或女儿，稍大一些的企业可能是儿媳等）。在企业的人际关系中，人们很难把业缘关系和血缘、地缘关系截然地分开来，很多企业本身就是一个扩大了的家庭。实际上，在小城镇社会的其他"单位"中，同样程度不同地存在这种家族伦理的结构关系。即使在正式的社会组织中，如小城镇的社会政府中，也存在着"家族主义"的痕迹，这些特点是"官僚机构"（bureaucracy）所无法说明的。

三

"第三种社会"的出现，标志着当代中国社会变迁进入了一个新的历史阶段。当代中国社会的结构形态，实际上是呈乡村社会、城市社会与小城镇社会"三足鼎立"之势。如前所述，它们之间的人口分布已经非常接近 1 : 1 : 1。因而，对当代中国社会的分析，"二元社会结构"模式已经不再有说服力了。"第三种社会"的兴起，宣布了中国传统的二元社会结构的终结。中国未来社会的发展取向，将取决于三种社会"变量"之间的互动。我们可能会看到这样一幅未来中国社会发展的图景：小城镇社会逐步湮没或取代乡村社会，而与城市社会相交融。

将五个"同样重要"落实到三个"一视同仁"*

最近，江泽民总书记在北戴河亲切会见了部分国防科技专家和社会科学专家，并同他们进行了座谈。江总书记发表重要讲话，一再强调人才问题关系党和国家的兴旺发达和长治久安，人才特别是哲学社会科学人才对党和人民事业的发展极为重要。他将哲学社会科学与自然科学放到同等高度，一视同仁。他强调，在认识和改造世界的过程中，哲学社会科学与自然科学同样重要；培养高水平的哲学社会科学家，与培养高水平的自然科学家同样重要；提高全民族的哲学社会科学素质，与提高全民族的自然科学素质同样重要；任用好哲学社会科学人才并充分发挥他们的作用，与任用好自然科学人才并发挥他们的作用同样重要。江总书记这五个同样重要拨开了多年笼罩在人们思想中的疑团，即有些人所说的"社会科学还不具备完全的科学形态"。言下之意，哲学社会科学同自然科学相比要低一层次。江总书记的这一重要讲话，对广大理论工作者尤其是哲学社会科学工作者是个极大的鼓舞。

长期以来，对于自然科学与社会科学，人们总是偏重于自然科学而轻视社会科学。认为将社会科学是缺乏实践检验的科学，认为将社会科学理论转化为现实的生产力，速度慢，周期长，效益不明显。其实，哲学社会科学与自然科学一样，是人们认识世界、改造世界的重要工具，是推动历史发展和社会进步的重要力量。作为我们观察世界改造世界的宇宙观和方法论的马克思主义就是社会科学研究的最光辉的成果。再就我国改革开放以来的二十多年来说，不论是社会主义市场经济理论、社会主义初级阶段理论，还是推动我国农村经济持续高涨的"联产承包责任制"理论，哪一项不都是社会科学研究的成果？哪一项不都是对国家和人民事业的伟大贡献？那种贬低哲学社会科学研究价值的观点都是毫无根据而不值一驳的。

江总书记的《讲话》已将哲学社会科学的重要性提高到如此高度，现在摆在我们面前的头等任务就是如何将《讲话》的精神落到实处。我认为：

一、国家对哲学社会科学的投入要与对自然科学的投入一视同仁。众所周知，近年来，哲学社会科学的研究单位和研究人员的科研经费十分拮据、十分艰难。许多极其重要的哲学社会科学研究课题由于经费困难而无法展开，许多哲学社会科学有价值的著作由于经费问题难以出版问世。不解决这些极为现实的难题，哲学社会科学的发展就为成为空中楼阁。当然，我们这里所说的"一视同仁"并不是说对自然科学投入 100 万就必须对哲学社会科学投入 100 万，不是要求在数字上的绝对等同，而是要求在观念上的

　＊　本文系作者在"省社联学习江泽民同志《讲话》座谈会"上的发言。

"一视同仁"。至于具体的经费投入数字，则要根据具体的需要和可能，根据轻重缓急而具体操作，让哲学社会科学工作者真正地感到他们所从事的研究真正获得党和国家的一视同仁。

二、在为哲学社会科学提供的研究环境上，要与自然科学一视同仁。任何科学包括自然科学和哲学社会科学都是在探索中发展的。科学探索是认识真理的实践过程，其道路必定是曲折的，而失误甚至是失败都是科学探索的题中应有之义。这一点对哲学社会科学工作者来说更为现实。由于哲学社会科学的研究往往与意识形态的联系更加紧密，一旦出错，就往往成为原则性问题，这就束缚了他们思维的创造性。而创造性是一个民族进步的灵魂，是一个国家兴旺发达的不竭动力。没有创新的观念和精神，其他方面的创造都谈不上。我们面临着的是一个知识创新、文化创新、科技创新的时代，其中最重要的是理论创新和文化创新。一个没有创新能力的民族难以屹立于世界先进民族之林，缺少创新意识的文化难以代表先进文化的前进方向。在哲学社会科学领域中，只有提倡创新意识、创新精神，才能推动我们社会的不断发展，才能使我们哲学社会科学的研究与时代并进。

三、在工资待遇和激励机制方面，要对哲学社会科学工作者与自然科学工作者一视同仁。马克思主义者从来不回避物质激励的原则，物质是一切基础的基础。精神激励和物质激励的同时投入，才能更有效地调动哲学社会科学工作者的积极性，不使哲学社会科学工作者感到自己辛勤研究的成果所获得的社会回报差人一等而自暴自弃，应提高他们科研的自尊心和自豪感。

总之，江总书记最近对自然科学和哲学社会科学工作者的讲话，对广大的知识分子特别是对从事哲学社会科学工作的知识分子和研究部门是个鼓舞，是个动力，是一个新的春天。我相信，各级领导部门一定会迅速地贯彻《讲话》的精神，具体落到实处。让我们在这一个新的春天里，用马克思主义这个放之于四海而皆准的理论结合我国社会主义建设的实际，创造出最新最好的成果，为国家、为党、为人民作出新的回报吧！

时代呼唤进一步解放思想[*]

最近我们学习了江泽民总书记"5·31"的重要讲话，深受启发。江泽民总书记在不到一年的时间内，就社会科学问题发表了三次重要讲话。这说明党中央对社会科学在中国历史发展新时期所承担的光荣任务的重大肯定。整个社会科学界受到莫大的鼓舞。这里我想简单谈一下我的学习体会。

一　新时期、新形势、新要求

党的十一届三中全会前后，全党在批判总结十年"文化大革命"的经验教训之后，掀起了一场空前的思想解放运动。这就是"实践是检验真理的唯一标准"的大讨论。事物是不断发展的，一个过程结束了，原有的矛盾解决了，又出现了新的矛盾，又开始了一个新的过程。每一个发展过程所要解决的矛盾不同。因而，解决矛盾的原则、思路和方法也不同。于是，思想要不断地从旧的思维套路中走出来，才能适应新的形势、新的环境，才能解决新的矛盾。因而，我们说思想解放要不断有新的起点。

22 年的改革开放，已把我国社会推入到历史上从未有过的经济繁荣、社会稳定的昌盛时期。由于经济体制改革的深入发展，我国各社会阶层状况发生了深刻的变化。民营经济已逐步形成为我国重要的经济基础，民营文化教育、民办科学技术以及其他各方面的民营事业在党和政府的支持下，正在蓬勃发展。由于国有经济体制的改革，大量工人下岗、转岗。越来越多的工人成为各行各业的小业主，大批的优秀的科技人员依靠自己的先进文化和先进科学技术，创办企业和各种事业，成为大大小小的资产所有者。亿万的农民离开土地进入城镇，已经或正在成为城市中各行各业的从业者，他们都是我们社会主义大家庭中的权利平等、义务平等的成员。我们党就是要代表他们的共同利益。这就是我们面临的国内社会阶层大变迁的新特点、新面貌。这种新的形势要求人们从旧的牢笼中解放出来，正视现实世界，避免主观和客观相脱节、走上各种各样的误区。江泽民同志此时此刻提出了"三个代表"的重大理论，为我们在这个新环境、新形势下树立了路标。

改革开放 22 年来，国际形势也发生了根本的变化。两大阵营冷战的局面结束了，代之而来的是经济全球化、信息全球化。偌大的地球在网络世界中已经成为小小地球村了。和平与发展已经成为当前世界的主流，特别是中国已经成功地加入了 WTO，成为国际社会重要的一员。形势要求我们同世界进行全方位的接轨，这包括政治、经济、文

---

　　*　本文系作者在"省社联学习江泽民同志 5·31 讲话座谈会"上的发言。

化、社会许许多多的国内法律和游戏规则同世界的接轨。这无疑是一个历史的机遇，但也是一个历史性的严峻挑战。所谓严峻的挑战，就是说，能不能既同世界接轨、融入一体化，又能保持我国社会的稳定和持续发展？这又是一个我们周围世界的新形势、新特点。

二　新形势、新任务要求一个新的思想解放

人们过去已有的经验和认识，是从旧的实践过程中产生的。当人们进入新的社会实践过程时，就必须将思想从旧过程形成的旧的思想框框中解放出来。"实践、认识、再实践、再认识"，是个无限过程。每一个历史发展阶段都有一个历史任务和要求。我国近代历史上就有几次大的思想解放运动，都是与当时社会实践和当时历史任务联系起来的。1919 年的五四运动、1942 年的延安整风运动和 1978 年前后真理标准的讨论，都是当时社会发展的要求，并为中国的历史发展开辟了一个新的天地。在今天，为了进一步解放思想，实现再一个历史飞跃，完成社会科学工作者在新时期的光荣任务，我们必须继续在中国共产党的坚强领导下，磨炼我们的马克思主义理论勇气和本领。从我们的社会科学领导体制到我们的研究学风都要来一次大的转变，特别是在一些重大理论问题上，要来一次拨乱反正。

三　继续肃清"左"的教条主义

对马克思主义采取教条主义态度，一直是解放思想的主要障碍。马克思主义是一个开放的体系，它是兼容并包人类的优秀文化而凝聚成的。人类社会实践永远是在继续进行着的，人类认识世界也是永无止境的。人类的文化进步也是永远在进行着的。所以，马克思主义的发展也是永无止境的。这才是对马克思主义的唯一正确理解。目前，妨碍马克思主义发展的思想障碍主要有：

（1）马克思主义要发展，这是大家都承认的，但是如何发展？是只能由少数人来发展，还是由广大的人民群众和社会科学者共同来发展？马克思主义哪些部分允许发展？哪些部分不允许发展？

在我们这样一个科学发展一日千里，社会生活无限丰富的伟大时代。马克思主义应该有个大发展，而不是小发展。发展马克思主义不应该划一个范围。说枝节问题、无关紧要的问题允许发展，比较重要的问题不允许发展，一丝不能变动。这对吗？不对。因为这违反客观世界发展的规律和人们认识客观世界的规律。个人、集体和领导各自都有自己的实践，都有各自实践中的经验和体会。当然，每个人的经验和体会都各不相同，这是正常的。把这些丰富多彩的、互有差异的认识和看法汇集成一个理论海洋，正是我们丰富和发展马克思主义的宝贵资源。历史无数次向人们证明"历史是由人民群众创造的"这一条真理。新中国成立 50 多年来，马克思主义在我国每一次的重大突破，都经过不少曲折和磨难，而后才为社会所公认，最终形成为国家的决策付诸实践。此时此刻，在我的眼前浮现出马寅初、孙冶方等人的形象，也浮现出小岗村十八户农民冒险的在一份"包产到户协议书"上画押的情景。

（2）马克思主义理论要联系实际。那么，哪些实际是允许联系的？哪些实际是不允许联系的？目前存在的问题是：一是有些人"不敢"联系实际；二是有些人"不愿"联系实际；对这些学风问题必须加以认真的研究和拿出决策来解决。否则，会严重禁锢人们的思想。当然，也就是妨碍思想的解放。这就要求领导部门和社会科学工作者的共同努力。我们需要有一个良好的、宽松的社会环境和研究条件，更需要有一个科学家个人素质的修养。

（3）马克思主义能不能争论？马克思主义从它的创始人提出以后，直到今天，都是在对立观点、对立理论的批评和辩论中发展壮大的。毛主席说过："真的、善的、美的东西总是在同假的、恶的、丑的东西在相比较而存在，相斗争而发展的。"[1] 马克思早就说过，他的学说是一个批判的学说。马克思主义理论批判非马克思主义理论，而非马克思主义理论也批判马克思主义理论。因此，"百家争鸣、百花齐放"是发现真理、发展真理、发展马克思主义的必备环境和条件。

以江泽民同志为核心的党中央如此高度关注社会科学的发展，殷切地希望我国社会科学有一个新的飞跃，并为我们提供了各种必要的条件。我们不能辜负党中央和江总书记的期望，要努力工作、深入研究，扫除各种思想障碍，要以学习江泽民总书记"5·31"讲话为契机，作为当前思想解放的新起点。

---

① 《毛泽东著作选读》，人民出版社 1986 年版，第 785 页。

中国农村政治社会学的研究对象*

中国自从进入改革开放时期之后，党中央即坚持如下论点：同经济体制改革和经济发展相适应，中国必须按照民主化和法制化紧密结合的要求，积极推进政治体制改革。二十几年来的客观事实已充分说明：积极推进政治体制改革，不仅是经济体制改革和经济发展的要求，而且也是社会主义政治制度自我完善与发展和建设有中国特色社会主义民主政治的基本途径。特别是在中国农村，通过村民委员会的建立和逐步完善，一种自我选举、自我管理、自我教育、自我服务的基层民主政治模式业已出现。中国农村政治环境和政治秩序在群众民主政治推动下，发生了巨大变化，形成了有中国特色的农村政治体制新面貌。现在已经到了应该对这一巨大政治变迁进行理论总结的时候，摆在我们面前的任务是应该适时地建立一门"中国农村政治社会学"。

一　政治和政治社会学

按照传统的说法，政治属于国家、民族、政府、统治、权威的范畴。但在社会学看来，政治是与合法的权力联系在一起的。例如：马克斯·韦伯曾指出："合法的强制力量是贯穿政治体系活动的主线，使之具有作为一个体系特有的重要性和凝聚性。只有政治上的主管当局才拥有某种公认的权力，可以在宣传领域范围内采取强制手段，并基于这种权力而要求人们。当然，这并不是说，政治体系仅仅同公认的强制手段联系在一起；但是，同公认的强制手段相联系却是明显的特性。在这里，政治体系不仅包括所有结构中与政治有关的方面。其中有亲属关系、社会等级集团等传统结构，还有诸如骚乱之害的社会非正规现象，以及政党、利益集团和大众传播工具之害的非政府性组织等。总之，政治是一种社会行为。"①

政治社会学则是社会学的一个分支学科，是专门研究社会和政治过程相互作用的一门社会科学。政治社会学研究的领域，包括社会秩序和行为的社会基础，政治过程的社会秩序和行为的社会基础，政治过程的社会与政党、政治精英与国家的关系，各种社会形态与政治制度形成的社会原因，社会的安定和变迁。地域的政治文化环境不同，因而影响到政治社会学的研究内容。例如：美国政治社会学的课题有各州宪法体系、三权分立、投票行为、官僚体系、自愿组合体内部之政治权力等。南斯拉夫政治社会学的课题则有联盟的分裂、民族国家的建立、民族自治。社会学的内容还包括政治文化、政治结

　＊　原载《社会学》1999 年第 4 期（总第 46 期），合作者：王胜泉。

　①　转引自《马克斯·韦伯社会学文选》，牛津大学出版社 1946 年版，第 77—78 页。

构、政治社会化、政治录用、政治交流、利益表达、利益综合、决策体系和规则、政府结构及功能、政治体系的实际作为、政治结果和回馈、政治选举和组阁、政治评价和政治生产力等。

中国当前的政治体制改革，有两大基本要求，其一是必须坚持社会主义方向，其二是必须从中国的国情出发。只有坚持社会主义方向，只有坚持宽文化教育，才能保证中国的政治和政治社会学研究沿着马克思列宁主义轨道前进，才能划清社会主义政治和资本主义政治的界限，也才能旗帜鲜明地反对借口政治体制改革，鼓吹西方多党制和议会制的资产阶级自由化倾向。只有坚持从中国国情出发，才能促使政治和政治社会学的研究符合实事求是的精神，才能划清科学社会主义和空想社会主义的界限，也才能防止和克服政治体制改革中超越条件、急于求成的错误倾向。我们要建立的应该是从中国实际出发的，有中国特色的、具有社会主义性质的农村政治社会学，而绝不会是其他。

二　中国农村的传统社会政治

据费孝通教授的研究成果，中国农村的传统社会政治有如下几个特点，或名之曰"中国特色"。

第一，"乡土社会"。直接靠农业来谋生的人是黏着在土地上的。乡村里的人口似乎是附着在土上的，一代一代地下去，不大有变动。这是一个熟人的社会，没有陌生人的社会。

第二，"差序格局"。中国传统农村社会的亲属关系就是这种丢石头形成同心圆波纹的性质。这个人和人往来所构成的网络中的纲纪，就是一个差序，也就是伦。

第三，"礼治秩序"。礼是社会公认合式的行为规范。每个人在他出生之前即已有之。他只须学而时习之。

第四，"无讼社会"。所谓礼治，是每个人都自动地守规矩，不必有外在的监督。打官司成了一种可羞之事，村里的所谓调解，其实是一种教育过程。

第五，"无为政治"。乡土社会里，天高皇帝远，从人们实际生活上看，是松弛和微弱的，是挂名的，是无为的。

第六，"长老统治"。在乡土社会里，每一个年长的人都握有强制年幼的人的教化权力。

第七，"四权并存"。四权是指：从社会冲突中所发生的横暴权力；从社会使用中所发生的同意权力；从社会继续中所发生的长老权力；从激烈社会变动中所发生的求新权力。[①]

……

我们当然不能说上述归纳的几条是绝对完全的和完美的，因为中国传统农村社会政治延续了数千年之久，其中自然会发生许许多多的变化。但是，费孝通教授所指出的乡土社会的基本性还是存在的。特别是与今日中国农村社会政治相比，一方面，具有历史继承性，许多乡土社会政治的因素在今日中国农村或多或少仍存在着，例如由"差序

[①]　以上所引可参看阎云翔《差序格局与中国文化的等级观》，《社会学研究》2006年第4期。

格局"所形成的家族势力和熟人关系就是一个严重的存在;另一方面,具有历史变迁性,在社会主义市场经济体制下的中国农村,今日社会政治生活已发生巨大变迁,许多新的社会政治因素已经出现,值得加以深入研究。我们中国农村政治社会学的理论研究重点,应该是今日中国农村社会政治,特别是今日中国农村中各种群体之间利益矛盾和利益表达之间的关系。

"人以群分",从旧中国农村依土地所有制分为地主和农民两大阶级,到今天已有了巨大变迁和分化,从而形成了新的群体。新的群体产生了新的利益表达和利益冲突,于是具有全新内容的中国农村政治社会学便跃然纸上,成为一项具有广泛、重要意义的大学问。

三 今日中国农村的社会政治

我们认为:今日中国农村的社会政治,乃是今日中国农村中人与人之间利益表达的政治产物。根据马克思主义关于矛盾的学说,社会关系,从其实质上说,就是人与人之间利益判别关系的表达形式。在社会主义市场经济体制下的中国农村,有关系就有差别,有差别就有矛盾,并且是在一定利益基础上的差别与矛盾。但是,在目前生产力水平下,我们只能保持今日中国农村人与人之间的这种差别,因为只有保持这种差别才会成为一种动力,才会产生利益激励机制,才会推动农民去更加勤奋地劳动和工作,以谋取自身更多、更大的利益,从而有利于中国的经济建设和现代化。但是,利益矛盾会在经济、政治、意识形态等领域表现出来,从而形成了今日中国农村社会政治的丰富多彩的内容。

大家知道,在中国农村中利益矛盾一直存在,而且在相当长的时间里不会消除。但必须指出的是:在中国,社会主义制度已建立,私有制农村社会中对立性的利益矛盾已经不存在,我们已经消灭了地主阶级,因此也就消灭了阶级对立的经济基础。但是,今日中国农村仍然保留了一些旧的社会分工,还存在着多种所有制经济成分,包括私有制成分。今日中国农村社会政治实际上就是这些利益矛盾的表现。据有关社会学者研究,中国农村在当今条件下至少存在以下 10 个不同利益表达群体:

1. 农业劳动者:他们承包集体的耕地,从事农、林、牧、副、渔等种植业和养殖业劳动,全部或部分以农业的收入为自己家庭生活主要来源。

2. 农民工:他们已离开农村,在城市里从事非农业劳动,但按现行户籍制度,他们的身份仍是农民,并承包有土地,在农村拥有住房,仍然和农业劳动者一样缴纳农村税费。

3. 个体手工业劳动者和个体工商业户:他们身在农村却自有生产资料或资金和技术,从事某项专业劳动和经营小型的工商业包括手工业和服务业,独立经营。

4. 乡镇企业主或经营者:他们在农村承包、占有或经营现有的乡镇企业,虽然没有名义上的所有权,但有实际上的经营权、决策权和管理权,或者说名为集体,实为个人所有。

5. 私营企业主或经营者:他们在农村开办各类工商企业,具有企业和生产资料的所有权,自主经营,以赢利为目的,雇用相当数量工人,亦有通过股份合作而由私人经营者。

6. 雇佣劳动者：他们是农村的工人阶级，受雇于农村的各类企业、团体和个人，但他们的家庭仍然拥有承包土地和其他生产资料，仍然参加农村种植业和养殖业劳动。

7. 自由劳动者：他们是农村知识分子阶层，生活在农村，从事艺术、教育、科技、医药、文化等劳动。

8. 农村管理者：农村管理者担负着村以上农村行政管理任务，他们之中包含以下五类人：第一类：乡镇长和党委书记之类的官僚层。他们身在农村工作，却不是农民，而是上级委派的官员，可以调来调去，并不固定在农村。第二类：乡镇管理业务干部层：他们同样身在农村工作，却不是农民，他们属国家编制，领国家工资，属城市户口，掌握着各种权力。第三类：乡镇民办机构干部层：他们多在粮站、供销社一类经济部门工作，属农村户口，身份是农民，由乡镇政府参照干部工资和本地的经济发展水平发给补助工资。第四类：村支部书记、村民委员会主任、副书记、副主任及会计等村级领导干部，他们是农民，不脱产，却享受常年固定补贴。第五类：村团支部书记、妇联主任、民兵营长、治保和调解委员会主任、生产队长等村干部，他们是农民，参加劳动，但有任务时可享受误工补贴。

9. 在外工作人员家属：他们多是在外工作的军人干部、行政干部或其他工作人员的家属。其中军属、干属往往具有较大的社会政治影响。

10. 涉外人员家属：这包括港属、澳属、台属、侨属等类人员。由于实行对外开放，这部分人员的社会政治影响也在增加。

四　中国农村政治社会学的内容

达尔曾指出：一个人无论是否喜欢政治，都不能全然置身于某种政治体系之外。因此，人们必须理解和懂得政治。要分析和理解政治，则应从政策、规范、原因和意义四个取向上去面对。它们之间存在着逻辑关系：选择政策取决于政治规范，政治规范又取决于实验验证的原因，而实验的结论又取决于用来表达的术语的确定含义……任何在很大程度上涉及控制、影响力、权力和权威的人类关系的持续模式就是一个政治体系。这样，政治就成了无所不包的现象了。

我们很欣赏上面这段话。我们同样认为：在今日中国农村中生活的任何一个人，不论他是否喜欢政治，他都不能全然置身于今日中国农村现行政治体系之外。因此，今日中国农村中生活的任何一个人都必须理解和懂得中国农村政治。但是，要分析和理解今日中国农村政治，必须从中国农村政策、农村规范、政治变化原因和意义四个取向上去观察。在这里，一项农村政策的选择取决于坚持马克思列宁主义、毛泽东思想和邓小平理论的政治规范，而这些政治规范又必须与活生生的改革开放形势下中国农村实际政治生活实验验证的原因相结合，同时要用科学的、精确的政治社会学术语去表达。在党中央进行政治体制改革的方针指导下，中国农村以村民委员会为主要形式的政治体系，已经是一项涉及农村控制、影响力、权力和权威的人们社会政治关系的持续模式。而中国农村政治社会学应该以此种持续模式作为研究对象。

根据上述分析，我们提出：中国农村政治社会学的内容应该主要包括以下 14 个部分：

1. 中国农村政治社会学的对象；
2. 中国农村社会政治基本政策；
3. 中国农村社会政治基本规范；
4. 中国农村社会政治变化原因；
5. 中国农村社会政治变化范畴；
6. 中国农村社会政治控制与反控制；
7. 中国农村社会政治影响力；
8. 中国农村社会政治权力和权威；
9. 中国农村村民自治；
10. 中国农村的政治民主与人权维护；
11. 中国农村的法制建设；
12. 中国农村的民主理财；
13. 中国农村的中共党支部建设；
14. 21 世纪的中国农村政治展望。

五　结论

改革开放之后，中国农村实行了联产计酬的土地承包制度，农民在经济上取得充分的自主权；以直接选举为特征的村民委员会制度，更使中国农民获得了政治上的自主权。这是翻天覆地的大变化，将为中国的民主化、法制化、现代化开辟新的航程。在中国民主革命时，是农村先行一步；现在，在政治体制改革中，又是在农村首先推行直接选举。历史将不断揭示：每个国家最终都会逐渐形成最适合于广大人民意愿的合理的政治体系。

威胁社会稳定的贫富两极分化[*]

如果说绝对贫困是影响农村稳定的主要隐患，那么，对于城市来说，相对贫困则是影响城市稳定的一大隐忧。

但是，迄今为止，对城市的相对贫困问题人们似乎还未引起应有的重视，无论是各级政府还是理论界，对城市贫困问题的关注还仅仅停留在绝对意义（或生存层面）上，政府的行动和政策行为主要是社会救助，建立最低生活保障线，对失业、贫困居民给予一定的政策性优惠，等等而已，而理论界则在失业率、绝对贫困线的确定等经济指标上纠缠不清。实际上，城市的相对贫困问题已经成为当前社会转型的深层隐忧。

英国著名学者彼德·汤森对贫困问题作了充分考察后认为：当某些人、家庭和群体没有足够的资源去获取他们所在那个社会公认的、一般都能享受到的饮食、生活条件、舒适和参加某些活动的机会，那么就可以说他们处于贫困状态。他们由于缺少资源而被排斥在一般生活方式、常规及活动之外。他强调社会资源的分配不均，而非资源的贫乏导致不能维持基本的生活。因此，相对贫困的本质是指一定阶层的人在物质上或非物质上遭到持续性的"剥削"而导致的社会不平等。

在当前中国城市社会中，最能反映这种不平等现象的是贫富的两极分化。特别是最近几年来，这种贫富两极分化更加突出，并呈加快扩大之势。有关数据显示，1990—1997年间，我国城镇居民 20% 最高收入户与 20% 最低收入户年收入的差距已由 4.2 倍扩大到 17.5 倍。这种收入差距，即使从国际比较来看也是很大的，更何况我们这样一个以"公平"过渡作为改革起点的社会主义国家？

再以 1996 年的上海、广东和内蒙古为例，上海作为城镇居民家庭人均生活费用收入最高的城市（人均 7721.4 元），最高收入户人均收入达 14952.96 元，最低收入户为 3291.46 元，前者是后者的 4.54 倍；作为全国城镇居民人均生活费用收入最低的内蒙古（人均 3101.46 元），最高收入户人均收入为 6338.63 元，最低收入户仅为 1259.46 元，前者是后者的 5.03 倍。

实际上，仅从收入水平来看，还不能明显反映贫富两极分化的严重性。根据有关研究表明，中国城镇居民的财产分配差距已远远超过了收入分配差距。据全国 10 万户城乡住户调查，1995 年，富裕户阶层户均金融资产为 169121 元，是贫困户阶层户均金融资产 3139 元的 53.88 倍。由此可见，中国城市相对贫困问题已相当严重，各级政府和理论界都应给予足够的重视和关注。

而且，我国城市相对贫困现象还会随着经济转轨和社会发展转型日益凸显出来。因

---

* 原载《廉政风云》2001 年第 1 期。

为经济转轨，要求就业制度从计划安置型向市场供求型转变，隐性失业显性化，必会出现经济转轨时期特有的"体制转轨型失业"；而社会发展转型，又意味着技术升级、产业重组和国际化竞争多重推进，又会引致"资本深化型失业"，出现大规模的持续性下岗。尽管目前城镇居民登记失业率仅为3.1%，但据专家估计，我国城镇真实失业率已高达19.3%，国际经验表明，一旦失业率达到一定水平，就存在着失业一直保持在较高水平上的危险，农村的自然就业状态同样也存在着严重的隐性失业，这些剩余劳动力转移出来，对城市就业将形成持久的压力。在就业空间的刚性约束下，失业和贫困化将对我国社会经济发展产生持续的消极影响。

实际上，大多数"贫困"家庭的生活状况并不是人们想象的那样糟。因为在正式的社会保障制度之外，贫困家庭还可以依仗非正式的社会支持网络，这个网络主要是由家庭、亲戚、朋友等组成的。但是，我们绝不能因此就可以忽视城市的相对贫困问题。相对贫困者被排斥在社会的主流生活之外，具有某种边缘化的色彩，而这些正是相对贫困者所难以接受的。由此，他们会滋生对社会的不满、愤懑，乃至仇世的心态，从而极容易引发更大范围的社会不安甚至一定的社会动荡。

长期以来，人们对贫困的认识仅仅停留在生存的层面上或绝对的意义上，他们远未注意到贫困所造成的心理的和社会的作用。其实早在150年前，马克思就曾精辟地论述：我们的需要和享受是由社会产生的。因此，我们对于需要和享受是以社会的尺度，而不是以满足它们的物品去衡量的。因为我们的需要和享受具有社会性质，所以它们是相对的。他还打了一个生动的比喻：一座小房子不管怎样小，在周围的房屋都是这样的小的时候，它是能满足对住房的一切要求。但是，一旦这座小房子近旁耸立起一座宫殿，这座小房子就缩成可怜的茅舍模样了。这时，狭小的房子证明它的居住者毫不讲究或者要求很低；并且，不管小房子的规模怎样随着文明的进步而扩大起来，但是，只要近旁的宫殿以同样的或更大的程度扩大起来，那么较小房子的居住者就会在那四壁之内越发觉得不舒适，越发不满意，越发被人轻视。

因此，一个人的所得即使可以维持基本的生活，但如果他仍然落后于所在社会一般人的标准，他就会受到贫困的打击，从而衍生强烈的被剥夺感。他们往往将贫困归咎于各种社会的因素，而非视为个人问题的集合。一旦这种被剥夺感长期积聚之后突然爆发出来，社会的冲突和分裂就势所难免。

一些学者认为，这种现象主要发生在现代社会里。因为在传统社会，贫困往往被视为一种自然现象，人们通常将贫困归咎于命运，并滋生安贫乐道、恬静寡欲的社会价值。在传统力量主导的乡村，人们看重的主要是绝对贫困问题，而在现代文明的中心——城市，人们更加注重相对贫困问题。对于城市来说，相对贫困的消极作用远比绝对贫困的消极作用更大。尤其是在今天的中国，城市的相对贫困问题更加严峻。这主要是由于我国当前正处在社会转型的关键阶段，特殊的社会背景使相对贫困问题更加复杂化，牵一发就可能动全身。当前城市的相对贫困问题，如果不能及时、有效地加以治理，我国社会能否顺利实现转型，还将是一个很大的疑问。

关于经济、两性、家庭的断想*

  包括我们所在的宇宙星球在内的一切客观事物，和我们的主观意识形态，都不是从来就有的，也不是今后永存的。它们是在历史上产生，也必将在历史上消失。根据物质不灭的原理，这些客观事物和我们的主观意识形态过去不是绝对的不存在，今后也不是绝对的消失，只是存在的形式不同而已。辩证法的否定之否定，从来没有绝对的肯定和绝对的否定，否定中有肯定，肯定中也有否定。过去存在的是无限发展和变化中的存在，它们是在无限的发展和变化中取得自己存在的形式。在没有谈到我们的正题"婚姻家庭与经济发展"之前，首先要弄清客观世界是什么，以及依存于客观世界的我们的主观世界又是什么这个大前提。这也是世界观和方法论的问题。不弄清这个大前提，就永远讲不清一切小前提。当然也就讲不清我们所要讨论的问题。

  目前意义上的婚姻家庭是人类发展到一定历史阶段的产物。在蒙昧时代以前的一百多万年的历史长河中，人类根本没有婚姻和家庭。当时男女两性交往，处于一种原始的状态，人们盛行毫无限制的性交关系，即血亲杂交。进入蒙昧时代初级阶段，人类以采集和游牧为主。一方面，依赖个人或少数人的力量，难以生存下去，另一方面，"天高任鸟飞"，有足够的高山、平原供蒙昧人去占有，丝毫不存在谁侵犯谁的问题。"天下为公"，当然也包括性权利的公有。这就是所谓共产、共妻、共夫。同时，在这一阶段，人类已开始学会使用火，这对人类婚姻的最初形态产生了重大影响。由于火的使用，人们扩大了食物的种类，于是人们不再受气候和地域的限制，活动范围扩大了，从而增强了人们征服自然的能力。这样，族群中分出一些小群体到新的资源丰富地带去觅食。在大原始群的分裂中，往往是年轻力壮的一批人先分出去，因为年轻人适合迁徙和长途跋涉，而老年人则留在原地方。这种分裂的结果使人类逐渐分清了辈分，形成了长幼之别的观念。另外，自然选择的原则也开始起作用。为了生产体魄和智力都更强健的人种，人们在实践中朦胧意识到限制异辈间性交的必要性。这样，人类婚姻的第一种形态产生了，这就是血缘婚姻，即婚姻范围按辈分来划分。同一辈男女间互为夫妻。它是群婚制的一种，属于群婚前的低级阶段。随着时间的推移，人类从使用天然野火发展到人工造火。火的制造，扩大了人类活动的领域和人与人之间的交往。人们渐渐地发展为两个母系集团间互相通婚，并把兄妹成婚排除在外。因此，如果说父女婚是天然野火烧掉的话，那么兄妹婚则是用人工造火烧掉的，实行两个母系集团之间通婚的伙婚制是用人工造火攻出来的。这时的伙婚，又被称为亚血缘婚姻或普那路亚婚姻。它是一种典型的群婚制，是群婚制的高级阶段。

  * 原载《婚姻家庭研究》2000 年第 1—2 期。

在蒙昧时代的高级阶段，人类发明了弓箭。到了野蛮时代，有了铁，既改进了弓箭，又普及了弓箭。有了弓箭，人们可以远距离捕猎，不仅增加了捕猎小动物的数量，也能捕到大动物，从而改变了猎物的构成。于是，男子的地位开始提高，男女平等的对偶婚家庭开始产生。因此，从某种意义上说，与野蛮时代相适应的对偶婚是男子提着弓箭夺来的。从此，母权制也一并消失了。恩格斯说，废除母权制是人类所经历过的最激进的革命之一。

同样的，一夫一妻制的萌芽是文明时代的火器为其破的土。有了火器，大大改进了生产工具，提高了劳动生产率，改变了朝不保夕的局面，剩余产品出现了。于是男子产生了讨一个"仓库保管员"的需要。妻子就这样与金属相伴而生了。金属即"劳动所在的社会关系的指示物"，不用说也是一夫一妻制的"指示物"。总之，社会的发展，尤其是生产力的发展，促进了人类的婚姻家庭形态演变。当今的人类家庭正处于转折时期，家庭的规模在由大到小，家庭的结构在由紧到松，家庭的功能在由多到少，家庭的观念在由浓变淡。这种转折的速度，国与国间有差别，一国之内的城乡之间也不一样。我国改革开放二十年来，由于生产力的发展，经济呈现出空前繁荣，中国人的家庭面貌也发生了空前的变化。这几年学术界在有关中国家庭结构变迁的讨论中，有个观点即使未成为定论也已成了压倒性的优势，即随着工业化、现代化的推进，我国家庭结构出现了核心化、小型化的特征或趋势。无疑，现代化是促进家庭核心发展的动力。谈及影响家庭结构变化的最重要因素——家庭的职能和模式时，学术界普遍认为，在我国现阶段的城市社会中，家庭作为经济生产单位的职能基本上消失了，繁衍后代的职能降到最低限度，即只生一个孩子（有的青年夫妇宁愿不生孩子），夫妻双方就业和养育、教育方式社会化，家庭扶养子女的职能也大部分移交给社会。这就意味着维系家庭的两条传统纽带的松弛。在越来越现代化的城市生活中，家庭成员的衣、食已不完全依赖家庭，休息、交往、文化娱乐活动条件也部分地由社会提供。与此同时，家庭又不得不更多地承担起满足个人感情需求的职能。可以说，现代的婚姻家庭，是一种摆脱了封建或前资本主义社会色彩的婚姻与家庭类型。这种婚姻与家庭类型产生于现代工业社会，是现代城市人民的一种生活方式，其根本特点，是建立在男女双方独立自主基础上的结婚与离婚自由以及家庭成员的极大平等，由此而来的是夫权制、父权制的日益衰落和瓦解。

总的来说，目前中国家庭还处在家庭结构、模式等各方面的转折期，传统家庭观念也正在受着新形势的考验。由于社会生产力的发展，目前绝大多数的中国家庭收入都显著提高，家庭相对稳定，这是主流，是历史的正面。但是任何正面的背后都有反面的东西。反面的东西是什么呢？就是社会成员家庭的收入出现了两极分化。暴富的家庭由富而产生分裂、离异的悲剧；骤然贫困的家庭也因贫困而出现分裂、离异的悲剧。暴富的家庭一切正常的消费满足了，可能产生不正常的消费欲望。骤然贫困的家庭正常的消费不能维持，可能产生越轨的方式来满足消费的欲望。这是目前总的经济繁荣形势下在婚姻家庭方面所出现的新矛盾、新问题、新现象。这是家庭社会学所要研究的范畴。同样，未来的家庭会是什么样？家庭会不会走向消亡？也是家庭社会学所要研究的范畴。恩格斯在对未来家庭预测时曾说：在将来，"这样的人们一经出现，对于今日人们认为他们应该做的一切，他们都将不去理会，他们自己将知道他们应该怎样行动，他们自己将造成他们的与此相适应的关于个人行为的社会舆论——如此而已"。我最欣赏破折号后的"如此而已"四个字。家庭是社会细胞。这细胞会不会是永恒的？当然不会。历史上产生的今天的婚姻家庭模式无疑也将会在未来历史中消失。未来的人类社会两性结合的形式将取决于未来社会生产力发展的状态。这不是奇谈怪论，也不是异端邪说，而是根据唯物论辩证法理论的理性推演。

积极推进中华文明传承、发展的一部力作

——为彭立荣研究员《儒文化社会学》一书所写的序

人民出版社 2003 年 2 月出版发行的山东社会科学院学术委员、社会学研究所所长彭立荣研究员所著的《儒文化社会学》一书,我认真阅读了,读后进行了认真思考,感到有些话,不吐不快,因而提笔写了这篇书评。对这部学术专著,我总的看法是:这是一本从社会学的角度对由孔子创立,在我国社会发展历史过程中两千多年来既长期受到了尊崇,也遭到过两次大的批评、否定的儒家文化,站在促进中华文明发展和中华民族争取实现新的伟大复兴的立场上,进行了详细的深入研究和学术探讨;论证了儒文化所具有的社会学性质、功能和特征。是一部积极推进中华文明传承与发展的精品力作。在此推荐给广大读者。

此书的突出价值和贡献主要表现在以下三个方面:

第一,从社会学的角度对孔子创立的儒家文化进行了深入开拓性研究。古往今来,对孔子创立的儒家文化进行研究的论著很多。但是,对其从社会学的角度进行深入研究,并直接将其称为"儒文化社会学"堪称首创。本书作者得此结论也并非易事。这正如作者在此书《前言》中所说:"本人对儒文化的社会研究,最早起步于 1987 年开始主编社会学工具书《婚姻家庭大辞典》。之后,在研究中国婚姻家庭与传统文化的关系及现代文明建设问题的过程中,阅读、研究了儒家的重要经典及儒学史料,对儒文化涉足日益深入。就这一阶段本人的有关研究成果看,主要表现为本人的专著《家庭教育学》(1993 年 5 月江苏教育出版)、《婚姻家庭文化精义》(《中国文化经典要义》,1996 年 10 月光明日报出版社出版),《治家之道》(《华夏传统文明与人生》,1996 年 12 月广西师范大学出版社出版)、《婚姻家庭美德要言》(1998 年 3 月济南出版社出版)、《历代名人治家之道》(山东人民出版社出版)及论文《论儒文化与中国社会现代化》(《中国文化研究》1994 年夏之卷)等。在这一研究过程中,我日益清晰地认识到,从社会学的角度看,儒文化就是我国古代的社会学,并且是内容十分丰富庞大精深的以'礼'、'仁'为理论核心,以经世致用为主要特征,以修身、齐家、治国、平天下为宗旨的具有中华文明特色的社会学。"从全书的章节设置、形成的理论体系及基本内容上看,使人读后感到,从整体上看,孔子创立的儒文化,的确具有社会学的性质、特色与功能,完全可称之为就是我国古代的社会学。如本书的第一章,即"儒文化的社会学性质"章,就在将儒文化与 19 世纪三四十年代开始出现的近现代社会学的多方面的比较中有说服力地论证了"儒文化是古代中国社会学"。在此,作者说:"现代社会学,是进入近、现代以来,随着社会的发展特别是进入工业社会以来,社会矛盾、社

会问题的增多，力图用科学的方法来认识人类社会形态、社会结构方式和群体活动规律，探讨社会现象、社会关系、社会生活、社会问题等一系列有关课题，以促进社会问题缓和与解决所形成的社会科学中的一门综合性、应用性强的学科。"这一对现代社会学的概括和定义，应该说是较准确的。对于儒文化的出现及其主要特征，作者说：在我国历史上，"至周代晚期，即儒文化的创始人孔子所处的春秋时期，由于生产力的发展与社会变迁，出现了奴隶制的解体和封建经济的萌芽，出现了周'天子'权威扫地、诸侯僭越与纷争、天下大乱、礼崩乐坏的社会动荡局面。在此社会状态下，对礼及以礼治天下的尧、舜、禹、汤、文王、武王、周公，特别是对制定周礼的周公十分崇拜的孔子，从维护礼对社会的控制，反对礼崩乐坏和社会动荡，反对诸侯之间争战出发，提出了'克己复礼，天下归仁'的治世方略……在当时的社会背景下，孔子为宣传和实现这一学说虽到处碰壁，而毫不灰心。在其晚年，又以讲学、培养人才的方法来宣传、传授这一学说，直至其谢世。由此可见，孔子创立起的这一以礼、仁为核心的儒家学说，在当时就出于治世，解决当时存在的最突出的社会问题，实现克己复礼、天下归仁的理想。这是十分明确和突出的。在以后儒学和我国社会的发展过程中，儒学也一直与治世即对社会的治理、整合密切相关。正因为这样，用现代社会学的观点来看，孔子创立的儒文化，完全具有后来人们所说的社会学性质和功能，完全可以说它就是当时的关于社会和对社会进行治理、整合的社会理论和学说。因此，完全可称之为古代中国的社会学。"这一模拟与论说，颇具说服力，令人信服。在以下各章，作者就详细地论说了儒文化社会学的形成与发展，儒文化社会学的理论核心及基本体系，儒文化社会学与中国古代社会，儒文化社会学与人和社会，儒文化社会学与社会伦理整合，儒文化社会学与修、齐、治、平，儒文化社会学与中华社会控制，儒文化社会学发展中的多种趋向，儒文化社会学与中华现代文明等诸重大方面。就全书看，很严密地构成了一个学科的逻辑体系，显示出了儒文化社会学的历史面貌。因此，我感到，这本书对于推进社会学的中国化和本土化，具有重要开拓性价值。

第二，该书以科学理论为指导，对儒文化社会学的优点与缺陷、精华与糟粕、重大贡献及消极作用等诸方面都进行了深入研究，对研究儒文化提供了科学指导。纵观全书，可以清楚地看出，作者既认定了儒家文化具有社会学性质、特征和社会功能，又能站在时代的高峰实事求是、一分为二：既大胆肯定了其精华，又毫不掩饰地指出了其本身的时代局限及后儒们在封建社会过程中加进去的封建糟粕；既充分肯定了其对中华文明传承与发展作出的诸多巨大贡献，又指出了其对社会发展、进步在不少方面产生的消极作用。在本书中，这些突出地表现在第一章第二及三节、第二章第三节、第四章和第九章之中。如，第一章第一节，充分肯定并论证了儒文化使中华文明在世界文明中具有特色，儒文化是中华传统文化的主体，是现代中华文化的根基。第一章第二节，从儒文化对中华民族在当代仍有着重要的文化传承价值、仍有着强大的社会整合价值、仍有着促进现代社会文明发展的重要社会价值等方面论证了儒文化学的现在价值。第二章第三节，对儒文化社会学在中国历史上的沿革进行了简要却精当的阐述。这些阐述使人们看到，在两千多年的中国社会发展过程中，除了两个阶段即秦始皇"焚书坑儒"及近、现代中国革命过程特别是"文革"中儒学遭批判与全盘否定外，在其他时期，儒学都是受尊崇的，尤其是汉代及宋、明时期更是如此。改革开放以来，当我国"进入20世纪 70 年代后期之后，随着'文革'的结束和邓小平所领导的中国社会主义现代化事业的展开，解放思想、实事求是、改革开放的推进，在思想文化领域里，在社会科学领域里，解放思想、实事求是的局面逐步形成。在此情况下，中国人民开始重新冷静地来研究、审视儒文化。正是在此过程中，越来越多的有识之士，或者说在中国从上到下，特别是在越来越多的知识分子中逐步看到了儒文化中确是中华民族精神的精华，看到了儒文化与中华民族的复兴和现代文明建设关系密切，从中可以汲取众多智慧、美德和精神财富；看到了在当今的中国以及在中国社会主义现代的进程中，在中国走向世界的进程中，绝不可全盘否定儒文化，而应继承、弘扬其精华，使其在中国的土地上得到新生。这一新生绝不是历史的重复，也不是全盘继承，而是走向现代的中华民族对儒文化的积极扬弃。"这些话，认识是深刻的，也是作者写此书的用心写真。本书的第四章，专门对我国历代统治者对儒文化社会学的尊崇、利用和改造问题，儒文化社会学对中华民族的伟大贡献及消极作用问题进行了深入探讨和大胆评价。这些评价，都是真实、客观的。与此同时，也尖锐地指出了其突出存在的缺陷尤其是轻视自然科学和生产力的发展，轻视人的独立人格的缺陷，并分析了这些缺陷在中国社会中特别是在被后儒们推向极端后所产生的重大消极作用。第九章，重点分析了在两千多年的历史过程中，儒文化社会学在其发展中形成的多种趋向。在肯定其东方化、世界化趋势的同时，也对其中存在的宗教化、神秘化倾向，及用儒学来卜卦算命等迷信趋向进行了批评。这些研究和论述，既反映了社会现实，又为科学对待儒文化指明了方向，都是值得重视与肯定的。

　　第三，传承儒文化社会学中的精华，促进中华现代文明的发展和中华民族复兴，是该书的落脚点。该专著在对儒家文化的社会学研究中，在其他有关章节对儒文化中的精华进行了充分的肯定、研究和阐发的基础上，在其最后一章，对"儒文化社会学与中华现代文明"问题，进行了集中的研究与阐发。作者重点抓住了"儒文化社会学中的'小康'与有中国特色社会主义现代化"、"儒文化社会学中的'大同'与共产主义伟大理想"和"弘扬儒文化社会学中的精华，努力促进中华现代文明"这三个最重大、最突出的问题和方面，进行了研究和阐发。作者在明确地肯定了"自孔子创立起儒文化、儒文化社会学两千多年来，孔子、儒文化、儒文化社会学对于启迪、促进中华文明，使中华民族形成特有的东方文明发挥了不可估量的重大作用"的基础上，又指出："儒文化社会学虽产生于中国的古代，距今已两千余年，在其发展过程中出现了多种趋势，也被许多封建统治阶级尊崇、利用过，其中也确实包含着现已过时了的封建性的糟粕，但它在中国社会历史的发展过程中确实发挥过重要积极作用，其中包含着众多人类社会文明的精华和积极因素，有着广泛的人民性，并对现代中华社会文明的发展仍有着重要促进作用。因此，在建设中华现代文明中对儒文化、儒文化社会学仍必须重视，这是必须肯定的。其中的精华和积极因素，符合、代表、包含着中国先进文化的前进方向，也是必须肯定的。"对于儒文化社会学与中华现代文明的关系，作者重点研究的第一个问题就是"儒文化社会学中的'小康'与有中国特色社会主义现代化"。在此，作者阐明了我国历史上对于"小康"、"小康社会"的追求与后者的联系与区别，从而可以使人们看到我国社会现阶段的文明发展与儒文化、儒文化社会学存在着的密切关系。研究的第二个问题，就是儒文化社会学中的"大同"与共产主义伟大理想的关系。在此作者也论说了它们之间的联系与区别，并且指出："在儒文化社会学中，有一个已经流传了数千年并被人们广泛向往的人类'大同'说。这一'大同'说与'小康'说一起，存在于《礼记·礼运》中……儒文化社会学中的这一'大同'说，对中国数千年来，特别是进入近、现代以来，产生了重大影响。在一定意义上说，康有为、孙中山，以及广大中国共产党人，都程度不同地直接或间接地接受了这一思想。"同时又指出了共产党人的共产主义理想又与儒文化社会学中的"大同"说在多方面存在着明显区别。研究的第三个问题，就是关于认真弘扬儒文化社会学中的精华，努力促进中华现代文明发展的问题。作者认为："中华现代文明，是中华传统文明的继承和发展。要实现中华现代文明，就不能割断历史，更不能排斥或否定中华传统文明中的精华和一切优秀、科学的东西。儒文化、儒文化社会学是中华文明的主体。其中的精华和一切优秀、科学部分，也就构成了中华传统文明中的精华，对于建设中华现代文明就有着不可估量的重要意义；对于实现我国在新世纪的经济社会发展的总目标，实现有中国特色社会主义现代化，实现中华民族的伟大复兴，也有着不可估量的重要意义和价值。"并呼吁："全国人民应形成尊重儒文化社会学中的精华的风气，将其视之为国宝、国粹，并将其纳之于行的民族风气、民族风格、民族气节。这样，中华现代文明的发展才能有根，中华民族实现伟大复兴才能根深叶茂！"这一归纳与呼吁，是中华现代文明发展的需要，是时代的呼吁。

对于源远流长、博大精深的儒家文化，或者如该书作者所言，即儒文化社会学，一本三十多万字的专著，当然不可能反映出全貌。因此，该书难免有缺陷和不足之处。但从总体上看，该书很好地把握住了儒家文化两千余年来的大体状况，尤其是其中的精华，并能从社会学的角度，以科学理论为指导，从促进中华现代文明发展出发来对其进行深入研究和分析，已属不易和难能可贵。因此，它的问世，必将对中华现代文明的发展产生积极影响。

培育生态文化　建设生态文明

随着技术的发展、社会的进步，人们在获得了物质生活极大丰富的同时，也在不断侵蚀着大自然，生态危机变得现实起来。我认为在预防生态危机、加强环境保护中要形成新的思路，即培育生态文化，建设生态文明。

1. 人与自然环境的和谐发展是人类持续发展的一个基础性前提。工业革命以降，人类开始运用科学技术对自然进行自觉的改造，从蒸汽机到电力、从原子能到电子、生物工程技术，每一次科学技术的进步都推动了人类社会生产力的极大发展，人类改造自然、征服自然的能力大大增强，加速了人类社会经济的快速增长。然而，这种片面追求经济增长、对自然资源进行无休止的粗放性经营和掠夺式开发的传统工业文明，最终必然导致人类社会发展与自然之间的尖锐对立和严重冲突。虽然人类在改造自然、征服自然上取得了空前的胜利，但是它也同时造成了自然资源的日益枯竭和生态环境的不断恶化，人类的生存和发展遇到了前所未有的严峻挑战。诚如恩格斯所指出的那样，对于每一次这样的胜利，自然界都报复了我们。每一次胜利，在第一步都确实取得了我们预期的结果，但是在第二步和第三步都有了完全不同的、出乎预料的影响，常常把第一个结果取消了。

20世纪中期以后，这种人与自然之间的直接冲突和对立渐次在更大范围、更多层面、更加频繁地爆发出来，造成一次比一次更加严重的自然灾难。一时间，人口危机、环境危机、粮食危机、能源危机、原料危机纷至沓来。更为糟糕的是，这种人与自然之间的总体性危机逐渐从自然、环境波及人类社会自身，并深入人类心灵和精神领域，产生了现代人焦虑、悲观、颓废的心态和价值取向，心灵空虚、信仰缺失、道德沦丧、物欲横流……淹没了一些人的生存意义。正是在这种情况下，人类才最终认识到人与自然环境和谐共生、协调发展的重要性，并逐渐形成一种新的文明观——即"生态文明"观。

作为一种崭新的文明形态，生态文明是人们对传统工业文明进行深刻反省和理性反思的基础上提出来的；它彻底摒弃传统工业文明那种对自然环境的掠夺性开发和粗放性经营发展方式，突出生态在人类社会发展中更为基础性的作用，强调人与自然的共同进化和协调发展——是人在自然之中和自然在人之中的发展。

2. 生态文明建设重在培育生态文化。建设生态文明，无疑是顺应世界可持续发展潮流的明智之举，同时也是我国全面建设小康社会的题中应有之义。当前的任务是，将这一新的文明建设变为具体的行动，自觉将它落实到各项工作当中。今年，我省适时提出了建设"生态省"计划，准备通过20年或更长时间的努力，基本树立或建成人与自然和谐相处的价值观念、消费方式、生活方式、生产方式和人居环境，初步实现人口、资源、环境与社会经济的协调发展，打造一个生态环境优美、生态经济比较发达、人居环境和谐、生态文化繁荣的"绿色新安徽"。这对于增强我省综合实力、加快全面奔小康、促进我省社会主义现代化建设无疑具有极其重要的现实意义和历史意义。

在生态文明建设的各个方面中，我认为，培育生态文化尤其重要。很显然，没有先进文化的指导，社会实践极容易迷失方向。由于生态文明的进步性，决定了生态文化必然是先进文化的一个重要组成部分。如果把生态环境保护、生态经济和生态家园建设主要归结为生态文明的物质建设的话，那么生态文化建设则可以称为生态文明的人文建设，两者相互联系、相互影响、相互渗透，互为一体。人文生态建设对于物质生态建设起着指导、规范和调适的作用。只有人们真正树立了正确的生态价值观、生态伦理观，才能主动地保护和改善生态环境，积极地发展生态经济、参与生态家园建设，促进人与自然、经济和社会的协调发展和共同进步。

3. 在培育生态文化、建设生态文明中，要进一步重视"文化扶贫"工作。所有的贫困事实都证明，穷人更容易对自然环境进行掠夺性开发。但是，掠夺性开发自然资源、破坏环境，并非出自穷人的本意，是他们迫于生计而做出的不得已行为。正如世界银行的一份报告所言："如果前景稳定，穷人就不会过度开发环境，而是进行长期投资。"印度前总理英迪拉·甘地曾说过这样一句耐人寻味的话："贫困是最糟的一种污染形式。"因而，扶持穷人是最好的环境保护措施！而扶持穷人，最好的方法莫过于在文化、观念上改造他们。十余年来，我一直都在坚持文化扶贫实践，事实证明，文化扶贫是农村物质文明建设、精神文明建设、政治文明建设乃至生态文明建设的一条好途径。希望在我省"生态省"建设中，将文化扶贫纳入总体规划之中，在全省普遍推行"文化扶贫"或"文化致富"经验，推进我省农村社会早日实现全面小康。

安徽省农村社会发展问题研讨会
开幕辞

安徽省农村社会发展问题研讨会于 1990 年 4 月 26 日至 29 日在合肥召开。会议主办单位是安徽省农村社会学研究会、省经济文化研究中心、省委党校、省农经委、省社联。出席会议的有省直厅局领导以及理论界的知名专家。出席会议的还有特别邀请的中国社科院、华东七省市社科院及四川省社科院的社会学研究所所长及研究人员张厚义、谷迎春、王训礼、吴书松、尹正洪、庄稼、孙自俊、沈志屏、谭舒。会议入选论文的 36 位从事农村社会经济理论研究人员和从事农村实际工作的同志出席了研讨会。会议期间，中顾委委员、原《求是》杂志总编辑、著名理论家熊复同志出席会议并作了专题发言，受到了与会同志的热烈欢迎。

首先热烈欢迎各位领导和兄弟省市社科院的朋友们、全省从事农村社会学理论与实际工作的朋友们出席本会。我们的研讨会是在我国的一个特殊时期召开的，必将起到特殊的作用。我们党和政府现在强调稳定，只有稳定，才可能有经济、文化等各方面事业的发展。这次会议已提前发放了讨论提纲，我们要讨论非经济因素对农村经济与社会发展的制约，畅所欲言，集思广益，坚持百花齐放、百家争鸣的方针，根据农村实际问题，提出解决的方法，促进农村的稳定与经济发展。中国的事情不在于想怎么办，想当然，而在于只能怎么办，人们不能提着自己的头发离开地球。对于 40 年农村发展应持分析态度，社会发展是连续性的，抽刀不能断水。我们对农村未来发展要抱有信心，也要注意农村前进过程中出现的实际问题。我们对农村的发展应持高度的冷静态度，不能头脑发热，头脑发热就会出问题，以往已有很多的教训。农村改革是一场伟大的变革，在农村实行家庭联产承包责任制是一次推动农村社会发展的深刻变革，推动了整个国民经济的改革，由此而推动了中国社会的发展。近几年农村中出现了一些问题和矛盾，是在改革中出现的，也只有用改革的方法才能解决。改革是对传统的积极扬弃，而不是一概否定，我们不能离开现实基础去找新的出发点，我国是农业大国，农业是立国之本，农村定天下定，农村乱天下乱。农村社会系统运行情况、组织形态的现状与国家大系统运行协调与否，就是我们研讨的大框架。我们拟定了几十个课目，请大家讨论时参考。同时，大家有什么好建议、新观点，也请讲出来，供大家讨论，有所裨益。

这次由几个单位协办的研讨会，讨论涉及的问题，已经不单单是安徽的问题，它远远跨出了地区范围，有根本性、普遍性的意义。我相信，我省和北京、上海等友邻省市来的专家、学者，会对此作出创造性的贡献。

这次研讨会暂定三天时间，会议采取全部集中开会的方法，首先听取中心发言人的专题发言（20 分钟），然后参会者围绕中心发言提出自己的各种质询和争鸣（每人发言 10 分钟，只讲不同的或补充的意见）。这次讨论会讲究效率与效果，不搞电影、戏曲招待，把一切宝贵时间都集中在农村改革议题的探讨上。在会议形式上的这一改革，同志们是会拥护的，希望大家利用这次特殊形式的会议取得特殊的收获，三天时间都在紧张的求知中度过。我仍然要特别强调的是，这次讨论会我们要在马列主义、毛泽东思想的旗帜下，反对两个"凡是"，本着实践是检验真理的唯一标准这一方针，畅谈理论研究的得失，真实反映现实农村中存在的问题。交流实践的体会，争论、辩论彼此论文观点的差异。然后在一个新的境界上，达到新的一致，进行新的探索。理论研究的最大障碍，在于一知半解，不懂装懂。我认为，作理论与实际的研究要采取自以为是和自以为非相结合的方针，要有坚信正确理论必胜的信念，还要有自知之明，不断解剖自己，扬弃错误，接受真理，做一个彻底的唯物主义者。

这次会议，有高层领导，也有基层来的同志，有理论战线上的同志，也有农村第一线的同志，希望大家按照会议安排每个上午下午围绕中心发言，提出反对或疑问的意见，进行当场回答、论争，营造轻松而浓厚的学术气氛，引起大家观点上的论争，思想上的碰撞，产生新的思想理论火花。会议期间利用晚上搞专题学术报告，鼓励与会者自由参加。

安徽省农村社会发展问题研讨会
闭幕辞

各位领导、各位来宾、同志们：

这次会议在大家的共同努力下，实现了会议既定目标，会议开得民主、热烈、轻松、活泼而又严肃、紧张。大家从各条战线带着不同的问题，经过讨论、争鸣，交流信息，取长补短，都取得了新的收获，提出了许多新的问题和观点。

历史的前进有其特殊的规律，我们应当沉到历史前进的巨浪中，寻找深层的主流，抓住决定历史发展方向的根本性东西，而不要浮在社会历史长河的水面上，被翻腾的泡沫所迷惑。我们了解和研究中国农村，要懂得中国的国情和历史。中国的封建社会延续了几千年，作为历史承担者的现实的中国人，不能不受其影响。我们必须正视现实，对农村发展的观察和思考持科学冷静的态度，而不能头脑发热。纵观新中国成立后农村发展40年，我们对农村发展的决策多次头脑发热，决策无依据，曾经造成了严重的失误，致使农村的经济与社会发展遭受挫折。这些教训是十分深刻的，我们必须不断地研究理论上的得失，检讨实践的效果，指导农村的改革。我们不能老是停留在对过去错误的表象描述、批判上，而应当把全部注意力放在改变造成这种或那种错误产生的社会体制和环境上。如果产生这些错误的社会背景和主客观条件仍然没有改变，那么已经成为历史的那些错误和灾难仍将反复出现。

这次会议有这样几个鲜明特点：

第一，会内会外相结合。我们通过报纸、电台公开征文，集体评选优秀论文，邀请作者参加会议，我在去年8月份《安徽日报》、电台上发了征文的消息。会议筹备组收到的130篇论文，都各有其独到的见解和特色。经过评定，共邀请36篇论文的作者参会。他们大都是来自乡、区、县、市的基层工作者和政研室等理论研究方面的同志，他们带来广大农村干部群众的要求和呼声，我们从中发现了许多极有价值的数据。参加我们这次会议的理论工作者、实际工作者和一些党政领导同志共聚一堂，各抒己见，取长补短，互相结合，上下交流，产生新的理论构想。真正实现了毛主席所提倡的领导与群众相结合、理论与实践相结合的方针。

第二，局部和整体的结合。同志们从全省各地来，各地和全省是局部和整体的关系；安徽和华东七省市是局部和整体关系；华东七省市和全国也是局部和整体的关系。安徽农村的特点有其特殊性，也有其普遍性。会上有的同志讲，不了解农村就不了解中国，不了解安徽农村，就不了解全国，因为全国的农村联产承包责任制是从安徽开始的，这句话是很对的。研究安徽农村的经济与社会发展对全国农村的第二步改革都有其指导意义。这正如毛泽东同志所说，是特殊性和普遍性的关系。

第三，农村问题与多学科的结合。农村问题的存在和解决与多学科有密切关系，如研究农村问题，需要研究农村社会学、农村经济学、乡镇企业管理学、土地学、气象学、植物学、环保学、民俗学等数十个学科。没有诸学科的结合，要想研究好农村问题，提出正确的决策，这几乎是不可能的。这次会议有研究农村社会的，有研究农村经济的，有研究农村教育的，还有研究农村剩余劳动力问题的，有专家学者，也有普通工作者，年龄最小的20多岁，最大的75岁，而且各有不同学术观点，通过交流论争，本着自以为是和自以为非相结合研究学问的精神，促使农村社会、经济、文化的全面发展。

第四，政策研究与理论研究相结合。政策研究与实际工作相结合，这样就使政策研究不脱离实际，有的放矢，使实际工作沿着正确轨道，不致违反政策的规范而陷入盲目实践。

第五，探索一条理论研究的新路子。有些人可能不满意，认为这次会议的安排过于紧张，这主要是不适应的缘故。理论研究有其惯性，有其规律，十分注意时效性和连续性。现在有些讨论会，淡化了会议讨论的主题，而把大部分时间放在休闲娱乐上，这是严肃的理论工作者所不取的。我们这次作了一些改变，拟定了几十个题目，上午、下午开学术交流会，晚上开学术报告会，使大家全都沉浸在浓厚的学术气氛中，求知的海洋里，使大家满怀希望而来，满载收获而去。我们安排中心发言人和个别发言相结合，对中心发言人提出质询、争论，探讨问题所在，提高理论水平。在这里，体现着在学术领域里的平等原则，只有这样才能促进理论的繁荣，才能把农村社会发展研究引向深入，万马齐喑、一花独放是扼杀学术理论研究的。

第六，谈谈廉政和我们自己的作风问题。我们都是反对不正之风，希望廉政的，这要求我们每个人要从自己做起，不能一方面大谈廉政，反对吃喝玩乐，游山玩水，而我们自己又照做不误，这是人民反对的，我们不能做。这次会议就体现了廉政、勤俭、高效率的原则。思想高，会风正，使与会同志从思想理论到工作作风以及时间效率观念上都得到了一次锻炼和提高。

千里之行，始于足下；万里征程，步履维艰。时代赋予我们的使命就是为后代规划福祉，为中华的崛起和振兴垫底，艰辛不必言，"吃亏"理当然。一切空论和幻想都应当为我们所唾弃。

大政已定，重任在肩，我们需要的唯有奋发，唯有一步一步地更新思想观念；一步一个脚印地开拓事业。改革开放以来，我们工作取得了很大成绩，一个重大的原因就是因为抓住了解放思想、更新观念。我们正在一步一步地走上新台阶，而未来的新情况、新问题层出不穷，更要求我们的思想观念、思维方式和工作方法跟上形势的发展，否则就会影响改革的速度。总结以往的经验，解放思想，关键是要把中央的方针政策同具体的实际实事求是地结合起来，同深化改革结合起来，同外省外区的互比互学结合起来，进行创造性工作。

这次会议，我们在马列主义毛泽东思想的旗帜下，坚持四项基本原则，执行百花齐放，百家争鸣的方针，抱着实事求是的态度，按照学术平等的原则，进行了内容广泛的探讨，开拓了大家的视野。针对农村现状，提出了农村经济与社会发展的对策，提供决策部门参考。这次讨论会完成了预定目标，希望同志们在各自岗位上继续努力，不断进行理论与实践的探索，进行改革的试验，为我省我国农村经济与社会发展作出应有的贡献。

取消农村特产税势在必行 *

农民低收入是实现小康的软腹部

中国共产党第十六次全国代表大会提出：要在 2020 年左右实现我国的小康社会宏伟目标。众所公认，由于历史的原因，我国目前农民收入状况是实现小康的软腹部。因此，全力提高农民收入已经成为刻不容缓的事情。广大农民负担早已超出了承受能力，一些地方发展经济要求过高、过急，所谓"好事"办得过多、过滥。为了形形色色的达标升级，只好超标准收取提留统筹费，这就必然加重农民负担。城乡人口与劳动结构、产业结构、收入分配结构以及居民的社会地位极不平衡，二元经济社会结构呈加剧趋势，农村恩格尔系数仍在 50% 以上。2000 年城市居民可支配收入与农民纯收入差高达 2.78：1，是改革开放以来的最高点。如按购买力计算，城乡居民收入差高达 4：1以上，显示社会不稳定因素在增加。

提高农民收入路漫漫

农民收入水平低，增长速度慢，不但影响了农业、农村经济的发展，而且还严重抑制了市场消费。鉴于此，国家近年来也采取许多措施，增加农业投入，振兴农业以提高农民收入。但是，由于环节太多，许多措施还没有明显地、直接地有助于实现这个目标。如 1998 年中央决定实施积极的财政政策，国家大幅度增加了农口基本建设投入，1998—2001 年，共计安排农林水利和生态环境建设国债 1400 多亿元，约占同期国债投资总规模的 28%。如果加上中央预算内农业基本建设投资和水利建设资金，4 年间中央对农口的投资达 1900 亿元以上。但这些投入大部分用于大江大河治理等大型项目，对县域范围内与农民增收关系密切的小型基础设施的投入还很有限，难以直接带动农民增收。

提高农民收入的路径表面看来很多，如调整经济结构，扩大农产品出口等，而真正做起来很艰难。比如调整经济结构，只要政府提倡什么，最后这些东西就堆积如山，销不出去，农民反而遭灾。我们是小农业生产，而国外发达国家是大农业生产；我们是低技术投入，而国外却是高技术投入。我们对农业一贯是取的多，给得少；而国外发达国家的农业政策却是给大量的补贴。这就是我国农业在中国进入 WTO 以后面临着十分严峻的形势。因而，依靠上述设想，难以迅速提高目前处于低谷中的农民收入。

---

* 本文写于 2003 年 1 月。

减少农民负担就是提高农民收入

就目前情况来看，最快、最直接、最容易兑现提高农民收入的路子，就是千方百计地减轻农民负担，也可以说是变相地对农民实行直接补贴政策。我国农民负担过重的问题已经成为全社会关注的一个热点问题。根据有关部门不久前对三个县 59 个农户的实地抽样调查：2002 年农民人均纯收入为 2652 元，人均各种税费负担为 291 元，农民税费负担占人均纯收入的 10.9%。但不同农户之间税费负担水平差距很大。越是低收入的农户，负担水平越高，有不少农户人均税费负担占当年人均纯收入的比例竟高达 50%—70%。由此可见，通过改革切实减轻农民负担，增加农民收入是大有余地的。这本身就是实践"三个代表"思想的重要体现，同时也是缩小城乡差别、提高农民生活水平，扩大内需、拉动市场，促进整个经济发展的需要，是密切党群、干群关系，维护农村社会稳定的需要。

形势要求尽快取消农业特产税

两年前安徽省按照中央部署，在全国率先展开农村税费改革试点，行"减负"之策，短短时间就取得了明显成效。税费改革后，全省农民总的税负 37.6 亿元，比改革前（包括取消屠宰税和农村教育集资）减少 16.9 亿元，农民税费负担下降 31%；农民人均现金负担由 109.4 元减少到 75.5 元，人均减少 33.9 元。现在看来，要更快地提高农民的收入，不使农业拖了要在 2020 年实现小康目标的后腿，还要进一步减轻农民负担，就是要免去目前在全国实行的农村特产税。

农业特产税，针对的是农村种植业、养殖业、加工业等。而这些产业在绝大多数农村目前还仅仅是起步，不论是生产、经营还是外销都处于幼稚阶段，所以成本高，效益低。政府在这方面的明智之举应该是养鸡取卵，而不是杀鸡取卵。许多地方农民在发展土特产方面刚刚起步，就被多方面、多种名目的税费扼杀掉了。比如有这样一个例子：在大别山区有个地方对养蚕、栽桑的农民赋税之重简直达到离奇：那里农民栽一颗桑条要交一元税，农民只好把桑条拔掉不栽。今天不论就扶持农民发展土特产业来说，还是就整体提高农民收入来说，都应该在农村税改费之后再取消土特产税。并在今后一定时期内，实现取消整个农业税的宏伟目标，使中国农民也像发达国家农民一样，同城市居民以及各行各业的人一样，享受文明社会的一切社会福利和公益。在目前中国，只有让 9 亿农民富起来，才是保证社会稳定和社会健康发展的根本大计。

毋庸置疑，在农村费改税之后，紧接着取消农业特产税，这是在问题积累较多、积淀较深的情况下进行的。不过，安徽已经成功进行的农村费改税试点开始也是阻力很大，弯路走了不少，但是它毕竟取得了成功。取消农业特产税，虽然还有很多工作要做，但改革所赢得的民心和这种标本兼治的正确思路，使我们有理由相信下一步取消农业特产税，也一定会取得成功！

当前社会科学应用研究的难题与出路[*]

人类为了求得自身较好的生存和发展环境，就得认识世界和改造世界。人类事实上面临着两项任务：一是研究规律；二是要利用规律。前者就是理论，后者就是应用，而两者都是为人类更好生存和发展所服务的。

新中国成立以后的相当长的一段时期内，由于经济上的命令式和政治上的高度集权，社会科学的应用性研究几乎被废止，即使有一些应用性的论文也大多限于图解政策类的材料。联系实际问题提出个人独立见解，则要冒着与领导唱反调或不保持一致的风险。既然应用性研究有风险，甚至在一段时间内，在评职称时不把调查报告看作学术成果，因此，很多哲学和社会科学工作者就不愿在应用性的研究方面花力气，而把精力都放在理论性研究方面。但是，在僵化和死板的模式下，意识形态领域也不可能有生机与活力，频繁的政治、思想运动，七批八斗、口诛笔伐，所谓理论研究也变得清一色化，尽管不时提出要坚持"百花齐放，百家争鸣"，实际上只是"一家独鸣，一花独放"。这种状态下的理论研究，在方法上只能是推演式，空洞抽象的注解；在层次上只能是肤浅的说教。这种理论研究与政治宣传几乎是一回事。它得到的只能是灰色的、苍白无力的理论，既不能对社会生活产生指导意义，又不能促进理论思维的发展，因而也必然引起人们对它冷漠、轻视以至厌恶。

社会主义理论的健康发展，急需要一大批有志于理论研究的社会科学工作者，对现实社会生活的各个领域作出系统的理论分析，对当代马克思主义理论作出卓有成效的探索。社会主义改革的现实说明，凡是有理论准备的变革，进行得就比较顺利；反之，仓促上马，缺乏理论准备，改革就必然遇到挫折和困难。对于我们这样一个小农意识浓厚的国家来说，忽略和轻视理论是一种顽症。许多事情都是不经设计就施工，或边设计边施工，从而造成许多不应当有的失误，而每一次挫折之后，人们总有一番痛感，再猛抓理论学习，猛抓调查研究；但是当时过境迁，人们就"好了伤疤忘了痛"，将理论研究又抛至脑后了。一个民族要能真正立于世界民族之林，在当代激烈的竞争中立于不败之地，提高全民族的理论思维能力与水平是一个极其重要的任务。

正确处理参与性与独立性的关系，使参与性研究与独立性研究辩证结合起来。

社会科学的研究对象是社会，是人。必然要参与到社会政治、经济、文化等方面的运动发展的过程中，以实现其对社会各个领域的研究、探索，进而为正确指导运动的发展提供决策，这就是我们所说的"参与性"。社会科学对社会的参与具有强烈的时代性，一定历史条件下的社会科学活动总是与那个时期的政治、经济发展相联系，反映那

---

* 本文写于 2003 年 2 月。

个时期人们的政治视野、经济动态、历史评价、价值观念、伦理道德等。尽管自然科学也以其"物化"的方式参与人类历史发展过程，并在整个人类社会发展的重大转折点上起杠杆作用，但就一定历史时期来说，其参与作用与社会科学的参与有本质的不同。历史的经验证明：一个国家如果否认社会科学的参与作用，拒绝用社会科学的理论指导社会实践，往往会造成灾难。在世界历史上，这种教训是屡见不鲜的。再从社会科学本身来看，作为科学，有其独立的运动发展规律，但这并不意味着社会科学可以孤立于社会实践之外。恰恰相反，它要求社会科学的一切活动必须以社会实践为根本，摈弃精神模式或政治观念对社会科学设置的框框，以科学的眼光看待人世间的一切，这就是我们所说的独立性。

与社会科学上述两个基本特性相对应的是对社会科学的参与性与独立性的综合研究。它们是同一社会科学活动的两个层次，外层次是独立性研究，核心层次是参与性研究，圆心为社会实践。当独立性研究遭到破坏时，参与性研究就会偏离圆心，社会科学活动就不可能围绕社会实践正常转动。我国"文化大革命"期间曾无视社会科学的独立性特点，武断地将社会科学变成权力的婢女，造成了严重的社会灾难。只有当独立性研究受到充分尊重，学术争鸣蔚然成风时，社会科学才能有效地参与社会发展过程，积极地为其提供合乎规律的"设计方案"，并从理论与实践的结合上加以阐明和论证。

马克思主义哲学的一个基本要求，就是观察、处理问题从实际出发。人们不论认识什么事物，都要经过自己的脑子，通过脑子反映实际，认识实际，目的是为了改造实际。总之无论从事社会科学研究，还是从事自然科学研究，或从事各方面的实际工作，都要从实际出发。各方面的实际都很复杂，最复杂的还是社会生活实际，因为这个领域处理的是人和人关系的问题。人虽然是自然界的一部分，但他不仅与自然物不同，而且与其他动物不同，他有主观能动性。这个能动性，千变万化，难以掌握。但是，无论怎样复杂的事情，都有其自身运动的规律，因此都是可认识的，可理解的。认识实际和改变实际，都是主观能动性的表现。能动性要真正地发挥，必须建立在客观可能性的基础上，就是说主观要符合客观。人有时是会走弯路的，走了弯路要栽跟头、出乱子。所以我们观察问题，处理问题一定要从实际出发。从实际出发，第一，要客观，不要主观。不能唯意识论，客观事实是怎样就要怎样看。第二，要全面，不要片面。全面，有历史的全面，有现实的全面。观察问题首先是现实的全面，其次是历史的全面。

拨正定位　做好公仆[*]

　　群众路线是我们的根本路线，是我们的传家宝。但是，近年来由于各种主客观条件的变化，在执行群众路线上出现了一些新问题，成为走群众路线的障碍；产生障碍的中心环节是干群关系定位问题。有人说："干部与群众的关系是'官民'关系"，这不对。在剥削阶级制度下的国家，公务人员和人民群众的关系，是压迫人民群众的国家机器和被压迫者的关系。现在有些干部大言不惭自称是人民的"父母官"，完全把自己摆到封建官吏的位置去了。他们颠倒了这样一个大是大非，即我们的衣食"父母"是工农大众，而我们所有的国家工作人员都是人民的公仆。我们一切工作干部，不论职务高低，都是人民的勤务员。我们所做的一切都是为人民服务。我们的责任，是向人民负责。每一句话，每一个行动，每一项政策，都要适应人民的利益，如果有了错误，定要改正，这就是向人民负责。又有人说："我们的干群关系是'鱼水'关系。"这应该说是对的，但这是文学的形容词，不是准确的政治概念。在社会主义制度下，一切国家工作人员和人民群众关系的准确概念是社会"公仆"和社会"主人"的关系，是服务者与服务对象之间的关系。只可惜我们长期关于干群关系的准确定位，现在有些人已模糊甚至颠倒了，出现了许多令人忧虑的现象。正如原全国政协主席李瑞环同志在全国政协八届四次会议上讲话中所指出的：在我们一些干部中，有的不深入实际，惯于讲空话套话，做表面文章；有的不联系群众，不关心群众疾苦，当官做老爷；有的作风霸道，压制民主，独裁专行；有的弄虚作假，欺上瞒下，沽名钓誉；有的讲排场摆阔气，贪图享乐，挥霍浪费；有的目无法纪，专横跋扈，欺压群众；有的以权谋私，贪污受贿，腐化堕落，等等。这些问题尽管是局部的，但已引起广大群众的强烈不满，如果不能切实解决……最终危及我们的事业。李瑞环同志的语言是严肃的，心情是沉重的。为了克服上述危机，必须加强对广大干部，首先对各级领导干部进行拨正定位，做好社会公仆的思想教育，我们认为作为社会主义国家的各级领导干部应该做到：

　　1. 坚持以身示范，纠正不正之风。纠正目前严重不正之风，完善社会公仆形象，密切干群关系，要全国共同努力，但关键是要从上到下，由各级领导以身示范带好头。周恩来同志 1961 年在一次关于文艺问题的讲话中曾经说过：要改变文艺界的作风，首先要改变干部的作风；要改变干部的作风首先要改变领导干部作风；改变领导干部作风首先从我们几个人改起。这里虽然讲的是文艺界的作风问题，却有普遍意义。应当说，这也是纠正不正之风、完善公仆形象以密切干群关系的根本经验。我们每一个领导干部都应当认真领会，身体力行。

＊　本文写于 2003 年 3 月。

事实证明，一方面，干部职位越高，权力越大，影响面也越广。因此，越是高级领导干部越是要自觉、自制，做个好榜样。另一方面，职位高、权力大的人，本来就容易使人另眼相待，而给予种种特殊照顾，如不警惕，更易于陷入腐败泥坑，其社会影响就比一般领导干部更严重。

2. 坚持深入实际调查研究。经验证明，领导机关在作出某些重大决策前，选择若干典型单位或地区做一些解剖麻雀的调查是十分必要的，但是必须要有满腔热忱，要有眼睛向下的决心，要有放下臭架子，甘当小学生的精神，要老老实实，实事求是。否则，群众不会同你做朋友，不会对你知无不言，言而不尽。

要正确地认识世界，并以这种认识为指导去有效地改造世界，就必须密切联系实际，联系群众。切忌在深入了解某一事情以前，听取群众的意见以前，先有一个主观主义的"框框"。毛泽东同志说：研究问题，忌带主观性、片面性和表面性。我们进行调查研究工作，不要采取主观主义态度，不要带着事先凭空想象出的"框框"下去，要以虚怀若谷的态度去做调查研究。一切事物都有二重性，我们要了解事物的真相就必须全面了解它的两个方面。要了解工作中的成绩，也要了解工作中的缺点；要了解成功的经验，也要了解犯错误的教训……

深入到事物底里去了解它的各个方面及其内部联系。对事情的原委、来龙去脉，对问题的真相、性质及其关键所在，要穷根究底，调查得一清二楚，要有"打破沙锅问到底"的精神；不要粗枝大叶，站在那里远远地望一望，仅仅看到一点表面现象就做结论、下决心，动手处理工作，解决问题。

客观地、全面地、深入地进行调查研究，才是真正地尊重实际，真正地向实际学习。这样的调查研究，才能周密地详细地占有材料（而不是零碎不全的材料），经过马克思列宁主义的分析得出正确的结论。

3. 坚持关心群众，遇事同群众商量，反对命令主义。这是我们群众路线的一条主要精神。群众的经验和智慧，是我们国家一切正确政策、方针、措施产生的源泉；我们工作中任何正确的决策和解决问题的办法，都绝不是个别领导人单凭自己脑子想出来的，而是在动员群众执行各种任务的过程中不断集中群众的各种具体意见和经验智慧逐步形成的。我们工作能不能做好，关键并不完全在于个人的聪明才智，而在于能不能依靠群众，充分发挥群众的力量和智慧。有的同志在工作中碰到困难，只是关在房子里叹自己能力小，办法少，而不去同群众商量。其实，只要走出去，深入群众，虚心向群众求教，头脑就会聪明，思想就会灵活，眼睛就会明亮。有些同志不善于听取不同的意见。在同群众商量工作、讨论问题的时候，常常会碰到不同的意见，这是正常的现象。如果完全没有不同意见出现，倒是令人奇怪的。由于知识和经验的水平不同，家庭经济状况不同，群众对同一事会有不同意见。不同意见的出现，对于领导来说，是好事，而不是坏事。应当使有各种不同意见的人畅所欲言。有了不同意见，群众和领导就可以把各种不同意见加以比较，比来比去，就能找到一种为大家所共同承认的或多数人所接受的意见，这种意见往往是正确的。不同意见的出现，批评意见的出现，对于我们全面的观察问题和处理问题，对于我们坚持真理、修正错误，有百益而无一害。

干部虚心听取群众意见和经验，遇事同群众商量，群众的主人翁的责任感才会不断增强；干部提出的主张和办法得到群众拥护，才会变成群众的积极行动。如有的群众说："上级的工作布置得合我们的心意，越干越有劲。"有的基层干部也根据自己的经验说："非得让群众真正思想通了，从肺腑里说出同意的话来，事情才能真正办好。"

毛泽东同志一直强调干部要关心群众生活和疾苦，因为国家越是帮助群众解决困难，群众越是愿意为国家分担困难，干部时刻把群众冷暖挂在心头，我们广大领导干部威信就会越高，人民国家的凝聚力就会越强，这就将我们的群众路线落实在无声之中。依靠简单的行政命令，是不能领导群众前进的，只会使我们脱离群众，挫伤群众的积极性。要领导群众前进，就要密切联系群众，善于同群众商量，启发和提高群众觉悟；把工作和党的政策向群众交代得清清楚楚，对群众做耐心的宣传动员和说服教育工作；充分发扬民主，认真听取群众的意见和要求，才能真正地领导群众前进。有少数同志并非没有为人民服务的愿望，但是由于他们的群众观点不强，自以为比群众懂得多，不向群众学习，不同群众商量，因而在领导工作中出的主意就常常不符合实际需要，在群众中行不通，最后就采取命令主义办法强制执行，结果是事倍功半，甚至产生很多负面影响。

4. 要坚持向群众学习，向实际学习，坚持实事求是。经验证明，在我们事业取得巨大发展的时候，如果不注意对干部进行向群众学习、向实际学习、实事求是作风的教育，就会使其产生骄傲自满情绪，滋长主观主义、强迫命令和华而不实的浮夸作风。

群众路线和实事求是的作风密切联系不可分割。实事求是，就是老老实实，有一就一，有二就二；就是按照客观事物的本来面目认识客观事物，改造世界。以符合于实际的思想，指导我们的行动。这是辩证唯物主义的作风。与此对立的作风，就是主观主义的作风、浮夸的作风。

我们的成绩是巨大的。但也必须坚持实事求是的态度，不要加以渲染。我们国家在核定和宣布成绩的时候，历来就是采取这个严肃的态度。曾有人怪我们为什么要这样认真。他们以为，稍稍渲染一下也不见得就出什么毛病，而且还可以"增光"哩！他们不知道，虚假的荣誉不但一钱不值，而且包含着巨大危险。它把群众劳动的成果涂上了不真实的色彩，"反教脂粉污颜色"，使人们真伪难分了。而且，如果我们对这些虚假数字信以为真，就会使我们的计划建立在不可靠的基础上。由此可见，我们对成绩、对统计、对计划采取严肃认真的态度是完全必要的，而任何违反这种态度的想法和做法都是有害的。

要实事求是就得向实际学习，向群众学习；那些不肯向实际学习，不肯向群众学习的人，总是以为自己了不起，单凭主观主义向群众发号施令；他们忽视客观事物及其规律的实际存在；他们华而不实，脆而不坚，自以为是；偶尔捡到一点零星的片面性的情况，就把它拿来作为自己的主观主义想法的"根据"。

毛泽东同志说：在我党的一切实际工作中，凡属正确的领导，必须是从群众中来，到群众中去。这就是说，将群众的意见（分散的无系统的意见）集中起来（经过研究，化为集中的系统的意见），又到群众中做宣传解释，化为群众意见，使群众坚持下去，见之于行动，并在群众行动中考验这些意见是否正确。然后再从群众中集中起来，再到群众中坚持下去。如此无限循环，一次比一次地更正确，更生动，更丰富。把政策交给群众，率领群众一道来贯彻我们的政策，通过群众的实践来考验和丰富我们的政策。这就是与我们群众路线密切结合的马克思主义认识路线；也就是我们向实际学习、向群众学习的实事求是原则。

中国革命之所以能由小到大，由弱变强，由星星之火达到燎原之势，终于推翻庞大的反革命势力，取得了革命的胜利，靠的是广大人民群众的支持，靠的是我们始终相信群众、依靠群众并为人民谋利。我们同人民群众之间的团结形成了坚不可摧的磐石，在这个磐石面前，一切困难都能够克服，一切敌人都将被我们战胜；毛泽东同志说：军民团结如一人，试看天下谁能敌。今天，国内外形势都对我们十分有利，全国人民都在意气风发地为建设有中国特色的社会主义而奋斗，我们相信只要始终坚持我们根本的路线——群众路线，拨正定位，做好公仆，在党中央领导下，振兴中华、和平崛起的伟大事业就一定能取得更大的胜利。

不断解放思想，不断拓进创新[*]

一

解放思想必须同实事求是相结合。我们搞四个现代化，不开动脑筋，不解放思想不行。什么叫解放思想？邓小平同志说："我们讲解放思想，是指在马克思主义指导下打破习惯势力和主观偏见的束缚，研究新情况，解决新问题。"[①]

解放思想，就是使思想和实际相符合，使主观和客观相符合，就是实事求是。有些人认为解放思想已经到头了，这显然不符合客观规律，因为客观事物发展变化没有个顶，人的思想解放也没有顶。

思想不解放，思想僵化，很多怪现象就产生了：

思想一僵化，条条、框框就多起来了。

思想一僵化，随风倒的现象就多起来了。

思想一僵化，不从实际出发的本本主义也就严重起来了。

不打破思想僵化，不大大解放干部和群众的思想，四个现代化就没有希望。

我们不能随心所欲地创造历史。我们对所立足的现实必须持正视态度，因为拔发不能离地；对未来的发展必须持冷静的态度，因为画饼不能充饥，也不可能离开现实的基础去寻求前进的新起点。这也叫做实事求是。

我们一切政策制定的出发点是客观事实，因此，对客观事实必须始终持解剖分析态度，力戒片面性；如我们实行社会主义市场经济，许多人就因此忽视甚至反对宏观调控，如果这样，就必然对市场经济造成危害。正如世界银行关于中国经济发展的调查报告所指出的：中国经济改革的前途不只在于依靠扩大市场的作用而削弱对计划的重视。如果对宏观经济的各种可变因素和对重大的投资决定不作出较为有效的计划，则通过改革可望获得的许多好处就会落空。再如，市场经济高度重视效率，因为不求效率，社会不能发展，没有公平的效率最终意味着分配贫困，因为致富机会均等条件下的收入差距是使人们保持活力的必要因素。但是如果不兼顾公平，经济也难有稳定的增长，因为社会会产生新的破坏力。但是这种公平，既不是劳动报酬上的平均主义，也不应该是要求不同能力的人按照统一规定的节拍发生作用。要创造经济、政治和社会生活中的均等机会和均等权利，同时为人们提供必要的社会保障。我们要以公平促进效率，以效率提高公平。如果我们的思想解放脱离了对这种新的形势作实事求是的动态分析，我们的社会

---

[*] 本文写于 2003 年 4 月。

[①] 《邓小平文选》第二卷，人民出版社 1994 年版，第 279 页。

主义市场经济就会处处碰壁！

二

解放思想要同深化改革相结合。1978 年发轫于我省的农村家庭联产承包责任制进而扩大到全国各行各业的改革大业，已取得了震撼世界的成就。今天，我们经济领域的改革早已触及劳动、工资、人事、教育、科研体制和干部人事制度，不越过这些障碍，改革的已有成果难以巩固，下一步也难迈出。这就是说，农村商品生产的发展和城市工商企业的改革，社会主义市场经济的建立，使我们下半身产生了剧烈震动，在这种情况下，上半身要保持新的平衡，就必须改变以往习惯姿势。目前国有企业中存在的问题，究其根源主要是由体制和政策上的束缚性、牵制性因素所造成。如果不从体制上的弊端着手进行改革，任何先进的管理方法和科学技术都作用甚微。我们必须继续向改革要速度，要效益，要经济倍增。只有深化改革，人的积极性才能调动起来，就会像农村大包干生产责任制向我们展示的情景那样，在人们意想不到的地方，以意想不到的活力与方式，创造出意想不到的大量财富。

三

解放思想要同互比互学相结合。近几年来，我省不断组织大量人员到外省、区参观学习，虽然花了不少钱，这是人们都看得到的，而其收获，首先是思想上的收获，却是人们所难以看得到的。通过参观学习，人们终于摆脱了闭目塞听和孤陋寡闻，眼界大开，耳目一新。原来我们还有那样多的机会可以选择，有那样多的功绩可以创造，有那样多的权利可以享受，有那样多的事业亟待开拓！通过比较激发人们加倍努力，奋起直追，消灭差距。这就是结论，就是收获，就是思想解放。

今天从中国到全球，从经济到文化，从微观到宏观，巨大的信息流奔腾而来，推动人们进行新的思索和比较，走出去，拿进来，纵向比较：温故知新，继往开来；横向比较：知己知彼，取长补短。一股强大的"比较热"在参观学习、互比互学中升腾。和发展中地区比，我们可以广采博选而少失误，多善举；和发达地区比，我们可以弃腐抛陋而求效率，学文明，除愚昧。这也就是思想的解放。

关注弱势　共建和谐[*]

——答《财富》杂志记者问

编者按：辛秋水，男，1927 年生，1950 年安徽大学法律系毕业，1949 年 3 月 3 日入伍参加革命，中共党员，现为安徽省社会科学院研究员，安徽省文化扶贫与村民自治研究实验中心主任，北京"现代人丛书"编委会副主编，兼任中共安徽省委党校、安徽师大、华中农大教授，华中师大基层政权研究中心特聘研究员、中国农村社会学研究会副理事长、安徽省农村社会学研究会理事长。辛秋水研究员长期从事社会调查工作。1957 年被错划为右派，送北京清河农场劳动教养。1978 年，在明光市横山乡摘掉右派帽子。同年底，中共中央宣传部宣布改正其错划右派，调安徽省委宣传部社会科学研究所（安徽省社科院前身）工作。他在改正右派恢复工作后的这 20 年间的主要成果：一是倡导文化扶贫。二是在全国率先实施村民委员会"组合竞选"，以推进村民自治的试验。三是首次提出"农民单身汉户"这一理论概念。四是通过调查研究对国家的反腐败决策起到重要影响。1980 年 11 月，他的"有些国家干部贪污、行贿之风严重"的调查报告，受到省委和中央的高度重视。

采访地点：合肥市省委大院

采访时间：2005 年 3 月 15 日

采访对象：辛秋水

在一个阳光灿烂的日子里，提前与辛秋水约好采访的时间，中午 2：30 我与同事准时来到约定的安徽省委大院，在不是很宽敞的书房里，首先看到的是满屋子的带有详细标签的书籍以及手记，泛黄的各类书籍的封皮里似乎也沉淀了辛老尖锐而平实的理论观点。随着辛老烟圈的吞吐，在烟雾中开始了我的采访。

全面取消农业税，解决好中国农民群体的弱势，将奠定中国和谐社会的基础。

记者：辛老，您好！在采访您之前在网上看了不少有关您的报道，在我们谈论和谐社会这个话题前，您可否简单地介绍你所熟悉的农业经济？

辛老：和谐社会这个话题是今年"两会"讨论的热门话题。可以这样说：中国农村穷，农民的日子苦。过去以为土地改革使耕者有其田，组织起来变个体生产为集体生

---

　　* 本文刊登于《当代财富报》2005 年 3 月 18 日头版头条，作者为《当代财富报》记者：符荣。

产，就可解决问题。结果，由于生产力低下，管理方式落后，以及人为的折腾，合伙干弄成了绑着穷。

家庭联产承包责任制，把土地经营权交给了农民，调动了农民的生产积极性，发挥了农民的生产自主性，使农民在正常年景能得到个温饱。而大量的税费、基层的腐败，使农民有冤无处申，即使在收成较好的情况下也出现种田贴本的现象。

但一家一户的小生产毕竟无力建设大型农业基础设施，无力接受高新科技投入，进行不了现代化生产，抵御不了大的自然灾害，经受不了人的疾病和其他意外灾祸，筹措不出子女接受高等教育以至普及教育的足够费用。政府的有限投入又难以使分散的农户受到实惠而常流失于中间环节。农民还要以有限的收入负担无穷无尽的各种税费。结果，人均极少的土地常保证不了人口日益增加的农民的家庭生活。于是，农村青壮年甚至少年，几乎全部外出打工挣钱，只留下老幼株守家园，大量土地抛荒，农业更难发展，农民始终难以单凭农业真正脱贫。这种尴尬的局面，在中央一号文件有关于全面取消农业税后有所缓解。

农村农业的根本出路在于全面摆脱小农经济，实现全面现代化。这应是"三农"需要的第四次改革。而科技文化扶贫与村民自治可以看作是为这样的改革所做的重要的前期工作。

记者：看来中国农村的问题是困扰和谐社会的一个"瓶颈"？

辛老：可以这么说。让我们回顾一下：土地改革是农村农业的第一次改革，组织起来是第二次改革，家庭联产承包责任制是第三次改革。那么，当前广大农村要想彻底摆脱贫困，就必须进行第四次改革。

科技文化扶贫为的是提高农民的整体素质，给农村农业的现代化打基础。村民自治为的是培养农民的现代民主意识与习惯，给实现农村的社会主义民主打基础。

现在，除了科技文化扶贫的基本投入由谁拿、怎样用的问题仍须认真研究外，还得认真研究在农村扶贫的科技文化主要应是什么样的科技文化，在农村搞村民自治，实现基层社会主义民主，主要力求达到什么样的目的。如果完成了科技扶贫的转化，我想至少为实现和谐社会缩短了不少的时间。

致力建设以生态农业为核心的生态农村，以生态企业为核心的生态城市，就必须使有权有钱的人懂得同情、关怀与帮助无权无钱的人，使人民有权决定自己的命运，有权选择自己前进的道路。

记者：人与自然，矛盾的主要方面是人，特别是有权力决定对自然采取重大举措的人。人与人，矛盾的主要方面是有权有钱能决定普通群众命运的人。辛老怎么看这个问题的？

辛老：这个话题有点边缘，我认为只有实现人与自然、人与人、人自身三大动态和谐，这样才有利于人类的生存与发展，并日益完善与完美。

人与自然，矛盾的主要方面是人，特别是有权力决定对自然采取重大举措的人。人与人，矛盾的主要方面是有权有钱能决定普通群众命运的人。我们要致力建设以生态农业为核心的生态农村，以生态企业为核心的生态城市，就必须使有权有钱的人懂得同情、关怀与帮助无权无钱的人，使广大民众有权决定自己的命运，有权选择自己前进的道路，有权选举与监督自己的公仆，有权反对一切不公平的、非正义的行为，使人民能共同富裕与幸福，实现家庭和睦、邻里和睦、干群和睦。在这里我想强调的一个问题首先是，干部不是致力于谋求物质上的最大享受，而是力求具有一种以求知为乐，以创造为乐的无限高尚的精神境界。

经过改革，中国经济在二十多年时间连续保持百分之八以上的增长速度，创造了人类历史上最大的经济奇迹，但这种高速发展是有代价的，社会变得越来越不和谐，人们追求很多东西原本以为是目标，后来回头看却不一定是目标：可能口袋里钱多了，但空气脏了，要花更多的钱购买清洁空气、清洁水资源等，还有很多其他问题。

记者：和谐社会需要一个经济基础。中国社会中出现了不和谐的现象，比如说城乡差别的扩大。没有市场经济，就没有经济繁荣。您赞同吗？

辛老：这个问题还是比较好回答的，没有社会和谐，中国不能长治久安。中国构建和谐社会的最大挑战，就是如何在巨变过程中和社会矛盾日益冲突、社会日益分化的情况下，使中国出现一个大的社会转折，形成社会妥协、达成社会共识、实现共同富裕。而解决这一挑战的关键，就是需要政府作为第三者来进行社会协调，以最终形成社会和谐、构建和谐社会。

在一个和谐社会中，大学教育收费有个恰当的比例，现在中国高校收费高得让绝大多数的家长们喊承受不起，绝大多数农村青年已经读不起。现实是至少一半以上的中国人有病不敢上医院。在一个和谐社会中，腐败能得到坚决有效的遏制。现在腐败程度之烈，世所罕见。

在一个和谐社会中，国有企业不应是国企老总们捞钱的工具。国企老总的选拔应当有一套健全的机制。对国企老总们的经营活动应有个监督机制，但我们没有。现在国企的腐败程度之烈与官场无异。

不是喊几句口号就行了的。当务之急是让能读书的人读得起书，让农民们的儿女读得起书，让有病的人看得起病。

和谐社会的关键在党。在发展社会主义市场经济过程中，政府应该运用宏观调控手段，协调好追求利他、社会公平和福利最大化与市场经济的矛盾，杜绝短期化行为和环境污染以及资源浪费。建设稳定、可持续发展的和谐社会，提高政府的执政能力是首要的。

记者：和谐社会已经成为我国经济社会生活中的热门词汇。一些专家指出，构建和谐社会成为今年"两会"的一大热点。我们所要建设的社会主义和谐社会，应该是民主法治、公平正义、诚信友爱、充满活力、安定有序、人与自然和谐相处的社会。那和谐社会的关键在哪里？

辛老：和谐社会的关键在党。当前我国社会结构和社会生活已经且仍在发生深刻变化，正是顺应这些新形势，我们党提出了构建社会主义和谐社会的新命题。构建和谐社会是一项系统工程，要从多方面努力；构建和谐社会离不开党的领导，同时这也是我们党作为执政党的一种责任。同样，要实现社区的和谐，也要看社区党组织的作用发挥得如何，因为社区党组织作为党的基层组织，处在社会变革的第一线。加强社区党建，夯实执政基础，对社会主义和谐社会的形成关系重大。

政府首先应该是一个负责任的政府。从大处着眼，从小处着手。比如教育、医疗这些问题，不能简单地推给市场。上世纪 80 年代后期，当时农村基础教育，从中央放到省里，再放到县里，后来放到乡镇管，当时的动机可能是希望利用社会资源，没想到后来乡镇财政没有什么能力了，所以出了很多问题。所以建设和谐社会，政府该负的责任要负起来。首先是政府讲诚信，有能力，然后再建立每一个社会成员的社会责任。这样一些问题可能是目前建设和谐社会比较迫切的问题。

中国要想建立和谐社会，应杜绝产生"市场失灵"或"政府失灵"，敦促社会健康协调稳定发展。在发展社会主义市场经济过程中，政府应该运用宏观调控手段，协调好追求利他、社会公平和福利最大化与市场经济的矛盾，杜绝短期化行为和环境污染以及资源浪费。建设稳定、可持续发展的和谐社会，提高政府的执政能力是首要的。

温家宝当选国务院总理，进一步在中国农村实施取消农业税中央一号文件的出台，农民得到了极大的鼓舞，农民感觉自己有好日子过了，农民种田有希望，有指望了。要使外出打工的农民有公民待遇，和谐社会的佳音在中国农民范围内迅速地传播。

记者：有关和谐社会的问题今天提得比较多，而辛老所涉及的范围比较广，在采访结束之前，您能否给和谐社会一个简洁的概括与点评？

辛老：中国的和谐社会体现在以下四个方面：（一）对政府有信任感，（二）在社会上有公平感，（三）个人要有舒畅感，（四）政治上要有主人翁感。

（解决）中国的腐败问题仅靠政府是行不通的，还需要广大人民群众的监督。安徽经济相对落后于江浙，是因为安徽人官本位的包袱太重。从城市看，国有企业的改革，首先我们看到了改革改制促进了社会生产力的发展。但我们更多地看到了国有企业的改革，造成了国有资产的大量流失，权势阶层以及企业领导通过多种变相改革改制，使国有企业转为私有。他们成为私有老板，大量人员下岗，造成了社会的愤怒，生活无保障的群体没有安全感。民间流传着一句很盛行的话来形容我们的公务员：门难进、脸难看、事难办。

中国市场经济改革不过20年，但中国的贫富差距走在世界的最前沿。今天中国的社会贫富两极分化严重，究其原因，权势掌控着财富的命脉。政府的权威是建立在诚信基础上的。

传统文化与现代文明对接的若干问题

——《传统文化与现代文明对接——论新农村建设》序言

中华文化源远流长，德泽深厚，历数千载演进亦能生生不息，激扬创新。然近世以来华夏文明却遭劫难，欧风美雨的交加，意识形态领域里的"战争"合力促使了中国传统文化的遽衰。现代中华文明更多的是一种同步于世界的西洋文明，虽然她也承传中国文化的部分遗产，但似乎传统文化也逐渐走到了现代文明的对立面，成为一体中的另一极。其实传统文化与现代文明本身并不是一对矛盾体，它们不一定是处于角力对抗之中的，相反传统文化对现代文明的发展具有重大的借鉴意义。首先，任何国家的文明发展都是处于既定的有形文化（如政治、经济、制度）的制约中和无形文化（如信仰、道德、风俗）的影响下，任何个人、民族、国家都逃脱不了"传统的掌心"①。其次，文化的集体强制性和自我抻张功能把传统文化的因子注入到了现代文明的发展中去。再次，文化资源的开发，文化力量的显现已经成为国家竞争中的重要一环。所以说处于文化现代化背景下我们更多的是思考如何进行中国传统文化与现代文明的对接，以及如何预防文化融合创新后的"基因变质"所带来的"系统不适"。

一 中国传统文化和现代文明的内容体系

（一）中国传统文化的内容体系

从宏观历史角度考察，我们认为中华传统文化博大精深，具有旺盛的生命力。古代的中国处于与外邻世界隔离状态的地理单元中，南部、西部有高山、沙漠，东部濒临大海，北部是人迹罕至的荒漠和冻土带。这种地理环境决定了中华文化起源的本土性和独立性，同时也给外国侵略设下了难以逾越的障碍，当然也培养了中国不侵略不称霸的民族性格。当我们细心梳理中华传统文化的脉络时会发现她具有以下几个特点：

（1）儒学独尊的文化主体框架。孔子继承周公礼乐体系并创立儒学框架，战国时经孟、荀的继承与发展成为诸子中的一派，被《汉书·文艺志》列为"九流"之一。儒学内容主要是"祖述尧舜，宪章文武"，崇尚"礼乐"和"仁义"，提倡"忠恕"和不偏不倚的"中庸之道"。政治上主张"德治"和"仁政"，重视伦理道德教育。儒学虽历经秦始皇"焚书坑儒"的冲击，但从汉武帝"罢黜百家，独尊儒术"后它逐渐成为我国传统社会里的正统思想。为了适应各个时期统治阶级的需要，儒学还逐渐衍生出

---

① 华涛：《现代发展中国家要进行文化创新》，《解放日报》2000 年 4 月 30 日。

了谶纬之学、玄学、"道统"学、理学等多种流派，奠定了儒学在中国文化框架中的主体地位。虽然说中国传统文化中还有道、法、释等多种流派，但"儒学思想所派生的伦理规范深入人心，以至成为中国文化的主体精神"，因而它的主体地位是不可代替的。

（2）专制政治对文化的主导和整合。一个包含若干个子系统的系统如果能实现协同效果（同步变化，协同一致），即有序，其中必有一个子系统把其他子系统征服或役使（slaving），这个役使其他子系统的子系统即为有序参量（ordering parameter），它使整个系统呈现有序的方式即为役使原理（slaving principle）。在中国漫长的历史中，政治子系统就是这种整合的有序参量。在传统的专制政治格局中，统治阶级出于统治的需要往往利用行政权力对文化进行型塑，比如秦始皇的"焚书坑儒"、汉武帝的"罢黜百家"以及佛教的引入等等。这种权力整合机制使中国传统文化具有塑造性的特点。

（3）汉族为主体多民族的文化融合体系。中国传统文化是一个以汉民族为主体但却容纳了其他许多民族优秀文化的综合概念。中国历史上的历次民族大融合总是伴随着文化融合的进程。战国时赵武灵王实行军事改革，教民"胡服骑射"的故事就是民族间相互学习的早期故事之一。另外，中国传统文化也不排斥外来文化的侵入，而且有主动吸纳外国文化的举动，引入佛教就是一个很好的例证。

（4）是一种中和文化。"中也者，天下之大本也；和也者，天下之达道也。致中和，天地位焉，万物育焉。"（《中庸》）由此而发育出的中和思想已经成为中国传统文化的一个重要特征。有学者指出，中和文化主要体现在四个层面的相互关系上，即人与天道合一、人与自然和谐、人与他人合心、人与社会合序。可见，中和思维已经深入中国传统文化的根部，持续影响着文化的发展方向。

（5）农耕文化为主体。中国传统文化一直是孕育在自然经济和低技术水平的农耕环境下，形成了以小农思想为主体的农耕文化，而正是这种小农思想在中国现代化进程中构成了思想意识障碍，造成了中国的现代化是一种被耽误了的现代化。

在以上简略阐述了中国传统文化特点后，我们有必要罗列出传统文化的精华部分和糟粕部分。当然这十足是一种冒险的举动，而且这种罗列也只是一种近似性、参考性和具有时代性的列举。

1. 中国传统文化的精华部分

（1）"天人合一"观。这是中国哲学中对天人关系的一种观点，强调"天道"和"人道"或"自然"和"人为"的合一。战国时的子思、孟子最先提出这一观点，孟子说："尽其心者，知其性也；知其性，则知天矣。""夫君子所过者化，所存在神，上下与天地同流，岂曰小补之哉。"（《孟子·尽心上》）在孟子看来，人与天地万物是一个统一的整体，因而天与人之间是相通融的。在当今社会生态环境日益遭到破坏时，我们重新考察"天人合一"观自会有所启发。

（2）民本思想。儒家的民本思想，起源甚早。《古文尚书·五子之歌》中就有"民惟邦本，本固邦宁"的句子。不过真正阐发民本思想的要属孟子了。孟子认为"民为贵，君为轻，社稷次之"（《孟子·尽心下》），民心向背为国家政权安危所系，国君要把本身利害放在这一前提下来考虑。民本思想的阐述与民主政治发展有很多衔接。

（3）辩证的哲学思想。其实辩证思维一直贯穿于中国的传统哲学之中，《易经》中就蕴涵着简易、变易和不易的基本辩证思想。老子《道德经》中的祸福、生死、刚柔、动静等观念也无不体现了这种思维。在当今这个纷繁多杂的社会中，学会辩证思维对于发挥人的主观能动性和创新性有巨大作用。

（4）不断实践的科学创新。虽然中国传统文化表现出重人文、轻自然的特点，但科学创新精神也一直存在于中国人的血脉基因里，这表现为领先的科技水平和丰富的科学成果，例如最早的月食记录；最早种植谷子和水稻；最早饲养家禽；最早用十位制记数法；最早产生漆器；最早出现化学原始形式——炼丹术。

（5）重视教育的观念。当我们日益重视发展教育的时候，却发现我们的老祖宗早就有"重教"的思想。孔子可以算得上是一位伟大的教育家，他的思想充满了睿智的教育思想，而且他还亲身躬行举办私学，方便百姓就学。此后千百年来中华民族一直秉承这一优良传统，并不断发扬光大。

2. 中国传统文化的糟粕部分

（1）专制政治和人治社会。个人集权和等级秩序的政治结构一直延续在中华民族这块古老的大地上，由此而溯发的专制思维和人治思维也潜移默化了一代又一代的中国人。直到如今，这种封建残渣还深深地存在于某些人的头脑中，大大耽搁了中国的现代化进程。

（2）小农思想。狭隘、保守、封建的小农意识，把人的思想网罗在一个小圈内，人的思维方式仅仅局限于狭隘的范畴。

（3）等级伦理和宗法关系。以"三纲五常"为中心的尊卑等级观念的宗法关系被看作是一种理想的社会模式，它运作于小农意识社会环境，根深蒂固于传统社会，沿袭于中国的历史进程。

（4）过分强调融己于群，压抑个体。在传统社会，以"礼"为场域形成的一系列道德规范必然导致人身依附关系的出现，必然限制、压抑人的个性发展，过分强调"融己于群"更是忽视个体的特殊性。

（二）现代文明的内容体系

全球化背景下的地域文化界限已经逐渐模糊，欧罗巴和亚细亚已经仅仅只是两个地理名词，太平洋和大西洋涌动的将是同一股潮流。现代文明不再是错落有致，它已经扩展到世界范畴，超越国界而成为全球共享，并不断渗透到世界的每个角落。不论是黑格尔的"西方中心论"，还是亨特式的"中国中心论"都只是一种无谓的表征，因为中国和西方已正趋于同步。现代文明趋同于以资本主义为代表的物质文明，它应该包括以下几种核心价值。

（1）科学思维。科学是一种关于自然、社会和思维的知识体系。在当今的技术社会条件下，摆脱非理性的思维方式，运用科学的、理性的、分析思维方式成为现代文明一种主要价值观。

（2）民主观念。民主决不能仅仅是一句口号，它应该是世界体系内的政治观念。"民有"（of the people）、"民享"（for the people）和"民治"（by the people）是民主的核心思想，而人民当家做主则是民主的实质内容。民主既不是手段，也不是目的，她是人的不可剥夺的基本权利。

（3）法治精神。法治思想已成为现代社会良性运行的制度保障，以宪政理念和宪政精神为关键的法治思想的运行要确保法律至上、有限政府和个人自由。

（4）市场意识。市场作为一种经济管理体制正以雷厉之势席卷全球，现代社会的个体应该形成与其相适应的市场意识。

（5）全球伦理。经济发展和信息技术让世界联在一起，"地球村"概念的出现表明一种新的伦理价值观出现。当民族特质、宗教习俗还未完全泯灭时，世界范围内人际关系发展所持有的价值观念即全球伦理毫无疑问成为现代文明一种独特内容。

二　中国传统文化与现代文明对接的思路

文化作为一种资源，合理配置后也会产生效益，所以现代文明的发展也需要借鉴不同的文化内容，才能实现可持续发展。中国传统文化内涵丰富，可以为现代文明的发展提供重要参考，而且儒家所提倡的核心价值，属于价值性的义理，与现代社会所赖以存在的各种工具理性，并无根本冲突。那么如何进行中国传统文化与现代文明的对接就一直成为我们探索的命题。下面我将尝试着给出几种方法和思路。

（一）技术性思路

这是一种倾向于技术层面的方法来解决问题，它又包括解构思想和情境实验两种方法。

1. 解构思想

解构思想的创始人为法国的思想家德里达（Jacques Derrida），他继承了尼采以及诠释学大师海德格尔对于知识与真理的怀疑，认为一切事物都坐落在相对而主观的认知与语言网络中。我们利用解构思想来进行对接，是立足于现代文明的主体之中，把中国的传统文化视为一个结构系统并且处于可以认知的状态，利用某种标准体系将文化系统还原成多个元素，再对应到现代文明中去，观察其是否可以对接。当然这种解构可以是多步骤多重的，而且一般说来越精密的解构越可以方便对接。下面举出这种解构对接的例子，以求清晰这种思路。

以个人为主体我们可以将文化解构成三种关系的集合：个人与自然的关系、个人与社群的关系以及个人与他人的关系。接下来我们再分别考察这三对关系在中国传统文化与现代文明上的反映，观察其是否可以对接。

（1）个人与自然的关系。中国传统文化中"天人合一"观，反映出古代中国人民与自然和谐相处的先见之明，而在托马斯·柏励所谓的"榨取经济"的当代社会，自然系统遭到破坏，生态安全成为环保主义者的呼声，可持续发展的观念深入人心。因此中国传统文化与现代文明对接"生态纪"的思想就类同于"天人合一"。她要求人类与地球其他部分组成一个单一的共同体。

（2）个人与社群的关系。这似乎是难以对接的，因为现代文明突显个人价值，尊重个人自由，而中国传统文化却泯灭个性，主张"融己于群"。不过细心研究我们也会发现，中国古代社会还有一种群体和谐观，要求群体之间和谐相处，这难道不为当今社会因普遍的个人主义而导致的群体内部不和谐、人际关系疏离的解决提供一种借鉴吗？

（3）个人与他人的关系。中国的人际关系是在普遍的伦理原则场域内进行的，强调人与人之间的"仁""义""礼"。现代文明体系下的个人之间是绝对的平等主义，而这种平等是以情感失落为代价的，人与人之间变得冷漠和有隔膜感，因此不妨到中国传统文化中去寻找失落的根源，在人与人之间建立道德实践上的联系。

当然以上只是一种解构思路，我们还可以试着把中国传统文化解构成社会关系、精神、艺术、语言符号、风俗习惯等五个部分或者更多的部分，以期望能够与现代文明实现良性对接。

2. 情境实验

任何一种文化形态都是处于一定的社会境域之中，不同的文化基源组合，不同的社会情境孕育的是不同的文化（或文明）形态。当我们将一种文化的因子注入另一种文化的内核之中，往往会因为"基因变质"而出现"系统不适"。情境实验的提出就在于防止这种情况的发生，从而确保文化对接的良性。

我们知道任何一种文明的存在状态都是有缺陷的，比如法制社会缺少道德感，市场环境下会少了正义感等等。所以我们就往往想通过文化补位的办法来模塑理想中的文化形态，当然这种补位文化可以来自传统文化也可以诉诸其他单元文化。一旦找准这种补位文化，我们就可以通过强制、学习等手段来复制它，比如笔者在乡村调查时观察到，乡村贫困的一个重要原因就在于文化的贫困，缺少科技文化、教育文化等优秀文化因子，所以笔者也一直在农村通过文化扶贫的方式实现文化补位以图促进农村的发展。如果两种对接文化一接触就出现不良反应，说明遇到"系统不适"情况，不过这并不表明实验失败，我们还需要通过时间和空间维度的观察比较；同样如果是良好反应也不意味着实验成功，也需要双重维度的观察。在经过一段时间后，维度观察显示实验结果具有比较优势，则表明实验成功，可以进行文化融合；而如果结果是劣势，很显然实验是失败的。

当我们进行现代文明与中国传统文化对接时，就可以通过情境实验的方式将传统文化中的优秀因子植入现代文明中来。

（二）经验性思路

文化融合不是一两个精英筹划的工程，而是在普通百姓的日常生活中发生的一个近乎自然的过程，其中充满了随机性和事务性旨趣。所以我们不要忽视了经验过程中的文化对接，而这往往也是普遍存在的。

1. 文化抻张

文化作为一种力量，具有强烈的自我抻张功能，当文化基源变量取值组合适应于某种文化生存时，它便会侵入并迅速地实现对接，我们把这种文化内力称为文化抻张。人们经验生活领域内的文化抻张是普遍存在的，比如现今的中国人也学会了过圣诞节就是西洋文明抻张的结果。当然传统文化的抻张力更强，具有一种集体强制力。

2. 历史淘汰率

这是一种无形的规律，任何文化形态都处于它的场域之中，被淘汰的便沉没于历史的"黑洞"，如果时机成熟，还可能会重新滋长，没有被淘汰的便逐渐积聚为文化传统。因此，现代文明与中国传统文化进行经验性对接时，经过历史淘汰率的过滤往往因袭的是传统文化的优秀品质。

四　中国传统文化与现代文明核心价值的对接

在以上分析了传统文化与现代文明的对接思路后，我们将以现代文明核心价值观为基准，举例阐述中国传统文化与现代文明之间是如何对接的。

（一）中国传统文化与科学思维

前文述及，中国古代社会素以重人文、轻自然为其特点，文化内涵表现出人文发达而自然科学薄弱的性质。而且科学思维作为一种理性的分析的思维，中国古代社会也不具备这种特性。首先以卜、星、扶乩等为代表的迷信活动风行，非理性思维占据上风；其次，中国古代哲学强调的是一种综合性思维，排斥分析性思维。成为中国古代轻自然科学的思想渊源。

但是我们也应该看到传统中国社会也产生了一大批丰富的科学技术和科学成果，而且也不乏一流的科技创新，这表明中国人也具有很强的科技智慧。而且在人文科学领域中，中国古代社会也结有丰硕果实，这些都为现代文明的发展提供借鉴。我们认为在把中国传统文化与现代科学思维进行融合时，至少有以下两个对接点：（1）承继中国古人勇于创新的科学精神，把"穷理务尽"的格物精神由人文领域复制到科学创新领域。（2）继承中国古人在经验领域内的科学知识，发展超自然领域内的科学探究活动。

（二）中国传统文化与民主观念

民主观念是现代文明的一种重要的核心价值，由此而衍发的民主政治也是近百年来人类重要的政治生活方式。以民有、民享、民治为内容的民主观念主要是以民治为核心点的，而民主政治的精义在于政治运作合理化与程序化，保障人权，使人们在不直接妨害他人的前提下，享有充分的自由。但是，传统的中国社会一直是专制主义的政治架构，排斥民主政治。不过这也并不妨碍中国传统文化与民主观念的对接，这主要体现在以下几点：（1）不可否认中国传统社会的"民本思想"早就孕育着民主思维。这从它的主要内容中就可以觉察，民本思想认为：A. 人民是政治的主体；B. 人君之居位，必须得人民之同意；C. 保民、养民是人君的最大职务；D. "义利之辩"旨在抑制统治者过分的特殊利益，以保障人民的一般权利；E. "王霸之辩"意涵：王者的一切作为均是为人民，而非以人民为手段，遂行一己之目的；F. 君臣之际并非片面绝对的服从关系，而是双边的约定关系。可见，排除了它的历史局限性，民本思想对现代民主观念的发展具有很大的渊源意义。（2）毫无疑问，民主政治催生了高度的个人主义，而无约束的个体化发展亦会因为利益牵引而走向极端。但传统中国文化提倡"融己于群"，个人浸润在群体之中，而不是被视为与群体或政治权威互相对立的敌体。这项政治观对现代民主政治的流弊具有矫治作用。（3）民主政治是一种以法治为依托的政治形式，民主也只是由利益决定的，于是往往出现政治领域内的冲突，政治也越过其本义成为权力和利益的建构。而传统的中国政治是一种"道德政治"，道德实践对政治活动的个体具有高度的参考价值。

（三）中国传统文化与法治精神

中国传统文化是一种"温情脉脉"的文化，具有"阴柔性"，以"仁"、"义"、"礼"为交际原则，讲究人情，注重面子，是一种道德本位的德行文化。儒家思想统治着中国的古代社会，它排斥法治，主张德治，再加上中国封建专治统治一直奉行的是人治原则，导致了中国古代文化中的法治缺位，不过这并不表明中国传统文化对法治思想就没有参考价值，因为：（1）中国传统文化体系中早就存在"法治"观念，战国时期韩非子的思想也一直蕴藏在中国人的思维体系中。以"法"、"术"、"势"为手段的法制观也被统治者采纳过，虽然由于集权统治淹没了法治，但是传统文化中的法典法仪也可以为现代文明提供借鉴。（2）法治本身也并不是完美无缺的，社会的复杂性让我们看到法治的不足之处，如果需要构建一个真正的文明社会，中国传统社会道德价值观就是参考范例。

（四）中国传统社会文化与市场意识

市场作为一种经济管理体制是随着资本主义的产生而出现的，应该说这与中国小农经济基础上的传统文化并无关联。但是我们却认为市场经济也有它的弱点，而这正好可以通过传统道德情操来弥补。市场经济是以"经济个体"的自利活动为动力，不过这种自利活动必须不影响他人的自利活动为前提，所以要自律。而自律一方面要有法治的威严，另一方面则要靠道德制约。正如茅于轼所说：传统的道德观在市场经济时代要做重大调整。例如反对追求物质利益应调整为允许个人发财；将个人利益与社会利益对立（存天理灭人欲）调整为二者利益的基本一致；从"三纲五常"的等级制度调整为尊重社会上每一个成员的平等权利；从退让保守调整为进取创新；强调一些虽然传统道德中也具备但重视不够的要素，例如己所不欲，勿施于人，守信用，遵守公共规则，爱护公物，等等。

（五）中国传统文化与全球伦理

网络技术和信息科技的飞速发展，全球一体化进程的加快，使"地球村"的概念逐渐成为现实。我们活动空间扩大，交往关系增多，以前只限于同民族、同文化、同习俗的框架范畴内交往，现在却要面对的是不同文化渊源的对象。于是以前的各种伦理体系渐渐淡化，新的一种伦理观念即全球伦理成为时尚。所以东方的儒家伦理与全球伦理发生冲突和摩擦是必然的，但是，并不是说这就毫无融合对接的空间。"仁爱"是儒家伦理所特有的一种观念。《说文·人部》："仁，亲也，从人，从二。"《礼记·中庸》："仁者人也，亲亲为大。"这指的是人与人之间要相互亲爱。孔子的"仁"就包括恭、宽、信、敏、惠、智、勇、忠、恕、孝、悌等内容，具体的实践原则是"己所不欲，勿施于人"和"己欲立而立人，己欲达而达人"。这种仁爱观念同具有"普遍主义"价值的全球伦理是可以对接起来的，尤其是在当今这个物质社会和技术社会。另外，全球伦理的构建很大程度上是一种"普遍主义（ethical 'universalism'）"伦理，而儒家伦理是一种"特殊主义（particularistic）"，这是两个对立面。也正是这两个对立面让我们一直思考尚未成型的全球伦理建构中的"普遍主义"脉络如何注入"特殊主义"血液，因为这两者的对接可能是全球伦理构建的一种思路。

以上我们尝试着把五种现代文明的核心价值观与中国传统文化进行了对接，当然这种对接只是一种思路性的和抛砖引玉式的，寄希望于更多的学者能关注这一命题。

以儒学思想为主体建构的中国传统文化大厦已岌岌可危，现代文明正昭示着力量。但我们却不可忽视传统文化的基因遗传，而且传统文化中的许多优秀品质也即是现代文明进程中的宝贵资源，所以进行中国传统文化与现代文明的对接绝不能仅仅当作一项学术研究而只停留在学术层面上，它应该成为经验领域内的现实。经济现代化的进程中不能忽视文化的力量，挖掘文化资源，进行文化对接融合，实现文化优化，推动世界范围内的现代文明发展应该成为一项全球共同任务。

知音已失欲碎琴

——罗荣渠同志逝世 10 周年祭

一 初次相识

1949 年 7 月中苏友好协会筹备委员会成立时需要干部，我是从华北大学调来的，荣渠同志是从北京大学毕业分配来的。在一次联欢晚会上，荣渠同志高歌一曲《苗家姑娘》，他洪亮而又美丽的高音引起了阵阵掌声。我这个人就从来没有唱歌的细胞，但也勉强地唱了一首俄国的《夜莺曲》。几天后，苏联图片展览会开幕，这个展览会是在中山纪念堂办的，我和荣渠同志被分配的任务是去贴展览会海报，他骑的自行车上带了一瓶糨糊，我的自行车上带了一卷海报，我们两个骑着自行车跑遍了北京城，在各个街道空白墙上张贴海报。荣渠同志在这个极其平凡的工作中表现出十分认真、细致和不怕苦的精神美德，给我留下深刻的印象，而正在这一天共同的劳动中，我们边工作边闲谈，各自畅叙了在大学里进行的学生运动的情况。由此开始，就奠定了我们两人的友谊基础。以后彼此接触比较频繁，能够互相谈出心底的肺腑之言。

二 "你们是涂了漆的共产党员"

20 世纪 50 年代初期，每个单位每年都有一次大的工作总结会，全体机关人员都参加，上级党委也会派主要负责同志自始自终在现场上听取意见。会议首先由机关主要领导同志分别在会上报告这一年的成绩、缺点以及个人在工作、生活中的不足之处，然后，由全体参加会议的同志发言，对于一年来机关工作和领导同志的成绩、缺点、问题进行讨论。当时，大家的发言确实是畅所欲言，有些领导同志一次检讨通不过，二次检讨，二次检讨通不过，三次检讨，务必获得全部工作人员的通过才算结束。有一位领导同志，原中苏友好协会的党组成员兼办公室主任，他的夫人是总务科长，针对这位总务科长拿开会的香蕉、苹果给五六岁的小孩吃，大家的发言普遍都很尖锐，荣渠同志语言锋利，在会上了讲了这几句话："我们中苏友好协会的一些领导同志，确实有点像涂了漆的共产党员。"结果被许多共产党员误听为"土耳其的共产党员"，因而，对荣渠同志作了一些非议。其实这是斯大林同志在批评苏联共产党员不接受批评而用的一句话。荣渠同志受到这么大的误解，会后，他当然十分委屈，同我说："我们这里领导同志说太阳从西边出的，你就不能说从东边出的，否则你就要倒霉。"

三　从一张"真发票"中查出贪污犯

在新中国成立后"三反"、"五反"运动中，我和荣渠同志被指定为某一专案小组的成员，当时荣渠是组长。我们在审查一位部领导的案子时，这个人态度十分嚣张、顽固，拒绝交代任何问题，当时我们从他经手的财务账目和发票中没有发现什么贪污的罪证。大家无从下手，结果荣渠同志在一次细看他的发票时，发现几张发票的号码相连，于是，我们认为这是一个破绽，因为大家购买的东西都是一次一张发票，哪能够连续开发票呢？于是，我们将这位主任叫来提问，开头他还是满不在乎的样子，荣渠同志于是将这几张号码连续的发票甩到这位主任面前时，他的神情突然变了，知道他的问题证据被拿到了。于是，他一改过去傲慢和对抗的态度，低下头说："我有问题，我有问题，我交代，我交代。"当时荣渠同志让我把他送回去，过了几天，再提问他，他如实交代这件事情的详细过程，突破口打开了，他接着又坦白交代了其他贪污事项。这件事罗荣渠的细心和认真负责给我留下了难以忘怀的印象。

四　"你走后,二十年我的话没有地方放"

1957 年，我划为右派之后，就一直没有同荣渠联系了，也没有见过他了，以避免因为我的政治问题而牵连到朋友。十一届三中全会后，中央决定平反一切冤假错案以后，中国的政治空气才由冷变暖了，宽松了许多。1978 年底，我到北京去办理改正错划右派手续，当时穿着一身在农村劳动的服装，走到罗荣渠同志家里，罗荣渠一见我面，就说："哎呀，我以为你已不在人间了呢。"接着他说："据外人传说，你在农场被人打死了。"我说："打死未必，差点被饿死了。"当时，他的夫人周颖如（也是我在中苏友协的同事）热情地说："今天我给你炒广东荷包鸡蛋。"谈到下午，他吩咐周说："今天你到办公室睡，我同老辛一起睡。"晚上我同罗荣渠同志并头睡在一张床上，一直谈到半夜。第二天，他们夫妻二人又陪我到颐和园玩，在游玩时，他不让我掏钱，说："今天到我这里来，一分钱不让你掏。"当时，罗荣渠已是北京大学著名的教授，而我当时还是一个没有摘掉右派帽子的右派，他对我的热情不减当年。可见，荣渠的人品多么高尚。这使我感动至极，终生不忘。

五　最后诀别

1995 年底，我到北京参加亚洲社会学大会，下午我到北京大学去看望罗荣渠，那天晚上，气氛使我感到差异，他在书房里为我铺了一张床，晚上我们谈了很长时间，他久久不愿离开。他说："老辛，你死在我前面，我为你写铭文；我要是死在你前面，你为我写副挽联。"临睡以前，他说："我给你从日本带来一个录音机。"我说："你不要给我了，我已经从深圳买了一个。"其情非常恳切。

第二天早晨，天还没有亮，我就要去参加会议了，由于我的会议场所是在北京东郊的丽都饭店，而北京大学在北京西郊，所以我一大早就要坐车去开会。这次他从北京大学校园里一直把我送到马路上（这是从来没有过的事情），并为我找了一辆出租车。出租车来的时候，他问我："老辛，你冷吧？我回去给你拿个羊毛衫。"当时，他就跑回去，拿了一件澳大利亚的羊毛衫硬要我穿在身上，并嘱告我不要寄回来了，以留做纪念。并向我的出租车里扔了50元钱，我又把钱递给他，说："老罗，我打车有钱。"现在回忆起来当时的情景，他好像有从此诀别的预感，彼此交谈和分别时，有一种十分悲切的伤感。

六　50年知己不言私

"我爸爸死了。"电话里传来悲伤的声音。我问道："你爸爸是谁啊？""我爸爸是罗荣渠。"听到这句话，我惊呆了，手中的电话不自觉地丢了下来。当我明白过来的时候，我问道："你爸爸是怎么去世的？"她说："我爸爸硬是累死的。他在临死的前一天晚上，还在为《人民日报》赶写一篇稿子，由于这篇稿子在电脑中找不到了，他要重新写，所以搞得很晚了。我妈妈催他睡觉，他说：'快了，快了。'突然，他说：'心脏难过。'我妈妈起来把他送到医院去，到医院门口，他就支持不了，在医院里住了下来。第二天，他就匆匆地离开了人世。"此时，我想起我同罗荣渠的事先约定，他死在我的前面，我应该为他写副挽联。挽联的内容应该结合实际，我同荣渠的交情已经50年了，但是无论是在路边闲谈，还是坐在一起高谈阔论，其内容都是讨论的国家大事，涉及政治、经济、文化以及历史名人，和对当政者的评论。从来没有多谈过个人的私事，于是我以此写了一副挽联，上联是："两千里悼君唯有泪。"下联是："五十年知己不言私。"以此告慰英灵。

七　结束语

罗荣渠同志是一位有大成就的学者，特别他在中国现代化问题上有自己的精辟见解。他为人是非分明，嫉恶如仇，对社会有高度责任感；爱国主义精神强烈，对朋友更能患难相助。他离开人世已经10年了，这10年中我们国家有很多使人兴奋和欢庆的大事，也出现了使人忧虑的现象。我在想，如果荣渠活着，我们在一起话题会更多，内容会更丰富，可惜斯人已去，我又能与谁相论啊？荣渠在分别重逢时，曾说："你我分开22年，这些年我的话没有地方放，没有人可以谈。"而我这10年来又有此同感，荣渠走后，我也是相语无知音啊。

和解、沟通是处理两岸关系的正确方针

——沉痛悼念汪道涵同志逝世

毛泽东说过，"一个人做一件好事容易，难的是一辈子都做好事"！汪道涵同志就是这样的一个人，一辈子为人民做好事，而且还做得很杰出。

汪道涵同志在早年学生时代就参加革命，曾遭到国民党反动派的逮捕，出狱以后就投身于革命根据地的开拓。在抗日战争和解放战争时期，建立了卓越的功勋。而尤其应该大书特书的是他的晚年，一直致力于祖国统一、两岸和平的大业。在如何解决台湾问题的方针大计上高瞻远瞩、求真务实、客观理性，为世人所称道。"苟利国家生死以，岂因祸福避趋之"是汪道涵同志一生的真实写照。

汪道涵同志是促进两岸关系和解的先驱。他当年和辜振甫先生商谈得出的"一个中国，各自表述"的共识奠定了两岸和解的基础，开辟了两岸关系的黄金时代。如今，这种共识在胡锦涛主席的对台方针中得到了具体的发展。

汪道涵同志求真务实、为人儒雅，在两岸民众的心目中是一位仁爱慈祥、博学多才的学者，深受海外华人的爱戴。加拿大中国统一协会会长梁伟洪说："是汪老启发了我对台湾问题的正确认识，是汪老推动了加拿大华人、华侨致力于祖国统一的大业。"

"出师未捷身先死，长使英雄泪满襟"，汪道涵，这位为祖国和平统一的使者，一定是带着满腹的遗憾西去了，十几年来的"汪辜会谈"已经成为历史的绝响。汪老走了，却给我们留下了一条解决台湾问题的新道路，这就是和解的道路，两岸都是一家人、一个民族、一种语言、一种文化。血浓于水，为了国家和民族的昌盛，为了两岸同胞的共同利益，没有什么事情是不可以说通的。因一时一事的歧见而言独立，进而引起同室操戈，是一切炎黄子孙所不忍看到的，也不会赞同的。唯一正确的选择是通过不断的人员来往，经济和文化交流，增进彼此了解，进而加强感情交融，最终达到民族和解。水到渠成，不讲统一而实现统一，这正是汪道涵同志处理两岸关系的思路所在。"汪辜会谈"他与辜振甫先生在新加坡达成的"一个中国"的共识，打开了两岸封闭已久的大门，开启了彼此接触的先河。如今，两岸经济和文化频繁往来已成为不可阻挡的历史洪流，这是汪道涵同志立下的不朽功勋。汪老虽然已经驾鹤西去，两岸的良性互动不会因为他的离世而止步不前，和平与发展的洪流不可阻挡。历史还在继续，我们活着的人应当追思汪老的功绩，加倍努力，继承遗志，完成他未尽的事业，在加强两岸交流的道路上迈出新的步伐。

道涵同志是我的同乡、世谊，他十分平易近人、和蔼可亲，而且很有前瞻性。1998年我在上海到他家里拜望，我们谈了很久，他对安徽的文化扶贫和村民自治的事业高度重视，特别是对村民委员会"组合竞选"制给予了充分的肯定。他认为，村民自治的四大民主中，民主选举是基础、是关键，没有真正的民主选举，其他的三个民主是没有根基的。而选举的程序是否科学、是否严密，又是选举的关键。他说，五四运动中科学与民主的旗帜在今天仍然有其现实价值，文化扶贫的本质是扶人，这不仅是扶贫的根本，更也是农村实现现代化的前提和条件。近些年安徽农村进行的村委会"组合竞选"的实验证明，他的话是很有道理的。在我们后来的谈话中，他回忆起抗战初期，为了筹措军饷、购买枪支，曾见了我父亲，向我家借了一批款项，他亲自写了借条，言明抗日胜利以后归还。

当时情景，恍如昨日，历历在目，如今斯人已去，音容宛在。追思过往，道涵同志爱国爱乡的胸襟，平易近人的气度，理性而儒雅的风范，令人肃然起敬。这种美德，如一股浩然之气，在朗朗乾坤中久久涤荡，润泽世人。

斯人已逝，情复何寄

——沉痛悼念李守经同志

华中农大并转致李守经家属：

惊闻李守经教授突然长逝，不胜悲痛。

李守经教授为国内著名的农村社会学家，从事教学和理论研究四十余年，硕果累累，创见迭出，人格学问素为学术界所景仰。对人谦和，助人为乐；对后学，诲之教之，提携之，桃李满园竞芳菲；对子女，爱之抚之，培育之，海外创业皆成才；对前妻，侍病终年，尽劳尽瘁；对续弦，敬爱有加，伉俪唱和，堪称世间好夫君。我自1984 年黄山农村社会学培训班与守经结识以来，已 16 载，情如手足，义同管鲍，昔恨相见已晚，今又相辞何速？吾常以"人生得一知己足矣，斯世当以同怀视之"为自慰，今斯人已逝，情复何寄？高山流水，世乏知音，琴断矣，泪沾衣，天夺吾友，偈其何极！华农失栋梁，爱妻失贤夫，子女失慈父，生徒失良师，理论界失巨子，悲乎哉！谨向校领导及李守经教授家属致以诚挚的慰问。

守经教授千古！

辛秋水

2000 年 8 月 22 日

铁肩担道义

——科学家的道德要求

要为人民鼓与呼*

我自跨入革命行列的第一天就编报纸与杂志，同报纸和杂志结下了不解之缘，尔来38年于兹矣！自1978年恢复工作来安徽后，就是《安徽日报》的忠实读者和撰稿者。同《安徽日报》有着深厚的感情，所以我既能理解编者的酸甜苦辣，也更能体会读者对报纸的要求和期望。

值此《安徽日报》庆祝创刊35周年之际，我也谈一点感想。

一张党报，在人民群众心目中的分量取决于它是否正确理解和把握党与人民的关系。毛泽东同志说过：我们共产党人区别于其他任何政党的又一个显著的标志，就是和最广大人民群众取得最密切的联系。全心全意地为人民服务，一刻也不脱离群众，一切从人民的利益出发，而不是从个人和小集团利益出发；向人民负责和向领导机关负责的一致性；这些就是我们的出发点。由此可见，我们的党性和人民性是一致的。我们党所要说的话也应该说是人民所要说的话。因此，党报作为党的喉舌和作为人民的喉舌又是统一的。这就要求我们办报的同志站在党性的立场上，站在人民的立场上，把宣传党的路线、方针、政策与反映人民群众的实践、利益、要求和愿望结合起来，想人民之所想，恨人民之所恨；好人民之所好，恶人民之所恶；与群众息息相通血肉相连，为人民鼓与呼。这样的一张党报就会使读者感到有分量。

群众的利益和要求是多层次、多方面的，因而报纸的内容不可能面面俱到，而必须在一个时期内分清轻重缓急，抓住现实生活中的主要矛盾（或中心环节），也就是说要把鼓槌子敲在鼓心上，集中反映人民群众所迫切需要解决的问题。我在工作中就了解不少涉及人民利益和群众反映强烈的问题。比如，目前农村中流行的赌博、请客送礼、高价买卖婚姻、封建迷信等几股歪风（当然不是所有地区），城市中的乱要价（合理的价格改革除外）以及城乡均存在的少数干部以权谋私以及严重的官僚主义，等等。这些不正之风，表面上看似乎气势汹汹，其实本质上是十分虚弱的。只要我们认真抓一抓，它就会大大收敛。这方面，我们的党报大有可为，即动员和组织舆论，对不正之风加以揭露和抨击，使它们成为过街老鼠，人人喊打。加上法律的制裁、纪委的约束，歪风邪气就会后退，正气就能树立起来。

党报是党和人民群众之间的桥梁，党报为人民鼓与呼，反映人民群众的心声，人民群众就会更加拥护党，党所领导的社会主义各项事业就会更加欣欣向荣。同时，党报也会成为人民群众的"布帛菽粟，不能须臾疏离"。

---

* 原载《安徽日报》1987年6月1日。

就定远县一老教师被流氓殴打、求救无门一事给安徽省委书记黄璜同志的一封信

黄璜同志：

您好！送上一份申诉材料请您过目。教师节前夕，全国上上下下正在掀起一个尊重教师的热潮，也就在此时，竟然有这么一个国家职工敢在光天化日之下，无故追打老教师，并且谁劝谁遭打，普通百姓、国家干部甚至 70 岁老人无一能幸免。几百人围观，人人愤怒，人人不敢言，告到当地乡党委乡政府，有的干部把曾经被此人打伤的胳膊露出来给人看，以示我被此人打都无法子，何况你们被打乎。这真是天大的奇闻。

这个绰号"三和一霸"为何如此横行，靠的是什么势力？据他自己扬言"有一次抓我判 7 年，我妈妈到县里跑一趟，不是未蹲一天就把我放了吗？"看来，这就是他的老底。

据我在农村调查，目前农村有二"权、拳"之说："权"即权势，本人是当地干部或有亲属在县、省里工作就仗势欺人。"拳"即拳头，即家门大，男丁多，也能仗势欺人。要发扬民主、法制就必须狠煞二"权、拳"恶风。抓住几个典型案件从严惩处，舆论上好好宣传，这也是争取社会风气好转的重要措施。

申诉材料所述这一恶霸行径，省委可直接派人深入调查（通过政法委员会），如果您需要的话，可抽我下去。为民除害，在所不辞。

此致
 敬礼

辛秋水
1985 年 4 月 9 日

附录 1
中共安徽省委书记黄璜同志的批示

陈六同志：

侯鸣放已成乡间一霸，无疑应法办，请迅速查处为要。

黄璜
1985 年 9 月 6 日

附录 2

中共中央办公厅信访局就辛秋水同志给胡耀邦同志的信，
给中共安徽省委办公厅的函件

中共安徽省委办公厅：

　　你省社科院辛秋水致信胡耀邦同志，反映定远县三和乡食品站职工侯鸣放是"三和一霸"。在打击刑事犯罪活动中，侯被判刑 7 年，但由于权势关系网的干扰，以无罪释放。今年 8 月 26 日侯又无故殴打教师蒋宗汉等十多人，被打者下跪求饶，围观者达数百人，而多数人敢怒不敢言，乡干部无能为力。现将原信转去，请你们转交有关部门按照信中的要求逐一认真调查处理，处理情况请函告我局。

中共中央办公厅信访局

1985 年 9 月 29 日

恶棍为何能横行乡里*

《安徽日报》编者按：侯鸣放横行乡里，说明我们的社会风气还没有根本好转，还要进行不断的努力，但正如作者在来信中所发问的：恶棍为何能横行乡里？很显然，重要的原因是三和乡政府软弱涣散，正不压邪，也即党风不正，才使这样的恶棍得以横行霸道，才使教师蒋宗汉等人的人身权利受到侵犯。通过这一事件再一次说明，要使社会风气根本好转，首先要抓好党风的根本好转。当然，侯鸣放将会受到法律制裁，但三和乡政府对此又该怎样认识和吸取哪些教训？这是需要认真对待的。

最近，在定远县三和乡发生了一件骇人听闻的暴行。该乡三和中学一位年近花甲的老教师蒋宗汉遭到被称为"三和一霸"的乡食品站职工侯鸣放无故毒打，并且谁拉谁被打，一连打了10多人，而乡政府却无可奈何。

事实经过是：8月26日，凶手侯鸣放无故殴打一位姓黄的群众，黄见到教师蒋宗汉之子蒋继尧就喊："快来救命。"蒋继尧说："侯鸣放，你打他他都不还手，怎么还打呢？"侯马上放掉黄，就来打蒋继尧。蒋宗汉闻讯赶到，对儿子说："继尧，干什么还不回家？"此时，侯放开继尧，不问青红皂白就对蒋宗汉拳打脚踢，侯是三和集的一霸，无人敢惹，父子俩只好逃命，跑到家，把大门关上，侯踢开大门将蒋宗汉摔倒在地。当蒋被打倒在地上时，侯去砸蒋家电风扇和缝纫机，此时蒋乘机从后门跑到医院，是熟人把蒋锁到药库里，才幸免于难。

在老教师蒋宗汉被追打的时候，围观群众约二三百人，但他们大多数人敢怒而不敢言。少数上前劝阻的，都被侯打了几个耳光，前后因劝阻被打的有山岗大队书记、黄桥水库主任等六七人，尤其是七十多岁的老人王少华说了句"我长这么大，还没见过这样的红毛野人"，侯听到后，便抓住老人的头发往墙上撞，把老人撞得头破血流。蒋老师爱人、女儿、媳妇等5人也因劝阻均遭到毒打。是夜，当侯得知蒋老师之子蒋继尧晚上躲到一户人家时，侯又找到该家，将蒋继尧打倒在地，这时区教育局负责人和三和中学校长赶到，侯当着两位同志的面狂妄地说："你们说我是流氓，我就是流氓，你们说我是土匪，我就是土匪。你们告我去，上次乡干部不是告了我吗？我连公安局的大门都未进；那次逮捕我，不是判我7年吗？我妈只跑一趟，我不就无罪释放了吗？"

当晚九点，蒋老师女儿找到乡长反映情况，乡长说："我处理不了他，你找书记处

---

* 原载《安徽日报》1985年10月31日，被《安徽日报》"评报"誉为一首"正气歌"，获1985年全省报刊新闻一等奖。

理。"坐在一旁的黄继凡副书记马上伸出膀子给蒋老师女儿看，说："上次我被他打，告到县里，都未处理，我们处理不了他。"

第二天，蒋老师又亲自找到乡党委书记，要求处理，书记说："我们处理不了他，你可以上告。"蒋教师见正不压邪，有冤难申，气愤异常，他的老伴看到丈夫气色不好，怕生意外，劝蒋说："这事就算了吧，不要告了，你看他打了那么多人，就连乡政府的干部被打了都告不赢，我们一个普通教师怎么行呢？上哪里去告，告赢了不得了，告不赢更不得了。"但蒋老师想，不要说尊重教师，就是一个平民也应该受到法律的保护，因此蒋老师不顾危险向上级进行了检举揭发。据悉，这条恶棍现以妨碍社会治安罪被拘留。

不能让恶棍逍遥法外[*]

10月31日《安徽日报》发表了我的《恶棍为何能横行乡里》一文，最近我又到该县作了进一步调查，发现侯鸣放的问题远比上次揭露的严重得多。如1984年8月侯调到三和食品站才三天，就深夜两闯乡政府，打伤乡长、副乡长等5人，闹得上百人围观，轰动全镇。今年6月30日，侯又借喝酒闹事，打了11人，并将马成才小店的东西一扫而光，打完后还问马服不服？马说"服"，侯说，"你既服就送我几瓶罐头下酒"，马只得如数送上。侯鸣放行凶打人有个特点，就是谁来劝就打谁。他扬言"我专打那些打抱不平的人"。而且还常罚被打者下跪，所以侯一打人，群众不敢劝阻。更为严重的是，侯鸣放还强奸女青年多人，被他奸污的姑娘不仅当时不敢呼救，事后还不敢告状，父母也只有忍气吞声，怕的是告状不赢反引祸上门。父母把被侯糟蹋了的女儿藏在家里，侯还拿着凶器上门要人。

地方党政部门对侯鸣放的严重恶行虽也管过，但由于党风不正，管理不力，也由于政法部门执法不严，几擒而又几纵，放虎归山，使他的气焰愈加嚣张。早在1983年县法院就依法判处他7年徒刑，但上级法院却以"主要事实不清"撤销原判，发回重新审判。县法院重审后，就把原定的流氓罪改为伤害罪，因伤害罪只要伤者不过重和不追诉就可免于刑事处分；另外还增加了一个"认罪态度较好"，于是把原定的7年徒刑一笔勾销，仅在看守所里关了七个月就又被放了出来。所以当侯刚调到三和乡的第三天就无端到乡政府寻衅，打伤了乡政府干部多人。第二天几个乡干部一同到县公安局汇报，事拖半个月也未见局里来人处理；乡里又找到分管政法的县委副书记，县公安局才派了一个民警来调查；以后又拖了半个月，乡里再去追问，县局才将侯批准行政拘留十五天。但侯进拘留所只是每天晚上到所里报个到，白天却以"治病"为由逛大街，并在赶集的三和乡群众面前示威说："我不是出来了吗？"

由于一再受到纵容，侯更加肆无忌惮，为所欲为。当年11月，侯打了三和食品站职工小高和外单位多人。街道居民李章连路过拉架，结果被打得头破血流，气得去乡政府告状。乡里未予处理，李就骂了乡干部。事后乡政府给县公安局写报告，除了请求依法制裁打人流氓侯鸣放外，还要求给予李章连以行政拘留处分。结果被打的李章连被拘留了十天，而打人凶手只是"交本单位教育"了事。这样一来，侯的大名在三和乡轰开了："侯鸣放打人不犯法，被打者倒犯法"，"侯鸣放有后台"。侯经常吹嘘他的父亲是老干部，省里有人，县公安局也有熟人。"判我7年刑，只要妈妈跑一趟，不就无罪释放了吗？"侯的母亲公然对公安特派员说："我到滁县地区公安局跑半个月就没

---

* 原载《安徽日报》1985年12月3日。

事了……"

　　侯鸣放的逍遥法外，在群众中造成极坏影响，对群众心理上的威胁很大。如今年 8 月 24 日的一次打人，正当被打的人流着血在乡政府泣诉时，不料侯鸣放一出现，用手向被打伤的人一指："谁说我打人了？"这几位受伤者纷纷告饶"没有"。围观的群众忍不住发出一阵笑声，侯转身对发笑的群众骂道："妈的，谁看我打人？笑什么？"这一下围观的二百多人吓得乱跑，屋外有条烂泥沟，许多人吓得跌下沟。

　　事实说明，侯鸣放确实成为三和乡一霸了。这个新恶霸的形成，是由于党风不正，关系网代替了法治，有法不依、执法不严，因此对社会治安造成了严重危害，使党和政府的威信遭到严重损害。现在侯犯已被逮捕，中央、省委、县委对此案十分重视，不仅要查清此案，还要查清侯的后台和庇护者。

附注

　　上述两份报道是作者根据被侯鸣放无端打伤全家 5 口人的老教师蒋宗汉的来信，而深入到出事地点进行实地调查写出的。调查证实侯一贯横行乡里，凭着自身武术和其父母的社会背景，在当地曾打伤干部群众 90 多人，奸淫女青年多人，其淫威之盛，使被打者不敢还手，被奸者不敢呼救，事后还不敢告状，否则报复立至，殃及全家。由于当地执法部门打击不力，遂使其多年逍遥法外，群众称其为"新恶霸"、"下乡的鬼子"。可是有谁敢揭发他呢？又有谁来惩治他呢？《安徽日报》在 1985 年 10 月 31 日和 12 月 3 日连续刊登了作者以上两篇通讯，引起了社会各界强烈反映。但因本文批评了有关政法部门在侯的问题上软弱无力、处理不当，激怒了这些部门的某些同志，他们组织了反调查，写成歪曲事实的调查报告，向中央、省委、报社和作者所在的单位对作者进行了人身攻击和诬告，省政法委根据省委负责同志的指示，组织调查组进行多方面的了解和调查，认定作者上述两份报导符合事实，并批评了诬告者的指导思想不端正、为此案画了一个句号。真理终究战胜了谬误，正气压倒了歪风。侯鸣放也得到了应有的法律制裁，被判处 10 年有期徒刑。作者的上述两份报道被《安徽日报》"评报"喻为一首"正气歌"，并荣获 1985 年全省新闻报刊一等奖。此事在出事地点的定远县城乡轰动一时，群众拍手称快，更加坚定地信赖中国共产党。

侯鸣放一案的思考*

——《恶棍为何能横行乡里》发表后引起
社会各界舆论同声谴责新恶霸

本报 10 月 31 日在《读者来信》专栏中刊登了《恶棍为何能横行乡里》一文，反响颇大。一个小痞子几年来多次行凶打人，强奸妇女，竟无人敢管，无人去管，乃至成了"三和一霸"，不能不引起人们的思考。

其一，社会主义法制的核心是保障人民利益，侯鸣放这样一条横行乡里、罪行累累的恶棍，为何司法部门对他不认真执法、严加惩治？为何先判了他 7 年徒刑，而在他母亲到有关部门跑了两趟之后就免刑释放了？是谁从中徇私枉法、视法律为儿戏？

其二，乡政府是基层政权机关，负有保护人民的不可推卸的职责。但三和乡的干部不仅不能为民做主，甚至连自己被侯打了也无可奈何。如果不是自己有什么把柄抓在人家手里，那就只能是有权不用，软弱无能。历史上一些清正廉明的官尚有"当官不为民做主，不如回家卖红薯"的精神，以三和乡干部的这种精神状态，怎能期望他们很好地履行党和人民赋予一个基层政权的职责？

其三，侯犯霸道三和数年，民风日下，细推原因，无论是司法不严，还是乡政府软弱涣散，其根子仍在党风不正。因此抓社会风气好转，抓精神文明建设，首先要抓党风好转，党风正才能民风好。

侯犯一案，现已引起领导重视。县委决心查个水落石出，并以此为典型，带动整党和精神文明建设等工作。这样抓党风促民风是可取的。

附录
各界人士对《恶棍为能何横行乡里》一文的反应

1. 省科委王劲草：要查清是谁包庇恶棍
贵报 10 月 31 日《读者来信》专栏刊出《恶棍为何能横行乡里》一文，看了令人十分气愤，对侯鸣放应加重法律制裁，狠煞这股"红毛野人"的嚣张气焰，以端正社会风气。

对侯鸣放的不法行为，乡干部不是没有管，乡党委副书记的膀子不是被侯鸣放打伤了吗？这次侯鸣放殴打教师，山岗大队党支部书记不是也因劝阻而挨打吗？乡干部也没

---

* 原载《安徽日报》1985 年 12 月 3 日。

有在暴力面前屈服，无奈"告到县里，都未处理"。灭了乡干部的志气，长了恶棍的"威风"，以致侯鸣放骄横地叫嚣"上次乡干部不是告我吗？我连公安局的大门都未进"，对此，乡干部又能怎么办？乡党委书记对蒋老师说："我们处理不了他，你可以上告。"这不是推卸责任，而是实情，是对县里包庇恶棍不满意。恶棍为何能横行乡里，这个问题应该由县里领导来回答。这不是简单地以侯鸣放"现以妨碍社会治安罪被拘留"就能了事的，必须一追到底，查清上次乡政府告侯鸣放是谁决定不处理的？查清侯鸣放母亲的关系网，走什么门路使判了 7 年徒刑的侯鸣放"无罪释放"的？查清政法部门有没有徇私枉法？

2. 定远县委宣传部计正山：敲在鼓心上的一锤

10 月 31 日《读者来信》揭露了定远县三和乡食品站工人侯鸣放殴打教师事件，我受组织委派前往三和乡听取乡政府和当地群众对这一报道的反应。11 月 2 日下午，我一一走访了凶手曾经寻衅闹事的饭馆、商店、医院、学校，所到之处，群众无不喜形于色，拍手称快。老教师蒋宗汉一家更是感激之至。当然应当说明：定远县委对老教师蒋宗汉被打这一事件，一开始就十分重视。案发后第三天，凶手侯鸣放就被县公安局拘留归案。县委书记陈六同志批示："查清此人几进几出公安局的前后经过，如有包庇纵容者，一同挖出来！"当看到《安徽日报》的报道时，他认为很好，是打在鼓中心的一记重锤。

现在，定远县查办侯鸣放案件的工作在县委的督促下，正抓紧进行。

3. 三和中学教师蒋宗汉：我的感谢和希望

我参加教育工作已有三十四年，一向勤勤恳恳，踏踏实实。不料，在 8 月 26 日，我却遭到被称为"三和霸"的三和食品站职工侯鸣放无故毒打，人身权利受到侵犯，住宅遭到侵入，财产遭到毁坏。年近花甲，蒙受耻辱，有冤难申，痛心万分。

侯鸣放在三和乡多次行凶打人，无人敢拉，无人敢管。我想，一个普通教师，不要说受到尊重，起码的人身权利应该受到法律的保护。因此，我毅然冒着危险向上级政府反映受害情况。县委书记陈六同志耐心倾听我的反映；并于 8 月 29 日，由县公安局依法将打人凶手侯鸣放拘留审查，现县人民检察院已依法将侯鸣放逮捕法办。

我深信人民政府会依法对一贯行凶打人的侯鸣放作出公正制裁，也一定能查清是谁包庇了侯鸣放。

4. 定远县教育局：严惩罪犯　尊师重教

贵报 10 月 31 日发表了《恶棍为何能横行乡里》后，我县教育系统反映强烈，无论是中小学教师还是行政管理人员无不拍手称快，大家争相传阅报纸，议论纷纷，感慨系之。

值得一提的是，辛秋水"恶棍为何能横行乡里"的发问问得好。编辑同志也指出了"党风不正"、"软弱涣散"的班子，正气何能压邪？

的确，"春风不度"的地方还有，那里的领导必然存在以上两种情况，以致给不法分子以可乘之机。所以，我们代表广大教师，诚恳希望社会各界都来关心党风和社会风气的根本好转，促使尊师重教的风气更加深入人心。

5. 安徽教育学院群言：该是伸张正义的时候了

读了 10 月 31 日《恶棍为何能横行乡里》的报道，愤愤不平。人们要问："在恶棍称霸的地区，法律何在？正义何在？党的组织何在?！对这样的害群之马，为什么不能立即绳之以法，其原因不仅仅是乡政府的软弱，而更重要的是有人在背后纵容、庇护。侯某自己也说得很清楚，这不能不引起人们的深思和关注。为使社会风气能尽快地得到根本好转，加速社会主义精神文明的建设，执法机关和执法人员必须用法律这个锐利武器给藐视法律的人以狠狠的打击。为了纯洁党的组织、端正党风，党的有关部门更应该认真查一查在背后纵容、包庇侯某犯罪的人，看看他的后台究竟有多硬。该是扶正祛邪的时候了。

6. 马鞍山市粉末冶金厂万成杰：岂容"三和一霸"横行乡里①

贵报 10 月 31 日《恶棍为何能横行乡里》一文，读后令人惊愕，这个普普通通的侯鸣放如何竟登上"三和一霸"的"霸座"呢？他依仗谁的权势？用他自己的话来说"乡干部不是告了我吗？我妈只要跑一趟，我不就无罪释放了吗？"好家伙，真是一个地道的仗势横行的恶棍。对于这种人一定要严加惩治，绝不能任他横行乡里；对于包庇侯犯的人必须严加追究。

---

① 原载 1985 年 12 月 3 日《安徽日报》读者来信栏。

侯鸣放残害众乡邻　乡干部软弱无对策[*]

——兼谈新恶霸产生的社会根源

  《内部参考》编者按：侯鸣放只是一个普通工人，竟多年横行乡里，暴戾恣睢，称霸三和乡。他视群众如草芥，把法律当敝屣。而当地党政干部怕他三分，县政法机关也无可奈何。在社会关系网的保护下，有关部门对他屡抓屡放，而他行凶作恶也随之步步升级，达到令人发指咋舌的程度。从这一案件中我们看到，在当前我国广大农村的一些地方，由于思想政治工作的削弱，群众文化水平的低下，法律知识的浅薄，关系网的盘错，党风不正，特别是一些领导干部的腐败，党的基层组织和政权机关涣散无力，致使一些封建主义、资本主义社会痼疾、丑恶现象，沉渣泛起，滋生蔓延，严重侵蚀着社会主义的肌体，危害人们的生产和生活。这就更清楚地告诉我们，认真抓好农村基层组织和基层政权的整党工作已是十分紧急的事。

一　侯鸣放称霸乡里罪恶昭彰

  1985 年 8 月 16 日夜晚，定远县三和乡政府大院里，200 多名群众在围观几个劈头盖脸淌着鲜血的人。这几个人向政府申诉："我们被侯鸣放打成这样，法制何在？"副乡长兼公安特派员张道维一面向受害者做解释工作，一面向县公安局打电话。这时，一个满脸横肉的青年耀武扬威地闯了进来。他就是打人凶手侯鸣放。他一进乡政府就吆喝着："你给县里打电话干吗？"特派员回答："几个人告你打伤了他们！"侯转身面对几个刚被他打伤的人骂道："妈的，我打了你们吗？"这几个伤口还在流血的受害者连忙改口说："你没有打我们，没有打我们！"有的说："是你表弟打我们的。"有的围观群众面对这滑稽的场面不觉笑出声来。侯鸣放对众人一指说："妈的，笑什么？你们看我打谁了？"他这一声竟像在大院里爆炸了一颗炸弹，200 多名围观的居民丧魂落魄，一哄而散，以致有些人跌跌撞撞，掉进大院中的烂泥沟里。

  同是这一天，侯鸣放同原三和乡青年农民、外流到新疆刚回来的黄克美在一起喝酒，酒后到高文斌小店算酒账，正遇黄桥水库主任许厚国、副主任吴其如、会计胡采业等人到高文斌小店买汽水。侯鸣放心血来潮，无端一把夺下胡采业手中的汽水瓶，对胡头上连砍三掌（武功）、踢几脚。许、胡上前拉架，也被侯各打几耳光。一个 70 岁的

---

  * 原载《安徽日报》主办的《内部参考》1986 年第 1 期。

老农王少华见此情景说了几句不平话："我活了几十年，还未看到这样的红毛野人。"这下不得了，侯鸣放对老汉拳打脚踢起来。老汉遍体鳞伤，昏倒过去。侯又对黄大打出手。一旁的蒋继尧说："鸣放，人家不还手，怎么还打呢?"于是侯放掉黄克美，揪打蒋继尧。蒋继尧的孩子看到爸爸被打就跑回家去喊爷爷蒋宗汉。蒋宗汉是三和中学的老教师，他上前说了一句"算了，打什么。"话音刚落，侯就用抬臂拳向蒋宗汉老师打来。接着踢胸踹腹，猛打不止。可怜这个年近花甲、34年教龄的老模范教师被打得转身逃跑。侯紧追不放，一直追打着跑了约500米路程，蒋被打得遍体是伤。沿街有不怕打的人看到蒋老师被打得太惨，上前去制止，但制止之人都被照例殴打。蒋老师乘机匆忙逃回家，门还未来得及闩上，侯就追上来，一脚把门踢开，把蒋打倒在地，又毒打一顿。蒋老师的残疾妻子王持家上前拉，被侯打伤了胸骨。蒋的儿媳王同华跪下求情也不饶。女儿蒋继平（公办教师）上前救父，被打得鼻青脸肿。但经众人这一拉，蒋老师又乘机爬起来，步履艰难地跑到医院，被医生锁到药库，躲在桌子下才未被跟踪而来的侯鸣放找着。可是，医院的医生、护士纷纷逃出医院。

蒋老师一家都被侯打跑了，侯鸣放这个凶神又返回蒋家，砸坏了电风扇、缝纫机等物。此时，农民严长云在街上听蒋老师遭打一事，就提一篮子鸡蛋、一瓶酒到蒋家看望，谁知正遇等在蒋家的侯。侯拿着严长云的一瓶酒就喝，然后左右开弓地打无辜的严长云。晚上又到蒋老师的女儿家把躲在那里的蒋继尧拖出来继续打，并且非逼他跪在街心求饶不可，不跪就接着打，一直闹到乡政府。这一天从午后一直闹到晚上八九点钟。被侯打伤的共有十一人。当晚蒋老师女儿蒋继平找到李乡长。李乡长说："我管不了他，你去找潘书记。"此时，坐在旁的乡管委会主任黄某伸出留有疤痕的手臂给蒋："上次侯将我打伤，告到县里都没有结果，我们处理不了他。"次日上午，蒋宗汉老师再去找党委潘书记。潘说："我们处理不了他，你可以上告到县委主要负责同志那里。"蒋老师听了这段话，心里凉了半截子。被打伤的老伴说："别去告了，万一赢了不得了，告不赢更不得了。"

以上是侯鸣放在一天中的行凶作恶记录。再追溯过去，更可以看到侯的累累劣迹。

侯鸣放现年27岁，1975年初中毕业后下放到定远县三和乡。1981年顶替父职在吴圩食品站工作。1982年8月因流氓罪被捕，1984年免予刑事处分释放。同年7月重新分配到三和食品站工作，8月又因殴打他人被行政拘留15天。释放后，变本加厉，重新犯罪。

侯在1981年顶替父职后表现一贯恶劣。他到职不久就酗酒闹事，把社员李明毒打至昏，围观者千余人。三个农民前去讲情，都被罚跪在地。公社方部长前来处理，侯手持铁铲，大叫着要砍方部长，方只好躲起来。1981年5月，因一句话不顺耳，侯把朱家科推倒，使其头部受伤。郭明芝来拉架，他又把郭一顿好打，然后翻到房外，又把过路的九子乡财粮员李波打得鼻青眼肿。1982年8月，侯借故到李涛家，李的弟弟不让进家，侯将李涛头部打伤，用去药费一百元。1984年8月，侯被捕释放后，气焰更加嚣张，调入三和乡食品站第四天，就到三和乡政府寻衅闹事，无端把副乡长胳膊扭伤。章乡长前来制止，他对章腹部、背部拳打脚踢，打得多处青紫。同年11月，侯又打了本单位职工小高，医院职工徐家成，原大队书记阎玉堂，街道居民李章连。前年6月30日，侯又连续打了残疾人王瑞、理发员朱林、行政助理员的儿子杨东利和凌太和等，其疯狂程度令人咋舌。在打小店员马成才时，把小店里的糕点等物品一扫而光。打完还问马服不服，马说服了，侯要马再送五瓶罐头给下酒，马忍气吞声给了五瓶罐头才罢手。

侯鸣放还多次敲诈勒索，强行向人要钱，不给就大打出手。

侯鸣放在三和集强奸未婚女青年多人，他扬言："要把三和集上漂亮女孩子睡遍。"侯强奸女青年的手段野蛮残忍。如有一个女青年被他骗到家里强行扒衣，女方反抗，侯说："我要把你的衣服撕得粉碎，让你见不得人。"从下午两点到七点才把女子放出来，进行连续多次强奸。被奸污的女子当时不敢呼叫，事后不敢告状，甚至父母明知女儿被他关在家里糟蹋也不敢过问，只有长吁短叹。有个女孩子被强奸后，父母把她关在家里，以防再遭奸污。侯却在光天化日之下提刀上门，向其父母要人。这些被凌辱的女青年，有的想服农药自杀，有的到外地躲避，但都不敢告状。因此，当地群众都称侯鸣放是现代的新恶霸。

二　侯鸣放成为恶霸的社会根源和条件

侯鸣放由一般流氓犯罪而发展成为称霸一乡的新恶霸，这绝不是偶然的，而是有深刻社会原因的。

（一）家庭封建特权意识的熏陶。侯父是南下到定远的老干部，已离休；母亲是个体户经营者，能使八面风。侯鸣放是他们的独子，自幼娇纵。儿子每次行凶作案，父母及全家就倾巢出动。父找老关系（老部下、老同事遍于定远县城），母提老母鸡托人情，十几岁的妹妹则无理胡缠，在职的姐姐和在解放军某部的姐夫咄咄发威。兼之侯鸣放自幼又练得一身武功，于是权势、关系网和"拳头"相结合，形成可以左右"官"民上下的力量。所以他每次犯罪，每次都能逃出法网，并日益骄横，正如他在行凶打人时公开自白的那样："你说我是土匪，我就是土匪，你说我是流氓，我就是流氓，你们去告吧。上次不是判我7年徒刑吗？我妈妈只要走一趟，不就无罪释放了吗？"他的妈妈是这样，他的姐姐、妹妹也都为虎作伥，成了他的帮凶。如一次县公安局派车拘留侯鸣放，侯的妹妹竟把公安局车子拦在乡政府不让走，大闹一夜，致使侯犯乘机躲逃，没有抓住。侯鸣放强奸王某，王某逃到合肥躲避一个时期，后因其哥哥结婚才回来。侯知道后又要奸污她。于是侯姐姐侯鸣霞竟然把王某诱骗到家里，使得侯鸣放再次强奸了王某。侯鸣放在他全家的包庇纵容下，当地政法部门也奈何他不得，那些被辱、被打、被奸、被敲诈的群众，眼看侯"进出"公安局如走亲戚，对侯也就更加畏惧，打不还手，骂不还口，被奸不敢呼救，事后不敢告状。这又反过来使侯更加肆虐无忌，步步升级。

（二）社会关系网呵护纵容。侯鸣放一贯行凶伤人，破坏社会秩序。1983年被捕，以流氓罪判七年徒刑。滁县中院以事实不清发回重审。为什么重审时把流氓罪变为伤害罪？为什么又"姑念其态度较好"，而改为免于刑事处分？这都是上下左右关系网在起作用。侯鸣放本人曾自白："我妈妈到定远跑一趟，我不就无罪释放了吗？""未宣判前，副本已到我手里。"侯鸣放的母亲自白："是我到滁县地区公安处蹲了半个月才把它（七年徒刑）搞掉的。"这洋洋自得的几句，包含着多么复杂的关系网啊！

侯鸣放打伤那么多群众和干部，经三和乡政府多次催促，县公安局才决定对其拘留十天。可是侯到拘留所后，白天逛大街，晚间回所报个到。这种枉法行为没有关系网在起作用能解释得通吗？侯打伤了拉架的居民李章连，县公安局竟然把李章连拘留十天，而把侯鸣放交本单位"教育"。这对广大群众产生了巨大的心理威胁，他们说："打人者无罪，被打者却被拘留，侯的后台真大！"这一切都雄辩地说明，侯鸣放成为新恶霸，同定远县政法系统的不正之风、同重重封建关系网的庇护是分不开的。

（三）当地党组织软弱，一些领导人腐败。侯鸣放如此横行乡里、残害百姓，当地党和政府完全应该依法严肃惩处。但他们为什么不敢行使正当的权力，为群众伸张正义，甚至还闭着眼睛处理受害者？为什么打到一些领导的头上，他们也不敢动怒，反而一再退让呢？因为他们中一些人本身就是侯鸣放式的人物，就是正义鞭挞的对象。

（四）人民群众缺乏文化，不懂法律，农村思想政治工作处于放任状态。由于现在农村文盲很多，群众的文化水平普遍比较低；法盲更多，大部分群众基本上不懂法律。所以他们往往认识不到自己是社会的主人，也不会利用法律来同侯鸣放之流的罪犯、包庇罪犯的某些国家工作人员进行合理、合法的斗争，因而使自己长期处于逆来顺受的境地。

近年来实行农业生产责任制，农村的经济形势和政治形势越来越好。但是，由于生产关系的调整，生产组织形式的变更，随之出现了许多新情况、新问题。而我们的思想政治工作，从组织领导到内容、形式、方法，都没有随之改变，跟不上形势发展的需要，有的地方甚至处于放任自流的状态。致使各种歪风邪气，如封建主义的思想残余，资本主义的腐朽观念及势力，沉渣泛起，乘隙而入。侯鸣放之流就是在这种情况下滋生出来的。

从侯鸣放暴戾恣睢、称霸一方以及侯鸣放之流产生的社会根源，我们看到农村在政治思想领域所面临的严重问题。坚决打击和严惩侯鸣放之类的新恶霸，铲除滋生新恶霸的社会根源，是当前农村整党中要着重解决的重要问题，也是长期艰巨的任务。如何解决这个问题，完成这一历史任务，是我们各级领导和机关要严肃认真地思考和研究的问题。

另外，侯鸣放虽经省委领导同志批示已被逮捕，但从以往的情况看，到底能作何处置，还很难说。鉴于定远县的情况特别复杂，建议上级党委一定要派出得力的调查组，并对调查组加强领导、给以支持。否则，调查人员也将陷进去，不但使事情毫无结果，半途而废，还会放虎归山。

新恶霸侯鸣放的下场*

　　1985 年 8 月 16 日晚，安徽省定远县三和乡政府大院里，水泄不通的群众簇拥着几个衣衫被撕烂，头脸淌着血的人在向乡政府申诉：我们被侯鸣放打成这样，国法何在？副乡长兼公安特派员张道维一面安慰受害者，一面拿着话筒要县公安局。这时，一个满脸横肉的年青人，耀武扬威地闯了进来。他就是打人的凶手侯鸣放。此刻，他连吼带骂地反问道："我打了你们吗？"

　　这个被群众称为恶霸侯鸣放的恶行，真是令人发指。原来，白天他在一家小店饮酒，正遇黄桥水库主任许厚国、吴其如、胡采业等人买汽水喝，侯鸣放无端地一把夺下胡手中的汽水瓶，又对胡头上连砍三掌，踢了几脚，许、吴二人上前拉架，也被侯各打了几个耳光。70 岁的老农民王少华，见此情景说了句不平话："我活了几十年，还未看到这样的红毛野人。"这一下不得了，老汉被侯鸣放抓住了，拳打脚踢；侯用自己的头对着老人的头猛撞，把老人霎时打得满头满脸是血，昏倒过去。此时，三和中学老教师蒋宗汉的儿子蒋继尧，不平地说："人家不还手，怎么还打呢？"侯便揪打蒋继尧。蒋宗汉闻讯赶来讲了一句："算了，算了，打什么。"话刚落音，侯就反抬臂向蒋宗汉老师打来，接着踢胸，猛打不休。年近花甲的蒋宗汉老教师怎么能经得住流氓的拳打脚踢，转身就跑，侯紧追不放。蒋老师刚进家，门还未来得及闩上，侯又追了上来，一脚把门踢开，蒋跑到了医院、被医生锁到了治疗室柜躲子底下才未被跟踪而来的侯鸣放找着，可是，医院的医生、护士等都被侯打跑了。侯鸣放这个凶神又砸坏了蒋家的电风扇、缝纫机等物。晚上，侯又找到蒋继尧继续打，被侯打伤的共有 11 人。当晚蒋老师女儿找到李乡长，李乡长说："我处理不了他，你去找潘书记。"次日上午，蒋宗汉再去找乡党委潘书记。潘说；"我们处理不了他，你可以上告到县委主要负责同志那里，县委如问乡里为何不处理，你就说乡里处理不了他。"

　　侯鸣放心毒手狠，由来已久。1981 年，他担任生猪派购员时将农民李明打昏。1982 年 8 月，他将李涛头部打伤。1984 年 11 月，他将本单位职工打伤，街道居民李章连上前劝阻，又被侯打得满脸是血。1985 年 8 月，他连续打了理发员朱林利、杨东及残疾人王瑞等 11 人，打人的疯狂程度令人咋舌。

　　……

　　侯鸣放还在三和集强奸未婚女青年多人。他扬言："要把三和集上漂亮女孩子个个睡遍。"有个女孩子被强奸后，其父母知道后只有把女儿关在家里不让出去，以防再遭奸污。但侯还不甘罢休，在光天化日之下捉刀上门，对女子父母进行威胁。这些被凌辱的女青年有的想服农药自杀，有的到外地暂避，都不敢上告。

---

　　* 原载《农民日报》1986 年 1 月 26 日。

侯鸣放是何许人也，竟然如此猖獗？侯鸣放，男，现年27岁，初中文化，1975年初中毕业下放在定远县三和乡生产，1981年顶替父职在吴圩食品站工作。1983年8月因流氓罪被捕，1984年4月免于刑事处分释放。同年7月重新分配到三和乡食品组工作，8月又因殴打他人被公安局行政拘留15天。

侯父是南下到定远的老干部，母亲是个施八面风的人物。侯鸣放是他们的独子，自幼骄纵，独生子每次行凶作案，全家就出动托人情。侯鸣放自幼又练了一身武功，于是权势、关系网和"拳头"相结合，形成可以左右"官"民上下的力量，使他每次犯罪，每次都能逃出法网，日益骄横、日益视国法为敝屣，无恶不作。正如自己在行凶打人时公开自白的那样："你说我是土匪，你说我是流氓，我就是流氓，我就是土匪。你们去告吧。上次不是判我七年徒刑了吗，我妈妈只要走一趟，不就无罪释放了吗？"

然而，法律是无情的，蒋宗汉老师被殴打后，向县有关部门反映了情况，状告侯行凶打人的罪行，在有关领导的支持下，现在司法机关已将侯鸣放逮捕。

附录

《农民日报》评论
——打击乡间恶霸　保护群众利益

新恶霸侯鸣放终于又落入了法网，这是大快人心的好事！当地群众有理由要求专政机关此次能够秉公执法，除恶务尽，决不可再让这个家伙逍遥法外。

中国人民解放三十多年了。骑在老百姓头上的恶霸地主早已绝迹。祖国大地上，到处充满着互敬互助的社会主义新型人与人关系。但是，不能不看到，在某些党风和社会风气不正的地方，确有少数像侯鸣放这类依仗权势、横行乡里、欺压群众、凌辱妇女的恶棍。他们的行径，已经超出了"浑不讲理"的思想作风的范畴，完全构成了侵犯群众人身权利的犯罪分子。

然而，有关部门的一些干部，竟一怕他们的"后台硬"，二怕他们"飞拳脚"，或不理不睬，或抓了又放，对群众受害漠然处之。群众对这样的干部是不满意的。

我们是共产党领导的社会主义国家，人民是新社会的主人。保护人民是我们党政机关的政法部门义不容辞的责任。因此，对侯鸣放这类恶棍的仁慈，就是对人民的残忍。不制裁他们，不足以平民愤、正党风。

现在，一些乡村有一种不好的风气：在处理人与人之间的关系中，不是靠讲法纪，讲道理，讲互谅互让；而是靠权势，靠蛮横，仗拳脚。说什么"软的怕硬的，硬的怕横的，横的怕不要命的。"总之，以蛮横为荣，搞"武力解决"。这股歪风怎么来的？很大程度上是侯鸣放这类害群之马掀起来的，是他们造成了一些农村青年"为了不受欺负，你横我也横"的对抗心理，把本来可以调解的民事纠纷激化成刑事案件。这对农村的社会主义精神文明建设是十分不利的。因此，我们要看到，侯鸣放之流不仅危害了群众，也败坏了社会风气。只有制裁他们，才能正党风，促民风。

党中央发出了五年内在群众中普及法律知识的决定。我们要通过严惩侯鸣放这类犯罪分子，教育群众认识法律的威严，学会讲法律，讲道理，用正确方法处理人民内部的各种纠葛，做举止文明的新型农民，建立社会主义相互友爱的人际关系！

原则是非不容混淆[*]

——对滁县地委政法委员会关于侯鸣放问题
"调查报告"中几个问题的澄清

1985 年 9 月我接到定远三和乡中学教师蒋宗汉（与我素不相识）的一封申诉信，接着蒋宗汉又找到我家，向我叙述其全家及其他无辜群众共 11 人，在 8 月 26 日遭到地方流氓侯鸣放无端毒打致伤的经过，要我作为一个社会学研究工作者去定远调查这一社会问题。于是我通过电话与定远县有关部门联系查证属实后，即将这封群众来信当面送交省委书记黄璜同志，黄璜同志立即作了批示，要定远县委书记陈六同志查处。随之，我到定远三和乡就此一问题作了调查并写出文章在《安徽日报》1985 年 10 月 31 日和 12 月 3 日两次相继作了报道。不久，滁县地委政法委员会派出调查组到定远就侯鸣放问题作了调查，写成调查报告，四处投寄控告我在《安徽日报》上的两次报道与事实不符。这份"报告"没有寄给我。我是在偶然的场合读到这份控告我的"调查报告"的，读后十分震惊，作为地委一级组织的政法委员会，竟能写出如此颠倒是非、丧失原则的所谓澄清事实真相的"调查报告"来！！我这里谨就该"调查报告"中几个带原则问题作如下答复，这也算是给"澄清者"以澄清吧。

一、打人凶手侯鸣放于 1984 年 9 月 5 号酒后打伤本单位多人，复员军人李章连路过劝阻被罪犯侯鸣放无端打得头破血流，李章连跑到乡政府请求予以紧急处理，但乡里领导对此表现得软弱无力，不能及时处理，遭到李章连的辱骂。此时，乡政府申报公安请求对侯、李进行处理。具体要求是：对打人凶手侯鸣放进行逮捕法办，对李进行行政拘留 15 天，而定远县政法机关是如何处理的呢？对打人罪犯侯鸣放给予交本单位严肃处理了事，而对被侯打伤的李章连则给予拘留 15 天的处分。这件事在三和乡群众中引起了强烈的反映。事非如此混淆，如此颠倒，使群众愈加相信侯鸣放有后台，愈加畏惧侯鸣放的淫威。对这样奇怪的处理，地委调查组为何不深入一步进行调查作出如此错误处理的内因，反而辩护说："因侯屡进公安局拘留一下不过劲，不及单位给开除处分为好。"调查组在调查报告中只责怪侯的单位没有给予严肃处理，却并没有具体要求本单位给予侯以开除处分。更重要的是侯鸣放这次无端打伤许多人，又是前科累累作恶多端，曾打伤过数十人，曾经被拘留过，曾经被捕过的惯犯，多次触犯刑法，不按刑律制裁，即使真的被行政开除（实际上并未作如此建议）够吗？这能符合调查报告所说的定远县政法部门对侯犯打击得力、打击及时的褒之又褒的评语吗？这个调查组是由滁县

＊ 本文系作者 1986 年 5 月给中共安徽省委政法委的报告。

地区中级法院鹿院长率领的，由地区政法系统中层干部组成的，为何对这个普通的法律常识都不懂呢？这实在令人费解。

二、"报告"第六页讲到："《安徽日报》12月3日刊登的文章中关于侯鸣放有后台问题。侯经常吹嘘，他父亲是老干部，省里有人，县公安局也有熟人，判我7年刑只要妈妈跑一趟不就无罪释放了吗？侯的母亲公然对公安特派员说：我到滁县地区公安处跑了半个月就没事了。"三和乡副乡长兼公安特派员张道维同志是这一事实的证人之一。地委调查组在对证张道维的时候，张直言不讳地说是侯鸣放的母亲向他这样说的。调查报告却说："侯鸣放及其母亲郑国英否认此事，张道维同志又提不出新的线索"，因而调查组就断定"查无实据仅仅是张道维猜测而已"。对此我不禁要问：张道维提不出新的证据，你们就下结论说是张道维仅仅是猜疑而已？那么侯犯及母亲郑国英否认他们曾说过这些话，难道就能完全排除是由于罪犯隐蔽罪行而作的狡猾抵赖吗？你们为什么不下一个"张道维证明郑当面向他讲过这些话，而郑否认，仅仅是罪犯隐蔽罪行的诡辩而已"的结论呢？听到过侯等散布上述言论的人，岂止张道维一人，就是在8月26号侯鸣放殴打老教师蒋中汉及其全家的大庭广众之下就说过上述的这些话，老教师蒋宗汉及其全家都听到了。而且在三和乡许多群众也都直接听到过侯鸣放的类似吹嘘。更为重要的是，在你们的公安特派员提出证词而罪犯否认的情况下，在双方都没有提出人证和物证时，你们为什么就这样轻率地相信罪犯及其家属的话，而把你们公安特派员的证词轻率地贬之为猜疑而已呢？这不又说明你们相信罪犯远远超过相信你们的公安特派员了吗？如果你们这一结论是正确的话，那么你们的这个公安特派员的素质，就根本不符合做一个公安人员的起码要求，你们过去为什么要使用这样一些公安特派员，而现在又为何不给他以撤职呢？做伪证是犯罪行为，公安人员做伪证那更是罪上加罪。"调查报告"的这段话使我们嗅到这样一种味道，滁县地区政法委员会的调查组在这个公安特派员和罪犯之间，爱憎异常鲜明。他们的立场使我们发生了疑问。

三、"报告"第七页引用王芳家给侯的一封恋爱信，就下结论说侯、王之间有恋爱关系，因此构不成强奸罪，我不知道你们这些法律工作者谙熟司法，根据哪一家法典，说男女之间有恋爱关系就不可能产生强奸，恋爱与性交是同一语吗？摆在人民面前的王芳家的控诉信中说："侯把我带来南小街，说'你放明白点，你若不同意，我要你的命'。他身上带有小刀，只好被他奸污，我回来也不好同父母说。以后不同他在一起了，母亲在阴历8月18日把我送到合肥。阴历初七我回来，晚上侯的姐姐说：'侯鸣放叫你有事'，当时我就跟他的姐姐去了，侯又用强硬的手段把我带到南小街野外，又奸污了一次。父母把我关在家里，侯又闹上门手里拿把小刀亮给我父母看，父亲要同他到乡里讲理，侯鸣放说：'你又不是你女儿，你同我到乡里领不了结婚证'。我受了这么大的侮辱，希望党为我申冤。"这是一个在侯犯蹂躏下的女青年的声音，你们为什么听不见呢？对于这样一份用血和泪写成的文字，你们为什么看不到呢？还有一封侯鸣放给王芳家的亲笔信也存在定远公安局档案里，侯信的最后一段说："我也很高兴的能有一天亲自送你一件珍贵的但无价的礼物，那就是等你成家以后，我可以自豪地说句小妹王芳家真幸福，终于跨进生活的乐章。"这里所说的"无价的礼物"和"生活的乐章"是指什么，是恋爱吗？分明是威胁的口吻。作为调查组侯犯的档案你们不可能看不到，为什么你们的"调查报告"没有提到构成侯犯罪证之一的这封信？你们把明明的强奸罪肆意改为通奸罪，你们真不懂还是装着不懂？

四、"报告"在同页提到侯鸣放强奸高仿琴的问题！调查报告竟断章取义、斩头去尾地引证了高所说的"门是我关上的"这句话，就断定与高的性交不是强奸，是高自愿的，你们为什么不引证放在侯鸣放的档案里的高仿琴的控诉信中带实质性的文字呢？高说："侯鸣放1985年6月12日下午二时左右在我这喝了酒，饭后叫我去他宿舍帮其洗衣服，因侯以往经常闹事，其母叫我父亲多多帮助教育，为此侯就经常说把我当亲妹妹看待，为此我放心地去了，不料到侯的房间后侯起歹意，先叫我把宿舍的门关上，当时我不知他什么意思，就关上了。这时候叫我到床前，不想侯一把将我搂住，按到床上，随后硬叫我把衣服脱掉，对我实施奸污，当我反抗不愿脱衣服时，侯威胁说：你如不愿脱我将你衣服全部撕毁，叫你出去不能见人。为此我就不敢再呼救了！再说侯又是流氓成性的，他什么事都能干得出来，怕侯达不成目的会杀害我，因而只有听从摆布，侯并说这下我们就成了好夫妻了，还说了一些脏话在此也难开口叙说，侯兽性发作，从下午两点多钟搂睡到晚上七点多钟才放我出门，在这段时间里侯连续对我三次进行奸污……为此我想轻生喝敌敌畏，但由于嫂子和母亲整天看守才未死掉，父亲恼睡了几天，全家人都唉声叹气，本想向乡政府控告其罪行的，但害怕侯得不到法律制裁，会对我们全家实施暴力造成家破人亡。因侯曾打乡长张广成、副乡长黄积凡以及街上很多无辜群众，都未受到什么处罚，甚至拘留几天也未在看守所蹲。再说，我被奸污前，侯对街上唐元霞和王恩伦家的小五子进行奸污，她们都未敢告状。因为也害怕告侯会给我家带来灾祸，故一直未敢吐露，如这件事不是省里来人让我告，我还准备算了，以保个人性命和全家安全。通过领导教育今天我大胆诉冤，盼政府严惩流氓犯侯鸣放。"为什么调查报告中只摘引了"门是我关的"而删去了"门是侯鸣放叫我关的"这一句话呢？不引证衣服是侯犯强行扒掉呢？不引证高在受害后想服农药自杀的情景呢？所有这些，又给人们说明了什么呢？说明的是调查组曲意包庇侯鸣放的罪行。至于"调查报告"说："奸污以后还在侯家同侯的妹妹看电视"，这就能否定侯鸣放强奸的罪行吗？调查报告更荒唐地说"是张道维一再动员申诉"，这些被强奸受害者才申诉的，我们要问：难道要让这些在流氓恶霸侯鸣放淫威下蹂躏的妇女永不敢抬头，永不敢揭露侯犯的罪行，才能使调查组的同志称心如意吗？调查组的同志们为什么不看一看这些被强奸的受害者对侯鸣放的凶残产生的恐惧心理状态呢？我们负责保障人民正当权利的人，面对人民遭到如此蹂躏而不敢告发的状况，不感到内心愧疚吗？我们有理由怀疑这些政法战线上的尖兵，你们究竟在保护什么人、打击什么人？

五、"报告"第九页说"辛的文章《不能让恶棍逍遥法外》与事实不符，因为侯今年8月26日打人29日拘留，辛同志到定远调查此案时侯已进大牢，侯怎能逍遥法外"，并说："辛已看过卷宗为何回避这些事实确实令人费解"，其实，调查组看完了辛文就应该看到辛在《不能让恶棍逍遥法外》一文中已清楚写明侯鸣放已被逮捕，为什么文章的标题用"不能让侯鸣放逍遥法外"，因为侯鸣放自1981年参加工作以来的犯罪历史表明，由于政法部门对他几擒几纵，使他越来越嚣张，当群众对他越来越畏惧，致使他打遍全三和，打不敢还手，骂不敢还口，被强奸妇女当场不敢呼救，事后不敢告状，人称一霸，荼毒黎民。这一系列使恶棍逍遥法外的事实，难道不是有目共睹、举世皆知的事实吗？为此，辛的文章标题用"不能让恶棍逍遥法外"意思自然是说，这次逮捕了，再也不能重复过去擒而复纵，让他危害人民了，这又有何"费解"之处？至于报告中说：辛秋水擅自复制卷宗材料，违反有关规定，难道"调查报告"的执笔者不查对一下定远县委以及县委办公室，没有县委负责同志的指示，没有县委办公室同志拿出复印，辛要擅自能擅自得了吗？何况复印的这些材料大多是侯犯的历次判决书等材料，都是公之于众的东西。幸好有这些真凭实据在，才方便我们为了保护群众的利益，保护国家法律的严肃性，同那些歪曲事实企图包庇侯鸣放罪行的人作斗争。

六、"报告"说："辛秋水同志两篇文章发表以来引起极大反响，给地方党委和政法部门压力很大。"我们觉得这太好了，这正是辛秋水这两篇文章所要达到的目的。给执法不严、打击不力不能保护群众正当利益，相反地却不断助长犯罪分子气焰的政法部门以压力，让他们认真检查自己的工作、端正自己的工作作风，不是完全应该的吗？调查组的同志为什么不去听取群众的声音。定远城乡群众在读了辛秋水这两篇揭露侯鸣放严重罪行的通讯报道以后精神振奋，笑逐颜开，喜看恶霸的下场，赞颂政府除恶决心，党的威信从而得到提高，这难道不是极大的好事吗？

七、定远县人民法院1984年重新审判侯鸣放时，在侯的犯罪定性上混淆了法律界限，因而判决也是错误的，理由如下：

定远县法院一审认定侯鸣放犯流氓罪，被告不服，上诉于滁县地区中级人民法院，中院认为，侯案主要事实不清，请发回重审。定远县法院重新组成合议庭，复查了主要事实，重审后认定，被告侯鸣放犯的是伤害罪，而不是流氓罪。由于伤害的情节后果不严重，给被告免予刑事处分。

我在查阅主要案卷之后，认为被告人侯鸣放流氓犯罪特征明显，定远县改判与事实和法律不符。为此我这里重申流氓罪与伤害罪的几个界限以求得准确地运用法律，防止有罪者逃脱法网。定远县司法机关在复查重审后认定被告为伤害罪至少有这样几个界限被混淆：

（1）被告侯鸣放在大庭广众之下，肆意挑衅，殴打干部和群众，是违反公共生活中人们应当遵守的共同生活规则，破坏公共秩序的流氓犯罪行为，而定远县司法机关注意到被告人殴打人的具体行为特征，侵犯了公民的人身健康，因而触犯伤害罪的客体——社会关系，显然有片面性。实际上被告侯鸣放殴打干群是其流氓犯罪行为的重要表现，其行为破坏了公共秩序，扰乱社会治安，侵犯的是流氓罪的客体。他寻衅滋事、殴伤民众是其流氓行为的后果。因此，第一个被混淆的是被告人行为所侵犯的客体，是破坏了其公共秩序还是侵犯了人身健康？

（2）我们看第二方面，被告人实施行为的思想，也就是他犯罪的主观方面，是流氓的动机和目的？还是伤人的动机和目的？被告人侯鸣放丧失起码的道德观念和法制观念，目无法纪，无事生非，偶尔口角，不顺意就大打出手，见人就打，谁上来拉架劝和就打谁，被告人的动机目的不是为了从侵害某个特定目标中取得物质利益，或者其他可见的利益，与被打的人并非有个人恩怨而借机报复，这表明了他突出的流氓动机和目的，而不是意在损伤被害人的身体健康。侯鸣放在打人行凶时不计后果，听之任之，放任自己的行为，这是流氓活动的犯罪者对其行为与后果所抱的又一典型心理，被他打的人有轻伤，有重伤，甚至危及生命，而这些后果是流氓犯罪分子根本不予顾及的。其行为反映出侯鸣放绝不是伤人的动机、目的，而是流氓的动机。

（3）确实，从侯鸣放的流氓行为特征及其行为侵害的对象来看，很容易与伤害罪的伤人的行为特征相混。全面考察他的行为，联系主观动机目的和客观上侵犯的社会关系，不难发现，侯鸣放犯的是流氓罪，而不是伤害罪。刑法第160条规定，流氓活动的违法行为要达到情节恶劣，侯鸣放的流氓行为是如何体现的呢？实际上侯鸣放以肆意伤人、打人为快事毫不夸张地说是一贯的，从在采石场因多次打人被开除到在吴圩的继续行凶，每次打人行凶在大庭广众之下，肆无忌惮，扰乱社会治安，造成严重的混乱和不良的社会影响。

（4）定远县法院在接到滁县地区中级法院批复重审时，没有抓住侯鸣放犯罪的本质特征——流氓的本质，忽视对侯的伤人行为实属流氓行为之内在的认识，那么显然是以偏概全，以具体行为特征概括全体、本质行为——流氓犯罪行为。

综上所述，被告人侯鸣放寻衅滋事、殴打他人情节恶劣，显然已构成流氓罪，以伤害罪认定是极为明显的错误。

就明光市明东派出所所长王守富刑讯逼供、敲诈勒索、报复陷害一事给中共安徽省委书记卢荣景同志的报告

卢荣景同志：

　　您好！

　　前次我向您口头反映我省明光市公安局明东乡派出所所长王守富不经调查，没有任何证据就将该乡纪业辉等三青年带到派出所非刑逼供，屈打成招。然后拿着纪业辉等人的所谓口供到纪等的家里进行敲诈勒索。随之将这三位无辜青年送至看守所。明光市人民检察院以缺少必要的证据拒绝批捕，县公安局不得不将这三位无辜青年无罪释放。这三个无辜青年回到家里始知明东乡派出所所长王守富利用他们非刑逼供来的所谓口供，已向他们各自家庭敲诈勒索好几千元。这三位青年随请律师向明光市人民法院起诉，明光市人民法院立案开庭审理，但明光市公安局及明东乡派出所拒绝出庭，后在明光市公安局缺席的情况下，作出判决：要求县公安局退回明东乡派出所向纪业辉等三青年敲诈勒索的钱款，并赔偿纪等三青年在无辜被看押的情况下的经济损失。判决书下达后，明光市公安局和明东乡派出所以无钱退款为由，拒绝执行法院判决。不仅如此，而且在纪业辉等人第二次到明光市人民法院要求执行法院判决时，明东乡派出所所长王守富竟带着两名公安人员到明光市人民法院当众将纪等三青年用手铐铐走，向法院工作人员宣称：纪等又重新犯盗窃罪，又将他们送到明光市看守所。稍后，仍以所谓盗窃罪，决定给他们劳教处分。纪业辉等人已被送至劳教场所。当时，您指示要我对此事在做进一步的实际调查后再定。据此，我昨天到纪业辉所在的劳教场所对纪进行面对面的提讯，并进行了录音。根据提讯材料完全证明明光市公安局明东乡派出所不经调查研究，就对三名无辜农民青年强加罪名，并非刑逼供，敲诈勒索，报复陷害的事实。兹将对纪业辉的审讯记录附上，请审阅批示。

　　此致

　　敬礼

辛秋水

1997 年 4 月 16 日

附录 1

对纪业辉的提审记录

时间：1997 年 4 月 15 日晚

地点：安徽省强制戒毒所

问话人：辛秋水

被提询人：被劳动教养人员纪业辉

录音：

辛：你叫纪业辉吗？因什么原因被送来劳动教养的？

纪：我叫纪业辉。我因明光市公安局错定为盗窃犯，被送劳动教养的。

辛：明光市公安局定你盗窃罪，难道没有根据吗？你应该据实回答，如有隐瞒，将受法律的严惩。

纪：我讲一下此案的详细经过。1996 年 2 月 5 日上午 9 点，明东派出所几位干警叫我到派出所了解情况。到了派出所，派出所王守富所长首先打我一掌，踢我一脚，说："你偷人家多少东西？赶快老实交代！"并把我用"飞机铐"的办法铐起来。所谓"飞机铐"，就是将左手从肩头上伸到背后，右手从背后向上伸，把两只手铐在背后。我并没有偷人家的东西，案发当场我在小张村民组黄新家吃饭。我辩解说："你们凭什么把我铐起来？在一起吃饭的黄新、黄夕春、李德远、黄庆保、毛贤进、纪其传可以作证。"他们不但不听我的申辩，又将我的头摁到桌子底下，弓着腰蹲马步，从早上 9 点一直蹲到下午 6 点。当时是冬寒天，我穿着一件单衣，痛得我汗水湿了一地。王守富说："你不承认，我送你到看守所去。"可是他们开车把我送到明光县城后，并没有把我送到看守所。

他们在饭馆吃过饭之后，又把我带回派出所。还是用"飞机铐"把我铐在派出所厨房里，扭打我，硬要我承认偷过别人的东西。由于我从未偷过东西，我拒绝承认。他们又残酷地在"飞机铐"里插上一根棍子，棍子从裤裆中经过，再将棍子往上提，我实在痛不过，就说："你们实在叫我承认，你叫我怎么办就怎么办。"于是，他们就写了一个东西，把我的手指拉住往上盖手印，当时大约是深夜 12 点。

2 月 6 日，他们送我到明光看守所。2 月 7 日，明光看守所提审我，我还是说："我没有干什么坏事。"直到 4 月 9 日，看守所才放我回家，给了我一张离所证明书。我回家后才知道明东派出所王守富拿着我按下手纹所谓供状罚了我家 8000 元钱。加上在我身上搜去的 728.80 元，一共 8728.80 元。我对此十分气愤，找派出所要钱。王守富对我说："你要钱，稀饭还没喝够吗？"当时，王守富只给了我 2000 元钱，有些干警叫我赶快回家。

我回家后，继续上诉。到明光市人民法院打官司。5 月 4 日，市法院受理了这个案子。开庭那天，明光市公安局和明东派出所都拒绝出庭。10 月 11 日，明光市人民法院判决明光市公安局败诉。判决书要求明光市公安局退还我 6728.80 元的罚款。并赔偿我因错误收容的误工补助和诉讼费。后来，我到法院要钱，法院告诉我明东派出所说没有钱。直到 1997 年 1 月 29 日下午，我又到法院执行庭要钱，庭长何玉义打电话给明东派出所王守富，要他送钱。过了一会儿，王守富带几名干警来了，他当众说："这个人又在家盗窃，重新作案。"于是又把我铐起来，送到明光看守所。明光看守所不接纳我。王守富又到公安局找毛局长签了字："先行关押。"明光看守所这才把我接收下来。

1997年2月2日，明光市公安局送了一份劳教判决书给我。当时，明光市公安局法制科科长徐中锋对我说："对你劳教三年。"我说："我没有偷东西。"徐说："我知道你没有偷东西，但你跟我们打官司，就是跟我们过不去。我们穿皮鞋，你穿劳保鞋。我代表共产党，你能把共产党推翻？到2000年后，你回家再告状，你再进来！"3月24日，徐中锋把我送到合肥安徽省强制戒毒所劳动教养。这就是事实经过。

附件

安徽省人民检察院文件

关于明光市明东派出所所长王守富刑讯逼供问题的报告

皖检发法字〔1997〕107号

省委卢书记、方副书记：

根据省委卢书记、方副书记在省社科院辛秋水教授情况反映上的批示，我院及时派人对辛教授反映的明光市明东派出所所长王守富等人刑讯逼供导致劳教冤案一事进行了调查，调查中调查人审阅了公安调查卷，并走访了当事人，情况基本查清。现将调查基本情况报告如下：

一 基本情况

被劳教人纪业辉、唐夕波、黄夕春，明光市人，住明光市明东乡。1996年2月6日因盗窃被明光市公安局收容审查。1996年7月29日因盗窃被滁州市人民政府劳动教养管理委员会分别决定对纪业辉劳教3年，对唐夕波、黄夕春劳教2年。1996年5月4日明光市人民法院受理了纪业辉等人不服明光市公安局对其收容审查。（下略）

附录2

中共安徽省委书记卢荣景同志的批示

此案必须彻底查清，结果见报。送春生同志阅。

1987年7月24日

附件

安徽省人民检察院办公室文件

关于查处明光市明东派出所所长王守富刑讯逼供问题的补充报告

皖检办发（1997）49号

省委卢书记、方书记：

《关于明光市明东派出所所长王守富刑讯逼供问题的报告》报告之后，为检查报告中几点意见的落实情况，按照宋检察长的意见，我本人做了以下工作：

　　一、与省劳教委协调纪业辉等人不服劳教决定的复查工作，并邀请省劳教委办公室负责同志和承办人员一同前往明光市听取明光市检察院查处王守富刑讯逼供造成冤案的情况汇报。同时将有关情况通报给滁州、明光市二级公安机关负责同志。公、检双方一致认为这是一起因刑讯逼供造成的劳教冤案，应当及时纠正，劳教委于 7 月 22 日撤销对纪业辉、唐夕波、黄夕春的劳动教养决定，并表示积极稳妥地做好善后工作。（下略）

附录 3

中共安徽省委书记卢荣景同志的批示

　　兆祥同志：此案实属情节严重，要依据事实和法律尽快处理。另外，明光市公安局有什么责任也应查清，结案后应公开曝光。

1997 年 7 月 26 日

附录 4

中共安徽省委副书记方兆祥同志的批示

　　瑞鼎、孝贤同志：依法进行执法、监督很有必要，要一抓到底。请按荣景同志要求尽快落实。

1997 年 7 月 25 日

附录 5

七旬教授为人申冤，省委领导惩恶扬善①
——明光刑讯逼供案水落石出

　　正义终于压倒邪恶，法律岂容践踏。这起由派出所所长导演的闹剧，日前终于落下帷幕，地处皖东大地的明光市人民无不扬眉吐气，拍手称快。

　　1996 年 10 月 11 日，对于安徽省明光市明东乡罗岗村青年农民纪业辉来说是个难以忘记的日子。

　　这一天，明光市人民法院判决原告纪业辉胜诉，被告竟是明光市公安局。不知是何原因，被告在庭审时却缺了席。

　　明光市人民法院（1996）明行初字第 12 号行政判决书裁定：

　　"被告对原告收容审查和追缴 6720.80 元人民币的行为没有提供任何事实证据和法律依据。

---

　　①　原载《合肥晚报》1998 年 4 月 16 日，作者：吴理财。

……

"经审理查明：1996年2月6日，明光市公安局明东派出所以原告有盗窃嫌疑为由，将其收容审查64天，其间将原告随身携带的现金720.80元予以收缴，同时要求原告家人交出了现金6000元人民币。1996年4月9日，被告因检察机关不批捕，对原告解除收容审查，予以释放，上述追缴款未退。

"本院认为：在本案受理后，至一审庭审结束前，被告没有提供已作出具体行政行为的证据和规范性文件，不能证明其对原告收容审查、收缴人民币6720.80元的合法性，根据《中华人民共和国行政诉讼法》第三十二条、第五十四条（二）项第一目，《中华人民共和国国家赔偿法》第三条第（一）项、第四条第（四）项，判决如下：

"一、撤销明光市公安局1996年2月6日作出的对纪业辉收容审查决定，并赔偿由此给原告造成的误工损失217.60元。

"二、明光市公安局退还原告纪业辉被迫追缴的现金6720.80元。

"三、案件受理费308元由明光市公安局承担。"

与纪业辉同时胜诉的，还有明东乡大纪村的唐夕波（男，27岁）、黄夕春（男，26岁）和罗村的黄新（男，25岁）。至此，善良的人们以为，这桩冤假错案终于有了一个明断。然而，事与愿违。

面对法院的判决，明光市公安局明东派出所却置若罔闻。纪业辉等不得不向法院申请执行上述判决。

而明光市公安局却以明东派出所无款赔偿为由，再三推诿。当纪业辉等人再一次到明光市法院催促执行法院判决时，明东派出所却派两名公安人员在法院里将纪业辉铐起来，仍称纪犯盗窃罪，将其带到明光市派出所关押，后于2月2日，向纪业辉宣读了滁州市劳动教养管理委员会滁劳教（96）第85号劳动教养通知书，以盗窃为由，决定对纪业辉劳动教养三年，自1997年1月31日起至2000年1月30日止。1997年3月24日，纪业辉被送到合肥安徽省强制戒毒所。

同时，王守富也给唐夕波、黄夕春二人送去劳教通知书。后来，唐夕波被送到远离家乡的宣州市安徽省宝丰劳教所劳教。黄夕春闻讯后不得不外出藏匿，劳教才未能对其执行。

当纪业辉被送劳动教养时，家中小孩尚不足周岁，在其劳教期间，他家的生产全部停止。妻子一人带着不满周岁的小孩整日愁容满面，憔悴不堪。父母更是痛苦不已，整日茶饭不思。他们四处奔走，先后到市、地区和省级有关部门申诉。为此，家中仅有的一点口粮也卖得一干二净，只得靠借粮度日。

唐夕波家中更是凄苦难言。平日里最疼爱他的85岁高龄的奶奶因此而精神失常，日夜不眠，拖着年迈的身躯到处寻找自己的孙子……

黄夕春的日子也不好过，他背井离乡，整日躲躲藏藏。一天深夜，明东派出所干警突然来到黄夕春家，将其60岁的老母亲强行拖到派出所，严刑拷打，并声称："不交出儿子，就关老太婆！"就这样，这位可怜的母亲替儿子"拘留"了7天。

为此，3个无辜的家庭遭到不同程度的创伤。为了他们心爱的儿子，3个家庭的父母踏上了漫漫无期的上告之路。

1997年4月15日，著名社会学家辛秋水教授家里来了几位来自明光市的不速之客。这几位"客人"不是别人，正是上述几位状告无门的父母。他们不知从什么地方得知，辛教授一向仗义执言，为老百姓打了不少的官司。

辛教授听了他们的申诉，义愤填膺，拍案而起："共和国的法律岂容随意践踏！"

辛秋水在次日即将此情况向省委书记卢荣景作口头反映，卢书记告诉辛秋水：这是一件严肃的事，请你进一步调查清楚再说。次日，在获得省司法厅张成好副厅长的支持下，辛秋水迫不及待地连夜冒雨赶到合肥市郊的安徽省劳动教养场所，详细询问了劳教人员纪业辉的情况。以多年做社会调查的经验，辛秋水根据这次面对面的提讯，大体上肯定这是一起冤案。

辛教授一开始听说家乡"客人"的申诉，还心存疑窦：执法机关怎会执法犯法呢？！如果不是他亲自去劳教所询问纪业辉，说什么他也是难以置信的：身为公安人员竟敢如此胆大妄为，明敲暗索，草菅民命！

深夜一点多钟，辛教授才拖着疲惫的身子回到家里，他在床上辗转反侧，一夜没合上眼。第二天清早，他就起床伏案疾书，将案情详细陈述给省委领导同志。

辛教授的这份情况反映被送到中共安徽省委书记卢荣景的办公桌上。卢书记一口气读完了这份材料，当即作了批示，方兆祥副书记也作了批示。省人民检察院根据卢、方两位书记的批示，由白泉民副检察长率人到明光市进行深入调查后，对此案属于冤案这一点作出了肯定性的结论，以皖检发法字（1197）107 号文件，作了《关于明光市明东派出所所长王守富刑讯逼供问题的报告》。卢荣景同志批示道："此案实属情节严重，要依据事实和法律尽快处理。另外，明光市公安局有什么责任也应查清。结案后应公开曝光。"这份材料被转到省委副书记方兆祥手里，他看了以后气愤异常，随即指示省政法委书记、省公安厅厅长陈瑞鼎同志和省人民检察院院长宋孝贤同志要一查到底！对于执法犯法者决不心慈手软，姑息养奸。

事情发展至此终于有了一个眉目。但是，本案面对的是明光市公安机关，从公安局到派出所，关系盘根错节，要动它一下还真难！面对来自上级的压力，他们还是一拖再拖。

辛教授家里隔三差五地来人打探消息，辛教授再也沉不住气了。他反复地打电话给省公安厅、省检察院、滁州市委书记张春生同志和明光市法院、检察院，询问办案的情况。后来，他又亲自乘车赶到明光市，进一步调查了解情况，并找到相关的部门及其领导，要求迅速处理此案，还无辜青年一个清白。

中共滁州市委书记张春生和中共明光市委书记宋伟平十分重视此案的查处工作，并多次督促指示，一定要把此事查个水落石出！就在此时，省、地区和市三级检察院、法院已经对此联合展开了侦查活动。

好事多磨。1997 年 7 月 22 日，安徽省人民政府劳动教养管理委员会终于给纪业辉、黄夕春、唐夕波三人送来了这份"复查决定"（皖劳教［1997］007 号）：

"纪业辉不服滁州市人民政府劳动教养管理委员会滁劳教（96）字第 85 号决定书对其劳动教养三年的决定，向我委提出申诉。我委调卷复查认为：原案卷事实不清，证据不足，应当撤销。在此期间，安徽省人民检察院皖检法字（1997）138 号函告我委：明光市人民检察院已初步查明，明光市公安局明东派出所所长王守富在办理纪业辉等人盗窃案件中有刑讯逼供、诱供、指供等行为，并于 1997 年 7 月 20 日以检立［97］5 号决定对王守富刑讯逼供行为立案侦查。我委认为，由于明东派出所王守富等人在办理纪业辉等人劳动教养案件中有刑讯逼供的行为，致使该案全部事实和证据均不能认定。

"根据《安徽省劳动教养实施条例》第十八条之规定，决定：

"一、撤销滁州市人民政府劳动教养管理委员会滁劳教（96）字第85号决定书对纪业辉劳动教养三年的决定；

"二、撤销滁州市人民政府劳动教养管理委员会滁劳教（96）字第86号决定书对黄夕春劳动教养两年的决定；

"三、撤销滁州市人民政府劳动教养管理委员会滁劳教（96）字第87号决定书对唐夕波劳动教养两年的决定。"

这是一份迟到的复查决定，它的前后浸润着多少辛酸、痛苦的泪水，这3名风华正茂的农民为此付出了沉重的青春代价，他们的亲人朋友们又为之熬过多少无眠的漫漫长夜……

又是春暖花开的季节。

明光市人民检察院侦查结案后审理认为：王守富身为派出所所长，在办案中，不认真细致调查取证，对纪业辉等人采取非法刑讯等逼供手段，逼取口供。在得知唐夕波控告其受贿行为时，在明知办错案的情况下，为报复唐夕波等人，将纪业辉、唐夕波、黄夕春三人原不批捕案卷材料送明光市公安局法制科审批劳教，造成错案，情节严重，其行为已触犯我国《刑法》第一百三十六条、第一百八十八条、第六十四条之规定，构成刑讯逼供罪、徇私舞弊罪；陶仁军、倪善友身为治安队员，在参与办纪等人的盗窃案中，在王守富授意下，直接实施刑讯手段，其行为已触犯我国《刑法》第一百三十六条之规定，构成刑讯逼供罪。为打击犯罪，保护公民人身权利不受侵犯，根据我国《刑事诉讼法》第一百十一条之规定，对此提起公诉，相关罪犯将依法惩处。

玩火者必自焚，这是千古颠扑不破的真理。

1998年4月8日，从明光市传来消息：明东派出所所长王守富已被逮捕，两名联防队员业已开除并将追究刑事责任。受害青年纪业辉获得5000余元的赔偿，唐夕波获得11500元的赔偿，黄夕春也将获得相应赔偿。

与此同时，安徽省政法系统已全面展开清理整顿工作。

附录6
《中国青年报》评论——"假如没有教授相助"[①]

4月上旬，安徽省明光市公安局明东派出所原所长王守富，因非法对纪业辉等3位青年农民刑讯逼供，敲诈勒索，打击报复，被依法判处三年徒刑。辛秋水教授仗义执言，调查了解到大量可靠证据，向中共安徽省委书记卢荣景同志作了反映。经卢荣景、方兆祥两位领导的干预，省人民检察院白泉民副检察长率工作组到出事地点明光市明东乡调查核实，以及明光市检察院和明光市人民法院的严于执法精神和对此案实事求是的态度，使纪业辉等3位农民青年已沉海底的冤案得以水落石出，最后不仅宣布无罪释

---

① 原载《中国青年报》1998年5月9日，作者：张坤。

放，走出劳动教养场所，而且依法纪等 3 人获得明光市公安局两万余元的经济赔偿。

3 位青年农民无辜入监后，乡邻家里曾四处上访，并求助于当地司法部门，均没有结果，只好抱着最后一线希望找到安徽省社会科学院辛秋水教授，原因是听说这位知名教授敢于仗义执言。年逾七旬的辛教授果然拍案而起，并亲自进行了艰苦的调查，直接将冤情向省委书记作了反映，并多次前往明光催促有关部门尽快查办。

4 月 19 日，辛教授深思着对我说："这起错案在省委书记直接关注下终于纠正。我只是一名打抱不平者，希望这起冤案的昭雪，能对推动法制建设起到积极作用！"

推动，看怎么推动了。中国自古就多路见不平、拔刀相助的义士，辛教授可算是当今一名义士，其为无辜青年打抱不平的行为，可敬可佩！然而当人们为冤案得以昭雪庆幸时，我却想到：假如没有知名教授打抱不平，假如没有省委书记直接关注……

假如一个社会为民申冤的职责都由打抱不平者承担，这个社会的法制就不能算健全。由于种种原因，一些执法犯法的问题难以通过正常的法制途径解决，最后只好靠打抱不平者的舆论影响力（包括新闻监督）和党政领导的权威力促成"有关部门"尽快解决。但试想：有此遭遇的想必不止这 3 位青年农民吧，有幸得到"辛教授们"相助的又有几人？

"人治"办了一件好事，不能说"人治"就好，在大力建设法制社会的今天，要保护普通公民不受来自执法人员的非法侵害，既要靠司法队伍自身加强建设，靠司法制度的不断健全完善，也要靠强有力的执法监督。3 位青年农民此时也许笑了，但我没笑，因为令人深思的地方太多了。

党政之风不正探微[*]

当前，党政之风不正已成为全党和全国人民关注的焦点，成为改革大业成败攸关的关键。而不正之风之所以屡禁不止源于一个"权"字，即权的滥用、权的制约、权的授予问题。权的滥用是权的不受制约或很少受到制约所致，而权力不易受到制约，又来源于权的授予问题，即谁授的权。

权的滥用。充分表现在一些持权者，凭着手中实权非法谋取私人利益，如非法谋取高级住宅、豪华车辆，安插亲属，结关系网，以权开后门，以权出国，以权旅游，以权捞取各种无形的"软"收入，等等，一句话，以权去谋取各种特殊的利益，也就是特权。他们以权把社会主义社会人与人之间按劳取酬的正常差别扩大为等级，又把等级上升为特权。从而把自己变为名副其实的脱离人民的官僚，并企图把自己管辖的机关或地区变成近似封建社会的官僚衙门或领地。把自己的社会公仆身份变成社会的主人或者老爷。由于权的魔力如此之大，产生巨大的吸引力，使得我国本来就少得可怜的知识分子大量拥入各级党政机关，当教员的，当医生的，当工程师的各种专业人才，宁愿放弃自己从事多年的专业，拼命钻营到党政机关里去，大家拥挤在升官阶梯上你踩我，我推你，钩心斗角争权争官，而知识变成了社会的廉价品。

权的制约。为什么一些有权的党政人员能够如此广泛地进行各方面的以权谋私而肆无忌惮呢？就在于我们对国家工作人员特别是当权者缺少有效的制约系统。几十年来，我国许多重大失误的惨痛教训都清楚地说明了这一点。在执政者被迫刹车以前，虽然广大群众、仁人志士早就发现了错误，但是由于谁挺身而出讲真话，谁就被打倒，只能眼睁睁着看错误路线继续制造灾难。党的纪律检查委员会呢？那是属于同级党委领导的，而且其领导人实际上又是同级党委提名任命的。这样的机构能在重大问题或对重要人物起到监督检查作用吗？各级人民代表大会呢？它们同样受同级党委的领导，因此也不能起到什么作用。民间有句流言说得好："党委有权，政府有钱，人大举手，政协发言。"又说："门口挂个牌子，里边坐了几个老头子，手里抓了个印把子，实际上是个空架子。"这难道不是事实吗？如果说监督，人民来信倒是一个管道，但不幸的是，人民来信送到领导机关后，除非遇到真正负责的领导同志，会派人深入查究外，一般都是照批照转，转到下面往往是拖而不办、推而不办或顶而不办，甚至转到被告者的关系网手里，写信者就遭了灾，这样谁还敢写人民来信告他？上级领导机关可以监督，确实是有权监督的，但是，现在情况是下情不易上达，即使上达了，又有重重关系网的包围，使你处理一个坏人，往往有几个好人来说情。令不行、禁不止已成为卡住咽喉要道的顽

---

* 原载《开发》1986 年第 4 期。

症。一句话，由于缺少有效的制约系统，滥用权力、以权谋私之风成灾。

权的授予。权力缺乏有效制约来源于政治体制不完善，来源于民主生活不健全，归根到底即"权"是谁授予的问题。陈云同志说要"不唯上，不唯书，要唯实"。有的在人代会尚未履行"举手"手续以前，就把省长、副省长、县长、副县长公布了，闹成笑话。至于学术团体、群众团体更是如此，本来是应该由群体成员推选出来的，但实际却恰恰相反，像上述党政人员的实际任命程序一样，由有关单位指派。这样，怎能怪一级级"人民公仆"眼睛只向上看，看上级领导的"意图"，而不看广大群众的心愿，更不必去问群众对自己拥戴与否？群众再骂，我也不怕，所谓"骂则骂之，好官我自为之"。这样他们就俨然以"父母官"身份自居，而忘了自己的"人民公仆"身份，或者至少"人民公仆"的心理逐渐淡化，而封建官僚的心理却逐渐强化了。

民主还是"主民"？ 是"为民做主"还是"人民当家"，是"民主社会"还是"主民社会"？这是同"权的授予"问题密切关联的根本问题。世界上一切民主制国家，除非常时期如革命和战争动乱时期外，人民的公仆只能由人民来决定，即按人民自己的意志来选举自己的公仆，这是天经地义的事，这是人民当家而不能由别人来"为民做主"的根本标准，不搞民主法制，其他一切辩解、搪塞之词在觉悟了的人民大众面前只能被嗤之以鼻。党的历次代表大会的文件中均指出"没有民主，就没有社会主义"。人民当家做主不能由"公仆"本身来为主人决定由谁充当他们的公仆（即各级领导人员）。"为民做主"反映了我国几千年来的封建传统，"七品芝麻官"中唐知县所说的"当官不为民做主，不如回家卖红薯"，虽曾一时脍炙人口，但这终究还是"付命青天"封建主义的东西，同我们人民民主的原则是背道而驰的。

今天的中国是历史中国的继续，现实的人们都是中国历史的承担者。中国封建社会延续了两千多年，而从辛亥革命开始的资产阶级民主革命到现在也只有一百年，欧洲封建制最长的国家也不过一千年，但它们的资产阶级民主革命却经历了三百年之久，我们缺少欧洲式的民主主义思想启蒙。1949年新民主主义革命胜利后，我们在不少方面是以封建主义反对资本主义，结果越反越糟，直至发展到僧侣主义和拜神主义。我们没有把重心放在发展生产力上，没有对全民进行民主教育，也就是说没有对两千多年来的封建主义的思想传统进行彻底的洗刷。这些封建的东西是我国当前改革的巨大阻力，是建立一个高度民主的社会主义社会的障碍。因此，摆在我们面前最迫切的任务是不但要反对资本主义，而且是特别要反对封建主义，消除封建主义这个最主要的敌人。

同封建官僚主义作斗争的有效途径就是从整个国家体制上进行改革。必须进行政治体制的改革，全面地、诚心诚意地实行宪法上所规定的一切条款。没有政治体制改革的保证，没有宪法条款的不折不扣的实行，改革就会流于形式而夭折、变形化为泡影。讲现代化、只讲工业现代化、农业现代化、科技现代化、国防现代化是根本不够的，必须加上一条：政治民主化。真正实现主权在民的民主社会的要求，也就从根本上保证了社会的公仆不致变为骑在人民头上的老爷，变成一种异己的力量，变成新的国家官僚。

政治体制改革的先导是在全党、全民，特别是在国家工作人员中广泛深入地进行公仆和主人关系的教育，把被颠倒的东西颠倒过来，使各级党和国家工作人员，从观念到行动上来一个真正的转变，划清人民国家公仆和封建官僚的界限，划清社会主义国家党政机关同封建衙门的界限。在党内，必须提高各级纪律检查委员会的职权级别，把它放在各级党委的同级地位并实行垂直领导，如此，才有可能起到监督同级党委的作用。各级党组织必须保证党员真正能行使党章所规定的权利，首先是根据自己意志选举的权利。各级党组织的领导成员必须真正由党员大会和党的各级代表大会选举产生。党内实行竞选制，实行这一条才可能真正地发扬党内民主，才有可能使党员群众真正发挥对领导机关和领导人员的监督作用，才能真正使党内生活活跃起来，才能激发全体党员对党的事业的积极性。各级人民代表大会必须真正行使宪法所赋予的权力。人民代表必须真正由人民选举而不能事先确定名单。各级政府的领导成员应实行竞选制，由各级人民代表大会择其优者而选之，其劣者而淘汰之。这样，人民代表大会就真正地成为国家最高权力机关了，而不只是党和国家领导干部退居二线设的安排之所，各级人代会才可能履行宪法赋予的对同级政府的监督作用。人民的公仆只能由主人（人民群众及其代表）选择，而不能让公仆代替主人决定公仆，同时要使公仆时时处在主人的监督之下。

人民来信不能层层"照转"[*]

  胡耀邦同志不久前指出,各级领导干部对待人民来信不能采取"照转"的办法。"照转"的结果使信件常常落到被控告者手中,造成对写信人的打击报复,使冤情进一步扩大,这是一种十足的官僚主义作风。但是,有一些机关,一些负责同志对待人民来信,一般还是层层推诿,逐级批转,最后往往转到被告者的关系网中。

  首先,这种"照转"的做法,使被揭发者有恃无恐,助长了那些本来就存在着党风不正的部门或有严重问题的人为所欲为的气焰。例如,某县一个县委办公室秘书向上级有关部门写信揭发该县县委书记违反上级规定,用公款营造小庭院的问题。结果信件原封不动转到县委书记手里,这个县委书记在全县机关大会上,手里拿着来信抖动着说,有人向上告我的状,说我盖了小庭院,我正嫌小!我还要盖更大的呢!事后不久,这个秘书便被调出县委机关,放到下面乡镇当教员去了。然而因写信揭发领导不正之风带来厄运的岂止这个秘书!

  其次,这种"照转",增加了信访工作和处理问题的难度。现在,我们各级政府,各级纪检部门、公检法部门都设有信访处,每天都要处理大量的来信来访。但是,为什么人民群众的来信来访却有增无减?而且,其中相当数量还是些陈年积案呢?细究起来,大都与"照转"有关,转来转去,像踢皮球一样,最后踢到被告者的关系网或其本人手中,使矛盾再次激化,本来可以顺利解决的问题,陡然增加了复杂性。这里有一个浅显的道理:群众之所以越级向上反映情况,多与他们的顶头上司有直接关系,或是下层组织解决不了的问题,写信要求上级部门派人解决,或是检举、揭发、控告下层组织的负责人违法乱纪行为的。如果照此把来信原封不动地转下去,无疑是授被告者以打击报复的权柄,这难道不是对来信群众的一种出卖行为吗?

  最后,这种"照转"的最严重的恶果是破坏了党群关系,损害了党在人民群众中的威望。耀邦同志所批评的这种官僚主义作风是目前党风不正的又一具体表现。它在实际生活中起到一种堵塞言路、压制民主、掐断党与人民群众联系纽带的破坏作用,它使蒙受冤情的群众失去了可以依赖的支持力量,浇灭了他们心头对党无限信任的火焰,这对我们眼下的改革和现代化进程不能不说是个直接的威胁。有一个县审干室的负责人对一位上访人员当面讲:"你告去吧!你就是有再大的后台给你撑腰,转到我们这里来,也只能这样。"试问,让这样的人控制着我们国家各级要害部门,对党的事业和威望将造成何等损害!

  古人说:民性培安而厌徙……不得已,铤而走险。如果没有冤情在胸,谁愿意背井

---

* 原载《安徽日报》1986年6月27日,合作者:张允熠。

离乡、变卖家私，奔走告状呢？不是迫不得已，谁又愿意铤而走险呢？但是，我们一些领导同志的官僚主义作风，使人民群众丧失了对他们的信任和希望。因此，我们各级纪检部门不能形同虚设，应加强自己的政治职能，对那些因人民来信来访揭发其问题进行打击报复之事的负责人，要如实上报，严肃处理。司法部门也应加强法制监督，切实保障人民群众向上级部门写信反映问题的民主权利。发现有将人民来信转至被告人手中或故意向被告人通风报信以示讨好者，应以渎职罪追究刑事责任。必须清楚地认识到"照转"直接有损党的威信，危害党和群众的关系，一些受害者在下级不愿解决问题的情况下，不得不越级上告，这是他们不得已而为之的选择。此时，他们把解决问题的希望寄托在上级部门和领导者身上；但上一级领导机关如果没有周到的措施来调查核实，严肃处理，而是采取"照转"的办法，七转八转，后果将会更加严重。一旦得知受害人向上级部门告发他们，他们就会利用权力，更加野蛮地迫害受害者，直至让他们冤死，其危害是不言而喻的。在处理上访来信这方面，胡耀邦同志不愧是各级领导干部的楷模。他自担任党的总书记以来，亲自处理两千多封人民群众的上访来信，使两千多位惶惶不安的上访群众各有所归，各得其所，安心工作。试问，有谁比总书记更忙呢？这难道不值得各级领导干部深思吗？他这样做，不光保护了两千多个受害者本人，更重要的是竭尽全力地加强了党和人民的血肉联系，维护了党的政策和纪律，使千百万人民群众由此更加坚信党的思想、党的力量。

为此笔者希望有关部门和领导要严肃对待、认真查处人民来信中反映的问题，而不要不负责任地"照转"了之，这样于党风和社会风气的好转，于社会主义精神文明建设都有极大好处。

打假就要心狠手辣*

——访谈辛秋水教授

　　当前，伪劣产品泛滥已是社会公害。猪肉注水，棉花掺假，制售假药，市场道德沦丧达到登峰造极的地步，成为人们心中一大忧患。虽然中央三令五申要求严打，却遇到很大阻力，收效不大。为什么制假、售假的丑恶现象打不尽、铲不清呢？我以为除了制假者利令智昏、胆大妄为外，还有纵横两股"力量"构成了保护网。一是地方保护主义，二是监督部门内存在的行业腐败。前者企图通过制售假冒伪劣产品使一方富起来，对制假听之任之；后者则为了满足私欲，而睁只眼闭只眼。因此，制假之风在一些地区屡禁不止，越演越烈。

　　打假不能深入、持久的后果非常严重，微观上造成经济与人们身心健康的巨大损失，宏观上破坏了商品经济的信誉，使人们对我国实行的社会主义市场经济改革产生怀疑，甚至导致人们对党的政策的信心发生动摇。这已由经济问题转变为政治问题。所以，制假售假对当前的改革破坏力极大。那么，打假的有效办法何在？答案是"治乱世用重典"。党的十一届三中全会以来，以经济建设为中心的治国路线提高了人民群众的生活水平，使我国内政外交大有起色。但是，在经济体制转轨时期，政治、法治、文治等还没跟上经济的发展，形成一条腿走路，一手硬、一手软的局面。而坚决打击制假售假，就是为了使软的方面硬起来，跟上经济改革的步伐，这就要求我们用法治来狠狠打击制假者及其保护者。

　　如何打击制假者呢？罚点款不行，他们会变本加厉，要下狠心，罚得他们心疼，甚至倾家荡产。不如此，不足以平民愤、灭歪风。对制假的保护者要严惩，轻则罢官，重则治罪。不如此，不足以治赃官、清吏治。这种打击基本属于精神文明的范畴，即加强文治。现在的要害在于对监督者缺少监督。为此，我们应当认真贯彻党的群众路线，依靠广大群众，加强舆论监督，对种种丑恶行为要彻底揭露，不留一丝情面。也许有人会说：这不是暴露阴暗面吗？是的，揭露社会主义破坏者的丑恶嘴脸，表明我党始终是坚决维护广大人民群众利益的，这也正是社会主义制度的本质体现。那些丑恶的东西根本

---

　　* 原载《安徽市场报》1994 年 9 月 13 日，作者：李伟。《安徽市场报》编者的话：围绕今年的"质量万里行"，各地正掀起新一轮的"打假"热潮。但是，人们在积极参与的同时也在想：打假为何这样难？最近，记者走访了社会学家、中国农村社会学研究会副理事长辛秋水先生。请他就此谈谈自己的意见。此文是记者根据辛秋水先生所谈的观点整理而成。

不是与社会主义制度伴生的，而是地地道道的封建主义、资本主义的残渣。如此看来，对那些制造假冒伪劣产品坑害群众的犯罪行为不依法严惩，而是去千方百计包庇开脱的"公仆"们难道不应给予制裁吗？

个体户"滑坡"和"恐慌症"*

——合肥市个体户从业人员减少近一半

合肥市个体户自 1978 年来一直呈发展趋势，1988 年达 50986 户，从业人员 9.16 万人，营业额 1.4 亿多元。可是到去年 10 月，个体户比前年减少 20357 户，从业人员减少 42082 人，营业额减少 274.42 万元，落差惊人。

个体户从业人员减少主要有以下几个方面原因：

一是九号文件的影响。中央九号文件下达后，在个体户特别是在有一定规模的私营企业主中间产生了很大的震动。虽然他们有各自不同程度的理解，但害怕、疑虑却是共同的。"个体户要倒霉了"，"资金、财产要充公"等社会舆论随之而起，对他们压力很大。

一些个体企业主，最害怕的莫过于被打成"剥削阶级"。如肥西县永良食品厂厂长代永良，原在县建筑公司工作，后停薪留职办厂，雇工 30 余人，多次被评为先进党员。前不久他写报告给肥西县烟酒公司，要求将该厂转交为集体。他说："我办厂，一是为自己，二是为别人，为许多人解决就业难问题。现在，被说成剥削，倾家荡产是小事，被打成新的剥削阶级是大事。"肥西义明针织厂经理李学玉，也写报告要求将厂交公。他诉苦说："父母责备说，'俺家几代贫农别到你成了地主'；儿女责备说，'你被划为地主资本家，今后害了我们'。弄得我吃不好、睡不安。"

二是税负加重。今年以来税收有所增加，过去税收宽，现在严，税率提高，有的地方工商税已达 42%。除工商税外，还有另外的附加税，名目繁多。如：城管费、防疫费、治安费、巡逻费、百米岗费、绿化费、清淤费，平均每户达 60 元。合肥市南淝河清淤，要个体工商户捐助 6 万元。肥东县个体户分担亚运会投资 26700 元，购买保值公债 77 万元，占全县购买总数的 1/4，平均每户 100 元。个体户普遍叫苦说："没法负担。"

对于税负重的说法，在个体户中间看法也不一致。如肥东店埠个体户郭文池说："如果真的是税重赚不到钱，他们咋还干？大家心里都清楚，真正如实上报营业额的有几户？表面上生意做得少，地下交易多。"他举例说，店埠个体户韩光明的家里看上去清贫，最近，由于卖假润滑油这一偶然事件，查出他今年有近 100 万元营业额，补税补了 3 万。私营业主刘永照办油脂加工厂，但倒卖棉籽油、煤炭，营业额 100 万，类似这种做地下交易、偷税漏税的事，在个体私营工商户里为数不少，目前的税收额对于他们

---

* 原载新华社《内部参考》1990 年第 1 期。

来说，只是九牛一毛。

三是社会环境变化的作用。一些个体户、私营企业因资金周转需要，向银行贷款，但现在银行提前收回贷款，对他们打击很大。肥西县义明针织厂，办厂时曾向银行贷款22万，当时经公证处公证三年后还贷。现一年刚到，银行便来催还。肥西县城桃花源商场经理王兴业说："别人欠我们的债，原来答应还的，现不愿还了，还说反正你们资产要交公的，要什么账。""'私营'两字眼下臭得很，出去联系业务没人理，甚至外商也对此敏感，如原来日商要向我们投资联合搞水产养殖，港商投资建无线电装配线的生意，现在全泡汤了！"

个体工商户出现以来，社会舆论对它一直褒贬不一，总的看来是功中有过。从我们在合肥市的调查来看：合肥商业网点70%—80%是个体户。用合肥工商局干部的话说："哪块热闹，哪块就有个体户，市场如此丰富与个体工商户的活动分不开。"合肥市个体工商户吸收待业青年2033人、闲散人员3648人，占个体工商户就业人员的43.8%，解决了一大批人的就业问题。同时在创造社会财富方面，1988年合肥市个体工商户上缴2000多万元税收。

个体户对社会产生的消极影响也是客观存在的，如哄抬物价、缺斤少两、以假乱真、坑害群众等，引起了广泛不满。偷税漏税普遍存在，从事商业的个体户自己也承认：靠商品的零批差价，在工商税务部门的严格管理下发不了财。

在我们的调查中，多数个体户对上述的批评是接受的，但认为：对个体工商户也应分清守法的与不守法的，不能把个体户说成一团黑，应分别对待。对于大多数安分守法的个体工商户，要给以支持；他们的合法收入应予保护。

三个值得深思的问题[*]

体育事业发展的规律，为何不能引入政治、经济生活中去？为什么有的人睁着眼、昧着良心吹牛、浮夸？调查研究，本应唯实，为什么有人偏偏唯上？

历史与现实相对照，我提出以上三个问题与同志们思考：新中国成立以来，体育事业取得了巨大成就，原因何在？因为体育是青春、素质、智力与体力的竞争，谁上谁下，容不得半点含糊。

在体育竞争面前，竞争没有高低贵贱之分，人才很少被埋没，优胜劣败，泾渭分明。可是在政治、经济等方面，没有竞争规律和淘汰原则，干部终身制，论资排辈，一个人几十年如一日霸占铁交椅，实在老了，再来个享受某级待遇离休。一人得道，鸡犬升天，司空见惯。加上体制上的其他弊端，造成了整个国家机器的蜕化、滞缓。在民主革命时期，我们党与军队的生机恰恰就表现在不唯身份，唯才是举。

浮夸之风很盛。自 1957 年来形成的浮夸风越刮越盛，产值数位成了晋升的阶梯后，于是阿拉伯字码就成了橡皮筋。

数字是人报的，乡报给区，区报给县，乡对县吹，级级上吹，大家都心照不宣。最可悲的就是这点，人人都知道这是作假，但又人人都吹，谁胆子大，吹得狠，官就升得快。于是，随着浮夸派生了拍马、逢迎，见上级唯唯诺诺、唯命是从。

调查研究，本是我党的一大法宝，可为什么新中国成立后几次大的错误又都是产生于大量的调查之后？

战争年代，与敌人作战，不唯实要流血，要打败仗；执政了，唯上意识统治着多数干部的思想，凡调查前，先由领导定个框子，然后带着观点去调查。比如，农民说，初级社的粮食产量比高级社高，可调查组的结论是"高级社比初级社好"，于是，有了《中国农村的社会主义高潮》这样歪曲事实的文章，产生了人民公社这样的怪胎。错误的调查，得出了"阶级斗争，一抓就灵"的结论，于是有了"四清"的劫难。也有说真话的干部，但几乎所有说真话的都成了右倾分子。说假话，得罪老百姓不要紧，即使群众天天骂你祖宗三代也不会影响前程，只要上司高兴，便可照样升官。

封建主义的幽灵远未散去，这是我们社会一切弊端的主要根源。

---

* 原载《安徽青年报》1986 年 11 月 18 日，《文摘周刊》1986 年 11 月 30 日摘登。1986 年 11 月，安徽省青年联合会和《安徽青年报》联合召开改革理论探讨会，社会各界人士 20 余人应邀对当前改革进行了全方位探讨。这是作者在会上的发言摘要。

他们心目中有群众吗？*

"庄稼一枝花，全靠肥当家。"实行了家庭联产责任制后的农民盼着化肥，如同暑旱望甘霖一样。

然而，化肥的后门至今没有堵住，有些地方甚至越开越大，以致一般社员很难买到平价化肥。请看事实——阜南县的一个公社文书，通过关系从一个供销社买来 1 吨日本尿素、3 吨磷肥，运回家乡以高价出售赚大钱。

区工商所看到这种情况，上前干涉。这位公社干部还大骂工商所同志说："阜阳街上都是高价化肥，连区公所门前都有卖高价化肥的，你管得了吗？"这个县的生产资料公司和供销社也都以各种名目高价出售化肥。

偶尔来了一批平价化肥，结果又怎样呢？有一次，运来了一汽车化肥，结果还没有搬进供销社，就在汽车上被分光了。汽车司机一看"不拿白不拿"，也抢了十几袋。

我省的化肥产量是直线上升的。但就是这样，广大群众还不能如数分到国家牌价的化肥，而投机倒把者却大钻空子。一些领导干部只顾自己捞油水，哪管群众利益受损害。

再说，有一次，我在一个公社看见，每个干部房间都存放两袋化肥。据他们说，这是从外地购来的半高价化肥，照顾他们的。有一个干部坦白地告诉我说："这些半高价化肥还要分一半给生产队的'互助户'。因为我家中无劳动力，农忙的时候请他帮帮忙。"原来干部运用特权搞来的化肥，还能换社员的劳动力。

化肥问题暴露出来的歪风邪气，根源在于党风不正，这已很明白了。化肥没出厂，就被各种"关系户"包括投机倒把分子挖走了不少，使化肥不能全部进入国家商业供销渠道。化肥出了厂后，到了甲地的供销社和生产资料公司，乙地的单位和个人又跑去挖出来卖高价。所剩不多的平价化肥，还有县区和公社的干部，伸手克扣，摊到群众头上还能有多少？

我呼吁有关领导要管好市场，严禁"关系户"走后门、干部利用职权搞特权，坚决打击投机倒把分子。只要心目中多想想群众，这些问题是不难解决的。

---

* 原载《安徽日报》1981 年 11 月 26 日。

我是"招聘"来的

——农村调查思考之一

"经是好的，就是被歪嘴和尚念歪了！"农民群众常以此为口头禅，这指的是某些干部以党的正确政策来谋私。

一次，在一个乡政府食堂用膳，同屋里有好些带大檐帽子的同志一道吃饭，我就同一个带大檐帽子的税务局年轻基层干部攀谈起来，"您怎么到这个单位工作的呢？"他说："我是招聘来的"！我问："你爸爸是干什么的？"他说："我爸爸在税务局工作。"我又问和这位同志站在一起的另一个同志："你在哪里工作？"他答："乡财政所。""你是怎么来的呢？"答："我是招聘来的。""你爸爸在哪里工作？""在上级财政局。"次日，我又问同餐的另一个带大檐帽子的同志，"你是哪里来的"？他答："招聘来的。"我问："你爸爸在哪里工作？""我爸爸在县工商局工作。"于是我心里起了一大堆问号……

为了印证此种现象是否普遍，我找了一些同志作私人闲谈，证实了这种把"招聘"政策变为"内招"，把自己子女弄进自己所在系统当干部的现象，已经从不正常变为正常的现象了。群众骂，一些手中无权的一般干部对此也憋着一肚子气！这种国家机关干部亲属化的更严重的后果是使这项属于干部制度改革的"招聘制"、"任期制"，又被封建主义幽灵缠住！使之为其所用，变了味。只要人民无权真正行使对公仆们的选举罢免权，则民气不张，党政之风就无法端正。任何好的政策都会被少数人用来谋私。

等级观念毒害了一代又一代[*]

——农村调查思考之二

　　我在农村调查时，一个中学的教研室主任向我说："干部家子弟有优越感！而农民家子女有自卑感！"有优越感的学生自恃有"好爸爸"，即使自己成绩不好，考不上高中、大学也没关系，反正会有好工作做，农民家孩子觉得即使考取高中，考不取大学，也是"勒牛尾巴、拿锄头"。而农村中学由于师资条件和家庭学习条件都差，能有幸考取大学的，也只是凤毛麟角，希望渺茫。于是一些农家学生颓废自卑。更严重的是一些干部子弟自恃"门第"特殊，蔑视教师。如：有一个学生在上课时大声喧哗，我叫他站起来，他扛着不站，我问："你爸爸在哪里，干什么工作？"答："我爸爸是领导干部！"铿铿然！学校对他们几乎无法教育！如果要在某个班会、校会上，对这些学生进行重点教育，我们就会受到"包围"，甚至会受到"攻击"，也可能会遭到飞来横祸和不测之灾。另一位教师反映说：有时在课堂上刚开口批评某个学生时，旁边的同学就插嘴说："他爸爸是什么什么长。"说明等级观念已经遍布学生和家庭社会中，影响之恶之深可想而知！

　　这两位教师讲话时是带着深深的忧虑之情的，我听完也带着深深的忧虑之情！忧虑的不是别的而是我们多灾多难的民族，几千年来受封建等级观念毒害至深且巨，以致到今日还在继续毒害下一代，我们还能悠然坐视，而无紧迫感吗？

---

　　* 本文写于 1981 年。

严惩人口贩子，保护妇女利益[*]

去年，我出差到芜湖，一天晚上，在镜湖公园散步时，看到湖边一个年轻女子对着湖水伤心哭泣。上前询问方知她是陕西省安康县恒口区河南公社东风大队的一个农家姑娘，名叫王志存，现年18岁，不久前被骗到无为县，以700元钱卖给当地一个农民为妻。因走投无路，唯有一死自慰。于是我送她到了赭山派出所。又一次，我在淮北萧县汪屯大队，遇到一个四川姑娘也是同样的境遇。上个月，我在桐城徐河公社，又碰到一个十几岁的姑娘。名叫朱胆珍，家住四川丰都县从实区龙河公社九大队二队，年前被一个四川同乡向桂德骗来，先卖给怀宁一个人，后又卖到徐河公社。此女子看样子只有十六七岁，但怀里却抱了一个娃娃，她能写一手好字，是个高中毕业生。据当地群众反映，这里前庄后郢被拐卖来的四川姑娘还有好几个。

贩卖人口，即使在旧社会也是为法律所不容的犯罪行为。为此，希望各级党组织要重视起来，严惩人口贩子，保护妇女利益。

---

* 原载《安徽日报》1982年3月20日。

要加强对农村基层干部的教育[*]

最近我到安庆地区一个县的一些社队去做社会调查，接触了一些基层干部，他们反映自己在工作中遇到了一些问题和苦恼，颇感有必要提出来引起领导的重视。

有的干部说，现在实行各种形式的承包，以及扭亏为盈办社队集体企业，这对于搞活经济，发展生产，增加收入，都有很大好处。可是对干部来说，肩上的担子是轻了还是重了，有些人弄不清楚，上级也没交代我们新的工作方法。有的干部说，我们那里有些社员搞无政府主义，为了找生财门道，互相争利，甚至破坏集体和国家的财产，叫人真着急。有的干部看到违法乱纪的事前去制止，反而受到围攻，有的干脆不闻不问，放弃领导。

我想，一些基层干部中出现上述思想问题，首先是他们对我国当前所处的这个大变化、大发展的新时期认识不清，对于完善农业生产责任制和改善农村商品流通等政策精神理解不深，因而在工作上束手无策，有的甚至怀疑、动摇。到底什么是社会主义集体化道路呢？有些人脑子里还是过去的一套模式，因而对农村实行真正富国利民的社会主义政策反而想不通。为此，我建议应当利用一切可以利用的宣传教育力量，在农村进行什么是社会主义集体农业的宣传，当前特别是联系实际组织基层干部学好《全国农村工作会议纪要》，使他们解放思想，开阔视野，改进工作方法。同时，要充分发挥基层党组织的战斗堡垒作用，党纪法制执行要严，对于基层干部行使正当的管理职能、打击歪风邪气的行动，上级领导应当给以大力支持，为他们排除工作上的困难。

---

* 原载《安徽日报》1982 年 4 月 20 日。

骑车照相亲断案[*]

——记凤阳县委第二书记翁永曦为农村
妇女唐桂珍撑腰一事

  凤阳县大庙区大庙乡西孙村妇女唐桂珍，向上级控告西孙大队党支部书记对她的打击报复行为。她先后来到公社、区委以至县、省一些机关反映情况，请求查处，均未得到很好的解决。两个月前，偶然一个机会，找到了县委第二书记翁永曦。这位新任职的年轻领导干部，对这件事非常重视，亲自下乡调查，分清了是非，严肃批评了大队书记的错误，作出了公正处理。

  事情还要从去年西孙大队搞计划生育说起。由于大队党支部书记包庇自己的亲属和近房亲戚，不按计划生育的规定办事，该罚款的不罚款，唐桂珍心中不平，就向上级告状。孙家仗着是大姓，家族人多，竟出动人手殴打了唐桂珍。唐桂珍气得下决心要把状告到底，一次次去找有关领导单位和干部，周围群众知道内情的很同情她。但由于有关单位没有对这件事作认真深入的调查，只是将信件转上转下，问题迟迟得不到解决。

  今年5月，唐桂珍又到县里反映情况，控告大队书记对她又有新的打击报复行为。那是在收小麦时，大队书记亲属家的板车通过她承包的麦田边，有意糟蹋了她承包的一大片麦子。这次唐桂珍找到县委第二书记翁永曦。她尽情倾吐了自己心中的不平事，诉说了孙家欺辱她这户西孙村的小姓人家的桩桩事件，又反映了公社和区里有关干部态度不鲜明等问题。翁永曦找来了县纪委负责人，一同耐心听完了唐桂珍的申述。决定先把眼前的事实查清，于是派人去调查唐桂珍家小麦受损一事，并限期汇报。县纪委立即通知了大庙区委，区委通知乡党委，派了人去调查，以后区委向翁永曦当面汇报了调查结果，唐桂珍的麦田埂太窄，板车通过时难免要糟蹋一点庄稼，同时还说明，连接着唐桂珍田前田后的其余人家的麦田，在板车通过时也同样受到一些损害。大队书记表示愿意补偿唐桂珍一部分损失。

  答复似乎也能说得过去，但翁永曦又回想了唐桂珍的控告，仔细分析汇报情况，发现这个调查结果还有疑点。他决定亲自出马，去现场调查一番。

  翁永曦骑上自行车，还带了照相机，同县纪委负责人一道，直奔西孙村唐桂珍的小麦田现场，一看，情况同汇报所说的大不相同。唐桂珍的麦田被糟蹋了一大片。但同样是板车经过的路上，连接唐桂珍这块田的前后麦田却并没有受到糟蹋，这是为什么呢？事实清楚地说明，这是故意践踏的。翁永曦分别在这几块田里拍了几张照片，以作证

---

  * 原载《安徽日报》1982年8月5日。

明。然后，他又找到区委、乡党委负责人和西孙大队书记。在事实面前，大家无话可说。翁永曦严肃地说："共产党姓共，不是孙家党、李家党，你参加的是共产党，你就得办事公道。"他指出，如果不愿意这样做，就没有资格当共产党员。他要求大家认真总结自己的错误，并责成肇事者赔偿对方的损失，警告他如果以后再发生对群众打击报复的事，要根据情况按党纪国法处理，翁永曦同时也严肃批评了区、乡负责人在处理这个问题上的失误，指出今后西孙村要再发生殴打陷害唐桂珍一家的事，不但追究当事人的责任，还要追究他们的责任。

难得的反面教员[*]

——记凤阳一大案给我们的教训

　　不久前凤阳县人民法院召开公判大会，依法判处了贪污、投机诈骗、行贿索贿犯，凤阳县公司采购员有期徒刑 12 年，昔日临淮关镇上的大红人，没有逃脱掉公正的法网。

　　这位采购员在临淮关镇上可谓是出了名的人物，他三日一小宴、五日一大宴，美酒成箱、鱼肉成筐，原先的 3 间破草房拆除盖成 3 间瓦房，未住几年又推倒重建一幢钢筋水泥结构的小洋楼。人们无不私下议论：有多少收入？他月工资只不过 60 元，而妻子也不过是个二级工，还有三个孩子，他哪来的钱这样铺张？这因为他有"本事"。

　　仅仅是公司采购员，他却能挥着"车辆检查证"要来往车辆说停就停，说上就上。前几年轮胎、轴承等汽车零配件十分紧缺，凭着他的"关系学"，光是从我省的一个部门就搞出价值达 25 万多元的这类物资。

　　转手倒卖商品是非法的，但有些人却帮他取得了通行的证件。他手里不但存着盖有一些单位公章的空白收款单据，而且有盖着外省一些工厂公章的空白信笺。就靠这些，他倒卖了国家多种物资，发了横财，他的非法收入达 17000 多元。之所以能转手倒卖，就是因为钻了空子。

　　钻的第一个空子，就是一些单位在管理上的"乱"。1981 年 1 月，他为李二庄公社到江西上饶汽车运输分局购买汽车配件。结果，他从该运输分局的器材总库的三分库开票，领了三菱汽车配件两批，言明须凭三分库发货清单到总库结算，但与总库结算时，却隐瞒了三分库的结算清单，另开了一张总库的汽车轴承发票，因而实际搞到手的物资多于发票上开列的几倍，然后大摇大摆地走出了这个器材总库。到了外面，还是用盖有这个总库所属单位公章的空白收据进行倒卖，骗得巨额款项。

　　钻的另一个空子，是我们一些同志的"贪"。那是 1976 年，他手持公函到我省的一个厅处，要批一部分轮胎和汽车轴承，当时这些是计划内的紧缺物资，这个处的承办人一口回绝："无货。"但稍等片刻，此人问："你们那里能搞到化肥吗？"他一听知道钓鱼有饵了，就一口答应"要几吨有几吨"。对方一听的话也就改了口："轮胎嘛还有一点。"于是几汽车化肥由凤阳县化肥厂不收运费直送这位承办人的老家，而回凤阳的车子则装了轮胎。以后，发现此人身上老是香气扑鼻，就选购上等香皂二十块送他。还有一个掌握实权的办事人员某乙，此人贪吃好喝，他每到合肥就把好吃好喝的直接送到

　　* 原载《安徽日报》1983 年 1 月 17 日。

某乙的家里。其后还送上了大量的土产、广货、麻油、花生米、名酒、衣料、手表、电风扇、自行车……贿赂的手法则是明卖实送，如当时市价217元的一部钻石牌电风扇，"卖"给他们只作60元，一只上海牌女表市价110元，"卖"给他们只作54元。"拿我的吃我的就得为我所用。"几年时间通过这两个人搞到了价值25万多元的轮胎、汽车配件等紧缺物资。甚至标有"战备"字样的物资也都搞到了手。以这些物资作为自己"拳头商品"在市场上倒卖、索贿，发了横财。无怪乎他自供说"我的局面就是从这里打开的"。

为了满足越来越大的胃口，他要向纵深发展扩大"战果"了！1980年4月，上面提到的那位已上钩的干部某乙，又把他引到江西上饶汽车运输公司，那里有许多待处理的汽车及配件。这一次到上饶他就随身带了几百斤花生米，住到这个分局的招待所，以五角一斤花生米的廉价"卖"给招待所上自所长下到服务员、炊事员。他又打听到服务员中有一位是这个分局副局长的女儿，于是他就选定副局长为突破口，先是送这个女服务员拖鞋、军衣之类，继而送花生米、麻油、裙、裤、驼绒棉袄、收音机、手表……并同这位副局长的女儿结为"异姓兄妹"，这位副局长也就顺理成章地成了他的干爸爸。就是通过这个缺口他腐蚀、拉拢了更多的国家工作人员，盗窃了国家大量财产。

这位副局长女儿后调任分局的器材总库出纳，通过她，这个总库从党支部书记、科长到材料员、油料员都被他的糖弹所打中，为其出力效劳。非法所得赃款的1.7万元的总器材就是从这个总库弄到的。除此以外，连这个总库盖有公章的空白信笺和空白收据都被他搞到手中作为其进行犯罪活动之用。可以想象在这个总库中还有什么事办不成呢？

在凤阳，利用当时人们对紧缺商品的需要，他向一切对他有用的大小领导和掌权者下钩，如1980年从省里某处套取7辆东风牌汽车计划，换来76方平价计划木材，有十几位领导从这里捞到好处。名牌自行车、名牌缝纫机都是最好的人情礼，某系统的正副领导、政工股长、书记、物资保管员……都分别从他那里买到一部甚至两部的上述商品。

多年来贪污诈骗，却被某些有权势之人大捧为红人。被激怒了的群众投书到中央、省、地、县揭发，可是信一转到凤阳县的某些部门就不了了之。甚至省委负责同志亲自批示查处的揭发来信也搁置不办，直到今天连批件都不知下落。案发后还有那么多人为之开脱、说情，甚至当被捕关进看守所后，单位还照发奖金。难道多年来贪污、盗窃、投机诈骗、索贿行贿有功吗？

这也无怪乎他被捕后交代罪行时，只要一牵涉到某些领导时总是吞吞吐吐，他说："保住几个人，就是我被捕判刑劳改，出来后总还能有人给条路走。"这个罪犯还把希望寄托在我们队伍中那些"贪"心的"蛀虫"身上。难得反面教员给我们上课，我们应该有所警惕！那些有牵连的同志更应该认识错误、有所悔改！

来自包河边的七嘴八舌[*]

清晨，合肥包河公园丛林中，几个常在这里散步的老同志在一起热烈地议论起来了。"好了，中央下决心要铲除腐败，看看那些贪污腐败分子的下场吧！我早就说过'不是不报，时候没到'。"一位离休的老干部开了话匣，旁边一位满头白发的女同志说："老王，你不要把事情想得太简单了，现在的腐败面这么宽，一下能反得了吗？另外，反腐败斗争由谁去反？靠什么力量去反？现在一些单位头头就身兼这个公司那个企业的老板，拿红包、吃喝玩乐、弄虚作假，他们都有份，靠他们反腐败能行吗？"老王说："当年'三反'、'五反'运动搞得很成功，有两条基本经验，一是党的坚强领导，二是坚决依靠群众。这次只有通过广大群众在党的领导下，毫无顾忌地投入斗争，才能把那些腐败分子挖出来。"

正当他们谈得热烈的时候，陈老从远处蹒跚而来道："你们说发动群众，依靠群众，谈何容易！那些手脚不干净的头头们最怕的就是群众，头头们会真的发动群众吗？到头来还不是拍几个没有后台的苍蝇？大家闲来没事下盘棋，打几圈麻将，别操这份闲心了！"陈老一席话激起了正在闭目养神的杨老的感慨："老陈哪，您当年打鬼子的劲头哪去了？现在反腐败，对我们这些老同志又是一次重大考验，这是我们党面临生死存亡的大事，不能当逍遥派！我对这场斗争取得胜利是信心十足的！一是党中央对这个问题的严重性有了足够的认识，决心大；二是全党同志和全国人民对目前腐败现象很痛恨，加上我们这些老同志献计献策，全党拿出'三反'、'五反'的劲头，何愁这场斗争打不赢？"老杨话音刚落，老缪接过去："杨老说得对，我刚从农村来，农民们知道党中央动员全国人民清除腐败，都拍手叫好，都说这一锤敲到鼓心上了。这些年来，连乡干部的两条腿也懒了，自行车不骑，下乡要坐小轿车，更有甚者以权谋私，用人民血汗中饱私囊。群众巴望着要把那些搞歪门邪道的干部搞出来。这场反腐败，民心所向，大势所趋，再也不会走过场。"老缪显得信心十足。

时间已经到了，老同志们像往常一样，又忙着回家烧饭、下棋，看书阅报、抱孙子，熙攘一时的丛林又恢复了它的静寂。

---

* 原载《江淮时报》1983 年 6 月 27 日。

必须立即整治社会不良现象[*]

——凤阳农村调查见闻

事物的矛盾法则是事物的根本法则，马克思主义者在大量的社会矛盾面前，从来不是回避，不是掩盖，不是调和，而是揭露，是通过不断的斗争去克服矛盾，破除阻力，从而推动社会的前进和发展。因为对社会矛盾的任何回避和掩盖，只能使腐败现象丛生，延缓社会进步。

我省农村在实行家庭联产承包责任制以后发生的巨大变化，是举世皆知、有目共睹的。但是，明波之下总有暗流。任何时候，大好形势底下总有新的矛盾产生。最近我在农村短短 10 天的生活见闻，使我深感这些矛盾已发展到异常尖锐的程度，需要立即解决。

一　粮站粮霸，百般刁难农民

我所到之处，农民都诉说着卖粮难。难在有些粮站的不法人员同站外流氓（粮霸）勾结起来盘剥卖粮农民，逼着农民请他们客，送他们礼，开他们的后门才能卖出粮食。有些农民在本县卖不掉拉到外县如五河、泗县等地卖，所遇刁难也不亚于本地。他们运粮的拖拉机还被公路管理部门索取所谓"小麦管理费"，真是无奇不有。这里不妨列举凤阳小岗队几个农民卖粮经历的自述，可见一斑。

严俊昌（小岗队长）说：我去年午收后到板桥粮站卖小麦，排队排在第二号（发牌子），轮我去过磅，磅秤旁的地痞流氓不让我过磅，司磅员同他们狼狈为奸，结果直到中午也没有把我这排在第二号的粮收掉。我打听那些卖掉麦子的人，他们说："你不出三分钱一斤给他们（流氓），能卖掉麦子吗？我们麦子都是他们（流氓）领着卖的，把每斤三分扣过了才给我们。"我听了以后就去找粮站周站长，周说："也有人向我反映，可我本人没发现。"我听周这么一说就忍着。第二天我来卖粮又排到窗底下，我刚把粮包往磅上放又被周围流氓给推下来了，不许上磅。此时站长来了，司磅员把磅砣拿走了，我叹口气。一直等了四天，仓库满了，转磅，我又被排到最后一位，没办法，最后只好每斤花三分钱托"粮霸"才把粮食卖掉，请问这是什么世道？

严宏昌（生产队副队长）说：去年本地粮站不收麦子了，我装了一拖拉机小麦到外县去卖。车到明光附近岗子集，上来几个人查车。车的"三照"俱全找不到毛病，

---
* 本文系 1983 年 8 月中共安徽省委常委的送阅件。

就说要收"小麦管理费"。试问我这小麦不要你晒，不要你扬，你为啥要管理费？没办法只好给他们5元钱走路。车到泗县时，已有100多辆车停在那里，一个打红旗的走过来，又向我们要小麦管理费，好说歹说，给了他25元，后来的那辆车给他35元。车子到了濉溪县，卖粮的队伍排得很长，此时进来七八个人对我说："你车子上小麦想卖不想卖，想卖就给35元1车。"我不给，结果真的没有卖掉，给钱的人都卖掉了。他们是怎样替人卖粮的呢？这群流氓把粮包硬抬到磅台上，而把其他正式排队卖粮的粮包全都推下去，强行过磅，司磅员同他们勾结在一起，任何人想卖麦子不经过他们不行。我看实在卖不掉又换到另一个粮站，那里来了个20多岁的青年对我说："你在这里卖，你够不上人，只要给我20元1车，跟我走到另一粮站包你卖。"他带了好多车子小麦去卖，果然灵。司磅员见他带来的粮不论孬好，一律收下，收了好几车，此时站长来了，见到有的粮食质量实在太差，不让司磅员收。这个流氓说："你不要吊毛灰，迟早我要给你苦头吃。"最后我未卖掉，天又下雨，只好低价让粮站的司磅员、开票员的家属收去了，他们再转手卖给粮站赚大钱。等回到凤阳一算，一斤小麦只合一角三分，吃尽了苦头。

队长严俊昌指着在场的严美昌（他的胞弟）说："他因粮站有熟人，送了罐头、酒，同样的小麦在小溪河粮站以二角四分一斤卖掉。"他亲眼看到卖粮农民公开把整条金叶烟直往收购员手里送，收购员还说："你为何冬天不送，现在要卖粮用得着了送我了。"他们看到有一人拉一拖拉机花生到小溪河粮站，问司磅员："你家门锁未锁？"司磅员伸手把钥匙给他，他就立即背一麻袋花生送到司磅员家中，司磅员收别人花生时，不是拒收就是打折，而轮到这位送礼人的花生时，一句话不说全过磅，我们眼看这车花生质量太差劲，有人咕叽几句，别人就劝："别说了，司磅员听了，你花生再干也不收你的。"群众如此惧怕粮站的人，遂使粮食收购弊端愈演愈烈。

二　农村拐卖女人之风甚炽

不止是凤阳，在许多县的农村拐卖四川姑娘之风同样严重。我在凤阳走过几个村庄，看到不少被犯罪分子拐来的四川姑娘，一问多少钱，一些人毫不忌讳地告诉我：一千五或八百、二千，价格因人而异，拐来的姑娘中有高中毕业生，甚至还有民办教师，有的年仅十四五岁的模样卖给一个30多岁的老光棍。乡里群众干部对此不以为然，反以为常。"婚礼"之日还请客送礼，大办喜事，无人干涉。据说是"不告不理"。我国是社会主义国家，早在20世纪50年代已杜绝了拐卖人口之事，怎能容忍近几年来的这种丑事横行。某些基层干部麻木不仁、思想腐朽，使得党中央的正确政策，到了底下就变成"令不能行，禁不能止"，建议有关领导对目前流行于农村中的拐卖人口一事迅速采取断然措施，狠狠打击，否则弥漫下去，对人心、对社会风气均将产生极坏的影响。

三　社会治安得不到根本好转

其原因之一就是政法部门本身存在着严重的组织不纯，作风不纯，思想不纯。公安人员常有执法犯法之事，如阜南县公安局刑警擅自放走盗窃外贸公司兔毛的犯罪分子，涡阳县法警持枪抢银行等等，报刊上报道得很多。而最近凤阳县又发生了一起县公安局民警强奸（因女方反抗未遂）一个被逼买来的，到县公安局求救的四川妇女之事。事情的经过是这样的：

妇女段某，26岁，四川人，丈夫是江苏省的一个矿工。因送其母回四川老家，在重庆遇到两个流氓，一个自称"黑点"，一个自称"白斑"。她被这两个流氓用匕首威胁从重庆经郑州、徐州、临淮关直到凤阳枣巷公社巨庄大队，以1600元身价卖给近40岁的赌棍巨青山，在毒打之下成婚。婚礼之日还大肆请客收礼，女方在巨的严格控制下过了一个月。偶遇其邻家来的一位江苏省外调人员，此女向其叙述求救。该同志转告公社，公社派人送该女到凤阳公安局。次日局里问询后，要治安民警（党员）付永贵安排其到旅舍住宿，付某竟将此女带到自己房间将门反锁，然后无耻地摸女方乳房，扒女方裤子。女的苦苦哀求说：我是一个落难的可怜人，千方百计才跑到你们公安局，怎么你们也这样？一阵挣扎反抗后，最后女的说我要呼喊了，付某才放手。现在，付某已被拘留。

从上述这个事例的全过程中可以发现几个问题：

——在我们社会主义社会里，两个流氓怎么能敢、又怎么能劫持一个女子，光天化日之下由重庆经郑州、徐州、临淮关迢迢数千里而达枣巷并以1600元把她卖给一个赌棍，得款而走，安然无事，此不能不令人深思。

——买女成婚之日，巨某大办酒宴，大收其礼，轰动乡里，难道那里的群众干部不议论一下：怎么能从天上降下一个女人到他家？而结婚又要到乡政府登记，政府难道不问几句？

——落难女子段某从流氓罪犯和赌徒巨青山魔掌之下，千方百计才挣扎逃脱到县公安局，到了人民的保卫者那里，谁曾想又遇到付永贵这样一个同"黑点"、"白斑"流氓之徒一丘之貉的"公安人员"，一见这个落难来投的女子就淫心顿起，下了毒手，如此则人民安全保障能到哪里去找呢？

只要彻底揭露这些坏事，不是回避和掩盖矛盾，而是斗争，坚决的斗争，唤起亿万群众同我们一道去埋葬它，消灭它，事物就会走向它的反面，坏事就会变成好事，无产阶级专政的社会主义制度就能得到进一步的巩固。

前进村敬老院伙食太差，老人们
想吃肉盼到何时[*]

《马鞍山报》编辑同志：

11 月 4 日我们到市郊冯桥前进村调查访问。乡政府的一位干部向我们介绍这个村办了 4 个企业，并且还办了一个敬老院，把全大队的五保老人集中到那儿养老。我们听了很高兴，就去参观这个敬老院。

一进门见到在这里养老的几位老人，个个面呈菜色，精神委靡。我们对老人及专为老人烧饭的同志进行调查。这些老人说，他们每天都吃素。以今年而论，端午节以后只有中秋节才吃到肉，下一顿肉，要等到春节了。这样，老人们个个面呈菜色这个谜就解开了，名副其实的是营养不良。为此，我们又赶到村民委员会，村支部书记解释说是经济困难。

我们认为全村 400 多户人家，近年来大多富裕起来了，一片砖瓦结构新住宅区平地而起，全村人均收入超过 300 元，兼之村办企业还有利润，总不至于连几个五保老人每月吃几顿荤菜都供应不起吧？中央关于照顾五保户的标准有明文规定，就是五保老人的生活水平不得低于本村本队群众的一般生活水平。试问，你们的一般群众只有逢年过节才能吃上一顿荤吗？这就很明显，村敬老院五保老人伙食如此低劣的根本原因，是村领导对此漠不关心。

建议前进村按照中央精神改善敬老院五保老人的生活使之达到该村群众的一般生活水平，并长期保持下去。

附录

一封信引出来的新闻^①
——及时解决敬老院吃肉问题

《马鞍山日报》编者按：冯桥乡前进村为敬老院做了很多工作，花了不少钱，成绩是肯定的。但辛秋水同志给本报写的信提出了一个问题，就是在农民普遍富裕起来的情况下，如何相应地改善五保老人的生活，使之不低于当地群众一般的生活水平？冯桥乡党委书记和前进村村民委员会很重视这个问

---

* 原载《马鞍山报》1984 年 11 月 11 日。

① 原载《马鞍山报》1984 年 11 月 11 日，作者：林辰、张勤，《安徽日报》1984 年 11 月 27 日作了转载，并同时刊发了题为《自觉地做好服务工作》的短评。

题，看到这封信立即采取措施，保证老人每周能吃到肉。使五保老人生活有所改善。让我们每个乡、村的干部们都检查一下五保老人的生活情况，真正做到孤老不孤，老有所养，这是干部的责任，也是社会主义精神文明在农村的生动体现。

本报讯   本月 8 日下午，冯桥乡党委书记熊善举同前进村党支部书记黄传礼、村长王家财在一起研究决定：从现在起，保证前进村敬老院的五保老人每星期都能吃到肉。

这天下午，本报记者拿了反映前进村敬老院伙食太差的一封信去冯桥乡查对事实。乡党委书记看了信立即带记者到前进村。村长、支书听到信的内容都说："近来我们对五保老人确实关心不够。原来是规定每周吃一次荤的，因路远，没有人上街去买。"乡党委书记熊善举说："把这个买肉的任务，落实到乡政府机关食堂汤培金、魏明星两同志身上，我回去就招呼他们，要在每个星期日的早晨买好，上午 7 点，由敬老院炊事员孙仁杰同志来取。"大家谈到，农民生活有了普遍的提高，一定要适当提高五保老人的待遇，才能保证五保老人的生活不低于本村群众一般的生活水平。他们决定，在敬老院原规定的菜金之外，由村民委员会从企业利润中开支，保证每位五保老人每人每星期吃到半斤肉。

他们还以每月 30 元的工资雇了一位炊事员。乡政府买了一台熊猫牌电视机，村里买了一台收音机，专供老人们收看收听。今年 2 月 1 日大年三十，村干部带了酒肉同老人们一起吃年饭，还发给每位老人 20 元过节费。春节前敬老院宰了自己养的一头猪，有 160 斤肉，腌了一部分吃了两个月才吃完。端午节村里还送给敬老院 20 斤鱼。不过，在端午节以后，除中秋节外，老人们确实没吃到荤菜了。他们感到对不起五保老人，今后一定要经常关心五保老人的生活。

还我明净中国，还我清澈江河：
中国农村环境污染触目惊心*

——黄土地的沉思之一

一

目前，我国正在进行的改革中，最令人骄傲的成绩之一即是乡镇企业。据 1993 年国家统计部门和乡镇企业部门统计报道，中国乡镇企业的总产值已占国民生产总值的 1/3 到 1/2，成就不可谓不巨大！但是在这个成绩取得的同时，由于我国最初的改革缺乏一个较为清晰的蓝图，没有在开放搞活市场"有水快流"的同时，建立起相应的科学管理机制，因而，使农村中一些急于致富的农民不择手段地引进了一批被城市淘汰的行业，自办了一些简陋的矿产业、制造业、加工业，严重地浪费了资源，污染了农村环境，破坏了农村生态。因此，在某种程度上，在一些地方，乡镇企业成了落后、脏、污染工业的代名词。仅仅十年间，相当部分的乡镇企业把山清水秀的中国农村环境搞得乌烟瘴气、污水横流，天空为之变色，江河令人掩鼻，百害丛生。城市中一切有毒污染物都直接排入下水道，进入江海，或流入农村。再加上农村自身发展产生的污染，使农村的环境污染已到了刻不容缓必须快速治理的地步。中国科学院在 1990 年上半年由生态环境研究中心向国家科委提交的预警报告中指出，我国面临十大生态问题：

（1）占国土 65% 的山区，占 9.7% 的生态环境脆弱带开发利用不当，易于形成大范围的水土流失，加速生态失衡。（2）自然灾害频发，受灾、成灾面积不断扩大。（3）严重贫林，森林面积不断缩小，采伐量远远超过生长量。（4）严重贫草，长期以来，重用轻养，盲目开垦，草原每年退化 2000 万亩，累计 13 亿亩，占可利用草场的 1/3。（5）沙漠化危害严重，北方沙漠面积达 149 万平方公里，占国土面积的 15.5%。（6）严重缺水，过量开采，浪费惊人，人为污染，水源危机加剧。（7）资源分布极不平衡，地区间资源承载能力差异甚大，中国已处于人口负荷过重的临界状态。（8）大气污染严重，酸雨态势扩大，废水排放增加，垃圾包围城市十分突出。（9）农林环境污染正由点到面向全国蔓延，部分乡镇企业成为重要污染源。（10）生态环境破坏已造成巨大损失，直接威胁人民生命财产。

十大环境生态问题成为中国农村发展的重大威胁和障碍。

---

* 原载《乡镇经济》1993 年 12 月，合作者：郭帆。

二

再从世界范围内来看环境污染问题，以拉美国家为例的西半球，从北回归线到南回归线的 1600 万平方公里的土地上，原有 800 万平方公里的热带雨林，近十几年来正一点点消失了。

据联合国环境署统计，全世界森林面积约为 47 亿公顷，占陆地面积的 32%，但是近几年来，由于燃料的缺乏，工业用材的增加，农业和畜牧业的发展，森林正以每年 1500 万公顷的速度在世界上消失。在拉美，1978 年的森林面积为 5.5 亿公顷，每年毁林达 500 万公顷，专家们预测，到 2000 年，拉美森林面积将缩减为 3.29 亿公顷，巴西每年有 250 万公顷森林被毁，其中亚马孙地区占 230 万公顷。专家们惊呼，按此速度发展，到 20 年后，亚马孙地区将不复存在。"大地之肺"的亚马孙河流域的消失，将使世界气候发生重大变化。

拉美其他国家的毁林情况同样惊人。厄瓜多尔每年有 25 万公顷森林被砍伐；哥斯达黎加原有森林 580 万公顷，现在仅剩下 130 万公顷，萨尔瓦多每年有 50 万公顷森林被砍伐。

此外，人为的开荒垦殖、自然火灾也加大了对森林的危害，拉美地区每年有 2000 万公顷以上的森林被烧毁。

森林有保护环境、调节气候、提供木材之功能，森林的破坏加剧了水土流失、气候干旱、土壤沙化等灾害的发生。巴西东北部地区因森林砍伐致使生态失衡，1987 年受灾面积 50 万平方公里，灾民 250 多万人，8 万头牲畜死亡，农作物颗粒未收，暴雨袭来，又造成洪水泛滥。1988 年 7 月，这一地区又遭水灾，14 座城市被淹，水最深处 12 米，59 人死亡，3.4 万人流离失所，布宜诺斯艾利斯省因连降暴雨，造成经济损失 4.4 亿美元。

而在亚洲国家和地区中，为了发展经济，也以牺牲环境为代价。我国台湾的 21 条河流中，有 7 条被定为严重污染，台北和高雄两大城市的空气对"健康有害"。台湾高达 11% 的经济增长率是以危害环境为代价的。我国大陆 9.5 万公里的河流，有 20% 受到污染，4800 多公里严重污染。工业化发展最快的日本，有 9.6 万人被定为空气污染受害者。50 年代窒素公司将含汞废物倾倒水中，造成 750 人中毒身亡。在泰国和菲律宾，控制污染尚未列入议事日程，环境继续恶化。

在我国，森林面积只占国土面积的 12%（而日本是 76%），可是天灾、人伐仍在继续，森林面积每年以数万公顷的速度下降。为了发展林业，国家采取了一些措施。这些措施或是不对头，或是半途而废，造成年年造林不见林，年年植树不见树，加上政策又不稳定，因而植树造林工作多年来难见成效。1990 年 11 月 15 日《中国青年报》报道，川南山区的叙永县，1982 年仅有造林专业户 4 户，造林面积 206 亩，到 1990 年已有 8040 户，造林面积 27 万亩，但这些林业专业户因在后期的抚育管理上劳力少，资金缺，到 1990 年 9 月已有 2/3 专业户陷入困境，有的负债累累，有的弃林不干，已造林杂草丛生，林木生长十分缓慢，不少正成为或已变为废林。

据对 43 户造林专业户及经营的 21680 亩林地抽查，除自身投劳外，现已投入造林资产 98000 多元，农行贷款 31 万元，借用集体、私人资金 46800 元，拖欠雇请临时工、短工工资 38500 元，这 43 户林业专业户中，除 13 户劳力充裕外，有 2 户经营的幼林

516 亩，折价转让给集体或他人经营；有 4 户经营的幼林 496 亩，因无力经营而转卖抵债、还贷；有 6 户经营幼林 1980 亩，正四处联系转卖和折价转让；余下十几户经营的 1 万多亩幼林，由于无力经营正处于崩溃边缘或已全部报废。

造成目前状况的原因是多方面的，一是国家政策与资金支持不能兑现和保证；二是农户缺乏劳力、技术；三是只以林木为主，未能强调林、果、竹、药综合发展。但最根本的，仍是国家的政策问题。

三

近十余年，新疆、内蒙古、东北地区的经济发展和 20 世纪 60 年代相比，确实有了改观，但污染现象也触目惊心。内蒙古鄂尔多斯大草原这个孕育了北方游牧民族的摇篮，已渐次被沙漠吞噬了。曾经是中国最大水域之一的淡水湖——罗布泊湖，在 20 世纪初还是一个大湖，但到 80 年代已被满地鸟尸所取代，湖区面积缩小了将近 1/2。罗布泊的干涸，正是过度垦荒填湖造田，砍伐森林，无视自然规律而受到自然的报复。在吐鲁番盆地，低于海平面 154 米的艾丁湖，是仅次于死海的世界第二低地。50 年代初期人们曾测得湖盆东西长 40 公里，南北宽 8 公里，总面积 152 平方公里，而到 1958 年，东西长度仅 7.5 公里，总面积只有 22.5 平方公里，湖水均深仅 0.8 米。今天的艾丁湖面积尤为可怜，年蒸发量为 2 亿立方米，而每年的补充水源仅为全年蒸发量的 1/10。"艾丁"在维吾尔语中是"月光"的意思，正是人们不遵守自然的规律，人为地破坏了艾丁湖的生态环境，使其逐渐缩小，这"月光"从吐鲁番消失，只是时间问题了。

环境污染、生态遭到破坏的势头有增无减，违法砍伐森林继续出现，资源破坏的同时造成大量的生态灾难。湖南邵阳县 1987 年发现了一处锑矿，附近的邵阳、东安、新宁三县农民在近 5 个月的时间里，每天 3000 多人哄抢，点火放炮，不时崩伤人。山上的森林资源，地下的锑矿均遭破坏，生态环境一夜之间极度恶化。

农村中旧的污染未除，新污染源又生。农民使用的农药、化肥、化工制品如塑料膜成为新的污染源。

近年来我国农村中农药中毒事故频频发生，仅据江苏省的不完全统计，自 1980 年至 1989 年间，该省农药中毒者 27 万人，死亡 2.1 万人，其中生产性中毒和非生产性中毒的各占 52.5% 和 47.5%，同时，田野中被丢弃的农药瓶碎片严重地危害着生态环境和农民健康，每亩农田一年需用三瓶农药，装农药的玻璃瓶无人收购，带回家又毫无用处，在哪里用完就丢弃在哪里，日久天长就成为无法消除的永久的隐患。在我省无为县，农药使用量每年达 121 吨左右，几年来，总数达数百万的废农药瓶积聚在农家，其中不乏剧毒的甲铵磷和毒性较大的菊酯类农药。丢在小塘、沟渠中的农药瓶把水中的生物全部毒死，水源严重污染。

再来看塑料薄膜的使用，以安徽省无为县白茆区为例，从 1983 年以来，用农膜 187.02 吨，除零星收购和部分残存土壤外，约有 180 多吨在农民手中，房前屋后都是，有些人干脆用它作引火助燃之物，这对农民生命财产构成了危害。全国两千多个县农膜残存有成千上万吨，无疑是一个危险的污染源，我们不可等闲视之。另外的污染源还有空酒瓶、空罐头瓶和废旧编织袋等等。

由于回收物资利润太低，无人愿意收购，各类污染也就日益严重。

四

水是人类乃至一切生命所赖以生存的基础之一，没有水肯定是没有人类的，但今天的人们却忘恩负义，把水资源严重污染了。

据联合国统计，地球圈中水的总储量为 13.6 亿立方公里，但其中 97.5% 为海洋咸水，仅有 2.5% 为淡水，淡水中又有 70% 在两极及雪山、冰川，只有淡水总量的 0.34% 和人类密切相关，其余的被蒸发掉了。

据统计，从 20 世纪 70 年代中期起，全世界农业用水增加了 37 倍，工业用水增长 20 倍，目前有 63 个国家地区面临缺水危机，到 90 年代全世界都面临缺水危机。我国人均为 2700 立方米，仅仅是世界人均水平的 1/4，居世界 84 位，美国的 1/5，苏联的 1/7，更为甚者，中国水资源分布极不平衡。以每亩耕地占水量计，长江、珠江流域分别是全国均值的 1.5 倍和 2.5 倍，黄淮海流域仅为全国均值的 17%、11%、10%。据统计，我国总用水量为 4700 亿立方米，其中农业用水 4190 亿立方米，占用水量的 88%。我国目前人均年用水量为 490 立方米，仅相当于美国的 1/5，苏联的 1/2。中国的北方历来是缺水地区，但是现在仍在不断地扩建大规模的工业项目，更增加了水源的短缺。

按照我国的工业水平，采 1 吨煤需水 1—1.5 吨，炼一吨钢需水 20—40 吨，每亩农作物生长期内水的需要量为 330—400 立方米，工业废水、回流灌溉水、生产用水成为目前对饮用水源威胁最大的排放源。

我国每天排出工业污染水约 8000 吨，其中 98% 以上未经任何处理就泻入江河湖海，全国火力发电每年排入江河的粉煤约 1000 万吨，每年排放工业废渣 3 亿多吨，严重破坏了大气气体，其中的化学污染物，如丙酮、苯、硝基苯等排放入水，使水质严重恶化。回流灌溉水回到河流或蓄水地层时，会大大增加其溶解性固体总含量。其中如碳酸钠等和一些不能被常规方法处理的物质，又会危害饮用水的质量，生活污水、细菌病毒、悬浮固体、溶解固体、混杂物质等不断地流入水源口。

我国城市的垃圾污染也较为严重，并转嫁到市郊农村。据联邦德国学者研究，规模较大的垃圾场可污染周围 50 公里内的全部水源。按此方法推算，北京有较大的垃圾堆 9000 个，就会有 45 万平方公里的水源被污染，而实际上北京只有 17 万平方公里。北京部分地区的 20 万亩菜地每年承受上万斤垃圾，严重渣化，有的农田瓦砾含量达到 25%—50%，形成了垃圾层，不仅破坏土地结构，使保水保肥能力下降，且大量病菌、虫卵在菜地里传播。

最近十几年，污染已从城市转到农村，这是有目共睹的事情。一向以山清水秀著称的浙江绍兴，近几年建了 80 多个小印刷厂及不少电镀厂、小造纸厂，结果不要说"绍兴老酒"难以为继，有些地方连清洁用水都喝不上。巢湖是五大淡水湖之一，目前湖水水质恶化严重，巢湖四周的 2500 多家工矿企业，每年将 1.4 亿吨废水排入湖内，巢湖四周的城镇居民每天注入巢湖的污水多达 3500 多万吨，这些废水、污水大多未经处理，其中含有大量有害物质。湖内泥沙淤积也日趋严重，巢湖沿岸每年坍塌入湖的泥沙达 33 万立方米。据有关部门调查，巢湖的水面已缩小 45.35 平方公里，湖容已减少 1.7 亿立方米，目前，占巢湖面积 1/3 的西部每年泥沙淤积量 120 万立方米，如果任其发展，不用多久西部巢湖就将逐渐消失。此外，只取不予掠夺式的水产经营也对生态造成破坏。1988 年巢湖捕鱼量仅有 6500 吨，平均亩产鱼 5.6 公斤。

1990 年 9 月下旬，一股 4 公里长的浓墨色污水和一条两公里长的黄色污水带，相继从江苏省海安流入富安镇通榆河，污染了 7.5 公里长的 800 多亩水产养殖水源，造成大量鱼类死亡。据初步统计，到 9 月 20 日晚，这片水产养殖水面共有 4 万公斤鱼被毒死。海安县一些单位排放污水的行为是由来已久的，1990 年 1—9 月这些单位已排放污水 13 次，连续不断的水面污染使水产资源遭到严重破坏，过去通榆河内盛产鱼、蟹、鳖、虾，近两年河蟹、鳗鱼已基本绝迹，更为严重的是，通榆河两岸成千上万户的群众常年饮用通榆河水。如果海安县不认真治理这些污染，会给通榆河两岸人民的身体健康和水产业发展带来灾难。

这些年奇迹般地崛起于苏州、无锡的许多乡镇企业，如造纸、纺织、五金等，污染较大，工艺落后，使流经苏锡的大运河，浊浪滚滚、臭气熏天，行人无不掩鼻而过。苏、锡、常以及河南省的巩县等，可以看成我国目前某些地区环境污染的缩影，先富起来竟是与"先脏起来"同胎降世。据另一项调查，1986 年江苏 5 个县 8 万个小工厂，每年排入废水 6.7 亿吨，只有 10% 经过简单处理，其余均直接泻入地面或河流，从而全省 40 多万亩农田受污染，河岸大片土地寸草不生。浙江等地的大量印染、电镀、砖瓦、水泥、造纸、制革厂，已使各县城关河段发黑发臭，主要河流如奉化江、姚江水质急剧下降。1986 年有人调查河北廊坊地区 8 县 1 市，发现有 42377 个乡镇企业是污染源，其中 1689 个是严重污染源。全区电镀厂有 350 个，每日用铬至少 28000 公斤，氰化物 26000 公斤，这些厂绝大多数都无三废处理设备，废水只有渗漏地下或蔓泻地上，致使该地区水位在 40 米以下的地下水已全部污染，多次发生人畜误饮废水当场死亡事件。

据统计，我国的 78 条主要河流就有 59 条受到污染，在 5 万条支流中，70% 受污染。我国流域面积在 100 平方公里以上的河流共有 5300 条，近年国家对其中的 1200 条进行测试，发现有 850 条受污染，其中 230 条严重污染。全国的淡水捕鱼量已由 20 世纪 50 年代的 50 万吨，60 年代的 40 万吨降为 70 年代的 30 万吨。

据对全国 10 个流域，789 个城镇不完全统计，每天有 7800 万立方米污水，全年就有 285 亿立方米，基本上未加任何处理，直接排入水域，其中工业废水占 87.2%，生活污水占 12.8%，至少有 1.86 万公里河流中，有 5 项毒物（酚、氰、钾、汞、铬）超过标准，其中 1.26 万公里已不能用于灌溉，鱼类绝迹了的已达 2400 公里。

东北的松花江已经污浊不堪，黄河由于污染已使名贵的黄河大鲤鱼基本绝迹。淮河也难逃厄运，其支流奎河实际上已成了一条污水河，仅徐州 124 家工厂，平均每天向奎河排放工业废水 70 万吨，生活污水 2 万吨，却又无水补给，臭气熏天，严重危害沿岸 60 万人民的安全。珠江在广东境内的水网已污染得难以找到合格水源，梅江、练江、北江水质严重下降，汾江的氨氮含量超标 4 倍。

目前长江干流沿岸的城市每天排入江里的污水就达 1600 万吨，即使不再加重，到 2000 年长江流域将排入 300 亿吨污水，按 1 吨废水污染 20—30 吨水计算，占全国水资源的 34% 的长江将有 60%—70% 受到污染，长江流域的 20 多个城市的近 1 亿人口不能幸免于难。

五

就在土地、水资源遭到严重破坏的同时，空气也在被污染。在一些重工业地区或者入冬季节的北方地区，长期烟雾弥漫。按国家标准，每平方公里的降尘量6—8吨，但几乎所有城市降尘都在30—40吨之间，有的甚至高达数百吨，1985年在湖南省浏阳县对4个乡镇小煤窑的尘肺发病情况调查中发现，粉尘浓度超过了国际标准的11倍，硅肺患病率在14%—24%之间，近年来各地均发现有工人受高温、高湿、辐射等影响而不断发生汞中毒等事件。

空气污染是个世界性问题，我国每年排入大气的烟尘约1400万吨（约占世界1亿吨的14%）。对我国30个城市的调查发现，平均浮游灰尘量达0.6毫克/立方米大气，超过了日本10倍。参与破坏大气平稳的还有人类利用能源的野蛮方式，以及矿物燃料的增加，森林的破坏，这些均会使二氧化碳大量积累在大气中，对人类生存造成越来越严重的威胁。

六

前面分析了中国的污染状况及环境保护中的关键所在，我们再从另一个侧面谈一下高技术对人类产生的祸患。以微电子技术为核心的新技术革命波及全世界，它一方面给人类创造了巨大的经济社会效益，另一方面又给人类健康带来威胁。1984年产值达到19730亿美元的日本集成电路产业，产量并不大，但使用的有机氯化物、砷、磷等有害化学物质，如果管理稍有不慎，就可能扩散到空中，对人体和环境造成影响。美国加州的硅谷素以生产"清洁"的高技术产品，诸如半导体、电子计算机和生物工程等而闻名，但据1985年美国加州的调查发现，当地的居民因饮用硅谷中的地下水，他们的婴儿患先天性缺陷病的概率为普通地区的3倍。自1981年以来，硅谷发生有毒化学气体泄漏事件100余起，目前仍未能杜绝。硅谷工作人员的职业病比例为其他制造业的3倍。此外，生物工程本是改造生物体，创造新物种，但改变基因的实验需要病菌和毒菌，只要一个环节上出现不慎，病菌和毒菌就可能被释放到空气或人体中。

从这一点看，高技术产业对世界各地的危害不容忽视。

七

环境污染不仅给人们的健康带来危害，而且造成的经济损失也是巨大的。

我国每年要排放工业废气约3.7亿立方米，废水365亿吨，废渣4.5亿吨。其中只有一小部分是必须排放的，绝大部分是可以作回收处理的。我国的"三废"排放量大，并非由于产品产量高，而是资源利用率低，原材料消耗量大。我国能源利用率只有27%，同先进工业国的资源利用率相比约低了一半。

"三废"一旦排入自然界，就会给农业、渔业、林业、建筑业及人民的生活带来无法计算的损失，农民受到损害尤为严重。

二氧化硫、乙烯、氧化物、氮氧化物和烃类光化学反应产生的过氧乙酰硝酸酯等，直接危害农作物的叶、花和果实，使作物生长缓慢，产量减少，质量变差。美国洛杉矶的光化学烟雾曾使 100 公里外的松柏大面积枯死，使柑橘、葡萄减产 60% 以上。仅农业损失一项，在加利福尼亚每年高达 600 万美元。

含重金属、有机物及营养元素氮磷的废水排入江河，将破坏水资源和鱼类资源；用被污染的水来灌溉农田又会造成农业生产上的巨大损失。我国山东文登县的五垒岛过去盛产带鱼、黄鱼、海蜇、对虾及名扬全国的泥蚶，后因一家小造纸厂的污染，每年损失 440 万元。

如果把一个国家一年内由于环境污染造成的经济损失加在一起，那将是一个惊人的数字。苏联在 20 世纪 60 年代因水污染造成的经济损失达 60 亿卢布。同期，英国每年大气污染造成的经济损失 3.75 亿英镑。70 年代日本因大气污染造成的经济损失约有 15000 亿日元。美国在 1970—1975 年间，环境污染造成的经济损失达 3000 多亿美元，平均每年是 500 亿美元。我国环境污染造成的经济损失，每年大约是 110 亿—130 亿美元。

我们环境污染的未来发展趋势如何呢？有关专家 1000 余人历时 4 年研究得出的结论是不容乐观的。我国环境污染按现在的发展速度预计，到 20 世纪末情况将更加严重。若不采取有力措施，将国民收入的 1% 作为治理投资，届时，废水排放量将从 1985 年的 348 亿吨增至 490 亿吨，烟尘排放量将由 1883 万吨增加到 2417 万吨，酸雨势态将进一步扩大，固体废弃物排放总量将比 1985 年增加 1.3 倍。

运用市场价值法、机会成本法、工程费用法等对目前因环境污染和生态破坏而造成的经济损失作估算，我国环境污染每年造成的损失约为 360 亿元，其中大气污染约为 101 亿元，污水污染约为 157 亿元，农药污染约为 96 亿元；生态破坏每年造成的经济损失约为 500 亿元。

造成目前这种状况的原因是什么呢？我们认为主要有以下原因：

第一，我国技术水准太低。我们在环保系统中工作的科技、业务人员，在 1981 年时只有 10442 人，近 10 万人中才有一个，到 1983 年增加到 15336 人，平均 9 万人口中才有一个。1983 年我国拥有环保仪器 23060 台，仅从 40 万个国营大中型工矿企业统计，平均 17 家工矿企业才拥有一台，而 1983 年，中国工业废水排放量已达到人均 23.3 吨，二氧化硫排放量达人均 12.36 公斤，烟尘排放量人均 13.02 公斤，这种技术状况远不能处理现有企业的污染源，更不能应付新出现的污染源。

鉴于此，我们建议国家仍应不断增加治理污染的资金和技术设备，培训专门的技术人才。

第二农村乡镇企业失控，国有资源惨遭破坏而无人问津。无论在乡镇企业发达的江、浙、闽、粤，还是中国中西部各省，农民为了致富捞钱，什么项目都敢上，小造纸厂、小窑厂、小木炭厂、石灰厂等污染较大的行业一哄而上，只要眼前得利，哪管子孙死活。在湖北桑植贺老总的故乡，1988 年曾发生了因污染严重使白米变黑米，人畜食水中毒的惨剧。在乱上、快上、蛮干风中，许多乡村干部实际上站在了落后群众一边，起了推波助澜的作用。大量的矿产资源被抢挖、滥挖，有毒的矿石、灰尘被大量抛洒于山野之中，风吹则污染大气，雨来则污染河流、土地。

因此，国家应加强污染工业的管理，对发展乡镇企业要有明确的不准污染环境的法纪、法规。同时要加强对国有资源的管理，依法治理，教育那些违法农民。

第三，官僚主义严重。我国在前几年，某些官方的有关主管人员提出一个出人意料的、似是而非的危险的"兼顾论"，即所谓兼顾生活、生产和生态。换句话说，为了生产和生活，可以破坏生态，污染环境，成为可以污染环境的理论依据。因而给一些人钻了空子，再加上"有水快流"的舆论导向，使环境污染形成了扩展之势。污染环境、资源短缺、人口爆炸已是当前世界的三大难题，这在我国显得尤为突出。我国在1979年就颁布了《中华人民共和国环境保护法》，却从来没有认真执行过。某些领导人的一句话，就可使某些污染企业免受惩罚。有些地方政府为了创收，竟公然批准支持污染企业建成投产。我国各级管理决策人员中，很多人只顾眼前局部利益，很少考虑到长远的国家集体利益。较多考虑的是发展生产力，较少考虑的是如何保护生产力。很多领导人只求在任期内能看到工业产值上升的新纪录，但对环境的破坏往往是不问的，有些上级领导有时也采取睁一只眼闭一只眼的错误态度。

为此，必须严格执行环保法，使任何违反环保法的单位和个人都不能逃避法律的制裁。同时，要把主管领导者任期内的环境污染状况作为考核政绩依据之一。

第四，愚昧和贫穷，破坏环境的最大力量来自人口，特别是贫穷落后缺乏教育的人口，其破坏性令人难以置信，随地吐痰、丢弃垃圾，大多数人因教育不足，过惯了懒、粗、脏、乱的生活。

我们要改变目前这种环境污染严重、造孽子孙的状况，必须在行政领导、企业、农民中树立环保观念，纠正违反环保法的错误思想，高度重视环境污染这个世界性难题，改变过去以净化污染为主的被动治理方法，接受西方先污染后治理的惨痛教训。

城乡工矿企业要开发利用和推广低废无废技术及循环利用技术，诱发乡镇企业降低资源消耗和减少废物排放的内在动力，使环境保护纳入保护意识观念之中；要铲除官僚主义，要在农村中开展科技文化普及教育；要使广大农村的农民自觉地行动起来，制止吃祖宗饭、造子孙孽的犯罪行为，最终确保实现还我清澈江河，还我明净中国的伟大目标。

中国的土地在流失[*]

——黄土地的沉思之二

土地流失："黑三角"的警告

在阿拉伯的神话里，有一个关于魔毯的故事，这块魔毯可以根据主人的意愿，任意飞翔。可惜，我们的土地，虽然是魔毯——可以生长或提供出各种各样、无穷无尽的宝藏和财富，给包括人类在内的一切生物休养、生息，但可惜的是她不会"飞"，占用一块就少一块，毁坏一片就再难复生。或者说，土地也是一次性资源，毁坏之后不能再生！土地的完全消失，也就是人类的末日。

浪费、污染、水土流失是土地消失的主要原因。1989 年 5 月 24 日《人民日报》发表《实事求是地摸清土地家底》一文指出："目前，全国人口这本大账已经查清，但土地资源长期以来没有准数，至今家底不明。"

我们国家究竟有多少耕地呢？

按照过去我国公布的土地数字为 14.6 亿亩，但根据卫星遥感测量和最新调查，中国的土地实有 20 亿—21 亿亩。即使以后一数字为根据来计算，中国人均耕地仍排在世界国土面积大于 10 万平方公里的 76 个国家的倒数第 8 位。我国土地资源有限，照理说，我们该十分重视了，不错，我国把土地问题也定为基本国策之一，且成立了一个专门的土地机构——土地管理局，颁布了《中华人民共和国土地法》。但是，经验告诉我们：有许多事，计划、决策是一回事，而真正得到执行、落实又是一回事。据统计，我国因植被破坏，造成严重的水土流失的土地面积达到 150 万平方公里，每年流失土壤约 50 亿吨。据 1990 年下半年的航空遥感普查表明，我国水土流失面积已大于 150 万平方公里。

新中国成立 40 余年来，经过我国亿万人民的艰苦劳动，也仅仅初步治理了 50 万平方公里土地，却被水土流失面积所抵消。我国水土保持工作似乎陷入一个令人头痛的"怪圈"，来自"黑三角"的警告，更能说明问题：

山西、陕西、内蒙古交界处有 10 个县（市），因煤炭丰富而有"黑三角"之称，这里也恰恰是水土流失最严重的黄河中游地区。近年来，"黑三角"地区出现了一哄而上挖煤的风潮，大量的弃土弃渣随意堆放或倾入河道，影响了河道的行洪能力。1989年 7 月的一场暴雨，使猛涨的黄河水无法宣泄，淹没了两岸 16 万亩良田。据有关部门

---

* 原载《中外经济管理导报》1994 年第 4 期，合作者：郭帆。

统计，自有规模地开采煤炭以来，平均每年给黄河多输 1 亿吨以上泥土，加重了这一地区水土流失状况。中国类似的"黑三角"，当然不止一个。

这种破坏自然生态环境和违背自然资源开发的科学性而盲目索取，遭到惩罚是必然的。长此以往，我们还将受到更大的惩罚。

土地流失：人类面临沙漠化的威胁

我国的土地资源受到的另一个威胁是沙漠化。当然，从世界的角度看，沙漠化是一个世界性的难题。

土地沙化的原因在哪里？全世界专家们公认，是由于过度采伐森林、过度放牧、过度垦殖和过度灌溉，使地球表层每年失去 3000 万公顷的植被。

现在再来看我国的土地沙化情况。我国的沙漠主要分布在北纬 35 度以北的干旱半干旱地区，遍布西北、内蒙与东北等 9 个省区。据中科院兰州沙漠所的材料，沙漠与戈壁的总面积 17.4 亿亩，其中沙漠 9 亿亩，戈壁 8.4 亿亩。在沙漠与沙地中流动沙丘 7.1 亿亩，固定与半固定沙丘约 3.7 亿亩。粗略计算，在沙丘区及其边缘地区分布着 1 亿亩的耕地和占全国草场总面积的 1/3 的天然草场，都不同程度受到沙化威胁和影响。

改革开放十多年来，我国的三北地区集中的沙化区，是否有大改变呢？没有！连中国的首都北京在内，一刮风就会有滚滚沙尘满天飞扬。

在内蒙古乌海市区，向北行 7 公里有个北大滩。昔日这里郁郁葱葱的植被，现已荡然无存了，代之而起的是 10000 多个人造沙丘，占地 3000 余亩，这里只要刮 2—3 级风，就会飞沙蔽目。联邦德国汉学家奥其长·韦格尔就认为：罗布泊湖的消失是人为造成的。多年来，我们在一些地区过度开垦、无情地砍伐森林，结果，大自然立即把沙线推过来实行报复。

人们痛心地看到，在那里新近堆成的约 10 米高的沙丘旁，运土的车辆将 130 多棵枣树连根轧起，水渠被破坏 30 多米，高压线杆周围的土地被挖走，连高压线杆也有倒塌之虞。来这里挖土的人每天有 80—100 人，若按每天每人挖 20 立方米计算，一天约挖土 2000 立方米，在此速度下，再过 10 年左右几万个沙丘的沙子便刮进城区。昔日的丝绸之路沙进人退，必将再度出现房屋被埋、村落迁移的悲惨情况。

1983 年的一次黄河泛滥，受灾人口达 1200 多万。目前黄河的河床已高出地面 3—10 米，成为一条空中悬河，一旦遭到特大洪水的冲击，在流量超过每秒 22300 立方米时，随时都有决堤的危险。黄淮平原的各种重要建筑和千万人口的生命财产到那时就将毁于一旦。太湖流域的面积仅占全国的 3%，耕地仅占 1.3%，工农业总产值却占 10% 以上，财政收入占全国 1/5，人口 3400 多万，城市 100 多个；1983 年洪水淹没农田 500 多万亩（占耕地 1/5）。

在春夏秋冬任何季节，只要踏上黄土高原你都可以"享受"到扑面而来的漫天沙土的迎接。目前黄土高原水土流失面积已有 40 多万平方公里，而且现在很多地方正以每年 1 厘米的速度剥蚀着。黄河每年流失的土壤夹带流入黄河的就有 16 亿多吨。1957 年动工的三门峡工程，更加重水库区泥沙淤积，有回水淹没之势，将可能危及关中 800 里秦川和西安市。

长江最终会变成第二条黄河吗?

多年来，关于长江是否会变成第二条黄河的争论，现在似乎已有了答案。目前长江流入东海的泥沙每年达 5 亿吨以上，相当于尼罗河、亚马孙河、密西西比河三条世界大河的输沙总量。其祸首就是长江源头及其周边林木被肆意砍伐。

关于地球上有些部落文明忽然衰落的原因，过去有"气候变化决定说"，后来又转向政治腐败、经济失调、种族退化等方面去探讨。1979 年美国的权威刊物《科学》刊出一位学者的如下论断：同希腊一样古老的玛雅文化，从公元前 8 世纪开始，人口剧增，到公元 10 世纪时突然崩溃。当时位于危地马拉低地的人口多达 1500 万，而在数十年间人口突然下降到不足原有的 1/10。其直接的原因就是水土流失，表土被冲走，耕地生产能力被彻底破坏。位于幼发拉底河、底格里斯河两流域的美索不达米亚平原上的巴比伦古文明，遭遇的也是同样命运。古印度有一个支脉，其文明消失得更为奇怪，使文明探索者们绞尽脑汁也无从得出结果。后来大量材料表明也是水土流失所造成的。土地不能承担人类的重负，而使栖息在这方土地上的人陷入了灭顶之灾。难道我们这个文明古国也想重蹈上述这些民族或者部落的厄运吗？看看古代中华民族的发源地——黄河流域吧，不就是因为那里战乱频频，肆意砍伐森林，生态破坏，水土流失，人口的大量迁移，中华民族文明的发祥地才逐步移到长江流域的吗！如果照此发展下去，长江最终将变成第二条黄河，长江流域的文明不也蕴藏着衰落的危险吗？中国未来的或者说是现代化文明的"发源地"，是否会再一次南迁到珠江流域呢？可惜珠江也不妙。珠江的东江段已成"黄河"，梅江源流之一的兴宁江、合江水库及其上游一带，不少崩塌的山冈像张开的血盆大口，河流泥沙大，淤积严重，东江上游流水已呈铁红色，周围不要说合抱大树，连碗口粗的小树也成了珍品。

中国的黄河、长江、黑龙江、珠江、辽河、淮河等大大小小的河流，已失去往日的清澈。这些变化，将会给我们带来什么呢？

据水利部门介绍：目前我国每年流失土壤达数十亿吨，平均每年因此而减少的耕地在 500 万亩以上。近十多年来我国因水土流失而损失的土地面积已相当于一个山西省。

水土流失使更多的沃土变得日益贫瘠，有资料表明，黄土高原因水土流失损失的土壤养分，折合化肥约 4000 万吨，相当于全国一年的化肥用量。

大量泥沙沉积河道、湖泊、水库和塘池，使不少地区的生态环境遭受破坏，使本来具有调节生态功能的一些江河湖泊，变成了威胁人们生存的灾害祸源。

我国农村土地被蚕食的现象也不容忽视，其中盲目地无计划地乱开基建摊子，对土地资源造成极大的破坏和浪费。我国现有工矿企业几万家，年采矿量十几亿吨，其中以煤矿开发为最大，对土地破坏也最严重。据对部分煤矿的调查，井下开采每万吨原煤造成的土地塌陷面积平均为 2—3 亩。淮南、淮北、徐州、大屯等 40 个矿区，截至 1984 年，塌陷农田累计已达 135.6 万亩。露天开采对土地和环境的破坏更为严重。开发矿产时抛出的各种废弃土石、尾矿也要占用大量土地。目前，全国煤矸石的积存量已在 12 亿—15 亿吨，占地约 6 万—10 万亩。

火电厂排灰占地和烧砖制瓦取土用地，也破坏了大量土地。有关部门早在 1982 年统计 155 个大中型电厂的贮灰场用地达 75000 亩，照此推算到 1990 年占地要超过 10 万亩。建材工业的砖瓦生产更是吃地"老虎"，估计每年要"吃掉"土地十几万亩。

大量土地被破坏，不仅减少了宝贵的耕地，还带来了一系列环境和经济问题。例如赔偿费和征地安置费用大幅度上升，等等。

征用土地使一些农民失去了生产、生活基地，引起农民的不满。农民说："国家征地给我们钱，可我们有钱也买不到地。"

这些遭受破坏的土地，如果采取积极办法，绝大多数本可以通过复垦等有效措施，重新恢复其使用价值，国外这些方面已有许多成功的经验。但遗憾的是土地复垦这项有重大社会与经济价值的工作长期被忽略。据有关部门估计，我们在全国利用被破坏的土地总量的比例还不到 1%，而俄、美等国复垦率均在 50% 至 70% 以上。

土地能否钟情人类

土地的危机正一步步加深加重。我国在 1977 年前，已丢失了相当于广东、广西、四川三省耕地面积的土地。最重要的太湖流域商品粮基地如不及时保护，将来也可能面临同样危险。我国人口已达 12 亿多，占世界总人口数 20% 以上，耕地却仅占世界耕地总面积的 1/13。有人估算，近年我国耕地年均减少 2500 万亩以上。按经济学家测算，一个国家为达到充分就业所需人均耕地不低于 9 亩（世界人均耕地只有 5 亩）。可是在目前，我国已有 9 个省市人均耕地不足 1 亩了。在古代"杞人忧天"的地方河南杞县已是"杞人忧地"了。1953 年该县有耕地 158 万亩，人口 53 万，人均耕地 2.95 亩，到 1986 年人均耕地只剩 1.54 亩，土地减少到只有 128 万亩，人口却增加到 83 万。短短的 29 年中这个豫东平原上的小县耕地减少 30 万亩之多。照此下去，100 年后杞县将无地可耕了！减少的这 30 万亩土地到哪里去了？通过清查发现，农民新增宅基地是占用耕地的大头，占非农用地的 70% 左右；其次是乡镇企业占地，占非农用地的 13%；国家建设用地约占 7%。从这里可看出有些地方的农村土地管理工作处于失控状态，如此现状，杞人不得不在几千年前忧天，几千年后又忧地了！

虽然我国有那么多直接或间接管理土地的机构，并且还制定了《土地法》，创建了土地管理的专门机构——土地管理局。但并不是所有的负责人都认识到耕地是我国所有资源中最短缺的资源，更缺乏土地生产力的基本观念。虽然土地的自然生产力应当是无限的，但在具体的条件下，土地对人口却有限定的承载力。土地一旦被侵蚀、沙化、盐碱化、沼泽化，它的生产力便迅速消失；而一旦被非土地生产占用，其生产力也近乎永远消失，土地表层被洪水冲刷流失，也是流失一层少一层，直到裸露出冲不走的岩石。中外历史发展表明，土地是无弹性的，目前还是不可替代的资源，即使无限提高土地的价格，也不能增加土地的供给，"寸土必争"就是这个道理。现今的中国确实到了"国人皆忧地"了！土地既失，吾人何以立足！根据科学家的研究，恢复一个大区域的生态平衡，需要 100 多年；形成一个植物群落，需要 60—70 年；靠森林植被的再生来恢复土壤肥力也要 50—60 年。

劳动是人类创造财富之父，土地是创造财富之母。这就是说，耕地是农业生产的基础，具有无可比拟的价值。土地作为一种天然资源，服务于人类社会，但它的存量却十分有限，还不能因人类本身的需要而任意地供给。

　　人类生活在一个由土地、空气、水、阳光和其他生物所共同组成的自然界里，土地是人类社会最为珍贵的物质财富。土地最大限度地滋养着人类，抚育着万物，难道它不值得人世间给予最真诚的热爱吗？不值得人类把自己的全部智慧才能都倾注给它，从而使它幸免于各种无情糟蹋和毁坏吗？人们一定要明白，只有精心地保护我们这个星球上极其有限的土地资源，人类自身才能继续生存下去。我国现在平均每年占用 2500 万亩耕地，这是一个各国耕地丧失统计中的最高数字。它说明了我国目前正面临着一个比世界各国更为严重的自然与社会环境失调的问题。

农村婚姻家庭问题调查*

——黄土地的沉思之三

一

婚姻问题是整个社会中最常见的，也是最重要的问题，它可以折射出一个时代的政治、经济、风尚、文化状况等诸多问题，它是时代进步或愚昧落后的反射镜。讨论我国农村社会发展，婚姻家庭是必须涉及的题目。

20 世纪 80 年代十年间，中国的离婚数字翻了一番，由 1979 年的 31.9 万对上升为 1988 年的 65 万对。1989 年上半年，据最高人民法院的统计，全国各级人民法院受理的离婚案件比 1988 年同期增长 16%，预计离婚数字还将上升。对此，有人悲叹世风日下，人心不古，有人欢呼婚姻的变革，将改变传统的伦理道德。

但值得注意的是，社会细胞的阴阳裂变，必然影响整个社会肌体的健康发展。

在离婚率上升的同时，还有一组令人揪心的数字也在悄然上升。我国综合残疾为 673 万人，即 100 个人中有 5 个残疾人。农村中的残疾人高于城市。第一胎为残疾的，第二、第三胎也基本上是残疾人。但农村老百姓说：种十颗豆，九颗要发芽，于是有人生了 5 个痴呆儿，还想再生。在贫困山区，傻子家、傻子村屡见不鲜。在中国 12 亿左右人口中，有近 8 亿在农村。每年全国有 3000 万对青年结婚，农村占 80% 以上，全国有 2 亿多住户，农村达 1.5 亿户左右，在总离婚率中，农村占 60% 以上。农村人口多，婚龄青年基数大，所以问题最多、最复杂。

近几年农村中的婚姻家庭状况可以说是在发展中并存隐忧。而且，越是接触实际，越是感到病症不轻的习俗回潮、丑恶现象滋生泛滥，给农村的婚姻美满、家庭和谐、社会稳定蒙上了一层阴影。

二

农村当前存在着许多违反法定程序的违法婚姻现象。首先是数量多。浙江省 1988 年不登记而以夫妻关系同居的违法婚姻占总数 18%，近 9 万对；湖南 1987 年全省未依法登记结婚的达 8 万对；山东 1988 年有 5.7 万对。全国每年有 150 万—200 万件违法婚姻。其次是不登记却以夫妻名义同居的当事人中相当一部分同时具有违反其他结婚条件

＊　原载《科技与企业》1995 年第 1、3 期，合作者：郭帆。

的行为。据对鲁西北平原和鲁中山地的 2 市 5 个地区调查，1988 年非法同居的 4.4 万对，其中早婚占 43.5%。1989 年 8 月对湖南省耒阳的竹市、龙塘、大市 3 个乡的违法婚姻状况调查，非法同居的有 606 人，其中早婚有 280 人。

不登记以夫妻关系同居的违法行为多数发生在经济落后、文化素质差的地区。由于受旧的习俗和传统观念的影响深，法制观念淡，认为结婚是个人私事，只要家长认可，社会承认就行了，用不着登记，因而鞭炮一响，酒席一摆，天地一拜，便成夫妻的现象在这些地区司空见惯。1988 年安徽农村结婚不登记的有 10 万对，不仅包括普通群众甚至还包括村干部。

农村大多数非法同居都得到家长的纵容支持，但也有一部分是未得到家长认可的"私婚"。这种情况，基本发生在虽非文盲但却是法盲的青年人身上。他们追求自由，因家长不支持或反对而采取私奔的方式以示抗争。他们在争取婚姻自由的时候，又加入到违法者的行列。安徽省定远县近几年发生了数百起此类案件。

<h1 style="text-align:center">三</h1>

农村中的包办、买卖婚姻也很严重。包办婚姻是指第三者（包括父母）违反婚姻自主原则包办强迫他人的婚姻行为。买卖婚姻是指第三者（包括父母）以索取大量财物为目的，包办强迫他人婚姻的行为。包办、买卖婚姻中包括现在令人发指的人口拐卖婚姻。这些现象都侵犯了当事人的人身权利，是对婚姻自由原则的公然践踏。有关部门在陕西省周至县终南乡的一个村调查，共有 16—25 岁的未婚青年 47 人，由父母包办的有 45 人；基层党员干部 22 人，有 14 人代子女订婚。

包办、买卖婚姻中，转亲、换亲、拐卖成婚也是此类违法婚姻的重要形式。转亲、换亲在农村时有发生。山东省菏泽地区 6 市县，1986 年 1—8 月换亲、转亲的有 1797 对，其中不少是三转、四转……最多的竟达到 26 转，涉及 2 个县 4 个乡 23 个村，许多青年因此禁锢在封闭式的婚姻锁链中。转亲换亲通常都是在下列条件下发生的：（1）家里有未娶妻的儿子和未出嫁的女儿。（2）家里经济条件比较困难，支付不起为儿娶妻所需的"彩礼"，或虽不穷但独生子自身条件差，在此情况下，两个（或几个）类似条件的家庭，就用换亲或转亲的方法，解决儿女的婚姻问题。在这种婚姻形式中，人们考虑的核心是家族的利益，男子处于事件的中心，女子只不过是一个筹码，她们的一生幸福丝毫得不到重视。山西省沁水县樊村河乡大庄村宋某，家住只有 2 户人家的山上，快 30 岁了，多次提亲，均因拿不出彩礼和女方不愿上山而告吹，父母只好用 21 岁的女儿在本乡冯村为独生子换成了"门当户对"的姻亲。女儿为了不使父母伤心，为了哥哥，只好同意了这笔交易。

最令人痛恨的旧社会才有的拐卖妇女、强迫成婚的现象，近年来在一些地区如瘟疫般蔓延。山西省雁北地区的浑源县共有 28 个乡镇，其中 23 个乡镇的被拐卖来的妇女达 450 人之多。她们来自川、黔、云、桂、沪等 14 个省、市、自治区，有上至 50 岁的老妪，下至 13 岁的少女，70% 以上是 20 岁以下的女青年。

拐卖妇女强迫成婚，残害了许多无辜妇女，制造了一幕幕家庭悲剧，给妇女、家庭、社会带来了罄竹难书的不幸和灾难。

四

河南省夏邑县妇联 1990 年对全县 15 个乡镇的青年婚姻问题进行了调查，结果表明，订婚彩礼越要越高，在 1 年零 2 个月的时间里，全县 11513 个订婚青年中，索要订婚礼 400—500 元的 3845 人，600—800 元的 971 人，1000 元以上的 85 人，在 12053 个已婚青年中，索要彩礼 400—500 元的 6630 人，600—800 元的 1676 人，1000 元以上的 169 人。

农村索要结婚彩礼的主要原因是：

——旧的婚姻制度残余尚存。从形式上看，好像自主自愿的，但实际上，是以满足于某些人的意愿或物质方面的欲望为结婚代价的。

——讲排场，摆阔气，搞攀比，高价索彩礼，层层加码。

——受金钱主义思想的影响。女方父母认为女儿养大了，要点东西理所当然。

——思想文化素质低，没有真正认识到借婚姻索要财物是变相买卖婚姻，是把人当成商品交换，因而是非法行为。

大办婚事的旧习俗又在各地泛滥。据辽宁省总工会反映，丹东市的一个青年结婚的费用，一般要达到万元。大办婚事带来的社会问题也越来越多，一些青年的畸形消费心理已达到实际能力无法承担的程度。

如在青年职工中，结婚的"基本建设"要求已从过去的成套家具发展到所谓"三双一彩"，即双门电冰箱、双缸洗衣机、双卡收录机和彩色电视机。丹东市港务局一退休工人，为给结婚的儿子买上大彩电，长期值夜班和捡破烂，孩子虽结了婚，他却因操劳过度心脏病发作去世。

过去反对过多年的结婚讲排场、比阔气、摆酒宴的风气不但没有消退，反而越刮越盛。迎亲队伍摩托车开道，大小车辆相随的情况屡见不鲜。结婚酒席甚至有摆上百桌的。

一些绝迹多年的封建陋习也死灰复燃，如女方叫声"妈"，婆婆要给"改口钱"；还有"接盆钱"、"梳妆钱"、"叠被褥钱"等五花八门的名目，娘家的人吃完酒席临走时，还要带上几斤"离娘肉"。

据某省城乡抽样调查队对 200 户最近一年内组建的新婚家庭抽样表明，结婚费用低于 1 万元的只占 28.5%，而两年前，最高的结婚消费只有 1070 元。

新婚家庭中，家用电器仍然是各项消费的最高项，达到 5229 元，两年前为 300 元；家具费用 1974 元，比两年前高出近 500 元；金银饰品消费 1359 元，两年前为 840.5 元；办酒、发糖加新婚旅游 2358 元，也比两年前高出 500 元；购买床上用品 1142 元；购置新婚服装 629 元；新房装饰 661 元。据调查，每对新婚青年平均积蓄 6 年，才能负担全部消费的 45%，余下只能靠家长资助、亲友赠送及借款解决。

据对赣榆县城南乡 30 名收了彩礼的姑娘的调查，发现有 55% 的姑娘是自己主动要彩礼的，另有 45% 的姑娘不要彩礼是男方硬送的。主动送彩礼的男方父母认为，现在生活条件好了，给儿媳妇送些彩礼，是"肥水没流别人地"，多送一些彩礼，显得自己富裕而大方。手头较紧一些的父母，看到别人大手大脚，自己宁愿借钱也不甘落后。有时，经济拮据人家出的彩礼反而比富裕户出得还要多。他们认为，儿子订亲是大事，"有粉就应该擦在脸上"。姑娘若不收彩礼，男青年就认为爱情基础不牢固，怀疑女方不忠贞。竹元村张莹姑娘是个共青团员，定亲前下决心不要彩礼，可谈了对象以后，还是做了俘虏。她说："提起这件事，我又好气又好笑。我和本县宋庄乡宋庄村一位男青年确立了恋爱关系后，男方先后三次送来彩礼，一次比一次多，我都没有收。这下引起了男方父母的种种猜测：一怕我身体有病，二怀疑我脚踏两只船，三是甚至还怀疑我有作风问题，弄得我哭笑不得。为了表达我的诚意，最后还是违心地收下了一些彩礼，他们才放心。"对大操大办借助社会舆论采取一定的行政干预是有必要的，但这只是一种扬汤止沸的办法。要做到釜底抽薪就必须变更自然经济基础，发展市场经济，发展文化教育，提高人口素质，并借助包括行政力量在内的多种社会力量，打破小农经济自我循环的链条，促进社会生活节奏的加快，在商品经济发展中诞生出新的文化生活方式，这样就可以取得多种社会效益，摈弃多种弊端。

大操大办、铺张浪费的农村喜事，不但给一些底子很薄的农民家庭带来繁重的债务，而且严重危害社会安定。因拿不起彩礼娶不上媳妇而精神失常、行凶杀人，屡见不鲜。有的为偿还结婚债务造成家庭不和，酿成惨祸；有的为筹措高额彩礼造成父子、兄弟反目；甚至有些青年为筹集结婚费用不惜以身试法，走上绝路，盗窃抢劫，未入洞房，先入牢房。婚礼大操大办，严重污染了社会风气。有些人借此机会请客送礼，使不正之风、腐败现象滋生蔓延。一些党员干部凭借手中的权力，大办婚事，收受高额贺礼，变相为自己捞好处。它不仅使收受贿赂更加隐蔽，更严重的是腐蚀党的干部队伍，严重损害党和政府的形象，影响农民素质的提高，助长了浪费奢侈之风，一方面使一部分农村青年滋长了不思劳动、追求物质享受的坏习气，另一方面又因超前消耗了家中的积蓄，使一些农民子弟沦为新文盲。

农村婚礼大操大办之风越演越烈，除了传统落后文化习俗做基础，经济落后为前提，最重要的是我们丢弃了农村思想文化教育阵地。近十多年来的舆论导向上的偏差也起了推波助澜的作用。提倡高消费，大搞吃喝玩乐，全不顾农村的现实。那种新三年，旧三年，缝缝补补又三年的勤俭观念，被视为落后于时代的陈旧观念而受到嘲笑，铺张浪费、奢侈之风遍及城乡。

另外，如上面讲到的，党风不正使婚礼大操大办更加肆无忌惮。党风正带动社会风气正，这已为历史证明。党内的腐败分子利用大办婚事，作为敛财的手段，贺礼多少，又成为日后亲疏远近，厚此薄彼，甚至打击报复的依据。安徽省蒙城县一个村长家办喜事，派人通知全体村民，户户都要送礼，有两户实在困难送不起礼，村长老婆就到处散布流言：某某没有送礼，咱们走着瞧！在群众中造成极坏的影响。

五

重婚纳妾是农村中近年又一丑恶现象。一夫一妻制是人类文明的体现，也是《中华人民共和国婚姻法》的基本原则。然而近年来重婚纳妾丑陋现象在我国沉渣泛起，在个别地区甚至成为严重的社会问题。与其他婚姻领域的违法行为不同，重婚纳妾大多发生在经济相对比较发达的地区。例如浙江省温州市柳镇，地处沿海，一些农民在党的富民政策指引下富裕起来，出现了一些万元户和十万元户，甚至还有百万元户，但是这些人中的某些人只是物质生活的富有者，而精神生活往往很贫乏，追求腐化的生活方式，玩弄女性，重婚现象令人吃惊。广东、福建农村也存在这类纳妾现象。

重婚是有配偶者又与他人结婚的违法行为。虽未登记，却与他人以夫妻关系同居生活的，则构成事实性重婚。目前我国的重婚，大多是后者。重婚的主体多是二户一主，即暴发户、个体户、乡镇企业承包主。山西省晋城市 6 个基层法院一年内受理的暴发户、个体户、包工头的重婚案有 114 件，占重婚案的绝大部分。李某是个汽车运输个体户，靠党和国家的政策富裕了起来，不但盖了新房，添置了各类现代化家具，还有几十万存款。但他有钱后对患难创业之妻已不满足，最后和自己聘请来的售票员姘居，过上了一夫两妻的生活。

在农村，一夫两妻亦为重婚的主要形式，但也有一妻两夫的，广西省某县的一位有钱的残疾人和无钱穷光棍合伙从人贩子那里买来了一个妇女，作为二人共同的妻子。

广东部分农村重婚纳妾激增。以广东省海康县为例，该县共有重婚纳妾者 201 人。其中纳妾的 48 人，重婚者 153 人。

出现这些问题的原因：第一，一些人富了以后喜新厌旧，寻找新欢。第二，计划生育提倡一对夫妇生一个孩子，那些只生女未育男的丈夫，为了传宗接代，不择手段重婚纳妾。第三，婆媳、夫妇之间发生纠葛，女方离家出走，生活无着落，去别处重婚。第四，一些农村青年妇女以婚行骗，骗取钱财。

早婚，即男方或女方未达到法定婚龄（男不满 22 周岁、女不满 20 周岁）而结成事实婚姻。它是我国又一类较为严重的违法婚姻。据安徽省 1988 年的不完全统计，农村早婚的有 4.3 万余人，全国达到 100 万—1509 万人。现在我国的早婚现象有如下特征：

1. 从地域分布看，早婚主要发生在农村。据全国千分之一抽样调查，在 62057 名 15—19 岁的女性中，初婚、再婚者有 2810 人，其中农村有 2762 人，占 98%。

2. 小学和初中文化程度的 146 人，占 42%；初中文化程度的 169 人，占 49%；高中文化程度的 31 人，占 9%。

3. 早婚者的年龄分布情况。女性主要集中在 18—19 岁。四川省南充县会龙乡 96 名早婚女青年中，18 岁的 29 人，占 30.2%；19 岁的 53 人，占 55.2%。男性大多为 18—21 岁。湖南耒阳市竹市、龙塘、大市三个乡的男性早婚者中，18 岁的占 17.5%；19 岁的占 24.1%；20 岁的占 28.3%；21 岁的占 22.1%。从有关材料来看，男女早婚的最低年龄均为 13 岁，浙江省南部某县的一个村干部的儿子 14 岁、儿媳只有 12 岁。湖北省鄂州市梁子湖区太和镇也有 13 岁结婚的少女。女青年最早生育年龄为 14 岁，湖北省保康县大坪村少女陈兴菊不满 14 岁"结婚"，不久便有了身孕。

4. 从早婚的性别比看，女性多于男性。湖南新化县早婚者中女性占 62.5%，男性占 37.5%。从我国婚配选择情况看，在与配偶的年龄差中，男大女小是普遍的情况。据对湖南耒阳三个乡的调查，男比女大三岁以上的占到 46.5%。因为，即使男方刚达到法定婚龄，而女方也常常是早婚者，所以早婚中女性高于男性。地处辽宁省新金县北部山区的乐甲乡，是全县有名的贫困乡，以前，这个乡曾出现过为不到法定婚龄的青年办理结婚登记手续的情况，但没有人追究。以后乡政府决定重新调整承包的土地，要按

1987 年 1 月 1 日零点前在册人口平分土地，一定十年不变。这个决定，促使许多本来就有"早娶媳妇早抱子"旧观念的人更想早登记、早结婚，以便增加人口，多分土地。于是在乡政府宣布上述决定不到几个月的时间里，不到法定婚龄的青年少年办理结婚登记手续达到高潮。按说，办理结婚登记手续时应看申请人的户口本，但这里凭一张村级介绍信就可以登记。而所有的村级介绍信上，都标明这些不到法定婚龄的青少年够了法定婚龄。

经查，该乡共有 244 名不到法定婚龄的青少年办理了结婚登记手续，其中 15 周岁 1 人、16 周岁 3 人、17 周岁 11 人、18 周岁 25 人、19 周岁 52 人、20 周岁 84 人（男）、21 周岁 68 人（男）。

1990 年 11 月，广西平果县人民法院太平乡法庭受理了一起令人啼笑皆非的"离婚案"。这对结婚已达 5 年之久的小夫妻，至今不到结婚年龄，女 19 岁，男 17 岁，更令人难以置信的是，"丈夫正在上小学"。这对小夫妻住在平果县耶圩乡七良村。1980 年不满 10 岁的余红梅就被父母包办许配给黄光仁，黄光仁仅 8 岁。1985 年余红梅过门，实际是个童养媳，因太小干不动活，公婆就叫她放牛、捡猪菜。因年纪小不谙人事，不知孝敬公婆，而且还常与丈夫打闹，争吃东西，因此，常被人讥笑。公婆则说他们花了钱财把余红梅买来做工好供养儿子上学读书，如黄升不了学，做妻子的要完全负责，这是新中国成立 40 年后重现的领养童养媳的犯罪现象。

目前，农村中还存在另一种违法现象，即订小亲相当普遍。陕西临潼县小金乡 2006 名在校中小学生中有 1650 人定了亲，占在校生总数的 82.25%。吴旗县薛家乡雷渡村 206 名 14 岁以下儿童中，已有 13 人定了亲，占同龄儿童的 6.3%，其中最小的仅两岁。封建时代指腹为婚的现象今又重演并有不断增加的趋势。

订小亲的显著特征是家长包办。因为当事人年龄尚小，难以准确表达自己的意志，甚至对这种行为的性质都缺乏清楚的认识。严格地讲，娃娃亲本身并不是违法婚姻的一种，因为定亲只是婚约，并非婚姻。男女双方从定亲到最终成婚有一段间隔。从发展趋势看，其结果有多样性。如果随着年龄的增长，解除婚约，而未结合，谈不上违法。要是双方迫于家长压力结合，则是包办婚姻。若双方不到婚龄而结合，则是早婚。

订娃娃亲的不良影响是非常明显的，作为封建时代婚姻习俗的延续，毒化社会风气，同时，可引起男女双方及家长在定亲与结婚长时间交往中产生纠纷，并可能引起早婚、包办婚姻。在山东鲁南地区曾发生过女方因反对娃娃亲以死相抗的悲剧。此外，定亲对男女双方的制约，当事人对发展结果的忧虑，以及处理复杂人事关系与当事人年龄不协调等都对少年儿童的心理产生不良影响，妨碍他们的人格的正常发育。此外，也不利于男女双方的学习进步。

六

另外一类违法婚姻是病忌婚。男女结婚，须无禁止结婚的疾病，各国立法对此都有具体规定。关于禁止结婚的，可概括为两类，一是精神方面的疾病，二是身体方面的疾病。一般来讲，为法律所规定的，仅限于重大不治的恶疾，以及足以严重危害对方和下一代健康的病症。

《中华人民共和国婚姻法》和《中华人民共和国婚姻登记办法》规定：患麻风病或性病未经治愈或患其他在医学上认为不应当结婚的疾病的人，禁止结婚。麻风病与性病都是恶性传染病。患者与人结婚，不仅传染给对方，而且影响后代健康。现代医学科技迅速发展，麻风病已非不治之症，绝大多数也可治愈。因此法律仅限于禁止未经治愈者结婚，治愈者不受限制。至于其他在医学上认为不应结婚的疾病，主要指精神失常未治愈、先天性痴呆，以及某些被证明不应结婚的传染性或遗传性疾病。

病忌婚主要发生在山区及边远农村。在全国所有的贫困、偏僻山区农村都可看到，由于病忌婚而生下的先天性白痴和肢体残疾人。

一个更重要的新情况是近年来性病在我国蔓延速度惊人。据有关部门统计，近年来性病主要流行于青壮年，并有年轻化的趋向。据对 14896 例性病患者的分析，20—39 岁的占 74.3%，19 岁以下占 8.5%，最小的仅 13 岁。性病首先发生在东南沿海经济发达地区、西南靠近边境地区，现在已在向全国蔓延。农村中卖淫嫖娼加剧了性病的发展。性病的蔓延对婚姻的影响表现在，一是已婚者中性病患者增加。二是流行对象的年轻化，表明未来在申请结婚的当事人中，性病患者呈增长趋势。因此，搞好青少年时期的道德教育，加强婚前的健康检查刻不容缓。

总之，随着性病患者的增加，病忌婚问题会越来越严重。

与病忌婚对人类危害的性质相同的是，《中华人民共和国婚姻法》明文规定禁止的近亲婚配又死灰复燃。禁止近亲结婚，是人类文明进步的显著标志之一。其理由有二，第一基于优生理论，第二基于伦理观念。

关于禁止近亲结婚的范围，各国法律都有直系血亲间不得结婚的规定，对于旁系血亲间禁止结婚的规定则不尽相同。《中华人民共和国婚姻法》第六条规定："禁止直系血亲和三代以内的旁系血亲间结婚。"近亲结婚可分为汉族地区、少数民族地区两大类进行考察。汉族居住区近亲结婚的主要特征：一是近亲结婚的当事人中，以姑表、姨表亲为主，俗称"亲上亲、回娘头、筋连筋"。二是相对而言，新的近亲结婚现象虽然有所减少，但依然在农村中存在，且数量可观。有关部门对某县 52 对近亲结婚的当事人分析表明：当事人双方为姑表亲的 39 对，姨表亲的 11 对，堂兄妹通婚的 2 对；1981 年《中华人民共和国婚姻法》实行以后结婚的有 2 对；104 人中 35 岁以下的有 23 人。

在少数民族地区，由于其特殊的婚俗习惯，近亲结婚的现象远高于汉族居住区。据有关方面调查，滇、桂、黔、川等省的少数民族近亲结婚比例相当高，为经济发达地区的几倍乃至十多倍。

七

农村婚姻家庭还存在"单身汉户"现象。

农村在实行家庭联产承包制后出现了"单身汉户"的问题，我们曾就此问题到安徽肥西县作过专门调查，并受到全国上下各界的重视。

农村"单身汉户"是指超过晚婚年龄（30 岁）而无配偶、单立门户独居的男性青壮年。这群人为数不少，据我们在肥西县河东乡调查，该乡现有 2300 户 9831 人，其中 30—40 岁"单身汉"就有 179 人（其中绝大部分是单立门户）。这批人除极少数是懒汉外，大多数是过去集体劳动时的好劳动力，那时他们不仅养活自己，实际上还养活了集体中那些老幼多的透支户。但实行承包制后，原来那些老幼多的贫困户变劣势为优势，老幼搭配里外有人，农副结合，种养兼营，致富较快。相反，"单身汉户"在这种以家庭为单位的小而全的生活中明显吃亏。协作无人，出去一把锁，回来一盏灯，农副不可兼得，只好单抓粮食生产，成本高、投资大、效益低。又因无副业收入，生产、生活每况愈下。河东乡33岁的"单身汉户"陈学方三兄弟，除老三会开拖拉机娶亲单过外，老大、老二均是单身汉。老大到学校当炊事员，老二一人种了3.2亩承包田，1983年收稻2500斤、麦250斤、油菜子200斤、黄豆80斤，出售农产品共计1700斤，得款300元；开支151.12元，其中化肥80元、农药6元、水费6元、建校费2元、国库券1.2元、提留（修乡村公路、修变电站、村队干部补贴）40元，结果一年所得只剩下149元。

当今农村，结婚彩礼越来越高，一般要3000—5000元，单身汉区区收入，要想成亲那是妄想。人到中年，难成家室，许多人感情冷漠，悲观厌世。其中有些人偷鸡摸狗，强奸妇女，赌博，破坏森林等，刑事犯罪率很高。据肥西检察院统计，1981年全院逮捕犯人中，单身汉占总数的21%。1982年逮捕犯人87人，单身汉22人，占25.3%。该县馆驿村有"单身汉户"9户，其中3人进行犯罪活动。洪桥乡大岗村"单身汉户"18户，其中4人犯罪。官亭区18个盗窃犯中竟有11个单身汉。这批人已为农村一害。有的单身汉成为惯偷，将偷到的东西回乡销赃，群众乐意买便宜货。

有些犯罪的"单身汉户"刑满释放回乡后，乡村干部以无田分、无房住为由不接收，或虽接收而不予安置，致使这批人重又走上犯罪道路。我们在肥西县拘留所提询4个"单身汉户"犯罪分子，其中有两个是由于上述原因重新犯罪的。有个犯罪分子表示，绝不回乡，劳改劳教都行。甚至有一个"单身汉户"因惯偷被判5年刑，他反而要求再加判5年。因婚姻未能解决而造成的"单身汉户"，已成为农村社会不稳定的一个重要因素。

造成农村"单身汉户"多的基本原因是男女比例失调。仍以河东乡为例，该乡现有人口9831人，男性5231人，女性4600人，相差631人。其中16岁以上的女性比男性少265人，15岁以下的女性比男性少366人。特别是近几年，河东乡男女出生人数比例失调更严重。河东村1982年至1983年共生男女婴54人，其中女婴只有14人。男女比例失调的原因是普遍溺弃女婴。河东乡妇女主任反映：现在农村妇女第一胎生女孩大多是不留的。肥西县科协主任门前曾在一周内拾到被弃女婴3个。

八

当前婚姻问题中，有些人挖空心思钻法律的空子进行违法活动。假离婚和利用职权犯罪者均有。

一类现象是假离婚。某些人不惜以离婚达到其非法目的，影响了社会的安定，损坏了国家、集体和其他人的合法权益。例如王某和蔡某夫妻俩从事个体经营，因经营不善欠了近10万元的债。他们在离婚时隐瞒了债务，王某将其门市部价值3万余元的存货和全套家具都给了蔡某和孩子。当债权人上门讨债时蔡某拿出离婚证说：我同王某已离婚，王某所欠债务与我无关。债权人找不到王某，欲扣蔡某的货物，又被蔡某诉到法院。债权人的合法权益受到损害。

某厂陈某同李某（无业）婚后生一女孩，当李再度怀孕时，他们便一同来婚姻登记机关骗取了离婚证。于是，谁也拿李某的肚子没办法了。

戴某与王某婚后生一女，随女方的农村户口入了户。戴某是城市户口，他们在婚姻登记机关骗取了离婚证，小孩由戴某抚养。很快小孩的户口转上了戴某户口簿，之后戴某与王某又生活在一起。

顾某与吴某结婚二十多年，夫妻关系一直很好。生有4个子女。后来顾某负责建筑某供销商场时，在工地上结识了姑娘姚某，二人一拍即合。顾某抛下家中的妻子儿女，出资给姚某买了一条水泥船，与姚某一同漂流水上，生一女孩，顾某本已犯重婚罪，但他同妻子"自愿"办理了离婚手续，由此逃脱了法律责任。

对申请离婚的当事人，有关机关应严格审查，防止存有不良动机的离婚案件发生，审查时如发现问题，应主动进行干预。

另一类现象是利用职权，在结婚与离婚上钻法律的空子。1990年4月，蚌埠市东市区副区长寇秀艺利用职权，用假证明、假手续在当事人袁秀琴一无所知情况下为在唐山农村的弟弟寇长松与袁办理了结婚手续，然后以解决夫妻两地分居为由申请将寇长松的唐山农村户口转为蚌埠市户口。因是假证明无法与袁秀琴户口落在一起，寇又生一计，搞了一个假离婚手续，最后经诸多违法者帮忙，终于为其弟解决了农村户口。虽然风声走漏，袁秀琴本人及全家蒙受不白之冤，却无人过问。

九

老年人的婚姻问题，也很值得重视，按照世界老年社会的标准，60岁以上老年人达到总人口的12%以上就进入了老年社会。我国在未来10年内将达此标准，因此老年婚姻将成为一个重要社会问题。老年婚恋在世界许多国家中本来是极平常的事情，但在我们这个封建传统意识根深蒂固的国家里，不要说两鬓斑白的老龄人，就是中年丧偶或离异后再行结婚，也是非常困难的。虽然改革开放已经十年，人们的观念已大大进步，我国目前老年人再婚的现象虽不罕见，但仍不普遍。1983年，据我国第三次全国人口普查数据，我国60岁以上的人口中，有3336万人丧偶，其中女性丧偶率为58.1%，男性丧偶率为26.9%。据1987年对1‰人口的抽样调查，我国60岁以上的老年人已达9000万，占全国人口的8%。随着老年人口的增加，各种问题随之而生。仅就丧偶老人而言，国家统计局1984年通过对316万老年人调查表明，我国丧偶老人占老年人口36.6%。此外还有69.5万60岁以上老人离婚，以及相当数量从未婚配过的老人，再加上55—60岁的中年后期丧偶、离异者，无伴的老人人数众多。这其中，再婚者不到1%。调查表明，在全国抽样调查的3.6万老人中，城市老人再婚率只有5.4%，县城丧偶老人再婚率不到1%，至于农村，那就更是微乎其微了。

是不是多数老人没有再婚愿望呢？不是，从心理学和生理学角度看，丧偶或单身老人在精神方面缺乏依托，有寂寞孤独之感，大多有寻找伴侣互相关心体贴以弥补精神生活空虚的愿望。但为什么农村中老年人再婚者少呢？主要原因有：

1. 来自社会的干预。封建礼教和传统观念在我国根深蒂固，虽然经过一次次的冲击、荡涤，却依然盘踞在社会的各个角落及人们的思想深处。"一女不嫁二夫"、"丧夫守节"等封建思想至今在社会上仍很有影响。虽在平时，大部分人表示理解、支持老年人再婚，但实际上许多人对再婚，特别是老年人再婚有很深的偏见。总是看不惯，说三道四，给那些打算再婚的老人难以承受的压力，使老人们难以再婚。

2. 来自子女亲属的阻拦。受封建思想、社会陋习和自私自利思想的影响，有相当一部分老人的子女对老人的再婚要求横加干涉。他们不外乎提出如下理由：（1）"尸骨未寒，狠心再婚"；（2）"生活有困难，子女可以解决"；（3）照顾好下一代，即帮助抚育他们的子女；（4）再婚老人带走房屋、财产，乃至他们死后的遗产，影响自己生活，这是最重要的一条。这些不孝子孙们怕这怕那，却不怕老人孤独寂寞，减少寿命。有的甚至大打出手，干涉老人再婚。更有甚者，有的子女竟公然逼迫再婚老人自杀。例如在冀南平原的一个村庄里，一个老妇在丈夫亡故之后，独自吞咽着悲哀和孤独，辛辛苦苦把孩子拉扯大，成了家，立了业。但她想改嫁时，儿子却拿一把刀、一根绳和一瓶农药放在她面前，说什么"想怎么死就怎么死，不能让当晚辈的抬不起头来"，这位老妇在绝情儿子和人们中伤的重压下，终于走上了绝路。

3. 来自老人自身的障碍。如上述丧偶老人大部分有再婚的愿望，但他们不敢表露。例如对某省农村 202 名丧偶、离婚的老人进行调查的结果表明，不想再婚的人 197 个，占 97.52%，表示愿再婚的仅 2 人，占 0.99%。然而与他们深谈才发现，他们当中许多人都有再婚的念头，只是不敢公开表示出来。是什么阻碍了老人再婚的愿望呢？除了社会、子女、亲属的阻力外，更重要的是来自老年人自身的思想束缚。老年人一般都缺乏再婚的信心，思想上存在着许多怕字。一怕"半路夫妻"难相处，生活不到一块儿去，成为人们的笑柄；二怕多年的生活经历，各自形成了一套生活方式和习惯癖好，双方难以兼容，产生矛盾；三怕拿不准选择标准，日后后悔而犹豫不决；四怕自己有病，时间长了会遭对方嫌弃；五怕居住条件难解决，和子女间产生隔膜，使双方关系难处；六怕儿女亲戚不支持不理解，怕对方的子女反对，如此等等。其中女性老人再婚心理障碍最大。周围人们是否支持？社会舆论是否同情？儿女是否赞成……常使有再婚意愿的老人强忍再婚意念，不敢再婚。有的老人甚至已再婚，但由于自身思想障碍的存在，又与新婚老伴痛苦地分离。

另外，已经再婚的老人中，据调查有 1/2 至 1/3 生活得并不很愉快。他们中有的一方经常挨打受骂，有的双方经常吵闹，甚至搬来各自的"子弟兵"进行混战……直到离婚了事。这反映了有些老人择偶时不慎重对待，不认真选择，有的再婚不能树立正确的家庭道德观，有的甚至在经济上卡对方，在人格上污辱对方，不能严格要求自己，不能互谅互让，互相尊重，导致矛盾重重，离散了事。

鉴于老年人婚姻状况尤其农村中丧偶老人再婚少的现实，应采取下述措施，来逐步改变老年人再婚的环境：

1. 继续清除封建思想，正确认识老年人婚恋的合法性。封建的道德观念把老年人特别是老年妇女再婚视为"大逆不道"、"老不正经"。社会主义的法律和道德充分保护老年人再婚权利。我国宪法明确规定："婚姻、家庭、母亲和儿童受国家的保护"，"禁止破坏婚姻自由，禁止虐待老人、妇女和儿童"。我国的《婚姻法》、《民法通则》、

《刑法》等法律也都对公民的婚姻家庭权利作了相应的保护规定。这里的"公民"当然包括老年公民。他们与青年人享有平等的婚姻自由（包括再婚）的权利。要保障法律的实施，还需要全社会的努力。

2. 对于严重干涉老年人再婚自由的行为，必须绳之以法。老年人婚恋受到国家法律的保护，一切阻碍干涉老年人再婚自由的行为均是违法行为。无论是子女、亲友，还是老年人所在的单位、街道、农村的负责人、各级领导，无论是采取讥讽、辱骂，还是直接威胁、阻拦以至暴力干涉，都为法律所不允许。轻者要进行批评教育，重者要负法律责任，给予法律制裁，从而有力地保障老年人合法的婚姻自由权利。

3. 社会各方面要给再婚老人足够的社会支持，妥善解决老年人的黄昏之恋。我们要把尊老、敬老、养老同尊重老年人的再婚自由统一起来。党和政府应提倡、宣传、支持丧偶者再婚，充分尊重他们的自由选择权，指导社会舆论的方向。要利用各种形式教育年轻人应理解尊重老人的再婚要求，并给老人造成宽松、自由的生活环境。在农村应由政府民间多种组织，为老年人再婚择偶创造条件，提供方便。另外还要进一步完善保护老年人合法权益的法律和制度。

我国将进入老年社会，如何更好地保护老年人的合法权益，将是越来越突出的问题，而老年人婚姻自由权利是其中重要一部分。要时刻记住，中国有8亿农民在农村，中国的老年人也绝大多数在农村，农村这个大头解决不好，就不可能解决中国老年人的婚姻问题。

标本兼治:实现社会治安良性循环的唯一选择*

不久前，为了解社会治安问题，笔者到滁州市的明光市和安庆市的岳西县做了一些调查，这两个市、县政法战线上的同志在同日益增多的犯罪分子作斗争中成绩卓著。如岳西县去冬今春在全县城乡开展"煞三风"（赌博风、迷信风、盗窃风），"打三霸"（拦路抢劫的车霸、坐地为王漫天要价的地霸和横行乡里的村霸），"扫三黄"（黄色录像、黄色书刊、黄色窝点）的战略行动。明光市政法部门在全市城乡开展的群防群治，在全市行政村和村民组普遍组织的联防队、打更队，对保障群众的生命财产安全起到了重要作用。虽然如此，但社会治安问题是由社会整体情况决定的，而不是单一的政法部门工作所能完全左右的，所以，这两个市、县社会治安总的形势仍然是严峻的，其严峻的特点表现在以下几个方面：

1. 发案率上升幅度大。如岳西县 1994 年 1 至 10 月共发生各类刑事案件 154 起，破案 127 起；而 1993 年 1 月至 10 月只发生 73 起，破案 48 起，1994 年发案率增长一倍多。其中重大刑事案件 1994 年 1 至 10 月发生 25 起，破案 20 起；1993 年 1 至 10 月发生 13 起，破案 10 起。重大案件发案率也上升近一倍。明光市 1994 年各类刑事案件 444 起，是 1993 年 1 至 11 月发生案件（共发生 151 起）的 294%，上升 194%。破案 386 起，破案率为 83.4%，两年相比 1994 年破案率上升 3.5 个百分点。重大案件 1994 年立案 60 起，是 1993 年同期 43 起的 139.5%，上升率为 39.5%。破案 49 起，破案率为 81.7%；1993 年破案 30 起，破案率为 69.2%，两年相比 1994 年上升 12.5 个百分点。

所立案件中，盗窃和抢劫案件所占的比重相当大。盗窃案方面，1994 年立案 294 起，为 1993 年同期 77 起的 381%，上升 281%。1994 年盗窃案件占全部案件的 66.2%，1993 年为 52%，上升 14.2 个百分点。抢劫案方面，1994 年立案 44 起，为 1993 年 23 起的 157%，上升 57 个百分点，1994 年抢劫案件占全部案件的 10%，而 1993 年为 15.2%，所占比例虽下降 5.2 个百分点，但立案的件数却上升了 21 起。（注：明光市 1993 年发案数字不准，该立案的没有立案，故所报的发案数偏低。）

2. 犯罪团伙化。以前，犯罪大多表现为个体性、零散性；而今天的犯罪已经发展到普遍的团伙化，往往是三五成群多至数十人有组织地进行犯罪活动。如明光市桥头镇毛湾村民组，地处 104 国道边，近年来，这里不断出现车匪路霸抢劫过路车辆。已查明，这个村民组男性农民大部分参加了这项犯罪活动，现已定案的就有 27 名。甚至还有基层党组织负责人带领群众进行有组织的犯罪活动，如明光市古沛乡与五河县交界处

---

* 原载《科技与企业》1995 年第 5 期。

的南庄村，该村党支部书记南玉金就经常带着该村农民到周围几个县的邻近村庄肆意盗窃，仅生猪一项就盗窃了 70 多头，弄得人人自危，鸡犬不安。明光市城关镇有一所中学的一个班级男生全部都参加盗窃活动，而且都是集体行动。犯罪团伙中的人互相包庇，结成攻守同盟，因而很难破案，对社会危害极为严重。

3. 犯罪低龄化。这是目前犯罪的显著特点，在明光市有一个青少年犯罪团伙，最大的 14 岁，最小的才 8 岁，他们集体进行扒窃，甚至集体进行拦路抢劫。他们在拦路抢劫时分工很细致，通常先由一个犯罪分子故意将路上的行人撞倒，然后一哄而上，抢夺财物。明光市第三中学初中二年级 24 名男生，最小的 12 岁，最大的 16 岁，结成犯罪团伙。他们在翻墙入院偷盗自来水厂价值 6000 元的自来水配件时被抓获。明光市还有一伙少年盗窃犯，年龄最小的只有 8 岁，其犯罪活动主要是在外地，在滁州市扬子电冰箱厂盗窃价值 2 万元的紫铜管时被抓获。1993 年在明光市还破获另一起少年犯罪团伙，最大的 18 岁，最小的 12 岁，总共 40 人之多，他们一贯在南京、苏州等地进行盗窃，现已有 15 人送劳教，其余的交由学校、家长管教。去年 12 月 25 日明光市管店林场发生一起大型盗窃案件，林场商店储蓄所被盗。破案结果，依法抓了 4 名林场中学生，这些学生交代了这个班的男生全部参与该案。

4. 黑社会性质的犯罪已经出现。黑社会组织本是封建社会和资本主义社会的产物，这种犯罪在新中国成立后，经过多次打击，早就绝迹。而近年来，却在各地重新出现。明光市就出现了雇凶杀人，对国家、社会财产危害极大。如明光市三界乡一农民夫妇在鱼塘旁盖一个棚子看护家鱼，夜间突然被人杀害，杀手用被害者鲜血在棚子墙上写道："杀人者，职业杀手黑豹也。"此案至今未破。

5. 犯罪分子的报复行为极为猖狂。明光市横山乡就有这样一个犯罪分子，为了报复村里群众对他犯罪行为的揭发，竟将农药放到水井里，使全村的人饮水中毒。村里架电线时，把 60 多米长的电线一头放到水里放电，破坏电路，使全村的电灯暗淡无光。农村中就有这样一批亡命之徒专干坏事、欺邻霸舍，谁要是去政府告他们的状，他们就不择手段地进行报复，一时形成好人怕坏人、歪风压正气的不良风气。

6. 公安队伍里个别坏人与匪、娼勾结犯罪。如不久前被揭发出来的明光市张八岭派出所所长刘某就是一例。这个人用虚伪的手段骗得公安系统各种荣誉，暗地里却在进行犯罪活动，同暗娼勾结，要暗娼勾引嫖客，一旦嫖客上钩进房关门，这边就有客店老板电话通知派出所，派出所迅即前来抓嫖客，当场向嫖客索要巨款"私了"，全部"罚款"就被刘某同暗娼及客店老板瓜分了。这种暗中勾结干了很长时间才被揭露出来。据说这个派出所所长捞到了几十万元的好处，案发后刘某送到公安局后却逃跑了，至今尚未归案。

对当前治安形势的分析和对策建议

众所周知，社会治安是社会的窗口，刑事犯罪是社会的各种消极因素的综合反映。这就决定了对治安问题只能综合治理。因而我们对今日严峻的治安形势必须从更广更深的范围和层次进行分析，才能得出全面的正确的结论和有效对策。

1. 政法部门自身建设问题：在以经济建设为中心的今天，许多部门只重视抓钱而忽视了政治，只讲经济效益不讲政治效益，有些政法部门，在这种气候的影响下，实行以罚代刑，该判的不判，罚款交钱放人了事，特别是对报复打击群众检举揭发的犯罪分子过于宽容，助长了犯罪分子的犯罪气焰。一些犯罪分子该判不判，放了以后，不仅继续犯罪而且犯罪性质越来越严重。如岳西县有一个犯罪分子姜太胜，原来盗窃 3000 元，该判不判释放了，接着犯了更大的盗窃罪。政法部门这种该判不判、以罚代刑、放虎归山的做法削弱了广大群众与犯罪分子作斗争的意志，使许多人不敢检举揭发犯罪分子，即使眼看犯罪分子作案也不敢上前制止；甚至犯罪分子被逮捕以后，公安人员向知情者取证，这些人也不敢告之真情或作证，造成办案难。例如，明光市城关镇有一个劳改犯释放回来以后常常无故殴打群众。有一天在明光大街上，他又无端打伤许多群众，当公安人员来取证时，在场的人甚至被这个犯罪分子殴打的人都说没有看见这个罪犯打伤人。有些农村，偷盗分子成群结伙，群众不敢得罪他们，否则他们就对你进行报复，烧草堆，毒死你家的禽畜，破坏你家庄稼，等等。

削弱政法部门对犯罪分子打击力度的因素，还有社会上各种关系网、人情网、权势网的严重干扰。公安局同志向我们强烈反映：制约老百姓容易，制约当官的就难了；案件一触及某些干部，各方面的说情电话、条子都来了，有时犯罪分子还没有被抓到公安局，说情的人就已先到公安局。公安局办案人叫苦说：对这些说情人不给面子，以后办事会处处碰壁。

政法部门办案经费拮据，一些刑事案子由于缺少出差经费就无法去办。例如拐卖妇女、儿童的人口贩子其网络往往牵涉几个省市，公安局往往苦于没有路费到外地破案，只好眼睁睁看着犯罪分子逍遥法外继续作恶。另外，公安局的警力严重不足、素质较差，也是一个重要原因。据了解，国外的警力与人口之比一般是万分之二十几，而我国的警力与人口之比是万分之几。

基层组织涣散，特别是农村基层组织的严重涣散，也给政法部门打击犯罪增加了困难，在实行联产承包责任制后，有些农村中形成谁也管不了谁的局面。村干部怕得罪人，公安人员到村里抓犯罪分子，有些当地基层干部群众不仅不配合工作，反而多方包庇，有的事先通风报信，让犯罪分子逃跑；有的事后作伪证，或者不作证，包庇犯罪分子，使得政法部门办案工作难上加难。

2. 青少年教育问题：目前独生子女的家庭教育往往不当，扭曲了儿童的心态；以考试为唯一衡量标准的应试教育，忽视了青少年的全面素质教育；对开放的市场经济和随之而来的社会丑恶现象的出现，决策部门缺乏思想和理论上的准备，对青少年教育麻木和盲目，对社会舆论缺乏正确的导向。

今后家庭教育必须遵循儿童心理发展规律，打好思想道德建设的基础。学校教育必须改变重智轻德，真正使应试教育变为素质教育。要重视社会教育，创造良好的社会文化生态环境。

3. 社会道德问题：中国改革开放的政策极大地解放了社会生产力，国民经济高速向前发展。与此同时，还有一个我们不愿意看到的危险现象，那就是社会道德滑坡。我们绝不同意有些人散布经济发展必须以牺牲道德为代价的论点。这种论点将会使社会腐败、道德沦丧合理化，使社会腐败堕落分子心安理得地干坏事，并向全社会传播"瘟疫"。

目前道德滑坡现象广泛地在政治道德生活、职业道德生活和社会公共道德生活领域中蔓延，令人深恶痛绝。

道德滑坡与犯罪有着必然的联系，个人道德品质的堕落，必然滑向犯罪的边缘，整个社会道德水平的滑坡，为社会犯罪制造了温床；少数犯罪分子的恶行，又把整个社会的道德水平拉向后退，形成可怕的恶性循环。价值观是更为深层的道德问题。以大学生为例，大学生群体在理性思考上的转变更有典型的代表性。目前有些大学里流行着这样的顺口溜："前途前途，有钱有图；理想理想，有利就想。"这种"讲实惠，向钱看"的价值观一旦被社会上大多数人所接受，道德滑坡和犯罪增多就是不可避免的了。

4. 目前社会运行机制失衡，对社会犯罪问题产生重要影响。当前计划经济向商品经济的转轨，必然带来了人与人之间利益关系上的摩擦和冲突，市场经济打破了原有几十年计划经济条件下人际关系的相对平衡状态。利益失衡、生活失衡、心理失衡易于引起社会无序，产生社会越轨问题。

新旧体制的转换过程，实际上就是权利的再分配和利益再调整的过程。如有些原来农村生产大队书记摇身一变成为乡镇企业的总经理或包工头；原来的人民公社社员由主人翁变成了雇工或伙计，甚至变成盲流或打工仔、打工妹；原来的城镇职工停薪留职"下海"当老板；原来的高干子弟变成了"国际倒爷"；原来的国家职工变成了外国资本家的代理商、新式买办，等等。权利、地位的变化，必然带来利益的冲突。老板与伙计之间、雇主与雇员之间、包工头与打工仔之间，必然存在着程度不同的剥削与被剥削的矛盾，而这种矛盾从本质上说又是对抗性的。一旦这些矛盾激化到不可调和的地步，人们又不能够通过正当手段打破这种不平等、不平衡的时候，有些人就会采用非正当甚至非法的手段来进行"自我平衡"，这就必然导致社会性犯罪或社会性越轨的出现。

综上所述，社会治安问题是一个社会整体状况的反映。单纯就治安问题解决治安问题，如进行一两次"严打"，虽然是必要的也能奏一时之效，但最终只是治标性的一时之策，根本解决社会治安问题要釜底抽薪。如在社会发展问题上，必须抓社会的经济、文化和民主法制建设的协调发展，绝不能过分强调某一个系统的特殊重要性。如果为了某一社会系统的"突进"而削弱对其他社会系统的关注和投入，势必造成这些社会系统的滞后，人为地形成"一手硬，一手软"。这也就必然造成社会运行失衡，社会的良性循环被打破，而导致社会病态丛生、犯罪蜂起。

就"以经济建设为中心"、"发展是硬道理"这个正确口号而言，有些地方对此就作了极端片面的、狭隘的理解，变成了只要抓好"总产值"的增长，就万事大吉了，而忽视了经济系统内部的平衡，忽视城乡之间、工农业之间发展的平衡和协调，忽视了生产和消费两大部类间的平衡和协调，以及忽视社会各阶层收入的相对平衡，进而把一切非经济领域的事业，如文化、教育、社会、经济系统都作为"软道理"而轻视之。总之，社会诸系统的相对平衡协调发展才能形成社会的良性循环。目前值得注意的是，一些地方贪大求急，浮夸造假，沾沾自喜的"成绩"实际上已造成社会心理的变形，已为社会整体发展的良性循环设下了可怕的陷坑，今后为了填补这些陷坑，国家也不知道要花费多少时间，要浪费多少国力。

改革中不抓社会分配系统的平衡、社会心理系统的平衡以及社会诸系统的平衡协调发展，其后果是危险的。中国有句古话"不平则鸣"，工农之间的过大"剪刀差"、社会财富分配的极其不公平必定造成社会的严重两极分化，只抓经济不抓文化教育和道德法制建设，必定导致社会不稳，加剧社会内部冲突，加剧社会犯罪。我们如果不在这些带根本性的问题上进行反思并进行重大调整，以达到社会的良性循环，则绝不能实现社会治安状况的根本好转。

诧异后的欣慰[*]

安徽省公安厅通知：首批特邀公安监督员和各地市公安局纪检负责人，于 3 月 26 日上午 8 时 30 分在公安厅会议室开会。我是准时到达会场的。当时我想，我是准时到会的，谁知在我到达会场时已座无虚席。照理，这是正常的事，但我当时却有诧异之感。诧异的是参加会议的人都能准时到会，这是我多年来参加各种会议时所少见的现象。因而本来不该是诧异的事，反而使我觉得诧异了。

会议严格按秩序进行，会议桌上不见过去此类会议常摆设的水果之类的小吃。在会议结束时会议主持人省公安厅赵正永厅长宣布散会，不留宴，一免过去每次盛会完了的杯盘交错大吃一顿的常规，又一次引起我的诧异。这真正是清茶一杯的工作会议。

散会后，大家在回家路上，三三两两地议论开了："这样就好了，就有希望了。""这才是真正的工作会议。"个个面呈兴奋之色。我此时深有感慨：如能把这种会风坚持下去并传播开来，在各个工作领域中、各种工作会议中都能这样做下去，多年来吃喝会风就能煞住，谁说"积重难返"？我说这倒是物极必反。一件事做到大家都讨厌了，事情就会走向反面。这么多年来形成一个逢会必吃的恶劣习惯，"吃"变成会议的主题了。对于会议开完即罢，文件阅完即罢的恶劣会风，许许多多同志提起来就摇头，吃怕了，吃累了，吃烦了，引起了对吃喝之风的深深忧患意识。

"一桌饭吃掉了一条牛"，这是老百姓对吃喝之风的愤慨之辞。报纸上也不止一次报道过：我国一年的各种吃喝招待费用数以千亿。有关负责同志甚至直言不讳地指出过："我们财政很拮据，钱都到哪里去了呢？吃掉了。送到'五脏庙'里去了。"实在已经到了物极必反的时候了，就是说问题已经到了非解决不可的地步了。

"厌恶"、"反感"的情绪发展到极点，就转化为人人都自觉地起来抵制浪费的力量了。目前全国各地正在轰轰烈烈地开展"讲学习、讲政治、讲正气"的"三讲"活动。不论是哪一讲都不应只是讲在嘴上，写在纸上，而应落实在实践上，实践也是检验"三讲"效果的唯一标准。从小事中看精神，省公安厅这次盛会一概免掉吃喝招待也许是件小事，但可以从这里看出公安厅领导对待"三讲"的态度和精神，也可以说是"三讲"效果的立竿见影吧！现在，我把这件"小事"写出来，是希望能引起社会的积极支持，愿所有单位，所有领导机关在"三讲"中都能像省公安厅这样从小事做起。海之大，是由无数涓涓细流汇集而成的。只要我们大家都从"小事"做起，自觉、自律，我们的党风一定会好转。

---

* 原载《安徽老年报》1999 年 5 月。

附录   关于转发省委副书记王昭耀同志，省委常委、政法委书记孙金龙同志重要批示的通知

各市公安局：

最近，省委副书记王昭耀，省委常委、政法委书记孙金龙在省公安厅印发的陈绪德、辛秋水、包素兰、谢国华、胡章佩5位省公安厅特邀监督员《关于对部分市公安局贯彻执行"五条禁令"、开展"执法为民"专题教育、落实"便民措施"情况进行专题调查的报告》（皖公网传〔2003〕214号）上作出重要批示，现传发给你们，请认真组织学习，抓好落实。

11月3日，省委副书记王昭耀批示：五名特邀监督员的报告很好，所提建议有重要参考价值。"五条禁令"、"执法为民"、"便民措施"要一以贯之，不能有任何犹豫和动摇。要及时总结经验教训，加强指导，确保活动健康有序进行。目的就是一条，把我们这支队伍建设好，要好地依法办事，更好地为百姓办事。

10月14日，省委常委、省委政法委书记孙金龙批示：亚东同志，这个"专题报告"很好，有内容，有分析，有建议，中肯实在。贯彻"五条禁令"与其说是个理论问题，更重要的是个实践问题，关键在于"贵在坚持，持之以恒"。

安徽省公安厅
2003年11月11日

争取做一名合格的公安监督员[*]

各位领导、各位同志：

今天有幸作为省公安厅特邀监督员，同全省公安战线同志聚会在一起，十分高兴，谢谢省公安厅各位领导，谢谢大家。

改革开放 20 年，我们国家在中国共产党的领导下，取得了亘古未有的辉煌成就，人民过上了几千年历史上少有的天下安泰、经济繁荣的好日子。然而，20 年改革开放的时期，正是我国的社会转型时期，即从传统社会向现代社会转型、从农业社会向工业社会转型、从计划经济向市场经济转型、从人治社会向法治社会转型。在这个社会转型过程中，经济结构、社会结构作了重大调整，社会价值观念发生了重大变迁。于是各种社会群体之间、人与人之间的利益摩擦、观念冲突接踵而至，其结果是出现诸多社会失范和越轨行为，这就是近年来社会治安欠佳、全国犯罪率不断上升的社会历史背景。世界各国社会转型期也都有类似情况。尽管如此，从总体上来说，我们的社会还算是稳定的，如此才保证了我国经济的高速发展、改革的不断深化。而在保障社会稳定的事业中，虽然有各方面的努力，但是负责维持社会公共安全和公共秩序的公安系统同志们辛勤劳动、忘我工作，其功绩是第一位的。因此，我们要向大家表示敬意。

事物总是有二重性的。对于一个上升的阶级和进步的力量，对于致力把我国建设成为一个高度物质文明、高度精神文明的现代化社会主义强国的中国共产党人来说，总是要在胜利中看到不足，从成绩中看到差距。要在肯定成绩的同时，严肃认真地注视在前进中暗藏的危机。这个危机在目前来说主要是社会的腐败，尤其是吏治的腐败。在我们的队伍中，在我们各条战线上其中当然也包括公安战线，还有极少数人滥用职权，不是运用人民交给我们的权力尽心尽力地为人民服务，而是利用它以权谋私，以权害人，以权来压制人民，敲诈人民，在人民的头上作威作福。这理所当然地要引起人民的反对、社会的公愤。其结果必然危害国家政权的稳定。古人云：水能载舟，亦能覆舟。取得人民的拥护，我们才能用小米加步枪打败国内外的一切反动派，建立人民自己的国家和政权。同样，如果我们的腐败得不到遏止，就有可能走上历史上恶性循环的老路：其兴也勃焉，其亡也忽焉。

早在 1945 年，毛泽东同志在延安同黄炎培先生谈到"历史的周期律"时就指出：我们中国共产党人已经找到跳出"历史周期律"的新路，这条新路就是民主。只有让人民来监督政府，政府才不会懈怠；只有人人起来负责，才不会人亡政息。邓小平同志

* 本文系作者在省公安厅特邀监督员发证大会上的发言，原载《安徽公安》1999 年第 3 期。

一贯重视对权力运用的监督，他曾明确提出：党要受监督，党员要受监督。要从国家制度和党的制度上，作出适当的规定，以便于对党的组织和党员实行严格的监督。① 江泽民同志在党的十五大报告中要求加强对各级干部特别是领导干部的监督，防止滥用权力。② 关于监督问题，恩格斯早有论述，他提出了"要防止国家和国家机关由社会公仆变为社会主人"的思想。马克思就十分赞赏巴黎公社原则，这个原则的核心就是人民对公社领导人进行监督，把民主推行到公社的决策和权力运用之中。这些都是马克思主义政权学说的闪光思想。

有一句名言："没有监督的权力，必然产生腐败；绝对的权力，绝对的腐败。"今天，我们安徽省公安厅邀请一部分社会人士担任公安厅的特邀监督员，这是一个重大举措，是主动要求社会各界对我们的公安工作进行监督，是使公安工作从神秘化走向公开化、扩大透明度的主要举措。公开本身就是一种监督和制约。这是彻底的唯物主义的表现，因为彻底的唯物主义者是无所畏惧的。这个无所畏惧既包含了我们对敌人的无所畏惧，也包含了对于揭露我们自身工作中的缺点和阴暗面的无所畏惧。把我们队伍中的蛀虫清除掉，把我们身上的脏污洗干净，人民会更加拥护我们，我们的事业会更加阔步地向前迈进。我们的事业是正义的，而正义的事业是无往而不胜的。

马克思主义的基本原理是放之四海皆准的科学原理。用马克思主义的政权学说武装我们的公安队伍，使我们的队伍中个个都是精兵强将，就会更加有效地稳定社会，任何敌人都将在我们这座钢铁长城面前发抖。

我和我们在座的公安特邀监督员，受到公安厅的信任，受到党和人民的信任，这是很光荣的。但是，这个任务是重大的，是严肃的。重任在肩，我们决不会辜负公安厅的信任、党和人民的信托，一定会勤勤恳恳、戒骄戒躁、谦虚谨慎、深入群众，及时向公安厅领导反映有关公安工作的重大情况，提出有效建议，并随时随地同涉及公安工作的歪风邪气作坚决的斗争。排除万难，披荆斩棘，帮助省公安厅把我省各个公安部门建设成为最廉洁的部门、最受人民拥护和爱戴的部门，开创我省公安工作的新局面。我们这些特邀监督员既要监督别人，同时也理所当然地接受别人的监督，特别是热忱希望广大公安人员，对我们的工作进行严格的监督，使我们成为合格的监督员、过硬的监督员，公安部门和广大人民信得过的监督员。在当前轰轰烈烈的"三讲"学习中丢下包袱，轻装前进，把我们改革开放的伟大事业胜利推向 21 世纪。我坚信我们的目的一定要达到，我们的目的一定能够达到。

谢谢大家！

---

① 《邓小平文选》第一卷，人民出版社 1994 年版，第 270 页。
② 《江泽民文选》第二卷，人民出版社 2006 年版，第 32 页。

我们需要这种别开生面的会议

——介绍《中国改革》杂志主办的一次会议的新场景

不久前应邀参加由《中国改革》杂志社主办的"乡村建设"研讨会，这次会议别开生面的会议风格，着实令我大开眼界，至少在很大程度上改变了我原先对会议的态度。这次会议明显特点有三个。

一、将研究者和研究对象聚于一堂，相互切磋，相互学习，各补其短，共同长进。这是一个真正能研究出一点问题来的会议。参加会议者共120人，其中农民占三分之一，研究"三农"的学者三分之一，各大学研究"三农"问题的学生社团组织三分之一。他们经常在《中国改革》（农村版）或者到有关部门反映"三农"问题，反映农村中不平事，是捍卫农民利益的农民"精英"。这些人对农村诸多矛盾接触多，体会深，洞察力强。他们反映的问题，讲出的话很多都是农村深层次的东西。而参会的"三农"问题的专家学者正迫切需要来自农村深层次的真实情况，以拓宽他们的视野。农民中的"精英"们，虽然他们切身感受了那么多的农村矛盾，但那只是朴素的知识，直观的认识。经过同专家学者们共聚一堂的讨论和学习，他们必定获得进一步思想、认识上的升华。使得今后为捍卫农民自身利益的行动获得进一步规范。那些参会的大学生、研究生们在参与会议的讨论中，一方面阐述代表新一代青年学子的见解，另一方面更多的是他们从参会农民和专家学者中获得了滋养，极有利于他们今后的发育、成长。

二、会议的整体安排也是最让我们感动之处。会议场所被安排在距北京100里左右的荒僻乡村学校（农家女学校），参会者的农民、研究"三农"问题的专家学者及大学生和研究生（这两部分人各占会议到会人数的1/4），住的、吃的和讨论都混合在一起。住的是三四个到二十多个床铺的学生寝室，吃的是农村的普通伙食，一桌四碗菜，生活上是朴素的，精神上是充实的。从白天到夜晚都是在进行热烈的讨论和观点的交流，不论是在会议室还是在饭桌上、卧室里，大家都听到一个话题，就是围绕着农民、农村和农业。争论是激烈的，有时是双方面红耳赤，但感情是融洽的。因为大家所追求的目标是一致的。那就是农民的利益、农业的发展和农村的兴旺。因而越争论，相知越深，结下的友谊越厚。

三、在这次会议中，没有长篇大论的讲话和照本宣科的发言，都是激情满怀的即兴发言，打破以往会议的一切陈规陋习，没有高低"贵贱"，谁都一样，不仅真正体现出在真理面前人人平等，而且会议在生活待遇上也都是一律平等。相互之间没有任何等级观念和界限，放平眼界，共同探索，共同求知，让知识在辩论中接受检验，让真理在实践中闪亮火花。这种会议的结果必然是农民在讨论中的朴素认识得到理论的升华，专家学者的抽象理论在讨论中得到实际问题的检验，而大学学生们则可以双剑合璧，在实践和理论的真挚交锋中拓宽眼界，增加经验和知识。这些参会的农民活跃分子，必然会将通过这次会议学到的知识运用到自己的实践中，推动农村的改革，成为农村改革和建设的带头人。

因此，我们要大声疾呼，我们要改革会议的风格和内容，让更多的理论工作者和他们的研究对象共同开会探讨，让更多的农民和研究他们的专家学者多接触、多研究。像这种别开生面的会议应大力提倡，非常值得推广。这种会不嫌其多，而嫌其少。《中国改革》杂志社组织这次乡村建设会议的中心目标是农村改革，而这种会议的一切做法本身就是一个活生生的改革。希望他们争取在一年中开上三四次这种会议，而每一次参会的人都应是新的阵容、新的人物，以便使更多的人受教育、受洗礼，而培养出一批批新的农民"精英"、优秀的青年学者，让我们党所提倡的"理论与实际相结合"的方针，在 21 世纪的新时代，获得进一步的丰富和发展。

谨以此书献给我慈爱的母亲

秋水自勉

求真理　讲真话　办真事　用真情

点评秋水

辛秋水 著

辛秋水文集

下卷

雷洁琼 题

中国社会科学出版社

友人嘉勉

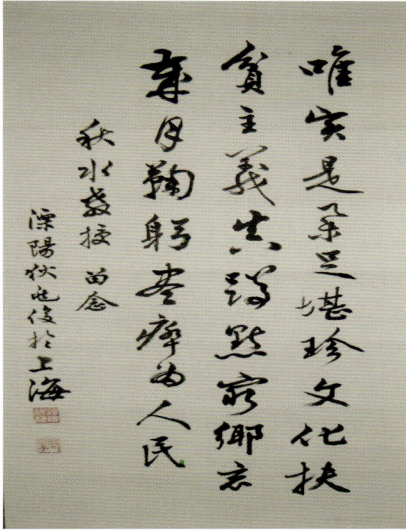

上海外国语大学教授
狄兆俊同志赠诗

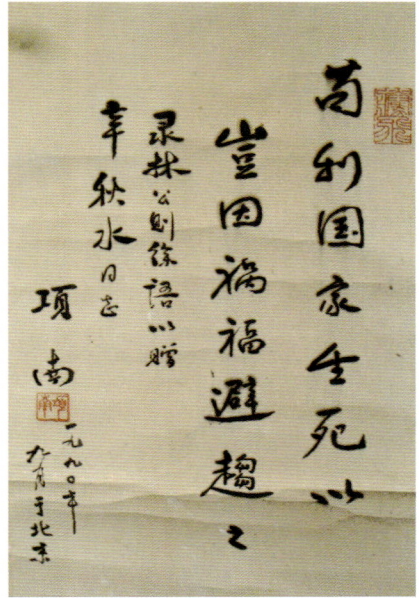

原中共福建省委书记、
中顾委委员项南同志题词

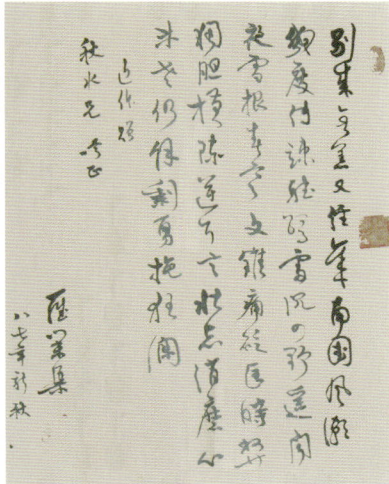

北京大学教授罗荣渠同志赠词

别来无恙又经年　南国风潮几度传
竦听惊雷沉四野　遥闻夜雪报春寒
文锥痛贬匡时弊　独胆横陈逆耳言
壮志消磨心未老　仍余剩勇挽狂澜

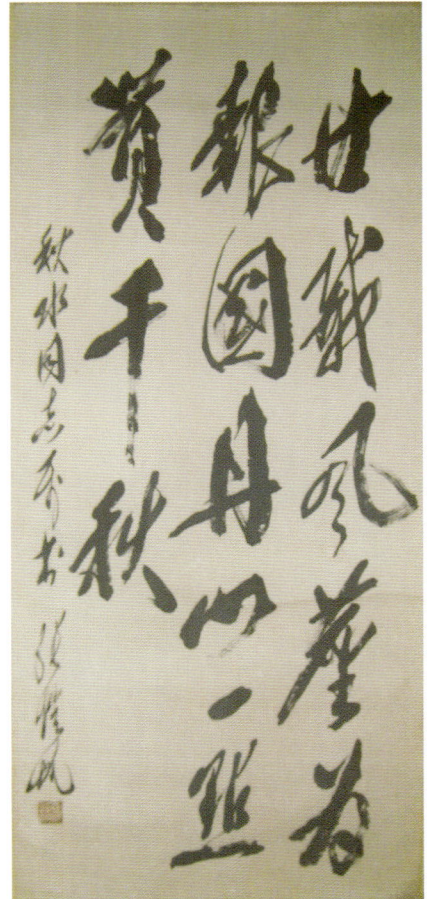

原中共安徽省委副书记、
省政协主席张恺帆同志赠词

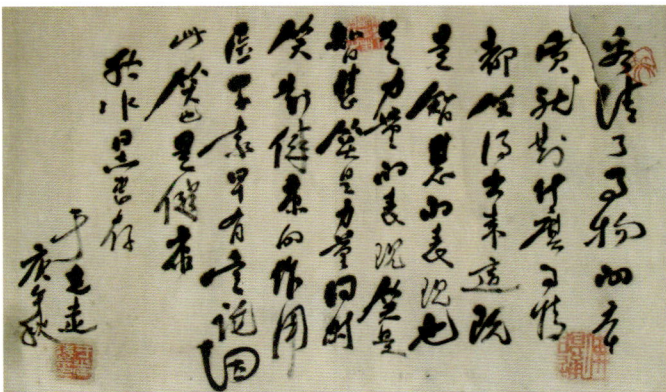

经济学家于光远同志赠词

(看清了事物的本质，就对什么事情都笑得出来，这既是智慧
的表现，也是力量的表现。笑是智慧，笑是力量，同时，笑
对健康的作用，医学家早有定论，因此笑也是健康)

原中共中央宣传部部长朱厚泽同志赠词

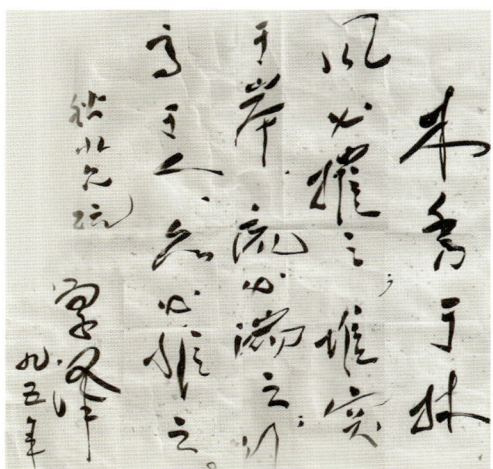

书法家赖少其同志题字

原安徽省社科院院长欧远方同志题联

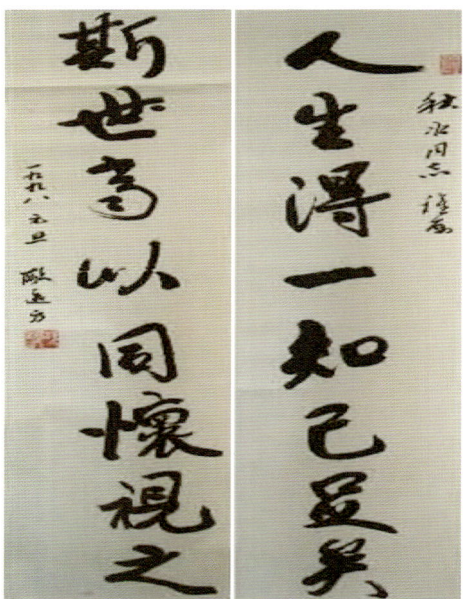

原中共安徽省委副书记袁振同志赠词

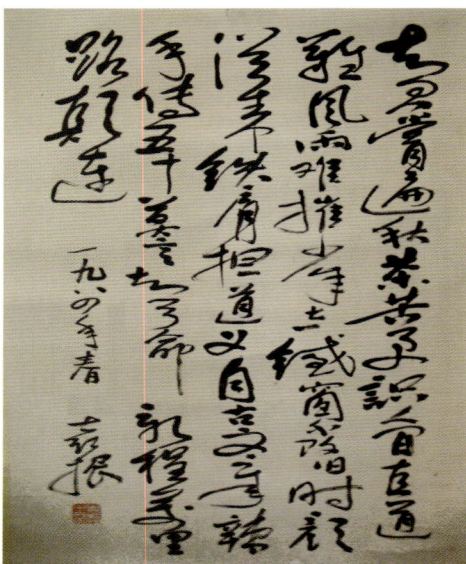

浙江诗人冯志来赠诗

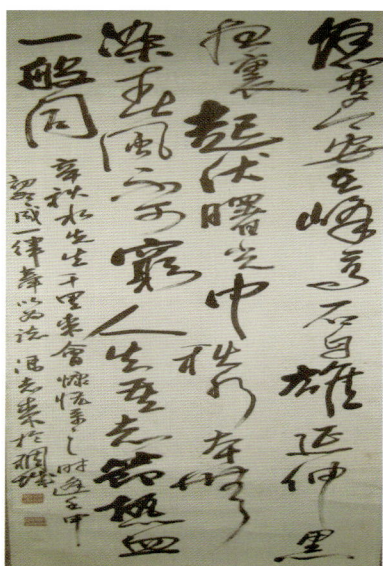

上海大学教授邓伟志同志赠词

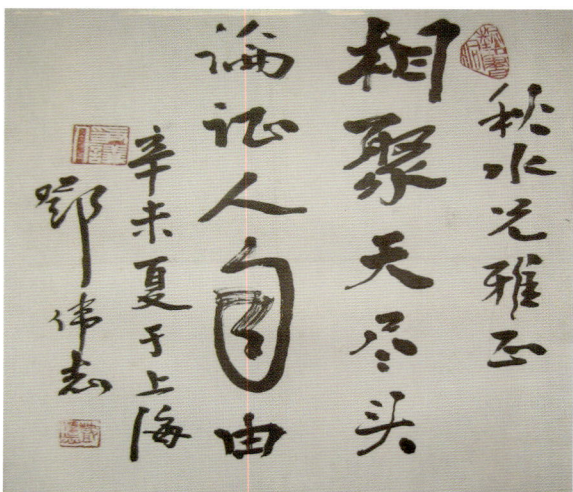

永远难忘

——已故革命前辈和良师

原中纪委常委、秘书长李之琏同志，1957年反右运动时，李之琏任中宣部机关党委书记，在作者所在单位的党支部大会上，为作者说了一句公道话："辛秋水是可以划在线内也可以划在线外。我看划在线内好。"不幸的是，李的这句话竟构成了他被划为"极右派"的所谓罪行之一。

作者在袁振同志（安徽省委副书记、省顾问委员会主任）家中，袁振同志一贯支持文化扶贫和村委会"组合竞选"制的推广，为此，他上书江总书记建议在全国推广村委会"组合竞选"制，江总书记办公室批示"请温副总理阅"温副总理批示"请段应碧同志阅"，段应碧同志批给中央民政部，民政部基层政权司给作者打电话："我们支持你继续试验"。

作者与原《红旗》杂志总编辑熊复同志在一起。

作者参加革命初期难忘的领导赵仲池同志（原中苏友协总会副总干事）。

2006年6月，作者拜望汪道涵同志。汪道涵说："安徽的文化扶贫与村委会'组合竞选'制是一个历史性的创举"，并对在抗日战争期间接受过作者父亲的巨额财力支持表示感谢。

刘正文同志（原中共安徽省委宣传部部长）。刘老秉性正直，疾恶如仇。在1978年底当他看了中宣部给作者的改正右派的文件时，激动地把桌子一拍说："57年打下的不是右派，是中华民族的脊梁骨。"

作者与原安徽省社科院院长欧远方同志在一起。欧远方同志一贯支持作者在农村进行"文化扶贫"与"村委会'组合竞选'制"的推广，多次默默地帮助、支持作者，对作者的事业有重大的影响。

盛之白1957年在外交部被划为右派，改正后调安徽省社科院。他临终前对作者谆谆叮嘱："文化扶贫和村委会'组合竞选'你要做到底，这关系到我们国家的根本大计。一定要做到底。"次日，盛老辞世。

永远感谢

——热情支持文化扶贫与村委会"组合竞选"制的领导、专家和朋友们

作者陪同安徽省委卢荣景书记在太湖县农村考察。卢荣景书记对文化扶贫与村委会"组合竞选"制给予高度支持，是这项事业得以推广和发展的根本条件。他主持的安徽省委通过决定推广莲云乡经验。

2005年作者与原安徽省省长王郁昭同志（左三）、原安徽省人大副主任陆子修（左一）、中共阜阳市委胡书记（右一）在颍上县考察文化扶贫。

作者与方兆祥(安徽省委副书记)在一起。方兆祥多次批示支持文化扶贫，并在"安徽省扶贫与精神文明建设研究会"上作专题报告，有力地推动全省文化扶贫的发展。

于光远同志于2001—2002年连续在《同舟共进》刊物上发表题为《大家都来做文化扶贫工作》、《贺"文化扶贫与村民自治"》两篇重要文章，有力地推动此项事业发展。

作者与原中宣部部长朱厚泽同志在农村调研时合影。朱厚泽同志对文化扶贫及村委会"组合竞选"制的现实和历史意义高度肯定并给予指导。

作者与原国务院农村发展研究中心主任杜润生同志在温州开会时合影。作者曾担任该中心特邀研究员。

安徽省人大副主任张春生在阜阳市的工作会议上阐述文化扶贫与村委会"组合竞选"制对农村实现现代化的重要意义。张春生同志在任中共滁州市地委书记时亲自到来安县指导邵集乡八个村开展村委会"组合竞选"，他调任省人大副主任后，又推动颍上县十八里铺镇十八个村的村委会开展"组合竞选"。

作者与女儿兰星在经济学家茅于轼（中）家中。茅于轼教授十分赞同文化扶贫方针，他在给作者的信中说"我已重视在龙水头的文化扶贫，在镇上办了图书阅报栏，效果挺好，中国非常之大，我们的工作真是杯水车薪，但再伟大的工作也得从最细微处做起，致敬礼!2003.6.5"。

作者与程必定（左，安徽省社联党组书记）、叶尚志（中，沪皖经济技术促进会会长）在阜阳考察文化扶贫。叶老与程必定都是文化扶贫与村委会"组合竞选"制的坚定支持者和实施者。

作者与翁永曦同志(原中共中央农村政策研究室副主任)在明光花园村建村纪念大会上。翁永曦同志是位坚持信念、开拓创新、一心为公、一心为民的旷世人才。

沈志屏（上海同济大学教授），作者挚交，长期支持文化扶贫与村委会"组合竞选"制。

中共安徽省委书记卢荣景同志会见专程率工作组来皖考察文化扶贫与村委会"组合竞选"制的上海市社科院常务副院长左学金博士。卢荣景同志在这次会见中称"文化扶贫是安徽农村'大包干'以来的又一创举"。

作者与北京大学教授、现代化理论的奠基人罗荣渠（右）在北京。

作者陪同安徽省人大主任孟富林同志、省人大副主任张春生同志在颍上县王岗镇考察文化扶贫与村委会"组合竞选"制。这两位同志一贯对文化扶贫与村委会"组合竞选"制给予高度支持和热情关怀。

作者与社会学家王康同志在一起。

作者与中国农村社会学研究会会长郭书田（左三）、华中农业大学冯兰教授（左一）、中国海洋大学同冲芬教授（左四）在越南考察时合影。以上同志对文化扶贫与村委会"组合竞选"制给予支持和著文论述。

欧远方同志所作《需要有一点勇气》一文中称道的"三个勇敢的人"——郭因（左）、郭崇义（中）、辛秋水（右）。

国社会学会会长陆学艺（左二）、副会长李守经（左四）、邹德秀（左一）与辛秋水（左三）合影。

求真理　讲真话　办真事　用真情
——作者在国内的讲演和学术活动

2001年作者在阜南县王店孜文化扶贫中心揭牌仪式上讲话（左为省人大副主任张春生同志）。

作者在颍上县十八里铺谢庄村村委会组合竞选大会上讲话。

作者在为农业部举办的『西南、西北地区县、乡两级干部培训班』授课。

作者在『海选』与『组选』优势对比1500份问卷调查研讨会上讲话（右一为卢荣景同志、右二为常印佛院士）。

作者在莲云乡文化扶贫楼前群众大会上讲话，右二为中共安徽省委宣传部副部长汪石满，左为中共岳西县委书记汤林祥

2003年作者被《中国改革》遴选为全国『情系三农』20人之一，图为作者在会上讲话，右为《中国改革》总编辑温铁军。

作者在浙江永嘉县包产到户42周年纪念大会上讲话。

作者在安徽大学召开的村委会『组合竞选』理论与实践研讨会上讲话，右为安庆师范学院院长朱士群，左为安徽大学王邦虎教授。

海内存知己　天涯若比邻
　　——作者的国际学术活动及在中国香港、中国澳门、日本的学术讲演

2003年作者在香港中文大学介绍大陆村委会『组合竞选』制的理论与实践，被授予『终身成就奖』。

作者（右一）陪同日本早稻田大学毛里和子教授（左一）、静冈大学菱田雅晴教授（左二）等在莲云乡考察文化扶贫与村委会『组合竞选』制。

作者2001年受日本外务省和国际学术交流中心邀请，在日本静冈大学作『中国乡村民主与村委会「组合竞选」制』学术讲演。

作者在澳门大学作『文化扶贫的理论与实践』学术报告。

作者在澳门『社会保障改革研讨会』上讲演。左为澳门大学社会学系主任郝志东教授。

作者（左一）在北京参加第六届亚洲社会学大会上与日本社会学家、九十五岁高龄的原日本社会学会会长（左二）合影。

作者在北京 NGO 扶贫国际学术研讨会上讲演。

作者与世界性学会主席克里克斯（左二）作学术交流。左一为江苏省社科院研究员储兆瑞。

2003年作者与熊景明教授（香港中文大学学术交流中心副主任）在香港合影。

教授夫妻在一起。

作者与美国友人海一飞

文章写在大地上
—— 作者在农村基层调查研究

1998年作者陪同上海社科院副院长左学金（左一）在来安县邵集乡农户家中调查。

作者（右一）在颍上县新集镇农户家中进行调查。

作者在山西平定县参加两岸乡镇研讨会时参观娘子关下一户家庭。

作者在阜阳种子酒厂调查。

作者与临泉县张县长在该县单桥乡农村调查。

在河北农村调查时与毛主席表扬过的劳模王国藩（左二）作者与李云河（左三）合影。

查。

作者在浙江桐乡市农户家中调

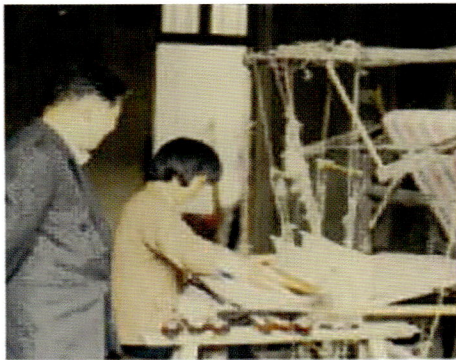

1996年作者在岳西县莲云乡
农村进行社会调查。

国立安大老同学现为安徽省农
科院院长李成荃教授 1989 年到作
者蹲点处（岳西县莲云乡）看望作
者。

作者在颍上县新安村调研时与
农民合影。

作者检查长丰县交通检
查站时为该站题词。

作者 2010 年在明光市花
园村建村纪念大会上题词。

时，作者在黄山市调查工作
时，为一企业题词。

作者在黟县徽墨厂题词。

扶弱助残

——作者联合恒信公司邀请十六个国家和地区慈善机构无偿对安徽七县千余残肢人员捐助假肢

作者在颍上县助残会上讲话。

作者在阜南县假肢捐赠大会上讲话。

作者在灵璧县假肢捐赠会上讲话。

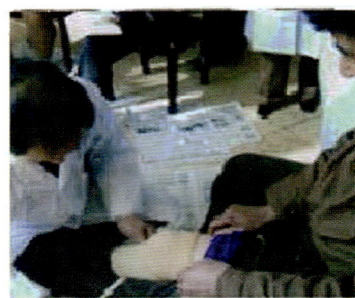

捐赠假肢的工作人员在为残肢者安装假肢。

作者与捐赠假肢的土耳其慈善家在一起。

作者与老伴季红英和残肢人员合影。

人民的认可，社会的奖励

2008年作者接受中共安徽省委宣传部授予的"晚霞奖"，图为授奖仪式现场。

2007年作者与村民自治事业开拓者之一的张厚安教授在华中师范大学"纪念《中华人民共和国村委会组织法》颁布20周年"大会上接受大会给予的八十大寿祝贺（张厚安教授与作者二人于1998年10月7日在香港中文大接受"终身成就奖"）。

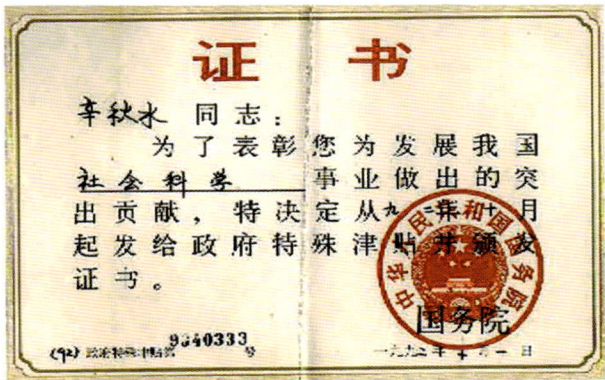

作者的国务院特殊津贴证书

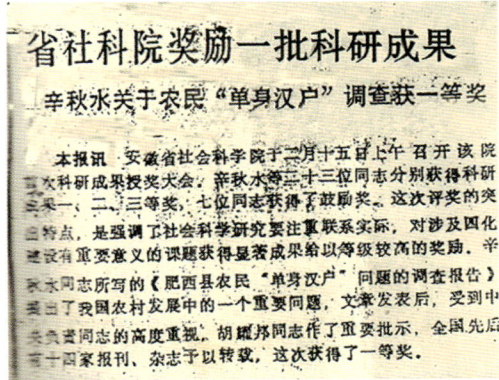

《安徽日报》1985年2月17日报道

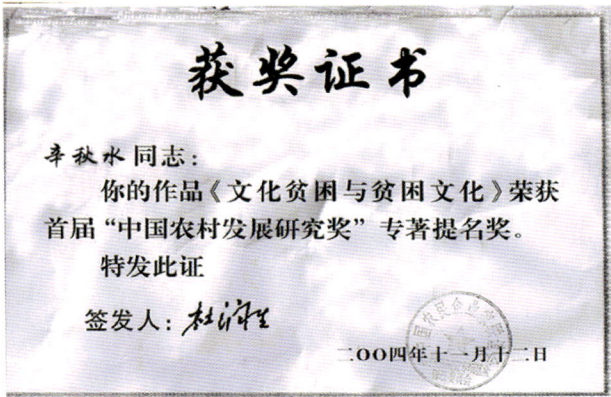

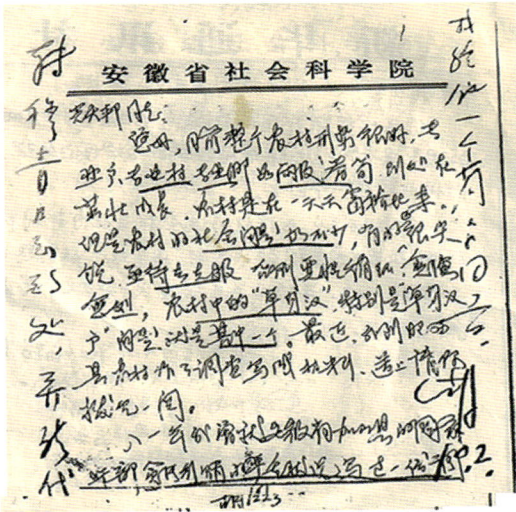

胡耀邦同志批示复印件

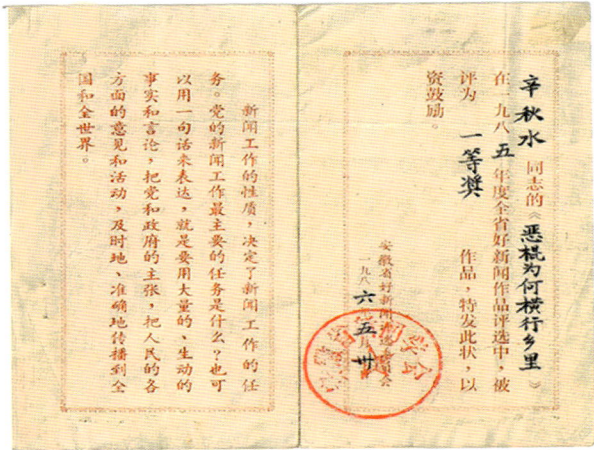

辛秋水荣获"见证安徽改革开放三十周年
经济进程 30 位代表人物"称号

他是中国村民海选、直选的推动者。村委会组合竞选，安徽再次开创了中国民主进程，这一具有中国农村特色的民主选举成功模式的推行者辛秋水，被香港中文大学授予大陆村级组织建设学术讨论会"终身成就奖"。他长期关注于扶贫事业，并发现传统的"输血式"扶贫只能填补农村的资本积累不足，无法形成资本增值的机制，缺少自我发展驱动机制的农村社会是不可能有"造血"功能的。他提出了以"树人"为中心的"文化扶贫"理论，通过"文化扶贫"，使安徽省岳西县莲云乡的人均收入从 1987 年的 192 元，上升到 2000 年的 1500 多元，90%的建档贫困户摆脱了绝对贫困。同时在全省共建立各种科技文化扶贫中心 32 个，实施范围扩展到 7 个县市，惠泽人口近千万。

他就是安徽省社会科学院、安徽省文化扶贫与村民自治研究实验中心教授、研究员辛秋水。

2008 年，作者在由新华网安徽频道、同行杂志社等新闻媒体联合主办的"见证改革开放 30 年安徽经济进程代表人物 30 人（简称 30 年 30 人）"评选中入选，上图是 2008 年 7 月 28 日在合肥举行的庆典晚会的照片，作者位于左三。

目　录

（下卷）

秋水人生

点评秋水

左冲右闯——秋水的艰难拼搏

扶贫扶人——辛秋水扶贫的新思路

上下求索——秋水与乡村民主

附录　　友人来鸿

秋 水 人 生

追 求[*]

今天应邀同各位领导和同志们见面，我感到十分高兴。希望我的讲演能得到各位的批评和指正。

我同许多从旧社会过来的知识分子一样，身上带有许多旧时代的痕迹和弱点，我想改正，也正在努力改正。几十年来，我个人的悲欢离合是同我们整个国家的命运交织在一起的。在座的有不少人是与我同辈的，都是过来人，请想想吧，1949年10月1日开国大典时，亿万的中国人是如何沉醉在幸福之中。当时，我有幸陪同苏联代表团站在天安门前的观礼台上，亲眼看着第一面五星红旗冉冉升起，我的眼睛湿润了，心中默念着"多灾多难的祖国啊，祝你从此繁荣富强！"大家再想想吧，1976年粉碎"四人帮"时，人们又是怎样激动，为10年的灾难从此结束而弹冠相庆。我那时还在农村被管制劳动改造，处于社会底层的底层——被专政的"五类分子"之一的右派，我当时的心情激动当然更超乎一般。我看到了祖国的希望，人民的希望，至于个人的错案，同国家人民的事相比，只能说是小事一桩。同志们都读过范仲淹的《岳阳楼记》吧？他说："先天下之忧而忧，后天下之乐而乐"，"居庙堂之高，则忧其民，处江湖之远，则忧其君"，有了这几"忧"，对于个人的一切，如鲁迅先生所说的"小我"来，真可以做到"忧谗畏讥，宠辱皆忘"了。特别是对于一个为忧国而身陷囹圄一十五载的人，他在举国迎庆的日子里，对于范仲淹这几句话，体会当然格外深刻。

我从参加革命的那天起，就决心把自己的一切融入人民大众的解放事业中去。但是道路却不是我三十年前越过封锁线、步入解放区那一刹那所憧憬的那样笔直，天空也不是那一刹那所憧憬的那样五色缤纷。幼稚的梦想在社会实践中必然会被撞醒。时到今日，两鬓已白，才悟"今是而昨非"。历史不能割断，新社会也不是从天而降的。现实的中国本是历史中国的继续，现实的人们都是历史的承担者。在我们这个古老中国的大地上不是我们想要干什么，而是不得不干什么，不是我们想要怎么干，而是不得不怎么干。不正视这一点，就不能叫做唯物主义者。同样，凡事都有正反两个方面，不正视这一点，就离开了辩证法。作为历史进程中的每一个人，你在历史中所能起的作用，你对历史所应负的责任，都要有自知之明。一方面，我们每个人对自己决定了的东西当然应该自信，或者叫做"自以为是"吧！一个人如果没有一点"自以为是"的精神，他就会举棋不定，遇到逆境就会丧失进取的信心，看不到光明，看不到前途，就不可能在自己选定的目标上走到底，走到胜利。但是这种"自以为是"又必须以"自以为非"为

---
* 本文根据作者在安徽大学、安徽农业大学、华中师范大学、华中农业大学、武汉大学和上海图书馆的讲话录音整理。

前提。因为一个人如果没有一点"自以为非"的勇气，就会僵化、故步自封，在顺境中就看不到缺点，看不到问题，看不到曲折和危机。我说这些话，不是为了讲哲学，而是要向青年朋友们阐明一个道理：人在任何时候，都要对自己有个正确的评价。人如果不能正确认识自己，是真正可悲的。

一 悲吾国与吾民兮，独上下而求索

1958 年 3 月 19 日晚的北京雍和宫，虽是早春，但寒气逼人，一个个等待押往劳改农场改造的我们这些人彼此相顾无言，只有不展的愁眉。大伙心里都在嘀咕着一件事，究竟自己是被押送到哪里去，是东北兴凯湖，还是清河农场？当时谁也不知道，只静待命运的安排。忽然一阵集合哨，点名："辛秋水！""有！""往三队站。"三队已排一排人，排头的手拿一张写着清河农场字样的纸牌子，我心顿时踏实下来了——我的命运就安排在这里。

当押送我们的囚车在两旁的警车呼啸声中离开雍和宫经过北新桥大街的一刹那，我透过车窗望着外面的一切，不禁触景生情，思绪万千。记得 1949 年 3 月 18 日，我由尚在蒋介石统治下的南京越过层层封锁线，投奔革命来到刚解放的北京当晚也正是住在这个北新桥。九年前我是以革命者的身份投入革命的熔炉，而九年后，我却作为"反党、反社会主义、反人民的极右派分子"被押送劳动改造。此情此景，怎不令人无限惆怅！梦般的往事萦回脑际。我出生在安徽省嘉山县横山乡一个大地主的家庭里，我为什么背叛这个家庭去参加革命？难道是一时感情冲动或者什么个人因素？不！那是正义的驱使、是与非的抉择。当时我痛恨那些包括我的家庭在内的剥削阶级、特权阶层对广大贫苦农民的野蛮剥削！我愤恨国民党的专制独裁，导致政治腐败、社会黑暗、民不聊生！

记得 1947 年正当秋收那一天，夕阳近山，我坐在面对我家大门的一个石碾子上，看着我家的佃户，他们一个个衣衫褴褛、赤脚裸背，肩挑背驮，穿梭一般把辛苦一年打下来的粮食往我家里送，而我的父亲穿着马褂子，手捧水烟袋，正坐在大门旁，悠闲自在地边抽烟边欣赏着眼前的这一切，那神态仿佛是在看一台文戏。这个场面却引起我的沉思、遐想和一个个问号。"这不正是阶级的极端对立的生动写照吗？"佃户们秋收时把一年劳动果实大部分送租还债交税后，所剩无几，到寒冬腊月，常提着小口袋再到我家借一斗八升的粮食，有的带点钱，有的实在弄不到一点钱，就提着只把小鸡来换一点粮食，回去老小充饥。我母亲见到了就把他们带到厨房里给他们一点饭吃，再给他们装点粮食，从后门偷偷送出去。因我父亲不愿将粮食在村里卖，要运到市上讨个好价钱。为什么这些农民一年的劳动果实要送到我家，供我们吃喝玩乐，而他们却食不果腹、衣不遮体？答案就是一个，这是一个是非颠倒了的社会。当时我只十六七岁，没有读过马列，对共产党还十分陌生时，只有这样一个朴素的感情：这个社会不公平，这个社会必须推翻。当时听人说，共产党来了就要"共产"，我心里就喜欢"共产"二字。人人都劳动，人人有饭吃，人人都平等，人生下都一样，谁也不许压迫谁，谁也不能有特权。现在看来，当时的这些想法很单纯，很幼稚，更谈不到什么马列主义，本质上近似"水浒"上的梁山兄弟。我少年时候，最爱谈《水浒》这部书，我到我三爷家里见到这本书就看，十遍、二十遍地看，爱不释手。那本书上"劫富济贫"思想独占我的心灵，我决心铲除人间的不平。这个最初意念指导我一生，形成了我青少年时代的朴素的平等观念，正义感是我最初参加革命的动力。终身追求着平等、自由、公平和正义。我的少年时代又是在日本帝国主义的铁蹄之下度过的，饱尝亡国奴的辛酸。我住的大辛庄离日本兵的据点只有七里路，日本兵每十天半个月左右就要下乡奸淫掳掠一次，上至白发苍苍的老太太，下到还不晓人事的幼女，都在他们践踏之列，我的姐姐就是在日本人靠近她时，因反抗而被这些野兽们开枪打成重伤。最惨绝人寰的是每个月的一、四、七、十管店镇逢集的日子，日本兵总在路口大沙滩上把中国人绑在树桩上，令号一吹，众刀齐戳，惨叫一声，人已死在血泊中。鬼子这样干，一是训练新兵加强他们的野蛮性，二是威慑中国人民的反抗。每次我赶集回来，看到人们在那儿围观这种杀人场面，我急忙绕道而走。我自惭作为中国人，眼看自己同胞惨遭杀害而不能救，还有什么脸面在那里观杀哩。我真为那些围观同胞感到羞耻，他们虽还活着，但灵魂早已死亡了。

　　日本投降，美国进入中国，我正在南京读大学，常看到美国兵坐在吉普车上搂着中国姑娘作乐，在马路上横冲直撞，中国警察无权过问的情景。国民党搞独裁专制，昏庸腐败，弄得民怨沸腾，人心失尽。这些国状民情，对我的刺激太深了。中国往何处去？我们民族复兴的希望在哪里？一个是朴素的民主主义，一个是强烈的爱国热情推动我背叛我的地主阶级家庭，投身到革命队伍中来的。艾思奇编的《大众哲学》是引我跨入正确认识世界的启蒙者。在这本书里，我初步知道了什么是共产主义，什么是辩证唯物主义，知道否定之否定的规律，按此规律，我明白原始共产主义被后来的私有制否定，高级共产主义社会又来否定私有制。资本主义创造了前所未有的生产力，资本主义的生产关系容纳不下它所创造的生产力，就必然逻辑地被社会主义公有制取代，由此而进入共产主义社会。这就使我逐渐理解到共产主义社会不只是人道主义的要求，而且首先是人类社会历史发展的必然规律。从而也就使我参加当时党所领导的学生运动有了某种自觉性。终于在1948年学校的学生自治会竞选胜利成为自治会的副主席，开始进行有组织的反对国民党反动统治的斗争。为了响应地下学联关于反对美帝国主义重新武装日本的号召，我在学校广场上组织了一次"反对美帝国主义武装日本"的声讨大会。反动校长无理解聘进步教授潘怀素，我们宣布全校罢课。后来当这个校长向国民党教育部提出假辞呈，我们就立即来个假戏真唱，以自治会的名义发布告，号召全校同学投票以决定对校长的辞呈是"挽留"还是"欢送"。当我们的这个布告刚张贴出来，这位提假辞呈的校长就慌了手脚，连夜宴请一批反动学生，让他们在校内贴出一张"大字报"，进行恫吓："如果明天你们真的举行投票决定校长的去留问题，你们要对事情的后果负一切责任。"我们没有理睬他们，次晨由我和学生会另一副主席石诚同学按时在一个大教室里举行了投票。正当投票进行过程中，一批穿着美式军装、带着手榴弹的在校青年军学生闯进来了，先砸了票箱，质问我们："你们为什么不接受我们八十二人的严厉声明？"我们答复是："我们是一千多人选举的学生会，不是由你们八十二人决定的。"于是，他们就强盗式把学生会的文件抢劫一空，接着，特务机关拟定了逮捕对象的黑名单。是一个同乡把这个消息告诉我的，说："国民党明天要抓你，快逃命吧。"就在当晚夜色阴沉中，由同学李华栋护送我坐民间小船逃离了安庆。

　　出了安庆以后，原打算到武汉经香港到大连，进入解放区，事有不幸，路费在武汉旅馆里被窃一空。结果卖了手上金戒指，才买了船票到南京，与同学付维钧辗转到了苏北解放区。经过封锁线时确实危险。当地正在打仗，封锁线上有座小桥，据说桥那边就是解放区。我俩正在过桥，突然从桥下钻出两个国民党兵，大喝一声："干什么的？"我们无言以对，我还有一张别人写给田汉同志的介绍信，我很担心被他们搜去。那是烽火前线，杀人是儿戏，就在此前不久，有个去解放区的学生被抓去枪毙了。这两个国民党兵把我俩送到营部，一路上我俩急得一点办法也没有，等送到营部大门，我们看到国民党的营长和几个乡保长之类的人正在猜拳行令，刹那间，情急生智，我从裤子的小袋子里掏出一张名片来，递给一位国民党军官，我说："我们是《中央日报》记者前来战地采访的（这张名片是朋友给我的，无意中装在我的裤袋里，结果却救了我的命）。"当押送我们的国民党兵在旁边正要插嘴说话，营长将手一摆，"去吧！"这两个兵只好乖乖退下。我们于是坐下来假戏真唱大吃大喝一顿，并且一边吃喝，一边拿着小本子记录，漫不经心地向他们提出有关打仗的问题。乡保长们顺竿吹捧这些国民党军队如何秋毫无犯呀，又如何打得大胜仗呀。这鬼才相信，蒋匪军所到之处，群众的鸡鸭鹅遭殃，此时更是望风而逃的败兵。次日晨，我们声称要到前沿看一看，匪军营长给我们一张名片，上面写着"所到之处，请予放行"几个字。到了前沿，进入齐腰深的战壕，仅隔一条小河，对面就是解放区，船都被拴在这边岸上来了。我们说想过去看看，国民党兵不同意，说有危险。我说我们记者是自由职业者，不怕。最后，他们还是勉强同意我们去，但要我们速去速回。结果呢？我们一去不回头了，过了河问明了解放军所在村落，就拼命地往那边跑，河那边岗楼上的国民党兵发现情况不对头，扳动机枪就向我们射击，子弹像雨点一般从我们头上、身边飞过，幸好我们迅速跑进了村庄，才幸免于难。解放区的区政府就在这个村子里。到了区政府，那时高兴的心情就无法形容了，真像远别的游子回到了慈母的怀抱。我平生第一次感到我成了自由人，我觉得周围的空气是那样清新，那样令人心旷神怡。这里的黄土都能喷出香味来。每遇一个穿土布军服的八路军，我都情不自禁地要同他握一把手。我们日夜向往的中国共产党领导的解放区就在脚下了。这是块真正自由的土地。这里人人平等，虽然生活十分艰苦但都毫无怨言，包括军分区司令员在内，吃饭时板凳都没有，大家蹲在地上围着一盆黄豆吃饭，此情此景实在令人感动极了。我心里很幼稚地想，这不就正是"共产"了吗？我所羡慕的人间平等，消灭等级、消灭特权的社会不就在这里出现了吗？我在安大搞学生运动时，私下就听到过这么一首歌："解放区的天是晴朗的天，解放区的人民好喜欢……"此时此地我没早没晚地放声唱着，手舞足蹈地唱着。如果不身临其境，你绝对体会不到唱这首歌的感情。我们国家近百年来无数仁人志士不惜流血牺牲所追求的是什么？不正是国家的独立，人民的解放，不正是自由民主吗？我为什么要千难万险投奔共产党、投奔解放区呢？不也正是为了这些吗？

当时，江淮军分区司令员魏心一同志，要留我们在那里的江淮公学工作，但由于我的介绍信是介绍给田汉同志的，因此我要到北京去。步行数百里在过淮海战役的战场时，腥风血味扑鼻而来，永城地区的断墙残壁间还遗留着未埋尽的尸身、手、头……鬼火阴风，狐鸣狼嚎，令人不禁想起《吊古战场文》："……蓬断草枯，凛若霜晨。鸟飞不下，兽铤亡群。亭长告余曰：此古战场也，常覆三军，往往鬼哭，天阴则闻。伤心哉！秦欤？汉欤？将近代欤？"眼前的这一切，既不是秦，也不是汉，它标志着中国近代史上的一个伟大的转折，标志着一个专制王朝的覆灭和一个新的民主共和国的崛起。不久，毛主席发表了《别了，司徒雷登》一文，这实际上是代表着全中国人民告别了黑暗的昨天而迎来了光辉的明天。这一切不都是包括淮海战役在内的许许多多大小战役，千万人流血牺牲的代价所换来的吗？

辗转来到了刚解放的古都北京。那正是1949年3月18日晚，当时北京的东西长安街马路坑坑洼洼，路灯昏暗，北新桥大街两旁尽是专供劳苦人就餐的棚户。我当时肚子饿极了，摸到棚户板凳上歇着，眼看蒸在笼里的玉米窝头嘴发馋，由于腰中钱所剩无几，只能买三个窝头充饥，店主看到这种窘相就伸手送上一大碗开水和小碟咸菜，并言明这是奉送的。这是我平生第一次到北京，第一次在马路旁的棚户里吃三个玉米窝头充饥，而北京这个闻名世界的古都留给我第一个美好的印象是北京人通情达理。

到北京的华北大学政治部经过三个月政策学习，分配到正在筹备中的中苏友好协会。从此，我开始投身于新中国的革命和建设事业的洪流中了。

1949年10月1日的上午，我作为接待来华参加开国大典的苏联文化代表团的工作人员，同苏联朋友一起站在天安门城楼脚下御河桥观礼台上，在感人心弦的《义勇军进行曲》中我凝视着徐徐升起的五星红旗。红旗啊，你凝聚着无数的烈士鲜血，凝聚着亿万中国人民和整个东方被压迫人民的希望。当毛主席的"中国人民从此站起来了"这个震撼地球的强音传入我的耳膜时，泪花落了，鼻子酸了。祖国啊，历尽忧患的祖国，祝您从今走上繁荣富强。

二　亦余心之所善兮，虽九死其犹未悔

记得一个外国学者曾讲过这样一句话："真理的蜡烛常常会烧伤那些举烛人的手。"然而对于一个对真理的追求超过对自己生命追求的人来说，明知这种结局，但绝不会放弃这种追求和信仰。有一种人，他们在政治舞台上翻手为云，覆手为雨，从来就不知道有什么真理和是非，他们只讲政治权谋和个人的利害得失，他们从来不择手段，往往以害人误国开始，以自己的身败名裂告终。时间到了1957年"大鸣、大放、大字报"的年代，我被划成极右派分子，开除公职强行押送劳动教养。那天，党支部书记姚见同志在厕所碰到我，告诉我"你到办公室谈谈"，等我到他那里以后，他又讷讷地半天讲不出话来。最后才吞吞吐吐地说："你的事由……由……"他又说不出来了，我问："由什么？"他说："由公安局处理。"我惊讶地问他，为什么由公安局处理？我犯了什么罪？我犯了什么法？话音未落，有人敲门，来了两名警察把北京市劳动教养决定书送到我面前，要我签字。事到临头，签就签吧。我说被子还没带啊！他说被子早已给你拿来送到收容所去了，随之用我们机关的车送我走，送我的人叫陈本鑫，是我同一个办公室工作的好朋友，他了解我，他是不会相信我是反党反社会主义的。路上我们彼此没讲一句话，死一般的沉闷。到了北京市公安局半步桥看守所，看守干部要我登记所带的东西，并把我的腰带解开收去，据说这是防止在看守所里自杀。干部找我谈话时，他坐在椅子上要我站在他的面前并立正式地站着，我没有理睬他这一套，他看我这种若无其事的样子，大吼一声："站好！"他说："你有罪！"我说："我有什么罪？"我与他争辩说："我这只是按人民内部矛盾处理，况且对我劳动教养的决定是错误的！"他看讲不过我，就说："那好吧，你这种态度有你的苦吃。"然后把牢门一开，把我往里面一推，"砰"的一声关上了牢门。我想：哎呀！这一生从此又进入了另一个世界了。进了牢房，过道两旁是木地板，上面每个人有二尺宽地方放铺

盖，白天坐在那里晚上也睡在那里。这时正好是开晚饭的时候，分给我两个玉米窝窝头，两片咸菜，一碗菜汤。当时牢房里所有的人两眼都瞪着我，看我能否吃下去。其实，我很快把这些都吞下了肚，连点渣子也没留，很令他们失望。因为这些人有的被关了四五个月，有的时间更长，每顿饭两个窝头两片咸菜哪能吃得饱，都寄希望于刚来的新犯人，由于心事重重而吃不下饭，他们好吃这些剩饭。可我却一点渣子也没留给他们，这使他们又失望、又吃惊。心想"这个刚来的干部模样的人八成是饿疯了进来的吧？不然，何以能一下子吃掉那么多低劣食物"。其实，这些猜想都没有猜到点子上，因我心底坦然，自知无罪。从进到这个铁大门，我就坚信，这是自家人的一场误会，终有一天会水落石出，还我清白，大步跨出牢门，回到革命岗位上。因此，该吃得吃，该喝得喝，留得好身体好为人民继续干，我应该乐观也能够乐观。我给党提的意见，无丝毫个人东西，都是为国家人民着想的。"心底无私天地宽"嘛！但是第二天早晨，一觉醒来，我却发现暂时用作枕头的我的棉裤已被泪水浸湿了。这是怎么回事？原来是想念两个幼小的孩子而在梦中流下的泪水。当时，我爱人患肺结核病怕传染给小孩，因此我的两个孩子——一男一女，从生下来就是跟我睡的，并且非摸着我的耳朵他俩才能睡着，而今天晚上我住进了牢房，爱人在结核病疗养院动手术，两个孩子怎么办？在朦胧的梦中，我仿佛看到我的大孩子被人家孩子打破了头……我猛然惊醒，才知道做了一个梦，发现头下的枕头已经湿了。真是"英雄气短，儿女情长"！坐牢、砍头有什么了不起？从在大学参加学生运动，建立革命理想那天起，就把个人生死置之度外，我不是共产党员，为了反对国民党的反动统治，我晚上偷偷写标语并把它贴到餐厅里，如被特务抓住就没有命了，图什么呢？说我"反党"，难道我跑到解放区是为了反党吗？说我"反社会主义"，难道我把万贯家产弃之如敝屣投奔革命是为了反社会主义吗？这些既困扰人又令人气愤的问题时常缠绕着我。最后的结论是：按既定方针走自己的路，迷雾不会永远笼罩人间，是与非历史自有公论，公道自在人心。

在押送我们的车子开往清河农场的路上我脑子里想，按"劳动教养"字面上理解，大概是一边劳动一边学习吧！到农场后才发现根本不是那么回事，就是终日超负荷的劳动，一天劳累下来腰酸背痛，每晚吃完饭强令大家坐在床上学报纸，哪能学下去啊！劳动强度大得惊人，举个例子吧：农业上冬天通常是农闲季节，但是我们农场到了冬天却更加劳累。实在找不到活给你干，就让你每天往返十几里路去铲草皮土做肥料，运输工具就是从奴隶制时代就使用的独轮土车。我推着一辆独轮车，上面是用麻袋装得满满的经过秤称过的500斤草皮土。推重车去时，我身上穿的一件皮夹克全都被汗水湿透可拧下水来。空车返回时，因为我们农场坐落在严寒的天津北部，所以湿透的皮夹克却又结成硬硬的冰块。场里在完成任务的车上挂黄旗，超额完成任务的车上挂红旗，未完成任务的车上挂白旗。挂白旗的推车人收工回来要被批斗。批斗时，让你站在饭桌旁，同组的教养人员一边吃饭一边批斗你，等批完了，你正要去吃饭，上工的铃打响了，你就丢下饭碗去出工。夏天拔秧插秧时也是这样，每人都有定额，完不成定额也是如此算账。所以大伙干活时用不着任何人催促，自己紧自己，由于我拔秧插秧时速度跟不上大家，所以每当饭车来的时候，为了不耽误时间没空坐在田埂上吃饭，都是手里拿上几个窝窝头，跑回秧田里坐在水里吃，吃完就干，甚至嘴里吃着窝头这一只手还在干活。遇到下雨时，雨水落到菜汤碗里就喝雨水，我的手指头被脏水泡得化脓也得坚持干。"大跃进"时为了夺取高产就得深翻地，农场嫌拖拉机耕得浅，就用人工挖，每天晚饭后大伙带锹到田里深挖地，每人分片包干，最后丈量每人挖多少以定奖惩，人人都拼命干，往往要干到晚上10点钟才能回来，第二天早上照样准时上工干活，因为第一天晚上的深翻地叫做义务劳动。由于在深翻地时两只手一分钟也不能停，所以我的手指甲全都血淤成紫黑色。大家想想看，这种劳动强度对于一个终日从事脑力劳动的知识分子来讲，真可谓"脱胎换骨"的改造了。我虽过去从来没出过力，但在劳动中宁可再苦也绝不甘落后，活着的人任何时候都应该是个强者，更重要的是，当时心理状态很健康，从未因劳动太重而对党有丝毫埋怨，非常自觉。由于我的拼命苦干，当时我挣的劳动工分和工资在小组里都是最高的。季度、年度受奖名单中从来没有少过我的名字。1958年农场深翻地时，我列入全农场第一名，速度最快、效率最高。清河农场在1959年还把我劳动先进事迹编成快板书上演哩！在国庆10周年时，场里送一批包括我在内的优秀的劳教人员到北京参观十大建筑，并让我们到北京时住到个人家里去。我虽在农场表现如此积极，但对于强加在我身上的反党、反社会主义罪名，我是根本不接受的。对劳动，即使是劳改农场劳动，我始终认为这是祖国建设的一部分！在农场为祖国生产粮食，也是贡献，想到这些，就感到慰藉。我们中间有个老头子何国才从早到晚总是乐呵呵的，他常说："吃得痛快不算痛快，穿得痛快不称痛快，只有想得痛快才是痛快。"这是实话，中国古语就有"君子坦荡荡，小人常戚戚"的说法。所以，在农场时我每天都是乐呵呵的。

由于农场劳动强度太大而营养严重缺乏，生理上自动加大饭量以弥补营养的不足，当时我每月要吃到120斤左右的粮食，饭量越来越大，胃容量当然也就越来越大。好歹那时窝窝头还是随便吃的，没有限量，一年到头除了过节和大礼拜（两周休息一天）能吃到几片儿肉外，平时都是青菜汤、咸菜。这也无妨，只要能填饱肚子也就算了，可是到了1960年5月4日，这真是一个毕生难忘的日子，农场对我们实行粮食定量供应，这可不得了啦。当时，给我每月粮食定五十四斤，听起来还不少吧！可在当时只能填饱我一半肚子，肚子没有油水啊！记的在实行定量的第一天夜里，我就饿得不能入睡。没办法，起来到大院里转转，转到伙房旁边，嗅到一股窝头香，真想进去拿两个吃，可是脸皮扯不下来。伙房组长刘柯见我老在伙房周围转，就问我："老辛，有什么事吗？"我说："没有什么事，睡不着觉，到外面走走。"其实我心里真想说一句："你拿几个窝头给我吃吧。"以后身体逐渐消瘦。重活干不动了，动作也慢了，这种情形竟传到我原来待过的四队刘队长那里，有一天刘队长看见我说："辛秋水啊！你是怎么搞的？你现在劳动变消极了，这样影响可不好啊！"我听后气愤地把上衣一脱，露出了干巴瘦的身子给刘队长看，我说："你看！我现在瘦到如此程度，还有劲干活吗？劲从哪里来？"对我一贯关心的刘队长听后说了一句："现在我也管不了了。"随着国家粮食越来越困难，我们农场的粮食定量一减再减，一直到在窝头里掺上一大半本场造纸厂生产的稻草纸浆和海边长的碱蒿子，弄得我们这些劳教人员在大便时都在叫唤，因为人是吃粮食的，人的肠胃只能消化粮食而不能消化草啊！于是浮肿病蔓延，大量饿死人这个难以想象的灾难在我们周围出现了，我们这些半死不活的人每天仍被驱赶到田野里干活。队伍在出工路上摇摇晃晃挪到工地，谁也没心干活，两眼四处张望找吃的，见到了什么吃什么，见老鼠逮老鼠，见水蛇抓水蛇，把这些东西先打死扔在那里，一待宣布工间休息就忙着点火烧吃。后来工地看管得紧了，只好把这些东西藏在身上带到围着电网的大院里，找间空房子烧，弄得大院里四处冒烟，干部又想新点子来管，在大伙儿收工进大门时逐个搜身，那又是另一番景象了。你看，一到收工时，大门口满地都是被搜出的蛇、老鼠、青蛙、癞蛤蟆等小动物到处乱爬。有一天，我带着这些未被查出来的东西钻到一间没人住的后屋里准备烧，当我伸手往炕上草铺里拿草时，触摸到一个冰冷的东西，原来是条死人腿。但我仍然把草点着了，在死尸下面煮我从外面带回来的水蛇和老鼠，煮熟了也就在死尸下面吃到肚子里去了。当时由于看到的死人太多了，所以一点也不害怕，饿死的人就往空屋子里抬，集中起来一道抬去埋，好多同组同房间的熟人，几天看不见，很可能就是永远看不见了。同我一道从北京送到清河农场的原北京市公安局五处文化教员曹为先，身体特别棒，是个篮球健将，生产劳动一贯好，可粮食定量后同我一样身体垮了，干活没有劲，生产定额完不成，就经常在吃饭时站着被批斗，出工铃响了，他还没吃饭又同别人一道上工，这样几个回合，人也就起不来了。一天，我收工回来，见到他被两个人抬出来，曹为先看到我，抬起头向我说一句"老辛。"头又低下去了，同我擦身而过。我也叹了一口气，"又走了一个"。再一个是张洪生就睡在我的铺边，头天晚上我俩还头对头说话，第二天早上我们大家都起床洗过脸要吃饭了，他还在床上躺着，喊他不应，我就用手推他的脚，结果发现他的身子已经硬了，早就死了。

在普遍饥饿，每个人都面对死亡线的时候，什么礼义廉耻都已经置之脑后了。每天早晨我们大队劳动人员出工时，因大门口的垃圾堆上，遍布着干部家属切菜扔掉的菜根、萝卜头、肉骨头、鱼刺等废物，那些已经饿得发疯的人一见到这些都蜂拥而上，就看谁的劲大。劲大的人就挤上去了，没有劲的就挤下来了，大家拾着这些脏东西就往嘴里填，只要能充饥，谁还讲什么脏不脏！什么脸面好看不好看！你们在座的大概难以置信吧？你要饿到那种程度，只要还想活下去，也会这样干的。这里面有大学教授、讲师、处长、科长，至于大学生就更不在话下了。我所在的这个劳教队都是右派，都是知识分子。过去谁不知道害羞？现在一个一个都把面纱扯下来了。其实有什么可羞的？这不正体现着人类的一种求生的天性本能吗？人类之所以能脱胎于动物而成其为人类，不正是因为人类有巨大的适应环境的能力和战胜困难的顽强的生命力吗？我们的红军爬雪山过草地，进行两万五千里长征时，不是也吃过皮带、棉絮吗？一个革命者，只要还有一口气，就要顽强地活下去，绝不能向困难低头。我们这群知识分子出身的人，旧社会家庭经济条件大多是比较优裕的，这样挤着抢垃圾堆里的脏物吃，恐怕都是生平难以想象的事。在这大量饿死人的非常时刻，农场还有一个毫无人性的规定，就是禁止劳教人员把远地来探亲的家属送来的食物带进大院，逼你必须在院外吃完。于是因暴食而致人死亡的事件连续发生，有的人偷偷把家人送来的食物，带到宿舍藏到箱子里慢慢吃，以度残生，可一旦被发觉就立即没收，并把这些没收的东西弄到干部家属中贱价拍卖。当时我的弟弟远在四川，知道我在这里极度困难，就寄给我爱人200元钱，叫她买点东西托人带给我，我一顿吃不完这些东西，就偷偷地把这些食物夹在被子里，从院外抱被子回院内的机会，把这些吃食藏在被子里带回宿舍，像命一样保存起来，每天吃上几口以度命。结果在卫生大检查中，管理人员翻箱倒包，把这些东西全部没收了。转手又"卖"给干部家属去吃，这件事对我的打击太大了，他们这样从我们这些饿得将死的人嘴里夺下一口救命粮，拿给吃得饱喝得足的人的干部家属享用。不仅有违党纪国法，而且连起码的人性都没有了，你们还有什么资格去教育我们，改造我们？我们现在讲要端正党风，党风不正的劣根，最早在50年代就被种下了。大家想想，那些人的残暴自私的行为，哪像共产党的干部？！

有一次收工回来的路上，我向小队长吴庭钧发牢骚，说："逼得我们饿急了，也像红军一样把皮箱、皮带煮吃了。长征路上红军吃皮带，我的皮箱也是皮的，剪断熬了吃不也行吗？"结果这个小队长为了立功，就向干部汇报了。晚间场长找我谈话："你是想煮皮箱吃吗？"我当时就很气愤，正想发泄一下情绪，就说："没错！"他质问我："你为什么这样反动？"我说："这怎么叫反动呢？长征路上红军不是吃过皮带吗？"场长把桌子一拍，说："你是罪人，能同红军比吗？你这是诬蔑红军！"随即在训话会宣布对我"禁闭"。几个人把我拖到禁闭室里关起来。"禁闭"是不打不骂，但把你饿得半死不活。我经过一个星期的"禁闭"，原是走着进去的，出来时，却就得扶着墙慢慢地挪了。就这样第三天还要照常逼你出工，哪里支持得了？果然，一天出工回来的路上，我便晕倒在地上人事不知了。那年月人饿死倒在路上是常见的事，普遍饥饿、天天死人的情况已司空见惯，对一些还能走路的人仍然强迫他们每天顶星星出去上工，顶星星回来，队伍进行中一见队伍前面打弯，就知道前面又死人了。就是古语说的"路有饿殍"的景象。农场里究竟死了多少人呢？我没有统计过，但就我所在的那个小组原来16人，后来剩下8人，其余的都是饿死的。就是在这种时候，面对这样严峻的事实，我对党的正确领导都没有产生过丝毫怀疑。我那时总认为自己的冤案是个别作风不正派的领导打击报复造成的，认为眼下的饥荒饿死人一因自然灾害，二因苏修逼债，三是我们农场干部的主观主义造成的。国家有困难、党有困难，我与党和人民共渡难关是理所当然的。农场中有些管理干部胡作非为，我也只不过把他们当成党内的少数败类看待，压根儿都没有动摇当年参加革命时的信仰和追求，这可能是我们这一代人的共同特点吧。

话说当时我晕倒在地上以后，幸亏有位领工的张贤队长派人用板车把我拉回送到了农场医院，打了强心针，救了我一命，后我就留在休养队了。所谓"休养"，其实不过是能保证每天有三碗玉米面粥喝，病房里都是饿得腿肿、脸肿、脚肿的人，这三碗稀粥不知救活了多少人的命。民间说"一米渡三关"，这里验证是实话。艰难的时代，艰难的人，我之所以能免遭饿死的厄运而熬过了那艰难的时代，一是远在川滇边境工作的弟弟时而寄来一点食物接济，二是自身顽强的生命力发挥作用以外，还亏了这个队长及时将昏迷中的我用车子拉回来搭救，还亏了那每天三碗的稀粥。

1962年2月22日场部通知一大批右派到大伙房门前集合宣布我们这批人解除劳动教养。在宣布我时说，由于辛秋水认罪态度不好，暂时不摘右派帽子。农场宣布我们解除劳教时还找每一个人谈话，要我们登记说明是愿意回原单位还是由北京市委另行分配？我们大家都等着回到工作岗位去呢，谁知以后竟一直没有听到对我们工作安排的好消息。直到1962年中共中央八届十中全会公报，引用毛主席的话："阶级斗争要年年讲、月月讲"，我们感到气候有些不对了，接着"四清运动"开始，我们这些人又成为阶级斗争的对象了。因此，所谓重返工作岗位也就是幻想了。从1962年6月22日解除我的劳动教养，直到1966年10月我一直是留在清河农场于家岭东村就业队劳动，就业队人员的待遇比在劳教期间的待遇好了一点，其好处就在于解除劳教后在我们居住的周围，没有铁丝网了，日常生活也随便了一些。"右派分子"这顶帽子我一直戴到了1979年中共中央十一届三中全会后，由中共中央宣传部下文宣布对我的错划右派改正为止。若是我讲讲假话，我可能也早摘掉了帽子，可我一生难有假话可讲！到1966年"文化大革命"时，清河农场就业人员绝大部分遣返回他们原籍改造。1966年10月，我们一批四十多个安徽籍的就业人员，

被遣送到安徽白湖农场五大队八中队继续就业。在我们到达白湖农场后分配劳动岗位的集
会上，八中队卢贤成队长看我面色浮肿，并得知我患有肝硬化腹水，就分派我去牧羊。这
在农场是一个轻劳动。我"上任"羊倌时，羊棚里只有四五十只羊。据说原来有二百多
只羊，因为每年一到冬天就死一批，故我去时已减少到几十只了。我一生从未与羊打过交
道，不懂牧羊那一套方法，只有按原来的羊倌夏修楚老头的那一套老办法搞。夏秋两季青
草遍地，不用喂都是放牧，很顺利。可转眼到了冬天，小羊便开始死亡，因为冬天是枯草
季节，老羊营养缺乏影响奶汁供给，加上天冷受冻所至。我问夏老头怎么办？老头说：
"每年到此时都要死的，又不是我们弄死的，干部找不到我们。"我琢磨着这话不全对，
我们还是要研究一下小羊死亡的原因，从主观上找一下我们这些牧羊人是否尽到了责任。
后来我发现小羊死亡原因主要是冻、饿，就主动向干部提出买点奶粉喂小羊，可干部听后
笑了起来，说："从来没听说过用奶粉喂羊，会计账上也没法开支。"我实在不忍心看着
小羊一只只死去，因为它们过了冬天就是一只只大羊了，一只羊长大后要值几十元，这都
是国家的财富呀！于是我从每月十八元的生活费中拿出几块钱来买了点奶粉，专作羊羔救
命之用。真灵！眼看一只羊已饿得不能动了，只要奶瓶对着它的嘴喂几口奶，马上就又神
气起来。对有些受冻的羊羔，晚上我就把它们抱到自己的被窝里过夜。这样，我亲手救活
了一只又一只小羊，使得在我饲养的两年间，羊群由原来的几十只发展到二三百只。那些
在我被窝里长大的羊对我很亲热，我走到哪里它们就跟我到哪里，还不时地往我怀里钻。
你看，动物也是有感情的。我救活了许多小羊，可我的命也是羊救活的。那时我的肝硬化
腹水很严重，农场医院要我切脾，否则要送命。我不愿做大手术，怎么办呢？牧羊时我带
着几本医书阅读，偶然看到了书上有"羊血解百毒"的记载，我就决定喝羊血试试看。
每逢有人来我羊棚买羊杀，我就提出要求："羊血给我喝。"人家总是答应的。于是我就
拿着脸盆跟着他们去，一刀插下去羊血淌下，我乘热喝下肚，而羊此时还在喊着呢！生羊
血自然是难喝的，旁观的人都不忍目睹，有的竟难过得流下眼泪。可为了活命，我只有把
难喝的羊血当苦药吞服。喝了一段时间羊血之后，我的腹水渐渐消了。到医院化验，肝功
能恢复了正常，这真是料想不到的奇迹。望医学界能够研究研究羊血治肝病的药理何在？
或许能够给更多的肝硬化腹水的患者带来福音。

　　对羊群的威胁还有来自夜间的野狼，以及白天大堤上警卫来往时携带的狼犬。为
此，我们得日夜带着四齿耙巡回看护羊群。记得在一个夏天夜晚，夏老头值班看到了狼
来了，喊醒了我，我短裤都来不及穿就追上去了，此时狼正在扒羊棚门，我顺手拎了一
把四齿耙，偷偷地走到狼背后，狼正在扒羊棚门，我对准狼头用力一耙，狼猛然一跃拼
命逃窜。我穷追不舍，一口气追了二三里地，最后狼游水逃到河对岸去了。没有打死这
只狼，我至今还有点耿耿于怀。总之，狼成了我手下败将。与狼斗，凭着胆量和勇气就
行了，"两强相遇勇者胜"嘛！但若是与人斗，就不是那么简单了。狼犬这东西有狼
性，见羊就没命地咬，一些携带狼犬的公安人员站在旁边看把戏，笑得前仰后合。过
去，牧羊的劳改犯哪里敢对警卫说个不字？只有瞪着眼睛干看着羊被狼犬糟蹋。我来以
后遇到狼犬咬羊，我就手执钢叉痛打狼犬，公安人员威胁说："你这个劳改犯想造反
吗？"我说："羊是国家财产，你们公安人员理应保护国家财产。我这个劳改犯也有权
保护国家财产，而你这个公安人员却无权损害国家财产。"由于我不断地据理力争，并
巧妙地用一些对策同他们作针锋相对的较量，这些人的威风也收敛不少，羊群的损失相

应地减少了。从以上区区小事可以看出：狼固然是野性的，它能吃人，但它是孤单的，而狼犬则不然，狼犬的背后有人的支持。同狼斗我是无所畏惧的，只凭匹夫之勇即可取胜，同狼犬斗则要冒政治风险，弄不好变成我这个专政对象对政府的阶级报复。看来，与自然作斗争相对来说是简单的、容易的，社会斗争则是复杂的、困难的。但是要永远坚信正气终归是要战胜邪恶的。

三　面刻"金印"难返"江东"兮，感父老之深恩

　　中国人对于自己的家乡，总有着外国人难以理解的特殊的感情，古往今来许多远离故土的人们，在外无论是封官受爵，还是获罪遭贬，无论你是衣锦还乡还是解甲归田，故乡永远都好像是一个永不嫌弃自己儿女的慈母一样，伸展着热情的双臂欢迎你投入她的怀抱。我对故乡的感情是复杂的。解放前，我家是当地百里内有名的财主，尽管我后来背叛了家庭而走向了革命的道路，但家乡的人民，家乡的山水，家乡的一草一木无不日夜萦回在我的思念中。"文化大革命"刚开始，我就从北京被遣返安徽劳动改造，可以说离我出生的故土不远了。有时，消极的情绪上来了，我也曾有过退隐山野、耕耘糊口、了此一生的想法。但家乡人民和我那日夜牵挂我的老母在期望着我，不允许我有任何自毁的念头。在牧羊时，我常想起苏武牧羊十八年不易汉服的故事，偶尔又听到那委婉的"苏武牧羊"的小曲，就是我这五尺汉子也不禁热泪涟涟。每逢春天，看到风吹草动、群羊如云的情景，我又不禁翘首东向，想起宋朝哲宗年间，王安石变法失败，遭贬东归路上写的一首诗："京口瓜洲一水间，钟山只隔数重山。春风又绿江南岸，明月何时照我还。"明月何时照我还？这一天却来了，1972年，白湖农场决定遣返我回原籍嘉山县戴帽接受群众监督改造，这样我就又回到了久别的故乡，但又实在无颜见江东父老啊！情绪极为复杂、极为矛盾。因为丢人现眼在远处，亲人不见不伤心。这一回到家乡被专政，要是被批斗，白发娘亲就伤心死了。正因如此，我在被农场干部押回家乡不久，我又重新返回到白湖农场，要求继续留场就业，可是场里不答应，只好硬着头皮回到我的家乡。

　　但回来后的情况出乎我的预料。我在参加革命以前的1947年，曾邀集我家的佃户向他们宣布："我家所有的田地谁种归谁，今后不必再向我家缴租。"我父亲为此事还与我大闹了一场，大概周围百姓都知道这件事。所以我这次戴帽子回来，家乡群众不相信我"反党、反社会主义"。而且还特别关照我。生产队长知道我在农场菜园里干过，就分配我种白菜和萝卜。我们家乡以前从没大面积地种过这类蔬菜，我确实也懂得一点，结果我负责栽种的萝卜和大白菜长得十分喜人，闹得闻名遐迩。有的干部眼馋了，就来找我，说："老辛啊，给我摘几颗大白菜吧！"我知道他们是些白吃不给钱的家伙，但我又不得不应诺，就说声："好吧！"我带着他们自己去挑选。走到烂心的大白菜旁，我说："这棵大白菜好吧！长的肥头大耳的。"结果他带回家切开一看，回来找我说："老辛呀，你这大白菜里面烂了！"我说："噢？我怎么知道菜心里面是烂的呢？"实际上，我凭经验是看得出来的，那棵烂心菜也是特意带他挑的。因为这些家伙整天多吃多占不给钱，我硬顶不行就来软的，让他们知道在我身上捞便宜要难点。

　　我回乡后给家乡建了一个土氨水池，也是我在农场学到的。方法很简单，用人畜尿加上黄豆粉和磷肥，发酵一个时期就成了上好的速效肥料。但是要一不怕脏、二不怕

苦。我每天早晨挑两个尿桶，挨家挨户地把我们生产队 50 户人家的小便统统过秤收集起来，给他们记工分。不管阴天下雨，天天如此。有时道路泥泞，一不小心跌倒在地，弄得满身是尿是泥。就是这样，还得去每户收小便，因为人家都在等着我呢！我的亲属看到我这样卖力干，就骂我：“你是得了神经病吧？共产党把你搞得妻离子散，家破人亡，你还拼死想往上爬呀？”我说：“我爬到哪里去啊？”他们怎能了解我的内心世界。我从来不以反革命自视，我觉得，我活一天，就应该为人民多做点事。我现在戴帽子为人民做事与我解放前主动要把土地分给佃户一样，都是由我内在的、执著的、对理想、对实现共产主义事业的追求。

农村一个劳动日几角钱，我还要赡养八十老母，拮据可见。邻居杀猪，母亲要我割肉，我说：“没钱啊！”亲戚虽多，且大多受过我母亲周济，可人处在此境地，除三个姐姐外就再没人光顾了。1976 年母病抬到明光姐姐家，治病买药要钱啊！哪里来？“客地究非自家”，明知抬回无医少药的农村凶多吉少，也只得抬回，母亲在这种情况下遗恨而死。重大的刺激加深了我对社会的认识，母亲的死对我是雪上加霜，剩下了我一人怎么过？

由于我搞的这种土氨水方法简单，增产显著，公社在这里开现场会推广，当时县委书记肖华还带全县农村干部来参观，在这里开现场会进行推广。虽然此时我还带着右派帽子，却获得了公社劳动模范的称号。事实证明，群众是最公正的。作为一种信念，我从被划为右派分子的那一天起，就坚信将来定会平反，十年不平，二十年；二十年不平，五十年……历史一定会给我作出公正评价的，因为我知道我无罪，我相信历史无情和有情。有一天我母亲睡在床上，艰难地对我说：“孩子啊！你已经快 50 岁了，何时才能抬起头来啊！”

在这二十多年的坎坷遭遇和劳教生涯中，每当夜深人静的时候，抚今追昔，常常想起我的两个孩子和我原来的爱人。1957 年鸣放时，我爱人是机关党支部副书记，她是十四岁入党的老党员，她了解我的脾气，反对我参加鸣放。有一次我去开鸣放会，她知道我要在会上提意见，就抓牢我的衣领不让我去开会，我坚决要去，结果我的一件上衣被她从衣领撕到底，她说，“你不是疼爱孩子吗？你这样干，孩子就不是你的了”。她还说，“你给本单位领导提意见，现在上级有人在这里没事儿，等上级一走，你就要穿小鞋啊！”她是一个“曾经沧海难为水”的人。而我就是不听她的劝告，执意要去。我说：“我参加革命的当年，就是把头系在裤带上的。”后来，她的话果然被事实所验证了。在当时的政治压力下，我们被迫办了离婚手续。1962 年，解除劳教后，我立即写信告诉我前妻，可始终未得回信，当时我哪里知道她竟受我的株连而被开除了党籍、撤职（人事科副科长）降级，下放到我的家乡安徽省。后来她又结了婚，两个孩子一直随她生活。

1957 年反右派斗争所造成的家庭悲剧并非我辛秋水一人，许多文艺作品所反映的主题都是那时的真实写照。当时为什么伤害了那么多的好人——其中绝大多数是知识分子而且包括一些杰出的人才呢？这个教训，值得认真研究总结。首先，我觉得是形势估计错了。那时，新中国成立已经八年了，经过解放初期的几次大运动，死心塌地的敌对分子已经不多了，党的八大已经决定把重心移到经济建设中来，以解决先进的生产关系与落后的生产力之间的矛盾。但是由于把当时广大知识分子响应党的号召，积极揭露我们工作中的缺点错误，误解为对党的进攻，把其中言论较激烈，而出身、经历较复杂的同志打成资产阶级右派，列为专政对象，从而把党的路线推向"左"的道路上去。在我们国内地主阶级、资产阶级作为一个阶级来说已经基本上消灭了的条件下，竟提出"阶级斗争为纲"，把所谓的阶级斗争作为国家生活的中心来抓，于是越演越烈，越陷越深，1959年的"反右倾"，1964年的"四清"直到1966年发动的所谓"无产阶级文化大革命"，把1957年开端的"左"的路线搞到登峰造极，把国家推向绝路，把人民推向绝望，使人民产生了怀疑、反思和醒悟。历史证明一个错误倾向或路线刚萌发时，总不易为多数人所觉察，往往要等它发展很严重时，才能为最广大群众所认识。到这种时候，克服它的主客观的社会条件也就具备了，历史发生转折，社会出现了飞跃。历史的螺旋式发展即由此而来。

从1957年开始那一段时期，农场广播喇叭中常常播送"社会主义好"这支歌，其中有一句"右派分子想反也反不了"，我一听到这一词时，神经就像触电一样，就要抽起筋来，大脑恍惚，莫知所以。真的是"欲加之罪，何患无辞"，夫复何言，夫复何言！鸣放时《文汇报》给我的回信说："我们全体编辑部的同志，都为你的爱国热情所感动。"《文汇报》被打成右派喉舌以后，材料转了过来，这就成了打成我为右派的主要证据。这封信我本来没有留底稿，只是在批判我时，组织上把文汇报转来的这封信贴在墙上，我才把信抄下，抄下的目的就是为了日后翻案，因为这封内只有充满着爱党爱国的炽热感情，没有任何一句话可以解释为刻骨反党的。现在可以公之于众，让大家看看哪一句话是反动的？我在信中说："我听到毛主席在最高国务会议上的报告后，不禁高呼一声万岁，这一声万岁是由衷而发的……"如果说那时候我对毛主席的炽热感情达到高峰的话，那么，这个历史的悲剧也正是这个高峰上开始的。在大鸣大放前夕，毛主席几次重要讲话的录音我都听到，我为毛主席对国内外形势的那种精辟分析所倾倒，我兴奋地预期着通过这次整党定能克服由于胜利而在党内滋长的种种有害的倾向。作为党的追随者的我毫无保留地向党组织提出建议和批评。这年的4月8日，我满怀激情地给毛主席在讲话中称道的《文汇报》寄去一封信，这封信中我一面真诚地歌颂党和毛主席的丰功伟绩英明正确，同时又严峻地揭露我们机关单位领导的官僚主义和宗派主义。后来批判我时，说我在信中的歌颂是假的，而对工作中缺点的揭露却暴露出我对党的刻骨仇恨。彼时彼境，我未想到毛主席讲话是什么"引蛇出洞"，我对毛主席的崇拜又达到拜神的程度，神是绝对不会有错的，毛主席也绝对不会有错的。我不承认我是反党、反社会主义，但我认为毛主席发动反右派运动又不会错。说实在话，当时如果我该受批判，而这种极端拜神主义倒是真正应该被批判的。

使这种拜神主义得到转变的是1962年8月我从农场请假回到安徽省嘉山县的老家，家乡父老纷纷向我诉说1958年在农村开始的人民公社、"大跃进"对农村生产、对劳力和物力的巨大破坏和浪费以及种种令人难以置信的悲惨事实，使我触目惊心的是这个不足三百口人的村庄，在1960年前后饿死了七十多人，有的人临死时还拿一根稻草向嘴里填，喃喃地说："我要吃面条……"我父母断粮两天，奄奄一夕时，我母亲出外哀叫"我家老头要饿死了，那个行好给我一点吃的……"最后是邻居给一酒杯子山芋粉，拿回去倒到我父亲嘴里时人已经不行了。当年的气候怎样哩，乡亲说，那两年天气是没说的好，1958年秋是大丰收，可满地丢的是庄稼。没劳力去收，劳动力全组织去炼钢、修铁路或到南方伐木头去了。任凭成熟的粮食烂到地里。又无限度地强迫农民密植，结果是颗粒不收。还层层向上报亩产几万斤。又不许别人讲话，在那个年头谁讲真话，谁就是右派，谁就倒霉。把整个大队的耕牛集中起来组织耕地队，每次耕田都是几十条牛一齐出动，一走就是许多里路，劳动时间不如走路长，牛同人都累倒了。夜间大家都睡在地里，轮流着一个人打假号子蒙混来检查的干部。如此种田怎能有饭吃？干部向上级上报虚假产量后，上级要粮食，粮食从哪里拿？乡村干部又向上假报是被老百姓偷起来了，于是每家每户搜，甚至都挖地三尺，实在弄不出粮食，区里就把农村干部集中起来一个个批斗，打、捆，什么都用上，逼着村干部再依样画葫芦回到村里来捆打审问社员逼粮，一个老实讲不出话来的林万富硬是被逼着上吊自尽了。民间粮食逼尽了，每个人就靠村里公共食堂一天三碗能照出人影子的稀汤活命，于是一场空前的大量饿死人的浩劫就在 60 年代，在国际国内和平环境，在没有什么特大的自然灾害的条件下在中国大地上发生了。有的人在路上走着走着就死了，既无人埋也没狗吃（狗、猫都被人吃光了），直到第二年城里人下乡支援春种才把人拖去埋了。人们不禁要问，这些被饿的待死之人何不逃到外地求生呢？因为安徽当时交通要道车站码头都有人把守，禁止外逃，据说是怕丢当时安徽当政者"曾霸王"的面子。在这些大小土霸王心里饿死千家万户小百姓乃小事一端，个人权势，个人在上级眼里的"英雄形象"乃是大事、大大事。仅就这一点也可看出：极权政治，没有民主会对国家民生造成多么巨大的灾难。这个教训值得认真全面调查总结。三年时间全国饿死究竟多少人，以及当时的种种倒行逆施，全都要刻在石碑上教育我们民族的子孙万代，反面的教训也是一笔宝贵的财富。一个真正的全心全意为人民利益服务的党对自己历史上的失误和教训绝无隐讳的必要，所谓"君子之过，为日月之蚀"，日月之蚀是高悬于天，世人皆览之。

当时人饿死称作浮肿病，饿死人不敢上报是饿死的，否则你就会遭到"污蔑大好形势"之罪。放卫星的吹牛之风，什么亩产 10 万、20 万斤，谁敢吹谁升官，谁受奖励，其实不论吹者、听者、给奖者谁都不相信这些天文数字，可是谁敢怀疑地唱一句反调？一个反右派，一个庐山反右倾造成全国一片鸦雀无声，实现了"舆论一律"的要求，路人相遇，以目相视，实在听不见不同声音了，然而巨大灾难也就由此而发生了。

三年困难时期我们清河农场里也是大量饿死人，我亲眼见到生产上北京市委对农场的瞎指挥。1960 年 4 月底，农场万亩待收的小麦，北京市委硬是下令强迫把它耕掉埋于地下做水稻的肥料，"理由"是：这样一来下季水稻的收获不仅弥补了小麦的损失而且还能大大超产。当时农场干部虽然不满，但是抵制不了，迟迟不执行这个极端错误的命令，实在抵制不住了，最后农场干部们流着泪水带人把即将收获的小麦耕掉。搞了个万亩秧田全场皆插水稻，但水源是有限的，加上当年少雨几乎颗粒无收，全场 1960 年陷于普遍饥荒，造成大量饿死人的局面。还是刘少奇同志在 1961 年七千人大会上说的对：七分人祸，三分天灾。我对毛主席的个人迷信被这些铁的事实冲破了个缺口，我开始怀疑"一贯正确"的神话。马克思主义的原理告诉我们：一切事物都是发展的，真理也是发展的，如果一个被公认为是正确的理论，宣布它自己已完成最终形式，那么这个理论生命就已经结束。如果一个曾被公认为人民领袖的人到了自命为正确并一贯正确，不仅过去绝对正确，就是未知的今后也一定是绝对正确的话，那么就已经说明他走向了反面。自 1962 年 2 月宣布我们解除劳教后，农场从未收回当初向我们宣布的话，即我们这些因右派问题进来的，今后仍然要回到原单位去。但拖了几年了没有消息。我在清河农场每月工资二十七元，勉强糊口，只是思想想不通，这比什么都煎熬人啊。

一个夏日晚上，我在农场野外值班，背后又送来那支令人愤慨难耐的歌曲，我在闲步中遐想自己走过的道路，参加革命前那一段就不说了，人们可以对之作出这样那样的歪曲解释。但是，自从 1949 年 3 月 3 日投到革命阵营后，一步一个脚印你们是看得见的，摸得着的啊。九个年头来我人未离开过这个单位，领导和同事仍然还是九年前那些熟面庞，你们为什么那样健忘？就在"三反"运动中，在资产阶级糖衣炮弹面前，全机关人员统计约占百分之六十的同志身上都不大干净，而我，在当时被公认为是个马马虎虎的人，经手数亿钱币，朝夕单独同京津沪资本家做买卖，"三反"中专案组让我停职接受审查达一个多月，结论是不仅没有贪污，甚至未发现挪用一分公款。但却查出有个资本家为了向我求情免于退货返工受损失，把一张巨额支票夹在我的日记本子里走了，我发现后立即交给组织，由公安局对这个资本家以行贿罪进行拘留。专案组还查明在"三反"运动开始时，许多资本家"揭发""检举"辛秋水的信件，都是由于辛秋水不徇私，保护国家利益，打击了不法的资本家而遭受到的报复。因而"三反"结束时，在中直党代表大会上我受到提名表扬。难道这种同资本家不法行为短兵相接的斗争有任何一点反党、反社会主义的踪迹吗？

再说，1953 年中苏友协在全国发展了 6000 万会员并且还在大量发展中。而党中央按照中苏友协的性质和任务，拒绝中苏友协扩大干部组织编制的要求。于是入会的会员群众骂友协"要钱（收会费）不干事"（不给会员福利），而基层的友协兼职干部光是收费发证就疲于奔命因而也是牢骚满腹，友协的基本任务——宣传工作无人去做。针对这一情况我深入作了调查研究。找到问题的症结是，当时的中苏友协组织形式（个人会员制）同中苏友协组织任务（宣传工作）相矛盾。我大胆提出取消个人会员制的建议。这一下不得了，受到副总干事李沾吾、辛志超两同志的严厉批评。我又写出文字建议送呈友协总干事钱俊瑞同志，钱俊瑞同志竟上纲上线地在我的报告上批上"辛秋水同志有取消中苏友协的思想"。本来机关对我就有"主观、片面"的印象，钱总干事批件下来，真是火上浇油。我真成为千夫所指的人了，但是我比任何时候都稳定，我深知我这是经过深入、周密、系统的调查而得出的结论。而一些领导同志不深入调查，心中无数，只靠一级一级公式化的汇报和大脑里的想当然，他们的批示决定尽管有形式上的"权威性"但却不代表真理。接到钱俊瑞同志这份批示后，我连夜起草报告呈送刘少奇同志，三日内即接到敬爱的刘少奇同志的亲笔复信，内称"辛秋水同志：你的意见基本正确，我已提交中共中央宣传部讨论处理。此致敬礼，刘少奇"。这一下热闹起来了，中苏友协机关就像爆炸了一颗定时炸弹。曾经批评我的钱俊瑞同志派人接我到他的家中，当面认错说：少奇同志昨天在怀仁堂已批评了我，今后担子就要压在你们这些青年团员肩上了。次日，当时的中宣部秘书长熊复同志通知我，要我就如何改进机关业务的问题写一份发言稿，在中宣部系统党团员大会上发言。随之，中苏友协召开全国工作会议作出关于改变友协组织形式的决定的文件，中苏友协工作从此走上健康发展的道路（当时有关此问题的材料均刊登在 1953 年党内《建设》刊物上）。这一些难道是一个蓄意反党、反社会主义的敌对分子所能做得到的吗？为什么许多久经锻炼明察秋毫的老同志对这些铁的事实全然不顾，却把我在整党中完全善意给党提的几条意见肆意曲解为"恶毒地向党进攻"，划为一般右派还不过瘾，还必须划为极右派，然后开除公职，推到敌对阵营而后快呢？难道是嫌革命阵营人多了碍事？1966年，"文化大革命"开始，我看到我们清河农场的一般年轻干部残酷迫害老干部，逼迫农场的开拓者梁场长跪着走……当时我反感之余又觉得难以理解，怎么我们又返回到野蛮的历史时期了？解放后我参加过的镇反、三反五反、肃反、反右从未见过这样非刑残害干部。1966年10月清河农场文革小组决定把农场五类分子遣送回原籍改造。当我们这些人被押送到北京时，我看到北京大街上静寂得像死去一般，充满白色恐怖。规定我们每天早上请罪，晚上汇报，唱祝万寿无疆的颂歌，我简直像置身教堂作宗教仪式。怎么我们唯物主义的共产党变成这样了？九大党章上把林彪列入接班人，愈加使我费解，怎么，共产党也搞起立东宫太子了？民主选举制还剩下什么？此时此刻我真像迷了途的羔羊，惆怅着。不久林彪事件发生了，林彪要杀害毛主席，怎么接班人终日念叨的"伟大导师、伟大领袖、伟大统帅、伟大舵手毛主席万岁！万万岁！"的声音尚在耳边回荡，就叛变投敌，谋害他万岁不离口的毛主席？谁敢怀疑副统帅对毛主席的忠诚？然而，事实毕竟是事实，血的事实使全国人民在震惊之余陷入了沉思，开始了真正的怀疑。1976年4月5日的天安门事件的消息广播出来，我正在明光街头，我兴奋极了，我跑到我表弟家要酒喝，他问为什么，我说，中国历史大转折到来了。他说何以见得？我说百万人上街反对他们，这是什么含义？他们把百万人的行动说成反革命，讲得通吗？他们自己的位置放在哪里？物极必反，严酷的现实逼得人民觉悟了，这才是决定历史的真正力量。人民为什么拥护邓小平，为什么反对江青这一班人？这是人心的向背，得道多助，失道寡助，"搬起石头砸自己的脚"，这是历史反动派打击人民革命的必然后果。历史会证明"四五"运动将与"五四"运动一样成为中国历史上辉煌的一页。天安门事件的第三天，我同一个知青辛寿增到嘉山县城去，路过县委大门口，我们站在一个正在刷"坚决镇压反革命"大幅标语模样的人背后，我看着看着嘴里不由地说了出来："今天的反革命就是明天的烈士。"这句话一出口，我面前贴标语的干部立即回过头来，这一下可把我同伴吓坏了，他拉着我就要走，没想到贴标语的干部不但不抓我们，却回过头来向我们点点头会心地笑了笑。由此可以看出："四人帮"的垮台指日可待了，因为人民都已经认清他们的真面目了。

四　孤雁归队兮，重上征程，万里路颠连

　　1978年党的十一届三中全会制订了"拨乱反正"的伟大历史性英明决策，我到了北京，由于原中苏友协属于中宣部领导，当时的中宣部负责同志接见了我，他对我说，北京的户口难入，北京的工作难安排，你看，你是不是还回安徽去？我知道，这是领导上在征求我的意见，我如果不同意，根据我的实际情况和当时的政策规定，我是完全可以留在北京工作的。我当时回答得很干脆，我说："只要在政治上给我平反，哪里工作需要，我就到哪里，作为一个革命者，到哪都是为人民服务。"这位负责同志听了十分高兴，当时表示"你问题可以改正"，就这样，我回到了安徽。我来到安徽被分配到省社会科学研究所工作。

　　自从1957年被打成"右派分子"至1979年恢复工作，我有15年的时间是在劳改队中度过的，7年是戴帽在农村劳动度过。现在重新获得为人民服务的机会，内心的激

动，外人是难以理解的。因为在劳改时，只准讲改造，不准讲为人民服务五个字，更不准称同志二字。这里既有禁区，又有禁语。我有一次同干部讲话时，偶尔不慎说句"我是为人民服务嘛"，结果被干部狠批一顿，自尊心的损害对知识分子来说，最是受不了的。那时，我盼望着什么时候能有为人民服务的机会，能有权享有同志的称呼啊。这一天终于到来了，我重新成为革命大家庭的一员，享有光荣的"同志"的称号，有权从事"为人民服务"的光荣事业，多幸福啊！我该如何珍惜这个光荣，如何更好地工作，才能对人民事业作出更好的贡献。积22年经验，我深知我们国家弊端之一是既缺少制约系统又缺少反馈系统，单轨的上传下达和下传上达，使许许多多关系到国计民生的大事往往都被淘掉了，国家掌握不到真实的情况，从而使那些吹牛、观风、投机之徒得其利。等到问题十分严重，大暴露以后，才引起重视，待回过头来纠正，已经造成了无法弥补的损失。能不能"防患于未然"呢？我意识到这只有从深入调查研究着手，及时向上级部门提供最准确的第一手资料。因此，一恢复工作我就做了两件事，第一件向党组织递交了入党申请书。我追求中国共产党30年，有22年获罪遭贬，使我丧失了入党的可能性，一旦回到革命队伍中来，我就要提出这个要求，以便了却几十年心愿。第二件事就是深入下去作调查研究，切实研究现实问题，向党的领导真实地反映现实问题。实事求是这四字并不容易呀，当你实事求是触及人的利害，矛盾就来找你，中伤和诽谤会接踵而来，甚至以地委、县委一级党组织名义来诬告你，像我这个一介小民能顶得住吗？触及流氓、痞子他们还会来加害于你，怎么办？在恶势力面前退却吗？这不是革命者的性格。朋友和亲属劝我少管闲事，安享晚年吧！反观我参加革命的动机是什么？几十年来追求的又是什么？如果说，我现在安享晚年，是非不敢明，善恶不敢分，遇危难不能助，见凶残不能除，不就违背我参加革命的初衷了吗？于心是有愧的。我决定横了这条心，我走我的路，走到底。

有些同我遭遇相同的同志在平反以后噤若寒蝉，自命逍遥派，真正"一朝被蛇咬，十年怕井绳"，当年的正义感无影无踪了。还有的同志恢复工作后，牢骚满腹、怪话连篇，仿佛人民欠他的债几辈子也还不完，这是狭隘的利己主义。有的地方负责人因我曾如实地将该地区问题披之于报端，对我恨得要死，遇到省里负责人去就无中生有诬告我。有的人劝告我：老辛，你这样去得罪人，不去想后果吗？我说，要讲没想到，这不可能，但要是让我因为想到了这一点而改变我的行动，那就更加不可能。我觉得，人最可宝贵的就是要有一种战斗的精神。要像屈原所说的"亦余心之所善兮，虽九死其犹未悔"。

关于社会调查，我们党有几十年的优良传统和丰富的经验。目前许多部门都设有调研室，注意调查研究，无疑是个可喜的现象。但是为什么调研人员满天飞，而下情仍然很难上达，有些现象在下面已经司空见惯，而上面还不甚了然，说明信息反馈之路解决得很不好，这就涉及调查研究的态度作风问题了。例如有这样一种调查作风：人未到电话先去，中午一顿宴请，下午休息，次晨出发。活动路线不外乎三条：一条是重点公社（乡）；一条是万元户；一条是丰产田。重点公社的书记手里有一个小本本，上面各种数据应有尽有，对来调查的人照本宣科，其公式是：今年亩产多少，人均收入多少，比去年增加多少，比包产到户以前增加多少。结尾时往往是某个水库要修，某条公路要建，请求上级支持。接着就是公社书记带着，调查人员随后跟着，到某个万元户或专业户那里转转，一群猪、一群鹅或一群羊早在门前乱糟糟地等着客人，被参观者的家里，陈列着高档商品，人一到，户主同样公式化地滔滔不绝地介绍他家今年收入有多少多少，比包产到户以前增加多少多少，感谢政策好，党的领导好等。看的、讲的皆大欢喜。这种调查之风蔓延下去，就使我们的调查研究流于公式，流于形式，把假象看成真相，贻害无穷。最后调查人员把一辆辆小汽车开到丰产地段的高坡处，还不仅是"下乡"而且"下田"了。走下汽车站到高处，手叉着腰，举目远眺，一阵稻花香，扑面而来，好一派风光！于是夸赞一番，兴尽而归，试问这种"下乡"、"下田"调查回来，除了吸一肚子乡间新鲜空气而外，还能得到什么？根本不能了解到真实的民情、政情。因为你是浮在上面，不愿深入群众中去当小学生，俯首下问，群众也根本没有谈话的机会。即使你问到他，因为乡村干部都在场，他们敢把"家丑外扬"吗？你必须轻车简从深入到群众中去，个别访问，少数人在一起交谈，分析研究，群众才能"知无不言，言无不尽"。你才能求得点真知。否则像以上所述的调查方式，只能"缘木求鱼"，空去空回。我还常看到另外些同志，下去调查研究的方式，他们大概为写篇文章到个典型的单位要事例，然后就做起文章，写起调查，这种调查方式由于并未能深入到实际去，也是难以取得真情实况的。

怎样搞好调查研究，我们的革命导师给我们树立了很好的榜样，19世纪中叶，恩格斯为了调查英国工人阶级生活状况，一直深入到工人们居住的贫民窟，与煤矿工人同吃、同住、同生活在一起，因此才写出了最早的马克思主义的社会调查著作。毛主席当年在写《湖南农民运动考察报告》时，只身步行跑遍了湘西的数百个山头，在与农民朝夕相处中，收集了大量的第一手材料，写出了具有划时代意义的马克思主义的关于农村问题的调查报告。歌德有句名言：生活之树是常青的，而理论是灰色的。不断变化的现实生活是一切理论和政策的源泉，我们党实事求是的思想路线决定着我们一切科学工作者都要永远面对现实，真正做到像陈云同志所说的"不唯上，不唯书，只唯实"。只有这样，才能从现实的土壤里培植出理论的硕果，反映出建设具有中国特色的社会主义国家过程中出现的新特点、新矛盾、新动向及其内在的规律性。我来到省社会科学研究所以后，尤其自我主持社会学室的工作以来，在对待社会调查重要性的认识上确实提高了，但如果说我已经做得很好了，很得法了，那不符合事实，但我注意不断地改进。近几年来，我总共写了三十几篇调查报告。

我的调查研究态度是只遵循马克思主义的一般原理和方法，此外再不接受任何框框和公式的限制，在这个前提下：

一、努力捕捉社会生活中的新动态，新倾向，因为这些动态和倾向发展下去将会给整个社会带来重大影响。如1981年我到嘉山县去，二轻局的一个局长向我反映，他说企业面临着一些矛盾，即：不行贿、不送礼就买不到原材料，甚至推销产品时也要行贿送礼，大有不搞不正之风，我们这些企业就活不下去的趋势。他说他是个共产党员，每天学习十二条准则，每天都在破坏十二条准则。他违背他的良心去干，违背他作为共产党员的本色去干，内心的矛盾、冲突很激烈。我又调查了二轻局下属的一些厂长、采购员、材料员等，在答应给他们保密的条件下，他们都向我讲了真话，从而证实了局长讲话的实在性。并给我举了许多例子，如有一次为了工艺美术厂配个机器零件，跑到了郑州某纺织机械厂，该厂接待人员先说没有，接着就说："听说你们安徽出茶叶呀？"他们说没带茶叶，厂里产的绸被面倒带了几床。接待人当即收了被面，不再说"没有"

了，当时就批提货。可是到仓库存提货时，又给仓库存保管员给卡住了，保管员说这批零件人家已订了，实际上是因为没有送礼。结果那个接待人员去同仓库保管员吵了一阵也无济于事，因为"县官不如现管"嘛，于是接待人员给他们写了封信，说是到山东某个厂能买到。可是到了那个厂以后，接待人员说东西是有，可要到明年底才能提货，他们千要求万要求想提前都不行，结果还是对方拿出开锁的钥匙："听说你们安徽产茶叶？"他们说，茶叶产在山区，嘉山多属平原，没好茶叶。于是又照前例送给这个主管人员几床被面，灵验得很，立即把提货日期改为三个月后，一下子提前了一年时间。他们还反映说，别说派人去采购了，就是国家直接分配的指标，不送礼不行贿，也休想买到。情况就是这样严重。我又到类似二轻系统的企业摸一摸，都存在类似的问题，不仅企业如此，甚至国家机关、教育单位的受贿、贪污之风也有蔓延的趋势。回到合肥后，我给省委写了个报告，如实地反映了上述情况。省委非常重视，张劲夫、顾卓新、袁振等同志都在报告上作了批语，在加了编者按后登在省委《调查研究》上。因《调查研究》只发到县一级，对这个厂还和所在地领导机关还没有触动。后来这个材料送到了中央，胡耀邦同志阅后觉得问题严重，作了重要批示，并给王鹤寿同志写了一封信，提出三点建议：一是中纪委第三次全体会议决议第三部分上增加有关反对贪污受贿的内容。二是将这个材料（我的调查报告）刊登在党纪刊物上，并加编者按语，要求各级党委充分重视，三要中纪委就此问题，争取4月，至迟5月派一个调查组到下面搞调查，然后回来专门写个通报公开号召广大干部党员和群众坚决同这种歪风邪气作斗争。耀邦同志这一批示下来后，中纪委《党风与党纪》刊物上刊登了我的这份调查报告，《人民日报》于1981年7月21日转载了，对这个县震动极大，县领导认我给该县抹了黑，县二轻局认为《人民日报》一登，把他们的"关系网"切断了，以后就是行贿也无门。于是各方面的气都集中到我身上来了。一开始搞这个调查的时候，有的同志就说，你管这个闲事干什么？可我不是这样认为，我觉得这不是闲事。贪污行贿之风猖獗下去，必成大患，腐蚀我们党的肌体，瓦解我们社会主义最本质的东西，这是关系到四化成败的大问题。由于《人民日报》一登，事情一公开，原来向我反映问题的人压力太大，有些人改口反悔，否认曾向我讲过那些情节。中纪委来电话追查，这一下不得了，我的调查变成假的了。自己机关内部也喊喊喳喳，原来反对我搞这个调查的同志更振振有词了。前后门都起火了，一时十分被动，幸好后来这些行贿受贿者中间有人觉悟了，自动揭出真相向组织交代，才水落石出。从而我的调查得到了证实。回想当时情景真是一身冷汗。中纪委根据耀邦同志指示派调查组到皖、闽、苏、鲁作了调查，调查结果表明，各地的行贿受贿腐败之风，比我材料上写的还严重得多。于是中央随即发出《关于制止经济流通领域中不正之风的通知》，接着又作出《关于在经济领域中打击严重犯罪活动的决定》，掀起了一场全面打击经济犯罪的斗争。接着，党中央下了大决心狠抓党风的转变，并决定从中央机关抓起，从高级干部和高级干部子女抓起，从大案要案抓起，这是十分得民心的大事。事实上，耀邦同志早在批示我的报告时，就已经高度重视了这一点了。作为我本人来讲，我只觉得这类事管得太少了，而不是多了。

　　二、我的调查研究是必须一竿子戳到底，同调查对象面对面交谈、摸底，绝不满足于二手、三手材料，绝不停止于干部们的介绍汇报。这是我接受许多次教训而得出的结论。

有的同志到下面只在干部圈子里转，干部汇报什么就相信什么，回来以后，就以这些材料为根据，在报上发文章，向上级作报告。这样不仅自己受欺骗，还会通过你的文章或报告欺骗更多的人。究其原因，就在于不深入不负责。例如，我曾到过一个社队企业办得全省闻名的县作调查，县里介绍到公社，公社书记带我们到这个公社的社队企业办得冒尖的大队。到了那里，天已不早，吃午饭的时候到了，边吃边谈，大队书记滔滔不绝地汇报，夸他们这个大队企业如何如何好。例如，他说该大队每平均十户人家就有八九户家中有人在社队企业里面干活，每个人每月工资按 40 元算，平均每一户社员每年能从社队企业里拿回 400 多元，这算是很不错了吧。到了下午 3 点钟午饭才结束，我说你说完了我要下去调查了。大队书记有点感到诧异，他说，你调查什么呢？我不都汇报了吗？公社书记也看着我，在座其他同志也瞪着眼对我瞧。我对他们说，如果靠听汇报，我完全没有必要下来，我之所以跑这么远的路，就是想到农民中间去。想听来自农民的声音，看看农民生产生活的实际情况。结果大队书记脸色一沉说："我不去了。"我说我自己去，我向他解释说，我不是来故意拆你们的台，你可以随意指给我一个最好的生产队，但我要从第一户调查到最后一户。我们党受浮夸风之害的教训太大了，1958 年的浮夸风，结果害死了多少人啊？有的基层干部，为了讨好上级，报喜不报忧，只顾自己升官发财，不顾老百姓的死活。我之所以执拗地亲自到群众中调查，就是要克服这个毛病。结果我到一个只有 19 户人家的生产队逐户逐家作了调查，只有 5 户人家有劳动力在社队企业干活．一些社员诉苦说，能到社队企业去的人，不是干部的亲朋好友，就是能请客送礼的人，我们不是干部亲戚，又请不起客送不起礼，怎能有这种福分。同志们想想看，如果我当时不硬着头皮去摸一下真实情况，就相信这个大队干部吹的，我回来也写上一篇洋洋大观的文章，拿到报纸上一吹，不是既骗自己又骗群众吗？领导上如果据此作决策，则决策必然失误，也就会给全局造成损失。

还有一次，我到一个市去，农工部长陪我到郊区看看，在一个生产队队长家里偶然碰到了所在公社的一个部长，他向我吹嘘这个大队办起了一个敬老院，把全大队五保老人都养起来了，报纸上还表扬过。我说：这是新鲜事，马上去看看。这位部长听说要去，就慌忙说那里不通汽车。我问几里路，他说足有五六里！我听后一笑说："我干过 22 年农活，五六里算什么！说去就去，汽车开到哪里是哪里，剩下的路我们步行。"结果车子沿着笔直公路一直开到敬老院门口，我这时心里已经有数了，他们既要吹嘘，又怕真去看。我们几个人一走进这个敬老院大门，就看到几个垂着脑袋的老人在晒太阳，仔细一看他们，一个个都是面呈菜色，心里暗暗吃惊。使我想起我在收容所看到的那些犯人的脸色了。我问几位老人：今天中午吃的什么菜？他们回答说：白菜。昨天中午呢？他们又回答说：白菜。我问前天呢？他们回答还是白菜。我说：怎么总是同白菜干上了！他们说，院后种了一亩地的白菜，所以老是吃白菜。我到了厨房问："你们怎么老是吃白菜，没有吃过肉吗？"炊事员说："别提了，自从几个月前过节时吃了几块肉，一直到现在没有闻过肉味。"大家想想，这些风烛残年老人几个月见不到荤腥，怎么能不面呈菜色呢？我说你们养猪吗？他说养了。我又问："猪都是吃些什么呀？"他回答说喂大米饭。原来这里的干部假借敬老院的名义，向农民摊派粮食，就用大米饭喂猪。我又问，杀了猪，肉又弄哪里去了呢？当我提出这个问题时，因有干部在场，他没直接答复，只用眼睛瞟了他们，又低声对我说："你知道，现在的风气……"这不一切都明白了吗？走出敬老院，我们决定走到大队去，大队书记先也是向我们吹他们的社队企业办得如何好，接着就自豪地夸耀他们的敬老院。我说你敬老院快把那些老人"敬"到火葬场里去了。他听后呆了一下，接着就强调经济困难。我说，你大队书记去亲自看看，都是六七十岁的老人了，一年到头吃不上几顿肉，那种营养不良的可怜景象，你们于心何忍？既然经济上有困难，还不如让他们搬回到生产队去，生产队对五保户每年还有 600 斤粮食，600 斤草的照顾，也不致几个月闻不到肉味。讲到这里我有些激动，我对农工部长讲："下个月这个日子我们还来看看，如果还是这样，我们在报纸上见。"他们最怕报纸批评！我没有别的本事，也无权解决这里的问题，我唯一的办法就是写两篇稿子。由于太气愤，当天晚上我就给该市报纸写了封信，次日，报社副总编辑亲自到那个大队调查核实，以头版头条的显著位置在报上发表我的这封信。这一下，那个大队书记坐不住了，保证这些老人一星期不少于两顿肉。后来，我的这封信《安徽日报》也转载了，对全省的敬老院工作也是个小小的推动吧。同志们，你们看，听汇报与实地看的差距有多大！一般来说，下去调查这个优势就在于亲自看，亲自听广大群众的实况和声音。尤其是在党风不正、浮夸吹牛说假话之风成灾的情况下，亲自到群众中，更有特殊的意义。

我下乡调查时给自己规定三项任务：一是从社会学的角度出发，作专业学术性的社会调查，这是我的本职工作；二是写内参，将一些阴暗面、不便公开的材料送领导同志和决策部门参考；三是在力所能及的条件下，尽量给群众排忧解难。我们这些理论工作者，手中虽无什么权力，但到了底层，别人都认为我们是上面来的，有点影响，我们就应该有效地利用这一点，给人民做点好事。比如有一次我到一个城市的郊区，在一幢幢砖墙瓦房的间隙处，却有一间寒碜的草屋，我们走了进去，只见一位只有一只臂膀的五十多岁的妇女正在烧饭，床上坐着一个颇为壮实的少年。我问："你的丈夫呢？"她说，在菜园里，是个断腿的残疾人。有两个孩子，大的去当了建筑工，这个小的十五六岁找不到事干。房间里面除了四壁，连个坐的板凳都没有，家境十分艰难。我说："你们这里社队企业听说办得好，这个闲在家里的孩子为什么不找个活儿干干？"她说没有办法找。陪我的大队书记坦白地说，重活他干不了，轻活轮不到他。他建议我可到大队工业办公室去找主任谈谈，我们找到了主任，主任也摇头，没有办法。并明讲，他这么小年纪开山抬石头的活干不了，轻活都被有关系的人占上了，他没这个份儿。无奈，我说："你看这样好不好，讲关系，你权且把这孩子看成我的孩子吧，我来开个后门不行吗？给个面子吧！"在这种情形之下，工办主任答应了给这个孩子安排个力所能及的活。你看，现在办事就是这样，不该办的给办了，该办的不给办。我们党的富民政策的目标是共同富裕，是消灭贫困。因此我们在实际工作中要提倡雪里送炭，不要老是锦上添花。党的威望都丧失在这批老爷身上了。上次省委召开地市委副书记和宣传部长参加的思想政治工作会议，我在会上发了言，我说，现在都讲思想政治工作难做，为什么就不想一下为什么"难"？为什么现在"学雷锋"运动那么难以开展，有的小青年发牢骚说："领导号召我们学雷锋，他自己就不学，空话讲上半天，报告作完了，包一拎，小车子一钻就跑了。在党的许多领导干部身上，一点雷锋的影子都找不到，你叫我们向谁学？"我在会上讲，社会主义国家一切公职人员都是人民公仆。把马克思对巴黎公社的评论文章拿出来对照一下，巴黎公社的原则在我们今天的公职人员身上，特别是在一些领导干部身上究竟还能体现出多少？我说，做思想政治工作，首先要对包括在座的同志在内的领导干部做，不要一提思想政治工作，就把它看成专给群众讲大道理。今天的思想政治工作对象，首先是各级领导干部，然后才是群众，这是思想政治工作在新时代的特点。不正视这一点，奢谈去做群众什么思想政治工作，那是南辕北辙。我们的干部要从内心到行动解决一个根本问题，即我们是人民公仆还是人民的老爷？要是这个问题在我们各级领导干部身上得到解决或基本解决了，那么，当前的思想政治工作"难"就不成为难了。如果这个问题没解决，我们就根本没有资格去做群众的什么思想政治工作。因为群众不是看你讲的怎样，而是看你做的怎样，上面风正，下面就好办，上面风不正，必然会"上梁不正，下梁歪"。人们老是怀恋50年代的社会风气好，那就想想吧，当年我们的老一辈革命家是如何严格要求自己和自己子女的吧。毛主席长子留苏回国多年了，还只是一般翻译人员，后来送到朝鲜前线牺牲了，连遗体都未运回来，别人建议要运回来，毛主席不同意。周总理没孩子，把胞侄收养在家，大学毕业，别人要提拔他，可我们总理不同意，要求侄儿回到故乡工作。刘少奇、朱德他们哪一个不是把孩子放到基层中间像普普通通干部一样做普普通通工作。现在大家都怀念50年代的风气好，我想，与我们当年革命领袖这些模范作风有关。现在还有一种令人担忧的风气，解放前我们抱着入党——牺牲奋斗，夺取革命胜利的信念去参加革命的，而今天有些人是抱着"入党——升官发财"，为自己谋私利的动机递交入党申请书的，当然许多要求进步的同志，其中包括老同志，老知识分子，争取加入党的行列，往往到死都引以为荣的，是把为人民服务作为自己的宗旨。但现实生活中，确实不乏这样一种人：他们把加入执政党看成是获取晋升的捷径。这种动机，目前甚至被认为是合情合理的。我就听到一些年轻的同志们说："组织问题还没解决吧？赶快解决。只有首先解决组织问题才能提拔。提拔了工资就加上去了。"提拔了不仅工资上去了，而且房子也解决了，甚至小汽车也有了，连妻子儿子也获庇荫。还有，无形的收入更多。我说这种风气令人担忧是有道理的，如果不采取切实有效的措施来纠正这种恶劣倾向，我们的党就要变质。能为人民做一点好事，哪怕是力所能及的一点点小事，都是人生莫大快慰。但是由于我爱管闲事，也给自己招惹了不少麻烦，有些人告状来找我，其中也有状告公检法机关的。他们找我干什么呀？可找来了，例如去年8月定远县三和乡中学60岁的有40年教龄的老模范教师蒋宗汉到我家来找我说：有个流氓恶霸，是个杀猪的，父母在县里关系网上有点实力，横行乡里，人不敢惹，最近又无端打伤他全家，并且是沿街追打，观众数百人无人敢制止，这事正好发生在教师节前夕，他到乡政府去告，乡里没人敢管。据说这个恶霸流氓成性，几年来被他打伤的人不下几十人。但这些受害者慑于淫威，当场不敢呼救，事后不敢告状。我听了以后热血沸腾，社会主义社会岂容恶霸横行？我立即挂了电话到定远县核实了情况，将老教师的申诉书直送省委负责同志，负责同志也立即批了下去，逮捕了这个罪犯。我又觉得这正是我们研究社会学的人要研究的重要课题。社会学就是要研究社会问题，社会学是研究社会病态调整社会机制的学科。我要弄清楚为什么建国初期，就在全国铲除了恶霸，而在36年后又重新出现恶霸？其产生的社会根源又在哪里？于是我深入到事发地点——定远县三和乡，根据事实写了两篇报道。《安徽日报》在1985年10月31日和12月3日连续刊登出来。我的第一篇报道，揭露了新恶霸侯鸣放的种种横行霸道事实，顺带着讲了三和乡基层政权软弱无力，引起了定远县城乡群众强烈反应，人们拍手称快，还未遭到县级部门强烈反对。可12月3日我的第二篇报道，内容转到批评定远县政法部门对新恶霸侯鸣放的打击不力、执法不严以及徇私行为，并牵涉滁县地区中级法院的问题。由于触犯了权势部门和权势人物，这一来我的麻烦也跟着找来了，他们在定远县城内给我造了许多谣言。如说什么被打的教师是我表弟，有人对我祖宗三代都作了调查，罪犯同伙扬言要杀害我。组织对我的反调查，甚至，滁县地委政法委员会派人到定远写了一份完全颠倒是非、丧失原则立场的攻击我的材料并四处投寄。幸而他们写得太露骨，明眼人一看就知道其用心何在，省委对此态度明朗，才使这场"官司"得到正确的解决。可见，关系网和保护网难以冲击！一个杀猪的小恶霸就有那么大的活动能量，大恶霸你就更难整了。社会风气不好，主要就表现在正气压不倒邪气上，主持正义难，因而主持正义的人就少了，坚持党性的人就少了。什么时候这种不正常的局面扭转过来，什么时候我们的事业就能跃马扬鞭快速前进了。

现在，中央有决心，耀邦同志代表中央在 1 月 9 日中央机关干部大会上的讲话是鼓舞人心的。这个讲话的精神如能得到落实，端正党风就有了把握。现在，我想谈一下对社会学的一些看法。社会学是门体系庞杂的科学，自从孔德于 19 世纪创建它以来，社会学首先在德国繁盛起来，后来到了美国，在当今世界上，美国的社会学研究，仍然起着执牛耳的作用。苏联起初批判社会学，说那是资产阶级的东西，认为只要有历史唯物主义就足够了。可是他们 20 世纪 60 年代后，公开恢复社会学研究，现在的研究规模和人员仅次于美国。我国社会学研究开展较早，但在 50 年代也被取消了，80 年代才恢复。我本来在大学是学法律的，但与社会科学有共同之处。法学和社会学都离不开研究人际关系、人的行为规范和社会控制。因此，转过来搞社会学也并不十分陌生。我认为，社会学既要研究社会生理又要研究社会病理。对于社会生理，其他学科也要研究，如法学、经济学、政治学等，唯独社会病理、社会病态是社会学特有的研究对象，在这种意义上，说社会学是研究社会病理、社会病态的学科并不过分。我们不应该回避这个问题，我一讲这话，有的同志就说，你老辛就是专门挑剔社会的阴暗面。社会没有阴暗面，你能挑剔出来吗？任何有机体都有功能紊乱的时候，社会也是个有机体，没有病是不可能的。正因为人要生病，医生能治病，医生的存在才是大受欢迎的。那么，社会生了病，我们为什么就要讳疾忌医呢？我国战国时期有个叫扁鹊的名医，有一天他去见蔡桓公，说："君有疾在皮肤，不治将恐深。"桓侯听了很不高兴，"寡人焉有疾？"我不是很好吗！哪里有什么病？过几天他又去了，说："君有疾在腠理，不治将恐深。"桓侯还不以为然，"寡人焉有疾？"又是那句话。再过几天，扁鹊又来了，说："君有疾在骨髓，不治将恐深。"桓侯仍不知醒悟，"寡人焉有疾？"都病入骨髓了，还不肯就医，足见只有死路一条了。后来，等桓侯感觉到病痛派人去找扁鹊时，扁鹊已逃之夭夭，因为这时人已病入膏肓了。社会如果有了病，政治家应该首先感觉到，不然，社会学家就要来提醒你，你还是执迷不悟，等人民起来造反，往往就来不及了。明代方孝孺在《深虑论》中点到："虑天下者，常图其所难，而忽其所易，备其所可畏，而遗其所不疑，然而祸常发于所忽之中，而乱常起于不足疑之事。"此番告诫，值得深思。所以古往今来，称得起英明的政治家的人，都是闻过则喜，而不是闻过则怒。反之，如果你闻过则怒，闻誉则喜，定会酿成大患，因为任何疾病得不到及时的预防或诊治，终要爆发的。就像人体的病理需要医学的研究一样，社会的病理需要社会学的研究，社会学与医学有着同等重要的意义。为什么社会学家历来不讨独裁者们的欢心（如希特勒就残酷迫害社会学家，宣称取消社会学，使大批社会学家逃往美国），而在民主的国度里政治家又离不开社会学家呢？问题的答案就在这里。

当然，我对社会学的理解也可能是不全面的，但是，我在自己科研工作中，一直是把现实的社会问题当作重要的课题来抓的。1984年我到肥西县去，对农村中的单身汉户进行了重点研究。我之所以重视这个问题，是因为不久前一个区里抓了十个犯罪分子，其中就有九个都是单身汉，这一现象引起了我的沉思：为什么单身汉犯罪率这么高呢？农村中的单身汉的比例究竟有多少呢？什么原因造成的呢？后来通过调查，我了解到，在农村许多30岁以上的单身汉多是与家里分开过生活，故形成了单身汉户。这些人在包产到户前都是生产队的主要劳力，上不养老下不养小，队里的犁田耙地等重活都是他们干，因而工分又高，生活是不成问题的。当时，倒是拖儿带女的、老弱多的家庭生活较困难，到年底结算时往往是透支户。但是大包干以后不同了。原来因老弱多负担重那些透支户，因为一来按人头分的田多，二来老弱多，前后方都有人，大搞副业，是优势，副业收益比种粮食收益大，于是那些原来的困难户现在一个个翻了身，成为富裕户。而单身汉户恰恰相反，一个单身汉户按人头分亩把田，一个上午就犁掉了，其余时间干什么呢？出门一把锁，进门一盏灯，养鸡、猪都难，副业也搞不起来，亩把地又养不富他。没副业收入，买化肥、买农药的钱都困难，亩产量不如人家。经济状况艰难，精神上就悲观失望。一消沉，就更无心种田，经济状况就更加恶劣。形成精神与物质的恶性循环，他们中许多人变得精神失常，行为乖戾。一人独居，悲观加极贫容易生歹念，旁无妻儿家人的规劝监督，于是偷鸡摸狗，拦路抢劫，奸淫妇女什么坏事都能干得出来，这就是单身汉户的刑事犯罪率高的原因。我下去逐户调查。走到肥西县河东乡河东村拐头子队，就看到一个四十多岁的男子汉拿一把铁锹正追赶一个小男孩，一打听才知追者是个单身汉户。周围农民介绍说，这个人本来表现很好，他现在这么穷，公粮还要带头交。他自己没菜园，天天吃白饭，别人家的菜他一棵也不动。现在得了头疼病，无人侍候，无钱买药，身子越来越不行，看来不会长了。他为什么要追打那个小孩呢？原来他弟弟娶亲时是他出的力，拿的钱。现在弟弟的孩子都长这么大了，他还是孤寡一条汉子，贫病交加中，迁怒于弟弟，他说："我绝后，也叫你绝后，我把你的独生儿子砍死。"病态的心理支配着病态的行为，结果兄弟俩打得头破血流。类似这样的单身汉在肥西县村村都有。我走访了几十个单身汉，他们大部分面有饥色，营养不良，衣衫褴褛，神情异常。这种单身汉约占一个乡总人口6%，而且后继不乏，且有日益增多的趋势。是什么原因造成的这种情况呢？有历史的、经济的、政治的以及政策上的原因，很复杂，但主要的是经济上的原因。穷苦地方的小姑娘想嫁到富裕的地方去，以此来摆脱贫穷。而富裕地方的小姑娘又想嫁到城郊去，城郊的小姑娘想嫁给城里人，这种梯形流动使最贫苦的地方女青年越来越少，"身价"越来越高（五千、六千元娶个媳妇），光棍汉越来越多。尤其令人不安的是，农村中重男轻女的传统陋习，特别是目前计划生育政策的一胎化规定的推行，使农村中的性别比例严重失调。那个乡的妇联主任向我说："我说话敢负责任，我说，你记，回去向上边反映反映。"她说她那个乡的农民，除少数觉悟高的以外，第一胎是女孩的，几乎全都溺死。溺婴是残忍野蛮的，是犯法的。该妇联主任说，有什么办法呀？农民不像你们干部，晚年有离休金、退休金做保障。他的财产是劳力，现在实行了大包干，田里的操作离开男子不行，出重体力又非男子莫属，独生女儿出了嫁，身边无子靠谁赡养？要说招女婿入赘吧，人家就一个独根苗。谁肯送到女家去？你们城里有社会保险，农村没有，你让他怎么办？难道他忍心把自己的亲生女儿搞死吗？现在农村妇女怀了孕，就到处跑，东藏西躲，目的是为了生个儿子。因为凡是超胎怀孕，干部白天在田头抓，夜间到家里逮，逮到就送去打胎。躲起来要生个男孩回来任他罚，倾家荡产也不怕。这个问题确实严重，你到肥西农村走上一圈，有的村子里一群儿童围住你，你难得看见有几个女孩。该乡河东村 1981 年以来一共增加了 45 个小孩，其中只有 15 个是女孩，严重的性别比例失调，什么原因？大部分女孩子都被溺杀了，所以男孩子多起来了。我当时心里很不是滋味，这些天真可爱的男孩子们，20 年后就要加入悲惨的单身汉的行列。这既不是杞人忧天，也不是危言耸听，这个关系到我们民族未来的大事，难道不应该做一点社会预测吗？难道 20 年后我们要发动一场"争夺配偶战"来解决这个矛盾吗？从前的生育是依顺"自然选择"的规律的"自然选择"不存在性别比例失调的问题。现在依据的是"人工选择"的原则，"人工选择"有它的好处，如有利于优生等。但"人工选择"如不加科学的控制，大家都选择了男孩，岂不是始料不及的后患吗？

我回来后写了个关于农民单身汉的调查报告，重点谈了单身汉户的问题。虽然计划生育是我们的既定国策，我也提出了自己的看法，例如关于性别比例失调问题，单身汉户的队伍在扩大问题。并大胆地提出必须根据城乡社会条件的悬殊，改变农村的一胎化政策，我认为这种不管具体条件的一刀切的规定是主观主义的错误做法，遭到农民的普遍抵制是不可避免的。我觉得我是在搞科学研究，应允许向更深的未知领域探讨，况且我们党的十一届三中全会郑重宣布了"三不主义"，不抓辫子，不打棍子，不戴帽子。同志们，我在这里给大家讲句心里话，即党中央在逐步扩大社会主义民主，完善社会主义法制，发展经济以逐步提高人民生活，这些方面是完全可以信赖的。我的这份报告作为内参送上去后，耀邦同志阅后批给新华社在《国内动态清样》和《内部参考》上刊发，万里同志作了批示说：请农村政研室检查一下，如带普遍性，应该通知全国农村研究单位，进行研究，加以解决。《农民日报》1984 年 11 月 1 日以头版头条位置刊登这篇调查报告，还加了编者按，肯定我的观点和建议是可行的。11 月 2 日中央人民广播电台广播了文章摘要。《工人日报》和《光明日报》等 14 家报刊转载。《社会》杂志在刊发了我的调查报告时从家庭社会学的角度上加以评价，认为这篇文章"对社会学家庭理论作了具体的发展"。

总之，搞社会调查要坚持实事求是的原则，从群众来，到群众中去，要真正做到甘当群众的小学生。要做到这些还必须同时做到三条：第一，不唯书，不唯上；第二，沉下去，沉到底；第三，要有对党和人民高度负责的责任感。离开了这些，你下去只能是浮光掠影，走马观花。你反映的情况是虚假的，你写出来的东西是骗人的，你给社会带来的作用是反向的。但是，调查方法是多种的，我上面讲的主要是访问调查，至于社会学的问卷调查、采用电脑的遥控调查等调查方法都可采用。但是任何调查方法都不能违背实事求是的原则！任何间接知识都是来源于直接经验嘛，绝不能迷恋于书本，要深入到群众中去，向社会、向群众学习。亲身体察社会的普遍联系的法则，亲自观察社会上形形色色的矛盾。历史是沿着各个分力的相互影响、相互撞击下的合力线方向前进的。要善于在社会现象的泡沫底下，寻找社会深层的本质和发展的主流。

1984 年 9 月 30 日，经上级党组织批准，我光荣地加入了中国共产党。在入党宣誓时，我激动地失声痛哭。在铁窗中，在劳教营中，我都没有这样哭过，热泪仿佛不是从我的眼中流出，好像来自我肺腑的源泉……我辛秋水，从 20 岁时就追随中国共产党，那时在国民党统治下，发动学生运动，贴标语，游行都是要欢呼大革命的到来。如今，苒苒兮已步入老年，经历了几十年的风风雨雨，我就像久离的游子扑进了母亲的怀抱，我能不激动吗？我能不掉泪吗？几十年来，我与党与我们年轻的共和国同呼吸、共命运，这"一把辛酸泪，谁解其中味"？我没有忘记，我早年参加革命时，党对我的关怀和栽培；我也没有忘记，22 年的坎坷遭遇中，我像掉了队的孤雁，又像失去了母亲的羔羊，多么渴望着慈母的召唤！我在白湖农场专业队床前贴一副自撰的对联以自勉："长江水落终有日，玉出无瑕照汗青"，就是等待着党的最后理解，党的最后召唤。那时，我自比屈子，"路漫漫其修远兮，吾将上下而求索"，屈原满腔报国志，结果却被流放汨罗江畔最后投江自尽。但是，我们的时代毕竟不是屈原的时代，党会给每个忠实于她的儿女以公正的历史评价，这使我对十一届三中全会以后的党中央更有一种由衷的感激之情。同时我也意识到，今后的道路仍是漫长的，在为党的事业奋斗的征途上，我仍然要兢兢业业，再接再厉。自打参加革命那天起，我就立志要在组织上加入中国共产党，在组织上没加入之前，我力求在思想上首先入党。今天，在组织上入党的愿望实现了，但在思想上入党的努力我还要长期坚持下去，永远与党同心同德，为人民服务。年轻的朋友们啊，我们这一代与党的感情，你们或许难以理解，你们不知道旧中国是什么样子？什么叫饥寒交迫？你们也没有遭受过反右扩大化的厄运、1960 年的遍地饥饿和"文化大革命"那样动乱的岁月。你们回家问问你们的父辈，可以增加这方面的知识，可以帮助你们更全面、更深刻地认识现实社会。在中国这块古老而又多灾多难的土地上，在封建制度时间最长、封建意识根基最深并具有封建割据传统的国度里，在经济落后、文盲充斥的这个具体的历史条件下的旧中国，分裂、内战、残杀，百业凋敝，生灵涂炭。今天的新中国有一个全心全意为人民的中国共产党的统一领导，有马克思列宁主义毛泽东思想的理论指导，是我们和平建设国家，改变落后面貌，实现"四化"的前提。在今天的中国，没有哪一种力量能够代替中国共产党的地位和作用，也还没有哪一种理论能够代替马克思列宁主义毛泽东思想对中国的指导作用。为了中国人民的目前和长远利益，我们全体党员和全国人民要坚持党的领导，努力端正党的作风，首先清除封建特权遗毒和抵制资本主义一切向钱看的腐朽思想的侵蚀，以改善党的领导。在全国造成一个既有民主又有集中，既有自由又有纪律，既有个人心情舒畅，又有统一意志的生动活泼的政治局面。共产主义是人类社会的共同归宿，她既是人道主义的崇高目标，又是历史发展的必然逻辑。我年轻时之所以选择共产主义事业作为我毕生的追求，而毅然投奔解放区，就是因为在那辽阔的地平线上，我看到了人民的希望、民族的未来和祖国复兴的曙光。在中国共产党领导下取得的新民主主义革命斗争胜利已经 37 年了，37 年来我国取得了举世公认的辉煌成就。历史证明，我们中国历史黎明前夕选择的这条路没有走错。但是，直到今天我们还存在着许多亟待克服的问题，其中特别突出的是党风不正。每次出差时我都设法到烈士陵园凭吊，广州的黄花岗，武汉的向警予墓，南京的雨花台，上海的龙华……在烈士陵前，我默默良久，冥冥之中常给我猛击一掌，反省自己为党为人民可做了什么有益的事？你们用鲜血染红河山，前赴后继，不怕牺牲，打倒了的封建制度，建立了新中国。可到今天被你们打倒了的封建制度，仍然阴魂不散，还侵袭着我们中有些人的灵魂，他们逐渐忘记原来所追求的共产主义目标，走向腐败。列宁说"忘记过去就是背叛"，这部分人从骨髓里背叛了，热衷于搞带浓厚封建色彩的严森等级制、终身制，甚至世袭制。他们自己特殊化还不够，还要利用手中之权为他们第二代、第三代谋私利。在工农兵上大学最时尚时，他们的子女优先上大学；在参军最时尚时，他们子女最优先参军；出国留学时髦，他们的子女优先出国；在搞活经济的情况下，他们的子女一夜之间就成了拥有万元、数十万元的大富豪。在仕途上，他们子女是理所当然的接班人，当大官。当然，这些都是悄悄进行着，不敢搞公开的世袭制，多少还有点羞羞答答——这或许就是"文明、民主"吧。至于云南前线、西藏高原、塞北大漠，他们的子女怎能问津，问之于此，不是"虎子"小用吗？……先烈们！我们对不起你们，但请你们相信，民主的潮流，改革的潮流在全世界震荡着，翻腾着，任何个人、集团都扭转不了这个历史的洪流。人民普遍地觉悟，这就是最好的条件。马克思主义的基本原则是：不靠什么皇帝和神仙，全靠自己救自己。胡耀邦同志早在纪念党的六十周年时就讲过，"党对国家的指导，最本质的内容就是积极组织和支持人民当家做主"。今天，党中央提出的一系列改革措施深得人心，深入人心。中国通过改革必将出现一个大的飞跃。我的心头又自安自慰起来。我说：先烈们啊，相信我们一定能洗刷掉自己身上的污浊，振兴中华，实现你们的救国匡民遗愿。1985 年，我的那篇反映新形势下农村一个重要社会问题的"农民单身汉户"调查报告被评为安徽省社科院的一等奖，这又一次体现了党的"双百"方针的落实。有些青年朋友看到了现实确实存在的社会的阴暗面，而那是浮在历史河面的泡沫，更应该到历史长河的深层中去发现和抓住历史长河中的主流。

五　千秋功业，文化扶贫

> 以"扶贫扶人，扶智扶文"为宗旨的文化扶贫运动既是一场改革，也是一场革命。它以"人"为操作核心；以"权"为最终归宿。

起初的时候，我是带着侠义肝胆的，一个人没有这种豪情是不行的。我不是官，但我却想尽我所能像个"青天"般为民讨公道，同一切不人道的行为作斗争。所以，不论是侯鸣放案还是王守富案，我都是极力为之，我要有那种打击邪恶的快感。后来，我也还经手过不少这样的案子，每一件我都会仔细调查，然后将调查报告呈送给相关部门，督促其解决。我一直认为，社会科学家不干预社会是不道德的，知识分子没有良心是可耻的，所以孜孜不倦地为民维权是我义不容辞的责任。但渐渐的，我的思想有所改变。通过不断的社会调查，我发现农民权利的被剥夺不仅与规则不健全有关，农村安于现状、不思进取的保守主义作风、落后的生产生活方式和经济水平也是导致权利丧失的重要原因。我开始由感性变得理性起来，我深知原先的那种侠义式维权救的是几个人，而如果从根子上救人，受益的将是一批人。我也改变了思路，把维权转到改变农村落后现状的工作上来了。

1984 年我在农村智力开发和思想政治理论研讨会上做了题为《迅速组织一支开发

贫困山区的智力大军》的发言，该发言后来陆续刊登在中共安徽省委办公厅《安徽情况》和《安徽日报》上，并且引起了安徽省政府部门的高度重视。1985年1月间，安徽省人民政府常务副省长苏桦同志给我写信，肯定了这一扶贫思路的新颖性和创造性。为了进一步寻找我的实验基地——大别山扶贫地区的贫困之源，探索扶贫之路，1986年11月19日至27日，我组织了一个考察组到岳西县进行系统的考察。1987年12月17日，我向安徽省委递交《以文扶贫，综合治理——对一个山区贫困乡的脱贫方案》。安徽省委负责同志当即批示："很好。原则赞成，建议具体实施方案由县委讨论。"1988年4月，我来到大别山腹地岳西县莲云乡蹲点试验文化扶贫方案，为期一年。1991年1月，蹲点结束后我向省委提交了一年蹲点文化扶贫的工作总结，题为《扶贫扶人，扶智扶文——辛秋水一年蹲点归来的新思考》。安徽省委书记卢荣景同志阅后批示："莲云乡几项试验都是很有意义的。尤其是在偏僻贫困的山村，更显得紧迫和必要，这里能办到的，能办好的，其他地方也可以做到。"这个批示预告了将在全省若干县市的农村推广文化扶贫的试点工作，并作出了具体安排。1992年2月20日，省委宣传部又分别给滁县地区、黄山、安庆市委发出通知，要求嘉山、歙县、岳西三县选出若干乡镇进行文化扶贫试点，落实省委的决定。1992年6月30日，《光明日报》头版头条就安徽省委决定推广莲云乡的扶贫经验一事，作了题为《辛秋水扶贫摸出新路子，安徽决定推广农村科技文化县试点》的报道。

为促进文化扶贫，省委宣传部于1994年10月下旬和1995年10月下旬分别在岳西县和亳县召开了试点经验交流会。通过交流，各县市的文化扶贫又有了新的发展。1996年10月6日，中央电视台采访组专程赶到安徽报道岳西县莲云乡的文化扶贫工作。原安徽省委书记卢荣景同志在接受记者采访时，再次指出："文化扶贫在安徽省已经搞了1年，出现了显著成绩，并积累了一些经验，正在向全省推开。这是继农业生产实行'大包干'以来，安徽省的又一创举。"这是省委全面肯定莲云乡的文化扶贫试验，并发出向全省推广动员的号角。2001年，文化扶贫被正式列入了《安徽省国民经济和社会发展第十个五年计划纲要》。

"文化扶贫"包括"扶智"和"赋权"两个部分，也就是"三个基地，一个保障"的内容。"扶智"就是提高村民的科技文化素质。对它的开发既是基础又是关键。三个基地是针对提高村民素质而言的，它包括图书室、贴报栏和实用技术培训中心。三个基地建设是提高村民文化素质的关键，也是文化扶贫的重心。"赋权"在"文化扶贫"中具体是指村民自治的内容。以形成乡村发展集团为目的的村民自治必须以建立能够代表村民利益的村民委员会为途径，以形成村民的利益表达机制为核心。基于此，村民委员会必须是被授权的，必须是通过村民民主选举产生的。我把这概括为"权为民所授"，并且针对中国乡村社区的具体特点，我提出了村委会"组合竞选"。

文化扶贫的实践是成功的，它是对农村的一场综合改造，从生产技术，到乡村教育；从劳务输出，到民主选举，面面俱到。以"扶贫扶人，扶智扶文"为宗旨的文化扶贫运动既是一场改革，也是一场革命。它以"人"为操作核心，以"权"为最终归宿，由"扶物"向"扶人"转变，以文化为载体，通过文化科技的注入与辐射来开启民智，提高贫困人口的素质；通过民主选举干部和实行村民自治来改善干群关系，增强干部服务意识和人民群众主人翁责任感，从而发挥他们的主动精神，消除消极无为的依赖思想，以此重新构造贫困地区的经济社会良性运行的新机制。

六　为民立权，组合竞选

作为一种选举方式，"组合竞选"的意义在于制度革命。但同时它也是一场权力革命，它改变了以往形式主义的选举秀，真正把权力纳入制度化轨道。而且它能够保证人民基本权利的行使。

我把"立权"看成农村发展的重要前提，也就是要确认权利，不受限制地使用权利。前文已经说过了，一个"权"字是文化扶贫的最终归宿。在农村理性立权，就是保证村民自治规范化和完善化，我根据农村社会的现实特点和自己的理论思考，提出了具有独特优势的"组合竞选"。

所谓"组合竞选"，是先在全村各村民组的会议上，由每个村民组在全村范围内推选出一名村委会主任候选人，然后将各个村民组所提出的村委会主任候选人名单集中起来，根据每人所得的票数多少为序，确定2—4人为村委会主任候选人的正式名单，接着由各村委会主任候选人在全村范围内根据自己的意愿，提出自己的村委会组合班子，并在正式选举大会召开前一周将各竞选班子的名单公布，张贴在全村各个角落，让全体村民对各个组合班子的成员展开议论，评头论足。在全村选举大会上，各村委会主任候选人在会议上发表竞选演说，接着进行投票，谁当选为村委会主任则将他所提出的组合班子名单进行差额选举，仍然采取获票数最多并且超过到会选民半数以上的原则选出村委会委员。

早在15年前，我们就遵照中共安徽省委有关负责同志的指示，在岳西县莲云乡腾云村开始了村委会"组合竞选"的试验工作。这次选举的特点是打破过去上级提名、村民举手通过的老框框，采取选区推荐、联名推荐和本人自荐的办法，不限额地产生村委会主任候选人并张榜公布，让选民们评头论足加以比较，经过各村民小组会议民主投票，最后确定4名正式村委会主任候选人，竞选村委会主任。然后召开全村选举大会，4个村委会主任候选人在会上一一发表竞选演说，讲自己为村民服务的诚意和施政宏图，同时把自己的"组合"名单公布于众，一一介绍他们每人的优缺点，并接受选民们的质询，让全体村民鉴别审查。腾云村选举经过两轮无记名投票，一名叫王先进的农民技术员击败了原村长和另外2名候选人，当选为腾云村首任民选村委会主任。选举大会从上午8时开始到下午4时结束，外面下着雪，室内却是暖洋洋的，285名选民忍着饥饿，一直坚持到底。唱票一结束，村民们纷纷议论："这样选举才是真选举，上面不定框框，我们自由选举，硬抵硬选出的干部，我们信服！"选举取得圆满成功。腾云村民主选举出来的村委会没有辜负村民的信任，1989年1月，这个民选的村委会新班子上任伊始，就建立了一个专门监督村委会的机构（监事会），还聘请了本村离退休干部担任顾问，指导村委会工作。既而又成立了财务清理小组，对该村"学大寨"以来从未公开过的财务账目进行了清理，通报全村，实现了财务公开。他们还收回了前任村干部占用的一笔茶叶款，用这笔钱使多年架不起电线的西岭组当年腊月通了电。随后，村委会又带领村民大搞杂交稻种植，修复了4处年久失修的河岸田坎，加强了山林管理，当年全村粮食产量比前 3 年平均产量翻了一番，经济收入是往年的 2 倍。民主选举村委会，既调动了广大人民群众的积极性，又增强了干部为人民服务的意识。腾云村这次选举是在《中华人民共和国村民委员会组织法》（试行）刚公布仅半年就进行的，这在全国来说应该是最早的。1995 年 4 月和 1998 年 5 月该村又进行了两次村委会"组合竞选"，都取得了成功。此后，1998 年来安县邵集乡八个村，2002 年颍上县王岗镇新安村以及 2003 年颍上县王岗镇郑湾村也都尝到了"组合竞选"的甜头。

作为一种选举方式，"组合竞选"的意义在于制度革命。但同时它也是一场权力革命，它改变了以往形式主义的选举秀，真正把权力纳入制度化轨道，而且它能够保证人民基本权利的行使。

新中国成立五十多年了，处于底层的农民依然是最贫穷的，这种贫穷不仅仅是指物质的、精神的，也有政治和文化上的。虽然宪法赋予了广大人民群众基本权利，但由于程序上的不完善以及相关制度和组织机构的不健全，人民群众的权利是被肆意剥夺的。我是一个愤世嫉俗的老知识分子，我愿把我的下半辈子投入到为争取人民尤其是农民权利的工作中去。

七　前途光明，道路曲折

从恢复工作到现在，已经 25 个年头了，我始终站在最底层，为老百姓说话。从最初具有感性色彩的打抱不平，到最后理性地摸索立权道路，我毫无怨言。因为民主和人权是一个现代国家最大的价值观，为争取民主和人权而战是一件光荣和自豪的事情。然而，并不是每个人都这样认为，所以依然有传统势力，依然有打击报复，依然有邪恶鬼魅。在通往真理和民主的路途中，荆棘遍布，坎坷不断，但只要有不屈不挠的毅力和视死如归的气魄，就有一切魑魅魍魉都是纸老虎的自信和达然。老骥伏枥，志在千里。纵使前面的路千沟万壑，我依然要像斗士般前行。

青年朋友们，我的青年时代同你们现在一样，从来不满足于被动地接受等号右边的现成答案，而必须弄清楚等号左边的推导演算过程，喜欢在独立思考的基础上得出自己的结论。同时在你们身上，我也看到了祖国的未来，因为今天青年们的思想方式、行动方式和社会价值观决定着中国未来的面貌，任何人也代替不了你们去走明天的路程。你们这一代应该幸福，应该自豪，因为你们生活在这样一个改革潮流滚滚的时代，今天一代人所经历的中国和世界的变化，是过去几十代人也经历不到的，因为人类社会进入信息时代，时间和空间的内涵和概念都发生极大的变化。歌德曾经说过创造一切非凡事物的那种神圣的爽朗精神，总是同青年时代和创造力联系在一起的。时代离不开青年，青年需要时代。说真的，我十分羡慕你们，在你们面前，我似乎有一种失落感，"悟已往之不谏，知来者之可追，实迷途其未远，觉今是而昨非"。我被打成右派后，常常品味陶渊明的这几句话，但今天背诵起来，觉得又有了新意。时间有昼夜之嗣，事物有新旧之递，人们不断地告别昨天，不断地居于今天，不断地迎接明天，人如果老是想着昨天的成绩，难免会影响今天和明天的前进步伐，这倒不如多想些昨天的不足和过失，以利于今天和明天补正。人也有新旧的交替，这是生命规律，也是社会现象。我刚才说在你们面前我有一种失落感，就是说，看到你们，我想到"廉颇老矣"！我这一辈人是昨天，你们是明天，而今天属于我们两代人共同所有。社会学上有"代沟"一词，不承认"代沟"的存在就不是现实主义者，但在这一条"代沟"上是可以架一座"桥梁"互通的，这就是衔接昨天与明天的今天。在今天，我们两代人相遇了，我从内心希望一代更比一代强。但是你们毕竟年轻，毕竟缺乏社会经验，毕竟不成熟。你们对现实要求过高。须知今天的中国是昨天中国的继续，现实的人们都是以往历史的承担者，我们不能像脱皮那样丢开过去，也不可能离开现实的基础去寻找前进的新起点。不能一切理想化。但又必须有对理想的执著追求，这二者是统一的。在人生漫长而又匆促的旅程上，有人或许相对平稳些，有人或许会遇上急流险滩。道路总是曲折的，要一帆风顺几乎不可能。但无论在任何时候、任何条件下，我希望你们都不要放弃心目中报效祖国、报效人民和为全人类的伟大理想而奋斗的追求。有人说"真理不可追，谁追谁吃亏"，我认为这个说法不对，从我的毕生经历看，对于真理只要你追到底，胜利最后一定是属于你的。因为我们的社会毕竟是社会主义社会，领导我们国家的毕竟是中国共产党，是靠手中掌握真理来奋斗的。还是毛主席过去说过的话："前途是光明的，道路是曲折的"，"要准备走曲折的路"。这也算是我对同志们的赠言。

附录 1

辛秋水荣获安徽省委宣传部颁发的"晚霞奖"＊
（2002 年）

本报讯（本报通讯员本报记者） 8 月 2 日上午，安徽大剧院里掌声阵阵，气氛热烈。省直宣口"四个一批"拔尖人才暨"晚霞奖"颁奖大会在这里隆重举行。省领导方兆祥、张平、骆惠宁、苏平凡、蒋作君、杜诚等出席会议并为获奖同志颁奖。

这次首批入选"四个一批"的 56 位拔尖人才和荣获"晚霞奖"的 16 位老专家，是省直广大宣传文化工作者中的杰出代表。长期以来，他们与人民同心，与时代同进，不断奉献，争创一流，为我省的宣传文化事业作出了突出贡献。此次对"四个一批"拔尖人才和"晚霞奖"获得者进行表彰和奖励，对促进省直宣口和全省文化系统尊重人才氛围的形成，促进更多拔尖人才和优秀人才的涌现，推动我省的宣传文化事业进一步繁荣，将产生积极作用。

会前，省委副书记、省政协主席方兆祥等领导在安徽大剧院贵宾厅亲切接见了"四个一批"入选专家和"晚霞"奖获得者。会上，省委宣传部副部长陈发仁宣读了省委宣传部关于黄新德等 56 位同志入选省直宣传系统"四个一批"拔尖人才的通报，授予鲁彦周、辛秋水等 16 位同志省直宣传系统社科文化领域"晚霞"奖的决定。

＊ 原载《新安晚报》2002 年 8 月 2 日。

附录 2

辛秋水在港获"终身成就奖"*
（1998 年）

　　本报讯　我省社会科学院研究员、中国农村社会学研究会副理事长辛秋水应香港中文大学之邀，于 1998 年 10 月 7 日参加在香港中文大学召开的"大陆村级组织建设学术讨论会"，来自美国、中国台湾、大陆和中国香港的专家、学者济济一堂。辛秋水研究员向大会介绍了他在十年前首创的村委会"组合竞选"的成功经验，受到与会专家、学者的高度重视和评价。大会鉴于辛秋水研究员十多年来为大陆农村村民自治和文化扶贫所做的努力和贡献，在会议闭幕时，会议主持人宣布：授予资深学者辛秋水研究员"终身成就奖"。获得与会的国内外专家、学者热烈鼓掌庆贺。香港中文大学大陆问题研究中心还专门复印了辛秋水研究员的全部论著和理论界对辛秋水研究员学术思想生平事业评论、报道的资料，准备组织专人对这些资料进行研究。

---

　　* 原载《安徽老年报》1998 年 11 月 18 日。

就整风问题给《文汇报》的一封信*

编辑同志：

　　《文汇报》刚复刊时，我怀疑它是否真能独树一帜，别开生面，我对它没有抱什么新的想法。可是从复刊后一天一天内容的发展，都愈来愈否定我先前的这个定论和估计。特别是在最近，在反映党的百家争鸣的精神上，远远走在别的报纸（包括《人民日报》）的前面，我竟变成它的经常读者了。我热爱它的程度只有我解放前爱《观察》的心情可比。《观察》之所以获得当时人们的欢迎，主要是它没有粉饰当时的社会冲突即矛盾，它揭露它，它反映出一部分知识分子的心情。一个报纸、刊物，只有大胆走在社会的前面，揭露出生活中的矛盾，说出人们心中想说出而未说出的话，它才有生命！

　　我认为文汇报目前还有缺点，我看报道和说理的范围还不够，要想教育他，就要代表他。对于知识分子来说，那就是先让他说话，让他不仅是在宪法上看到有言论自由，还要实践上感到言论自由，他自己在自由言论着。然后，他们再在实践中教育自己。过去这方面的事，说的有分寸一点，是做得太不够了。因此，有许多事，知识分子是口服心不服，在言论上是完全同党的某些政策站在一起了，没有一点牢骚，不满。但是他们的心灵深处却随着这些"鼓掌"声而滋长着更大的牢骚和不满，这些牢骚和不满，起初可能是在单一的事件上，是属于非对抗的性质，但是日久天长、日积月累，却很可能形成对党对整个人民民主社会的不满，使矛盾变为对抗性的了，这是非常危险的。

　　最近我听到了毛主席的讲话传达，我真禁不住夜里狂呼一声"万岁"！这个"万岁"真是由衷而发的。我们真太幸福了，有这样一位精通辩证法，"当其位而不迷"，运用国际共产主义最近一个时期的经验（主要是苏共二十次代表大会的积极方面和匈波事件的启发），结合我国的实际，把明明存在着的现实矛盾揭露出来了，不再讳"疾"，而要把"疾"转化为力量，来推动我国的社会主义建设，发现矛盾，解决矛盾，从而把事物的发展向前推进一步。

　　话转正题，《文汇报》的报道，现在仅就一个问题来谈吧！《文汇报》是把党和知识分子关系一题作为一个经常重要的内容来报道的。就我日常生活所见所感，造成目前有些知识分子同党有距离的原因，除了其他重要的原因外，还有几年来我国政治中的某些偏差也给知识分子思想和感情上留下了一些记忆犹新的伤痕。

　　我国许多政治运动的成果是伟大的，在执行中基本上是正确的，因而改变了我国社会的物质面貌，尤其是精神面貌，严重地打击了旧中国留下的渣滓，为我国今天顺利地建设社会主义打下牢固的基础。所有这些，对于一切真正有爱国心的人来说，毫无疑问

---

　　* 原载《文汇报》1957 年 4 月 28 日，并且编辑部给作者写了一封感谢信。

是肯定的，也是无条件支持的。

　　但是，刚才说过的那些留在知识分子思想中的伤痕也是有的，这些伤痕，不光是运动中的"方式粗暴"问题。对这些方式，稍加说服是可以想通的。重要的是一部分行政和党的机关领导人，由于他们的官僚主义较重，由于他们的思想意识和思想方法上的毛病，对于一些在运动中搞错了的同志最后不但不公开表示歉意，帮助这些同志"下楼"，反而再用脚"踩几脚"，使他跌在地上。有的明知错了，但是将错就错，将材料整理整理，下了个错误的结论，在声势浩大的气氛中，这些人也就如此"低头认罪"深感"宽大"了，这些领导人于是竟将错的变成对的了。错误变成成绩向上级作起汇报，其中故意打击者当然也有。所有这些，对知识分子是难以用道理说通的。有些知识分子感到告状也没用，于是就抱着"认了"的想法。可以设想，背有这些沉重思想包袱的人，如何能调动起他们的工作责任性（心），如何能叫他们和组织之间保持一致？只要这些沉重思想包袱一天不卸下，他们也就一天不能进步，他们同党之间的距离也就一天不能缩短。解决卸下包袱的途径，必须把过去作偏了的纠正过来，将过去所作的将错就错的结论加以改变，这是唯物主义的办法。

　　像上述将错就错的情形是否很多呢？我说如果今天中央下一个命令要各机关复查过去各个运动中的事件，为了怕"面子"有失，怕引起波动而由领导人自己暗暗复查。那么查出这种将错就错的案件，会少得可怜；反之，如果公开告诉群众，由群众监督复查，参与复查，那么这类问题一定很多，被冤屈的案件也一定很多了。造成这种现象是有其原因的，这里有的是领导思想意识上怕对过去错误负责任的原因，有的是领导上的观点的原因，有的则是从简办事，敷衍塞责！

　　就我所在的这个机关而论吧！就我自己参加处理的"三反"专案小组来说，当时我们关了三个人，一个是处长级干部，两个是高级技术人员。最后，三人都是以大贪污犯处理的（贪污在500元以上者），除了这个处长级有贪污而外，余下这两个高级技术人员是不应定为贪污分子的。其中有一个，我敢说，在未经复查以前就可以肯定他甚至没有任何贪污。是在运动中七拼八凑地把他算成贪污的，当时定他贪污的唯一根据是他曾卖给单位一些照相机器材。"三反"中不管三七二十一，凡是他们卖给公家的东西都一律认为是多算了价钱！每件皆如此！当时都算有五百多元的贪污，当然是个贪污犯了。这个人当时完全承认，表现积极以争取宽大，退赃时也是立即全部退出，因为这个人是个很大的资本家的少爷，黄金美钞多得很，人又很老实，当关起来的时候，他就同我说，"只要不杀我就算宽大了"。在处理这个人时，我曾提了不同意见，但是领导不同意，我也就马虎过去了。"三反"中，另外有一个人，他1945年到解放区，参加革命后入了党，不久就被敌人俘获，进了集中营，在集中营里，敌人看他有文化就把他弄出来让他担任教犯人唱歌的事，后来他的亲戚朋友出面把他保出去了。出了集中营后，到了北京读大学，在大学里表现很积极，搞进步运动，后来国民党要逮捕他。1948年来到解放区。他把在集中营的情况全部说清楚。他当时是要求恢复党籍的，组织上同意他重新入党，看起来在集中营里的事情，没有什么了不起，当然表现不够坚决。此人的历史情况如此。在本机关某一部门做秘书工作。"三反"期间被扣押起来，关了三个月，结果没有查出任何问题。"三反"结束，放了出来，明明查了三个月都未查出任何问题，但是组织上为了自己的面子，在宣布结论时，不但不表示对这个受了冤屈的同志的歉意，反而还指手画脚地把人家责骂了一顿，并宣布此人虽然放出来，但仍然不许出大门。这真是一点道理都不讲了。以后，在行政上不仅没有恢复他的职务（实际上当时是撤职，不过没有下文而已），在团内更毫无道理地给予留团察看的处分。本来此人是一贯作为积极分子使用，此后不但不作为积极分子使用，相反的却歧视和打击人家。可以设想一下，"三反"错关了人家几个月，不但不赔礼道歉，还给人家处分，而且以后又更严重地歧视人家，稍有人性的人，当然对此不满意。此人当然满腹牢骚，消极一些，于是问题就更严重起来了，组织上不自我反省他为什么对组织有不满意见，却相反更高地要求别人，以便隐蔽自己的缺点和错误。到了后来在肃反运动期间，把此人在"三反"后发表的不满材料搜集起来（很多可以说是捕风捉影的）联系起历史上的问题，又构成反革命的问题。于是，此人实在受不了这样屡屡的无故打击，就在宣布反省的第三天夜里在一棵小树上自缢了。第二天，首长又照例把这位死者痛骂一顿，也有另外的几个积极分子在会上帮腔，说"他是抗拒到底"，并表示死了也要查清结果。清查到底了，照例没查出任何问题，就是集中营的事吧，也未查出越过他自己在参加革命后向组织上交代的范围。但是如何办呢？道歉吗？人已经死了。于是又像在"三反"中一样的把死者骂了一顿，把人家过去早就交代了的材料"整理整理"，提高了一下，说查出他是叛徒。即使如此吧，那人家早在1948年就完全交代了的，也不能说明这次关起来又有什么道理，因为你们关起来后，并未查出任何新的事情。仅根据那一点情况，可以说是有缺点或表现不坚强，结合他后来到大学里的表现，自己又再到解放区参加革命，只要不是存心替别人做文章，那是不会作出叛徒结论的，现在死者是不能起来说话了。

在这次肃反中还有历史上很进步的，并领导一些学生运动的自己同志，硬给下了个反革命分子结论，现在此人正在申诉。不在此多谈，因牵涉太广，难以说清。

我们这个单位，只不过是80多人的小单位，而且这个单位不是处于遥远地区，是在北京，是中共中央的直属单位，还有这样一些看来是不可思议的离奇事。由此想来，全国各地这类事是不会太少的。这些问题不给予正确合理的解决，把这些同志身上包袱卸下来，要想人家思想上使他们同党团结无间，除个别的例外，一般地说较难做到。而目前替这一些同志说话的报纸没有，用舆论来督促有关当局解决问题的力量没有，靠这些个人来申诉、上告，转来转去都是照转，最终还是原机关复查。没有别人监督和暴露，真正的同志，有时很严重的问题，是不易见到天日的。对此，我认为文汇报可以考虑把这一部分工作担当起来，你们替这一部分同志说话，刊载这部分同志的话，引起舆论的注意，帮这部分同志把肚子里的苦水吐出来。你们在过去《人民日报》上已经看到了一些，那些官僚主义分子，对于被打击的人，通常到最后总是找他们历史问题，甚至制造历史问题来打击和陷害这些同志，使他们在政治上没有说话的权利，因而使这些官僚主义分子的坏事、行为不易被揭露。用这种在政治上打击的办法一时难以查清楚，而且也最普遍。因为它最容易被领导者利用，历史档案是掌握在领导者手中的。目前在许多单位里，许多工作人员，对于某些做人事工作的干部，真是恭而敬之，其中是有道理的。特别是对一些历史经历比较复杂的同志来说更是如此。

《文汇报》前几天发表一篇题为"解冻了！"的文章。是的，在苏共二十大后，在人们——知识分子的心中的"冻"是解了，"民主化"潮流成为一股伟大的历史趋势。

自毛主席在最高国务会议上作报告以后，知识分子嘴上的"冻"已经解开了，把多少年来没有能说出的话真诚地说出了。我希望你们把在知识分子身上的"三反"、"五反"和肃反运动中的"冻"解开，把这些矛盾一个个解决，让知识分子与党更亲密更真诚地团结起来，为祖国社会主义建设服务。

编辑同志：这份材料是读者对编者的意见，如果你们觉得可作为文章发表也可以。致同志的敬礼！

辛秋水于 1957 年 4 月 28 日

附录

《文汇报》编辑部给辛秋水的回信

辛秋水同志：来信收到，我们编辑部的全体同志，都为你的爱党爱国的热情所感动。

建言献策　理论创新　拼搏反腐　推进改革

——我与改革开放二十年[*]

　　《华夏纵横》编者按：安徽出了好几位密切联系群众、关心群众利益、敢为捍卫群众利益鼓与呼的干部，他们善于调查研究，向中央和省委提出具有真知灼见的建议，许多都被采纳。他们为此曾在政治运动中遭残酷迫害，平反后又一如既往，虽九死而不悔。郭崇毅是一个，郭因是一个，辛秋水是一个，其实还不只他们三人。他们是真正的爱国者，是人民的好儿子。

　　辛秋水的新贡献在于他倡导并亲身实验文化扶贫和村民自治，历时近十载，取得系统经验，这些经验已为省委、中央所重视，影响及于海外。

　　改革开放二十年，中国发生了前所未有的变化，开辟了一个崭新的"中国时代"。国家、民族和个人心脉相承。我的心脉始终与祖国一起跳动，感受着生命的煎熬、苦痛、喜悦、涅槃和新生。我爱党、爱国，却因敢于直言而招致不幸，历尽坎坷，九死而不悔。早在解放前，我在国立安徽大学读书时，背叛了自己的家庭，投身于革命的洪流。为逃避国民党政府的追缉奔赴解放区。1949 年我在中苏友协总会工作，曾针对协会重大方针性问题在工作会议上提出改进建议，遭人非议，后来我据理陈述万言书给当时兼任友协会长的刘少奇同志，得到少奇同志的赞赏和肯定，并给我亲笔复信："来信收到，你的意见基本正确，我已提交中共中央宣传部讨论处理。此致，敬礼。刘少奇。"不久，在少奇同志的亲自指导下，召开了友协全国工作会议，按照我提出的建议方案，改变了友协的组织形式，变个人会员制为团体会员制。1957 年春全国"鸣放"，我抱着赤诚给党提出各种建议，曾就"民主"一题写了万言长信寄给《文汇报》，刊登于该报《内部通信》上。但在反右运动中，《文汇报》被定为"右派喉舌"，我的那封长信被转回原单位，我被打成"极右派"，发配农场改造，前后达 22 年之久。1978 年党召开了十一届三中全会，一面总结了历史经验教训，决定了一系列拨乱反正的政策，并开始实行改革开放。国家从破坏中得以重建，民族从危境中奋起，我个人从牢笼般桎梏中得以新生。

　　"苟利国家生死以，岂因祸福避趋之。"22 年的"贱民"生活，未改我为社会主义伟大事业奋斗的初衷。相反的，这段悲惨的生活经历却有助于我对社会洞察力的深化，使我能够透过漂浮的社会泡沫看到历史主流。我在恢复工作以后，即选择了最能经常接

---

　　* 原载《华夏纵横》1999 年第 1 期。

触实际的社会调查作为我的专业，以此作为我为人民服务的途径。社会科学理论作为认识社会、改造社会的武器，它要研究事物现象，探求事物的本质，发现矛盾，提出矛盾，解决矛盾，以推动事物的前进、社会的发展。因此，我将自己的科研取向定位为：深入社会最底层，探索社会新动态，提出解决社会问题的可行方案；充当人民的喉舌，反映群众的愿望，及时总结社会发展中的新经验，作为决策部门的施政参考，实现智力和权力的结合。20 年来，我撰写各种调查报告、论文 200 余篇，是《中国农村社会学》一书的主编之一，先后提出了"文化扶贫"和"组合竞选"的新思路，并进行了长达十年的实验研究，在国内外产生了较大影响。改革开放 20 年，我们国家创造了举世瞩目的光辉业绩，而我个人的事业也分得一份光彩。我们这代人始终与共和国的命运联系在一起。

1979 年我一恢复工作，便投身到改革开放大潮之中。1980 年 11 月，针对内外开放、搞活经济的条件下所出现的腐败现象的苗头，我深入调查，撰写了《有些国家干部贪污、行贿之风严重》的警世调查报告。当时安徽省委第一书记张劲夫同志和第二书记顾卓新同志在我的原稿上作了重要批示。后来，这篇调查报告加了编者按，在省委《调查研究》1981 年第 12 期上发表。该文转到中央，引起了胡耀邦同志的高度重视，他在这份材料上作了逐页批示，并将它送给中纪委王鹤寿同志。胡耀邦同志给王鹤寿同志的信上对我这份调查报告的批示是："现在，我把昨天收到的一份材料转给你，请你们看看，我主张除决议（指中纪委三次全会决议——笔者注）草案第三部分适当增加有关这方面的一些内容之外，有关这个问题请你们再研究一下。第一，可否把这个材料登《党风与党纪》刊物，并加按语，要求各级纪委充分重视。第二，是否再作点调查，争取在 4 月迟在 5 月，专门写个通告，公开号召广大干部、党员和群众坚决同这股歪风邪气作斗争。此外，我看到这次会议的一些简报，感到不少同志在小组会上的发言相当空，似乎对下面干部的党风情况并不很了解，这一点请你们加以注意。"

中纪委遵照耀邦同志的指示，除了在中纪委第三次全体会议决议的第三部分增加了反对贪污行贿的内容以外，将我的这份调查报告刊登在中纪委机关刊物《党风与党纪》1981 年第 10 期上。1981 年 7 月 23 日《人民日报》第 4 版转载了我的这份材料。中纪委遵照耀邦同志的指示，派工作组到安徽、江苏等地作了调查，工作组长孙克悠同志到合肥对我说："调查结果完全证实了你的调查报告中所提出的目前干部贪污、行贿问题的普遍性和严重性。"国务院随之发出了《关于制止经济流通领域中不正之风的通知》，接着，1982 年，中共中央、国务院发出了《关于在经济流通领域中开展打击严重犯罪活动斗争的决定》。我也被省委派到滁县地区参加这一工作。

1983 年，全国刑事犯罪十分猖獗，其主要部分是青少年犯罪。我就当时青少年犯罪严重破坏社会治安问题到合肥市东城区进行社会调查，写了一份关于当前青少年犯罪问题调查报告，提出了对青少年犯罪的社会综合治理方案：一是严厉打击；二是多方疏导；三是实行单位、学校、居委会和家庭对青少年犯罪的连带责任制。这份调查报告受到省委、省政府的高度重视。当时的省长王郁昭、副省长程光华均作了批示，省政法委员会曾就此召开会议专题讨论。后来，这份调查报告由有关部门转到中央，全国人大法制委员会作为典型材料印刷成册，送全国人大常委以上负责同志参考。不久，全国人大常委会作出了《关于严厉打击严重刑事犯罪活动的决定》。

　　我一向主张，社会科学研究工作者应当到沸腾的现实生活中去反映现实、研究现实，为国家的改革和建设的实际服务。但是，毋庸讳言，对那些与现实有密切关系的课题不愿花大力气深入社会实际，而乐意蹲在书斋里抄来编去的倾向，始终与社会科学研究纠缠在一起，有时甚至形成一种"气候"，排斥那些坚持马克思主义的理论研究路线深入实际调查研究的同志及其科研成果。在当前社会科学领域里仍然不乏这种脱离实际的倾向，这种倾向应当引起注意，绝不能让这谬种流传，误国误人。例如，某些社会科学研究机关在学术职称评定中，屡屡暴露出那种贬低、排斥对现实研究的成果，公开或私下里嘲笑调查研究为"简单劳动"，是难登大雅之堂的"下里巴人"。但我始终认为，我们必须时刻倾听广大群众的呼声，反映客观事实和历史的要求，考虑群众的现实利益和长远利益，总结群众在实际斗争中的经验和教训，作为我们理论思维的源泉。

　　1984年，我在肥西县调查时，发现在实行家庭联产承包责任制以后，广大农民群众都不同程度地富裕起来，却有一部分农民处境艰难，这就是农民中的"单身汉户"问题。这一部分人原来在生产队里都是干重活，所谓"挑大梁"的，工分比一般劳动力高，又无老弱负担，生活还过得去，实际上他们还负担着供养生产队里劳力少、老弱多的透支户生活。但是，实行家庭联产承包责任制以后，单身汉户的情况发生了相反方面的变化。他们同普通社员分得了同等的一份二亩左右土地。田里犁耙栽种的农活不够他们两天干的，因为他们一般有简单的单项劳动本领，如犁田耙地、挑抬等，却缺乏多种经营的技能。由于无后勤劳力，"出门一把锁，进门一盏灯"，连猪、鸡都无法饲养，发展副业谈不上，收入就相对较低。物质困难造成他们精神不振，而精神不振、前途悲观又挫伤他们对生产劳动的积极性，形成恶性循环。他们单门独居生活，无妻子儿女的关怀，在穷极无望之时，易于铤而走险，造成了单身汉户犯罪的高比率。

　　单身汉户的形成，还与农村男女性别比例失调、与农村妇女婚姻梯形流动相关（即贫困地区妇女嫁到富裕地区，富裕地区妇女嫁到城郊，城郊妇女嫁到城里）。更应值得注意的是，那几年农村和城市一样，实行一刀切的"一胎化"计划生育政策，农民因无社会保险的保障和生产方式的落后，必须依靠男劳动力为支柱，加上农村还存在着重男轻女传统观念，造成了农村溺杀女婴之风，使这种"单身汉户"的后备军随着时间的推移而越来越扩大，成为建设社会主义新农村的消极因素。为此，我写成《要重视解决农民单身汉户问题》的调查报告，尖锐地提出了上述问题，受到省委和中央负责同志的高度重视。胡耀邦同志、万里同志均作了批示。万里同志批示是："此件请润生同志阅处，所提意见大体可以，但不知此现象是否普遍存在，请查一下。如相当普遍，即可就此问题发一通知，以引起全国注意。"新华社《国内动态清样》第2573期、《内部参考》第83期均用黑体字作为重点文章刊登，并加了编者按。随之，《中国农民报》、《文摘报》、《工人日报》、上海社会学杂志《社会》等全国14家报刊先后转载，中央人民广播电台1984年11月2日在全国新闻联播中，摘要作了报道。其中《中国农民报》1984年11月1日以头版头条位置刊登了这份调查报告全文，并加了编者按："《农民"单身汉户"问题亟待解决》一文，提出了农村的一个社会问题。目前'单身汉户'限于处境和条件，难以致富成家，如不及时帮助他们摆脱困境，其中有些人将会成为社会的消极因素，影响农村的两个文明建设。辛秋水同志提出的帮助'单身汉户'的办法是可行的。我们希望各地、县、乡、村各级党政部门、群众团体，采取切实措施，关怀'单身汉户'，帮助他们树立前途无限美好的信心。"《社会》在刊登这份调查的同时，也作了极高的评价："家庭的定义，无论从哪个角度加以概括，人们一般总认为是两个人以上的共同生活单位。现在出了新名词'单身汉户'，这种单身汉户不同于因故只剩下一人的'残缺家庭'，而是由一人组成的独立家庭，这种家庭单是上海就有一千多户，辛秋水同志面对社会问题，进行调查研究，他的成果已引起有关领导机关的重视，而他的研究同时使得我们社会学的家庭理论具体地得到发展。由此可见，问题导向的调查研究工作不仅不会同理论探索相矛盾，而且正是理论工作的基础和源泉。"该调查报告在 1984 年安徽省社会科学院科研成果评奖中被评为一等奖。调查研究获一等奖，这在安徽省社会科学院还没有先例，为我始料不及。

　　社会科学工作不但要研究社会，还要参与社会。对于社会的阴暗面，要勇于揭露；对于社会的邪恶势力，要敢于斗争。有关新恶霸侯鸣放的调查报告，是我根据一位被侯鸣放无端打伤全家 5 口人的老教师蒋宗汉的来信控诉，深入到出事地点进行调查而写出来的。调查证实，侯鸣放一贯横行乡里，凭恃自身武术和社会关系网肆意打伤当地干群约 90 多人，奸污女青年多人，其淫威之盛使被打者不敢呼救，事后还不敢告状，否则报复立至，当地执法部门软弱无力，使之横行乡里，多年逍遥法外，群众称之为"新恶霸"、"下乡的鬼子"，没有人敢来揭发他。我根据事实写成调查报告，通盘托出了新恶霸的累累罪行，刊于《农民日报》1986 年 1 月 24 日第三版。该报并加评论员文章《保护群众利益，打击乡间恶霸》。在此同时，又以题为《恶棍为何能横行乡里！》、《不能让恶棍逍遥法外》的通讯形式，连续刊登于《安徽日报》1985 年 10 月 31 日和 12 月 3 日的读者来信版面上，引起了社会的强烈反响。《安徽日报》在 1985 年 12 月 3 日以半版篇幅刊登了各界知名人士的强烈呼吁，认为这些文章伸张了正义，充当了人民的喉舌。同时，也引起了地区政法部门的反感，他们组织了反调查，写报告向中央、省委、报社、社科院对我进行诬告。省政法委召集对我诬告的地区政法部门来省汇报。汇报后，省政法委认定，我的这份调查所揭露的事实及对地方政法部门的批评是正确的，并明白告诉这些诬告者，他们的指导思想不端正。这些人灰溜溜点头认错，侯鸣放也得到应有的法律制裁，被判处十年有期徒刑。我揭露侯鸣放的文章，被《安徽日报》"评报"誉为一首"正气歌"，获 1985 年全省报刊新闻一等奖。此事在出事的定远县反响极为强烈，群众无不为之拍手称快，党的威信也大大提高了。

　　1997 年，有位农民来我家申诉，他们那里 3 位无辜青年农民被明光市明东派出所抓去严刑逼供、屈打成招，派出所拿着严刑逼来的"招供"到无辜青年家中敲诈。派出所向市检察院申报发逮捕证被拒绝后，3 青年回到家中知道被敲诈去一笔巨款，愤而状告派出所。明光市法院判明光市明东派出所败诉，勒令其退还"罚款"并赔偿三青年无辜被押期间的损失。明光市公安局不仅拒绝执行市法院判决，反而非法将正在法院要求执行判决的三青年铐走，还以所谓"盗窃"罪送劳教。我看完他们的申诉材料后，觉得本人虽非政法部门工作人员，但在正义与邪恶势力战斗时，我有义务支持正义一方，即使力量微薄。为弄清事实真相，我连夜到劳教所提讯无辜青年纪业辉。次日我将提讯记录、事实真情写报告给省委书记卢荣景，卢书记迅即批示"此案实属情节严重，要依据法律和事实尽快处理。另外，明光市公安局有什么责任也要查清。结案后公开曝光。"于是经过重新侦查，撤销了滁州市劳教委对纪业辉等 3 青年错误的劳教决定，明光市法院依法判处原明东派出所所长王守富 3 年徒刑，结束了这桩冤案。随之，中央电视台、安徽电视台以及全国各种报刊纷纷报道此案的始末，在全国影响广泛，增强了党的凝聚力，伸张了正气。特别是后来的《焦点访谈》为此到安徽专题采访本人及有关人士时，我向记者发表谈话"我们要勇于同一切腐败现象作斗争，特别是同腐败干部作斗争，坚持到底就会胜利"，全国各地广大群众纷纷来信响应。

最近十年，我的工作重心主要转移到文化扶贫与村民自治选举制度的研究和实验上来。改革开放以来，尽管中国农村发生了巨大变化，农民生活水平逐步得到改善，但是，中国农村许多地区的贫困依然是个十分严峻的社会问题，成为当今社会最难解决而又必须解决的难题，是社会科学研究最现实而又无法回避的课题。最初的"输血"救济，即单纯地向贫困地区送钱送物，不但没有使贫困地区的人们自觉地走出贫困，相反的却养成了他们严重的依赖思想和干部无所作为的精神状态，只是年复一年地伸手向上级要，等着政府的救济。后来，国家扶贫工作转向"造血"开发，即向贫困地区大量注入开发资金上项目，办企业，这当然是很大的进步，但"造血"必须依靠当地干部群众，必须依靠内因。由于贫困地区干部群众文化科技素质不济、经营管理水平不高、信息不灵、市场观念不强等原因，结果许多开发项目失败了，"造血"机制并没有因此形成。为什么国家投入大量的人力、物力和财力，扶贫开发的效益却不尽如人意，根本原因何在？

早在 1980 年初，我在深入大别山贫困地区调查中，得到以下正反两个方面的启示：（1）在贫困地区农村，经济条件比较优越、生活水平比较富裕的家庭，除了在职的干部（包括教师等）家庭外，绝大多数是有一技之长（如农村的能工巧匠等）或有一定文化、经济头脑的农民家庭。由此可见，农民一旦掌握了一定的科学文化知识，就能依靠自己的聪明才智和勤奋品性很快地摆脱贫困；（2）大凡一些赤贫户、特困户以及长期依靠政府救济的人，除了生理上的病残外，基本都是一些没有文化、没有一技之长的农民家庭。他们文化素质低，思想保守、懒惰乃至低能弱智。在农村一个普遍的现象是，一个家庭户主具有初中以上文化程度，一般都不是很贫困的家庭。从反面可以更加清楚地看到贫困不仅仅是个"物"的问题，更重要的是一个"人"的问题，人的素质不济是贫困的症结所在。

贫困，表面上看是经济性的、物质性的，而从深层剖析，则是社会文化的因素在起作用。单纯的资金投入或物质扶持是不可能建立起有效的"造血"机制的。要想彻底摆脱贫困，扶贫方式还必须实现从扶物到扶人的根本性转变，抓住形成贫困的关节点——人的素质问题做文章，以提高人的素质为中心，走"以文扶贫，扶智扶人"的文化扶贫新路。

为了检验自己提出的这一文化扶贫新认识是否正确，我选择了位于大别山区经济文化落后、交通闭塞的岳西县莲云乡蹲点进行试验。1987 年 11 月 17 日，我向省委提出了《以文扶贫、综合治理——对一个贫困山乡扶贫改革方案》。原省委书记卢荣景当即批示道："很好。原则赞成，建议具体实施方案由县讨论……"次年初春，我便远离城市来到地处穷乡僻壤的莲云乡蹲点试验。当时《光明日报》（1988 年 4 月 10 日）还以《改变坐而论道传统，投身改革第一线》为题作过专题报道。

我到莲云乡很快就建立了三块文化扶贫基地：乡村科技图书室、贴报栏群和实用技术培训中心，借此来提高当地群众的科技文化素质，启发民智，开发潜能。但是，社会的发展又不完全那么简单，生产力的发展与社会的发展并不是线性因果关系，单从生产力这个方面着手还不行，还必须从生产关系上着手，在贫困地区，这主要体现在干群关系上。一些贫困地区的干部由于自身素质差，加上思想不解放、观念陈旧，妨碍了国家政策的贯彻落实，抑制了群众的积极性，制约了经济的发展。因此对干部依法进行民主选举，实行真正的村民自治就成为必要。根据农村实际，我提出了村委会"组合竞选"，并于1989年1月17日在岳西县莲云乡腾云村，采用"组合竞选"，进行民主选举村委会的试验，取得了成功。当时，《中国社会报》（1990年7月17日）以《硬抵硬选出的干部就是好！》为题作了详细报道，此后，安徽人民广播电台、安徽电视台、《安徽日报》、中央人民广播电台、中央电视台等大众传媒先后作了追踪报道，引起了社会各界的广泛关注。

"温饱"和"民主"是人民的两大基本权利。改革伊始，由于农村实行了家庭联产承包责任制，极大地解放了农村生产力，使广大农民很快解决了"温饱"问题。经济上的民主必然要求政治上进行相应的改革。这个时候在农村实行村民自治非常必要，实际上这是把经济自主权还给农民的同时，如何来保障农民经济权益的问题。村民自治是中国农民应有的权利。

尽管如此，仍然有不少人试图逆历史潮流而动，千方百计阻挠村民自治的推行，特别是在村民选举制度这个关键环节上大做"文章"，不让农民自己做主。我在实际调查中发现，村委会选举中其候选人大多是由上级（乡镇党委或政府）考察的，也有的由村党支部提名，上报乡镇党委、政府审查批准确定，然后把拟好的候选人名单交给村民，叫他们画圈圈、打叉叉。而作为村委会核心人物的主任一般都是等额选举，仅在副主任和委员选举中设一二名差额。据调查，大多数地方的村委会选举，其候选人基本是原班人马不动，有的找一二名候选人与之陪选。去年我在一个县调查村民自治，该县河东村的村委会选举一开始就是由村党支部书记提名的，在原村委会班子成员的基础上，另外找两个候选人作陪选，而这两个候选人也都是他的近亲。试问，这种村委会选举与过去由上级任命委派的干部有多大差别？建立在此种选举制度之上的村民自治还有多大的意义？

再者，目前村委会选举普遍是仿照或借鉴基层"人大"的选举方法，平行选举村委会主任、副主任和委员。这有许多制度性弊端无法克服。中国农村，农民大都是世代相居一地，由于这一基本特点，村民之间遍布血亲网，存在着宗族或血缘关系；由于这一基本特点，某些邻里、门户之间往往世代冤仇，见面就眼红，说话就顶撞。如果平行选举村委会主任、副主任和委员，一些血亲很近的人，如父子、兄弟、郎舅等很可能同时选到一个村委会班子里，这固然不妥，违反了近亲回避的原则，而把世代冤家对头的人选到一个村委会班子里，更无法工作。

而采取"组合竞选"，就能避免这种弊端。首先由村民推选村委会主任候选人，由这些候选人自己提出村委会组成人选名单。为了争取村民的信任，他们就不会把自己"九亲六族"拉进来，更不会把名声不好的人作为自己的"竞选"伙伴，否则，他会失去村民信任，丢失选票。当然，他们也不会把同自己谈不拢的人提名进来。这样，无论谁当选了，他都能团结村委会一班人，大家拧成一股绳，带领广大村民致富奔小康。

　　我在莲云乡进行的两项成功试验（指文化扶贫和村委会"组合竞选"），得到了当地党委、政府的充分肯定，并取得省委、省政府的高度重视。1992 年，省委、省政府决定在全省进行重点推广（见《安徽日报》1992 年 7 月 17 日）。后来，文化扶贫被改名为"杜鹃花工程"，在江淮大地上竞相绽放。

　　村委会"组合竞选"经过 10 年来几个地方的实践检验，被越来越多的人所认同。我又于 1995 年 4 月和 1998 年 6 月先后采取"组合竞选"，主持了腾云村村委会的换届选举工作。1998 年 3 月，我应原滁州市委书记张春生之邀在该市来安县邵集乡全乡进行了村委会"组合竞选"推广试点，均取得了圆满成功。1997 年，在北京召开的村民自治国际学术研讨会上还将村委会"组合竞选"列为大会的一项主题，由我向大会作了专题报告，赢得了与会中外专家、学者的重视，公认这是比较规范、可行的村民选举制度，符合中国农村民情，值得大力推广。1998 年 7 月，上海社会科学院派出了以副院长左学金博士为首的专家考察组，专程来安徽考察文化扶贫与村委会"组合竞选"。考察结束后，上海社会科学院与安徽省社会科学院在合肥联合举办了"安徽省文化扶贫与村民自治研讨会"。会议充分肯定了"组合竞选"对村民自治选举制度的重大创新意义。我相信，"组合竞选"这一"草根民主"形式必将在中国广袤的农村大地上生根、发芽、开花、结果。

　　文化扶贫与村委会"组合竞选"，是我运用马列主义基本原理对中国改革开放中出现的农村新问题的具体探索。我的探索一直是站在前人肩膀上，因为五四以来，近代中国优秀知识分子宣传和倡导的两大主题就是科学和民主，文化扶贫的实质是倡导科学，而"组合竞选"的本质乃是实现民主。

　　改革开放给中国带来了无限生机。20 年来，我从事社会科学研究工作，深切地体会到：社会科学研究只有面向中国社会的实际，切合中国开放的实际，积极为改革开放服务，才会真正地得到具体的发展和全面的繁荣。

附录

我在开国大典的观礼台上*

　　建国 50 周年大庆的阅兵式，扬了国威和军威，振奋了党心和民心。50 年的辉煌，中国的面貌已发生了翻天覆地的变化。经历了新旧社会两重天的我，对祖国的强盛，人民的富裕，有着更多的感慨和喜悦。面对此情此景，我不禁又想起 1949 年 10 月 1 日，那一天是我毕生难忘的一天。当时我在中苏友协总会工作，苏联政府为了庆祝中华人民共和国的成立，派来了以法捷耶夫和西蒙诺夫为正副团长的文化代表团，我当时就陪同这个代表团参加国庆观礼。我们的观礼台是在天安门前金水桥上用粗毛竹搭起来的。这个观礼台搭得比较高，当毛泽东、刘少奇、周恩来、朱德等领导人走上天安门时，天安门广场一片欢腾，礼炮声中国歌奏起，天安门广场上几十万群众和天安门城楼上的国家领导人及我所陪伴的苏联外宾都沉浸在无限的兴奋之中。由于我们距离站在天安门上的毛主席位置很近，所以在毛主席按电钮升起国旗的时候，我们甚至仿佛能看到他的某些

---

　　* 原载《黄山松》（原《安徽老年》）1999 年第 6 期（总第 24 期）双月刊。

动作，而在五星红旗冉冉上升的时候，我眼看着红旗，思绪万千。

　　毛主席在天安门城楼上讲话了，宣布"中华人民共和国成立了"！立刻在天安门广场上引起了雷鸣般的掌声，本来就欢腾的红色海洋更加欢腾了。

　　游行队伍开始后，一队队群众走过天安门时都向毛主席欢呼"毛主席万岁"！站在城楼上的毛主席时而走到天安门东边的楼角，时而又走向天安门西边的楼角，向欢呼着的群众招手，并对应高呼着"工人同志们万岁！""农民同志们万岁！""机关工作的同志们万岁！"……此时此刻，人民领袖和广大人民群众之间的水乳交融的景象，使我万倍的振奋，有这样的团结，还有什么困难克服不了？还有什么目标不能达到？

　　当天晚上，天安门广场通宵联欢，整个北京城都沉浸在新中国诞生的庆典喜悦之中，这是中华民族五千年历史上的盛事。

　　缅怀过去展望未来，我坚信，中华民族的明天将更加美好。

点评秋水

左 冲 右 闯

—— 秋水的艰难拼搏

为真理献身的辛秋水*

江鲲池（安徽省关工委办公室主任）

编者的话：《为真理献身的辛秋水》是我社社长预约的一篇纪实特稿。我社是把辛秋水同志作为一位德才兼备、为人民作出杰出贡献的专家人才来报道的。他的难能可贵之处是，一生为探索真理锲而不舍，百折不挠，无私无畏，无怨无悔，一心为民，艰苦实践。他继承发扬了中华民族的浩然正气、自强不息精神，尤其值得知识分子学习和效法。

安徽出了许多密切联系群众、关心群众利益、敢为人民利益直言的人。他们眼睛向下，沉到社会底层，深入调查研究，提出具有真知灼见的建议，许多都被采纳。他们九死不悔，为真理斗争，为党的壮丽事业竭忠尽智。辛秋水就是其中的一个，他是真正的爱国者，人民的儿子，优秀的共产党员，安徽省社会科学院研究员。

（一）

早在新中国成立前，辛秋水在国立安徽大学读书时，就背叛了自己富裕的家庭，投身于革命洪流，在地下党领导下，在安庆搞学生运动。1949 年，他在北京中苏友好协会总会工作时，曾对协会重大方针性问题提出改进建议，写信给刘少奇同志，得到了赞赏和肯定。几十年来，他的所有进言都紧紧围绕着中国共产党的根本宗旨：爱党、爱祖国、爱人民，然而在那极"左"的年代里，却招致过不幸，历尽坎坷，但他无怨无悔，勇往直前！

22 年的坎坷并没有磨平他生活的勇气和对党的事业的执著追求。他充分利用时间，在劳动之余，潜心研读马克思列宁主义、毛泽东思想的经典著作。他往往读完一本书后，开怀大笑，因为通过刻苦读书和生活在社会的最底层，使他看清了事物的本质。1989 年秋天，于光远欣然命笔给辛秋水书题一幅字："看清了事物的本质，就对什么事情都笑得出来。这既是智慧的表现，也是力量的表现。笑是智慧，笑是力量。同时，笑对健康的作用，医学家早有定论。因此，笑也是健康。"

辛秋水在改革开放的二十多年来，他是怎么生活的呢？干了些什么，又干出了什么重要的成就呢？

---

* 本文刊于上海《人才开发》2000 年第 8 期。

（二）

因为辛秋水的右派问题具有典型意义，1979年胡耀邦亲自抓了此案，中宣部向他宣读了改正右派的决定。因为辛秋水是安徽人，对安徽有特殊的感情，所以他平反后不愿意留在北京工作，坚决要求回到安徽，被分配到安徽省社会科学研究所（即现省社会科学院）。此时，他已到了知天命之年，他一上岗，就申请要下去搞调查研究。辛秋水说："我将自己的科研价值取向定位为：深入社会最底层，探索社会新动向，提出解决社会问题的可行性方案；充当人民的喉舌，反映群众的愿望，及时总结社会发展中的新鲜经验，作为决策部门的施政参考，努力实现智力和权力的结合。"实践表明，他的这种研究价值取向是正确的、有效的。他撰写了各种调查报告、论文200余篇，主编了《中国农村社会学》一书，在国内首先提出"扶贫扶人，扶智扶文"的文化扶贫与村民委员会"组合竞选"的新思路，进行了长达十年的实验研究，在国内外产生了很大影响，中央和省委以及国内外学者给予充分肯定和高度评价。中共安徽省委原书记卢荣景与辛秋水结对扶贫，在江淮大地上传为美谈。

1998年10月7日，辛秋水赴香港参加在香港中文大学召开、有海内外学者参加的"大陆村级组织建设学术讨论会"，主持人宣布：授予资深学者辛秋水研究员"终身成就奖"。

（三）

1980年11月，辛秋水针对在内外开放、搞活经济新的历史条件下所出现的腐败现象的苗头，撰写了《当前国家干部贪污、行贿之风严重》的警世调查报告。当时安徽省委第一书记张劲夫和第二书记顾卓新将原稿转到党中央后，引起了胡耀邦的高度重视，并批给中央纪委，公开号召广大干部、党员和群众坚决同这股歪风邪气作斗争。

不久，他便被省委派到滁县地区参加打击经济流通领域严重犯罪斗争的实际工作。

社会科学工作者不但要研究社会，而且更要参与社会，这是辛秋水的研究准则之一。他勇于揭露社会的阴暗面，敢于同邪恶势力作斗争，为受屈的老百姓鸣不平。《新恶霸侯鸣放》这篇调查报告，通盘托出了新恶霸的累累罪行，刊于1986年1月24日《农民日报》，认为文章伸张正义，充当了人民的喉舌。此前，辛秋水就写过揭露侯鸣放的文章，被《安徽日报》"评报"誉为一首"正气歌"，获1985年全省报刊新闻一等奖。

（四）

最近十年，辛秋水的工作重心主要转移到文化扶贫与村民自治选举制度的研究和实验上来。

深入广泛的农村调查使辛秋水悟出了一个道理：贫困，表面上看是经济性的、物质性的，而从深层剖析，则是社会文化的因素在起作用。单纯的资金投入或物质扶持的"输血"办法已经证明不可取，也不可能建立起有效的"造血"机制。要想彻底摆脱贫困，扶贫方式还必须实现从扶物到扶人的根本性转变，抓住形成贫困的关节点——人的素质问题做文章，以提高人的素质为中心，走"以文扶贫，扶智扶人"的文化扶贫新路。

为了检验自己提出的这一文化扶贫新认识是否正确，辛秋水选择了位于大别山经济文化落后、交通闭塞的岳西县莲云乡蹲点进行试验，得到了省委书记卢荣景的支持。

他的办法是建立乡村科技图书室、贴报栏群和实用技术培训中心，借此来提高当地群众的科技文化素质，启动民智，开发潜能。他还认为对干部依法进行民主选举，实行真正的村民自治，已是当务之急，进行了试验，取得了成功。《中国社会报》、《安徽日报》、中央和安徽省的广播电台、中央电视台先后作了报道，引起了社会广泛的关注。

中国农村的实际表明，"温饱"和"民主"是农民的两大基本权利。实际上这就是在把经济自立权还给农民得到温饱的同时，如何来保障农民经济权益的问题。村民自治是中国农民应当享受的权利。

中国农村，农民大都是世代祖居一地，由于这一基本特点，村民之间遍布血亲网，存在着家族或血缘关系；由于这一基本特点，某些邻里、门户之间往往世代冤仇，见面就眼红，说话就顶撞。如果平行选举村委会主任、副主任和委员，一些血亲很近的人，如父子、兄弟、郎舅等很可能同时选到一个村委会班子里，这固然不妥，违反了近亲回避的原则，而把世代冤家对头的人选到一个村委会班子里，更无法工作。

鉴于这种情况，辛秋水坚持自己的观点：采取"组合竞选"制，就能避免这种弊端。他的做法是：首先由村民推选村委会主任候选人，由这些候选人自己提出村委会组成人选名单，在"竞选大会"上，他们在发表"竞选演说"的同时，公布自己提出的村委会组织人选名单。为了争取村民的信任，他们就不会把自己"九亲六族"拉进来，更不会把名声不好的人作为自己的"竞选"伙伴，否则，他会失去村民信任、丢失选票。当然，他们也不会把同自己谈不拢的人提名进来。这样，无论谁当选了，他都能团结村委会一班人，大家拧成一股绳，带领广大村民致富奔小康。

辛秋水在莲云乡进行的两项试验（文化扶贫和村委会"组合竞选"），均获成功，省委、省政府决定在全省进行重点推广。在江淮大地上绽开怒放。

1997年，在北京召开的村民自治国际学术研讨会还将村委会"组合竞选"列为大会的一项主题。辛秋水作了专题报告，大家认为比较规范、可行，符合中国农村民情，值得大力推广。上海社会科学院与安徽省社会科学院在合肥联合举办了"安徽省文化扶贫与村民自治研讨会"。会议充分肯定了"组合竞选"制对村民自治的重大创新意义。人们相信，"组合竞选"制这一"草根民主"形式必将在中国广袤的农村大地上生根、发芽、开花、结果。

文化扶贫与村委会"组合竞选"制，是辛秋水运用马列主义基本原理对中国改革开放中出现的农村新问题的具体探索。辛秋水的探索一直是站在前人的肩膀上，因为五四运动以来，近代中国优秀知识分子宣传和倡导的两大主题就是科学和民主。文化扶贫实质上是倡导科学，而"组合竞选"制的本质乃是实现民主。

（五）

1983年，全国刑事犯罪十分猖獗，其主要部分是青少年犯罪。辛秋水就当时青少年犯罪严重破坏社会治安问题到合肥市东城区进行社会调查，写了一份《关于当前青少年犯罪问题调查报告》。提出了对青少年犯罪的社会综合治理方案：一是严厉打击；二是多方疏导；三是实行单位、学校、居委会和家庭对青少年犯罪的联合责任制。这份调查报告由省委、省政府转到中央，送全国人大常务委员以上负责同志参考。不久，全国人大常委会作出了《关于严厉打击严重刑事犯罪活动的决定》。

辛秋水一向主张，社会科学研究工作者应当到沸腾的现实生活中去反映现实，研究现实，为国家的改革和建设的实际服务。但是，某些社会科学研究机关在学术职称评定中，存在着脱离实际、抄书、空论的倾向，并且贬低、排斥对现实研究的成果，嘲笑调查研究为"简单劳动"，是难登大雅之堂的"下里巴人"。但辛秋水始终认定，必须时刻倾听广大群众的呼声，反映客观事实和历史的要求，充分考虑群众的现实利益和长远利益，认真总结群众在实际斗争中的经验和教训，以此作为我们理论思维的源泉，舍此别无他路。

早在1984年，他在肥西县农村调查时，就发现在包产到户以后，广大农民群众都不同程度地富裕起来，但却有一部分农民处境艰难，这就是农民中的"单身汉户"。这一部分人原来在生产队里都是干重活，所谓"挑大梁"的，工分比一般劳动力高，又无老弱负担，生活还过得去，实际上他们还负担着供养生产队里劳力少、老弱多的透支户生活。但是，包产到户以后，单身汉户的情况发生了相反方面的变化。他们同普通社员分得了同等的一份二亩左右土地。田里犁耙栽种的农活不够他们两天干的，因为他们一般有简单的单项劳动本领，如犁田耙地、挑抬等，但缺乏多种经营的技能。由于无后勤劳力，"出门一把锁，进门一盏灯"，连猪、鸡都无法饲养，发展副业谈不上，收入就相对较低。物质困难造成他们精神不振；而精神不振、前途悲观又挫伤他们对生产劳动的积极性，形成恶性循环。他们单门独居生活，无妻子儿女的关怀，在穷极无望之时，易于铤而走险，造成了单身汉户犯罪的高比例。

在调查中，辛秋水对此作了深层分析：单身汉户的形成，还与农村男女性比例失调，与农村妇女婚姻梯形流动相关（即贫困地区妇女嫁富裕地区，富裕地区妇女嫁到城郊，城郊妇女嫁到城里）。更应值得注意的是，那几年农村和城市一样，实行一刀切的"一胎化"计划生育政策，农民因无社会保险和生产方式落后，必须依靠男劳动力为支柱，加上农村还存在着重男轻女传统观念，造成了农村溺杀女婴之风。这种种情况将使"单身汉户"的后备军随着时间的推移扩大，成为建设社会主义新农村的消极因素。为此，辛秋水写成《农民单身汉户问题值得重视》的调查报告，尖锐地陈列上述问题并提出相应的建议，受到省委和中央负责同志的高度重视。他认为，计划生育政策的具体实施农村与城市应有区别，城市职工退休养老有保障，而农民一直靠着养儿防老，如果只有一个女儿出嫁了，岳父岳母能靠着女婿女儿来养老吗？农村没有这个习惯也没有这个传统，所以农村的计划生育实施办法应放宽到如果第一胎是女孩允许再生第二胎。胡耀邦、万里均作了批示，《农民日报》以头版全文刊登这份调查，全国十四家报刊相继转载，当年的全国农村工作会议将这份调查列为会议的文件之一，上海社会学刊物《社会》在发表这份调查报告时加的编者按称"辛秋水的调查报告具体发展了社会学的家庭理论"，该文在1984年安徽省社会科学院科研成果评奖中被评为一等奖。调查报告能够获一等奖，此举为理论研究评奖文章之拓宽开了一个很好的先例。

（六）

看了上面这些材料，有些读者也许要问，辛秋水历经磨难却执著追求的驱动力是什么？作为一个具有正高职称的资深学者又是年迈之人，为什么不在城市里听听音乐、写写诗词、享享清福而偏要到贫困的大别山区（至1994年他就曾经十进大别山），与生活十分贫苦的山民一起滚稻草呢？为什么不在书斋里写写"阳春白雪"的"高档次"的理论文章，而偏偏要去干预社会生活的焦点而且常常去得罪人呢？为什么他明明知道腐败现象沉积很深、不易冲倒而偏偏要去碰硬呢？答案只有一个：他的理念十分坚定——共产主义一定要实现！尽管前进的道路充满险阻，布满荆棘，但马克思主义早已暗示的人类社会发展的最后阶段——共产主义的实现是社会发展的必然规律。因此，他始终自觉地为了壮丽的事业而奋不顾身去战斗。况且，正如他自己所说："我不是孤军奋斗，我是与群众的心息息相通，与老百姓紧紧团结在一起的，又有各级党组织的支持，还有许多肝胆相照的朋友的帮助。"诚然，真理要靠许许多多的人们去斗争，去捍卫，去发展。辛秋水的最可贵之处，就是他自1947年以来的半个多世纪矢志不渝地为真理而拼搏！所以，许多了解他的人，都认为辛秋水可以称得上是一个无私的人，一个高尚的人，一个有道德的人，一个脱离了低级趣味的人，一个有益于人民的人。

兹恭录一些社会知名人士书赠辛秋水的名句：赖少其1980年写："长江水落终有日，石出无瑕照汗青"。张凯帆写："甘载风尘为报国，丹心一片贯千秋"。袁振1984年写："知君尝遍秋荼苦，更识人间直道难。风雨难摧少年志，铁窗不改旧时颜。从来铁肩担道义，自古文章妙手传。五十莫言知天命，新程万里路颠连。"项南写出："苟利国家生死以，岂因祸福避趋之。"欧远方写了四个大字："掷地有声！"跋文为"秋水同志互勉，虎年春雷声中"。

我以为，上述诸同志为秋水同志书写之题词、诗句，均是对这位功勋卓著的研究员实事求是之评价。故记于本文之末，作为结束语。

一位以天下为己任的现代实学家[*]

张允熠（中国科技大学教授）

　　我与辛秋水先生相识 14 年了，辛先生那性同烈火、疾恶如仇的个性深切感染了我。在 80 年代的安徽省社科院中我与辛先生可谓是典型的"忘年交"——论年龄，他与我父亲同庚；论资历，他当时是社会学研究室的负责人，我是该室一名普通的研究人员。按照社科院的衙门惯例，我不仅是他的小辈更是他的"部下"，他既是我的师长又是我的"上司"，我生来厌官，凡能与我谈得来的"官"多半都没有架子且能"礼贤下士"，否则，恕不往来。辛先生坚持他与我之间以朋友相称，从中足见其性格上的一个剖面，也可透视到他对官场陋习污染学术部门的厌恶。在这些问题上，辛先生与我有着共识。于是，我与辛先生之间十多年来始终以一种"老少朋友"或"老少爷们"的关系对话，在这种对话关系中，"代沟"两个汉字是多余的，更无世俗交往中的那种虚伪和寒暄，我们彼此坦诚相见，有时争得面红耳赤，算得上无话不谈的净友了。

　　从辛先生身上我看到了许多老一辈学者的优秀品德，最突出的一点是他"以天下为己任"的忧患意识。辛先生于解放前夕以一介书生的身份抛弃了大学学业冒着生命危险投奔解放区参加了革命。那时，他胸中揣着的是一颗火热的爱国心，他眼前憧憬的是对自由民主和光明的新中国的向往，至于升官发财或个人的腾达一概置于脑后。一个人的思想境界到底如何，不是看他嘴上如何说的，而是看他实际上如何行的；不是看他平时如何行的，而是看他在国难当头或民族最需要之际如何做的。顾炎武曾说："天下兴亡，匹夫有责。"辛秋水正是中国读书人最优秀的道德传统的继承者，从他的身上，我们看到了国家和民族的脊梁。

　　如果说，辛先生在解放前是一个民主主义者，那么，解放后他刻苦学习马克思主义，悟出了"真正的唯物主义者是无所畏惧的"这一马克思主义真谛，故而他在真理的追求中从不计个人的得失利弊，以人民和国家的大义大利为其行动的指南。他敢言人之所不敢言，为人之所不敢为，愿以大无畏的勇气去坚持真理、去主持公道，哪怕付出生命都在所不惜，因此而身陷图圄，凡 22 个春秋，虽九死而无悔。与辛先生这种"先天下之忧而忧"的思想境界相比，眼下那些蝇营狗苟、逐名追利之人是应该赧颜内疚的。

　　辛先生 1979 年恢复工作时已过"知天命之年"了，但"烈士暮年，壮心不已。老骥伏枥，志在千里"，他以其突出的贡献一再受到党中央领导同志的表扬；其研究成果，多次为党和政府的决策提供了科学依据，这在安徽省社科院是极少有的，在全国也是不多的。

　　* 原载《安徽新闻出版报》1997 年 1 月 30 日。

　　说到这里，我们自然就要谈到辛先生的学风，这是大话题，但却不能不谈。人们常说，"学如其人"，大凡一个学者的学风一般与他的人格境界相一致。孔子说"君子之学美其身"，这是说正直的人格，使自己进入完美的境界，辛先生于此最有代表性。他的学问之道是越贴近人生的真实越臻于完美，越深入社会的底层越能接近真实。众所周知，中国传统的读书人有一种恶习，就是"坐而论道"。有人把这归咎于儒学传统，殊不知儒学创始人孔子并不讲静坐。他主张学问之道无他，即博学、审问、慎思、明辨、笃行。"坐而论道"的恶习是末代新儒家受禅佛学的影响而养成，在新儒家那里——直至现在某些专门从事于传统研究的学者那里：孔子"博学"成了"单打一"，甚至越钻知识面越窄，以至于"硕士不硕"、"博士不博"，此为时弊；"审问"成了不问——研究者文人相轻，多是闭门造车，耻于下问，所以只有人云亦云；"慎思"——只余下反思，偶有所得便张牙舞爪，目中无人；至于"明辨"成了思辨；而"笃行"则化为不行。这实在是一种学术的退化，中国学人最可悲之事莫过于此。

　　延安时期的毛泽东就曾反复批判、讽刺了这种不着边际、不切实际的恶劣学风。其实，历史上许多正直的学者都反对这种恶劣的学风，如明末清初的顾炎武就以力行来弘扬"实学"。顾炎武步行数万里考察风俗人情，体验经济民生，为此他走遍了华北十余省，历时17年，直至客死异乡。正因为顾炎武有着这种切身实证经历，才写出了《日知录》那部中国思想史上不朽的传世名著。另一位实学家颜元对理学家的"坐而论道"提出了严厉的批判，指责这种学风培养出来的只是名利之徒或无真才实学的病人、弱人、无用之人。颜元讽刺那些满腹经纶、纸上谈兵之士只是一些"平日袖手谈心性，临危一死报君王"的腐儒。颜元的话可谓入木三分且毫无偏颇之虞。

　　我们于此处回顾这段历史的目的就在于惕厉"坐而论道"、"形而上思辨"的学风不可助长，清谈误国，古已有训。辛秋水先生就是一位反对讲空话、写空文的实学家。他一再指出："坐而论道"的学风至今仍然深深地扎根于我国的哲学社会科学界，一些人钻在故纸堆里，不肯接触国计民生，一方面躲在书斋里建构个人的精神家园，一方面在超越现实中编织一篇篇只有自己愿看、自己爱看的孤芳自赏的文章，并以此谋职称、搞津贴、评"突贡"。令人不安的是，我们的科研激励机制在对科学成果的鉴定、评价以及职称评定、津贴发放上有意无意地向这种"坐而论道"的成果倾斜，其结果是鼓励研究人员都去搞于国计民生毫无补益的所谓"高档次"的成果。这是一个误区。真正具有科学价值的研究在我们的社会科学研究部门长期以来反而受到冷落。辛先生就有一篇在全国产生热烈反响的研究农村家庭结构变化的实证报告遭到过不公正的非议，有人认为它是"调查报告"，上不了"档次"，这实在是一种无稽之谈。在科学家看来只有拿出研究报告的成果才有科学鉴定的价值，在我们这里却把无法进行科学鉴定的思想记录当作科学成果。记得当时的老院长欧远方独具慧眼，力排众议，才使辛先生的这个成果获得了安徽省社会科学院有史以来的第一个一等奖。秋水先生的研究成果受到一些人不公正的非议，说明我们的社会科学还没有真正纳入科学的轨道，非科学的评价标准常常取代科学的标准，这是科学的悲哀。依我看来，辛先生是真正从事科学研究的学者，在安徽省社会科学院，有相当一大批研究人员致力于理论与实际相结合的研究，而辛先生则是他们当中最有成绩的学者。在他的身上，既体现了中国知识界"经世致用"的优良传统，又体现了马克思主义的实践精神。我们都生活在现实的土地上，现实是历史的延伸，现实是历史的最高层次。17

年来，辛先生就一直脚踏实地在这个层次上辛勤地耕耘着。

中国是一个有着近10亿农民的农业大国，农民的命运就是我们这个国家和民族的命运，辛先生念兹在兹，十几年如一日，深入民间底层，掌握真实可靠的大量第一手材料，凭着一个老理论工作者的良心和对农民的一片深情厚谊，长期以来跋涉于贫困地区搞调查研究，其思考所得和学术建树，为全国社会学界所公认。自从1990年代以来，他又扎根于贫困的大别山老区，首倡"文化扶贫、扶智扶人"的扶贫新思路，不仅在社会效益上取得了可喜的成就，而且在学术界独辟蹊径，为理论联系实际的治学之路开辟了一方新天地，也给社会科学研究成果如何转化成供政府部门操作的决策依据、转化成有形价值的社会生产力找到了规律，这对于长期以来非科学传统浓厚的中国学术界，无疑是一个具有激励性的创举，其理论价值当在不言之中。尤其值得称道的是，辛先生在文化扶贫的科学探索中对农村基层政权的民主化建设，从制度层面上对中国农村的现代化进程提供了宝贵的经验。记得有人曾撰文指出：如果说在乡村文化建设上梁漱溟先生早在20到30年代就已着手摸索，费孝通先生在80年代对农村的经济模式作了可行性研讨，那么，辛秋水先生90年代对中国农村的民主化模式则进行了初步尝试，三代学人代表了三个不同的历史阶段，三个不同的文化层次，是三座对中国农村现代化之路探索的思想里程碑。这篇文章当时在全国社会学界引起了轰动。有人提出质疑：把辛秋水与梁漱溟和费孝通这两位中国社会学界的第一代、第二代大师相提并论，适宜吗？这个问题的提出实在令人纳闷：难道有什么不适宜吗？

我认为，以上述三位社会学家标明中国社会学发展的三个阶段是十分适宜和贴切的，不唯如此，我认为辛先生所从事的事业对前两代学者的工作，无论从时代特征和文化意识上都有某种超越性。梁漱溟先生当年依靠军阀的势力，带着儒家乌托邦的幻想企图给中国农村找到一个通往现代化的路口，结果失败了。费孝通先生为中国农村现代化的起步设计了一个"小城镇，大课题"的蓝图，那时，苏南乡镇企业已发展了10多年，随着乡镇企业的进一步成长，这些地方的产业结构、小区建设和生活方式都出现了前所未有的变化。费先生的贡献在于不仅从理论上升华了这一切，而且努力把这种模式推向全国一切可以仿效的地方。辛秋水先生从事的工作无论在理论深度还是实践难度上都远远高于以上两代社会学家的历史使命。中国现代化的难点不仅在于使中国本来最富的地方更富，还在于使本来最贫困的地区变富；中国现代化的关键不仅在于物质上的增益，还在于人的素质的提高，辛先生正是在这两个难点或关节点上切入具体的操作，从而使他所从事的工作具有超越前代学者的意义。

从著书立说的数量上来看，辛先生可能比不上著作等身的梁先生，就个人的名气来说，也不抵身为国家领导人的费先生；但是，辛先生的课题之价值和意义是无论怎样估价都不过分的，因而也是千百万个方块字难以道其一二的。况且这三位学者努力的方向本来具有一致性，只不过他们有的从社会组织的物质层面上、有的从社会组织的制度层面上、有的从社会组织的精神层面上切入自己的进路罢了。辛先生的进路是后两个层面，但它所带来的却是全方位的进步，如岳西县莲云乡的变化不仅从精神层面（民智开启与农村民主政治建设）上体现出来，最终还在物质层面表现出来。从辛秋水先生"扶智扶人"的扶贫新思路中，我们不难体悟到：人能脱贫致富的根本在于人自身。因为人的素质归根到底就是生产力的素质，现代化实质上就是人的现代化。从一般意义上讲，物质的贫困是知识贫困的表现，在现代化社会中更是如此，如果没有高素质的现代化的人，一切现代化都无从谈起。就此而论，党的十四届六中全会关于加强精神文明建设的《决议》也正是从提高人的素质，培养和造就一大批德才兼备的、能适用于社会主义现代化建设的新人的思想出发的。但是，要想使这一战略目标真正落到实处，必须从当下抓起，即必须从提高全民尤其是中国农民的整体素质抓起。毛泽东早就说过：严重的问题是教育农民。只要中国的农民能被造就成为一代又一代有理想、有道德、有文化、有纪律的新型农民，中国的一切事情都好办了。

辛先生的治学思想显然融贯着独到的政治慧识和强烈的文化意识，这与其挺拔不阿、千仞壁立的人格交相辉映，他绝不是那种靠一笔一纸糊口混日子或向社会索名索利的旧式文人，其弘扬敬业的精神和"以天下为己任"的境界正是中国知识分子最可宝贵之处。辛先生的治学之路就是一条实际之路、实在之路、实证之路和实践之路，他的"实"不是盲目的"实"，其底蕴内在地含有卓越不凡的理论品位。因此，辛先生的学问是新时代的实学。这种实学是马克思主义的"实践出真知"之学，也折射出中国传统实学中的忧患意识，因为在辛先生的胸襟深处跳动的是国家的前途，在他的血液里奔流的是民族的命脉，为此，他从不顾及个人的安身立命。

当然，辛先生并不是个完人，我也无意去"为尊者隐"，我自以为十多年的共事我是最深知他的人之一。作为我的良师，我对他素怀尊敬，作为我的益友，我常常向他当面直言我的批评——令我感动不已的是，他皆能一一接受。金无足赤，我们何必要去苛求这样一位与祖国命运一齐起伏跌宕而历尽坎坷的前辈学人呢？正如本人开始时所言，多年来，这位与我共事的学者锲而不舍的精神深深感染了我，我有义务把他人格中最闪光的一面用理性的燧石敲打出来，以此昭示于世人，以此鞭策年轻的后来者。

古人说："士不可以不弘毅，任重而道远。"我殷切地祝愿辛先生在晚年的学术生涯中善理好自己后半生宝贵的思想财产，以期成为我国社会科学园地中一朵开不败的奇葩。

民主化与现代公民社会

——兼谈辛秋水先生的文化扶贫与村民自治的意义

张允熠（中国科技大学教授）

十年前，辛秋水先生曾跟我说过，他打算效法梁漱溟到大别山区去开展文化扶贫与村民自治。辛先生与我是整整的两代人，人到晚年，尚有这种精神，使我深受感动，我当即就表示坚决支持。辛先生能抓住这个问题表现了他作为一个研究者独具的眼光，这是许多人所不及的。所谓文化扶贫与村民自治，其实是几代中国人所经历的事业，也是几代中国人梦寐以求的理想。近代伊始中国有两位大思想家：陈独秀与胡适之，"五四"以来的现代思想史就是由这两个人首开其端的。他们都是安徽人，安徽人应该引以为荣。胡适之曾经讲过，中国的问题何在？那就是贫困、愚昧、疾病、鸦片烟和小老婆，他称为"五鬼闹中华"，现在鸦片烟——吸毒又死灰复燃了，"小老婆"在某些地区也已出现多年了，当今中国存在的问题仍然是 20 世纪以来挥之不去的问题，只不过在新的场景下有了新的转换而已，换言之，历史背景不同了。在胡适之所提出的"五鬼"当中，首当其冲的是愚昧和贫困，这正是辛先生要与之开战的对象。在我看来，"五鬼"还应加一鬼，这就是二千多年政治上的封建专制，陈独秀揭起科学和民主两面大旗，以此作为根治上述种种病症的药方。孰不知，沉疴难医，在中国实现科学和民主并不是一件容易的事情，辛先生到大别山去，送去了什么呢？他送去的不是金钱，不是物资，而是科学和民主。村民自治可以归结为两个字：民主；文化扶贫可以归结为另两个字：科学。所以，辛先生继承的是近代优秀的中国人——向西方寻找真理的中国人——未竟的事业。我国的改革开放大业已进行 20 年，政治体制改革终于到了呼之欲出的时候了。我们讲改革，改革的目标是什么？过去天天喊"四个现代化"，"现代化"的实质又是什么？就现象学意义来讲称之为"现代化"，而就其本质而言，应该说是"现代性"，改革的目标就是要使中国进入具有现代性现代公民社会。人们常常说近代中国比西方明显落后了，无论在科学、技术还是在民主化方面跟人家相比不可同日而语。这实际上只是我们所能感受到的现象学上的差距，就本体论而言，我们缺少一个秉赋现代性的现代公民社会。换言之，中国的落后是人的落后，人的素质的落后，也就是说，是文化的落后。看不到这一点，就无法从根本上解决中国的问题。千百年来的传统中国只有"民间社会"，它与公民社会不能等同。民间社会是以血缘、宗族为纽带建立起来的一种组织结构，公民没有政治的参与权与决策权，许多有识之士处于权力的边缘地带，形成许多边缘化的集团。在专制时代，天高皇帝远，"普天之下，莫非王土"，人民只是皇帝的臣仆，一切国家大事由君主专制包办，老百姓在皇权的笼罩下以传统的方式处理自己的事务。相比之下，公民社会就不同了，虽然边缘化集团仍然存在，但那完全是出于自愿和自觉，并非出于无奈和被迫。公民社会是由拥有财产权、选举权的公民组成的，各级官吏只不过是人民选举出来为人民服务的公仆，因而，公民社会是一个具有现代性意义的概念。

中国的公民社会一直没有建立起来。1949年人民共和国的建立，为公民社会的形成提供了一个契机，但后来高度集中的权力体制和高度集约化的计划经济体制不但摧毁了传统的民间社会，而且也断送了公民社会形成的基础。我们今天的政治体制改革，就是要向着建立具有现代性的公民社会的方向发展。

政治体制改革是一个古老话题，二千多年来，政治体制改革一直没有中断过，古今中外，概莫能外。中国古代就有商鞅变法、王安石变法，目的就是不断地调整政治机制以使其适应于社会和经济的发展。五四时期陈独秀从西方搬来"德先生"（democracy）和"赛先生"（science），以此向国民行启蒙主义教育之礼，以此推动中国民主化的进程，于是人们便认为科学和民主是西方人的专利，从而盲目崇拜。实际上西方的政治民主化，同样经历了一个漫长曲折的过程，西方至今仍然在民主化的道路上跋涉。

恩格斯曾说过古希腊的梭伦改革是真正意义上的民主改革，西方的民主化进程应该从那个时候算起，梭伦改革确立了西方的奴隶主民主制度。梭伦把公民分成四等，第一等级是奴隶主和贵族，第二等级是工商业贵族，第三等级是自由民，第四等级是雇工和贫穷的公民。梭伦还规定只有第一、二等级才有资格担任官职，表明梭伦改革的主要目的是为工商业贵族进入决策层打开一个通道，在当时，这种改革具有革命意义。梭伦改革设立了"四百人会议"，由雅典的四个部落各选一百人组成。但第四等级没有选举权，广大的奴隶不属于公民，自然就享受不到基本的民主权利。可见，这个民主不是现代人所理想的现代性民主，但却为近代资产阶级的民主制度提供了最初的样板。梭伦之后的克利斯提尼改革进一步完善了梭伦改革确立的奴隶主民主制度。本来梭伦改革是按照宗族、氏族势力划分选区，以血缘纽带为基础的，而克利斯提尼打破了这一做法，他以"五百人会议"取代"四百人会议"，把全雅典分成十个选区，每区选五十名代表组成五百人的"人民大会"，"人民大会"是最高权力机构和立法机构，由它来选举最高执政官。每个雅典公民都可以参加这个大会并拥有选举权，但第四等级没有被选举权。除此之外，希腊民主还有一个创举值得一提，那就是"贝壳放逐法"。所谓"贝壳放逐法"，就是选民不但可以选举出最高执政官和各级官吏，而且通过把名字写在贝壳上的方法选出腐败、无能、危害国家利益和种种不称职的官员，并把他们驱逐出国，这就叫"贝壳放逐法"或"贝壳放逐制"。

古希腊的民主并没有很好地继承下来，众所周知，中世纪的欧洲一片黑暗，那是一个愚昧的时代。当时整个欧洲是神权和教权一统天下，是教皇、教会、僧侣和贵族专制的时代，普通民众不仅享受不到民主权利，而且没有民主参与的能力。此时的欧洲政治制度甚至不如当时中国封建社会的科举制度。所以，当16世纪以后传教士把中国的科举制度介绍到西方时，就好像在欧洲人面前打开了一扇天窗，使欧洲的启蒙思想家们惊喜不已并趋之若鹜。文艺复兴时期提出科学和民主，在理论层面上就是科学主义和人文主义。在政治层面上，新兴资产阶级把希腊民主作为样板，从而使已经断层的希腊民主传统得以复兴。继文艺复兴运动之后，18世纪的法国又兴起了启蒙运动，启蒙思想家们开始把目光投向东方，从东方思想中吸取养料以作为反封建的武器。经过对东西方的艰难求索，他们终于提出了建立"理性王国"即资产阶级民主共和国的要求。此时的民主只能是资产阶级的民主，而不可能是古代的奴隶主民主。资产阶级民主无疑是人类历史上的一个重大进步，但仍然不是完善的、理想型的民主。资产阶级民主具有明显的虚伪性和欺骗性，这是列宁的论断。列宁首先肯定了资产阶级民主历史上的进步作用，接着指出了这种民主的不完善性和虚假性。事实正是如此。民主（democracy）的希腊文原意就是"多数人的统治"或"多数人的领导权"，言外之意，"少数人"是没有民主权利的。18 世纪法国大革命颁布了《人权宣言》，《宣言》中有一句话——"法律面前人人平等"，但实际上，占人口二分之一的妇女同男人在法律面前就不能平等，法国革命并没有给全体妇女带来人权；法律面前人人平等中的"人"是不包括妇女的。西文中的 men（男人，人）这个词本来就不包括妇女（women）。1793 年法国早期女权运动的领袖古日就因为抗议雅各宾专政剥夺妇女的民主权利而被送上了断头台。19 世纪法国的空想社会主义者傅立叶指出"妇女解放程度是社会进步的尺度"，这是有感而发的。资产阶级民主从一开始就有虚伪性，由此可见一斑。现代西方的议会民主实质上也只是少数政治寡头手中的玩偶，广大人民群众的投票热情越来越趋于冷淡。正因为资产阶级民主不是一种理想型的民主制度，所以才有社会主义民主的提出。当陈独秀从一个旧民主主义者的立场转向马克思主义以后，他就到处宣扬社会主义民主是比资产阶级民主不知好多少倍的有史以来最好的民主。中国共产党之所以能够领导中国人民推翻三座大山，建立中华人民共和国，在一定意义上来说，就在于它揭举了民主这面大旗，号召和动员了一切优秀的社会资源，才取得了历史性的辉煌胜利。如果我们今天在政治体制上不向民主化——具有现代性的民主化方向迈进，我们就辜负了党在缔造时的初衷。

马克思说过，人类社会可分为三种形态：对自然的依赖、对物的依赖以及人的自由全面的发展。如果没有民主作为跳板、通道或桥梁，人的自由全面发展就是一句空话。经历了"文化大革命"，尤其是"四人帮"的法西斯专政，许多老一辈的人深深认识到我们有必要重新认识民主，重新唤回民主。另外，马克思主义之所以能在中国扎根，其中的一个重要因素在于深厚的中国文化渊源。为什么西方传过来的许多思想，像弗洛伊德主义、尼采主义、新康德主义等，不是昙花一现，就是成了匆匆过客，而中国人却偏偏接受了马克思主义呢？这是因为前者无论在民情、国情的国民性方面，还是在社会心理、习俗和传统方面，都与中国文化存在着巨大的鸿沟。而马克思主义所宣扬的"高度的民主"和社会主义的思想大树却能在中国固有文化传统中找到肥沃的土壤。就是"民主"这一概念来说中国确实古已有之，如《尚书》中就有"民主"这两个字，Democracy 一词的翻译就是借用《尚书》的术语。在原始儒家的思想中，也确有民主主义的成分，比如说："民之所欲，天必从之。"孟子指出：民为贵，社稷次之，君为轻。殷朝末年，人民造反，杀了商纣王，有人指责这是不忠、不义、不孝。孟子说：我只听说杀了一个叫纣的匹夫，只听说杀了一个暴君，没有听说杀了一个君王。他的意思是说：君王如果暴虐无道，残害人民，人民就有权否认他的合法性，有权造反，有权杀他的头。可见，儒家思想中不仅有民主主义的思想，还有"造反有理"的革命思想。这就无怪乎朱元璋当了皇帝以后首先要把孟子的牌位搬出孔庙。朱元璋靠造反当了皇帝，一旦坐上皇帝的宝座，他就害怕人民造反夺走他的皇位。

中国古代思想中尽管有民主主义的成分，但与 Democracy（多数人的统治）不能混淆，与现代性的民主更不可同日而语，中国儒家思想中的民主主义成分说到底只是一种民本主义，民本主义不等于现代民主主义。然而，在中国这块土地上，从传统的民间社会过渡到现代公民社会，民本主义是一条必由之路，近代先进的中国人理解和接受西方的民主主义学说，无不是以中国固有文化作为跳板的。我们不能排除文化上的传承性，民主无论是在西方还是在中国文化传统里，都能找到它在理论和实践上的坚实立足之地。对于人民来说，民主绝不应该成为一个空泛的概念，而应该是一个很实惠、很具体的东西。现代公民社会也应该是一个很实在、很具体的东西。我们再也不能把民主只写在纸上，而应该付诸行动，化为现实。民主是全人类的需求，正像阳光和空气是全人类的需求一样。

最后，我想再重申一下辛先生所从事的文化扶贫与村民自治这一研究工作的重要意义。辛先生在十年前就开始了把文化和科技知识送给农村并在乡村进行"组合竞选"制的试验，这在全国可谓开风气之先。有一位作者曾在学术杂志上撰文认为从梁漱溟、费孝通到辛秋水代表了中国社会学发展的三个阶段：梁漱溟进行乡村文化建设、费孝通重视农村经济建设和小城镇建设，而辛秋水却把他关注的目光投射到农村的民主化建设上来。我觉得这种分析很新颖。也很有道理。然而有不少人提出异议：怎么能把辛秋水与梁漱溟、费孝通这两位社会学大师相提并论呢？从而在感情上采取一种排斥态度。我曾经在有关会议和文章中谈过我的看法：为什么就不能把他们三人相提并论呢？在年龄结构上，他们是三代人；在时间跨度上，他们所从事的上述工作分别处于三个不同的历史阶段。三代人、三个历史阶段，基本上从 20 世纪初走到了 20 世纪末，这是 20 世纪中国社会学界一件很有意义的现象。如果人们能抛弃世俗偏见，把辛秋水先生所从事的文化扶贫和村民自治事业与 21 世纪的中国命运联系起来，就会发现辛先生的工作无论在其文化品位、政治含量还是在其经济价值和制度文明意义上，是怎样估价都不算太高的。

祝贺辛老八十华诞

徐　勇　攻继权

（华中师范大学中国农村问题研究中心主任、副主任）

尊敬的辛秋水先生，尊敬的各位领导、与会代表：

冬去春来、万象更新之际，我们欣喜地迎来了辛秋水先生八十华诞。在这样一个值得庆贺的日子里，安徽大学和安徽省农村社会学研究会、江淮乡村建设研究院共同举办"村委会'组合竞选'暨纪念《中华人民共和国村民委员会组织法》颁行二十周年学术研讨会"具有特别的纪念意义，不但因为我们共同为之奋斗的伟大事业——中国农村村民自治从试行到广泛施行已经整整二十年了，我国农村基层民主得到了长足的发展和显著的进步，而且因为辛先生创造的村委会"组合竞选"从提出并最早在安徽省岳西县进行试验到滁州、阜阳、宿县等地广泛推行，至今也恰好二十周年。今天的这个学术研讨会既是对《村委会组织法》颁行二十周年的纪念，也是对村委会"组合竞选"推行二十周年的一个总结，把这些作为辛先生八十寿诞的一份礼物，我们认为最恰当不过了。

辛先生不但是中国农村村民自治理论研究的开创者，也是中国农村村民自治最早的实践者，并为我国村民自治和基层民主的发展作出了杰出的贡献！他在实践中创造性提出了符合当下中国农村实际并与现代民主选举制度相衔接的村委会"组合竞选"。辛先生不满足于纯粹的理论研究，而是做到了理论联系实际，他将从实际中提炼出来的思想返回到实践中进行反复试验，再在试验的基础上不断提升和完善自己的理论研究。二十年来的村委会"组合竞选"和理论实践研究，是辛先生这种学术研究路径、学术研究风格的极好体现。得到了国内外学界和社会各界的广泛认可和尊敬。早在十年前的1998年香港中文大学召开的"中国大陆农村基层组织建设理论研讨会"上，辛先生和本中心顾问张厚安教授一道因为他们的卓越贡献获得了"终身成就奖"。

辛先生一生追求真理。在国立安徽大学求学期间，就组织了进步学生运动，担任安徽大学学生自治会副主席。解放前，在国民党反动派政权追捕中逃到解放区投身革命。在中苏友协总会工作期间，因坚持真理被错划为右派，受到长期不公正对待，但是，这并没有磨灭其追求真理推进社会进步的意志，他把推动中国乡村民主和乡村扶贫作为自己终生的事业。1987年，为了推进乡村民主和扶贫事业，他向安徽省委提出以乡村民主和扶贫为核心的扶贫改革方案，并请缨到最贫困的岳西县蹲点一年，成功地实施了这一方案。中共安徽省委经调查肯定了辛秋水先生这一经验，并决定在全省推广。辛秋水先生在其实践中总结经验，创造性提出了村委会"组合竞选"，1989年1月在岳西县莲云乡进行了首次成功的试验，又扩展到安徽省其他地区，已经成为一种具有中国农村特色的民主选举成功模式。

二十年后的今天，我们回顾辛先生的学术贡献和他所孜孜以求的科学和民主事业，我们倍感崇敬！我们衷心地祝愿辛先生所开创的事业更加兴旺发达！我们真诚地祝福辛先生健康长寿！

2008 年 1 月 5 日

信仰的力量[*]

——访省社会科学院社会学研究室主任辛秋水

左朝胜（《安徽日报》记者）

试想一下，一个蹲了15年劳改农场，又被遣回原籍管制劳动7年的人，现在该是个什么样的精神状态。

这个人就坐在我对面。他叫辛秋水，他神采飞扬地谈论着党的十一届三中全会以来党中央的一系列重大决策；他透彻独到地分析我省有些落后的山区的经济地理、风俗民情和开发设想；他慷慨激昂地抨击着新的不正之风；他呼吁要健全社会主义民主与法制……

他现在的身份是省社科院社会学研究室主任，可我的脑子里却浮现出他过去生活的几个场景：

1950年代，他因为给《文汇报》写了一篇为知识分子呼吁民主、法制的文章，被戴上右派帽子，押送到北京清河劳教农场劳教4年。解除劳教留场就业后，获得了一次探望妻子儿女的机会，当他辗转数千里、费尽周折终于在某城市找到了前妻时，前妻却已改嫁。当晚，他露宿街头。次日，他卖掉劳教队刚发的一身新裤褂，买了一张车票返回了劳教农场。

母亲患胆囊炎，他想把母亲抬到县城，住在亲戚家就医。因为没有钱，住不上医院，病情危重的母亲，不能在亲戚家久住。他又把母亲抬回家，眼睁睁地看着母亲死去。

……

打击、灾难、屈辱

我面对谈锋犀利、目光深邃的辛秋水，竭力想从他身上找出一点"受伤"的痕迹，但没有成功。

他很亢奋："邓小平同志在科技工作会议上提出了人才问题是个主要问题，真是一语中的。改革的目的是为了解放生产力，解放生产力的前提，就是人才的大量涌现。我最近向省委提出组织一支智力大军开发贫困落后山区的建议，已经得到省委的重视。开拓性的事业，是人才涌现的最好舞台。"

* 原载《安徽日报》1985年4月3日。

"而不正之风、官僚主义、封建宗法残余却是社会主义人才的大敌。对此，你有何见解呢？"我把话头引向了对他有切肤之痛的问题上。据说，他在这个问题上的见解常常引起一些人的不快。

"历史！"他竖起一个指头，强调说，"历史的前进是不以某些人的私利为转移的。你注意到了吗？从中央文件，到街谈巷议，上上下下对以官牟私、以权谋私的不正之风，都到了无法容忍的程度，这就是力量，是党和人民的力量。谁和这种力量对抗，谁就注定要灭亡，任何权势、关系网都是无济于事的。"

对历史的乐观和信心，来自信仰的力量。他告诉我，15 年的劳教生涯，倒给他创造了潜心攻读马列原著的"世外桃源"。他笑道："白天劳动锻炼身体，夜晚读书武装思想。真是不亦乐乎。"离开劳教农场时，他身无他物，只背着一捆几十斤重的马列原著。

他说："官僚主义者、搞不正之风者，大多是共产主义怀疑论者，丧失了共产主义信仰和理想的人，为了私利是不惜去践踏党的原则和声誉的。同这样一些人作斗争，最根本的一条，也是最重要的武器，便是坚定地举起共产主义的信仰之剑！"

我看他那样刚直，突然为他产生了一种担忧："有人以为，过于刚直容易得罪领导，失去群众。"

对此，辛秋水颇不以为然："那是一种局部的、暂时的假象。我辛秋水之所以还有今天，就是党的领导和人民群众的支持。我被遣送回乡劳动时，也就是每天早晨挑着尿桶到各家收人尿，晚上到牛棚接牛尿，对照书本，搞了个土氨水池子。结果，乡亲们居然把我这个受管制的右派分子推选为劳动模范。天安门事件的第二天，我和村里一个回乡青年上街，看到县委门口有个干部正在往墙上贴坚决镇压发动天安门事件的所谓反革命分子的大标语。我愤怒之极，脱口说出：今天的反革命，就是明天的英雄。那个正在刷标语的干部听到后，竟回首对我微笑。我 20 世纪 50 年代在中苏友协工作时，写过一个改革中苏友协组织形式的建议，虽受到许多领导的批评和反对，但我坚信这个建议是正确的，大胆地写信给刘少奇同志。结果，三天后就收到刘少奇同志的亲笔复信，对我的建议加以肯定，并安排实施。我 1979 年恢复工作后，写作、发表了几十篇调研文章，其中《有些国家干部贪污、行贿之风严重》和《要重视解决农村"单身汉户"的问题》两篇调查报告得到胡耀邦、万里等同志亲笔批示。省委负责同志对我写的一些调查报告和各项建议，从来都是热情支持的。有的是省委常委传阅后印发，有的直接采纳并付诸实践，有的被推荐给中央。我的文章对现实有褒有贬。有时批评言辞还很激烈，可是上级领导却对我十分关怀、支持。1984 年，我还荣获了省社科院首届科研成果一等奖。最使我终身难以忘怀的是，去年，院党组织正式吸收我为中国共产党党员……"

我明白了，为什么这个尝尽人间艰辛的硬汉子，在党支部接纳他入党的大会上，竟然放声痛哭。在他抑制不住的哭声中，大家听到了这样的话："……我终于找到归宿，我的生命融进了党的伟大事业！"

忆难友辛秋水

——1958—1966 年清河农场劳教期间

徐守源（中国广播电视大学教授）

我结识秋水是在 1959 年秋，其实我们都是"老右"，被拘禁在华北地区最大的劳改农场——清河农场劳动教养。这个劳改农场占地 24 万余亩，位于河北省宁河县茶淀，距塘沽港约 50 公里，原来是一大片近海的盐碱荒地。这个劳改农场属于北京市公安局管辖，场内设有北京市公安局清河分局和农场总管理处，下属若干分场，一分场在押的是犯人，其余二分场、三分场和四分场（又称于家岭分场）以及 1958 年新开辟的西荒地——581、585 两个分场，所拘人员全是劳教分子，其中"右派分子"共约 400 余人，其余数以万计的是小偷小流氓及犯生活作风错误的人，还有一部分北京市内的无业游民。秋水原在北京中苏友好协会总会工作，1957 年被错划为"右派"后送到清河农场三分场劳动教养，当时该分场是"老右"的集中地。我原系北京二十一中高中历史教师，1958 年在反右运动补课阶段也被错划为"右派"送到清河农场 585 分场劳教。5月初到达西荒地，先住在一个巨大的窝棚内，不久迁移到附近一个叫七里海的地方，奉命在那一大片洼地上修建一座"七里海水库"。在那里劳动的约有一千余人，都住在临时搭建的窝棚内。施工计划是从洼地取土筑成一个巨大的椭圆形大堤，一旦雨季来临，洼地周围的水都汇集到堤内，即形成"七里海水库"。我们到达工地时已是 5 月下旬，工程必须在 7 月中旬以前完成，否则雨季一到即无法施工。由于工期紧迫，工程指挥部决定日夜两班赶工，不料 1958 年雨季来得早，6 月下旬即下大雨。我们住的窝棚不能遮蔽风雨，致使我们不仅劳动艰难而且生活更为艰难，窝棚内一片汪洋乃至无法入睡。有一天我掀开被褥一看，赫然一条蛇被压死在下面。后来农场领导请来一位水利工程师考察施工现场，他认为七里海根本不是修建水库的地方，农场领导才下令撤销这项工程，命我们各回原来的分场。于是一千多人干了近三个月的工程就此报废了，浪费人力和物力难以数计。当时正值"大跃进"如火如荼之际，这点浪费也不会去思考。回到585 分场后，我们搬进新建的简陋宿舍，较之窝棚毕竟强多了，至少可遮蔽风雨。我们随即投入修建整个西荒地灌溉系统干渠和支渠的工程，计划于 1959 年春引潮白河水灌溉西荒地，使 18 万亩盐碱荒地变为良田。不料引水干、支渠修好后，1959 年春却引不来河水。据闻，潮白河上中游都在发展水稻，把水拦住了，我们处于河流下游，永远不会来水。于是整个西荒地的开发计划只好搁浅，农场领导决定，西荒地只留下部分老弱病残种点作物（著名作家丛维熙也曾在清河农场西荒地劳动过几年），其余比较健壮的劳力全部调往几个老分场继续劳动，因为那里还有水可种水稻。我被押送到于家岭分场的西村，这里有劳教人员一千余人，耕地 1200 亩。不久，辛秋水也从三分场调来了，与我分在一个小组。晚上睡在一个炕上，白天在一起干活。我们两人有一见如故之感，大概是趣味相投吧！相处不久彼此即能坦诚相待，互相交心。在那个环境里，彼此坦诚相待是十分难得的！因为我们都是由于在公开场合说了真话才被错划为"右派"分子而失去自由的。当时在清河农场所见所闻的荒唐事和不尊重人权的事，实在太多了。很多像我这样的"老右"都感到困惑不解，憋着一肚子话想一吐为快，但无人可言，甚至连窃窃私语者也极少。因为在"老右"中也有少数"积极分子"专借告密博取领导信任。因此"老右"间彼此罕有坦诚相见者。奇怪的是，我一见秋水就感到他是一个可信赖的、正直的知识分子，可以坦诚相待。我们经常在劳动之余私下交换一些对"大跃进"运动中反科学的奇闻怪事的看法。例如：我们曾在报上读到一篇著名科学家竺可桢（原浙江大学校长，中科院副院长）的文章，作者驳斥当时风靡一时的口号"人有多大胆，地有多高产"是主观唯心论，是反科学的。他提出必须以科学态度对待生产，以水稻为例，当时在江南水肥、种子、气候、土壤条件皆比较好的情况下，加上精耕细作种双季稻再另一季大小麦或油菜，年亩产能达到 2600 斤就很了不起了，胡吹什么"亩产万斤"纯属欺人之话，结果他当然受到了批判。又例如：于家岭农场其实也大刮"浮夸风"（即"吹牛风"），1958 年秋分时节，农场播种了两亩小麦试验田，先深翻土地，将地表土翻下去，而把生土翻上来，耗工无数，每亩播 200 斤种，并施以大量化肥，目标是产 20000 斤。结果事与愿违。到 1959 年春，长出了两亩密密麻麻的细草，显然不可能抽穗。农场领导遂下令将这两亩试验田的细草割了喂牲口；不料牲口却不领情，拒绝吃这种"大跃进草"，一时传为笑谈。此外，1958 年秋，于家岭农场播种了 8400 亩小麦，每亩年产指标是 5000 斤。1959 年春，眼看麦苗长势喜人，虽不可能达到年产指标，但每亩收 400 斤上下是有可能的，至少能满足全场人员一年的口粮需求。不料当麦苗已长到 60—70 厘米高时，农场领导突然决定将 8400 亩小麦用拖拉机翻到地里做肥，然后放水、耕地改种水稻，理由是水稻年产可达万斤，同小麦相比还是合算的。于是我们开始忙于从农场西侧的潮白河引河抽水耕地插秧，不料秧插下后，引河水干涸了，秧苗全部干死，前功尽弃。场部下令改播黄豆，我们又忙了一阵播种黄豆。农场的土壤系碱性黏土，放水灌溉后一旦断水土壤就硬得像石头，我们种下一万多斤黄豆种，一棵苗也没出。于是场部又调拨了 7000 斤麦种，命我们刨地种麦，结果依然不出苗。这意味着 1959 年于家岭 12000 亩耕地，除几亩外将颗粒无收，来年口粮如何解决？秋水与我常窃窃私语，议论他们视生产如儿戏的反科学瞎指挥。其实瞎指挥之风遍及全国，我们对全民大炼钢铁，大办公社，大办食堂，社员吃饭不要钱的轰轰烈烈的景象更感到困惑不解，难道靠这样的盲目行动就能实现共产主义了吗？我们时常在交换意见后感到茫然。只好叹息一声"吹牛误国"！1959 年尽管我们忙碌了大半年全是无效劳动，但每顿饭窝头还是管饱，似乎口粮均无问题。然而到 1960 年 4 月，场部突然宣布粮食定量——每人每月口粮 48 斤玉米面。听起来定量不少，可是大家明显地感到每顿饭的窝头在日渐缩小，后来缩小到就如暖瓶塞一般，而且改为红薯面。饥饿现象开始出现，以青年人为甚，因为他们食量大，有人开始抱怨并发牢骚说怪话，于是每天晚上开批斗会，找几个人批斗一番。然而批斗解决不了饥饿问题，况且粮食日益匮乏，到 1960 年下半年每人每天只发 6 两红薯粉掺以玉米秸粉和野菜做成窝头充饥。后来甚至以稻草纸浆掺以少量红薯粉做成窝头充饥。这时开始有人饥饿致死，死人数日益增多，由每天数人增加到数十人。有些青年人饥饿难忍，在地里干活时挖到什么就吃什么，我曾亲眼目睹自己的难友们吃青蛙和蛇肉。在收工时干部搜身检查，这些蛇、老鼠、拉拉蛄和青蛙等被扔到马路上乱爬，干部在吼骂，劳教人员在苦苦哀求，想把这些东西再拾回来充饥。景象惨不忍睹。秋水与我也饿得奄奄一息，不过我一向表现理智，能克制自己不乱吃野生动植物，终于活下来了。那时我们二人每天相对无言，只能相视一笑表示彼此还活着，其实谁也不知道自己能否活到第二天。我还结识了秋水另一好友张海琛（原北师大中文系研究生）。我们三人的心是相通的，虽然由于饥饿已无力多说话，但我们皆清醒地认识到这场全国性"大饥饿"的来龙去脉。因为当时我们身处社会的最底层，亲身体验了"大跃进"热火朝天的无效劳动。我们早就意识到1960年的口粮会有问题，我从清河农场看到了全国，然而万万没料到灾荒竟如此严重！全国饿死的人超过了两千万！

1962年2月下旬的一天上午，于家岭分场西村各中队的"老右"们突然奉命集中到露天台前开会。农场领导代表北京市委市政府宣布解除部分人员劳教，宣布完毕，解除劳教的右派们立即集中到另一处宿舍。海琛、秋水和我皆有幸解除了劳教。几天以后，清河各分场首批解教右派约1000余人齐集农场五科大礼堂开会，总场领导在讲话中肯定了大家的改造成绩，希望大家在未来的工作岗位上继续努力，改造自己的世界观。会后回到宿舍的难友们皆喜形于色，似乎又看到了一线希望。接着中队长又分别找人谈话，征求每人对今后工作安排的意见，看起来好像真要按个人专业分配适当工作。不料一个月后风云突变，农场领导宣布，这批"摘帽右派"全部调于家岭农场东村继续劳动，被称为农场就业人员。有公民权但非正式工人，我们自嘲是"二等公民"。但毕竟比在劳教期间自由一些，我们宿舍周围没有电网和壕，每两周休息一次可以去天津汉沽区逛了，每年有12天探亲假。我和海琛曾分别回家探过亲。秋水因前妻已与他离异，未曾享受过探亲假，他对前妻的离异表示理解，泰然处之，从未在我们面前责备过她，虽然他知道自己是无辜的。我很赞赏秋水的宽容，其实他的前妻也是"反右"运动的受害者。1962年上半年清河农场的粮食及副食供应依然紧张。我们仍处于营养不良状态，秋水和我的健康状况不好，被医生认为不宜从事重体力劳动。海琛的年龄较小，比我们都强，他和另一位难友高纪翰（原商业部干部）是全场的插秧能手。

1962年秋，农场的粮食供应情况开始好转，当年的水稻、玉米和高粱都有了收成。以前我回过一次家，从北京回来后健康状况有所好转，但是秋水的身体不但没有好转，而且全身浮肿。医生诊断他感染了乙肝，必须隔离，让他独自住一间屋子。我常常看他，他虽然心情不佳却很少谈自己的疾病，依然十分关心国事。他曾对我说：我回忆我们国家自1957年反右以来所发生的一些大事皆令人难以理解。例如："大跃进"的结果是大饥荒，大炼钢铁，土法上马的结果是滥伐了无数森林，造成了堆积如山的废铁，这分明是众所周知的事实。然而1959年的庐山会议却提出了"反右倾"的口号。还说这场斗争要持续几十年，好像这些年"左"得还不够。而说真话的彭、黄、张、周却被扣上"右倾机会主义"的帽子并被打成"反党集团"。之后，又在全国开展了"反右倾"运动（实际上是二次"反右"），凡是在"大跃进"运动期间或以后说过真话的干部皆被扣上了"右倾机会主义者"的帽子受到处分。1962年7000人大会以后，财经状况出现好转。于是紧接着又提出了"阶级斗争要年年讲，月月讲、天天讲"的口号，跟着就开始了"四清"运动。在"大跃进"中上台的一批基层干部大多被拉下了台，又上来一大批"四清"积极分子。我们回顾了上述历史，一致认为：一个国家如不依法治国，而靠无休止的政治运动来治国，绝非长治久安之道。他说："自1957年'反右'以后，这些年来在党内始终是极'左'路线占主导，以致国无宁日，民不聊生。"看来我们的右派问题暂时也不可能获得公正的处理。我们应该坚持活下去，饿死、病死和自杀的"老右"是最冤的。可是秋水的病情仍未好转，我很为他担忧，他却若无其事，依然健谈，而且头脑很清醒，看问题异常尖锐。在当时的环境里能推心置腹的朋友，唯秋水一人而已。

1966年秋，在我最后一次去看他后，有一天下午，一位同难者跑来告诉我，他亲眼目睹几个公安干部将秋水送上一辆卡车驶向茶淀火车站。行前不准他通知任何人。秋水就这样离开我们被遣送回安徽原籍农场继续就业改造。从此我们隔断了音讯，我很为他的健康担忧。

1969年冬，根据林彪的"一号通令"，我和一批原籍浙江的"老右"被押送回原籍，我独自一人分配到萧山县五七农场（今红山农场）。后来不记得是通过哪位难友，我得知秋水已遣送到他的故乡——安徽省嘉山县大辛庄农场劳动，我们又重新取得联系。

1979年2月，我的错划"右派"问题获得改正调回北京复职。1980年9月，调入北京广播学院外语系任教。秋水的错划问题亦获改正，被调入安徽省社科院社会学研究室工作并重新建立了新家。以后他每次来北京开会皆来看我，他的健康状况已大为改观，肝炎早已痊愈，一副精神焕发的样子，我感到非常高兴，而更令我感到欣慰的是，他自从恢复工作以后不安于在研究室内坐而论道，而是走出省委大院，深入贫困大别山区进行社会调查。他提出经济扶贫必须与文化扶贫同时并举，方能奏效。秋水言出必行、行必果，他深入大别山区最贫困的岳西县莲云乡，办起了图书室和科技扶贫中心。他进一步提出经济、文化扶贫与政治民主——村民自治相结合，农民才能真正脱贫。在安徽省委支持下，他在岳西县莲云乡进行了村民直接投票选举村委会主任的试验。秋水二十余年在安徽的工作成果是有目共睹的，无须我在此多说。

1999年冬，我自澳洲探亲返京后，迁居郊区西三旗养老。2001年秋水曾两次来京开会，因我们的住处相距数十公里，又无方便的交通工具，所以只能通两次电话，彼此互道珍重。我已是耄耋之年，而秋水也已年逾古稀。今后会面恐难矣！特草此文略表思念之情。古人云："平生得一知己足矣！"秋水与我可称得上是知己。

我所了解的辛秋水乡村建设思想[*]

张德元
（安徽大学中国"三农"问题研究中心副主任，教授，博士生导师）

我与辛秋水先生可谓地地道道的忘年之交，他老人家的年龄几乎是我的两倍，做"三农"研究这一行，他是前辈，我是后学；但自从新世纪之初我们相识以后，我们就一直在一起工作，经常见面，无话不谈；即使现在我工作比较忙，他也年老体衰了，我也要每隔一段时间就去陪他聊半天或一晚上。在我的眼里，他是一位可敬的师长，也是我的挚友。俗语说榜样的力量是无穷的，每当在"三农"工作中遇到困难或意志消沉时，我就想一想辛老爷子，他就是我心中的榜样。日前，辛老的新著《传统文化与现代文明相对接——新乡村建设的理论与实践》一书出版了，这本书是他老人家乡村建设思想的总结，作为辛老的朋友，我想我应该为此写点文字。2010 年的重阳节就要到了，就以此文作为对辛老的祝福！

辛老的人生追求

要了解辛老的乡村建设思想，就必须了解辛老的人生追求，以及这种追求是怎么形成的。辛老与他那个时代的许多"革命的知识分子"一样，所追求的就是要建设一个"经济发达、政治民主、社会平等"的新中国，虽然共产党官方对社会主义新中国有许多解读，但他老人家心中的理想仍然是这么朴实，终生不渝。辛老生于 1927 年，出身于皖东一个大地主家庭，他的家庭一直把他从小学培养到大学，在那时的中国属凤毛麟角了，是地道的知识型阔少爷。他年轻时候看到的旧中国是"经济凋敝、政治黑暗、社会不平等"。随着他书读的越多，他想不明白的问题也越多了。为什么五千年文明的泱泱大国经济如此不堪？为什么民国已经建立多年还是独裁政治？为什么我家终日辛劳的佃户饥寒交迫而不劳而获的我却能西装革履？也就是这样，他接受了马克思主义，大学里在地下共产党的领导下从事学生运动，他坚信马克思主义和共产党一定能给他带来一个"经济发达、政治民主、社会平等"的新中国。这种信念促使他冒着生命危险从事地下活动，身份暴露后又历经千辛万苦投奔解放区。共产党取得政权后，辛老被安排到中央机关工作，工作中他隐隐约约感觉到，社会主义实践与他心中的理想不完全一

---

* 原载《村委主任》2011 年第 3 期。

致。幸好共产党给了一次"大鸣大放"的机会，于是辛老怀着对共产党的十二万分忠诚，给共产党中央上万言书，希望共产党改掉一些"非马克思主义"的坏毛病，朝着他心中理想的"经济发达、政治民主、社会平等"的目标前进。结果，"奖励"了他十四年牢狱和八年农村劳动改造生活，外加妻离子散。二十二年的失去自由，并没有使他放弃理想，二十二年中他不断反思，他坚信他的理想是对的，是共产党的社会主义实践没有实践好。1979 年平反恢复工作后，他就很自然地想，既然如此，那我就亲身去研究和实践吧，从哪里着手呢？哪里问题最大就从哪里下手，当然是农村问题最大，那就从农村着手。所以他放弃了回北京的机会和自己的法律专业，开始从事农村社会学研究。从辛老的身上我看到了两点。其一，信念的力量是令人震撼的，我第一次去辛老家时几乎惊呆了，辛老的家可以用家徒四壁来形容，这无论如何与我想象中的大社会学家对不上号；辛老客气，说中午一定要请我吃饭，不然有违待客之道；辛老把我带到一个小吃摊上，要了十五块钱快餐，并解释说"饭只要吃饱就可以了，钱要用到事业上"，这是我这么多年来所接受的"最高级"的招待。近年他预感他来日不多，张罗着要卖掉他的房产，得款和他的积蓄放在一起，委托我在他百年后成立"辛秋水农村社会学研究基金"，每每听他提及此事，我感觉到的不仅仅是悲壮，而且悲痛！其二，我能感觉到，那个时代知识分子的革命理想与共产党的暴力革命可能有目标冲突，"革命的知识分子"想要的，可能不完全是共产党想要的；但这些"革命的知识分子"又不得不为他们的理想找到一个现实载体，他们选择的这个载体就是共产党；我曾经开玩笑地跟辛老说：共产党把您打成"右派"是极不英明的，因为您是左派！

辛老倡导的两件大事

　　辛老的研究领域很广，著述很多，有学术专著，也有农村社会学教材，还写了 200 多篇文章；并且亲身进行社会实验。但在所有这些研究和实践中，他最看重的是两件大事，一是文化扶贫，一是村民自治。最终辛老把这二者相结合，形成了"三个基地，一个保障"的乡村改造实践模式。但这种模式的思想形成并非一朝一夕，它是辛老在研究和实践中逐步摸索出来的，有它内在的思想和行动逻辑。下面我尝试还原辛老的这个逻辑过程。

　　第一步，辛老是那种把论文写在田野上的社会学家——他现在也要求我们这样做；他长期泡在农村，与农民为伍，实地观察以发现问题。一开始，他觉得农村问题实在太多，简直无从下手。后来他发现，虽然农村这也不好，那也不行，但最根本的一条还是个"穷"字。于是，他认为扶贫工作是牛鼻子，应该牵住它。这样他就把他的目光聚焦到扶贫上来了。

　　第二步，当辛老专注于扶贫研究时，发现政府的扶贫方式有缺陷。政府制订了"八七扶贫攻坚计划"，不可谓不努力，但效果并不那么好，尤其是越落后的地方效果越差，而恰恰是落后的地方更需要扶贫。于是辛老开始寻找农民的穷根在哪里，辛老发现农民穷就穷在"文化"上，穷就穷在文化知识不足、文化观念落后、文化氛围缺失。怎样才能改变这种局面呢？这是书斋里想不出来的。辛老就选点进行社会实验，他在实验村帮助农民建立起一个图书室、一个贴报栏群、一个实用技术培训中心——这就是后来所说的"三个基地"。这种实验开展后，发现农民确实有这种需求，效果很好。

第三步，在实验后不久，发现新的问题又来了。既然有了"三个基地"，这"基地"就存在一个管理和可持续运作问题。首先想到的就是让村干部来管理，但村干部似乎对"基地"并不热心。因为"基地"是农民的，而村干部"是政府的"，不听农民的。为此，就必须把村民自治落到实处，于是辛老想到要改进村委会选举方法，使村干部真正感觉到"权为民所授"。这样，辛老就创造了村委会"组合竞选"，并在实验村进行实验。

第四步，文化扶贫和"组合竞选"同时开展以后，辛老发现组合竞选出来的村干部责任心强，对"基地"热心了，"基地"得以可持续发展。同时，"三个基地"的文化输入，提高了农民的能力，促进了村民自治的"自主决策、自主管理、自主监督"。两者是可以互动，相互促进的。在这个基础上，辛老再进行理论总结，最终获省委批准推广。

必须相对接的两种文化

在推进农村基层民主建设方面，辛老认为西方的民主文化是现代文明的重要成果，值得我们借鉴和学习，但全盘照搬西方的经验是不可取的，应该充分重视中国国情，从实际出发，将中国传统文化与现代文明对接起来。根据我的理解，辛老之所以有这个主张，其原因大概有以下几个方面。

其一，完全西化，实际上是化不了的。只要看看中国农村的实际情况，看一看千百年来给农民留下来的思维方式、生活方式及行为方式，就知道完全照搬西方不可取。中国文化的形成条件和基础与西方差别很大。

其二，中国的传统文化中有民主基因，应该加以挖掘和利用。虽然，中国的封建专制时间很长，但是，中国传统文化的核心是儒文化，而民本思想是儒文化的重要思想。"民为贵，君为轻，社稷次之"的思想深入人心。因此，中国传统文化有与西方现代文明对接的基础。且尊重中国传统文化，因地制宜，可以降低推进中国农村基层民主的成本。

其三，东西方文化融合已经是一种大趋势。一方面，东西方文化不仅仅有对立的一面，更有统一的一面，是对立统一的辩证关系。另一方面，全球化和对外开放的潮流不可阻挡，随着中国市场化进程的不断加快，农村对外开放的步伐也会随之加快，传统农民必然逐步向现代农民转变，农村将逐步向城市看齐。

社会学家的三种角色

我发现，作为社会学家，辛老有与众不同的特色，在他的身上有三种不同的社会角色，一身三任，这不是每一个社会学家都能做到的。他既是一个研究者，也是一个实践者，更是一个布道者。

首先，他是一个研究者。作为学者，他是一个社会问题的研究者，他发现问题，研究问题，针砭时弊，批评政府，充当一个社会医生的角色。数十年来，他著作等身，八十高龄了，还笔耕不辍。

其次，他是一个实践者。他不是一个坐在书斋里的学者，他不仅深入农村，进行调查研究。更重要的是，他投身到社会实践中去，进行社会实验，做改造乡村的身体力行者。他的文化扶贫模式、村委会"组合竞选"都不是靠理论逻辑推理得出来的，都是从社会实验中总结出来的。

最后，他还是一个布道者。说他是布道者，主要体现在两个方面。一方面，他总是不失时机地通过各种方式宣讲自己的研究成果，力求使更多的人对文化扶贫和村民自治有更深的认识，充当了一个义务宣传员的角色。另一方面，他总是尽可能地想办法让官员接受他的主张，以使他的社会实验不断推进，充当了一个义务幕僚的角色。

社会工作者当如辛秋水*

黄建初（安徽警官职业技术学院纪委副书记）

我敬重辛秋水先生，不仅是因为他历经坎坷仍始终不懈地追求真理，更因为他那种深入实际、调查研究、仗义执言，以及对弱势群体充满关爱的拳拳之心。

记得 1984 年一个炎热的夏季，时任省社科院社会学研究室主任的辛先生率队到肥西县调研。当时通知了县委宣传部、办公室、政法委等部门同志召开了一个座谈会，我作为县委政法委秘书也应邀参加。会上，大家发言踊跃，大谈改革开放后肥西县的形势越来越好。可作为 1983 年"严打"以来的亲历者和见证人，隐隐地感觉到在一次次"拉网"式统一行动的强烈威慑下，社会治安中得到了有效控制，但却又出现了一些深层次社会问题，比如农村"单身汉户"问题。就在前几天的一个早晨，我刚到办公室，突然闯进一个头发蓬乱、衣衫褴褛的 40 多岁壮汉，一进门他就扑通一声向我跪下，大呼："领导，我杀人了，我来投案自首，请你叫公安局把我送到白湖吧！"我当时感到事关重大，立即给县公安局方局长打电话，没想到，方局长听后，不但未感意外，还轻松地对我说："他呵？我知道，是农兴乡的老刘，是个单身汉，'三进宫'了，刚从白湖刑满释放回来，他过惯了监狱生活，是一个马路上有两袋无人认领的白面粉都不愿意捡的懒汉，他也到我这儿来纠缠，要我将他再送到白湖去呢。"于是，座谈会上，我说出了自己对农村"单身汉户"这一现象的看法。这一部分人在原来生产队里"挑大梁"，日出而作，日落而息，一人吃饱全家不饿，生活还过得去。但包产到户后，单身汉们同样承包了一份土地，地里的活只够他们几天干的。因为他们一般只有简单的单项劳动本领，缺少多种经营的技能，连猪连鸡都养不了，更谈不上发展副业。物质困难导致精神不振，而精神不振、前途悲观又挫伤他们的劳动积极性，加之他们单门独居，无妻儿监督，"出门一把锁，进屋一盏灯"，在穷极无望之时，易于铤而走险，形成单身汉户犯罪的高比率；在某乡"拉网"行动抓捕的 10 人中，就有 9 个是单身汉……

在我们竹筒倒豆子似的说了以上情况之后，座谈会的气氛一下子凝重起来。

令人意想不到，没过几天，辛先生独自一人来肥西，别的什么地方也没去，而直接找到我，和我作了一次长谈，并形成了"农村'单身汉户'问题调研提纲"。那时他身体欠佳，又患有眼疾，但他全然不顾，坚持要到基层了解实情。

在之后的一周多时间里，我既做向导又做"秘书"，陪同辛先生先后到县公、检、法、司等机关了解"严打"以来肥西县的刑事犯罪情况，接着又到县计生办调查近几

　　* 原载《安徽警院》第 117 期，2011 年 2 月 28 日。

年农村重男轻女思想对男女出生比例的影响，他还特别深入较贫困的基层乡镇进行调研，了解"两劳"回归人员的"接茬"帮教情况和生产生活状况。调研时，因为他看字模糊，就由我代笔记下他概括出的意思。调研期间，他吃住在农家。那时的农村住宿条件很差，加之天气炎热、蚊虫叮咬，可他丝毫没有退缩，还开玩笑地对我说："我这种吃苦耐劳的作风，是几十年白湖农场牢狱生活锻炼出来的呢。"

在对深入基层走访调研的初稿进行核对补充和精心打磨之后，终于形成了《要重视解决农村"单身汉户"的问题》调查报告。报告对农村"单身汉户"这一特殊群体的产生原因、生存状况、发展趋势、消极影响等进行了深刻的剖析，受到省委和中央负责同志的高度重视。胡耀邦、万里均作出批示，新华社《内部参考》用黑体字作为重点文章刊登，并加了编者按。当年的全国农村工作会议将该调查报告作为会议文件下发，全国14家报刊转载此文，上海《社会》1984年第六期刊登此文时所加的编者按，称"该调查报告对社会学的家庭理论做了具体的发展"。

此后，我们又"合作"完成了《农民自杀的现象应当引起注意》一文，该文在《安徽情况》发表后，时任安徽省长王郁昭作了重要批示，要求印发《送阅材料》，以引起全省各级领导的重视。

当年在这些调研中，我只是谈了一些个人看法，做了一点辅助性工作。可辛先生却始终记住这些事，不仅在调查报告发表时署上了我的名字，在多种场合称赞我的社会敏感性和责任感，还在论文获1984年省社科院科研成果一等奖后，要与我一起分享奖金（当然，我自知受之有愧而坚辞之）。

虽然此事已经过去了20多年，但至今仍历历在目，每当想起辛先生能以关切民生的拳拳之心、社会学家的敏锐视角，不辞辛劳深入基层、走村串户开展调研的情景，心中仍是充满敬意。

在我们建设有中国特色的社会主义文明、民主国家的今天，非常需要像辛先生这样的有良知和有责任感的社会工作者们，不计个人得失，"正直地生活，拼命地工作"（美国学者韦伯斯特语），坚守和执著，深入基层、倾听社情、反映民意，与老百姓同呼吸、共命运，反映基层群众的真实心声，让城乡共同发展，让人民共同富裕，让全体中国人都能有尊严地生活，享受到改革开放和祖国发展的丰硕成果。

万劫不辞,为国家的富强和民主奋斗终身[*]

——评老同学辛秋水

夏玉龙

安徽省江淮乡村建设研究院院长、"文化扶贫"和村委会"组合竞选"制创始人,享受国务院特殊贡献津贴专家,原国务院农村发展研究中心特邀研究员,2003年《中国改革》(农村版)全国遴选"情系三农二十人"之一,2008年安徽省改革开放三十年、三十件事、三十个人之一的辛秋水同学。他1948年在国立安徽大学因组织安大第一个学生自治会,宣传自由、民主和组织"反内战"、"反饥饿"大游行而显露头角;新中国成立后因反对党内不良倾向、"大鸣大放"而遭迫害。恢复工作后又为推行乡村民主和文化扶贫继续为自己的理想而奋斗。

一 组织"大公竞选团"竞选学生自治会,率领游行队伍喊口号进行反内战、反饥饿、反独裁斗争,显露头角

辛秋水同学在校时名为辛树苗,男,汉族,1927年出生,安徽省嘉山县(今为明光市)人。他虽然生长在一个封建地主家庭里,但自幼同情穷人,富正义感,疾恶如仇,还有一股犟劲!誓为推翻旧社会建立新中国,建设自由、民主、博爱的新社会而贡献一生。

1947年我与他同时从南京临时大学转来安徽大学,他是一年级,我是二年级,所以我们互不认识。1948年春,学校广大同学和进步教授一再呼吁,迫使校方同意成立学生自治会。但学生自治会由谁组阁?为此展开了一场激烈的竞选。当时,参加竞选的有三个竞选团,一个是校方支持的民主竞选团,成员主要是国民党员、三青团员;一个是公仆竞选团,成员主要是复员青年军;另一个是大公竞选团,成员主要是各院、系思想比较进步的学生,因而有更广泛的群众基础。辛秋水是一位思想进步的同学,他与赵剑鸣、石诚、纪增辉、王秀明、杨明琛,在地下读书会的尤纪安、袁剑春、郑天任、计羊耕、邹道长、江锡康、阚凤生、王冠亚、邢皖生等同学的支持下组织了大公竞选团,辛树苗是大公竞选团的副主席,助选团的同学们用唱歌、广播、出快报等多种形式,宣传"大公竞选团"的竞选主张。最终,大公竞选获胜。秋水同学有一功也。因我参与

---

* 作者为国立安徽大学校友,离休干部,本文原载《国立安徽大学老同学回忆录》,安徽大学出版社2008年版。

助选，才初次认识了他。在学生会成立后他做了三件事，一是在广场上主持了"反美扶日"大会；二是参与组织了"反内战"、"反饥饿"大游行；三是他和石诚、尤纪安同学一起主持了"驱逐国民党校长陶因"的全校投票活动。

学生自治会与全国学联和宁、沪、杭、平的各兄弟院校互相通电声援，进行反暴斗争。先后组织同学们抗暴游行示威两次。第一次就是辛秋水同学和蒋年第同学带领游行队伍喊口号，穿过孝肃路、吴越街、四牌楼，直奔大南门登云坡巷内的军管司令的官邸，在这次率队进行反暴斗争的示威游行中，由于他显露了头角，也被特务组织纳入了黑名单。1948 年秋，进步同学纪增辉被特务投入江中杀害，一时间人心惶惶。当时特务组织正在拟定黑名单，企图于 1948 年底逮捕一批进步学生。辛秋水同学闻讯与王冠亚、陈道源、邢皖生、胡作模等一些进步同学先后投奔到解放区参加革命。

二　刘少奇亲笔给他复信，支持他改变中苏友协组织形式的重大建议

1949 年 7 月辛秋水在北京中苏友协总会组织部工作，感到中苏友协六千万会员已成为中苏友协工作——宣传中苏友好和国际主义——的障碍。因此，他向时任友协总会总干事的钱俊瑞同志建议取消中苏友协个人会员制，改为由工、青、妇中央一级组织作为团体会员参加中苏友协，这个建议受到钱俊瑞等领导同志的严厉批评，于是，他径直写信给当时兼任中苏友协总会会长刘少奇同志，少奇同志三天之内就给辛秋水同学亲笔复信，内称："秋水同志，来信收到，你的意见基本正确，我已提交中央宣传部讨论处理。

此致敬礼，刘少奇"。

接到这封信的次日，钱俊瑞同志约辛秋水等同志到他家中去，亲自表示歉意，并说："昨天在怀仁堂，少奇同志已经批评了我。"随后，辛秋水又根据中宣部秘书长熊复同志的指示，将他这次上书刘少奇改变中苏友协组织形式的勇敢行为写一份讲稿，以"反对官僚主义，提倡创造性工作"为主题，在中宣部系统所属单位党团员大会上做一个报告。不久，中苏友协召开全国代表大会，通过"取消个人会员制，改为团体会员制"，落实了辛秋水的改革建议（见《安徽日报》1980 年 5 月 17 日）。

1952 年，"三反"运动，因辛秋水经手大批经费，友协总会设专案组对其账务进行清查，结果不但没有发现辛秋水有任何贪污问题，相反，却查出来他多次拒绝受贿，还曾经将一个商人对他行贿的巨额支票送给领导，使该行贿商受到北京前门公安分局拘留。因而，在"三反"运动总结时辛秋水在中直机关党代表大会上受到时任中直机关党委书记杨尚昆同志的提名表扬。为此，辛秋水被选为中直机关团委的优秀团员。

三　发犟劲、大鸣放、划为极右派，廿二年牢狱之灾

在 1957 年的"反右"运动中，秋水同学凭着疾恶如仇的性格和犟劲，在 1957 年 4 月 28 日鸣放时给《文汇报》写了一封信，对胜利后党内滋长的种种不良倾向，如官僚主义、宗派主义、不民主等问题，提出了自己的看法。机关鸣放时，他妻子是党支部书

记（1944年入党），耳闻过延安整风，深知其中利害，坚决不同意他去鸣放。可是辛秋水说："我参加革命的时候就把头拴在腰带上，我就不怕这个！"仍犟着去鸣放。对领导提了意见，使领导很不满，这时已经被批判的《文汇报》把信转了回来，秋水同学不幸被划成极右派，被罚到北京清河农场劳动教养。就这样一去竟二十二年。

辛秋水虽然受到冤枉，但从来不自视自己为反党反社会主义分子，他此时想的是在农场干活也是为了新中国建设，也应该拼命干。在1959年全国"大跃进"时，农场为了丰收，发动人工深挖土地大比赛，在一千多比赛人群中，辛秋水速度第一，其故事被农场编成快板戏演出。为此，在国庆十周年时，他被选为劳动能手之一，送回北京参观十大建筑。他借此机会同久别的妻子、儿女团聚一次。

在农场劳动累是常事，但更难熬的是挨饿，特别是在三年困难时期，清河农场于家岭分场1400多人饿死了700多人。他的劳动小组原先16个人，后来只剩下8个人，他也饿得全身浮肿，走路摇摇晃晃还要被驱赶出工。在田间干活的时候见到田鼠捉田鼠，见到水蛇捉水蛇，等待回工棚偷偷烧着吃。就连这样也往往办不到，收工进门时看大门的管理人员总是不放过，一个个搜他们的身，藏在身上的田鼠、癞蛤蟆、水蛇被抛得满地都是。田间野物吃不成。每天早晨出工走出大门时，队伍就炸开了。一个个蜂拥着去垃圾堆抢拾干部家属扔掉的菜根、肉骨头、鱼刺等东西吃，景象凄惨！他饿得实在支持不住时，和小队长吴某（也是劳教人员）闲谈时吐露要把皮箱剪了煮了吃的想法，没想到吴某为了立功向干部汇报了此事。农场严场长找他谈话，他坦承有其事，并说"当年红军也吃过皮带"，严场长把桌子一拍，说，"你反动，竟敢污蔑红军"，立即宣布对辛秋水进行禁闭。禁闭期间每餐窝头再减一半。因此，禁闭一周放出来时，只能扶着墙壁走出来，但干部还强迫他出工劳动，不料他在收工路上一下子就晕死过去，幸亏带队的张贤队长及时派人用车子把他抢救过来，以后就送进休养所，在休养所每天能有三碗稀粥喝，才救了他一条命。

辛秋水劳动虽好，但是无法接受强加在他身上的"反党、反人民、反社会主义"的所谓"罪行"，因而他在1962年2月解除劳动教养时，因认罪态度不好，未摘帽子，他的右派帽子一直戴到十一届三中全会以后全面改正错划右派时，才被中共嘉山县委下文摘掉。改正右派后，无怨无悔地继续为自己的革命理想而奋斗。

1966年文化大革命开始，清河农场要接收北京市下放劳动的大量知青，于是将场内劳改劳教期满留场就业的职工遣送回原籍劳改农场继续就业。辛秋水按此规定就遣送到安徽白湖农场五大队八中队，分配他的劳动是牧羊，当年苏武牧羊是匈奴国的北海边，而今辛秋水牧羊是在安徽的白湖大堤上。由于辛秋水始终把在农场的改造劳动作为他的革命事业的另一个场所，因此他在牧羊岗位上也做到尽职尽心。在辛秋水没去以前，每年冬天都要冻饿死大批羊羔。辛秋水去的当年冬天，就基本上改变了这个局面。他看到一些羊羔缺奶（老羊吃枯草，奶少），就用自己农场每月发的十六元的生活费节省出一部分去买奶粉，像喂小孩似的用奶瓶喂羊羔。冬天太冷，他就把那些刚生下来的小羊羔放在他的床上被子里，度过最严寒的几天。就这样，救活了一个一个羊羔，一些小羊长大了，还往他的稻草铺上爬。为此辛秋水所在的八中队贴大字报表扬。因为他表现得好，农场的夏干事当面表扬辛秋水说："你的工作干得好"。辛秋水谦虚地说："这是为人民服务嘛。"夏干事面色一变："你有什么资格为人民服务？记住，你在改造。"

辛秋水听罢，心为之一凉，当一个人失去为人民服务资格时，你会感到"为人民服务"这五个字的珍贵。"难道我已经失去为人民服务的资格了吗？"所以，当辛秋水改正右派，重新回到革命工作岗位上来，就非常珍视为人民服务的岗位。他日以继夜，拼搏奋斗，他恢复工作上班的第一件事，就是写入党申请书。

1971 年 9 月 13 号发生了林彪叛逃事件，白湖农场决定遣返一些留场就业的职工回到原籍，辛秋水 1972 年带着右派帽子被遣返到他的老家安徽省嘉山县（今明光市）洪山乡大辛庄。由于辛秋水在学生时代就参加革命，同情被剥削的农民，他在 1948 年就召集他家的几十民佃户开会，辛秋水在会上向他们宣布"今后你们谁种我家的田，这个就归你们。"这样一句话，在当地引起了轩然大波，他被他的父亲严加训斥，当地农民因而对辛秋水是反党反社会主义是不相信的，对他的遣返回乡生产给予很大的同情。当然辛秋水也完全以主人翁的姿态来干好分配他的劳动。生产队分配他的劳动是种大白菜、种萝卜，尤其是他创办了土造的氨水池，每天早上他挑着担子挨家挨户去收集小便，晚上到牛棚里收牛尿，倒入他设计的用水泥做的氨水池，进行发酵。进行发酵后，肥效很高，用以浇灌萝卜、大白菜，所以大白菜和萝卜长得特别好，他种的大白菜和萝卜在当地是出了名的。就在他仍然带着右派帽子的情况下，他被选为大兴大队的劳动模范。当时的中共嘉山县委书记肖华同志带着全县的相关人员到辛秋水的氨水池开宣传会，推广造氨水池的经验。

四　深入基层调查研究，影响中央决策

1978 年底，辛秋水同学改正错划"右派"后，被分配到安徽省社会科学研究所（现为安徽省社会科学院）工作。此时，他已是 52 岁的人了，照常理说他该坐下来安享晚年了。况且他平反以后孩子们又都回到了他的身边、父子父女的骨肉关系恢复了，原妻虽因他被划右派而离婚改嫁，他也重新组织了家庭，但辛秋水丝毫无一般人的埋怨情绪，第一个行动就是要走下去搞调查研究，因为他在基层泡了 22 年，深知民间疾苦，所以他还要下到第一线，拿到第一手材料，提供给决策机关。多年来他向中央和省委提交多项重要调查报告，并产生了重大影响。

1. 影响中央决策的第一份调查报告

1981 年，他在安徽省明光市二轻局系统调查时，看到市场开放后，贪污受贿之风严重起来，如不遏制，将会损害改革开放正确方针，于是他奋笔疾书写了一份调查报告给省委，题为《有些国家干部行贿、受贿之风严重》刊登在中共安徽省委《调查研究》（1981 年第 12 期）上，省委书记张劲夫、顾卓新同志均作了重要批示。后来这份报告由《红旗》总编辑熊复同志转给胡耀邦同志，耀邦同志对这份材料特别重视，于 1981 年 3 月 26 日就这份材料反映的情况写了一封信给时任中纪委书记王鹤寿同志，内称："鹤寿同志：因为一些事情，这个决议（按：中纪委第三次全会决议草案）我无法仔细推敲，请你们负责定稿就行。我只是感到有两点似乎强调得不够：一、是不少党委的纪委会还没有正式建立，建立了也很不健全，中央决定全党要成立纪委已两年多了，有些地方对此不积极，这不好。决议上虽可不批评，但似应写上两三句。二、据我所知，现在一些中下层干部，特别是农村中的一些干部，投机倒把、行贿受贿，甚至向下级、向

群众敲诈勒索之风相当严重。现在，我把昨天收到的一份材料转给你（按：辛秋水调查报告），请你们看看。我主张除在第三部分适当增加有关方面的一些内容之外，有关这个问题请你们再研究一下。第一，可否将这个材料登《党纪》刊物（按：中纪委《党风与党纪》1981年第10期，《人民日报》1981年3月23日第四版刊登了辛秋水的调查报告）并加按语，要求各级纪委充分重视。第二，是否再作点调查，争取在四月至迟在五月，专门写个通告公开号召广大干部、党员和群众坚决同这种歪风邪气作斗争（当然行文时还要把这些行为看成是少数人的行为，以免引起人们对党的不信任）。此外，我看到这次会议的一些简报，我感到不少同志在小组会议有的发言相当空，似乎对下面干部的党风情况并不很了解。这一点，也请你们加以注意。"中纪委接到耀邦同志这个批示后，迅速派工作组到华东五省、市进行调查。调查结束后，工作组组长孙克悠同志特邀辛秋水谈话称："我们调查的情况发现的问题比你所讲的还要严重得多，中央将制定对策。你已经在耀邦同志那里挂了号了，你今后继续反映问题，不要怕。"不久，中共中央发出《关于制止经济流通领域中不正之风的通知》和《中共中央、国务院关于打击经济领域中严重犯罪活动的决定》，于是一场全国范围内的打击经济犯罪活动的斗争展开了。辛秋水同学也被中共安徽省委作为工作组成员派到滁州市参加这项斗争。

2. 影响中央决策的第二份调查报告

1984年9月17日辛秋水写了《农民"单身汉户"问题严重》的调查报告。农村单身汉大家见得多了，但都未引起注意，但辛秋水同学一次到肥西县作农村调查时，听到县政法委秘书汇报农村情况时，说："现在在农村犯罪的很多都是单身汉，譬如该县官亭镇派出所羁押的十个人，其中有九个都是单身汉农民。"辛秋水敏感地意识到这是包产到户以后农村出现的一个新问题，于是他对单身汉问题作了专门调查，得出的结论是：包产到户前，单身汉由于没有子女或家庭负担，他们的劳动力强，拿的工分多，他们当时的生活比那些家庭老弱负担重的农民好得多。包产到户后，由于单身汉也是按人头每人分得一样多的田亩，但他们没有老人和小孩等辅助劳动力，搞不了家庭副业，这样一来，单身汉户的生活水平大大下降了，他们产生了悲观的混日子情绪，加上没有妻子儿女的监督，往往在夜间独自出去偷鸡摸狗，走上犯罪，所以单身汉犯罪的比例很高。辛秋水又就这个问题继续深入调查，发现由于计划生育的一胎化政策，农民溺死女婴之风严重，凡是第一胎是女孩的，许多农户就把她弄死，以便再生一个男孩。辛秋水感到，如此下去，农民单身汉越来越多。农民为什么要溺死女婴呢？因为农村的老传统都是靠儿子养老，因而拼死拼活也要生个儿子。而城市情况不同，工作时有工资收入，老了有公家养老，所以在城市对一胎化政策执行的干扰并不严重。因此，城市和农村的计划生育政策应有所区别，辛秋水就此写了一份调查报告，题为《农民"单身汉户"问题严重》。"报告"除陈述了当前农民单身汉情况问题严重外，并大胆地提出计划生育政策应对农村和城市区别对待的建议。这份调查报告送到胡耀邦同志处，耀邦同志对此十分重视，批给新华社作为《动态清样》材料（1984年10月10日，第2573期）来发表，并指示："转穆青同志酌处，并请代我给他一个简单的回信"，万里同志阅后批示："调查报告所提意见大体可以，如这种情况相当普遍，即可将此问题发于通知，以引起全国注意"。后来这份调查报告被全国十四家报纸刊物转载，《中国农民报》1984年11月1

日以头版整版篇幅刊登这份《报告》时称"辛秋水同志面对现实的社会课题进行调查研究，他的成果引起中央有关领导机关的重视，而他的研究使得我们社会学的家庭理论具体地得到发展。由此可见，问题导向的实际研究工作不仅不会同理论探索相矛盾，而且正是理论工作的基础和源泉。"

在 1985 年召开的全国农村工作会议上，辛秋水同学的这份《报告》被列为大会文件之一。历史证明，辛秋水这份调查报告中所提的"计划生育在农村和城市的政策应有所区别的建议"已被中央办公厅所接受并付诸实施，例如，中央的计划生育政策随之作了调整，规定农民生的第一胎如果是女孩的话，允许其再生第二胎。

3. 影响中央决策的第三份调查报告

1983 年，全国打击严重刑事犯罪斗争前夕，辛秋水针对当时社会治安的严重状况，到合肥市东城区进行社会调查，写了一份《关于当前青少年犯罪问题》的调查报告，提出对青少年犯罪的社会综合治理方案。其核心：一是严厉打击，二是多方疏导，三是实行单位、学校、居委会和家庭对青少年犯罪的联带责任制。这份调查报告受到安徽省委、省政府的高度重视。原省长王郁昭、副省长程光华于 1983 年 3 月 23 日均作了重要批示。程光华副省长的批示是："这份调查报告写得好，所提建议亦可参考，打印 50份，召集有关部门和合肥市的同志开会研究"，随后合肥市立即开始了对刑事犯罪的集中打击。同时，这份调查报告经有关部门转到中央，全国人大法制委员会负责人严佑民同志看到这份材料后，立即批示将这份调查印刷成册，送全国人大常委以上负责同志参阅。作为研究制定严厉打击刑事犯罪决定的参考（以上由时任严佑民同志秘书的严桂夫同志提供）。不久，全国人大常委会作出了《关于严厉打击刑事犯罪活动的决定》。而安徽省合肥市比全国提前半年就开展了这项斗争。由此证明辛秋水同学的这份调查报告，对中央作出严厉打击刑事犯罪的决定起到了重要影响。

五　伸张正义、打击邪恶、揭露社会阴暗面

1985 年，辛秋水同志干了一件大好事。一次他接到定远县一位老教师的一封求救信，内容是三和乡一位教师家五口人无端被恶棍打伤，并且该镇稍有姿色的姑娘都被恶棍侮辱过，告到公安局告到县委都没有用。有一次由于这个恶棍打人问题严重了，被公安局拘留。但他能在白天出来逛大街，晚上才回拘留所睡觉。而且不久竟安然回到家中，变本加厉地犯罪。他扬言："要把三和乡漂亮女孩子睡个遍。"有一次，他拿刀到一户人家逼着交出他们的女儿，这户人家没有办法，只好将女儿送到合肥躲起来。辛秋水看了这封信后拍案而起，连忙赶去调查。他到三和乡乡政府后，一些闻讯而来告状的人排成了长队，调查后也写了《不能让恶棍横行乡里》（《安徽日报》1985 年 10 月 31日）、《不能让恶棍逍遥法外》（《安徽日报》1985 年 12 月 3 日）、《侯鸣放残害众乡邻、乡干部腐败无对策——兼谈新恶霸产生的社会根源》（《安徽日报》内部参考 1986 年 1月 8 日）、《新恶霸侯鸣放的下场》（《农民日报》1986 年 1 月 24 日）。引起社会各界强烈反应。《安徽日报》1986 年 12 月 3 日还以半个版的篇幅刊登了各界社会名流对此事的强烈反应，要求严惩新恶霸侯鸣放。在舆论的强大压力下，这个仗着后台硬和自身武术强的恶霸侯鸣放终于被滁州中级法院判处十年有期徒刑。一时人心大快，正气得到伸

张！当年，辛秋水发表在《安徽日报》的文章《不能让恶棍横行乡里》获得了安徽省新闻学会颁发的一等奖。

辛秋水干的第二件好事，是为民申冤揭露了一个公安派出所所长，并使政府据此将其惩办：辛秋水在 1997 年 4 月间接到一个普通农民的来信，内容是明光市公安局明东乡派出所所长王守富不经调查，没有任何证据就将该乡纪业辉等三青年抓到派出所严刑逼供，屈打成招，承认曾偷过某人家的电视机，然后拿着纪业辉等人的所谓口供到三青年家里进行敲诈勒索。随之将这三位无辜青年送到看守所。明光市人民检查院以缺少起码的证据为由而拒绝批捕。县公安局不得不将这三位无辜青年无罪释放。这三个无辜青年回到家里后，始知王守富拿着他们被严刑逼供来的所谓口供向他们各自家庭敲诈勒索了上万元。这三位青年因此聘请律师向明光市人民法院起诉，明光市人民法院立案开庭审理，但明光市公安局和明东乡派出所拒绝出庭；在明光市公安局缺席的情况下作出判决：要求县公安局退回明东乡派出所向纪业辉等三青年敲诈勒索的钱款，并赔偿纪等三青年在无辜被看押期间的经济损失。判决书下达后，明光市公安局和明东乡派出所竟以无钱退款为由，拒绝执行法院判决。不仅如此，在纪业辉等人再次到明光市人民法院要求执行法院判决时，王守富竟带着两名公安人员到明光市人民法院当众将他们用手铐铐走，向法院工作人员宣称：纪业辉等又重新犯盗窃罪，将他们送到明光市看守所。稍后，仍以所谓"盗窃"的罪名，对他们处以劳教处分，送至劳教场所。纪业辉的亲戚写信给辛秋水反映情况以后，他随即将他们的来信当面递交省委书记卢荣景同志。卢荣景同志立刻批示给中共滁州市委书记张春生同志，同时批给省委分管政法的副书记方兆祥同志，方兆祥又将卢荣景的批示转发安徽省人民检察院，检察院派出以副检察长白泉民同志为首的调查组到明光市进行查处，调查结果证明了被害人所述完全是事实：于是原嘉山县（今明光市）人民法院判处明光市明东乡派出所所长王守富三年有期徒刑，一时民心振奋。中央电视台的"焦点访谈"节目专程到合肥采访辛秋水并在全国范围内播出。从那时起，他又多了一个外号："民间包青天"。

六　首创文化扶贫，将扶贫从输血、造血引向"树人"

1979 年，辛秋水同学彻底平反后，就一头扎到农村进行社会调查。他看到了当时全国正在进行的扶贫工作就是年年给村子里送钱、送粮、送衣被，可就是年年送年年光，不仅没有解决农民群众脱贫问题，相反还养成了许多人两眼向上、单纯的依赖思想。1986 年深秋，辛秋水随同安徽省委书记卢荣景同志到贫困地区考察扶贫工作。按照常规，这个季节农田里应该是庄稼都栽种下去了，红花草、小麦、油菜的幼苗会呈现出一片绿色，可是，此时映入眼帘的却全是白茫茫的没有翻过的稻茬子地。省委书记脸色变了，他回头问随同的安庆地区专员刘思魁："老刘，这是怎么搞的？"刘思魁又回头问他身旁的县委书记王道成："老王，这是怎么搞的？"王道成又回头问当地区委书记储成胜："老储，这是怎么搞的？"由于储的后面无人可问了，储成胜只好回答说："我们敲锣打鼓地叫农民出来栽种，可是农民就是不出来，因为他们的救济粮票吃不掉，还送到外县去卖。"辛秋水此时感触很深，这不成了"包陈公放粮，犁耙上墙"吗！从此，辛秋水就开始从一个新的角度考虑扶贫的问题，得出的结论是：造成贫困的根本原因是"人"——人的观念智力和能力。

于是在 1987 年底他给安徽省委写了报告，提出了"文化扶贫"方案。并要求批准到大别山区岳西县莲云乡蹲点一年，亲自实施他的方案。1988 年 4 月他就到了这个乡住下来，《光明日报》为此发表了《社会学者辛秋水到山区工作——反对坐而论道传统，投身改革第一线》专题报道（见《光明日报》1988 年 4 月 10 日）。他在该乡建立了一个科技文化阅览室、一个实用科技培训中心和 35 个阅报栏以开启民智推行科学种田，提高贫困人口的素质。文化扶贫效果十分显著，中央电视台《经济半小时》栏目和《安徽电视台》分别以 18 分钟和 20 分钟的片长向全国报道。中共安徽省委决定在全省推广文化扶贫。《安徽日报》1992 年 7 月 17 日头版头条《扶贫扶人 扶智扶文——省委决定推广莲云乡经验》。《光明日报》也以《辛秋水扶贫摸出新路子——省委决定推广科技文化站的经验》为题作了报道（《光明日报》1992 年 6 月 30 日）、因而文化扶贫在安徽各县市得到广泛推广，辛秋水 20 年如一日，坚持这项事业。

文化扶贫是对传统扶贫方式——送钱送物的根本创新，完全符合胡锦涛总书记不久前提出的"以人为本"的方针，"人"是我们发展一切事业的原动力，也是我们发展一切事业的出发点，辛秋水文化扶贫的提出不是从书本上抄来的，而是他多年来在贫困地区调查研究苦苦思索而创造出来的，他理所当然地被誉为"文化扶贫第一人"（见《安徽画报》2000 年第 5 期。）

七　执著村民自治，得出村委会"组合竞选"制选举模式

辛秋水发表过一篇著名文章《中国政治体制改革也要走农村包围城市的道路》（《七月风》1998 年第 5 期）。他根据中国的国情，主张中国政治体制改革只能从农村最基层开始，村民自治的四大民主既是一个伟大的实践，也是一个伟大的学校，让广大群众从村民自治的实践中学会民主的操作能力，养成民主的习惯、民主的心理、民主的观念和民主的氛围和环境。并由此逐步上延，在保持社会经济文化稳定发展的前提下，实现中国的政治体制改革。

辛秋水认为"四大民主"中最关键、最基础的是能否真正实现民主选举。农村民主选举要真正做好又必须根据国家农村社区的特点。在中国农村，农民大都是世代相居一地，由于这一基本特点，村民之间遍布血亲网，存在着错综复杂的血缘和地缘关系；正是由于农民世代相居一地，某些邻里、门户之间往往世代冤仇，见面就眼红，说话就顶撞。如果分别选举村委会主任、副主任和委员，那一些血亲很近的人，如父子、兄弟、郎舅等很可能同时选到一个村委会班子里，这固然不妥，违反了近亲回避的原则。而把世代冤家对头的人选到一个村委会班子里，也就更无法工作。据此可知，如果采取传统的选举方法，是无法消除这些弊端的。因而他提出了村委会"组合竞选"制的方案，他认为这个方案可以避免这些弊端。首先由村民推选村委会主任候选人 3—4 名，每位村委会主任候选人各自提出自己的"组合"成员名单，在"竞选大会"上，他们（村委会主任候选人）在发表"竞选演说"的同时，公布自己的"组合"成员，为了争取村民的信任，他们（村委会主任候选人）就不敢把自己"九亲六族"拉进来，更不会把名望不好、明显带有某种集团和经济利益关系的人，作为自己的"竞选"搭档，

否则，他（村委会主任候选人）就会丢失选票。当然，村委会主任候选人也不会把同自己谈不拢的人组合到自己的竞选班子中来。这样，如果他当选了，他就能够顺利驾驭自己的班子，不至于变成"软班子、"散"班子；就能大家拧成一股绳，带领广大村民脱贫致富奔小康。

1989年1月17日他选择了岳西县莲云乡腾云村作为村委会"组合竞选"的试点。腾云村的这次选举打破了过去上级提名、村民通过的老框框，采取村民小组推荐、联名推荐和本人自荐的办法，不限额地产生村委会主任候选人，村选举委员会以得票多少为序确定2—3名正式候选人，随之这些候选人在全村自主的组合自己的竞选班子，并将名单公布于众，让广大村民评头论足。然后召开村民选举大会，由这些村委会主任候选人，一个个登台发表竞选演说。如前所述，在演说中，他们除了表达自己愿为村民服务的诚意，讲述本人为全村脱贫致富所设计的宏图方略以外，还要把村民委员会的组合名单公布于众，让全体村民鉴别审查。这次会上，共有4人上台发表竞选演说。他们中有1人是原村委会主任，1人是农业技术员，1人是一般村民，还有一人是高中毕业的回乡青年。演说后，进行无记名投票，最后农业技术员王先进同志以得票过半数当选。中共岳西县温泉区区委书记储焰飞对这种史无前例的选举法大加赞赏，特著文《"组合竞选"硬抵硬选出的干部，就是好!》，原载于1990年7月17日《中国社会报》。

由于大众传媒广泛报道，安徽各地竞相采用这种选举模式。中共滁州市委张春生书记邀请他到滁州市来安县邵集乡，进行"组合竞选"试点。1998年，在张春生书记的陪同下，他来到来安县。县委决定首先举办村委会"组合竞选"培训班，培训对象是邵集乡八个村的负责人，以及实施村委会"组合竞选"的工作人员。培训班结束后，辛秋水和来安县委书记陈亚乔同志一道奔赴邵集乡，住在农民家中一周时间，按照"组合竞选"制既定程序，在八个村轰轰烈烈开展起来选举工作。参选的群众热情洋溢，选举过程秩序井然，选举后的村委会和八个村的整体面貌都发生了巨大的变化，呈现了新气象。

辛秋水于2000年到达颍上县王岗镇。选择该镇因内部宗族、派系矛盾复杂，而不能成功换届选举的两个村（新安村、郑湾村）作为试点，在辛秋水亲自主持下，这两个村"组合竞选"都成功地完成了村委会的换届选举，一时间"组合竞选"制在阜阳市声名大振，该县的十八里铺镇所有的村全部实行了"组合竞选"制，也完全获得了成功。中共阜阳市委于2004年12月28日作出正式决定，在阜阳市所属的四个县、区（颍上县、阜南县、太和县、颍泉区）在村委会换届选举时推行村委会"组合竞选"制。选举后，都是气象一新，干群关系和谐，促进了当地社会、经济的发展。一些知名学者，如中国科技大学教授张允熠，安徽大学副教授、博士杨雪云，华中师范大学教授吴理财率领调查组以及北京《新京报》记者钱昊平都慕名而来，蹲点调查，写出了影响很大、高水平的调查报告和学术论文。

村委会"组合竞选"制试验的成功，在社会上引起了广泛重视，中央领导机关和负责人给予了充分的肯定。

原安徽省委副书记、省委顾问委员会主任袁振同志给江泽民同志写信，建议在全国推广村委会"组合竞选"制。江泽民办公室批示："请温副总理阅。"温家宝副总理又批给韩长赋同志："请韩长赋同志阅。"韩长赋同志又批给国家民政部。国家民政部请安徽省民政厅基层政权处转话给辛秋水："支持你继续实验。"

全国政协十届二次会议通过卢荣景、邓伟志《关于推广村委会"组合竞选"制的建议》的特别提案：国家民政部批给安徽省人民政府，于是岳西县、灵璧县两个县当年的村委会换届选举中全部实行"组合竞选"制；

中共中央财经小组办公室副主任段应碧同志2005年在"中国农民组织建设国际论坛"上的总结讲话中，充分肯定了"组合竞选"制，他说："辛秋水讲的'组合选'是很管用的。乡这一级总希望村成为他的下级，执行他的任务。因此，他选择村干部必须是听话的，必须是努力奉命完成任务的。必须是镇得住的。而农民选人就是要办事公道，能够带领他们致富的。这两个要求是不一样的。这就把我们的村干部夹在了中间。我觉得这可能会产生'倒逼'机制。如果村民自己选，乡政府就有退路了，在'抵制'上级领导的任务时就有退路。这是要逐渐进行的，想快快不起来，只能慢慢往前推进。"

中国（海南）改革发展研究院根据2004年召开的"中国农民组织建设国际研讨会"的研讨结果，向中央提出十条建议，其中第六条建议标题是"采用'两票制'和'组合竞选'制等有效措施，增强村级组织的'草根性'"。该条建议的全文称："采用'两票制'"和'组合竞选'制等有效措施，增强村级组织的'草根性'。"1998年《中华人民共和国村民委员会组织法》修订并颁布后，是农村基层主政治建设全面深入向农村社会铺开的时期。在这一时期一些地方尝试运用基层民主建设的方式解决矛盾，客观上增强村级组织的"草根性"。以湖北省广水市为典型推进的村级选举"两票制"、村级决策"两会制"，以及安徽省乡村建设研究院院长辛秋水研究员十多年试验的"组合竞选"制，具有制度创新的示范和先导意义。

可见"组合竞选"制是一条成功的经验，是秋水同学开创的一条新路，但是任重而道远，非一朝一夕所能全面推广，我希望秋水同学戒骄戒躁，再接再厉、锲而不舍地努力推广，希望政府和媒体予以大力支持，让他在安徽创导的"组合竞选"制之花盛开全省、盛开全国！

秋水同学少年即怀报国之志，虽几经磨难，老而弥笃，虽耄耋之年犹为国建功，为民谋利，铸我华夏热血男儿之傲骨，显我国立安大校友之风流。

一个贴近泥土的社会学教授[*]

吴凯之（安徽行政学院副教授）

　　雨果说：从根部去观察世界吧，你能看到那流淌的赤热岩浆。辛秋水正是这样，像一个痴迷的圣徒，潜心贴近了苦难中沉睡却又在春天里苏醒的大地。

　　在风云激荡的中国近现代史中，农村问题始终是影响和决定着中国社会经济发展进程的问题。读不懂农民就读不懂中国，不能正确地了解中国农村，就无法正确地把握中国社会，这已经是被历史实践所证明的道理。从孙中山的建国方略到毛泽东的《中国农民运动考察报告》，乃至邓小平建设有中国特色的社会主义理论，"三个代表"重要思想，中国有为的政治家寻求社会变革与进步的理论方针和确立治国方略的依据都与对农村社会经济的分析与把握密切相关。

大器晚成

　　当代社会学家辛秋水教授的学术实践承续了费孝通、梁漱溟二位的精神衣钵，他躬行实践，尊重国情的社会学研究的优良风气浸透着时代的阳光。辛秋水教授堪称大器晚成。他1927年生于安徽明光一个地主家庭。少年即接受了共产主义思想，年仅18岁就投身于革命的学生运动洪流。然而"世味秋荼苦，人间直道难"，像中国众多优秀的知识分子一样，在一个特殊的年代里，他也蒙受冤屈，锒铛入狱，1957年被打成右派，在长达16年的牢狱生活中，他尝尽了妻离子散之苦，阅尽了炎凉世态。纵然如此也未坠辛秋水青云之志，国家民族的悲苦，磨励了他的心志，在狱中，他阅读了大量的马列著作，潜心思索人生社会，终于大彻大悟。这一段经历使他意识到中国不正常的政治生活有其必然的历史文化之因，要想改变中国社会发展迟缓的局面，避免前进的挫折，就必须寻求新途。新途何在？必须到社会的腹部去寻求。1979年平反以后，他毅然要求到安徽省社科院社会学研究室工作，从此开始了他的社会学研究之路。像费、梁一样，辛秋水的社会学研究是从对农村的调查开始的。改革开放之初的中国浸透了贫困的沉重气息，辽阔的农村成为贫困的栖聚之所，"不忧生死而忧苍生"的辛秋水一头扎进了社会最底层。他选取了落后的大别山腹地作为自己社会学研究的基地，开始了对贫困的求解。

文化扶贫

熟悉中国当代史的人不会忘记，在我们改革开放的最初十年中，"脱贫"、"扶贫"犹如一块石头压抑着中国社会的肌体。在世界历史上，不会有哪一个国家会投入如此巨大的人力财力进行如此庞大的济困扶贫的社会工程。通过调查，辛秋水发现，仅靠输血投入的方式去扶贫收效甚微。输血的扶贫方式既不能从根本上解决贫困，而且容易养成懒汉。由于贫困地区干部素质低，大量的扶贫资金投入以后，创办的企业倒了，贫困的现象却还在。

辛秋水通过调查发现：贫困山区，凡是生活能够温饱或比较充裕的家庭，绝大部分是有一技之长的能工巧匠，或有一定文化和经济头脑的农民能人。特困户大多数文化素质低、思想保守、懒惰乃至低能弱智。那么在社会学的视野中，"贫困就最终是人自身的贫困。人口素质低，既是物质贫困的结果，又是物质贫困的根源"。从社会学的角度看，贫困无疑是一种罪恶。剥去贫困这朵丑陋之花需要综合的治理。要想彻底解脱贫困，首先必须提高民众的素质。扶贫必须扶人，扶人就必须扶智，"以文扶贫、扶智扶人"的思想就这样在辛秋水的头脑中明晰了起来。

为了检验自己提出的"以文扶贫，扶智扶人"这一文化扶贫新思路正确与否，辛秋水上书安徽省委提出了自己的设计方案，得到了当时省委主要领导的支持。他选择了位于大别山区经济文化落后、交通信息闭塞的岳西县莲云乡做试点。1988年4月16日，辛秋水毅然来到莲云乡蹲点，他先后从合肥带去4100多册图书，订了26种报刊杂志，建立起了三个基地。开办图书室、设立贴报栏、举办实用技术培训中心，"三个基地"的建设使科技文化扶贫的事业开篇见效，小小贴报栏，把各种信息和科技知识送到农民心里，闭塞的山村动了起来。实用技术培训班，更使广大农民学到了脱贫致富的真技能，使乡亲们开阔了眼界。短短一年，莲云乡落后的思想观念、生产方式和陈规陋习得到了改变，一批农户通过养殖、栽培开始走出贫困。辛秋水在贫困的莲云乡进行文化扶贫的试验获得成功，他被誉为"文化扶贫第一人"。

民主创举

辛秋水并没有就此止步，在他的《一个贫困山乡的综合治理试点方案》里，科技文化扶贫是其社会学研究的内容之一，在他的社会学思维框架内，文化扶贫是实现社会发展的第一步。但文化扶贫只能解决群众个体的贫困，作为一个区域的脱贫致富，如果没有过硬的干部队伍建设这一保障就无法实现。群体的脱贫致富具有明显的区域社会特征，在坚强优秀的领导干部队伍的带动下，贫困地区的脱贫致富目标才可望实现。

辛秋水一贯认为中国的社会主义民主必须根据中国国情，从农村基层开始逐步延伸、扩张，完成他主张的农村社会经济与乡村民主政治同步发展。文化扶贫仅仅是浅显的，农村社会的结构性变化必须靠建设乡村民主政治。早在他给安徽省委的报告中，就提出把在农村基层组织实行民主选举作为文化扶贫实施的保障。莲云乡的一年实践，更使他坚定了这一想法。基层干部必须采取民主选举，文化扶贫必须以村民自愿为保障，但用什么样的方法进行村民自治选举呢？辛秋水分析城乡差异，认识到农村特有的血亲网和历史形成的超稳态的生存方式，采取一般的选举制容易使选举被宗族所控制。针对这一特点他经过仔细思索，创造了"组合竞选"制。1989 年 1 月 17 日，一个风雪交加的日子，新中国成立后最别开生面的村级民主选举在莲云乡腾云村举行。该村 4 名候选人发表竞选演讲，宣传施政纲领，公布组阁名单。选民以无名投票方式选举出了中国第一个民选村委会主任，这次腾云村的村委会"组合竞选"不仅是这个贫困山乡破天荒的民主尝试，也是整个中国农村大地上农民完全自主的用"组合竞选"方式选举社区领导人的第一遭。

辛秋水把他的莲云乡社会学试验的思想总结为"三个基地，一个保障"，也即通过科技文化扶贫提高民众素质和生活水平，依靠民主选举这一保障，最终达到在乡村建设民主政治、实现乡村富强文明的目标。

1991 年，他应当时滁州市委书记张春生之邀，到来安县邵集乡八个村以同样的方式成功地进行了民主选举。2002 年又在阜阳地区的颍上县王岗镇建立了社会学试验基地，对系统的社会学概念进行了反复的比较验证。

从文化扶贫到村民自治选举，辛秋水在这里完成了自己社会学的建构。他至少打破了国内一些人固有的成见，以一个社会学家的方式向我们说明一个道理：新中国成立 50 年后的今天，中国农民已经和过去任何一个历史时代的农民不可同日而语了，在中国农村实行民主政治有着丰厚的土壤。

如果说，梁漱溟先生在山东邹平进行的乡村建设实践更多的是一个学者致力于社会改革的实践。尽管彼时烽火狼烟、国破家亡的威胁未能最终给梁先生"致君尧舜上"，改良社会的梦想提供实现的可能，梁先生的改革乡村建设实践也多少有些浪漫的乌托邦色彩。

那么费孝通先生《乡土中国》是以人类学方法把握中国社会的杰作，《江村经济》则是以社会分析方法分析中国深层社会经济结构的学术经典。

而辛秋水的贡献在于，把社会学的研究内容拓展到了乡村民主政治领域，他丰富了中国农村社会学的内涵。

记者曾经问过王岗镇党委书记崔黎和镇长兰向雷一个问题，"未来的中国乡村应该是什么样的乡村？"我也以同样的问题问过辛秋水。其实这是一个大问题，是许多仁人志士花了一百多年时间都在求索的问题。历史的列车轰鸣而过，我们曾经因为失误而错过了解决中国农村问题的机会，我们不能再次错失了。如果没有现代化的农村，能实现有着十三亿人口大国的现代化吗？从这个意义上讲辛秋水的探索是多么的可贵！辛秋水是中国社会科学管理的实验者，更是中国乡村民主政治建设的勇敢实践者。

不唯上、不唯书、只求实

——记辛秋水同志深入调查研究好作风*

卞恩才（中共安徽省委宣传部理论处处长）

辛秋水同志，安徽省社会科学院社会学研究室主任，年已 50 多岁。他坚持深入基层，调查研究，自党十一届三中全会以来，已写出 20 多篇有见地、有价值的调查报告，引起了社会各方面的重视。

1981 年，辛秋水同志写了《关于国家干部贪污受贿问题的调查报告》。胡耀邦同志阅后，建议登《党纪》刊物，并加按语，要求各级纪委充分重视。《党风与党纪》和《人民日报》刊登了辛秋水同志的调查报告。1984 年，辛秋水同志赴肥西县调查，写了《农民单身汉户的问题值得重视》的调查报告，几位中央领导同志分别作了批示。万里同志认为，调查报告所提意见大体可以，如这种情况相当普遍即可就此问题发一通知，以引起全国注意。不久，《中国农民报》头版头条刊登了这篇调查报告，并加了编者按。全国先后有 14 家报刊转载刊登。这篇调查报告曾获安徽省社科院优秀科研成果一等奖。辛秋水同志写的《罗网不除，四化难成》、《关于改革的若干建议》、《关于当前党风和社会风气中几个突出问题》、《合肥市青少年犯罪情况的调查报告》、《关于山区智力开发问题》、《对当前经济领域中打击严重犯罪活动的建议和看法》等调查报告，均受到省委领导同志的重视。

辛秋水同志调查研究有以下几个鲜明特点：

（1）"沉"下去，"沉"到底。他搞调查，不只是层层听汇报，而是要到村、工厂车间和干部、群众家里去访问了解，掌握第一手材料，掌握真实情况。有一次他到桐城县某公社作调查，有个大队书记介绍说，他这个大队大体上每户有一个人在社队企业工作，平均每人每月工资 40 元。听了汇报后，他坚持要到农民家里看看，一连访问了 29 家，发现只有 5 户家里有人在社队企业工作。许多农民说，能到社队企业干活的，不是大队干部的亲戚，就是有门路的。辛秋水同志说，如果不"沉"到底，光听汇报，那么写出的调查报告岂不是自己受骗又去骗别人吗？情况不实的调查报告又如何能为有关领导部门作决策参考呢！

（2）旗帜鲜明，反映真实情况。辛秋水同志在调查研究中，针对实际生活中存在的突出矛盾和新问题，旗帜鲜明地提出自己的看法。他不唯上、不唯书，只求实，敢于

---

　　* 原载省委宣传部《宣传工作》1985 年第 7 期。1985 年 2 月 28 日中共中央宣传部理论局《理论工作简报》亦刊发此文。1985 年 7 月 29 日《安徽日报》以《不唯上、不唯书、只求实——记辛秋水同志深入调查研究好作风》为题转载此文。

仗义执言，这是他许多调查报告所以能引起各方面重视的一个重要原因。他在《关于国家干部贪污行贿问题》的调查报告中，列举了事实情况，旗帜鲜明地提出贪污行贿问题的严重性。这份材料在《人民日报》刊登以后，遭到非难指责，但他无所顾忌，坚信真理犹如燧石敲打得越猛，火光放射就愈加灿烂。后来中央作出《关于在经济领域里打击严重犯罪活动的决定》，说明辛秋水同志在这份调查报告中的见解是正确的。

（3）向调查对象交心、交底。辛秋水同志认为，调查人员要想取得真实情况，首先要放下架子，真心实意，向调查对象交心交底，说知心话，这样才能引起对方的共鸣，使调查的内容变成共同关心、共同探讨的课题。在肥西县调查农村单身汉户问题时，他直接到单身汉户家里，同他们交谈，对他们的处境充满着同情之心，单身汉户也主动向他倾吐思想、诉说生活中的矛盾和困难。辛秋水同志还到拘留所找犯了罪的单身汉户交谈。通过这许许多多交心式的、讨论式的交谈，终于写出了深刻、生动、有见解的调查报告。

（4）调查研究同解决问题相结合。辛秋水同志在深入群众调查研究的过程中，常常遇到群众需要迫切解决的一些问题。对于一些有可能解决的问题，他总是千方百计地去帮助解决。不久前，他到马鞍山郊区前进大队敬老院调查，发现老人们体质很差，老人们纷纷反映他们每天只是吃白菜，极少见到荤腥。辛秋水同志立即找前进村党支部书记谈，并向马鞍山报社反映，终于使这所敬老院改善了伙食。

一支秃笔，影响共和国重大决策的人[*]

——追踪我国著名社会学家辛秋水 50 年风雨人生路

陈梦游（安徽省作家）

辛秋水，七十有八，中华人民共和国成立前后就职于中苏友协总会。其人为党为国敢作敢为，1952 年冲破阻力，就改变中苏友协组织形式这一重大问题顶住层层压力，径直上书给刘少奇同志，从而使这项重大建议在全国实施，在单位引起震动。1957 年再投书《文汇报》，助党"整风"，获"极右派"之称，自此尝遍人间苦难，前后长达22 年。其中 15 年农场劳教，7 年回乡监督改造。待恢复名誉时，已五十有二。1978 年底，由中共中央宣传部下文调安徽省委宣传部，后分配到安徽省社会科学院。然一朝"出山"，仍丝毫未减当年本色，以其"进言"数次引起中央及省领导的重视，以至对中央及省内的一些重要决策产生重大影响。如：1980 年他在嘉山县作社会调查时看到随着改革开放推动了经济的发展，但是贪污腐败之风也逐渐弥漫起来。1981 年写出了《当前贪污行贿之风要引起高度重视》的调查报告，胡耀邦同志对此文极为重视，作了近 500 字的批示，从而引出 1982 年中共中央、国务院《关于在经济领域中打击犯罪活动的决定》出台。1983 年写出《青少年犯罪问题的调查》，获得省委和党中央的高度重视，1985 年写出《关于农民"单身汉户"问题的调查》，胡耀邦同志和万里同志分别给予重要批示。1987 年他上书省委提出"以文扶贫、综合治理"的扶贫方案，获省委批准后，他到岳西县莲云乡蹲点一年，实施这一扶贫方案取得成功。省委书记卢荣景称"科技文化扶贫是安徽'大包干'以来的又一创举"，随之省委决定在全省推广文化扶贫（见《安徽日报》1992 年 7 月 17 日头版头条《扶贫扶人 扶智扶文——省委决定推广莲云乡经验》及《光明日报》1992 年 6 月 30 日《辛秋水扶贫摸出新路子——安徽省决定推广农村科技文化县试点》的报道）。1996 年《中央电视台》"经济半小时"栏目、《安徽电视台》"中国纪录片"分别以"书记、教授、农民"、"扶贫扶人、扶智扶文——记社会学家辛秋水"为题，分别作了 18 分钟和 20 分钟的专题报道，在全国引起广泛的反响。

辛秋水一贯认为中国的社会主义民主必须根据中国国情，先从农村基层开始，逐步延伸、逐步扩展、逐步完成。他在 1987 年提出的文化扶贫方案中，就将农村基层组织实行民主选举作为文化扶贫实施的保障，文化扶贫的内涵称为"三个基地，一个保障"。1989 年 1 月 17 日，采用他首创的村委会"组合竞选"制在岳西县莲云乡腾云村

* 原载《新闻人物周刊》2008 年 11 月 21 日。

选出了村委会。这种选举方式现已逐步推广到我省来安县的邵集乡、颍上县的王岗镇以及其他地方。辛秋水多次参加国际学术会议，如 1996 年在北京参加了"第六届亚洲社会学大会"，1998 年在北京参加了"中国村民自治国际学术讨论会"，1999 年 11 月 3 日，参加了在香港中文大学召开的"中国大陆农村基层组织建设研讨会"，2000 年在北京参加了"中国扶贫国际学术讨论会"和"中国村民自治国际学术讨论会"，2002 年 8 月应日本外务省和日本国际交流协会之邀，参加了在日本召开的"关于中国村民自治国际学术研讨会"，并在会上介绍了中国村民自治与村委会"组合竞选"制的发展情况。

他深入底层，致力于推动文化扶贫和村民自治，率先在全国提出"扶贫扶人，扶智扶文"的口号，并组织选出了全国第一位以"组合竞选"方式选举的村委会主任，一时间名动中华，好评如潮。古稀之年，不知"享乐"，却抓紧分分秒秒，继续推行文化扶贫和村民自治，永不言"退"。

似乎成了习惯，逢到出差合肥，辛老常会来到我住宿的宾馆，穷聊至子夜时分。而每次闲聊，辛老总能给我许多启发。尤其是辛老那坎坷的命运、干预社会的责任感、为民代言的侠肝义胆，让人不得不肃然起敬。鉴此，便萌生写写辛老的念头。

近日前往省委大院辛老住处，刚刚从北京人民大会堂"中国经济高层研讨会"现场回来的辛老，谈锋很健，思路明晰，观点前沿激进……

人生旅程是短暂的，剔除黄金岁月 22 年的劳改农场生涯，掐头去尾的不多时日，辛秋水先生慎独于中、上层社会：一双解放鞋、一袭泛白中山装、一脸黝黑透红严肃、一只陈旧帆布背包，潜心沉入社会生活最底层的偏远山区民众生活圈，用一支秃笔，直书边远山区百姓现状。用共产党人的良心，共和国公民的责任感，社会科学家之道德意识，理论工作者的敏锐眼光与高屋建瓴的思维，写就一篇篇分量沉重、饱含赤诚激情的社会调查报告，影响了共和国的一些重大决策……

辛秋水，其成就令人艳羡；其历程，绝非宁静之一池秋水——沉则至底，浮则腾空璀璨，坎坷跌宕的人生经历，锻造了其磨难不屈、耻辱不垮的骨气，直面现实与挫折的勇气，藐视权威与权贵的傲气，淡泊名利与生死的豪气，坦坦荡荡不拘俗礼的爽气，痴痴然追求真理与至臻人格的傻气。

辛秋水的精神世界，博大浩渺，融一生苦难于灿然瞬间；辛秋水的思维空间，高屋建瓴，纳共和国版图与历史、现状及未来于头颅方寸。

让我们沿辛老波折幽深的前额皱纹，走进他的人生历程；穿过其发亮如豆的印堂，信步其缜密活跃的思维领地……

1949 年 10 月 1 日，站在天安门观礼台上聆听毛泽东宣布"中华人民共和国成立了!";1957 年，被错划右派，一错就是 22 年;1978 年年底中宣部干部处长范平找辛秋水谈话，宣布改正错划为右派的问题并安排他的工作。22 年啊，他只得用舌头独自舔舐自己流血的心灵伤口……

今日辛秋水先生，虽然已是享誉海内外的社会学家。但创作、起居之所，仍是省委大院一套极为普通、狭小、没有任何装潢的"原生态"干部宿舍。即便夫人发几句牢骚，辛秋水也受得了、忍得了，心平气和，无怨无悔。辛秋水老是说：人，得有义气，得知恩图报，得有人情味、道德感。否则，畜生不如!

1958 年年初，寒气逼人。被打成"极右派"的辛秋水，此时并不知道更大的厄运已向他走来。

一天，中苏友协总会整风办公室主任姚见请辛秋水到办公室谈谈。

"你的事由……"平日低头不见抬头见的姚见此时欲言又止。

"由什么?!"辛秋水急切地问。

"由公安局处理。"姚见终于说出口。

话音刚落，警察走了进来。毫无准备的辛秋水就被押送到收容所。一进门，被解下裤腰带，往里一推，"砰"地关上了门……

此时，辛秋水正值而立之年，却从此一去再没能复还。妻子此时远在通县结核病院住院，两个幼小的孩子怎么办? 刚强的辛秋水没有流泪，但到收容所第一夜梦醒后却发现自己临时用作枕头的棉裤已被泪湿一片。

不久，辛秋水和一批劳教人员被送往清河农场。押解途中，警车路过北新桥时，辛秋水蓦然想起这里正是他十年前来北京的第一夜住宿地，触景生情，真是感慨万千，缕缕往事萦回脑际。

1946 年，年方十九的辛秋水入安徽大学法律系就读，此时校园内进步力量与反动势力对垒分明。才华横溢、爱憎分明的辛秋水领导"大公"竞选团击败"三青团"和"青年军"组织的"民主"和"公仆"竞选团，被选为校学生会副主席，开展学生运动。当得知自己被特务列入黑名单的消息后，他连夜乘小船逃离安庆，冲过道道封锁线，进入苏北解放区。随后又辗转来到北京，被分配到正在筹备中的中苏友协总会工作。

1952 年，有了 3 年中苏友协工作经验的辛秋水经过深入调查，大胆提出取消 6000 万个人会员而改由各工、青、妇团体等集体入会，以便更好地开展工作这一"爆炸性"建议，立即遭到中苏友协几位领导的严厉批评。但辛秋水毕竟是辛秋水，他连夜给刘少奇写了一封长信，坦陈这一建议，不到 3 天，即接到刘少奇的亲笔信，内称："秋水同志，你的意见基本正确，我已交中共中央宣传部讨论处理。"结果，辛秋水的意见被中央采纳。随后，辛秋水还应中央宣传部秘书长熊复之邀，专就此事为中宣部系统党团员大会作了题为"反对官僚主义、创造性地开展机关工作"的报告，时年 25 岁。

转眼到了 1957 年。党号召帮助整风，辛秋水听到上级传达说:《文汇报》受到毛主席高度赞扬的情况后，满腔热忱地再次大胆"进言"，给文汇报写信，热情歌颂了党和毛主席，同时也严厉抨击了党内一些官僚主义、宗派主义现象，提出民主的重要，他在文中说:"我在宪法上看到有言论自由，但在实践中感受不到。"《文汇报》为此给辛秋水复信称"我们全体编辑部的同志，都为你的爱党爱国热情所感动"，并将此文在该报《内部通信》上发表。

此后，"反右"风起，这篇文章竟使辛秋水成了被引出洞的"蛇"。然而，襟怀坦荡的辛秋水有何惧!

从收容所被送走后，辛秋水被押至清河农场劳动教养，直到 1966 年"文化大革命"爆发。

1966 年，"文化大革命"骤起，辛秋水又被遣送安徽白湖劳改农场就业。由于此时他已患有严重的肝病，于是被分配去牧羊。在他的精心喂养下，羊长得又肥又大。辛秋水也渐渐地有了点"成就感"。一次，农场管教干部夏干事看到他夸道："辛秋水，最近干得不错啊！""为人民服务嘛！"辛秋水认真地答道。谁知此人脸色突变，厉声呵斥："你有什么资格为人民服务?! 辛秋水，你别忘了你是在改造！"

一把利刃，直插辛秋水的心脏！梦里不知身是客啊！辛秋水至今回忆起这屈辱的一幕，仍感慨万千。他说，这次对他的刺激绝不亚于当初被划右派。"现在有许多人对'为人民服务'这五个字听都听不进去，但当初我是多么渴望这五个字啊！"

终于，1978 年年底辛秋水错划右派被改正了。他被分配到安徽省社会科学研究所工作。他又可以"为人民服务"了！

"22 年啦，空过了！"辛秋水仰天长叹："我现在 70 多岁还拼命干，就是为了补回那 22 年的损失啊！"

1980 年 11 月，辛秋水撰写的警世调查报告，受到时任中共中央总书记胡耀邦同志的高度重视，他逐页批示并派出以孙克悠为组长的调查组到华东六省一市就辛秋水提的问题进行调查。辛秋水这份警世报告是这样出台的：1980 年 11 月，他在明光搞调查，一位二轻局局长向他诉苦：现在的许多企业如不行贿，就根本买不到原材料，甚至销售产品也要行贿送礼，辛秋水听了非常吃惊，于是，他深入到许多企业，调查了一些厂长、采购员等。以大量的第一手材料，写了篇《当前国家干部贪污、行贿之风严重》的调查报告送安徽省委。省委第一书记张劲夫、第二书记顾卓新、秘书长袁振分别在这份调查报告上作了许多重要批示，中共安徽省委机关刊物《调查研究》加编者按后予以刊发。不久，这个材料送到中央，胡耀邦同志阅后极为重视，并于 1981 年 3 月 26 日给中纪委副书记王鹤寿写了封信，信中说："现在，我把昨天收到的一份材料转给你，请你们看看。我主张除在第三部分（指中纪委第三次全体会议决议——作者注）适当增加有关这方面的一些内容之外，有关这个问题请你们再研究一下。第一，可否把这个材料登《党纪》刊物，并加以按语，要求各级纪委充分重视。第二，是否再作点调查，争取在四月最迟在五月，专门写个通告公开号召广大干部、党员和群众坚决同这些歪风邪气作斗争。"随后，中纪委调查组来到华东六省一市对辛秋水所提出的这一现象作了深入调查。调查组组长孙克悠到合肥时对辛秋水说："我们的调查结果证实了你的调查报告中提出的目前干部贪污、行贿问题的普遍性和严重性。"并说："你已经在总书记那里挂了号了，以后有什么重要情况，就给总书记写。"调查组回京不久，国务院 1981 年发出了《关于制止经济流通领域中不正之风的通知》，1982 年中共中央、国务院发出了《关于在经济流通领域中开展打击严重犯罪活动斗争的决定》，中共安徽省委此时派辛秋水到滁州地区参加打击经济领域犯罪的斗争。

随后，辛秋水又写了一系列很有分量的调查报告，均引起了中央或省领导的高度重视。如他写的《农民单身汉户问题值得重视》，再次引起胡耀邦同志的重视，并指示新华社社长穆青给辛秋水复信，国务院副总理万里同志也作了重要批示，全国 14 家报刊作了转载，上海《社会》杂志刊登此文时加编者按说辛秋水这篇文章"对社会学的家庭理论作了发展"。当年的全国农村工作会议把此文列为大会文件之一。文章提出："农村的计划生育政策要作一定调整，要同在城市里实行的政策有较大区别，对农民实行两胎化，或在只生一个子女的情况下，给予优厚的照顾。"此文被省社科院评为科研成果一等奖。他写的《关于青少年犯罪的调查与对策》，省长王郁昭、副省长兼政法委书记程光华均作了重要批示。程光华同志批示："这份调查报告写得好，所提建议亦可参考，打印五十份。召开省直有关单位和合肥市的同志开会研究。"全国人大法工委还将其印刷成册，发给每位人大常委会委员。此文成为《中共中央关于严厉打击严重刑事犯罪活动的决定》文件制订时的重要参考材料之一。此后，他就农民自杀、乡村恶势力等问题写的调查报告，也在社会上引起强烈反响。其中《恶棍为何横行乡里》等系列通讯，还获得 1985 年度全省报刊新闻一等奖。

　　一身泛白中山装、一双解放鞋、一只帆布背包，不惊动任何人，直抵贫困山村逐户调查，用他那支秃笔于 1987 年 11 月 17 日写就的《对一个山区贫困乡的脱贫综合治理方案》，在这个方案中，他提出由群众民主选举村干部，实行村民自治，这比《中华人民共和国村委会组织法》（试行）的出台，还要早半年多，而那时的全国，村级"民主选举"基本上还处在一片寂静之中。1998 年，他应邀到香港中文大学参加"大陆农村基层组织建设理论研讨会"并在会上作了《村委会组合竞选制的理论与实践》的演讲，受到会议的高度评价，被授予"终身成就奖"。

　　早在辛秋水改正错划右派恢复工作之后，他立即到大别山贫困地区作社会调查，1981 年他就写了一篇题为《被社会遗忘的贫困村落》，向社会披露他在岳西县农村所看到的外人难以想象的那里的农民的贫穷状况，呼吁社会的支援。辛秋水来到大别山区岳西县调查时，一天，他走进一间阴暗潮湿的破屋，见几个衣衫破烂、目光呆滞的人，便与他们攀谈起来："你们家今年收多少粮？种几亩地？"令辛秋水惊奇的是，他们连这些简单的问题也答不上来。而就在同一个村，他走进另一户农民家里，虽然同样贫困，但是温饱尚能维持，和这家主人交谈时，回答问题是比较清楚的，再进一步了解，前一户是完全文盲，后一户是高小文化程度，文化上这点差异就决定了他们思维的清晰度，也决定了他们经济状况，辛秋水多次在农村调查，得出的印象是：一个人的文化程度如何，对其能否摆脱贫困，具有决定意义。

　　辛秋水敏锐地感到，这里之所以贫穷，和村民的文化素质有重要关联。虽然每年国家对贫困地区投入巨额资金和大量粮食、衣物进行扶贫，但这样的"输血"式扶贫，使一些农民变懒了。有的甚至冬天领到棉袄，春天改成夹袄，夏天改成单衣，到了第二年秋天再伸手要，养成严重的无所作为的依赖思想。"输血式"扶贫使一些农民"习惯成自然"，有些地方流行这么几句顺口溜："有自由，无主张，抱着膀子晒太阳，坐等上面送钱粮。"

　　"包公放粮，犁耙上墙。"辛秋水感到，这样的"扶贫"只能是济一时之急，而不是帮助贫困群众脱贫致富的根本之道。为试验他的"扶贫扶人，扶智扶文"的扶贫思路，1988 年 4 月，他带着这个扶贫改革方案主动申请到岳西县莲云乡蹲点。年逾花甲的他卷起铺盖，找了间小屋，从此他的身影就出没在莲云乡的各个村落。

　　蹲点一年间，他在全乡建起了 35 个阅报栏，开办了实用技术培训中心和科技文化阅览室。这三大举措在贫困闭塞的莲云乡犹如沙漠中的"绿洲"，立即吸引了大量求知若渴的农民。短短几年，该乡人均收入已由 1987 年的 290 元，提高到 1995 年的 900元。他在全国率先提出的"扶贫扶人，扶智扶文"的文化扶贫思路，在全国产生了巨大反响。《求是》杂志发表了他《从输血、造血到树人》的文章，该文还获得安徽省"五个一工程"奖。

思考文化扶贫的同时，辛秋水已将村民自治问题与其联系起来进行思考了。

早在 1987 年 11 月 17 日，他在提交给省委的《对一个山区贫困乡的脱贫综合治理方案》中，就提出"建立民主政治"、"让农民选出能为他们服务的公仆"、"实行群众推荐和自荐的竞选制"等主张。省委书记卢荣景看过报告后批示道："很好，原则赞成，建议总体实施方案由县委讨论决定。"

接着，1988 年 5 月，岳西县委讨论通过了辛秋水提出的方案，又经过几个月的宣传准备，辛秋水在全国首创的村委会"组合竞选"制终于在莲云乡腾云村结出了硕果。

1989 年 1 月 17 日，雪花纷飞中的腾云村拉开了村委会"组合竞选"制的大幕。习惯于围着火炉烤火的山区农民这天却到得格外齐，参选率高达 96%。县委书记和县长们也亲临现场，目睹了这一热烈场面。

选举打破上级提名的老传统，由各村民小组推出候选人，以得票数多少，经几轮淘汰，最后产生 4 名村委会主任候选人。投票这天，这 4 人纷纷登台发表竞选演说，并分别介绍各自的竞选班子成员，场面十分火暴。选举从早晨 8 点一直进行到下午 4 点，尽管天寒地冻，午饭也不能回家吃，但所有村民却没有一个离开。结果，原村委会主任落选，而普通的农民技术员王先进当选了！

一些村民兴奋地说："过去老认为就是搞选举也是形式主义，这次是真选举了！"

记者在此来几个假设：假设辛秋水先生被磨难与艰苦的环境所屈服、所湮没，中国当今社科界，是否是一种损失，一种悲哀；假如当初的辛秋水先生，有稍稍平坦的命运，有稍稍宽松的舆论环境，有良好的科研氛围，现在的辛秋水先生，凭借其勤奋、执著与天赋，将会取得怎样卓越的成就？悲哀的不是辛秋水先生，无疑是民族，是中国社科理论界！我们的宣传部门，是否应该创造条件、给以宽容，创造一个基本能够保护中国未来社科学家的宽松环境，以免炎黄骄子被坎坷的命运与不正常的政治运动所吞没。为了社会进步，为了华夏文明的延续与弘扬，之于社科界乃至执政党，的确是当务之急，不容点滴的忽视与含糊。否则，将成民族罪人，文明之叛逆！

从来铁肩担道义，自古文章辣手传。侠肝义胆的辛秋水，为民代言几十年，一起起蒙冤案件得到公正处理。辛老常说：民心不可违，民心不可欺，民心不可辱！——不能挺身干预社会丑恶，作为一个社会工作者，你的良心何在？

如今的辛秋水，已是硕果累累。记者看到，150 万字的《辛秋水文集》已经打印出来，即将付梓。白发苍苍的他仍在抓紧一分一秒地工作。他的学术成果得到了学术界非常高的赞誉。有学者甚至撰文，把他与梁漱溟、费孝通相提并论，认为梁漱溟提倡乡村建设，费孝通倡导"乡村经济"，而辛秋水则注重农村经济社会与乡村民主政治的同步发展，填补了前两位社会学家在实践中的一个空白。

辛秋水自己对社会学则有他独到的看法，他说："任何有机体都有功能紊乱的时候，社会也是一个有机体，没有病是不可能的，社会学家就要成为一名'医生'，问题是我们的社会千万不能讳疾忌医啊！"

几十年来，辛秋水敢于直言，为民代言，不计个人一丝一毫得失的精神，是十分难能可贵的。

而辛秋水最宝贵的品格，还在于他的勇气。多年来，他在为民代言过程中，也受到过一些压力。有人告他黑状，有人写匿名信陷害他，但他却仍然笑对人生。正如于光远

1989 年给他的赠言："看清了事物的本质，就对什么都笑得出来，这既是智慧的表现，又是力量的表现。"

　　现在，年逾古稀的辛秋水仍然对生活充满了热情，对祖国的前途充满了信心。经历了严冬的他怎能不珍惜春天的分分秒秒呢？正如他的老友赠送他的一首诗所写的那样：

> 知君尝遍秋茶苦，更识人间直道难。
> 风雨难摧少年志，铁窗不改旧时颜。
> 从来铁肩担道义，自古文章妙手传。
> 五十莫言知天命，新程万里路颠连。

　　这是 1979 年辛秋水平反时，北京大学著名教授罗荣渠为他而作的，可谓道出了辛秋水历经苦难痴心不改的前半生。

　　"莫道桑榆晚，为霞尚满天"。恢复工作后的辛秋水正在用自己的勤奋努力，为自己的后半生写下最辉煌的篇章。

　　社会科学工作者不但要研究社会而且更要干预社会，这是辛秋水的研究准则之一。他对我说："社会科学工作者不干预社会是不道德的。"此话讲得何等犀利、何等尖锐啊！在这种思想的驱动之下，辛秋水勇于揭露社会的阴暗面，敢于同邪恶势力作斗争，为受屈的老百姓鸣不平。《新恶霸侯鸣放》这篇调查报告，就是他根据一位被侯鸣放无端打伤全家五口人的老教师蒋宗汉的来信控诉，深入到出事地点进行反复调查而写出来的。调查证实，侯鸣放一贯横行乡里，凭着自身武术和社会关系网肆意打伤当地干群约90 多人，奸污女青年多人，其淫威之盛使被打者不敢还手，被奸者不敢呼救，事后还不敢告状，否则报复立至。当地执法部门软弱无力，使之横行乡里，多年来逍遥法外，群众称之为"新恶霸"、"下乡的鬼子"，没有人敢来揭发他。辛秋水根据事实写成调查报告，通盘托出了新恶霸的累累罪行，刊于《农民日报》1986 年 1 月 24 日第三版，配发评论员文章《保护群众利益，打击乡间恶霸》。与此同时，辛秋水又以题为《恶棍为何横行乡里？》、《不能让恶棍逍遥法外》的通讯形式，连续刊登于《安徽日报》1985年 10 月 31 日和 12 月 3 日的读者来信版面上，引起了社会的强烈反响。《安徽日报》在1985 年 12 月 3 日以半版篇幅刊登了各界知名人士的强烈呼吁，认为辛秋水的文章伸张了正义，充当了人民的喉舌。但由于这些文章批评了当地政法部门的缺点和错误，引起了当地政法部门及其上级部门的反感。他们组织了反调查，写报告向中央、省委、报社、社科院对辛秋水进行诬告。省政法委召集对辛秋水诬告的地区政法部门来省汇报。汇报后，省政法委认定，辛秋水的这份调查所揭露的事实及对地方政法部门的批评是正确的，并明白地告诉这些诬告者，他们的指导思想不端正，这些人灰溜溜地点头认错，侯鸣放也得到应有的法律制裁。辛秋水揭露侯鸣放的文章，被《安徽日报》内刊《评报》誉为一首"正气歌"，获 1985 年全省报刊新闻一等奖，此事在出事的定远县反响极为强烈，群众无不为之拍手称快，党的威信也提高了。

　　1997 年 5 月的一天夜里，有位农民来辛秋水家申诉，说他们那里三位无辜青年农民被明光市明东派出所抓去严刑逼供、屈打成招，派出所拿着严刑逼来的"招供"到无辜青年家中敲诈。派出所向市检察院申报发逮捕证被拒绝后，三青年回到家中知道已被诈去巨款，愤而状告派出所。明光市法院秉公判决明光市明东派出所败诉，勒令其退还"罚款"并赔偿无辜青年被押期间的损失。明光市公安局不仅拒绝执行市法院判决，反而非法地将正在法院要求执行判决的三青年铐走，还以所谓"盗窃"罪送去劳教。辛秋水看完他们的申诉材料后，觉得自己虽非政法部门工作人员，但在与正义和邪恶势力战斗时，有义务支持正义方面，即使力量微薄。为弄清事实真相，辛秋水找到省司法厅副厅长张成好，张成好特批辛秋水连夜到劳教所依法提讯无辜青年纪业辉。次日又将提讯记录事实真情写报告给省委书记卢荣景，卢荣景迅即将材料批给检察院认真调查。根据卢书记的批示，省检察院深入出事地点进行调查，卢书记在检察院的调查报告上批示："此案实属情节严重，要依据法律和事实尽快处理。另外，明光市公安局有什么责任也要查清。结案后公开曝光。"于是，省检察院副检察长白泉民率领工作组赶到明光市深入调查，案情大白。同年7月，省劳教委撤销了滁州市劳教委对纪业辉等三青年劳教的错误决定，明光市法院依法判处原明东派出所所长王守富三年徒刑，结束了这桩冤案。随之，中央电视台、安徽电视台以及全国各种报刊纷纷报道此案的始末，在全国影响很大，增强了党的凝聚力，伸张了正气。特别是后来中央电视台的《焦点访谈》为此到安徽专题采访辛秋水及有关人士时，辛秋水向记者发表谈话："我们要勇于同一切腐败现象作斗争，特别是同腐败干部作斗争，坚持到底就会胜利。"全国广大群众纷纷来信呼应。

紧紧围绕科学与民主两大主题，深入贫困山区，与农民一起反复实践，创造了"文化扶贫"和村委会"组合竞选"制，辛秋水研究切中要害，成果突出。卢荣景说："这是继大包干以后又一创举"。

管"闲事"中显美德[*]

——记省社会科学院辛秋水同志

程必定（安徽省社科联副主席、党组书记）

省社会科学研究所（省社科院前身）干部辛秋水，被人尊称为爱管"闲事"的人。关于他助人为乐的事，有不少，这里就从省财办干部唐晓风打听辛秋水一事谈起。

1981年春天，在省社联召开的一次经济问题座谈会上，当主持人提名辛秋水发言后，省财办干部唐晓风上前一把拉住他，又惊又喜地问："你是不是曾在芜湖镜湖公园救过一个妇女？你让我找得好苦啊！"唐晓风为什么要找辛秋水？原来在1980年，辛秋水出差到芜湖，夜晚漫步镜湖公园时，忽闻有女子哭泣声。他急忙寻去，只见一个姑娘坐在湖边痛哭。一问，才知她是来自陕西农村，被坏人拐骗到安徽，以700元身价卖给无为县一个农民为妻。她逃到这里，无路可走，欲投湖自尽。辛秋水听说后，忙上前劝慰。正寻思如何安置，此时，只见不远处来了一位同志，辛秋水忙喊来商量，一同把这位姑娘送到赭山派出所，向民警汇报了情况，并妥善地安排了姑娘的食宿，才放心地离去。而这位相陪的同志就是芜湖市新华书店的陈蔷。陈蔷敬佩辛秋水的行为，但不记得他的单位，只记得他是合肥来的和他的名字。后便托友人唐晓风在合肥寻找，几十万人口的合肥城，打听一个仅有姓名而无单位的陌生人，是何等的难啊！今天却不期而遇。

去年，辛秋水出差淮北，在阜南街头见到一个下肢瘫痪的女童，持碗爬街乞讨，辛秋水立即停下脚步，蹲下来细心询问，得知这个残童父母双亡，无依无靠，辛秋水当即记下小孩的地址、姓名，后专门找县委反映情况，希望政府妥善安置这个残童。县委负责同志很重视辛秋水的意见，立即指示有关部门给予安置，使这个飘零在外的残疾孤儿享受到社会主义大家庭的温暖。

两个多月前的一个晚上，在合肥市的宿州路与庐江路交叉口，一位拉酱油的板车工人突然昏倒在地，辛秋水正好路过，见此情景，他就赶忙跑到附近的省立医院，请求派车救护。可门诊部值班同志以无人付给治疗费来推辞，辛秋水当即答应由他负责医疗费用，并留下了单位、姓名，直到医院派车去救护后，辛秋水才离开。

辛秋水虽然年过半百，但遇某些行凶打人危害治安的坏事，他也敢于去管。1980年，他出差到宿州市，在红旗路的闹市区，见一中年男子狠打一位妇女，围观

者虽然愤怒，却无人敢干涉。辛秋水猛地冲进人群，奋力扯开凶手，救下妇女，并把行凶打人者扭送到附近市检察院。这起打人事件虽被制止了，但辛秋水的一身衣服也被撕烂了。

求实　惜时　俭朴[*]

——记在安徽一次别开生面的学术研讨会

曾业松（《农民日报》记者）

　　本文是《农民日报》记者曾业松同志参加由辛秋水同志主持召开的 1989 年全国农村社会发展理论研讨会，会后对此次会议的会风的评论，刊登于《农民日报》1990 年 11 月 29 日头版头条位置上。

　　此次会议辛秋水同志所倡议的开会方式即学术会议不盛宴、不游览、不招待游艺节目。四天会议时间安排紧凑，白天开会，晚上由参加会议的一些权威学者分别在各房间举行专题学术讲座、座谈。在研讨程序上分为几个专题，首先由专题发言人每人 20 分钟就主题发言，然后继续发言者就不同意见进行争鸣或补充。每人发言不超过 10 分钟。会议开得有声有色，各抒己见，不设禁区。会后与会同志感慨称道："这才是真正学术会议，打破过去学术会议陈规旧习，别开生面，收获极大。"

　　我作为一个对理论问题颇感兴趣的记者，参加过不少学术讨论会，给我印象最深的恐怕要算是前不久在合肥召开的"农村社会发展理论研讨会"了。会议日程安排之精心，开会方式之独到，值得推崇。与会者感受之深，收获之大，更值得一书。

　　会议成功的奥秘在哪里呢？

　　一、求实　这次会议是由安徽省农村社会学研究会牵头，联合有关单位共同召开的，中心议题是讨论影响农村发展的各类社会问题。到会 50 人，除了 20 多位专家学者，其余都是通过征文评选而被邀请的农村第一线区乡干部。他们在追求真理面前一律平等，都有发言权，都可以放开争鸣。基层干部认为当前农村社会问题突出，列举大量事实说明农村干群关系紧张、社会秩序混乱等已严重影响农村的改革和发展。专家们对基层干部从实际出发提出的问题有着浓厚的兴趣，力图从理论上讲清讲透，帮助基层干部理顺改革的思路，弄清大量社会问题的根源，并努力探讨克服农村各种社会问题的对策，使基层干部深受启发。大家反映，理论工作者能与实际工作者面对面探讨问题，互相取长补短，无疑是上了一堂生动的理论与实际相结合的课。

　　二、惜时　开幕、闭幕，主持人简要陈词，说明宗旨。每天讨论规定中心发言人讲话不得超过 20 分钟。其他发言人必须围绕中心，严格限定在 15 至 20 分钟以内。晚上

* 原载《农民日报》1990 年 11 月 29 日。

不看电影，不看戏，请来专家办讲座。虽然自由参加，但报告厅依然座无虚席。

三、俭朴　开会游览、吃喝送礼，在许多地方似乎成了惯例。这次讨论会从头到尾没安排一次文娱活动，没参观一处名胜古迹，没吃一顿超标准的招待饭，更谈不到一分一文的礼品馈赠。与会同志是否流露出什么不满情绪呢？没有。相反倒有不少人称赞这种会风好。用一位学者的话说：如果我们一面憎恨那种病态会风，一面又在追逐庸俗的东西，助长不正之风，岂不成了学林中的伪君子？

会风历来是人们十分关注的一种社会风气。在合肥召开的"农村社会发展理论研讨会"像一股清新的风吹散了会场上的乌烟瘴气。愿这股新风，吹遍大大小小的各种会场。

世纪壮举

——中国扶贫开发中的辛秋水

钱念荪（安徽省社会科学院研究员）

辛秋水，这位安徽省社会科学院的研究员，长期从事农村经济和农村社会学的研究。早在20世纪70年代末80年代初，他在反复深入农村调查研究中，即发现原有扶贫方式的弊病。针对贫困地区如何摆脱贫困、发展经济问题，他写出多篇有分量的调查报告，引起有关方面的重视。1987年，年近60的辛老感到：自己作为一名社会科学工作者，不能只是坐而论道，不能只满足于发表文字成果，而应到实践中去，将自己的研究成果与改变贫困地区的落后面貌结合起来，为老百姓实实在在地做点事。于是，他主动提出，深入安徽省国定贫困县岳西县的莲云乡蹲点，探索通过文化扶贫对一个贫困山乡实施综合治理的新路子。

为了得到各级政府和有关方面的支持，辛秋水向中共安徽省委书记卢荣景递交了自己的设想——《以文扶贫——对一个贫困山乡的扶贫综合治理方案》。他在《方案》中写道：

"贫困地区普遍具有规律性恶性循环，即经济基础差，物质贫困，严重制约着教育、科学、文化事业的发展；而科学、教育、文化事业的落后反过来又制约了经济的发展。这种恶性循环的一个直接原因和后果就是人口低素质。人口素质差，既是物质贫困的结果，又是物质贫困的根源。从这个意义上说，山区的贫困不仅仅是物质资源的贫困，更是社会资源的贫困，即智力贫困、文化贫困、信息贫困、观念贫困。贫困地区社会经济的发展，实质上是一场克服愚昧的深刻的社会革命。脱贫是一项综合工程，单纯的资金投入是不可能建造起'造血型'脱贫机制的……"

精辟的见解、具体可行的措施，深深打动了卢荣景书记。他对《方案》作了同意实施批示，并要求有关方面予以支持配合。

1988年，辛秋水告别省城优越的工作和生活环境，只身来到位于大别山腹地的岳西县莲云乡。在乡党委和政府的协助下，他破天荒地为该乡创建了科技文化站，下设三个文化扶贫基地，并根据《村民委员会组织法》，进行了村委会主任竞选制和组合制试验。

辛秋水文化扶贫的第一个基地是创立图书室。该图书室35.5平方米，拥有图书4100多册和报纸杂志数十种及录放像器材一套。图书室一方面从乡情实际出发，突出农村实用科技书籍在整个藏书中的比重，另一方面变"人找图书"为"图书找人"，为农民脱贫致富进行跟踪服务。1989年，莲云乡板条厂储昭银家因天麻种植技术不过关，没收到天麻，还浪费了原料。辛老得知后，立即赶去向他推荐《庭院经济植物栽培实用技术手册》。根据书上的指导，储昭银改进了天麻栽培方法，第二年获得较好收成。腾云村农民储成雁为扩大粮食种植，需要良种，图书室主动服务，向有关部门索取了中分一号玉米、美国狼尾小麦的种植资料，并提供了种源信息。这种良好的服务，使图书室成为莲云乡群众，特别是知识青年生活不可缺少的一部分。农民储一贯是图书室的常客。他借阅了《食用菌的栽培与加工》、《中国食用菌》等书刊。按照上面介绍的方法，搞起香菇栽培，1989 年获利 2400 元，1990 年获利 4000 元，1991 年获利近万元。在他的影响和指导下，另有多户农民栽培香菇，均获得较好效益。

辛秋水文化扶贫的第二个基地是广泛建立阅报栏。莲云乡地处大别山区，农民不可能经常跋山涉水到图书室看书学习。辛老所建立的文化站打破单一的"坐等"的服务方法，在全乡 7 个行政村的道路两旁设立 35 处常年阅报栏，风雨无阻，每天按时把当天的报纸贴上各阅报栏。由于阅报栏内容丰富，政治、经济、法律、文化、实用技术、生活知识无所不包，深受农民的欢迎。全乡阅报栏前的读者，平均每天达 500 人次左右，识字人看报后还讲给不识字的听，使阅报栏成了闭塞山村农民的信息源。王畈村青年农民刘同法，前几年养蚕不得法，收入甚微。自文化站在他家墙上设立阅报栏后，他天天看报，从中掌握了养蚕技术，1991 年养蚕收入达 4800 元。有一个青年看到报上某地贪污扶贫款的干部被惩办的消息，立即写信检举了一个犯同样错误的乡干部，使其受到惩处。阅报栏使山乡农民接触时代信息，开阔了视野，促进了山村面貌的变革。

辛秋水文化扶贫的第三个基地是建立实用技术培训中心。农民文化素质低，习惯于传统的生产方式，对新技术往往一时难以接受，或者勉强接受后，一遇困难又回头走老路。辛老根据山乡发展经济的需要。于 1988 年建立了莲云乡实用技术培训中心。在乡政府的协助下，中心办了蚕桑、板栗、食用菌和大棚蔬菜等多期培训班，培训技术骨干 1000 多人。青年农民储成苗参加大棚蔬菜栽培技术培训后，不仅自己发展大棚蔬菜生产，收入甚丰，还现身说法，把学到的技术传给其他人，带动周围的一大片农户开发大棚蔬菜，获得较好效益。

为弥补培训班容量有限的不足，辛老还于 1990 年筹集资金购置一套录放像设备，搜集农业科技录像片 70 多部，采用定点和巡回放录像教学的方式，把农业科技知识送入每个农户。许多录像片，如《杂交水稻》、《大棚蔬菜》、《家庭养猪专集》、《家前屋后》、《桑、蚕、茧优质高产综合技术》、《蚕病防治》、《人工栽培平菇》等，都是放一遍后，农民围着放映员要求再放一遍，有时放到深夜两点才结束。

在进行文化扶贫中，辛秋水还把向贫困山乡输入现代政治文化作为一个重要方面。1989 年 1 月，全国人大公布《村民委员会组织法》后不久，辛老就在莲云乡腾云村组织举行了首次村民委员会的民主选举。

辛老在长期深入实际中发现，贫困地区也存在着许多腐败现象。因此，依法对村干部实行竞选，增强干部的公仆意识，已是刻不容缓之事。他指出：从生产力的角度看，干部和群众同是生产力要素中的人，实行扶贫扶文，改变群众的精神和智力状况，实行干部竞选，改变干部精神状态和工作作风，可以加强基层组织建设，确保贫困地区加快经济发展和扶贫开发工作的顺利进行。

这次选举打破了过去上级提名、村民通过的老框框，采取选区推荐、联名推荐和本人自荐的方法，不限额地产生候选人；然后召开选举大会，由候选人发表竞选演说。演说中，候选人除了讲述本人为全村脱贫致富所设计的蓝图和具体办法外，还要把他"组阁"的村委会名单公布于众，让全村村民鉴别审查。这次腾云村共有4人上台发表竞选演说，其中有原村长、农业技术员、一般村民、高中毕业回乡青年。选举大会从上午8时开到下午4时，外面虽下着雨雪，可285名村民代表冒着严寒，忍着饥饿，一直坚持到自己投完神圣的一票。计票结束后，大会宣布农业技术员王先进当选村委会主任。村民们高兴地说："这次选举够劲，硬抵硬选出的干部，我们信服。"

此后，在辛秋水和乡党委的直接组织领导下，腾云村每三年举行一次民主选举，选出的干部届届过硬。村民们在选举过程中守序、依法、文明参政的行为和精神，使组织选举的同志和前来观察的各级领导为之惊叹，为之兴奋不已。省、市及全国的一些新闻报刊，也曾派记者参观了选举，对该村在全国率先进行村民直接选举村委会主任的新鲜事作了大量报道。

辛秋水通过以"树人"为核心的文化扶贫的不懈努力，极大地改变了当地农民的落后观念，提高了广大村民的科学、民主意识，促进了农业科技的推广，使贫困山乡的经济得到较快发展。尤其在食用菌、蚕桑、茶叶、大棚蔬菜方面，该乡已成为岳西县多种经营的重要生产基地。莲云乡人均收入从1987年的190元增加到1995年的900元，到1998年已提高到1450元。

辛秋水对一个贫困乡进行扶贫综合治理的试验，获得了很大成功。莲云乡经验通过各种报刊的宣传，影响不断扩大。中共安徽省委进行调查后认为，辛秋水的莲云乡文化扶贫之路具有典型示范意义，因此作出决定：在滁州市、黄山市和安庆市的部分乡镇推广莲云乡文化扶贫的经验。1992年7月17日，《安徽日报》头版头条刊出《扶贫扶人，扶智扶文——省委决定推广莲云乡经验》的报道。

辛老在总结自己文化扶贫的经验时强调：文化扶贫绝不仅仅是为贫困地区老百姓送一台戏，搞一次演出。我们向贫困地区输入的文化，绝不能脱离当时当地的实际需要。贫困地区农民的"生存型"特点，决定了他们在这暂时阶段，主要需要实用性文化，即文化扶贫必须首先有益于他们脱贫致富。正是如此，他们进行的文化扶贫，一方面侧重科技文化，着眼点放在提高人的生存能力和生产技能上，以改善贫困农民的物质经济条件；另一方面侧重政治文化，着眼点放在提高劳动者社会地位和自身价值上，以激发贫困农民的生活热情和生产积极性。

辛秋水作为一名德高望重的社会学著名专家，在偏远落后的莲云乡蹲点，一蹲就是10年，其成果可喜可贺，其精神更是可敬可叹。他所艰辛开拓的莲云乡文化扶贫之路，是发挥大文化所包含的文化功能、经济功能和政治功能，全面提高贫困地区干部群众的素质，从而促进了贫困地区物质文明和精神文明的共同发展的有效之举。

惩恶除霸记[*]

王春江（合肥市作家协会副主席）

一

一封来信，是定远县三和中学老教师蒋宗汉写来的。

省社科院研究员辛秋水慢慢拆开信，很快被其中的内容怔住了。

"1985 年 8 月 26 日中午，侯鸣放和另外一位青年在饭店喝酒，然后来到合作商店，遇见水库主任许厚国、副主任吴其如、会计胡采业来买汽水。侯鸣放一时心血来潮，无端抢下胡采业手中的汽水瓶，向其头上连砍三掌（侯会武功），踢几脚。许、吴上前拉架，侯又甩手打了两人几耳光。站在旁边的一残疾老年农民王少华吃惊地说：'我活了几十年还没有看到这样的红毛野人哩！'侯鸣放抓住老人拳打脚踢，致使老人遍体鳞伤，不得不立即送往医院。我儿子蒋继尧在旁劝说：'人家不还手，怎么还打？'侯鸣放又转身来打我儿子。我闻讯从家里赶到现场，'继尧，还不回家？赶快给我回去！'侯丢下继尧，又对我拳打脚踢。我知道他是三和乡一霸，无人敢惹，转身就跑，侯在后紧追。跑到邮电所，打到邮电所，跑到医院，打到医院。我跑回家，把大门闩上，侯一脚把门踢开，抓住我摔在砖头地上，猛打我头和下腹部，我已昏倒在地。侯见我不动，又去砸我家电风扇和缝纫机。这时我趁空挣扎爬起，逃到医院，两位好心的同志把我锁在药库里。

"在我被打过程中，围观者 300 多人，其中教师达 100 多人（集中开会），多数人敢怒不敢言。三和乡山岗大队书记刘恒远上前劝阻，又被侯打了几个耳光。还有两位社员劝阻，也挨了打。我女儿蒋继平因上前护我，被打，我爱人王持家因上前求饶，被毒打，我儿媳跪在侯的面前，也遭毒打。

"这天，从午后一直打到八点多，被打 11 人。当晚，我女儿去乡政府，李乡长说：'我管不了他，你去找潘书记。'这时乡管委会主任黄积凡伸出留有伤疤的手臂说：'上次，侯把我打伤，告到县里没结果。'次日上午，我去找潘书记。潘说：'你可以上告到县里，我们处理不了他。'

"我从乡政府回到家里，越想越难过。老伴劝我忍气吞声，我总感到党的政策是好的，提倡尊重教师，又在教师节前夕，就是一个平民百姓，也应该受法律保护。政策遭到如此破坏，如无人敢问，坏人不是更加猖狂吗？四化建设大业还能行吗？

* 原载《合肥晚报》1986 年 10 月 3 日。

"因此，我冒灭顶之灾，向你求援，我被打后，头昏、心口痛，不能参加正常教学和备课，在家休息治疗。希望得到你的援助。"

读罢这封信，辛秋水胸中无法平静。他与蒋宗汉，无一面之交，但是作为一个有正义感的人，能置之不理吗？

侯鸣放是个什么人，他一无所知。他为什么这样无理，这样蛮横？老辛简直有点不相信这是事实。

他打电话到定远县人大，一位同志告诉他，蒋宗汉被打，是事实。于是立即将这封信拿到省委书记黄璜同志的面前，黄璜同志立即作了批示。

为了弄清全部事实的真相，他立即离开合肥，悄悄来到三和乡，细心调查。刚下车不久，告侯鸣放的群众闻讯而来，排成队一个一个向着辛秋水痛哭流涕，泣不成声，控诉侯的种种罪行。至于信中所说被打惨状，当地干群都出来作证，说那是千真万确。

二

侯鸣放现年 27 岁，1975 年初中毕业下放到定远县三和乡。

1981 年 8 月，因流氓罪被捕，1984 年免于刑事处分释放。同年 7 月，重新分配到三和食品站工作。8 月，又因殴打他人，被拘留 15 天。

侯被释放后，变本加厉，恶性发作，连续行凶。

他把社员李明毒打致昏，围观者上百人。3 个农民上前劝阻，均被罚跪在地。乡武装部的方部长来批评他，他手持铁铲，大叫要砍方的头，方不得不逃避。

因一句话不顺耳，侯把朱家科推倒，朱头部跌伤。郭明芝来拉架，他又揪住郭毒打。九子乡财粮员李波上前劝说，也被打得鼻青眼肿。

1984 年 8 月，侯调进三和食品站的第四天，就到乡政府寻衅闹事，无端把副乡长胳膊扭伤，把章乡长打得多处青紫。同年 11 月，侯又打了本单位职工小高、医院职工徐家成、原大队书记阎玉堂、街道居民李章连。侯打小店员马成才，把小店糕点一扫而光。打完后，还问马服不服？马只好说服。侯要马送五瓶罐头给他下酒，马只好忍气吞声，送去五瓶。

侯还强奸少女多人，扬言："我要把三和集上漂亮女孩子睡遍。"有位女青年被他骗到家里，强行扒衣，大白天实施强奸。有位少女被侯强奸后，父母把女孩子关在家里不敢出门。侯竟提刀上门要人。有些少女只好躲避到外地。有人说："侯鸣放像日本鬼子一样凶！"

侯鸣放如此横行乡里，我们的政法部门是怎样对待的呢？1983 年，侯曾被捕，以流氓罪判处 7 年。经过一番幕后活动，又被宣布"无罪释放"。侯洋洋得意地说："你说我是土匪，我就是土匪。你说我是流氓，我就是流氓。你们去告吧。不是判我 7 年吗？未审判前，副本已到我妈妈那儿。我妈去一趟滁县，不就吹了。"

三和乡几位乡干被打，多次控告到县，无人过问。经多次催促，县公安局才把侯拘留 15 天。

侯打了居民李章连，县公安局却把李拘留了 10 天，把侯交本单位教育。群众气愤地说："打人者无罪，被打者拘留，侯的后台真大。"

侯鸣放真的有什么后台吗？侯的父亲是南下老干部，已离休。母亲是个体户，手中有几个钱，能使八面风。侯是独生子，自幼娇纵。侯每次行凶后，全家倾巢出动，找老关系、老部下。侯又练得一身武功，于是，权、钱、拳三者结为一体，形成了一股可以在一定程度上左右官府的邪恶势力。

<h1 style="text-align:center">三</h1>

人类不同于其他动物，因为人类是重理性的。如果没有理性，社会就没有公道，没有是非，没有安宁，没有进步，没有和平。侯鸣放的所作所为，毫无人道，的确是一个无法无天的恶霸，是三和乡的一害。

"我能为民除害吗？"辛秋水向自己提出问题。

他是一介书生，手中只有一支笔。

50 年代，这位刚出校门不久的大学生，被错划为右派。22 年的苦难生活，妻离子散，使他尝尽人间辛酸，深知平民百姓遭受欺凌的内心痛苦。

平反昭雪以后，适逢改革开放，他曾用手中这支笔为人民做过一些有益的事。

1984 年，辛秋水在安徽肥西县调查，写了一篇关于《单身汉户问题》的调查报告。这份报告，在省委内参、新华总社内参刊出，胡耀邦、万里等中央领导同志都作了批示。

1980 年，辛秋水在滁县地区调查，发现行贿受贿之风在滋长。他召开二轻局部分干部座谈会，并把座谈会上的发言整理成书面材料上报安徽省委，省委领导作了重要指示，在内部刊物上刊登。后来引起了中央领导同志的重视，作了批示在《党风与党纪》上刊登。《人民日报》于 1987 年 7 月 28 日转载了这份材料。不久，全国掀起打击经济犯罪的活动。

这类事件告诉辛秋水，党的十一届三中全会以后，全党正在贯彻实事求是的原则，只要言之有理，一支笔也可以发挥有益的作用。他曾在《安徽日报》第一版发表过一篇文章，题目就是：《要为人民鼓与呼》。

现在，面对恶霸横行，老百姓受辱，能保持沉默吗？

富有正义感的辛秋水，经过一番思考，出于信任，开始行动了。

他首先求助于新闻机构。

1985 年 10 月 31 日，《安徽日报》刊登了他写的一封人民来信——《恶霸为何能够横行乡里？》一个多月后，《安徽日报》又刊出他写的一份调查报告——《不能让恶霸逍遥法外》。

辛秋水同时也把调查报告送给省委负责同志，并在信上说："目前农村有二'权、拳'为重心之说。'权'即权势，仗势欺人，'拳'即拳头，家门大，男丁多，拳头有功夫，也能仗势欺人。要发扬民主法制，就必须狠煞二'权、拳'。"

4 天后，一张通知送到辛秋水手中：

辛秋水：

　　希于本年 3 月 25 日上午九时来法院办公室，我院叶同志有事与你面谈，特此通知。

辛秋水知道，这纸通知，类似传票，一场复杂、尖锐的斗争就这样开始了。

当两篇文章在报上发表以后，在省内引起不小的反应。《安徽日报》还辟出专版，发表读者来信，对恶霸分子提出批评。《中国农民报》也刊登了这篇文章。

侯鸣放在三和乡发出了恐吓："告诉姓辛的再多管闲事，我要把他的腿打断！"

侯的父母，旧技重演，跑到合肥中市区人民法院起诉来了。

辛秋水坦然按时来到法院，如实介绍了调查情况。法院的同志秉公执法，侯的父母只好退回三和。

这时，滁县地区政法委员会派调查组去三和调查，向省委写了一份调查报告。在这份报告里，关于侯鸣放行凶打人一笔带过，用主要篇幅为其开脱罪责，说明以前多次释放侯是有道理的。在结尾处，还倒打一耙："辛秋水同志的两篇文章发表以来，引起极大反响，给地方党委和政法部门的压力很大，一些外地不明真相的人，纷纷给定远县委写信，责问为什么不处理。这说明已造成后果，混淆了视听，使得党委及政法部门难以开展工作。为此，建议《安徽日报》澄清事实，以正视听。"

好家伙！恶霸无罪，辛秋水却落了个"混淆视听"、"造成后果"、"使得党委和政法部门难以开展工作"的罪名。

这不是街谈巷议，这是政法部门写给省委的调查报告。

政法部门的分量，辛秋水是很清楚的。从现在起，他不再是与恶霸作战，而是要与一个政法委员会较量了。

他深知斗争的复杂，但是怎么也料想不到会出现这样的局面。他只是一个普通的理论工作人员，感到有些孤独，简直是泰山压顶。

他没有忘记15年劳改、7年监督劳动的苦难生活。难道这次还会出现这样的局面吗？辛秋水呆呆地望着墙壁，一位老朋友赠给他一首诗，由原省委书记袁振同志书写，现在挂在墙上："知君尝遍秋荼苦，更识人间直道难。风雨难摧少年志，铁窗不改旧时颜。"

读到此处，辛秋水胸膛一热，是呀！人世间想伸张正义，总是难的，风雨铁窗未能改志，现在又碰上了，还能后退吗？

他继续向下看：

"从来铁肩担道义，自古文章辣手传，五十莫言知天命，新程万里路颠连。"

辛秋水感到眼睛里发潮，真的动感情了。"从来铁肩担道义"，是的，自从来到这个世界，老师、家长、朋友，都是讲的道义，好像这一生就是为了"道义"才活着。现在已经57岁了，改不了啦，只有硬着头皮走下去。

辛秋水坐在桌前，在三九严寒的冬夜，在孤灯下，开始写反驳文章："原则是非不容混淆"。

四

尖锐的冲突，一直反映到省委和省政府。

省委副书记史钧杰同志批示："由省政法委员会、省纪律检查委员会、省委信访处联合组成调查组，由政法委员会牵头，对此案进行调查。"很快，真相大白，三和乡群众还把滁县政法委员会调查组上次在三和吃吃喝喝竟有一位成员因酒精中毒而挂危住院的丑事也揭了出来。

省政法委员会开了汇报会，滁县地区分管政法的书记、法院院长、公安处长，均来参加会议。

听完汇报以后，省委常委、省政法委员会书记王胜俊同志当场问滁县地区几位同志几个问题：

"辛秋水同志揭发侯鸣放行凶打人，可是事实？"

"是事实。"

"定远县政法部门对侯鸣放打击不力、执法不严，可是事实？"

"是事实。"

"那么你们原来写那份调查报告的指导思想是什么？"

经过一段难堪的沉默，最后还是做了回答："我们指导思想有问题。"

至此，问题已基本澄清。王胜俊同志很有感慨地说："辛秋水同志是位理论工作者，他干预政法部门的歪风邪气，敢于为百姓说话，是很不容易的，是很可贵的。他不像有些人，多栽花，少栽刺，绕着矛盾走。他敢于斗争，敢于坚持真理，为民说话，这对我们是很有启发的。"

滁县地区三位同志，陷入难堪的沉默之中。

最后王胜俊同志严肃指出："回去好好讨论一下，写个材料来，说说你们的认识和教训。"

1986年12月5日，《安徽日报》根据地方法院的判决，又发出了一条新闻：侯鸣放被判处有期徒刑十年。

冷蕊别成妍

——难写的辛秋水

嵯峨肝胆倾谈见

写辛秋水是一大难事，他是名人，写他的文章相当多，我很难脱人之窠臼。然而我又非要写他不可，他太值得写了，因为他的经历和行动说明了，做中国的知识分子太难了，太可敬了。

我与老辛认识是在十多年前。有一次，我与一位同志正在高言大句地抨击某政要，他来了，说是找我的老伴欧远方的，我不认识他，请他等一等，他静静地坐在一旁听我们的谈话，待那位同志走后，他马上对我说，你很坦率，也很大胆。我说我们都是老同志了。他说，你就不怕我讲出去吗？我说现在打小报告的人少了，一打便要变臭。他点头称是，便接着我们的话头议论起来。听了他一番话，我就发觉，他的看法比我们更深刻，更激烈。虽然我连他的姓名都不知道，但我们已十分投缘了。真是"嵯峨肝胆倾谈见，片刻竟成同调人"。

邪火烧伤执烛人

老伴回来后，我一问方知他的姓名，但还不知他的经历。第二次，他又来了，说这次是专门来找我的，是想向我介绍他的过去，我泡了茶，拿了烟，请他谈下去，他一口气谈了一个多小时，我为他的介绍所震动，沉浸在他的悲惨世界里。

秋水同志生长在一个富有家庭里，自幼就有同情穷人的正义感，为此他放弃了优越的生活，穿越封锁线来到解放区。全国解放后，他随之进入北京，被分配在中苏友好协会工作，不久，便与同单位一位女同志结了婚，生了一男一女。可1957年的反右运动，把这个幸福的家庭小舟击了个粉碎。缘起是他那疾恶如仇的性格，他在鸣放时给《文汇报》写了一封信，对胜利后党内滋长的种种不良倾向如官僚主义、宗派主义、不民主等问题，阐述了自己的看法。机关鸣放时他也积极参加了，他妻子是支部书记，深知个中利害，坚决不同意他去鸣放，两人厮打起来，他的一件上衣被她从衣领撕到底，但他仍绝裾而去，对领导人提了意见，领导当然不满，正好这时《文汇报》把信转了回来，结果可想而知。哲人有言："真理的蜡烛常常会烧伤那些执烛人的手。"老辛不仅被烧伤了手，而且还是大面积的烧伤，他被划成极右派，1958年到农场劳动改造，后又遣返回乡，这一去就是 22 年。

在农场劳动累自不待言，苦的是挨饿。三年困难时期，农场饿死了不少人，秋水的劳动小组，原来有 16 人，后来只剩下 8 个人了，他也饿得全身浮肿，走路摇摇晃晃，就这样，还要被驱赶出工，挪到工地，哪有精力劳动，只是东张西望地找吃的，见到老鼠捉老鼠，见到水蛇捉水蛇，一待休工就偷偷烧着吃，但管理人员还是不放过，收工时个个被搜身，一时老鼠、水蛇、癞蛤蟆满地都是。野物吃不成又去抢拾干部家属扔掉的菜根、骨头、鱼刺等，探视的家属见了无不掩面而泣。在饿得支持不了的时候，他向干部汇报想把皮箱剪了煮了吃，并说当年红军也吃过皮带，没想到干部把桌子一拍，说他诬蔑红军，把他关了禁闭。待他扶墙摸壁出来后，干部还要他去劳动，他一下就晕死过去了，亏得队长派人把他送进医院，每天给三碗稀粥喝，才救了他一条命。

九曲黄河终不回

1979 年以后，辛秋水终于彻底平反，被分配到安徽省社会科学研究所（后改为社会科学院），此时他已到知命之年，多年生活在社会底层的经历，辛秋水深知民间疾苦，深知目前国家制约系统和反馈系统均不健全，所以他还要沉下去，沉到底。我和他见面大约就在这个时候，这两次谈话后，我就很少见到他了，因为他真的沉下去了。不过他每有所获总要来向老欧和我报告一番。比如说，他的两次调查报告都引起了省委和中央的重视，胡耀邦同志还作了批示，一次是反映基层行贿受贿等不正之风，耀邦同志批给中纪委书记王鹤寿，中纪委刊物《党风党纪》登了这篇调查报告，《人民日报》又加了编者按予以转载，须知那是 1981 年，老辛恢复工作才二年啊！第二次是关于单身汉户问题的调查。农村单身汉大家见得多了，但都未引起注意，老辛却看出单身汉问题所引发的种种严重后果，因为他的调查内容实在，有说服力，又引起了省委和耀邦同志的注意。1984 年，他又干了一件好事。他接到定远县一封求救信，三和乡一位教师一家五口人无端被恶棍打伤，镇上稍有姿色的姑娘都被这恶棍侮辱过。老辛看信后拍案而起，连忙跑去调查，核实后他写出了《不能让恶棍逍遥法外》的文章，发表在《安徽日报》上，但这恶棍很有势力，竟然反告辛秋水，后来经过省委派人调查，真相大白，恶棍侯鸣放被判处十年有期徒刑，老辛以胜利告终。最近他又揭露了明光的恶人恶事，上了中央电视台的"焦点访谈"。从此他又有了一个外号："民间包青天"，熟知老辛为人的人，都觉得并不夸张。

老辛平反后做了多少事，报纸电台已屡有报道，我不再炒剩饭了，只知道近二十年来，写了 40 余万字 50 篇的调查报告和专著，到农村调查数十次，且大多在贫困的大别山区，其间跋涉之苦可想而知，他不光调查，还亲自去尝"梨子"的滋味，蹲下去做文化扶贫和民主选举的试点，且成绩斐然。对于一个年近七旬且饱经劫难的人来说，这是多么的难能可贵啊！

心忧天下，魂系苍生，这就是辛秋水；"吾爱真理，虽九死其犹未悔"，这就是辛秋水；对谬误痛心疾首，对腐败疾恶如仇，这就是辛秋水；有高尚的追求，却脚踏实地去实现，这就是辛秋水；生机勃勃，老而弥坚，这就是辛秋水。清人赵翼有咏梅花诗云："何当冷蕊别成妍。"冷蕊别成妍，辛秋水此其谓乎！

从来铁肩担道义[*]

——著名社会学家辛秋水为民代言风雨五十年

郑建华（《江淮法治》记者）

[**人物背景**]　辛秋水，七十有三，1950 年代就职于北京中苏友协总会。其人为党为国敢作敢为，1952 年冲破阻力，就改进中苏友协总会一项重要工作方针提出建议，并上书刘少奇，建议被中央采纳，名声大噪；1957 年再投书《文汇报》，助党"整风"，获"极右派"之称，自此遍尝人间苦难，前后长达 22 年。其中 15 年农场劳教，7 年回乡监督改造。待恢复名誉，已五十有二，入安徽省社科院。然一朝"出山"，仍丝毫未减当年本色，以其"进言"数次引起中央及省领导的重视，以至对中央及省内的一些重要决策产生积极影响。随后他深入底层，致力于推动文化扶贫和村民自治，率先在全国提出"扶贫扶人，扶智扶文"的口号，并组织选出了全国第一位以"组合竞选"方式选举的村委会主任，一时间名动中华，好评如潮。古稀之年，不知"享乐"，却抓紧分分秒秒，继续参与文化扶贫和村民自治，永不言"退"，动力何在？多次采访，追根溯源，乃得索解。

为党为国　辛秋水两度上书"反右"乍起　遭厄运二十二年

1958 年初，寒气逼人。被打成"右派"的辛秋水，此时并不知道更大的厄运已向他走来。

一天，中苏友协总会办公室主任姚见请辛秋水到办公室谈谈。

"你的事由……"平日低头不见抬头见的姚见此时欲言又止。

"由什么?!"辛秋水急切地问。

"由公安局处理。"姚见终于说出口。

话音刚落，警察走了进来。毫无准备的辛秋水连换洗衣服都没来得及拿，就被押送到收容所。一进门，被解下裤腰带，往里一推，"砰"地关上了门……

此时，辛秋水正值而立之年，却从此一去再没能复还。妻子此时远在通县结核病医院住院，两个幼小的孩子怎么办？刚强的辛秋水没有流泪，但到收容所第一夜梦醒后却发现自己临时用作枕头的棉裤已被哭湿一片。

* 原载《江淮法治》2000 年第 1 期。

　　不久，辛秋水和一批劳教人员被送往清河农场。押解途中，警车路过北新桥时，辛秋水蓦然想起这里正是他十年前由国统区奔来北京参加革命的第一夜住宿地，触景生情，真是感慨万千，缕缕往事萦回脑际。

　　1946年，年方19的辛秋水入安徽大学法律系就读，此时校园内进步力量与反动势力对垒分明。才华横溢、爱憎分明的辛秋水领导"大公"竞选团击败"三青团"和"青年军"组织的"民主"和"公仆"竞选团，被选为校学生会副主席，开展学运。当得知自己被特务列入黑名单的消息后，他连夜乘小船逃离安庆，冲过道道封锁线，奔到苏北解放区。随后又辗转来到北京，被分配到正在筹备的中苏友协总会工作。

　　1949年10月1日，当他与苏联代表团的朋友一同站在天安门城楼下的观礼台，听到毛主席庄严宣告"中华人民共和国中央人民政府成立了"时，他热泪盈眶，欢呼雀跃，中国人民浴血百年追求的这一天终于到来了！

　　1952年，有了3年中苏友协工作经验的辛秋水经过深入调查，大胆提出取消6000万个人会员而改由各工、青、妇团体等集体入会，以便更好地开展工作这一"爆炸性"建议，立即遭到中苏友协几位领导的严厉批评。但辛秋水毕竟是辛秋水，他连夜给刘少奇写了一封长信，坦陈这一建议，不到3天，即接到刘少奇的亲笔信，内称："秋水同志，你的意见基本正确，我已交中共中央宣传部讨论处理。"结果，辛秋水的意见被中央采纳。随后，辛秋水还应中宣传部秘书长熊复之邀，专就此事在中宣部系为党团员作了题为"反对官僚主义、创造性地开展机关工作"的报告，时年25岁。

　　转眼到了1957年。党号召帮助整风，辛秋水听到上级传达文汇报受到毛主席高度赞扬的情况后，满腔热忱地再次大胆"进言"，给《文汇报》写了份"万言书"，热情歌颂了党和毛主席，同时也严厉抨击了党内一些官僚主义、宗派主义现象。《文汇报》为此给辛秋水来信，称"我们全体编辑部的同志，都为你的爱国热情所感动"，并将此文在该报《内部通信》发表。

　　此后，"反右"风起，这篇文章竟使辛秋水成了被引出洞的"蛇"。然而，襟怀坦荡的辛秋水有何惧！

　　从收容所被送走后，辛秋水被押至清河农场劳动教养，直到1966年"文革"爆发。

　　刚到农场不久，即逢"三年自然灾害"。他眼看身边一个个熟悉的面孔因饥饿而消失，自己也常常陷入危"饥"之中，险些丧命。他说："那时我们下地干活，眼睛就注意地下有没有虫子，蛤蟆、蝗虫、老鼠，见什么捉什么，回来用火烤烤就吃。"有一天夜晚，辛秋水从田里捉回几只老鼠到一空房间里准备烧着吃，用手往炕上拉草，摸到一个已经饿死的人，但为了充饥，他也只得在这具尸体下面烤那几只老鼠。人到了这种地步，还会怕什么呢？

　　听了辛秋水对饥饿的描述，让你更加理解为什么与他有着类似经历的张贤亮在那部闻名全国的小说《绿化树》中要用那么大的篇幅来对饥饿进行描述，饥饿有时确实能摧垮一个人的意志！但感谢上苍，辛秋水活了下来。

　　然而，与生活上的苦难相比，更难忍受的却是精神上的折磨，这让辛秋水的精神几近崩溃。

　　1966年，"文革"骤起，辛秋水又被遣送安徽白湖劳改农场。由于此时他已患有严重的肝病，于是被分去牧羊。在他的精心喂养下，羊长得又肥又大。辛秋水也渐渐有了点"成就感"。一次，农场管教干部夏干事看到他夸道："辛秋水，最近干得不错啊！""为人民服务嘛"。辛秋水认真地答道。谁知此人脸色突变，厉声呵斥："你有什么资格为人民服务?!辛秋水，你别忘了你是在改造!"

再扬风帆　辛秋水情注基层　文化扶贫　闯新路全国领先

"一别二十年，人堪几回别！"52岁的辛秋水此时却连抚摸伤口的时间也没有，立即投入到工作之中。

1980年11月，他在明光搞调查，有位局长向他诉苦，现在的许多企业如不行贿，就根本买不到原材料，甚至销售产品也要行贿。于是，辛秋水深入到许多企业，调查了一些厂长、采购员等。以大量的第一手材料，写了篇《当前国家干部贪污、行贿之风严重》的调查报告送安徽省委。省委第一书记张劲夫、第二书记顾卓新、秘书长袁振立即在报告上作了批示，省委《调查研究》加编者按后予以刊发。不久，这个材料送到中央，胡耀邦同志阅后作了重要批示，并于1981年3月26日给中纪委副书记王鹤寿写了封亲笔信，信中说："现在，我把昨天收到的一份材料转给你，请你们看看。我主张除在第三部分（指中纪委第三次全体会议决议——作者注）适当增加有关这方面的一些内容之外，有关这个问题请你们再研究一下。第一，可否把这个材料登《党纪》刊物，并加以按语，要求各级纪委充分重视。第二，是否再作点调查，争取在4月至迟在5月，专门写个通告公开号召广大干部、党员和群众坚决同这些歪风邪气作斗争。"随后，中纪委调查组来到皖、闽、苏、鲁对辛秋水所提出的这一现象作了深入调查。调查组组长孙克悠到合肥时对辛秋水说："我们的调查结果证实了你的调查报告中提出的目前干部贪污、行贿问题的普遍性和严重性。"不久，党中央、国务院先后发出了《关于制止经济流通领域中不正之风的通知》和《关于在经济流通领域中坚决打击严重犯罪活动的通知》，省委派辛秋水到滁州地区参加打击经济领域犯罪的斗争。

随后，辛秋水又写了一系列很有分量的调查报告，均引起了中央或省领导的高度重视。如他写的《农民单身汉户问题值得重视》，再次引起胡耀邦的重视，并指示新华社社长穆青给辛秋水复信，全国14家大报作了转载，国务院副总理万里也作了重要批示，上海《社会》杂志刊登此文时加编者按说辛秋水这篇文章"对社会的家庭理论作了发展"。此文被省社科院评为科研成果一等奖。他写的《关于青少年犯罪的调查与对策》，省长王郁昭、副省长兼政法委书记程光华均作了重要批示，全国人大法工委还将其印刷成册，发给每位人大常委会组成人员，作为讨论制定《关于从重从快打击刑事犯罪的决定》的重要典型参考材料。此外，他就农民自杀、乡村恶势力等问题写的调查报告，也在社会上引起强烈反响。其中《恶棍为何能横行乡里》等系列通讯，还获得1985年度全省报刊新闻一等奖。

有人断言，搞社会科学的黄金时段是30至50岁，但辛秋水却在年近花甲时连战告捷。由此可见，以年龄为人生"划线"，对辛秋水是无效的。

辛秋水在搞社会调查时，又把目光投注到文化扶贫上来。十多年来，"咬定青山不放松"，终于在这个领域探索出全国领先的成果，为扶贫开拓出一条新路。当时的省委书记卢荣景多次指出："文化扶贫是安徽大包干以后的又一创举!"

早在 1980 年代初,辛秋水来到大别山区岳西县调查。一天,他走进一间阴暗潮湿的破屋,见几个衣衫破烂、目光呆滞的人,便与他们攀谈起来:"你们家今年收多少粮? 种几亩地?"令辛秋水惊奇的是,他们连这些简单的问题也答不上来。

辛秋水敏锐地感到,这里之所以贫穷,关键是因为人的文化素质较低。虽然每年国家对贫困地区投入巨额资金和大量粮食、衣物进行扶贫,但这样的"输血"式扶贫,使一些农民变懒了。有的甚至冬天领到棉袄,春天改成夹袄,夏天改成单衣,到了第二年秋天再伸手要,养成严重的无所作为的依赖思想。"输血式"扶贫使一些农民"习惯成自然",有些地方流行这么几句顺口溜:"有自由,无主张,抱着膀子晒太阳,坐等上面送钱粮。"

"包公放粮,犁耙上墙"。辛秋水感到,这样的"扶贫"只能是济一时之急,而不是帮助贫困群众脱贫致富的根本之道。为试验他的"扶贫扶人,扶智扶文"的扶贫思路,1988 年 4 月,他带着这个扶贫改革方案主动到岳西县莲云乡蹲点。年逾花甲的他卷起铺盖,找了间小屋,从此他的身影就出没在莲云乡的各个村落。

蹲点一年间,他在全乡建起了 35 个阅报栏,开办了实用技术培训中心和科技文化阅览室。这三大举措在贫困闭塞的莲云乡犹如沙漠中的"绿洲",立即吸引了大量求知若渴的农民。短短几年,该乡人均收入已由 1987 年的 190 元,提高到 1995 年的 900 元。他在全国率先提出的"扶贫扶人,扶智扶文"的文化扶贫思路,在全国产生了巨大反响。《求是》杂志发表了他《从输血、造血到树人》的文章,该文还获得"五个一工程"奖。

村民自治　辛秋水首创"竞选"硕果满枝　海内外齐声称赞

在思考文化扶贫的同时,辛秋水已将村民自治问题与其联系起来进行思考了。

早在 1987 年 11 月 17 日,他在提交给省委的《对一个山区贫困乡的脱贫综合治理方案》中,就提出"建立民主政治"、"让农民选出能为他们服务的公仆"、"实行群众推荐和自荐的竞选制"等主张。省委书记卢荣景看过报告后批示道:"很好,原则赞成,建议总体实施方案由县委讨论决定。"

辛秋水这一建议的提出,比《村民委员会组织法(试行)》的出台,还要早半年多,而那时的全国,村级"民主选举"基本上还处在一片寂静之中。

接着,1988 年 5 月,岳西县委讨论通过了辛秋水提出的方案,又经过几个月的宣传准备,辛秋水在全国首创的村委会"组合竞选"终于在莲云乡腾云村结出了硕果。

1989 年 1 月 17 日,雪花纷飞中的腾云村拉开了村委会"组合竞选"的大幕。习惯于围着火炉烤火的山区农民这天却到得格外齐,参选率高达 96%。县委书记和县长们也亲临现场,目睹了这一热烈场面。

选举打破上级提名的老传统,由各村民小组推出候选人,经几轮淘汰,最后产生 4 名村委会主任候选人。投票这天,这 4 人纷纷登台发表竞选演说,场面十分火暴。选举从早晨 8 点一直进行到下午 4 点,尽管天寒地冻,午饭也不能回家吃,但所有村民却没有一个离开。结果,原村委会主任落选,而普通的农民技术员王先进当选了!

一些村民兴奋地说："过去老认为就是搞选举也是形式主义，这次是真选举了！"

新村委会班子果然不负众望：清理了 70 年代以来一直不清的账目并公之于众，建立了"监委会"，缓解了干群关系。王先进带领大家科学种田，大面积搞杂交稻制种。秋收完一算账，制种户们可得粮（父本稻、种稻、补助稻）34 万斤，与前 3 年平均年产量相比，粮产量翻了一番。

面对这一切，辛秋水满意地笑了。他没想到群众的热情和觉悟比他估计的还要高。王先进在村里只是个"外来户"，独此一家，毫无宗族基础。为什么群众会选他？辛秋水对此有了更坚定的看法：某些人所担心的宗族势力会影响选举是经不住实践的检验的。他说："农村社会就是'熟人社会'，你叫农民去选省长，他未必选得好；但你叫他去选村长，他一定能选好。因为大家都知根知底，谁好谁坏，群众看得一清二楚。"事实已证明了群众选择的正确性。

随后，在 10 年间，辛秋水又帮助组织了该村每一次的换届选举。如今，王先进的村主任一职在换届选举中虽已被后来者所取代，但他却口服心服。记者见到了这位身材瘦削、肤色黝黑的农民技术员，他说："新的村主任陈子斌比我文化高，年轻又能干，是个种香菇的能手。"据了解，陈子斌也是一个"外来户"，群众的民主意识如何由此可见一斑。

1997 年 11 月，受滁州市委书记张春生之邀，辛秋水又到滁州市推广"组合竞选"经验，并决定在来安县邵集乡进行全面推广。

1998 年 2 月 27 日，由张春生陪同，辛秋水到达该乡。县委书记陈乔连也打着背包，带着几十名科局长，与辛秋水一道投入了紧张的选举工作。

选举同时在 8 个村推开。群众的热情空前高涨。

在回石桥村，兄弟俩为了代行父亲的选举权，争执不下。工作队的同志问："你父亲委托谁了？"两人都说谁也没委托。"那只能算你父亲缺席"。由此，一场兄弟俩争夺选票都想投给自己"意中人"的争论才得以平息。

在高涧村，第一轮选举，竟多出了 7 张选票，辛秋水果断提出：选票全部作废，不得有一点掺杂使假。于是又重新发选票，一直到晚上 8 点多，这次选举才结束，村民们一直坚守在寒冷的会场里，令辛秋水十分感动。

辛秋水看到，千里返乡投票的来了，摇着轮椅的残疾人来了，80 多岁的老太太也来了，她自己不识字却伏在孙子的耳边，悄悄地叫孙子代她填写……

辛秋水感到了一股巨大的力量，一种责任。他说："对农民，你不去宣传，他就不理解。只要你宣传到位了，他们的热情是很高的。大伙怕就怕你走过场，搞假选举，这样才会真正伤到群众的积极性呢！"

邵集乡的选举确实起到了积极的效果。老百姓心更服了，气更顺了。在刘郢村，一位农民得了重病，全家人正为没钱看病而流泪，这时村主任来了，为他家担保借了 2000 元钱。辛秋水问他，现在为什么这样主动关心村民，他说："过去和上级搞好关系就行了，现在我的乌纱帽掌握在群众手里啊！"

在鱼塘村，有口大鱼塘，多年来都是前任村支书以每年 500 元承包的。新上任的村委会对这口塘进行了公开招标，结果承包费被抬到 1.2 万元，而具有讽刺意味的是，这承包权仍被那位前任村支书争到了，但他却为此付出了比原先高出近 20 倍的代价！

辛秋水对此深有感触，他说："由此可见，没有真正的民主，就不可能有公平可言。一切权力只有还给群众，以权谋私才会被制止。"

就这样，辛秋水经过十多年来的实践和理论上的不懈探索，形成了十分明晰的文化扶贫和村民自治的思路。十多年来来，他共发表各类调查报告、论文等200多篇，在理论界引起了强烈反响。1998年，来自海内外的许多专家学者云集香港中文大学，召开"中国大陆农村基层组织建设理论研讨会"，辛秋水被授予"终身成就奖"。

年逾古稀　辛秋水争分夺秒　为民代言　其追求一生不变

如今的辛秋水，已是硕果累累。记者看到，《辛秋水文集》已经打印出来，即将付梓。白发苍苍的他仍在抓紧一分一秒地工作。他的学术成果得到了学术界非常高的赞誉。有学者甚至撰文，把他与梁漱溟、费孝通相提并论，认为梁漱溟提倡乡村建设，费孝通倡导"乡村经济"，而辛秋水则注重农村经济社会与乡村民主政治的同步发展，填补了前两位社会学家在实践中的一个空白。

辛秋水自己对社会学则有他独到的看法，他说："任何有机体都有功能紊乱的时候，社会也是一个有机体，没有病是不可能的，社会学家就要成为一名'医生'，问题是我们的社会千万不能讳疾忌医啊！"

几十年来，辛秋水敢于直言，为民代言，不计个人一丝一毫得失的精神，是十分难能可贵的。

而辛秋水最宝贵的品格，还在于他的勇气。多年来，他在为民代言过程中，也受到过一些压力。有人告他黑状，有人写匿名信陷害他，但他却仍然笑对人生。正如于光远1989年给他的赠言："看清了事物的本质，就对什么都笑得出来，这既是智慧的表现，又是力量的表现。"

现在，年逾古稀的辛秋水仍然对生活充满了热情，对祖国的前途充满了信心。经历了严冬的他怎能不珍惜春天的分分秒秒呢？正如一首诗所写的那样：

> 知君尝遍秋茶苦，更识人间直道难。
> 风雨难摧少年志，铁窗不改旧时颜。
> 从来铁肩担道义，自古文章辣手传。
> 五十莫言知天命，新程万里路颠连。

这是1979年辛秋水平反时，北大著名教授罗荣渠为他而作的，可谓道出了辛秋水历经苦难痴心不改的前半生。

"莫道桑榆晚，为霞尚满天"，恢复工作后的辛秋水正在用自己的勤奋努力，为自己的后半生写下最辉煌的篇章。

情为民所系　利为民所谋[*]

——著名社会学家辛秋水邀请 16 国慈善家来华进行慈善捐助

王显玉　孙立国　李　硕

（安徽省颍上县文化扶贫办公室工作人员）

由省文化扶贫与村民自治研究实验中心牵头引资，16 个国家和地区的国际友人出资，中外合资上海恒信假肢矫形器材有限公司实施的文化扶贫助残活动，在阜南县委、县政府的大力支持下及阜南县各乡镇党委、政府的积极配合下，于 12 月 3 日举行了捐赠仪式，阜南县人民政府副县长李伟群主持了捐赠仪式。

来自荷兰、美国、芬兰、韩国、波兰、英国、新西兰、法国、新加坡、土耳其、马来西亚等国家和地区的国际友人，省文化扶贫与村民自治研究实验中心主任、著名社会学家、国务院农村发展研究中心原研究员、安徽省江淮乡村建设研究院院长辛秋水，阜阳市人民政府副市长、阜阳市文化扶贫（致富）工程领导小组组长杜长平，中共阜阳市委原副书记、中共阜阳市委督察组原组长、安徽省江淮乡村建设研究院副院长张雪亚，中共阜阳市委督查组副组长、亳州市政协原副主席姚登恒，中外合资上海恒信假肢矫形器材有限公司副总经理梅荣福一行以及阜南县的分管领导出席了捐赠仪式，县委办公室、县政府办公室、县残联、县扶贫局、县教育局等有关部门负责同志及各乡镇分管负责同志、新闻记者和残疾人、残疾人家属近 500 人参加了捐赠仪式。

在捐赠仪式上，残疾人张洪飞激动地说：俺做梦也没有想到现在自己也能够像正常人一样站了起来，非常感谢党和政府开展文化扶贫助残活动给俺们贫困弱势群众带来的实惠，俺一定好好学习、安心生活，争取早日成才，创造社会财富，实现自身价值，回报社会、报效祖国。

据悉，此次文化扶贫助残活动，国际友人和中外合资上海恒信假肢矫形器材有限公司无偿为阜南县提供价值 200 余万元的假肢、轮椅、拐杖、手摇车等，阜南县 156 名贫困残疾人直接受益，其中在校学生有 20 名。通过文化扶贫助残活动的深入开展，不仅让广大贫困弱势群众深刻体会到了党和政府的温暖，而且使"三个代表"重要思想进一步得到了实践、使党的先进性得到了有效体现。

捐赠仪式上，省文化扶贫与村民自治研究实验中心主任、著名社会学家辛秋水在讲话中指出：扶贫扶人、扶智扶文，文化扶贫、利国利民，通过科技文化扶贫助残，免费为残疾人安装假肢，旨在让广大贫困弱势群众用腾出的双手生产劳动，尽快脱贫致富，

---

* 相关报道请参阅《合肥晚报》2006 年 6 月 30 日。

早日实现小康，共建我们美好的家园。

阜阳市领导杜长平、张雪亚、姚登恒就阜南县文化扶贫助残工作开展情况，发表了热情洋溢的讲话。阜阳市领导充分肯定了阜南县开展科技文化扶贫工作所取得的成绩，并就该县科技文化扶贫下一步工作的实施提出了殷切希望。

中共阜南县委副书记、县纪委书记董继安在致辞中特别指出，文化扶贫在阜南县实施近8年来已取得了丰硕成果，省文化扶贫与村民自治研究实验中心积极争取，帮助实施的文化扶贫助残活动是对阜南县残疾人和扶贫开发事业的大力支持，他希望受资助的贫困残疾人要以此次文化扶贫助残为契机，自力更生，生产劳动，早日脱贫致富，为阜南的发展贡献力量。

在捐赠仪式上，阜南县委、县政府向省文化扶贫与村民自治研究实验中心、中外合资上海恒信假肢矫形器材有限公司和国际友人文化扶贫助残代表团分别赠送了锦旗。

省委书记、社会学家结伴扶贫记[*]

中央电视台《经济半小时》纪录片

（上集）

片头：

　　省委书记、社会学家深入大别山区，探寻扶贫新思路，以文扶贫，扶贫扶人，效果显著。

　　栏目主持人：说起扶贫，许多人就会想到救济，救济粮呀，救济款呀，政府按时下发，群众欣然接受，如今这一传统的扶贫模式已经被打破，扶贫工作正在探索一条新的出路。

　　下面，就让我们一起跟随记者的摄像机，走进大别山区，去感受一下那里扶贫思路的转变以及这一转变给大别山区带来的变化。

　　走进大别山区，常能见到这样的阅报栏、文化扶贫中心。虽然它们很不起眼，但对农民却很有用。

　　王畈村残疾村民储树民：养鸡方面，有基本的方法，文化扶贫中心有养鸡手册、养蚕手册，防病方面以防为主，所以今年没发病。养鸡呀，养蚕呀，都是从文化扶贫中心学的。

　　栏目主持人：今年50岁的储树民是岳西县莲云乡王畈村村民，他告诉我们，去年单是养鸡这一项，他就挣了2000多元。

　　储树民：没办这个事情（文化扶贫中心）之前，我们是想象不了的，乡政府和辛老他们办这个（文化扶贫中心）对我们有很大的帮助。

　　栏目主持人：储树民所说的文化扶贫中心就是这间陈旧的房屋。在这里，安徽省社科院社会学教授辛秋水开始了文化扶贫工程的实验工作，这位社会学教授是如何踏上大别山区的文化扶贫之路的呢？

　　辛秋水：我第一次到大别山区作调查，是1980年。当时我在同兴大队和头陀大队作调查时，发现这个地方的群众十分贫困，每个生产队几乎都有二三户赤贫，赤贫到什么程度呢？一家子当时只有50块钱的家当。

---

　　* 本文系中央电视台《经济半小时》1996年播放18分钟节目时的文字记录。

记者访问储树民

记者： 当时家里困难到什么程度呢？

储树民： 家里生活十分困难，那也是大集体吧，可以说是衣不能遮身，食不能果腹。

栏目主持人： 当年莲云乡像储树民这样的未解决温饱的人口达 1.3 万之多，而全乡总人口还不到两万。整个岳西县的情况也是如此。在全县 40 万人口中，贫困人口为 24 万，占了 60%，这一高比例意味着什么？安徽省委书记卢荣景心中自有一笔账。

卢荣景： 安徽省的扶贫工作相当艰巨，我们一个县的扶贫资金，现在大体上是这样的。扶贫贷款一般是 3000 万左右，以工代赈的资金一般是 500 万到 700 万。

栏目主持人： 那么，救济的效果又如何呢？

辛秋水： 今年送了，明年用完了又要送，明年用完了，后年又要送，养成了群众的依赖思想，养成了干部的无所作为，你问他，靠政府噢！

栏目主持人： 已经习惯了穷山恶水、穷窝子之类称谓的大别山人，也已习惯了心安理得地接受救济，吃粮靠返销，花钱靠贷款，生活靠救济。大别山区成为国家重点扶持的贫困地区，也是安徽省扶贫攻坚战的战略重地。

卢荣景： 大别山区又是老区，又是库区，又是山区。

栏目主持人： 卢荣景极为关注山区的发展，辛秋水暗下决心，要让省委书记看一看山里人的真实情况。1987 年，辛秋水将下乡考察民情的省委书记卢荣景和随行的 30 多个厅局长，引到了大别山中徐家发的家里。

徐家发： 我家六个人，住一间房屋，房子里很黑，入秋时，卢书记到我家来。

卢荣景： 1987 年的时候，这个村子也是辛秋水同志推荐我们来的。首先是个什么问题呢？在黑洞洞的房子里，被子都是潮的，帐子也是潮的，还有一盏小煤油灯。

栏目主持人： 目睹水口村的极度贫困，卢荣景深感痛心和内疚。他主动跟徐家发打招呼，表示慰问，没想到老汉竟然对省里来的干部不理不睬。当地干部出来圆场，说他是痴呆。

卢荣景： 实际上这个人并不痴呆。

栏目主持人： 年复一年的送钱送粮，没能改变贫困地区的落后面貌，反倒扶起了群众的依赖心理和不满情绪。这样的结果不能不使人怀疑，这样的扶贫，意义何在？出路何在？

卢荣景： 过去的扶贫一般就是输血给它，救济呀，补贴呀，把它包下来，这个办法是不行的。

栏目主持人： 扶贫的路越走越窄，人们把解决困难的希望寄托在开发项目上，这是造血阶段。当扶贫工作由输血阶段进入造血阶段，各地方纷纷注入资金开发项目的时候，水口村人也利用扶贫资金办起了饲料厂、牛蛙场和养蛇场。这里原是养蛇场所在地，上面有厂房，厂房里养的是从福建引进的蛇种。今天，面对这片稻田，我们不禁要问：那些高价引进的蛇怎么了？

记者： 那蛇场里的蛇怎么样了？

水口村村民： 蛇呀，是从武夷山里运过来的。到这儿来，没过好多时就死掉了，所以（蛇场）就不行了。

记者：那牛蛙呢？

水口村村民：牛蛙也是大约如此，死了。

栏目主持人：轰轰烈烈上马，惨惨淡淡关门，这样的事例并非个别。辛秋水从中悟出了一个道理：人口素质差，既是物质贫困的结果，又是物质贫困的根源。因此，单纯的资金投入难以真正建立起造血型的扶贫机制。

卢荣景：农民素质不提高，掌握不了科学技术，种蚕蚕死掉了，养鱼鱼死掉了，养鸡鸡死掉了。

栏目主持人：由于素质不高，缺乏科技文化知识，大别山人忽略了大别山自身的优势。

辛秋水：为什么造成这种状况呢？大别山这个地方是传统的中草药基地呀！

栏目主持人：除了中草药资源丰富，大别山高寒山地还很适合于窖天麻。此外，银耳、蘑菇的原料，在山区也极为丰富，大别山不应该成为赤贫之地。

卢荣景：大别山区种板栗，这是它的优势，种药材这是它的优势，就是要因地制宜。

栏目主持人：当年在水口村考察，卢荣景抓了两件事，他要求当地领导务必迅速改变水口村的面貌，希望辛秋水更多地参与到扶贫工作中来，为大别山区的扶贫解困找到一条行之有效的良策。

辛秋水：我提出的文化扶贫，就是全面提高人的素质，解放人的生产力，从而解放物质的生产力。

栏目主持人：省委书记深入山区亲自过问，使一个山村的贫困面貌有了改观。这件事呢，确实让人感动；社会学家深入山区实地进行考察，使山里人家的贫困境况得到各级政府的重视，这事也颇为新鲜。那么，社会学家提出的文化扶贫的思路，该怎样落实到实践中去呢？这项工作该由谁来做呢？请继续收看我们的报道。

（下集）

栏目主持人：根据辛秋水自己的请求，根据省委书记卢荣景的批示，1988年4月18日，辛秋水乘坐公共汽车来到岳西县莲云乡。

记者：辛老当时您就住这间房子，是吧？

辛秋水：就住这间房子，我住在里面。

栏目主持人：虽然这一次进山跟以前不一样，他将在这里住上一年，但他没有带来多少行李，而是带来了大捆的书籍，还有省委专门拨给他的一万元活动经费。

辛秋水：当时我来之后，如何实施文化扶贫方案呢？那么我就确定建立三个基地。

栏目主持人：三个基地是：科技图书室、阅报栏和实用技术培训班。当时莲云乡共有7个村，辛秋水在全乡建起了35个阅报栏，覆盖面很广。他又聘请一位农村青年负责贴报工作，风雨无阻。

莲云乡文化扶贫中心贴报员：辛苦有一点吧！有时候我们是根据邮递员投递情况来进行贴报的，下雨天送来的，也得出去贴。

记者：那冬天呢？

贴报员：冬天呀，不分什么冬夏的。

栏目主持人：办实用技术培训班，辛秋水带的这台录像机走遍了莲云乡的每一个村庄，将技术和文化送到千家万户。像储树民这样的有心人借机走出贫困，走上富裕，就是水到渠成、瓜熟蒂落的事了。

储树民：我们乡没办文化扶贫中心之前，我们农村养蚕的人很少，一个组吧，只有两户人家，现在我们组上有 20 多家。蚕价很好的时候呢，收入都有几千块。我们家最多的一年收入三千多，一般最低的有几百元，小户也都上千块。

记者：那为什么有人（收入）只有几百块钱呢？

储树民：因为他们不相信科学。

栏目主持人：储树民如今搞起了庭院经济，他还买了辆车跑运输，各种收入加起来，去年他净收入上万元。

储树民：现在吃肉是家常便饭的事情，经常吃，也没规定。粮食方面，基本上也吃不完。

栏目主持人：受益于文化扶贫工程的莲云乡的村民，不只储树民一人。1988 年，实用技术培训班先后举办蚕桑、实用菌、板栗嫁接等培训 20 期。全乡已涌现出养蚕专业户 4200 户，蘑菇专业户 800 户。

岳西县委书记方川林：我们岳西县自文化扶贫以来，基础条件改善了，综合县力增强了，农民收入提高了，生活富裕程度提高了。

记者：农民收入提高了，你能不能给我们一个数字说明一下呢？

方川林：大扶贫之前，农民人均收入不到 200 元，只有 180 元。

记者：在咱们莲云乡，那时候是多少？

方川林：那时候（1987 年）是 192 元，现在是 800 元、900 元了，有的富裕户能够收到 1200 元到 2000 元。

栏目主持人：据最新统计，岳西县贫困人口占全县总人口的比例已由 60% 下降到 12.5%。文化扶贫在岳西县试点成功，卢荣景交给省委宣传部一项工作：加大试点工作的力度，扩大试点范围。

省委宣传部副部长陈发仁：过去农村从各个角度来说，是属于大面积扶贫；从科技这个角度来说，脱贫致富是很重要的一方面，但是没有文化不行，把科技和文化同时注入农村中去，让他们富裕起来，在致富的同时也能重视文化，那就非常重要了。

栏目主持人：省委宣传部认识到位，文化扶贫试点工作范围扩大到了 7 个县市的 10 个乡镇。阅报栏、图书室成了安徽农家喜闻乐见、津津乐道的一道风景线，实用技术培训班也吸引了众多的庄稼人，越来越多的人得益于文化扶贫活动，走出了贫困的黄土地，走上了康庄大道。

记者：日子过得好吗？

霍邱县姚李镇富山村村民：过得好啊，有彩色电视机，有黑白电视机。

记者：有冰箱吗？

村民：有，有冰箱。

栏目主持人：这位农妇是霍邱县姚李镇富山村村民，姚李镇地处山区边缘，自然条件明显好于岳西县莲云乡，但这个镇同样属于国家级贫困地区。直到 1993 年，人均年收入才 549 元。开展文化扶贫工作以来，姚李镇工农业总产值由 1993 年的 8000 万元增到去年的 4 亿。1995 年，姚李镇人均纯收入提高到 1247 元。

记者：你是不是你们村日子过得最好、最富的呢？

储树民：这个不能说，我不是第一个致富的人，收入也不是最高，只能在全村算中等收入水平。

栏目主持人：如今，姚李镇的贫困户仅占全镇总人口的 2%，辛秋水提出的扶贫扶人的新思路，已被证明是可行的，但是辛秋水的目光没有停留在经济效益上，他更关心的是怎样才算真正做到了扶人。

辛秋水：我提出了人是第一要素。

栏目主持人：辛秋水又大胆建议：村级组织，群众自治，即村干部由民主选举产生。他认为，文化扶贫已使农村具备了实施民主选举的条件，这一次他又和省委书记想到了一起。

卢荣景：提高农民素质，首先要提高领导者的素质。村民委员会选举是法律规定的。

辛秋水两次来到了莲云乡，在莲云乡腾云村成功地组织了首次村委会的民主选举，农技员王先进成为首任民选村长。这位村长深知科技致富的价值，也掌握了一定的农科技术，所以，上任伊始，王先进便立下军令状，保证当年粮食增产 20%。

王先进：搞了两年杂交水稻制种，光经济收入是 18 万元。

去年，腾云村再次举行民主选举，结果王先进落选了。

记者：效益明显提高，怎么会在第二次落选了呢？

王先进：下来了，一个是因为我年龄大了一点，不适应工作；第二个方面是，比我好的人太多，何况我们村一直搞竞选，谁有本事谁上。

栏目主持人：也许，你还没有忘记那位能干的储树民吧？富裕之后的他有些什么想法呢？

记者：那你有没有想过让孩子好好念书？

储树民：我督促他好好念书，将来反正要走上富裕道路。

由于省委书记的关注，由于文化扶贫活动的开展，水口村的面貌已经焕然一新，徐家发的态度也彻底转变了。

扶贫扶人，扶智扶文*

——记社会学家辛秋水

安徽电视台《中国纪录片》

栏目主持人：在映山红盛开的阳春三月，年近七旬的老人辛秋水又一次来到大别山区岳西县，这是他第二十二次来到这个地方。

岳西县是著名的革命老区。早在1924年这里就开始有党的活动，1926年建立了党组织，首任中共安徽省委书记王步文烈士就是岳西县温泉镇人。土地革命时期，红二十五军、红二十八军军部就设在岳西，这里是鄂、豫、皖革命根据地的大本营。近4万牺牲的烈士和群众的鲜血洒在这块土地上。

岳西县位于大别山腹地，天柱山（古"南岳"）之西（故称"岳西"），境内峰峦叠嶂，沟壑纵横，千米以上的山峰有86座。全县人均山场7.4亩，耕地0.6亩，是大别山区18个贫困县中唯一的纯山区县。

岳西境内交通闭塞，土地贫瘠，是严重的缺粮县，正常年景一年需调进粮食3600万斤左右。1985年，全县人均收入仅188元，被列为国家重点贫困县。

革命老区人民的脱贫问题，引起了一位社会学家的深深忧虑和关注，他就是安徽省社会科学院研究员、中国农村社会学研究会副理事长辛秋水。1980年代初，他怀着对老区人民的满腔热忱，主动深入大别山区，扎根群众，访贫问苦，努力探寻贫困山区人民的脱贫之路。

经过细致的调查研究和深入思考，辛秋水撰写了多项有价值的建议，受到了中央和省领导及有关方面的重视。

辛秋水访问腾云村村民刘无量

辛秋水：小刘一个月（工资）50元，年终奖金500元，一个月（平均）不到100元，另外家中还有什么收入？

刘无量：家中养了一头猪，是一头肥猪。

辛秋水：今年一头猪卖多少钱？

刘无量：今年一头猪能卖千把元，毛的。

长生村村民储长富：山场是大队的。

辛秋水：大队就承包给你了？

储长富：对。只能拔几棵，拔多了就收不了。

---

* 本文系安徽电视台《中国纪录片》1996年播放20分钟节目时的文字记录。

辛秋水：红富士（苹果树）能长成多粗呢？

储长富：最后能长成有这么粗。

关畈村村民储德生：

辛秋水：你家一年能收多少粮食？

储德生：人均收获二三担粮（约360斤）。

辛秋水：可够吃？

储德生：不够吃，一年还要买四五百斤米。

辛秋水：卖猪，帮人家挑东西，一天能挣多少钱？

储德生：挣不到多少钱。

辛秋水：1979年改正了错划右派，恢复了工作。我22年农场、农村劳动中，深深感到农民的疾苦，深深感到农村问题的严重，深深感到农村的问题应该如实地向中央决策机关反映，以求得解决。所以在1979年平反之后，我就下决心长期作农村问题的调查。在1980年初，我与我们单位同志一道到当时被称为最贫困的地区——大别山地区进行调查。我们到了大别山的腹地岳西县，亲眼看到这里农民生活疾苦的状况，当时我就写了一篇《岳西见闻实录》在内参上发表，在社会上引起不小的震动。以后，每年我都要到那里去几次，进行调查。在多次调查中，我看到岳西县的贫困，表面上是物质的贫困，实际上更重要的是智力的贫困，是信息的贫困，总之，是社会资源的贫困。社会资源的贫困，使岳西县潜在的资源不能变成现实的财富，资源得不到开发利用的关键是人的问题。1984年，我为此写了一篇材料叫《迅速组成一支智力大军支持贫困落后地区》。当时的常务副省长苏桦同志看到这份材料，给我写了一封信，信中说："看了你的报告很受启发，希望同你当面谈一次。"我拜访了苏桦同志，陈述我的观点，很受他的支持。苏桦同志并将我的那份材料推荐给史钧杰、卢荣景、刘广才同志，请他们落实我的这个建议。省委真的接受了我这个建议，组织了省直机关一些干部到山区去支持那里的人民脱贫致富。1987年10月，我向省委递交了一份《以文扶贫——对一个贫困山乡的扶贫改革方案》，得到省委书记卢荣景的批准。1988年我到岳西县莲云乡蹲点一年，亲自组织实施这个文化扶贫方案。我搞的文化扶贫有三个简单的基地，一个是文化科技图书室，里面陈列着适合于本地生产需要的一些科技小册子，使有文化的农民学了就能用得上。我又在那里办了一个实用技术培训中心，培训出一批农村中科学种田的骨干。我还在那里办了35个阅报栏。为什么要办阅报栏呢？封闭的山区最缺少信息。用众多的阅报栏及时向贫困落后封闭的山区输送时代的信息、社会的信息，向他们输送党和国家的各项政策、法律，向他们输送社会文明道德，用新的舆论、新的社会风气冲刷山区的种种陈规陋习。从1988年到1992年，经过四年的文化扶贫实践，有关领导部门来此调查了解后，认为这里文化扶贫的做法，不但有益于精神文明的建设，而且还大大促进了物质财富的增长，直接推动脱贫致富这个宏伟任务的完成。

石力（岳西县文体局局长）：桑园一共面积多大？

王畈村残疾村民储树民：二亩半。

石力：一年养几张蚕？

储树民：去年全年一共养了5张籽。

石力：一张蚕能搞多少钱？

储树民：平均 800 元。

石力：总共得 4000 元？

储树民：今年想更上一层楼。

石力：1994 年你家养蚕这一项收入多少钱？

储树民：大约 4000 元。去年还养了两塘鱼，是我承包的。

石力：这头母猪（养猪）是去年养的？到现在已下了几窝猪娃？

储树民：这是第一窝。原来我家的老母猪由于气温不适应，死了。为了养猪，我也喜欢到文化扶贫中心去看书。现在小猪约 3 元钱一斤，我家一窝仔猪收入约一千多元。

石力：今年母猪下猪崽能搞多少钱？

储树民：如按 5 元钱一斤，一年两窝猪能收入 3000 元。

石力：养猪一项 3000 元、桑园养蚕 4000 元，加起来 7000 多元了。

石力：1978 年以前你家有桑园多少？

腾云村村民储昭润：有半亩。

石力：现在呢？

储昭润：现有二亩。

石力：一年能收入多少钱？

储昭润：1000 多元。

石力：现在家里一年人均收入有多少？

储昭润：有 800 多块钱。

石力：离小康不远了。

辛秋水：1992 年中共安徽省委决定在安徽省几个地、市选点推广莲云乡文化扶贫的经验。1992 年 7 月 17 日《安徽日报》头版头条刊登了这样一则重要新闻：《扶贫扶人、扶智扶文——省委决定推广莲云乡经验》。这项推广工作主要是由安徽省委宣传部牵头，由安徽省委宣传部分管部长沈培新具体组织领导的。他积极热情地推动这项工作，使得文化扶贫获得更大面积的推广。

沈培新（原安徽省委宣传部副部长、安徽省文联主席）：党的十一届三中全会以后，我们安徽的农业发生了很大的变化。万里同志率先在我们中华大地上提出了大包干，农村发生了巨变。但是真正讲起来，农业现代化要完全达到我们党所要求的那样，最大的困难和希望都还是农民，农村建设，农业的发展，农民的富裕。辛老作为社会学专家，他一直关心着农村。实际上从 1980 年代初，他就不断地到农村，首先到我们安徽省最贫困的地方岳西县莲云乡搞调查，搞研究，搞试点。经过多年的辛劳，到 1988 年省委正式批准他在那里乡下抓点，抓了二三年以后，辛老又向省委提出建议，应当推广莲云乡文化扶贫的经验。我们省委书记卢荣景同志十分支持，首肯了辛老的经验，表示应该推广，而且把辛老的报告批到省委宣传部。批到省委宣传部以后，由于我当时分管这项工作，就操办这件事情。农民的贫困虽然有许多客观的原因，如交通、资源等等，但是就主要的方面来讲，还是农民的文化素质、科技素质比较低。辛老的意见是：扶贫，首先要扶智，通过文化的载体，文化的传播，普及科学知识，以解决农民奔小康的问题。1984 年在莲云乡开了第一个会议，推广莲云乡的经验在全省展开。根据我的接触，我的了解，能够真心真意一心扑在农业、农民、农村这一块土地上的人并不太多，其中就有我们的辛老,这是很不容易的。从那以后我们省委宣传部就跟辛老一起,还有文化厅,方方面面地同抓了十个点。围绕这十个点,我们在天长县开了农村文化工作会议。在阜阳召开了第二次推广莲云乡文化扶贫经验交流会议。通过文化这个载体,包括阅览室、阅报栏、图书室、放录像和科技讲座这样几种形式来对农民进行文化科技的基础知识教育,使他们能够掌握本领,发家致富。应该讲我们安徽省这个文化扶贫,与国家所提倡的星火计划、丰收计划、燎原计划是相一致的。辛老这个建议,与五中全会转变经济增长方式是一致的。与六中全会加强农村文明建设,加强农村文化建设也是一致的。

辛秋水:我提出的扶贫口号是"扶贫扶人、扶智扶文"。我说的扶贫扶人,这个"人"包括两个方面,既包括贫困地区的广大人民群众,又包括贫困地区的广大干部,特别是基层干部。如果只有人民群众脱贫致富的积极性,而没有干部领导群众脱贫致富的积极性,那么,这个扶贫工作也要落空的。怎样来提高、促进贫困山区基层干部的积极性呢?这首先是要提高他们的公仆意识。当然这要做很多工作,包括党的教育、培训,检查督促,但更重要的还是要由人民群众给他们以监督,给他们以经常性的压力,这个压力就是实行民主竞选,由人民群众决定谁可以做他们的领头人,谁可以领导他们脱贫致富,让那些愿意做人民公仆,并愿意带领当地人民群众脱贫致富的人出来竞选,提出他们的脱贫致富方案,以求得人民群众对他们的信赖和支持。为这个目的,我们在1989 年 1 月,进行了第一次民主竞选。到去年,我们在这个村又进行了第二次民主竞选,两次竞选都是很成功的。

记者:老大爷,你来开会?

老人:是,开会。

记者:开什么会?

老人:来开选举会。

记者:选举什么人?

老人:选举村长。

选举大会主持人(莲云乡组织委员徐礼友):本次腾云村村民选举产生村委会主任一人,委员四人。选举采取预选和正式选举两种形式,采用无记名投票方式进行。村民委员会主任候选人先进行竞选演说,再进行预选。

原村委会主任、竞选人王先进:当好人民公仆必须要有自我牺牲的精神,村级的工作职能是组织群众、发动群众,将党的方针政策落实到每家每户,甚至到每一个人。

竞选人陈子斌:腾云村实现小康必须在荒地和山场上做文章,充分利用水田和我们村的二百亩荒地,发展蚕桑、板栗等多种生产。

竞选人储诚升:旗寨村民组产茶叶,每家每户每年光卖茶叶就有相当的收入。我们可以与林茶场取得联系,联办一个茶场,请求他们投放生产设备,回收产品,我们提供茶料来源,横向联系,增加效益。

竞选人储诚岳:搞好水利设施建设,做到旱涝保收,把我村粮食生产搞上去,积极开展两优一高,做到稳产高产。

辛秋水:会场大厅里挂的这副对联是针对这次选举的实际。一边是:"听其言,观其行,精选人民公仆。"这就是说,不但要听他讲的好听,还要看他的行动,认真选出人民的公仆。这一边是:"你有谋,我有计,争献富村良策。"

会场正在进行投票选举。

吴传郁（岳西县委组织部副部长）：我宣布陈子斌同志当选为岳西县腾云村村委会主任。王先进、储诚岳、刘同应、储昭款当选为腾云村村委会委员。现在我们对新当选的主任和委员表示最热烈的祝贺。下面请新当选的村委会主任陈子斌讲话。

陈子斌：承蒙大家的信任，推选我当村委会主任，实际上我能力有限，在今后的工作中还希望大家多多的支持和配合，为了腾云村的振兴，为了大家的幸福，大家要拧成一股绳。

辛秋水：村委会竞选，人民群众信任你们，看重你们，投你们的票，选举你们，组成了腾云村村民委员会，你们不要辜负人民对你们的信托，要千方百计为人民的脱贫致富做好事。

方川林（岳西县委书记）：十年大扶贫，十年巨变。文化扶贫的几年是我们的经济发展速度最快的几年，经济效益最好的几年，社会面貌变化最大的几年，我们农民得到实惠最多的几年，也是我们岳西总体形象最鲜明的时期。文化扶贫是由输血到造血阶段发展过来的。文化扶贫就是造人，提高人的素质，就是造就一支新型的农民队伍，这样达到科技兴农、科技富民、科技兴县。

陆学艺（中国社会学会会长、著名社会学家）：现在这些老少边穷地区，历史上不少曾是自然条件差，经济条件差，文化条件也差的地方。文化比较低，科学进不去。这些地方我觉得将来不光在经济上支持它，而且要从提高他们的文化修养，文化素质，文化水平，科学技术，使他们的观念能够有些变化。我们的扶贫要先扶智，先扶思想，使他们从传统的思想观念中解放出来。辛秋水教授这些年来在大别山区搞这个点，我觉得很有意义。老辛这个试验，这个试点，不光对安徽，对大别山有意义，对全国也是很有意义的。我认为他这个经验是值得发扬，值得推广的。

卢荣景（中共安徽省委书记）：文化扶贫最早在大别山区，也是最贫困的老区——莲云乡开始的，是我们社科院教授辛秋水同志去那个地方抓的点。这件事情在中国来讲，意义并非一般，因为贫困的地方主要是缺少科技文化知识。扶贫必须先扶人，扶贫必须先治愚，使农民真正掌握科学文化知识，这样才有致富本领。我认为这个事情对中国农村来讲，是安徽继大包干后的又一伟大创举。

栏目主持人："廿载风尘为报国，丹心一点贯千秋。"辛秋水情系大别山，视普通百姓为亲人，千方百计为老区人民脱贫致富辛勤耕耘，付出了极大的心血，得到了人民群众的衷心爱戴，也受到了党和政府的充分肯定。1992 年，他被国务院授予"对社会科学有突出贡献"的专家。

编辑　王徽文

摄像　王振涛　孙振华

资料　方诗生　吴代庆

解说　杨　锦

安徽电视台 1992 年播出

辛秋水:敢为百姓鼓与呼[*]

钟政林(《安徽法制报》记者)

今年 4 月,由省委书记卢荣景批示查处的明光市明东派出所所长王守富刑讯逼供一案,经舆论公开曝光之后,在社会上引起强烈反响。人们在为这起骇人听闻的错案深感震惊的同时,更对这起错案的纠正查处中敢于仗义执言,起到关键作用的那位老教授表示崇高的敬意。是他在接待了几名状告无门的受害人亲属之后,拍案而起,连夜冒雨前往大蜀山脚下的劳教所向受害人调查取证;是他奋笔疾书,将事实真相直接反映给省委书记,终使冤案得以昭雪。

这位老教授就是今年 71 岁的著名社会学家、省社会科学院研究员辛秋水。

坎坷命运,造就了仗义执言的禀性

辛秋水,1927 年生于嘉山县横山乡一大地主家庭,由于他从小喜爱读《水浒传》、《三国演义》,因此少年时代便表现出仗义行侠的禀性。这个辛家的大少爷曾对自家的佃户宣布:"今后我家的田谁种的归谁,不要缴租。"在就读于国立安徽大学法律系时,他积极参加中共地下党领导的学生运动。1948 年底他离开安庆前往解放区,在北平华北大学,经短期培训后,分配到筹备中的中苏友好协会做秘书工作。

正当风华正茂的辛秋水决心把自己的知识和力量奉献给新中国的社会主义建设事业时,却不幸在 1957 年的那场"反右"斗争中,因直言敢谏被打成"右派",投入劳教农场。在清河农场、白湖农场和返乡戴帽监督劳动等长达 22 年的"劳动改造"过程中,辛秋水经历了妻离子散等痛苦磨难,尝遍了人间辛酸,但这些都没有改变他对真理的追求、对正义的执著、对大众的同情,相反,更坚定了他匡扶正义,誓为群众鼓与呼的决心。

十一届三中全会的一声春雷给辛秋水的命运带来了转机。1979 年,辛秋水终于走出了残酷吞噬了他青春年华的劳改农场,跨入了省社科院的大门,从事社会学研究。长期的阶下囚生活,使他深知社会不公之处和平民百姓遭受欺凌的痛苦,因此,他给自己的研究工作规定了三项任务:一是从社会学角度出发,作专业学术性的社会调查;二是写内参,将一些不便公布的阴暗面反映给领导和决策部门;三是在力所能及的情况下,尽量给群众排忧解难。此时的辛秋水犹如蓄势待发的帆船,开始乘风破浪去实现"直

---

* 原载《安徽法制报》1998 年 7 月 2 日。

挂云帆济沧海"的抱负。

秉公上书，锋芒直指不正之风

1980 年代初，还在吃喝送礼之风刚刚起于青萍之末的时候，辛秋水便以一个社会学家的敏感，预见到此风发展下去对社会危害的严重性。

1981 年，辛秋水在嘉山县做社会调查时，听县二轻局部分企业的厂长经理反映：现在不请客送礼就买不到原料，产品也销不出去。经过进一步调查，辛秋水写出一份报告，向当时的省委领导张劲夫、顾卓新反映这一新动态。两位领导都作了重要批示，并将这份报告全文在省委内刊《调查与研究》上发表。不久，该调查报告引起党中央的重视。当时的胡耀邦总书记阅后给中纪委书记王鹤寿写了一封信，提出了三点建议：一是在中纪委第三次全会决议第三部分中增加有关反贪污受贿的内容；二是将调查报告刊登在党纪刊物上，并加编者按，要求各级党委充分重视；三是派一个调查组到下面搞调查，回来专门写个通报，公开号召广大党员、干部和群众坚决同这种歪风邪气作斗争。于是，《党风与党纪》杂志刊登了这篇调查报告。1981 年 7 月 23 日，《人民日报》加编者按予以转载。不久，全国掀起了声势浩大的打击经济领域违法犯罪的浪潮。

为民仗义，惩恶除霸初交锋

1984 年教师节前，辛秋水收到一封发自定远县三和乡中学的求救信。信中诉说了一位模范教师，因讲了几句公道话，就被当地一恶霸穷追猛打，而乡领导却推诿不管。读罢来信，辛秋水心里无法平静。他一面将来信送呈省委书记黄璜，随之，又悄然来到了三和乡。经过调查，发现此恶霸的确劣迹昭彰、流氓成性。几年来，不仅打伤十几人，而且镇上几个稍有姿色的姑娘几乎都被他侮辱过。由于该恶霸有相当背景，当地政法部门始终未敢对其绳之以法。

辛秋水的调查报告着重指出：目前农村存在严重的二权（拳）现象，"权"即权势，仗势欺人；"拳"即拳头，家门大，男丁多，拳头有功夫，也能仗势欺人。要加强民主与法制，就必须狠煞二权（拳）。接着，《安徽日报》刊登了此篇调查报告《不能让恶霸逍遥法外》，在社会上引起强烈反响。

但令辛秋水始料不及的是，他的正义之举竟引发了一场尖锐的斗争。几个月后，辛秋水收到了合肥市中市区法院一纸类似传票的通知。原来那恶霸的父母竟将辛秋水推上了法庭。接着，当地政法部门向省委政法委递交了一份所谓的调查报告，称辛的调查"混淆了视听"、"造成了后果"，要求澄清事实，以正视听。面对恶霸及庇护者的夹击，辛秋水严阵以待，毫不退缩，著文以迎头痛击。

此事很快引起了省委领导的重视。省委副书记史钧杰批示成立以当时省委常委、省政法委书记王胜俊同志为首的联合调查组，进行调查。经过各方面了解，得出结论：辛的调查报告基本属实，当地政法部门的调查报告指导思想有问题。真相大白之后，当时的省委政法委书记王胜俊感慨地说："辛秋水同志是位理论工作者，他干预政法部门的歪风邪气，敢于坚持真理，敢于为百姓说话，是很不容易的，很可贵的。"

1986 年 12 月 5 日，《安徽日报》发出一条消息，打人凶手被判有期徒刑十年。这场与邪恶势力的较量，终于以辛秋水的胜利而告终。从此，辛秋水声名远扬，慕名而来喊冤求助的平民百姓络绎不绝。十几年来，辛秋水深入基层，访贫问苦，倾听呼声，为民请命，被老百姓称为"民间包青天"。

壮心不已，为民仗义无穷期

近几年，随着腐败案件的增多，促使辛老以更深邃的目光去探求冤案产生的社会根源，揭示腐败问题的巨大危害。

辛老认为，当今社会充满着激烈的矛盾，而这些矛盾中，人民群众对腐败现象的不满最为突出，可谓民怨沸腾，深恶痛绝。最可怕的是，近几年出现的司法腐败现象。当前，在一些司法部门中，吃拿卡要、违法办案、执法犯法、裁判不公、金钱减刑、刑讯逼供、徇私舞弊等现象相当严重，极大地损坏了党和政府的形象，损坏了执法者的形象，已到了非整顿不可的地步。

辛老认为，国家的公、检、法犹如天地间的柱子，它代表的是社会公平，如果社会失去公平，那么天地就会崩塌。辛老指出，产生司法腐败的根源有两条：一是它有职务特权；二是它有被保护的特权。不受制约的权力必然导致腐败。

如今，肩扛"中国农村社会学研究会副理事长"、"安徽省农村社会学会理事长"、华中农大、安徽师大兼职教授和安徽省文化扶贫与村民自治研究中心主任等职位和荣誉的辛老，仍把自己看成是一个普通老百姓。虽然年事已高，身体欠佳，但仍时时关心着国家的前途和人民的疾苦。他说："位卑未敢忘忧国。作为一名党员看到腐败现象没有根除，百姓冤屈没有申雪，心里真是忧心忡忡，如坐针毡。"

基于此，辛老最近正与其他一些老同志积极筹备成立"辛秋水法律援助中心"，用自己的余热为更多状告无门、无钱申冤的普通百姓提供无偿法律援助。

辛老曾不止一次地说：人民群众用汗水养活了我们，向他们贡献学识和智慧，为他们鼓与呼，我们责无旁贷。

创造独具特色的农村新文化[*]

——评"传统文化与现代文化相对接——
中国农村现代化的文化创新"

塔西雅娜 (《中国社会科学院报》记者)

本报讯（记者　塔西雅娜）安徽省社科院辛秋水研究员承担的国家社会科学基金项目"传统文化与现代文化相对接——中国农村现代化的文化创新"，日前以优秀等级结项。该成果提出，在社会主义新农村建设中，必须重视农村新文化的建设，通过传统文化和现代文明的兼容，用现代文明之长补传统文化之短，用传统文化之精补现代文明之劣，用新文化改造民德民智，培育农村自治力量，从而形成独具特色的中国农村新文化。

该成果指出，受人口流动以及无所不在的信息传媒的影响，城市文明中的一些糟粕，已经侵蚀并导致一部分农村传统文化的消失。根深蒂固的农村传统文化又成为抵抗城市文明进入的屏障，传统文化糟粕部分与现代文明的优良部分不相容，农村文化既逐步丧失了中国传统优良文化的特色性，又未能建立起两种文化的整合性，目前农村文化表现出来的状态是畸形的。这种畸形的文化状态对于农民的素质教育——世界观、价值观、人生观，以及构建新农村乡风文明都具有不利的影响。为此，该成果提出应采用文化扶贫的形式，在新乡村建设中实现传统文化与现代文明的对接。

在农村推行新文化，进行文化扶贫，应以"扶贫扶人，扶智扶文"为核心，通过培育新文化的传导体——农民，实现这种新文化的生长。文化扶贫主要包括广泛设置贴报栏、立贴报栏群，目的是通过每天张贴各种报纸，不断向封闭的山区人民注入大量的时代文明信息，将党和国家的各项政策法令深入千家万户，深入人心；用新的社会规范、观念和道德冲刷更新山区的各种陈规陋习，抵制城市文化糟粕，建设社会主义精神文明，培训新一代农民。举办各种实用技术培训班，传授农民"一技之长"。这个培训班，必须根据农业生产季节需要和当地生产特点，培训一些与本地资源开发、经济发展相适应的技术项目，通过科技培训，使农民在科学生产上更加提高一步；在与当地资源开发项目结合中，培育新的经济增长点来发展经济。建立乡村图书室。在贫困地区创办乡村图书室，必须服务于群众脱贫致富的需要，要结合贫困地区的生产实际、生活实际和思想实际，以普及农村生产适用科技小册子为主，同时配合有政治、文化、法律等小册子和各种实用科技报纸杂志。让那些稍具文化的农民都能从这里学到文化知识，更重

* 原载《中国社会科学院报》2006 年 3 月 14 日。

要的，是从这里找到与他们生产经营活动密切相关的各种实用技术和致富门路。

该成果根据农村发展实际，提出了乡村经济建设与民主政治同步的思路。该成果认为，在新的历史条件下，着眼于世界和中国不断加快融合的现状，新乡村建设中文化与经济建设的力度必须加强，速度必须加快，以抵御经济全球化的冲击。

一是传统文化的现代嬗变。任何文化形态都是一定时间和空间的产物，脱离了特定情境的文化可能与现代社会有些格格不入，因此有必要将传统文化进行改造，使其嬗变为有利于当下的文化新火种。这种嬗变只能是引导性的，把传统文化的精华部分——民本、科学、法治、诚信——通过解构、对接的方式复活。

二是文化扶贫同物质扶贫相互补充，并为物质扶贫提供条件。文化扶贫的直接对象是贫困主体，着眼点是贫困主体素质的提高。通过文化扶贫，贫困地区农民开阔了视野，增强了致富本领，同时其经济项目的运作能力、民主法制政策能力和市场经济适应（生存）能力都有较大提高，从而在农民素质提高的基础上，激发了农村社会的内在活力。落后地区在扶贫攻坚中，必须把物质扶贫和文化扶贫结合起来，实施"大扶贫"的思想，扶贫才会有力度，扶贫工作才会出现良性循环，贫困地区才能实现持续发展的目标。

三是创造新的选举形式，切实实现村民自治。乡村发展必须是内生性的、自发的，而不能一味依赖外力引导。村民自治的最关键因素就在于把乡村的发展权和建设权交给村民自己，新的自治力量的出现才是乡村发展的最根本归宿。村民自治应包括民主选举、民主管理、民主决策、民主监督。

为了保证社会试验的成功，该课题选择在安徽省岳西、颍上、阜阳等县进行试点，建立了固定的三农科研基地，进行文化扶贫与组合竞选的社会实验。在实践中，该课题结合多年来在农村调研与农民交往的经验，创造了一种选举模式，即"组合竞选"。所谓"组合竞选"，就是首先由村民在全村范围内推荐出村委会主任候选人2—3人，和众多的村委会委员，然后由各个村委会主任候选人在这众多的委员候选人中自由组合自己的村委会竞选班子，参加竞选角逐，通过村民投票，由村民自己挑选社区领导人。它与村主任制的不同之处在于先"组合"后"竞选"，村民委员会主任候选人与其"组阁"的成员组成"命运共同体"，共同参加"竞选"。由于村民委员会主任和村委会组成人员都是由村民直接提名、直接投票选举的，这种选举方式完全符合直接选举的原则，与现行《村民委员会组织法》相吻合。采用"组合竞选"的方式选举村委会的实践，获得了经济发展与村民自治的成功。目前，在安徽省委有关部门的支持下，"组合竞选"的方式现已在安徽省的来安县、颍上县等3县12个村推广。

课题鉴定专家指出，自1989年至今长达16年的时间里，辛秋水专注于中国农村建设理论与实践的探索，把文化的视角纳入乡村建设研究，开创了农村社会学研究的新模式。该课题创新了研究方法，进行了新的研究理论的探索，在实践中取得了预想的效果，把中国新农村建设理论研究与实践推向了一个新阶段，具有较高学术价值和应用价值。

社会学家和社会发展：以辛秋水为例[*]

郝志东 （澳门大学社会学系主任）

> 哲学家们只是用了不同的方式去解释世界，但是问题在于改变世界。
>
> ——马克思

在中国近代史上，社会学家们在中国的社会运动中扮演了极其重要的角色，无论是20世纪初开始的中国共产主义革命还是20世纪末的经济和政治改革，均是如此。尽管在1949—1979年间他（她）们有近30年基本没有发声。当然"改变世界"并不是社会学家的唯一角色，他（她）们也不是改变世界的唯一动力。但是对社会学家们的研究，了解他（她）们在中国的社会发展中所扮演的各种角色，有助于我们了解谁是社会变革的推手，他（她）们可以扮演什么样的角色，面临哪些困境等等问题。这个问题对中国社会的发展来说是非常重要的。这也是知识分子的角色和困境的问题。

本文试图建立一个社会学家或者说是社会学角色的分析框架。社会学家们的角色也是社会学的角色。所以我们在思考问题时是把这两个概念放在一起考虑的，尽管我们有时用此，另外一些时候则用彼。社会学家们，或任何其他知识分子们，或者说社会学或者其他什么学科，他（它）们的任务只是解释世界呢，还是也要改变世界呢？他（它）们如何扮演各种不同的角色呢？我们试图从20世纪20年代时的社会学家们谈起，然后重点分析辛秋水作为安徽省社会科学院的一个教授，社会学家、社会活动积极分子，如何参与扶贫工作及农村选举改革工作，同时从事专业研究。我们的研究显示，社会学家，或者其他知识分子，是有可能在扮演专业人士角色的同时，积极地参与国家的社会和政治发展过程，让他们的知识和他们的道德关注结合在一起。事实上，社会学家有很多角色可以扮演，包括专业的、批判的和有机的角色。下面我们首先来看社会学家或知识分子角色的分析框架。

社会学、社会学家角色研究的理论框架。美国社会学学会于2004年在旧金山召开年会，会议的主题是"公共社会学"，会长 Michael Burawoy 作了"公共社会学"的主题演讲。那么，什么是"公共社会学"呢？"公共社会学"是像"家庭社会学"、"经济社会学"、"政治社会学"等等那样的一个社会学分支呢？抑或它是另外的一种社会学？2007年，美国加州大学出版社出版了由15位知名社会学家关于21世纪社会学家的政治参与和专业研究的辩论文集。本次辩论凸显了社会学家，或者说是知识分子或知

---

* 原载《走向民主与和谐：澳门、台湾与大陆社会进步的艰难历程》，澳门，九鼎传播出版社，2008年。

识工作者，在任何一个社会的社会经济发展中应该和可以扮演什么样的角色这个问题。对 Burawoy 来说，社会学的劳动分工可以包括提供研究方法、基础知识、理论框架的"专业社会学"，面对社会迫切需要解决的问题，作为"专业社会学"良心的"批判社会学"、服务于某一个客户并为其提供解决问题的方法的"政策社会学"，以及代表全人类利益的、关注人类价值和生活目标、和公民社会息息相关的"公共社会学"。但是，人们对 Burawoy 这个分类有不同的看法。

有些人，比如 Lynn Smith‒Lovin、Aruthur Stinchcombe 和 Patricia Hill Collins，担心社会学的政治化和社会学研究领域的分化和瓦解，怕这个发展会伤害作为一个专业领域的社会学，并将那些做"公共社会学"的学者看成不入流的学者，而且还可能会威胁到社会学生产专业知识这个核心任务。Orlando Patterson 和 Immanuel Wallerstein 则认为 Burawoy 对社会学的划分根本就是错误的。Patterson 认为公共社会学可采取三种形式，即和大众，特别是非社会学大众对话的"话语形式"，积极的、公民社会的特别是政治的"参与形式"以及"专业形式"。换句话说，Burawoy 的划分其实在本质上都是公共的。Wallerstein 的看法与此类似。他认为所有的社会学家都应该扮演三种不同的角色：知识的角色，这一点类似 Burawoy 和 Patterson 的专业角色；道德的角色，这一点和 Burawoy 的批判角色及 Patterson 的话语角色相似；政治的角色，也即为社会找到一条符合道德和正义的出路的角色。最后这个角色类似 Burawoy 的政策和公共社会学的角色，和 Patterson 的积极的、公民的、进行政治参与的社会学家的角色相似。

我基本同意 Patterson/Wallerstein 对社会学角色的区分。确实，所有的社会学都是公共的，尽管形式不同。我自己在对知识分子作用的研究中，使用了一个分析框架，也能用来了解社会学家或不同的社会学的作用。在我的分析框架中，首先是知识分子或社会学家的"专业角色"。这一点，上述学者应该都会同意，虽然他们有时会称之为"知识的角色"。专业的社会学家试图去揭示、分析社会现实。在这个过程中，他或她力图保持中立和客观。当然完全的中立或客观是不可能的。正如 Wallerstein 所指出的，人们在声称自己客观、中立的时候，他（她）们实际上掩盖、否认了自己已经做出的道德和政治的选择。的确，在每一个研究的阶段，社会学家们都面临着价值判断问题：研究什么问题、怎样去研究它、使用什么证据、如何解释研究结果、如何将研究结果呈现给世人，等等，不一而足。用 Wallerstein 自己的话来说，"从本质上讲，一个人不可能不将自己的价值观渗透到自己的科学/学术工作中去"。

尽管如此，正如 Wallerstein 还指出的那样，由于专业人士的工作会受到来自各方面的评判，所以其证据要充分，逻辑要完整，要经得起历史的检验。专业的分析永远是试探性的、随时需要修改的，但是那并不意味着这些分析不可以被认为是翔实的、在当时是有真理的性质的。这也就是说，这些研究的成果可以被后来者认为是对现实的正确反映，可以作为他（她）们进行后续研究和分析的基础，也可以作为强化后来者研究的依据。换句话说，专业的研究仍然可以是相对客观和中立的，虽然不可能完全没有研究者自己的价值观渗透其中。

在我的分析框架中，知识分子的第二个角色是批判的角色。这和 Wallerstein 关于社会学家的道德角色相对应。这也正是知识分子作为社会良心的角色。用 Burrawoy 的话来说，这是批判社会学和公共社会学所做的工作。这个角色不回避社会所迫切需要解决的问题，它代表了人类自身的利益，追求其社会的价值和人生的目标。在我的分析中，知识分子的这个角色最关心他们所处时代的公平和正义问题。对中国当代的批判型知识分子来说，人权和民主是他们最重要的价值观。他们是权力的批判者，无论这个权力是政府还是商业利益，抑或是某一个社会运动。他们最关注的是社会的弱势群体，正如在美国的左翼学者们那样。他们就是从事"公共社会学"的"公共知识分子"。他们会在大众传媒上呼吁人们关注社会不公和不义。如上所述，他们扮演着社会良心的角色。这正是 Frances Fox Piven 的观念中的公共社会学：公共社会学不可能是中立的，它一定是持异议的和批判的。这些社会学家关注穷人、劳工阶层、少数民族、妇女，以及其他被边缘化的、处在社会底层的那些人们。

但是知识分子这个批判的角色到此为止了。知识分子或社会学家的有机角色，即我的所谓知识分子的第三个角色，才是 Burawoy 的所谓政策社会学的角色。这就是服务于某一客户、某一特定目标的角色，无论这个客户是左翼、右翼、中间势力，还是资产阶级或工人阶级的势力。这也正是 Patterson 和 Wallerstein 所谓的社会学家的积极的、公民社会的，以及政治的作用。这些社会学家积极参加社会运动，他（她）们也可以是政府官员，还可以做商业利益集团的顾问，为他们服务。由于他们的服务对象是一个特定的组织，所以正如 Wallerstein 指出的，他们在履行自己的职务时，应随着客户的需要转变自己的立场，牺牲自己学品的一致性，甚至人格的诚实性。这就是他们为什么在服务一段时间之后，常常会大失所望，从而和他们所支持的团体在认知上、政治上决裂的原因。

于是，我的分析模式和 Burawoy、Patterson 以及 Wallerstein 的对比也到此为止了。虽然这三个角色，正如 Wallerstein 指出的那样，职能相互连接，前后有致，各司其职，但是它们也相互重叠，是一个理想型的分类。我们仍然可以说在某一个时间、某一个问题上，一个知识分子或社会学家主要是扮演着其中的一个角色而不是其他角色。例如，如果一个人为专业杂志写文章，她（他）可能扮演着一个专业人士的角色。但如果她（他）在为一本通俗的政治杂志写文章，她（他）可能在扮演着批判的角色，即批评政府、商业利益或者社会运动。如果他们本身就是政府、企业或社会运动的一部分，那么他们就是有机知识分子。他们的工作都有公共的色彩，但是只有批判型的知识分子或社会学家才是人们通常所想象的公共知识分子，因为他们比专业人士和有机知识分子更具批判性。我们再次重申这些都是理想型分类。实际上，知识分子所发挥的作用通常是重叠的。

在对辛秋水的个案进行分析之前，让我们先来简要看一下知识分子/社会学家在 20 世纪的中国历史上所起的作用。那样，我们就能够更好地理解今天知识分子/社会学家们在当今社会发展中所起的作用。

中国知识分子/社会学家在社会运动中作用的历史背景简介

在中国的社会学的发展过程中，我们可以大致看出三个趋势，也即专业的、批判的和有机的趋势。在 20 世纪初，社会学在中国发展之初，陶孟和与步济时（John S. Burges，1883—1949）在北京组织了涉及几百名苦力的收入、生活和工作条件的访谈和问卷调查。陶孟和还研究了 20 世纪 30 年代北京人的生活开支情况。步济时还研究了北京 128 个行业协会中的 42 个。李景汉研究了在北京的苦力和手艺人的情况，并描述了他们的生活条件。其他社会学家像狄特莫（C. G. Dittmar）和甘博（Sidney D. Gamble）在1914年调查了住在清华大学附近的195户家庭，以及在清华大学工作的93个工人，发现人们收入的79%用于食品消费（恩格尔系数）。一项关于北京的社会调查发现，1917年，该市有811556人，是中国第四大、世界第七大城市，人口中70%—75%是汉族，20%—25%是满族，3%是穆斯林。这里没有人行道，车辆和行人都走在拥挤的街道上。这里也没有物业税。

李景汉等人调查了20世纪20年代河北省定县的社会状况并主编了一本书题为《定县社会概况调查》的专书。20年代潘光旦调查了317个他所编辑报纸的读者，发现年轻人基本上遵循传统价值观念，尽管他们反对包办婚姻。麦倩曾研究了北京的妓院，发现1923年注册的妓院数量达332个，并有不同的等级，其中45个被认为是高级妓院，位于城市的商业中心，即所谓的"八大胡同"。妇女卖淫的原因包括人口分布不均（男性多于女性）、妇女的贫困、满族人经济地位的下降，以及当时北京难民人数的增多等。吴泽霖比较了中国和美国各自的少数民族。林耀华做了家族主义的社会学研究，费孝通研究了中国农民的生活。

上述研究显然都是专业性质的研究。但我们仍然可以看到他们在选择自己的研究对象时，已经表达了他们的政治立场，他们对弱势群体的道德关注。这就是为什么Wallerstein研究者是不可能完全中立或者没有价值倾向的。他们的政治立场被镶嵌在他们的研究之中，即使他们可能会声称自己仅仅是在做专业的研究。不过，尽管如此，他们的政治仍可能有别于其他两个主要扮演批判或有机角色的知识分子群体。

批判社会学主要表现在马克思主义的社会学之中，其代表人物有瞿秋白、蔡和森、彭述之、邓中夏、恽代英、张太雷、许德珩、李达、毛泽东、张闻天以及陈翰笙等。这些人有些经过社会学的训练，有些没有。但是他们都是知识分子，从广义上讲，他们都可以被看作社会学家。他们相信无论是在农村还是在城市，中国的问题是穷人被富人剥削和压迫的问题。只有革命才能够帮助中国的社会实现平等和进步。正如我们所知，这些知识分子/社会学家们继而变成了革命家，加入了共产主义运动。他们从批判型的知识分子转变成为有机知识分子，即有机于一个革命运动。

另外一些人则从专业人士转变成有机于另外一种运动的社会学家。他们开展了一项乡村建设运动。这些人包括杨开道、李景汉、晏阳初、梁漱溟以及陈序经。他们对中国的专业研究使他们相信改变中国的唯一途径是改变中国的文化，特别是农村的文化。因此，这些学者们发动了一场乡村建设运动。他们不仅研究农村社会，而且身体力行地去改善农村社会。

经过了30年的休眠之后，自20世纪70年代末以来，中国的社会学又成为一门正式的学科。到了1999年，中国已经有了30多个社会学系，有500多所大学教授社会学课程。每一个省的社会科学院里都有社会学研究所。全国总共有3000多名社会学家。从他们的工作情况来判断，我们仍然能辨别他们扮演的三个不同的角色：专业的、批判的和有机的，尽管他们扮演这些角色的方式和方法与我们上面讨论的那些社会学家有很大的不同。

可以理解的是，很少有知识分子或社会学家愿意像20世纪20年代毛泽东和他的同志们那样，做有机知识分子，大部分人"谨守分际"，只扮演"专业人"的角色。但是正如我们前面强调的，这并不意味着他们不是政治人，我们只是说批判性和有机性并不是他们的主要特点。所以，他们研究社会结构（如家庭变迁、社会分层、移民、组织、小区等），或社会行为，或社会心理（如文化和社会、国民性格等），或社会发展和现代化，或社会冲突和社会制度，等等，不一而足。的确，中国也有批判型知识分子或社会学家，也就是人们平常所说的"公共知识分子"。他们常常在大众传媒（书籍、报章、杂志）上面写文章，抨击时弊，打击腐败。2005 年，《南方人物周刊》举办了影响中国发展的 50 个公共知识分子的选举活动，只有 3 名社会学家（李银河、郑也夫、杨东平）获选。当然其他人（经济学家、政治学家、律师、作家等）获选也是因为他们对社会问题的关注，但是，名单上的社会学家之少，可以表明扮演批判者角色的社会学家应该不是多数。或者即使他们扮演了这种角色，其影响力可能不如其他知识分子那样大。当然这次选举公共知识分子的方式并不一定科学，而且到底谁是谁不是公共知识分子，也众说纷纭，没有定论。全国只选 50 位，对这么大的一个国家来说，也太少。不过这个选举结果还是告诉我们，不光在人数方面不多，批判型社会学家在中国社会、政治和经济发展方面的影响力也很有限，尽管这个角色仍然至关重要。

但是有机知识分子/社会学家的作用却是十分不同的。这也就是政策知识分子/社会学家或那些参与社会运动的人所扮演的角色。在当代中国，像"法轮功"或王有才、徐文立等人在 20 世纪 90 年代组织的中国民主党这样的独立社会运动几乎是不可能的事。他们最多可以搞一些地下活动，用党的话来说，是"不成气候，不足为患"。不过政策知识分子们，或有机知识分子们，自 80 年代改革开放以来，却享受着相当的影响力。举例来说，费孝通在很大程度上影响了国家在乡镇企业问题上的决策。中国社科院的陆学艺在中国的农村政策上面有着不小的影响力，尽管他希望自己的影响力可以更大一些，正如他在 2007 年中国社会学会在长沙举行的第 17 届年会上所期盼的那样。

在本文开头谈到的对公共社会学的辩论中，Massey 提到了美国的社会学家对美国国会的影响。他说美国社会学会作为一个组织，它对美国国会的影响是微不足道的。但是作为个体的社会学家们，那个影响可以说是至关重要的。他谈到他和他的同事们如何使用自己的专业特长，即多年积累的关于美国人在居住问题上的种族隔离以及墨西哥移民方面的专业知识，去影响美国国会在这些重要问题上法律法规的制定。这些法律法规在影响着千百万人的日常生活。Massey 的角色也正是我们所要寻找的，在中国的社会发展中，社会学家所扮演的角色，以及他们如何影响中国人的生活。

辛秋水的个案研究

下面我们将着重分析辛秋水作为一个知识分子、社会学家所扮演的角色。我们将检视一下他如何扮演专业的、批判的，以及有机的角色。我们希望这个分析将帮助我们进一步揭示社会学家的工作及其影响。

他是安徽省社会科学院的高级研究员。他在童年时代就读于乡村私塾，钻研《四书》、《五经》，接受了中国传统文化的教育。"铁肩担道义，妙手著文章"成了他的座右铭。1948 年在安庆安徽大学读书时，他由于不满当时政治的黑暗，又受到了中国共产党民主、正义、公平等口号的强烈吸引，积极地组织了学生运动，反对国民党统治。在面临被捕的危险时，他去了中国共产党统治的解放区，参加了革命。1949 年后，他到了中苏友好协会筹备委员会工作。1957 年他因为在上海《文汇报》上发表文章，批评中国缺乏言论自由，为被迫害的知识分子鸣冤叫屈而被打为极右派，尽管他是社会主义的坚定追随者，并且从心底热爱毛泽东。这一点，在他被批判的那篇文章里，已经写得非常清楚。即便如此，他还是被送去劳动教养长达 14 年，随后又被遣送回原籍农村监督劳动 8 年，直到 1979 年才被平反，分配到安徽省社会科学院任社会学研究室主任，开始了社会学的职业生涯。

在社会学界，有人将他看作是在梁漱溟和费孝通之后，将中国社会学和农村社会学推到另一个高度、做出了特殊贡献的社会学家。梁漱溟提倡乡村建设，并身体力行。其实我们在前面提到的晏阳初在上世纪二三十年代乡村建设方面的努力不下于梁。费孝通倡导乡镇经济，对上世纪 80 年代的农村发展有很大影响。但是注重乡村科技文化与民主政治的建设，尤其是后者，并身体力行，亲上火线，在当代来说，辛秋水是既有开创性，又获得比较重要成果的少有的社会科学家之一。另外，从研究方法上讲，他在大别山地区做文化扶贫和村民自治的试验，得到很大的反响。他所提倡的社会科学和自然科学一样应该有自己的试验场地的理念，也得到不少社会学家的响应。上面两点，即乡村文化和政治建设，以及社会科学要有自己的实验田的理念，被认为是他最主要的贡献。

辛秋水做了那些工作？

在 20 世纪 80 年代，辛秋水从事了 30 多个研究项目，并撰写了项目研究报告。比如在改革开放初期伴随着经济的活跃，行贿受贿等腐败的苗头已经出现。他感到这会成为一个很大的社会问题。于是在 1981 年，他到嘉山县二轻局对此问题做了专项调查。他发现该局原材料和工业产品的买卖都需要靠贿赂才能成功进行。为了购买到所需的各种机器零件，他们不得不向河南和山东的企业行贿。而腐败并不局限于工业企业，在政府机构和教育机关也在蔓延。他关于全国性的、全面的腐败现象的这份调查报告，通过安徽省的领导，被送到了当时的中共中央总书记胡耀邦的桌上。胡耀邦十分注重这份报告，做了数百字的批示，其中包括："第一，可否将这个材料登《党纪》刊物，并加按语，要求各级纪委充分重视。第二，是否再作点调查，争取在四月至迟在五月，专门写个通告，公开号召广大干部、党员和群众坚决同这种歪风邪气作斗争（当然行文时还要把这些行为看成是少数人的行为，以免引起人们对党的不信任)"。中纪委根据胡耀邦的批示到华东 5 省市做了调查后，证实他的调查情况具有普遍性。随之国务院发出了《关于制止经济流通领域中不正之风的通知》和《中共中央、国务院关于严厉打击经济领域中严重犯罪活动的决定》。于是在全国范围内开展了反腐败的斗争，他也被调入省委为此专设的工作组。他的这份调查报告在《人民日报》和新华社的《国内动态清样》上刊出。这是他在平反以后把自己的研究和现实问题结合起来的第一个重要课题。

他对农民单身汉户的研究也很有意思。1985 年，他在安徽省肥西县调查时，听到肥西县政法部门的汇报中提到农村单身汉犯罪情况较多，他感到惊奇。为此对单身汉的现状和根源做了进一步的跟踪调查。结果他发现在某一个乡里，大约 6% 的人口是单身汉。为什么在农村有如此多的单身汉，他们为什么犯罪？他研究发现由于乡村贫穷，女孩子们都倾向于嫁到较富裕的地区。所以这里的男人没有足够多的女人可以去娶。只有自己特别有才能或有异常好的家庭背景，才能娶到老婆。而近年在乡村和城市一样也实行"一胎化"政策之后，事情变得更加糟糕。因为家庭不仅需要男子传宗接代，还要有人去耕种田地，这就导致了溺（女）婴和弃（女）婴现象的广泛存在。对父母来说，如果他们只能生一个女儿，她将来又要嫁出去，那么他们年老之后，由谁来照顾呢？农民没有像城里人那样可以享有足够的社会保障。辛的这项研究报告再次送到达胡耀邦办公室，胡耀邦对此也很重视，并做了批示，全国 14 家报刊分别转载了辛的这项研究成果，理论界对这项成果评价很高。该报告被发表在各种内参及全国性报刊上面。这项研究不仅推动了家庭社会学的发展，而且也推动了中国人口政策的改革。

在 20 世纪 90 年代，辛的工作重点放在"文化扶贫"和"村民自治"的改革方面。现在我们来看他在安徽省开展的这两项工作或者"运动"。

文化扶贫想法的产生，是由于他发现一年一度地给予贫困的农民一些粮食、衣物，是没有办法帮助他们永久摆脱贫困的。农民需要获取发展农业或制造其他产品的知识和能力。因此在当时安徽省党委书记卢荣景的支持下，1988 年他在安徽省岳西县连云乡腾云村开始了他的第一个试验。这是全中国最贫困的地区之一。他做了三件事。首先他在腾云村开办了一间乡图书馆。他设法找到了 6 张桌子，32 张椅子，10 个书架，4000 本书籍，以及 26 种报刊杂志。为了能做成这件事，辛秋水争取到政府各级、各部门的支持，诸如政府的宣传部门、教育部门、安徽省社会科学院、省图书馆、岳西县中学等等。他雇了两个年轻人去管理图书馆。不少农民都可以利用该图书馆，学到了种植蘑菇、饲养家禽和增加粮食生产等知识和技术。

其次，自从 1988 年起辛秋水在连云乡的 11 个村里建起了 35 个阅报栏。农民可以看到的报纸有《中国青年报》以及省级的和地方的报纸。有关农业和法律问题的信息对农民特别有帮助。

最后，他们开办了一个农业技术培训中心。他们邀请了地区以及省级的专家前来讲课。仅在 1990 和 1991 年间，他们便开办了 10 次这样的培训课程，大约 1000 名农民参加了学习。相当数量的农民在这类课程的帮助下走上了发家致富的道路。

在省委书记卢荣景的再次支持下，辛秋水在安徽省的 6 个县里建立了 10 个这样的文化中心。稍后这个构想被纳入省政府振兴农村文化的一个大项目中。似乎在全省范围内有可能一步步实现文化扶贫。

20 世纪 90 年代辛秋水参与的第二个大项目是村委会选举的改革，也就是村民自治的改革运动。1987 年，第六届全国人民代表大会通过了《中华人民共和国村民委员会组织法》。村里的事务将由一个民主选举出来的委员会治理。这是一项革命性的举措，因为这将在党支部之外成立另外一个村级的权力中心。当然人们可以想象，各种问题也都会出现：乡级党政官员的干涉、贿选、宗族问题等等，不一而足。为了改善村委会选举的民主程序，1989 年辛秋水发明了组合竞选。村民小组提名村民委员会主任和成员的候选人，然后由两个不同的主任候选人各自组织自己的领导班子。最后，村民们在两个委员会中选出其中之一。

组合竞选优于其他如海选等方式的原因有以下几个。首先，如果想胜出，主任候选人在考虑自己委员会的构成时，必须考虑将既有能力又能代表不同利益团体的人接纳在村委会当中。于是，这样选出来的村委会通常比海选出来的村委会更有代表性，能够在很大程度上纠正类似宗族等因素造成的偏差，因为不同宗族的利益通常已经在村委会构成的考虑之中。其次，组合选举使得乡党委和政府很难控制谁才能当候选人，因为只有村民才能提名并确定哪些人可以成为候选人。最后，贿选问题也得到遏制，因为在组合竞选的情况下，他们通常不需要花钱买选票。各种团体的利益都被照顾到，特别是主要团体的利益。

最早组合竞选的试验，是在他曾经搞文化扶贫的腾云村。这是 1989 年。到现在，18 年已经过去了。虽然组合竞选未能推广到更多的安徽省或是中国的其他地方，但它在安徽省几个县里都作了试验，包括两个县的全部村子和另外五个县的部分村子，共700 多个村子。

辛秋水的政治和他所扮演的角色：专业的、批判的和有机的角色

现在我们再回到社会学和政治的关系、知识分子/社会学家的角色这个命题上来。在这篇文章的开始，我们讨论过社会学的研究和实践不可能完全中立的问题。虽然辛秋水的例子可能多少有些特殊，但是它还是鲜明地证实了这一论点。从他的自传体文章中以及他的《文集》中，我们得知他坚信平等与民主。他来自一个大地主家庭，但是他对自己家建立在农民汗水上面的财富却耿耿于怀，甚至私自将自家的农田分给为他家种地的农民，然后起身去参加了革命，导致父亲和他的不和。在中苏友协工作时，他也不害怕给领导提意见。如果不是当时的中国国家主席刘少奇出面支持，他在 1957 年前就已经陷入麻烦之中了。不过他最终还是为自己的敢言付出了代价：1957 年被打为右派，且送去劳改、下乡达 22 年之久。如上所述，在获得平反之后，他开始研究社会问题，比如政府官员的贪污腐败、单身汉现象，溺婴、农村贫困、民主选举等问题。他的研究和他的道德关注是相联系的。这些关注也是他在劳改、下乡 22 年时的关注。所以说，辛秋水的政治，他对平等和民主等观念的执著，是不言而喻的。

那么他扮演着什么样的角色呢？首先当他在研究上述这些问题时，他扮演的是专业的角色。我在上面引用了他和吴理财合著的有关文化贫穷一书。在书中，他们分析了导致贫困的各种因素，包括地域上的、经济上的、心理上的因素，但他们认为一个更重要的原因是文化。在这里，他扮演的是一个知识人/专业人士的角色。正是基于他对农村文化问题的理解，他展开了自己的文化扶贫和村民自治的工程。

我们可以说，文化扶贫和村民自治已经成为社会运动。所以当他扮演这些角色时，他已经有机于一个社会运动。他在参加革命时，是有机于毛泽东他们的共产主义运动，村民自治和文化扶贫则是晏阳初他们在 20 世纪二三十年代开始的乡村建设运动的一部分。这和"纯"专业角色是不同的。事实上，他已经有机于党和政府，因为正是党和政府在推进扶贫和村民自治运动。辛秋水是在帮党的忙而已。这一点，在他为党和政府写内参时尤其如此。这些报告也确实推动了农村的改革运动，特别是安徽省的改革运动。所以，用 Burawoy 的话说，他是一个政策社会学家。他所做的工作，类似我们前面提到的 Massey 对美国国会的影响，即用自己的专业知识去影响政府的决策，尽管他的影响并不像 Massey 那样大，不过，他的组合竞选运动，却自然地触及了上级政府的利益。所以，他对此运动的执著，包括组织研讨会、成立争取从县到省到中央领导的支持、发动尽量多的人们对此表示关注并身体力行地策划选举程序等等，也不完全是在为政府做事。这是和政府主导的村民自治运动不完全一样的运动。而他也就是这个运动的有机知识分子。

但无论他扮演的是专业的还是有机的角色，他同时也在扮演着批判的角色。比如，单身汉问题所引发的是对不问青红皂白的"独生子女政策"的批判，组合竞选是对农

村选举中不公平现象的批判。他还在报纸、杂志上发表文章，批评政府和社会的腐败现象。如上所述，他的批判性是贯穿在他长期的职业生涯之中的。

结论：辛秋水个案的意义和社会学、社会学家/知识分子在社会发展中的角色

辛秋水的个案对社会学家和社会发展这个命题有什么启发意义呢？首先，辛秋水的个案告诉我们社会学家们的确在扮演着三种角色：专业的角色；批判的角色，也即被 Burawoy 称作公共社会学而被 Wallerstein 称作道德的角色；以及有机的角色，即被 Burawoy 称作政策社会学的角色。辛秋水扮演了三种角色，但我们仍然可以说他在某一时刻扮演的某一个角色比另外的角色更明显。比如，他在写作文化的贫穷一书时，扮演的更多的是专业的角色。当他写内参时，或者发动文化扶贫和组合竞选运动时，他扮演的是有机的角色。或有机于政府，或有机于一个运动。当他给报纸或杂志写文章批评政府官员的腐败时，他扮演批判的或公共社会学家的角色。

其次，他常说在当前中国社会，有心报国的知识分子，要实现自己的良知和抱负，必须要将自己的知识和政府的权力相结合：就是说，需要政府的权力支持，否则，你只能空怀报国之思，而一事无成。其次是，在获得政府领导的权力支持后，你要到基层具体落实时，还要同基层有关干部广结朋友、联络感情，他们才可以将领导对你的支持意图真正的落实。所以，他用"公事私办"来描绘这种曲折和艰辛。

举例来说，文化扶贫需要地方政府的支持，需要他们投资建设图书馆和阅报栏、举办讲座教农民农业技术。但是这些事情往往不是官员们优先考虑的对象。即使省里下拨了扶贫基金，下级政府也可能七扣八扣，或者将其挪作他用。他现在相信这类项目应交由非政府组织去负责。但正如我在另一篇收入本书的论文中提到的，国家还是需要承担属于自己的责任。非政府组织可以帮忙，但是主要的责任在国家。不过作为一个政策社会学家，辛秋水或许只能做这么些。那么在什么情况下，国家才能负起自己的责任来呢？这使我们想到辛秋水关注的另外一个问题：村民自治和"组合竞选"。

村民自治，特别是"组合竞选"，似乎是一个可以保证真正合适的人才可以当选、进而推进文化扶贫工作的办法。从我们前面的讨论来看，"组合竞选"也的确有很多优点。但是"组合竞选"为什么没有能够得到推广呢？甚至连安徽省都不能在全省范围内推广"组合竞选"，更何况是中国的其他地方？尽管"组合竞选"得到很多重要人物的支持，包括前安徽省委书记卢荣景，中国社会学会前副主席、民进中央副主席邓伟志。他们曾经在中国人民政治协商会议上联名向中央政府提案，支持辛秋水，建议推广"组合竞选"。但也没有得到真正的落实。

事实上辛秋水自己也在问自己，为什么"组合竞选"的推动遭遇到如此大的阻碍？有人告诉他说，困难在于这种选举方法会削弱党在农村地区的领导力、控制力。实际上，只有真正落实"组合竞选"，真正的村民自治才有可能。不过那样也许革命性就太强了。据此，辛秋水的"组合竞选"，虽然更加合理，更加民主，但不能走得很远，至少目前还不能。

但是即使"组合竞选"现在能够举行，它也不能完全保证村庄事务的民主运行，因为党支部的控制还在。当然还有其他许多因素，包括乡村的经济发展以及总体的政治生态。2007 年夏天，我访问了两个"组合竞选"的模范村庄。的确，那里的村庄领导

们都热衷于乡村的经济发展，在尝试着各种各样的办法。但他们似乎并没有足够的人力资源来应付他们所面临的问题，包括发展什么样的种植、养殖业？去哪里销售自己的产品等等。我参观过一个乡村图书馆，但是这个图书馆似乎很长时间以来都没有被使用过。尽管如此，辛秋水已经获得了很大的成就。这些成果能否发扬光大，还有赖于大的政治环境的改变。不过，辛秋水这近 20 年的社会学实践说明了社会学家在扮演自己专业、批判和有机的角色时，可以做些什么，以及这些角色的局限是什么。这些角色累积起来的价值也许才是最重要的。在我们大力推广公共社会学和应用社会学的今天，辛秋水的例子可以带给我们很多的思考，尤其是社会学家或知识分子整体如何将自己的研究和自己对社会的道德关怀结合起来的思考。辛秋水认为社会学家应该到社会最底层去调查去研究，全面了解社会矛盾，揭露社会矛盾，分析社会矛盾，从而提出解决矛盾的方案和理论观点，以推动社会进步。他认为"社会科学家不干预社会是不道德的，知识分子没有良心是可耻的"。良心是重要的，干预社会的程度和方法可以是不同的。但是，正如我们在文章的开头所引述的马克思的名言所说，社会学和社会学家对社会的干预却是不应该被避免的。

我想引用美国社会学会会长 Frances Fox Piven 在 2007 年讲的一段话来结束本文：

我认为社会学的工作或实践不应该仅仅局限在关于社会群体如何生活、社会如何成为可能、社会问题为什么产生等等方面的理论建构和证据发掘上面。我认为我们应该给这些研究注入一点道德的关怀。我不同意下面这个观点：即一方面，我们是科学家或社会科学家，而在另一方面，在我们的公民生活中，我们可以走出去并参加一个什么示威活动。我认为我们应该把我们的知识和我们的道德关怀结合起来。

的确，这些正是我们谈到的社会学、社会学家或知识分子如何扮演自己的专业、批判和有机角色的问题。我们甚至可以说，古今中外，概莫能外。中国知识分子和社会学家在 1949 年前后的中国社会发展中也都在扮演着这些角色。将来也是如此。但是，知道自己在做什么，可以帮助他们把自己的工作做得更好，所以才有了这篇文章。

中国农村社会学发展的新篇章[*]

——评辛秋水的学术贡献

郭 帆（新华社高级记者）

在本世纪中国社会发生的巨大变化中，农村的变化无疑起了决定性的作用。这是中国特定的历史环境和历史条件决定的。在中国，忽视农村问题，将会一事无成。因之，研究农村实际，形成系统理论，解决农村问题，达到预想目标，这始终是中国社会学者最紧迫的课题。

回顾本世纪中国农村社会学研究发展的历程，不能不提到著名的社会学家梁漱溟、费孝通，也不能不提到辛秋水。正是这三个人，沿着提倡乡村建设——倡导乡镇经济——注重农村经济社会与乡村民主政治同步发展，这样前后衔接脉络清晰的研究路线，推动了社会学在中国的发展，掀开了中国农村社会学发展的新篇章。

本世纪初，正是中华民族灾难深重的年代，生逢乱世，梁漱溟先生作为一个爱国的青年，立志寻求救国之道，开始时他很向往康梁的君主立宪制，后来看到此路不通，转而支持孙中山先生的革命主张。当辛亥革命失败后，他目睹一些阴谋家、野心家利用"革命"的旗号，篡权窃国为所欲为时，非常失望。这促使他重新开始探索，认为"西洋政治制度不能与中国相连"，从而进一步坚定了他"从乡村培养新政治习惯的主张"。1923 年，梁漱溟在山东曹州提出"以农立国"的主张，次年又在广东提出"乡治"。1931 年在山东邹平进一步提出了"乡村建设"。

非常巧合的是梁先生和毛泽东同庚，且同时进行了改造社会的实践。梁认为"中国的首要问题是农村问题"，"中国建设问题是乡村建设"。在这方面，梁先生和毛泽东有相似的观点。但由于世界观的不同，得出了截然不同的结论。毛泽东主张彻底革命，梁却主张社会改良，在当时的社会条件下，梁先生的主张从开始就孕育着悲剧的成分。梁说，"所谓乡村建设：一因乡村破坏而有救济乡村之意，二因中国文化要变而有创造新文化之意"。

梁漱溟的乡村建设实践，经历了三个时期。第一个时期，1928 年在广东办"乡治讲习所"；第二个时期，1930 年在河南辉县与彭禹廷等人办"河南村治学院"；第三个时期，1931—1937 年在山东邹平办"山东乡村建设研究院"。在山东期间，梁的理论趋于系统完整，出版了《乡村建设理论》一书，梁在邹平实验计划中提出了八项标准：一、树立信用；二、尊崇贤能；三、调查户口，人事登记；四、节约费用；五、祛除毒

---

* 原载 1993 年第 8 期《福建论坛》，后为中国人民大学复印资料 1993 年第 5 期《社会学》选用。

害；六、整顿自己；七、扩充生计；八、政（治）教（育）合一。上述计划的实行，在一定范围内推动了生产力的发展，这是应当肯定的，但即使梁先生乡村建设的主观愿望再好，在当时旧中国历史条件下，要想实现社会的真正变革，只能是海市蜃楼式的幻想，而且由于他推行计划时上靠反复无常的国民党军阀韩复榘，下靠中小地主、富农出身的乡绅，代表的是地主富农的利益，自然得不到广大人民群众的拥护，于是出现了"畅谈社会改造而依附政权"的局面，最终归于失败。1938 年 1 月，梁第一次到延安访问毛泽东主席时，毛针对他从事的乡村建设说："你走改良主义的道路，不是革命的道路。中国需要的是彻底的革命，改良主义解决不了中国的问题。"

　　梁先生的乡村建设实验随着日军的入侵、国民党政权的溃逃而销声匿迹。但梁对中国社会学的发展依然作出了贡献，这就是：走出象牙塔，面向实际。当看到中国问题的关键是农村问题时，毅然躬身力行，勇于探索，勇于实践，寻求治理社会之道，在旧中国旧意识的知识分子中开了先河，并影响了后来的社会学者。

　　几乎就在梁漱溟先生于山东邹平进行乡村建设实验的同时，另一名著名的社会学家费孝通博士，从另一个角度开始进行农村社会学的探索。与梁先生不同的是，费博士是从北大毕业后在史禄国教授指导下进行社会调查研究的。但开局不利，当 1935 年夏天费偕妻子王同惠到广西大瑶山搞少数民族调查时不慎迷路，妻亡己伤。社会调查工作的艰辛由此可见一斑，但这更增加了费博士从事社会学的决心。1936 年夏天，在费博士到英国留学之前，费利用暑期到江南水乡——他的故乡——江苏吴江县开弦弓村进行了详细的调查，并据此写成了《江村经济》一书。正是这本独具特色的、介绍旧中国农村的书，奠定了费博士在中国乃至世界社会学史上的地位。1981 年他荣膺英国赫胥黎纪念奖章，以表彰其为人类社会学所作的贡献，接着他又在相隔几十年后写出了"二访江村"、"三访江村"，为中外社会学者，研究中国从旧社会到新社会长达半个多世纪的经济社会发展的历史，提供了一个十分可信又数据翔实的研究基地，成为外国人了解中国的一个窗口。1981—1983 年，费博士在江村调查的基础上，把调查范围扩大到整个苏南地区。他根据苏南农村乡镇企业迅速发展的状况，敏锐地预感到这将成为中国农村经济发展的趋势。于是他大力倡导发展乡镇经济，提出"小城镇大问题"这个研究课题，并于 1983 年在南京召开了专门研讨会。费博士提倡并研究发展中国乡镇企业的理论，获得了显著的社会、经济效益。1985 年后，他又开始了中国三西地区发展经济的考察，提出了结合三西实际，种树种果，开发资源，发展经济等一系列研究成果，为国家制定三西发展战略提供了依据。1990 年后，他又考察黄河流域，提出建立"黄河经济带"的设想，以山东为龙头带动沿海数省经济起飞。

　　费博士社会学研究的特点，是把对农村社会的研究同农村经济发展联系起来，学以致用。他的主要贡献在于：在中国改革开放后，他及时抓住了经济建设为中心这个主题，并以此为主导运用到他的学术研究实践中，注重经济发展对社会发展的基础作用，发现并大力倡导发展农村乡镇经济这个具有光明前途的事业，形成了自己的学术风格，为农村经济社会发展作出了卓越的贡献。

　　梁先生提倡"乡村建设"，费博士倡导农村乡镇经济研究，成就是举世公认的。但如果社会学不涉及与经济发展十分密切的乡村民主政治，还不能称之为完整社会学，这一点在梁、费二位社会学家的研究实践中仍基本是一个空白。完成这个缺憾的是著名的社会学家辛秋水教授。他主张农村社会经济与乡村民主政治同步发展观点与实践，使中国农村社会学研究真正趋于完善。

辛教授与梁先生和费博士三人，从 1956 年到 1979 年的 22 年中，不是被划为右派，打入另册，就是被投入铁窗，备受摧残。辛教授更甚，他被打成右派投入囹圄 16 年。人世酸辛社会百态，生生死死的 22 年中，他时刻不忘自己的社会责任，在狱中读了大量马列著作，潜心观察、研究，终于大彻大悟：要想改变中国社会发展迟缓，避免重复"反右"扩大化、"大跃进"和"文化大革命"这样的失误，一在于提高经济技术文化水平，二在于推行政治民主与法制建设。1979 年他刚平反，就立即要求到安徽省社科院经济所这个最直接联系群众的部门作为其工作，他运用马克思列宁主义、毛泽东思想调查研究的方法，联系实际，开始了他人生历程中又一次跋涉。自 1979 年恢复工作到现在 14 年间，共写了各种调查报告和论文 70 余篇，是《中国农村社会学》的主编之一，《农村政治思想工作新探索》的三位著者之一。他的研究实践分为几个时期：1979 年到 1985 年主要以经济调查为主；1985 年后主要搞社会热点问题调查；1987 年后则集中到山区农村搞扶贫与村民民主政治的实践。辛教授调查报告和论文几乎每一篇都在社会上引起了较广泛的影响，绝大部分被广播、报纸发表，一部分被中央、省级《内参》刊用。其中有两篇得到中共中央总书记胡耀邦的批示转发，对中央的决策产生了一定影响。1985 年他的《要重视解决农村"单身汉户"问题》一文被安徽省社科院评为社会调查一等奖；1992 年为表彰辛教授为中国农村社会发展所作的贡献，被国务院评为"对社会科学有突出贡献"的专家。

需要指出的是，农村社会学仅研究经济发展是不够的。因为在农村社会这个包罗万象的综合体中，经济和政治是缺一不可的，两者的互动力更不可忽视。辛教授注重经济社会与乡村民主政治同步发展的观点。为更具有说服力，他选择位于大别山区经济文化落后、交通闭塞的安徽省岳西县莲云乡腾云村作为他进行扶贫与民主政治实践的试验点。在这种地方完成他预定的目标，困难可想而知。这不但需要勇气、胆识，还需要百折不挠的精神和稳妥可行的方法。除了自己的意志和行动外，当然必须依靠党和政府的支持、社会的配合。这是任何一项社会科学试验取得成功所必不可少的条件。在这里，安徽省委书记卢荣景同志的支持起了关键作用。

在社会学研究方面，辛教授同意 A. 拉德克利夫·布朗教授、吴文藻教授和雷蒙德·弗思博士关于对人们的社会生活进行深入细致的研究，以村为单位最为合适的观点。同样他认为进行乡村扶贫与民主政治实验，也以一个村为单位最合适。辛教授选择岳西县莲云乡腾云村为其调查研究与实验基地，十年九上大别山。1987 年他根据自己的详细调查写了《以文扶贫 综合治理——一个山区贫困乡的扶贫改革试点方案》，其要点一是重视乡村教育，以文扶贫，开发民智；二是改善党群、干群关系，实行乡村干部组合竞选，政治民主，伸张民气，增强干部的公仆意识，克服官僚主义；三是实行综合治理。辛教授的报告经卢荣景书记同意签发后，由辛教授亲自负责主持以文扶贫与村民民主政治的实验。

1989 年 1 月，一个雨雪交加的日子，新中国成立后一次最成功的乡村民主选举在岳西莲云乡腾云村胜利举行。这次选举没有框框，上级不提名，采取选区推荐、联名推荐、个人自荐办法，不限额产生候选人，然后举行选举大会，由候选人上台发表竞选演讲，宣布施政纲领，公布组合名单。该村共有 4 名候选人上台竞选，他们中有原村长、农业技术员、一般农民、回乡知识青年，演说后经无记名投票，最后由农业技术员当选为村主任。一年后，《中国社会报》以《硬抵硬选出的干部，就是好》为题，报道了腾云村干部民选后发生的喜人变化。四年之后，《光明日报》、《安徽日报》根据当地党政部门调查结果分别于 1992 年 1 月 30 日和 7 月 17 日，报道了辛秋水教授主持的以文扶贫和乡村民主政治实行后莲云乡及腾云村发生的瞩目变化。

具有历史意义的是，辛教授这次乡村民主政治实践，打破了国内一些人认为，现时的中国农民贫穷落后文化素质差，既不懂又不会使用自己民主权利的偏见。实际上，这种偏见如果不是故意的误解就是对中国民主历史发展的无知。这次选举成功的基础是什么呢？首先，中共领导的新民主主义革命，就是从 20 世纪 20 年代从农村开始的，那时党已经对农民进行了土地改革，抗租、抗捐、抗税，反抗压迫，争取生存权利等民主主义的启蒙运动。在红色苏区及后来的解放区根据地内，农会、乡村干部都是农民们实实在在地选举产生的。从某种意义上讲，中国革命的胜利，正是中国农村农民民主意识觉醒争取自己民主权利的胜利。其次，新中国成立后的历次政治运动，强调全民发动，全民参与，不论成功或失败，无不从正面和反面对农民民主意识的形成起到了推动作用。最后，经过新中国成立 40 年后对农村文化教育、思想政治教育和现代文明信息的传播，又经过无数次社会主义民主政治的训练和熏陶，当代的中国农民，已经和过去任何一个历史时代不可同日而语。积极引导教育，创造一定的条件在中国农村实行民主政治，已是水到渠成之事。

辛教授的这次乡村民主政治实践，历史证明已经成功。民主政治的实现加快了经济社会发展的步伐，从此揭开了中国农村经济社会发展与乡村民主政治的新篇章；同时对那些怀疑者和反对论者，也是一个很好的教育和启示：中国的民主政治是完全做得到的，中国的农村农民有能力承担自己民主权利义务，这绝非杜撰，也非神话，而是真实的现实。但这种民主政治又有中国的特色，吸取了西方竞选组阁中一些合理有用的成分，在中国共产党和人民政府的领导下有计划、有步骤地在全国农村范围内实施民主政治。

当辛秋水教授完成了他进行的以文扶贫和乡村民主政治实践，中国社会学终于从梁先生提倡乡村建设，费博士倡导乡镇经济走到了注重经济社会发展与民主政治同步的高度，完成了农村社会学合理的、早已应有的研究内涵，组构了农村社会学研究的框架。此时，我们大约才可以说，中国农村社会学已成为一门完整的社会科学。但这仅是开始，更艰巨的任务在等待着社会学家去探索。

可以肯定的是，人类经济社会发展的最终目的是解放人类自己，从必然王国走向自由王国，人民主宰自己的命运。现代化愈是加速发展，对人的各项素质尤其是民主素质的要求也愈高、愈急迫。现代化没有人民民主参政是不可能实现的。没有民主监督的政权必然产生腐败，腐败不可能带来经济的真正繁荣。当中国处于 20 世纪 21 世纪之交，以超乎常规的速度发展经济，争取进入世界经济强国之林时，面临的诸多矛盾中最突出的就是发展经济同提高人的素质、实现民主政治的矛盾。有人错误地认为，在发展中，国家实行民主就意味着动乱，如亚非拉的第三世界国家。因此强调发展经济，就要"先繁荣，后民主"，"多一点纪律，少一点民主"。这种论调，在有 12 亿人口、社会主义公有制的中国，是断然行不通的。辛教授的以文扶贫与乡村民主政治实践正好回答了这些错误的看法，并具有普遍推行的意义，循序渐进，可以从乡村开始推进社会主义民主和法制的进程。

梁先生、费博士和辛教授三人在各自特定的历史时期，以自己高度的社会责任感，敏锐的社会观察力，抓住了农村历史前进的主方向，暗示并引导了历史向更高层次发展。历史将记住这三位社会学家对中国农村社会学发展的贡献。

扶 贫 扶 人

——辛秋水扶贫的新思路

如何让文化撼动贫穷[*]

朱磊（《人民日报》记者）

随着时代的进步和需求的变化，文化扶贫开始越来越被文化下乡所取代。不过，毋庸讳言，在国内的很多地区，尤其是农村地区、贫困地区、中西部地区、革命老区和边疆民族地区，文化扶贫的使命依旧紧迫。

这一现象，也引起了中央高层的重视。

去年年底，中宣部部长刘云山在"第四届全国服务农民服务基层文化建设先进集体表彰会"上的讲话中提到，推进文化建设，一定要解决好"为了谁、依靠谁"这个根本问题。他指出，任何时候都不能忘了基层、忘了群众，不能忘了农村、忘了农民，不能忘了我们的根、忘了我们的本。

在"服务人民大众、实现文化价值"方面，学界也做过不少调研，提出了很多有益的思路。更有学者身体力行，常年驻守某个乡村，自觉践行着文化使命。他们的努力、观察和记录，令人感动，发人深省。

20多年前，地处大别山麓的岳西县莲云乡，就发生过一场旨在"扶贫扶人、扶智扶文"的实验——1987年，安徽省社科院研究员辛秋水在莲云乡开展了8年的定点文化扶贫，一度带来令人瞩目的变化。20多年过去了，当年的实验给莲云乡带来怎样的影响？莲云人现在又面临怎样的历史课题？

日前，记者走进莲云乡，并专访了当年那场实验的发起人——辛秋水。

"贫穷需要靠什么来转变？"

唤醒人的精神是主要途径

辛秋水现已退休在家，老人虽然已经84岁了，但思路依然清晰。他说，外界将那场运动称之为"莲云实验"，但他更愿意将其看做一场"战争"：一场人与愚昧、与贫穷的"战争"。

"贫穷需要靠什么来转变？"在老人家中，记者这样问道。

"经济扶持固然重要，但是在我看来，唤醒人的精神是主要途径。"辛老沉思片刻，回忆起他20多年前第一次到莲云乡调研时的景象。

"你难以想象那是怎样的贫困！随便走进一户人家，阴湿腥霉的破屋，衣衫褴褛、双目呆滞的主人……问他家今年收多少粮、有几亩地这些极简单的问题，也常常回答不

---

[*] 原载《人民日报》2011年2月11日。

上来。招待客人的最好食品是玉米糊上放两片腊肉。我们调研的 73 户 251 位农民，文盲占 52%，小学文化程度的占 32%，高中文化程度的只占 1.6%。再就这些农民接触外部的信息情况来看，他们中偶尔能听到村头广播的占 15%，能看到报纸的仅占 5%。"

老百姓有一句话常挂在嘴边上"靠政府啊！"靠政府送粮、送钱、送衣来养活他们。光是岳西县，国家每年就要送去大批粮食与钱款。但是救济粮吃完后，仍然是贫穷。

当初政府不是没有想过用"造血"来代替"输血"，据现任莲云乡文化站站长张世忠回忆，当时投资扶持的企业，不到两年全部倒闭，1986 年，经统计全乡 106 家企业的贷款无法偿还。

就是这么一个智力"赤贫型"乡镇，让辛秋水萌生文化扶贫的想法。

"如果扶贫的路子不变，单单靠政府只能是恶性循环。"辛秋水认为，对这些人来说，莫如授予一技之长，用于脱贫。

1987 年，"文化"对抗"贫困"的实验在莲云乡铺开，一共有三个主阵地：在腾云村找到一间房子建立了图书室，共藏书 4100 册、报纸杂志 26 种，让图书为农民服务；在全乡 7 个行政村的道路两旁设立 35 处常年阅报栏，定期张贴《农村科技报》等实用类报纸；自 1988 年起，乡文化站开办了技术培训中心，办起了桑蚕、食用菌和大棚蔬菜等多期培训班，累计培训技术骨干 1000 人次。此外，辛秋水还向安徽省委争取来一台 VCD 机和彩电。1990 年，文化站购进了 70 多种农业科技录像片，在全乡放映。

经过 4 年实践，莲云乡贫困面貌有了明显改观。1991 年，全乡工农业总产值达 580.7 万元，比 1987 年增长近 5 倍，年平均增长率为 55.7%；人均收入达 299 元，年平均增长率为 13.9%。

"莲云实验带来哪些变化？"

知识推开"心扉"，带来财富

文化的扶贫效应，带动了一大批"领头雁"。

沿着盘山路直上白云山，莲云乡村民储德翰的大别山映山红生态文化大观园就在山上。整个庄园的设计理念全部是储德翰一个人完成。问到成功秘诀，40 多岁的储德翰说："我到现在为止做的一切事情都跟文化有关，我的成长离不开昔日的文化站。"

高中肄业，储德翰在乡亲眼里就是个不务正业的闲人，每天没事干就往文化站的图书阅览室里钻。通过实践书本上的技术，他成功地将传统的春季育苗变成了两季育苗，赚了 3 万多块钱。尝到甜头的储德翰以此为资本，办起了全县最大的养猪场，而养猪知识，仍然是"淘"来的。

1998 年的一场猪瘟，让储德翰的猪场损失殆尽。最终，他还是在文化站的图书室里找到了新的出路——根雕艺术。2004 年，他成功创办翰林根艺文化有限公司，注册资本 52 万，现在资产已达 1000 万。如今，储德翰正在打造的文化大观园是安徽省"861"重点文化项目，能带动周边近百人就业。

直到今天，储德翰仍然保存着绝大部分从文化站借阅未还的图书，翻开自己的书柜，储德翰拿出厚厚的一堆书，《养猪经》、《根雕艺术》、《美学入门》赫然在列。

类似储德翰这样的"领头雁"故事，在莲云乡文化扶贫的20来年中，曾经涌现过很多：村民刘同法在阅报栏上学习养蚕技术，带动周边数十户村民致富；村民陈子斌1990年从乡文化站举办的实用技术培训班上进修蘑菇种植，1991年便收入1.2万，如今他所在的腾云村已经成为岳西的香菇生产基地……1987年，全乡人均年收入是192元，而到1994年底，农民人均年收入已达到900多元。

在腾云村，记者看到了刘明、刘洋两兄弟，他们的父亲刘和根，当年就是图书室里的常客，从图书室学习到的蘑菇栽培技术，如今被这两兄弟继承了下来，每年纯收入近10万元。据介绍，莲云乡的食用菌栽培和种桑养蚕这两大经济效益最好的致富项目，就是从那个时候孕育发展的。

文化扶贫20多年，带来的是潜移默化的改变，推开了大山对外封闭的"心扉"，这是中外社会学者在对莲云乡文化扶贫工作考察后，比较一致的看法。

"文化扶贫谁来接棒？"

旧有模式出现危机，形式必须与时俱进

然而，2000年以后，莲云乡文化站却逐渐陷入了停滞。

停滞的原因，起源于一个事件：曾经乡办公助的文化站工作人员因故被县文化部门解聘，相继离开了文化站，坚持下来的只有腾云村的储彩琴和刘和奇。就在不久前，刘和奇也因为没有了经济来源而黯然离开，唯有储彩琴靠着每月50元的基本工资在坚持。

而更深层次的危机，则是文化站的发展与村民如今的精神文化需求之间出现了落差。在莲云乡，电视机、手机、固定电话的普及率已经达到100%，电脑的普及率也在45%左右，村民从其他渠道获取的信息更多、更适用、更符合个人需求。

"上周村里放电影，大喇叭广播了一天，最后3块场地也就来了百来号人。"腾云村村委会主任陈子斌说，"过去放一场可是人山人海。可现在连电影都不看了，更不愿意看书了。"在农家书屋，记者翻看借阅记录，发现90%的借阅者都是儿童。"宁愿打打麻将、看看电视，都不愿意把时间花在看书上！"农村书屋的管理者无奈地说。

曾经令莲云乡引以为傲的三层小楼文化站，如今破碎的窗户没人修理，"最高级设备就是一台彩电和一台录像机，没有一台电脑"。自2000年以来，文化站几乎没有办过任何培训。县里每年拨付的经费，也没有被用于文化站建设。

是不是说文化站的工作就不需要了？

储彩琴不这么想，据她说，不少村民都在打听，什么时候能够开办实用技术培训班。采访中，也有不少农民表达了希望政府提供农业技术指导的愿望。这说明，已经解决了温饱的村民，面临的更大问题是如何实现致富，而旧有的文化传播模式，已经失去吸引力。

长期从事文化扶贫的石力，如今是安庆市潜山县县长，他认为，文化扶贫无论是过去还是现在，都有着存在的必要，"过去没有对比，农民在家捧着玉米糊还可以怡然自得。但现在看着有技术有知识的人富裕起来，很多人都坐不住了，现在更需要文化扶贫！"不过，形式上必须与时俱进。"文化扶贫，前提条件是政府重视，有人牵头。过去的莲云乡文化扶贫工作是辛老在前后忙活，现在他干不了了，谁来接棒？我觉得个人

的力量实在是有限的。"石力感慨地说。

"现在，文化扶贫走向了文化下乡。但缺乏内生力和可持续性的文化下乡，如何与贫困对抗？"

辛秋水的发问，还需时代来回答。

改造农村要依靠先进文化的注入[*]

——著名社会学家辛秋水与他的文化扶贫思想

王淼（《中国改革报》记者）

见到辛秋水先生，记者才真正体会到什么叫"壮心不已"。

辛秋水已经83岁了。让记者没有想到的是，这位83岁的老人谈到他所倡导的"文化扶贫"和村委会"组合竞选"时，仍然是那样坚毅和决绝。他说，这两件事我一定做到底。

这是他在另一位革命老前辈临终前立下的誓言。那位老同志就是红军老战士、为我国参加奥运会作过突出贡献的原安徽社科院副院长盛之白。在盛之白89岁离世前夕，他专门让家人通知辛秋水前来。在病榻前，他用微弱的声音对辛秋水说："你从事的文化扶贫和村民自治的事一定要坚持做下去，这是关乎我们国家的根本大计。"

辛秋水百感交集，泪流满面。他在病床前宣誓，哪怕自己每天只能做一件事，也要将这两项事业进行到底。

记者是在参加在安徽大学举行的第四届中国县乡干部论坛时，见到著名社会学家、安徽省社科院研究员辛秋水先生的。在两个多小时的采访中，辛秋水向记者概括地介绍了他的文化扶贫思想。

农民的"两个贫困"

从个人经历看，辛秋水的前半生非常坎坷。1957年，他被错划为右派，先后在北京清河农场和安徽省白湖农场劳动教养及留场就业。1973年被遣回原籍明光市横山乡大辛庄继续监督改造。1978年底，由于中共中央宣传部改正了他的错划右派，调中共安徽省委宣传部工作，后又到安徽省社会科学院从事社会学研究。在改造期间，辛秋水对农村的贫困问题有了深刻的体会。

"农民贫困，人们一般只看他们的物质贫困，没有饭吃，没有衣穿，穷得可怜；没有看到农村农民的精神贫困，没有文化，没有知识。社会上只注意了农民的物质贫困，而没有注意农民的精神贫困。相对于物质方面的贫困，精神文化方面的贫困更为根本。我当时想，只要一平反，我的第一个任务就是把农民的两个贫困向社会披露。"辛秋水说。

* 原载《中国改革报》2010 年 12 月 20 日。

恢复工作后，在 20 世纪 80 年代初，辛秋水在大别山贫困地区调研时发现，在当地经济条件比较富裕的家庭，除了村干部和乡村教师外，绝大部分都是一些有一技之长和有一定经济头脑的家庭。而赤贫户、特困户，除了生理上的病残外，基本上是一些没有文化和一技之长的家庭。在长期的扶贫实践中，辛秋水更是深刻地体会到，"送衣、送粮、送钱"的"输血"式扶贫有很大的弊端。1986 年 11 月，辛秋水到岳西县白帽区南岗乡的黄岗、马山西村实地调查。当时这两个村文盲占 58％，小学文化程度的人占 32％，初中文化程度的人占 8％，整个南庄乡一所中学都没有，只有 4 名高中生。群众精神面貌更是令人忧虑，辛秋水描述为"脚蹬小火炉，手捧玉米糊"。你问他这样穷怎么办呢？多半的人都会回答："靠政府哟！"辛秋水认为，贫困的症结就在这里。政府救济、捐衣捐被，非但不能帮助他们脱贫，反而使干部群众形成了依赖心理。甚至在个别地区还曾出现这样的怪现象，他们躺在政府救济上多生孩子，反正多一个人头就多一份救济。

辛秋水认为，贫困的原因是多方面的，是由多方面因素决定的，诸如历史背景、地理环境、经济基础和社会制度等，而这一切最后都会沉淀到社会的主体——"人"的身上。他主张：一要全方位综合治理，二要在综合治理中突出一个"人"字，以提高人的素质为中心来带动社会、经济的整体发展。人的素质的改变是改变贫困地区贫困、落后面貌的突破口和中心环节。

文化贫困与贫困文化

"你认为人性本善，还是人性本恶？"采访中辛老突然向记者发问。在记者谈了自己的看法后，他表示人的本性中确实有很多恶的成分，而这些恶的成分如果受到制度的鼓励就会造成社会危害。他认为好逸恶劳就是其中的一种表现。他说："包公放粮，犁耙上墙"的古语绝非没有道理。实践证明，这种单纯救济式扶贫效果非常有限，不但不能有效地解决贫困问题，反而鼓励了贫困农民的懒惰怠慢，形成"等、靠、要"的度日观。辛秋水认为，"有自由，无主张，甩着膀子晒太阳，坐等上面救济粮"就是这些贫困人口形象的写照。贫困者满足于接受救济，而不思进取、不愿意劳动继续延续和加深着他们的贫困。

对于这种状况，辛秋水较早地引入了西方贫困文化理论进行分析。贫困文化理论认为，在社会中，穷人因为贫困而在居住等方面具有独特性，并形成独特的生活方式。穷人独特的居住方式促进了穷人间的集体互动，从而使得他们与其他人在社会生活中相对隔离，这样就产生出一种脱离社会主流文化的贫困亚文化。处于贫困亚文化之中的人有独特的文化观念和生活方式，这种亚文化通过"圈内"交往而得到加强，并且被制度化，进而维持着贫困的生活。在这种环境中长成的下一代会自然地习得贫困文化，于是贫困文化发生世代传递。贫困文化塑造着在贫困中长大的人的基本特点和人格，使得他们即使遇到摆脱贫困的机会也难以利用它走出贫困。

一个佐证就是，近年来向贫困地区大量注入开发资金，上项目、办企业的"造血"开发，如果没有当地干部群众文化素质的提高，就会造成新项目年年有，上马时轰轰烈烈，经营则冷冷清清，效益上惨惨淡淡，导致大量的扶贫开发资金沉淀流失。

辛秋水认为，解决扶贫问题，很重要的一点就是要改变他们的这种贫困文化。通过向农村输入新文化、现代知识，逐步冲淡贫困文化。

辛秋水扶贫的三件法宝

"思想的改变不是一朝一夕的，我们要通过建贴报栏、阅览室、实用技术培训班，逐步褪去他旧的思想，代之以新的文化。"辛秋水说。贴报栏、阅览室、实用技术培训班正是辛秋水文化扶贫的三件"法宝"。

作为一位社会学家，辛秋水不仅是一位理论家，更是一位实践家。1988年，他来到安徽省岳西县莲云乡，蹲点一年，亲自组织文化扶贫的实验。作为革命老区，岳西县经济发展明显滞后于其他地区，文化上也极端落后，据统计，1987年全县文盲、半文盲高达10万之众，占总人口的1/4，全部劳动力的1/2，而莲云乡则是岳西县的一个贫困乡，1987年全乡人均年收入不过192元。

在莲云乡，辛秋水的三件法宝派上了用场：首先，他建立了科技图书室。该图书室拥有一套录放像机、26种报纸杂志、4100册图书。它成为当地农民学知识、学文化、学技术的重要场所。其次，在全乡7个村设立35个阅报栏，及时将党和政府的政策法令、时代信息、科技知识和各种文明的道德规范传递到封闭、穷困的山乡。辛秋水告诉记者，贴报栏贴的主要是《安徽法制报》和《农村科技报》等报纸。他认为，农村最需要的就是科学和法律。通过贴报栏，很多农民都获得了需要的知识。有位农民原来养蚕不得法，自从在阅报栏上学到了养蚕技术后，1991年春养蚕收入就达4800元。有一位青年看到报上登载某地侵吞扶贫款的干部被惩办的消息，立即写信检举了一个犯同样错误的乡干部。最后，结合农村与当地的特点，举办各种实用技术培训班，为农村培训了大批科学种田生产能手和脱贫致富的技术骨干。许多人从这里学到一技之长，很快走出贫困。在文化扶贫的影响下，该乡很快形成一批拳头产品，如茶叶、蚕桑、药材、食用菌、禽畜和蔬菜等，其中食用菌、蚕桑、大棚蔬菜等已成为岳西县重要的多种经济作物生产基地。人民生活水平也有了显著提高，莲云乡人已经越过温饱线，朝着小康迈进。原中共安徽省委书记卢荣景对"文化扶贫"工作给予了高度的评价，称之为"自农村大包干以来，我省的又一创举"。"文化扶贫"的经验也在安徽省其他地方进行了推广。

辛秋水说，"文化扶贫"究其实质就是用先进的生产力取代落后的生产力，用先进文化改造贫困的乡村文化，因而它代表了广大人民群众的利益，得到了农民的广泛欢迎。

文化扶贫需要制度保障

谈到文化扶贫，就不能不谈到辛秋水的另一项重要发明——村委会"组合竞选"。村委会"组合竞选"是文化扶贫过程中的一个重要创造。他认为，单一的制度设计如果没有一项辅助的情境变迁，其实施的效果就要大打折扣。除了"温饱"之外，农民群众也同全国人民一样有另一基本需求，那就是"民主"。而只有农民自己真正选出的村干部，才能真正为农民谋取利益。

辛秋水设计的村委会"组合式选举"主要程序是由村民或村民小组推选村委会主任候选人3—4名，每人提出自己的"组合"成员名单，在"竞选大会"上，他们在发表"竞选演说"的同时，公布自己的"组合"成员。与"海选"等选举方式不同的是，村委会主任候选人是带着一个"班子"来参加竞选的。辛秋水表示，为了争取村民的信任，他们就不会把自己"九亲六族"拉进来，更不会把名望不好、明显带有某种集团和经济利益关系的人，作为自己的"竞选"伙伴，否则，他就会丢失选票。当然，他们也不会把同自己谈不拢的人组合到自己的班子中来。这样如果他当选了，他就能驾驭自己的班子，不至于变成"软班子"、"散班子"。村委会"组合竞选"在莲云乡腾云村首先进行了试验，在岳西取得经验后，安徽省来安县等地也对这一制度创新进行了推广。

"体制理顺，不著一字，尽得风流"是辛秋水常说的一句话。而没有好的制度，很多好的努力就会浪费。辛秋水告诉记者，没有好的制度辅助，"文化扶贫"同样会成为某些人的政绩工程，被扭曲，被人从中谋私。在多年的文化扶贫中，他就经历过有的政府部门以"文化扶贫"为名，大量申请经费却不用于真正的"文化扶贫"而去搞"黄梅戏进京"等形象工程；也经历过他申请到的扶贫物资被不合格的基层干部私自变卖谋利。对于记者提出的怎样才能建立起保证文化扶贫的效果的扶贫主体的问题，辛秋水毅然表示，我国应该借鉴西方经验，大力发展NGO（非政府组织），让这些组织承担起扶贫的大任。有关调查表明，与政府大规模的扶贫开发工作相比，NGO等社会扶贫力量在微观层面更具优势，更加讲究专业化和精细化，因此也更易瞄准贫困人口，并更易采取灵活措施保证扶贫效果。对于文化扶贫和村委会组合竞选中的阻力，辛秋水认为最大的阻力不是观念和认识上的。他说观念和认识上的阻力是可以克服的，真正的阻力是隐藏在认识和观念背后的利益冲突。

在采访中，记者深切感受到虽然辛秋水的探索得到很多领导和专家的肯定，但文化扶贫事业的发展还需要更多人的参与和更多的资金支持。若干年前，日本早稻田大学教授毛里和子谈到辛秋水的文化扶贫时提出，为什么政府没有提供足够的财政补助？莲云乡文化扶贫中心一年只有一万元，杂志报纸都没有钱订。这项工作这么重要，培养人才就要花钱，并且要做长期性的工作。毛里和子说，如果日本近代有一点可借鉴的话，就是注重培养人才。"百年树人"是国家兴盛的大计，文化扶贫的方针既然已经取得明显效果，政府就要给予充分的财政支持。

廉颇老矣，尚能饭否？但记者在吃饭时确实看到，辛老添了几次饭的。虽然宾馆的碗也有点小，但辛老的"能饭"还是毋庸置疑的。

科技文化扶贫是我省农村
大包干以来又一创举

——省委书记卢荣景同志给"文化扶贫与
农村精神文明建设研讨会"的贺信

各位专家、学者、同志们:

欣闻我省"文化扶贫与农村精神文明建设研讨会"今日召开,十分高兴。我很想到会听取各位专家、学者和同志们的意见,因要出席省委常委扩大会议而不克前往,特专函致贺。

文化扶贫在我省已推行十年,成绩显著,有力地推进了农村精神文明建设,加快了贫困地区农民的脱贫步伐。这是我省自农村家庭联产承包制以来的又一创举,也是社会科学研究工作者坚持马列主义、毛泽东思想、邓小平同志建设有中国特色的社会主义理论,坚持党的基本路线,理论联系实际,积极为我省两个文明建设服务作出的突出贡献。省委十分重视岳西县文化扶贫的经验,已在一些县、市推广,效果也很显著。希望这次研讨会以党的十四届六中全会精神为指针,深入研究讨论,以利于全省提高对文化扶贫的认识,加强与文化扶贫有关部门间的协调、联系,推动我省文化扶贫和农村精神文明建设的深入发展。

祝研讨会圆满成功!

卢荣景

1996 年 11 月 28 日

贺《文化扶贫与村民自治》

于光远（原中国社会科学院副院长）

在把《希望更多的人来做"文化扶贫"的工作》寄去广州《同舟共进》时，我还不知道合肥已出版了《文化扶贫与村民自治》这样一个刊物。在收到创刊号时我特别高兴。许多在安徽这块土地上进行改革工作的老同志为这个刊物题了字，也有几位同志写了贺信，其中的王郁昭同志，他正在担任扶贫方面的负责工作。题字者中也有我无缘相识但闻名已久的袁振同志等等。在创刊号上我还很高兴地看到现任安徽省委书记王太华为出版这个刊物的批示。当时我就想写一篇短文对这一刊物的创办表示祝贺。这次我来合肥又收到 6 月 15 日出版的二三期合刊。我更感到出版这样一个刊物的必要。在这个刊物的第一期上我看到欧远方同志写的"一项具有战略意义的成功试验——岳西县腾云村文化扶贫和民选村主任"，这期刊物是在 2001 年 1 月出刊的，那时他身体很好。可是在 2001 年 6 月出刊的二三期合刊上的封二上却刊出了"本刊编辑部"的《缅怀欧老对文化扶贫与村民自治事业的支持》。我真是感慨，欧远方同志对文化扶贫与村民自治的深切关怀与高度评价我完全赞成。

在这本合刊中，从辛秋水同志为杨爱民同志所著的《中国农民民主建设的伟大创造》所作的序言中提到：延续几千年的"主民"思想在中国同"民主"思想比较起来其土壤要深厚得多，因而从"主民"到"民主"的过渡绝不是一个政治运动所能完成的。从这样的观点出发，在我国对这个问题进行长期研究和宣传就是十分必要的了。

我对文化扶贫村民自治的认识很迟，辛秋水同志前年来到我家，才使我认识它的重要性。对 1997 年在北京举行的关于村民自治和文化扶贫的国际研讨会我一无所知。我对这样一件意义重大的事情，被很多同志认为是具有战略眼光的新课题、基础工程的认识尚有待提高。

当然，中国在民主道路上前进困难极大，《文化扶贫与村民自治》在这个范围内只是一种改良性质的努力，而且现在还只是带有试验性质的。我认为社会的变革中不应该拒绝改良，不加分析地批判"改良主义"的错误做法应该让它成为过去。马克思一直认为有可能经过非暴力的道路而进行社会改革的。暴力革命只是在不得已的情况下才是必要的。社会变革的进程如何，有其客观的、不以人的意志为转移的一个方面，也有以人们意志为转移的一个方面，我们要尽最大的努力。

今天，秋水来我宾馆的房间，他一定想和我讨论这个重大问题，可是我在合肥作了几次讲话之后，脑子过于疲劳，大脑暂不起作用了，不想再进一步思考，因此在电视机前轻松了一阵子，没有能同他再进行讨论。轻松了一阵之后，我的脑子可以用了，就写这样一篇短文给这个刊物吧。

写于 2001 年 7 月 4 日凌晨 1 点

希望更多人来做"文化扶贫"的工作[*]

于光远

关于"扶贫",现在人们有了比较清楚的认识。可是大都只注意"经济扶贫",注意到"文化扶贫"的不多。就是我自己对这一点的认识,也很不足。我开始比较重视这件事应该说是在最近辛秋水和我的谈话之后。

一个多月以前,多年不见的辛秋水同志来到我家,他也七十多了,可是还在安徽省社科院工作。来了之后向我介绍了他的文化扶贫工作。我听了之后很有兴趣。我把他留给我的材料转给一位做扶贫工作的同志。他回安徽后最近写了一封信给我,引发我一些想法,写篇文章讲讲文化扶贫问题。

辛秋水重视"文化扶贫",也有一个过程。他认为,要实行现代化,不能只注意发展经济,还要注意文化和政治的协调发展。他说比方"像沙特阿拉伯、科威特这些石油产出国,富甲天下,但是他们至今还是绝对的封建专制、君主统治臣民的中世纪的政治制度,世人恐怕不会说他们是现代化文明国家吧"。他讲了这些年来他在农村的文化和政治建设方面的体会。他说:"我作为一介书生,要报效国家只有从我能做的地方做起。我从 1988 年到农村蹲点,1989 年 1 月 17 日在大别山的贫困地区岳西县莲云乡腾云村破天荒地组织广大群众直接选举村民委员会,实行真正的基层民主。我想,通过不断的竞选和村民投票这些活动,就能在广大农民中间营造一个民主心理、民主环境、民主氛围,并锻炼他们的参政议政当家做主的能力。然后由下而上,由此处到彼处,让这点星星之火逐步燎原,至少也为中国的民主政治打下了一点基础,创造一点条件。"辛秋水的"文化扶贫"的提出,主要根据是他恢复工作后在大别山的贫困地区的调查而受到的启发。他说:"对贫困地区的扶贫,党中央确实是做了极大努力。但是从一开始年年送衣、送被、送粮、送钱,到最后发放扶贫贷款、办扶贫企业,都存在极大的缺陷。输血式的扶贫,养成当地的干部严重的依赖思想,而后来给扶贫地区发放大量的扶贫贷款,办企业、办经济实体,由于管理人员和劳动者的素质问题,往往是肥了贪官污吏,贫困农民并得不了多少实惠。我得出的结论是贫困地区的贫困根源首先是人的素质低下,智力贫困、信息贫困阻碍社会经济的发展,明明是好事,到了那里就往往办成坏事。因而我提出'扶贫扶人,扶智扶文'的方针。具体内容归结为'三个基地、一个保障'。三个基地分别是:一个图书阅览室,一个报贴栏群,一个实用技术培训中心。一个保障是实行村民自治。我的这个方案从 1988 年开始在岳西县莲云乡进行实验,结

* 原载《同舟共进》2001 年第 1 期。

果获得明显的成功。省委1992年决定向全省其他地市推广，又经过三年实验，1995年进行全面总结，肯定文化扶贫的方针是帮助贫困地区群众摆脱贫困的一条治本之路。并将这项工作移交给安徽省文化厅，由他们管理。而我作为一个理论研究工作者，仍然保留着我的几个实验基地：阜阳、凤阳、岳西。这个文化扶贫实验由于媒体的介绍，国内外学者，包括美国、澳大利亚和日本的学者，都分别到我的实验区进行过考察、研究。中央电视台《经济半小时》栏目和《中国新闻纪录片》早在1996年就派人到岳县进行了专题采访，分别作了20分钟和30分钟的专题报道。"他告诉我："耀邦同志在世时，我同胡耀邦同志有过书信来往，他还在几个重大问题上给我的调查报告作了重要批示，对当时中央某些决策发挥了作用。但是，耀邦同志去世后，我再也没有同中央领导人有过什么联系了。这次，有幸得到您的支持是十分难得的，望您继续给予这项事业以关照。"

　　我认为这件事现在主要还是要靠志愿军，因此需要做好宣传，让更多的人热心。于是我想到写文章，想到了《同舟共进》。

汪道涵等同志评
安徽的文化扶贫与村委会"组合竞选"*

编者按：近年来文化扶贫在阜阳地区的推广，获得很大的发展。阜阳电视台《科技文化扶贫纪录片》摄制组不久前专程到上海访问了几位在沪皖籍知名人士，这里发表他们的谈话，以供有关领导参考。但愿"他山之石，可以攻玉"。

一 文化扶贫很有推广价值
—— 访海协会会长 汪道涵

记者：汪老，辛秋水教授倡导的文化扶贫实施十多年来，已取得了显著的成效。文化扶贫从整体上提高了广大农民的素质，使之依靠自身的力量摆脱贫困，走上富裕。促进了农村"两个文明"的建设，充分体现了江总书记"三个代表"重要思想，文化扶贫的价值得到了充分肯定。对此，您是怎样评价的？

汪道涵：确实很好，很有意义，很有价值，文化扶贫值得进一步推广研究。

记者：文化扶贫，一词四字，言简意赅，内涵丰富，意义重大，任重道远。今后如何进一步发展，想听听你的指教。

汪道涵：文化扶贫能有力地促进精神文明建设，加快农村社会主义现代化建设。文化贫困制约着经济的发展和社会的进步，所以消除文化贫困意义重大。然而，消除文化贫困、提高全民素质，不是一朝一夕的事情，需要几代人的努力，是一项很艰巨的工程。

记者：已 75 岁高龄的辛秋水教授仍在为文化扶贫与村民自治事业不辞劳苦地奔波，并为这一事业进行执著地探索。对此，您怎么看？

汪道涵：辛秋水教授的这种十几年如一日、锲而不舍的精神值得发扬。这一事业的发展，就需要一大批社会工作者调研、探索、推进，希望更多的人来做文化扶贫工作。

记者：您对安徽的文化扶贫与村民自治工作比较关心和支持。对这一事业的发展，您有什么期望？

汪道涵：我也是安徽人，对安徽的各项工作我是一直都比较关注和支持的，我是很愿意为安徽做点贡献的。也希望安徽的文化扶贫与村民自治工作能进一步发展、进一步提高。

---

* 本文由阜阳电视台《科技文化扶贫纪录片》摄制组提供，王显玉整理。

二　文化扶贫与村委会"组合竞选"是安徽人又一贡献
——访全国政协常委、中国民主促进会中央副主席　邓伟志

记者： 邓教授，对文化扶贫与村民自治您是怎样评价的？

邓伟志： 我觉得文化扶贫与村民自治对我们的国家农村可持续发展有重要意义。从文化扶贫来说，我们城里人认为农村人很愚昧，不愿意学知识，实际上中国农民是非常理性的，很愿意学习。但在许多山区群众缺乏学习条件，所以辛秋水教授提出了"扶贫扶人，扶智扶文"的文化扶贫新思路。通过文化扶贫，给贫困封闭的乡村提供各类科技文化书籍、报刊，办图书阅览室、贴报栏和实用技术培训班。让广大群众从中获得了信息、掌握了技术，从而提高了他们的知识水平和认识水平，依靠自己能力脱贫致富。我们国家的扶贫政策在1990年代以前主要是救济扶贫，叫输血，"87扶贫计划"后开发式扶贫是造血。辛秋水提出的文化扶贫是在造血扶贫基础上更向前推进一步，即"扶人"阶段。从输血到造血这中间是不能把他们截然分开的。比如说，你为农民创造学习的条件，你说这是输血还是造血？我认为，通过为农民提供学习条件来提高他们的文化素质，这既是造血也是输血。文化扶贫产生的效益是长期的，对农村开发有重要的意义。辛老几十年做这个事情，我是非常敬佩的。

记者： 请问您对文化扶贫进一步发展，有何建议？

邓伟志： 我认为在国内文化扶贫工作，辛老做的很多，不仅理论上的，还有实际上的试点工作。文化扶贫效果很好，应该向全国推广，但这个推广离不开政府、基层广大人民的支持，只要有支持，这项工作就会做得更好。

农村联产承包责任制推动了我国改革开放的事业，这是安徽人对全国一个大的贡献。文化扶贫与村民自治，特别是村民自治中的"组合竞选"也是安徽人的贡献。安徽现在经济发展上落后于沿海地区，这是诸多历史因素造成的。安徽人才济济，资源丰富，大有希望争取个后来居上。我是安徽人，我有这个信心。

三　文化扶贫是一项极其宝贵的创造
——访原沪皖经济技术文化促进会会长　叶尚志

记者： 叶老，您对辛秋水教授提出的文化扶贫是怎样理解的？

叶尚志： 我认为，文化扶贫是在农村长期扶贫实践中的一项极其宝贵的创造，它以文化为切入点，一箭数雕，可以达到各种目标。它已经突破了对贫困农村经济支援的单纯输血模式，发展为扶人（树人）模式。这不仅达到经济上的造血目的，还增长了贫困农民的文化知识、生产技能；进而提高了政治觉悟，增强了自主意识、民主观念，促进了基层政治体制的改革，发展农村社会主义民主，达到政治上生动活泼、形势稳定、长治久安的目的；营造了农村两个文明建设持续发展的良好环境。因而很值得推广。文化扶贫是以文化、教育、思想和科学启蒙为核心，产生驱动力，扎得越深越能带动贫困农村各方面工作的开展和基层社会全面进步。其意义大大突破了文化扶贫本身。文化扶贫是乡村全面建设的一种良医、一副良药。这是一种主要依靠文化精神的力量，调动人

的主观能动作用，发挥人的思想、智慧潜力，经费投入少、社会产出多，符合我国国情和党中央要求的一种乡村建设、改造基层社会的良好工作模式，意义十分深远。

记者：实践证明，文化扶贫是一种很好的扶贫模式。您认为今后应怎样进一步推动这项工作？

叶尚志：文化扶贫，既要脚踏实地、艰苦奋斗，一点一滴地积累和推进，又要"推车看路"，起点要高，目光要远。这要从党的整个农村工作的长远战略来考虑具体的文化扶贫工作。就这一点来说，文化扶贫不仅要做大量事务性工作，而且要目标明确，统筹兼顾，有计划，有步骤地把它当作一项巨大的系统工程来进行，积以时日，必定会取得巨大效果。文化扶贫要与整个乡村建设联系起来，要跳出少量扶贫对象的狭窄圈子，面向广阔的农村。建议在党委、政府统一部署规划下，以邓小平理论为动力，以先进文化为先导，以民主建设、政治体制改革为关键，借科技为翅膀，适应信息时代、知识经济新潮流，大规模地开展乡村全面建设，使农村持续地发展。文化扶贫要投入一批志愿工作者大军，特别是要从各级领导机关调整机构、精兵简政中抽出大批优秀人才到文化扶贫中来，到农村第一线，作为骨干；并依靠群众，在当地就地取材，结合生产、科技和村民自治等诸项工作同时并进，源源不断地培养出当地农村"四化"、"四有"人才来，这才是无价之宝。

四 提高认识、增加投入是开展文化扶贫的关键
——访原上海市科学技术协会主任 汪琪

记者：汪老，关于文化扶贫的进一步发展，请您谈一下政府部门还要在哪些方面进行加强？

汪琪：辛秋水教授提出的"扶贫扶人，扶智扶文"的文化扶贫新思路，在实践过程中取得重大的成功，已为世人所公认。这是完全符合江总书记"三个代表"重要思想要求的，有很高的推广价值。在推广过程中，首先要解决领导认识问题，只有提高认识，把文化扶贫纳入政府议事日程，才能把这项工作扎实有效地开展下去。同时，还要加强组织领导，成立专门的组织机构，要有专人负责，并且要责任到人，还要建立奖惩制度。文化扶贫经费应该由政府每年拨出专款，这是一项投入极少而产出极大的基础性事业，非常值得投入。

记者：在开展文化扶贫的过程中，具体工作部门还要从哪些方面进行加强？

汪琪：要在推广文化扶贫过程中进一步研究，在研究过程中进一步推开，使文化扶贫这一事业健康、迅速、持久地发展下去。

按：阜阳电视台《科技文化扶贫纪录片》摄制组在访问了上海皖籍知名人士后，回到合肥又专程访问了一贯支持文化扶贫与村民自治事业的省人大副主任张春生同志，现刊出张春生同志在接受采访时的谈话。

五　我为什么支持文化扶贫与村民自治

——访安徽省人大常委会副主任张春生

记者：张主任，您一直都比较重视和支持我省的文化扶贫和村民自治，请您谈一谈这些方面工作的意义。

张春生：辛秋水教授提出并倡导的文化扶贫有伟大的现实意义和理论意义。因为在农村不少地方还没有摆脱贫困，其原因是多方面的——有交通不便，信息不灵……农村没有脱贫的主要原因是农民没有文化。当时辛老最早提出"扶贫扶人，扶智扶文"。他这个理论的提出，我认为是符合我们目前农村实际情况的。有些地方农民群众文化程度低，农村经济基础也就比较差，生活水平也就很难提上来，特别是一些封闭山区，长期以来缺少文化的输入，他们不懂得科学技术，信息也不灵，摆脱不了贫困的状况，所以说抓扶贫首先要治愚，从学文化知识、普及实用科技开始，从基础开始……我觉得辛老提出的文化扶贫抓到点子上了。完全符合江总书记"三个代表"重要思想的要求。

记者：请您谈一下文化扶贫与社会主义现代化有什么联系？

张春生：我们国家要实现"四化"，特别是农业产业化，没有文化就是一句空话，关键要从基础文化抓起，只有文化提高了才能改变农村落后状况。

记者：您为什么一直比较关心这项工作呢？

张春生：因为文化扶贫是利国利民之事，推进文化扶贫就是要提高农民素质，从根本上摆脱农村贫困问题，发展经济、发展生产，让农民尽快富起来，这些正是我们领导干部所要关心的问题。

记者：您认为领导干部应该为文化扶贫做点什么？

张春生：文化扶贫是有益于人民群众、有益于后代的一件大事，我觉得我们领导应进一步重视这件事。我们有些领导还认识不到这个事，都认为抓扶贫具体应解决什么救济款呀、救济粮呀……但对抓文化扶贫是抓根本，还没有看到，还没意识到。我觉得我们领导应从认识上抓扶贫，应先抓扶文。我认为这项工作要加强领导，一个地方要有一个小班子，有几个人专门抓这件事，考虑这个问题，制订计划，具体指导这件事。另外还要有必要的经济支持，财政要适当拿出一点钱，这个投资是必要的，也是值得的。

记者：你对村民自治和村委会"组合竞选"是一贯热心支持的。请对此谈一点意见。

张春生：开展村民自治，实行民主选举，是实现人民群众当家做主的必然之举，也是我们党一贯的主张。在这方面，近十几年来全国各地积累和创造了许多成功的经验。我们安徽省是走在前面的，也可能是全国最早实行民主选举村委会的地方。早在十几年前，即1989年1月17日，已经年逾花甲的辛秋水教授，在岳西县莲云乡腾云村采取"组合竞选"，民主选举了村委会干部，取得了巨大成功。1998年，他又在滁州市邵集乡八个村全面开展了"组合竞选"村委会的试点工作，非常顺利。今年，他又在颍上县王岗镇新安村进行"组合竞选"村委会，同样取得了圆满成功。"组合竞选"是一条成功的经验，值得进一步推广，村民自治这条路非走不可。

记者：村民自治的成功实践，已经显露出哪些明显的效果？

张春生：已经显露出如下四个方面的效果：一是人民群众由原来的不舒心到现在的舒心。调查时，老百姓们都说："我们应当好好干了，村干部都是我们自己选的，我们信得过他们。"另外，干部讲话老百姓也听了。群众舒心了，干部工作也顺心了。这是最根本的一条。二是新选的村委会干部由原来的单纯两眼向上看变成两眼向下看，为什么原来两眼向上看，因为他的"帽子"拿在乡镇党委手里，他们叫哪个干哪个就干，因此，一些觉悟不高、水平不高的干部只对上负责，不对群众负责。现在民选的干部不仅仅是对上看，更主要的是向下看了，或者是向上和向下看一致起来了，不再只对哪一方面看了。过去干坏了无所谓呀，"帽子"不在群众手里，现在"帽子"拿在群众手里，必须对群众负责。否则，群众有权罢免。三是原来干部的权力大，现在权力小了。现在村里是"四会制"，即村委会、村民议事会、村民代表会议和全体村民大会，由一人说了算变成由全体村民说了算。四是由原来的责任小到现在的责任大。为什么说过去责任小？因为过去很多事都按上面的意图或个人的主观愿望办的，根本不跟群众商量，也不曾向群众承诺干得怎么样。现在不行了，村委会实行"组合竞选"，在选举时，他们向村民承诺三年内将为村民办哪几件实事，三年一结束群众将逐条进行审查，所以他们感到责任很大，压力很大，担子很重。民选的村委会干部因而能够全心全意地扑在事业上，扑在村里工作上。遇事跟群众商量，不敢独断专行了，从而真正实现了江总书记讲的"民主选举、民主管理、民主决策和民主监督"。

改变坐而论道传统　投身改革第一线[*]

——社会学家辛秋水到山区工作

薛昌嗣（《光明日报》记者）

本报讯　记者薛昌嗣报道：安徽省社科院研究员、社会学研究室主任辛秋水主动申请到大别山区岳西县一个贫穷乡工作一年，帮助脱贫。4月初他已奔赴目的地。

年近花甲的辛秋水，多年从事社会学研究，曾先后5次考察大别山区，研究、探讨老区如何尽快摆脱贫困。去年底他通过较长时间考察后，下决心沉到一个贫穷乡具体实践，他不顾年老体弱多病，向省政府提出申请，得到省长卢荣景的支持。

在谈到下去的目的时，辛秋水对记者说，我准备当基层领导的参谋，从恢复党群鱼水关系入手，以智力扶贫为手段，争取一年时间使全乡人均收入超过贫困线，达到温饱水平。同时，有秩序地在全乡进行教育、科技、社会和政治体制改革，促使贫困山区尽快起飞。同时，要对全乡的历史、现状、人文、地理、传统风俗、人际关系以及造成长期贫困的各种限制因素作系统的社会调查，从一个贫困乡的个性中解剖出山区农村贫困的共性来。

对辛秋水主动去贫困山区工作，社会上评说不一。辛秋水认为，社会科学与自然科学一样，应当有试验场地，社会科学研究也要经过实验，要改变社会科学长期以来坐而论道的传统恶习，投身到改革的第一线，经济生产的前沿。对实际发掘得越深，科学研究的价值越高。现在社会科学领域仍然存在严重的轻视研究实际的倾向，认为研究现实的文章不能登大雅之堂，造成社会科学转化为生产力极慢，也形成了社会对社会科学的偏见。

辛秋水说："到山区去会困难重重，相信也会乐趣迭出。人生的价值在于奋斗、贡献。老天爷赐我的时间不多了，致力于一点有意义的事吧。"

---

* 原载《光明日报》1998 年 4 月 10 日。

大别山:用文化撼动贫穷[*]

——对安徽省岳西县莲云乡"文化扶贫"的调查

孙跃军(《中国农民》记者)

1996 年 9 月,我在电话中与安徽省社会科学院的辛秋水教授约好,一起去岳西县采访。岳西是辛秋水从事近 10 年"文化扶贫"工作的据点。9 月 24 日,我们驱车向大别山腹地的岳西县进发。

车行 5 个多小时的盘山路,才到达此行的第一站——岳西县城。此时已是下午 2 点。这一次我们坐的是"小车",到达目的地时已累得腰酸背痛,而辛秋水十几年来数十次往返于省城和岳西之间,差不多每次都是挤长途汽车,每次都大包小裹地带着各种资料和书籍,这对已过花甲之年的人来说,实在不是轻松的事。

是什么使这位社会学家与贫困的大别山区结下不解之缘的?这要从 1981 年的一次社会学调查说起。

这儿的穷根在哪里?

1981 年,辛秋水刚刚恢复工作(他自 1957 年被错划为"极右派",长达 22 年之久,其中有 16 年身陷囹圄)。重获自由之后,他来不及休整,便直奔大别山区,他想看看老区人民生活得怎么样。8 月,辛秋水来到岳西县。岳西是国家级贫困县,当时全县年人均收入仅 63 元,35 万人有 15 万人处于贫困状态。辛秋水来到来榜区和头陀区调查。来榜区同兴村,人均年收入仅 60 元,头陀区的头陀村,人均年收入也只有 42 元。同兴村 497 口人,多数人衣衫破烂不堪,无棉衣过冬的有 52 人,无棉被的有 6 户,有的人家父母和成年子女同盖一床破被子。辛秋水来到农民汪全古家访问。44 岁的汪全古夫妻双双患病,面色焦黄,妹妹先天性痴呆,两个孩子年幼体弱。一家 5 口人只有一间破屋,两口烧饭的铁锅,全部家当不足 30 元。当辛秋水听说高山上还有一个更穷的梯岭村时,他要亲自去看一看。梯岭村 15 户人家分住在几个山头上,那一天阴冷下雨,山路溜滑,辛秋水爬坡攀岭,一户户查看,天近中午,饥寒交加的他要亲眼看一看这里的农民吃的是什么饭菜。15 户人家吃的都是腌山菜,看不到一点荤腥。家家都是四壁空空。有一户屋顶上一个斗大的漏洞在落雨,屋里只有一只水盆、一张三条腿的桌子、一张木床、有一顶脏得黏手的蚊帐和一床破被子,50 多岁的寡母和 20 多岁的儿子

---

* 原载《中国农民》1997 年第 1—2 期。

在愣怔地看着来人。

面对此情此景，辛秋水久久挥不去心中的沉重和压抑。

要想改造贫穷，首先要了解贫穷的病根。什么原因使这一地区的农民如此赤贫而且长期难以脱贫呢？为摸清这个问题，辛秋水几进大别山。在一次对岳西县白帽区南庄乡黄岗、马山两个村73户351位农民的调查中，辛秋水发现，这73户农民，处于贫困线以下、人均年收入不足200元的有71户，其中150元以上的占19％，121—150元的占35％，81—120元的占22％，80元以下的占24％。造成如此贫困的原因首先是资源匮乏。在73户中人均耕地只有0.6亩，其中大多数是冷浸田和坡地，作物产量低。各户承包的二三十亩山场基本上属荒山，当地也缺乏矿产，而且这里交通阻塞，有些村庄到乡政府要翻山越岭走数十里山路，很多农民一年只到集市上走两趟——卖粮和买煤油。

其次是信息闭塞，文化教育落后。交通不便使外界信息传递不进来，连报纸都看不到。73户中，文盲占58％，小学文化的占32％，初中文化的占8.4％，而整个南庄乡只有4名高中生，全乡没有一所中学。如此条件造成了农民智力水平和身体素质低下，大部分人体质羸弱、目光呆滞，有的人甚至连自己承包多少田和多少山场、打多少粮、贷多少款都说不清楚。

贫穷使这里的农民失去了信心和斗志，养成了懒散、无为、不思进取的心理。政府多年来采取的一贯做法是送粮、送衣、送救济金。这种被称为"输血型"的扶贫方式，使这些贫困地区的干部和群众形成了坐等救济的依赖心理。救济、救济、救济，粮吃光、钱用尽、衣穿破，又等着救济，就这样年复一年，周期性恶性循环。当地人有一句顺口溜："有自由，无主张，抱着膀子晒太阳，坐等上面送钱粮。"1988年4月，辛秋水等人在莲云乡对25户农民进行经济情况调查，结果发现，有18户少报田亩和收入，说得穷上加穷。并且有几户农民在接受调查后的当晚，就写报告要救济。

靠"输血"来扶贫，使农民产生严重的依赖心理，那么，当上级政府把扶贫方式由单纯地给粮给钱演变为注入资金开发项目的"造血"阶段时，扶贫的效果又如何呢？据岳西县农业银行统计，1986年1月至9月，全县已关停乡镇企业108个，占与该行有贷款关系的50％，共欠该行贷款约108.56万元。另外，还有一大批乡镇企业在困难中挣扎。其主要原因是企业的干部和员工的素质低，不适合办厂的需要。有的村里利用扶贫资金办起了牛蛙厂和养蛇厂，但轰轰烈烈上马的企业，最终都惨惨淡淡地关了门。

扶贫扶贫，越扶越贫，贫穷的症结在于人的素质差。封闭、保守、没有文化、精神委靡、缺乏奋斗和进取心，这一切是贫困地区长期不能走出"穷"字的根源，也是贫穷带来的恶性循环。辛秋水认识到，只有输入文化，提高人的素质，扶起人的精神，才能从根本上撼动贫穷，驱赶贫穷。于是，一个"文化扶贫"的构想成于腹中。

"文化扶贫"的"三个阵地"

山区人民的贫困，也牵动着省委书记卢荣景的心。1987年来岳西县考察工作，在辛秋水的引导下，卢荣景来到水口村。这里的住房都是石根土墙草房顶，多数是新中国成立前建造的。

屋子门小窗小，阴暗潮湿，不通风不见阳光，一进屋霉潮之气扑面而来。卢荣景每到一户必到厨房揭开锅盖，看看里面煮的是什么，拉开帐子摸摸被褥。在一户房顶破漏的农民家里，卢荣景满怀激动："建国已经40年了，人民还过着这样的日子，我们能心安吗？我们能不管不问吗？"卢荣景让辛秋水找出一个帮助山区人民脱贫致富的办法。

1988年4月，辛秋水第8次到岳西县莲云乡。这一次他带了简单的行李和大捆大捆的书籍，他要在莲云乡蹲点，他要在这个"穷山恶水"的地方寻找一条脱贫路子，他要用自己这把老骨头和"穷"字拼一拼。临行前，他把自己的打算向省委书记卢荣景做了汇报。卢荣景非常高兴，"老辛，省委和我都坚决支持你的想法，有什么难处就说话。"卢荣景并且委托辛秋水替他看望水口村的人民。

在莲云乡政府的一间房子里"落户"之后，辛秋水领着两个年轻人把乡里长年堆放杂物的库房收拾干净，找来一张乒乓球桌和几条长凳，一个简易的文化室建成了，2000多种书刊和十几种报纸一摆上，立即吸引了周围的农民，人们纷纷从远近山村赶来读书看报。到1996年9月我采访时，这个文化室已经拥有各类图书5000多册，报刊几十种。文化室的管理员对我说，这里的农民已经习惯于读书看报，如果文化室偶然因故关门，农民就要提意见。文化室成为辛秋水"文化扶贫"的第一块阵地。为了让农民天天看到报纸，了解各类信息，辛秋水带人在全乡7个村建立了35个阅报栏，由一名贴报员每天贴报纸。有时辛秋水亲自操作。炎炎烈日下，农民们常常看到这位白发苍苍的社会学家手提糨糊筒，踩着木凳贴报纸。阅报栏是"文化扶贫"的第二块阵地。辛秋水的第三块阵地就是实用技术培训中心。他请来专家和农业技术人员来为农民讲课，并且从省里带来了录像机和介绍农技知识的录像带，定期对农民进行有组织的培训。有时还让人抬着放录像设备走入深山，对那里的农民进行培训。

一股扑面而来的文化之风，撼动了封闭、沉闷、僵滞、怠惰的山野，它使被贫困缠裹得麻木、消耗得无精打采的人们开始觉悟和清醒，他们明白了自己为什么穷，他们知道了贫穷是能够驱除的，他们看到了"前边的一片天是蓝蓝的一片天"，他们不再安于贫穷，不再听天由命。饱吸了贫穷苦水的人们，开始了和贫穷的抗争。

1996年9月25日，当我来到莲云乡腾云村农民叶腾芳家采访时，叶正在侍弄他栽培的两池子天麻和棚里的香菇。44岁的叶腾芳7年前住着两间茅草房，4口之家一贫如洗。乡里成立文化室和培训中心后，他眼前豁然一亮。他成了文化室的常客，有时下雨阴天，他能在里面待上一天。他根据学到的技术栽培天麻和香菇，当年就成功，获利2000多元。他把两个初中毕业的儿子送到常州打工。现在一年下来全家收入近万元。王畈村农民储树民是个残疾人，听说我来采访，他一瘸一拐地从田里过来，眼里流露出对生活的满意。他以前是有名的贫困户，自1991年参加农技培训后，搞起了桑叶育苗，一年就收入3000多元。现在他家既养鱼又搞运输，年收入七八千元。那个穷得曾经让省委书记伤心的水口村，如今在接受文化扶贫之后，也有了很大变化。1992年当卢荣景再去水口村考察时，村里人点燃了爆竹，欢迎省里来的领导，鞭炮声声表达出农民的感激之情。

据莲云乡党委书记给我提供的材料，该乡实施"文化扶贫"工程以来，脱贫的速度加快了，脱贫的比例不断提高，体现了明显的扶贫效益。农民的观念更新了，斗志增强了，且掌握了一定的专业技术，因此脱贫之后返贫的比例非常小。1987年人均收入仅 200 元的莲云乡，1995 年人均收入达到千元，农民满意，干部高兴，辛秋水也喜不自禁。

"文化扶贫"是一个系统工程，它是通过文化精神和现代观念的渗透以及技术、信息的输入，使人口素质提高。辛秋水把它概括为"扶贫扶人，扶智扶文"，其中扶人是根本目标。为了完成这一目标，辛秋水亲自主持了两次村干部民主选举，他要把贫穷的人们从精神上扶起来，让他们自主、自强，生生不息。

腾云村的两次民主选举

1987 年 1 月 17 日，大别山区寒意料峭、残雪消融。莲云乡政府院内一片热闹，这里正在进行莲云乡历史上第一次公开选举村干部。全村 7 个村民组的 1100 人，严肃认真地进行了选举，结果是村里的一位农业技术员当选为村委会主任。

这次选举前，有些人对此持怀疑甚至否定的态度，认为农民选不好村干部。辛秋水则说："我长期在农村工作，对农民了解。农民选省长、县长不一定选好，但选村长一定能够选好。因为他们世代相居，谁好谁坏清楚得很。"选举会上，4 名候选人轮流上台发表竞选演讲，他们讲村里的政治经济和文化，讲得头头是道。民选村长上任后，公开村组账目、清理债务、引导农民搞科学制种，使全村收入比上一年提高了一倍。村民说，还是自己选出的干部好。

1995 年 4 月 25 日，辛秋水再次来到腾云村组织第二次选举。这一次，原来的村委会主任被选掉了，原因是他当了几年村长后变了，老百姓说他"腿懒了，手长了，架子大了"。刚刚三十出头的陈子斌当选为村委会主任。陈子斌高中毕业，待人诚实热情，处事公正，他自己通过学习技术生产香菇赚了很多钱，之后又把技术毫无保留地传授给村里人，帮助他们致富。因此他在村里极有声望。在岳西，县文化局长把陈子斌当年的竞选演讲稿拿给我看，里面对村里经济情况的分析和发展经济的设想讲得非常精彩。9 月 25 日下午，我特意去采访这位受村民拥护的能人，并随意采访几位村民，他们都说村干部没有私心，有文化，做事公正，他们很满意。通过这一次选举，反映出村民的一种积极的、不同于传统的心态：一是转向人品选择，二是转向高文化层次选择，三是转向致富能人选择。

腾云村两次民主选举的成功，说明文化的渗透培育了农民自主自强的刚健的人文精神，树立了他们积极的人生观和价值观，使他们生成了对自己对社会的责任感和使命感。由此，社会学家辛秋水的"文化扶贫"理论得到了升华。

我对文化扶贫的了解和认识[*]

王道成（原安徽岳西县委书记）

安徽省社会科学院辛秋水教授在岳西县莲云乡文化扶贫蹲点的时候，我正在岳西县担任县委书记。记得那是 1987 年 11 月，当时担任省长的卢荣景同志，带领省直近 20 个部门的同志到山区搞扶贫调查。辛教授是成员之一。他看到贫困山区的贫困状况，主动向省委请战，要求参加扶贫。经批准他于 1988 年 4 月只身来到莲云乡，通过深入调查思考，认为扶贫要从扶智扶文、提高人的素质入手。他身体力行，兴办文化扶贫中心，设立图书阅览室，在村落里设置阅报栏，成立实用技术培训中心，并在该乡腾云村搞村民直选，等等。这些活动因陋就简，符合农村实际，很受农民欢迎。文化扶贫的思路就是在这样的实践中萌发并逐步明晰起来的。1984 年 9 月 29 日，党中央发出了《关于尽快使贫困地区改变面貌的通知》，我们在山区工作的同志都叫它"九·二九通知"。接着国家在全国划定 220 多个贫困县，中直机关带头开展对口扶贫。大规模的扶贫实践引起了人们对贫困及扶贫工作方向的研讨，比较有代表性的扶贫思路：一是政策扶贫，二是科技扶贫。80 年代初最流行的是向上级要政策，放宽政策，解除对农民的束缚，调动农民的积极性，这就是所谓的政策扶贫。这比伸手向上级要钱要物的救济式扶贫大大前进了一步。当时岳西县放宽政策步子迈得大。比如说，1984 年中期，最早取消了生猪、茶叶、药材和木材的派购任务，把这些推向市场。1984 年 5 月，省委批准，三年免征农业税，长时间内实行减税让利、休养生息的政策。再就是向国家争取"以工代赈"支持，用以修路架桥，改善办学、医疗条件等等。再就是科技扶贫，国家科委对大别山区派出精兵强将，播种"星火计划"，普遍地开展实用技术培训。这些对经济的发展都起到不可低估的作用。过一段时间我们回过头来看看，觉得这些措施都起了一定的作用，但还不足以从根本上解决问题。这个时候辛教授常常和我促膝谈心，交换意见，我们都认为，贫困地区患的是"综合征"，不是头痛脑热的问题，既有山高水远、交通不便、远离中心城镇、生产成本高、劳动效率低等自然因素、经济因素的影响，更有思想封闭、少见多怪、"窝里斗"搞内耗以及"安土重迁"、安于现状、"穷要穷得干净、富要富得漂亮"之类的陈腐观念、道德和习惯等非经济因素的影响。山区贫困，是经济因素与非经济因素共同作用的结果，解决贫困必须从政治、经济、思想、文化等多方面着手，方能奏效。基于上述认识，辛教授提出了旨在提高人的素质的文化扶贫新

* 1996 年在"安徽省文化扶贫与农村精神文明建设研讨会"上的发言，作者系安徽省土地管理局副局长、岳西县委原书记。

思路。今天听起来并不稀奇，但在当时那种重硬件、轻软件，重物质、轻精神，重经济、轻思想文化，甚至"见物不见人"的时尚中，提出这个思路很不容易。

在莲云乡开展的一系列文化扶贫活动，丰富了精神文明建设的内容，对当地的经济和社会发展起了推动作用，成效是显著的。但这是在一个局部地区开展的试点，由于受到时间和空间的限制，对它在实际生活中产生的作用提出过高的要求是不现实的。只有将这种经验升华为一种思路、一种模式，为全社会的扶贫导航，才具有普遍意义，辛教授的贡献正是在这里。其意义和作用在于：第一，文化扶贫是提高人的素质的有效途径，有助于克服"见物不见人"的偏向，在很大程度上改变了"一手硬，一手软"的问题。第二，文化扶贫具有超前性，符合中共中央十四届六中全会关于加强精神文明建设的精神。那个时候提出的主张，符合现在精神的应该说是有远见的。第三，文化扶贫既是加速脱贫致富的一种手段，也是一种目的。是手段很好理解，我认为它也是一种目的，因为它可以满足人的文化（这里指的是大文化）需要。当然，文化扶贫作用是在综合治理当中得到体现的，单方面突进也难以奏效。把它的作用扩大到不切实际的程度于事无补。

如何推进文化扶贫？我提三点建议：一要解决领导问题，把文化扶贫纳入党委、政府议程，以行政力量来推动。二要解决机制问题，要形成不断增加文化投入、文化积累有效机制，包括形成自我积累机制和其他方面的投入。精神的东西要有载体，要有一定的形式来反映，一点形式都没有，也就没有内容。三要从实际出发，丰富文化内涵，形式多样，喜闻乐见，切实解决"两张皮"问题。精神文明建设与物质文明建设"两张皮"粘在一起。文化活动、科教活动要紧紧结合经济工作来开展，如果仅仅就经济搞经济，就文化搞文化，最终效果还是不好的。

文化扶贫是现代中国农村社会学的重大实践[*]

李守经（华中农业大学农村社会学系主任、教授）

一

自从本世纪 20 年代农村社会学开始在中国传播以后，随着学科的发展，在中国农村多次开展过影响很大的社会调查和社会实验。如早期以李景汉的定县调查等为代表的农村社会调查；其后有晏阳初、梁漱溟等为代表开展的乡村建设运动；特别是 40 年代前后以费孝通的《江村经济》和"云南三村"为代表的中国农村社区研究，使农村社会学由移植阶段向中国化、本土化的阶段转变，农村社会学作为社会学的一门重要分支学科，其根本特点也在于调查的实证性和运用学科理论去推动社会变迁与发展的实践性。正是这种实证性才能真正地深入了解中国农村不同历史发展阶段上的社会现象、过程和问题；正是这种实践性才能对一个微型社区进行富有成效的社会实验，从而取得第一手的经验，科学地证明某些社会变动措施和农村社会学理论的正确，从而丰富和发展农村社会学理论。

二

安徽省社科院辛秋水研究员自 1988 年以来不顾年迈花甲的高龄，常年跋涉，在大别山贫困山区岳西县莲云乡腾云村开展社会调查、挂职蹲点，开展文化扶贫、进行村民直接民主选举自己社区领袖的试验。他所取得经验的报道和文章，近期曾在《求是》（1996 年第 4 期）和《中国社会报》（1996 年 1 月 18 日）上刊载。文章雄辩地说明：对于中国农村贫困地区的扶贫，过去靠"输血"不行，后来靠政府、注入资金、上项目，形成"造血"机制，搞开发式扶贫，虽然前进了一步，然而由于贫困人口的素质不高，信息不灵，管理水平落后，结果是新项目年年有，上马时轰轰烈烈，管理上冷冷清清，效益上惨惨淡淡，扶贫贷款沉淀，而造血机制却没有形成。辛秋水早就提出"扶贫扶人，扶智扶文"的口号，认为扶贫的关键从根本上说是"树人"。

文章同样也雄辩地说明，认为广大的中国农村文化水平低，宗派性强，参政意识和

---

* 1996 年在"安徽省文化扶贫与农村精神文明建设研讨会"上的书面发言，作者系华中农业大学教授、社会学系主任。

参政能力差，不能民主选举自己的社区领袖，因而认为"村民自治超前"的看法是大谬不然的。辛秋水的实验和论证充分说明，能用竞选、用直接投票选举的方式选出自己中意的社区领袖，并且用竞选与组合相结合的办法产生为村民拥戴的领导班子。这样产生的领导班子与村民关系融洽，能受到村民的民主监督并且管理好自己的社区事务，从而大大推动了村级社区的发展。

三

辛秋水所做的这项卓有成效的农村社会实验，是有着重大的现实意义和深远的历史意义的。首先是这两项实验紧紧地抓住了社会学的一个最核心的观点，即社会的主体是人，社会的发展是以人为中心的发展，只有人的发展才能标志和推动社会的发展。所谓人的发展是指人的素质的全面提高，人的积极性和智能得到充分的调动。文化扶贫之所以把扶贫和真正摆脱贫困抓到根本上，是因为这种办法旨在提高人口的素质，帮助贫困山区的农民掌握科学文化知识，从而获取市场的信息，获得生产技术和管理能力，并且将之转化成为现实的生产力，这是脱贫致富奔小康的根本出路，任何单纯依靠外力的做法都不能从根本上摆脱贫困。

在社会主义的中国，真正贯彻《中华人民共和国村民委员会组织法（试行）》，使广大农村的居民真正能够行使自己根本的政治民主权利，能够民主选举、民主监督自己的社区事务，这是农民自己主宰自己的命运、实现自我发展的权利。农民有了这种政治民主权利才能维护和保障自己根本的经济利益，免除那些超经济的强制和负担，从而才能充分地调动农民进行社会主义建设和改革的积极性，唤起农民最大的主动性、创造性，充分发挥农民的一切智能，这也是我国建立社会主义民主制度的根本点。农民应该享有作为公民的一切权利，如劳动、受教育、享受社会保障等项权利，而最根本的权利还是政治民主权利，如果农民没有民主选举、民主决策、民主管理、民主监督权利，其余的权利是不可能得到根本实现的。

四

这两项农村社会实验抓住了当前中国农村经济社会发展中两个最核心的问题：

第一，经济发展是社会发展的基础。到本世纪末中国农村就应消除贫困进入小康。十年来我国农村的扶贫取得了很大成绩，1986年我国贫困人口约1.08亿人，占总人口的12.2%，经过十年努力，其间有脱贫又有返贫，直到今天还有6500万贫困人口。据专家测算，全国农村要消除贫困达到小康水平，到本世纪末每年要以6.6%的增长幅度来提高人均纯收入，这要作出艰巨努力的。更何况，要进入小康不仅要从总体上提高人均纯收入的水平，还要大面积消除贫困人口，这就需要进一步重视和改进我们扶贫工作的指导思想、方针和做法。适当的"输血"，着力营造造血机制固然是需要的，然而最根本的是提高贫困人口的素质，树立贫困户脱贫志气，灌输科技文化知识，从根本上摆脱贫困，并进一步推动农村社会主义现代化建设。

第二，农村社会发展又是经济持续发展的根本保证。社会发展包括文化教育、卫生、社会保障等事业的发展，体现为农村家庭、组织、社区等社会结构的系统协调以及社会制度、社会秩序等有序发展。要达到农村社会稳定有序发展，至关重要的是处理好"乡政村治"的关系。乡镇基层政权要把国家的政令贯彻到农村中去，要运用国家机器、政治法律等手段对农村进行有效的社会控制，要团结教育广大农村居民积极投身社会主义建设与改革。然而，我国的政治体制是社会主义民主制度，在全国，这个政体还要逐步地改革使之健全和完善。在农村，我们创立的村民自治制度举世瞩目。在这种体制下，国家基层政权对村民委员会是指导关系，村民自治制度的核心是民主与自治：民主即上面所指出的民主选举、民主决策、民主管理和民主监督；自治体现在自我教育、自我管理、自我服务。在村民自治下，各个村级社区的政治事务、经济事务、社会事务等都由村民自己管理，自己决策，只有这样才能从根本上把自己村的事情办好，使得村级社区得到经济、社会的长足发展。如果不是开展民主自治，而是像过去人民公社体制那样"政社合一"，什么事都是统一集中地用行政命令进行指挥和管理，不能发挥村民的积极性、主动性和创造性，全国的村级社区从而整个农村是得不到像现在这样的发展的。这些已为我们的改革实践所证实了。

在当前处于世纪之交的关键历史时刻，我们希望在中国农村广泛推行这两个试验所取得的经验，使我国农村更快地脱贫致富，以小康的面貌跨入 21 世纪！

辛秋水的文化扶贫实践值得称道[*]

——在"文化扶贫与村民自治研讨会"上的讲话（摘要）

方兆祥（安徽省政协主席）

今天，省社科院组织有关专家、学者专门研讨文化扶贫、农村思想道德和文化建设问题。这对于深入贯彻党的十四届六中全会和省委六届四次全会精神，推进我省农村社会主义精神文明建设，很有意义。我祝贺研讨会的召开，并向各位专家、学者表示问候和敬意。

安徽在开展文化扶贫方面，行动是比较早的。10 年前，省社科院辛秋水同志怀着对农民群众的深厚感情，深入岳西贫困山区调查研究，走村串户，访贫问计，形成"扶贫扶人、扶智扶文"的文化扶贫新思路，并选择岳西县莲云乡进行试点，开办图书室，设置阅报栏，开展实用技术培训，在有关市县的支持下做了大量工作，使莲云乡的面貌发生了显著变化。省委认为，实施文化扶贫，可以帮助贫困群众提高思想道德和科学文化素质，进而增强致富本领，是贫困地区脱贫的一条有效途径。辛秋水同志的实践很值得称道。今年，党的十四届六中全会通过的《决议》提出，要"继续做好文化科技下乡、扶贫工作"，从而把文化扶贫纳入农村精神文明建设之中。

* 原载《人民民主报》1996 年 12 月 12 日。

社会科学试验的探索者[*]

张春生（安徽省人大副主任）

　　我非常高兴地欢迎日本客人和上海朋友来安徽考察文化扶贫和村民自治，中国共产党十一届三中全会以后，在农村实行"家庭联产承包责任制"，温饱问题基本上解决了。但随着时间推移，近年来的农村农民上访一直不断。上访频繁基本上是由三个原因造成，一是政治上农民缺乏民主权利，二是村里财务不公开，群众心里不明白，三是基层干部处理问题不公道，造成一些群众的上访。过去我在省直机关工作，是抓农村工作的。后来，我被派到滁州市工作。看到大量的农民上访，促使我开动脑筋，用什么办法才能从根本上解决这个问题？于是我就想到了辛秋水教授。因为在此之前我和辛教授就是老朋友，我知道他在岳西县莲云乡抓文化扶贫和村民自治工作，还了解到辛教授在到岳西之前，岳西也是很不安定的，群众之间、群众和干部之间都存在着许多导致不安定的因素，自从那里开展了文化扶贫，特别是抓了村民自治以后，情况发生明显好转。于是我就主动和辛教授通了几次电话，请他来我们这里抓一个试点，以便改善干群关系。我们就选定来安县为试点，辛教授和县委书记亲自坐镇以"组合竞选"的方法在邵集乡搞了 10 天。他们首先在县里办培训班，编制了一个村民自治计划和村委会选举的章程，一步一步地进行具体实施。来安县邵集乡的试点取得了很大的成功。它的好处有几点：第一，村民自治给了人民权利，养成了自己管理自己的观念，意识到自己管理自己的政治权利。根据调查，群众参选率一般都在 99％。有的七老八十了，路都走不动了，也要去投神圣一票，有的老夫妇俩由于选谁的观点不一致，就两人一起去投票。有的父子之间观点不一样，都亲临选举现场，甚至聋哑、盲人也积极参加。他们到会场后，请别人念，用手摸一摸，然后就投票。有的残疾人，家人把他抬去投票。这反映了农民对行使政治权利的强烈要求是多么大。第二，增强基层干部的责任感。过去任命制，即使选举也都是假选举，划框框，定调调，走过场，群众很有意见，干部自身也没有紧迫感和责任感。现在，由农民来选举，这些干部也就由原来两眼"向上"，变成现在的两眼还要"向下"了。第三，过去当村委会主任，有事个人说了算。现在村委会主任不能个人说了算了，遇重大问题，要召开全体村民代表大会，一般召开村民代表会议，即使是小的问题也得由村委会开会决定。这就可大大减少个别人以权谋私。第四，原来干部的自我压力小，现在自我压力大了。因为原来都是上级任命的，搞好搞坏与我关系不大，而现在是大家对我的信任，选举我当干部的，办不好事，就对不起群众对自己的信

---

　　* 搜狐网 2003 年 5 月 27 日转载自《光明日报》。

任，也对不起自己。由此产生自我加压的力量是不得了的。而且群众有权罢免你。过去，群众上访，由于村务不公开，是一本糊涂账。而现在，村务公开，这就有效地遏制了村级干部的腐败现象。第五，村民自治组织结构，干部年龄和文化结构都发生很大变化，过去有的干部六七十岁了，甚至不识字，但由于是老党员，势力大，资格老，虽不能带领农民致富，但却一直当村干部。实行村民自治后，大家都选有文化、有经济头脑、年轻有胆量、有魄力的人来当村干部。第六，有效改善干部和群众之间关系。应当看到，过去基层干部多数还是比较好的，有的地方由于财务长期不公开，即使干部清白，群众心里也怀疑，而实行村民自治后，定期公布财务，这样就还干部一个清白，也让群众心服口服。化解了群众和干部之间的种种猜疑，上访问题大大减少，有的地方甚至于长年没有群众上访的事。村民自治，文化扶贫是根本性的政治改革，是时代的要求，是历史发展的必然趋势。我国广大农民现在已经基本上解决了温饱，经济上已具有一定的自主权，但政治上尚缺少民主权利，所以经济上的民主权利就得不到保证。政治和经济权利是不能分开的，只有一个权利是没有保障的。民主政治要先从基层开始推开，逐步扩展，逐步延伸，宏观稳定，微观启动，逐年地实现我国的现代化和民主化。村民自治在安徽走得比较快，当然辛秋水教授和社科院起到带头推动作用。辛教授为文化扶贫和村民自治付出多年的艰辛，做了大量有成效的探索，工作艰苦。一开始抓这件事的时候，省、县、乡都有些干部思想不通，但路探出后，大家又都非常欣赏。由于村民自治多年来受封建传统思想的影响，干起来仍然难度很大。但迫于形势，有的地方就搞形式，走过场，圈定候选人，不按法进行。村级干部担心落选，面子难看。过去的待遇福利都没有了；乡干部顾虑民选的村干部不听招呼，任务不好完成，上下都受气；还担心民主选举中的宗族干扰。这些顾虑通过这两年的实践以后，证明完全是不必要的。我们相信通过村民自治，会加快农村现代化的进程，整个社会会更安定。辛老抓的那个试点，当地百姓感激他，我更感激他，如果我不调离滁州市，我打算完全按辛老开创的办法干。我赞成辛教授的"组合竞选"，它是综合我省的省情、县情、乡情而制定的。当然，一切法规都是在不断实践、不断探索下逐渐完善的。

文化扶贫抓到点子上

——在"安徽省文化扶贫与农村精神文明建设"研讨会上的讲话

汪涉云[*]（安徽省政协副主席）

一

安徽省从 1978 年开始，就在农村实行了家庭联产承包责任制。家庭联产承包责任制对农村经济发展起了巨大的促进作用，调动了农民的积极性。家庭联产承包责任制实际上解决了土地所有权与经营权"两权"分开的问题，它把土地经营权交给了农民。过去土地所有权在集体，经营权也在集体，种什么由集体统一安排，极大地阻碍了农村社会经济的发展。家庭联产承包责任制解决了这个问题，它把土地经营权交给了农民以后，农民有了自己安排种什么的权利。这样，就极大地调动了农民的生产积极性。因此到了 1985 年，安徽省无论是粮食产量还是经济收入都达到了比较高的水平。1985 年以后，农村家庭联产承包责任制当然还在继续发挥作用。但是，农村出现了许多新问题，却不是农村家庭联产承包责任制所能全部解决得了的。这个时候，就提出了农村第二步改革怎么办？直到现在我们还在讨论这个问题。

经济的改革必然要带来政治的改革。但由于政治上不民主，严重压抑了农村社会经济的发展。刚才我听了两个县的介绍，确实使我学了不少东西。实际上，村民选举以及村民自治就是民主改革。刚才张春生同志和辛秋水同志都谈到了这个问题，如果从政治上进行改革，实行民主选举，组合竞选，就能造成一个民主的活跃气氛。广大农民既有参政议政的能力，也有决定自己社区事务的权利和义务，这个时候实行两个公开——村务公开、财务公开，必将进一步调动农民的积极性。我想，在以家庭联产承包责任制为主的经济改革的基础上，政治体制的改革和劳动者素质的提高，必然带来农村生产力的第二次解放，社会经济会更好地得以发展，中国广大农村必将迎来又一个春天。

二

我想在这里补充谈一点的是辛秋水同志文化扶贫的由来。辛秋水同志是在 1987 年提出文化扶贫方案的。到了 1987 年的时候，虽然我们安徽农村大部分地区的温饱问题

---

* 作者系安徽省社会科学院特约研究员。

解决了，但仍然有600万人民生活在贫困线以下，其中有400万人民集中在17个贫困县里。这17个贫困县之中就有9个贫困县是国家级贫困县，另外8个贫困县是省级贫困县。当时，全国是1.25亿贫困人口，我们安徽省大约占1/20。那么这600万贫困人口贫困的原因在什么地方呢？一是自然灾害，如江淮沿线的洪涝灾害；二是由于农业基础设施薄弱，农村经济发展缓慢；三是由于疾病，诸如血吸虫病等。除此之外，还有一个很大的原因就是愚昧。愚昧不仅仅是因为文化程度低。一些有文化的人应该说是不愚了，在一些贫困村里也有不少初中生，但你问他会不会种板栗，他说不会；你问他会不会栽桑，他又说不会。结果回家种田还不如他的父母，也就是说他没有农业生产技能。特别是在大别山区，应该说这里的资源条件还是比较好的，虽然有灾害，但灾害不是很多。这里属于亚热带山区，比东北山区要好得多，雨水、温度、资源都不错。当然过去也有失误，把森林砍光了，有些地方生态不好。但是确实是由于愚昧，不知道这个地方怎么治理和开发。他们既不懂种板栗，也不懂栽桑，更不懂老的森林破坏了现在怎么培育。所以，这里的资源优势、劳动力优势不能转化成商品的优势，温饱也就解决不了。省社科院辛秋水同志认为，愚昧是这个地方贫困最主要的原因。由此，他提出了文化扶贫这个方案。

岳西县是大别山区贫困最严重的地区，省委十分重视岳西的扶贫工作。当时，卢荣景同志根据辛秋水同志提出的文化扶贫方案，率领省直机关20几个厅局级干部来到岳西进行了广泛深入的研究。他热情支持辛秋水同志在岳西县选择一个乡开展文化扶贫的研究与实验。众所周知，十年来文化扶贫取得了显著成效。

<h1 style="text-align:center">三</h1>

文化扶贫是通过图书室、贴报栏群和实用技术培训中心等文化载体的建设和辐射将大量时代信息、文化知识、科学技术和道德规范注入贫困农村，提高了农民的科学文化素质。而且，它还通过"组合竞选"，由农民自己挑选致富带头人，极大地调动了农民和基层干部的积极性。从而，文化扶贫从微观上启动了农村的第二步改革，促进了农村社会经济的发展，推进了农村现代化的进程。

岳西县莲云乡13户农民在文化扶贫中脱贫致富的材料非常典型。从宏观上讲，农村必须实行农科教的结合，这就涉及农村初中教育怎么改革的问题。如果农村文化教育不渗透技术教育，是不能与经济相结合的。因此，必须触及农村教育改革，必须在农村初中教育中渗透科学技术教育。当时我们提出了"3＋X"，即3年初中毕业以后，再进行3个月、半年或1年的农村实用科学技术教育。或者搞渗透教育，即把科学技术课程加到3年初中教育里面去。就这样我们在全国首先提出了农科教相结合的问题。科技部门要把科技送下乡，与经济项目结合；带着经济项目下去，必须加强成人教育，办农民技术学校；农业部门自身也必须转变观念，因为农业必须要依靠科技和教育，不能单纯地搞农业生产。因此，必须把三者结合起来，从宏观上解决农村第二步改革的制度问题。文化扶贫从微观上实现了农科教的最佳结合，这不仅是扶贫的需要，也是农村整个改革发展的需要。不仅是贫困地区的需要，在整个农村地区都是需要的。江泽民总书记在党的十五大报告中提出科教兴国，省委、省政府也确立了科教兴皖的战略。现在看来，文化扶贫和农科教结合这个路子是走对了。

尽管农村第二步改革问题很多，但是主导全局性的问题主要是两个：一是农村政治改革，二是提高劳动者素质。农民没有一个舒心的政治环境，农村改革搞不好，农村经济也发展不了。但是，没有劳动者科学文化素质的提高，农村经济也发展不起来。所以，今天这个会议确实触及了农村第二步改革的关键性问题。我们都已经认识到了这些问题，今后，主要是如何进一步加强文化扶贫和村民自治力度，把农村民主建设搞好，提高农民文化科学技术素质。我相信，在不远的将来，我省农村必将出现又一个繁荣局面。

上 下 求 索

——秋水与乡村民主

这个"组合选"是很管用的

——在"中国农民组织建设国际论坛"上的讲话(摘录)

段应碧 (中国扶贫基金会会长)

昨天辛秋水到哪个省讲课,发现乡、镇党委书记不大理解,我认为恐怕不是个别现象,应该是普遍现象,但是这件事情,这种情况不能埋怨乡镇干部,他有他的难处,如果你都自治,我这里县、市、省布置那么多的任务下来我怎么办?假如你是乡党委书记,你怎么办?面对两三万人口的乡,面对一家一户,是没有办法的,离不开他,我们要求发挥自治功能,自治性的社会管理,可是我们上边那么多部门,每时每刻都在下达任务,所以说不是乡镇的同志的舍不得放权,乡镇的同志有难度,在整个上面体制这套没有变化之前,在政府职能没有转换之前,你要完全实现村民自治,"难",我们必须认识到这一点,并不等于说不坚持这个方向,我们要往这个方向走,但是只能逐步地推进,这个过程要多少年?现在还很难说,但是这个方向是必须坚持的,我们可以形成一种倒逼机制,比方说直接选举,"海选"还有辛秋水讲的"组合选",这个"组合选"很管用的,乡这一级希望村成为它的下级,执行它的任务,因此它希望干部必须是听话的,必须是努力奉行完成任务的,必须是镇得住的,可是让农民选就是要能办事公道,能够带领他们致富的,这两个要求是不一样的,就把我们村干部夹在中间,这就可能会形成大家对选举比较急促地希望,我觉得可能会产生倒逼机制。如果村民自己选,乡政府就有退路了,就可以抵制上级领导的任务,就有退路,这个要逐渐来的,想快快不起来只能慢慢往前推进,我今天就讲到这里。最后说一句话,这两天,我是怀着极大的兴趣参加了会议,我这辈子开的会挺多,但是我觉得这种会议好,内容好,气氛好,发言的质量也好,我是在愉快中接受了很多知识,充实了自己的脑子里的材料、观点。所以,大家以后有类似的会议也告诉我一声,谢谢大家!

一项具有战略意义的成功试验[*]

——岳西县腾云村文化扶贫和民选村长

欧远方（安徽省社会科学院原院长、研究员）

辛秋水同志长期从事农村调查，写出很多有分量的调查报告，其内容多为社会焦点问题，得到中央负责人和省委的重视，在理论界也得到好评。后来他不满足于通过调查研究发现问题向上级反映从而使问题得到解决，又进而投入实践，选择一个经济文化相对落后的岳西县莲云乡腾云村，推行文化扶贫和村民自治的试点，长期蹲下去。经过多年实践，取得了突破性的成果：通过普及科学文化知识，促进了该村经济的显著发展，村民生活得到改善；通过村民选举村委会主任，使村民行使了公民的民主权利，使该村政治面貌为之一新，反过来又进一步巩固和发展了该村经济文化建设的成果。

早在80年代初期，当农村改革普遍完成以后，农民就有对科学文化的迫切要求，这种要求之所以迫切（改革以前，农民对科学文化并不那么关心）是因为，通过改革，农民有了生产和分配的自主权，学习科学文化和自身生活水平的提高直接联系起来了。在经济文化比较发达的滁县南部各县，首先出现了一大批类似天长郑集那样的文化中心，文化部曾在这里召开过现场会，目的在于向全国推广这项经验。至于在连温饱还未解决的贫困地区如何使农民脱贫，过去主要措施是拨款救济或募捐衣物，但"文化扶贫"则是辛秋水提出的一个具有战略眼光的崭新课题。物资救济可救急于一时，也在一定程度上起到扶贫作用，甚至可以说，成绩也是很大的。但"文化扶贫"的作用，在于发掘和启动农民自身的潜力和智能，做到"自己动手，丰衣足食"，这是带有根本性的措施，因而其意义更加重大。通过这项措施，辅之以必要的政府支持、社会救济，不但可以形成扶贫的系统工程，而且具有普遍的意义：促进整个农村经济的发展。

至于民主选举村干部，这是和经济体制改革同样重要、同样迫切的政治体制改革，两个改革同时进行，才能使全面改革健康发展，否则改革只能是跛脚的。现在我们看到由于政治体制改革的滞后，经济体制改革已经受到制约，甚至产生变形或异化。"社会主义市场经济"是一个完整的概念，"市场经济"是发展经济的手段和方法，而"社会主义"则是方向，这个方向不是口号，不是空洞的概念，而是要通过民主法制来保证的，是可以操作的。政治体制改革的目的就是实行社会主义的民主法制，建立有效的监督机制和制约机制。只有健全的民主法制，才能有健全的市场经济，只有有效的监督机制和制约机制才能防止腐败和惩治腐败。先哲早就断言："没有制约的权力必然产生腐

---

* 在"文化扶贫和村民自治研讨会"上的讲话，原载《安徽日报》1997年4月10日。

败。"邓小平同志在 1980 年提出的政治体制改革设计，列举官僚主义和腐败现象达 24 条，其产生根源则是政治体制中权力过分集中所致。权力的集中并不是不需要，而是十分必要，问题的关键是民主的集中，还是非民主的集中，换句话说，就是"法治"的集中还是"人治"的集中。在实施市场经济的情况下，"人治"的集中极易产生腐败，甚至加速腐败。我们已经看到一些地区、部门"权之所至，腐败随之"。个别腐败现象的产生，没有什么奇怪，甚至是不可避免的，问题在于能否及时给予揭发、惩治。而要做到这一点，就要靠民主法制，为此就必须实行政治体制改革。反腐败斗争呼唤政治体制改革。

　　腾云村的经验已引起安徽省领导机关的重视，要扩大试验范围。"温饱"和"民主"，是人民的两大基本权利和迫切要求。希望腾云村民主建政的经验像当年小岗村创造家庭联产承包责任制的经验那样，能够"星星之火，可以燎原"。当然问题并不简单，属于经济改革的家庭联产承包责任制的推广，虽然有阻力，但阻力主要来自思想认识，特别是领导干部的思想认识。一旦实践证明家庭联产承包责任制能解决群众温饱问题，原来一些反对的人变成积极分子。而政治改革的阻力则不同，它来自以权谋私者，有一批这样的社会蛀虫攫取了权力，他们就可以随心所欲地钻民主法制不健全的空子，可以利用权力一步一步成为暴发户，这比起那些明火执仗的贪污受贿隐蔽得多，有人把这种现象称之为"隐形腐败"。他们用的就是"权力投资"，一旦失去权力，受到民主监督，他们就会很容易地暴露在光天化日之下，所以他们死死抓住权力不放，千方百计地阻挠民主法制的实现。然而历史潮流终究不可阻挡，人民的力量不可低估，人民要当家做主，人民要实现宪法赋予的权利，尽管实现理想的政治改革目标需要一个渐进过程，尽管道路是曲折的，但前途是光明的。

村民自治是农村又一次大改革[*]

欧远方（安徽社会科学院原院长、研究员）

我国实行村民自治，民主选举村干部，国家对此早有立法，但具体实施是近几年开始的。在安徽，岳西县莲云乡腾云村经过竞选村干部换届已有两次，来安县邵集乡全乡实行民选村干部，也是成功的。华北、东北有些县已在全国范围内推广民选村委会。这是农村政治体制改革良好的开端，其意义不下于20年前的经济体制改革。这些事实也粉碎了"农民文化低"、"农民缺少民主习惯"等谰言。农村政治体制改革是农民的迫切要求，也是实践宪法的合法要求。从农村形势来看，20年前农村改革之所以势如破竹，谁也阻挡不住，是因为广大农民迫切要求温饱、生存，所以那一次改革，实质上也是一次在共产党领导之下的由下而上的经济民主运动，因为这符合民心，所以搞得很健康。

现在的形势是，农民迫切要求在政治上能够当家做主，掌握自己的命运。自农村经济体制改革成功后不久，即产生农民负担过重的问题，尽管中央三令五申减轻农民负担，然而屡禁不止，正如中央负责人所分析的，农民已"不堪重负"。真正解决这个问题，必须让农民自己掌握自己的命运，"还政于民"、"村民自治"，才有可能抵制来自任何方面的不合理负担。当然，要彻底解决这个问题，有待于整个国家实行政治体制改革，但不能等待。在农村实行村民自治，民选村干部，而且通过竞选达到民主选举的目的，有利于整个国家政治体制改革的推行。中国农民仍占中国人口的绝大部分，农村民主化了，就为全国政治民主化打下良好基础，就能起推动和示范作用，正像20年前农村经济体制改革推动了全面改革所起的作用那样。

中国革命之所以成功有两项主张获得人民拥护：一是反对经济剥削，解决人民生活问题；一是反对政治压迫，解决人民民主问题。因而取得人民广泛的支持。抗战期间，抗日民主根据地率先实行两条方针政策：一是减租减息，增加工资，使农民生活得到改善；一是推行民主政治，农民享有民主权利，乡村两级都实行民主选举。这样，广大农民经济上得到改善，政治上享受民主权利，所以共产党受到拥护，从而领导中国人民取得胜利。

解放快50年了。这中间走了许多弯路，教训很深。粉碎"四人帮"后，引起全党全国人民深思，温饱问题通过农村改革基本解决了，经多方证明，1985年以前是农村经济发展、农民生活改善的最好时期。但由于农民光有生产自主权而无政治自治权，因

---

* 综合省农委召开的座谈会以及邵集乡、腾云村民选村干部经验交流会上发言整理，1998年9月7日。

而在负担日益加重的十几年来，农民利益受到很大损害，但无法抵制。再加上少数不纯的基层干部骑在人民头上作威作福，因而使农民产生不满，许多社会矛盾由此产生。为了维护农民利益，也为了农村安定团结、长治久安，普遍实行农村民主选举，真正让人民当家做主，实为农村迫切任务。

基层干部由农民选举产生，才能使干部有对群众负责的观念，也才能使农民有效监督干部，达到廉政目的。凡已实行村民自治的地方，政治局面焕然一新，经济生活也更为活跃。回头来看，假如十几年前农村在经济体制改革完成之后趁热打铁，全面推行村民自治、民主选举干部（以及乡干部），政治改革与经济改革相辅相成，可以为深化改革打下良好基础，其他深化改革措施也能在正确轨道上运行，农民负担也不至于长期居高不下，农民奔小康的步子可以迈得更大，农村大市场会发育得更快，农民购买力会更高，反过来会促进工商业发展，形成城乡经济良性循环。

1985年以后，城市改革步子加快，对城市投资也倾斜很大。相反，对农业、农村、农民的问题相对忽视了，农村某些方面虽有大的发展，如为小城镇建设修路等，也出现了一批富裕户、富裕村，但农民负担有增无减，许多地方农民陷入经济困境。由于缺少村民自治这一步，某些基层干部运用手中权力为个人谋利益，并享受种种特权，率先富裕了起来。这些人由于尝到掌权的甜头，他们对民选干部当然不会感兴趣。所以推行村民自治也好，民选乡村基层干部也好，只有在党委统一领导下，派工作队下去开展这项工作，去宣传教育，去发动群众，才能推行得开。腾云村和邵集乡就是这样做的。设想一年搞三分之一，期以三至四年完成，是可以成功的。

村委会"组合竞选"具有重大历史意义

左学金（上海社会科学院常务副院长、教授）

非常感谢安徽大学和辛老邀请我参加这次村委会"组合竞选"学术研讨会暨安徽省农村社会学研究会第三届委员会。辛老是我敬仰的前辈，如果说我对"组合竞选"、对"文化扶贫"略知一点皮毛的话，也是由于辛老带我去安徽岳西等地做了一些学习参观，这也是十年前的事了。今年是安徽大学建校80周年，也是辛老的80华诞，所以我对能参加此次会议感到很荣幸。祝愿辛老永葆青春，为农村民主、文化扶贫贡献智慧。党的十七大提出强调在政治领域人民当家做主的思想，强调党内民主。我相信在这样的背景下谈论村委会"组合竞选"是非常有意义的。我觉得从十六大到十七大以来，我们党已经比较详细地勾勒出了我们国家在经济、政治、社会、文化方面发展的蓝图。我们的目标是推动科学发展、促进社会和谐。科学发展和社会和谐的基础是民主法治和公平正义。我们胡总书记描述和谐社会的开始即是"民主法治、公平正义"。如果没有民主法治和公平正义，就不会有社会主义和谐社会。中国是个幅员辽阔的大国，如何推动民主法治和公平正义？我想要自上而下和自下而上结合起来，要中央规划的宏观设计和地方的实践相结合起来。安徽省在这方面是值得自豪的，安徽的农村改革是从小岗村村民自发的承包土地开始的。"组合竞选"让大家对这种形式高度的肯定，我想类似的理论和实践的探讨为我们国家未来的宏图作细节的填充，这是非常重要的。现在我简单地谈两条：一是十年前我在辛老的带领下来安徽考察学习的一些想法；另外对我们未来的发展谈点想法。十年前，我和上海社科院的同事应辛老之邀来安徽学习参观。主要是学习参观村委会"组合竞选"和"文化扶贫"，我学到了许多东西，来之前的许多疑问在学习参观之后都消除了。这些疑问就是大家一直在疑惑的，就是中国农村有没有条件实行民主，农民有没有参加村民自治的愿望和能力。参观学习后，我感觉中国农民参与村民自治有很高的积极性，并且农民具有这方面的能力。在参观过程中，我们了解到有一个村的村委会选举，它是从早上一直选到下午4点，而过程中没有人离场吃饭。我感觉农民在政治上是非常理性的，很多城里人低估了这一点。比如说，我们很担心农民有没有宗法思想，农民选举会不会只选本族的人、选择本族的大姓。然而在我们的考察过程中没有发生这样的情况。我们去问一些农民有没有选自己的同姓，他们回答说没有，原因很简单，现在是市场经济，大家关心的是村委会的主任能不能代表他们的利益。另外我们还到了腾云村，腾云村的村委会主任连续两任当选，但他在那个村是个孤姓。他把自己培养蘑菇的技术向村民推广，带领大家致富，虽然他是孤姓，但大家就选他。我觉得农民是有觉悟的，是有政治理性的。我感觉村委会选举有两种情况，有的是真正的选举，而有的是一定程度上走过场，不是很严格的选举。总的比较下来，真正通过选举出来的领导班子，年龄比较轻，文化比较高，"公"心更强，威信更高，这是我们当初调查的结果。《村民委员会组织法》颁行已 20 年了，但还没有一个严谨的操作程序，这需要我们进一步对各地进行研究总结，将好的经验推广，这是很有价值的。村委会"组合竞选"有很多优点，会议的材料已经说得很详细了，在此我不赘述了。确实有很多优点值得我们进一步推广。面向未来我们国家有两个问题比较重要：第一是发扬民主，特别是在农村实现民主，让农民真正当家做主。第二是如何加强我们国家对人力资本的投资，增加我们国家人力资本的禀赋，增强我们国家的国际竞争力，为我们国家经济模式的转变做准备。我国城乡收入差距非常大，一般解释城乡收入差别是市场造成的。我们国家的经济增长速度很快，经济总量已是全球第四，外汇储备是全球第一。但人民收入的差距在扩大，现在我们国家的基尼系数已从改革开放前的 0.23、0.24 上升 0.46，是世界上收入分配比较不平等的国家之一。为什么这样的不平等？表面上不平等的百分之四十几是城镇化造成的，但实际上这种解释是站不住脚的。因为我们城乡的收入差距是远远大于比较成熟的市场经济国家，市场经济成熟国家的城乡收入差距是不超过 1.5 的，按照国家统计局公布的数据，我们已经超过了 3.2 了。如果把城市的一些隐性收入放进去，会更大些。我想这里面不仅是经济和社会问题，而且是从政治上如何协调发展权利和发展成果关系的问题。这些问题要靠深化改革来解决，而不是放弃市场经济的导向。我认为主要应从三个领域来深化改革：第一，公共产品的提供。农村相对城市来说，政府提供的公共产品是严重不足的。在我们考察中，我们深深感到，农村经济在发展，但义务教育和医保等是不足的。这不仅是安徽省的问题，而且是全国农村的问题。主要精力放在了经济建设上，但对公共产品的提供不足。到今天中央对如何增加农村公共产品的提供，还有很多工作要做。第二，土地制度。我国的经济增长是随着城市化、城市的扩张进行的。在城市扩张过程中有大量的农业用地转化为非农业用地，这个收益是非常大的，而这收益主要是被城市拿走了，农村拿到的比较少。这问题主要是制度的安排而不是市场经济导向的必然结果。按照现在的土地法，农民的补偿应包括农作物十年的产值，当然还有其他的补偿。这样的补偿实际上是把土地收益转移到了城市，这应该改革。第三，农村劳动力的流动还存在一些障碍。义务教育法明确规定，如果农民工的子女在城市，那么城市应提供教育。而实际上这点做得不太好。我们现在提供公共产品非常方便，国家财政增长很快。但总的来说对教育、医疗卫生的投入还是不足的，按照国际标准，我们是比较低的。农民的主要资产就是劳动力，所以这方面我们要进一步改革，十六届三中全会提出要逐步形成城乡统一的劳动力市场，这也需要我们进一步改革。另一个很重要的问题就是关于人力资本投资。我们国家在未来十年、二十年会发生一个很重要的变化，现阶段劳动力的供给一直是高速增长，但不能认为劳动力是无限供给的，实际上情况会发生转折，劳动力供给总量大概在 2015 年要下降，劳动力进入劳务市场的人口要小于退出劳务市场的人口。大家都知道我们国家的生育高峰发生在上个世纪的 50 年代到 60 年代，未来的十年、二十年会有很大的人群退出劳动力市场。70 年代我们国家发生了最快的人口生育下降，之后生育率一直稳定地向下走。前景很明确，我们靠廉价劳动力提高经济竞争力的时代已经过去了。未来我们要靠技术进步、靠人力资本、靠知识。这是我们国家面临的非常严峻的挑战，我们能不能在人口出生率下降的同时把人力资本的存量做上去？人力资本的收益比较慢，是个漫长的过程。今年的经济工作会议有两个重要的议程。一是，防止经济由偏快变为过热，防止物价的结构性上涨演变为明显的通货膨胀。我们应把更多的钱投到人力资本上来，投到教育、医疗卫生上来。这样是增强我们未来的经济增长潜力，增强未来的竞争力，而不是把太多的钱花在硬件投资上。我们边际效益更高的是对人的投资。辛老从1989年以来一直致力于文化扶贫，这是真正的关系到我们未来的大事。我们国家在二十年后有没有竞争力，不是取决于我们修了多少大楼、水泥路、广场，而是取决于我们国家的人力资本和研发能力。我们的技术工人、工程师是不是达到时代的前沿水平。如果我们达到那个水平，我们就能在全球的竞争中保持优势。

我对中国的体制改革很有信心。我个人觉得政治体制改革早改比晚改要好一些。实际上，改革开放以后权力背后的利益是在增强，利益越高，改革难度就越大，最后改革就关系到权力的再分配和利益的再分配。昨天我们讨论了村委会的问题，原则上是从农村的内部来看村委会的，但我觉得考虑村委会功能的明晰化还有个外部条件问题。我国的宏观发展战略和经济发展策略有时是以牺牲农民或者农村为代价的。在计划经济时期，我们学习苏联模式，优先发展重工业，通过压低农产品价格，限制农村劳动力转移到其他部门，也就是当时说的"工农产品剪刀差"。为了实行优先发展重工业的这样一个战略，我们对农民的生产是强制干预的，比如说，农村只能发展粮食作物而不能发展经济作物，只能搞农业不能搞乡镇工业，对农村人口向城市迁移的限制，等等。改革开放以来，我们还有一些计划经济遗留的政策，这些政策实际上是损害农村和农民的利益的。如户籍制度，医疗卫生的大量投入向城市倾斜而不是向农村，等等；比如计划生育政策没有提供相应的政策保障，而强制推行，这是损害农民利益的；再如，殡葬改革也是损害农民利益的，因为要火葬就要农民花钱。这些政策不是来自乡镇的，不是来自村的，而是直接从中央下达的，因此很自然地受到农民的抵制，它带有极大的强制性，需要比较大的执行成本，在这种情况下就需要比较有力的执行上面政策意图的基层组织，或者说是准政府组织来推行，村委会从某种意图上说就是这样一个准政府组织。所以说村委会作为村民自治的功能和准政府组织的功能是矛盾的，是有冲突的，在实际上是难以兼顾的。如果要执行上面的宏观政策，在本质上是会损害农民利益的，所以它的运作模式很为难，是按自治组织的模式运行还是按准政府的模式运行呢？两者很难协调。如果我们要消除这样一个矛盾，要将准政府的职能和自治组织的职能剥离开来，需要创造一个好的宏观环境；在宏观决策层次上要尽量减少以牺牲农村和农民利益为代价的政治措施，比如说已经做的取消农业税、正在做的对农村地区公共产品的提供，对教育、医疗的提供，等等。这些问题需要进一步的研究和实施，这些问题表面看来和村民自治没有关系，实际上与村委会的定位有很大的关系，要容许农民在政治体制中有自己的发言人。城乡利益也是宏观格局中的利益分配，城市已经获得了很多的利益，而现在要让农民得到更多的利益。现在我们收入差距扩大的主要原因是城乡差距，牺牲农民利益来发展城市已经很难站住脚了。我个人认为，虽然在宏观的政治中会涉及利益的再分配，实行起来是有一定的难度，但只要我们发挥比较远见的政策来实行改革，为了村委会功能的明晰化，这些改革从政治的角度是完全可行的。我们大多数人会觉得中央的意图和下面的情况有矛盾，但根本解决问题的办法就是要尽量地解决这些矛盾。最后我想提个问题：关于协商民主，在国外也谈协商民主，他们是在决策过程中充分协商，而不是在权力机构的产生过程中的一种制度安排。我们的协商民主是作为民主制的一个补充呢（比如说作为选举制度的补充）？还是今后协商民主就可以取代现在的通过民主选举产生权力机构的这样一个制度呢？（国外也承认协商民主，是作为一种补充而不是取代）如果作为一种补充，实际上我们早就有了，而现在我们这么强调协商民主是不是我们以后的主导就是以协商民主来取代选举这样一个意图呢？这点我想请中央党校曾业松主任谈谈。谢谢。

村民自治实践的检验与"组合竞选"

郭书田（农业部政策法规司原司长、
中国农村社会学研究会会长）

2004 年 3 月，我收到安徽省文化扶贫与村民自治研究实验中心辛秋水教授寄来的
"村委会'组合竞选'与'海选'优势对比 1500 份问卷调查成果研讨会"的有关资料。
拜读之后，深感村民自治是一项重大的政治工程，需要用极大力气进行调查研究，解决
以民主选举为核心的村民自治在实践中出现的各种问题，总结正反两方面的经验和教
训，提出相关对策，促进村民自治的健康发展。辛秋水教授虽年事已高，但怀着对农民
极为深厚的感情和对国家命运的强烈责任感，不辞辛劳地在安徽省从事极为有益的实践
探索，给我们从事理论和政策研究的部门和研究人员树立了榜样。

一 村民自治为什么流于形式甚至走样

党中央和全国人大常委会高度重视农村的民主政治建设和农民的民主权利问题。
1998 年党的十五届三中全会提出从政治、经济、文化三个方面建设社会主义新农村
的任务，其中特别强调推进农村的民主政治建设，完善村民自治制度，全面实行民
主选举、民主决策、民主管理、民主监督。同年，全国人大常委会正式通过并实施
《村民委员会组织法》。这两件事在中国农村发展史上具有极为深远的意义。安徽农
村社会学研究会和安徽省文化扶贫与村民自治研究实验中心对安徽省既实行过"海
选"，又实行过村委会"组合竞选"的 5 县 12 村进行 1500 份村民自治的问卷调查
（这次问卷调查的回收率为 96.75%，有效率为 97.09%，其中村民占 86.43%，干部
占 13.57%），问卷所得的数据反映出很多值得高度重视的问题，有极为重要的研究
价值。

（一）民主选举的参与度不高。参加过最近一次村民选举的占 70.7%，抱着很大兴
趣参加选举的只占 53.0%，参选率未达到普遍性的要求。其中外出打工的不能回村参
加选举对参选率有一定影响，而虚假操作是最为重要的原因。

（二）民主选举的公正度差。一是有 16.2% 的村民认为，在选举前，"上级"已经
打过招呼；二是也有 16.2% 村民认为，在选举前，候选人已经向村民做了工作；三是
有 7.2% 的村民认为，在选举中有贿选和买票现象；四是有 5.1% 的村民认为，当选人
是由宗族决定的；五是有 17.0% 的村民认为，当选人是由村支部决定的。选举的公正
性受到如此严厉的诸多干扰，尤其是权势单位和权势个人的干扰，还能有选举的公正性

吗？民主选举还有什么意义呢？

（三）民主监督和民主管理流于形式。民主监督最重要的是村务公开和财务公开。完全知道村务公开的人只占 35.3%，知道一点的占 39.3%，完全不知道的竟占 25.4%。经常去看村务公开栏的只占 27.9%，有 34.7% 的村民不知道有村务公开栏，对村务公开感兴趣并经常谈论的只占 33.2%，其中 70.3% 的村民对"村务账目"感兴趣。对村务公开的内容完全相信的只占 22.3%。村务公开的操作者是村委会，对村委会的信任度如此之低，是很值得反思的问题。

（四）民主决策参与度低。有不到 50% 的村民向村干部反映意见，有 72% 的村民认为，村里的事全部交给了村干部，只有 54.5% 的村民认为村里的重大问题应通过村民代表大会。在回答当村民意见与乡镇政府指示发生矛盾时，有 74.9% 的村民和 78.4% 的村干部认为应按照乡镇政府指示去办。有 98.3% 的村干部把"完成乡镇政府布置的任务"放在首位，认为向乡镇政府反映村民意见非常重要的只占 30.4%。

从农民对村民自治的心态看，有 90.1% 的村民认为村民选举有利于经济的发展，有 69.1% 的村民和 56.3% 的干部认为通过民主选举使干群关系有所改善，有 74.0% 的村民认为通过选举对选举关心程度有所提高，有 77.1% 的村民认为关心村务公开的程度有所增强。由此可以看出，真正实行村民自治，是广大农民的真诚心愿。完善村民自治制度，全面推进农村民主政治建设，乡镇以上的党政领导应严格执行《村民委员会组织法》，摆正自己的位置，调整好与农民的关系，还权于农民，使农民真正当家做主，这也是使"立党为公、执政为民"的思想落实到农村民主政治建设的实际措施。

二　"组合竞选"的实效

辛秋水教授在 1989 年 1 月选择岳西县莲云乡首次实行村民委员会"组合竞选"取得成功，随后在来安县邵集乡 8 个村，颍上县王岗镇新安村、郑湾村试行，都取得了很好的成效，受到理论界的好评与省市县党政领导的肯定。"组合竞选"是针对"海选"存在的问题而设计试验的。"组合竞选"的程序是：

（一）由村民通过村民小组推荐或联名推荐的方式确定村委会主任和委员候选人名单；（二）由各村委会主任候选人在村委会委员候选人名单中，自主地组合村委会竞选班子成员，报村选举委员会张榜公布，接受村民评议；（三）在选举大会上，由各村委会主任候选人发表竞选演说，并介绍委员候选人情况；（四）在全村选民中举行两轮差额选举，一轮是对村委会主任候选人投票；一轮是对当选村委会主任组合的委员候选人投票。

"组合竞选"是在民主选举的实践中创造出来的。避免了在"海选"中常容易出现的把血缘关系很近的人选入同一领导班子中，也避免了把没有能力、闹不团结、不讲原则、以权谋私的人选入同一领导班子中，是适应农村实际情况能为广大农民接受的有效选举形式，望有关部门研究总结安徽的经验，加以推广，在实践中完善。

在问卷调查中反映出村民自治实践中出现的问题，被一些社会学家认为是"制度堕距"①。完善制度就要缩小"制度堕距",一方面要修复制度本身不完善的地方,如修改法律法规,另一方面要在实践中保证实现制度的目标。村民自治面临这两方面的任务。安徽在这两方面做了有益的可贵的探索。

---

① 参见安徽省文化扶贫与村民自治研究实验中心《文化扶贫与村民自治》2003 年第 2—3 期之村民自治问卷调查课题组文章:《制度堕距与制度改进》。文章指出,任何一种制度存在当然状态、实然状态、应然状态三种状态,而这种状态是分离的,往往是应然状态优于当然状态,而当然状态优于实然状态,在这三种状态之间存在差距,即"制度堕距"。应然状态与当然状态之间的差距称为"上向制度堕距",当然状态与实然状态之间的差距称为"下向制度堕距"。

"组合竞选"与"海选"谁与争锋？[*]

——"组选"与"海选"优势对比 1500 份问卷调查研讨会上发言记录

韦伟、卢荣景、张春生、陆子修等

　　经过一年多的努力，由省社科院、省社联、省文化扶贫与村民自治研究实验中心、省农村社会学研究会主办，省社科院研究员辛秋水教授主持的 3000 份村委会"组合竞选"与"海选"模式对比问卷调查顺利完成，2004 年 1 月 7—8 日在合肥举行了该项问卷调查成果研讨会。到会的有全国政协常委（原安徽省委书记）卢荣景同志，省人大张春生副主任，原安徽省人大陆子修副主任，中国科学院院士、中国工程院院士常印佛教授，安徽省社科院院长韦伟教授，中共安徽省委宣传部理论处计永超处长，安徽省社科院科研处李抗美处长，安徽省社科联学会部周翔飞副处长，原国务院发展研究中心华毅研究员，原安徽省社科院副院长戴清亮研究员，《人民日报》安徽记者站刘杰站长，新华社安徽分社沈祖润社长，中国科技大学张允熠教授，安徽农业大学人文学院院长黄邦汉教授，安徽大学朱士群教授，中科院合肥分院陈继豪高级工程师，合肥工业大学施正宗副教授，池州师专王良虎副教授，原合肥市民政局许国才局长，安徽省电视台社会部王徽文副主任。除我省专家学者外，还有浙江省知名人士陈定模研究员、上海社科院王振博士专程来参加会议，以及来自文化扶贫与村委会"组合竞选"实验区的县、乡（镇）领导干部和村委会主任等 60 余人。

　　会议就村委会"组合竞选"和"海选"两种模式进行了对比，讨论了当前村民自治发展中存在的问题，并提出了相关的建议。根据实验区农民和干部所提供的亲身经历的事实，专家学者们在发言中，一致认为村委会"组合竞选"是农村民主选举中一个有重大意义的创新，并高度评价了这 1500 份问卷调查的理论价值和现实意义。

韦伟：安徽省社会科学院院长教授（开幕词）

　　这项调查成果目前已经引起了较大反响，它来自于基层，来自于一线，来自于贫苦的农民和最基层的乡镇干部。今天我们在这里召开研讨会是有感而发的，"三农"问题是当前我们国家最突出的问题，今年中央的一号文件也是关于"三农"问题（即农村、农业、农民问题），我们院的辛秋水研究员长期致力于文化扶贫与村民自治的研究和实

---

　　* 本文系韦伟、卢荣景、张春生、陆子修等 27 位同志的发言，2004 年 1 月 7—8 日于合肥兰亭宾馆。

验工作，在国内以及国际上都有一定的影响。辛老的这项功德无量的工作也一直受到各级领导的支持，今天在座的卢荣景同志也一直非常关注辛老的这项事业，最近辛老完成了一份关于村委会选举模式对比的问卷调查，这项调查目前已经引起了较大的反响，它来自于基层，来自于一线，来自于贫苦的农民和最基层的乡镇干部。这项东西可以说非常有价值，它和政府、党政研究机关下去调查的结果不一样，它的核心在于原汁原味，在于真实地反映了农民在村民自治方面他们想什么，他们愿意干什么，他们希望得到什么。今天这次研讨会非常有幸地请到我们的老领导、专家学者以及来自文化扶贫与村民自治实验区的农民和基层干部，首先请我们的老领导卢荣景同志给大家讲话。

卢荣景：全国政协常委（原中共安徽省委书记）

这两项问卷调查很有价值，内容很有针对性，也很有说服力。

我对文化扶贫与村民自治工作非常有感情，和辛秋水同志是多年的老朋友了。就文化扶贫与村民自治来讲，据我所了解的，他是考虑最早的，不仅考虑最早，而且是身体力行者。他很早就跟我提出要求，要到岳西县莲云乡当乡长，亲自组织实施文化扶贫和村民自治。我考虑再三，他这么大年纪了，到那个地方当乡长，一乡之长，管的事情很多很杂，我就说服他乡长最好你不要当，乡长不是容易当的，而且你这么大年纪，也不一定就能做到那么理想，这是我的实在话，但是我支持他搞文化扶贫，搞村民自治，所以跟岳西县委交代了。那个时候挺难啊，因为万事开头难，而且又是带有创新性质的事，他在莲云乡下的工夫最大，今天莲云乡的乡长有没有来？没来。那个时候难度也是最大，各方面认识也不一致，阻力也很大，工作难落实。养殖业养不起来，种植业也种不起来，他就非常生气，岳西县是我的扶贫点，是最困难的县之一，在革命时期，岳西人民也是贡献最大的。1987 年，我到岳西去，就专门邀请他跟我一道去调查，我们到了岳西县的水口村，当时水口村是一个什么样的状况呢？老百姓当时基本上没有窗户，没有亮瓦，没有门，没有吃水井，唯一的就是一间破房子，房子里面还有猪睡在那里，可以说生活条件是相当差。老辛对那里的情况比较了解，所以就带着我到那里去看，我们看到后非常感慨。已经解放这么多年了，老百姓还过着这样的生活，后来就从修房子，搞门窗，安亮瓦，搞吃水井，搞电，一步一步来，以后水口村我去的就比较多了，几乎每年去一次，每次去可以说老百姓都非常热情，也是很有感情的，所以说老辛对文化扶贫与村民自治付出了辛勤的劳动，做出了很大的贡献，他今年 76 岁了吧？今天这个会议大家来研讨一下，来总结一下，我觉得很有必要。我最近看了由欧盟资助的"3000 份村民自治问卷调查报告"和一篇编辑部的文章，总标题是十五年村民自治总检阅，编辑部的文章是"听民言，察民情，纳民意，为民计"，其中有两句话说得非常好，我的印象非常深，"农村真穷，穷的不仅仅是物质，也是思想；农民真苦，苦的不仅仅是生活，也是精神。"我觉得这两句话是讲到点子上了。

党中央国务院可以说对"三农"问题非常重视，陆子修同志写的一本书，提出"四农"问题，因为加上了一个农民工问题。这是我们中国最关键、最难、最需要解决的问题，全国什么问题都没有这个问题重要。今年中央 1 号文件讲的还是农村问题、农业问题，确实不是小事情，我们在座的各位也是为农村问题、为农业问题、为农民问题做出很大贡献的，特别是你们大家有的是来自文化扶贫与村民自治实验区第一线的，有的是长期从事"三农"问题研究的专家学者，因而你们是最有发言权的，体会最深刻的也是你们，这次会上放在大家面前的两份调查报告写得非常好，是我省五个县十二个村的问卷调查，我看了两遍，那是来自农村的，直接来自农民的，内容很有针对性，也很有说服力。如果有的同志还没有看的话，请大家好好地看一遍。我举两个例子，就村民自治来说，问卷调查中表明：在选举中，包括事先打招呼的，上级授意的，拉选票的，加起来几乎还很大，如果你不是亲身调查，那是很难想象的事，平时讲大道理是没用的；其次是村务公开这件事，老辛的问卷的结果表明：群众中真正明白村务公开才有百分之二十九点几，不到百分之三十，不太明白的百分之三十几，还有将近百分之二十的根本不明白和不了解。村务公开这件事已抓这么长时间，可以说在我们领导人看来那是十分清楚、十分明白的，但到农村实际中去看，就不是这样的情况，竟然还有这么多的人不知道村务公开，可见农村工作难度之大，不是那么简单的事情，改变这个状况看来不是一朝一夕的事情。问卷中还有关于村民自治制度的绩效和影响、村民自治的认识、村民自治的发展等内容，这1500份问卷剖析的也是很翔实、很有说服力的。所以我说这份问卷调查报告他们是下了很大的工夫，我讲的是一个侧面，要发扬党的优良传统和优良作风，并要与时俱进，要全心全意为人民服务，要真正为人民办好事、办实事就必须有这种精神，有这个毅力，有这种决心，有这种作风，调查研究才能说明问题。

　　所以今天在座的有很多值得我们学习，包括陆子修同志在内，他调查的十个县关于乡镇的财政状况，给温家宝总理写了一封信，温总理很重视，基本上都采纳了他的意见。当然我们这些同志都退下来了，不论是退下来也好，在位也好，但我们对人民的感情，为人民服务的精神什么时候都不会改变，也就是说不能忘本。今天那些令人不满意的事情之所以发生，固然有很多因素，但最主要的是我们的信念发生了变化，人生观、价值观、世界观都发生了变化。法制不健全，制度不完善，让坏人钻了空子。我今天非常高兴，也非常激动，刚才这些话是有感而发，也没什么准备，就说了这么一点感受，正好现在春节快要到了，我也借今天这次机会跟大家拜个早年，祝大家新年好！！（韦伟插话：谢谢卢书记。卢书记讲了一番肺腑之言，他是对辛老这项工作给予了长期支持的。）我跟老辛说过的，总体的讲是我支持了他，这是我应尽之责。反过来讲也是他支持了我，是这样的，他支持了我。[（韦伟插话：辛老使你作为省委书记更加了解基层老百姓心里想什么，开辟了一条管道，再一次对卢书记的发言表示感谢。）（辛秋水插话：1987年11月18日，我写了一份关于在贫困山乡进行扶贫改革的方案，包括民选乡村干部、文化改革、经济改革、教育改革、社会改革和政治改革等多个方面，请他（卢书记）批示。我记得过了五天，卢书记的批示就下来了。他的批示是"基本同意，具体实施方案由岳西县委讨论决定"。村民自治当时在全国都还没有搞起来，我就急急忙忙地赶到岳西县，县委讨论后表示完全支持，他们安排我到该县去进行民主选举乡村干部的试验。莲云乡的乡长对我说："我当选乡长刚刚两年，按照国家法律规定我的任期是三年，还未到换届的时候。"其实我很清楚，他们是不想在乡级进行选举的。我就对他们说，那我们就挑选个村来搞民主选举村干部吧。于是乡里就选了一个长期没能完成任务、情况最复杂的腾云村。我根据长期在农村调查所了解到的农村社区的特点，采取了"组合竞选"的办法，先推选几个村委会主任候选人，再由村委会主任候选人分别去组合村委会委员候选人并作为一个整体来竞选。选举结果表明，群众参政议政的热情非常高，投票也很有次序，以致坐在大会主席台上的县里领导干部都很惊讶：想不到群众的觉悟这么高。这次民主选举的成功和卢书记的支持是分不开的，如果当时没有他的坚决支持，要想在农村搞民主选举是很困难的。试想想看，谁愿意把自己的权力交出去？腾云村的新型民主选举，通过中央人民广播电台《祖国大地》栏目和其他报刊的报道后，在社会上引起了强烈反响。北京经济学院王胜泉教授来信问我："你在那里搞民主选举，中共安徽省委是什么态度？"我就把这封信拿给卢书记看，卢书记当即批示："辛秋水同志在腾云村进行的民主选举，我是支持的"。作为省委书记，当时做这样的批示是需要魄力的。]

张春生：安徽省人大常委会副主任

村委会"组合竞选"，我觉得意义重大。辛老是我的好朋友，作为老科学家，他一直致力于中国乡村民主改革的事业，特别是退休以后，不顾年事已高，在大量的农村调查研究的基础上，积极推行村民自治和文化扶贫，完善乡村治理结构，作出了重大的贡献。

今天我应辛老之邀，再谈谈自己对"组合竞选"的看法，借此机会向大家学习，谈几点认识。农村实行家庭联产承包责任制以后，在部分农村出现了以村民委员会管理农村社会的组织形式。1982 年宪法把"村民委员会"写入其中，1987 年全国六届人大常委会颁布了《中华人民共和国村民委员会组织法》，到 1998 年 11 月全国九届人大常委会又修订通过了该法的正式文本，标志我国农村基层民主政治体制有了保障，到了 1999 年 11 月我省十届人大常委会第八次会议通过了《安徽省实施〈中华人民共和国村民委员会组织法〉的办法》和《安徽省村民委员会选举的办法》。村民自治的实质是基层群众有了民主选举、民主管理、民主监督和民主决策的权力。民主选举是首要的前提和基础，村委会成员选举产生的方式，在吉林、四川都各有自己的模式，而"组合竞选"有其独特的优越性：一、有利于消除社区矛盾，消除宗族势力的影响。组合的班子要想获得村民的选票就不能让自己的班子全由自己的亲属或宗族、小集团的人来担任；二、有利于群众的知情权，推动选民的积极性，使选民更多了解竞选者，有利于增强主人翁意识，有利于选举的公正性；三、最关键是有利于提高班子的整体素质，村委会主任候选人不会把有矛盾、威望不高的人拉进来，这样组成的班子是个优化的班子。"海选"有可能会造成"软"班子，"组合竞选"却会把各方面优秀的人才结合到一起来，优势互补。我做了几个调查，邵集乡当时的选举非常成功，大家情绪高涨，选举一次性成功，后来的事情就有待于加强领导，"两眼向上看"的观念还是存在的，"组合竞选"的班子眼睛首先要向群众看，要争取群众的支持，而不是一味地讨好上级。

"组合竞选"已经有了成功的经验，腾云村三次村委会"组合竞选"，高度公开化、透明化是一个成功的办法。上海社科院左学金等同志考察邵集乡，发现"组合竞选"后干群关系令人鼓舞，民主秩序井然。王岗镇两个村实行"组合竞选"后的情况也非常好。通过民主，把权利交给群众了，达到了推动社会发展的目的。"组合竞选"符合村委会组织法的原则，"组合竞选"是科学合理的选举方式，既符合组织法规定，又是对组织法的丰富和创新，因此我建议大力推广这种科学的、成功的选举方式，我们建议在下次重新修订《村民委员会组织法》时，将"组合竞选"写进去，同时有些问题也需要完善，例如罢免班子成员是否要罢免主任，罢免主任是否要同时罢免班子？

陆子修：原安徽省人大常委会副主任

村委会"组合竞选"有利于党的领导，有利于选出来的村委会更有凝聚力、更加优化、更能起到化解宗族和权力集团对村委会选举的操纵。我希望辛老要矢志不渝地把这个有历史意义的事干下去。

这次会议我想一定会取得丰富的成果。中国的改革家不研究"三农"问题就不能称为改革家，过去农民穷是地主剥削的，工人穷是资本家剥削的，现在穷是某些政策造成的，朱镕基同志讲过，一定要让农民增加收入，这是当前第一大事，长期以来，以乡养城，以农养工，城市剥夺农村、剥夺农民的局面一定要改过来。胡锦涛和温家宝同志说，城市中心问题不解决不行。全国农村工作会议提出来了，党中央要统一全党思想，否则，解决不了问题。"三农"是以人为本，要尊重农民权利。我一段时间以来抓了两件事，一个是"民工潮"问题，"民工潮"产生的原因、影响、作用都有待研究，我搞了一个有关"民工潮"问题的电视片，这是一把杀手锏，向社会揭示了很多问题。另一个是我提出第三次解放农民，农民与城市人不平等，必须搞村民自治，农民才能真的当家作主。目前基层干部太多，农民养不起，我建议要改变市管县的体制，变为省管县，以利农村发展，少一级机构，少负担一些人，也少一点官僚主义，我建议乡镇一级撤掉，改为县政府的派出机构。我的这项建议，温总理已采纳了，我现在研究农民的待遇，研究农民工的合法权益，我同在座的许多同志所研究的殊途同归。我们这些人都退休、离休了，为什么还有这么大劲头？原因是对国家和人民的责任心驱使着我们。罗素说过，人的生命价值有三：对知识渴求、对爱情的渴望、对人间贫苦群众的悲悯。农民没有自己的组织，无法保护自己的权利，现在只有那些良知感很强的专家学者，才不懈地对此问题进行探求，一定要建立农民协会，新闻记者们也要为农民讲话。（辛秋水插话：陆子修同志言犹未尽，十分遗憾，我讲三句话：农民一要有其地，二要有其教，三要有其权，四要有其利。"权"就是政治权利，就是推行民主，就是真正的实行村民自治。我所从事的事业是你在"三农"研究中的一小部分，请多多指教。）

陈定模：原浙江省龙港镇党委书记，中国著名改革家

各位专家，我早已远离政治，1998年就下海了，办了一些公司，也办了学校。从去年开始在几个省的地市县，帮助他们在温州做招商引资，今年6月份受蚌埠郊区政府的邀请，担任他们的顾问，给他们做新区的建设。前天辛老打电话给我，我特地从长沙赶来，因为我对辛老搞的乡村民主，特别是对村民委员会"组合竞选"很感兴趣，我长期在农村工作，当过镇委书记、当过区委书记。这次我想把安徽的这项宝贵经验推广到温州，我准备在温州搞个点，按照辛老的"组合竞选"办。我一直认为"组合竞选"更适合经济发达地区，我们的选举现在基本上是"海选"，"海选"产生了很多问题。现在我们温州干部贪污是比较少了，我们的村委会主任或居委会主任要有十万元以上家私的人才去竞选，去拉选票。他可以承诺拿十万块钱给村里修条路，请你们选我当村委会主任。我觉得安徽的村委会"组合竞选"经验更适合沿海发展地区，辛老的改革只

在有限的小地方搞，局限性很大，弄不好上头就会说是"自由化"。我们现在没有能力改造乡镇一级政府，但我们要顺时前进，逐渐摸索改造乡镇的途径。现在农民确实很苦，第一，他们要供养大量公务员，负担很重。过去8000个农民养一个公务员，现在是30个农民养一个公务员，甚至是9个人养一个公务员。第二，农民受教育难。农民想培养一个大学生是很难的，这次到安徽来，觉得安徽农村比我们想象的穷得多。第三，人口流动缺乏管理。人口流出地区的各市县当局有义务保护流出人口的合法权利，可这一点目前还是空白。第四，农民工缺乏社会保障。中央领导到我们那里去，华国锋、赵紫阳、朱镕基等国家领导都去过，我向他们汇报说，我最遗憾的是什么事都没干成。1998年我在龙岗镇当书记时，曾经策划改善外地农民工的待遇问题，我们准备免费为他们提供住宿，后来我走了，这个事情没有办成，农民工受歧视是党和政府行为不规范造成的。第五，农民工所在地区的领导认识错位。例如，外地人在我们温州打工的有136万人，他们给温州做了巨大的贡献，可是我们有些人却把农民工看成盲流、打工仔，农民工应该是我们共产党的基本阶级队伍。目前农民最苦的是不能把苦处通过正规的渠道表达出来，他们往往采取上访，有时还会遭到当地某些干部的打击报复。第六，农民工在流向地区创业难。农民工经常受到歧视，甚至污辱，动不动就被当做盲流抓起来，试问他们既没有破坏，又没有犯罪，为什么可以随便把他们抓起来？最后是维权难。农民工很难保护自己的权利，中国老百姓历来不敢打官司，尤其是到外地，他们人生地不熟，要想打官司从何谈起。

我认为真正重要的是改变农民的小农经济基础和小农观念，农民应该能享受我们国家创造的精神文明和物质文明。我在会上听取了各位高见，过去我们对农民的认识有两个错误：一方面是我们让知识分子到农村去接受贫下中农再教育，而按照历史唯物主义观点，农民作为一个阶级，是代表落后生产方式的，它应该接受先进的生产方式和先进的文化的改造。而另一方面是我们却一直严重忽视农民群众的基本权利。

50年代"大跃进"时，我们选择干部的标准是谁蛮干提拔谁，"四清"时提拔干部标准是看谁斗干部斗得最积极，"文化大革命"时期选择干部的标准是看谁最能无法无天。现在是改革时期，我们应有改革时期选干部的标准，比如农村党支部的状况确实需要认真地调整。我在龙岗镇时，那里有一个党支部，三个党员加在一起186岁，他们三十多年没有发展一个党员，原因是他们要保持自己的特殊权力不受挑战，对这种状况你说怎么办？我采取了从镇党委里派一个干部到那里去担任党支部书记，给他的主要任务是首先发展几个党员，改变这个党支部的组织结构，我甚至说，你们别的什么事不干都可以。大家可以想象，刚才说的那种党支部的状况不变，几个人组成的党支部核心控制着一个村达到几十年，这个村如何进步？

作为农村的基层干部，自己穷得叮当响，如何带动别人致富？干部采取任命制，更缺少监督，权力过于集中那不行，你们不能什么都管，要管也管不好。我认为安徽这个地方不该穷，为什么现在如此落后？因为禁区太多，这个不准，那个不准，如果省里有五个不准，下面就有十个不准，手脚都捆住了，没法富起来。

昨天我同辛老说，你这个村委会"组合竞选"意义有多大？说大也可说大，说小也可说小，说是第三次革命也不为过。当前的主要问题是如何解决城乡二元结构问题。按照国际上的经验，农村人口不能超过总人口的30%，否则现代化只是一句空话。中国近代历史上有几个人值得纪念，一是孙中山推翻了帝制，二是毛泽东结束内战，三是邓小平结束了阶级斗争。后一代人的任务应是还政于民，还权于民。十月革命以后，罗素访问了苏联，他说苏联必定灭亡，因为苏联实行的是专制（辛秋水插话：苏联和东欧各国实行的不是马克思主义，而是封建主义加上专制主义，他们自认为是马克思主义，其实他们远离了马克思主义）。"组合竞选"也好，"海选"也好，都是培养农民的民主意识，是政治文明的一个组成部分，合情、合法、合理。老辛说推行"组合竞选"的阻力来自乡镇，我说这只是一个方面，我看阻力主要来自于县里，因为他们怕麻烦，选举要派人下乡嘛，谁愿下乡呢？老百姓不喜欢听的话他们老讲，现在的干部不会讲话，老讲老百姓不喜欢听的话，同老百姓的利益不沾边。如果我讲的话有人听就有用，我讲的话没人听就没用，讲实话就有人听。现在我们的政府的成本太高了，目前80%的乡镇负债经营，所以工作起来很困难，刚才有人说制度就是一种惰性，新的东西他们不愿意接受，甚至认为你是异化或是自由化。我们这些人至多只能做一些小的事情，现在我总担心辛老百年之后，后继无人。教育农民，文化扶贫是一个重要的手段，文化至少能改变农民的生活习惯。万里同志到我那里去，我向万里说："你别看农民穿上拖鞋了，这是一大革命，是一场意识革命。穿拖鞋走在地毯上，他就不能随便吐痰了。"我主张梯度移民，要有70%的农民向城市转移，必须改造那些自给自足的小农意识，农村人口降低到30%才可能搞规模经济，有本事的做生意，有技术的开机器，种田能手种田地，我希望我们安徽不要把农民留在当地，不要一定让能人再回来，土地应由市场经济来调节，等到大米卖到几元钱一斤，自然就会有人抢着来种地，市场是一个无形的手。让一部分农民先富起来，让他们致富的欲望刺激其他人，这不仅仅是干部问题，更重要的是农民观念问题，老辛的文化扶贫除了帮助一部分农民提高他们的生存能力，更重要的是要用文化改变农村的落后环境，我认为安徽应该鼓励农民进城，安徽各县应该派人到南方去，把安徽去的农民组织起来，保护他们的权利。温州有一百三十万外来人口，他们罢工一个月，温州就得瘫痪，在温州的安徽人现在温州话比我说得还好，可是政府不做这些事。前年泉州市的农民工要加工资，企业老板不给加，他们硬是罢工一个月，老板只好加了，要向企业家争这个权利，要成立打工者协会。温州在全国各地都有商会，为会员无偿服务，现在民政部门不赞成成立同乡会，其实同乡会对社会有稳定作用，中国人在外国都受保护，为什么安徽人到外地去就不受保护呀？我提出过在温州要盖一个民工的公寓，低价或者免费提供给他们住房，因为温州的财富主要是由外地的农民工创造的。我们现在政府太过于"精明"了，管了许多不应该管的事情。在民间有一句话，叫做"一只虎、四只豹、十二个大盖帽，就管一个戴草帽"，有几座大山压在农民身上，让农民如何去伸手脚去创造财富呢？我们目前的政治思想工作仍然滞留在毛泽东时期，要让农民自由流动，他们那些传统的宗族观念自然就削弱了。我在龙港镇，上级政府就给我三千块钱，我就能把龙港镇从一个荒野山村变成一个现代化的城市。我们要在有些人睡觉的时候干事情，等到他们一觉醒来时我们已经干成了。我在蚌埠给他们搞招商，一块土地开头是3万，有人给5万，卖不掉，可是我们温州人去给了17万，结果他不敢卖了。干部观念要开放，引入温州模式不仅仅是制度问题，更是观念和各项措施配套的问题。干部不能怕吃亏。干部权力分配不公，"寻租"、"腐败"，尤其是网络腐败。我相信随着市场经济的发展会解决这些问题。基层同志要顺应时代潮流，响应党的十六大精神，把该做的事做好。不该管的事情不要管，放开人民的手脚，才能创造财富。

华毅：原国务院发展研究中心研究员，安徽农业大学教授

辛秋水同志十几年如一日，一直在搞文化扶贫和村民自治的实验，到现在70多岁了。我看了以后感触很大，他开始搞这个工作60岁，现在76岁，这个精神令人钦佩，辛老的文化扶贫和村民自治是发展民主政治的大事情。前段时间北京派我到温州去了解情况，我感到温州是中国农村发展商品经济的大学校，这次来看辛老这个"组合竞选"，是中国发展民主政治的大学校，尽管才刚刚开始，但对今后中国的民主政治发展有重要意义。"组合竞选"的优点我就不再说了。民主在中国任重而道远，大家对民主的理解不一样，有的人认为是手段，有的人认为是目的，所以说辛老的实验应该把它理解为实现公民基本权利的手段，民主在中国任重而道远。在经济落后的地区先把民主搞起来，这是辛老的功绩，辛老这个工作了不起，今后事情还很多。我建议对村委会"组合竞选"进行论证，并报国家专利，同时将这次会议的成果写成报告向省委汇报，建议在全省推广"组合竞选"。

戴清亮：原安徽省社科院副院长，研究员

我跟老辛是老朋友，他到岳西去，院里就有不同意见，我是表示支持的，现在看来，意义很重大。他先搞文化扶贫，再搞村民自治，村民自治千里之行，始于足下，越往后看，意义越重大，村民自治属于政治民主范畴，还要同国际国内环境联系起来。民主建设正在发展，我们温总理到美国征服了美国，使美国了解了中国。有人讲我们现在倒退了，比延安时期倒退了，恐怕不能这样讲，性质不一样。在延安时期民主是普遍的，市长都是直接选举的，当时陕甘宁边区四十一个县的县长都是老百姓直接选举的，现在比过去复杂得多，各种思想都有，资产阶级思想，小资产阶级思想，封建主义思想都有，丁玲在参观延安展览馆后感慨地说，30年代时大家都是兄弟，建国后就是君臣了，这难道不是封建主义思想作怪吗？列宁还比较民主，到了斯大林，就变成了封建独裁专制了。我们现在受到各种思潮的影响，斯大林没有给我们做一个很好的榜样，我建议政府应逐步转化对村庄的直接领导，要把党支部建立在乡镇上，改变目前的支部建在村上，这一套原来是从部队里搬来的，部队是把支部建在连上，部队的人来自五湖四海，而村庄大部分为强势家族。

黄邦汉：安徽农业大学人文学院院长，教授

无数的志士们为民主竞折腰，我想辛秋水先生确实是作出了巨大贡献的，我与辛老认识的时间很长。辛老尽其一生为民主事业，离休后也始终不渝为民主政治建设而努力探索。"没有民主就没有社会主义"，民主文化是建立现代国家最基础的东西，基础不牢，地动山摇，辛老理论的探索和实践的意义就是要打好这个基础，不是找麻烦，不会影响党的领导。抓好选举村委会，做好决策、监督，是民主政治的切入口。"组合竞选"完全符合《村委会组织法》，符合农村现实，有现代社会民主精神。学习借鉴人类的一切的文化成果，符合当前国家法律制度创新的潮流，更加合情、合理、合法、合时。十几年的实践，总的说很成功，本身并不很复杂，现在的问题就是

如何去推广、进一步地完善。中国将近100多万个村完全推广也不可能，但可借鉴参考。他们也可以搞，多样化去做，才有生命力，不断推广、完善，一面推广，一面完善，领导都支持村委会“组合竞选”，为什么不推广？十几年还在实验，总是处于实验阶段说明一定有许多障碍。省人大几个主要负责人都支持，为什么写不进安徽省的地方法规中去？广泛地施行村民自治，调动广大农民积极性，既紧迫又重要。再一个就是借鉴的问题，这恐怕是一个大趋势。自上而下与自下而上的民主如何结合是值得研究的。民主不是什么人恩赐的。最后的一点想法，大家提到，提高民主素质重要的是教育。最近中央教育有两个重点，一是高等教育，一是农村教育。农民受教育机会很不平等，十几岁女孩就到服务行业去打工。中国农村一定要抓农村教育，特别是女孩子教育，政府要把搞计划生育的力度转入到这上面去，女孩子的文化素质提高了，计划生育也就好办了，治标更要治本。这是很浅的道理。目前的农村教师工资没保障，现在是县财政负责，好像还与乡镇挂钩。这也是解决“三农”问题的一部分，3—5年之内可能看不见政绩，但10年下来就会大有成效的。哪怕有民本思想也要好呀，民主建设不真干，就会真的地动山摇。

张允熠：中国科技大学人文学院教授

这次来自基层的不少，来的目的是真心地接受这方面的第一手材料，来学习村民自治“组合竞选”的经验。我们是搞理论的，辛老既搞理论也从事实践，辛老年龄上是长辈，又是忘年交，我们有非常相同的理念。辛老是把自己的社会学理论运用于实践中去的学者中的楷模，我来了如果不讲话，就愧对他老人家了，但讲什么，又难。我想谈一谈7年前在桐江饭店召开的一次村民自治与农村文明建设研讨会，省委宣传部汪部长主持的那次会议，我在会上谈到了公民社会问题，我现在再谈一下公民社会。村民自治是民主政治学范畴，政治要从公民行为中体现的，柏拉图讲过一句话，政治是从公民行为中体现出来的。经过20多年，政治改革举步维艰，现在新的党中央已把政治体制改革提出来了，我们的政治体制改革是渐进式的，这个改革要找个切入点，20年前我们找的是经济体制改革，现在要考虑政治体制改革，政治体制改革的紧迫性已提出来了。现在我们要进入公民社会的切入点，不然，与之配套的政治体制民主法制就无法推进，公民社会的概念不是中国的社会概念，公民社会完全是从西方来的，从古到今，古希腊城邦民主制是最早的公民社会，国家一切事务要依靠公民投票才能决定，公民赋予这些选举出来的人权利和义务，公民社会就是文明社会，公民和国家是一个契约关系，不是谁归属于谁。西塞罗提出此概念，黑格尔则综合了洛克和孟德斯鸠的观点，他是第一个把国家同社会分开的理论先驱，他将绝对精神—国家—公民社会联系起来。马克思将黑格尔的唯心主义辩证法颠倒过来，马克思认为是由物质生产然后到公民社会和国家，从而奠定了历史唯物主义基础。现在有人提出，公民社会与国家政府之间分立，哈贝马斯提出有两种公民社会类型：私人类型和公共类型，他尤其强调公民社会的公共性正遭到侵蚀，我们称之为后现代主义思潮之一，也是对马克思主义的发展。国家与社会的分立在中国还没完成，我们是要建立中国特色的公民社会，也是符合马克思主义的。邓小平南方谈话的伟大意义是启动了公民社会中政府与社会的分立。表面上是干部下海、经商，实际上是社会意识的加强，这正是公民社会的特点。20多年来，强大的政府力量正在退潮，正受到社会的淡政治化的压力。过去人人都是子民，政府是社会的主宰，而公民社会的政府是社会的雇佣者。一定要从淡化政治意识切入，公民国家不是政府操作的。公民和国家是契约关系，不是谁领导谁的关系。政府如果违背了你在选举时的承诺，公民就要起来把你选掉。有人会说，你强调公民社会不就是削弱了政府吗？不是，而是提高了效率。抗税、抗粮是缺乏公民意识的表现。为什么会产生这些呢？因为长期以来，公民只有义务，没权利，必会引起暴力和社会问题，文化素质低，公民意识差，表现出来的例子很多，如街上行人乱闯红灯。培养公民意识要从哪里切入呢？辛老的村委会"组合竞选"就是一个切入口，其意义十分重大。因为"海选"就是让一盘散沙的村民每人写一张票，形成不了凝聚力。这种社会真空就容易为某一种势力甚至黑势力所操纵，而"组合竞选"就不是这样了，它要在竞选中提高公民的民主意识和公民素质。选举出来好的班子是所要得到的目标之一，更大的目标是在农村社区中培养民主氛围、民主环境、民主习惯和民主能力，这才是对历史社会真正的推动，或者说是真正的贡献。"组合"形成了团队，这个团队有凝聚力，是向群众作了种种允诺，而被群众所选举出来的，因而他必须好好地为人民服务。"竞选"产生竞争意识，平等意识。农村的苛捐杂费多如牛毛，群众没有办法，也看不到社会对它的回报，所以要反抗，要去请愿，要上访。

王振：上海社会科学院研究员

文化扶贫村民自治是一项非常艰苦的工作，不容易。上海郊区与安徽比，差距大，现在重点是市区居委会的民主选举推进得比较快，居委会的文化程度较高，没什么利益关系，农村实际上还是形式上的选举，还是任命制，走过场。我认为郊区工作难做，流动人口大，年轻人许多都出去了，社会结构发生了变化，上海郊区大量人出来，甚至整个一家都出来了，年轻人在农村看不到，到40—50岁回来。他们怎样迅速结合起来尚要研究，辛老的文化扶贫和村委会"组合竞选"的经验很好，实验快15年了，没有很好地推行到全国范围，十六大已提到推进民主思路，操作上还有很多问题。具体到要完成的理论，将实践形成理论，还有很多工作，农村的选举在村中较易，真正要上升到乡县就会困难得多。选举的前提，改革的前提，一是保持稳定，二是党的领导，这样改革才有意义。

计永超：中共安徽省委宣传部理论处处长

如何定位是一个基础性的工作，十六大说党内民主是最关键的，辛老提倡的村委会"组合竞选"模式是基础性民主建设的成功的经验模式，它吸收了近代西方政治文明的成果，结合了中国国情，是符合中国农村特点的选举模式。我思考得最深的一点就是，要实行制度创新。实行村民自治15年来，很多地方都在按《村民委员会组织法》实践，要真正取得实际效果，对经济发展起促进作用，可能还是需要新的归纳和总结。村民自治搞得较好的地方却是欠发达地区，因而我对这种制度超前引导，是充满信心的。这对改造我们这样一个13亿人口的大国意义特别大，社会主义制度是优越的，但目前运行机制上还有很多封建传统的因素在阻碍，国家的政策很好，但缺乏具体的操作程序，使现代民主程序得不到落实，"组合竞选"可以说是创立了中国特色社会主义制度的好模式，1998年，我在安徽的来安县和岳西县做过调查，因而对这一点感受很深。

施正宗：合肥工业大学副教授

我用社会学的理论来支持老辛的试验，我跟辛老接触那么多年了，觉得辛老搞的是本土化的社会学，我用本土化的理论研究来支持。各国有各国的研究法，西方理论到中国来怎么办？辛老用"组合竞选"，他的根本精神是什么？我认为他是要选群众领袖。群众领袖可以有不同的来源，可以是县委指定的群众领袖，也可以是群众自己推选的群众领袖，二者相比较，我认为由群众自己推选的领袖，可能比上面派下来的领袖工作更实在，同群众的联系更密切，我们经常将一些概念简单地拿到我们的实际生活中，其实我们与外国根本不一样。一些地方现在将西方社区概念引进了，是不是改个名字就行了？社区与行政村是两码事，我今年在北京开会，租了群众房子。我跟房主说，你们晚上不要敲门，可有一天，一些人把四个租房户门都敲了，但这些租房户都不开门，干什么事敲门呢？因为当地的居委会要完成登记选民的任务。登记选民为什么这样困难呢？因为大家对此都不感兴趣，70%的投票率，100%一致通过。可见其中的水分太大。群众领袖要对社区成员有情感、有凝聚力，如不是真正的群众领袖，办事不易。真正由村民选举出的班子，村民就会凝聚在班子周围，这就是归属感，群众无论如何都要支持他，因为这是大家选的。如果是上边派下来的，就没有这种凝聚力，根本点就是要群众做主，来选举出群众自己的领袖。

党支部和村委会的矛盾怎么办？群众推选出来的人能力不行怎么办？我认为还是要想办法培养、支持，就一个村委会来说，要让他真正承担起责任。社会学也要研究这个社会变化。培养村民选举出来的干部，群众觉悟没上来，要耐心对待，少数服从多数。两委有矛盾最好请示上级领导。谁获得多数就按谁的办，政治文明提倡民主建设是个好事情，民主这个问题必须让具备民主素质的人来掌握。你如果选不上，就要客客气气交出权来，这是政治文明，文明应由文明人来做。

关于乡村建设一事历史上早已有之，李景汉在定县搞一个县，接着梁漱溟在山东搞一个县，也是一个改革试点，安徽省在共产党领导下搞一个村委会"组合竞选"试验县还能错到哪里去吗？我建议省委也让辛老搞一个县。

刚才会上有的同志说，这是第三次解放农民，第三次解放靠谁解放，由谁来解放农民，还是要靠农民自己来解放自己。第三次解放和村民自治有很大关系，社会分层、社会流动这是客观存在的事实。社会分层、社会流动鼓励大家向上流动，你要想让农民改变现在的面貌，就要促进农民向上流动，一个农民的儿子上了大学当了干部以后就是向上流动，第三次解放为什么那么好呢？因为长期以来农民是没有地位的，要他们上升为国家的主人，这就是革命性的变化，而村民自治让农民选举自己的领袖，这是农民成为社会主人的起步。从分层和社会流动意义上讲，就是让农民从低层次流向高层次上去。

王良虎：安徽省池州市池州师范专科学校副教授

几年前，我看到辛老写的关于村民自治的文章，我就同辛老联系，以后又参加了他组织的几个调查，比如到颍上县王岗镇的新安村作调查，并参加了那里的两个村的"组合竞选"。现在我讲两个问题，第一个是村委会"组合竞选"，过去是乡镇指派，辛老搞选举，竞选是公开的，透明度极高的；第二个是能组成一个有凝聚力的班子，这种情况下，这个班子就是很有力量的。"海选"是每个人投一张票，选一个人，结果选出来的人是互不了解，甚至彼此是冤家对头，拢不起来。"组合竞选"能把那些潜在的人才都选出来，只要有本事。一些权力在手的人对"组合竞选"不大认同，因为他们已经有权了，不愿意再平起平坐的竞选，"组合竞选"反映了许多年轻人的意愿和利益。我们跟随辛老到来安县和颍上县去做问卷调查，不是将卷子散发下去填，因为我们认为那是不能保证卷子填写的真实度，而是我们向农民调查，自己填写，所以反映的情况是真实的。"组合竞选"是彼此平等竞争，"组合竞选"是作为一个班子竞选的，哪个班子能干，让老百姓来挑选。班子与班子竞选，显然比"海选"要好得多。新安村共组成四个班子来竞选。郑湾村过去的选举选来选去都是那几个人，后来实在选不下去了，他们请辛老来搞"组合竞选"，于是就非常顺利地选出来了一个崭新的班子。过去有人说"组合竞选"只适合于经济条件比较好的、问题不多的地方，实际情况恰恰相反，我们是在一些矛盾重重而经济又很落后的地方搞"组合竞选"，都获得完全成功。

陈继豪：中国科学院安徽科学分院高级工程师

我与辛老十几年前在岳西搞扶贫，我也是农村出来的，几十年的封建统治，农民直不起腰，"土改"第一次解放农民，包产到户后农民又一次得到解放，但农民真正挺起腰杆的目标还没实现。辛老提出"扶贫扶人、扶智扶文"，让农民怎样当家作主？帮助农民怎样脱贫致富？培养农民的生存能力是高瞻远瞩的。最近，我看了辛老一篇文章，农村很穷很苦，解决这个问题很困难。贫困县，农民抱怨多，有的农民说："我现在种田，还不如过去给地主种田呢？"负担那么重，几亩地收1000多元，而且对农民压迫也较厉害，甚至组织劳教过的人到农民家中讨债。上次我到舒城，问到乡镇干部你们怎么这样搞？他们说：我们也没办法。农民做出牺牲，贡献很大。要提高农民文化，教给他们科学养殖等技术，辛老一个人也不行。现在全国搞的也不少了。不久前辛老计划在江淮乡村建设研究院里面设置研究部，我认为这很好，可将实践上升为理论；还设置培训部、推广部，但苦于没有经费，搞个杂志《文化扶贫与村民自治》，一年也要花上万元，没有经费不行。我说关键是大家齐心协力，辛老需要许多人支持。辛老比我大7岁，身体也不太好。我提几个建议，办企业、商业，搞农产品增值，长丰、岳西花岗石搞得不错。我希望把辛老的工作进一步推广扩大，使农村有彻底变化，使农村真正的致富。

王徽文：安徽电视台社会部副主任

我和辛老1996年一道去岳西县莲云乡采访，采访关于村民换届选举，后来选举的时候非常成功，陈子斌同志当选为新一届村委会主任。当时选举的情况我们在现场，感受到气氛非常热烈，从那天早上开始，天没亮我们就开始到农户家去，村民们一早就到乡政府大礼堂参加选举。选举那天，好多人都换上新装，我问他们为什么这么高兴，他们说：今天选举村委会主任。那个气氛就像"土改"，乡里好多人都拥到乡政府大礼堂，虽然条件比较差，将近一千人都挤到大礼堂，但气氛相当热烈。

选举从早上持续到下午一两点钟，因为是两轮选举，四个人当场发表竞选演说，陈子斌当选了。小陈高中文化程度，他是蘑菇的种植大户，他在没当主任之前，就带领当地好多农民种植蘑菇。他是一个外来户，而且当地姓陈的就两户，他有文化，也有热心，而且后来也证明他干得比较好。第一年去采访，这个村经济落后，几乎没看见有什么楼房，以平房为主，交通也不方便。第二年我们又去采访，大概有二十栋二层楼的房子，农村变化非常大，特别是小陈，我们现在看见他今天是黑头发，那是染的，其实第二年去采访的时候他已经是花白头发了，说明他为民操心。当选是因为，第一，他有致富带头的本领；第二，他有全心全意为老百姓服务的思想，有了这两条才能当好人民干部。过后我们采访了省委卢书记，卢书记在谈到文化扶贫和村民自治的时候，对这件事评价很高，说它是安徽省继农业大包干之后的又一个伟大的创举，陈子斌的前任王先进也是单门独户的外来户。这个地方三大姓，储、刘、王，在竞选时候，这三大户都没有人当选，还有，这说明一个问题，就是"组合竞选"对分化大家庭是有一定的积极作用。腾云村的第一次"组合竞选"，一个农民技术员王先进取代了一个老村委会主任，第二次"组合竞选"，因为王先进干的时间长了，于是手长了，腿短了，嘴馋了，所以老百姓不投他的票，而选上了29岁的陈子斌，这说明官当长了是要发生变化的，所以要定期改选、不断更新，让每个当官的时时感到有竞争的压力，他才有活力。中国几千年的封建制度在政治上形成了一种堕力，那就是只要他当上官、有了权，就死死抓住权不肯放，放也可以，要放给自己的儿子，或者是他的"可靠的接班人"。对谁是可靠的呢？是对你可靠还是对人民可靠？如果说对你可靠，那只能说是你个人权利的延伸，对你既得利益继续保护。要实行"组合竞选"，那结果就完全不一样了。谁能当上官，谁能有了权，要看人民投谁的票，愿意把权交给谁，那就不能由哪一个人根据自己的意志来指定他的接班人了。也就是因为这一点，所以"组合竞选"推行起来遇到很多阻力，这个阻力并不是来自于老百姓政治觉悟不高，参政能力不强，而是来自于那些权力已经在手中的人，不愿放弃自己手中的权力，不愿同其他人平等竞选。

陈怀仁：凤阳县人大常委会副主任

上午听到一些领导和专家的发言，感到很鼓舞，村委会"组合竞选"工作做得很有成果，已经看出一些思路来，非常好。我们县在辛老的指导下也做了一些工作。临淮镇160个干部，总共一万八千个农民，现在一下子解决不了，村民自治搞好是好，若大环境解决不了，小打小敲，也没办法，你就是选个"猴王"也不行。

要听老百姓的，不能都听干部的。要把老百姓都发动起来，共同制定规章，才能符合老百姓的利益。走群众路线，老百姓那里常有合理的东西，关起门来不行。过去收特产税，瓜果也收税，那不是限制人家发财致富吗？（王振：这不一定是知识分子搞的，是当时社会，大家一窝蜂种经济作物，导致无人种粮才制定的政策，农业结构调整，政策要配套。）

我当凤阳县县委常委、宣传部长的时候，就同辛老相识。他去检查我们搞文化扶贫工作的时候，那时我资历尚浅，二十个村的二十个贴报栏，他一个都没错过。有一个村地处最偏僻、最老远的山区里面，他也没有放过，那个时候我真正感受到了他身上那种为人民服务、坚持真理的老共产党员的风范。1500 份问卷的调查，他是孜孜不倦的，他的精神值得我们永远学习。这次会议的定性、定位大家都谈了，大家把村民自治定位成第三次革命，第一次是给农民土地权，第二次是给农民土地使用权，第三次就是给老百姓民主权。这次会议讨论 1500 份问卷的调查成果，通过大家的发言基本上可以肯定这项工作在辛老的组织下，在方方面面的支持下，取得了非常的成功，是一个好经验。真正想为人民做实事的"官"都愿意做这件事，是不是能影响到全国呢？看来还是任重而道远的。"扶贫扶人、扶智扶文"，潜移默化地教育农民提高各方面的素质，这次会议我觉得开得很成功，有这么多老专家老知识分子和省里领导干部参加。这次会议面还是比较广的。我最后建议我们安徽省是不是能通过辛老这次会议在安徽搞一个大一点的试点，在一些乡镇搞试点，试点以后再来总结、推广。

谭用发：中共庐江县委常委

农村内部矛盾的确很多，要解决这些问题，解决这些矛盾，村民自治是一把很重要的杀手锏，只有靠这把杀手锏才能解决这些问题。

（1）农村内部债务多，温家宝讲这是一个大毒瘤。庐江村级债务有两个多亿吧，平均每个村有 400 万，乡村干部搞得一塌糊涂，每年这个时候村干部就要躲债了，有的老百姓通过法院起诉要钱，法院只好把村干部关起来。2001 年朱镕基来庐江时讲过：全国乡村欠了 3000 多亿。我们也无可奈何，我这一届政府解决不了，下一届政府还是解决不了，我们县里就用村民自治这把杀手锏向毒瘤开刀！我们县有一个河西村 1000多人口，村委会欠了 46 万债务，村里瘫痪了，群众工作根本开展不起来。这个村的村委会主任又是一个残疾人。欠钱要承担利息，利息是 3 分，越背越重，村主任如实地向村民代表会议汇报，乡村干部都不敢干了，村民代表会议决定先让有还债能力的人还债，有一个人欠村里 3 万多元。十几个村民代表到他家里一站，要求他还贷，村民代表的压力迫使他还贷。他这一带头，其他人也纷纷还了贷。

（2）群众上访也是最头疼的事，有的干部被上访是有点冤枉，有的干部确实有问题，村民自治能够解决这个问题。如某某乡 40 多人，因与村干部的矛盾，到巢湖市里去上访，这四十几个人反映，这个干部账务不清，要求账重新算，大家推选代表来清账，这需要村代表会议投票决定，结果一投票，多数人不愿再算账，因为谁也不愿承担算账费用，且有一种面子上的压力。

（3）农村一些事要根据农村的实际情况由农民自己来解决，上边的一些部门由于不了解下面的情况，往往定了一些不切实际的条条框框，比如上面规定村里办事要一事一议，农民承担的费用一次不能超过 15 块钱，这就很不符合实际。比如村里修塘坝，每户拿出 15 块钱能起什么作用？有的农户为了兴修对自己生产能起大作用的塘坝，愿意拿出三百四百，这是完全应该鼓励的，要是完全按上面的条条框框办就不行，所以村民自治不仅仅在推行民主方面有价值，而且在处理村里各种具体事务上也有价值，只要村民愿意，大家讨论就可以办起来。

戴传明：明光市政协副主席

安徽资源环境都比较好，我们穷得不应该。我们有很多教训和失误，例如十多年前的撤区并乡，实践证明撤区是对的而并乡却是值得商榷的。"大包干"是对的，但不应大分光。好不容易搞点集体积累，都一下子分光了。我们安徽政策多变，为什么安徽这么穷？呼吁也无济于事，许多干部一心往上看、往钱看。村民自治太重要了，这个战略的重要性怎么估计也不过分。向利看、向钱看，误了多少事，目前不送礼，办不成事啊！现在改革，已经改到我们共产党自己的头上了，怎样发展？目前还有一部分人温饱没解决，中央讲的政策都好，但到下面，还是空对空。我是从解放军转业过来的，穿了多年军装，"为人民服务"这五个字不能只讲在嘴上，那样是不能真正教育干部的。其次是想方设法使民主法制化。干部不把工作放在为民服务上是目前较普遍的现象。上午辛老说了袁振，那是一个真正的改革家，袁振不在了，应该出现更多的袁振，只有真正认真负责的人领导着我们，才能使我们工作落到实处。文化扶贫，辛老的这个想法很好，可以提高群众素质，目前文盲太多，小孩子辍学，大学、大专的学费太高，农民缴不起，农民孩子上不起学，只能从小种地。要把教育的重点放在农村，过去毛主席提的这一方针应该重新提出来，毛主席过去许多正确的话，现在仍然有价值。

崔黎：颍上县副县长，原颍上县王岗镇党委书记

从1991年开始，这个村（颍上县王岗镇新安村）农民就开始上访告状，一直到1997年，这六年间老百姓不交粮，不缴税，不出义务工，不计划生育。以至王岗镇从1994年开始到1997年连续几年都是全县计划生育最落后的乡镇，社会治安也无法控制。1997年我担任王岗镇党委书记的时候，经过调查，发现这个镇的问题出在干部身上，老百姓告状告的都是干部，没有告老百姓的，都是因为干部不作为，干部作风不好。我上任的时候，就主要抓改善干部作风，密切干群关系。我主持过两次村委会换届选举，第三次是在王岗镇当党委书记，当时村委会换届都采取"海选"方式。不瞒大家讲，那时候主要是按领导意图办，我们想，这些村干部干了十几年，本来工资就低，现在把他弄下去了，心里有点过意不去。到2000年村委会换届，我当时的看法就是，下去一个人，安抚千万家。如果他已经不能在这里执政了，我们党委政府还去保他，群众是不满意的。我们当时认为村民委员会就是村民的，不是党委的，党支部委员会才是党委的，所以叫"村民自治"而不是"村委自治"，村民自治就是小范围内的自治，是可以达到自治的效果的。所以在2000年的时候，辛老和王显玉到我们王岗镇去，介绍了"组合竞选"，我就觉得这个方法不错，就向我们当时的县委书记徐波同志作了汇报，他问行不行，我说，我们不要怕群众，我们当官的怕群众，肯定自身有毛病，我们应该相信群众。为什么怕群众呢，有的说民选出来的干部不听党委政府的。我想，群众选出来的干部肯定会落实党的政策的，像高明这样被群众选出来的干部，他能不听党委政府的吗？他能不落实党的方针政策吗？所以我们不应该怕群众，而是应该相信群众。新安村是1988年迁移过来的，因而在这里经常受本地人的气，以前新安村的老百姓靠打鱼为生，现在把他们迁到王岗镇这个集镇上来，给他们盖门面房，让他们做生意，但他们根本没有做生意的经验，这些人闲得没事就在一起闲扯，谈论这个当官的不好，那个当官的不好，天天就谈这些事。以前这个村的党支部书记王青昌，搬来的时候就开始当干部，因为他谋私，群众都恨透了，但没有办法把他拿掉，辛老去过以后，对我们的

这个问题很关注，所以采取了"组合竞选"方式，谁有本事让谁干。"组合竞选"和"海选"有重大区别，它能把村里的人才推选出来。当时村主任候选人有三个，一个是原来的党支部书记王青昌，已经当了几十年的村干部，一个是村文书，还有就是高明。高明在村里威信比较高，像高明这样的人，要不是"组合竞选"，他永远也当不上村干部，因为当时村支部书记王青昌就恨透了他，高明虽有本事也不让他当。我们当时要求群众推荐四个主任候选人，谁得票多谁就当主任候选人，然后再由当选的村委会主任候选人自己组合委员，高明组合的有姓王的一个，姓莫的一个，姓邢的一个，因为村委会成员法定成员三名，所以要组合四名成员才能进行差额选举。姓莫的和姓邢的两个主任候选人也组合了，也张榜公布了，贴出来了，但姓莫的和姓邢的愿意放弃，不参加竞选了，因为高明当时已把他们组合到他的班子里去了。当时王青昌也说不参加选举了，辛老当时就说他不参加就算了，我说我最了解他这个人的性格，他要是不参加竞选了，也要让他写个书面材料，说是他自己不愿意参加的，否则我们选举过后他会说，是你们不让我参加的。果然是这样，那天晚上他又要参加了，他组合不到人，组合的人不愿意跟他在一起干，他只好把他兄弟组合进去了，选举的时候高明得了 244 票，他得了 113 票，过半数是 170 多票，差距大。村委会委员是在村委会主任候选人当选以后，再进行差额选举选出来。老百姓的民主意识、民主需求太迫切了，大家看到，那些走不动路的、拄着拐棍的人都来参加选举了，不像过去，喊老百姓去，开会发奖品他们都不去，那天所有在家的村民全部到会，村民的民主意识非常强，通过"组合竞选"调动了所有参选村民的民主意识。我们过去拎个箱子，到一户一户去请他们投票，村民都不愿意选，甚至在投票时写个死人的名字，群众对这种选举不满意的程度由此可知，谁也不把它当回事。"组合竞选"的好处就是克服了家族、宗派的控制。过去我常听下面的人说，没有人愿意当村干部，可事实证明不是这样的。有人说选不出村干部，那是因为没有群众心里想选的人。我认为所谓村里选不出村干部来，关键就是乡镇一级不愿意让老百姓当家，我们镇一共十七个村，现在有两个村实行了"组合竞选"，因为这两个村用"海选"选不出干部。郑湾村是个大村，3000 多人，郑姓是大户，他们谁都想当官，这不是坏事。用"组合竞选"的办法，就能谁有本事谁当"官"，群众选你你就当。你想竞选村干部，你上台演讲就是了，有的村委会主任的竞选词写四五页，那都是跟老百姓掏心窝的话。

"组合竞选"能避免家族的控制，能避免按领导意图去搞形式化、走过场的假选举，能激发群众民主意识。我们在"组合竞选"的具体操作上，设了 15 个画票间，每个画票间坐着一个人，这些人都是与当地选举没有关系的，如工商所的或税务所的人，所以老百姓相信他们，拿着票的进画票间，不拿票的或不是当地人的站外面，以前不识字的村民叫识字的村民代画票，这是有漏洞的，容易发生作假，现在他们不会画票就请与选举没有关系的这些人替他画票。同时我还请竞选双方各派一个人站在旁边，一边一个人，互相监督。教村民投票，就这样解决。选举的成败关键在乡镇愿不愿意让老百姓当家作主。"组合竞选"符合《村民委员会组织法》，村委会成员都是群众直接选举出来的，村委会主任和委员都是村民直接选举产生，这种方式很科学，希望在每个村都能搞"组合竞选"。最后一句话：只要镇干部不偏心，事就好办。

兰向雷：安徽省颍上县王岗镇党委书记

农村穷，农民苦，镇财政80%靠农业税，作为基层干部，应该跪下一条腿为农民服务，还要有一只眼睛看市场，做农民的腿脚，做农民的眼睛。办贴报栏，王岗镇科技文化致富中心传播科学技术知识，把专业户组织起来带农民出去。我们镇的两个村的村委会"组合竞选"试点成功以后对基层工作确实有推动。下一步是让辛老的成果在我们这里扎根，春节过后把几个服务中心搞起来，我们有责任有义务把农民交给我们的任务做好。

村干部不是没有人干，一个在合肥打工的村民，为了参加村委会选举，花了400元专门包车回家参加投票。"组合竞选"确实能发动农民群众的政治热情，也确实能够提高农民群众的政治素质和公民意识，我们镇村干部的每月工资补贴也都由镇政府付给的，所以他们很安心做工作。

叶克连：颍上县十八里铺镇党委书记

我们镇有18个行政村，五万四千人，每个行政村的村落都比较大，少的一千七八百人，多的将近五千人，我是2002年2月9日调到这个镇的，按照县里的安排，进行村民委员会换届选举。按照《组织法》我们对17个村进行了"海选"，还有1个村没选好，这个村将近4000人，情况比较复杂，受宗族势力影响，导致村委会换届不成功。通过"海选"的19个村，从两年的实际工作来看，也存在着一些问题，很多中心工作开展得不是太顺利。村干部存在许多问题：第一就是有"阿Q"精神。工作不同好的比，专同孬的比，他能那样干我为什么不能那样干；第二种就是"井里葫芦"现象，工作漂浮不深入；第三种就是"鸵鸟精神"，回避矛盾不正视现实。这三种怪现象产生的主要原因是什么呢？这19个村实行了换届选举，存在着许多的弊端，人为的因素一方面是乡镇，另一方面就是原来的班子，受到家族宗族势力的影响。还有1个村村民委员会换届选举没进行，导致现在的各项工作无法开展。主要是受家族、宗族势力的影响。这个村姓王的较多，支部书记是村长的亲侄，村长是支部书记的亲叔，班子里面都是他们自己的人，村里其他人不服气，不久前我结识了辛老，认为村委会"组合竞选"比较适合农村，关键在于"组合"二字，通过组合可以发挥整个班子整体作用，比"海选"更民主、更科学一点。今年春节以前做好筹备工作，正月十六以前（因为正月十六过后外出务工的比较多），争取在这个村进行"组合竞选"。

高明：颍上县王岗镇新安村村委会主任

大家好！我来自颍上县王岗镇新安村，我叫高明。2002年5月省社科院辛秋水研究员和来自合肥的许多专家学者来到王岗镇新安村进行村民选举试验，说句实话，当时我并没有把这件事跟自己联系到一起。我对"组合竞选"感到很陌生，后来在辛老和有关人士的大力宣传下，我对这个"组合竞选"有了全面深刻的了解，我就决定参加这个竞选，因为平时我是做农机生意的，跟群众接触比较多，平时喜欢帮助大家，深得村民的信任，所以在后来的选举中如愿当选为新安村的村委会主任。通过这次选举，我感到村委会"组合竞选"特别适合基层选举，村民也都比较喜欢，以往选举盲目性较大，各自为战，往往选出来的班子不团结，工作起来相互抵触、推托，而"组合竞选"

这种方式，不仅要求竞选者自身的素质，还要求整体班子的凝聚力、战斗力，这两种关系的制约，使竞选人一开始就要考虑组合班子的好坏，如果班子不好，村民就会对你这个班子失去信心，也不可能投你的票，所以竞选者选择班子时必须好中求好，组合优化的班子，才能取得村民的一致赞同，不辜负村民的信任，尽职尽责，为村民服务。我始终以此严格要求自己，大家选我是要我为大家办实事，不是要我以权谋私，图享受，我只要为百姓做实事、好事，老百姓自然会支持、信任我的。

因为我们是从沿淮行洪区搬过去的，人口比较密集，卫生条件不好。我当选后，承诺了几点：第一，搞好卫生；第二，帮助大家搞好劳务输出。村上有两个大面厂，我们就给农民贷款，让他们买三轮车，然后开着三轮车拉面到农民家去换原粮，做这样的生意增加了农民收入；第三，发展养殖业，增加农民收入；第四，把低洼地改造成道路，方便大家。

郑传合：颍上县王岗镇郑湾村村委会主任

我今年61岁，初中文化，来自王岗镇。郑湾村在王岗镇是大村，人口占全镇十分之一。1997—2001年文书换了6个，村账务不公开，群众有意见。2003年5月，王岗镇党委决定在我们这里采取"组合竞选"方式选举村委会。辛老和合肥来的同志，还有王岗镇领导到我们村里来组织选举，首先是公布选民榜，家家户户讲解人民如何当家作主，讲解民主选举、民主管理、民主决策、民主监督这四大民主的内容和做法，特别是详细讲解为什么要"组合竞选"以及"组合竞选"的程序。经过他们的宣传讲解，我们心里就明堂了，就有了主动性了。接着是由各村民组在全村范围内推选村委会主任候选人，然后，再由各村委会主任候选人自由组合各自的竞选班子并公布于众。让广大村民评头论足，交流信息。在正式选举大会上，几个村委会主任候选人各自发表竞选演说后进行投票。在村委会主任选出后，再对他所提名的竞选班子差额选举。同以前的"海选"相比，真是差别太大。以前的村委会选举都是由上面党委提了名单让老百姓画圈，全是暗箱操作，老百姓根本不懂得民主选举是啥。现在不行了，选举过程完全公开化，有极高的透明度，候选人完全是由下而上老百姓提出来的，也是由老百姓投票决定的，什么权势单位和宗族家族都操纵不了。选举大会上设有许多秘密画票间，即使有人事先来拉票，投票人当时答应，但到画票间画票的时候就不一定了。我当时获得了443票，当选为村委会主任，当选后我吃苦的事领先，我感觉到老少爷们把我选上了，我不能辜负大家的希望。所以获得了大家的支持，工作中虽然还有难度，但总的说来好干得多了，这是因为我不是由上面任命而是由绝大多数老百姓选举出来的，再加上我吃苦在前，不假公济私，所以老百姓继续支持我，我还要争取下一届"组合竞选"仍然能够得到老百姓的支持继续当选。（崔黎插话：在他的吃苦在前不谋私利好的作风影响下，郑湾村农业税很快就收上了，这就是"组合竞选"的效果。）〔兰向雷插话：今年他那里遭到洪灾，大坝管涌，他（郑传合）60多岁的人，扛着几十斤的麻袋去抗洪，老百姓说，如果是过去的话，干部不会有这个劲头。〕

俞德贵：来安县邵集乡乡长

1998年原中共滁州市委书记张春生同志邀请辛教授到我们那里去做村委会"组合竞选"的试点，来安县委书记陈业乔同志带领二十几个科局长和辛教授一道到我们乡开展"组合竞选"的工作，我们乡8个村是同时进行的，竞选很成功，1998年中央电视台为此到我们乡拍了半小时的节目，介绍邵集乡8个村"组合竞选"的成功经验。我们当时的做法是以村民小组为单位，在全村范围内推选村委会主任候选人，最后以得票多少为序，每个村确定出两名以上的村委会主任候选人，再由每位村委会主任候选人根据自己的意志挑选自己的组合竞选班子，组合出来的班子进行张榜公示，让群众都知道，接着召开选民大会，由村委会主任候选人在会上发表竞选演说，宣传他的施政纲领、计划、承诺等，再进行村委会主任的竞选，谁当选为村委会主任，就将谁的组合成员名单印在选票上，发到选民手里，进行差额选举，最后形成一个村委会班子。这里特别要注意的是，我们（乡党委）当时对各村民委员会主任候选人要进行资格审查，条件是候选人不能有违法乱纪的记录，有一定文化水平，家庭经济条件宽裕，群众信任度高，最好是党员。党支部与村委会成员最好能交叉，村委会成员中全部不是党员，支部就会麻烦，至少村委会班子里面要有1—2个党员，这样，乡党委对村委会有一个把握。虽然选举不是万能的，但它是农村推行民主法制建设最基础的工程，比选举更重要的工作是在选举之后，竞选者按其在竞选中的承诺去做，是件很重要的事。我们新中国成立几十年来干部都是任命制、指派制，干部对怎么选举不知道，1998年我们搞民主选举还是第一次，干部根本不懂得如何选举，这就需要我们乡党委拿出意见，并向广大村干部作宣传，作解释。选举以后我们抓制度建设，出台了一系列的村民自治管理法规，制度建设十分重要，我们在各村成立了理财小组、政务小组，这些小组的成员都是由村民选举出来的，村里面要开支经费必须由理财小组签字才行，村里的重大决策没有政务小组的参与和决策是不能通过的。制度使他们有章可循，制度制定以后，落实必须跟上，这一个责任就在乡党委身上，比如理财小组每三个月开会一次，清理村里的财务；政务小组每月1号或3号要开会讨论村里要做哪些重大的事情。乡党委的组织委员就抓这件事情，他要到下边去作定期巡查，遇到错误及时纠正，村干部开会时他必须到场。自从那次"组合竞选"以后，乡里的工作变得很顺利，我们的乡村公路从乡到村，从村到村民组都建成畅通的沙石路。我们村里公益事业做得比较好，水库承包给谁，以前都是由村里面的书记定了算，选举以后的村委会不敢这样做了，必须公开招标，比如渔塘村水库在公开招标以前是由一个老支书承包的，承包费每年500元，公开招标后，大家都来投标，从500元猛增到12000元，最后还是由那位一年交承包费500元的老党支部书记承包去了。由这一例可见，公开性、透明度大的村委会"组合竞选"的威力有多大，它使老百姓真正意识到自己是社会的主人翁并真的行使主人翁的权利，也实实在在地制约了干部的行为。下边再讲几个问题：

一是关于党支部和村委会"两张皮"的问题。我们解决这一问题的方式是村里的重大事务必须由财务小组、政务小组开会讨论，研究以后经党支部同意然后再召开村民代表会议，形成决议，就成为村委会意见。

二是有的村委会成员不称职怎么办？这就牵涉到"海选"和"组合竞选"的优势对比问题了，如果是"海选"出来的，我们没有一点办法，因为按照海选的章程，他竞选的是主任或副主任，竞选成功后，即使他不能胜任这个职位，上边也不能改变他的职位。而"组合竞选"就不一样了，"组合竞选"的班子是由村委会主任"组合"的，如果副主任不称职，村委会主任可以免去副主任一职，把他改为委员，而让别的委员来担任副主任。

翁义俊：来安县邵集乡渔塘村村委会主任

我们那里既搞过"海选"，又搞过"组合竞选"，实践结果的两相对比，"组合竞选"的优势十分明显：首先，"组合竞选"是先选出村委会主任候选人，然后由村委会主任候选人在全村范围内物色他的组成班子成员，并在正式选举一周前将各村委会主任候选人和他的组合班子成员张榜公布，让村民评头论足，相互交流信息；这样一来，就有三个好处，第一，这个班子竞选以后有凝聚力，因为村委会的班子成员都是由村委会主任候选人自己物色的，他不会把那些与他见面就脸红，说话就吵架的人组合到自己的班子上来；第二，这个班子是优化的班子，因为村委会主任候选人在组成他的村委会班子时，必须把那些口碑较好、群众拥护并且有本事的人物色到自己班子里，否则群众就不投他的票；第三，它有利于化解宗族、家族势力对选举的操纵，因为在各个村委会主任候选人物色村委会成员人选时，都想在大的家族里拉选票，因而都想在大家族里拉一个代表人物作为他的组合成员，如果几个竞选班子里都有这个大家族的代表人物，这个大家族就会分化了，对选举起不到操纵作用；第四，这种"组合竞选"自始至终都是高度透明的，公开性极强，因而它不容易走过场，搞形式主义，而"海选"恰恰缺少这几条。以上几点都是从我们在选举中切实体验出来的，我们希望村委会"组合竞选"的形式能够推广到其他地方。

陈子斌：岳西县莲云乡腾云村村委会主任

我是来自基层的岳西县莲云乡腾云村的村委会主任，是80年代的高中生，没有什么文化，讲得不好，请大家见谅。

在农村开展基层民主实践，推行村民自治，是解决"三农"问题的有效途径。我认为"组合竞选"是实现农村基层民主的最有效途径。在辛秋水老教授的亲自主持下，腾云村的村民自治实践从1989年1月17日第一次村委会"组合竞选"以来已经走过了十五年的风雨历程。十五年的探索与实践，为国家提供了村委会选举模式决策的依据，同时，也让我们深山区的群众真正成为当家作主的人。一个小山村的民主政治建设，已经对中国的民主建设产生了深远的影响，为此我们感到自豪。让我们回顾一下吧，1989年1月17日是腾云村1500多个村民难忘的日子，这一天，由省社科院辛秋水研究员亲自参与指导的"组合竞选"的村委会班子顺利产生，此次的选举一改过去村干部由上级提名，村民举手通过的老框框，而是实行由各村民小组召开会议分别投票、联名推荐和本人自荐方式产生村委会主任候选人，然后将这几位村委会主任候选人及其各自推荐的村委会组合人选张榜公布，让全体村民评头论足，相互议论，交流信息。选举的第一轮是选举村委会主任，几位村委会主任候选人分别上台发表竞选演说，并介绍自己的竞选班子，当村委会主任选出后，再对他提名的村委会委员进行第二轮投票，选出村委会的全体成员。"组合竞选"在本村实行十五年来，自1989年后，在1995年、1998年、2002年相继进行了三次"组合竞选"，我作为一个高中生，腾云村的一员，在1995年参加了组合竞选，并当选为村委会主任，在此后两次换届选举中又成功连任。回顾近十年的历程，我深感"组合竞选"所产生的村委会班子有多方面的优越性。

一、"组合竞选"选出来的班子是有凝聚力的班子，是优化的班子，是团结能干事的班子。因为村委会的委员都是由村委会主任候选人自己推荐的，所以他能指挥得灵，班子协作好。

1995年4月25日，腾云村第二届村委会选举。我以高票当选为村委会主任，在当月28日，召开了全体村民代表、党员、组长及村两委班子会议，确立了"稳林、重农"的方针，并采取了以下措施：

1. 1995年5月1日，班子成员进行封山育林，利用广播进行宣传，并聘请护林员专职看护。这里我想讲一个小插曲，我们4月25日成立的班子，28日开会，5月1日上山，进行封山育林，山上没有电线，借了乡里面的喇叭，买了七八节电池。后来发生的事让我感到很委屈，当时都不想干了，这个事情我从来没讲过，今天就讲一下。当时我们跑了一下午，三点多下山的时候还没吃饭，因为山上是没法吃饭的。路上碰到了我们村的一个年轻人来找我，事情是这样的，这个小伙子的哥哥可以说是本分人，不知道怎么回事就死在家里了，死了以后家里人就找我。原因是4月28日我到村子里面去请各村民组的组长、党员和群众代表开会，经过山上的时候，看到我们村有一个人正在砍树，当时护林员就把他拦了下来，正好那个小伙子的哥哥在山上砍柴，于是我就叫他把砍倒的树送到乡里去，他也扛回来了，扛回来以后不知道他是怎么处理那棵树的，可能是中间有人给他施加了压力，第二天（30号）回家就喝药死了。他的亲人就来找我，说是我把他逼死的，我当时确实受不了，刚从山上下来，跑了一天，还没吃饭，他们竟然这样说我。我很生气，当时就跟村委会委员讲，这个主任干不了了。后来我还是跟他们说明了情况，我们当时是有人证的。这件事解决了以后，我们又继续开展工作，进行宣传护林。以前山林糟蹋得确实比较厉害，通过种种措施，我们的山林现在已经有了很大改善。我们是山区，没有什么企业，全靠一片山，如果管不好山，群众自然有意见，这个主任肯定也就是不称职的了。

2. 农业上继"两优"种植后，大力推行其他种植方式，保住了粮食的高产、稳产。我们属于贫困山区，海拔又比较高，有很多地方只种不收，也种不了两季，后来我们花了很大的力气推广"两优两杂"，现在粮食产量还是比较稳定的。

3. 交通是贫困山区经济发展的重要因素，经过村两委的研究，我们决定把修通村内各村民组公路作为头等大事来抓，后经班子成员的多方协调动员，公路已经于1997年开始动工修建。

4. 腾云村群众自90年代起就有栽培食用菌的传统，我本人也学习掌握了食用菌的栽培技术，我在当选村委会主任后，带领各村民组大力发展香菇种植以及养殖业，人均收入增收百元以上。上述各项措施的开展，让群众看到了新一届村委班子是全心全意为人民办事的村委会，村委会得到了群众的信任，我本人也连续三届当选为村委会主任。

二、打破了农村存在的宗族、家族势力对村委会选举的干扰。

腾云村有一千五百余人口，近四百户村民，储、刘、王是本村三大姓，"组合竞选"的实行，排除了宗族干扰，因为参加竞选的村委会主任候选人无论从竞选角度还是从当选后的工作角度，他们都要考虑竞选班子成员需要有各个大姓的代表人物。在选举之初，有人担心宗族势力的干扰，对这一点我是深有感触的，我是单户独姓，在腾云村就我和我哥哥两户，我参选的时候，也有这样的担心，群众会不会看到我是独门独姓就不选我，但我全身心参选后，事实证明，我的担心是多余的，只要你真心实意为群众办事，老百姓就会拥护你，就会投你的票。

三、通过组合竞选，在村委会班子成员的配备上，作为村主任事先都要充分考虑，而自己能否当选，除了自身的因素外，组合班子的成员也很重要，选择的对象既要口碑好，也要能办事，同时还要能办好事，只有这样才能获得大家的信任。我每一次的组合班子都得到群众的认可，群众认为我的班子是能办事的。试想如果我把人品不好、群众不欢迎的人组合到我的班子里来，群众还会投我的票吗？所以我认为村委会采用"组合竞选"优越性大，它能保证班子的团结性，有利于工作的开展。

四、组合竞选增加了透明度，十年的工作，三届的连任，使我充分认识到村里工作开展的好坏，不仅在于班子的团结、实干，还在于村民的参政、议政和支持。我当选后，村内各项工作都实行民主监督，事事公开，村内设有事务公开栏，每季度公开栏内都可见到群众想了解的村内各项事务，如今，腾云村的民主气氛浓厚，一切大事由群众决定。1999年村委会决定开发山场，划分到户，在村民代表会上，村民代表否决了村委会的提议，他们认为保护生态环境比开发山场更为重要。这件事反映了通过村民自治群众民主热情的高涨，也反映了民选村委会在重大问题决策上，再也不是少数人说了算了，改变了过去群众无权过问基层决策权的现实。这就是"组合竞选"的功劳，这更是社会和时代前进的象征。作为一名由群众推选出来的民选村委会主任，我将在我的任期内，努力工作，为推行我国的民主政治建设贡献一份力量。

辛秋水：安徽省社会科学院研究员

我很高兴能够邀请到这么多有志于中国农村发展的领导同志和学者以及最基层的干部来参加这个会议。我想我们都是怀着一份理想的，对农村、对农民我们都是有感情的。也许在座的各位都曾经为中国的农村发展殚精竭虑，但我的经验告诉我，要在中国这块土地上办成事，必须是智力和权力相结合。文化扶贫和村委会"组合竞选"这件事如果没有安徽省委的坚决支持以及一些领导同志的热情关怀，是根本发展不起来的。村委会"组合竞选"的主要特点和优势是它的高度透明度和公开化，使暗箱操作没有容身之地。不论是大家族还是权势单位或权势个人，要想当选为村委会成员，都必须在阳光下公开亮相、公开竞选。大家都知道，一切妖魔鬼怪都只能在阴暗的条件下才得以施其技，"竞选"就把他们这条路堵住了，叫做此路不通。

村委会"组合竞选"目前最大的阻力是什么？有人说是观念和认识问题，我说观念和认识上的阻力还是浅层的东西，是可以说服的，而真正的阻力却是隐藏在认识和观念背后的利益冲突。谁愿把既得的权力和利益拿出来，交给别人呢？没有竞选，就没有压力，过去的情况是，这一届村委会主任是我干，下一届还是我干，我可以连续干二十年、三十年，这多舒心呢？而作为乡镇领导，下面这些村委会主任都是我任命的，我看中谁就把这顶小小的乌纱帽送给谁，既简单又方便。他们的乌纱帽是我给的，他们能不听我的话吗？这就是一切权力在手、利益在手的人的一般想法。要改变这个几十年来不变的已成社会惰力的格局，其难度是可想而知的。这个工作可能比"土改"还难，"土改"是有形的利益重新分配，比较起来还好办，而这个政治利益和权力重新分配，应该说是更加困难了。难就难在它是无形的，它是软件。安徽省委老书记袁振同志看到中央电视台报道安徽的村委会"组合竞选"很兴奋，给我写封信，说是要写报告给江泽民总书记，建议在全国推广并要求各市县在推广村委会"组合竞选"时要派工作组，防止走过场，搞形式主义。袁振同志是看到了做这项工作的难度，他确实给江泽民总书记去了信，江泽民同志批给温家宝，温家宝就批给韩长赋，韩长赋就批到民政部，民政部表示支持我继续试验。我17岁时，读到北大教授吴恩裕写的《马克思的政治思想》一书，着迷了，从此立下了为中国的民主和社会主义的实现而奋斗的世界观和人生观，直到今天仍未改变。当时在国民党区大学里首要的斗争目标就是争民主，为了中国民主，我突破封锁线来到解放区；为了中国民主，我被打成右派；为了中国民主，我在改正右派恢复工作以后一直干到今天。民主既不是手段，也不是目的，而是一切公民的政治权利，这一条不能有丝毫含糊，也不能有任何曲解。但是民主原则的实现是要同各个民族、各个国家的实际情况相结合，带有各种不同特色的形式，民主政治的实现也是要根据一个国家、一个地区的社会、经济、文化的发展程度而定，世界上的一切事都有一个发展的过程，改革也是一个过程，而不是一个运动所能解决的，中国的古书上有一句话：欲速则不达。这是反映客观事物内在的发展规律，快了不行，慢了也不行，在中国这个有着几千年封建传统皇权的国度里，在一个农民占多数的国度里实现民主必然要采取相应的形式、相应的速度，否则好事会变成坏事，也就是所谓"欲速则不达"。而在农村搞村民自治，这一着棋是摸对了，彭真同志说过："农民把一个村管好了，就可以管好一个乡，一个乡管好了，就可以管好一个县"，由此而上，我们就可以在社会经济稳定发展中逐步实现我们的社会主义民主。陆子修同志刚才说是"农民的第三次解放"，我在过去写的一篇文章叫做"第三次农村包围城市"，都是对村民自治的伟大历史意义所作的概括。村委会"组合竞选"的更大作用是在于培养、训练农民当家作主的能力，养成民主心理、民主习惯、民主氛围和民主环境。也就是培养一代的公民文化，这个工程需要若干年才能完成，这个工程真正完成了，中国的现代化才有了结实的基础，所以我愿为村委会"组合竞选"的推广而奋斗到底。

我们安徽的经济文化是相对落后的，但是"穷则思变"，中国革命的根据地是在农村，中国改革的突破口也在农村，凤阳县小岗村的"大包干"打响了农村改革的第一炮，从而推动了中国城市改革，推动了中国市场经济的发展。文化扶贫是我国扶贫由"输血"、"造血"到"扶人"的新阶段，它对全国也产生了重大影响，安徽省社会经济发展的第十个五年计划（纲要）已经将文化扶贫和开发式扶贫列为两大扶贫决策。农村"费改税"是具有历史意义的重大改革，是由安徽的政策部门提出来的，并在安徽作了实验，进而成为中央的决策，推广到全国，由于这项改革，从而大大减轻了全国农民的负担。现在，村委会"组合竞选"的理论和实践已在国内外产生了较大的影响，相信随着时间的延伸，它将越来越显示出它对促进中国乡村民主的重要意义。

最后，我再次对参会同志尤其是卢荣景、张春生、陆子修等领导同志在百忙之中抽出时间参加会议，还有来自外省的陈定模同志、王振同志表示衷心的感谢。相信在各位的共同努力下，中国的乡村民主事业一定会有一个辉煌的明天。古人云，老骥伏枥，志在千里。我今年已经七十多岁了，但我一直是有信念的，那就是对民主的执著追求。我也相信各位是愿意为中国的农村发展倾注心力的，让我们一起努力，共同为中国村民自治事业和乡村民主建设作出贡献。

从文化扶贫到推动乡村民主建设

—— 村委会"组合竞选"学术研讨会暨安徽省农村社会学研究会换届大会发言记录

朱士群、张德元、黄德宽、卢家丰、郎涛等

2008 年 1 月 5 日—6 日，为纪念《中华人民共和国村民委员会组织法》颁行二十周年，村委会"组合竞选"制学术研讨会暨安徽省农村社会学研究会第三届年会在安徽大学召开。1 月 5 日 8：30—10：00，在安徽大学逸夫图书馆第三学术报告厅，安徽师范大学副校长朱士群同志主持了开幕式。开幕式后，在安徽大学中国三农问题研究中心副主任张德元的主持下，安徽大学校长黄德宽同志致开幕词。省政协副主席卢家丰、中共安徽省委宣传部副部长郎涛、安徽省原文联主席沈培新、省社科院副院长李抗美、省社科联副主席徐士泰、安徽大学社会学系主任王邦虎、安徽大学中国"三农"问题研究中心主任何开荫等同志分别致辞。时值安徽大学成立八十周年，会议特别庆祝安徽大学老校友、著名社会学家、安徽社会科学院研究员、安徽大学兼职教授辛秋水先生八十华诞。华中师范大学吴理财教授宣读了华中师范大学中国农村问题研究中心对本次研讨会召开的贺信和辛老八十华诞的祝福。上海社科院常务副院长左学金、中央党校巡视员、教授曾业松、澳门大学副教授何秋祥、新华社《瞭望》高级记者郭帆、安徽师范大学社会学院副院长方青等省内外专家以及"组合竞选"制的实践者参加了此次会议。

与会专家高度评价了辛秋水先生的学术成就，并对其多年来追求真理、献身学术的精神致以敬意，特别是对辛秋水教授倡导的村委会"组合竞选"制近二十年来的成功试验表示高度的肯定，会议也对《村组法》实施以来中国社会民主进程作了客观理性的总结。大家一致认为：作为社会学家，辛秋水先生所倡导的文化扶贫以及村委会组合竞选是一项功在国家、利在民众的事业。在其二十年的学术实践中取得了丰富的思想理论成果，值得研究与发扬。其理论也为经济发展和民主进步中的广大发展中国家的社会民主化提供了良好借鉴。

会上，左学金、曾业松、何秋祥、吴理财、马怀礼、张德元、张洁等专家、学者就文化扶贫和村委会"组合竞选"的内涵、价值、功能和贡献进行了深入阐述。大家一致认为，作为特定社会转型期间的社会学实验，文化扶贫切中了中国农村社会的要害；而村委会"组合竞选"则是农村基层民主实现形式的创新，是建设有中国特色社会主义基层民主的有益尝试，丰富了中国农村基层民主的内涵，对《村委会组织法》相关民主程序和细节规定的缺漏是良好的补缺，应该将其转化为法律成果。

与会专家还讨论了村民自治的趋势，对村民自治中的国情约束力进行了研究，认为村委会"组合竞选"制作为一种选举模式，符合中国国情和民主的需要。村委会"组合竞选"制不同于"海选制"的最大价值在于：它根植于中国农村社会的社情、民情，培育了农民的民主意识，提升了公众的民主水平，是克服农村社会残存传统宗法势力干扰农村基层民主选举的最好方法，有利于在乡村治理中导引乡村社会向现代民主社会转型；村委会"组合竞选"是中国民众，特别是中国农民民主训练的最佳形式，它将直接引导公众作为现代公民参与公共事务的民主管理，对中国社会的民主进步将产生有力的推动。

安徽大学社会学系李远行、杨雪云，颍上县县委常委、常务副县长崔黎，颍上县农科教办公室主任叶克连，华中师范大学吴理财等同志就他们的亲自调查或亲身组织操作的体会对"组合竞选"制在安徽的实践经验进行了总结。与会专家一致认为，今天，中国乡村社会治理已经发生了巨大变化，村组合并使原先的小村变成了大村；中国村级民主治理到了关键的转型时期，是推广村委会"组合竞选"的最佳时机。在十七大精神的指引下，中国社会民主进步事业的远景蓝图已经绘就，与会专家一致呼吁，全社会都应该关注农村基层民主建设，积极创造条件，进一步在更大范围内推广已经试验成功的村委会"组合竞选"的方法。

会议选出安徽师范大学副校长朱士群教授为新一届农村社会学研究会会长。

（吴凯之执笔）

朱士群：安徽师范大学副校长、安徽省农村社会学研究会新任会长、教授（主持开幕式）

党的十七大提出，"坚定不移发展社会主义民主政治"。人民民主是社会主义的生命。发展社会主义民主政治是我们党始终不渝的奋斗目标。改革开放以来，我们党积极稳妥地推进政治体制改革。基层群众自治的制度创新是我们党领导的政治体制改革的重要组成部分，而农村村民自治作为我国基层群众自治制度最富活力的创新环节，在发展基层民主，保障农民群众当家做主、享有更多更切实的民主权利方面，发挥了重要作用，展现出越来越旺盛的生命力。

一个制度的良好运作，需要一套可行的操作机制，需要在实践中不断完善，需要经验的不断丰富。在这一过程中，更需要人的主观努力，需要人的主动参与，因为制度是人创造的，要靠人来施行。村民自治制度也是这样。辛秋水同志凭着对农民的深厚感情和对民主政治建设事业内在追求，长期深入基层"蹲点"，和农民、村干部打成一片，调查研究村民自治问题，为我国村民自治制度的施行和推广作出了卓越的贡献，在全国甚至在国外都产生了积极影响。在《中华人民共和国村委会组织法》的实施方面，创造了许多好的经验和典型。这里面倾注了辛秋水同志的大量心血。尤其是在村委会领导班子的选举制度方面，辛老师几经探索、实验，形成了"组合选举"的一套完整操作规程并付诸实施。

辛老在武汉全国社会学年会上有一个关于实验社会学的发言，主题是"清官与财神"。我聆听了辛老的讲演，至今记忆犹新。辛老认为，解决"三农"问题的关键有两个，一个是"村官"问题，一个是"致富"问题。他把这两个问题形象化地称做"清官"与"财神"问题。他说,在我国广大乡村,"清官"问题,必须通过村民自治制度的推进和完善来解决;而"财神"的问题,则必须通过文化扶贫和科技传播的方式来解决。辛老的发言得到了评论员和与会者的高度评价。辛老在艰苦探索、完善村民自治路径的同时,创立和实践了独特的"文化扶贫"理论。我认为,辛老在当代中国农村社会学研究上,已形成独树一帜的学术风格。他几乎以一人之力,提出了一套比较完整的理论并进行了比较完整的实验。可以说,作为社会学家,辛老继承和光大了社会实验学派的优良传统,是当代中国"实验社会学"最有特色的代表。由于种种原因,我国实验社会学的发展还很不充分。在这种背景下,我认为辛老的实验社会学研究取向和成就,弥足珍贵,值得进一步总结和发掘。

我和一些同志,有幸随同辛老,目睹了"组合竞选"制的操作,具体到候选人酝酿、选票设计、选举公告、矛盾调节等诸多环节,深感举步维艰,也体会到成绩的斐然。辛老这一成功的实验,在操作层面保证了村民自治制度安排的制度绩效。我认为,好的制度设计必须有好的操作,再好的制度设计如果没有操作的到位也可能发挥不出应有的绩效。辛老的探索应该从农村社会学、农村政治学的角度给予更高的评价。辛老关于村民自治的理论和实践,特别是关于"组合竞选"的理论和实践,值得我们做进一步的研究,也值得我们进一步宣传和推广。辛老所取得的成就,不仅是他学术思想的体现,也是我省乃至我国农村社会学研究界的光荣。我们应该学习辛老的精神,弘扬辛老开创的优良学风,为我国农村社会学研究作出更大贡献。

张德元:中国"三农"问题研究中心副主任

各位领导、各位专家学者,大家好!就这次会议讨论的主题,我讲两句话。第一,如果政权结构不改变的话,那么中国社会能有多少自治空间?没有这个自治空间,民主来自哪里?如何推进民主?第二,无论是推进民主还是研究民主,我想提醒大家要注意立场、观点和方法。因为有什么样的立场就有什么样的观点。尽管我前面的话带有不乐观的色彩,但是我们还是要为推进中国社会的民主而努力奋斗。有的同志提出要把这次会议的一些主要要点向上面反映,我们也会尽量去做。

我对社会学、政治学都不是很了解,甚至连政治学的一些名词都不一定熟悉,只讲自己的体会。可能大家都注意到了,这两天,我积极地筹备会议,用一句话概括:理想让我选择推动中国政治民主的发展,但现实让我选择讨论政治。我虽然没有专门到农村基层去调查村民自治和基层民主问题,但有时下到基层也有所体验。首先感受到的是,如果政权结构没有改变的话,那么中国社会能有多少自治空间?如果没有这个自治空间,民主如何发展呢?这两天听大家讲到了村委会的选举及遇到的困难,这些问题并不奇怪。我们在自治的讨论中,经常会讨论到"两委"的关系问题,即党支部与村委会的关系问题。我经常关注这方面的文章,但我觉得,想把维权政治与民主政治结合起来是不可能的,是解释不通的。如果能解释就要看大家的聪明才智了。其次感受到的是在与乡镇干部、村委会干部的接触过程中发现村委会选举大多都是操纵在干部的手中,并未真正地按《组织法》来进行。但如果站在乡镇政府的角度上,他们想得到政绩的话,就必须这么做,我觉得整个政治体系是个整体,下面动上面也要动。

谢谢大家!

黄德宽：安徽大学校长（开幕词）

各位学者，我很高兴在新年伊始，在我们安徽大学召开这样一个小型的关于村民"组合竞选"制的研讨会。虽然此会规模不大，但在座的各位专家对此都有深入的研究，发表了很好的见解，将推动教学和科学研究。关注农业、农村、农民问题，是我们多年来教学、科研的主题之一。我想，谈到中国的改革开放就不能不谈到安徽在改革开放中的作用和地位。安徽农村改革在改革开放中起到了先导的作用。我不知道我的这一评价，各位专家是否认同，我对此的研究不多。今天这次会议既与改革相关又与农村相关，我觉得安大能举办这样的一次会议是件非常有意义的事情。最近，十七大报告特别强调了要加强基层民主建设，把发展基层民主政治作为一个基础性的工程来推进。我们安徽大学在学科设置上，我们的法学院、经济学院、社会学系，还有徽学研究中心都从不同角度来关注中国民主法制问题。20世纪80年代彭真同志主持修改制定新宪法的时候，我校的周枬同志就参与了这项工作，当时周枬同志的工作就得到彭真委员长的肯定和表扬。这些年来，我们校的经济学院成立的农村经济研究中心、社会学系成立的农村发展研究中心是安徽省文科研究基地。我们想通过这样一些工作发挥大学在推进社会进步、促进改革方面应有的作用。那么今天这次会议的主题是村民组合选举，既关系到农村问题也关系到民主政治问题。我们的这些学科从这些方面找到了结合点，我们学校的一些学者也做了一些工作。我想通过这样一次会议大家交流一些学术想法，探索在基层实现民主政治的一些途径，特别是我注意到这次会议邀请到一些基层的同志参加，我想能够实现理论和实践的结合。有农村的同志，还有我们上海的左院长专程赶来参加这次会议，我虽不是研究这个领域的，但我知道左院长多年来研究这个问题，我想这次会议定能在实践上和理论上得到更好的交流和切磋，促进研究工作。辛秋水先生是我们安大的老校友，多年来倡导"组合竞选"制工作。这次会议他会围绕这个主题交流心得、交流经验，也是我们师生难得的一个学习机会。安徽大学作为安徽省的一所"211工程"大学，应为安徽省的经济发展尽绵薄之力。我想，开这个会也给我们安大提供了这样一个机会，让我们通过这次会议向各位专家请意，过去长期以来安徽大学在这方面研究得到了各位专家的支持、关心和帮助，我也希望今后安徽大学的学科建设得到各位学者的帮助，尤其是"三农"问题、国家的民主法制建设等问题研究，需要得到各位专家的指导。我也祝这次会议能取得很好的成果，祝大家在新的一年里身体健康、家庭幸福。

谢谢大家！

卢家丰：安徽省政协副主席

各位专家、学者，大家好！

关于村民自治，我对此研究不多，而在座的这么多专家、学者对村民自治都有深层次的研究。我们辛秋水同志多年从事村民自治研究，在20世纪80年代初扶贫时，就对我们乡村的基层组织建设和村民自治情况进行了深入的研究。他在安徽省岳西县搞过文化扶贫。当时他的想法应该是看到农民太贫困，他们缺少一种文化，一种技术，所以致力于从文化扶贫的角度来解决农民致富的问题，以后逐步发展到村民选举。村民选举从

"海选"到"组合竞选",这中间他做了一系列的探索和实践工作。这一工作是非常有意义和非常重要的,比如说十六大提出新农村建设,而新农村建设中一个很重要的问题就是村民自治。村民自治究竟该怎么做?这涉及我们基层的民主政治建设问题。基层民主政治建设从农村讲主要就是乡村的村民自治问题,村民自治首先就是民主选举的问题,而民主选举是我们村民表达政治权益的有效形式。民主选举经过多年的探索,我觉得辛秋水同志在岳西摸索的"组合竞选"方式是一种比较好的形式。现在,新农村建设正热火朝天地进行,全国都在按中央的部署全力推进新农村建设。怎么解决好我们基层民主,农村的事情让农民自己来管理,让农民自己来当家?这是一个很大的问题。基层民主建设非常重要,这是完美的基础,我们民主政治建设搞好了,可以调动亿万农民的积极性,可以大大地推进新农村建设。农村基础搞好了,我们就应该而且有条件推进民主建设。民主政治建设应该向前推进,村民可以选举,乡镇也可以选举,至于以后能不能继续往前推进,这是值得探讨的问题,但首先是基层建设要搞好,基层民主政治建设要搞好。随着生产力的发展、文化素质的提高,我们在这方面的探索会逐步积累一些经验和一些民主政治建设的条件,这也是十七大召开对我们民主政治建设提出的要求。搞好农村的基层建设对全省的政治建设、经济建设都是有好处的。我希望各位专家给我们安徽的农村建设在各方面多提一些好的建议,谢谢!

郎涛:中共安徽省委宣传部副部长

关于"组合竞选"制,我过去和辛老交流过,但这些年一直在第一线,接触的很少了。辛老应该说是我们省文化扶贫的名人,长期在扶贫第一线,始终如一。他的扶贫是从文化扶贫开始的,所以他提出"扶贫扶人,扶智扶文"。从文化扶贫发展到怎样推进基层的民主政治建设,我觉得这是文化扶贫的一个更高境界。这几年辛老对"组合竞选"制进行了不懈的探索,也得到了有关领导和方方面面的认可和支持,在一些地方进行了实验,取得了不错的效果。应该说这是推进基层民主自治的一个很有力的探索。今年是改革开放30周年,我们国家的改革是从农村改革开始的,但农村的经济改革发展到一定程度需要精神文明建设不断地往前推进,现在农民的温饱问题基本解决了,但农民对民主的要求和维权的意识都在不断的增强,村民自治我们已经搞了好多年了,现在应该在这个基础上进一步发展,以适应建设新农村形势的要求,我觉得在这个意义上研讨是很有价值的。当然了,现在农村的社会关系方方面面发生了深刻的变化,这对农村的民主政治建设提出了许多新要求,比如说农村的劳动力、农村民主政治建设的骨干力量——大量的农民进城打工,城乡二元结构在不断地进行调整,将来在城乡统筹的过程中还会发生一些新的变化,那么现在我们基层的村民自治怎么搞?这就出现了两种情况:一种情况是农民很重视村委会选举,打工的农民坐火车坐飞机回来参加选举,很让人感动;另一种情况是农民根本不重视村委会选举,有许多干脆放弃了民主选举。这都是一些新的问题。现在农民的民主意识在不断地增强,对我们现有的民主格局肯定还有许多不满意的地方,怎么样进一步的改进?党的十七大对民主政治建设提出了新的要求,民主既要求民众的有序参与,又要求循序渐进逐步推进。我觉得在村委会组合竞选方面进行深一步的研究和探讨是很有意义、很有价值的。而新农村建设发展对我们的民主建设提出了许多新的挑战,我觉得我们专家在学术层面上对这一问题加以研究，加以探讨，为我们基层民主建设指出一条新路确实是很有必要的。我们是做宣传工作的，对这方面好的探索、经验、做法，我们应给予宣传、支持，并帮助总结经验，使我们基层民主政治这条路能越走越宽，使更多的农民在民主政治建设进程中享受到更多的实惠，这是非常重要的。我祝研讨会能取得实际的成果，也祝在座的各位领导、各位专家新年工作顺利、万事如意。谢谢！

沈培新：安徽省原文联主席

我对辛老是很敬佩的。刚才李抗美院长讲了，辛老在安徽的知识分子中，走的是创新的道路。我觉得他理论上是前沿的，实践上也是前沿的，而且把理论和实践巧妙地结合起来，抓住重点不放。他的特点是大脑思考的是农村，心系的是农村，脚踩的是农村。从脑到脚都到农村去了，是很不容易的。1993年，他到我办公室来找我，要省委宣传部支持文化扶贫。我俩长谈了一段，我当时的觉悟就比辛老的要迟。我说我支持你文化扶贫，但村民自治我没办法支持你，因为我宣传部办不了这个事。而且我觉得当时在安徽搞村民自治条件还不是十分成熟，我们两人在省财政厅找了一个分管的人，谈到文化扶贫问题，这个厅长说，你要找我个人帮这个忙，我的权限是30万之内，现在就可以答复，超过30万你们就要打报告，走程序，现在不能答复。那天就定下来30万块钱扶持10个乡，一个乡3万。这3万干什么用呢？就是辛老所讲的三个基地——一个图书室、一个贴报栏群、一个培训中心。我们在全省选了10个乡，可惜经过若干年之后，有许多同志建议我："你们党委同志搞这个点好像不太适合，手是不是乱摸？"因为当时文化厅在搞工程，也是文化扶贫该摸的地方，我觉得有一定的道理，所以后来和辛老商量，干脆把这个点及钱交给文化厅。这样就把辛老的文化扶贫和文化厅的工作结合起来了。村民自治，如果1993年我们就支持他，也许在安徽的十几年的实践经验可能会更多、更丰富。我借此机会对秋水同志表示歉意。我们共产党始终是无产阶级，是人民大众的代表人。在一次文化扶贫的会议上，我说了这样一句话，我说我深深感觉到辛秋水同志是农民的代言人，始终抓住农民问题不放，和任何人都要谈农民、农业、农村，这种把理论和实践相结合很不容易。我现在重点在搞新四军的历史研究。新四军的根据地建设特别注重农村、特别注重农业、特别注重农民。在那样一个抗战时期，我们在解放区的政权还在为农民搞水利建设。所以以后可能的话，我们将把历史的研究与对今天现实的研究结合起来，更好地来研究我们的新农村建设。趁此机会，感谢我们的黄校长。谢谢！

李抗美：安徽省社科院副院长

非常高兴能参加这次会议。原因有两条，第一，安徽省农村社会学研究会长期围绕农村社会发展重大问题，特别是农村文化扶贫和村民自治作进一步深入的研讨。第二，辛老是我们社科院的资深人士，长期以来从事村民自治研究。特别可贵的是，他的研究方式、方法、路径是到农村实地调查，并创造性地提出有助于农村建设的实现方式。我想对于他这种治学的精神、治学的方式、长期以来坚持不懈的追求表示支持。辛老是社科院的研究员，在省内外有很大的影响。无论是辛老在职期间，还是在他离休以后，院里一直都很关注和支持他。在这个过程中我参与了一些活动，了解了一些情况。辛老是

1988 年在岳西县开展扶贫活动的。最先提出了"组合竞选"制这样一个农民直接选举的民主制度，第一次是 1989 年在岳西县莲云乡腾云村搞的组合竞选村委会的实验，1998 年又到滁州市来安县的八个村扩大实验这一选举制度。2002 年又扩大到阜阳四个县区。我只了解到一个大致的情况，这里面蕴涵着辛老无数的艰辛、劳碌和心血。我感到随着我们经济体制的改革，政治体制改革也是要跟上来的。政治体制改革也无非是两个方面，从内到外和从下到上。一方面是从内到外，党的十七大提到的民主特别是党内民主，民主范围进一步扩大，民主形式进一步多样。另一个方面就是由下到上。一方面是从内到外，农村的村委会直选，我想它的意义还不仅仅在农村，还在于推进整个中国民主进程。从这个意义上，我也注意到一点，关于农村基层民主建设在全国范围内有多种形式。那么这个多种形式在实践的过程中、在比较的过程中、在调整的过程中将逐步地完善起来。在中国实现民主政治的过程中，多种模式的出现是必然的。在理论界也好，学术界也好，问题在于怎样在理论上加以系统概括。我觉得安徽的村民委员会"组合竞选"制的方式在多年的实践中，已经证明是成功的，因为它符合我国农村实际。那么这样一种选举形式要扩大影响，要为整个民主政治建设发挥更大作用的话，需要在实践的基础上，在理论上进一步的归纳、总结、研究、提升、宣传。今天参加这个研讨会的，有来自北京、上海、湖北的，还有省内的许多知名专家。希望大家围绕"组合竞选"制所碰到的问题进行深入的交流研讨，深入发掘村民委员会"组合竞选"这种方式的优点或长处。对我来说，参加这个会议，能在这方面听取各位专家的经验介绍和精辟见解，吸收更多的营养，感到非常高兴。谢谢大家！

徐士泰：安徽省社科联副主席

很高兴参加这次会议，这次会议是农村社会学研究会召开的会议。我和辛教授相知相识 20 多年了，我调到省社科院工作以后和辛教授接触比较多。20 多年前，在他快 60 岁时，毅然决然地到岳西县去扶贫。在那进行了为期几年的"三扶"工作，一是扶贫，二是扶文，三是扶智。在辛教授离开那里的时候，当地的乡村召开了一次座谈会。座谈会的记录我认真看了，所在农村的干部群众对辛教授的"三扶"工作给予了充分的肯定。我感觉辛教授下去扶贫不只是对农村的扶贫、扶文、扶智，我感觉还有两个意义。一是，辛教授关于农村文化扶贫向我们提出了一个问题，咱们社会科学工作者，为谁治学、怎样治学？需要摸索出一条路子。社会科学不面向大众、不面向实践、不面向最广大农村的广大农民，就没有多少价值。二是，辛教授这几年的研究提高了他本人的知名度，也提高了社科院的知名度，同时辛教授在自己的治学中带出了一批人，在座的华中师范大学的吴理财教授就是辛教授带上来的。辛教授的治学精神、治学办法为社会科学工作者摸索了一条道路。今天到会的不少老领导，特别是我们上海社科院的左院长的到会，为会议增添了不少光彩。省农村社会学研究会是我们社科联的一级学会。过去我们对辛教授的研究学会很重视，今后我们将更加重视。我们尽量地提供方便和帮助。祝这次会议圆满成功，祝农村社会学研究会越办越好，成为我们省的品牌学会。谢谢！

王邦虎：安徽大学社会学系主任，安徽省农村社会发展研究中心主任、教授

尊敬的各位专家、各位来宾，首先请允许我代表安徽大学"农村社会发展研究中心”对你们来到安大参加这次研讨会表示诚挚的谢意！某种意义上说，这次专题研讨会的召开，其意义远大于这次会议的研讨结果。因为代表们在这次会议上所贡献的、获取的理论探索运用于实践中一定会产生更大的社会价值。为此，我不仅要祝贺这次研讨会的圆满召开，而且我坚信这次会议能有一个非常令人满意的结果。尊敬的各位专家来宾，在我结束我简短的致辞之时，我想利用这样一个特殊的场合向尊敬的辛秋水先生表示诚挚的敬意。我不仅敬佩他的人品，同样敬佩他为了寻求解决一些有关“三农”的问题，在理论和实践方面孜孜不倦的探求，我毕竟还是后辈，他在调研过程中那份情系“三农”的心情，有远见地实施了文化扶贫项目，等等，是我在今后工作中值得学习的。

何开萌：安徽大学中国“三农”问题研究中心主任

我首先代表安徽大学“中国三农研究中心”热烈欢迎各位专家、各位来宾，冒着严寒，不辞辛劳地来参加我们这个会议。今年是纪念改革开放 30 周年，同时也是我们辛老提出的“组合竞选”制 20 周年，恰逢我们辛秋水老人家 80 华诞，在新年伊始召开这样一个“组合竞选”制研讨会，可以说是一举数得。难能可贵的是辛秋水老先生已 80 高龄，还在兢兢业业、勤勤恳恳、孜孜不倦地探索追求。顺便说一下，中央领导讲，今年要隆重纪念改革 30 周年，坚持并深化改革、扩大开放。同时也讲过：“改革开放是从农村开始的，农村改革是从安徽开始的。”所以安徽省政府也正在酝酿、筹备召开一个大型的研讨会。而且，我透露一下，我们还努力争取想在纪念农村改革 30 周年的时候再推出一个新的改革模式。所以我们也就祝愿辛秋水老人家能在新的改革中作出更大的成就，更大的贡献。也祝愿辛秋水老人家健康长寿、万事如意！同时也祝会议圆满成功！谢谢大家！

吴理财：华中师范大学教授、博士生导师

我从三方面来讲。第一，“组合竞选”制的内涵和由来。第二，“组合竞选”制的政治、社会基础。第三，“组合竞选”制的价值。

第一，“组合竞选”制的内涵和由来。什么是“组合竞选”？它是一种组阁制。大家知道，组阁制是现代民主国家普遍实行的一种制度。现代民主国家为了适应政党的需要，普遍采用组阁制。1989 年 1 月，辛老在岳西县最早进行了村委会民主选举的实验，采取了民主选举的方式，当时叫“组阁竞选制”。首先竞选产生村委会主任，再由村委会主任进行组阁，由他来组阁村委会的班子，这实际上是一种典型的组阁制。这样的选举应该说是我国农村村民自治实行之初较早进行的一次真正意义上的民主选举。大家都知道，在这之前我国的村委会主任或村委会班子成员基本是由乡镇党委直接任命的或制定的。村委会实际上是乡镇党委的下属机构，主要承担乡镇党委布置的行政事务：收粮、纳税、安排生产、维持社会治安等。这实际上是将国家的权力直接延伸到乡村社会的内部。一方面起到政治整合的作用，另一方面是从乡村社会继续支援。政治整合实际上是为了更好地从乡村社会进行支援；继续支援实际上也是一种政治整合的方式。今天我们来看农村社会，取消农业税实际上是国家与农村政治疏离的一种状态。就是很难通过像过去收税那样建立一个互动的关系。将农业税取消以后怎样建立农村社会与国家的

互动关系呢？这会是以后我们社会科学研究的一个重要课题。当然，我们可以提出国家可以通过提供公共产品和公共服务的方式与农民相互建立联系，这就与过去政治整合发生了很大的变化。当时是一个典型的政治社会，人民公社体制，计划经济模式根本谈不上什么民主形式。岳西县的选举模式实际上改写了中国农村基层政治的历史，是中国农村基层民主发展的一个重要开篇。通过民主选举，贫困、偏远、落后的山村很快焕发了生机，因为民主激发了当地农民的主体性和能动性。国家在民政部门在推行民主自治的过程中要求所有村委会班子成员都要经过村民直接投票选举产生。这样村委会组合竞选就和民政部门的要求有了一定的差距。在这种情况下，辛老就接受了民政部门提出的要求，对组阁竞选进行了一定的改进。首先由村民根据一定的差额比例直接推选包括村委会主任在内的所有班子成员的候选人，然后由至少有两名的村委会主任的候选人在村民推选的班子成员人选中分别组阁自己的竞选团队，最后交由村民直接投票选举。这就是今天我们看到的"组合竞选"制。这一改进，一方面没有失去过去组阁制的内在精神，另一方面也与民政部门要求相衔接，因此得到了有关领导和政府部门的认可，并允许他在安徽省其他地方试行推广。1998 年应安徽省滁州市市委领导的邀请，辛老在来安县少集乡进行了推广。在那次选举的动员会上，有群众就问到什么是组阁，在辛老的一番解释下恍然大悟，认为组阁就是通常讲的组合嘛。以后辛老就将组阁改为组合，这样就通俗易懂，符合农民的习惯。这个选举办法在安徽滁州、阜阳等地得到广泛的推行，取得了良好的成效。在国内外学术界得到肯定，被认为是具有中国特色并与现代民主制度相衔接的一种成功范式。在研究村民自治领域中是比较认可的模式，比如日本、美国、香港的一些学者都认为这种方式是比较适合中国农村的实际的。为什么说它符合中国农村特点呢？

　　下面讲一下"组合竞选"的政治基础是什么。"组合竞选"之所以是一种成功的政治社会模式，就因为它的政治社会基础。一项制度安排如果没有政治基础，就会在实践中变形，不但不能达到它的初衷，甚至还会起到相反的作用。村委会"组合竞选"制之所以有生命力是因为它符合中国农村的民情，具有现实的政治基础。我认为它至少有以下三方面的基础。第一是中国农村的民情基础。大家都知道中国的农民是累世相居，聚众而居。一个村落可能就是一个家族，一个村落就是农民的生活共同体，村民之间遍布了血亲网络。用社会学话语说，这是农民日常生活的一个资本。一个新农村也就是由这样五六个或上十个这样的村落组成的。如果不采取"组合竞选"的方法就难以避免将一家、一族的人选举为村委会成员。村委会可能就沦为一家、一族的村委会。又由于村民累世而居，村民之间难免生出嫌隙和冤仇，如果采取"海选"的办法就极有可能将相互仇视的人选进一个村委会班子里，这样就无法形成合力，成为一个有团结凝聚力的班子。村委会"组合竞选"制就能避免这种情况，这就是它的民情基础。二是它具有中国农村比较坚实的社会基础。大家知道农村实行税费改革以后，我们国家的大多数地区都因为减人减支做了大规模的村组合并。一个村的人口由原来的一两千人扩大到五六千甚至上万人，村域的范围扩大了。这样一个直接后果就是村民之间相互不熟悉，不再是一个熟人社会或是一个半熟人社会。这样，短期内合并村组就一下子打破了农民日常生活的习惯，农民不可能在较短时期内适应这样一个新的场域。他们日常的交往还是在日常的村落里，同时由于村组之间山林、土地资源分配不均，债务和集体经济也不一样，合并村组产生了许多的矛盾。为了避免这一矛盾，许多村实行一村多"治"，村民组的债务和资源还是按照原来的村民组进行，不进行重新的整合。这样一来，虽进行了村民组的合并，农民的日常生活等没有随之发生变化。在村民选举方面，由于村民之间不熟悉，很难选出合适的人选。在村民日常的管理中，也由于地域过大，人口分散难以召开村民代表大会，这样，村民自治就沦为了村委会自治，这已成为许多地方的典型特征。在这种情况下，如果继续实行"海选"选举村委会，要么因为村民参与难，举行不了选举；要么容易被乡镇政府所操纵，使村委会行政化。而采用"组合竞选"制，完全可以适用中国农村当下的情况。每个村委会主任候选人为了使组合的村委会班子能够当选，他在组合时会考虑到各个方面的影响，各种力量的分布，包括人数的均衡、人员的分工、工作的合作及村民小组家族和地缘的关系等。这样做是为了加大当选的概率。为了争取更多的选票及以后更好地工作，"组合竞选"制能克服上述"海选"存在的一些不足。对于一个合并不久的村组我认为更适合采取"组合竞选"的办法。这是我们当下农村推行"组合竞选"的社会基础，那么政治基础在哪呢？大家知道中国农民由于长期生活在权力集中的政治体制下，谈不上什么民主。在这样的环境下生长的人政治参与的热情比较低，另外中国农村基层的权力运作模式还未完全从人民公社那种模式中走出来，实际上它是强调管制，强调控制，不愿意放权，也不相信这个社会有自治的力量。"海选"实际上是没有中国当下农村这样一个政治基础的，因为"海选"要求农民积极参与政治，缺少一定量的农民的参与，这种分散的形式是没有办法实行的，也容易被操纵。容易被宗族操纵，也容易被恶势力操纵，还容易被政府操纵。这样一个表面看起来很民主的形式实际上没有达到民主的目的。"组合竞选"制却能在一定程度上避免上述弊端，是一种比较现实可行的选举方式。接下来讲一下"组合竞选"制的功能和价值。第一是民主习惯的训练，我们口头认为民主就是人民当家作主。在西方政治学中，民主有不同的解释。怎样实现民主有很大的分歧。有人认为越直接就越民主，主张村委会的选举必须采取那种直接的方式，而且要采取"海选"的方式，认为这样就是民主。20多年的经验告诉我们，"海选"并不能带来我们所期望的。在西方，直接选举只存在很小一段的时间，就是古代雅典的城邦时期：城邦的领袖选举、城邦的公共决策都是由人民集中在一个广场上投票决定。这样的城邦政治有一个前提条件，就是人口很少，否则是不可行的。在现代的西方选举方式中，基本没有这样直接的民主方式。什么是民主，民主无非是人民通过自己的选择产生统治自己的领导人，而不是由人民直接来统治。政治始终是一部分人的游戏，民主在现代社会里也只能是精英式的民主。"组合竞选"制是符合现代民主制度的需要，是一种比较好的民主习惯的训练方式。第二是有利于竞争文化的培育。一个开放的政治市场必然是竞争的，没有竞争就很难选出一个优秀的领导人。"组合竞选"最大的特点是其竞争性，而且是团队的竞争。这样一个选举方式会慢慢培育一个良性的竞争文化，这种政治文化对我们基层民主的发展具有非常重要的价值。第三个功能和价值是合作精神的养成。一个团队要想竞选成功，首先要培养团队合作的精神。当下中国农村政治社会缺少的就是这种合作精神，因此农村的公共事业，特别是税费改革以后，农村的公共事业日渐衰败，农民的公共生活日渐细微，在人民公社，集体经济时代，农民的公共生活是通过国家的强制力，强制性的生产方式把大家组合在一起形成一种公共的生活方式。改革开放以后，农民的公共生活日渐消亡，现在越来越功利化，越来越疏离化，讲究很直接的利益，这是中国农村面临的一个很大的困局，"组合竞选"制的团结合作精神对农村政治社会的发展具有重要价值。我认为"组合竞选"制最后一个重要的价值是制衡机制的形成。在"组合竞选"中至少有两个团队竞选，他们之间不仅仅是竞选的关系，还有制衡的关系，落选的团队会形成"在野"的势力，会对当选的团队进行有效的监督和有力的制衡。然而"海选"就没有这样的价值，因为分散的个人对当选的组织不能构成有力的制衡，很难发挥监督和制衡作用。没有监督和制衡，一个民选的村委会会变质腐败，因为没有约束的法律必然导致腐败。"组合竞选"制中蕴涵着很有效的制衡机制，是很现实的制衡作用，能形成很强的监督作用。谢谢！

左学金：上海社科院常务副院长、教授

非常感谢安徽大学和辛老邀请我参加这次村委会"组合竞选"学术研讨会暨安徽省农村社会学研究会第三届委员会。辛老是我敬仰的前辈，如果说我对"组合竞选"制、"文化扶贫"略知一点皮毛的话，也是由于辛老带我去安徽岳西等地做了一些学习参观，这也是十年前的事了。今年是安徽大学建校 80 周年，也是辛老的 80 华诞，所以我对能参加此次会议感到很荣幸。祝愿辛老永葆青春，为农村民主、文化扶贫贡献智慧。党的十七大提出强调在政治领域人民当家作主的思想，强调党内民主。我相信在这样的背景下谈论村委会"组合竞选"制是非常有意义的。我觉得从十六大到十七大以来，我们党已经比较详细地勾勒出了我们国家在经济、政治、社会、文化方面发展的蓝图。我们的目标是推动科学发展、促进社会和谐。科学发展和社会和谐的基础是民主法制和公平正义。我们胡总书记描述和谐社会的开始即是"民主法制、公平正义"。如果没有民主法制和公平正义，就不会有社会主义和谐社会。中国是个幅员辽阔的大国，如何推动民主法制和公平正义？我想要自上而下和自下而上结合起来，要中央勾画的宏观设计和地方的实践相结合。安徽省在这方面是值得自豪的，安徽的农村改革是从小岗村村民自发的承包土地开始的。"组合竞选"制让大家对这种形式高度肯定，我想类似的理论和实践的探讨为我们国家未来的宏图作细节的填充，是非常重要的。现在我简单地谈两条，一是十年前我在辛老的带领下来安徽考察学习的一些想法；二是对我们未来的发展的想法。十年前，我和上海社科院的同事应辛老之邀来安徽学习参观。主要是学习参观村委会"组合竞选"和"文化扶贫"，我学到了许多东西，来之前的许多疑问在学习参观之后都消除了。这些疑问就是大家一直在疑惑的，即中国农村有没有条件实行民主，农民有没有参加村民自治的愿望和能力。参观学习后，我感觉中国农民参与村民自治有很高的积极性，并且农民具有这方面的能力。在参观过程中，我们了解到一个村的村委会选举，它是从早上一直选到下午 4 点，而过程中没有人离场吃饭。我感觉农民在政治上是非常理性的，很多城里人低估了这一点。比如说，我们很担心农民有没有宗法思想，农民选举会不会只选本族的人，选择本族的大姓。然而在我们的考察过程中没有发生这样的情况。我们去问一些农民有没有选自己的同姓，他们回答说没有，原因很简单，现在是市场经济，大家关心的是村委会的主任能不能代表他们的利益。另外我们还到了腾云村，腾云村的村委会主任连续两任当选，但他在那个村是个孤姓。他把自己培养蘑菇的技术向村民推广，带领大家致富，虽然他是孤姓，但大家就选他。我觉得农民是有觉悟的，是有政治理性的。我感觉村委会选举有两种情况，有的是真正的选举，而有的是一定程度上走过场，不是很严格的选举。总的比较下来，真正通过选举出来的领导班子，年龄比较轻，文化比较高，"公"心更强，威性更高，这是我们当初调查的结果。《村民委员会组织法》颁行已 20 年了，但我们对操作的程序还没有一个严谨的程序，这需要我们进一步对各地进行研究总结，推广好的经验，这是很有价值的。村委会"组合竞选"制有很多优点，确实值得我们进一步的推广，会议的材料已经说得很详细了，在此我不赘述。面向未来我们国家有两个问题比较重要，一是发扬民主，特别是在农村实现民主，让农民真正地当家作主。二是如何加强我们国家对人力资本的投资，增加我们国家人力资本的禀赋，增强我们国家的国际竞争力，为我们国家经济模式的转变做准备。我国城乡收入差距非常大，一般理解城乡收入差别是市场造成的。我们国家的经济增长速度很快，经济总量已是全球第四，外汇储备是全球第一。但人民收入的差距在扩大，现在我们国家的基尼系数已从改革开放前的 0.23、0.24 上升至 0.46，是世界上收入分配比较不平等的国家。为什么这样的不平等？表面上看，不平等的百分之四十几是城镇化造成的，但实际上这种理解是站不住的。因为我们城乡的收入差距是远远大于比较成熟的市场经济国家，市场经济成熟国家的城乡收入差距是不超过 1.5 的，按照国家统计局公布的数据，我们已经超过 3.2 了。如果把城市的一些隐性收入放进去，会更大些。我想这里面不仅是经济和社会问题，而且是从政治上如何协调发展权利和发展成果关系的问题。这些问题要靠深化改革来解决，而不是放弃市场经济的导向。我认为主要应从三个领域来深化改革：第一，公共产品的提供。农村相对城市来说，政府提供的公共产品是严重不足的。我们在考察中深深感到，农村经济在发展，但义务教育和医保等是不足的。这不仅是安徽省的问题，而且是全国农村的问题。主要精力放在了经济建设上，但对公共产品的提供是不足的。中央如何增加农村公共产品的提供，还有很多工作要做。第二，土地制度。我国的经济增长是随着城市化、城市的扩张进行的。在城市扩张过程中有大量的农业用地转化为非农业用地，这个收益是非常大的，而这收益主要是被城市拿走了，农村拿到的比较少。这问题主要是制度的安排而不是市场经济导向的必然结果。按照现在的土地法，农民的补偿应包括农作物十年的产值，当然还有其他的补偿。这样的补偿实际上是把土地收益转移到了城市，这应该改革。第三，农村劳动力的流动还存在一些障碍。义务教育法明确规定，如果农民工的子女在城市，那么城市应提供教育。而实际上这点做得不太好。我们现在提供公共产品非常方便，国家财政增长很快。但总的来说对教育、医疗卫生的投入还是不足的，按照国际标准，我们是比较低的。农民的主要资产就是劳动力，所以这方面我们要进一步改革，十六届三中全会提出要逐步形成城乡统一的劳动力思想，这也需要进一步改革。另一个很重要的问题就是人力资本投资。我们国家在未来十年、二十年会发生一个很重要的变化，劳动力的供给一直是高速增长，但认为劳动力是无限供给，实际上情况会发生转变，劳动力供给总量大概在 2015 年要下降，进入劳务市场的人口要小于退出劳务市场的人口。大家都知道我们国家的生育高峰发生在上个世纪的 50—60 年代，未来的十年、二十年会有大量人口退出劳动力市场。70 年代我们国家发生了最快的人口生育下降，之后生育率一直稳定地向下走。前景很明确，我们靠廉价劳动力提高经济竞争力的时代已经过去了。未来我们要靠技术进步、靠人力资本、靠知识。这是我们国家面临的非常严峻的挑战，我们能不能在人口消退的同时把人力资本的存量做上去？人力资本的收益比较慢，是个漫长的过程。今年的经济工作会议有两个重要的议程。一是，防止经济由偏快变为过热，防止物价的结构性上涨演变为明显的通货膨胀。我们应把更多的钱投到人力资本上来，投到教育、医疗卫生上来。这样是增强我们未来的经济增长潜力，增强未来的竞争力，而不是把太多的钱花在硬件投资上。边际效益更高的是对人的投资。辛老从 1989 年以来一直致力于文化扶贫，这是真正关系到我们未来的大事。我们国家在二十年后有没有竞争力，不是取决于我们修了多少大楼、水泥路、广场，而是取决于我们国家的人力资本和研发能力。我们的技术工人、工程师是不是达到时代的前沿水平。如果我们达到那个水平，我们就能在全球的竞争中保持优势。

　　我对中国的体制改革很有信心。我个人觉得政治体制改革早改比晚改要好一些。实际上改革开放以后权力背后的利益是在增强，利益越高，改革难度就越大，最后改革就关系到权力的再分配和利益的再分配。昨天我们讨论了村委会的问题原则上是从农村的内部来看村委会的，但我觉得考虑村委会功能的明晰化还有个外部条件问题。我国的宏观发展战略和经济发展策略有时是以牺牲农民或者农村为代价的。在计划经济时期，我们学习苏联模式，优先发展重工业，通过压低农产品价格，限制农村劳动力转移到其他部门，也就是当时说的工业产品"剪刀差"。为了实行优先发展重工业的战略，我们对农民的生产是强制干预的，比如说，农村只能发展粮食作物而不能发展经济作物，只能搞农业而不能搞乡镇工业，限制农村人口向城市迁移，等等。改革开放以来，我们还有一些计划经济遗留的政策，这些政策实际上是损害农村和农民的利益的。如户籍制度，医疗卫生的大量投入向城市倾斜，等等；比如计划生育政策没有提供相应的政策保障，而强制推行，这是损害农民利益的；再如，殡葬改革也是损害农民利益的，因为要火葬就要农民花钱。这些政策不是来自乡镇的，不是来自村的，而是直接由中央下达的，带有极大的强制性，因此很自然地受到农民的抵制。且需要比较大的执行成本，在这种情况下就需要比较有力的执行上面政策意图的基层组织，或者说是由准政府组织来推行，村委会从某种意图上说就是这样一个准政府组织。所以说村委会作为村民自治的功能和准政府组织的功能是矛盾的，是有冲突的，在实际上是难以兼顾的。如果要执行上面的宏观政策，在本质上是会损害农民利益的，所以它的运作模式很为难，是按自治组织的模式运行还是按准政府的模式运行呢？两者很难协调。如果我们要消除这样一个矛盾，要将准政府的职能和自治组织的职能剥离开来，需要创造一个好的宏观环境，在宏观决策层次上要尽量减少以牺牲农村和农民利益为代价的政治措施，比如说已经做的取消农业税、正在做的对农村地区公共产品的提供，对教育、医疗的提供，等等。这些问题需要进一步的研究和实施，这些问题表面看来和村民自治没有关系，实际上与村委会的定位有很大的关系，要容许农民在政治体制中有自己的发言人。城乡利益也是宏观格局中的利益分配，城市已经获得了很多的利益，而现在要让农民得到更多的利益。现在我们收入扩大的主要原因是城乡差距，牺牲农民利益来发展城市已经很难站住脚了。我个人认为，虽然在宏观的政治中会涉及利益的再分配，实行起来有一定的难度，但只要我们运用比较有远见的政策来实行改革，为了村委会功能的明晰化，这些改革从政治的角度是完全可行的。我们大多数人会觉得中央的意图和下面的情况有矛盾，但根本解决问题的办法就是要尽量解决这些矛盾。最后我想提个问题：关于协商民主，在国外也谈协商民主，他们是在决策过程中充分协商，而不是在权力机构的产生过程中的一种制度安排。我们的协商民主是作为民主制的一个补充呢（比如说作为选举制度的补充）？还是今后协商民主就可以取代现在的通过民主选举产生权力机构的这样一个制度呢？（国外也承认协商民主，是作为一种补充而不是取代）如果作为一种补充，实际上我们早就有了，而现在我们这么强调协商民主是不是我们以后的主导就是以协商民主来取代选举这样一个意图呢？这点我想请中央党校曾业松主任谈谈。谢谢。

曾业松：中央党校巡视员、教授

非常荣幸能与在座的各位专家交流。在此，我把自己近期学习与研究的问题与这次讨论会的主题结合起来谈一些看法，请大家批评指正。很多同志说我是研究"三农"的专家，其实我只是个对"三农"问题感兴趣的学者，"专家"是当之有愧的。就自己的研究方向来说，我主要研究政治体制改革。我的老师说我研究"三农"问题，实际上是研究政治，因为"三农"问题是中国当代最大的政治问题。有学者说中国传统的重农主义，是经济学上的重农主义。我现在谈的重农主义则是政治学上的重农主义。这个原因可能就是这么多年来我对政治理论问题感兴趣。

今天我想向大家汇报的是对政治体制改革问题的一些思考和看法。

首先，谈谈中国政治体制改革的方向问题。对于我国的民主政治建设或政治体制改革，我是比较乐观的。无论是中央决策层还是专家学者们，对政治体制改革的方向是有基本共识的。中国的政治体制改革向什么方向走是比较清楚的。按中央的话就是建设"中国特色社会主义政治"。许多专家学者已经在具体论证，酝酿方案。从目前的实际看，政治体制改革已在推进。或者说四句话："方向已经确立，方案正在酝酿，改革已经推进，突破等待时机。"中央对政治体制改革已经有了一些比较明确的说法。比如说民主是党的生命。民主政治建设的原则就是党的领导、人民当家作主、依法治国三者有机统一。问题是三者怎样有机统一，这是比较难以解决的问题。

围绕这一问题，理论界讨论比较热烈。在前段时间由一个研究团体召开的"西山会议"上，虽然意见分歧比较大，但大家敢说了，表明环境宽松了。我们不仅看到在理论界有了这样一个好的氛围，在民主党派那里也有很多不同的声音。比如说，民主党派的人提出中国实现了法律面前人人平等，但还未实现法律面前党党平等；我们是多党合作制，但不是多党竞争制，民主党派没有竞争执政的权力。这样的问题提得是很尖锐的。还有的人提出政治体制改革应像经济体制改革一样可以搞特区试验。理论界有些领导同志认为中国的民主是选举民主加协商民主。中国人民政治协商制度体现的是协商民主。有些民主党派的人说，民主党派不就是花瓶吗？"参政不执政，帮忙不添乱"，颇有矮化民主党派的意味。民主党派的党主席都是由我们党派过去的，他们对此更有看法。这些问题都摆在了我们面前，说明政治体制改革无论如何是回避不了的。

从党内来讲，现在很多人对政治体制改革也十分关注。在我做的调查中，绝大多数县委书记都认为中国要推进民主选举。但是对县一级、乡一级、村一级的民主选举是不是现在就推进，以及什么时候推进的看法不太一样。认为乡一级要推进民主选举，但现在就推进民主选举时机还不太成熟的，有70%以上。认为县一级现在推进民主选举时机问题不成熟的，近90%。县委书记这一层次应该是最谨慎的，他们都有直接选举这样一个想法，那么其他人对于推进民主选举的态度肯定积极得多。

关于政治体制改革什么时候推进，怎么推进的问题，我们党的领导人已经对外宣示，要发展民主、推进民主。民主是世界潮流，不可能不走这个道路。现在国际上也在观察，国际压力也比较大。以美国为首的国家搞所谓的民主联盟，这么一来就把中国排除在民主国家之外了。中国要走向世界，而被排除在民主国家之外，我们哪来的发言权呢？所以我们必须推进民主。另外，从两岸的形势来看，两岸经济上的融合已无法抗拒，但台湾说我们不民主，说不能接受不民主的"一国"。国家要统一，不推进民主化就是个软肋。

实际上，政治体制改革凡是能推进的已在推进，凡是能突破的已在突破。比如说党代表的常任制问题。还有十七大提出的人大代表的比例问题，就是个突破，而且比较得民心。过去农村选人大代表是 96 万人口选一个，城市选人大代表是 24 万人口选一个。这个比例显然是不公平的。党中央已经正视了这个问题，十七大明确提出要按同一比例选举。这也是我所以对推进民主选举抱乐观态度的原因之一。不论农民的素质有多低，当家作主都是高兴的事。问题在于，低素质的人当家作主了，而高素质的人还没机会。

中国的民主是非推进不可的，特别是从经济体制改革来看，经济体制改革发展到今天这一步，政治体制改革再不推进，经济体制改革就没法再推进了。经济改革最重要的就是确立经济主体的地位，经济主体有了经济地位，而没有政治发言权，就不能真正叫主体。特别是新的社会阶层不仅有经济利益诉求，而且也有政治诉求。所以进行经济体制改革就要进行政治体制改革。我们有了一些改革的实践，积累了一些经验，哪怕是失败的也是经验。辛老的"组合竞选"制是基层实践经验，使我们基层民主选举越来越完善。这些实践经验有助于我们进一步推进民主政治改革。我们应吸收一切民主的经验和教训，包括台湾的一些经验。

改革势在必行。关键是我们什么时候能有根本性的突破。我认为政治体制改革有四个阶段：准备阶段、推进阶段、突破阶段、完善阶段。我们现在处在"准备阶段"，或者说是推进政治体制改革的准备阶段。这个准备阶段既有理论的探讨又有实践的准备，关键是累积民主共识，统一意志，创造条件。这个阶段如果做得好，我们政治体制改革就能加快推进，就能健康推进。反之，我们可能会走弯路，甚至产生政治危机。

十三大的时候，中央有一个政治体制改革的研究机构，提出了一系列的政治体制改革的意见，最重要的是提出了"党政分开"。现在看来这是不完全符合中国实际的，也不一定行得通。当前中国的政治体制改革已经不是 80 年代的方案能奏效的了，应有一个全新的、科学性的方案来替代。我们党是执政党，把执政党和执政分开来，还叫执政吗？执政党就是执政，党和政根本就没法分开。我在新加坡考察人民行动党，从名字看就是为人民行动的党，它的党中央只有九个工作人员，两间办公室。这个党已经执政 50 年了，10 次大选都高票当选。党的骨干主要在议会，在政府各个部门。党和政哪里能分得开？所以我们政治体制改革需要新的理论思路。一个国家是不是一党执政，一个党能不能长期执政，关键是是不是老百姓认同，是不是多数人选出来的。一个党敢不敢通过民主选举，确立执政地位，是国情决定的，也是执政党的信心问题，是先进性能否体现的问题。中国共产党要推进民主这是毫无疑问的，但问题是怎么推进民主。前提就是执政党要有足够的先进性，要有足够的执政能力，而且有坚定的绝大多数人拥护的群众基础。所以我觉得中国共产党推进民主的最大的一个前提就是赢得民心。民意基础是我们推进政治体制改革最根本的条件。实际上中央也就在这样做，一是抓民生，一是强调民主。民生加民主就等于民心。有了民心，执政党就能长期成为领导核心。所以我们说最重要的准备就是争取民心，巩固民心。

现在我们要做的太多太多了。理论上，我们提出党的领导、人民当家作主、依法治国有机统一。怎么统一？意见太多了，到底哪些意见是可行的或者是基本可行的？怎么实现，实现形式是什么？共产党是执政党，必须确保其领导，那么怎样确保领导呢？

共产党执政，要同时符合两个条件，一是人民当家作主；二是依法治国。这两个条件必须同时具备。也就是合民心、合法律。一方面，共产党要为老百姓办事，还要加强法制建设。法律要从中国实际出发，要合情合理。所以执政党要通过自身建设和提高执政能力来赢得民心。另一方面，要完善法律，通过法律的程序来赢得执政地位。我们要推进政治体制改革，这些问题不能达成共识怎么推进呢？如果我们达到共识，就可以顺利推进政治改革了。我想凡是有共识的，凡是有可行性的，就可以积极推进。推进过程中有几个方面可以先行：一是党内改革先行。因为你是执政党，你要国家民主化，那么党自身就要先行民主化。二是基层先行。因为在基层改革，就算失败了也不影响大局，基层先行可以积累经验，逐步向高层提升，这样能保持稳定。三是民主决策、民主管理、民主监督先行。民主选举是最关键的问题，涉及我们党的执政基础和执政地位问题，在我们还没有把握的时候可以延后，但是决策、管理、监督完全可以民主化，完全可以先行，只要能够做到的，就尽量让人民当家作主。

我认为最后的关键问题就是民主选举问题，高层选举问题，这就需要一个突破阶段。共产党的执政地位问题不能回避，当民主制度比较完善，民主的程序、方式为大家所熟悉，有一套危机化解机制的时候，我们的难题就可以解决了。所以，这最关键的一战我们要把握好，如果把握好了，这一仗胜了，那么我们的政治体制改革就容易完成了。我们不仅有完善的民主制度，健全的民主程序，而且有有效的调节机制，那么中国的政治体制改革就比较优化了。中国政治制度也是世界文明的组成部分，吸收西方的优秀东西，又从中国实际出发，完全可以比西方搞得更好。

这个进程要多长时间呢？小平同志在 80 年代中期预测要 50 年完成，大约在 2030 年左右。我认为经过各方的努力是有可能实现的，当然也可能提前实现。中国政治体制改革既是不可阻挡的也是迫在眉睫的；是在中国历史上最巨大最深刻的一次变革，也是国际上最有影响力的变革。我们要看到政治体制改革的巨大风险，要避免这个风险，需要周密的理论准备。我觉得我们既要有使命感，又要有充分的精神准备。我们要学习老一辈理论家的优秀品德，学习他们兢兢业业的工作精神、扎扎实实的奋斗精神、克己奉公的奉献精神。这样我们就能创造属于我们这一时代的辉煌。

以上是我的一些想法和看法，不妥之处请大家指正。最后我对于辛老的事业说点感想。我认识辛老已经很久了，在辛老身上学到了很多东西，他的事业心，他的追求精神都给我很大的鼓舞。辛老是我学习的楷模。他身体力行的"组合竞选"制经过多年的实践，现在上升到制度化的层面，可以说他创造了制度化民主的有效形式。"组合竞选"制体现了民主政治的一般规律，体现了中国基层民主的特色。这是一个很有价值的理论与实践结合的成果。我们要十分珍惜，并加以总结，促其推广。

何秋祥：澳门大学副教授

各位专家、各位学者，我很荣幸来参加这次会议。在这里就简单地与大家分享一下这些年来跟辛老学习关于农村选举的一些观念和看法。昨天我刚到时就和吴理财教授谈了一下东西方的民主。整个西方民主的发展就是一百年的事情，中国民主从农村基层民主选举开始才二十来年的事。西方的民主发展是很漫长的事情，不是我们简单看到的三权分立，耗费了很多的人力、资源等。西方民主的哲学出发点是人性本恶，要将其制约、将其约束。所以它方方面面的发展很周到、很健全。但中国儒家对人看法的哲学出发点不同，它认可人性本善，因而很少想到去制约人性。比如说，关于香港普选，有人认为应该普选，而有人认为普不普选都无所谓，也有人认为民主不是万能的。但我认为民主本身不是好不好的问题，民主是应有的公民权利。有民主的国家，它有这一制度保证公民去行使这个权力，去选择更好的更优秀的领导人。民主本身说明国家的权力来自人民，这是很重要的条件。中国 20 年前实施的农村选举不是从抽象概念出发而是从实际出发。在这些年的研究中我发现，农民到底要不要民主，这是很难回答的问题。每个农村的发展都受到它的地理环境、血缘关系、经济条件等各种因素的影响，因此我觉得民主的发展需要一个相当长的过程。通过选举等让基层了解到民主的意义。这是我一方面的看法。另一方面说到辛老的"组合竞选"制，我对辛老非常敬佩，他相信农民本身有能力去行使自身的权利，这个信心是很难得的。这些年实行的"组合竞选"制能更加关注到农村的实际情况，走出一套更好更完善的选举制度，在"组合竞选"制中能很好地解决血缘、宗族等影响民主的因素。在西方理论中，选举和权力有关系，而权力需要约束，什么样的选举就会带来什么样的效果。"组合竞选"制中，农民选出了代表自己权益的人。其实无论什么样的选举，如果选举过程中存在一些外在影响因素，那么就很难保证选举结果的公正。领导者的权力和权威不仅是选举赋予他的权力和权威，还需要选举后的监督制度，这是很重要的。刚才辛老也说了这是和中国的现代化过程有一定的关联。我想强调的是选举是第一步，还需要对权力进行制约。在某种程度上去制约权力，然后是权力的行使能够带来社会经济的发展、民生的改变。第二个很重要的方面是选举后的制度怎样去制约，怎样去行使。我希望通过这次会议，把握机会向各位专家学习，理论和实践的结合，特别是"组合竞选"制在理论上需要进一步的阐发。在我们看到"组合竞选"制的优点时也能看到它需要改进的地方。

我听了各位专家前辈的讲话，受到很多教益。我还要讲三句话。首先，我和辛老认识很久了，辛老搞"组合竞选"和文化扶贫实验，我也一直关注。辛老的实验是把其价值放在整个民主进程的体系中去。孙中山讲过，中国社会必须经过三个阶段，军政时期、训政时期和宪政时期。我更多的是从训导民众这个角度来理解辛老的民主实验。第二，我认为民主的概念不是空东西，在洛克的《政府论》中就谈到了什么是政府，什么是公民，什么是社会。政府、国家、公民是什么样的概念，该怎么界定，其实在洛克的思想中就体现出来了。政府可能倒台，而社会依然存在。民主是不是一种行为，是不是一种理念，"组合竞选"在民主这样一个价值体系中究竟处于一个什么样的层面，我觉得从学术方面应对此进行思考。第三，在十七大的报告中已经显示了中国的民主走向，体现了一个观点，现代民主的程序、方式是中国特色社会主义民主的内涵之一。而辛老的"组合竞选"的方式对我们当代社会的政治体制改革确实启发很大。我们要多角度来思考一下"组合竞选"制的政治学意义。

郭帆：新华社《瞭望》杂志高级记者

首先感谢会议对我的邀请。辛老的精神让我们敬佩，他刚才讲到爱国，所以我们都是在爱国的前提下来讨论的。同时感谢各位专家，让我有机会把我从1984年开始作为辛老的学生学习"组合竞选"制的一些心得和体会向在座各位做个报告。如果所说有不当之处，敬请指正。我从学术角度的六个方面讲一下村委会竞选模式促进中国社会向现代民主社会发展的一些脉络和理论的根据。

第一，"组合竞选"制是历史发展的必然趋势。人类社会从必然王国走向自由王国，民主也是这样。民主是现代文明社会最重要的标志之一，随着中国融入世界，现代化进程的加快，党和政府必须重视民生，必须关注民风，必须尊重民意，在这样的情况下，中国的特色社会主义建设步伐才能加快。我们考察整个世界的发展史，如果一个社会没有民主的话，是不能持续下去的。小平同志提出精神和物质两大文明，十七大提出了四大文明：物质文明、精神文明、政治文明和生态文明。从实现四化到现在要实现五化，这个过程标志着文明要建立，民主社会才能实现。十七大提出以人为本，扩大民主，民主包括党内民主和社会民主。在这个基础上建设社会主义新农村，构建和谐社会，这是十七大的核心。但我们的民主是中国特色的，我们直接由封建社会过渡到社会主义社会，没有经过资本主义民主的锤炼。西方民主不完全适合我们中国，但我们可以吸收其合理的部分。"组合竞选"制就吸收了西方民主的合理部分，是一种比较好的发挥村民民主的方式。

第二，"组合竞选"制是农村上层建筑发展的必然需求。中国农村发展已经进入第五阶段，中国农村三步走继续突破，中国农民要求在政治上实现农民权益，有更大的知情权、表达权、参与权和监督权，这是现代民主社会农民所要求的"四权"。我们所走的道路是在马克思主义的指导下，在共产党的领导下进行的民主选举，这完全符合党的要求和农民的要求。现在城乡收入差距的扩大与农民的经济发展提出了不同的要求。我们GDP的75%以上都来自私营经济和混合经济。经济发展到一定程度必须要有政治来保障，没有政治是不行的。中国农村从自主分散经营到新中国成立后的归集体所有，再到小岗村搞的家庭承包制一直到20世纪80年代中后期，像浙江搞的产权深化和经营规模扩张，2003年开始的用科学发展观指导农业。1978年安徽省小岗村实行农村承包经营，2000年实行税费改革，中国农村进入了变革上层建筑的核心阶段。这要求必须实现民主，没有民主改革是不成功的。辛老提出了乡村建设和民主政治相结合的观点并进行了成功的实践。辛老将中国农村建设推向了一个新高度，具有里程碑的意义，耕者要有其田，还要有其权。辛老以人为本，关心民生，为民请命，在实行民主政治上不畏风险的精神令人钦佩。

第三，"组合竞选"制是农民反对腐败，保障权益的诉求。现在基层很多干部存在违法现象，破坏了农民的权益，损坏了党和政府的形象。村委会民主选举，加强监督迫在眉睫。农村问题很严重，根本问题是民主问题。中国有9亿农民分布在农村，全国有500多万个村级干部，决定了中国基层民主的走向。现在很多干部眼睛是向上的，利用权力贪污腐败，成为群众上访和社会动荡的制造者。"组合竞选"制能相对抑制腐败，有利于实行民主。"组合竞选"制最主要的是它科学、规范、严谨、公开、公正、公平、易于操作，能够选出有能力、符合民意的班子，而且符合《村民委员会组织法》规定，和西方竞选有异曲同工之妙。从中国农村复杂的情况来讲，村委会民主选举与监督对构建农村和谐社会，构建农村基层稳定是至关重要的。从我们考察的所有现代国家来看，都是以民主为最高目标。真正民主的落实应在秩序上，民主不是不可以实现，也不是不可以搞，主要是我们怎么样做，如果我们有好机制、好方法、好程序，从"组合竞选"制的实践来看，农民是非常愿意的。民主选举是公民自治的前提，好的机制和程序是民主选举的基础。农民对选举权的要求，是随着物质生活的改善和生活水平的提高而提出的新要求。没有民主就没有社会主义，就没有共产党政权的存在。所以，社会越发展、经济越发展，民主就越必须跟上、越必须发展。现在我们民主这条腿是短的，我们要把它加长。无论是自然科学还是社会科学，实验结果的可重复性是非常重要的，如果实验结果不能拿到社会推广，就得不到承认。辛老的"组合竞选"制在各级领导的帮助下，在岳西、阜阳、滁州等地建立了实验基地，创造了新的选举形式——"组合竞选"制。他强调乡村的发展靠的是内力而不是外力，外力只能起到一定的作用，长期发展靠内生性和自发性。农民自治的关键是把乡村的发展权和建设权交给村民。村民自治包括民主选举、民主管理、民主决策与民主监督。还是那句话，要保障农民耕者有其田，有其利，还要保障有其权。这个权就是村民自治，这样才能让农民安居乐业。村民自治最深远的意义，就是不断的反复实践，在广大的农民中间培养民主意识、民主习惯、民主环境和民主操作能力。为我国全面实现社会主义民主奠定基础。目前村民自治中存在的重要缺陷，首先是村委会选举，全国缺少统一性的科学选举程序和条例，也正是这一条给"海选"、"组合竞选"等提供了空间，但最后都要经过市场经济的考验。"组合竞选"制程序包括提名、竞选演说、村委会主任选举投票、组合班子选举投票，最后如果村委会当选人没有达到法定人数在以后召开村民大会代表会议上应进行补选。这个过程是能够代表民意的，能够选出带领农民走向现代化的领导。1988年，辛老和我谈到农民对村民自治制度的不了解，把农民当成了选举的局外人，这是我们体制一直存在的问题。我们必须找出一种能够反映民意，能将老百姓的意愿反映到政治上来的制度。"组合竞选"制完全符合村民委员自治法，竞选体现了民主，组合体现了民主的集中，而"组合竞选"全面地把握了农村的客观实际，对传统的选举制度和理论构架有重大创新。有人认为这个组合竞选让村委会主任候选人自己组合班子，会减弱村委会对村主任的制约。这个缺陷经过十多年实践、检验和完善以后，能通过两个途径解决：一是村主任提名的人仍然要接受村民的挑选；二是要充分发挥村民会议的监督功能，对损害村民利益的村长能罢免。能够选举也能够罢免，这是完善的民主选举的基本要求，"组合竞选"制做到了这一点。

第五，"组合竞选"的优势。我简单地补充一下。我们现在的民主如果能恢复到在瑞金、延安时的民主，我们就不必谈论民主了，因为民主我们才取得了政权。现代社会再讨论这个问题就有点走回头路的感觉。我们在瑞金和延安调研时，当时一些高龄老人就告诉我们，那时是非常民主的。当年的民主也没有什么发动，也没有什么会议。改革开放30年我们是在重复一些东西，过去好的东西我们要将它提炼出来，发扬光大。

从第一个、第二个五年计划，到毛主席《论十大关系》发表，我们的民主是非常好的。到"文化大革命"以后，民主开始扭曲了。我们党有优秀的民主传统，现在要将这个传统恢复起来，再将资本主义的一些优秀的文化传统借鉴过来，成为我们自己的东西。中国特色包括选举特色，"组合竞选"制应当说是中国特色理论中的一部分，应总结推广。我们国家现在实际上是农民不会监督、不敢监督。如果我们现在培育一个在野班子，将是中国民主进步的一大步。比较成功的民主方式就是监督，一是两党监督，一是媒体监督，人民监督。媒体监督在党的领导下已经进行了一部分。因为还没有新闻监督法，从中央政治局到人大，分歧很大，新闻是我们自己办的，我们的新闻怎么来监督我们自己？西方选举中数理统计是非常重要的。数理统计在整个国民建设中科学地体现出来。"组合竞选"使以前的一些被埋没的人才因为选举而得到了任命，成为群众脱贫致富的带头人。"组合竞选"保证了选举的公开、公正性。而且，"组合竞选"是团队竞选，竞选不仅是个人的事而且是团队的事。落选的班子能形成监督力量，避免了一人腐败进而集体腐败的情况的产生。另外，"组合竞选"使民主和集中达到了有机统一。农民关心选举，因为他们知道不是自己意愿产生的领导，无法代表自己的利益，因而表现得很积极。中国农村总是在不断解决老问题中产生新问题。民主必须锻炼，民主必须养成习惯。我们结束封建社会至今才一百来年时间，而西方民主发展已几百年，我们要有耐心。在瑞金、延安的民主是朴素的民主，现代民主出现了新的内涵。从调查结果看，"组合竞选"制实施的地方暂时还没出现贪污腐败和因不满意选举而出现社会动荡的情况。

第六，简单讲一下"组合竞选"制的理论意义和发展前景。在符合国情的基础上经过20多年的探索，"组合竞选"制已基本形成系统理论和科学的操作规范。以其独具的优势成为未来村委会选举的最佳模式之一。"组合竞选"制经过了实践——理论——再实践——再理论的过程。辛老在1988年时就和我谈到，怎么样使农民站起来，怎样让农民实施民主权利，然后推动我们国家的民主。辛老理论是建立在科学社会主义基础上的，在学术上是对梁漱溟、费孝通的延续。两条线一起进行，经过了长期的实践。到目前为止，许多国内外学者都评价和认可了"组合竞选"制。胡锦涛同志在十七大上特别强调，必须扩大改革开放，必须加大改革的步伐，必须扩大在农村选举的式样，让广大农民群众在经济上享受改革开放的成果，在政治上获得现代化进程中的知情权、表达权、参与权和监督权，加快中国走向现代化民主的进程。由中国国情出发进行民主实践，选择村民自治作为突破口，由农村的底层进行民主政治的实现，进而在中国推广，是中国最佳的，也是最明智的选择方案。"组合竞选"制经过实践考验，科学规范、简单易行、公平合理，具有充分的理论基础和社会基础，具有其他选举模式所没有的优势，因此它有强大的生命力，将成为中国农村基层社会民主选举的最佳选择。中国的经济发展模式已经成为许多发展中国家的榜样，而"组合竞选"制为发展中国家的民主化进程提供了一种新的可供选择的模式，解决发展中国家一放就乱的状况，利用科学、合理规范的选举制度改革政治体制，达到稳定、和谐、快速发展的目的。因此，"组合竞选"制将不仅对中国而且对世界作出一定的贡献。

这两天听到各位专家学者的发言，很有收益。关于"组合竞选"制我有个想法："组合竞选"制是否可以有个更进一步的完善。昨天崔县长讲了一个事例，似乎是偶然的事，但里面包含着必然性，而且可以进一步发展成一种制度。两个班子的竞争是很激烈的，形成了执行班子和监督班子。如果将执行班子和监督班子形成制度并进行推广，或是进一步地总结提升，可以进一步完善"组合竞选"制。就像村民委员会组织的形成也是在责任制以后，在农民自发的基础上形成的。现在我们在"组合竞选"制实行中偶然地形成了执行班子和监督班子，对此进行总结形成制度再进行推广，我觉得在村民委员会特别是"组合竞选"制的组织形式上、制度形式上有重大的意义。听了曾主任的政治体制改革，我也有点想法。改革要进行，要主动地进行。世界的潮流和人民的愿望是大的民心，认识了这一点才能更好地推进政治体制改革。

这是我的一些不成熟的看法，请各位专家指正。谢谢！

杨雪云：安徽大学社会学系副教授

各位专家下午好！"组合竞选"制是社会科学研究的热点之一。很多不同学科背景的研究专家都聚集到这一领域，研究成果是非常丰厚的。我作为一名社会学老师，一直在尝试着从不同的学科视角观察、解读农村的诸多现象和问题。2005年我有幸亲历了"组合竞选"在其试点的实施，对于这一选举模式有了直观的体验和粗浅的感悟。今天在这里跟在座的各位专家做一个汇报和交流，不当之处恳请各位批评、斧正。关于"组合竞选"，刚才吴理财教授做了详细的介绍。在这里，我只想从我个人的感受出发来谈谈。农村的基层民主自治可以说是自上而下推动的，就选举制度而言，它首先面临的问题就是如何与地方性知识相契合。并且通过这种契合来发挥村民的主体性和自主行动能力。如果只有来自外部现代化的动员，如果这种动员不能与乡村本土资源相融合的话，是很难获得村民对这一制度变革的有效参与的，这样一来运行的效果会大打折扣。中共十六届六中全会跟十七大都强调表达权，村民参与选举可以说是在行使他们的民主权利，也是在行使他们的表达权。如何让农民理性地、自由地表达他们对村庄事务的真正意愿，关键在于制度。表达权必须借助具体的制度，才能成为可以操作的、农民真正享有的一种权利。"组合竞选"从1989年1月最初的实验算起到今年（2008）1月已经是20年了。这是一种在多年实践基础上提出的，并且在实践中不断地加以改进的一种选举制度。较好地体现了制度与地方性知识的交融，也正由于这样的原因，"组合竞选"与其他的模式相比有以下几方面的特点或者说是优势：首先，这一制度化解了个体理性和集体理性之间的矛盾，在很大程度上避免了"海选"的盲目性。"组合竞选"最早开始于岳西县的村委会选举的实验，从最初的竞选组阁制到后来的"组合竞选"制，在实践中是不断完善的。竞选组阁制是村民选主任，主任再组阁，而它组阁的人是不需要村民选举的。"组合竞选"制发生了很大变化，将村委会成员由主任组阁改为竞选之前先由村民推选出村委会的委员人选，然后再由各个村委会主任候选人从村民推选的委员候选人当中各自选择自己合意的人来组成自己的班子，最后由村民直接选举。这样一个改进形式使得村委会班子所有成员都由村民直接选举产生，而且最终由村民直接投票选举来决定，这样的改进使组合竞选实现了与《村委会组织法》以及相关的选举办法的衔接。又因为它也吸纳了

"海选"的一些长处，又有自己的特色，可以说是兼得两种模式之美。在"海选"中常会出现这样的问题，单个村民的投票指向是他自己认为能够代表自己利益的人，是他乐意选的人。但是最终全体选民基于个体理性的投票行为选去的却是难以代表村民利益的村委会班子。比如说，把矛盾很深的人、根本无法相处的人选到一个班子，这样就为村委会以后的内讧埋下隐患。还有一种情况就是将同一家族的人选到一个班子里，可能会为日后村委会的专权提供条件，当然也不是说不能将一个家族的人选到一个班子里，只是这样的可能性会增大。这些都是个体的理性行动导致集体非理性结果的现实事例，这在农村并不少见。所以结果是多个个体基于理性采取的行动最终走向了理性的反面，违背了个体的初始意愿。这样的结果，我们可以从制度设计的缺憾中寻找到答案。因为在海选中个体没有办法把握，也没有办法预见选举的结果，只能在个体的理性基础上采取行动，结果就导致看似合理的多个个体的行动累积成不负众望的结果，"组合竞选"这样一个先组合再竞选的设计使村民在正式结果产生之前就有机会了解到将要产生的领导班子大致是个什么样的全貌，能对这个班子的工作效能进行评估，在此基础上决定自己选票的投向。这样，无形之中就化解了"海选"等其他方式选举中出现的盲目性，使一些原本只能在村委会选举出来之后才能暴露的弊端消融在选举之前，这是它的一个特色。"组合竞选"的第二个特点是由它的第一个特点引申而来的。通过合理的制度激励，本来能够预防这个损失，这就相当于一种隐性成本。大家都知道，损失的预防往往比损失的补救更有意义。所以说一个制度的质量不仅体现在制度显性成本的节约上，更应体现在隐性成本的节约上。"海选"这样一个选举模式，人们只能在结果出来之后才有机会了解村委会班子整体是一个什么样的情况，这时如果出现我们前文提到的集体非合理性、班子不合理等情况，因为它是按照选举程序一步一步选举出来的结果，那我们只能无奈地接受这一现实，或者在班子出现严重问题之后才能对它提出罢免建议。无论是上述两种情况中的哪一个，都有可能意味着比较高额的社会支付成本。跟其他选举模式相比较，"组合竞选"因为在正式选举之前，就给村民提供了解班子整体结构的机会，这样，机会的获得就使得村民有了对不同的组合有个行使监督、进行评价的空间。这样的空间能使常常在选举结束之后显现的弊端更多地消失在选举之前，这样就无形之中节约了制度的隐性成本。"组合竞选"制在降低社会成本方面的优势，还表现在纠错机制上，表现在制度安排上，它赋予村民事前的知情权，借助村民的监督力量以非正面冲突的方式来完成。其他模式在选举的时候纠错机制往往要采用正面直接冲突的方式来表现出来。第三个特点是组合制的设计为缓解矛盾冲突提供了空间，减少了正面冲突的可能性和破坏性。我从选举前后两方面来分析。在选举前，形成了不同利益的共同体，使得村庄的矛盾进一步的分化，降低了冲突爆发的强度。德国社会学家达伦多夫在他的社会冲突理论中认为，冲突强度就是冲突各方在冲突中所消耗的能量以及它卷入冲突的程度。在冲突中消耗的能量越多，卷入的程度越高，冲突的强度就越大。冲突的强度越大，破坏性也就越大。冲突强度的大小受哪些因素的影响呢？首先是冲突的分散或冲突的程度即冲突各方的能量和人格在多大程度上投入到冲突当中来。如果冲突各方都能将他们全部能量释放出来，那么冲突强度就会高，这样的冲突往往是在卷入冲突各方的利益比较重合，力量能够比较凝聚的时候出现，反之当冲突的每一方只有部分的利益是关联的，就不可能将自己的全部能量卷入其中，这时冲突就会呈现较低的强度。从组合竞选制的设计看，由于它采取的是先组合后竞选的方式，而且如果一个主任候选人在竞选中失利了，那么就意味着你组合的整个班子都失利了。这样一个制度设计，实际上就是组合而成的竞选班子因他们的利益的关联而成为一个利益共同体，这个利益共同体的形成就为村庄内部大范围的矛盾转化成小范围低强度的矛盾提供了一个基础。按照组合竞选的规程，即使在只有一个垄断性的大家族的村，村委会主任也必须在几个主任候选人的竞选中产生。这样，一个大家族的垄断力量就在无形中被分解了。另一方面，不同的主任候选人在争取更多的选民的支持，在组合自己的竞选班子时往往就会考虑村内不同的门户、不同宗族等的利益均衡，尽量使自己的组合成为各方利益兼顾的，有各方利益代表的组合体。上述两点就使村庄的选举形成一个格局，这个格局是竞争中有联合，联合中有竞争，是一种交错的利益网络结构。这样就使冲突的产生概率降低，即使产生冲突，双方也很难使自己的全部冲突能量朝一个方向释放。冲突就会以低强度的状态展现出来，它的破坏力和影响力就会减小。从选举后的情况看，这种制度设计也有助于成员间的相互合作。其他选举方式产生的村委会主任和副主任是由选民按照职务分别提名选举产生的，很难兼顾两者的协作和配合。由于"组合竞选"在提名和正式选举之间增加了一个组合环节，主任候选人自己就会多方位、多角度考虑该组合谁，组合后工作怎么做，是不是有利于自己的工作。这样就使得问题有了事前解决的可能性。为成员之间竞选之后的相互合作打下了基础。另外，"组合竞选"还有一个意外的收获，落选一方的组合会成为当选一方组合的监督员，给当选者带来压力，同时也是动力。以上是我的一些粗略的见解，不当之处，请各位专家指正！谢谢大家！

崔黎：中共颍上县委常委，常务副县长

（发言略，参见本书××页）

叶克连：颍上县原十八里铺镇党委书记

（发言略，参见本书××页）

张允熠：上海师范大学教授、博士生导师

各位领导、各位专家学者，大家好！

为了研究村委会"组合竞选"制，前年我到颍上县做过调查。对于"组合竞选"制的一些正面、优点大家都谈了，我就不多说了。我想谈一点在村民自治中出现的一些全局性的问题。首先，这些问题如果不去解决，会妨碍村民自治的健康发展。我们不可否认村民自治二十多年来取得的成就，但暴露出的问题也不可回避。这些问题可归结如下：

第一，村民自治权与政府行政管理权的界限不清。20世纪末，村民自治制度就成为中国农村基层的民主制度。但它所依存的宏观环境却是乡政村治。乡（镇）是我们的政府机关，村是村民自治模式。村民委员会实际上承担着办理本村公共事业和公益事务的义务。这些公共事务和公益事业大致包括三个部分，第一个就是行政事务，比如说，户籍管理、社会治安、计划生育等。第二个是经济事务。如良种的引进和发放、土地的征购、农业产业化、农产品的销售、农田水利基本建设，等等。第三个是社会事务。包括公共活动、邻里关系、村规民约、乡村管理和建设等。前两类应该是乡（镇）政府的管辖范围内，通过乡（镇）政府的行政渠道向下布置。只有也仅有第三类属于村民自治的范围。可见，村民自治组织与基层政府的关系还不同于一般的国家与公民组织的关系。我们现在有很多的公民组织，而村民自治这样一个组织具有特殊性，它分担了太多的国家行政职能。虽然按村民委员会组织法规定，乡（镇）政府与村民委员会是指导与被指导、协助与被协助的关系，但村民自治组织实际上成了乡（镇）政府行政管理的下属机构。这样就混淆了行政管理权与村民自治权的界限，甚至把属于村民自治管理的事务划归到行政管理的范围，造成了对村民自治的过分干预，以及乡（镇）政府与村委会不和谐的现象。当然也有一些村民委员会过度地强调自治的政策，也不愿接受乡（镇）政府的指导，不愿协助乡（镇）政府开展一些必要的管理工作，这使党和国家制定的一些政策和信息在乡（镇）之间被阻隔。按照《村民委员会组织法》，村民委员会的权力和权威是村民授予的，这就决定了他们必须按照村民的意志行事，并严格的接受村民的监督和约束。一旦村民的利益要求和政府的政策发生冲突，村民委员会只能代表村民的利益和意志，而无权代表政府。如果在执行政府委托的任务时，村委会扮演着政府的角色，那么它要放弃这个角色，完全代表村民。鉴于此种情形，村委会和一般的乡镇政府之间不是一般的隶属关系，而是一种指导与被指导、协助与被协助的关系。因此，理顺村民委员会与乡（镇）政府的关系，使两者更好地协调，必须在认识上消除一些盲点。

第二，我觉得村民自治组织与村党组织的关系不太顺畅。在调研中，发现了二者在许多地方都存在重叠之处。村党支部的职能和作用已有法律和制度上的规定，《村民委员会组织法》就指出，村党支部是中国共产党在农村基层的组织，按照共产党章程发挥领导和核心作用，依照宪法法律支持和保障村民开展自治活动，直接行使民主权利。这项原则性的法律条文，实际上包含着一个悖论：党支部可以强调它是核心，要村委会围绕这一核心转。村委会和村党支部的关系无论在法律上还是在实践上都是没解决好，有时难以协调。当然也有和谐的，但必须承认党支部的核心地位，村主任实际上成了二把手，这是我国村民自治中非常普遍的现象。村党支部强调一切坚持党的领导，坚持党的领导就是坚持党支部对村民委员会的领导，村民委员会主任应该听党支部书记的，党支部书记实际上掌握着村政大权。在具体实际工作中极可能形成越俎代庖、党政不分的现象。致使村民委员会依法具有的自治权成为一纸空文，难以得到实施，自治只是徒有虚名。当然还有一种现象，村委会将自治理解成自由，村主任大权在握，独断专行，视党组织的领导而不顾，造成党的基层凝聚力和号召力下降。我国的法律条文有许多模糊的空间，虽然党支部的核心地位和村委会的自治都有明确的依据，但操作起来总是矛盾冲突。应该说这是制度上的悲剧。如何协调村民自治组织与村党支部之间的关系，既需要在村民自治的实践过程中不断摸索，还需要在法制和体制中进行根本性的建设。

第三，我想谈点村民自治和村委会自治的问题。根据《村民委员会组织法》的精神，村民自治权应该为全体村民行使，为全体村民服务。然而《村民委员会组织法》的相关规定，加上村委会是自治机构，这样就把村民自治看成了村委会自治。不顾村民的意志与意愿，再进一步村民自治就有可能成为村委会主任的自治。这就造成行使自治权的主体由全体村民演变成村民委员会，由村民委员会演变成村委会主任，村委会主任往往集权力于一身，自治就变成了主任制。随着农村经济体制的改革，经营方式的自主化和经营类型的多样化，以及多种乡村行业类型的出现，农村中出现了精英阶层。他们逐渐形成特定的利益集团，通过竞选他们很容易把握村民的自治权，村民自治管理在实践中就会变成少数能人的管理，村民自治就变成了能人自治。如果他们在掌权后能落实村民自治理念，代表人民利益，这无疑是件好事。但所谓能者在位，贤者在职多是一种短暂现象，这些能人极易将自己的意志强加给村民，甚至发展成大权独揽，成为新的村霸，这是值得注意的地方。

第四，村民自治选举难以摆脱宗族势力的介入。来自全国各地的资料都表明，村民自治受到家族、宗族势力的影响。辛秋水先生开创的"组合竞选"制中，是有目的地避免这种现象，也确实有效地克服了这一现象，但并不是完全克服，这需要进一步的调查研究。孤门独姓的人做了村长是否对村中大姓的人有很强的领导，这就要看他的道德、人格魅力和工作能力。如果不具备这些，那他的领导只会是短暂的。小姓的人当选后是不是就没有宗派势力对他的影响呢？调查显示情况不是这样的。

第五，村民自治的法律和村民自治的完善问题。首先，我国的《宪法》和《村民委员会组织法》是村民自治的依据，但我们不得不承认，它们多是宏观的、抽象的规定，许多实际的操作层面上的细节不可能表述到。因此，在村民自治的实践中，必须在这些基本法的指导下制定一些细则，使法律法规进一步完善化。《村民委员会组织法》对村民的地位，村民权利和义务，村委会的地位、权限，村民对村民事务的管理、监督的参与途径和方式等，规定都是不明确的。其次作为实体的法律规范，现在《村民委员会组织法》缺乏程序性的规定。现在村民委员会仅仅依靠海选产生，留下了庞大的操作空间，这只有靠组织选举的人去发挥了。发挥得好就恰到好处，发挥得不好问题就来了。《村民委员会组织法》规定的村民对村民委员会的监督、组织和罢免，在程序上存在一些问题，如一些学者提出的罢免的方式、程序都有一些不明确的地方。这就是导致某些地方村民罢免村委会阻力重重的主要原因。再次，村民自治制度建设是一个长期的过程，不可能一蹴而就。村民自治的各项制度之间应是相互独立，又应是相互关联的，这需要我们在长期的实践中修正村民的自治法规。总之，村民自治是公民自治而不是地方自治，它的含义涉及的是公民和国家的关系，而不是中央政府和地方政权的关系问题。从理论上讲，不能将自治与民主画等号。民主分为国家形态的民主和非国家形态的民主，村民自治作为一种非国家形态的民主，具有民主的性质但并不是很高层次的民主，而是公民自我管理的一种形式。所以公民自治要与建设中国特色的公民社会结合起来。现代公民社会与现代民主社会应是相辅相成的，哈贝马斯提出两种民主社会类型：市民类型和公民类型。旧中国的民间社会就属市民类型，而现代西方国家的公民社会几乎都有社团成员，甚至一个人兼具几个社团的成员。通过社团而进入公共事务，任何集体性组织在哈贝马斯看来都属于公共类型，但他强调公民社会的公共性，他说西方社会的公共性正在受到市民社会的不断侵蚀。而在我国长期以来国家和社会概念是清晰的，政府和社会的分离还未完成，人民依托于社会组织等。农民在农村改革和生产大队解体后成为第一批失去单位而成为社会人。1987 年第六届人大常委会第 23 次会议审理并通过了《村民委员会组织法》，1999 年正式实行，随后有 70 万个村民委员会在中国农村崛起，它无疑是中国最大的公民组织。其重大意义就是，原来无处不在的政府力量在社会领域里不断退潮。过去农民是政府的子民，政府是农民的主宰，而在现代社会，农民应是公民社会的一分子。这种关系我们要在不断的改革中纠正过来，政府要真正做好社会管理这一块，真正理解"为人民服务"的含义、"人民公仆"的含义，这种倒过来的关系，政府和人民都要适应。公民通过公民组织自己管理自己的事务，政府为公民服务，政府的行政事务，公民可以协助但绝不是像过去那样无条件地服从。政府的依法行政，公民要支持，但政府的违法行政，公民要与政府对簿公堂。现实社会中公民与政府的利益纠纷，民告官的现象日益增多，看上去有违社会和谐，实际上是社会和谐向深度发展的一种现象，是公民意识觉醒的表现，是公民社会正在成长的信息。我们要意识到在村民自治过程中村民公民意识的觉醒和公民社会的悄悄形成。如果我们发现农民的保守、小农意识被现代公民社会的进步意识所代替，中国农村社会就发生了质的变化。这对中国社会的体制转换来说，比一般的空喊口号要切实得多，重要得多。我的发言到此，谢谢。

李远行：安徽大学教授

很高兴参加这次会议，尽管这次会议不是严格意义上的学术报告会，可是这次会议有着重大的意义。非常巧合，今年是安大建校 80 周年也是辛老的 80 华诞。这两天对于辛老的"组合竞选"制作为村民的一种选举方式，与会者都给予了高度的评价，我本人从调查来看，"组合竞选"制确实是一种很好的方法。在座的专家、学者谈了自己的心得，但由于时间的限制大家还是没有充分地展示出来。我和辛老结识也有 5 年时间了，建立了深厚的感情。辛老扎根农村的实践经验，对我后来的农村研究产生了非常大的影响，我感谢辛老对我学术上的引路。我做农村研究能坚持下去，和辛老有极大的关系。2002 年以来，我发表的文章和所做的课题全部与农村相关。我对"组合选举"虽然了解不是很多，但这次会议让我明白组合选举不仅仅是技术手段，它还承载着乡村治理这样一个大框架，它有着非常丰富的内涵。如果没有深厚的理论作为支撑，技术层面的东西只是一种游戏。"组合竞选"制有个不断完善的过程，今天的"组合竞选"制就是从经验中来。关于民主问题，在讨论中分歧是比较大的。从会议可以看出来自政府智囊和大学研究的两种声音，我希望我们能吸收这两种研究的营养。

张洁：安徽农村经济管理干部学院副教授

从昨天到今天，听到了许多激动人心的报告，很受感动。我现在就民主改革进程大概要多少年谈点看法。我提供一个历史的材料，就是我们国家的经济体制改革一共是多少年，根据这个我们类推一下，为什么这么快，原因在什么地方？原因就在得人心。得人心的话，无论是经济改革还是政治体制改革都会成功的。我在和秋水同志谈到村民自治时，要加上一条就是民主，农民迫切要求民主，农民除了吃饱饭，另一个重要要求就是民主。民主是农民的基本要求，只要民主了，农民就愉快，就有干劲。这是我说的第一个问题。

我想谈的第二个问题就是"组合竞选"制在农村推行的程度怎么样。"组合竞选"制是比较得人心的。组合竞选的科学处、奥妙处就在于两次选举，一次选主任，第二次选班子，竞选能推进民主。"组合竞选"是科学的，是比较容易推行的，也是发展基层民主的突破口。昨天大家提出了民主回归的问题，很怀念过去的民主，如井冈山的民主，延安的民主。我参加过土地改革，我不太同意有些人认为农民的民主觉悟太差的想法，农民可能随地吐痰，可能闯红灯，也就是不文明的表现，但这不能代表农民对民主的要求天生就低。农民的民主意识是很强烈的，举例说，在土改时，一开始进村、串联，要组成许多临时的班子，斗完地主就是分田地，几百亩、几千亩的土地就由几个村干部来分，是否放心呢？我们在事前选中了几个人，但又不能不走民主的形式，于是就拟订了部分候选人让农民来选，选时我们很担心，但结果和我们希望的是一样的。竞选的特点是公正、能干。对于这个案例，我们要探讨一下为什么不识字的农民在选举时还能竞选顺利。我觉得不应过低地估计农民的民主要求，不要因为农民一些不好的生活小节而忽视农民的民主要求。从"组合竞选"制的顺利推行也证明了农民的素质和民主要求还是很好的。

　　根据这些情况我认为"组合竞选"制是符合农民的切身要求的，是和经济改革一样符合农民的切身利益的，我们完全可以采取一定的方法先易后难地、切实可行地推广。我不是做社会学研究的，讲的都是外行话，谢谢大家。

吴炳南：安徽省文联著名剧作家

　　听了省社科院辛秋水教授关于村民自治20年的活动介绍，最想说的一句话：不容易，令人敬佩。辛老工作我略知一二，耄耋之年还东奔西跑，深入调研，所编发的内刊简报我看过一些，报纸上公布省委书记在岳西大山里钻窝棚图片，至今记忆犹新，那就是由辛老牵线搭桥的。村民自治旨在在底层夯实民主基础，为构建和谐社会、塑造现代人公民意识，提供有力保障。可是，进行这一项工作有着太多的难处，20年风雨兼程，或可说披荆斩棘，或可说举步维艰，体力消耗疲劳且不去说，心理上所受压力与磨难何其沉重？这对一位别无所求本该颐养天年的老人，似乎太残酷了！

　　今天（2008年1月5日）距辛亥革命一百周年纪念日倒计时只有1353天，1911年10月10日武昌起义，推翻满清王朝，中国人头皮上的辫子终于剪掉了。新中国建立之后，社会主义制度更是为人民真正当家作主开辟了道路。

　　胡锦涛同志在十七大报告中指出，要"发扬基层民主，保障人民享有更多更切实的民主权利。"然而，就还有些干部，不能完全与中央保持一致，为回避民主，抵触颇多；虽然花样翻新、名目繁多，但万变不离其宗，不过是维护一己之私。如今，人们已经看出，他们为维护自己的权力而抵制民众的自主管理、自主决策，已成为富民强国、长治久安的重大隐患。

　　事实证明，世界历史也不断证明民主潮流是一种趋势。从党中央的决策到地方领导的实践，都表明我们正顺应着这一历史潮流。早在1989年，安徽省委书记卢荣景同志就积极支持辛老农村"组合选举"这一"草根民主"的实践活动，我了解到，安徽省颍上县领导也在部分乡镇积极试点"组合选举"，实践证明，民主能充分地保障人民的知情权、参与权、表达权和监督权。

　　我认为，民主是建设和谐社会的重要保证。当然，实现民主的途径和方式可以不同。比如，我们实行民主的形式，可以通过多种渠道、多种实践、多种探索来进行。可是就有人以中国特殊为由，说中国人文化素质未达到运用民主的水平，对此，我不敢苟同。我们不妨回顾春秋时期郑国宰相子产不毁乡校的历史，乡校是当时群众议论朝政评判是非的场所，郑国君王和王公大臣主张封杀，而子产则力排众议，不予毁弃以便倾听不同声音。兼听则明，偏听则暗嘛，这是最简单不过的道理。如今，我们已进入 21 世纪，"嫦娥"都奔月了，国人难道连 2500 多年前的先民都不如了吗？至于有些人怀疑民众文化素质不足以实行民主，我就更感到匪夷所思了。抗日战争时期，老区群众只字不识，用点豆子方式不也同样行使了直接选举的权利吗？《中华人民共和国村委会组织法》实施以来，全国很多乡镇在地方党委的领导下，不识字的普通百姓不也成功地实现了民主选举吗？

当前，有些社会贤达人士提出中国的事"不能急，不要等，只有促"，我大致赞同，但在促字上要下大力气，省社科院辛秋水先生在农村推行"组合选举"以保障村民自治的实践活动，就属于积极的促，扎实的促。但愿人人都来促，上下一并促；只有这样，中国全方位的改革才能有可靠的政治保证；也只有这样，中国的和谐社会才有实现的可能！

中山先生说过，世界潮流，浩浩荡荡，顺者昌，逆者亡。走向共和、走向民主、走向法制、走向和谐是包括共产党人在内的无数先烈的努力追求，也是今日中国的社会共识。往者不可谏，来者犹可追！作为一个与辛老同代的老者，我欣喜地看到，政治改革已经提到中央的议事日程；在座的后辈也让我感受到，你们任重而道远，路虽漫漫，求索有望！

辛秋水：安徽省社会科学院研究员

各位专家、学者和远道而来的朋友们：

两千年前，圣人孔夫子说过："有朋自远方来，不亦乐乎！"今天，我就借用这句圣人之语来表达此时此刻我对各位的欢迎之情。

在座的既有本省的专家学者，又有从上海、北京、武汉远道而来的专家学者，特别是更有世界知名经济学家、上海市社科院常务副院长左学金博士等远程而来。对你们到来和我们共同研讨村民委员会"组合竞选"制，我们表示由衷的欣慰！我今天向大家谈一谈"组合竞选"与中国民主之路。

一　生产力的解放和人的解放

人们常说，人类文明发展史是生产力不断解放的历史，这是对的，但是这只讲了一半，还有另一半，人类文明发展史也是人类自身不断解放的历史。

人类从万物之一种变为万物之灵，这是人类的一次解放。后来，人类又从奴隶制度下解放出来，这又是一次解放，以后又从封建农奴制度下解放出来，从资本主义制度下解放出来，这又是一次解放。将来当社会进入共产主义以后，人类更是一次空前的解放。有人要问："到了共产主义以后人类还需要解放吗？"回答当然是肯定的，共产主义社会也是要继续向前不断发展，再从低级到高级，到更高级，以至于无穷的高级。同样，人的解放也将是无穷无尽的。那么到了共产主义以后的人的不断解放的形式是什么样的？对此，今天谁也看不清楚，谁也不能具体回答，只有未来的实践才能给予回答。

在我们这块古老的中华大地上，从过去到现在，在社会发展问题上一直存在着两个相互对立的观点：一个是"主民"思想。持这种思想的人自命是老百姓的"大人"、"青天"、"主宰者"。他们统治人民大众的手法不外乎文武两套，文是各式各样的愚民政策，等到愚民而民不愚，起来抗争求生存时，就"图穷而匕首见"，采用武力镇压，有所谓"民可使由之，不可使知之"是也。对"主民"主义者来说，人民群众只是供他们奴役、使用的会说话的工具，人民群众是"阿斗"，怎能主宰自己的命运？持这种观点的主要是历史上一代一代反动阶级以及依附在这张皮上的辩护士或曰犬儒。与此种观点相对立的另一种观点是"民主"思想，持这种思想的是一代代的人民利益代表者，思想启蒙运动先驱人物，用马克思主义武装起来的各国共产党应该是高举这面旗帜的旗手。这种观点认为：人民群众才是历史的创造者！只有人民群众才是历史的真正主人。但是，人们必须充分认识到，延续几千年的封建主义"主民"思想在中国同"民主"思想比较起来其土壤要深厚得多。它渗透到社会、文化、哲学以至意识形态的每一个角落，在中国这块古老的土地上起着不可低估的潜在支配作用。

1949 年，中国共产党领导的新民主主义革命的胜利，是对中国封建专制主义一次极其巨大的冲击；推翻了三座大山，撕掉了中国历史上黑暗而"羞辱"的一页，特别是广大农民从封建的土地制度下得到了解放，在中国社会文明发展史上"主民"社会从制度上退出历史舞台，但是新中国成立后的一段特殊时期，我们忽视甚至回避了对封建专制主义思想的斗争，把思想批判的矛头完全放在资产阶级思想上。正如邓小平同志在《党和国家领导体制的改革》一文中所指出的："我们进行了 28 年的新民主主义革命，推翻封建主义的统治和封建土地所有制，是成功的、彻底的。但是，肃清思想政治方面的封建主义残余影响这个任务，因为我们对它的重要性估计不足，以后很快转入社会主义革命，所以没有能够完成。现在应该明确提出继续肃清思想政治方面的封建主义残余影响的任务，并在制度上做一下切实的改革，否则国家和人民还要遭受损失。"实际上资本主义在中国是远没有达到成熟的地步，而封建主义在中国却有几千年的根基。请看今日带有浓厚的封建主义"主民"思想，还不是到处可见吗？例如我们就常听到某些在职的一地之长们的口头禅："我这个人民的父母官！"这样的称谓，大家注意到没有？说这些话的，却往往是某些身居高位的共产党人，他们竟不知羞地自命为人民的"父母"。众所周知，真有资格作为我们的父母的，只有全体中国劳动人民，他们不是官，是民，是我们的衣食父母！我们这些衣于民、食于民，拿着人民给我们薪俸养家活口的国家工作人员，只是为他们服务、为社会主义服务的人民"公仆"而已。进而言之，对国家早已造成灾难的，如"反右"、"大跃进"、"文化大革命"基本上都是封建专制主义的个人专断作祟。历史的沉痛教训给人们留下不可磨灭的记忆。

从"主民"到"民主"的过渡，也像我们整个改革事业一样，绝不是一个政治运动所能完成的，而是一个历史进程，也就是说必将是长期的、艰巨的。虽然改革这个历史的大潮已是人心所向，大势所趋，谁也没有理由，谁也没有这个胆量，敢冒天下之大不讳，公开站起来说一声："不！"但是，改革和发展可不是一个轻松时髦的名词啊。改革，是对旧体制动手术，而旧体制不是空壳，在它背后站着的是与旧体制利益相连的人。因此改革总会遇到各种挫折，发展总会有阻滞，这就需要我们改革者认真考虑主客观条件，如何绕过许许多多暗礁胜利到达彼岸。

二　特殊的国情和特殊的选择

民主是什么？有人说，民主是手段；也有人说民主是目的，我们认为这两种说法都不确切。民主，是人与生俱来的权利！但人们实现这种权利是一个过程，而且是一个曲折的过程。实现民主权利的形式和方法也不是人们可以随心所欲的，而是要受当时当地各种具体条件所制约。太快了和太慢了，或者盲目搬用他国形式和方法都会引起社会动乱，损害经济社会的发展，这就不但不能促进社会进步，而且往往能使历史倒退，世界各国的经验教训可作为前车之鉴。改革开放三十年来中国奇迹性的经济腾飞，人民生活得到空前改善，就说明我们现行的中国特色的社会主义制度对于中国现实国情是有它的适应性和合理性。但是我们应该坦率地说，我们的民主还是初步的，还是有缺陷的，我们需要不断完善和发展，这一切都要立足于本国的国情。

现在中国是什么样一个国情呢？它是从两千多年封建制度脱胎而来的，拥有 13 亿人口，农民占大多数，经济社会发展极不平衡，我们的各项建设和改革事业特别是政治体制改革必须站在这个现实的基点上，因为拨发不能离地。现代的中国人，都是以往中国人的承受者，抽刀不能断水。对未来应持冷静的态度，画饼不能充饥。为了争取实现中国的民主化、现代化，近百年来无数仁人志士浴血奋斗，前仆后继，寻找出路。民主是全世界各国人民所追求的制度，具有普世价值，是不可阻挡的历史潮流，顺之则昌，逆之则亡。但是，毛泽东说过："前途是光明的，道路是曲折的。"老子《道德经》中说到"治大国若烹小鲜"。也就是说，治理国家大事就如同烹调精美的小鱼一样，火大了会烧焦，火小了烧不透。这就是说，实现这个理想需要一个过程，而且是一个曲折的过程，而且要受当时当地各种具体条件所制约。

从 20 世纪 80 年代初掀起中国改革大潮，市场经济逐步代替了实行几十年的计划经济，引发了社会一切领域的激烈变动，大改革时期的中国人在短暂的一生中，要适应以前几代人所经历的演变和发展。这就是我们生命承受之重啊！这种情况无论对个人，还是对国家来说都会引起某种躁动甚至不安定，就像人的更年期一样。此时有序渐进比无序激进要速度快、损失小、效益好。而一旦失控和无序威胁到大多数人的安全时，秩序就成为大多数人的第一位要求。而在一个农民占多数的国家里，产生拿破仑的土壤远比产生杰斐逊的土壤要深厚得多！历史的时针就有可能出现暂时的倒转，这是一切改革者在拟订改革策略时所必须牢牢记取的。

因此，有序和渐进是我们任何一个领域，包括政治、经济、文化和社会领域的改革顺利进行的必要前提。我们强调有序和渐进的改革，特别是在政治体制的改革，既要坚决反对原地不动，故步自封，不求改革；因为不改革，就意味着倒退！而倒退是没有任何出路的，倒退只能激化矛盾，当矛盾激化到一定程度时，火山必将爆发，最终导致人们讨厌的社会混乱和灾难。因此，应该毫不动摇地坚持改革。但又必须强调政治体制改革尤其要稳妥和谨慎，因为它是最敏感的部分，用邓小平所说的一句话：要"摸着石头过河"，要由下要上，重点突破，逐步推广。

现在我们翻开尘封的历史，重温中国革命的经历，就会知道，在中国农村有着悠久而光荣的民主启蒙运动的历史。中国共产党领导的几十年革命是民主革命，我们称之为新民主主义革命。这个革命就是从落后的农村开始的。毛泽东建立农村革命根据地，在广大农村发动农民、组织农民，起来斗争，直至取得胜利，这是广大农民摆脱奴役、推翻压迫、争取当家作主的过程。这也是广大农民的自我解放运动，是对农民进行的最深刻的民主洗礼，也是培养农民当家作主的独立人格、训练人民民主习惯的过程。50 多年前的中国广大农民当然基本上都是文盲，在根据地农民选举干部时，连候选人的姓名都不认识，怎么画圈？当时那里（笔者在当时就亲自组织过这样的选举）的党组织还能采取"数豆子"的办法成功地进行干部选举，人们当时对根据地的政府称之为民主政府。共产党人在根据地讲民主，蒋介石在他的统治区搞独裁，成为神州大地上光明与黑暗的鲜明对照。民主的延安、民主的解放区，吸引着几万万同胞，特别是广大青年知识分子。有一首歌，不是这样唱的吗，"解放区的天是明朗的天，解放区的人民好喜欢，民主政府爱人民啊"，最终是中国共产党以民主旗帜战胜了蒋介石的独裁统治，将解放区的民主推行到全国。忘记这段历史，割断历史联系，就会滑向人民的对立面，被历史的车轮无情地碾碎。

历史证明，在中国，有成功希望的改革，往往需要汲取和融汇某些传统的内容和形式。还必须从最简单的、争论最少的，振幅也是最微弱的，最容易起步的，但又要从最基本的那些地方做起，在那些地方找准突破口。农村就是我们迈出新一步的地方或突破口。1979 年掀起中国改革宏伟篇章的就是农村。农村就是当今中国社会震荡面比较少、震颤度比较低的一个领域。我们当时看准了，就大胆地在那里进行家庭联产承包责任制的改革。今天，我们又在农村实行村民自治，这可能就是我们国家进行政治体制改革和推进民主的突破口。1987 年全国人大常委会通过了具有划时代意义的《村民委员会组织法》（试行），在农村实行村民自治，实现民主政治的大胆而极其正确的政治领域的改革，其可行性和现实性，已如上所述。它将为我们国家实现现代化和民主化，打下一个坚固的基础。这是 10 亿农民进行民主训练的大学校，是在进行有控制、稳定、有序的民主改革和民主演习。等到全国绝大多数地区都认真地、不折不扣地贯彻这部法案，那么，由此上延到乡，县，省，可以预见，一个经济繁荣、文化昌盛的社会主义现代化、民主化的中国，将屹立在地球之上。

三 "组合竞选"——民主政治的演练场

"组合竞选"制是安徽农村的基层干部和广大人民群众在党的领导下的一项创举，它是植根于中国农村社区的特殊性，又衔接于现代民主制度的一种选举制度。

1988 年中国颁布的《中华人民共和国村民委员会组织法》就是要在中国的具体条件下寻找一个实现社会主义民主的突破口。在一个村的范围内通过民主选举、民主管理、民主决策、民主监督，实行村民自治。在经济文化比较落后的广大农村中，营造民主习惯、民主心理、民主能力和民主环境，然后由村而乡、由乡而县逐步上延，实现全中国的社会主义民主化。村民自治内涵的巨大意义，正如主持制定《村委会组织法》

的中国原全国人大常委会委员长彭真同志所指出的"村管好了，可以管乡，乡管好了，可以管县。这是扫除几千年来封建习惯、封建残余的重要手段。"他还说，"让群众自己管理自己的事情，这就是最大的民主演习"。（1987 年 11 月 23 日六届全国人大常委会委员长会议上）

今天，在中国农村实行村民自治，让农民群众在自己的社区里真正的当家作主。这是从"主民"到"民主"的一次飞跃，是中国广大农民的民主演习，是学习参政议政的学校。也可以说这是中国农民又一次新的解放，它将为我国实现社会主义民主创造一个必要的基础条件。

有人说："中国农民文化水平低，农村封建性的宗族主义横行，搞村民自治注定会乱套的。"于是就要提出这样的疑问："当今中国农民实行自治行吗？是不是超前了？"我的回答是："检验真理的唯一标准，只能是广大人民群众的自身实践！"大别山老区安徽省岳西县莲云乡腾云村民主选举成功就是这样一个有力的回答。

岳西县莲云乡腾云村是一个只有 1100 人的山乡村，它地处 105 国道沿线，又邻近岳西县城，地理位置、自然条件也不比其他行政村差，但经济就是搞不上去。1987 年底该村人均收入只有 190 元，是一个贫困村。1988 年我们到莲云乡蹲点，进行社会调查，发现该村干部群众矛盾尖锐，党和政府的各项扶贫政策和措施落实不下去，群众的积极性受到压抑，是这个村长期落后不能摆脱贫困的关键问题之一。因此，我们这些蹲点扶贫干部在取得上级党委的批准和支持下，按照全国人大公布的《中华人民共和国村民委员会组织法》（试行）的原则和精神对该村实行村委会"组合竞选"制，到今天为止，历时十多年已经进行多次这种民主竞选村委会均取得圆满成功。

最早的"组合竞选"村委会是在 1987 年 1 月 17 日在岳西县莲云乡腾云村进行的试点。这次选举摈除由上级提名群众举手通过的老习惯，而由村民小组推荐、联名推荐、个人自荐的形式产生村委会主任候选人，然后各位村委会主任候选人各自在全村内组合他的村委会竞选班子成员，并张榜公布。最后各村委会主任候选人在全村选民大会上发表竞选演说，随后进行无记名投票，选出村委会。这一次，一个农民技术员王某击败了以前的村委会主任，当上了腾云村首任民选主任，这是莲云乡历史上破天荒的第一次民主选举。选举一结束，村民们议论纷纷："这样的选举才是真正的选举！""我们自己作主选出的干部，我们信服！"果然不出所料，民主选举的村委会一上任，就将这个村"农业学大寨"以来几十年从未公布过的财务账目公布于众，并请了一些德高望重的老同志监督村委会工作，还收回了前任村干部久占不还的款项，用这笔款项，使多年架不起电线的该村西岭组当年就通了电。民选的村委会主任用自己一技之长，引导该村农民搞杂交稻制种，使该村当年经济收入比常年平均收入高出了一倍。你们说，这样的村委会，群众不拥护吗？于是干部与群众的长期紧张关系解除了。由此可见，民主选举干部，实行村民自治，不但行得通，而且还会带来一些人意想不到的好处，那就是人民群众的积极性调动起来了，干部公仆意识增强了，干群的关系融洽了，生产发展起来了，群众收入提高了。这也说明了人的每一次解放，都将导致生产力的一次解放。这就是笔者从腾云村实践所得的第一个结论。

5 年后进行了第二次选举，这又是腾云村一次成功的民主选举。但这次选举，却将第一次民主选举出来的村委会主任选下去了。新选的村委会主任陈某，是一个 29 岁的高中毕业青年，论农业生产技术，他不一定比得上王某。为什么腾云村人民作出如此的选择呢？为什么原来的王某那么能干，又曾经取得那么大的成绩反而这次却被选掉了呢？这是因为，过去腾云村人穷，长期落后，急需找一个能人，带领他们摆脱贫困，走向致富。但是后来，他们发现这个"能人"当村委会主任工作勤奋几年以后有些变了，老百姓说他，"腿懒了、手长了、心黑了"，引起群众的反感，于是王某丢掉了选票。人们反过来一是转向人品的选择，二是向高文化层次选择，三是向这位既当过村干部又是养蘑菇大户的能人选择。这就是群众的心态表现。人们在一次次的实践之后，总会一次次反思。而每一次反思就是一次理性升华，都在农民的传统心理上交互撞击，碰出了一些民主与进步的火花。这就是村民自治在群众层面上真正价值所在，这是我想说的第二个结论。岳西县腾云村以后的几次选举都是按照这一模式和精神进行的，都获得了成功。

1998 年富有改革意识的中共滁州市委书记张春生，邀请笔者将岳西县腾云村的村委会选举模式扩大到滁州市村委会的选举，于是我们首先选择了该市来安县邵集乡八个村进行扩大试验。2003 年阜阳市王岗镇新安村和郑湾村也进行了村委会"组合竞选"的试验。2005 年中共阜阳市委作出决定，在该市颍上、阜南、太和、临泉四个县区实行村委会"组合竞选"制试验，而同时在最早进行村委会"组合竞选"的岳西县以及灵璧县两个县数百个村同时进行了村委会"组合竞选"，所有以上的试验均取得了完全的成功，群众满意，干部满意，社会安定，生产发展。

而在干部这一层面上，村民自治的民主竞选村委会意义亦十分深刻。那就是，只有经过不断定期的换届和竞选，干部才能永远以饱满的热情投入工作。"铁交椅"必会滋生懈怠和腐败。中国有句古话讲得好，"户枢不蠹，流水不腐"。我们说生命在于运动，运动才是规律。长期不动，一池死水，终究要腐烂的！对于当前腐败现象，世人无不厌恶。为什么惩治腐败的阻力那么大呢？这不能不引起我们深思啊。人们常说，"权力不受监督，必将导致腐败！"根治腐败，不仅需要自上而下的监督，更需要自下而上的监督。各级领导干部在换届选举中，一定要采取竞选办法，迫使这些领导干部永远保持为人民服务的积极性，克服当官做老爷的作风。在农村要认真推行村民自治，一步一步地实施社会主义民主制度。列宁说过："除了立刻开始真正的人民自治外，还有其他训练人民自己管理自己，不犯错误的方法吗？"光靠上级领导者几双眼睛，即使能"明察秋毫之末"，如孔夫子说的那样，也比不上群众几万双、几亿双眼！明代方孝孺就曾在《深虑论》中说过："虑天下者，常图其所难而忽其所易，备其所可畏而遗其所不疑。然而，祸常发于所忽之中，而乱常起于所不足疑之事。"此番告诫，值得我们深思啊！这就是我们从十多年来村民自治的民主竞选中得出来的深刻体会。

这里还需要特别指出的是，所有以上几个县的村委会"组合竞选"中，都基本上排除了家族、宗族对选举的操纵和干扰。主要原因是，"组合竞选"这种操作的高度公开化透明度，使家族、宗族以及一切权势者难施其计。如按所谓民主选举"超前论"的说法，像腾云村这样一个地处贫困山区、经济和文化都十分落后的地方，实行村民自治简直是百分之百的"超前"。选举定会被宗族、宗派势力和落后习俗、低级趣味所左右，百分之百地要乱套。但是实践回答恰恰给这些人一个相反的答案。这里农民不但能认识到村民自治的好处，而且还十分珍惜自己的民主权利和公众利益。两次选举自始至终秩序井然，农民们对待选举是极其严肃的、极其认真的，民主的意识和自治要求一次比一次提高了。这说明了中国农民目前已有一定的民主参政意识。又说明了在农村实行村民自治不但不是脱离中国国情而是适应今日国情，是顺潮流、合民意的事情。它又从事实上打消了那些认为农村落后、封建宗族残余思想严重，民主选举势必被血亲、宗族、派性所左右的疑虑，有力地反驳了所谓村民自治"超前"的论调。这就是我们从腾云村民主选举和村民自治的实践中，得出的第三个结论。

最后，我再次对各位参会同志包括领导同志在百忙之中抽出时间参加会议表示衷心的感谢。我愿偕同大家共同努力为中国的农村发展特别是村民自治事业和乡村民主建设作出更大的贡献。

辛秋水的村委会民主竞选的
十年实践经验值得重视

——在"省文化扶贫与村民自治研讨会"上的讲话

汪洋（中共安徽省委副书记、安徽省常务副省长）

各位专家、各位同志：

今天，省社科院邀请省内外专家、政府有关部门和市县同志，专门研讨文化扶贫与村民自治问题，对于进一步落实省委、省政府提出的"科教兴国"战略，推进农村社会主义民主建设和农村现代化，很有意义。特别是上海社科院专门派出了以副院长左学金博士为首的专家考察组冒着炎暑，深入皖东的来安县和大别山地区的岳西等县农村，对文化扶贫和村民自治进行了实地考察，我谨代表省委、省政府对他们的到来表示热烈的欢迎，并热忱希望上海市专家对我省工作提出宝贵意见。

以"扶贫扶人、扶智扶文"为宗旨的文化扶贫新思路，是十年前我省社科院的社会学家辛秋水研究员在深入调查的基础上提出来的，并亲自在大别山贫困地区进行试验，十年如一日，坚持不懈，探索了一整套文化扶贫及村委会"组合竞选"的成功经验。这个经验得到了省委、省政府的高度重视，1992年决定在我省六个贫困县市重点推广，深受贫困地区农民的欢迎，取得了显著的成效。正如省委书记卢荣景同志所说的，"文化扶贫是我省自农村大包干以来的又一创举"。这也是社会科学理论工作者理论联系实际，在实践中繁荣社会科学，坚持和发展马列主义、毛泽东思想和邓小平理论的突出典范，值得广大理论工作者学习。

文化扶贫的重要意义在于：第一，促进了扶贫方式的根本转变，把提高贫困地区劳动者的文化素质作为扶贫的根本，增强了贫困地区的造血功能，可以说，文化扶贫是一项扶人工程。第二，文化扶贫是用先进实用的文化和科学技术武装贫困地区的劳动者，是科学技术作为第一生产力在贫困地区的具体运用，促进了贫困地区生产力的发展，对于培育贫困地区的后发优势，增强贫困地区对市场的适应性和抗御市场风险能力，加快脱贫致富步伐，具有重要的意义。第三，文化扶贫把精神文明建设与物质文明建设有机地结合起来，将现代文明输送到贫困地区，促进了贫困地区人民群众的观念更新和社会进步，具有重要的意义。目前，我省的扶贫工作正处于攻坚阶段，在国家八七扶贫攻坚计划的指导下，我省的扶贫工作已取得了很大成绩。但是，面临技术创新和结构调整的挑战，如何深入推进文化扶贫，还有许多工作要做，还有许多问题要解决，希望这次研讨会对这些问题进行深入研讨，为我省贫困地区的脱贫奔小康献计献策。

　　今年是党的十一届三中全会召开 20 周年。中国的改革是由农村率先启动的，农村改革在经济上实行了以家庭联产承包为主的责任制，在政治上实行了以农民自我管理、自我服务、自我教育为特点的村民自治制度。党的十五大报告指出："扩大基层民主，保证人民群众直接行使民主权利，依法管理自己的事情，创造自己的幸福生活，是社会主义民主最广泛的实践。"文化扶贫把村民自治作为政治和组织保障，从中国农村实际出发，提出了对村委会"组合竞选"的新办法，对贯彻《中华人民共和国村民委员会组织法》具有积极意义。1989 年 1 月 17 日，辛秋水研究员在岳西县腾云村村委会换届选举时采用"组合竞选"，实行民主决策、民主管理、财务公开、政务公开，改善了党群关系、干群关系，对加强农村基层民主法制建设，具有重要意义。这个村已完成了三次"组合竞选"村委会。今年 3 月，又在来安县邵集乡全乡 8 个村同时进行"组合竞选"村委会试点工作，取得了圆满成功。刚刚闭幕的九届全国人大三次会议认真审议了国务院提交的《中华人民共和国村民委员会组织法》（修订草案），并发出通知向全民征求意见。新的《中华人民共和国村民委员会组织法》将在广泛听取各方面的意见和汲取各地成功经验的基础上正式施行，必会推进农村社会主义民主的进一步发展。村民自治将在广袤的农村大地上生根发芽，绽开更加绚丽的花朵。

　　我省是农业大省，80% 以上的人口生活在农村。目前，我省正处在改革的攻坚阶段，发展的关键时期。农村的改革与发展直接关系到全省的改革与发展。农村的一些突出问题，值得我们理论工作者进一步深入研究。希望这次研讨会，注重这些问题的讨论，促进我省由农业大省向农业强省转变。

　　上海和安徽长期以来有着密切的经济文化联系，随着长江经济带的崛起，两地经济技术合作进入了崭新的阶段。2 月份，应我省政府邀请，徐匡迪市长派出由上海市政府发展研究中心、上海社科院等组成的上海市专家咨询组，来我省就跨世纪沪皖经济发展合作进行了深入研讨。上海市专家经过认真调研后，提出了高水平、有见解的咨询报告。咨询报告的一个重要观点是面向 21 世纪，沪皖之间应进一步加强联系，建立密切合作、共同发展的伙伴关系，这是十分有远见的。这次，上海社科院派出专家考察组来皖考察文化扶贫与村民自治，既是上次上海专家对我省经济发展咨询的继续，也是构建沪皖经济技术合作的具体行动。我想，通过这次研讨会，不仅对我省进一步研究、总结和推广文化扶贫与村民自治成功经验有重要意义，也对发展沪皖战略合作关系有意义。

　　最后，我预祝研讨会圆满成功，并向各位专家、各位同志表示问候和敬意。谢谢大家。

（1998 年 7 月 17 日）

安徽三县十二村推行村委会"组合竞选"*

刘　杰（《人民日报》驻安徽记者站站长）

由安徽省农村社会学研究会、安徽省文化扶贫与村民自治研究试验中心共同承担的"组合竞选"与"海选"选举模式对比调查课题顺利完成，不久前该课题研究成果研讨会在合肥举行，与会者认为，"组合竞选"对改进村民自治决策和完善村民自治机制有着重大意义。

"组合竞选"的具体操作方案是，首先由每个村民组在全村范围内推选出一名村委会主任候选人，然后将各个村民组所提出的村委会主任候选人名单集中起来，根据每人所得的票数多少为序，确定2—4人为村委会主任候选人的正式名单。接着由各村委会主任候选人在全村范围内根据自己的意愿，提出自己的村委会组合班子，并在正式选举大会召开前一周将各竞选班子的名单公布，张贴在全村各个角落，让全体村民对各个组合班子的成员展开议论，评头论足。在全村选举大会上，各村委会主任候选人在会议上发表竞选演说，接着进行投票，谁当选为村委会主任则将他所提出的组合班子名单进行差额选举，获票最多并超过到会选民半数以上的选为村委会委员，这就形成了最终的村民委员会。

安徽省已有三个县（岳西县、来安县、颍上县）的十二个村推行了这种选举方式，并都取得了成功。腾云村由乱到治，化解了宗族矛盾，村委会为群众办了大量实事好事。颍上县的新安村和郑湾村过去长期选不出合适的班子，经过组合竞选解决了这一难题，干部群众非常满意。来安县鱼塘村组合竞选的班子一上台就实行村务、财务、政务公开，既搞活了集体经济，也为群众开辟了新的致富门路。

研究成果表明，"组合竞选"的优势在于：

一、"组合竞选"产生的村委会是一个优化的、有凝聚力的班子。原因是：各村委会候选人为了争取选票和村民的支持，绝不敢把自己的"九亲六族"或名声不好、明显带有某种集团利益关系的人作为自己的竞选伙伴，也不会把口碑不好的人拉到自己的竞选班子里来，否则群众就不会投他的票。

二、"组合竞选"产生的村委会是一个有能力、能干事的班子。村委会主任候选人为了在自己的任期内取得工作上的成绩，绝不会把那些平庸无能或者老好人弄到自己的班子里来，否则他们在任期内无法做出优良的成绩。他们一定要选那些能力较强，有工

---

* 原载《人民日报情况汇编》185期，安徽省委副书记王明方作了重要批示："请省委组织部、民政厅注意研究探索。"

作魄力，有事业心的人组合到自己的班子里来。

三、"组合竞选"所产生的村委会是一个能够包容各个方面利益，有代表性的班子。因为各个村委会主任候选人为了获得本村各个门户、宗族或自然村（村民小组）的选票和支持，他们在考虑村委会组合成员的时候，要在全村各个门户、宗族和自然村中选择有代表性的人物参加他的班子，这样一来，当选后的村委会班子就会在实际上打破各个宗族、门户、自然村的偏见，而代表了他们的共同利益。

四、"组合竞选"所产生的村委会是一个既有民主，又有集中的班子。一个核心人物集聚了班子的战斗力，形成了有效运转的工作机制，又同现代政治机制相衔接。

五、"组合竞选"的特点除了"组合"的选择，还有"竞选"的竞争性。组合竞选中充分体现了公开化、透明度和民主意识，没有竞选就没有民主，没有竞争就很难形成新的战斗力。同时通过组合竞选，也给农村营造一种良好的竞争习惯，锻炼人民群众的参政、议政、当家做主的能力。

"组合竞选"与村民自治[*]

张　坤（《中国青年报》记者）

7 月初，陈子斌通过一整套规范化的竞选程序，最终战胜另外 3 名候选人，第二次连任村委会主任，并公布了他的"组合"成员名单，通过了村民的审议。

35 岁的陈子斌是安徽省岳西县莲云乡腾云村人。10 年前，腾云村就开始把竞选与组合引入村民委员会成员的选举，陈子斌是由此成功选出的第 3 届村委会主任。

与海选和工作组助选不一样，组合竞选是一种村民自治规范化操作的探索。竞选打破了传统的上级提名、村民通过的老框框，采取村民小组推荐、联名推荐和自荐结合的办法，不限名额产生候选人，然后召开选举大会，由候选人陈述施政方案，接受选民评议，并按一定比例选举村民议事代表进行监督。组合是在所有候选人正式选举前，要将挑选的班子成员名单向选民公布，由选民审议通过。

"组合竞选"能不能真正选出群众拥护的领头人？会不会被帮派或家庭势力利用？带着这些疑问，由上海社科院院长带队的一支专家考察组不久前实地考察了腾云村和邵集乡。

腾云村有 319 户人家，储姓占了一半以上，还有刘、王两个大姓，而陈子斌是从他乡迁来的，"陈"姓是单门独户，从这一点就能说明很多问题。还有一个显著的事实就是，去年该村的农民人均纯收入比 10 年前的 192 元增加了近 10 倍，在全乡率先迈上脱贫致富奔小康之路。7 月 17 日，一位结束考察的专家感慨地告诉读者："我们一直有一个思想误区：老认为搞村民自治是政府对农民的施恩，其实村民自治是农民应该享有的政治权利。'组合竞选'就是在充分信任群众民主意识的前提下，提供的一个科学、高效、规范的基层政权民主化改革的新模式。"

今年 2 月 25 日至 3 月 8 日，邵集乡在全乡 8 个村进行了"组合竞选"村委会试点，均顺利选出村委会班子。广大村民非常看重自己神圣的一票，9 名在几百里外打工的农民，在选举前夕，连夜赶回参加选举，全乡 3165 户，参选户占总户数的 99%。

渔塘村新任村委会主任杜永林说，挑选"组合"成员是很费心思的，不仅要能干、有专长，还要人品好、人缘好、有集体主义精神。邵集乡党委书记李久山说："村委会主任与他'组合'成员形成了'命运共同体'，如果不注意回避亲属或随意胡来，就会失去信任丢失选票，这对优化班子有好处；同时，实行'组合'可以减少内耗，提高工作效率，达到民主与集中的有机统一。"

---

* 原载《中国青年报》1998 年 10 月 15 日。

　　提出将"组合竞选"与"村民自治"相结合的辛秋水教授，对民选中一些不正常的现象表示了担忧。"一个很大问题就是走过场。"辛教授举了几个他碰到的实例：

　　某村选出14名村委会主任候选人，上级领导便分别找他们谈话。经过几轮谈话，最后只剩两名候选人。某村村民选出候选人后，党员干部又来一次"民主选举"，将两份名单进行对照，以符不符合"政治条件"排队筛选。某村党支书对村委会主任说："我抓工业你抓农业。"

　　辛教授提出：组合竞选只是实现了民主选举，关键还在于实行民主决策、民主监督、民主管理，这就必须制定相应制度法规，通过制度来保障村民自治权利；实行组合竞选，必须加强党委督促引导，保证村民议事及财务、政务公开；必须进一步提高村民民主法制意识；对村委会、党支部各自职责权限应作出具体明确规定。

村委会"组合竞选"在减少社会冲突中的重要功能 *

杨雪云（安徽大学社会学系副教授）

　　"组合竞选"是社会科学研究的热点之一。很多不同学科背景的研究专家都聚集到这一领域，研究成果是非常丰厚的。我作为一名社会学老师，一直也尝试着从不同的学科视角来观察解读农村的诸多现象和问题。2005年我有幸亲历了"组合竞选"在其试点的实施，对于这一选举模式有了直观的体验和粗浅的感悟。今天在这里向在座的各位专家做一个汇报和交流，不当之处恳请各位批评、斧正。关于"组合竞选"，刚才吴理财教授做了详细的介绍。在这里，我只想从我个人的感受出发来谈谈。农村的基层民主自治可以说是自上而下推动的，就选举制度而言，它首先面临的问题就是如何与地方性特点相契合，并且通过这种契合来发挥村民的主体性和他们的自主行动能力。如果只有来自外部现代化的动员，如果这种动员不能与乡村本土资源相融合的话，是很难获得村民对这一制度变革的有效参与的，这样一来运行的效果会大打折扣。中共十六届六中全会跟十七大都强调表达权，村民参与选举可以说是在行使他们的民主权利，也是在行使他们的表达权。如何让农民理性的、自由的来表达他们对村庄事务的真正意愿，关键在于制度。表达权必须借助具体的制度，才能成为可以操作的农民真正享有的一种权利。"组合竞选"从1989年1月最初的实验算起到今天2008年1月已经是20年了。这是一种在多年实践基础上提出的，并且在实践中不断加以改进的一种选举制度，较好地体现了制度与地方性知识的交融。也正由于这样的原因，"组合竞选"与其他的模式相比有以下的特点或者说是优势：这一制度化解了个体理性和集体理性之间的矛盾，在很大程度上避免了"海选"的盲目性。"组合竞选"最早开始于岳西县的村委会选举的实验，从最初的竞选组阁制到后来的"组合竞选"，在实践中是不断完善的。竞选组阁制是村民选主任，主任再组阁，而他组阁的人是不需要村民选举的。"组合竞选"发生了很大变化，将村委会成员由主任组阁改为竞选之前先由村民推选出村委会的委员人选，然后再由各个村委会主任候选人从村民推选的委员候选人当中各自选择自己合意的人来组成自己的班子，最后由村民直接选举。这样一个改进形式使得村委会班子所有成员都由村民直接选举产生，而且最终由村民直接投票选举来决定，这样的改进使组合竞选实现了与《村委会组织法》以及相关的选举办法的衔接。又因为它也吸纳了"海选"的一些长处，又有自己的特色，可以说是兼得两种模式之美。在"海选"中常会出现这

* 原载于《淮北煤炭师范学院学报》2005年第4期（人大复印资料全文转载）。

样的问题：单个村民的投票指向是他自己认为能够代表自己利益的人，是他乐意选的人。但是最终全体选民基于个体理性的投票行为选出的却是难以代表村民利益的村委会班子。比如说，把矛盾很深的人，根本无法相处的人选到一个班子，这样就为村委会以后的内讧埋下了一个隐患。还有一种情况就是将同一家族的人选到一个班子里，可能会为日后村委会的专权提供条件，当然也不是说不能将一个家族的人选到一个班子里，只是这样的可能性会增大。这些都是个体的理性行动导致集体非理性结果的现实事例，这在农村并不少见。所以结果是多个个体基于理性采取的行动最终走向了理性的反面，违背了个体的初始意愿。这样的结果，我们可以从制度设计的缺憾中寻找到答案。因为在海选中个体没有办法把握，也没有办法预见选举的结果，只能在个体的理性基础上采取行动，结果就导致看似合理的多个个体的行动累积成不符众望的结果。

　　"组合竞选"这样一个先组合再竞选的设计使村民在正式结果产生之前就有机会了解到将要产生的领导班子大致是个什么样的全貌，能对这个班子的工作效能进行一个评估，在此基础上决定自己选票的投向。这样，无形之中就化解了"海选"等其他方式选举中会出现的盲目性，使一些原本只能在村委会选举出来之后才能暴露的弊端消融在选举之前，这是它的一个特色。"组合竞选"的第二个特点是由它的第一个特点引申而来的。通过合理的制度激励，本来能够预防这个损失，这就相当于一种隐性成本。大家都知道，损失的预防往往比损失的补救更有意义。所以说一个制度的质量不仅体现在制度显性成本的节约上，更应体现在隐性成本的节约上。"海选"这样一个选举模式，人们只能在结果出来之后才有机会了解村委会班子整体是一个什么样的情况，这时如果出现我们前文提到的集体非合理性、班子不合理等情况，因为它是按照选举程序一步一步选举出来的结果，那我们只能无奈地接受这一现实，或者在班子出现严重问题之后才能对它提出罢免建议。无论是上述两种的任何一个，都有可能意味着比较高额社会成本支付。跟其他选举模式相比较，"组合竞选"因为在正式选举之前，就使村民有了解班子整体结构的机会，这样机会的获得就使得村民对不同的组合有个行使监督、进行评价的空间。这样的空间能使常常显现在选举结束之后的弊端更多地消失在选举之前，这样就无形之中节约了制度的隐性成本。组合制在降低社会成本方面的优势，还表现在组合制的纠错机制上，表现在制度安排上，它赋予村民以事前的知情权，借助村民的监督力量以非正面冲突的方式来完成。其他模式在选举的时候纠错机制往往要采用正面直接冲突的方式表现出来。第三个特点是组合制的设计为缓解矛盾冲突提供了空间，减少了正面冲突的可能性和破坏性。我从选举前后两方面来分析。在选举前，形成了不同利益的共同体，使得村庄的矛盾进一步的分化，降低了冲突爆发的强度。从组合制的设计看，由于它采取的是先组合后竞选的方式，而且如果一个主任候选人在竞选中失利了，那么就意味着你组合的整个班子都失利了。这样一个制度设计，实际上就是组合而成的竞选班子因他们的利益的关联而成为一个利益共同体，这个利益共同体的形成就为村庄内部大范围的矛盾转化成小范围低强度的矛盾提供了一个基础。按照组合竞选的规程，即使在只有一个垄断性的大家族的村，村委会主任也必须在几个主任候选人的竞选中产生。这样，一个大家族的垄断力量就在无形中被分解。另一方面，不同的主任候选人在争取更多的选民的支持，在组合自己的竞选班子时往往就会考虑村内不同的门户、不同宗族等的利益均衡，尽量使自己的组合成为各方利益兼顾的，有各方利益代表的组合体。上述两点就使村庄的选举形成一个格局，这个格局是竞争中有联合，联合中有竞争，是一种交错的利益网络结构。这样就使冲突的产生概率降低，即使产生冲突，双方也很难使自己的全部冲突能量朝一个方向释放。冲突就会以低强度的状态展现出来，它的破坏力和影响力就会减小。从选举后的情况看，这种制度设计也有助于成员间的相互合作。其他选举方式产生的村委会主任和副主任是由选民按照职务分别提名选举产生的，很难兼顾两者之间的协作和配合。由于"组合竞选"在提名和正式选举之间增加了一个组合环节，主任候选人自己就会多方位、多角度考虑该组合谁，组合后工作怎么做，是不是有利于我的工作。这样就使得问题有了事前解决的可能性。为成员之间竞选之后的相互合作打下了一个基础。另外，"组合竞选"还有一个意外的收获，落选一方的组合会成为当选一方组合的监督员，给当选者带来压力，同时也是动力。以上是我的一些粗略的见解，不当之处，请各位专家指正！谢谢大家！

"村组合并"正是"组合竞选"的黄金时期

——在安徽省农村社会学研究会第三届委员会会议上的发言

崔　黎（颍上县县委常委、副县长）

很高兴来参加这次安徽省农村社会学研究会第三届委员会议，刚才认真地聆听了各位专家关于村民自治和村委会如何竞选的报告阐述，深受教育也受鼓舞。我能够感受到在座的专家、学者致力于农村基层建设，为农民当家做主呼吁，这对于我们基层工作者是个很大的鼓舞，我们应该把事情做好。我给大家汇报一些在"组合竞选"中及第5届、第6届村委会换届中的感触，不当之处，请各位指正。第一，我感觉到"组合竞选"是符合《村民委员会组织法》的，它也是无记名投票和直接选举，比"海选"要完美很多。20年了，"组合竞选"还没有更大范围推广，这和一些基层领导的官意识的阻挠有关系。第二，"组合竞选"是符合农村特别是我们安徽当前的农村村民自治形式。2007年4月，省委组织部下文件要求进行村级区划调整，现在全省都在搞，这正是"组合竞选"实行的黄金时期，组合竞选最大的特点就是通过村民的自治选举将有德、有威望、有能力的人选到村委会里去，为大家办事。有人担心实行村民自治会出现乱子，我认为没有任何担心的。我们看到了，党中央也看到了，农民们能很好地当家做主了，所以要积极推进"组合竞选"。"组合竞选"的几大好处、特点、意义，刚才很多教授都谈到了。我谈一下"组合竞选"为什么推进难。是乡村干部的认识问题，新村干部想，老村干部怕，农民盼。乡镇干部实际上是"阻"，他们与村干部有说不清的经济利益等关系。老村干部是"怕"，很多选举都有作假现象，而最容易作假的是流动票箱。老村干部连"海选"都怕，更不用说"组合竞选"了。我认为"组合竞选"不会在实践上造成大的冲突，因为选上的是村民委员会，未选上的是村民监督委员会，这些可以事前进行调节。而老百姓是"盼"，想找到为自己讲话的人。有人担心村民大会开不起来，实际上开不起来是由于有假。只要真，老百姓就参与，就支持，要让人民群众感觉到自己手中票的重要性。"组合竞选"是适应当前农民的民主愿望、民主程度的。现在乡镇政府的管理体制是推行"组合竞选"的阻力。现在是"组合竞选"推行的黄金时间，但以后老百姓的公民意识强了，官的"我"意识没了，"组合竞选"就推行容易了。有人说村委主任沦为"二把手"，这是农村的普遍现象，这样是由于管理体制的问题。谁掌权不是说应该谁官大，而是谁讲话算！老百姓在盼望当家，盼望民主！我希望在第七届换届中，省委组织部的文件中能够说上一句"各县对村委会组合竞选要进行实践，条件成熟的地方可以全面实行'组合竞选'"，下面的工作就好做了。给那些阻挠人民当家做主的人少留借口。

刚才听了各位，特别是曾主任的民生加民主等于民心，我感觉共产党对农民在民生方面做得非常到位，农业税免除、计划生育补贴等等。但为什么农民还是不满意呢？就是因为民生做好了而民主没做好。老百姓大多对基层干部不满意！村民委员会选举没做好，尽管有法律，共产党的政策是好的，但到下面没有落实好。《村民委员会组织法》如果落实好了，老百姓会更加拥护共产党。老百姓的民主意识是很强的，比干部的民主意识更淳朴更真切。我认同辛老说的：天理能容、国法不容的事不能做，天理能容、国法能容倾尽全力来做，将这个作为我的座右铭。像辛老说的，理论要和权力加在一起才能成为现实的动力，如果省委组织部能在第七届村委会换届选举中出现"组合竞选"的字样，那么我们基层干部在下面就能全力去做，不辜负各位学者专家的愿望。讲错的地方欢迎各位专家多提批评意见，最后非常感谢安徽大学给我提供这次学习的机会。

十八里铺十八个村的实践证明"组合竞选"大大优于"海选"

——在安徽省农村社会学研究会第三届委员会会议上的发言

叶克连（原颍上县十八里铺镇党委书记）

各位领导、专家、学者，我谈一点关于村委会"组合竞选"的体会。村委会"组合竞选"是"完善村民自治、健全村党组织领导的充满活力的民主自治机制"的有效途径。我汇报五个问题。

一　概况

人民群众参政议政管理社会事务的呼声较高，民主法制的氛围较浓。根据文件精神，十八里铺镇决定第六届村委会换届选举全部采取"组合竞选"的方式换届选举。2005年1月到3月中旬，全面完成换届选举工作，并成功竞选出村委会主任18名，其中新当选的8名，副主任18名，其中新当选的10名，委员51名，其中新当选的21名。整个换届选举过程十分成功，没有一例上访事件，没有一例违规现象，广大干部群众对这种形式交口称赞，落选的原村委会干部和竞选失败的候选人，也心服口服，并表示要大力支持当选村委会班子的工作。他们认为这种选举方式体现了选民意愿，公平公正，还表示将监督当选班子的工作，当选的村委会班子无形中有了压力，他们会更加积极地工作。正如上海师范大学张教授在调查中说的那样，村委会"组合竞选"进一步完善了村民自治，健全了村党组织领导的充满活力的村民自治机制，既能保证村民自治权利得以实现，又能确保党在农村基层的领导地位。2005年6月村民"组合竞选"，进行了一万份的问卷调查，被访者村民占81.4%，包括11.9%的党员和6.3%的团员。86%的被访者认为"组合竞选"更合理、公平、公正、公开、透明、民主。86.2%的被访者认为"组合竞选"参与度高，86.2%的被访者认为乡镇没有干预村委会的"组合竞选"，83.3%的被访者认为村党支部没有干预村委会的"组合竞选"，87.7%的被访者认为"组合竞选"产生的干部人品更好、威望高、办事积极性高、效率更高，87.7%的被访者认为"组合竞选"模式好、更优化、班子更加团结。这些数据不是我们专家简单的想象和逻辑推理。自村委会"组合竞选"后，十八里铺村委会在党支部的领导下，加强了村务公开，扩大了民主管理，实施了民主监督，发展了农村经济。"组合竞选"科学规范、公平合理、简便易行，必将成为我们农村基层社会民主选举的最佳模式和不二选择。

二 做法

1. 成立组织，加强领导。

2. 培训骨干，大力宣传。利用多种形式宣传"组合竞选"的内容、优势及意义。重点引导村民全面正确领会和掌握村委会的基本精神和原则，以便村民正确地行使民主权利，选出自己的当家人。

3. 抓好试点，全面铺开。

4. 严格程序，逐步进行。每道程序都严格按照法律规定的条例进行。

三 成效

1. 村委会"组合竞选"加速了村干部的优胜劣汰，提高了村委班子的整体素质。通过"组合竞选"，那些工作能力强、个人威信高的村干部大多都高票当选为新一届村委会的组成人员，进一步得到了村民的肯定。而那些工作能力弱、个人威信低的村干部则被无情淘汰。那些文化程度高、致富本领强、群众基础好的村民脱颖而出，拓宽了用人渠道，扩大了选人范围。

2. 村委会"组合竞选"整合了村委会班子，增强了它的凝聚力和战斗力。

3. 村委会"组合竞选"有效地保障了村民实施自治，发扬了民主，从候选人提名到当选都有群众参与、决策、公平竞争，扎实推进了基层民主建设。村委会"组合竞选"实现了村务公开，基本实现了民主决策、民主管理、民主监督。

四 体会

1. 村委会"组合竞选"是符合《村民委员会组织法》的一种全新的选举模式。其规程是，首先由各村民小组召开会议。每一村民小组在全村范围内提名主任候选人一名，同时在全村范围内提名委员候选人五至七名，村选举委员会将报上的选举名单汇总，取票数最高的前两名作为主任候选人。凡是被提名的，无论票数多少，都有权被两位主任候选人组合。主任候选人分别组合自己的竞选班子。选举分两轮投票，一是差额选举候选主任。二是差额选举候选主任组合的候选班子。

2. 村委会"组合竞选"从根本上打破了农村大宗族家庭权势的垄断和操纵。

3. 村委会"组合竞选"可缓解本社区内家庭、门户、利益集团之间的冲突。

4. 村委会"组合竞选"产生的村委会班子将是一个优化的班子、团结的班子、凝聚力强的班子。因为所有的程序都是在高度透明化下完成的。

5. 村委会"组合竞选"在很大程度上避免了海选的盲目性。"海选"中，村民无法预见选举的结果。村委会"组合竞选"使村民在结果出现之前就了解了要当选班子的全貌。减少了冲突可能出现的诱因，降低了冲突的强度。

6. 村委会"组合竞选"无形中形成了强大的在野监督力量，弥补了村委会自我监督和群众监督的不足。

7. 村委会"组合竞选"既充分体现了民主，又加强了领导，实现了社会主义政治文明。

五　建议

村委会"组合竞选"的阻力关键在乡镇。不仅仅是不想放权的问题，还要涉及县、乡镇、村的利益问题。

1. 合村并组的新的村委会选举应采用"组合竞选"的办法。

2. 为了进一步扩大村委会"组合竞选"的试点，省委组织部和省民政厅要在村委会换届选举实施意见中提出明确要求。在修改实施办法时要尊重民众的意见，将他们的想法吸纳到工作中。

文化扶贫和村民自治是中国乡村现代化基础性工程[*]

——日本早稻田大学教授毛里和子、日本静冈县立大学教授菱田雅晴、日本东京女子大学副教授茂木敏夫;中国安徽省人大副主任张春生、《光明日报》记者薛昌嗣等在考察安徽文化扶贫与组合竞选座谈会上的讲话

《民政导刊》编者按:早在 12 年前,安徽省社会科学院研究员辛秋水就在省委支持下,到我省大别山区岳西县莲云乡蹲点一年,推行文化扶贫和村民自治,成效卓著,在国内外享有盛誉,不断有国内外学者到辛秋水教授的实验区进行考察研究。最近,日本研究中国问题的著名专家毛里和子、菱田雅晴、茂木敏夫由上海市社会科学院吴书松研究员陪同到安徽省岳西县、来安县考察村民自治和文化扶贫,一致认为辛秋水教授的这种社区实验在社会学学科建设上很有价值。安徽省社会科学院为欢迎日本专家来访特于 1999 年 9 月 8 日举行座谈会。到会的有省人大副主任张春生,省委宣传部副部长、省文化扶贫协调组组长郎涛,《光明日报》驻安徽记者站站长薛昌词,省民政厅《民政导刊》主编濮宜平,省社科院乡镇所所长孙自铎,省电视台和社会部副主任王徽文,省委办公厅信息处调研员周兆林,省广播电台主任记者焦福伦以及上述日本和上海的专家学者,辛秋水教授亦参加会议,会议由省社科院副院长程必定主持。(根据录音整理)。

张春生:省人大副主任

我非常高兴地欢迎日本客人和上海朋友来安徽考察文化扶贫和村民自治,中国共产党十一届三中全会以后,在农村实行"家庭联产承包责任制",温饱问题基本上解决了。但随着时间推移,近年来的农村农民上访一直不断。上访频繁基本上是由三个原因造成,一是政治上农民缺乏民主权利,二是村里财务不公开,群众心里不明白,三是基层干部处理问题不公道。过去我在省直机关工作,是抓农村工作的。后来,我被派到滁州市工作。看到大量的农民上访,促使我开动脑筋,用什么办法才能从根本上解决这个问题?于是我就想到了辛秋水教授。因为在此之前我和辛教授就是老朋友,我知道他在岳西县莲云乡抓文化扶贫和村民自治工作,还了解到辛教授在到岳西之前,岳西也是很不安定的,群众之间、群众和干部之间都存在着许多不安定的因

* 原载《民政导刊》1999 年第 6 期。

素，自从那里开展了文化扶贫，特别是抓了村民自治以后，情况发生明显好转。于是我就主动和辛教授通了几次电话，请他来我们这里抓一个试点，以便改善干群关系。我们选定来安县为试点，辛教授和县委书记亲自坐镇以"组合竞选"的方法在邵集乡搞了10天。他们首先在县里办培训班，编制了一个村民自治计划和村委会选举的章程，一步一步地进行具体实施。来安县邵集乡的试点取得了很大的成功。它的好处有几点：第一，村民自治给了人民权利，使他们养成了自己管理自己的观念，意识到自己管理自己的政治权利。根据调查，群众参选率一般都在99%。有的七老八十了，路都走不动了，也要去投神圣一票，有的老夫妇俩由于选谁的观点不一致，就两人一起去投票。有的父子之间观点不一样，都亲临选举现场，甚至聋哑人、盲人也积极参加。他们到会场后，请别人念，用手摸一摸，然后就投票。有的残疾人，家人把他抬去投票。这反映了农民对行使政治权利的要求是多么强烈。第二，增强基层干部的责任感。过去任命制，即使选举也都是假选举，画框框，定调调，走过场，群众很有意见，干部自身也没有紧迫感和责任感。现在，由农民来选举，这些干部也就由原来两眼"向上"，变成现在的两眼还要"向下"了。第三，过去当村委会主任，个人说了算。现在村委会主任不能个人说了算了，遇重大问题，要召开全体村民代表大会，一般召开村民代表会议，即使是小的问题也得由村委会开会决定。这就可大大减少个别人以权谋私。第四，原来干部的自我压力小，现在自我压力大了。因为原来都是上级任命的，搞好搞坏与我关系不大，而现在是大家对我的信任，选举我当干部的，办不好事，就对不起群众对自己的信任，也对不起自己。由此产生自我加压的力量是不得了的。而且群众有权罢免你。过去，由于村务不公开，是一本糊涂账。而现在，村务公开，这就有效地遏制了村级干部的腐败现象。第五，村民自治组织结构，干部年龄和文化结构都发生很大变化，过去有的干部六七十岁了，甚至不识字，但由于是老党员，势力大，资格老。虽不能带领农民致富，但却一直当村干部。实行村民自治后，大家都选有文化、有经济头脑、年轻有胆量、有魄力的人来当村干部。第六，有效改善干部和群众之间关系。应当看到，过去基层干部多数还是比较好的，有的地方由于财务长期不公开，即使干部清白，群众心里也怀疑，而实行村民自治后，定期公布财务，这样就还干部一个清白，也让群众心服口服。化解了群众和干部之间的种种猜疑。上访问题大大减少，有的地方甚至于长年没有群众上访的事。村民自治、文化扶贫是根本性的政治改革，是时代的要求，是历史发展的必然趋势。我国广大农民现在已经基本上解决了温饱，经济上已具有一定的自主权，但政治上尚缺少民主权利，所以经济上的民主权利就得不到保证。政治和经济权利是不能分开的，只有一个权利是没有保障的。民主政治要先从基层开始推开，逐步扩展，逐步延伸，宏观稳定，微观启动，逐年地实现我国的现代化和民主化。村民自治在安徽走得比较快，当然辛秋水教授和社科院起到带头推导作用。辛教授为文化扶贫和村民自治付出多年的艰辛，做了大量有成效的探索，工作艰苦。一开始抓这件事的时候，省、县、乡都有些干部思想不通，但路探出后，大家又都非常欣赏。由于村民自治多年来受封建传统思想的影响，干起来仍然难度很大。但迫于形势，有的地方就搞形式，走过场，圈定候选人，不按法进行。村级干部担心落选，面子难看。过去待遇福利都没有了；乡干部顾虑民选的村干部不听招呼，任务不好完成，上下都受气；还担心民主选举中的宗族干扰。

这些顾虑通过这两年的实践以后，证明完全是不必要的。我们相信通过村民自治，会加快农村现代化的进程，整个社会会更安定。辛老抓的那个试点，当地百姓感激他，我更感激他，如果我不调离滁州市，我打算完全按辛老开创的办法干。我赞成辛教授的"组合竞选"，它是综合我省的省情、县情、乡情而制定的。当然，一切法规都是在不断实践、不断探索下逐渐完善的。

郎涛：省委宣传部副部长、省文化扶贫协调组组长

非常高兴地欢迎日本专家学者和上海社科院同志到我省考察村民自治和文化扶贫，我在这里代表安徽省文化扶贫协调组同日本、上海朋友进行交流。从我们宣传部的职能来说，对文化扶贫做一些协调、服务和联络工作，是我们的职责。文化扶贫和村民自治这项工作一直受到我们省里负责同志的关怀和支持。我们国家自改革开放以来，特别是进入90年代以来，一直把农村脱贫工作作为发展的一个战略来部署。随着扶贫工作经验的不断积累，大家认识到扶贫工作不光是一个经济问题，仅仅靠国家给予经济上的扶持是不够的，还必须从根本上扶贫。所以从80年代以来，一些有志之士，就开始研究怎样能帮助贫困地区群众从根本上脱贫。在这方面省社会科学院研究员辛秋水就作出突出贡献。辛秋水研究员从80年代开始，在省委直接领导和支持下，深入大别山区，进行多方考察研究，最后在贫困落后的岳西县莲云乡蹲点一年。他深入群众，深入底层，研究探索，总结出了一整套的"扶贫扶人，扶智扶文"的扶贫方案，从根本上提高人的素质，以此达到靠自身的力量摆脱贫困、步入小康的目标。他的这个思路是非常正确的，具有伟大意义。导致农民的贫困有多种原因，而缺少文化、缺少信息、缺少最起码的科技常识，整个思维还处于蒙昧状态，应该说是长期不能脱贫的根本原因。同样条件下，有文化和无文化其经济收入就大不一样。举一个简单的例子，政府扶贫款送到农民手里，文化素质高的农民知道怎样把扶贫救济的钱款用在发展生产上，而缺少文化的农民，却不知怎样用这笔钱去脱贫致富，他们只知道把这笔钱用去买粮、买肉、买酒，吃完就算，不去考虑未来。国家扶贫攻坚计划即使完成，也只是低层次的，只是解决了温饱问题。90年代每人每年收入700元人民币，这个水平只是温饱水平，但就是达到这个水平，任务也是艰巨的，即使完成这个任务，提高农民文化水平、政治素质、民主意识也还是长期任务。在这方面社科院包括社科界许多学者都做了大量工作，特别是辛秋水教授在这方面做的工作，取得卓越成效，对省里扶贫工作和文化扶贫工作都起到很重要的推动作用，使安徽做的工作取得了一定的成果。当然我们还存在许多问题，存在许多薄弱环节。在这里希望各位专家学者提出批评指正，使我们吸取经验，把文化扶贫工作做好。

另外辛教授在结合省情、县情、乡情，在不违背法律法规的基础上对村民自治做了一些有益的探索。辛秋水教授探索的村民自治使基层组织具有法制化、规范化。他探索出来的"组合竞选"得到各级领导支持、重视。今天省人大张主任也出席这次座谈会，张主任是直接抓村民自治的，并对这项工作一贯给予热忱的支持。对农民来说，一方面解决温饱，一方面提高文化素质，再一方面启发他们积极参政、议政。我们不能实行愚民政策，要使农民知道必须建立一个法制的国家。要使他们掌握法律，有充分的民主意识当家作主。我感到辛秋水教授付出心血，撒下汗水，有耕耘，必有收获。

程必定：省社科院副院长、省文化扶贫协调组副组长、研究员

各位朋友，各位先生，今天在这里举行一次小型交流会，也是欢迎会。首先欢迎日本早稻田大学毛里和子教授、日本静冈县立大学菱田雅晴教授、日本东京女子大学茂木敏夫副教授来我省考察文化扶贫和村民自治，同时欢迎上海社科院吴所长等来我院进行学术交流。日本三位学者和上海社科院合作研究的关于中国社会结构性变革的课题，涉及我省文化扶贫和村民自治问题。为此，各位不远万里，深入来安县邵集乡、岳西县莲云乡，进行 4 天的考察。以"扶贫扶人，扶智扶文"为主题的文化扶贫，以及以"组合竞选"为主要形式的村民自治，最早是由我院著名社会学家辛秋水教授提出来的，并在岳西、来安等地建立了实验基地，开展此项研究的实验。十几年来这项工作卓有成效，省委在 1992 年就作出决定在全省进行重点推广，在国内也产生了广泛的反响。文化扶贫的成就有目共睹，村民自治也成为我国乡村政治改革的一个热点。村民自治，有人问能不能进一步向高层次发展？回答是肯定的，现在有些地方已经从村官选到乡官了。这次的座谈会，就文化扶贫和村民自治问题，请日本的学者和上海社科院的同志发表宝贵的意见，以便我们进一步发展完善。同时，也希望我们和日本学者、上海的同志就今后学术研究相互通气，对可以合作研究的问题进行商讨。

毛里和子：日本早稻田大学教授

首先向安徽省社科院，特别向辛秋水教授和上海社科院吴书松教授表示衷心的感谢。我中文水平不高，但这是个难得的机会，所以我要用我不太好的中文来讲。在日本，对中国改革开放的关注程度很高，中国改革开放，对日本影响很大，在这里我衷心祝愿中国现代化和民主化早日完成。日本研究中国问题的学者和专家对当代中国结构性变革很感兴趣，从政治、外交、经济、环境、历史、周边民族问题来分析中国现状和展望未来。从今年 4 月开始，着重研究中国农村村民自治和扶贫工作问题。我们组织了一个项目考察小组，菱田教授牵头，我是顾问。这次我们依靠上海社科院协助，获得宝贵机会来参观安徽省的几个地方。辛秋水教授既是研究者又是实践者，他所提供的经验对我们研究方法起了很大作用。首先，访问来安县龙安乡的望江村、桃庄村、邵集乡的鱼塘村、刘郢村和岳西县的腾云村。见到乡村干部 25 人，给我们的印象很深。还访问了由于辛教授办文化扶贫而培养出的 3 名年轻的新型的农民企业家。我曾调查过贵国江苏苏南地区农村，这是费孝通提的苏南模式。上次又对贵州、云南做过短时间的考察。这次是第一次来安徽省，比起贵州和云南，安徽岳西县作为全国贫困县之一，给我们印象并不那么贫困。农民的文化水平比较起来不算低，实际情况比我想的要好得多。农民子女 97% 完成初中，看来安徽文化水平并不差。由于参观时间短，没有机会到更边远地区。关于文化扶贫问题，辛教授已搞了 11 年，安徽领导干部很能干，耐心干工作，我们看过后对你们的工作很敬佩，我们在岳西县见到的这三个农民企业家很有能力，很勤劳，昨天在岳西县莲云乡那个林场看到的 36 岁的场长，他的精神状况很好。日本现在像他那样勤奋的青年根本找不到，他创造性强，又有勇敢的精神。这应归功于辛教授用文化扶贫启动老百姓的自发性，发挥他们自己的能力，开拓自己的事业。可是文化扶贫方面我有点疑虑的地方，为什么政府没有提供足够的财政补助，莲云乡文化扶贫中心一年只有一万元，杂志报纸都没有钱订。这项工作这么重要，培养人才就要花钱，并且要做长期性的工作。如果日本近代有一点可借鉴的话，就是注重培养人才。"百年树人"是国家兴盛的大计，文化扶贫的方针既然已经取得明显效果，自然政府要给予充分的财政支持。在村民自治方面，刚才张春生副主任详细地介绍了这方面的具体内容，使我获得进一步深刻的了解。安徽的村民自治很重视财务公开和各项村务活动的透明度，公开化为村民对村委会的监督提供了必要的条件，公开化本身就是监督。我们参观的这些村，新选出的村委会主任都是很年轻，这对实现现代化有好处。组合班子来竞选，表面上看好像是间接选举的性质，实际上是不是如此，我还希望听到进一步的说明。通过这次参观，我们发现农民的民主意识，通过民主选举获得进一步的提高，农民的责任感也有所增强，运用自己的权利，选举自己满意的人来当干部，这种热情令人鼓舞。

菱田雅晴：日本静冈县立大学国际关系部教授

　　这次到来安邵集、岳西县简直不敢相信我的眼睛，这就是你们安徽说的贫困县。1992 年我去过青海、甘肃、宁夏调查，这些地方和我这次看到的两个贫困乡是两个世界。当然，现在是 1999 年，这不同变化包含辛先生十几年文化扶贫的成果，我在你们这里看到的完全是新的中国农民的形象。可以从两方面来解释这个变化，一个是信息的传播，一个是制度的变化。大量传播的信息是辛教授的文化扶贫内容。中国农村整体方面可从四个方面划分，最下层是绝对贫困地区，是一些文盲不识字的人，第二层次的地区是能识字，文盲很少，具有初步能力，第三层次地区比较接近小康水平，最高一层地区是中国超级村庄，这些超级村庄靠近大都市，但行政上是农村户口，生活似市民一样，既像农村又不是农村，既像城市又不是城市。辛教授文化扶贫似乎对绝对贫困地区不可行，因为他们根本不识字，当然，这也不是绝对的，可以通过电视机、录像机、收音机等现代手段，甚至通过口头交流、串门、走亲戚这样一些原始的方法，进行信息交流。辛教授模式对第二层次地区有很重要的意义，像岳西县，很适用，投入少、见效大。文化扶贫的确开拓了一部分农民的视野，使一部分人先跑出一步，一部分人抢先跨出一步，我们这次看的泡桐加工厂、林场、养鸡厂，这些开拓者就先跑一步，以后会不会出现同样的人？三个办厂的人，从某种意义上说，抢先走一步，占有优势。那么问题是先富起来的人怎样走出第二步，将来怎样面对竞争市场？有可能竞争失利，应让他们采取同业联合方式。生产也好，交易也好，结算也好，比一个人搞更好一点。通过文化扶贫达到自给自足的时候，就不能停在自产自销的阶段，这样致富就缺少竞争力。这里，我想起日本的农村有一个"农协"组织，对农民生产、买卖都起了很重要的作用。我是说在文化扶贫基础上，是否可以借鉴日本农协的经验。所以，从这个角度考虑，我们也许将来可以和安徽社科院联系和交流。

　　我还想说一点对村民自治的感想。1992 年，开了学术会议后（北京民政部办的），我对中国村民自治感兴趣起来。两三年前，去四川看村民选举的情况，这次在安徽了解6 个村情况，我整理一下，成功的我就不说了，讲一讲越看越糊涂的地方，当然你们会说外国人不了解中国实情，没关系，就当我是外国人，不了解中国国情吧。第一个为什么，在选举中为什么没有自己来自荐？当然推荐的人都是想干的人，我们这次见到落选的村长和当选的村长，听一下他们的话，实际上他们都想干，我不明白，既然都想干，介绍中没听说自己提名说我要干的，都是别人推荐。当然有一人推荐自己的，但这个人后来却说我不干了，自动退出竞选。第二个为什么，是对确认候选人的过程，说候选人太多，要压缩，最后要压缩到2—4个，为什么要压缩到规定的人数？举个日本的例子，例如说东京都知事选举，出现十几个候选人，每个人都想当知事。这时东京选举管理委员会把押金给他们，当这些人选举时，如果某个人未达到一定得票，他的钱要收回来。选举时谁都说我要参选都知事，从某个方面看，这也是一种压缩的办法。但从安徽这几个例子来说，压缩手段有特别目的，我的问题是为什么进行这样压缩？第三个为什么都是召开选民正式投票大会？是不是还有其他选举办法？（张春生同志插话：我们在山区和一些居住比较分散的农村，往往采取设分会场投票的办法。）另外，安徽有很多人在外打工，在选举时，能不能把时间错开？我们日本有一个选民不在场的投票制度，具体是这样的，选举管理机构在选举日以前，制作选民证，像明信片一样，寄发给选民，选民证上注明请您某年某月某日到哪里去投票，如果您有正当理由届时不能准时来投票，您提前拿选民证或身份证到选举管理机构去说明。到选举那天，选举的管理机构把选票非常严格地保存起来。再约定个时间投票。最后一个问题，我们大家都知道所谓的西方大民主选举，候选人的竞选演说是为了让选民们了解他的政治主张和施政方案，争取选民对他的信任。这种竞选演说和活动是民主选举制度的一个重要前提，辛教授提倡的"组合竞选"也可以认为是一种竞选活动或竞选演说的手段吧。对于"组合竞选"，我的理解是，我要当选村委会主任的话，我就用我推荐的这些人来给你们大家办事，你们对这些人赞成不赞成？在这个前提下决定你们对我的投票，这样一来就引起选民们对这位村委会主任候选人评头论足，比如说，村委会主任候选人提名的班子中的成员是不是他的亲戚啊？同他是不是有利害关系啊？他们每个人的人品和能力怎么样啊？等等。这种"组合竞选"的办法就这一点来说，肯定是好的。但是我还不太清楚，是不是投你主任票就必须投你的组合班子票呢？如果那样，是不是违反直接选举的原则呢？（辛秋水教授插话：并不是说你投了村委会主任候选人的票就必须对他提名的班子的所有成员都要投赞成票，我们这种"组合竞选"，村委会主任候选人同他所提名的村委会委员候选人都必须先有一定名额的选民推荐才有资格当候选人，在正式投票时，对村委会主任候选人和他所推荐的村委会委员候选人都是按照选民的意愿分别进行投票的，对谁你都可以投赞成票，也可以投不赞成票，所以这种选举办法是完全符合由群众直接提名，直接选举的原则，是符合于《中华人民共和国村民委员会组织法》的。这实际上是一种比简单差额选举更高级的"大差额"选举方式。）

茂木敏夫：日本东京女子大学副教授

我是搞中国近代史的，对中国当代农村问题没有专门研究。这次我在安徽的来安县和岳西县参观了几个村。"文化扶贫"这个名字，使我想起了民国时代的梁漱溟先生搞的乡村建设。辛教授倡导的文化扶贫可以说是现代乡村建设派。为什么我说辛教授是现代的乡村建设派？因为他很强调在农村宣传现代科学技术，文化扶贫中心的实用科技培训对农民发展生产起了很大作用，农民获得了实惠。在这里我同意菱田教授的一部分意见。办"文化扶贫"在科学知识方面启发了老百姓思想，减少了他们的依赖性，让他们获得了自立性和独立性。许多老百姓一个一个地受文化扶贫启发而致富。脱贫以后的一个很关键问题在于这些受启发的个人如何结合起来，组织起来，实现共同致富。

吴书松：上海社会科学院研究员

这次我主要是陪同日本朋友到安徽来考察参观的。我们十分感谢对我们提供帮助的各级领导以及社科院领导和辛秋水教授。这次参观来安、岳西两县，大大丰富了我们的认识。说实话，收获非常多，我是研究社会学的，但并不是研究农村社会学的，所以对农村了解太少。但我对农村非常有感情。这次来我心里十分高兴。十年前来合肥，辛教授就介绍我到岳西县看一看，但天下雨，未去成。

看见岳西发展景象，我心里很高兴。一路上都在建造新房，这些新房的结构和江南农村房屋的结构差不多，这充分说明农村发展速度非常快，十年前的老破房屋很少见到了。早晨我起来到岳西县城去走走，看到人的精神面貌很好。我对岳西充满信心，并祝愿岳西更快的发展。文化扶贫对农村特别是贫困地区的脱贫，有重大的意义，这一点是无可否认的事实。我们社会学界的前辈费孝通、梁漱溟、晏阳初在 20 世纪 30 年代就在农村建立实验区为农村发展做了大量的工作，我们辛秋水教授继承梁漱溟先生的传统，在这方面也为我们做了榜样。可以这样说，他是当代"乡建"派的代表。刚才茂木敏夫先生说辛秋水教授提倡的文化扶贫是现代"乡建"学派，同我的意思一样。我想，我们社会学界如果想对社会多作出贡献，出大成果，就得向辛教授学习，走出书斋，走向社会，走到人民群众中去。当然，在上海郊区不存在扶贫问题，但辛秋水教授研究的精神方法和思路对我们也有借鉴之处，那就是社会学界应该理论联系实际。建立调查基地和实验基地。让实践检验理论，发展理论。

薛昌嗣：《光明日报》驻安徽记者站站长、高级记者

辛教授的文化扶贫是在 80 年代开始的，我们国家改革开放以后，经济发展了，财富增加了，但是社会上贫富差距拉大了，特别是相当数量的农村地区温饱还不能解决。各级政府每年都要注入大量资金送衣、送被、送粮、送钱。年年如此，这是一种输血机制，像人一样，不行了，给他输一点血。但不能从根本上解决群众的贫困问题。当时辛教授就考虑怎样才能从根本上解决贫困问题？从提高人的素质，输送信息，更新观念，传授实用科学技术入手，让他们自己通过双手达到脱贫的目的。这就是扶贫先扶人的扶贫思路。这项工作是比较艰难的，许多人不能理解。现在实践证明文化扶贫工作虽然很艰难很艰苦，但它的效益是比较好的，也许从短期看来，文化扶贫效益不能做到立竿见影，但如果人的素质不提高，管理人员没有管理意识，职工没有起码的科学、技术和文化，办企业，办工厂，都是办不好的。文化是社会和经济发展的基础，原始文化不可能造就资本主义，山里人不识字，你给他的钱他不会成为发展的资本，而只能把它无谓的消耗掉，到头来还是穷。辛教授办的这件事情，一个是让人们有一定的文化，传授一些用得上的生产技能，自己就积极参与并融入经济发展当中去，随之就会对社会政治，对自己的民主权利有一种自觉要求。我觉得文化扶贫是一项非常重要的基础性建设。把这个事业办好，功在未来。村民自治的村委会，它不是一级政府，但长时间却把它当作一个准政府。它们有一个上升扩散的渠道，如果说从村到乡到县到省甚至到全国都进行民主选举的话，那么大家就非常重视这个基层民主选举了。为什么城里人对民主选举很淡漠？因为他们看到这不是通向上一

层政府选举的渠道。为什么在这些穷地方民主的权利和民主的要求摆上了重要的位置，而在我们国家比较富裕文化层次比较高的地方却没有把村民自治作为迫切要求？对国家的整个制度的改革，辛教授在 11 年以前搞的村民自治给我们人民的民主权利和未来的发展提供了很有意义的启示，就是不要上面政府任命，群众也能自己管理好自己。现在由于上一层民主选举的渠道尚未真正打开，因而许多事情就很难制度化、规范化。文化扶贫和村民自治很有建设性的意义。但是，民主需要一个宏观制度，不光是基础制度。辛教授 1987 年曾和几个教授徒步在大别山区农村翻山越岭挨门挨户作调查，取得了非常可贵的实实在在的构成长期贫困的数据和资料。《光明日报》1987 年 4 月 22 日曾在头版头条位置以大标题《辛秋水等四名知识分子到大别山区去考察、寻求贫困山区致富之路提出脱贫致富建议》报道了辛秋水教授所率领的调查组的调查。也正是这次调查，为辛教授在同年年底向省委提出《以文扶贫　综合治理——对一个贫困山乡的扶贫改革方案》提供了依据。今天，文化扶贫与村民自治工作已经得到社会广泛承认是很不容易的。他的这项创造从国家长远来说，是有巨大意义的。

濮宜平：《民政导刊》主编

我到《民政导刊》以后，对文化扶贫有了一个比较深的了解。我们民政厅一方面管村民自治和基层政权建设，另一方面文化扶贫也是我们管理的范围。关于文化扶贫问题刚才薛站长已经讲了很多。从我们工作角度来说，过去投入大量资金、财力来进行扶贫，但效果不明显。辛教授在 80 年代就开始研究、探索文化扶贫和村民自治，这很了不起。我是从农村出来的，我更知道，没有文化，给他技术也接受不了，给他物质也只能解决一时的困难。只有有了文化和科技，才能把学来的东西融入他们自己的行为当中去。所以，我就更加感觉农村第一需要并不是钱，而是需要智力上的启蒙、信息的传播交流。当时辛教授提出的文化扶贫，在全国还是第一个，通过实验的成功和全国大众传媒的介绍和报道，在全国产生了广泛的影响。文化扶贫将来还需要更进一步发展，不能仅仅停留在理论研究上，停留在专家考察交流上，还要作为政府行为来推动。当然更需理论界专家学者呼吁。菱田教授提出的第一个问题：为什么村委会选举时，很少有人自己站出来选自己？实际上是可以自己站出来毛遂自荐的，只是中国农民的民主意识还没有发展到那个地步。第二个问题：在选举时，选民不在家怎么办：虽然我们外出打工的人很多，但也能基本代表选民自己的意愿，主要是他们提前把意愿告诉家人，方式和日本不完全一样，但收效都差不多。在一些地方，还采用"邮投"的方法，效果也不错。第三个问题：为什么要召开全体村民大会？开村民代表大会是组织法规定的。同时，开村民大会候选人发表竞选演说，选举委员会的负责人在大会上就选举各项规章和要旨，做各种解释和宣传，本身就是一次结合实际进行民主教育的课堂，这样做非常必要，非常好。村民自治，在许多方面还需要进一步完善，这有一个发展过程。

周兆林：中共安徽省委办公厅信息处调研员

我是从信息渠道了解村民自治和文化扶贫的，日本学者到安徽来对辛秋水教授主持的文化扶贫和村民自治试点区进行实地考察，说明辛秋水这项工作的影响已经传播海外，我们安徽领导必将引起更大的关注。特别是最近一年多来我们在全省大力推荐、宣传，各级领导都比较重视。省委办公厅信息处所做的工作是尽力而为。"组合竞选"是直接选举，这是符合法律法规的。村主任要通过选举，村委会成员也是经过直接选举，辛教授的"组合竞选"不论在岳西还是在来安都是这样做的，当然，还需要不断地总结经验，不断地完善。

王徽文：《安徽电视台》社会部副主任

　　岳西县莲云乡每次进行村委会民主选举时，我都去做实况采访，我都亲眼所见，并在实际上参与了这项活动。参加选举的选民从早到晚积极性都非常高。我们采访的有六七十岁的老人以及年轻人。那种热烈的气氛，真有点像"土改"时的味道。中午没吃饭，就买了点方便面，继续开会。1989 年，第一次选举时，有四个村委会主任候选人进行竞选，王先进当选村委会主任。他开头表现得很好，可时间长了，工作和个人作风都不如以前。这些，群众都看在眼里，记在心里。第二次换届选举时，王先进落选了。一位二十几岁的高中毕业生陈子斌当选为村委会主任。选举后农民放爆竹庆贺。选举过程我简单介绍一下，这个小陈之所以被选出来，一是他会栽培蘑菇，人又老实忠厚，爱帮助人，群众希望他当选后能把周围的人带富。小陈是单门独姓，只有兄弟二人，要是按照那些认为农村搞民主是超前的人的说法，农村选举就是大族、大户操纵，小陈是绝不会当选的，有些人过低估计了今天农民的政治参与能力。小陈当一年村委会主任后，我们又去采访他，他头发都变白了。说明他辛苦、用心了。证明辛教授搞的村民自治是很成功的。辛教授搞文化扶贫、贴报栏、图书室，要有文化的人才看得懂，没有文化的人怎么办呢？他还有一个办法，就是放映科技文化录像片给他们看。仅仅农民的积极性高涨起来了，还不行，还需要村干部的积极性。过去村干部都是上面任命的，村干部只听上面话，不给老百姓办事，压抑了群众的积极性，辛教授抓了两头，一头抓群众，提高了民智，一头抓基层干部，搞民主选举。你干得好，我们下届还选你，干得不好，下届选举就不选你了，王先进第二次竞选时落选了，就说明这一点，这也是干部要选举的巨大意义所在。另外辛教授为什么选岳西这个地方蹲点作为试验区？因为岳西是很贫困的穷山区，经济落后、文化落后、交通闭塞。如果贫穷的地方民主选举都能成功了，那么富的地方更能成功，这是不言而喻的。这样，宣传实行民主政治就更有说服力了，就打消了一些人"中国贫穷落后，不能实行民主"的借口了。当然，我们国家情况与欧美不一样，但民主选举意识是一样的，既然在村一级能够选举，为什么不能向乡、县一级发展，以后再引导到城市来。我所在安徽电视台，学习农村民主选举的经验，也搞民主选举。部门负责人都要竞选。事实证明很成功。辛教授抓的文化扶贫和村民自治对中国有很普遍的指导意义。"组合竞选"既能优化班子结构，又能使班子保持高度凝聚力，是村委会选举方式的一个创造，完全是直接提名，直接选举，同《中华人民共和国村民委员会组织法》精神是一致的，岳西县莲云乡腾云村两届村委会选举和来安县邵集乡 8 个村的村委会选举都是采取"组合竞选"，无一失败，是经过实践检验的。

邵力群：上海社会科学院外事处翻译

我们参观了三个农民办的企业，在这样一个偏僻的山村，能办成这样有一定规模的企业是很不容易的。这一点，应该肯定，但是，他们的技术深度还是很不足的，市场经济发展了，他们的竞争能力看来还是有问题的。怎么办呢？我在日本参观过日本的"农协"，他们把农民组织起来，共同去占领市场，他们所需要的原料和技术都有充分的保证，产品的销售也有"农协"给他们作了全盘的考虑。这样日本农民一家一户的小企业就有了相当程度的社会保证，安全的系数就大了。日本"农协"这方面的经验，值得我们参考。

孙自铎：安徽省社会科学院研究员、乡镇经济所所长

日本朋友和各位学者，对于辛老十多年前所倡导的文化扶贫和村民自治讲得很多，做了很高的评价，这一点我就不再重复了。我只提出两点建议。（一）这个事情是我院辛老领头搞的，但是发展到现在这样的声势，又与社会各界的支持分不开。因此，我们希望还要继续争取社会各界对文化扶贫和村民自治的支持。（二）在本院内，辛老文化扶贫和村民自治也要同院内各研究所多进行交流，以便互相通气，互相支持，取得更大的成果。这次日本三位著名的专家到我们安徽省考察文化扶贫和村民自治，我们是十分欢迎的。我们希望这种交流今后要更经常的进行，欢迎日本的专家学者以后经常到我们中国来，到安徽来。彼此启发、共同促进对我们两国的学者都是很重要的。

辛秋水：安徽省社会科学院研究员

十分感谢在座的日本朋友和中国的同行，对文化扶贫与村民自治提出许多宝贵意见。感谢省人大张春生副主任、省委宣传部郎涛副部长在百忙之中来参加我们这个座谈会，并且作了重要讲话。11 年前，我们在岳西县莲云乡开始文件扶贫、村民自治的探索、试验的时候，在全国还是初探。现在村民自治已在全国普遍开展起来了，中央和各省市也都成立了文化扶贫委员会，文化扶贫的观念也已被普遍接受。我们的文化扶贫和村民自治是 1988 年在大别山区岳西县莲云乡搞的。1987 年，我向省委提交了一份题为《以文扶贫　综合治理——对一个贫困山乡的扶贫改革的方案》，其主要内容就是文化扶贫和村民自治。原省委书记卢荣景同志于同年 11 月 17 日作了这样的批示："原则同意，具体实施方案由岳西县委定。"后来中共岳西县委常委通过了这个扶贫方案，指定该县莲云乡作为实施这个方案的实验区。我于 1988 年 4 月 6 日到该乡蹲点，定期一年，亲自具体组织实施这个方案，我到该乡后，利用两间废旧的仓库，建立科技图书阅览室，在路旁宅边广泛设立阅报栏，计有 35 个，每天有专人贴报。又开办了一个实用技术培训中心，按农时季节请农技人员结合放映科技录像，向广大农民传播科学种田的知识。以上三点我称之为文化扶贫的三个基地。其作用就是要为广大农民提供一个致富之路，信息之源。不仅使封闭山区农民求得科学种田的致富本领，而且又能使他们逐步提高素质，实现人的社会化和现代化。其结果，不仅仅是在经济上达到脱贫的目标，而且为未来的农村现代化打下了基础。另外，为了实现山区社会的民主化，我们在做好基层干部的思想工作之后，于 1989 年 1 月 17 日在这个沉睡的山乡，举行了一次真正的由广大农民直接选举村干部的大会，把村干部的"乌纱帽"真正拿到广大人民群众的手里来了，干部们也就必须好好地为他们服务的对象——农民群众——服务。这一项民主选举干部的工作，我们称之为文化扶贫的一个保障。这两项工作在起步的时候，贫困地区的干部和群众很不理解，很难接受，他们不相信文化扶贫可以帮助脱贫，不相信民主选举干部也有助于实现脱贫目标。我当时在这个乡的各种会议上说明，文化扶贫一年不会见效，二年三年不容易看得出来，但五年必见成效。后来的事实完全证明了这一点，例如该乡在文化扶贫的前夕，即 1987 年年底，人均收入 192 元，可是经过了文化扶贫到1992 年该乡人均收入就上升为 900 元。民主选举干部的效果如何呢？1989 年 1 月 17 日莲云乡腾云村由村民直接选举一位农民技术员王先进为村委会主任后，他使尽全身解数，硬是手把手地教会村民搞杂交稻制种的技术。第一年的秋天，该村人均收入就翻了一番，这样才使广大农民群众和干部信服了。中共安庆市委派了调查组来调查，肯定了文化扶贫的正确性。随之，中共安徽省委在 1992 年作出决定在全省扩大实验，省政府拨款 27 万元，以三年为期进行，定点在我省黄山、滁州、安庆、池州、六安等地、市。1995 年进行又一次总结，省委完全肯定了文化扶贫和村民自治的可行性和正确性，决定在全省推广，文化扶贫工作由省委宣传部报告省委批准，移交给省文化厅来管。文化厅将原名"文化扶贫"改称为"杜鹃花工程"。我还保留着原来由我直接抓的几个文化扶贫试验点，这就是岳西县、阜南县、临泉县、凤阳县、来安县这几个点。

由于文化扶贫和村民自治的成效，中央和地方大众传媒不断的报道和介绍，党和政府以及各界人士都对这项工作给予充分的评价。原省委书记卢荣景同志 1996 年在接受中央电视台对莲云乡专题报道的记者采访时称"文化扶贫"是安徽继"大包干"以后的又一创举。由此可见，一切新事物的产生发展，都要走一个破除阻力、扫除障碍的艰难过程。都需要有些"傻"人"傻"劲，都需要领导的坚决支持。而社会科学工作者，也只有到群众中去，到实践中去，才能使自己创造的天地更加广阔。并且要敢于解放思想，敢于走前人所没有走过的道路。当然，最重要的是要有一颗对人民群众、对国家赤诚的心。

实行"组合竞选"的村民自治*

——中国政治体制改革的曙光

王胜泉　W. C. 本杰明

一　前言

中国首都经济贸易大学教授兼北京大学社会学系教授王胜泉先生在 2000 年至 2001 年访问了加拿大约克大学，并向 W. C. 本杰明教授及其助手和研究生介绍了在中国安徽省出现的实行村民委员会"组合竞选"的村民自治状况，引起了对方极大的关注，并对此进行了广泛而深入的研究。结论是：实行"组合竞选"的村民自治是中国政治体制改革的曙光。对于 13 亿中国人来说，这是一条代价最小、最平稳的、最符合广大人民利益的政治体制改革道路；同时，它也是解决当前农村各种矛盾、实现社会团结的唯一选择。通过政治体制改革，将保证中国实现富强，经济振兴，长治久安，在一个不长的历史阶段实现国家的全面现代化。

二　民主政治

"组合竞选"的核心是由村民直接选举小区领导班子，也就是实现了"民主政治"。"民主政治"一词来源于古希腊，其基本意义是指"人民的权力"。作为政治体制的民主政治，在人类社会发展史上，经历了一个漫长的发展过程。公元前 5 世纪，在奴隶制君主专制的社会里，曾出现过"雅典民主制"。在那里，每个年满 20 岁的男性公民都可以参加的公民大会是国家的最高权力机构，公民大会拥有对国家大事的决策权。公民大会每月要召开二三次。公民直接参与国事的讨论和决策，这是雅典民主政治的主要表现。马克思曾十分称赞这种雅典式的民主政治，认为这是"希腊国内的极盛时期"。

民主政治在中国尽管出现的时间较晚。有些学者说：在中国历史上，封建专制长达两千多年，而在近代，反封建的斗争历史不过一百多年，这比欧洲国家反封建斗争的历史短得多。欧洲国家在中世纪封建专制统治时期一般只有 1000 多年，其中，有的地区出现过城市共和国这样的民主政体，反封建斗争的历史有 300 多年。中国历史上封建社会长，而反封建时间短，这不能不说是中国缺乏民主传统的社会历史根源。但是，我们认为中国传统儒家的"仁政"思想就包含有民主政治的因素。从《史记·周本纪》的

---

　　* 本文系中国首都经济贸易大学教授王胜泉、加拿大约克大学教授 W. C. 本杰明会谈纪要。

记载：周厉王时，行暴政，民间造反，厉王逃跑，后由召公、周公经众人推举而执政，故号共和。显然，在政治传统中，中国并不乏民主政治的传统因素。我们认为：在中国农村走向现代化的过程中，国家与乡村的关系问题是一个十分重要而又敏感的问题。在新中国成立初期，有的地方曾经出现过村人民政府，但 1954 年《宪法》规定全国政府机构由中央、省（直辖市·自治区）、县、乡组成。1956 年建立高级农业生产合作社，高级社成为乡（镇）下属的一个机构。1958 年成立政社合一的人民公社，生产大队、生产队取代了原先的村和村民小组。中共十一届三中全会以后，随着农村家庭联产承包责任制的普遍推行，原来的"三级所有、队为基础"的人民公社体制解体了，组建乡人民政府。1982 年，中华人民共和国全国人大肯定了广西等地农民自发组织和设立各种形式的基层群众自治组织的经验，并首先以村民委员会的统称写入当年颁布的新宪法中。此外，中国人大制定和通过了《中华人民共和国村民委员会组织法》，村民自治成为中国新政治体制的一个组成部分。如果说：当年人民公社的成立，在于建立了强有力的农村党政权力，那么，其弊端也在于这种强有力的党政权力对农村经济和社会生活的干预，不仅是全面的、强制的，而且是僵硬的。据报纸报道，中国一位省级领导人曾说："五六十年代，尽管农村党组织和农村建设存在着这样那样的问题，但是农村党组织是有号召力的，工作中可以说是：一声令下，八方呼应。这是我们党在农村的强大政治优势。坦率地说，农村党组织这种'一呼百应'的号召力，目前在一些地方几乎不存在了。这是摆在我们面前的一个不可忽视的问题。"这说明：中国今日的社会经济形势，发生了巨大变迁，已提供了村民自治的充分条件。中国农民不仅有能力发展乡村经济，而且有能力实现村民自治。中国正在走向民主政治。

三　村民自治

村民自治的含义是：乡村中的人民不仅有自治的权力，而且有自治的能力。但是，村民自治的概念，常易引起人们误解。第一种误解是易认为村民自治是上级政府"政策"的产物，而且随中央给的"政策"变化而变化。这实际上是把自治理解为上级政府领导下的一种"特权"存在，并不是人权的表现，而且一旦上级政府的控制放松或失灵，下面或者是不知所措，或者就是胡作非为，永远只能在奴性和任性中摇摆。第二种误解是认为村民自治只是中国乡村的一种特殊形态。实际上，美国等许多国家已把地方自治推广到州、县、市、乡、镇。例如：在美国，可以说，那里是乡镇成立于县之前，县又成立于州之前，而州又成立于联邦之前。每个市镇普遍存在的"市镇会议"由市镇的全体选民每年定期公开集会，选举地方官员，辩论地方性问题，并通过政府的施政方案。这些施政方案涉及道路的建筑和修理、公共建筑物和设施的建造、税率和市政的预算等。美国学者认为：地方自治可以看作是一种"契约"，受"契约法权"的保护，不得任意变更。自治单位与上级政府之间的关系，没有明确的等级观念，甚至可以说：只有合作关系，没有行政等级关系。所选出来的行政机构只对选民会议或议会负责，不对上级政府负责，不是上级政府的执行机器。美国著名政治学者托克维尔曾明确指出：只有地方自治制度不发达或根本不实行这种制度的国家，才否认这种制度的好处。换句话说：只有不懂得这个制度的人，才谴责这个制度。因此，出现村民自治的中国政治体制，是中国政治体制改革的曙光。这是一件有着巨大政治影响、不管怎样评价都不为过的事实，值得大书特书。而且，更为重要的是：中共领导人和广大中国农民群众由接受党政合一的人民公社制度转变为接受"组合竞选"的村民自治，这是政治思想观念的一种彻底更新。中国曾在长达两千年的时间里，深受封建主义的专制毒害，"官本位"、"皇权至上"的观念笼罩着中国人民。尽管辛亥革命推翻了几千年的封建王权统治，但只是去掉了形式，专制、独裁、反民主、反自治的非现代观念和思想并未根除。当权者依然以"父母官"自居，视民如草芥、如粪土，全无保障人民权利和自由的观念；而民众特别是农民则多是逆来顺受、俯首帖耳的宿命论者，缺乏争取自由、人权的精神，什么村民自治、人权公约、直接选举、公民自决，几乎无人知道。但是，据报载，安徽省来安县邵集乡、在进行村委会主任选举时，不但"上级不定任何框框，由村民无记名投票推荐村委会主任候选人"，而且"这次选举在全乡各村参选率都达90％以上，其中有两个村达到了100％"①。这说明：不但中国的官员思想已经更新，而且广大农民的思想也已经更新，这一转变为中国政治体制改革提供了重要条件。

四　民主选举

选举是当代民主政治生活中最重要的事情，而民主选举乃是政治合法性与正当性的基础，是民主政治的纽带。民主的选举不仅能够消除各种非正义和歧视，使社会各个成员都获得平等的政治权利和各种机会，而且能将社会上各种各样的意志集中起来并予以适当的反映，使社会生活能在一定程度上按大多数人的意志进行。因此，选举是民主政治的基础，它不仅决定民主政治的深度，还决定其广度。选举的普遍性和直接性、公正性、自由性都关系到选举所体现的民主精神和原则的传播。一个村庄的真正民主选举，远比那些宣扬民主政治经典的教科书更能教人们懂得什么是民主、怎样争取民主、怎样行使权利以及表现"人"的价值和作用。西方学者认为：一次民主选举可以为权力的和平转移提供制度保障，并使民主制度相对稳定；可以及时更换领导人以保持政治活力，防止腐败；可以为公民表达意见、参与政治提供管道；可以调节社会多元利益冲突，使市场经济的多元利益、主体利益冲突得到有秩序的调节，而不致激化社会矛盾。由于选举制度是一个开放系统，且完全法治化、规范化，所以小区中各种不同利益主体均可以平等地参与其中，进行竞争。况且选举的结果，往往表现为保障社会主导利益，同时兼顾少数和弱势团体的利益，这就避免了专制社会所出现的少数人压制多数人或多数人无理迫害少数人的弊端。正是基于上述原因，选举比较其他形式更显得公平、和平，也更易于为人们所认同和接受，因而它能作为中国村民自治的政治基础也就是很自然的了。

仔细研究"组合竞选"中的选举过程，我们还可以发现以下特色：

第一，这不是公民的有限选举权，而是规定："年满18岁的村民，不分民族、种族、性别、职业、家庭出身、宗教信仰、教育程度、财产状况、居住期限，都有选举权和被选举权。"唯一例外的是："依照法律被剥夺政治权利的人除外。"这就为彻底实现

---

① 引自《安徽日报》1992年4月20日。

民主选举提供了组织条件，也为中国政治体制改革创造了一个良好的开端。这和"党政不分"时期以少数党员在民主集中制下的具有行政权力的支书选举相比，大大提高了"民主度"，和"等额"、"戴帽"、"上级提名定框框"的有限选举制度相比，更是大大前进了一步。

第二，这不是不平等的"复值选举权"，而是平等的直接选举权。在这里，选举人的权利相等。此外，被选举人或候选人在选举中地位平等，享有相同的权利、机会和服务，受到主持选举机构的平等对待，这在中国政治生活中具有划时代意义。

第三，这不是由某些单位或个人操纵的选举，而是"村民选举委员会由村民会议推举产生"。这样就打破了过去由上级任命的村选举机构的弊病：集管理、执行、监察、仲裁职能于一身，身兼"运动员"、"裁判员"、"策划人"三重角色，从而难免影响选举的公正性。中国有的学者过去曾称赞这种选举模式具有"高效率"。但是，安徽"组合竞选"的直接村民选举事实说明：那样的"高效率"乃是缺乏公正性保障的"恶性效率"，完全忽视了选举的公正性永远高于其效率性这一根本原则。这种"恶性效率"越高，选举体制的民主程度越低。

第四，这不是按上级政府或领导人意志的选举，而是按参加选举的村民自己的意志投票，表达的是自己的政治见解，不受其他任何人干涉的选举。大家知道：在专制体制下，选举往往流于形式，选民们被迫按照执政者的意志和规划去投票，选举结果实际上是执政者意图的体现，而非选民意志的体现。这样的选举即使投票率和得票率再高，也不能认为是民主程度高，而只能说是制度的悲剧，是对选民的愚弄。

五　竞选制度

竞选是"组合竞选"最引人注目的政治主张之一，这在中国还是很不多见的。实际上，竞选是体现选举的平等性、公开性和民主程度的重要标志。竞选的目的是将候选人的政治主张、施政方略、人品阅历完全公开暴露在选民面前，以便最大限度地争取选民的支持；同时，选民也可以充分利用候选人的竞选活动，全面、深入地了解各个候选人的情况，以便把自己神圣的一票投给最值得信赖的候选人。在竞选过程中，各候选人不仅要全面阐述自己的见解主张，还要响应其他候选人的质疑和选民的质询，并针对其他候选人竞选主张中的缺陷、漏洞、错误发起反击，以求实现民主、自由、平等，并在选票争夺战中获胜。在今日中国人大代表的选举中，尚无"竞选"一说，因此，在村民委员会主任选举中提倡并实施"竞选"，不能不说是中国政治生活的一大进步。可惜的是：在许多报道村委会选举的新闻中，对"竞选"实情介绍甚少，且不详细、不具体、不生动，因而无进行深入实际的评论。

在西方，从"竞选"的实际运作看，有所谓"正面竞选"与"负面竞选"之分。下面作些分析和介绍：

"正面竞选"：是指在竞选活动中，通过正面宣传自己的政治主张、施政方略和政绩操守，压倒对手的相应方面，扬己之长以赢得选民的支持。"正面竞选"也是一般人喜欢采用的竞选模式，候选人须以己之长方可稳操胜券。由于"正面竞选"难度较大，往往要求候选人有独到之处，方能取胜。所以在对手水平相当、差距很小的情况下，仅靠正面竞选难以取胜。竞选者往往不是仅仅采用正面竞选手法，而是正面与负面竞选手法交互使用，共同出现在竞选活动中。

"负面竞选"：是指在竞选活动中，通过攻击对手政治主张、施政方略和政绩操守中的缺陷，以达到使对手失去选民支持，从而使自己得胜的竞选策略。"负面竞选"与"正面竞选"相比，具有一定的优势。它不需指出自己之长而只需揭人之短；不需自己之长胜于人之长，而只要自己之短不超过人之短；不需要竭力树起自己，而只要压低对手，相对拔高自己。当然，这种西方式言论自由权的文明表现和中国传统文化中的"君子之风"的理解是有很大距离的，在村民委员会的选举中是否能为中国农民群众所接受和使用，尚需作进一步研究。

我们认为：竞选虽然有这样那样的不完善之处，但从实际效果而言，竞选对于防止政治垄断、愚民政治和暗箱政治，实现选举的公正、平等、自由，都起到了十分有效的作用。只有通过竞选，让那些候选人在竞选大会上，信誓旦旦地向村民作出承诺，通过赢得村民的选票而获取自己当选后的权力。竞选是一个过程，也是一个制度，通过这个过程和制度，才能使候选人真正明白：他们的权力来自选民大众，而不是来自上级政府或政党领导人的委托。同时，也才能使广大选民真正明白：他们自己才是社会的主人，而被选出来的村"官"们只是人民的公仆。中国政治体制改革的关键是由"官"统治人民转变为人民当家作主，在村民委员会选举中推行竞选制度，实际上会形成培养民主政治社会生活的摇篮。中国政治体制改革既不能通过像"文化大革命"那样的狂风暴雨来解决，也不能通过过去出现过的、没有竞选的、仅仅是"运动民众"的形式主义的所谓"选举"去实现。竞选是促使选举体现真正民主的工具，必须给以足够重视。

六　组合竞选

辛秋水在《组合竞选的实践与理论》一文中，曾这样叙述"组合竞选"的现实依据：

我们为什么要采取"组合竞选"方式呢？是根据中国农村小区的特点和民情。中国农村小区和城市社会差别较大。农村小区人口流动性差，而城市小区人口流动则比较频繁。农民与外部社会发生的联系很少，与国家处于间接的关系中，形成了相对封闭的社会，农民往往数代定居一地，一村甚至数村同姓的现象比较普遍，容易形成庞大的家庭宗族网络，加上通婚半径很小，以至在这种小区内部，血缘构成了最主要的社会关系，家庭宗族是凝聚农民最强有力的因素。村民之间遍布血亲网，存在着错综复杂的血缘和地缘关系。采用其他选举方式如"海选"方式选举村委会，由于选民的选择对象是单一的个体而无法预测各个个体组成的村委会班子成员之间的内部关系，则血亲很近的人如父子、兄弟、郎舅等很可能同时被选进同一个村委会班子里，这违反了近亲回避的组织原则，更不利于工作的稳定，某些邻里、门户之间由于各种利益上的矛盾，如用水、建房甚至牲畜糟蹋庄稼等，导致打架斗殴、打官司以至经历数代结成冤家对头而不解，关系长期不和谐，见面眼就红，说话就顶撞。若实行"海选"，很有可能将相处不睦的人甚至冤家对头选进同一个班子。如此，村委会的日常工作由于内部相互抵消，相互扯皮，彼此不合作、不协调而无法正常有序开展，整套班子极有可能处于半瘫痪状态。而采取"组合竞选"则可避免这些弊端。

我们研究了实行"组合竞选"的许多现实资料，得出了以下认识：

第一，"组合竞选"保证了村民的选举权。在"组合竞选"下，虽然每位村委会主任候选人不仅在竞选中发表自己的"政见"，而且公布自己提名各自的村委会组成人选名单。这一切都会促使选民在选举时了解更多的候选人情况，能更有把握地作出判断，保证了村民不折不扣地行使自己的选举权。这样的选举方式可以提供一种机会，使村民不但能正确行使自己的民主权利，而且能选举出比较得力的村委会班子。

第二，"组合竞选"使候选人的被选举权得到了充分发挥。村委会主任候选人的被选举权是否得到充分发挥，是建立良性、高效率村民自治的前提。在"海选"、"平行选举"、"分别选举"等选举形式下，虽然也充分发挥了民主，但是从候选人的被选举权是否得到充分发挥看，选民只是注意到每个候选人的个体素质水平，而忽视了整体结构素质水平。这样选出来村委会的领导班子就无法形成班子团结、聚合力强、优势互补、工作效率高的素质，甚至会从个体看都十分优秀，但组成班子却会出现松散、瘫痪、内斗、不团结的局面。这实际上就是促使候选人的被选举无法得到充分发挥，从而大大影响了村民自治的质量。

第三，"组合竞选"很像西方政治体制中的"半总统制"，是吸收并发扬了"总统制"与"内阁制"的优点，避开其缺点。大家知道："总统制"的特点是行政权和立法权分立，"总统"和"议员"都由民选产生，双方都得代表民意，具有合法性，在重要议题上往往针锋相对，互不相让，容易造成政治僵局。"内阁制"的特点是行政与立法合为一体，在多数一致条件下，容易形成政局稳定，但在缺乏稳定多数的条件下，政局往往动荡不安，利益矛盾丛立，政策难于一致。"半总统制"既突出了行政权与立法权的分立，又促使行政权与立法权的合作，容易开拓工作。

第四，"组合竞选"在形成村民自治核心集团时，得到了民意、法理、人际关系上的凝聚，有助于增强村委会班子的整合力、聚合力和统率力，可以大大推进村民自治的民主程度和工作效率。从民意上看，不仅是村民委员会主任一人得到民意支持，而且是村委会领导班子整体得到了民意支持。从法理上看，不仅是村委会主任一人得到了授权，而且是村委会领导班子整体得到了授权。从人际关系上看，不仅会使乡村中各种利益集团都得到了尊重，而且为了竞选，他们也不会仅仅把自己的"九亲六族"拉进来，更不会把名声不好、明显带有某种集团和经济利益关系的人，作为自己的"竞选"伙伴，从而大大增强了领导班子的公正性。

第五，"组合竞选"是符合中国国情和当前乡村社会生活实际的。民主政治作为政治体制要想在中国乡村建立牢固基础并扎根、开花结果，关键之处在于民主政治体制要与中国国情和当前中国社会生活实际相结合。中国政治体制改革之路之所以困难重重，就在于如何将民主政治体制与中国国情和当前中国社会生活实际结合起来，这是一件至今尚未解决的问题。"组合竞选"在这方面是一个良好的尝试。

七　结束语

中国政治体制改革是21世纪内中国人民必须解决的一个带有战略意义的、根本性的大问题。为了解决这个问题，中国人民已经走了很多弯路，付出了沉重代价。现在，从"组合竞选"中，我们看到了中国政治体制改革的曙光，我们为此而欢欣鼓舞。

正如本文作者之一本杰明所说：我们虽然在西方社会生活，但是，我们却十分关心中国政治体制改革的现状与前景。二十多年来，中国在经济体制改革中取得了很多的成绩，经济发展的业绩正预示一个世界经济大国的诞生。但是，对于政治体制改革要不要进行？怎样进行？却从中国各方面听到了许多不同的声音。特别是中国几位著名意识形态专家所起草的几个"万言书"，他们打出的旗号是：中国政治体制改革"难以进行"或"无法进行"，理由是"中国国情特殊"、"中国农民文化水平低"、"中国不能乱"。在他们眼里，人们，特别是农民根本没有进行"民主政治"的素质，搞政治体制改革，哪怕是进行民主选举、搞竞选……都会造成天下大乱。但是，安徽省"组合竞选"的试点情况，已经以铁的事实否定了他们的见解。

岳西村委会"组合竞选"调查[*]

王雄斌（《合肥晚报·逍遥津》记者）

谁是操盘手？

寒冬，深夜，山路上不断有摩托车的轰鸣声。村部门外停满了山村唯一的交通工具——摩托车；时间在一点一点地流逝，新的村主任刚刚诞生，此时已是深夜 10 点了，选举工作人员又马不停蹄地到村里发放另一套副主任和委员票；统票结束时，天已微亮……这是莲云乡的又一个选举日。

岁末年初，在寒冷的冬季里，"组合竞选"给群山之县岳西吹来了一股热流。"组合竞选"起源于岳西，从最初的一个山村乃至于今时的全县推广，人们不禁会问：魅力何在？谁在幕后操控？谁又是这场运动的掌舵者？

"竞选本身就是一个培养民主的大学校。"莲云乡乡长王学放对"组合竞选"如此理解，"我们做的这项事业，老百姓欢迎，就成功了一大半。"电视、高音喇叭、会场，候选人为赢得足够多的选票，纷纷动了起来，竞选演说甚至制作成了光盘。

那么，受岳西人推崇的"组合竞选"为什么会在这块贫瘠的土地上扎根呢？这一切还得从其创始人——辛秋水说起。

辛秋水，1927 年生，1950 年安徽大学法律系毕业，1949 年 3 月 3 日入伍参加革命，中共党员，现为安徽省江淮乡村建设研究院院长，安徽省文化扶贫与村民自治研究实验中心主任，北京"现代人丛书"编委会副主编，兼任中共安徽省委党校、安徽师大、华中农大教授，华中师大基层政权研究中心特聘研究员，中国农村社会学研究会副理事长，安徽省农村社会学研究会理事长。

头衔如此之多，但显然辛秋水有着浓重的乡土情结。1987 年，他就向当时的中共安徽省委提出"以文扶贫，综合治理——对一个贫困山乡的扶贫改革方案"，获批准后，来到岳西县莲云乡蹲点一年，亲自组织实施这一方案。

在文化扶贫中，辛秋水注意到了村民自治问题，自此一发而不可收。1989 年 1 月 17 日，他在岳西县腾云村进行一次不由上级提名，不画框框、放手让村民提名村委会主任候选人，并进行"组合竞选"的试验。

其后，该村连续三届的村委会换届选举都是由辛秋水直接组织的，1997 年辛秋水又在来安县邵集乡的八个村同时进行村委会"组合竞选"制实验，也获得成功。

---

* 新浪网 2005 年 1 月 13 日转载自《江淮晨报》。

　　一个村——县里划定两个试点村——全县 28 个乡镇普及，"组合竞选"的岳西轨迹还不得不提及另一个至关重要的人物。

　　汪一光，岳西县委书记，这位当地党政一把手对"组合竞选"的认同，使得这一模式推进的阻力大为消减。记者在岳西实地采访时，一直想与汪一光见面，但为人低调的他始终未出现，只能从与之有过接触的人那里获得一些零星琐碎的信息。

　　力求为民多办实事的汪一光主政国家级贫困县岳西后，为岳西构建了美好的蓝图：引进巨额资金，欲完成东（山东东营）—香（香港）高速岳西段和岳西至武汉的高速公路建设，这两条高速公路的开通将为岳西挣脱贫困插上梦想的双翅。

　　在全县推广这种选举模式，仅有理论和当政者的支持，显然是不够的，更多的需要一线的操盘手。

　　"如同木匠活，我是先学徒，然后再带徒弟。师傅画线，得有砍斧子、拉锯子、推刨子的。"响肠镇党委书记柯照华作了一个形象的比喻，在推行"组合竞选"前，他们这些基层干部都被组织起来在县城进行系统学习，回到乡镇，又指导具体的选举。

　　"工作量大多了，乡镇工作人员不够，就借调教师。必须确保程序的合法，不能违规操作。"王学放如此向记者强调，村民委员会的选举具有很强的程序性，如缺乏系统有效的程序作为保障，在具体操作过程中出现细微的偏差，民主自治就有流于形式的危险。在具体的操作过程中，这些一线操盘手也揣摩出了不少经验。

　　"事实证明，一些担心最终没有应验。"王学放说这话时，长舒了一口气，"一些怀疑群众素质低，不懂民主，搞不好选举的偏见不攻自破。"

　　然而，在采访中记者也注意到，虽然此次换届选举岳西县财政下拨了专项经费，但显然在实际操作中，这些钱远远不够，投票箱是用方便面盒自己糊制的，吃饭村民自己解决，此次莲云乡选举还是花费了 2 万多元经费，县里只拨给了 8000 元，剩下的缺口只能自己解决了。

中国民主直选第一村

　　1989 年 1 月 17 日，岳西县的一个山坳里，莲云乡腾云村 600 多村民聚集在一起，举行了一次特别的选举大会，老百姓们直接投票选举出了村委会主任。

　　这是在腾云村历史上破天荒的第一次民主政治的演习，也是"组合竞选"的第一次试验，腾云村也被誉为"中国民主直选第一村"。

　　选举大会从上午 8 时开到下午 4 时，外面虽然下着雨雪，286 位农户代表仍冒着严寒，忍着饥饿，一直坚持到底。这次选举打破了过去上级提名村民举手通过的老框框，采取各地区推荐、联名推荐和本人自荐的办法，以得票多少确定 4 名正式主任候选人，各候选人在选举大会上一一发表竞选演说，接受选民的当场质询，最后投票选举。当选者是从潜山县移居而入的农民技术员王先进。

　　腾云村民选出来的村委会没有辜负村民的信任，上任伊始就建立了一个专门监督村委会的机构（监事会），还聘请本村离退休干部担任顾问，继而又成立财务清理小组，对该村从未公开过的账目进行清理，实现了财务公开。还收回了前任干部占用的一笔茶叶款，用这笔钱使多年架不起电线的西岭组当年腊月通了电。随后，村委会加强了山林管理，后又带领村民大搞杂交稻制种，当年的粮食产量比该村前 3 年的平均产量翻了一番，经济收入是常年的 2 倍。

1995 年 4 月和 1998 年 5 月，腾云村采取"组合竞选"制模式，又先后对村委会进行了改选，后两任当选者是回乡知识青年陈子斌。

在 2004 年的行政村撤并中，腾云、将军、汪畈三村合到了一块，三个村的村委会主任都是竞争的有力人选。在最近的换届选举中，在当地颇有口碑，连续干了三届村主任的陈子斌却意外落选了。在莲云乡政府，记者见到了竞选的胜利者——汪锋和他组合的竞选班子成员。更有意思的是，两位村主任竞争对手，竟是高中同学和私交不错的朋友。"在竞选时，他们碰上了，还经常交流意见和想法。这在其他村是很难看到的场面。"腾云村民对这事也津津乐道。

在几轮村民投票中，汪锋才以微弱的不到百票的优势胜出。值得一提的是，落选的陈子斌并没有失意地离去或恼恨，而是在选举现场公开表态将支持新村委会的工作，不做"绊脚石"。

组合竞选

所谓"组合竞选"制，就是首先由村民自由推选村民委员会主任候选人，然后由村委会主任候选人自由提名他的竞选组合班子人选，并通过村民投票，由村民挑选社区领导人。

"组合竞选"村民委员会的基本程序为：

一、提名。全村各村民小组分别召开会议，在全村范围内具有公民权的村民中采取无记名投票方式推选村委会主任候选人。村选举委员会将各村民小组的提名票数进行汇总统计，以得票多少为序确定村委会主任候选人 2 名，然后由这 2 名主任候选人各自在全村范围内推荐若干人（多于法定村委会委员人数）为自己组合竞选班子成员即村委会委员候选人，并张榜公布，让全村家喻户晓，对之评头论足，相互比较。

二、竞选和投票。召开全村选民大会，由这几位村委会主任候选人在选民大会上分别发表竞选演说，并当场接受选民质询，然后由全体选民进行投票。若第一轮投票结果无一位候选人得票超过参选人数的 50%，则得票较多的前两名候选人进行第二轮投票，得票多者当选为村委会主任。接着对当选的村委会主任提名的组合班子举行差额选举，得票超过半数者可当选。若村委会委员当选人数达不到法定人数，则等以后召开村民代表会议，进行补选，得票过半方可当选。至此，就完成了村委会选举的全过程。

2005 年 1 月 6 日，夜幕降临，村部却灯火通明。灯光昏黄，一群人围着一个铺满纸片的条桌，有人将纸片打开，有人高亢地唱读着名字……在房间里，还有更多的人坐在原地等待。

隔几个门的一间屋里也坐着一群人，他们相对无语，在白炽灯的映照下，屋里的空气颇有些神秘。这群人就是这场等待的主角，他们中的某些人将组成未来新的一届响肠村村委会。在选举结果出来之前，主角们只能等待。

而在此之前的数小时，响肠村新的村委会主任早已出炉。

王中庆，这位留着两撇小胡子的中年男人，以 1792 票成功当选为岳西县人口最多的响肠村新一任"村官"。王中庆的竞争对手是原任"村官",王中庆的得票超过对手757票。

在岳西县城一家宾馆打工的姑娘小君告诉记者,几天前,山区老家的父亲还打电话来说村里正忙选举,小君委托父亲投了自己的一票……

小小的村官选举,在这个冬天,在岳西却掀起了热潮。"都是组合竞选把农民给调动起来了。"县委宣传部如此解释。当"组合竞选"这个新名词在乡间传播开来时,村官选举也就成了热点。

王中庆刚刚当选,还来不及庆祝,他还要等待自己所组合的竞选班子的最终选举结果。时间已是晚上7点,天早已黑透,村部里的计票工作仍在继续。而类似这样的情景在岳西的所有乡村都已经或即将上演。

2004年12月16日,在岳西县白帽镇朱查村换届选举会场上,村主任候选人黄卫民激情演讲:"我是朱查村的一个村民,如果当选主任,理应奉献朱查,建设朱查,真心为村民办实事。一定做到账目公开,接受群众监督,要不然我就自动下台。"台下村民掌声雷动。

这样的竞选演说,在今冬的岳西乡村并不鲜见。王中庆在响肠村曾先后进行了5次类似的宣传,并向村民作出了承诺。

"组合竞选"究竟有着怎样的魅力,使得岳西倾全县为这样的"草根"民主做试金石呢?

"以前的选举是'上面定人头,下面举拳头',村民对选谁不选谁没多大兴趣。"响肠镇党委书记柯照华经历了三次村委会换届选举,他告诉记者,传统的村委会选举有个不成文的规矩,在提名村委会主任候选人时,一般都带有上级的"组织意图"。

"草根"民主在岳西小试威力,就引起了巨大的反响。在离响肠村不远的山坳里,千佛塔村作为县里最早的"组合竞选"试点村早已完成了换届选举工作。竞选上台的千佛塔村新班子显出了很强的活力,正实现着当初的承诺:新建380亩高标准茶园;完成中屋组20户沼气建设;改造4条村级沙石路面;修建后冲河、铁炉河的河堤;帮助农户新建草莓大棚和蔬菜大棚40多个,成立了草莓协会;为农户在信用社办了一户一折,这样国家发的各项涉农资金可以直接打入存折,避免了村干部拖欠和占用涉农资金……

安徽村官"组合竞选"扩大试点
以抑制集体腐败*

钱昊平（《新京报》记者）

两旁长满高粱的一条村路上，一辆挖土机轰隆，几名村民正铺着碎石。

"这是陈主任他们的功劳。"9月13日上午，安徽颍上县闫邢村农妇曹芳云边剥黄豆边指着蜿蜒向远处的那条村路。

"以前的村委会什么事都不管，现在陈孝军和他的班子是我们自己选出的。"曹芳云说，"他们上来就把修路的事落实了，怎能说他们不好呢？"

闫邢村选举委员会主任朱家友介绍，陈孝军于今年4月当选村主任。但与以往"海选"方式不同的是，陈孝军在一种叫做"组合竞选"的基层选举中获胜，最终带着自己挑选的村委会班子成员走马上任。

至今年9月，这种成型的"组合竞选"村主任的基层选举方式在安徽省颍上县已试点了三年半。

"由于组合竞选的班子选举前要公示，为了选票，候选人是不敢将自己的亲戚同宗族拉进班子的。""组合竞选"理论创始人、安徽省社科院研究员辛秋水认为，这种选举方式有利于减少"一人腐败进而造成集体腐败"的概率，同时也利于村委班子的团结。

辛秋水说，在今年安徽省第六届村委会换届选举中，这种"组合竞选"方式已扩大到七个县进行试点。

村官和"班子"同进退

闫邢村是个4000多人口的大村，共6个自然村，1270人有选民资格。

村选举委员会主任朱家友介绍，3月1日起，按照《安徽省村民委员会"组合竞选"试点规则》，闫邢村11名选举委员会成员开始登记选民，自由推选村委会主任、委员候选人的提名名单。

"闫邢村每个选民可提出2个村主任候选人和5到7名村委会委员候选人名单。"朱家友说，获前2位提名数的村主任候选人将最终成为正式候选人。

最终，闫邢村一共推选出了11名主任候选人和57名委员候选人。票数排名前两位

* 原载《新京报》2005年9月15日。

的陈孝军和朱巨宏被确定为正式的主任候选人，他们分别得了 934 票和 142 票。

而按照相关规则，2 名正式候选人产生后，将分别负责组合 7 名村委会委员候选人组成"候选村领导班子"，并于正式选举前公示。

"我肯定要选那些在群众中威望高、口碑好、能力强、人缘广的人进入我的班子，这样的人对工作有利，也能为自己拉选票。"陈孝军道出了候选班子成员的主要标准。

陈孝军将上届村委会 5 个成员中的 3 人组进了自己的班子，其中没有包括群众意见较大的上届村委会主任朱巨喜。

朱家友介绍，正式选举开始后，得票多的将当选村主任。所有选民随后会对他班子中的 7 名候选村委员再分别进行一次投票，按票数进行"7 选 5"差额选举，但当选的村委委员必须票数过半。

通过选民第一次投票，陈孝军以 631 票对 241 票击败了对手朱巨宏，成了闫邢村第六届村民委员会主任。

但最终陈孝军班子里共有三名村委员候选人因为没过半数而被淘汰，这样，闫邢村最后选出的委员是 4 名，比计划的 5 名少了一个。

"残酷。"负责颍上县村委会换届选举的副县长崔黎听到很多类似的对组合竞选的评价。

崔黎解释，持这种观点的人认为，以前"海选"采取累计计票方式，选不上村主任还可以继续参选副主任、委员；而实行"组合竞选"后，村主任候选人一旦落选，相应班子成员如未能同时进入对手班子的话亦面临彻底落选。

选出有利于工作的班子

"可以说，以前我们的选举注重选能力，而组合竞选更注重选班子，选出一个利于工作的班子。"辛秋水认为，以往的"海选"具有很大的盲目性，农村是个熟人社会，范围很小，即便都是能人，如果冤家对头被选进同一个班子也会影响团结，不利于工作。

与闫邢村相距 10 余里的瓦房村有 1800 多人，今年 40 岁的村主任吴天耕是从上届村主任的岗位上连任的。这次换届选举时，他重新组合了两名村委，原来的三个村委一个也没要。

"不能说上届几个人不能干，但他们家里事太多，确实没有把太多的精力放在村委会的工作上，我只好另寻搭档。"

这次，在正式选举之前，吴天耕就组合了几名责任心强、工作能力被人称道的人进入自己的班底。

陈孝军对上述观点表示赞同，"如果我把与自己不和的人组进班子，以后工作还怎么开展？"他的另一个考虑是"要考虑候选人分布的均衡性"，他组合的 7 个人分布在 6 个自然村，每村都有，而这一点是"海选时选民是无法预见也无法实施的"。

辛秋水认为，"组合竞选"还有一个好处是，可在最大程度上避免将同一宗亲的人选进班子，降低村班子集体腐败的概率。

一个事实是，在闫邢村的 4000 多村民中，朱姓占据了 2000 多人。此次落选村主任的候选人朱巨宏的另外一个身份是上届村委会主任朱巨喜的堂弟。

"不能把这个村主任让别家的人当了。"朱巨宏在竞选时受到了朱巨喜的叮嘱。

朱巨宏最终在竞选时将朱巨喜组进了自己的班子，同时被组进班子的还有5个朱姓人员。

但诸多村民对朱巨宏班子中的朱巨喜在担任上届村主任时，"救灾物资分配不公，变卖村资产去向不明"存有意见。

本届村委副主任、上届村委委员兼文书李国才认为，上述意见导致了上届村委班子的不团结，后来开会连个记录都没有，整个村委会根本无法工作。

"把那样的人都组了进去，虽然都姓朱，但我没有投朱巨宏的票。"村民朱家友说。朱巨宏和他的班子最终全部落选了。

9月14日中午，朱巨宏这样反问记者："村里群众对他（朱巨喜）的意见那么大，我把他组进来了，还在外公示那么多天，一般人会选我吗？"

营造一个民主氛围

"为了3月28日选举当天的那次竞选演讲，我从2月27日村里召开换届选举工作会时就开始准备。"陈孝军说，那天早上5点多就起床洗脸、刮胡须。

按规定，每个主任候选人都要发表10分钟的竞选演讲。第一次面对千人发表竞选演说，陈孝军心里有点紧张，现在他已经忘了当时说哪些话了，"一开始我作了一下自我介绍，后来好像说了一些大家如果选我我能办什么事情这样的承诺。"

头一天晚上下了小雪，有点紧张的陈孝军觉得冷，下了演讲台又将夹克衫的拉链向上拽了几下。

与他不同的是选委会主任朱家友热得把衣服都脱了，选委会11个人天不亮就到学校布置会场了，用石灰将操场划成6个区域以供6个村庄的选民聚集，然后又把教室里的板凳全部搬到操场上，一直到上午10点多才把会场布置好，这时选民也陆续来到，最终实到了872名。

"前几届我都是选委会委员，但我们从来没见过还有竞选演讲的。"朱家友觉得这种做法很新颖，"通过演讲也能反映一个人的水平。我们当然是很希望这种做法能保持。"

"这当然好，两个人都站在台上竞争，才公平嘛，以前哪能看到这个？"村民曹芳云说。

"但从目前看，竞争中的获胜者一般都还是靠平时积累的品德来左右选民的选票，靠演说获得选票的情况还比较少。希望今后的候选人能更多地靠演说在竞争中获票。"灵璧县委书记储诚胜有这样一个期望。

学者辛秋水更从理论层面上评价了这种"竞选"的做法："营造了一个民主氛围、民主环境、民主心理，培养了广大村民的民主意识，锻炼了农民当家作主的能力和素养，使选举者通过这种选举对民主与自治有一个更深的了解和认识，被选举者也因此会认识到通过公平竞争得到的机会来源于村民。"

"在野"监督"在朝"

2003 年夏天，淮河流域洪灾泛滥，王岗镇新安村流域一条小河里的一片柳树被淹死了。

新安村当时将死树卖了 3200 元钱，但这一举动遭到了原支书的不满，认为新一届村委会私自变卖了集体财产，告到了镇政府。去后才知道村委会的举动是镇里决定的。

"他那次没有选举上就一直在监督着我们，看我们有没有违规的事，就连私事也管。"通过"组合竞选"上任的村主任高明说。

"有了他在监督，其实对我们的工作是有很大帮助的，我们现在尽量做到村务、财务公开，不给他留下把柄。"高明说："有人监督，我们会少犯错误。"

无独有偶，颍上县十八里铺桅杆村主任王家国也有同感。他是今年 1 月 29 日击败了竞选对手李应奎当选为村委会主任的，李应奎的那个班子对这个村委会的工作也就更加注意了。

"以前也从来没见过他对集体事情这么关心过。"王家国说。当地的人都笑称："组合竞选培植了一个在野党，无时不在监视着在朝者。"

"从现在的情况看来，有些地方的落选者确实能对村委会的工作起到监督作用。"辛秋水说，不过一开始进行制度设计时并没有这样考虑，算是一个额外收获。

"组合竞选"的前世今生

"组合、竞选是现代民主选举制度的基础，组合竞选就是吸收了现代民主选举制度的法制精神。"

最初的制度设计者，今年 78 岁的辛秋水说，这种选举方式一开始叫"组阁竞选"，后来逐渐改叫"组合竞选"。

辛秋水介绍，该竞选制度的原意是"推选出 4 套班子供选民多轮选举"，以达到更佳效果，但现在在实际操作中为"减少麻烦"，已变成"推选出 2 套班子供选民选举"。辛秋水说，对此他"不是很满意的"。

1989 年 1 月，辛秋水主持在岳西莲云乡腾云村进行了第一次民主选举。

当年腾云村推选的主任候选人是 4 个人，而村委会组成人员则不经过村民推选，由主任候选人在全村范围直接等额"组阁"。

但这与 1988 年出台的《中华人民共和国村民委员会组织法（试行）》中"差额选举"的规定相抵触。

于是，腾云村在 1995 年换届选举时改成了差额选举。并且已经不再使用"组阁"字眼。

1998 年在安徽省来安县邵集乡 8 个村试点时，又进一步改进做法，将主任候选人直接组合改为先由村民推选再由主任候选人"组合"，实现了村民的直接选举。

至此，组合竞选制完全符合了《中华人民共和国村民委员会组织法（试行）》的"直接选举"、"差额选举"两大主旨精神。

"组合竞选"制成型之后的第一次试点于 2002 年 3 月落到了颍上县王岗镇新安村。村民高明通过"组合竞选"在那年成为村委会主任，并且在今年安徽省第六届村委会换届选举中和他的原班人马成功连任。

在 2003 年补选中采用"组合竞选"方式产生的王岗镇郑湾村村委会成员在今年也一个不变地均获连任。

新安村和郑湾村是颍上县之前仅有的两个实行过两届"组合竞选"的村委会。

来自乡镇的阻力

"以前那叫什么选举，就是乡里指定一个人，大家随便画，现在可是正经的选举。"9 月 10 日晚，灵璧县杨疃镇邱庙村农民邱以宏这样看待选举。

同样是感受到"组合选举"带来了变化，但在普通村民和部分乡镇领导的眼中，"这种变化"是不同的。

"都让村民选了，我们的工作还怎么干啊？"颍上县曾有乡镇领导向副县长崔黎这样发问。

"烦那个神干什么，用自己的人不好吗？"颍上县十八里铺镇的几位党政副职曾这样反问镇党委书记叶克连。

"应该说以前的选举因为只是选一个人，上级乡镇政府操纵选举的难度要小些，现在是在选一个班子，谁再想操纵选举难度就大多了。"崔黎说。

崔黎认为，因为这种不规范的操作一直存在以至于很难一次消除，直接造成了一些乡镇党委政府对组合竞选存在思想上的抵触。

"组合竞选"制目前比较直接的意义就是利用本身的优点将旧的不规范的操作进行一步到位的清理。

"其实他们是不想这么搞，只不过不好跟我明说。"灵璧县委书记储诚胜说这反映了一部分乡镇干部不想放权，因为"海选"时只选一个人比较容易暗箱操作，很多候选人都是乡镇党委提出，下去问一下，一般村民没有什么意见就通过了。

"组合竞选的最大阻力来自乡镇"，辛秋水通过调研后也指出了同样观点。

安徽扩大试点

安徽省人大常委会副主任张春生是"组合竞选"制的力推者，他认为，要建立民主社会，必须要有秩序突破。

在今年初安徽省第六届村委会换届时，安徽省制订了《安徽省村民委员会"组合竞选"试点规则》。

安徽省阜阳市四个区县部分乡镇在今年的村委会换届选举中，进入试点行列；组合竞选制的发源地岳西县和灵璧县开始在全县所有的村推广。

张春生认为，一步跨入完全民主制是不可能的，改革要从微观起步，就中国的国情来说，微观的选择点是农村。

张春生说，"采取村民自治形式，从农村的底层进行民主政治的实践，是最佳的选择方案。组合竞选制是在充分的理论支持和系统的实践检验基础上积累和创造出来的，它具有其他模式所没有的优点，具有强大的生命力，科学规范、公平合理、简便易行，必将成为中国农村基层社会民主选举的最佳模式和不二选择。"

安徽省民政厅基层政权处处长周大群则表达了这样的观点："组合竞选是基层民主选举的方式之一，我们谈不上支持也说不上反对，我们允许试点。"

"百度"一下"村官选举"共找到相关网页约116000篇。到今年9月为止一种成型的"组合竞选"村主任的基层选举方式在安徽颍上县试点了三年半。

民主 冬季乡村里最滚烫的词汇[*]

——追踪安徽省岳西县"组合竞选"村委会

萧 寒（《人民日报》记者）

2004 年秋冬，早于安徽省全省近 1 个季度，岳西县拉开了第六届村委会换届的序幕。在经过县、乡两轮试点之后，岳西县在全县范围内普遍推广组合制竞选村委会。2005 年 1 月 20 日，全县村委会换届工作全面结束。

早在 1987 年，安徽省社科院教授、著名社会学家辛秋水就在岳西县莲云乡腾云村指导开展村民自治试点活动，该村被誉为中国民主直选第一村，岳西也被称为中国村级民主发祥地。

因为创新，激发了基层民主的活力。严寒的冬季，民主，成为岳西群众心目中最为滚烫的字眼。

现场直击"组合竞选"

2005 年 1 月 15 日上午 9 点，寒风料峭，岳西县中关乡清寨村小学操场上却是一片火热，该村第六届村委会换届选举正式举行。进入当天正式选举的是两组候选人，群众称之为两套候选班子。据村选举委员会主任、村支部第一书记杜守合介绍，两组候选人是经过 5 个环节之后才进入正式选举的。即个人报名参加竞选；组织第一次演讲、由报名参加竞选的人向选民演讲；选民提名、按简单多数产生村委会正式候选人，包括两名村委会主任候选人、4 名副主任候选人、8 名委员候选人；组合，由两名主任候选人在全部候选人中各组合两名副主任候选人、4 名委员候选人，组成两组候选人；组织第二次演讲，由主任候选人代表自己的竞选班子向群众陈述"施政纲领"。

选举日到达选举主会场的是全体村民代表、选委会成员、候选人，共计一百余人。在全体村民代表表决通过选举办法、推举出监、计票人后，在场的选民进行投票；10 点钟，乡工作人员和村民代表分成 24 组，带着 24 个流动票箱分赴全村 48 个村民组，进行投票。下午 3 点钟，最后一只流动票箱返回。计票结果显示，储诚水得 1621 票，超过半数，另一名候选人崔正理得 1041 票。在召开简短的选委会议之后，选委会主任杜守合向村民代表宣布，储诚水当选为该村第六届村委会主任。4 点钟，按照主任选举一样的程序，第二个层面的选举即副主任和委员选举开始。选举实际上是在储诚水组合

---

　　* 刊登于《灵璧新闻》。

的 2 名副主任候选人和 4 名委员候选人之间选出 1 名副主任和 3 名委员。为了保证崔正理组合的副主任和委员候选人的被直接选举的权利，在选票的上方留有空格，选民依然可以投他们的票。晚上 8 点，最后一只流动票箱收回。计票结果显示，储诚水组合的 1 名副主任候选人和 2 名委员候选人当选。整个选举工作在晚上 11 点半结束。

这就是岳西第六届村民委员会换届中普遍推行的组合式竞选。在全县推开之前，该县首先在青天乡界岭村和响肠镇千佛塔村举行了县级试点，在试点成功的基础上，各乡镇又进行了乡镇试点工作，皆获得成功。

此次岳西采取的组合式竞选，与当年辛秋水民主实验时的法制背景已有所不同，其根本的初衷是在现有的法制框架内，创新方法，选出结构合理运作高效的村委会。

"组合竞选"的技、战术分析

选举，是一种技、战术都很强的政治活动，什么样的选举形式决定了竞选者必须采取什么样的技、战术，技、战术应用得当与否，往往直接影响选举结果。从这个层面上分析，可以说，选举形式很大程度上决定了选举结果。

组合式竞选有利于选出高效团结的班子。之所以这么说，是因为每个主任候选人在提出自己的"组合"成员名单时，为了争取村民的信任，他们就不会把自己"九亲六族"拉进来，更不会把名望不好、能力差的人，作为自己的"竞选"伙伴，否则，他就丢失选票。当然，他们也不会把同自己谈不拢的人组合到自己的班子中来。

同时，岳西县第六届村委会换届选举是在并村的背景下举行的。创新方式，实行组合式竞选，一个重要的目的就是试图用这种办法，解决并村后大量村干部滞留、区域矛盾比较突出的问题。

为了适应经济发展的需要，减少村级行政成本，岳西县于 2004 年年中，用一个月的时间，对村级区域规划进行了大面积调整，将原来的 376 个行政村和居委会合并为 186 个行政村和居委会。并村后，原来各村两委成员暂时继续留任。

通过近半年的工作，群众已经比较全面地了解了原来的村干部，放手让他们选择当家人的条件基本成熟。但采取原来的海选办法，有一个区域矛盾的问题。例如，某村是由原来甲、乙、丙三个村合并而成。甲村有 3000 人、乙村有 1000 人、丙村有 800 人。按照海选办法，很有可能选出的主任、副主任和委员都是原来甲村的人。这样的结果，无疑不利于弥合并村带来的区域矛盾，反而会加剧这种矛盾。按照组合式竞选办法，则似乎可以克服并弥合这种矛盾。假设一个地方存在明显区域势力和宗族势力。那么，村主任候选人在组合副主任和村委会成员候选人时，比较明智的做法是当自己是强势力量代表时，他会尽量组合弱势力量代表，因为这样他可以尽可能地获得弱势力量的支持同时并不影响强势力量对他的支持。反之亦然，如果村委会主任是弱势力量代表，那么他会尽量将强势力量代表组合进自己候选班子，因为这样他在不失去弱势力量支持的同时尽可能获得强势力量的支持。自然，在村主任竞选成功后，无论他组合强势力量代表还是组合弱势力量代表，都还要经过村民正式差额选举。反之，副主任和委员候选人在跟谁走的问题上，为了保险，也会有同样的考虑。总之，按照设计，选出来的都应该是一个尽可能代表各方利益的村委会。

清寨村由 4 个村合并而成，合并前的清寨村在 4 个村中人口最多。和众多已尘埃落定的村一样，清寨村选举结果避免了一面倒的情况，体现了区域平衡。主任、副主任和委员分别来自并村前不同的村，最大限度地代表了各个板块的群众。另一个情况则从反面证明了组合选举有利于体现区域平衡的观点。一些类似于清寨村情况的村，一些很优秀的主任、副主任候选人在双向组合时，因为担心自己影响区域内（群众俗称势力范围）的候选人会对自己造成威胁，便与其强强联合（比如合并前的大村的支部书记与主任组合），联合的结果是失去了其他选区的选票而落选。

"选举成功"的两种解释

"群众做了几十年，这五分钟最有权！"拿着选票，经历了清寨村 5 届村委会选举的 62 岁的王新明兴奋地说。

在寒风中，许多村民代表捧着流动票箱，走村串户，从早晨到深夜，他们中、晚餐都是一盒方便面，没有人抱怨，更没有人退场。一位村民代表笑呵呵地对记者说："今天选举的成本，就是一盒方便面。"

"选举是大事，再忙再累，都值得。"王佳四是个忙人，自从被推选为清寨村选委会成员后，前后一个多月，一门心思扑在选举上，经常开会到晚上 12 点以后，没有一分钱补助。

清寨村的主任选举结果出来后，落选的崔正理非常有风度地和当选的储诚水握手，表示祝贺。并向支持他的选民挥手致谢，说："虽然我落选了，但此刻我仍然很高兴，因为有 1000 多名选民支持我。"

界岭村一位不愿透露姓名的群众说："以前上面总是担心我们群众素质低，选不好。其实是担心选不上他们圈定的人。现实证明，没有人愿意在选当家人这个问题上马虎。"

采访中另一名界岭村村民代表的话更直接："以前是上面下好了套子让你进，你当然没有兴趣，所以无论你怎样宣传发动，参选率就是上不来。这次不一样，组织不定框框，放手让群众自己选，大家积极性自然起来了。有许多人在外地打工，专门赶回来竞选或投票。"

岳西县民政局一位负责同志说："这次换届，群众选举热情之高，前所未有。"

有人用"风起云涌"这个意味深长的词形容这两个月来岳西村级民主发展的形势。

岳西县委书记、这次组合式竞选模式的主要设计者汪一光说："群众的政治智慧其实是很高的，放手让群众去选，他们一定能选出好的当家人。"

从辛秋水的民主实验到如今，已经历了 18 个年头，基层民主在渐进，群众的民主意识在增强，干部的观念在改变。但这次让村民发出"群众做了几十年，这五分钟最有权"的感慨，原因并不局限于此。选举方式的创新是一个重要因素。

其实，采取组合式选举模式，一开始就决定了执政者们必须放权。这种选举，虽然有很多优点，但比起传统的海选，形式更复杂，环节更多，其成功与否的关键在于选民的认同参与。要想选民认同，必须广泛地宣传，必须严格按设计的规则办事，这就决定了县、乡两级党委政府从一开始就必须转换角色，找准定位，从选举结果的决定者变为选举规则的维护者和执行者。

"任何一个环节的差失都可能导致选举的失败，因为在众多设计的环节一步步变为现实的同时，选举者和被选举者的政治激情都被充分地激发，民主诉求空前强烈，这时，群众的民主热情就像一把越烧越旺的火，谁在这时玩'内定人'一类的把戏，谁就会引火烧身。组合式选举，是对选举者和被选举者政治智慧的考验，更是对党委政府执政能力的考验。"一位不愿透露姓名的地方官员不无感慨地说。

青天乡界岭村作为县级试点，换届选举整整历时两个月，党委政府为此付出了大量的精力。青天乡党委书记刘传树说："这是青天乡历史上投入最多、干部付出最多的一次选举，同时也是最轻松的一次选举。"为什么是最轻松的一次，有分析人士认为：因为再也不必担心组织看上的人落选了。

这次组合选举，有意和无意之间，改变了执政者对"选举成功"这一概念的理解。原来选举，把组织看上的人选上叫成功；现在呢，把公正地执行了选举规则，让群众选出了自己想选的人叫成功。

灵璧县307个村实行村委会"组合竞选"取得全面成功

陈 煜

灵璧县位于安徽省的东北部，全县面积2054平方公里，人口114万，现辖19个乡镇312个村10个居委会。2005年初，灵璧县对行政村区划进行调整，将原来的514个村撤并为312个村，减幅近40%，按照省、市的统一部署，灵璧县于2005年3月全面启动村民委员会换届选举工作。面对当前已经发生深刻变化的农村形势，如何才能充分调动村民参选的积极性，激发广大村民的民主热情，灵璧县委、县政府进行了深入的思考，而此时，岳西县成功进行全县的"组合竞选"后，出现了很好的局面。

灵璧县委书记储诚胜同志的家乡就在岳西县，他在春节回家探亲时，看到家乡"组合竞选"后出现的新景象，同过去"海选"的结果有天壤之别，深有体会。他认为："组合竞选"更加体现民意，"海选"容易受权势部门操纵，而"组合竞选"被操纵的难度就大得多，"海选"的候选人一般都是乡镇党委提名的，如果大多数村民没有意见就通过了，老百姓对班子的决定比较单向。"组合竞选"的候选人都是老百姓提出的，候选人要发表竞选演说，为自己拉选票。拉选票是正常的，只要是通过自己的努力，为老百姓服务的，竞选演说也是正常的，符合民主法制进程的。他在回到灵璧县后，取得了中共宿州市委的批准，在灵璧县全县范围内实行村委会"组合竞选"。

2005年3月17日，中共灵璧县委、县政府分管负责人带领县委办、组织部、民政局及两个试点乡镇赴岳西县考察学习，并对考察结果进行商讨，首先在灵璧县大庙乡和黄湾镇进行了试点。试点取得成功后，4月12日，县委在大庙乡召开了一百多位相关部门人员参加的会议。会上，大庙乡的王沈村、殷庄村分别介绍了实施村委会"组合竞选"的经验和做法。全乡14个村随后也进行了村委会"组合竞选"换届选举，试点取得圆满成功。此后，村委会"组合竞选"的选举办法迅速在全县铺开。

选举过程中，灵璧县还通过广播、会议、培训班等多种形式，广泛宣传"组合竞选"的规定，营造民主选举的氛围。广大党员、群众对"组合竞选"表示欢迎，参选热情高涨，竞争空前激烈，群众投票慎重。例如，杨疃镇庙王村组成了两套互不交叉的竞选班子，竞争异常激烈。在首轮主任竞选中，两人得票仅相差3票且都未过半数，通过又一轮选举，终于产生了新一届村委会主任。为确保村级组织换届选举工作顺利开展，3月24日，举办了全县村级组织换届选举骨干培训班，对一百多相关人员进行了业务培训。4月22日，专门召开了派驻各乡镇指导组汇报会，针对选举中存在的问题，做了相应处理。

在村委会"组合竞选"工作中，灵璧县始终坚持突出一个重点，把握六个关键：

"一个重点"：就是全面实施村委会"组合竞选"。确保甲、乙两套班子候选人是经过 5 个竞选环节后进入正式选举的：个人报名参加竞选；组织第一次演讲，由报名参加竞选的人向选民演讲；按照选民支持的多寡产生村委会正式候选人和若干委员候选人；组合班子，由两名主任候选人在全部委员候选人中各组合一套竞选班子；召开全村选民大会，村委会主任候选人陈述"施政纲领"。

"六个关键"：一是村民选举委员会由上届村民代表会议民主推选产生，保证村民的推选权。村民选举委员会由主任、副主任、委员共 11 人组成。选举委员会成员被推荐为村委会成员候选人的，必须退出选举委员会，并按规定补选，缺额比较少时，经村民代表会议讨论通过，也可以不再补选。二是村民选举委员会组织改选村民代表，保证村民的参与权。新一届村民代表由村民按每 5—15 户推选一人，或由各村民小组推选若干人，考虑到本村实际，要求村民代表总人数一般不得少于 50 人。三是由村民选举委员会提出换届选举初步方案，提交村民代表会议讨论通过，保证村民的决策权。村民选举委员会根据具体情况确定选举日，并向村民公告。四是做好选民登记工作，做到不错登、不重登、不漏登，保证村民的选举权。在选民登记前，首先确定选民登记时限，并予以公告。在选举日 20 日前张榜公布选民名单，因故确需调整选举日的，及时做好选民的补登工作。五是村民直接提名村民委员会成员候选人，不得用组织提名代替村民提名，保证村民的直接提名权。按照"组合竞选"的规定确定候选人名单，然后组合产生甲、乙两套竞选班子，并由村民选举委员会在选举日 10 日前发布公告。六是做好选举日的投票工作，保证村民的投票权。在投票选举日 3 日前，再次公布投票选举的具体时间、地点。按照"组合竞选"的规定，确定选举方式和投票方法。村民选举委员会主持召开选举大会，设立中心投票站和若干个投票分站投票，严格控制流动票箱的使用，依法办理委托投票手续。主任正式候选人在选举大会上发表竞职演讲。坚持村民过半数投票选举有效的原则，选举结果当场公布。

在"组合竞选"过程中，灵璧县把合并村、难点村以及部分选派村作为督查指导工作的重点，分类指导，稳步推进。一是刚刚合并的村。由于并村时间短，没有磨合，有的群众对提名候选人不太熟悉，即便素质很好、能力很强的人，要获得绝大多数村民的认同，也还需要一个过程。为此，县委专门下发了《第六届村民委员会组合竞选制选举竞职演说规则》，引导正式候选人做好竞职演说，让群众了解他们、熟悉他们。同时要求乡镇要组织好选举，通过各种形式，提高村民参选率，从组织程序上保证村民的参与权和选举权，保证选举成功有效。二是问题村、难点村。经过排查摸底，共排出重点、难点村 28 个。把这些宗族矛盾比较突出、多年财务混乱、群众经常上访的村，作为这次选举的攻坚重点。对于这些村，县委要求各乡镇工作上要更细一些，方案上要更准一些，人力上要更强一些，力保这类村换届选举工作平稳推进、一次性成功。三是选派干部任职村。目前，灵璧县共有 158 个选派村，这些选派村多数是困难较多、矛盾较大、问题较突出的贫困村和后进村，选派干部大多来自机关，缺乏选举工作经验。为此，县里对选派村进行一次全面的调查摸排，掌握情况，分类指导。尤其是对涉及撤并的选派村，更是要准确摸排出并村中触及的各类问题，先行制定预案，解决随时出现的问题。要求乡镇领导班子成员直接联系，帮助制定选举工作方案，依法按章规范操作，确保选派村圆满完成换届选举工作任务。

通过这次村委会"组合竞选"，灵璧县村级干部队伍呈现出"一少一多、一小一高"的明显特点，即村干部总数明显减少，由年初的 3556 人减少到现在的 2475 人；村两委干部交叉任职明显增多，全县交叉任职总数为 397 人，书记主任一肩挑的有 53 人，其中黄湾镇 14 个村中书记主任一肩挑的有 13 个村；村干部年龄明显变小，平均年龄比原来降低了 2.31 岁；村干部文化水平明显提高，高中以上文化的 1096 人，占干部总数的 44.3%。

新班子呈现新气象，主要表现在以下几个方面：

1. 加速了村干部优胜劣汰，提高了村级班子的整体素质。原来那些工作能力强、为民办事多、个人威信高的优秀的村干部大都以高票当选为新一届村委会组成人员，进一步得到了村民的肯定；而那些工作能力弱、为民意识差、个人威信低的原村干部则被无情地淘汰出局，同时使一批文化程度高、致富本领强、群众基础好的优秀村民脱颖而出，拓宽了识人渠道，扩大了选人范围。如王沈村的老支部书记王敬文同志，多年来一直把群众的利益放在首位，坚持堂堂正正做人，规规矩矩做事，清清白白做官，想方设法发展经济，千方百计增加群众收入，一心一意为群众办实事、办好事，可以说是个德高望重的农村干部。在这次的村委会主任竞选中，他以 1594 票（占收回有效选票 72%）当选为王沈村的新一届村委会主任。下楼镇花楼村致富能手张计划，以高票当选为村委会主任。为报答全村群众对自己的信任，他主动捐出 10000 元钱，将环村路整修一新，受到全村干部的交口称赞。

2. 精简了村干部人数。在当选的 307 名村主任中有 53 人为现任村党组织书记，当选的 688 名副主任和委员中有 397 人为现任村党组织成员，较好地实现了村党组织书记和村委会主任两个职务一人兼，村两委成员交叉任职的要求，减少了村干部职数，有力地推进了农村基层组织配套改革，充分发挥了党在农村基层组织中的领导核心作用。

3. 整合了村级班子，调动了干部的积极性。灵璧县通过"组合竞选"产生的村委会班子，有效地克服了传统选举可能产生"凑合型"、"内讧型"的村委会的弊病，优化了村委会工作环境，整合了村级班子。目前当选的村委会成员都普遍感觉到关系顺了、心情好了、干劲足了，为村级各项工作的开展奠定了坚实的组织基础。如渔沟镇在计划生育突击月中，村干部工作热情高、干劲大，仅用 15 天时间，就做四项手术 360 例，其中人流引产 70 例，相当于过去一年工作量的总和。

4. 营造了民主氛围，增强了民主意识。从候选人提名到当选，都由群众组织、群众参与、群众决策、群众监督、公平竞争，扎实推进了基层民主政治建设。如尤集镇张楼村的群众张玉存说，以前干部群众有"三怕"，即领导怕出乱子，村干部怕丢面子，群众怕走老路子。通过这次村委会"组合竞选"，这些问题解决了，说到"组合竞选"，家住黄湾镇朱圩村老后朱庄 63 岁的村民代表朱守礼深有感触："今年的'组合竞选'，是我所经历的 40 多年的历次选举中最民主的一次。"2005 年 7 月，省民政厅基层政权处处长周大群来该县调研时，黄湾镇三桥村有个上访老户贺万斌介绍说："这次选举，我虽然落选了，但我心服口服，这次是真民主，做到了公开、公平、公正，群众拥护。"

2005 年 7 月 5 日，市委副书记张国富到灵璧县视察村级换届选举工作时，对该县村委会换届选举实行"组合竞选"给予了很高的评价，称赞它是推进基层民主政治建设大胆的、有益的尝试，是改革之措、创新之举，意义重大，影响深远，是宿州市换届选举工作最大的亮点。

作为灵璧县实行"组合竞选"村委会的发起者和主要实施者的县委书记储诚胜，通过这次村委会"组合竞选"制的具体实践，他认为这是探索出的一条可以最大限度激发群众民主热情的选举模式，"组合竞选"开创了基层民主建设的新境界。对这项工作，他有了更加深刻的感触和体会，他认为：

1. 推行村委会"组合竞选"能够充分保障每个选民的选举权和被选举权，民意能够得到充分尊重，民主能够得到充分体现。在新的形势下，在基层民主建设深入推进的条件下，我们共产党人要由"当官要为民作主"转变到"当官要让民作主"上来。当官要为民作主是属于人的主观层面，而当官要让民作主则属于制度层面，属于体制范畴。只有从主观层面转变到制度层面、体制层面，民主建设才能加速推进，老百姓才能真正享受到民主。在这次村委会换届选举中，灵璧县的群众民主热情空前高涨，许多远在外地打工的选民纷纷回乡参加选举，投上自己神圣的一票。如高楼镇卓圩村在温州打工的100多名选民派出代表包车回村参加选举。这是"当官要让民作主"的生动体现和取得的成效。

2. 推行村委会"组合竞选"制能够让竞争机制得到充分发挥。只有用制度选人，才能选出群众信得过的人，选出为群众办实事的人。原来上级领导和部分群众认为村里没有人能胜任村干部，也没有这方面的人才，通过这次"组合竞选"，村民惊喜地发现村里的能人多了，能胜任村干部的人才也比比皆是，这也是选举引入竞争机制的结果。因此说，"组合竞选"搭建了一个能让个人展现自我的舞台，使一些真心想为村民办事、能为村民办事的优秀人才敢于走向前台。

3. 推行村委会"组合竞选"有利于树立新班子在群众中的威信。由于新班子是由广大村民选举产生，当选人都是群众心目中的人选，因此群众对选举结果非常满意。班子在群众中威信更高，号召力更强，有利于今后村委会工作的顺利开展。同时，通过"组合竞选"，班子内部更加团结，团队精神逐步形成，凝聚力、战斗力进一步增强。

4. 推行村委会"组合竞选"有利于推动基层民主向纵深发展。随着经济的发展、社会的进步，广大群众的民主意识和法制观念逐步提高，对群众自治组织村委会的工作要求越来越高。我县在这次村委会换届选举中，大胆创新，全面推行"组合竞选"制，激活了村级民主选举，对基层民主建设来说，具有里程碑性的意义。"少数人选人很难选出优秀人才；用制度选出的人，人人是优秀人才"。村委会"组合竞选"顺应了当前农村的发展形势，完全符合中央提出的全面深化农村改革，创新农村基层工作机制，调动农民群众和基层干部积极性的要求，是今后一段时期农村基层民主发展的一个大的方向。

民主清风扑面来[*]

——来安县邵集乡村民自治见闻

王　清（《滁州日报》副总编辑）

1998 年 2、3 月份间，来安县邵集乡 8 个行政村先后进行村民委员会换届选举。与以往不同的是，这次采取的是直接选举方式（"组合竞选"），村主任候选人完全由村民推荐。老百姓以极大的热情关注着这件破天荒的大事，十分看重自己手中的神圣一票，全乡村民参与率达 99%。

如今，将近一年的时间过去了，"直选"以后的情况怎么样？老百姓对他们自个儿选出来的村干部满意么？村民自治工作进展如何？

我们来到来安县邵集乡采访。

"我们的嘴巴和村干部的差不多大了"

正是隆冬时节，收获过的田野宁静而安详。听说刘郢村正在召开村民代表议事会议，我们就兴冲冲往那里赶去。走进村委会的会议室里，只见长条椅上挤挤挨挨坐满了人，有的胸兜里插着红壳子的代表证，有的手里捧着白色封面的专用记本。会议还没有开始，浑身散发着泥土气味的庄稼汉子一个个正襟危坐，若有所思，气氛显得有几分严肃，全然没有我们习惯的那种嘻嘻哈哈、打打闹闹的场面。

会议由村党支部书记兼村民代表议事会主席张同琪主持，村主任潘品祥代表村委会作关于提交会议讨论的几项方案说明。这几项方案是：（1）村里今秋开始装电话，由村里从山场、鱼塘、企业发包收益中拿出 3 万元资金架设到村、组路线，农户要装电话交 1500 元，不装自由；（2）4 项水利冬修工程规划与安排；（3）对秋种质量达不到要求的农户采取处罚措施。

会议室里出现了短暂的沉默，缕缕烟雾从庄稼汉子的手指里袅袅升起。一位 40 出头、精精瘦瘦的汉子站了起来，挥着记事本说："装电话是好事，只要不加重农民负担，我同意！"一位满脸络腮胡子的代表接着说："绝不能强迫农民装电话，一定要自觉自愿。"他的话引起了一阵躁动，大家交头接耳，纷纷附和。张同琪见没有什么新的意见，说："现在举手表决。同意的请举手。"代表们齐刷刷举起手臂。"不同意的请举手。"没有。"弃权的请举手。"又没有。"好，全票一致通过！"代表们各自在记事本上

*　原载《滁州日报》1999 年 4 月 10 日。

记了下来。在讨论第二项议题时，又是那位精精瘦瘦的汉子第一个站起来发表意见："我认为三级站以上的水利工程没有效益，应当取消。"一位穿夹克衫的小伙子则不同意他的意见，反驳说："这要看实际情况，只要不是新建，维修和改造是必要的。"会场活跃起来，有的赞同，有的反对，有的提出新的建议，有的要求村委会仔细测算一下土方量，不要占用农民太多的义务工。举手表决时，有的投了赞成票，有的投了反对票。有意思的是，竟没有一张弃权票。讨论到第三个议题时，还是那位精精瘦瘦的汉子，竟从口袋里掏出一张报纸，指着它说："农民有经营自主权，不要干涉人家种田自由。"村主任解释半天说科学种田和行政干预是两码事，精精瘦瘦的汉子还是认为理在自己这边，说："我保留意见。"

乡组织委员俞德贵告诉我们，村民代表议事会议，一般每两个月开一次。凡是涉及村里的重要事项，都要由村民代表会议讨论，按多数人的意见作出决定。他告诉我们，刘郢村第二轮发包山场、鱼塘和村办企业时，议事会决定采取公开竞标方式进行。结果，承包费由第一轮的 2.24 万元一下子抬到 9.95 万元。石桥村原准备按乡里要求，水稻大面积实行旱育稀植。村委会向村民代表议事会提交了实施方案，代表们认为，今年首次试验，不宜大面积推广，建议改为 30% 。结果符合实际情况，粮食获得大面积丰收。

在石桥村村口，我们碰到一位叫张建忠的村民。他对着我们摄像机的镜头，有几分得意和自豪地说："过去，村干部的嘴那么大。"他比划一个脸盆。"我们嘴那么小。"他又比划个茶杯。"现在我们的嘴和村干部的嘴差不多大了。"他比划成一个盘子。

"不盖上理财组的大印一张发票也不能报销"

村里的财务收支，一直是老百姓最关心的问题。"直选"以后的各个行政村，都成立了民主理财小组，一般由 5 至 7 人担任，由过去担任村队会计而又和现任村主任没有亲戚关系的村民担任，由村民代表会议选出，直接对村民代表会议负责。理财小组的建立，在群众和干部之间架起了一座互相沟通的桥梁，老百姓有了知情权，村干部也有了明白账。

在鱼塘村采访期间，我们目睹了一场村民理财过程。

村部的会议室里，椭圆形会议桌前端坐着六七位民主理财组成员，年长者 60 多岁，年轻者 20 出头，每人面前摆放着一只算盘。村主任杜永林和村支书抱着一摞账簿和发票走进来，交给民主理财小组组长毕忠信。毕忠信摊开账簿，将发票一张一张传下去，由每位成员逐一审看。

理财组成员大多是过去的村、队老会计，可谓"行家里手"，审查发票和账簿，看得认真而仔细，对每张发票的金额、用途、经手人和审批人，都细致核实。遇到疑惑的地方，马上要村主任作出解释。会议室里的气氛有点儿紧张，人们脸上表情有几分凝重。只有噼里啪啦的算盘声，在敲击着村干部和理财组成员的心坎。这时，一位叫曾玉才的老汉指着一张发票发问："这一笔开支是怎么回事？"村主任杜永林伸头瞅了瞅，坦然回答道："这是从群众集资修路款中支付的运输费。"

理财小组成员对每张发票审核后，没有异议的交回到理财小组长毕忠信手里。毕忠信从口袋里掏出一枚印章，在通过审核的发票上盖上"鱼塘村民主理财小组审核章"后，再退回给村支书。章是橡皮做的，却有着实实在在的分量。毕忠信十分自信和肯定地说："没有民主理财组的大印，一张发票也不能报销。"他告诉我们，民主理财将近一年时间，还没有发现不合理开支。不要说白纸条，就是不正规的收据，也不能入账。据了解，村里的财务收支，统一由乡农经站立账，乡农经站只有见到发票上民主理财组的审核章，才予以报销。这种监督机制，村民说是给村里财务手指上了"两道锁"，杜绝了乱收费、乱摊派、乱加码、乱开支的可能。理财组成员曾玉才对此颇有感触，他说过去村里也搞财务公开，那是聋子的耳朵——摆设，现在的财务监督，是眼睛里容不得半点沙子，从外到里透着亮。我们问："老百姓对你们理财放心么？"他憨厚一笑："当然放心，因为我们是老百姓选出来的。"

理财组每次审核账目后，都会通过财务公开栏、广播或是发放财务明白卡等形式，将财务情况向全体村民进行公布。如今的庄稼人，站在村里财务公开栏前，看看念念，指指点点，村里的大事小事，收入开支，统统装在心中。什么合理，什么不合理；什么该收，什么不该收，全都一清二楚，明明白白。

"村里加码多少我拿家里收入退给大家多少"

实行村民自治，很大程度上是看老百姓拥有多少监督权。"直选"以后，群众敢于监督村主任了，因为村主任是他们自个儿选出来的。能选你，就能罢免你。选你干，你就要为老百姓谋利益。

我们在石桥村听说了这么一件事：年初"直选"的时候，两名候选人一人当选，另一人落选。支持落选候选人的村民，眼睛盯着当选村主任的一举一动，看他哪些地方做得不合民意。有人说，这有点像西方的"在野党"。7月份，这帮村民把报纸上刊登的关于减轻农民负担的文件，复印了好几百份，塞进全村每家每户的门缝，用意十分明显，就是提醒村民监督村委会收缴提留是否"出轨"。当选村主任郑少祥倒也豁达，听说了此事后，也拿了文件到各个村民组进行宣讲，让大家吃上"定心丸"。还对那帮村民表示"感谢"，说帮他宣传了党的农村政策。他在当选的时候，曾提议将落选候选人的姐夫、老表选进村里理财组，直接对他实行监督。

我们随村主任郑少祥到村民家看看，他有意带我们到落选候选人老表孔学礼家里。40出头的孔学礼口齿伶俐，能说会道，客套几句后，就向郑少祥发问："我在广播中听乡长说，村里提留负担是26万多元，村文书怎么按28万多元收的？"郑少祥拍着胸脯回答："事实是28万多元，可能是乡长记错了。村里要是加码，加码多少，我拿家里收入退给大家多少。"孔学礼对郑少祥的回答表示满意，很动情地对我们说："凭良心讲，郑主任干得不错。村里吃吃喝喝的少了，财务也清爽多了。"

郑少祥在竞选演讲中，曾经许诺过要大刀阔斧削减招待费，全年人均不超过2元钱。结果，到去年11月份，招待费不到2000元，人均才几毛钱。他说："不到万不得已，我们一般不招待客人。背后有几千双眼睛在盯着我们呐。"据悉，上一年，这个村招待费花了1万多元。

　　这个村政务监督组组长戴明业告诉我们，村里的行政事务，都要和政务监督组通气，增强透明度，村民能够顺利行使参与权和决策权。他打了个形象比喻，村里向每位村民筹了 10 元钱，用了 9 毛 9，还剩 1 分钱，都要退给群众，向老百姓说清楚开支去向……

　　我们走在邵集乡的田野上，在深冬的季节里，竟然有一种春风扑面的感觉。黑黝黝的田野，开始孕育着新的希望。

安徽组合竞选试验[*]

刘建锋（财新《中国改革》记者）

2011 年 11 月 6 日，84 岁的安徽社会学者辛秋水教授向财新《中国改革》记者展示了一份关于"组合竞选"的结题报告。

不久前，他向中共安徽省委宣传部递交的这份报告，详细讲述了他在安徽省东南西北四个地市所辖四县 20 年的组合竞选试验过程、实施结果、组合竞选与海选的优劣对比和组合竞选的当前价值。

就在辛秋水递交结题报告前后，多地发生因海选村委会导致的冲突和村民缺乏有效利益表达渠道导致的群体性事件，各地普遍出现基层维稳困局。辛秋水认为，出现这些情况，是由于目前通行的海选在制度设计上存在问题。

据财新《中国改革》记者近两年来对河北、山东、湖北、安徽、海南、浙江等地乡村海选情况的调查显示，多地频繁发生贿选，中部地区每张选票价格基本在 100—300 元之间，东部发达地区如义乌一些乡村每张选票价格高达 2000 元左右。安徽省阜阳市颍上县邢洋村，2011 年还发生了假选举被村民揭发的事情。有基层干部对财新《中国改革》记者透露，近年来每三年一届的村委换届，乡镇书记操纵海选当届获利可达数十万元乃至百万元之巨。

多位接受财新《中国改革》记者采访的县乡官员和村干部表示，目前各地主要实行的海选样式容易被操纵，不能真正实现民主，导致村民内部矛盾和村民与乡镇政权之间的矛盾无法化解乃至扩大化，这是造成大量农民上访和乡镇群体性事件的主要原因。

他们认为，组合竞选能够适应当前的复杂形势，其程序为：由村民自由推选村委会主任和委员候选人，由主任候选人根据提名名单组合竞选班子，展开班子之间的选举竞争，再由村民投票挑选村委班子成员。

辛秋水在中共安徽省委支持下推行的"组合竞选"，从 1989 年开始试验，一度覆盖了皖西南安庆市下辖岳西县所有村庄、皖东北宿州市下辖灵璧县所有村庄、皖东滁州市下辖来安县的八个村和皖西北阜阳市下辖颍上县的两个乡镇。试点地区包含边缘山区的贫困村、城市周边经济情况较好的村庄、曾经被宗族势力或恶势力把持的村、曾多年选举失败的村和运行良好的村等多种类型，均获得成功。

然而，从 2007 年、2008 年开始，虽有诸如安徽省阜阳市委下文要求乡镇推行组合竞选，但是，基层并没有积极执行，导致试验受挫，村民选举意愿下降，乡村矛盾再次

* 原载《中国改革》2012 年第 2 期。

凸显。

受访官员表示，组合竞选虽使村民受益、政权稳定，但由于排除了乡镇干部对村干部权力暗中授予的可能性，因而受到乡镇干部的排斥。受访官员们呼吁，这套广大村民受益的选举方式，亟须县以上主事者拿出魄力、排除阻力，以县为单位推广。

组合竞选的整体选举样式

各个竞选班子分片开展竞选活动或举行全村竞选大会，轮流发表竞选演说，回答村民的当场提问。

2010 年 9 月底，安徽省三农问题专家何开荫对财新《中国改革》记者介绍："村委会组合竞选最早由安徽省社科院研究员辛秋水 1989 年在岳西县莲云乡腾云村试点，取得成效后，由时任安徽省省委书记卢荣景确定扩大试点，先后在岳西县和灵璧县全县试点，反响很大，国际影响也很突出。程序设计合理，关键是几套班子之间实行公开竞选，乡镇内定、干预的那一套行就不通了。"

辛秋水介绍的具体做法是：

第一步，提名。全村各村民小组分别召开会议，采取无记名投票在全村范围分别按村民委员会主任、副主任和委员职位提出相应候选人。

选举委员会将各组提名的票数加以汇总统计，以得票多少为序，先确定村委会主任候选人、副主任候选人和委员候选人。然后，每位村委会主任候选人，分别在提名得票较高的副主任候选人和委员候选人中，挑选合适人选，以差额的原则"组合"自己的村民委员会"竞选班子"（多于法定村委会委员人数）并张榜公布，让全村家喻户晓，对之比较。

第二步，竞选。各个竞选班子分片开展竞选活动或举行全村竞选大会，轮流发表竞选演说，回答村民的当场提问。

第三步，投票。先由选民直接投票选举村委会主任，然后，由选民对主任当选者组合的村委会班子成员举行投票选举。

若村委会主任选举第一轮投票结果，无一位候选人得票超过总票数的 50%，则将得票较多的前两名候选人举行第二轮投票，得票多者当选为村委会主任。接着，对当选主任提名的村委会班子举行差额选举，得票过半数者方可当选。若村委会委员当选人数达不到法定人数，则等以后召开村民代表会议，举行补选，得票过半方可当选。

寄望以班子竞选摆脱"内定"

几套班子的支持者和选举委员会共同监督，整个选举过程全透明，"内定"的情况不可能发生。2011 年 11 月 2 日，岳西县莲云乡腾云村现任村主任刘绍文向财新《中国改革》记者回忆了 2004 年底的竞选场景。他在那届村委会选举中当选为村委会副主任。

"报名参选的人向选民演讲，选民提名、按简单多数产生村委会正式候选人，由两名主任候选人在候选人中各组合两名副主任候选人、四名委员候选人，组成两组班子由村民公开评议，然后，由主任候选人代表班子当众讲'施政纲领'，回答提问，电视台播了一个月。"

"关键是，竞选的是整套班子，不是个人之间的竞争，整体性很强，所以，竞争的气氛很热烈。农民广泛参与，在外打工的也都跑回来搞竞选。几套班子的支持者和选举委员会的人共同监督，整个选举过程全透明；'内定'的情况根本不可能发生。"

岳西县中关乡请寨村竞选村主任上任的储诚水证实，组合竞选试点时参选率之高前所未有，恢复海选后也不再有，有空前绝后的感觉。

时任宿州市灵璧县县委书记储成胜是岳西人，他在回家探亲时发现家乡在搞组合竞选，被这种竞选方式打动，回到灵璧便立刻组织人马学习，在 2005 年全县村委会换届时实施了这一办法。

现任安徽省农垦集团纪检委书记的储成胜对财新《中国改革》记者介绍了当时的具体做法：关键是强调整套班子"组合式竞选"，确保甲乙两套班子候选人经五个竞选环节后进入正式选举：个人参选；参选演讲；产生正式候选人；两名主任候选人在全部委员候选人中各组合两套竞选班子；召开全村选民大会，主任候选人陈述"施政纲领"。

"这个办法关键是将竞争机制从海选的个人竞争转变为组合式的竞争，竞争的强度和选民参与度大大提高，竞争的最后结果也具有很强的预见性，强化了村民对村委会产生过程的责任感，也使当选村委会树立整套班子对选民负责的意识。"储成胜说。

阜阳市颍上县王岗镇的新安村和郑湾村，宗族纠纷、群访事件多发，村委会海选长期处于乱局。2003 年，阜阳市邀请辛秋水在这两个村试验组合竞选。

2010 年 10 月 3 日，郑湾村村支书郑田柱对财新《中国改革》记者表示，组合竞选采取了几轮公开的组阁式的竞选办法，化解了过去参选率不高且被宗族势力操纵的问题。2010 年 10 月 7 日，王岗镇党政办的一位干部介绍，那次组合竞选，多年不愿参加会议的新安村村民，听说搞"竞选"，打工的都赶回来参加，参选率高达 95% 以上。

2005 年，颍上县十八里铺镇在所辖 18 个行政村举行组合竞选。

时任镇党委书记叶克连在 2011 年 11 月 12 日对财新《中国改革》记者回顾，以前采用海选方式换届，综合干扰来自乡镇内定和原村委会班子暗中操纵。有个村王姓多，支部书记是村长的侄子，村委会班子全是王家的人；镇上最大村是闫邢村，全村 4500多人，朱姓 2500 多人，超过全村人口的一半，村委会由朱姓势力占据，排斥外姓参与村务，海选被操控，村民上访、告状不断。

2005 年公开举行组合竞选，家族势力把持的村，选举结果多是小姓当选，过去多年把持村务、暗箱操作的村干部，全部落选。

"组合竞选注重选班子，为了尽可能扩大选票范围，候选人不敢靠亲戚组阁。几组竞选对手组合的班子里，一定都有大姓，无形中，大姓宗族内部就会有竞争，无法操控，宗族势力也就被瓦解了"，叶克连说，"海选是选个人，乡镇和宗族势力操控起来很简单。"

闫邢村村委委员邵道干在 2010 年 10 月 2 日也说，组合竞选能实现交叉选举，同一势力的人可能会交叉分散到不同的班子。

滁州市来安县邵集乡渔塘村村委会主任翁义俊也说，各主任候选人物色成员人选时，都在大家族里拉代表人物做他的组合成员，结果是几套班子里都有这家族的代表人物，大家族就分化了。由于是整套班子竞争，竞选激烈，公开性极强，不容易走过场、搞形式主义。

缺民主素质还是缺制度设计？

不是农民没有民主素质，关键是选举制度怎么设计。

各地海选过程中普遍发生贿选和选举冲突，对此，不少学者、观察者将其归结为农民缺乏民主素养，不珍惜自己的选举权与被选举权。

原中共岳西县委书记、后任安徽省国土厅副厅长的王道成、原中共灵璧县委书记储成胜、原中共岳西县委书记汪一光都认为，农民的政治智慧其实是很高的，关键是有没有真正放手让农民去选。

叶克连曾任乡镇党委书记，他提出反证，组合竞选前，农民参与度不高，操纵选举和选举闹事很常见。搞组合竞选后，农民就都珍惜选票了。可是，回到海选，农民又不当回事："不是农民没有民主素质，关键是选举制度怎么设计！"

"民主不仅仅是一种素质问题，更是一种利益关系。"辛秋水说。

社会学家邓伟志为辛秋水的结题报告作的序中，认为关键问题是民主选举的制度设计，能否真正为村民实现利益诉求设置表达机制："市场经济时代，理性的农民总能根据个人利益做出判断和选择，关键是制定法律法规。选举制度、程序要能够保证农民充分发挥他们的权利，'组合竞选'的实践表明，这种选举制度的实施有利于保证村民的利益表达。"

上海社会科学院常务副院长左学金教授也认为，具体的选举制度设计是关键。

他在《村委会"组合竞选"具有重大历史意义》中说："农民在政治上是非常理性的，很多人低估了这一点。比如，我们很担心农民有没有宗法思想，农民选举会不会只选本族的人、选择本族的大姓。然而，在我们的考察过程中没有发现这样的情况——原因很简单，现在是市场经济，大家关心的是村委会主任能不能代表他们的利益。"

培养强有力的监督者

村委会"组合竞选"无形中形成强大的在野监督力量，弥补了村委会自我监督和群众监督的不足。

民主不仅是选举的过程，民主决策、民主管理和民主监督也很重要。辛秋水说，尤其是监督机制不能流于形式。

岳西县莲云乡腾云村村主任刘绍文、中关乡村支书储诚水、响肠镇千佛塔村副主任胡节来、颍上县郑湾村村支书郑田柱和闫邢村村支书陈巨兰都特别提到，组合竞选后落选方形成了强势监督。

竞选过程中几套班子各自组合成团结紧密的队伍，休戚相关。落选后，他们随时会对村委会是否依法履职实施监督。由于他们有组织能力、有选民支持，这种监督比过去单个农民的监督要强很多，"这是最大的好处"，储诚水说，"这就逼迫村委会班子必须严格依法办事，村内矛盾也能尽早发现和解决，不至于隐瞒和拖到不可解决的地步。"

原中共灵璧县县委书记储成胜认为，村委会"组合竞选"无形中形成强大的在野监督力量，弥补了村委会自我监督和群众监督的不足。关键是，一旦村委会侵害农民利益后，监督者有能力顺畅地组织罢免。

"他们自己支持者也不少，他们一旦发现村委会违法并公布，村民会转向支持他们，随时能提出罢免，并且有能力实施。"叶克连说。

组合竞选试验结束后，各村恢复海选，并陆续设立了村务监督委员会，但是，村干部承认，监督委员会主任从村民代表中选出，民意支持率与前者没法比，主要是盖章式监督，容易流于形式。

叶克连说，村务监督委员会走过场，村民主要靠个体实施监督，监督不能奏效。个体村民只有在自身利益受损时才会站出来维权，但力量不够，因此往往形成老上访户。只有在涉及全村所有人利益被大量出卖时，村民才会联合起来要求罢免，而这时，村民利益受损已很严重，个别村干部与乡镇干部勾结紧密，利益冲突很难得到解决，最终可能演变成群体事件。而搞组合竞选后，村委会受到强力监督。

北京大学社会学系教授王胜泉认为，由于缺乏有效制约机制，即使民主选举产生的村委会也难免异化或变质。组合竞选的后续功能（即在野势力对当选者的监督作用），恰好提供了这样一种制约机制。

借制度缓解冲突

各种问题，村民通过自治就能解决，矛盾会解决在初始状态，不会再向上传输、放大。

"不再有解不开的矛盾。"原中共灵璧县委书记储成胜评价当年的灵璧县全县村委会组合竞选。"让农民真正自己做主，有好的民主制度设计，选出来的村委会自然能协调一致。各种问题，村民通过自治就能解决，矛盾会解决在初始状态，不会再向上传输、放大。"

叶克连以自己曾任书记的十八里铺镇为例，在组合竞选前，因为地处城市周边，利益关系复杂，上访的、闹事的、治安形势严峻的村不少。组合竞选试验后，没有出现一例上访、违规。而组合竞选停止试验后，又走上回头路，"乱得很"。已经离开该镇担任县上干部的他，常常收到一些村因选举不公闹事的信息。

安徽大学社会与政治学院副教授杨雪云也认为，与其他模式相比，组合竞选的制度设计，有效化解了个体理性和集体理性之间的矛盾，在很大程度上避免了"海选"的盲目性。

"海选"中，单个村民的投票指向他认为能够代表自己利益的人，是他乐意选的人。但是，最终全体选民基于个体理性的投票行为选出的，却往往是难以代表村民利益的村委会班子。比如，把矛盾很深、根本无法相处的人选到一个班子，为以后的内讧埋下隐患。还有一种情况是将同一家族的人选到一个班子里，为日后村委会的专权提供了条件。这就是个体的理性行动导致集体非理性结果。

而先组合再竞选的设计使村民在正式结果产生之前就有机会了解将要产生的领导班子大致是什么样的全貌，能评估这个班子的工作效能。在此基础上，农民决定自己选票的投向。这样，无形之中就化解了"海选"等其他方式选举中会出现的盲目性，使一些原本只能在村委会选举出来之后才能暴露的弊端消融在选举之前。

辛秋水认为，先组合后竞选的方式，为参与竞争的各方提供了进退空间，使各方能够根据自己的实际情况采取不同的竞选策略，为他们自行化解矛盾留下余地，避免了矛盾集中暴发所导致的高烈度。

更重要的是，通过先组合后竞选，化解了村内一股独大的势力，使其很难再说一不二、为所欲为，从而避免了其所产生的破坏作用。

阻断乡镇灰色利益链

组合竞选竞争性极强，乡镇干部基本没有机会做手脚，灰色利益受损。

叶克连在2002年成为十八里铺镇党委书记。时任县委书记在2003年被查出卖官受贿150余万元，一批干部被处分，叶克连被免予处分。他没有买官，但是在看到众人买官后感到恐慌，当书记几个月后，他自称"为表感恩"送了县委书记一笔钱，被纪检委从轻发落，职务未动。

他的行为被辛秋水斥为"保官"，"花钱保官的目的还不是为了钱？"辛秋水笑论，"那一届在他们那个乡镇搞组合竞选试点，把他的腐败机会搞掉了。"

2011年11月12日，叶克连对财新《中国改革》记者承认，自己起初并不愿意在全镇搞组合竞选试点。"没办法，省人大常委会副主任张春生和辛老来试点，副县长喊我去，必须搞。"

组合竞选一发起，村干部选举不看乡镇脸色，没人给镇党委书记送钱。"村委换届，历来是乡镇书记捞钱的时机。"辛秋水说，"组合竞选竞争性极强，乡镇干部基本没有机会做手脚，灰色利益受损。"

2005年，十八里铺试点完成后，颍上县向中共阜阳市委递交报告。阜阳市委下文，决定在各县每个镇拿出两个村试行组合竞选。但是，2010年，财新《中国改革》记者调查时发现，组合竞选试验在2008年之后就停滞了。

颍上县王岗镇、十八里铺镇和岳西县中关乡的乡镇干部对《中国改革》记者说，他们觉得组合竞选容易形成派性，一派在台下，给当选的村委会"唱对台戏"，不利于村委会开展工作。

但是，闫邢村村委邵道干和郑湾村村支书郑田柱表示，看起来好像是矛盾，其实有好处，有利于监督，并没出过工作无法开展的情况。

岳西县莲云乡腾云村村主任刘绍文说，当选村委会班子低姿态一点就好解决了，毕竟自己是胜选者，而且对方的监督也是依法的。如果当选班子没有能力，也不能怪对方监督。

中关乡现任村支书储诚水是当年的胜选者，他以亲身体会证明，从未出现过工作无法开展的情况。

曾任乡镇党委书记的叶克连认为，乡镇一些干部对于组合竞选的评价不公，是因为这个办法村民参与度高、透明度高，竞选者的支持者能形成力量，监督整个过程，几套人里选一套，乡镇操纵难度大，而海选选个人，乡镇操纵选举很容易。

叶克连讲述了乡村换届海选过程中的多种操纵办法和利益关系。

乡镇主持村委海选，首先在选举委员会产生的时候就先划定有利于内定人的成员，这样在提名候选人的时候就很容易将不中意的人排除掉；利用村民参与度不高的现实，选举委员会的人直接划好空白选票后投入票箱；村民不知到底多少人投了票，虽说投票场所是固定的，但谁也不会留在现场数人头。候选人选定就基本定局。如果某个陪选人想把内定人选掉，也好办，把陪选人票数直接记成内定人的，因为选票是无记名的，最后谁当选还是被监督的人控制的。只要上级政府不核查且向村民公开，村民不可能知道到底有多少票。

海选无法形成有效监督，是因为所有参选者均是个人，难以动员起有效的支持力量；村民也都是以个体的形式进行投票，不能有组织地对选举委员会和政府监督者实行监督。

一位曾长期在基层任职的干部告诉记者，城市周边一些经济比较发达的乡镇，每次村委换届，乡镇党委书记收到的好处，多达数十万元乃至于百万元。比起来，颍上那位县委书记收的钱真不算回事。

民主选举远比建几个开发区重要

让村民自己做主，比让占相对少数的乡镇干部做主，更有利于实现社会稳定。

原中共岳西县县委书记王道成说："由于头痛农村宗族势力会控制选举，选举走过场，选举一直由乡镇定，可也定不好，农民意见大。乡镇又不愿搞组合竞选，但这对农民很有利。"

"搞组合竞选，乡镇肯定是不愿意的，关键在县以上能不能真正摆脱利益纠葛，放手让村民自己做主。"储成胜认为，让村民自己做主，比让占绝对少数的乡镇干部做主，更有利于实现社会稳定。

叶克连认为，应以县为整体推广组合竞选。如果仅以乡镇为单位，搞组合竞选没收到钱的乡镇书记，官场上就竞争不过那些收到钱的乡镇书记，也就没有乡镇愿意推行组合竞选。

储成胜说："如我本人没有被调离灵璧县，还继续做县委书记的话，我会坚持在全县推行组合竞选。建立一个真正民主的村委会选举制度，远比建几个开发区重要。现在基层矛盾突出，地方维稳压力大，关键是让基层真正实现民主。不管是组合竞选还是其他方式，真正的民主一定会触及乡镇干部利益，县以上领导，须有超越乡镇的胸怀。"

政改需要现实可行的制度设计

农民把一个村的事情管好了，逐渐就会管好一个乡的事情；把一个乡的事情管好了，逐渐就会管好一个县的事情。

原中共安徽省委书记卢荣景与社会学家邓伟志曾在全国政协十届二次会议提出提案，建议推广村委会组合竞选，获审查通过。该提案将组合竞选与海选做了对比，指出组合竞选能真正实现村民自治，大大优于海选。

中共中央政治局委员、广东省委书记汪洋 1999 年任安徽省委副书记时，也曾对组合竞选给予积极评价，认为其具有重要意义。

原中财办副主任段应碧认为，"（村民自治）这个方向是必须坚持的，我们可以形成一种倒逼机制，比方说直接选举——这个'组合选'很管用。"

中国科技大学人文学院教授张允熠说，目前通行的"海选"是让一盘散沙的村民每人写一张票，形不成凝聚力。这种社会真空就容易为某一种势力甚至黑势力所操纵，而"组合竞选"是在竞选中提高公民的民主意识和公民素质，在农村社区培养民主氛围、民主环境、民主习惯和民主能力，是真正推动历史和社会的发展。

北京大学社会学系教授王胜泉认为，组合竞选在中国政治体制改革进程中起到了良好示范作用："民主政治要想在中国乡村建立牢固基础并生根、开花、结果，关键在于民主政治体制要与中国国情和当前中国社会生活实际相结合，这是一个至今尚未解决的问题。组合竞选是一个良好的尝试。"

辛秋水介绍说，原全国人大常委会委员长彭真曾说，农民把一个村的事情管好了，逐渐就会管好一个乡的事情；把一个乡的事情管好了，逐渐就会管好一个县的事情；逐步锻炼，提高议政能力，逐步扩大民主范围。辛秋水认为："单靠政府是管不好村的事情的，现在到处发生村民上访、冲突，说明政治改革最需要在基层铺开，村委会民主选举需要好的制度设计。"

安徽省民政厅基层政权处处长周大群也对财新《中国改革》记者说，政治体制改革不应是一个敏感话题。民主选举从村到乡、从乡到县，这是社会发展的必然趋势。具体到选举的制度设计，只要不违反宪法和法律，都应该允许试行。

附录 友人来鸿

辛秋水同志：

你好！来信和几份材料都收到了。其中对于目前安徽山区经济建设中的许多好的经验和存在的一些问题的反映，对于我们进一步了解当前农村实际，继续做好宣传工作，都有很大帮助。这是我首先要向你表示感谢的。

我们党历来十分重视调查研究。在当前新的历史转折时期，认真深入实际，了解新情况，分析新问题，切切实实地搞好调查研究更具特别重要的意义。就我们的刊物而言，这方面目前还是薄弱环节，还不能满足广大读者、干部的需要。我们也正在努力转变作风、刷新文风、争取在刊物上多发表一些好的调查报告，争取多下去搞一点实地调查。这方面你们已经做了很好的工作，我们要向你们学习。

鉴于我们刊物的性质，我们刊物上发表的调查研究的文章，最好是虚实结合，有材料，有分析，有议论。你寄来的材料，似在议论方面，理论性方面，还可做一些努力。当然这只是我个人的不成熟的一点意见，仅供你参考。现在农业经济中，新问题很多，怎样通过调查研究，通过学习和思索，对这些问题做出理论的、科学的回答，还是我们的一个重大任务。

　　致
敬礼！

熊复

1980 年 11 月 18 日

（熊复：时任中共中央委员、《红旗》杂志主编，著名理论家）

秋水同志：

你好！

收到你的来信和关于淮北畜牧业的调查材料，我已交给我们的经济部。希望随时把你所有有关经济问题的调查材料寄给《红旗》经济部，我们非常需要这种反映真实情况的材料。

从来信中才知道，耀邦同志对你的那份调查材料已有批语。可否将耀邦同志的批语见告。

来信中反映的情况，确实值得注意。可见"文化大革命"的后果仍极严重，拨乱反正的任务还十分艰巨。根子在党风不正，党不管党。现在的情况是，党的风气、社会的风气都还没有根本扭转过来。看来非有一场整党、整风不可，否则很难扭转过来。不过，这是长期的斗争，想要在一天早上实现也是不可能的。正如列宁所说，对于官僚主义（包括同它有联系的作为它的形态的无政府主义和极端个人主义）不能采取"割除"的手术，只能"慢慢地医治"。好在，六中全会已胜利结束，关于历史问题已公布于世，为今后的拨乱反正，医治一切"诸般杂症"，创造了极为有利的条件。我们的事业还是大有希望的。

人生的道路是曲折的。你的不幸遭遇，没有使你沉沦，反而使你更加坚定，这就是不幸中的大幸。你要求解决入党问题的心情，我是完全能够理解的。收获取决于耕耘，你以半百之年进行辛苦的劳动，相信是会有收获的。党的门是为一切忠诚于共产主义事业的人们开着的。

就此顺祝

全家安好！

熊　复

1981 年 7 月 8 日

秋水同志：

你好！

收到你十月二十九日的来信和寄来的两个材料。

因我十月中旬去了广东，这次人大开会之前才赶了回来。没有及时给你写回信，请你原谅。

你多次寄来的材料，我都收到了，有的还转给了有关部门。没有给你写信说明情况，是我的过错，我不会因为工作忙而原谅自己。有时确实也因为忙而忘记了写回信。

你参加了打击经济领域犯罪活动的斗争，说明党对你是充分信任的，而你从不改变自己为党的事业贡献一切力量的初衷更是难能可贵的。只是希望你作出更大的努力和贡献。

你寄来的两份材料，我想作这样的处理：一、"我对当前经济领域中打击严重犯罪活动斗争的看法和建议"，准备转给中央纪委；二、"罗网不除，四化难成"，除了转中央纪委之外，还准备以反映情况的形式上转中央领导同志。我就算是得到你的授权这样处理了，好不好？

衷心祝好！

此致

敬礼

熊　复

1982 年 12 月 9 日

秋水同志：

你好！

读到了你二月二十一日给我的信。王骏超同志现已离休，虽有心脏病，但身体还好，不时还参加力所能及的工作。

你说，还有一千天你就要满离休的年龄了，所以现在有极大的紧迫感，要在一份时间内做三份的事。这个紧迫感精神非常好，非常之重要，我和你有同感，我就巴望每天不是二十四小时而是四十八小时。时间不仅对我们个人，而且对我们整个事业来说都太宝贵了，再也不能让它一分一秒白白地流逝了。这一分一秒里就包含着我们实现翻两番才可完成四化建设任务的全部希望，多么值得我们每个人珍惜啊！这个人人要有紧迫感的号令，中央早已发出了。在发扬紧迫感精神方面，中央领导同志也做出了榜样，他们夜以继日地工作，没有星期天，也没有节假日，也没有到北戴河去休假。我们大家都要学习这个榜样，争分夺秒地干，加油地干，实在地干。这才是我们全部希望的所在。

你这些年来，不只是工作勤奋，而且注意到目前实际生活中去进行调查研究，这是十分难能可贵的。我们党已经有一支社会科学工作者的队伍，这个队伍现在人数还不多，有真才实学而勤奋工作的更不算多。当然，多数是好的和比较好的，但混饭吃的，溜须拍马的，好发议论而无补于实际的，也有。还有一种目前还相当流行的风气，就是把自己封闭在故纸堆里，根本不到群众里去，不做新情况新问题的调查，而美其名曰科学研究。社会科学的研究也要改革，只有改革才能开创新的空间。改革的关键，我认为就是对我国实际生活的状况进行有系统的周密的调查，从这里出研究成果，出应用成果，出发挥智力的成果，出人才的成果。这点看法，不知你以为然否？

寄来的《关于改革的几点建议》，看了一遍。我认为，这类建议，不适合于在《红旗》上发表。因为建议之类，具有向各级领导提供参考意见的性质，而《红旗》的任务则是面向广大党员和干部，帮助他们把自己的思想纳入党的十一届三中全会以来的路线、方针和政策的轨道。比如关于改革，《红旗》的任务就是帮助广大党员和干部了解和掌握党的有关方针和政策。为了执行这一任务，我们基本上采取两种形式，一种是从理论上进行了解和论证的文章，一种是提供事实论据的调查材料。我们欢迎你写文章，也欢迎你提供可做事实论据的材料。调查材料要具有典型性，能够代表我们提倡的方向。至于题目，请你自己选定。

此致

敬礼

熊复

1983 年 2 月 27 日

秋水同志：

你好！

你四月二十九日的信早就收到了，我直到今天才能执笔回信，还请原谅。说起来也很简单，《红旗》作为中央机关的试点单位正在进行整党，我党一手抓工作，一手抓整党，可忙得不亦乐乎呢。

我们这个社会还不安宁，社会风气还不好，青少年犯罪现象到处都有。不只青少年犯罪，而且这次武装暴徒劫机事件，更加充分地暴露了这一点。党中央早就注意到了这个问题，提出了"综合治理"的方针，可是现在成效还不大，其原因在于党风还没有根本好转。在政法工作方面，也还缺乏一整套强有力的措施和办法。但是，这个状况也不是短期内就能解决的，所以也急不得。相信随着经济建设和社会发展，一天比一天好起来，社会主义精神文明的建设一天比一天发展起来，党的队伍和党的思想政治工作经过整顿而一天比一天加强起来，再加上政法方面建立一套强有力的制度、办法、措施和手段，这个状况是可以改变过来的。你写的有关合肥市青少年犯罪的资料，已转给有关部门去了。

你对我们在提拔干部方面也表现一种爱心，我完全能理解。能不能把政治上忠诚于党、业务上有真才实学的人提拔到各级领导岗位来，不让那些"三类分子"或"五类分子"混到领导队伍里来，也不让那些风派之人或吹牛拍马之徒或没有真才实学的人占据领导位置，这确是一个值得我们重视的大问题。现在正在逐步实行的机构改革就是要解决这个问题。从省、市、自治区一级来看，是搞得比较好的，达到了上述目的的。个别人还不理想，还不令人十分满意的也有，这是不可避免的现象。十个手指都不是一般齐，何况干部的素质和修养更是千差万别，不能强求一律的。现有机构改革还在向省市以下发展，只要严格按照中央的方针政策办事也是可以达到省市一级机构改革那样的要求的。这是就中央和群众两方面都有监督，整个工作能够走群众路线来说的。至于受到派性的严重干扰，整个工作不能从上到下受到监督，那就难免出现我们大家都有些忧心的那种局面了。出现了这种局面也没有什么要紧，因为一来它是要暴露出来的，二来党中央是有充分的警觉的。钻空子混下去的人也会有的，但这种人终究是要走到他的反面的。我的议论太多了，就此收住。

此致

敬礼

熊复

1983 年 5 月 27 日

秋水同志：

你好！

收到了你六月二十日给我的信和寄来的材料。你的处境有新改善，甚慰。

你写的材料和意见，既然已引起省里领导同志的注意，王、程二位都有批语，我看没有必要再转中央领导同志了。应当告诉你，青少年犯罪问题，中央完全了解，彭真同志和丕显同志都在亲自抓这个问题。

你一向都在扎扎实实地做调查研究工作，这是很好的。不过，希望你把这一工作做得更有系统一些，就是说一个时期在一个方面或一个问题上进行深入的有系统的调查，弄清情况，说明问题，找出规律性的东西。这只是个人的感觉，不一定对，只提供你参考。

如有机会到北京来，非常欢迎。

此致

敬礼

熊复

1983 年 7 月 3 日

秋水同志：

你好！

收到你三月二日给我的信，甚为高兴。你的调查报告获得科研成果二等奖，你又加入了我们党的队伍，你还被任命为社会学研究室主任，这是三喜临门的大喜事，值得祝贺！

对社会学，我一窍不通，提不出什么意见。近日报上发表了小平同志的讲话，提出要教育我们的人民，特别是青年，做到有组织、有纪律，这非常重要，想必已经引起你的注意。可否从社会学的角度，研究一下怎样教育青年的问题。我认为，怎样教育青年成为有理想有纪律的人，这是当代的一个重大的社会问题。我们再不注意这个问题，就可能走苏联和东欧一些国家的老路，出现整个失掉理想的青年一代！不知你以为然否？

敬礼

熊复

3 月 12 日

秋水同志：

你好！

我刚访问匈牙利回国，所以没有及时给你写回信。

你提出要研究调查的问题，我没有什么意见。倒是引起我想到你到我家里向我提出的问题，即社会学研究的对象到底是什么的问题。我觉得，似乎可以考虑，把建立和调整社会主义制度下的"人际关系"，即以社会主义精神为核心的人和人、人和社会之间的社会主义社会关系，特别是在发展商品经济的条件下，怎样建立这种关系，怎样调整和发展这种关系，怎样对待和克服这方面的消极因素，怎样同腐蚀这种关系的封建主义余毒和资产阶级思想作斗争，都可以认为是社会学研究的范围和内容，而且在我看来还是主要的范围和内容。这个问题的重要性是不言自明的。由于新旧体制处于转换时期，由于商品经济本身都有其消极方面，由于我们的改革措施和法律体制不健全、不配套，由于党的思想政治工作的削弱，这方面存在的新情况新问题之多是大家都感觉到了的。因此，我认为，现在是社会学大有用武之地，大有出头之日，大有作为的时候。正如耀邦同志说的，马克思主义是在逆境下获得发展的。属于马克思体系的社会学（不是资产阶级思想体系的社会学）的发展也是这样的，这应当看做是一种规律性的现象。希望你拿出更大的勇气，坚定地走自己的道路。这些话，本来也是可以不说的，因为在你也是十分明白的。就写到这里。衷心祝好！

敬礼！

熊复

1986 年 6 月 8 日

辛秋水同志：

来信及调查报告收到，并转负责同志参阅。这类材料，希望你能经常有所调查，提供给领导了解，对改进工作是很有好处的。特向你致谢。

敬礼！

李之琏

3 月 25 日

（李之琏：时任中共中央纪律检查委员会秘书长）

秋水同志：

收到贺卡，谢谢！

有机会来京时，望能一晤。近年来您的研究工作有何新的进展？有机会望能赐教。从国家建设来说，许多问题急需结合实际作深入的探讨，作出新贡献。

祝全家春节快乐！

李之琏

2月4日9时

秋水同志：

您好！

我离休以来，很少写诗，写得好的更少。为了交流经验，更重要的是为了取得您的指教，我录拙作九首呈上。请阅后不客气地提出批评和修改的意见为盼。

祝您万事如意！

此致

敬礼

袁振

1991年夏

（袁振：曾任中共安徽省委副书记、省顾问委员会主任）

秋水同志：

您好！来信和照片均已收到，谢谢您的问候和关怀，您来京时我们对您招待不周，请谅。

您近来工作如何？身体如何？望多保重。

卢荣景主持省政府工作以来，提出很多好的措施，这太好了，愿安徽的工作能有更大的进步！

您的房子解决了吗？望告。北京物价太贵，安徽如何？再谈。

此致

敬礼

袁振、克南

3月10日

秋水同志：

您好！来信收到了，材料也看了。材料很不错，很有说服力。我赞成您对扶贫工作所提出的方针。"扶贫扶人，扶智扶文"确可称为上策。不知岳西近来在执行这个方针中有什么新的收获？我已将您寄来的材料转给项南同志了。他也认为不错，为了取得他的支持，您可直接同他联系。他的通信地址是万寿路甲15号后花园三楼202室，你看这样办好不好？

　　诺查丹玛斯的预言诗集《诸世记》未看到过，您信上说他的多数预言已被历史验证了，这真是怪事一件了。我真想看看这本书，请您费心复印给我吧。谢谢。

　　最近中央六中全会做出决议，要求全党加强和群众的联系。我认为如果真能落实的话，对我国的社会主义事业会有很大的好处。您说呢？

　　（克南向您问好！）

　　此致

敬礼

袁振
3 月 20 日

秋水同志：

　　您好！信和材料均已收到了。谢谢。宇宙间的事，人类迄今为止确实还是知之甚微。为了祝您在知识领域内能再爬上一新的阶梯，特书骥飞二字赠给您，请收下，为荷。

　　望常来信聊聊，来京时请到我家做客。

　　祝您身体健康！

敬礼

袁振
5 月 28 日

秋水同志：

　　您好！久违了，常在念中！

　　大作《从"主民"到"民主"》一文，已收阅。很好，看来农民并不是不要民主，而是阻力重重，我相信总有一天农民搞民主政治会像搞这包产到户一样主动地干起来。不会老等着上边恩赐。

　　现在政治上腐败问题有增无减，经济上农民因剪刀差无止境的扩大，种田积极性下降，荒田很多。国营企业任务很多人发不了工资。奈何奈何？望能来信谈谈，可否？

　　祝您工作顺利，身体健康！

敬礼

袁振
6 月 4 日

秋水同志：

　　元宵节好！

　　您的报告很好，我一口气把它看完了。很实际，很生动，很有说服力。您是在真搞社会主义，不是在搞形式主义。

最近小平同志在南方有几次重要讲话，特别强调要坚持党的基本路线一百年不变。谁变就打倒谁。强调改革开放的速度步子要大一点快一点，思想要再解放一点。他提出要反对形式主义，他说形式主义是搞和平演变的内容。他讲我们现在学习马（马列主义——注）是形式主义的学习、假学，等等。看来现在可能有人要想改变党的基本路线，反对改革开放，回到以阶级斗争为纲的老路上去。小平同志是在关键时刻讲的这些话，我认为非常重要，非常重要！您说不是嘛，如果改变了路线，中国这个社会主义阵地还能坚持下去吗？不知您的看法如何？望来信谈谈为荷。

我和克南身体还好，谢谢您的关心和问候。

此致

敬礼！

并祝健康快乐！

袁振
2月18日夜

秋水同志：

春节快乐！

寄上材料四种，请收阅为荷。

此致

敬礼

袁振
23日

临江仙

忆昔革命战争时，诸位俱是豪英。破敌杀贼历尽险，多少忠烈去，终使神州红。

胜利已逾四十冬，今又旧地相逢。欢聚当年厮杀处，为党修史书，虽老心俱雄。

秋水同志：

您好！大作已收阅，您真是一位提倡民主政治的执著者。目前，已取得了一些进展，可喜可贺了。您在题词上对我的赞美，过誉了。实在不敢当，我不过是在这个问题上给中央写过几次信，提了几点意见。

第一次写给小平同志看的，他那时认为讲"民主"就是"自由化"，我不得不把马克思讲巴黎公社的全文抄出来让他看一看，虽然没有得到赞同，可也没遭到打棍子的恶果。因为打的话，不就是打马克思吗？可能是想打不好打。

其次是转达了您的实验总结，据说还引起了重视。

我建议搞村民自治为避免流于形式，应当像当年搞土改时组织工作队，下村帮助村支部去干才行，却未被采纳。

关于将村政民主的精神逐步推开到乡以下各级政权的建议，结果却如石沉大海了。

看来中国民主政治的改革道路还是很长很长的，使我想起了当年屈原的诗"路漫漫其修远兮，吾将上下而求索"了！

对减轻农民负担，前年冬天、去年夏天，我给中央写信，建议"费改税"，中央现在已决定在安徽试点，可能我的信还多少起了点作用，如果试点中证明行不通，那我的建议就错了，您是很肯动脑筋的好同志，您是否赞成"费改税"呢？有暇时望回信谈谈为盼。

祝您工作顺利，身体健康！

敬礼！

袁振
4 月 12 日

秋水同志：

你好！莱阳一别，不觉数载，蒙您垂念。先前赠我《从腾云村的选举看中国乡村民主》、《魔毯不会飞——黄土地的深思》等文，拜读之下，深受启教。无以回报，迟迟未能复信。抱歉至极。

我这几年，因在政协经委，去年在农村做些调查，涉及日常具体问题极多，在深入探讨和理论分析上收获至少，实属憾事。因此希望您不因疏于音问而见弃，能给关注和思考的问题，便中相告。新作更盼见赐。

手头有一本杂志，其中有几篇文章，都是经济方面的，山西农村的一篇是省里各部门及地市作了若干基层调查的基础上写的。反映了一些当前人们关注的热点问题。私营经济若干资料一篇，也是对这方面材料的汇集，使人看出全貌。故随信寄上，供便中浏览。

我住址仍旧，唯邮编改为：100038。电话北京改为八位数，前面加 6 字，现为"6346××××"。

春去夏来，谨祝珍重。

为蒙见复，望顺告你现在的电话

谢华
1996 年 5 月 24 日
（谢华：曾任国务院农村发展研究中心副主任）

秋水同志：

我十一日到合肥，今日离开。仅停留一日，除昨晚外，中间多次电话联系，均无人接，谅你有事外出。托人打听，你在忙于参加接待新闻界一代表团，不知具体地点现在何处。只好不告而别，实属憾事。此行在皖很匆促，由此赴苏，下旬内返京，祝秋日康健。

谢华
9 月 13 日

秋水同志：

你的文章我已拜读，认为很好，有针对性。但与你有同感，"闹事"一词和"罢工、罢课、示威、游行"等均是敏感的词类，公开发表太显眼。可否改称？由于新形势下（计划经济向市场经济转变）出现一些新情况、新问题，在当前法制、法规不完善的情况下，群众性的上访较多，有的处理不及时，造成"游行、示威"。这样就可把"闹事"敏感词，改成"上访"或处理不及时，造成"游行、示威"，既缓和又可被大多数人所接受。供参考。

敬礼！

汪涉云

9月16日

（汪涉云：时任安徽省副省长）

辛教授：

您好！来信收阅。谢谢您对扶贫事业的一片热心和深情！

您的意思很对，现在的扶贫一定要扶持到户，我虽然不分管扶贫工作，但在一次会上也着重讲了这种意见（见附件，请您指教）。那次会上研究的事情是一种辅助性的办法，是请有关部门和单位在自己业务的范围内，向帮扶对象作一些倾斜，如水利、交通、教育、卫生、计划生育等部门就是这样做的，那么这些项目就不可能针对每个贫困户。而扶贫办掌握的资金，是主渠道，当前着重是到户的。

文化扶贫是有重要意义的，您在这方面倾注了许多心血和精力，诚为可敬。目前各地对这方面工作也在做，如科技扶贫，教育扶贫等等，但有的还不系统，力度还不够，有的也不甚自觉。扶贫是一项综合性的系统工程，各种措施综合起来方能取得较好的效益。祝您在这方面取得更大的成就。

至于召开座谈会，目前实在安排不开，全省人代会后我的工作将要变动。对于扶贫我绝对是一个热心的自愿者，我一定向您学习，有机会我们再一起商议探讨。

祝您新春快乐！

王明方

1月22日

（王明方：时任中共安徽省委副书记）

秋水同志：

你好。来信收到。忙于防汛，迟复为歉。惠书诚言字字，精神感人，坎坷不泯忠贞志，年长更坚公仆心。我准备九月下旬到合肥，届时向省委领导提出将您带职下放到凤阳工作一段时间的请求。清人郑板桥诗曰：

衙斋卧听萧萧竹，
疑是民间疾苦声。

些小吾曹州县吏，
一枝一叶总关情。

我等食禄衣着于人民，血肉相连。抱定不谋私利、为共产主义奋斗之宗旨，当置个人荣辱进退于不顾，虑民族振兴改革于心中，此其正道矣。志同道合，老少携手，纵身入激浪，千里竞自由。

您的上书我已早呈转耀邦同志。

近来忙否？请自保重。

握手。

翁永曦草于凤阳

1982 年 8 月 30 日

（翁永曦：曾任中共中央农村政策研究室副主任、中共凤阳县委第二书记）

秋水兄：

来函收到。敬悉荣获一等奖，可喜可贺！再加入党，可谓双喜临门。"欲穷千里目，更上一层楼"，祝你再接再厉，在新长征的道路上不断获得新成果。光阴催人，回首往事犹历历在目，而转瞬之间，已不知老之将至。仍能奋发前行，义无反顾，而不减当年者，能有几人？

春节期间看到《新闻启示录》的电视，写的是你们安徽科技大学改革的故事，振奋人心。这上面虽然没有你的镜头，但我肯定你不是那位记者式的人物。过去寄来的报导都拜读过。得到很多新知识。所感不足者是：报道大多是用素材的直观写成，分析还不够深入，缺点在于缺乏西方社会学研究的方法与理论。深感知识更新之必要，望老兄能在这个方面提高一步，肯定将会更上一层楼的。这是在祝贺之余的一点期望。

去年 10 月我去美国开了一个学术讨论会（中美关系 1931—1949 年），会后绕道欧洲，访问了英国、荷兰、比利时，推开时代的窗户去多看看这个世界，行旅匆匆，但也增长了不少见识。

北大一向是以老大闻名，改革只闻楼梯响，殊不令人满意。近年来我是一直为世界史的改革进行呐喊的。寄去"有关开创世界史研究新局面的几个问题"一文，此文在《历史研究》和《新华文摘》都全文发表过了。又有《北京晚报》记者的访问，聊博一粲！

去年拙文《扶桑国猜想与美洲的发现》获《历史研究》第一届优秀论文奖。此是可以告慰于老友者也。因是学术论著，就不再寄了。

有暇望时惠好音。

拜个晚年！

罗荣渠

1985 年 3 月 2 日

（罗荣渠：北京大学教授、著名理论家）

秋水兄：

久疏未讯，问起居安泰、工作顺利。一连收到几次调查报告，深入基层，反映来自底层的呼声，对我这样的"梁上君子"启发很大。今后望随时赐教；并望能研究调查工作进一步系统化，理论化，形成对当代社会的新剖析与新探索。我将于下月中旬再次赴美，应芝加哥大学历史系邀请去参加关于1931—1949年中、日、美关系学术讨论会。将在美逗留两月。颖如今年去日内瓦联合国担任中文译稿的校审工作，将于10月上旬返国。匆此复函，顺祝

秋安

罗荣渠

1984 年 9 月 23 日

秋水兄：

久不晤，不知又在何处扯山海经？对你的充沛精力感佩。

10 月初返乡一行，为家父母安葬，开纪念会，收集遗作。会开得很好。

寄上《事略》，诗两纸，这是我们时代的记录，留作纪念吧。

问冬安！

罗荣渠

1993 年 11 月 21 日

附：

返乡行

——半世纪之歌

四六年自昆明返成都学友聚会

望江楼畔踏歌行，

寸别经年曲调新。

书阁空谈匡对策，

生难展翅出夔门。

六零年自北京返成都拜见母亲同访草堂

十载狂飙骤雨频，

故园几度劫风尘。

少年盛气轻三别，

壮岁方解三别情。

八三年三返成都拜母亲八十大寿

难得通管蜀道行，

弟兄南北贺萱春。

高堂百劫身犹健，

一曲广陵散锦城。

八八年四返成都百花潭访友
汹涌洪波四十春，
悠悠潭水千尺情。
才浮东海探龙穴，
又上峨山祝晚晴。

九三年五返成都校友五十年重聚
世纪重逢两鬓灰，
江楼日夜盼帆归。
老来仍做少年梦，
聚首长歌惜余晖。

——1993 年夏罗荣渠书于北京大学上下求索书屋

悼相成
（调寄沁园春）
——为了不忘却的纪念

故里重游，江楼怅望，俊缕零飘，
忆成都结社，翩翩年少；
燕京闹学，阔论滔滔。
目疾苍夷，心忧斯世，
风雨同怀共笑遨，
惊回首，
痛春芳苦谢，秀卉先凋。

廿年鬼斧神韬，
虽汉武秦皇亦折腰，
看长城内外，千徒墨面；
大河上下，瞬息风骚。
逝者如斯，狂澜起落，
天荒人老又几遭？
追往事，
唱大江东去，
酒酹洪涛。

——罗荣渠 1983 年初稿 1993 年定稿

附：这是一位与你的命运曾相似的朋友，可惜未能度过浩劫。

秋水同志：

您好！寄来的大作和以前的原作（调查报告）都已拜读，深受教益。

对您这些年不辞辛劳、经常深入基层、深入实际的钻研精神，尤为钦敬。

我从您的大作中感受很深，一、您实现了社会学这门学科理论与实际密切联系的科学的特点，把一般社会学理论与中国农村社会实际结合起来，因此才能不断发现问题，提出问题。二、您改变了多年来学术界形成的一种从概念到概念，从书本到书本的旧习，从实际出发，从安徽省的实际出发，所作调查报告都能与中央精神相符，因此为领导部门考虑问题或决策提供了第一手资料作为依据。三、您有好几个调查得到中央及省委的重视，对改变党风、社会风气都起了重要作用。社会学界内外都有轻视调查报告、认为调查报告算不得理论的故弄玄虚之风，这实际上是僵化了的教条主义学风的流弊。近逢《实践是检验真理的唯一标准大讨论》十周年之际，我深刻感到理论必须与实践结合的重要性，政策方针的制定不能从书本，不能从外国"经验"出发。必须从中国实际出发，您在这方面做了大量的工作，值得称道。而发掘出的问题在社会政治效益方面，更是可贵的。这也应是评价学术水平的重要标志。

您通过十年在农村的实际感受，积累了大量资料和感性知识，以此为基础参与主编的农村社会学以及正在从事着的研究农村贫困问题，而拟撰著的贫困社会学无疑地会进一步提升到理论的高度，使实际与理论更好地结合显示出社会主义初级阶段的中国特色。这是社会学这个学科的治学之道，我想我们理论工作者也都应该这样，希望您能坚持这种学风，并帮助青年学者发展。

对于您近几年经常参与的社会学界的学术交流，您参与主办的黄山农村社会学讲习班都在全国同行中留下深刻的印象。这是对中国社会学重建的重要的贡献。作为重建工程中的一名建筑工我衷心感谢您的辛勤劳动。值此安徽省即将开始学术职称评定工作之际，您的辛勤劳动相信会得到学术界的重视，我建议有关评议专家们评您为研究员，这些意见，谨供专家参考，敬祝顺利。

健康！

王康

1988 年 5 月 8 日

（王康：曾任中国社会科学院社会学研究所副所长）

秋水：

您好！

武昌别后，匆匆的两月多了，华农深谈，更庆相知，而您对党对人民的肝胆正义，死而无畏惧的心怀，都令我敬重，也增我愧悔。我一生坎坷，无所成就，几经风雨，更失去您那敢于冲闯的精神。晚年希能做点力所能及的播种耕耘杂务，但仍难见谅于人。归来重读您去年十一月的来信，深为您的信任支持而感奋！

上周在沈阳，见会议名册中有您的名字，实在高兴。可惜您没到会，应该说，不仅失去重聚的机会，也是失去与全国同行欢聚的机会。这次会议可称盛会，尤为可贵的是会议提出"平等、团结、合作、交流、发展、提高"12 字作为会议精神，也算别具一格了。而"平等"开会"平等"开展学术研究，确具匠心，颇中时弊！

郭先生现已去成都、昆明、厦门、福州等地旅游，他因年前与有关部门有点误会，为不增加各地麻烦，采取旅游方式，近时据知有关领导人员已向他作了解释，如时间合适当可去各地短期讲学访问，他大约春节后始返京，如您处仍拟邀约，届时当可代为转达，如他有便当自函告，即可直接联系，故无需提及我了。

至于个人情况，正如前信所叙，为了还能与中青年同志团结合作做点工作，已确定春节后离开社科院，到何处去，近期明确后再写信给您。

希望安徽社会学所能顺利建成，按照您的路子走下去，社会是多样化的，研究方法也应多样化，无需强求一致，当然搞些必要的基础研究还是应该的。如有需效力之处，自当应命！

春节将至，匆匆敬祝

春节好，工作顺利！身体健康！

王康上

1988 年 11 月 28 日

附：　　　　　　　　　　　　《答友人》

生活本多彩，

何必云坎坷。

但求心无愧，

唯诚致清和。

老辛：

好久未通信息，突接大函，真是喜出望外，很为你又有二十多万字的成果高兴！一次出有困难，是否可在刊物上分期连载呢？这也是个办法。

凤阳的调查不知是否整理出来了，有可能的话，请将有关村、乡、县干部队伍的构成情况（年龄、干龄、是否是当地人，是否为当地土著氏族的后裔等）借我一读。我想抽个时间上合肥一趟，如果你有时间，很希望再度合作，血缘文化对农村社会发展的影响的课题一直在缠绕着我。没有你的帮助是不行的，请多多保重，年内我争取来一次。

紧握手！

沈志屏

10 月 20 日

（沈志屏：同济大学教授）

秋水兄：

未开言先请恕罪，大作惠赠多时，却未能及时复函，皆因身不由己，我总想定下心来好好看看阁下的力作然后写点儿想法给你，可是去年底忙于研究所的成立，今年春节刚过即应邀去三亚市公关协会充当常务顾问。这几天出差，从北京路过上海回家小住几天，又见到阁下的大作十分醒目地矗立在书架子上，赶紧想到非得写信了！

最近好吗？继续做你的学问，还是涉足讼诉或者去忙其他的了？至念。我在三亚待了那么几天，便觉得那边虽然经济活跃，但文化荒漠，很需要有社会学意义上的建构，以改善那边的投资软环境！什么时候有空来海南考察一番，倒是十分有意义的事。以后来信请寄我上海的家。紧握手

附：请告诉我你的确切地址及家电。

沈志屏

1994 年 4 月

老辛：

遵嘱将全部书稿寄上，请查收。区区邮费，不要报销。未能帮上忙，愧也！我只做了第一步工作，粗看了一遍。办班的事确实不易。希望阜阳亳州那边有些可能，但至今也没消息，你当初说得准极了。这些人都是说说的。聘书的事儿不急，待以后再说，最近在忙什么呢？想起一起外出的几天，至今还有些兴奋，请多多保重，以后明白还会有机会的。

我还忘了说，教研室主任当然是科技的。

沈志屏

4 月 25 日

秋水兄：

大函收悉，很为你作出的成就而高兴！

近年来我的精力主要还是在教学上，其他的时间尽写点歪靶子文章。这里寄上《企业公共关系是潜在的经济市场》，是我去年在上海宝钢冶金建设公司深入考察后的一点心得，你看看，如果觉得还有些价值的话，请推荐给《安徽省社联通讯》，谢谢。

血缘文化：一直梦萦魂牵，我想在六七月有空上你身边来一次，看看是否可以找个点？主要的还是想来看看你，86 年那一回，我们在市中心的立交桥上纵谈时事，至今还深深地留在记忆之中。

但愿近期能见到阁下。

紧握手！

沈志屏

5 月 14 日

老辛：

返沪后因事缠身，搞了整整一个星期，好歹写成《五色缤纷论阜阳》。文章采用政论式的夹议夹叙的手法写成，着意不在事情的表面而在剖析论证事情本身的价值，我甚

至认为政治家也应该像科学家、艺术家那样有他独特的处理模式，所以我提出了李瑞环模式，不知阁下以为然否？反正由你最后定夺。文中有一处数据，那什么黑的土：请查一下孙孔文的那本书补上，谢谢。您的论证文章未知写成否？社会学论稿，你说要我只改其中的一部分，看来不好办，不仅文气不一致，更严重的是连体例也会缺乏一贯性。所以我暂时未动。既然出版社催得紧，我看出版再说，待二版时再改不迟。仅供参考。

约我顾问什么的，我向领导做了汇报，他们表示支持。反正你看着办吧（顺便说一下，聘请书的夹心，上海也买不上，看来只好另买了）。返沪后，系领导找我谈话，要我担任人文管理教研室主任，即将发文任命。

关于办杂志的事，也约了几位同人作了初步论证，大家主张办一个。农村社会科学杂志，看来只能待写出充分的可行性报告后再与你联系了。阜阳方面至今没有消息。张春生那方面请劳驾再联系一下，希望在暑期能办几个班，把他们的需要告诉我。另外我还曾给邢铁华君一信，建议以阁下的研究会、邢的编辑部和我院三家名义办暑期社会文化方面的讲座。寄上书两本，内容很好。

附上我的同学写的一篇杂文。请抽空看看。行的话，是否可推荐发表，不行请寄回，不妨事的。再，我只收到你一封信，所以你说：前信刚寄，想起一件事特补告不知云何。再告。

沈志屏

3 月 31 日

阁下：

年前小狄转来大函，知道你安然无恙，十分宽慰，想到你组织发起的那个讨论会迟迟不得召开，心下颇为担忧，生恐阁下开罪了谁，有人掣肘，故不得行。希望春暖花开之时能见到你一叙别后。

关于农村的血缘文化，前函已跟阁下谈及，现在看来搞个课题调查组下去的可能更大些了。上学期我新选为九三"城建"支委。中央委托九三开发大西南，我以九三名义与阁下的农村社会学研究会合作，组成一支三至四人的调查组，调查地点以安徽山区、大西南边区为主，此事涉及经费、人力、时间，当从长计议。如能得到拨款，沉下去相当时间，也许可以写出一部像样的专著。中国的学者大多是书斋式的，像你那样的人甚少，我想有你这样能吃苦的老师在，何愁搞不出名堂？

还有许多的事想与阁下长谈，一时竟无所措言，只得再待促膝之时。

新春快乐！

即颂！

沈志屏

2 月 6 日于沪

老辛：

书稿并大函收悉，勿念。惟时间上恐不能如你所限，我现忙得紧，倘能抽出一段时间闭门谢客也许很快能赶出来。为今之计，希望有个金蝉脱壳的办法。上周我已将我系招收免试委托班的两份教学计划寄给了张春生同志，如果他们有兴趣邀我们办班、工程承包或科技咨询或为我院大学生开阔实习基地，有一事搞成，我就可以再上合肥，和你一起把稿子赶出来，现在我恐怕不能全力以赴——分心的事太多，最近光是《中国社会科学》、《国外社会学》、《国际社会科学杂志》、《未定稿》等就很费时间。诚如你所说这是个名声与信誉的问题。子曰：言而无文，行而不远！

小潘有了一个《供需信息报》自然很有价值。我这次回来曾参考了若干文献，认为：人文科学的技术性开发在国内尚属空白，倘是潘那个报搞成一个《文科应用技术报》既有市场也有一定的理论价值，把社会学、心理学、伦理学、哲学、文艺学、美学这些纯理性的学科量化当为世所瞩目，正是根据这设想，我拟定了一个办理草案《人文学科应用技术系列讲座》（另附）要是你认为可行，请将你那方面的人及具体内容列出打印成文寄来，我这里再加盖院方公章，即可对外招生，具体的事，我以为可邀请小潘参加搞，如果她有兴趣合作，咱们一如既往助她一臂之力。

我返校后汇报了阜阳之行，院系两级领导都很感兴趣，现在我分别将有关招生、办班的具体计划寄给了他们，倘能有一处落实好了。所以请与张春生同志再联系一次，希望他们能于近期答复，争取抽出一段时间专心改稿，可是现在实在不容我专心，包括外边来人邀请去开讲座，几乎天天有事。好了，希望咱们的这个系的讲座班能搞起来（具体办法你尽力以修改，比如收费的标准，不必再来信磋商，力争 5 月份能开始招生）。

祝好！

附：按我目前的时间进度，你的书稿估计要二个月时间方能完成（还只是文字改正）。如果影响出书奈何？是否立即全部寄回？这个时间行不行都请昭示！

沈志屏

8 月 10 日

老辛：

前一信谅已收悉，我的设想不知与你的计划是否一致？希望能对你的课题有所帮助。

为了能干些实事，我最近应邀参加了九三学社，前不久我与他们商量，准备开办一家文化沙龙。支持我的是创办上海淞沪计算机学校的姚福田副教授。他这所学校是上海交大、复旦、同济等校的计算机维修人才，校内有十名一级教授（国家学部委员），现已积累五十万元资金。他听了我的计划后很感兴趣，愿意在资金上加以支持，我很想把你介绍给他，你那边省里有关系，办个事儿阻力比上海方面要小些，但是缺钱。现在我考虑了一下，想以他的上海"淞沪计算机技术学校"（他们在上海已备案，有公章、账号，后台是上海九三学社、政协）和你们"农村社会学研究会"联合名义、举办一次试验性的沪皖新春文化沙龙信息发布周，或是"发布月"，内容是社会学、文学艺术、科技、教育五大类。先在合肥方面发布，然后再到上海来发布，目的是了解两地的信息，扩大影响。信息发布实际上是预测学、未来学的具体应用，参加讲课的人一半是你组织，一半是我负责，可以考虑适当收费，不足部分再设法解决，我已经拟定的几个讲题是：

1. 中国农村亚文化研究；
2. 离婚、重婚、逃婚的社会学思考；
3. 中国作家能否走向世界；
4. 热力学第二定律的社会学思考；
5. 今夏高考预测；
6. 出国热与社会思潮；
7. 法制文学兴起的社会背景；
8. 新时期文学的发展与未来；
9. 科学主义的利与弊。

当然，主要的讲题应该由你出。如果你定得可行，愿意和上海方面合作，请发一份公函给该技术学校（寄给我）。至于进一步落实，包括组织听众、主讲人、时间、地点、学术讨论、新闻报道等方面，届时我将代表上海方面帮你一起做。如果搞成功，也许会有些影响，也许可以在合肥搞一家文化沙龙。有不清楚的地方请来信告知，如果限于时间，你暂时不考虑的话，亦望通知我，以便与其他城市举办。你的胃病怎么样了，需要帮助，请来信，不要客气。

专此问安！

沈志屏
3 月 11 日

秋水吾兄：

两次来信并所有材料均已收悉，迟迟没有复信实在于无奈，因为眼下我正在主编一本《简明公共关系学》，六月份交稿，年底出版。自己写，还得审人家的稿，以致延误下来，请原谅。

看了你的信和文章并附件，实在为你高兴，在我看来你的工作至少有两个方面的价值：其一，学人商业化，许多社会学家都追求短期化的"轰动效应"，坐在上面忽发奇想，一门心思想领导研究新潮流，大多倾向于宏观的扯淡，而你以年届花甲之龄，沉入别人避之唯恐不及的穷乡僻壤，作微观方面的研究，从一个点上而窥探全局，这就是社会学家的功底和新理论的激发点。再者，这一阵学界侈谈"新权威主义"者甚多，认为中国老百姓缺乏民主意识，只能请出权威，实行专制，方能逐步过渡到民主社会，而你从最闭塞的小山村——腾云村的自由选举有力地证明了民主是一个追求的过程，而不是权威的给予。我本想在这两个方面尤其是后者写一大块文章，可是与出版社有约在前，实是挤不出时间来，我想尽可能在四月份完成。至于课倒是没了。顺利的话，五月初我或可上合肥与兄从长计议。我很有兴趣与你合作，写出点像样些的东西来，我现在正在开《公共关系学》课，同时又在编这种书，足以说明我正在从文学滑向社会学。这也许是与你交往受到影响的结果吧！

我院学报社会科学版已考虑由我主编，也许今年出二期，那篇《五色缤纷谈阜阳》

的调查报告如果没地方发，放到学报上去试试，看来一下子还难以决断。

自从岳西考察回来，我系颇想请你长期担任社会实践顾问，所以五月初我来合肥，请你以顾问名义发一信给我系（可写给副系主任戈雪兰，她分管学生社会实践工作）如此，来回的差旅费就有了着落。你的邀请信请马上寄去，以便及早准备，因为那时我可能去海南（我院在那边办学）。

先写到这儿。祝你健康！

附：你下岳西时《光明日报》记者曾有报道，那篇复印件给学生弄丢了，劳驾再寄我一份，以便考察。

沈志屏

3月29日

秋水同志：

今天已经16号了，想来你可能早已回到合肥了，最近我一直在等你。北京之行还顺利吗？书什么时候出来？念念。

关于你看病的事，张镜人医师那里没有给予答复，要找一个名人总是很困难的。我另外托了人，他说上海杨浦区中心医院他可以给你介绍较好的医生。杨浦区就是我现在所待的区，那家医院在上海属区级，如果你考虑的话，可来信告知，以便进一步落实。

你寄来的那篇三千字的杂文，写得比较散，所以也拉得比较长。文章的主旨是说"好人也挨骂"至于"坏人也挨骂"是衬托，可是这衬托的部分也占了近二分之一的篇幅，杂文的浓度、意韵就不那么足了。再者谈"好人也挨骂"，事例与分析都很平，难以激起别人的共鸣。以我看不妨索性写成"说骂"、"中国的骂"、"骂的种种"分析我们民族爱骂的原因、沿革、利弊以至与今日之改革的关系，倒也还是有点意思，不知你以为如何？姑妄言之，恕罪。

你在上次信中谈及要搞"中国当代社会问题"的大型调查，不知可已有了书面的初步计划？根据我现在的情况，下学期（八八年初开始）我可能脱产（高校提供给教师的科研假），如果计划落实，可以我们人文教研室的名义与你的研究会通过官方途经联合搞（主要是为了申请经费），请考虑。再我系副系主任陈盛源副教授本学期无课，如果张春生那里需要工程技术方面的咨询服务，或商谈委托办班事，他可以亲自前来合肥洽谈，必要的话，我还可以陪同前来，关键是要有能合作的项目。好了，以上几个问题请于便中告知。

祈安！

沈志屏

9月16日

老辛：

前一信未知收到否？其中捎上了对你的专访，不妥之处请不吝赐教，以便改进报道的质量。

这学期我们学校十分重视学生的社会实践，我与院里有关同志谈及想以你那里作为基地之一，在你们学会的指导下，为像岳西那样的贫困地区的乡镇企业出谋划策，可以办班也可以深入那些缺少技术力量的企业承包工程，进行管理咨询等。同时也可充当你们学会的实地调查人、报告员秘书等，如果以上设想你认为可行的话，我打算与院学生处有关同志上合肥来磋商具体办法，时间大致定在三月中旬，另外关于写你的报告文学《高擎蜡烛的手被烧》已经列入我今年上半年的写作计划，我已经开了五个头，对于如何写已经有了一个框架，但是其中有许多细节尚需与你本人讨论，所以不论第一桩事办不办得成，为了写好这个报告也得走访一下。《追求》我已细细拜读，我妻也看了，对你充满了敬意。所以不管写得如何，写是肯定的。接信后请于近期内给我个回音，以便安排日程，因为三月份我另外要有几个外出的任务。

　　即颂

　　撰安！

沈志屏
3 月 19 日

老辛：

　　接报社新闻部赵彬同志信（随信附上），关于你的两篇"专访"均已采用。原来咱俩商定的那个"信箱"——暂定名为"农村现代化问答之窗"也将于近期与读者见面（一旦报纸寄来即行奉上，勿念）。关于农村的事你是权威，理应由你主持，有一个固定的专栏无疑可以进行广泛的宣传，这是一个很好的阵地，再说你有省农村社会学研究会做后盾，又能经常深入农村，你来搞驾轻就熟，而我搞的是文学，只能在文学上帮助你，做您的助理编辑，信箱的首期问答就是你作答：关于（岳西）开发农村不忘扶贫。编辑部希望作系列报道，或者叫跟踪报道。希望接信后能设计关于扶贫方面的专题，最好能再出二三个，每次以千字为宜报道。你如果觉得必要的话，我可以于近期来合肥磋商关于办好这个信箱的采编之事，另外还可谈谈到阜阳办班问题，你寄到北京的那封信最近才转到我手中，勿念。

沈志屏
2 月 6 日

老辛：

　　先后两次来信并有关材料均已收悉，勿念。这里寄上 87 年 1 月 16 日《中国农村经营报》头版关于你的专访的复印件，如果你要原报纸的话，我可以请报社直接寄给你。这个专访里面的话，是根据你的文章"剪辑"而成，为了行文上的方便，我也加了几个小节，比如中国农村社会三权五层的压制关系的内容之类，如果因此给你造成什么不良影响的话，请出示此信为凭，文责自负，你这两次的材料，内容很真实，等我跟报社取得联系后再行奉告。估计他们会感兴趣的。

　　关于到阜阳办班的事，我们院里很有兴趣，最好请来信告诉我他们最需要办什么内容、什么形式的班。再如果发给结业证书，院方收的学费可能较高，不要结业证书则稍许便宜些，等你的明确回答后，我将代表院方上安徽来具体磋商。

即颂

沈志屏

2 月 17 日

辛老师：

前次在上海时因为上课时间冲突，未及去车站送行，特致歉意。你的几次讲课均取得很大成功，我希望还有机会交流，这是一种传播新思想的好办法，我虽然没有你的思想深度，作为一个教师，我一直在充当有声读物的角色，这是一种责任，所以你要是有兴趣，咱们可以搞一个系列讲座。今年在北京、上海搞的文化战略研讨会反响很大，在上海大丰剧场（有六百多位），是何新、李泽厚十来位中青年学者作这方面报告，观众有几千人次，一个报告所起的作用并不比一篇文章逊色。我们认为包括你的《追求》在内，可以搞一个对传统的反思的系列讲习班，我撰写并讲《理性的思考》连续讲好几次，发言很踊跃，所以我们认为以农村社会学研究会与我们系的名义联合搞一次——如果把报告会放到一个小县城去，更会有效果，当然这只是我的设想。

沈志屏

11 月 19 日

附：《英国学术会议过眼记》

我在英国沃里克大学进修工业关系专业，半年间多次参加英国和国际的学术会议以及社会科学领域若干学科的研讨活动，就会议的筹备、组织和效率等颇感可资借鉴，故录一二：

内容集中，议程紧凑，确定主题后，与会者有充分时间准备，会议无领导致词、单位捧场，开幕式尽量紧缩，日夜均安排议程，日程表以半小时为单位。会议无总结，评价自在与会者心中。

控制人员，发言紧凑。各单位通常出席一人，无旁听者、闲散人员；主办单位可有少数人员列席，但亦须参与质疑、提问。发言时间以半小时为限，在警告后三分钟停止发言；发言后有 15—20 分钟的质疑、答辩。发言者仅允许说主要观点和基本思路。

会务精简，活动紧凑。两天以上会议（超过 50 人）仅组织者和秘书各一，分组讨论的主持者亦由与会者轮流担任，日常事务（如领资料、胸标）一次结束（与会先到者协助办理），其余均各人自负，集中精力于学术活动。

大众传播媒介人员，参与研讨。记者亦以与会者身份参加讨论，利用空隙采访，不做旁观者，使报道避免虚浮，且也提高学术水平。（严诚忠供稿）

秋水同志：

50 份打印件谅已收悉。如果正式的会议通知书已经制定请径直寄来，抑或是我本人均可，谢谢。

会议的筹备工作准备得还顺利吗？估计在现而今的气候下要出理论上创新的论文、或是独具慧眼的调查报告也许很困难。我正在写《角色距离——中国传统文化模式下的农民角色扮演》，试着从传统文化的总体背景之下，运用帕森斯所创立的"结构功能学派"的系统分析法对农民角色的"到位"与"错传"作一番形而上的考察。由于对社会学全然陌生，一边大量啃书，有时简直是生吞活剥，一边细心探索，生怕与自由化理论沾边。写得十分艰难。好歹有你把舵，到时一准由你裁定。倘不是为了写好这篇凑热闹的文章，9 月份我倒是无课，本可以帮你做点琐碎的事情。我力争近两周内赶写好。要是你需要有人做点杂务工作，我可以稍稍提前些来。好了！

余言面叙，多多保重！

沈志屏

9 月 5 日晨

老辛：

知道下个月可以召开那个盼望已久的研讨会，十分为你高兴。我将力争前来，与其说是为了学术，还不如说我很想见见你，分手一年半了真是有许多事可以说可以讨论的。自然，最重要的是出书和血缘文化的调查两件事；出书只要有基本的销路（10 万字要能销 4000 至 5000 本；20 万字，要能销 3000 至 4000 本），我这里的"出版商"都有兴趣。"血缘文化"的调查看来得以你为主，然后双方联合申请科研基金，我想，你是否可以先搞一份申请表，你先填你的那些情况，然后寄来上海，我再填另一半。如果能申请到国家级和科研项目，经费也许容易解决。顺便说一下，在你收到的论文中，如有这一类的文章，又有打印稿的话，可否先寄几份给我看看，对出书的具体方式和申请调研基金也许都会有些启发。

你的大作能有复印件寄来，我一定认真拜读，至少对我会是有帮助的。

这学期我在给管理系毕业班上"公关学"七周，至 3 月底全部结束，要是你的会能顺延到 4 月初召开，那我就可不去请别人代课了，不过，即便 3 月份召开，我想也能出得来，事在人为。

再见！

沈志屏

2 月 21 日

辛秋水先生：

我已开始在山西学习你的模式来扶贫。

茅于轼

2001 年 12 月 30 日

（茅于轼：著名经济学家）

注：著名经济学家茅于轼教授在北京《中国 NGO 扶贫国际会议》上看到辛秋水教授的论文《扶贫扶人、扶智扶文——安徽文化扶贫 13 年的经验性研究》和《文化扶贫与村民自治》双月刊。茅于轼教授十分赞同辛秋水文化扶贫的思路、方法和措施。也很赞赏这份刊物的基本方向和内容。散会后随即寄来钱款，为他在山西省扶贫的几个乡镇订阅《文化扶贫与村民自治》。

秋水同志：

4 月 18 日来信及几份扶贫材料，最近才收到。过去你也不断给我寄来很有启发的材料。你矢志扶贫的高尚情操，实在令人敬佩。

由于我去年发作了一次心衰，加上年龄大了，不宜过于劳累，我已辞去基金会的职务。现在的基金会由杨汝岱任会长，王郁昭任常务副会长（法人代表），王过去长期在安徽工作，可能你熟悉。我已将你的来信及附寄材料转给他处，请与他多加联系。

你的年岁也不小了，望多加保重。

顺祝

夏祺

项南

1997 年 8 月 13 日

（项南：曾任中共福建省委书记，中央顾问委员会委员，中国扶贫基金会会长）

秋水学长：

欣悉你入选"情系'三农'20 人"，特别高兴。功夫不负有心人。长期以来，你沉到底，蹲得住，为我们同行做出榜样。在你们 20 人中，我熟悉好几位。他们同你一样，都值得我学习。农！是我们安身立命之本，是所有人的"家庭出身"。孙中山家在翠亨村，是农村，我去过；毛泽东家在韶山冲，是农村，我去过。不管谁，不管他官位多大，不管他资本多少，都是来自农村。他不是，他爹是；他爹不是，他的爹的爹是。可是不知为什么有些人总是忘了农村，忘了也罢，更有甚者是鄙视农村，坑害农村。忘农即忘本。鄙农即鄙己，害农即害己。这是没什么可以讨价还价的。农，通常说三农，依我看在今天应为"四农"，这就是：农书。三农出农书，三农离不开农书。你就是农书的撰写人。农中以"农政"为重者。你的工作就是在写农政全书。用笔写，用汗写，用笔蘸着汗水写。毛主席讲："一个人做一件好事并不难，难的是一辈子做好事。"讲得在理。可是理在一方。另一方是：一个人一辈子能做一件大好事就不错了，一辈子做很多大好事，几乎是不可能的。他老人家不是说他一生做了两件事：一件是把老蒋赶到岛上去了；再一件是"文化大革命"。现在看，"文化大革命"错了。那就是说，他就做了一件大好事。其他好事当然也有，大好事只一件。百件小好事抵不上一件大好事。吾兄矢志不移，百折不挠抓村民自治，是大好事。在有一期刊物上看到你和白钢等人的文章，都是农书中之光辉一页。不写了！盼吾兄不断赐教！

附上相关的一篇短文，算是向你汇报，说明小弟不忘农民。请拨冗一阅。

祝晚霞映满天！

邓伟志

2003 年 5 月 24 日于上海

（邓伟志：上海大学教授，全国政协常委，中国民主促进会副主席）

秋水同志：

　　来函收悉，所托撰写农村社会学一书中有关章节事，我几经考虑，感到一是缺少这方面知识，再则是时间十分紧张，实在无力承接。与此同时，也找了些社会学界的朋友，今日接到回话，没有人能承接此事。为不致耽误整书的出版，故写信告知。请代向编写书的同志们致意并表示歉意。

　　原农村发展研究组，在今年初经国务院批准建立了发展研究所，隶属于农研室和农研中心。我目前兼任这个所代理所长。您对我国农村发展与改革的问题既熟悉又有热情。希望今后我们互通信息，为摸索出一条中国农村的发展道路共同努力。我在中心仍然兼职，通信地址不变。

　　专此奉达

　　祝好！

王岐山

7 月 15 日

（王岐山：时任国务院农村发展研究中心发展研究所所长）

秋水：

　　我来看你，不巧你不在，殊深遗憾。

　　《现代人丛书》编委会包括全国各方面知名的专家、学者、教授以及工、青、妇中央的书记和各有关方面的负责人，我把你也列入名单，这个名单是要发表的。它将印在丛书的每本书上。

　　我星期天晚上离合肥返京，希望行前能一晤。

　　我仍住在稻香楼东三楼 101 号（还是上次的老地方，老房间）。

　　明天（星期六）下午没有空，因王省长要来谈问题。晚上可以同你谈。

　　紧握手

　　嫂夫人很热情，非留我吃了一顿很好吃的晚餐不可，比宾馆做的味道好。

田森

1986 年 6 月 20 日

（田森：《现代人》丛书编委会主任、当代中国研究中心主任）

秋水同志：

　　这次我路过嘉山，县委同志要我代向你转告，应多回故乡，为他们多出一些点子，作出更大贡献，等等。

特代转告，致以

敬礼

胡坦亲笔

1986 年 4 月 29 日

（胡坦：曾任安徽省人民政府副省长）

辛秋水同志：

我的那篇发言加标题在《安徽日报》和《人民民主报》都登了，《安徽日报》删去了"星星之火可以燎原"的话，其他未动，《人民民主报》则一字未删，送上一份作为纪念。

有一个世界名人录提意见，要我介绍一些人，我介绍了五六个：钱念荪、徐则浩、辛秋水、翁飞、越营波，我认为可以。都有突出成就，且各具特色。

此致

敬礼

欧远方

7 月 5 日

（欧远方：原安徽省社科院院长、研究员）

秋水同志：

你好！由于上月上海天气忽冷忽热，又逢黄梅季节，所以 7 月初去市科协时，才看到您寄来的《战略研究通讯》，直到今天才复信，请谅。

知您自 1986 年以来，致力于贫困山区文化扶贫的调查研究工作，去年中央电视台的"经济半小时"曾以"省委书记与社会科学家谈文化扶贫"作了专题介绍。您十多年来的辛勤，对如何建设社会主义新农村作出重要贡献。正如陆子修文中所讲：开始时许多人对您办的这件事是不理解的。在当前还有不少领导，只注意眼前经济利益，而忽视了长远的战略利益。一讲扶贫，就是要钱要物。而您提出"扶贫先扶人，扶人先扶智"，身体力行，深入农村进行实践。选择了一个经济落后的岳西县莲云乡，推行了文化扶贫和村民自治，贯彻了《村委会组织法》，实行了群众选举和监督干部。这不仅能调动群众的积极性，而且对于克服干部官僚主义，转变社会风气也有帮助。祝贺您的成功。不仅要在省内农村广泛推广，而且还希望能把你的创举推广到全国。

前年应同乡胡宗和的邀请，我们同去浙江桐乡市参加那里的智力开发会议。他们请你做顾问。不知他们工作情况如何？上海老同志对安徽的经济发展非常关心，成立了《上海安徽经济促进会》，也为安徽做了一些事，如"希望工程"就办了十几所小学。"促进会"今年 5 月曾召开年会，安徽省副省长杨多良参加，介绍了安徽经济情况。道涵出席会议并讲话，他说：我们应多办实事，关心群众疾苦，共同研究水利建设问题。我们离休干部普遍怀着对家乡的关怀。但是本身既无权，也无钱，只能是量力而行，做点牵线搭桥的工作。希望能多加联系。

祝您工作顺利

附：《上海科技报》5 月 14 日载访滁州市委书记张春生同志的报道，请研究。

汪琪

1996 年 7 月 13 日

（汪琪：沪皖经济技术文化促进会副会长）

秋水学兄：

寄来的大作收到，前不久，从《光明日报》上看到登载老兄蹲入基层的消息，使人敬慕不已。的确，您的精神，才是真正的建设中国农村社会学最必要最切实的精神，值得我们好好地学习。由于办专业，且兼有其他教学任务和一些社会工作，使我总不得超脱。虽然我们已在进行《湖北省受困地区贫困和对策的社会学分析》课题，但我仍未能分身深入下去，其他同志已带领学生到大别山区、黄山，参加麻城两路调查去了，今后还望您能在这方面多多指点。

5 月 3 日—12 日我曾在贵省农学院参加农业部"教材指导委员会公共课学科组"会议，在会上制定七五、八五期间教材建设规划，由于安农领导同志热情周到的安排使会议进展得很顺利。估量您不在合肥，且我会务繁忙，匆匆离去，也未能谋面，还希望今后有机会我们聚在一起面聆宏论。

时绥

李守经

1988 年 5 月 18 日于湖北孝感市

（李守经：华中农业大学社会学系主任、教授）

秋水同志：

大札和寄赠冯兰的书均已收到。时间过得真快，巢湖会议不觉已过去 20 多天了，我前些时在北京开了农业部的教材指导委员会，并顺便参加了农村股份合作制研讨会于 17 号才回来，赴京整整待了 10 天。冯兰同志带学生下乡实习去了。回忆在巢湖会议期间，与您朝夕相处，倾心畅谈，对您的为人，都有了更深的了解，令我钦敬。那几天过得特别愉快，由您安排驱车返合肥时一路上高歌，好像使我们都年轻了许多。

我在北京开会期间，陆学艺、张厚义同志至北农大来，与我和王立诚同志共同商量了筹组全国农村社会学研究会的事（属社会学会的二级学会）。当时我主张请您来参加这个筹备班子并请张厚义同志将商量的结果函告您的，想他已经与您通信了，大家仰慕您在农村社会学方面的造诣和贡献，幸勿推却。这个研究会准备挂在中国社会科学所，由厚义兼任秘书长，农业部政策法规司郭书田同志和陆学艺同志牵头，王立诚同志是老作家王统照的儿子，现年 65 岁，原在党中央农村工作部任职，后担任过北京廊坊中央农村管理干部学院副院长，因病离休，他为人好。我还介绍了西北农大邹德季教授（对农村社会学很感兴趣，也有过一些著述）参加筹备。

　　我打算下周到乡村去调查，并顺便指导毕业学生实习，大约要在 6 月上旬返回，然后就要花时间来完成课题了。暑假期间武汉很热，也难于走动了。

　　多年以来，虽少见面，但经常向您请教，往后但愿能有机会，多多相聚。去香港的事，不知何时成行？望您多多保重。

　　谨颂
大安

李守经上

1992 年 5 月 20 日

秋水同志：

　　您好！接到大札和复印件，一个感觉是难得故人在节日期间记得我们，写来了洋溢着热情的信，使我们倍感亲切，从而也激起了对您的怀念。另一个感觉是要祝贺您多年的社会实验得以由省委明令实施，这是对您的辛勤工作的最好回报，也是对一个农村社会学工作者的最好的肯定和评价。我们对您的工作态度和工作方法非常钦佩。

　　暑假以来，我们一是加强论证争取能把农村社会学这个专业上升为本科，以期办得更好。过去几年，由于"左"的影响，人们担心社会学是个很敏感的学科，其实说穿了是担心社会学是自由化之源，而拼命控制这门专业的布点，现在虽然加大了改革开放的步伐，然而真正实施起来还得看看。二是开展调查和做"组织"课题。三是负担教学任务。在学校里，改革起来就要加大教师的工作量，在教育体制的总合改革上，远不如研究机关那样自由啊！

　　的确如您所说老来觉得时间过得特别快，这可能是由于生活的内容更丰富了，而单位时间里的容量更大，感到紧张，由于老来事业心更强，更想珍惜时间多干点事，也由于日头偏西了，在到站以前赶赶路吧！值得您引为自慰的是您的工作已经取得了可观的社会效益了，而我们的工作成效不显，常感愧疚。您说我红光满面，好像身体不错。但"主机"心脏有了问题，眼疾也越来越严重，已经感到很力不从心了。在您面前我算是老弟，可我觉得您的精神，比我充沛得多，望您善自珍重，健康长寿。

　　谨候
大安

李守经上

1992 年 9 月 18 日

秋水同志：

　　接您的信多么想能聚在一起畅谈心事啊！

　　您来信所说到的市场经济变形走样的情况，我很有同感。我看问题的症结在于最近朱镕基所说的"权力经商"，假借体制改革，精简机构，人员借分流之名，去大办公司，甚至办集团公司，把原来属下的企业又变着法统了起来，这些人凭过去的权力凭老

"首长"老"领导"撑腰，要物资有物资，要贷款有贷款，左右逢源，有的将钱转到国外变成假外资再进来，取得优惠，转变产权；有的不顾血本，大搞房地产经营，贱价脱手，拱手让给别人去炒卖……官商官倒更加合法化了。国有企业的亏损面有 2/3，面对"入关"的严峻挑战，如果市场经营体制动真格的，真要转换企业运行机制，企业在竞争条件下优胜劣汰，又有不少人会失业，在社会体系不健全的情况下，会引起多大的社会震荡？农业、农村、农民问题又突出了起来，大家着手做生意热衷下海，农业这个基础的地位和作用，又在人的脑子里淡漠了，农村社会秩序比以往更差一些了。一切改革措施的出台都想在增加广大群众的负担上打主意。群众对改革的积极性无人能调动起来。这许多问题都是人们所担心的。

　　您春节过得一定愉快吧！冯兰家中住处安了电话，我们当教授的，现在才在议论安电话的事，还要从科研资金中或自己掏腰包出钱，年前职称评定已搞过，冯兰升副教授我估计问题不大。

　　近半年多来，交通十分紧张，主要是农民进城，据报载，有关部门预计，农村的剩余劳力 1.3 亿，每年有 5000 万人向城镇流动，这是多大个数字呀！在这期间，武汉、广州等火车站别说卖不出票，卖黑市票，即使买到票也不一定挤得上车，车站工作人员用杆子敲打人群，赶人，实在上不了车，把铁门一关，买了票的也走不了了。交通紧张到如此地步，年纪大点的简直视为畏途。且至四月份看吧！如果当时情况还好，深圳的会是要争取参加的，届时希望能与您聚首向您聆教。

　　谨候
春安

守经上
93 年 2 月 8 日

秋水兄：

　　接读大札，谢谢您对我的关心。我因自己不小心，骑车摔伤，并非车技不佳，实属偶然失误，恐怕与年纪大了反应迟钝应事能力不强有关。好在未曾伤筋动骨，也未跌成脑震荡，否则后果不堪设想。事后不久，我即出差到上海，连来带去在外混了 10 天时间，可见，伤势并不太重。请兄勿以为念。

　　深圳的会议我未能参加，据说这次会议仅邀请了 7 位常务理事，其他的理事均未参加。南开、南京、人大、复旦、武大、上海、山东等大学的社会学系的都没有人参加，广东参加的企业或社会工作单位的人较多，企业捐助的钱听说不少，学界的人可能有些反映。张厚义那里也没有写信给我，去年底我在宜昌开会虽和陆学艺同志在一起，问及农村社会学会开会的事，陆说没有找到钱，开会有些困难。目前，经费的筹措是一大问题，各种学会的活动呈萎缩状态，这大概也是市场经济体制确定以后对学术界，特别是社会科学界带来的一种景象吧！

　　国内经济形势不很好，通货膨胀已近 16%，早已有人预测年底经济可能走向低界。农村形势也堪虑，农民积极性大大受挫、怨气颇大；党内腐败，社会秩序恶化之势，我辈对此虽然甚为忧虑，但也无济于事。

人过六十，自觉身体状况大不如前，精力不济，工作效率也很低，还是要善于自我调节才好。

回顾去年此时在巢湖一起开会，得以叙畅友情和学问，颇得兄开导，至今历历在目。时间过得很快，匆匆不觉一年过去了，如今又是暮春时节，仍留恋当时在一起情景，回来的路上，我们竟引吭高歌，以感襟怀，实属人生乐事。愿有机会再与兄聚晤，得以倾谈，望彼此多加珍重。

　　谨候
大安

李守经

1993 年 5 月 5 日

秋水兄：

　　我们不过是较早地建立了一个农村社会学专业，根本谈不上在农村社会学界有什么影响。我这些年真诚地认为我对社会学的理论、方法等远没有登堂入室，我不过做了点"搭台"的工作，下面的戏该由中青年去唱，我非常敬慕您的不断躬亲深入农村，挂职进行社会调查和实验，扎扎实实地做出了很多成绩。我经常在年青教师和我的学生们中宣传您的事迹，希望他们学习您的榜样。我自从大病后，身体大不如前，现在正在逐步地将工作交给青年人，让他们把专业办下去，自己好早一点脱开身来，自由自在地过些年，把老本钱保住。在做学问方面，或许今后如果身体好，能够就自己感兴趣的问题写点东西，谈点浅见，我从不敢想现在来系统议论费老的学术思想并能在以后弘扬他的思想。因为我与兄相交甚久，相知甚深，所以才不保留地陈上肺腑之言，望兄体谅，并婉转告知王教授。我十分感谢他对我的抬爱并且十分敬佩他花了很大的工夫写出的大作。

　　关于聘请兼职教授一事，过去我们请求校长同意聘请了您、凤笑天、水延凯等教授作为兼职教授。您知道，我们学校在这件事的操作上程序还相当繁琐，要经过学术委员会讨论通过。当时，拖了很长时间才算有了个结果。从现在的情况看，恐怕不宜于再在近期又向校领导要求聘请更多的兼职教授了。我实在有为难之处，亦望兄替我婉言转陈于王教授之前。

　　我还是极其殷切地期望您能来汉一聚，这不仅是得以慰渴想之私，借以有畅叙友情的机会，特别是我们已经将请您来讲学的事告知了学员，您的到来，您的感人学术经历和生动的讲演对我们办好这次研讨会具有举足轻重的影响。我希望您将文化扶贫的会推迟举行，或者在这里少逗留几天，不一定要自始至终参加这次研讨会。这次会虽然到的人不会很多，但对于农业高等院校今后发展农村社会学专业和课程应该说有较大的影响。务望您前来，您的旅差和食宿等费用，不用操心。我们正引颈企望您的到来。

　　谨候

弟　李守经上

96 年 10 月 11 日晚

辛秋水同志：

　　你好！来信和我们一起与王国藩的合影收到。这张照片是我们去遵化开会最大的收获之一，我们如果不去专访或者访后没有个合影，那会使我们非常遗憾，你带去机子留下这个镜头我非常高兴，正如你在王国藩的家里所说，我们和中国农民一样从内心里没有忘记这位带头走合作化道路的鼻祖。

　　北京回来以后，我又于12月10日去了桂林、南宁、舒城，在那儿参加了全国的"三力"（基层党组织战斗力、吸引力、凝聚力）研讨会，是《人民日报》、《求是》杂志、《半月谈》、《党校论坛》、歙县地委组织部、党建文汇等8个单位联合召开的。会后，接着由广西直接去北京参加了全国第六次试验区工作会议，安徽农委的老吴还有阜阳的地委书记（王）28日由京返杭。因为在北京开会住在友谊宾馆，所以去田森家看到他的夫人小李，田教授两次到宾馆，我们谈了许多许多。老辛，这次在河北、北京与你同吃同住、同开会，真的结识了您这位朋友，我很高兴，欢迎你来做客。

李云河

1989年12月21日

　　（李云河：中国农村改革的著名理论家、实践家。1956年浙江省永嘉县推行包产到户的主要负责人，时任县委副书记。1957年被错划为右派，沉冤22年。平反后，一直为农村改革事业奔走呼号，著书立说。逝世前任中共浙江省委政研室副主任。）

辛秋水同志：

　　来信和通知均收到，盼望半年之久的安徽"农村发展研讨会"决定召开了。但是非常遗憾，我不能前来参加（一来考察干部，二来开水产工作会），我是很想来安徽拜访老同志和知心朋友的，也很想就"如何正确看待我国的农民"谈点看法向各位请教。我认为咱毛主席对农民可以说是非常重视："依靠贫农、团结中农……""打击贫农就是打击革命"，毛主席考察湖南运动之后，提出了正确的战略方针，其功绩是不言而喻的。但他在建设时期是理论上重视农民，而实践上却排斥农户，长期视农户为"小农经济"，而"小农经济"则时时刻刻地大量地产生资本主义。因此坚持"以阶级斗争为纲"，对农户的经济行为，不是打击就是斗争，年年月月割资本主义尾巴。对农户行捆绑政策。"户"成为中国的最大禁区，人人望户生畏，谈户变色。凡靠近或误入禁区者不论是曾希圣、邓子恢，还是毛主席的秘书田家英，都和毛主席在政治上发生分裂。在浙江和广西因为在50年代末搞包产到户被划为右派的省委书记有三人，被批斗的农民有20万。"理论上重视农民，操作上打击农民"，最后的结果是棍子打在"户"的头上，痛苦落在农民的身上。因为实践上排斥农户，给全国8亿农民留下深刻的伤痕。对农户的打击政策和国外鼓噪一时的"家庭崩溃论"是一脉相通的。党的十一届三中全会以后，中国农村以恢复家庭经营职能为目的的大包干责任制，像火山爆发一样覆盖全国，取得了举世瞩目的成效。"农户"是"农民"这个概念的载体，"农户"是农业生产的天然主体。"农户"是社会的细胞，国家的基础，它不仅是消费单位而且是最基础的生产单位，同时又是农业"生产力"的唯一单位（生产人）。不从政策上、理论上、法律上肯定农户的地位，社会的稳定、政治的稳定、经济的稳定、人心的稳定都将没有保证。"到了户就稳住，不到户稳不住"，这是凤阳的呼声，也是农村的名言。我建议讨论正确对待农民问题，千万不要忽略了"正确对待农户"这个最有实际意义的问题。为了"稳定"这个压倒一切高于一切的目标，中央已三令五申地强调，坚持家庭联产承包责任制不变。家庭经营是农村的主体政策，所谓长期不变，究竟"长"到哪时呢？我认为家庭经营绝不是权宜之计，这是我们党在新时期对待农民的核心问题，其长期性完全可以和社会主义建设的长期性、国家寿命的长期性、人类生育单位的长期性和人类永恒爱的长期性相提并论。细胞和生物寿命是连在一起的，只要生物存在，细胞就应该充满活力。老辛同志，我的拙作——《中国农村户学》凝聚着中国农民的血汗和泪水，当然它更多凝聚着温州农民和温州干部的血和泪。这本集子是我三十年来在农村苦苦追求的一个结果。在"户学"这本书里我是高呼"家庭经营万岁"的，是否对头，请你和安徽的同志们批评。你们更有发言权，因为安徽是"大包干"的发源地。抛砖引玉，请帮我也抛些"砖"，多引些"玉"，拜托你了。

　　致以

敬礼

李云河

1990 年 4 月 22 日

辛老：

　　书稿已经寄出，想您很快收到。

　　今天收到您的来信和大作，很高兴。大作拟在《通讯》上刊用。村民自治是第三次农村包围城市，对此，我有同样的看法，而且这次包围城市的意义比前两次意义更为深远。去年在农业部举办的纪念农村改革 20 周年的讨论会上，我曾讲了这个观点。我们在有生之年能够做一点这一方面的事，也可以自慰。今年我有以下几点打算，不知能否实现。一是待您所编著的这套丛书出版以后，选择几个县（有这方面的需求）为他们举办几期以村党支部书记和村委会主任为主要对象的培训班，请最好的教授给他们讲课（包括您、张厚安、徐勇以及民政部的白益华等）；二是在农业部软科学委员会立个课题，对如何实施《村委会组织法》作些研究，包括法律本身的问题，提出完善的建议；三是召开一次讨论会（需要有地方政府的支持和赞助）；四是利用电视媒体（中央电视台第 7 频道农村栏目）宣传普及工作，系统讲授村民自治问题。这件事国外很关注，当然有不同的出发点，而我们也有责任作符合实际的正确介绍。您对此有何高见，望能赐教！

　　书稿第二页第一行空了一格，指江泽民主席的命令号，经查核是"九"号，请帮助填上。

　　另外，我还有个想法，即在推行民主政治建设中，建设有中国特色社会主义新农村，有一个新农村形象问题。现在有些人在研究城市形象、企业形象、区域形象等，但尚未看到研究乡村形象的材料，这个问题也可从村民自治搞得好的典型那里，总结点经验出来。对此很不成熟。请一并考虑。

　　顺致

敬礼

郭书田

1999 年 1 月 11 日

（郭书田：原中央农业部政策法规司司长，现任中国农村社会学研究会理事长）

辛老：

　　大作《第三次农村包围城市》已收到，在《通讯》第 1 期刊用。

　　在北京我与中国青少年基金会社区与文化委员会主任陈越光（原《中国农民》杂志主编）商议，想在安徽选一个县开办村民自治培训班，主要对村支部书记和村委会主任讲村民自治的有关问题，在取得经验之后，向其他县推开。您如同意，请您在安徽选一个当地党政领导有积极性、愿意出面组织的县，落实下来。讲课内容和讲课人也请您考虑，在北京的由我来联系，如陈越光可讲村民自治的文化问题，民政部的白益华可讲村民自治的发展过程，王思斌或张厚义可讲村民自治的理论等。培训班的费用需由当地政府承担，出面的单位可由陈越光的基金会、您的实验中心和我们的研究所。这是些简单的设想，如何组织，请您多考虑。

　　关于研讨会问题，陆学艺不在北京，我同张厚义商量，他同意以农村社会学研究会名义召开，最好也在安徽，与培训班连在一起，这样北京在其他地方去讲课的人顺便即可参加，也节省路费。研讨会也需要当地政府的支持，并能提供经费。这件事是否可行，也请您一并考虑。

　　有何好主意，望告。

　　祝：春节好！

郭书田

1999 年 2 月 14 日

辛教授：

　　谢谢你热情邀我去安徽学习参观，我因小孩在 7 月份的 7、8、9 三天参加高考，所以想在高考结束后在安徽参观，初步拟定 7 月 10 日到滁州来安县，7 月 17 日从合肥返回上海，其间还要到岳西县参观，所以每处停留时间为 2 天左右。具体日程请你们作出安排。我们一行人除张老外，还有我本人，我们社会学研究所的卢汉龙所长，科研处莫建备处长，部门经济研究所王振博士共五人。对于文化扶贫问题，我与我的同事都是学生，这一次对我们来说是学习的机会，所以我们想尽量少惊动领导，我们的费用，一律自理。请你多多指教。

　　谨祝

研安

左学金　敬上

5 月 29 日

（左学金：上海社会科学院副院长）

秋水兄：

　　今年 3 月到合肥来看你，恰逢你开会，我在会场扫视一遍，也未见到，实在抱歉！本想下午（晚）再去找你，无奈在一位同志家吃了饭，晚了。离开车时间太近了，只得忍痛离开了合肥，未见到你。我想我们总还有见面机会的。

　　现在还有一事要给你添麻烦，想来，你只要在合肥，肯定会帮忙的。余志航调安庆工作事，经过一年多周折，现在总算基本办成了。设计院已第三次派人到安庆市人事局，张才越同志也很支持和有心，到上月底已同意即发调函。据安庆市人事局杜光美局长说，8 月初已发出调函，他说是先发到合肥人事局，然后转北京钢铁设计院的。刚才接设计院电话，该院尚未收到此调函。我想麻烦你能在百忙中到省人事局问问，查明下落（也是催催的意思）请他们帮忙查查，能否马上转该院。请你说点好话，因为余在新疆，工作已停就等待这个调函了。不论在奚汝敏还是余志航的问题上，你都帮了很大忙，我在此代表他们和我自己向你致谢。

合肥天气估计比北京热吧。北京总的来说比去年要凉爽得多。我目前正在赶写"社会民主主义问题"讲稿，因为下半年党政军有几个地方让我去讲课（中央党校 9 月讲党建问题，山东大学 10 月，华中师院 11 月，人大 12 月三处都是讲社会民主主义问题）。所以搞得我非常紧张，弄得大夏天还无法稍微休息脑袋。

还有，大概下个月我可能调政治学研究所工作。

上次，奚汝敏同志来信说你见到他，说到杨学敏同志有意让我回安徽，无奈我在北京多年，几个孩子都在此，加上我的工作，在北京，条件较好，离开此地，我会工作不起来的。总之，见到杨学敏同志表示我感谢之意。同时问他好！

你最近忙什么？问夫人好！下次有机会来时，一定好好聊聊！见见嫂夫人！

潘培新

8 月 11 下行

（潘培新：中国社会科学院研究员）

辛秋水同志：

9 月 19 日写来的信收到了，大作拜读觉得很好，我看完后，即让我的孩子潘德礼（在西欧所，和陈一筠同志熟）写了信送给社会学所陈一筠同志，并让德礼打电话给陈，问问她看后的意见。总之，争取她能在《社会学通讯》上刊用，将有什么情况时再告你，勿念！

田森同志去上海，也不知道他回来没有？到现在未得知他的音信，因为他搬家到西郊人民大学对面的宿舍里去，联系就不大方便了。

10 月份（可能是下旬）我可能到成都开苏东学会理事会，争取回来时，路过安庆小住些日子再返京，就不一定来合肥看了。我肝功能恢复正常已有四个月了。所以，从8 月份起我已上班，不过我还是很注意，不使它感到疲乏，还服药、锻炼，下午一般还是休息，晚上看看电视，现在感觉良好，请勿远念！最近我除搞现代国际共运外，也在搞科技革命方面的问题。

请将近况见告，问杨学敏同志、郭唐松同志好！

祝好！

潘培新

9 月 24 日

秋水同志：

首先向你叩首拜年，祝你全家新年快乐，贵体康健，万事如意。

对当今中国的前途问题，我有点"杞人忧天"，但从各方面情况了解和与一些知名人士交谈，确实感到祖国存在着危机，尤其是经济方面存在着不可忽视的问题。经济领域深层次的矛盾目前仍无法解决，甚至于解决矛盾的出路尚没有找到。我们引以自豪的社会主义，有建国以来的基本建设累计一万亿元的全民固定资产。但是人民在银行储蓄高达 7500 多亿。手头流动现金约 1000 多亿元，二者相加达 9000 多亿元。这就是说老百姓完全有能力把我们称之为社会主义的固定资产购买去。这种现象难道不足以引起人们的忧虑吗？加上数年以来，经济疲软，效益差，各地均有不少工厂停产或半停产，工人出路也潜在着危机。这些问题症结在于我们的经济体制，而这种体制又是无法改变。一旦要改革，就是搞资产阶级自由化，搞私有化。谁也不敢去想去触动这种僵化的体制。因此使一些有识之士对这种现象感觉到迷惑和不安。

来信中讲到，广东、上海、温州等地，只顾赚钱，与政治甚远。我认为这是一种可喜的现象。为什么在中国这个土地上搞"左"的一套很容易？因为中国经济是小农经济为基础的。人民缺乏商品经济意识，因此易缺乏一种主人翁的责任感。万事寄希望于中国有一个明君，地方有一批清官为他们做主。前几年的学潮和廉政建设要求，不是为了建立清官天下吗？如果一个国家只靠少数好人治天下，那么这个天下迟早会大乱。因为好人与坏人仅仅是时间的概念，在一定历史条件下好人可以变为坏人，坏人也可以变好人，标准是各个历史时期而定的。假使人民没有自己做主的要求，我敢肯定这个民族是没有希望的。为了解决这种现状，只有大力发展商品经济，使人民尽快地解决温饱，尽快富裕起来。孔子讲："小人喻以利，君子喻以义"，是有一定哲理的。在得不到温饱情况下，什么文明礼教、道义、名誉都会置之不顾。一旦获得温饱而达到富裕，人们自然讲面子，讲仪表了。管仲讲得好"仓廪实而知礼义，衣食足而知荣辱"，因此，我认为当前至关重要的是尽快使人民富裕起来，只有这样才能使人民不至于依赖清官们赋予他们衣食，而使他们懂得自己是一个独立的人，是主宰自己命运的人。只有这样才能改变中国当前的现状。当然商品经济也会给社会带来某些消极因素，但和人民贫困相比来说那种坏处是微不足道的。

你主持的理论讨论会，以廉洁会风教育人民，这充分说明你的高风亮节之一斑。是我等的学习楷模。我很想到合肥一趟，登门求教。年关将至，明年准去拜访。

祝你

新年愉快

程定模
1 月 18 日

（程定模：原浙江温州市龙岗镇党委书记）

秋水兄：

蒙兄盛情邀请参加兄主持的《文化扶贫与农村精神文明建设研讨会》，因故未获受教，甚以为歉。并致谢意。

我已退为百姓，现仍住在军区大院内。

会议一定很成功，不知有何新论和信息。

弟之亏率学下册，即亏率学论纲目前已写完，共 30 万字，争取早日出版，书名暂定为《怎样变亏为盈》。看来，海内外及各方尚感兴趣，极表支持。

争取机会去合肥拜访。

匆此即颂

大安！

聂勋材

1990 年 5 月 4 日

（聂勋材：原南京军区宣传部副部长）

秋水兄：

来信收悉，感谢你的鼓励，您我萍水相逢，有幸引为知己，实乃人生一种机会，你同云河兄及高光同志都为了一个共同的改革目标，大家相聚相逢相知，互相同情和帮助，也可以说是一种高尚的情趣吧。

我的诗词集已由东方文化出版社出版，不幸的是差错较多，本人没有去京看过清样，今寄上二本请多多指教。另附上有关义乌的一些资料，供参考，关于拙作《义乌兴商建市散论》我已与另一出版部门同志联系，他们愿意推销 8000 本，本书要请你作序，并请多加关照，既然决定出，就尽可能快出书，如要做一点修改编排，也请你代为处理吧。

拜托了，谢谢！

祝新年快乐！

冯志来

1992 年月 12 月 23 日

（冯志来：原浙江省义乌市经济文化研究中心主任，义乌市政协副主席）

秋水兄：

承蒙先后寄来你们的大作《中国农村社会学》，非常感谢。农村社会学，是开创性的学科，是很有价值的一门学问。中国农村文化观念深受佛道儒三教影响。所以整个农村的社会形态，无不与此紧密相关。现在传统文化受到了广泛的摧折，新文化还没有眉目，尤其在改革开放的前提下，在市场经济状态中，农村的社会应该怎样的发展，这是很值得研究的课题，你们出了这本书，正是开了先河，必定会产生很大的影响。请多指教，另请告知详细的电话号码，以便联系。顺颂

秋祺

冯志来

1993 年 10 月 30 日

秋水同志：

很高兴收到来信。"从发展经济着眼搞好救灾工作"是个好题目，理论工作者应从政策大局上关注农民、农村问题。《黄土地上的沉思》能否有个稍细的提纲与出版社编辑具体协商，这年头出书实在太难，不过作为你多年潜心研究的力作，编者、读者会欢迎的。

鉴于家乡水灾，巢湖会议延至明春召开，已与三乐同志和巢湖地委议定，通知亦于本月初发出。

我室自 1989 年初组建以来，目前已有 8 人，4 名博士生将陆续来室，农村社会结构研究课题即将结束，13 个村、1 个乡的调查和总体研究报告已结集（约 30 万字），最近将交出版社，国情丛书——《香河卷》初稿将于春节期间集稿，明春定稿。一个副产品——《房干村变迁》亦将于明春结稿，这是与早稻田大学合作研究项目。今年 8 月初和 9 月初至中旬，约 20 多天我们住村调查。这是山东莱芜市西北部的小山村（89 年 4 月初，你可能去过），是学艺与日本教授共同选定村庄。日本 4 人，先后住村约 10 天。这次合作三方均满意。11 月底 12 月上旬，我们 3 人赴日进行学术交流。明年再调查一个工业发达的村庄。明后两年再赴日几次。

近 3 年来，学艺主持的社会学所与中国社会学会已有改观。89 年下半年，人心难静时，他组织我们十多人住招待所，边讨论边学习，写出了约 50 万字的《社会学——高中级干部读本》，近日将出版。他还主编《中国社会发展研究报告》，最后由辽宁出版社争去，近日将出版。近日将在京举行首发式。他还约了几位同志写了《论小康社会》，江西出版社答应 4 个月内（年底）出书。他自己的文集也即将出版。近几年我所许多室都在围绕他出的题目——中国的转型社会定课题，出专著。作为本室的理论成熟标志——《中国农村社会学》力争于明年下半年拟定框架，93 年底出书。特别欣慰的是，他指导的博士生明年有一个毕业，今年破例招收了四人（一人工作一年后再读），明年再招 2—3 人，农村社会学专业理论队伍建设加快了步伐。作为他的助手，我也做了一些工作。

武死战，文死"写"。不管大气候，小气候，看清了规律，确定了题目，排除一切干扰，无声无息，甘坐冷板凳，写出来，反映了客观实践，就是我们的本职工作。在如此环境里，学艺能够带领我们绕道前行，确是不易。在如此环境里，我们能够多少写一点对人类有用的文章，确也不枉度人生。做人难，做一个有良心的人更难。然而，人无良心又何以为人？

望多保重！

张厚义

1991 年中秋

（张厚义：中国社会科学院研究员）

秋水兄：

您好！来函和所寄资料先后收到，从材料中可以看出您这些年研究取得的成就和社会影响。我很崇敬您的精神。

十多年来我一直从事中国农村问题的研究，"七五"期间我担任国家规划重点项目《中国农村基层政权建设》（已完成出了一本专著和一套丛书）……"八五"期间我又担任了国家规划重点项目《中国现代化进程中农村政治稳定与发展研究》，举办这次国际会议也是完成此项目的一个活动。现在，在我们这里已形成了一支以研究农村政治与政权为主要内容的科研队伍并成立了农村问题（主要是政治方面）研究中心。近年在国内外有一定影响，我先后参加这方面四次国际会议。我所高兴的是，今天已经有了一批务实的社会科学工作者。

前数日，我们已发出会议的第二号通知。通知中对会议准备情况，开会时间等都作了一些说明。在我的提议下，组织委员会提名您为会议学术委员会成员并参与主持会议，因为您是这方面有影响的知名学者。

读了您寄来的材料受益不少，可惜我们相距太远，不能经济常交流。希望今后能加强联系。您今年申报国家课题：《村委会组合竞选》研究，上次寄来材料中还提村长组阁制。正如您所说的这属政治学研究范围。此选题不知是您自己拟的，还是根据上面规划中的项目选报的。因为我觉得在提法上尚须斟酌。根据村民委员会组织法（试行）在农村基层实行村民自治，其主要组织形式是村民委员会，村委会干部设主任、副主任和村委会委员若干名（一般3—7）人。也就是说在称呼上已不叫村长而叫村委会主任。全国今天只有广西等六个省市地区在乡镇与村委会之间设有多一个村公所，在村公所还有村长设置，但这是一种特殊，其做法是找不到法律根据的。今天在一些电视剧中也权存在村长之说，严格地说是不恰当的。再为村长组阁，因为村委会是农村基层群众性自治组织，实行的是委员制，这与政治学中各级政府实行（总统、省长、县市长、乡镇长）负责制，由行政首长提名组阁是不同的。我国今天农村的村民委员会已不同于过去的村公所，它不是一级行政组织（或单位）也不是乡镇的派出机构，更不是一级政权组织。再次，关于村长竞选制问题。今天农村村民委员会主任、副主任和委员的产生都是通过本村有选举权的村民直接选举产生（委员不是由村长提名组阁），而且在有些地区，如辽宁的梨树县，和河北的一些地方，在村委会选举过程中都引进了竞争机制。有的地方甚至就叫竞选。这是一种大胆、有效益的试验，实践证明效果很好。去年在北京香山饭店举行了一次国际学术座谈会题目就是《中国农村村民委员会选举制度》。我可以提供您一些资料。我写这些资料是希望您在报项目时，在项目提法上做些修改，以免在评审时引起麻烦。政治学评审组成员大多我都认识（我不是成员），有机会我当向他们推荐您的情况。

村委会组织法正在修改，我已看到修改的第二稿（民政部寄我征求意见的），其中关于乡与村委会的关系已修改为"乡、民族乡、镇人民政府对村民委员会承担的行政工作实施管理，对村内的各项目各事务给予指导、支持和帮助。"这就是说今后乡与村的关系除了指导关系一点外，村还要承担一定的行政工作，对这部分工作则说须听从乡、镇政府的管理。另外把村委会委员规定为三至九人组成。您上次寄来的材料中提到了乡镇与村的关系。故将这一情况提供您参考。

很希望您来武汉［可能会议在下面县（市）开，以便结合到农村看看］，我也盼望着再次到安徽（黄山我还未去过）。明年的会我们将尽可能组织一下，希望游大小三峡的同志们如愿。

盼望着与您重逢

祝健康、快乐

张厚义

1994 年 11 月 16 日

秋水兄：

您好！来函收读，前次我到湖北荆州地区跑了七个县市，想找个合宜的开会地点。现已初步定在潜江（幸福村，号称湖北第一村）或是松澎（这儿离三峡较近），乡土气较浓、村容村貌好，最后定下来后，很快就会发出第三号通知。你打电话来可能我下去了，前天才回。

您信中提的赵寿星女士已收国外与港台学者回执十三份。谢谢您的关心和协助。港台学者如经济上有困难可按国内学者收费计。经过一年多的努力，会议经费初步落实，这样我才放心了。其他国外学者，吾兄能联系的还望传递一信息给他们。

这次大会形势较好，杜润生同志已表示参会，我们正在邀请费老。从收到论文和征文看涉及农村问题的方方面面，但都环绕一个中心，即农村的稳定发展。

每当想到能与国内外研究中国农村问题的专家学者围聚一堂时就感到高兴。我希望这支理论务农的社会科学者队伍日益壮大。

我们开这次会是与我们担任的"八五"国家规划重点课题联系着的，此课题即将完成。我们进一步打算研究转向"村"，即《中国农村村级治理模式比较研究》此项目得到美国福特基金会的资助允诺。正如您说的，我们美好的时光已过去了，人已老了，来日不多，力不从心，但愿在有生之年为农民做点有益的工作，所谓"理论支农"吧。望常联系。

　祝好

张厚义

1995 年 4 月 12 日

秋水同志：

近好！

寄来茶叶收到，谢谢！

2 月中旬，我主持的农村结构研究课题组工作会议在京开了 4 天，吴象和中央、国务院两个研究室的农村组负责人始终听会。会后又设计了一套问卷和提纲。我们将于 10 月份召开全国学术讨论会，主题为农民阶层分析，约 100 人。我想借此会议，把农村社会学的队伍组织起来，届时请你参加。

3 月 17 日建所 10 周年纪念会，费老、雷老、邓力群及在家的 6 位院长和袁方、郑杭生等人都到会（王康教授未到）。当晚新华社国际部向国外发了一条电讯。昨天美国 BBC 广播公司驻京记者要采访学艺，重点报道调查。我给他们安排到月底。近日，应北京市委和河北省廊坊市委之请，我分别陪学艺和吴象同志跑了一段时间。4

月份我回皖约 20 天左右，在合肥住两天，当登门拜访。具体行程不好定。党员登记，颇费时间。

我与学艺合写的现阶段农民分化问题，获建所十周年优秀成果一等奖（还有 5 篇，其中四本专著）。

祝好！

张厚义
1990 年 3 月 21 日

秋水同志：

非常高兴读完来信和有关文字材料。一个理论工作者能将研究成果转化为领导的决策，并付诸实践，而且在一个几千万人的地区推广，这确是件快事。苍天不负有心人！你的汗水、劳动，正在转化为认识世界、改造世界的生产力。我们盼望着你这三个点上早日开花、结果。一旦开花结果，我与老陆将邀请全国农村理论工作者赴现场总结，向全国推广。

我俩相识于政治风波的前夜，从泰山麓到梁先生的"点"，再到广场上，纪念碑下凭吊一代伟人，真是一见钟情。"为父老乡亲过好日子"的共同理想，将我们的心紧紧联在一起，我们将为此奋斗终生！作为师长，几年来你对我帮助、关怀很大，特别是巢湖会上。

5 月初，中国农村社会学研究会负责人王立诚（北农大教授），李守经，还有老陆与我，商量下半年召开会议，改选领导机构，一致推举你与西北农大邹德秀为副理事长候选人，商量结果为：理事长郭书田、陆学艺，副理事长王立诚、李守经、辛秋水、邹德秀、张厚义（兼秘书长），秘书处设在本室。

请多保重。向何、韩问好。

张厚义
6 月 22 日

秋水同志：

会议征文通知收到。我提交会议的文章题目是《对个体户、私营企业主高收入的分析——收入分配不公问题研究》。9 月中旬可完稿，打印可能较慢。

课题审批刚结束，你申报的课题已通过，不过具体多少经费尚未最后确定。此次申请课题太多，国家社会科学基金规划片（社会学）16 位委员，本所仅 1 人（上届所长），只有 1 票。学艺做了大量工作。这次通过的农村方面的课题相对较多。

农村社会发展研讨会（农村所杨勋同志主办）的通知，不知收到没有？此会可能推迟到年底。

我申报的农村社会结构研究课题亦通过（本所仅此一项），该课题组也请你参加。届时面商。

今后来信请寄家中，因为上班时间少。

祝好！

张厚义

1988 年 8 月 29 日

秋水同志：

陆学艺同志（我在大学的同学）现调中国社科院社会学所任职，负责抓业务工作，希望与我们院社会学所联系，以便今后共同协作。

您与他现在是同行，可多联系。

附上陆学堂同志函。

致礼！

金隆德

1989 年 3 月 17 日

（金隆德：原安徽省社科院副院长，中国社科院当代研究所研究员）

辛秋水同志：

您好！节日贺片收到，十分感谢！一直没有回信盼谅！不过，这段时间也实在够忙的。先是国庆节后去香港讲学，回来就忙着拙作的出版。这样，我就得从头至尾重看清样，赶呀赶，春节前还是没看完，只看了两卷多；然后又赶回河南给老父亲过周年纪念，昨天才回来。

所以看得这么慢，主要是前三卷改动较大。一是前三卷属十年前写的东西，提法多有不妥之处。这次要改动；二是要向大道哲学体系靠拢。这次出版虽不改变体系，仍叫"文化价值哲学"，但等第七卷《心性灵明论》出版时，就准备改"价值哲学"为"大道哲学"，而且要为今后出版九卷《大道哲学全书》作准备。所以修改起来进展缓慢。

我只是个单纯的学者，不像兄富于改革的实践。因此，只在学问圈子里转。但我对兄是敬佩的。本来久已闻兄大名，但无缘相见。上次能在武汉相逢，又听见一番话，已属荣幸。不知您有暇来京否？若来京，请定来寒舍，好好聊聊！

春节已过，只好向您全家拜个晚年了！

问夫人好！

司马云杰

2000 年 2 月 7 日

（司马云杰：中国社科院社会学所研究员）

辛老：

您好！

来信和大作均已拜读，迟复为歉。近来，我一直忙于毕业研究生的论文指导和答辩工作，并外出两次，未能及时复函，还望得意忘形上多加包涵。

老安大校友返校聚会之事，我先后两次向丁万鼎校长通报，他的态度很明朗，十分欢迎。看来，只要校友们能成行，学校的接待和安排是不会有什么问题的。具体事宜，请辛老直接与丁校长办公室联系，商量和安排。如有需要，我也愿做些力所能及的工作，请辛老尽管吩咐。

　　此致

敬礼

文秉模

1997 年 7 月 24

（文秉模：安徽师范大学副校长、教授）

秋水同志：

　　谨向您拜一个晚年：祝您全家愉快，万事如意！

　　我给您寄去的文稿，算起来已四个月了，至今未接《江淮论坛》的通知，看来编辑部是不会采用的了。因为按照一般期刊的规矩，三个月后不见通知，就是不拟采用的意思。所以我今天已写信给王开玉同志，请他务必把我的原稿寄还给我。因为我还想向别处投稿，碰碰运气。

　　关于原始社会有没有法的问题的讨论，在一些学术刊物上似已开展起来了。从《社会科学评论》1985 年第 8 期上发表吴世官的《法学也要突破"阶级斗争为纲"的模式》以后，《法学》1986 年第 1 期上又发表了张宗厚的《对法的三个基本要领的质疑》一文。在这些文章中，都涉及原始社会有没有法的问题。我认为我的那篇稿子的内容，同上述两篇文章尚无雷同之处，如有发表，还不算炒冷饭。我觉得索回稿后另投别的期刊，仍有发表的可能，而且依然有一定意义的。你如见到王开玉同志或编辑部的其他同志，请代我再催问一下，务请他们尽快把稿件寄还给我。又一次麻烦你，请您原谅。

　　你最近的健康状况如何？骨质增生引起的痛楚是很难受的，近来是否减轻了一些？为念。

　　此致

敬礼

张克明

1986 年 2 月 15 日

（张克明：原中苏友协总会文化服务部主任）

秋水同志：

　　承蒙寄赠《科技咨询》得以拜读你在讨论会的发言，如食香茗，很有味道，我很欣赏。直言不讳是一个人的品格正直的标志，也是一个党员对党和人民是否忠诚的表现。当前这次政治体制改革是否能取得重大进展，一方面有赖于决策者是否有政治远见；另一方面也有赖于大家是否能直陈己见，而大家的言论自由是否能有保障。你说政治体制改革的突破口是言论自由、创作自由和学术自由，根本的一条是落实宪法上明文规定的东西。此言甚是，我也有同感。最近有一位领导同志说，此次政治体制改革主要是领导体制的改革，言论自由不是这次所谈的领导体制的改革。这次所讲的政治体制改革，只是政府体制改革而已，其范围和意义要比政治体制改革小一些。但是，即使这次政治体制改革仅仅是领导体制的改革或政府体制的改革，言论自由仍是不应回避的问题。因为政治体制必须解决领导者及政府同人民群众的关系问题。如果政府和领导者是高居于人民之上的统治者而不是人民的公仆，这样的政府和领导者在考虑改革时，当然只会着眼于行政的效率问题，不大会关心人民群众的公民权的实施问题。但是，我们是社会主义国家，政治改革，或政府体制的改革，或领导体制的改革，目标是建立高度民主的社会主义。在改革中就必须首先着眼于解决领导者及政府不能成为高居于人民头上的统治者这个根本问题。所以人民言论自由问题是不可回避的。

我有一个感想：我们现在领导人对于没有现代化就没有社会主义这个真理已经认识到了，但是他们中仍有一些人对于没有高度的民主就没有社会主义这个真理还没有真正认识到。说明这一点的事例是很多的。所以，宪法上明文规定的人民权利为什么长期以来总是不能兑现，很值得大家进一步探讨。

50 年代以来有一种说法叫做：学术问题和政治问题要分开，前者可以争鸣，后者不容讲论。这种说法根本不符合民主政治的起码要求。民主的本义是：政治问题人民讨论决定。如果人民对政治问题无权讨论，民主也就不存在了。宪法上明文规定的"国家的一切权力属于人民"，党章上规定的"要建立高度民主的社会主义"等等，不能是一句空话。

最近万里副总理在软科学座谈会上讲："政治问题、政策问题都是可以讨论、可以争鸣的。"学术界很多人大喜，奔走相告，认为政治民主的春天来到了。但是我觉得万里这次讲话中还有一些地方不够明朗。例如他说：领导部门政治问题、政策问题及一切重大问题作出决定以后，"如果研究工作者仍有不同意见，允许在一定范围内采取正常的途径提出和进行讨论。"这里不明朗的地方是：一、似乎只有研究工作者才被允许可以对政治问题、政策问题及一切重大问题、领导部门的决定等进行讨论。而平民百姓除了服从和遵守以外，似乎没有进行讨论和争鸣的权利；二、似乎这种讨论只能在"一定范围"内进行，而不能公开地自由讨论；三、似乎在报刊上或其他场合对政治问题、政策问题及一切重大问题，领导的决定等等进行讲座乃是"不正常的"途径和方法。如果万里讲话的意思正是如此，那么，对平民来说，言论自由、民主政治、政治问题可以讨论、争鸣等依然是不能兑现的东西，人民群众依然只有按领导意图说好听话的份儿。

一切由领导部门决定了的事，平民百姓除了服从和遵守以外，有权进行讨论和持不同的意见，这对党和人民的事业有莫大的好处，最能说明这一点的实例是贵省凤阳县某生产小队的几个干部，冲破十一届四中全会通过的《关于加快农业发展若干问题的决定》中"不可以搞包产到户"的明文规定，偷偷地搞了一个"家庭承包责任制"，为我国农业体制改革开创一条生路。当时万里在安徽主持工作，他支持了这个创举。结果，我国农业生产局面迅速改观。这是万里亲身经历的。如何从中吸取教训呢？让人民享有对领导部门的决定提出批评之权，有改变领导决定之权，由社会实践来检验真理！秦始皇搞"偶语者弃市"就显示了不准人民讲话，天下似乎是太平了，实际上是给社会发展设置障碍，埋下动乱的祸根。这也是我党过去多年中最大的失策之一。孙中山认为公民享有复决权和创制权。在这一点上，应该承认他比我们的那些自命是马列主义理论家的人要高明一着。

关于我国的一些自命为马列主义理论家，他们的马列水平是很可怜的。去年我写的一篇文章中曾讲过这样的一句话"政治就是阶级斗争"，这个定义是不科学的（此文发表时，编辑部把这两句话改成："政治就是阶级斗争，这是一个未经充分论证的定义。"）编辑部在发表此文时写了一个"按语"，要求在理论学术界展开争鸣。还发函约请了二十多篇论文，编辑部优选了其中五篇发表在《政治学研究》1986年第二期所辟《关于"政治"要领的科学涵义》笔谈会专栏里。为首的是张友渔同志。他们的论文当然都是针对我的一些观点来的，只是没有指明而已。他们引了列宁所说"政治就是各阶级之间的斗争"这个说法。有的说，这句话是列宁给政治的本质所作的规定；有的说，这句话是列宁对政治的属性的揭示，等等。他们以为引述了列宁的这个说法后，就可从根本上驳倒我的论点和论据了。其实他们对列宁的这个说法根本就没有看懂，犯了望文生义的毛病。列宁原本的意思是说，当苏联国内战争和外国武装干涉尚未结束的时候，如果仍按"政治就是各阶级之间的斗争……"这个说法来理解政治的要领的话，那就要犯严重的错误。所以，他们完全歪曲了列宁的本意，硬是把列宁所要纠正的一种错误观点当作列宁主义的真谛来信奉了。为此我写了篇《我对列宁所说"政治就是各阶级之间的斗争"的理解》。（已在《政治学研究》1986年第5期上发表。如果你有兴趣，请来信。我可以寄你一本。）但是我所以要写这篇东西，不仅仅是为了针对他们所写的那几篇论文而已。

长期以来，我国的理论界把列宁的这个说法，当作政治的定义、本质属性等等来加以阐述，并据此著书立说。我们党也认为搞政治就是搞阶级斗争，以致"阶级斗争年年讲、月月讲"，"念念不忘阶级斗争"。这种理论上的和实践上的错误，给我国的政治生活带来了难以估量的损害。真是失之毫厘，差之千里。到头来碰得头破血流，还不知道错在哪里，岂不可悲。所以我写这篇东西，主要是针对我国学术理论界不认真读书，只知从经典著作中寻章摘句，根据片言只语来著书立说这种恶劣学风的；同时也是针对我们党几十年来的错误实践而发的。可惜文中有关这方面的字句，发表时被编辑部删掉了。

关于我国学术界的这种恶劣学风，上举此例，只是其中之一。据我近几年来所见，在政治理论界、法学界、历史学界写几篇东西，必须揭它一揭。这方面的资料已收集到不少，只是近几年来由于脑血管硬化，写东西特别费劲，深感心有余而力不足之苦。再者，写出来的东西，无处发表。这些当然都只能怪自己，怨不得别人。

你以后写了什么东西，发表了什么著作，请寄我看看。我定认真拜读，说不定还可以给你提提意见。我曾说过，互相切磋，乃是友朋间的一大乐事。不知你有同感否？

　　谨此并致

好

张克明

1986 年 10 月 28 日

尊敬的辛先生：

　　您好！

　　拜接手书，知道您的实践不断取得成功，非常感动。好久疏于问安，请您原谅。

　　我主编的《原学》在国内已受到普遍肯定，在海外也开始见到反响。主编另一刊物《伦理学与文化》历尽周折，估计这两天能拿到第一辑。博士论文已去年出版，不记得是否已寄请您指教。《中国伦理学史》上卷定 10 月份出书，《德育志》大概明年 10 月前能出版，在学校里还比较受重视。我 8 月 2 日起将到日本研究半年，届时会和您联系。

　　看来您工作很辛苦。记得您身体不是很理想，不知近况如何？希望您能多保重！

　　我非常钦敬您正在从事的工程。我自己在两年内如具有一定的学术地位和社会声望，届时将不遗余力地推动您正在从事的事业。我已下定决心为社会做力所能及的事，希望不断得到您的指教和鼓励。

　　海南的徐初眉女士一直在支持我办刊物，使我这两年来发展比较顺利，我既感激又欣慰，明年我将再找机会去看望您。刊物和书将陆续寄上请您指教。

　　顺颂

健康！

后辈陈少峰拜上

1990 年 6 月 23 日

（陈少峰：北京大学哲学系博士生导师，教授）

尊敬的辛老师：

　　好久疏于请安问候，请您宽恕。我原拟暑假到安徽去拜访您，恰巧博士论文出版之事需要我修订，整个暑假就这样耽搁了。这学期又该给研究生上课，一时难以脱身，但知道您的工作成效卓著，十分喜慰。

　　您提出的文化扶贫策略十分深刻而具操作性，远高于慈善主义。而您对于民众的关注与疾恶如仇精神，在我看来，始终是儒家文化精神的最高体现。眼下我正在讲授中国伦理学史，对于这种精神的厚爱也因之热烈。此外，严禁近亲结婚，本人虽经常思考，却无以撰文分析，与您相较十分惭然。祝贺您老当益壮！一切都是那么令人激动。

　　关于《福建论坛》发表之文，尚未收到。不过，已感到欣庆了。至于另一篇文章，我认为尚有空疏，等有机会到海南之后，拟再作各种修改，也就暂不讨论了。

　　眼下我正在撰写《中国伦理学史》，上卷下月至月底可完稿。争取年底发稿出版。另一翻译小册子也可能在广东出版。每天生活在纸笔书籍之间。

不知您何时有机会来京。我想多听您的教诲，下学期争取到安徽去拜访您。

希望您多保重。

学生　陈少峰敬上
9 月 21 日

尊敬的辛老师：

您好！

汇款已收到，请您免挂。

我打算在本月 21 或 22 日去拜访您。不知这段时间里您在不在？我将在 24 日去上海参加全国伦理学研讨会，我将提前出发，不知从徐州或南京到您家哪里近些（我将乘坐北京到南京的特快）麻烦您速来信告诉我。另外，在我出发之前，我将去拜访罗荣渠先生，看看他有什么吩咐。另外，如您要交代我什么事，也烦请一并示知。

我从上月起负责北京博士后联谊会的工作（副理事长），最近较忙。《伦理学史》上卷已完稿。最近在整理几篇文章。其中有一篇将提交 1 月在泉州召开的东亚文化与经济互动关系国际讨论会，届时我将捎到合肥去，争取在那里发表（题目是：文化攀越与日本的现代化）。

热切期待着您的回音。

恭祝健康！

学生　陈少峰敬上
11 月 9 日

尊敬的辛老师：

您好！

我上月 27 日晚打电话到您家，本预定 28 日去拜访您，因您尚未返回，我只好在 30 日匆匆回京上课，曾告诉您家人以后去，暂时不能去。真对不起。不知您现在身体如何？望您善自珍重。我打算春节过后（2 月四、五日左右）去拜访您。

此次上海伦理学年会，我取得了较大的成功。眼下有一些约稿，也正在整理几篇论文。

我还是打算写您的传记。希望您能够先梳理一下一生的经历（尤其所见所闻及经历中感人的东西）。同时请您准备一下您那位好朋友的资料（信件、生平、经历、两人知遇经过）。

估计发表不会有问题。

最近和罗荣渠教授接触较多。祝好！

学生　陈少峰敬上

秋水先生：

我们初次见面是一见如故，谈得十分投机，真乃人间一大乐事也！在车上，我们拜读了你给我们的全部文章材料，阅后深受感动，当即考虑发一篇关于你的报道，介绍你的脱贫之道。同时发一篇内参，介绍民主选举的情况，如能刊用，我会将文章寄上请酌。老赵因市里有会，所以他不能参加你组织的会议了，对此我们十分内疚，特别是我们已到了合肥，还不能赴会，实在有些不近人情。但是，我们身不由己，实在无法，万望海涵。好在后会有期，希望在云南能再次相见。对于你的热情送行，我们非常感谢！

周锦熙

5 月 4 日

（周锦熙：上海《文汇报》理论部主任，已故）

辛老：

您好！您的来信收到了，大作还没看到。

村民自治工作在您的大力推动下，在农村已逐步开花结果。虽然仍有许多地方不尽心意，但八亿农民的民主化过程恐怕不是一朝一夕就可实现的，虽然进程不快，但总是在进。中国像一只大象，转弯是缓慢的，调头就更不容易了。但我看您完全没有气馁，而是以坚韧的精神，继续为此而研究，呼吁和奋斗，您的这种精神是十分感人的。

自从与您分手之后，有多年没有见面了。其实，我是很希望亲眼看一看您的文化扶贫基地和您所培育的竞选联制的村委会，可惜没有适当的时机。我想，今后你那里若有什么研讨会之类的信息，不妨告诉我，开会之余，亲自到实地考察一下，我想是会大有益处的。

祝您身体健康，再结硕果！

岳颂东敬书

2000 年 3 月 7 日

（岳颂东：曾任国务院发展研究中心社会部副部长，研究员）

秋水兄：

在一个特别重要的时刻，接到你的来信，太高兴了。我特别关注着想念着安徽的发展。

因为9—11月两次开会用了两个月时间，此地的讲学任务未能完成。我答应汕大在寒假后再讲一点东西。这样我决定在此地过冬，2月底或者初返合肥。你替我安排报告，届时一定从命。

这几年来我们常在一起，为言谈马克思主义思想理论尽了自己的力量，安徽各界是承认我们的，有位年轻的记者听得传说我可能离开安徽竟激动地说，安徽是不答应的。我很感动，不管在安徽遇到过这样的困难不管别的地方给我多么优越的待遇，我仍然希望得到帮助和支持。

　　汕头十分平静，除了待发文件而外，没有任何其他反响。再加上我在此地的身份是客人，更有一种与地隔绝之感。不知反资产阶级自由化在合肥情况如何。估计各种文件都全有些表现，还望兄便中告知，又此地传说温元凯处境不妙，不知具体情况如何，兄也代为问好！

　　祝
健康！

沈敏特
1 月 31 日
（沈敏特：原安徽大学中文系教授）

辛秋水先生：

　　您好！不知您是否还记得我？1985 年您参加华中农业大学农村社会学专业论证会时，我曾邀请您到武汉大学为学生作了一次精彩的演讲，那次演讲，至今难忘。时间一晃七八年过去，今从复印资料上看到您在安徽岳西开展社会学试验的消息及评论，感慨万端。郭帆先生将先生同梁漱溟、费孝通比作中国农村社会学的创建者，我认为是当之无愧的。尤其在今天改革的形势之下，社会学家更应该面向现实生活，面向改革，从实践中取得自己的"研究成果"。先生在开创新时期农村社会学研究道路方面，先行了一步，取得了可喜的成就，希望先生的事业更加发展，在全国开花结果。

　　我一直在武大搞农村社会学，发展社会学，今年有可能调到华农大专搞农村社会学（正在办理手续），我一直在湖北省社会学会鼓吹应走先生这种道路，也获得省内许多人的支持与响应，华农准备今年办手续。前几年出两本不成熟的书，今寄上求教，愿先生多多指导，同时也希望全国的农村社会学形成一个组织，促进这门学科有更大的发展。

　　叩问

吴怀莲
1994 年 3 月 8 日
（吴怀莲：武汉大学教授）

辛公钧鉴：

　　阁下目光犀利，思路开阔，文具有情大仁爱襟怀与强烈的正义感，事业心，读此文后，深深的敬佩！

　　《追求》一文有复印本否？如能惠我一册，十分高兴，文是非常精彩的一份人物传记原始素材。

　　寄上《民谣沉思录》，阁下定会叹唱再三。

　　《理论摘录》是为了打好这场官司准备的，我相信《斜阳梦》是完全符合文学创作规律的产品。目前与鲁彦周同志谈及阁下与陈公三乐，才知二位与彦皆是老友。彦周要我代向二位致意，并对二位对我热情支持表示感荷。

　　望此

敬礼

彭拜

1991 年 6 月 28 日

（彭拜：安徽省文联作家）

辛秋水同志：

　　你好！

　　上月我们在杭州商议，为了加强横向联系，为了促进社会学研究。华东六省各拿出一个课题的研究成果，于今年 5 月初在我省进行交流，并定一个共同关心的课题协作攻关。会后考察开放城市。我们院很赞同。我所拟以《福建未来的人口与生活》为交流课题，由我出席。请您也将题目告诉我们，以便于 3 月初以组织名义发出正式邀请书。待复！

　　敬祝

王步征

1981 年 1 月 14 日

（王步征：原福建省社科院社会学研究所和《福建论坛》负责人，已故）

秋水同志：

　　祝您春节快乐！

　　您研究山区脱贫具有普遍意义，对我们多山的福建更有指导性。

　　惠书所询人数和经费事，是上海水木同志提议，我等赞同的，即每省一人，差旅费自理。这样小型，简朴，便于每年开一次也好深入探讨问题。当然，应有各省补贴。你看可否？

　　谨致

王步征

87 年 1 月 28 日

秋水同志：

　　近好！

　　您在蚌埠的报告反映很好，影响颇大，特再表谢意，交通报发了您的照片，寄上一份，请过目。

　　敬礼！

王清华

元月 20 日

（王清华：原安徽省外经贸委主任）

秋水同志：

　　如晤。

　　送上书、字各一，请指教。

　　听君一席话，胜读十年书，学问也，质疑解惑。盼读到您文章，有见地的作品。

　　欢迎闲时来坐坐，有何事要我办，可随时联系。

　　即祝

顺礼！

陈树良

2000 年 2 月 8 日

（陈树良：时任安徽省人民政府副秘书长）

辛研究员：

　　您好！

　　来信收悉。感谢您对我市工作的关心。在您及有关方面的倡导组织下，召开专门会议，就农村社会问题进行专题研讨，这对我们来说是一个很好的学习机会。只要条件允许，我当尽量前往。最近，结合学习四中全会精神，我们对几年来的改革经历进行了总结回顾，写了篇稿子，省里编书准备用，现才是初稿，正征求有关方面意见，寄上一份，请您指教。

　　欢迎您时常关心我市的工作，及时提出指导意见，并把贵省的好经验及时通报给我们。

　　顺祝

安康！

朱应铭

1989 年 8 月 30 日

（朱应铭：时任中共山东省莱芜市委书记）

辛老师：

　　您好！近来身体好吧？

　　两份稿子我已编发《中国社会报》，勿念。前段推荐给《乡镇论坛》的稿子我又让编辑部主任催，查发。

　　看了你的信很受感动。从遵化会议的初识，就已"直觉"到您的刚正不阿，看了您的一些调查报告，又颇感真实、深刻。从那时起我已拜您为师，既学本事，更学做人。有时我想，一个饱经酸甜苦辣的人，一个年已六十多岁的老人，一个职称到顶、房子宽宽、不缺钱花的人，为什么要到村里？要干真事，要反映真情，要为政策进言，这难道不是完全出于爱党、爱国、爱民的真诚赤子之心又是为了什么呢？

　　中华民族的民主进程是十分艰难的，基层民主年年是如此。今年工作计划已把山东莱西作为村民自治示范县，崔部长同意请一些专家、学者去论证、研讨。只是时间要稍后些。特别是彭真同志近日交办：乡镇机构职能、设置、规模要按全国不同的经济、人口、区域分类设置，群众怎么监督干部，让我牵头，详细提纲给彭真同志汇报后再寄给您。想得到你的指导，有可能的话搞一个专题。

　　还有正和中央政策研究室、中组部、团中央、妇联联合给中央写个汇报提纲，力争以中央名义开个村级组织建设工作会议。今年的全国理论研讨会亦想请您提供大作并到会。

　　我愿做一个讲真话、办实事的人，这是我过去和今后的做人宗旨和努力方向。或说这一点会把我们一老一少的心贴得更紧、在各方合作！

段志强

90 年 2 月 20 日

（段志强：时任山东省烟台市开发区管委会副主任）

辛老师：

　　收到来信非常高兴，省委决定推广莲云乡扶贫改革经验，充分肯定和证明了您四年多来的辛勤耕耘和丰硕成果，这是非常难得和值得我好好学习的！

　　我于去年 6 月 5 日到招远挂任副市长，分管财贸、外经外贸和体改。原定已到期限，市委书记和市长、组织部长专程找崔部长和人事司要求延期到明年换届，同时省、市（烟台）又加挂市委常委，不久前烟台市组织部又专程派人来了解我的情况，意在留下来任市长或市委书记，同时威海市委书记办公会研究想让我去任分管外经外贸的副市长。近一年来的基层生活，我确实学到了许许多多在机关和学校学不到的东西，突出的是感觉距离经济近了，离百姓近了，责任重了，自我约束力强了，制约因素小了，有多少能量也可以释放了。这里的政治环境很好，无论书记、市长还是副职以及我管理的部门领导，都不排外，也不轻视我这个小字辈，处得很和睦，我觉得是"充实、紧张、愉快、能干实事"的一年半。这条路确是干事业、长本事的唯一之路，早走早受益，迟走晚受益，不走终生缺陷和遗憾！县市一级是基本功，挂职不同于任职（尽管我在全省挂职中是唯一能自管一摊而不是协助的），副职不同于正职。若能当好当地百姓拥戴的历届比较之后最好的一届父母官，那就是最大的欣慰了，我曾为此而努力，于身外之物，权、钱、利等等无所谓了。

　　基层事多，但我还想抽时间读书来武装自己，可能只出不进，因为我没有任何经历和经验。讲话无话则免，有话则短，不要秘书起稿，力争不用稿子，力争全面锻炼自己。

　　部里在派人考查之后提我为正处，这是对我的鼓励，我当从现在当作起步，天天有进步，向明天努力！我的情况不想多讲了，日后相信您会到招远来实地考察了解的。告示下步组织定下来后，我邀您这个高级顾问来帮我，"微服出访"后提供发展经济的真知灼见以便付诸实施，同时也拜个监督和指导我的高师。

段志强上

92 年 10 月 26 日

辛老师：

　　春节好！

　　11月份的来信我至今仍放在案首天天看着，常常拜读，拖至今日才复信是工作迟迟定不下来，直到1月12日省、市委决定我到蓬莱市任市委副书记、市长。一谈话我马上到北京办手续，临时人代会无法提名，尽管当时几个部长内定要提为副司级，去搞总公司，但我总觉得基层全面主持一课必须早补、补好，所以令不少人震惊："真下决心了"。

　　一报到就干到春节前（我去看望了父母大人），昨日返回开始工作。

　　对我来说，招远情况熟悉，但新的环境又逼迫我去重新学习，压力大，会更谨慎。蓬莱的财政实力不如招远（黄金缘故），但对外知名度大，有旅游，水产（烟台之最）等优势，干部群众的商品经济意识较强，相对对干部的要求也高些，正派有本事的服气，搞邪的或无能之辈可能会气死或告状赶跑。

　　眼下，我觉得最重要的是安心、虚心、尽心、当好学生、边干边学；当好公仆，竭诚服务；当好助手，全力扶持；当好班长，带好队伍。凡有利于经济发展和百姓利益的事多办、快办，舍此别无目的。凡标准，不可急功近利，不搞花架子。

　　谢谢您对我的鼓励和信任。不急于作收获上考虑，着力务实，长本事，干实事，这和我的抉择是一致的。过去的成绩只能是昨日的写照，我愿天天从头做起，如履薄冰，如临深渊，将促使我们谨慎从事。

　　世间一切名利地位都是流水落花、夜露晨干的瞬间事，留得较久，常得慰藉的是给人民办实事，这就是我终生信条。

　　我欢迎您在方便时来考察，指导，当面赐教。

　　祝好！

段志强
93年1月28日

辛老师：

　　您好！

　　遵化相见，您给我留下很深的印象，钦佩您的正派、耿直和做学问的吃苦、严谨精神。

　　你的所有材料我均转交两位司长一阅，并提出民选村长实验区事，只因当时急于赴甘肃和中央研究室、中组部联合调查农村基层组织状况，近一个月刚刚返京，司长又到吉林出差，所以还未得到机会碰头研究。反正我会尽力促成，力争明年春节后找个地方，集结几个志同道合者好好研究几个问题。

　　人大常委会最近提出县乡换届时间是否三年较短？还有村委会性质即要不要搞村公所的问题，1月初听汇报，不知您有何高见？

　　表已收到，待统一研究后先聘为委员，将来开年会增补理事时再说。简报以后会寄您。

　　《乡镇论坛》可为您的有关大作提供阵地！

　　有什么事办望随时告知。

祝您健康！

致礼

段志强

12 月 16 日

秋水兄：

您好，希望在武汉见到您，我住华中师大北区。

张厚安

6 月 16 日

（张厚安：华中师范大学教授）

秋水：

今年水灾严重，尤以皖省为最。日前在电视屏幕上看到合肥市已进水，不禁为贤伉俪担忧。故致专函慰问，望告知近日汛情及生活状况以慰远念为盼。我仍忙于译事，很少外出。日前夜间曾晕倒过一次，翌日赴医院求诊，经电脑测试血液结果，诊断为：高凝血症、高脂血症、血栓症。服药后已见好转，遵医嘱每日脑力劳动时间限制在 5 小时以内。此属慢性病并无特效药可治，惟有注意劳逸结合和饭食尽可能少吃动物蛋白，多吃植物蛋白，希望在翻译任务完成以前（1993 年冬始能完成，共约 70 万字）不要一命呜呼，让别人收拾残局那就不妙了。近来北京酷热，余不多及。盼复我信以慰远念。匆此即祝。

徐守源

1991 年 7 月 17 日

（徐守源：中国广播电视大学教授，辛秋水在清河农场劳教时的难友）

秋水：

手书收悉。惊悉海琛不幸于去年 6 月患脑溢血逝世，他比我小得多竟先我而去，深可叹惜！我已写信告知高纪翰。回忆三四年前海琛来京在我处住过两夜，我还和他一起去看望过他在师大时最景仰的老师——文怀沙教授（是我的老友）。不料北京一别竟成永别，真是人生若梦！不过那年海琛在京时，我已感觉到他有未老先衰之象，耳朵失聪。与他谈话必须放大声音。他说，他讲课已感困难，因为学生提问题他听不见，师生之间不能很好地交流。

近一年来，我的身体尚好，血栓症没有新发展，平时已不感头晕。我的译作《剑桥拉丁美洲史》第三卷已于今年初交稿，我译了 34 万多字，现正由专家校阅，明年可出版。

承关注我的晚年生活，十分感激。我家的保姆李萍对我确实很好，像自己的女儿一样。她表示愿意照顾我的晚年生活。但是，她还没有下定决心与她的不成器的丈夫离婚。她说，"在农村女方提出离婚是要吃亏的，法院总是偏视男方。我只能拖下去，等到他不能忍受时他先提出离婚，我表示同意，我就不吃亏了。"她没有文化，受习惯势力和传统观念束缚，很难说服她，而且她还舍不得自己的女儿，总想回家去看看，既然她不愿提出离婚，恐难以在北京久留，终究要回家乡去。所以，她虽然一再向我表示愿意照顾我的晚年生活直到生命的最后一息，但是我看事情的发展恐难如她所愿。因为她的丈夫绝不能容忍她长期在北京工作不回家。以后的事只好走一步看一步，现在很难预料。她走，我的儿女和两个媳妇对我都很好，晚年生活不至于太孤独。请你放心。老友情深，令我感慰不已。匆复即颂！

徐守源

92 年 5 月 8 日

秋水：

久未通音信，时在念中。忽奉手书及剪报，喜出望外。从剪报中不难看出你几年来辛勤探索和实践已经结出硕果，这是你对社会学研究的一大贡献。老一辈的社会学家纯是坐而论道，至多是去农村做一些社会调查，调查完了也就算了。抗日战争前晏阳初曾在江南目睹自己的实验成果实在是很幸福的！希望你在退休以前再搞几处试验田。

诚如你所云"扶贫重在扶人"中国目前的许多老大难问题的症结多半在于人。例如，国有大中型企业目前多处于不死不活状态，每年要国家财政补贴数百亿元。国家办企业为了谋利，如今都成为国家的一大负担，岂非笑话？究其原因固然有许多客观因素可作解释，但最根本的原因是所用非人。不久前朱镕基在沈阳对国有大中型企业的厂长经理进行了一次考试。结果发现 70% 的企业领导人不合格，甚至有两位厂长连利息是什么都不能解释。试问让这些外行长期担任大中型企业的领导工作，国有企业安得不亏损？呜呼哀哉！

我自 1990 年退休以后，与友人合译了一本书名为《剑桥拉丁美洲史》第 2 卷，计80 万字，我译了 35 万字。现已由社会科学文献出版社出版，此书是 9 卷共计 700 余万字，系由社科院拉丁美洲研究所主编。

我的身体尚佳，前半秋曾赴苏州扫墓，在苏州与舍妹夫妇相聚数日，然后又去杭州、萧山、绍兴等地逗留了 20 余日，本想由杭州去合肥看望你，无奈北京家中来电催我返京，只好由杭州直接回北京了。

近两年来一直待在北京未动，每日在家看报读书，晚间则看电视，偶尔有一些社会活动，生活很平静但不感寂寞，如此而已。每天下午必听法国国际电台和英国 BBC 的广播，借此知道一些国际和国内的信息以弥补国内报纸之不足。

前几个月高纪翰曾来信问我清河老友的情况，我就所知一一向他汇报了。此外，李天生和黄铨还不时来看我。匆复顺祝

研安！

徐守源

1994 年 10 月 17 日

秋水：

收到你寄来的两份材料，我拜读后深受感动并十分钦佩你的精神。我当即将两份材料分别寄给（挂号）中央电视台和上海东方电视台我的两位学生。现已分别接到他们的电话答复。中央电视台的学生名张政，是"经济半小时"的主持人。他看了材料后甚感兴趣，打算明年春天去安徽采访并录像。他认为，你正在进行的文化扶贫的试验具有全国性意义，很有向全国介绍的价值。届时我当写信介绍他去合肥拜望你。希望你惠予热情接待并请陪同他和摄像师去你的试验地区采访。盼复信示知以下两点：一、明春三四月间你是否在合肥？二、到达合肥后至何处找你最方便？打电话可否立即找到你？

上海东方电视台的学生名穆端正（台长），也回了我的电话。他说，他们台的服务对象是上海市等地区观众，报道内容限于上海市内及郊区的新闻，对外地情况很少涉及。他也认为你的试验很有价值，但限于该台服务对象无法报道。希望你谅解。

我想，只要中央电视台能去采访并录像在经济半小时栏目中播出则影响将遍及全国。上海东方台播不播实际无关紧要。不知你以为何如？

我的贱体欠佳，仍干校对工作，乏善可陈匆复顺颂。

徐守源

1995 年 10 月 26 日

秋水：

手书诵悉，我阅读了你的论著目录，感觉其中包含大量有价值的言之有物的内容，与一般空谈的脱离实际的学术论著迥异。因此，我以为有必要出一本《辛秋水文集》。但目前出版十分困难，有价值的学术著作发行量太小，出版社多不敢接受。倘若大作要出版，最好向安徽社科院申请科研著作补助自费出版。申请到补助以后再去与出版社洽谈条件，然后签订出版合同。此书宜在安徽省出版，因内容大多谈的是安徽社会问题（尽管所涉及的问题是具有普遍性），尤以农村问题为多，故与当地出版社接洽，被接受的可能性较大，何况你在安徽省的知名度也较大，办起事来方便得多。现在办事，人熟是个宝。

此书如欲出版，有些内容大致相同的文章不妨删去，可以缩短篇幅降低成本。与别人合作的文章必联合署名，以免引起侵权纠纷。总之，首先要申请到出版补助，要有两万元才能与出版社洽谈。

贱体尚好，请勿念。你上次寄给我的那篇关于农村政治民主问题的论文，我亦已转寄给学生张政，他收到后曾回电话称，拟于春暖花开时节赴安徽采访，那时地里才有庄稼，可以摄像。他来合肥之前，我当为函介绍，希望你提供给他一些便利，最好能陪同他去你的几个试验地区调查参观当地农民。他主要想了解你如何将文化扶贫与政治民主相结合，效果如何？现在中央电视台也实行采访、编辑、播音一个人完成。所以，他们都想找一些新鲜的题材。匆复，顺祝

春节愉快！

问候尊夫人

徐守源

1996 年 1 月 26 日

老辛：

自那天从你那儿回来，总有一种担心，不安的感觉。因此 16 日下午又去找您，没见着。但还是想把自己的想法告诉你，不管你多忙，希望你能耐心读完。

很感谢你对我的信任，把你不愿说的内心想法对我说了，既然我比你年长几岁，参加革命工作又早几年，我们又曾同过事，有过相同的遭遇，还可称是忘年之交。发现问题怎能缄口不言呢？如你所说，我也不想同你辩论，但不得不提醒你，冒昧提出，供参考吧！

首先，我承认，我对马恩著作不如你读得多。然而正如毛泽东主席所说的：如果一个人只知背诵马克思主义的经济学或哲学，从第一章到第十章都背得烂熟了，但是完全不能应用，这样是不是就算得上是一个马克思主义理论家呢？这还是不能算理论家的（《整顿党的作风》）所以我认为，你要我把马克思、恩格斯全集通读一遍的提法，客观上很容易给人一个印象（也许是错觉）：似乎以此来掩盖自己"不能应用"的实质。我这样说，也许太刺耳了，"良药苦口利于病"也许是一剂良药哩，我这样说完全是根据你自己的话。你认为取得革命胜利的社会主义国家，都没有经过资本主义的充分发展。所以，虽然苏联搞了七十年，最终也必然回头去补这一课。那么，列宁根据资本主义发展到帝国主义阶段的形势，应用马克思主义原理，提出了发展不平衡的规律和一国内可以首先取得胜利的理论，并且发动了无产阶级革命建立了有史以来的第一个社会主义国家的正确性就被完全否定了。这样，不仅列宁主义被否定，而且连马克思主义哲学，唯物辩证法的灵魂——斗争、发展、变化，也统统被否定掉了。如果说，苏联是跳跃了历史发展阶段，那么封建残余更多的其他社会主义国家当然更是跳跃，更不应用马克思的基本原理于本国实际，进行社会主义革命和建设了。这样对待马克思主义，是不是把马克思主义当成了万世不变的"教条"？这不是马克思主义，而是教条主义。其实，这种观点只是重复历史上出现过的"唯生产力论"。

你强调必须经过资本主义充分发展的阶段，除生产力发展外，似乎更强调人民的思想意识水平、政治文化素质。在你认为人民如此落后、封建意识如此之多，是不可能建设社会主义的。而落后，封建意识的表现就是今日的党风不正、社会风气不正。你对党风不正深恶痛绝，我也一样，陈云同志还把它提到了有关党的生死存亡的高度哩。但产生的原因，仅仅强调思想意识的落后是远远不够的，更重要的还是党在一段时间中放松了思想教育的工作。毛泽东主席说过：思想阵地，无产阶级思想不去占领，资产阶级思想就会去占领。这里应该联系的理论原则是政党的作用问题，是阶级、政党、领袖和群众关系问题。当然这又是列宁提出来的。如果片面强调"物质决定意识"，否认先进政党的领导作用，对群众宣传、教育组织的伟大意义，在理论上意味着什么？在实践上又如何解释世界上头号强国——美国的犯罪率、吸毒率、暴力事件都处于世界首位的事实呢？近年来，党中央强调了抓思想教育，提出拒腐防变的政治任务，尽管实际中还不够理想，不尽如人意，但显然取得了可喜的成绩。这就从正面证明，这一理论原则的正确性。可是你认为实际情况并非如此。事有凑巧，报载一则《调查记》附上，不妨来个对号入座，看看自己被归入了哪一类。你认为苏联的剧变，归罪于戈尔巴乔夫一个人是错误的。我说这要从哪一方面来说。如果分析全部原因，那么远一点应追溯到斯大林违背的马克思主义原理所犯的严重错误；近一点则应追究到赫鲁晓夫对斯大林的全盘否定（这当然是违背了辩证法原理的）；以后几任领导不仅不对人民进行社会主义思想教育，只是消极地封锁、压制，本身又特殊化形成特权阶层，而且又是没有能及时提出完善社会制度，进行改革的任务；以至政治上、经济上过分集中的僵硬模式没有改变。广大人民群众精神上受压抑、物质上得不到应有的提高，积累了不满，以至怨愤。而当内部叛徒戈尔巴乔失提出"公开化"、"新思维"以后，党内的错误缺点完全公之于众，而且夸大"渲染"。同时，西方国家相对高的生活水平以及生活方式、价值观念突破了先前的禁锢状态，国家制度蜕变便在所难免。这也是你说的人民决定论。普列汉诺夫的名著《个人在历史的作用》是值得参考的。

我不是在写论文，也不是写批判文章。谈不上逻辑性、完整性，只是简要地向您提出问题，目的是希望你能在走每一步的时候，迅速及时地觉察。我所以要不顾你可能的反感，硬着头皮提出，还因为你今天地位和影响，至少在社会科学界，许多人都希望听到你的声音，甚至以你的议论来决定自己的行动。我以上提的问题，也可能误解了你的意思（果真如此，倒值得庆幸），片面、夸大恐又在所难免，不管论点是否可接受，只要能起到一下警钟的作用，引起你的重视；那我就会觉得无愧于党对我的培养教育了。

这封信不必回复，但我愿在我能看到的时间内，看到一个真正的"马克思主义信念越来越坚定"的辛秋水活跃在祖国大地上。

握手

你的至交　盛之白
1991 年 11 月 22 日
（盛之白：原安徽省人民政府外事办副主任）

辛老师：

您好！来信及照片已收到了，谢谢您。

海南幸会，聆听高见，收益甚多。又与老师合影，留下了难忘的纪念，十分快慰。

寄上第五期论坛，封三、封四、转载了我刊在全国经济类刊物评选的名次，请指教。

上次谈的两篇文章，可否先要一篇？

祝好！

林其屏
5 月 9 日
（林其屏：福建省社科院副院长，《福建论坛》主编）

老辛同志：

回到上海后，即同有关方面联系帮助岳西文化扶贫的事。

上海景泰集团副总经理董敏华主动表示愿意为岳西县花岗岩、大理石建材加工和出口搭桥介绍，希望及早把样品送来。我已先后催过三次（其中第一次是通过您转告的），不知道办好没有？请便中查询。如下周再不送来，就会误事。（直接送到上海市

斜土路 1175 号景泰大厦 2008 室董敏华办公室）

  岳西县中药材公司寄来该县出产的各种中药的品种及售价，已交静安区实业公司与静安区中药厂及雷允上中药店联系，看看是否合作，采取供销协作方式扩大再生产。

  关于文化扶贫资金原来已答允的 20 万元事，已向上海市工商联主任委员王洪昌先生报告。他表示，将在近期查询，争取统一认识，落实安排。

  至于在《文汇报》或《解放日报》上刊登您的文章和有关报道，已向驻沪办打了招呼。只要稿件寄来，我们负责转送。因此，请你能费神写好，于本月 15 日前寄到我处，当即设法转送给社编辑部。

  我们要在 7 月下旬，去山西、陕西等地探亲访友，要到 9 月份回上海。在动身前，打算对上述各点都能有个安排，9 月份再进一步落实，争取 10 月上半月你偕岳西县有关领导来访问上海，取得成果，并且广泛交朋友，多开渠道，为今后的文化扶贫工作打下基础，在农村社会学研究方面，也能有所推动。

  我的大孙女放暑假回合肥，托她带去此信，转交给你阅知，并与岳西县领导保持联系，落实行动。相信经过一段时期酝酿准备，一定能够取得进展。

  盛夏渠热，诸希珍重，并向夫人问好。

  此祝

撰安

张旭东
7 月 6 日于上海

（张旭东：沪皖经济技术文化促进会副会长，原安徽省人大副秘书长）

老辛同志：

  为了做一些有价值的实事，我建议花些时间，收集资料，深入研究，对咱们编写《中国农村社会学》一书大有好处。新事物层出不穷。如张家港市，如上海郊区的农业现代化建设步伐，如中西部地区的乡镇企业，如贫困地区的"八七脱贫工程"等，都有许多可写的内容。

  因此，请将原书出两三本来作为底本。其中，给我寄一本如何？我已参加上海市振兴农村经济和社会发展联谊会，担任理事，想同他们商讨，取得支持和帮助。并同你保持联系。

  我去干休所住了半个月。那里农民仍未脱贫。县里扶贫工作不实在，每年国家扶贫，多是去贴补亏损企业和付给关系户，真正用到农民身上，开发农林业生产的几乎没有。乡一级也擅自挪用，乡镇企业所得也少。而浮夸风严重，县里要求乡镇上报数字是自己随意定的，只好加上水分上报，不然交不了差。好事办不好，关键是领导作风问题。

  明日我有事要去上海了，至此函别。

  祝健康，事业顺利。

张旭东
8 月 19 日

辛秋水研究员：

拜读发表于《安徽日报》上的大作《从一个村的选举看实行民主政治的基础》和内部报告《一次成功的民主政治实践——记岳西县莲云乡腾云村民主选举》之后，与在京一些关心此一问题的学者进行了探讨。现在提出如下几点看法以供参考：

（一）此一事意义重大，已以事实充分说明一条道理：贫穷与落后不应成为推进民主与政治体制改革的借口。江泽民同志在十四大报告中明确指出："必须按照民主化和法制化紧密结合的要求，积极推进政治体制改革。"不知安徽省在推广岳西经验，对这一重要方面的改革作何等的布置？我们觉得：安徽完全有条件在这方面走在全国前面。

（二）大作中说："中国农村有着悠久的民主启蒙运动的历史。中国共产党领导的新民主主义革命就是从落后的农村开始，就是用反封建的民主精神，对广大被奴役的农民进行民主主义的教育，提高其阶级觉悟。"因此，"民主"二字是中国广大农民比较熟悉的字眼。所以，我们说中国广大农村虽然文化落后，商品经济不发达，但在那里却有着源远流长的民主主义的历史传统。结论是："民主精神正在广大农村中升华。"我们读后，齐口称赞，认为写的是何等的好。但是，令人不解的是：《安徽日报》记者对你的专访中却对此只字未题。江泽民同志曾说过"人民民主是社会主义的本质要求和内在属性"，难道对你的见解有不同认识吗？

（三）读报知安徽省委已决定推广岳西县莲云乡经验，并已落实在嘉山、歙县、岳西三个县选出若干乡镇进行农村科技文化试点，且由省委宣传部发了文。现在不知所推广的莲云乡经验中，是否包括"民主政治实践"的经验，还是仅仅只限于"农村科技文化试点"的经验？我们觉得，你在莲云乡的工作经验是一个整体，"民主政治的实践"至少也是必不可缺的重要内容之一，不包括或疏忽这一重大意义在内的工作经验都是十分不妥的。可否请代我们向有关方面作出反映，作为安徽人的我是很爱我的故乡的。

（四）主管农村工作的陈俊生国务委员最近指出：农村问题困难，工作很不容易。有些困难是本村本地问题，有些困难则是上边某些人和某些部门设置的。这是最难办、最难顶得住的。有些人手中有点权力，村民就不敢得罪他，但大多数群众不投他的票，他在群众中完全陷于孤立。好干部群众还是拥护他，投他的票。我们觉得：莲云乡经验，由中国社科院出面，邀请各省市特别是在京学者共同聚会，探讨这项经验的理论意义和实际价值，是不是会更有助于推进农村民主政治和扶贫工作？

以上管见，请多指教。

专此，致

敬礼

王胜泉　王培勤

（王胜泉：北京经济贸易大学教授；王培勤：台湾大学法学院教授）

秋水老友：

来函、聘书、稿酬收到，特表深切谢意。

华夏乡村研究院如蒙省府批准成立，这是梁先生建学院之后另一创举，真是十分令人惊喜，佩服之至。老友伟绩所在，继往开来，前途远大，特致衷心恭贺。

我在此有一具体设想：此院不知挂靠何市？阜阳还是滁县？可否请与该市协商：由我代表台湾经济研究中心为该市引进若干台资，按现行奖励办法，由该市奖励若干比例（徐州、淮北为 1%—3%）给乡村院作为活动经费。由于我已将徐州、淮北项目申报给台商，只要该市能提出相似的较好项目，即可负责动员台商投资。另外，我 4 月份出国赴美国、加拿大，也可以为该市做些引进外资、开展贸易的工作。条件就是他们必须大力支持你办的乡村院。不知你意下如何？由于我出国在即，琐事繁多，你如要办此事，请迅与该市联络，准备好拟请台商投资的项目资料，由该市发出邀请信，我将在 3 月 20 日左右去该市作实地考察，协商安徽台商投资事宜，并参加你们拟召开的讨论会。但时间不能超过 3 月底，3 月底我就要全部身心投入到出国准备工作中，此事就必须放到 2000 年再谈了。

《中国政治社会学》是件大事，望老兄抓紧、动用一切手段为盼，只是信中所叙过简，难以知道你们的人力、财力情况如何，甚为挂念。又：上海社会学刊物可否寄来，我想看看他们在原稿上有什么修改之意，请麻烦找出来寄我。如果得便，你能不能将文章复印，请你的几位老友提些意见，以便进一步商定内容。昨日，我见到一位中央负责同志，他建议：中国政治社会学，不要走学院式教科式路子，而要大刀阔斧，针砭时弊，指点江山，议论近来政治事件和重大政治问题，要具有强烈的时代性、理论性和指导性，目的是刻画出中国 21 世纪政治体制改革和有中国特色社会主义民主之命运。他是好意，但题目太大，是否能办到请多考虑，并广泛征求好友意见后，写一封详细的信来告我为盼。

尊著何日出版？请尽早寄来十册，我将带往国外为你鸣锣开道，并撰写专文参加讨论会。希望该会要在 3 月份召开，切勿后拖，切切至嘱。我等着你的信和书，请抓紧时间为盼。专此致

敬礼

王胜泉
2 月 17 日

秋水兄：

久未接来信，甚为念挂。情况如何，盼告。

中央半年之内开了两次农村工作会议，可知问题之严重，安徽同志回去后怎样传达的，有什么举动，请及时告知。应该说，目前是我们出头露面最好机会，请你抓紧此一良机，多做点领导的工作，争取更大收获。

我准备介绍台湾农经商来安徽，以取得省农经委支持。我已与台商谈妥，组织 15 人左右商定在 7 月份来大陆，其中包括三五位教授。在合肥举行：1. 海峡两岸农经学者座谈会；2. 台皖农经投资经贸洽谈会。这对省农经委不知是否有吸引力，请作一番努力。代价是：支持我们的活动。不知你以为如何？信一封附上，请代转。

台湾中山大学农经系主任来北京，我已送书二册，反映都好。达成的协议是：第一次会议在合肥举行，第二次会在台北举行，这样可以去台一游了。只是他们要求与"农经"而不是与"农村社会学"联系，我只好这样答应他们，反正此事由我经办，我

届时向省农经委提出请你作主要发言，也就行了，只是白便宜了省农经委，故一定要他们出点代价，为我们做点事。这也是一次机会，希望你抓住，主动出击，你看如何？

中国社科院社会学所老陆主办之"农村社会学会"成立事尚未接到通知，我因忙台经中心之事已无暇顾及，你要主动催他一下。现在时机这样好，一定要抓住这个时机，切切。

我想：我们应该有个见面聚会日子，以便对这些事好好计议一下。请向各方面打听一下，5月份安徽省农、经、社方面有什么会议没有，设法为我弄个开会通知，我利用此机会来合肥与大家见见面好好商量一下。请务必留意。

情长纸短，请多珍重。

王胜泉
3月30日

秋水老友：

我自台探亲归来，听老赵说，你曾来电话，谈及"贫困问题"一文业已发表。对此特表谢意。这种事多次麻烦老兄，实在过意不去，只能表示千谢万谢了！

这次在台与台大社会系、台湾社会学会举行多次座谈。叶启正（台大教授、曾参加亚洲社会学会）主持的"台湾社会问题"课题受到大学生重视，拟1997年出新版。他们建议：大陆也应该出一本"中国社会问题"，而且应采取社会学所蓝皮书"中国社会情况预测"形式，年年出一本作为权威报告供大学参考。我深有同感，特建议老友与我同当权者合作，共同占领这块社会学阵地如何？当然我们要费些精神，但为国家民族着想，还是很值得，且可以以此书编委会名义访问港台，其利甚多，其意义甚大，不妨作进一步探索和研讨。

我静候回信。

请向诸位老友致意。致

敬礼

王胜泉
4月22日

秋水同志：

我外出讲学方归，读4月4日来信，实为高兴。有友如此，胜似亲人，愿我们的友谊长青如树。

书稿完成在即，从信中意思看，要我与老邓多出力，这是应尽的义务，只要欧老与你开口，我们不会讲二话的，一切悉听尊意。但我建议在程序上不这样讲，而作如下的安排：

书稿一审：辛秋水（将作者所写稿子催来，有无短缺，注释等是否齐全。）

书稿二审：邓伟志(2/3)

　　　　　　　　　　＞负责改稿

书稿　王胜泉(1/3)

　　书稿三审：欧远方　辛秋水（主要是秋水同志检查一次是否符合出版社要求，欧老只要把关就行了。）

　　总之，此稿最后一定要请欧老过一下目，具体工作我们都可以做，但在名义上与荣誉上还要把欧老摆在你我之上，切切至嘱。

　　盼多联系。

敬礼

王胜泉
4 月 27 日

秋水同志：

　　久疏函问，不知近况如何，常在念中。听说老兄去大别山作了一次很有成果的考察，所提建议受到有关方面重视。详情如何，盼能告知一二。

　　我自从香港归来之后，由于被安排担任"县经济管理研究会"副会长，故这一阶段忙于这一研究筹备工作。由于有一份内参报告被山东省委书记梁步庭看中，故专门去山东就县经济问题作了几次探索性讨论，同时亦对县以下农村社会经济情况作了一些调研。与此同时，我又被邀参加了农村现代化经济效益课题工作，对农村问题又有了一些新的认识与体会。我大约 7 月份可以出来作一个半月的考察，目标可以是西北与四川。因此迫切希望老兄在思想上给我些指导和启示。特别是当前情势下，在哪些方面可以作为突破口，以便进一步推动农村经济前进。

　　在乡镇企业方面，不知你们这次考察有什么新的体会、观点，一方面正在积极设法为乡镇企业家增辉，加强乡镇企业投资环境改善措施。但是社会学界，特别是何建章等正大谈中国出现新剥削者、新资产阶层、食利者阶层，还有两极分化、私人经济高低悬殊等。不知你在下面看到的实情说明什么，谁是重点趋势主流？务请谈谈，切切。

　　中国农村社会学书稿改得如何？因为你一直没有信来，难以知道其中情由，也盼能告知一些。相信在老兄大力支持与实地组织下，此举定会达到相当水平的。

　　拉拉杂杂写了许多，表达的是一种急切希望能得到你的回信的心情。我想：你一定会满足我的要求吧。问好！

王胜泉
4 月 27 日

秋水同志：

　　来函敬悉，恭贺老兄荣任农村社会学研究会会长，对于请我担任顾问特致谢意。

　　5 月末，周日礼来京，讲及肥西会议之事。此举甚合吾意，老兄还是将才，抓得真是地方。有些摊子，我们将团结在老兄周围大干一番。请陈道、王康担任顾问之议甚妥，请专函邀请，我可替你代劳跑腿。至于是否请陈道担任名誉会长，请你找些人商议一下，如果省委支持，也是可以去办的。请复信。

我感兴趣的是研究工作与调查。你所提出的两县调查学习班，弃农经商讲座会，农村二次改革讨论会均击中目前社会时弊，可以分期一一举行。但我以为：有两件事似应当作重点工作来抓，一是搞一个"肥西农村社会全貌调查，"像当年定县一样，成为中国农村社会调查的样板。二是以研究会名义，向全国发通知，在今冬于合肥筹办全国农村社会学座谈会，扩大我们研究工作的影响，为《中国农村社会学》一书核实，补充好的思想、见解与资料，并趁机将此书推向全国，作一次学术界的宣传战。最《近人民日报》以该报评论员名义发表了一系列文章，这些都是当前要事，不知你注意到否？在安徽有什么反映，盼告。

《中国乡镇社会学》，我推荐施正宗担任副主编，但出版社给我一个软钉子，说：不需要副主编。内中有何情由，我也弄不清楚。不知你了解点否？请见老施时替我说明此事，不要令他产生误解。另外，还可告他：我七八月份去合肥时，还要替他力争，请他放心。

专此，致

敬礼！

肥西会议资料寄一些来如何？

王胜泉

6月7日

秋水兄：

5月16日来函敬悉。所嘱为吴鸿城副研究员所写著作之评价，另纸附上，不知所写内容合用否？

我刚开完全国行政管理学会换届会，我仍是理事，但会长换了罗干。我本想借此机会与陈俊生好好谈谈，但会上，大家对乡村民主建设呼声甚高。这次得拜读卢书记批示，增加我们对建立"新乡村建设"学派的信念。老兄是这方面挂帅人物，仍请注意时机，经费十几万全部由台方资助。如果这资助有台湾乡村社会学者参加，我想照此模式在合肥召开一次"海峡两岸乡村社会学者座谈会"，仍由他们出钱，我们主办，看是否可行？如果能找到关心梁氏乡建学派的学者，开一"两岸梁氏乡建学说研讨会"。你有什么意见，盼告知。

关于新乡建派的理论基础，老兄信中所提以文扶贫、乡镇民主化、从农村基层作起……都是十分中肯之言，但应该有个科学的、完整的、系统的体系和学说。老兄是否可以起个草，待我们再为润色一下，以便利用各种场合推出。北京社会学会要开年会，这是个宣传的好机会，盼能及早提出寄我。费老1992年底在香港中文大学谈了他一生研究心得总结，其中有两句话是说他"一生志在富民"，"未完之志盼后继者完成之"。我们是不是借此机会"亮相"夺取这一阵地呢！请三思。

我的文章，承蒙推荐，十分感谢。但这主要是老兄做得好，我只尽一点"爬格子"之力罢了，望今后能作为"绿叶"，为老兄这朵"红花"再尽微薄之力，一笑。

　　问诸老朋友好，致
敬礼

王胜泉

6月25日

秋水兄：

　　前去一信，谅已收阅。不知去港通行证是否已领到手，盼告。

　　我们去港人员名单（包括老兄在内），业经有关部门同意，并已电传至台方，对方也同意，这样也就算是手续齐备了。台方已将人员名单与论文题目寄来，我们正审查中。老兄论文印好后请迅寄来，以便送审。现在还有两个问题待解决：

　　一、须有一"首长"带队，说是民间实为公派，究竟哪位"首长"去参加此会尚未最后审定下来，我只充当名义上的带队人。

　　二、台方提出"在国际间活动空间"问题，此非学术问题是否谈，双方还得电传来往数个回合才行。

　　由于有以上两个问题需交涉，故开会日期可能拖后一些时间。因此，请办好一切手续之后，静等我的回音，我将再一次发通知给你，上面有准确开会地点、住宿报到机关，及会议日程。未接通知，不能动身，切切至嘱。

　　专此
致礼

王胜泉

6月27日

秋水兄：

　　来信及大作收阅，经与有关方面拜读之后，认为写得很好，具体意见附后。

　　今秋希望能给我发一社会学方面学术会议通知，最好在黄梅时节。

　　台湾为开香港会议，已派两位教授来京，与各方面接触近一周有余，我也参加了。最后意见是会议定在今冬举行，将再发一次邀请信。

　　这里寄上长文一篇，请汪大年兄代为设法刊用。马寿华是我的姑父，在台湾极有影响，台湾方面希望安徽省刊物能有所介绍，请多帮忙并先致谢意了。

　　专此
致礼

王胜泉

7月10日

秋水同志：

　　来的电话及7月9日来信均收悉，详情已悉。所询诸事，答复如下：

1. 7月5日台方电传，内载"香港大学这段时期不能作为主持人接待海峡两岸学者开会。因此，会议将延期至9、10月份。"因此，8月20之会期作废，请等候通知具体开会日期和地点。

2. 由于香港方面邀请难定，所以国台办不拟通知新华社香港分社。因此你们给新华社出函，分社不会受理，此事也需等香港邀请信寄来后，由这里国台办批准后方可通知香港分社备案，才能通知我们与你们去香港。这是例行公事，必须照此手续办才行。

3. 到香港具体走法是各走各的，不是集中北京再动身，但在港开会只有两天，这两天费用由台方负责，两天之外当由自理，你愿玩几天自行决定。如提前到港，也需自理。现在开会地点尚未最后确定，也需等通知。

4. 老兄论文至今没有送审，将会是影响行程的问题之一。我只有权发出邀请信，批准出境权不在我手中，你早日将论文三份寄来为盼。世事多变，你也不可不做些准备。

京中大暑，皖中如何？有一事相求：可否在10月份找一个"社会·经济"方面的会议给我一个通知书？我想去安庆参加"黄梅戏"节，不知能届时发一会议通知给我否？请留意。专此
致礼

　　　　　　　　　　　　　　　　　　　　　　　　　　王胜泉
　　　　　　　　　　　　　　　　　　　　　　　　　　7月14日

老辛同志：

　　张旭东同志7月14日转来你的来信，方知你来过一次长途，未能及时联系上，实为抱歉之至。详情他已告我，知你为农村社会学费尽了心力，令人敬佩不已，请接受我衷心的致谢。你是在踏踏实实地作中国社会学开创者的工作，我能与你合作实在高兴得很！

　　编写工作进行得如何？甚念。听老张介绍，有的作者写的有些差强人意，也有些理论上的疑点亟待解决，你为此有些着急，要我近日赶到合肥议一议这些事。我与老张考虑了一下，大家感觉：稿子还差的较多，问题虽已出现，但尚不是全部，全盘考虑后再下断语，至少需稿子基本收齐之后再议较为相宜。因此，我们想请你在近一个月内将稿子基本催齐，你与欧院长先大概看一看，定一个基本调子。我在8月底将与农研室、红旗、城乡部、农村部同志一块来合肥。我先看稿子，9月4—6日中挑一个半天，开一次全体编写人会议，共同商定对稿子修改、充实的指导思想和原则，大家分头再改它一个月，9月底给几位主编修改定稿。对于这个想法，请你向欧院长作一汇报，请他指示。希望你能很快给我以回信。以便如期到合肥。我们在合肥接待有省委负责，你就不要做什么准备了。但这样一来，在合肥的日程要由省委安排，我们的学术活动只能插空进行。正是由于此，我才作上述具体安排的明确建议，如蒙同意，请务必一切准备工作如期做好，到时候我们不能等得太久，切切至嘱，请一定要抓紧，在这里先致歉意了！

　　我十分关心肥西社会调查之事，不知县委态度如何，能投入多少力量？你们社会学所能有几个人专门负责此事？老施参不参加？市社联有什么人参加？调查经费有没有着

落？请你告诉我一个底，以便考虑如何开展这一调查。如你能请省委负责同志支持此事最好，如果条件比较理想，我想在 9 月初合肥之行中，抽一天去肥西，将调查目的，内容表格，日程……基本定下来，用半年时间完成问卷调查、统计分析。在今冬我专门来一次，汇编一本肥西社会调查，如果质量合宜，可否作为建国四十周年的安徽社科院重点科研项目。在 1987 年到 1988 年再作两次调查后，全面探讨社会发展的中国社会主义现代化模式，建立中国特色社会学的新体系，成为中国国内中等水平地区的典型材料，并争取列入中国社会科学院重点项目。如果省、市、县三家都十分支持这一工作，条件具备，我愿充当该县县人民政府的顾问，作为一家人完成此项工作。难道"江村经济"之后不可能再出本"肥西社会全观"吗？但我不了解情况，只是与有些人商量，认为此事大有前途，但条件如何，还得请你老兄在现场考察决定，如你认为条件不宜，也就只好作罢。总之，我等你回信，而且愈详细愈好。

省长会后，安徽有什么动向……盼告。

专此

致礼

王胜泉

1986 年 7 月 16 日

老辛同志：

前去一信，谅已收到。我已决定 25—26 日左右来合肥，行前将给你去电报。请叫老施一齐到车站接我。这次主要由周日礼接待，不麻烦你了，但既以他们为主，也就只能先干他们的事，故最好一下车就能见到你，商量好咱们日程以便抓紧先办。

我建议：见一次欧院长，见一次编写人，将《中国农村社会学》收尾工作定下来，请你安排具体地点。但我重点是去肥西组织调查，请和肥西联系好，我 29—30 日去一天。由于肖克非是市政协副主席，肥西老关系多，请他出来如何？如你同意，请向他转达此意如何？省委政研室、宣传部也得打通关系。这都有劳阁下，多谢。

费老最近找我们谈了一次话，有关社会学问题我还想与你商讨些"大事"，请准备点意见。我给老施去了信，请他与安庆石化厂联系一下，不知进行得如何？安庆之行不知可如期进行否？

行前匆匆，专此问候！

王胜泉

8 月 19 日

秋水兄：

北京一别，又已多日，你好吗？

近接加拿大多伦多大学社会工作学院院长 Dr. Eileen Grabber（世界社会工作协会上任会长，曾访问北大）来信，准备安排我访问多伦多农村社会福利事业。请即通知老李：可否以华中农业大学社会学系名义邀请此人回访中国并开展协作。可由他署名并盖系印委托我替他们办理进行学术交流事项。但行期日近，我等到 9 月 25 日，务请注意。

另转欧信一封，请即送去，多有劳了。

匆此，致敬礼！

王胜泉

9 月 10 日

秋水同志：

来信敬悉，喜出望外，真可谓："知我者，秋水也。"所赐照片甚佳，请向元凯同志致意，下次去合肥，定去拜访。

现在，想和你谈点务实的内容，我回京之后，和各方面作了接触，现提出如下建议，请得空向欧院长提出，征求他的意见，——明确告我，因为这也不仅是我的意见，我还得向有关方面去汇报。

一、请将《中国农村社会学》编辑工作座谈会纪要稿寄来，以便校对之后，迅即付印，作为这件学术工作的开头。

二、《中国农村社会学》编写提纲已草拟出初稿。已分送农村政研室几位同志去审阅，他们将出人参加编写。一旦"纪要"稿寄来，将把提纲与"纪要"校对意见一并寄上，请欧院长与您审阅定稿。

三、建议以贵院名义发出"纪要"与"提钢"给各省市社会学研究所（室），征求他们的意见。不知欧院长和你是否可以考虑在明春邀请十几个省的社会学研究工作者举行一次农村社会学小型讨论会。一方面扩大影响，一方面可吸收更多作者。我已邀请农研室、体改委、社科院、红旗编辑部等单位支持这一活动。

四、欧院长上次指示：要把此列入贵院重点科研项目，不知已列入否？给多少经费？……具体情况如可能请告知一二。

等着你的回信。问好！

王胜泉

10 月 17 日

秋水同志：

来信收悉，附寄通知一份，请照章准备论文，万勿空手来参加会，切切。

我已将全部稿件审阅第一遍，发现如下几个大问题，现将问题及我处理意见告诉你，请与欧院长研究后立即告我，已定 11 月 15 日与责任编辑商定动手修改原则：

1. 前言没有明确中国农村社会学的学术性，建议吸收原有文中部分，建立社会主义初级阶段下中国农村社会学学术体系。

2. 现已发现部分章节是全部抄袭他书，责任编辑要求将这些抄袭之部分删除。

3. 不少章节谈的是经济学、政治学……不是社会学。最近费老对社会学庸俗化甚是气愤，他所指的现象在本书也有表现，建议这些非社会学部分也删去。

4. 由于责任编辑希望本书规模为 20 万字以上，30 万以下，现在稿子大大超此数。

如按每章 2 万字计算，本书只能设 15 章左右。我建议：将本书保持在 28 万字左右。安排 16—17 章为宜。

5. 你已约定之稿，请在 11 月 15 日前寄来，否则无法编入，请注意时间要求。

由于修改稿子最易招人怨怒，请寄来原作者名单并对外替我保密，不要给我造成被动，不然今后我就难去合肥了。

请在 11 月 6 日前务必回信。

专此致礼

王胜泉
10 月 27 日

对辛文意见（供参考）

一、作者应署名，现职称和单位名称与写作年月日，应打印出来。

二、"我国大陆"一律用"中国大陆"，不必用"中华人民共和国"、"我国""全国"字样。

三、农村人口与计划生育问题一段文字应慎之又慎，必正确，准确。

四、所引"法国每十个家庭就有九家不想要孩子"不准确，也不妥当，且无出处。

五、中国目前试点是"坚持自愿与强制相结合的原则"提法是否是中央或者省里公开政策？

六、全文无资料出处，不妥，应在每件事实、统计、引文……后加注。

七、建议增加："希望对台加强农村社会保障合作"部分，以便于引进台方投资和其他方面援助。

秋水同志：

上次电话后，未收到剪报，甚是挂念，安徽扶贫有何见闻，盼告。

我已就任台湾经济研究中心副理事长，并已开始筹备 1993 年 1—2 月份在北京举行的"中国海峡两岸学者座谈会"，不知你是否有意参加？两岸社区工作研讨会现正在商谈中，但尚无眉目，一时还难以有准确消息奉告。

关于市场经济中县机构改革问题，不知安徽有什么动向？山东准备大减人员，如皖省有此方面动向，盼告。

我的文章承蒙推荐，再次表示谢意。

专此致礼

王胜泉
11 月 16 日

秋水兄：

我因外出开会，回来后见到来信，并收到十本书及《福建论坛》文章。老兄办成一件大事，特表致贺。由于我大沾你之光，故又致深切感谢。

　　不久前，我们在北大举行"潘光旦纪念讲座"。台湾中央研究院院士，社会人类学研究所长李亦园教授主讲，我已送了一本给他。他说："你大陆农村研究的安徽学派，真是好，令人高兴。"我已组织两篇书评，一曰："继往开来，中国农村研究的新纪元"，一曰："中国农村研究的第三次高峰。"文成后将立即寄上，请审定后找一地方发表，以扩大影响。台大农经系主任（此人乃李登辉亲信）想要几本，是否给他们？请研究后复我。香港学者要不要送，请审议。

　　上次曾提到举行一次扶贫研讨会之事，不知进行得如何？明年4、5月份间可否准备在合肥举行一次农村社会学研讨会，正式把安徽学派招牌打出去，不等社科院社会学所召开会议，抢在前面，你觉得如何？费已老矣，最近形象又有点不利，似应乘机大干一场。这是难逢之良机，务希抓住，发扬光大。

　　盼多联系。

王胜泉

12月1日

秋水兄：

　　我因出差，今日方归。看到你的来信后，知已付印，大功告成，令人快慰。这主要是老兄辛勤努力之结果，如何安排，请按尊意可也，我一切唯老兄马首是瞻。

　　我有一点小意见，由于这是第一本农村社会学专著，除赠送给每位作者若干本外，尚有两处需赠送：一是费、雷诸位前辈，二是联合国粮农组织驻北京专员及有关你的国外农村社会学教授，给不给？我因不了解情况，一切都请老兄与欧老商定。

　　问大家好。

　　专此

致礼

王胜泉

12月18日

辛秋水教授道鉴：敬陈：

　　兹为研讨有关两岸社会福利、社区工作理论等课题，以促进学术交流及社会发展，谨订于一九九二年八月二十一日至二十二日，在香港举行《中国海峡两岸社会福利学术座谈会》，素仰先生，望重士林，贡献良多，特邀参加。如蒙赐允，并请提出论文一篇（五千字为度），以便讨论。

　　至此

敬颂

　　道安

王胜泉　王培勤

辛教授：

您好！工作忙吧。

拜读了您在莲云乡的扶贫经验一文颇受启发，您长期深入农村第一线调查研究，为普通的中国农民奔走呼号，令人敬佩，成绩卓著。在中国像您这样的人太少了。

去年写了一本适合于基层干部和大中学生进行农村调查而阅读的一本小书，《农村社会调查研究方法新编》，现给您寄去一本。请您教正，多提批评意见，有机会到安徽一定前去拜访，请您指教。

致

礼

程贵铭

1993 年 2 月 15 日

（程贵铭：中国农业大学教授）

辛教授：

您好！收到您的来信十分高兴。武昌开会相识，忽忽五载有余，十分想念，想不到今天能收到您的来信，感谢您的关心。在华中农大研讨会时我们住在一个楼，时间虽然短暂但您的为人、学问和胆识都给我留下深刻的印象。

这几年我一直在学校从事"农村社会学"的教学工作，也写点东西。从开选修课变成了农经专业的必修课，终于使这门学科在农业院校站住了脚且深受学生欢迎。这两年我和王立诚研究员编了一本适合农业院校用的农村社会学教材，农业出版社很快要出版。现将我们办班时用的打印稿寄去一本，请多多指教。今年暑假受农业部委托在我校举办了建国以来的首次农村社会学教学研讨班。17 所院校的 20 位教师参加研讨，预示着这门学科在农业院校将得到迅速发展。尽管以后的道路漫长，但毕竟是个良好的开端。望今后加强联系，多多交流信息。什么时候来北京出差一定来找我。

此致

敬礼

程贵铭

9 月 16 日

秋水同志：

您好！

我系四川省委第二党校教师，过去没有机会认识您。听我校《探索》杂志编辑刘万厦同志讲，您在参与省委组织的农村问题的调查和研究，我对这个问题很感兴趣，很想知道你们的目标是什么，进展如何，有无成果发表。发表在什么时候的什么刊物上，等等。我为什么想知道这些呢？因为我一直从事农村问题的教学和研究，正在主持一项中国社科基金课题：暂定名为"村级组织建设与管理"。很想知道全国的研究情况，这将助我一臂之力，可以大大减少我的盲目性，因而我得非常感激您。

没有近作可送，收我友人罗蜀华（四川省农牧厅调研员）的近作转赠。附寄名片一张，便于联系。

　　顺祝

安好

胡正笃

92 年 10 月 24 日

（胡正笃：中共重庆市委党校教授）

秋水同志：

　　您好！

　　大作收到，不胜兴奋。我正在研究农村社会基层组织问题，你的著作对于我来说，真是及时雨。

　　我手头有一本王胜泉主编的《中国乡镇社会学》，看来您与王胜泉同志很熟悉。好呀！农村社会学大有被安徽垄断之势，我只能向你们祝贺，不敢向您挑战。

　　您的新著印了 1500 册，真可惜。真怪，真正的学术著作要么出不来，要么出一二千册了事。农村问题读物的销售更不景气。拙著拟于明春出版，出版社要我自销。我往哪里销？打算像您那样出一点了事。如果不是为了交差，本可不出，因为没有什么社会效益。

　　牢骚没处发，只好向您倾诉了。

　　希谅。

　　对您的大作的观感，看了以后一定奉告。得到您的赠书谨致谢意。

胡正笃

93 年 11 月 3 日

秋水同志：

　　来信收到，刚好有个会将在温江召开，温江离成都市中区很近，车行半小时即至。您如去，可先到成都市，打电报给雷萍，叫车接您一下，住省党校，与他们同去温江。

　　我系四川省科学社会主义学会副会长，算这个会的东道主之一，但我正在统稿，忙于月底鉴定，可能也去不成。但刘万厦要去赴会，你有同伴了。

　　我于 12 月 6—8 日在成都省党校开另一个会，届时落实成都接待您的问题。您可以从陕西到成都，再从成都到重庆，从三峡返皖。如直接到渝去蓉也可以，可先来电，我去码头或火车站接您。如乘飞机来，请您从飞机场乘民航局开出的公共汽车至上清寺民航购票处（注意：该车先到江北区观音桥售票处，再到上清寺，不转车），我在上清寺售票处售票大厅接您。您如经渝去蓉，早来电，我才好预订火车票。

　　我校在歇台子，离市中心不远，在大坪、石桥铺附近。重庆公共汽车线路多，不管火车站、码头、民航局售票处，都有公共汽车直通歇台子。我和刘万厦的家都在校内。

　　如这次太急来不了，也没关系，明年一定想法邀请您。

　　见面再说，盼复。

胡正笃

93 年 11 月 25 日

秋水同志：

您好！人生是短暂的，人生的意义在于对事业的追求，这方面（当然是在更多方面）你是知识分子也是我们党的干部都应该虚心学习的。在我们不时的接触、交谈、交往中，我觉得你是纯粹的，尤其是在为农民、农村方面做了大量工作（本来还可以做得更多更好）。

我是从农村出来的，我的主要亲戚仍在农村，我也交了不少农民朋友，中国的问题说到底也是农村、农民的问题。可惜的是，不少同志已经在渐渐地远离农民了，更谈不上在农家吃一餐饭，睡一次觉，帮助农民解决实际问题。你的追求应该说是很有价值的，但是要办大事又是很困难的。因为有的人说支持可能只是口头上支持，当解决实际问题时，他们也往往无奈！

成立"促进会"当然很好，但要有主办、主管或挂靠单位。"促进会"不可能游离于没有根基的空间。找哪一家好呢？是找党委，还是找政府，还是如何？望酌。我一定支持，需要我出力的一定尽力。说句实话，我不大想作为"主要组织者"，这不仅是因为现在往往是"当官容易办事难"，而且我忙了四十年，想抽闲看点书，想点问题，写点东西。请谅。

欢迎为"大视野"赐稿。

敬礼！

沈培新

7 月 5 日

（沈培新：曾任中共安徽省委宣传部副部长）

秋水同志：

您好。《文化扶贫与村民自治》即将创刊，表示祝贺！扶贫和自治是当前中国农村政治和经济两个方面亟待解决的课题。这方面你一直坚持实验、呼喊，并已取得成效，这是我十分敬佩的。我常常在说，中国的知识分子可敬也可悲。可敬在于对党、对人民、对事业的忠诚，可悲也在于往往"自作多情"。

中国是个农民大国，大部分人都是农民的儿子。但入城以后，不少人忘记了农民，不仅不去热心为农民服务，还要坑害农民，这是国法、天理和良心都不允许的。记得我90 年代初在岳西县曾说过，你在知识分子中，是当代农民的代言人。农民的代言人也就是所有人的代言人！

你要我写篇文章，我因最近太忙，无法应命。1987、1988 年我写过两篇文章，在教育界曾产生过积极影响。文中的基本观点和你的文化扶贫是相通的。可惜文中许多想法至今仍然是个想法而已。现寄请一阅。

沈培新

10 月 8 日

秋水同志：

来美国20多天了，迟迟不给您写信，实在无奈，至今刘兄没有回信，您交办的二件事只完成一半。怕您等急了，只得先给您写这封信，郑兄因有名片，我先打电话给他，核实地址是否变动。因在美国居住是绝对自由的，随时可以搬家。经核实地址没变动，我才将交代的东西寄去。郑兄很好，收到东西不多天就给回信。给你的信很简单，像个收条，给我的信就说得多了，我认为他作为美国公民，是非常客观科学的，我很钦佩。刘兄因地址不明，我只得通过某杂志转交给他，我看了这杂志几期都有他的讲话（以对话形式出现），所以我认为必定会转到他手的。等到今天没有回信，我相信是不会回信了。原因很难说，是不是？

我现在住在女儿家，在得克萨斯州阿灵顿，白天气候干燥而热，只能在家里或在汽车里依靠空调过生活，早晚凉风习习，是散步的好时光，散步是我们二人特有的。这里的人不散步，汽车一见人就停了，据说美国考驾驶有这规定，过马路不困难，在路上见到人，都是对方先向我们招呼，问好，可谓是礼仪之邦！这里没有烟囱，到处是树木、草坪、有花有鸟，生态环境非常好，没有噪声，是城市又像远离城市；但又不像农村，因为没有农作物，天就像电影里看到的大海那么蓝，空气非常新鲜。这里物价很便宜，因为他们拿美元比我们拿人民币还多，如按1：1计算，可以说除房租外，什么都是美国便宜，有些食品如香菇，鸡蛋即使按1：6计算，也是这里便宜。在阿灵顿没有见到围坪，没有见到窗栅，也没有见到防盗门，这些在合肥很是普遍，可见阿灵顿比合肥安全。对美国了解还很浮浅，而且局限于阿灵顿，错误之处在所难免，请勿见笑！祝

健康

弟　王明濂

92年6月26日

（王明濂：原安徽建设厅总工程师）

辛老：

有机会认识您很荣幸！

你是一个忠诚的社会科学工作者，是一个实干家，我十分钦佩你的求实精神和科学态度！欢迎你到海南指导！兹将在亚江拍的相片寄上，请收！

敬礼！

王传才

98年1月16日

（王传才：海南省政协副秘书长）

秋水同志：

你好！寄来增刊看了数遍，感到你们会开得很活跃，很受启发。现就你的发言谈谈看法。

1. 我完全同意你的看法及对三个问题的见解。首先要公开讲话，让各种意见都能讲出来。现在的形势很好，但时弊不少。社会弊病有社会的和历史的原因，当权者也有不可推卸的责任。所以应放开让各方面批评时弊，批评贪官污吏及失职者直到中央领导人，也都不应例外。当然这种批评是按党章和宪法进行的。问题是批评者应当有不受追究的保障。据我所知，下边敢于批评领导人的事，还很鲜少。

2. 各级干部都要真正由民荐民选。上面整党愿望是好的，但下边做的多多不然，很多是包办民意，甚至有的以选拔干部为名提拔亲信。我看可以动员选民直接选举，县以上可由代表代选，组织上提的候选人不能内定，仍应从代表推荐的名单中选出前五到七名提交民选。现在一比二办法，实际上是有一人陪衬，以致无人愿干，因而无法进行差额选举。这样的选举是走过场而已。

3. "监督"早已有规定，但有效监督办法无人研究，所以才形成有些干部只看上司脸色、不听群众呼声的状况。

上级领导下来检查是必要的，但他们很难接近群众，更难听到群众的真心话。如果能发挥各级代表的作用，让他们直接代表群众就好的多了。所以我主张各级当权者多做些实事，能代表多数群众的意见。比如省、全国人大代表一年要到城乡考察两次是必要的。我这些看法是有实践根据的，当然难免有片面性，仅供参考。

秋水同志，我想的很多，一封信是说不清楚的，希望你能挤出时间，常到群众中走走，据我所知，嘉山群众是很欢迎你的。

武洪顺

10 月 1 日

（武洪顺：原中共安徽省嘉山县委副书记，县人大主任）

秋水同志：

多次来稿并信均陆续收到，拜读之余，深感你深入实际调查研究精神之可贵，是我学习的好榜样，今后在这方面一定好好地向你学习。由于是实地调查得来的情况，所以没有教条味，介入的是浓郁的乡土气息，读来深感亲切。有些问题亦正是我们这里讨论的问题，比如中国的家庭是以小家庭为多，还是大家庭为多数？发展趋势如何？您的调查报告中似乎认为在农村实行责任制后，家庭有扩大的趋势，同样，根据您的报告（大家庭至少是富裕起来的大家庭吧），已经出现的家庭内部联合体也正在出现新的分化。这是否仍是小家庭？总之，读大作极有启发，特别对我这个脱离实际的书呆子。

遵嘱已将大作转给《社会》编辑部，待有回音后，当去信奉告。

匆此，顺颂

秋安！

庞树奇

1984 年 4 月 3 日

（庞树奇：上海大学社会学系教授）

辛老师：

　　您好！尊函收悉已久，因故迟复为歉。您热心社会学调查，深入农村，为民请命，又潜心从事研究工作，深为社会学界人士所尊敬。也蒙您对本刊关心支持，常撰寄大作，我们深表感谢。您要《社会》第三期 20 本，我已同办事人员讲了，给作者 7.5 折，20 本为 75 元，加上邮资挂号，共 80 元整，希望能及时寄来，杂志也当即寄上。

　　今后您和贵所有佳作和新意的调查报告，望及时赐稿，谢谢。赠第四期一册，不吝指正。

　　　致

大安！

姚国础

1986 年 8 月 22 日

（姚国础：原上海《社会》编辑部主任）

秋水同志：

　　您好！上月您惠寄来的《调查研究的实践和思考》（油印搞），看后觉得很感动。社会学界应提倡像您这样到社会的最深层去搞调查。为提倡发扬这种好的扎实的工作作风，经研究，你的这篇文章初定在明年本刊第一期上发用，题文都拟作些编改。先函告。望您不再往其他报刊上投寄。

　　另今年第三期《社会》收到否？请即将书款寄我。谢谢。

　　　致

大安！

姚国础

1988 年 9 月 30 日

辛老师：

　　您好！久未联系，想必近好。日前，您寄来的两个贫困村十年跟踪的调查，近日已经主编最后审定，同意发用，特告知。

　　《社会》从明年起拟作较多方面改革，着重向公众性、社会性、写实性、普及性发展，以争取更多的读者，行文要求新、活、实、短，同时保留原有特色，望阁下今后多多指点。

　　近日上海接连一周高温炎热，加上上海市市区民众大都居住条件差，实在难熬。不知合肥怎样？不多谈。

　　　祝全家幸福

姚国础

7 月 25 日

辛秋水同志：

　　您好！

　　近半年来因家中老人的病重，我和先生都折腾得精疲力竭，一切外交活动均已停止，以致到了"六亲不认"的地步，欠下的信债难以还清。对朋友们也大大失礼了。您来稿来信，我均及时收到，拖至今日才抽空回复，尚祈谅解。

　　去秋出差合肥，得以同您交谈，又得您和夫人盛情款待。回京后未立即去信表示谢忱，深感抱歉。

　　关于婚姻家庭讨论会一事，我问了所内几位同志，均都只在征稿，未安排会议；前不久开的五城市婚姻家庭研究学术交流会，只涉及有关课题组的同志，范围很小，最近广东《家庭》杂志和安大人口所，有消息举行婚姻家庭讨论会，想必您已应邀赴会。

　　您的来稿我及时转给《社会学通讯》的编辑王育民同志了，不知他是否已同您联系过。我曾催促几次，近来忙于内政，也就没顾上此事，乞谅。

　　我到社会学所两年，文字的苦役耗去了我的大部分时间。自去年底开始，我着手我国人口移动问题的探索，编辑组已有两位同志接替我的工作，最近可望去东北作些实地调查。人到中年方才打点前程，实属晚矣，但我和那些历尽坎坷而不苦沉沦的同辈知识分子一样，决不甘心于年华虚度，渴望为我们这个古老而落后的国家多多少少尽一点责任。至于作为，今世恐不敢奢望了。

　　当前改革浪潮波及各条战线，安徽省率先行动，已被各地奉为楷模。想必你们社科院也已走在前列。中央的这个老爷院及各个少爷所，目前仍是死气沉沉，毫无起色，不免让人气恼和忧虑。明知自己对这一切无能为力，却又不能无动于衷，这就是我的悲剧。最近私下邀集所内几位同志议论科研体制改革一事，有些想法很想上书中央，但虑及各方面的情况，又有些气馁。不知您对此有何高见，望不吝赐教。

　　案头积务纷乱如麻，恕我不能多谈。何时有机会来京，欢迎光顾寒舍。

　　请代问夫人好。

　　即颂

陈一筠

10 月 5 日

（陈一筠：中国社会科学院研究员）

辛老师：

　　您好！来信收到了，谢谢您时时刻刻对我们的关心。

　　今年在深圳召开的社会学年会李守经老师是肯定要去参加的，我是否能去参加此会的关键，是看论文审查组能否看中我的论文，如通过了发给通知就能去，若通不过也只能望洋兴叹了。

　　辛老师，您忧国忧民的忧患意识和强烈的爱国激情、忘我的工作精神、乐观的生活态度常常给我以激励，希望经常得到您的帮助和鼓励。

　　我们社会学专业今年开始招收本科生（4 年）首先要感谢您对我们专业的支持，同时也希望您能为我们专业推荐更多的考生。

　　您上次寄来的照片意境、情境都很好，可惜只有一张，我们留给了李老师。您的照片有一种问苍茫大地，谁主沉浮之感，又有一种人与大自然的交融之情，很协调。

　　祝您

　　青春常在！

冯兰

1993 年 2 月 2 日

（冯兰：华中农业大学社会学研究所所长，教授）

辛老：

　　来信收悉。常常得到你的鼓励和支持，十分感谢。

　　上月 21 日我赴省汇报，要求对岳西实行特殊政策，在光宇同志主持、有二十个厅局长参加的解决岳西问题会上，我大声疾呼，为民请命，终于感动了上帝，省里对我们采取了一系列扶贫措施，内容可见省委办公厅（84）46 号文。

　　从省回来，我想到你处看看，正巧遇上袁振同志，他又听取了我们的汇报。我的激烈言辞，使他睡不着觉，半夜又把我和县长喊起谈了四十多分钟话，表示对山区、老区的关怀。

　　前不久，我将对岳西脱贫事业的观点集中了一下，向中央领导同志写了封信，13 日晚以传真电报发出，抄送省地委，尚未得到中央的信息，不过前天上午袁振同志直接同我通了电话，表示赞同我的观点，并准许我县开放竹木市场。现将这封信及一讲话材料寄你，如认为有必要，可转一份给翁永曦同志。

　　那天赴省我到你家去两次，都未见到你们。

　　盼来县调查。

敬礼！

王道成

1984 年 6 月 24 日

（王道成：原安徽省土地局副局长，曾任中共岳西县委书记）

辛教授：

　　没有多少人能够深谈，所以常想与你通电话或面谈，从中可获得新的信息或启示。近来我的思想有些起伏与对形势把握情况有关。我承认，从"经济自由化"角度，我算得上是个追随者。（对"政治保守主义"不敢苟同），近几年我的言行也每每与治理整顿思想发生撞击。我看问题是出在有些人左右摇摆，一旦遇到反对派攻击，就出卖别人保存自己，等难关过去就回到原位，坚持自己的一套。我大抵算得上成为他们的牺牲品，但我不怨，现今还有希望，但通过近段观察，深感不容过于乐观，因还是原班人马执政，两派胜负并不明朗。即使下步动他几个，恐怕"左"的东西还难有大的解动，这样，我们还不能说有什么出头之日，时下我最大的愿望是卢如果良心发现，在外界推动下对我说几句公道话,有个新的着落,出一下被整了几年的气,但这几乎是不可能的。真想到南方或别的什么地方去闯闯,实现自我价值,但苦于没有过硬的关系,年龄上活动的余地也很有限了,何去何从实难定。马上去京一趟是与上述背景相关联的。望介绍硬一点的关系,指指路子。

岳西最近来人不少,说学邓南巡谈话访谈及我的越来越多,呼声高,不知确实否?上头也不一定听得到,他们也不想听这些。有人谣传我留职停薪去海南办公司去了,我接到不少询问证实的电话。从另一角度看,人们一直关心我的存在,也是一种安慰。

顺祝

大安!

王道成

1992 年 5 月 6 日

辛老:

来信收悉。你为我提供了不少有价值的意见和建议,我深表感谢。

我于 2 月匆匆赶来这里,参加县四干会,25 日在 800 多人的大会上与大家见面,发表了 50 分钟的讲话,对岳西作了粗线条的剖析,在一些人们不大敢讲的问题上表明了观点,赢得了代表们长时间的热烈鼓掌。当晚直到深夜,人们还安定不下,在议论岳西的未来。地委书记冯建华同志继我之后讲了话,对我讲的赞不绝口,五六次引用我的话。他还说我身体力行为解决土特产品流通渠道的几道关卡,开了个好头。目前,尽管因机构改革,干部思想有些乱,但全县上下的气氛尚好,对贯彻中央 1 号文件,对岳西致富充满信心(当然得有一个相当的过程)。就我个人来说,说句欠谦虚的话,第一炮算是打响了。眼下正忙于定班子。下一步才能腾出手来狠抓经济工作。目前我已通过多种渠道掌握了些情况,暗暗选好了突破口,经过周密调查后才好发表出来。这里年年种桑,已花掉 400 万—500 万元,实在劳民伤财,是错定了。但现在不宜匆忙纠正,因这个问题是一个太敏感的问题,弄得不好会使自己陷入难堪的境地。我的办法是到一定时期叫他们自己总结出来。

可以想见,工作头绪很多,目前还没有必要,对我来说,是当老实人,扎扎实实为山区人民做点事,他们确实太苦了。

王道成

3 月 13 日

辛先生:

非常感谢您的支持,承您介绍推荐,有关情况如下:

一、李云河、冯志来同志均欣然同意担任我会顾问,都愿意在 4 月下旬来桐乡参加协会成立大会;

二、邓伟志同志知您担任协会顾问,他很高兴,并约定和您一起到桐乡欢聚;

三、叶桂英同志那里也已联系，她很高兴，说要打电话告诉您谈谈她的情况：我约她到桐乡参加协会成立活动，她答应到桐乡大家聚聚。

四、对嘉山县、歙县我们想通过您以协会顾问名义邀请这两个县来一位领导到桐乡聚聚，走走看看，先作些初步联系，可为今后建立密切关系打个基础，此法是否可行，请您定。

顺祝

近安　并祝全家快乐！

胡宗和

4 月 8 日

（胡宗和：浙江省桐乡市智力开发研究会副会长）

尊敬的辛老师：

您好！

谢谢您近些年对我的关心和爱护。这一次，老师又推荐我到社会学所工作，我十分感激。您历经很多磨难，现在还这样关心别人，其美德更值得我们学习。我从小失去父母，是祖母把我抚养成人的。性格倔犟，说话耿直，得罪了很多人。但总是改不了。

特别是近几年来社会风气每况愈下，老实人难做，诚实话难讲，谁干真的谁往往要吃亏，我越来越厌恶官场上的事了。如果这次调动成功，对我来说，将是很大的幸事。一来可跟您后面好好学点知识，包括做人的知识，二来也可发挥自己的一些长处。辛老师，得到您的推荐，我感到是一大荣幸，以后我定努力创造成果，决不给您丢脸。根据上次老师的要求，现将工作履历表寄来，不知此表行不行。

盼老师有机会来乐桥。

敬祝

健康！

学生谭用发

1994 年 10 月 3 日

（谭用发：中共巢湖市委组织部副部长）

秋水兄：

最近在电视上听了曲啸的讲话，实在太感人了，这是一部共产主义理想、共产主义人生观的洗礼教材，凡是听的人都赞不绝口。李燕杰做的报告更好、更感人。我认为这样的人才是当代的革命典型。这样的典型应该树，而且应该大树特树。由此我联想到在合肥时提醒你注意的一点，即在文章中、讲话中少宣传你自己，少用自己做榜样，现在我感到我的想法不全面。作为一个曾被抛在路边宣判犯罪的你今天还在迸发为民说话为民请命的思想光辉，作为一个坚持马克思主义基本原理，作为一个时代的斗士，作为当代改革者，如果需要的话，用自己的经历向人们报告：怎样做一个真正的共产党人，其意义是重大而深远的。为此，我在有关的会议上曾经建议你来作一次有关坚持共产主义理想、共产主义人生观的演讲。此建议如能被接受，我来邀请。

张鼎文同志处我去了，传达你的话，并提出建议：对兄在《巢湖报》作些宣传，他说待他的计划实现后再行宣传。

早在前两年，我即计划对当前农村知识青年的生活状况、思想等作一番调查研究。他们是当代农村的智力大军，他们有着极大的潜力，农村的未来，农业的现代化，在一定程度上需要他们有高度的责任感、自觉性。

祝好！

弟付书涛
（付书涛：安徽省《巢湖报》副总编辑）

辛老师：

您好！

到学校已近一个月了，一直没有给您写信，主要是因为学校开课迟，10 月以后开课直到今天课才开齐，诸事都未安定，不得要领，故到现在才给您写信，请谅。

华师大位于上海西北面，环境优美，整齐干净，校园里有许多小巧玲珑的景致，流露出优雅、闲适、轻松的情调，在这种环境里读书，感到特别的安定，我住 6 舍 409 室，4 个人住一起，生活还比较方便。

才来的头半个月主要是政治学习，那时候华师大散漫、委靡不振，不谈学术、不谈学习，无所事事，无聊之至，当时很失望，开课以后就好了，这里学术气氛还是挺浓的，校内有不少学风严谨、成就卓著的先生。我现在任务也渐渐多了，基本进入角色陷到功课里去了。这里学习条件很好，图书资料很多，老师们也都是诲人不倦。我的专业方向中国文化建设，是中文、历史、哲学三个系联合招生培养的，挂在哲学系中国哲学史专业名下，三个系都有老师教我们，对知识面要求比较强，在这里受这么多系的教授指导，真是一种荣幸，能够到这里上学，比起过去真是进入福境了。

在这里读报少了，接触社会少了，政治意识淡了，想到的多是学术的事，但仍能感到社会与政治的种种割不断的联系。最近官方对孔子儒学很重视，不知是文化界的幸还是不幸，导师告诫我们这几年潜心读书，少问外事，言语之间透出种种无奈，也许在如今的政治环境、经济环境下，知识分子似乎只有独善其身，自守德操了。

我们第一年主要是攻外语和学习中外文化名著，其中外语是大头，每天有看不完的书，做不完的功课，天天忙得踏实、有劲。

在这里学习、生活，心情由原来的不安宁，易冲动渐趋平和，感到轻松多了，但我不能忘记过去的日子，不能忘记过去所受的压抑，所感的痛苦与欢乐，那一幕是参与生活、认识社会的宝贵的财富，我不会忘记它。辛老师，我无法表达我对您的感谢和敬服之情，在我困顿、痛苦之时，您给了我很大的安慰和支持，您还帮我联系工作以摆脱那个恶劣的环境。您给我的精神上的支持远远超过您所做的事情本身。人在困苦之中所得到的援助是最珍贵的，最难忘的。我永远感谢您在那时对我所帮助的一切。

如果您到上海来的话，请您一定到学校来坐一坐，同您交谈总是能有所收益，希望能经常得到您的指教。

祝好

何丽川

10 月 16 日

（何丽川：原华东师范大学研究生）

辛教授：

您好！

我是华中师大农村问题研究中心主任张厚安教授的研究生，收到您准备参加"农村稳定与发展国际学术研讨会"的来函，特遵张教授的叮嘱给您复信。

华中师大农村问题研究中心在张教授的领导下，先后承担了国家社科"六五"、"七五"、"八五"重点项目的科研任务，其中"六五"课题"中国地方政权建设"和"七五"课题"中国农村基层政权建设"的科研任务已圆满完成。此次研讨会则是本中心"八五"课题"中国农村政治稳定与发展"的一个环节。会议准备工作进展顺利。

经张教授的介绍，知您具有渊博的知识和丰富的农村建设经验。我们为此次研讨会能请到您这样的学者而荣幸。

前不久，武汉大学社会学所吴怀莲副教授和一个日本学者到我们中心访问，也介绍您的情况。从各种报刊上，我们也早已看到您不辞辛劳到大别山区搞乡村建设的感人事迹。在此，请允许我向您表示深厚的敬意！

最后祝您身体健康，乡村建设取得更大的成就！

此致

敬礼

贺雪峰

1994 年 6 月 15 日

（贺雪锋：湖北荆门职业技术学院农村问题研究所所长）

老辛：

您好！

承蒙您的推荐，杜玉庆同志与我建立了联系。据说，为此你还写了信，但我至今未见到信，估计在发展组值班员手中，我能够找到。我感谢您的热心与关怀。

我今年下半年虽写了一连串关于土地政策问题的文章，但有用者不多。农研室的同志要我继续搞下去，争取有个突破。但苦于十二届三中全会通过的《决定》关于土地不是商品规定的阻碍，困难与阻力将是很大的。

我们发展组目前正在进行重大的改组。我的基本去向是农研室，陈一咨、王小强去了体制改革委员会。还有一部分同志去搞实际工作，也有一部分同志继续留在农业经济研究所。我是要去农研室的。

一年结束，回顾起来，工作还是抓紧的，同时也颇有成效。但与中国经济社会深刻变革历史进程的步伐比较起来，则不可同日而语。经济改革早已转向城市，而我们都未能从思想上更早地转变，这是一个战略性失误。不过，这还是可以补救的。

我祝福您生活愉快，工作取得更大成绩。

杨经伦

1984 年 10 月 29 日

（杨经伦：国务院发展研究中心研究人员）

辛秋水研究员：

您好！

我在贵国访问期间，有幸认识您，并得到您的热情帮助和悉心指导，使我受益匪浅，顺利地完成了预定的研究任务。在此，请接受我衷心的谢意！

中国是一个美丽而令人向往的国家，热情好客的中国人民给我留下了深刻的印象，短短一年的访问生活，加深了我对中国的了解。我常常为我在访问期间给您带来太多的麻烦而内疚，但是当想起与您的诚挚友好的谈话，回忆起所受到的礼遇与关照，不安又顿时释然！

我在贵国的经历，可以说是韩中文化交流史上的一段佳话！

由衷地感谢您为我所做的一切！欢迎您有机会访问韩国！我一定盛情接待！

祝您身体健康，工作顺利，合家幸福！

敬颂

秋祺！

赵寿星敬上

1994 年 10 月 1 日

（赵寿星：韩国启明大学教授）

秋水兄：

很高兴收到你的来信，上次给了你回信问你短波无线电能不能邮寄，还是要托人带给你。但一直没有收到你的回信，不知你现在还需要吗？

你寄来的文章可使我多了解国内农村情况，非常感谢。你的分析，我觉得很有道理，希望你的努力能有所收获。在经费方面，照国内现在情况，要在美国找经费是更困难了，希望情况会渐渐转好。

我们这一年来情况还可以，但因为家事，去了香港好多次。去年又因为我岳母病重，在 12 月 1 日去了香港，在岳母去世后接了岳父来美国与我们同住。

希望今年能定下来把我这本书写完就好了。我们全家都好，女儿已大学毕业，已去外国深造了，儿子还在初二，他对健身操还是很有兴趣；冬季比赛就要开始，故在加紧练习。

最近收到李若梅的圣诞卡与信，很希望她有一日会有机会来美国深造。中国新年就要来了，我们在这里祝你们全家新春快乐！！！

郑延龄　彭义龄

（郑延龄：美籍华人，社会学家）

辛先生：

　　您好！

　　谢谢您的来信，大作也已拜读。因为澳大利亚没有学术性中文刊物，不久前，我将您的大作寄去了加拿大的《文化中国》杂志。这是一本海外最权威的有关中国各种文化研究和中国社会研究的学术刊物，它向全球发行，出版和发行属于"文化更新研究中心"。我是这个中心的会员已经好多年了。一段时间以后，如果您没有收到他们的任何信件，我会再同他们联系的。因为来自于全世界的稿件相当多，希望他们尽量排入明年的某一期中。

　　另外，不知您计划出版的四本书出了没有？如果已经问世，希望一定寄一套给我，不知邮费大约需要多少，我一定会设法寄还给您的，或者请钱林阿姨代我转交。相信对这些作品最感兴趣的应该是澳大利亚的一批研究中国问题的学者和专家。我当然会向他们推荐，也会尽我的能力，替您先翻译出一些内容介绍。总之，我会尽自己的能力尽量推广您的成果，因为您的研究成果对海外中西方人士了解中国十分有意义。

　　我今年十分幸运地在澳大利亚每年一度的"短篇小说比赛"中获得"HIGHLYC-OMMENDED"奖。作品题目是 *Wishes under the rainbow*，中文翻译成《彩虹下的愿望》。据说是今年唯一的母语非英语获奖者，也是有史以来第三个华人获奖者（前两个分别是越南和新加坡人）。您一定没想到我还是个有兴趣写小说的人，是吧？

　　我会接受您的建议，挑适当的季节来中国农村住上一段，到时肯定会麻烦您不少。目前最大的问题仍是时间，我的日程总是一年多前就已排得满满的了，即使一天能有48小时，也未必够用。

　　希望您注意劳逸结合，别太辛苦，以保重身体为第一要事。期待着拜读您更多的大作和分享您更丰硕的研究成果。问候辛夫人好！

　　秋安！

晚辈　弘莘

1999 年 10 月 12 日

（弘莘：澳大利亚研究中国问题专家）

树苗弟：

　　沪上一别，悠悠四十二载！人生际遇如此，可发浩叹。

　　昨接存骥兄来函，欣得吾弟确址，故即飞函致候，并一倾离情。我于 1948 年来台，先居虎尾小镇，后转来台中市，任教于一所私立大学。现有两儿一女，皆已研究生毕业，现于大学任教职。奚汀于前年，提早退休，去年 7 月赴美国，住芝加哥大儿处，本年 9 月将返台。

　　别后久断音讯，不胜悬念。尚请详示近况于我，以慰远怀。想当年在南京时，忧乐相共，朝夕相随，是何等景光。万难忘者，曾与裕荣盘桓于大辛庄尊府，小楼夜语，联榻长吟，并承伯父大人厚待，抚爱有加，今日思之，犹觉满怀温馨也。

　　目前，由台湾返大陆探亲者，不绝于途，我因近年来寒暑假皆赴美探视儿女，料理事务，故未能实现还乡之梦，甚以为憾，今后当觅时机，回京一行，与诸好友共话沧桑，重寻秦淮旧月。

维钧、鸿翔、存骥、友渔诸兄皆有信来，唯与弟尚未取得联络，不免怅惘，望即惠我好音，切盼！

裕荣兄毫无消息，愿彼能得上天之佑！

附近照一张，不知犹能辨识否？匆匆，即颂时安。

刘克宽拜
6月3日

（刘克宽：作者在南京中国公学和南京临时大学补习班的同学，台湾逢甲大学教授）

树苗弟：

金陵一别，忽又几年。四十载相离，竟能于后重逢，把臂相对，真如梦里。吾弟至情至性，对社会及农民问题，研究透彻，拜读之余，甚为欣羡。惜聚首短暂，万般离情，不及一时倾吐也。

日前接存骥兄函，知吾弟已将树谷兄遗书寄来，惟此信迄今并未收到，殊深焦虑：树谷兄函，吾弟保存五十年，今倘邮失，诚遗憾终生。不知寄来之函为原件抑影印本？何时寄下？可否设法追查？大陆与台湾两地邮件往返，屡有失误，舍戚前自贵阳寄日历来，以及我寄去之书等，皆杳然无踪，难寻下落。此等事，最令人懊恼，而又奈何！

今年暑假又至，本月底我将偕奚汀再赴美国亚利桑那州探望小女儿，并作较长时间之居留，或半年，或一年，始后返台。

吾弟想忙碌依旧，盛暑望多加珍重。旅行匆迫，即祝文安。

刘克宽书
七月二十二日

秋水教授：

您的文集目录漏连江处，现寄回。（我们已留了一份影印件。）

"研究会综述"将刊于12月21期，若有内地杂志要转载，须先征得他们的同意。

宾馆那位服务员经劝告后仍无改进，现已自动离职，学校有关方面让转告您，并谢谢您的投诉。

望

保重

熊景明
1998年11月14日

（熊景明：香港中文大学大学服务中心主任助理）

树苗学长兄如晤：

月前接到基群由镇江寄来之开会通知敬悉，今年安大研讨会由兄主持甚为欣慰，唯弟因事不能前往甚以为憾，希望下次能参加以偿夙愿。吾兄改名以致我错以为昔日校友为吴后枋。赵人骥、李草栋等近况如何？其通讯地址可否便中见告，以便专函问候，吾对兄在学术上成就至深钦佩，弟因儿女均在美国成家立业，故台湾美国两处为家，每年春节必返台湾过年，3月份来美。兄近况如何，盼赐我数行，以释思念。

    敬祝学安

袁剑春
7月7日于美国

（袁剑春：作者1946—1948年在安徽大学的同学，现台湾高雄一实业家）

老辛：

    您好！

    由于在旧金山逗留了几天，直到现在才算安下身来，我将于9月2日正式上课。

    到美国后，就一些表面观察而言，我感到有不少值得惊奇的地方。第一，生态平衡，环境幽雅。无论走到哪里，都是鸟语花香，飞禽走兽（小松鼠等）都不怕人，因为没有人去惊吓伤害他们，不少老人还用面包喂它们。美国人很注意公共卫生，自觉遵守公共秩序，所以任何公共场合都显很安静、整洁、秩序井然。这实质上体现了美国人很高的法制素养。我17日离境以来，鞋子没擦过一次，虽然行程已逾万里。第二，法制健全。我是从交通规则方面体会到这一点的。美国是个汽车王国，就我校来说，几乎人人都有汽车，交通秩序全靠各种标志——即各种规则、规定——来维持，真是有条不紊。我到美国后，几乎没听到过汽车喇叭声。但我国在交通管理方面，却是"人治"——由交通警察来维持秩序，所以对比很明显。一边是"法治"，虽然，汽车千千万万，但路上都悄然无声只闻引擎声，车跑得井井有条；一边是"人治"，不仅警察叫，还请来纠察管，汽车虽不多，但喇叭声都不断，还有相互超车，造成堵塞的，总之一派混乱景状，法治较之人治其优越性，真是不言自明。第三，看不出地区差别。我在西海岸的旧金山待了几天，那是全球闻名的大城市，十分漂亮。我们学校所在的哈提斯堡，是个小城，不仅环境与旧金山一样美，就是建筑物内部的装饰也是同等的豪华、舒适。物质也是一样的。较之美国人的收入，物价是相当低的。总之，我国存在的地区之间在经济发展水平，物质生活水平上的差异，在美国确是看不到。我想随着生产力、交通手段的高度发展，地区差别、城乡差别的消失是件很自然的事情。第四，我也见到一些拾垃圾的，有人说，他们是酒鬼，是神经不正常的人，可不管怎么说，这总构成美国社会的阴暗面，社会福利再好，碰上酒鬼就没用，他拿到救济钱就买酒喝。所以，追求均富实属幻想，一个社会要保持强大的发展动力，就必须有贫富差别，当然，差别不能过大，以引起社会动乱。美国是个竞争社会，立足是不容易的，我踏上美国国土不久，便看到了这一点。

    由于事情很多，就暂写到此。我的地址如下（略）。

何凌天写于1986年8月30日

（何凌天：美国某大学经济学教授，辛秋水在省社科院经济所同事）

辛教授钧启：

3月24日来函敬悉，关于来台湾一事，我个人目前有以下的想法，一是以个人名义邀访但是费用可能要您独自负担；另一则是我目前正在邀集一些好友筹组涉及两岸关系的研究学会，若顺利完成，则可以学会名义邀请，或许在费用上可以略为分担一二。因此，我个人建议你静观其变，也许不久的将来，我们可以在台北畅谈。

信中提及5月间国际学术会议之事，由于我无分身之术，故无法前往。尚请见谅。但是，能蒙主办单位赐赠会议论文，当不胜感激。

敬颂研安

后学　成之约敬上

4月20日

（成之约：台湾政治大学劳工问题研究所教授）

辛教授钧鉴：

10月18日来函敬悉。从来函的字里行间，着实可以看到中国知识分子的执著和曾经有过的磨炼。

台湾农村的发展当前已面临严峻的挑战。由于台湾申请加入GATT，将使得缺乏规模经营的台湾农业无法应付国际市场之竞争压力，所幸过去二三十年工业发展得较快，这样的行业尚能应付，只不过要付出相当的代价。但是，台湾农业技术尚未定势，应可成为两岸互动的另一项有利基础。

由于台湾正值省市长选举，因此邀访之事必须等到12月3日之后才能着手进行，不敢说成功的几率能有多少，终要试试看才知。

近来武力攻台说甚为流行，引起各方的重视与讨论，希望两岸领导人能详察时势，否则兵戎相见，非两岸人民之福。

敬颂

教安

成之约

辛教授：

9月20日来函敬悉，随函所附文章稿件均已一一评读，对您之见解与作为均表十二万分的赞同及感佩，希望有机会能再与您做深入之讨论和意见交换。

您在安徽之试验工作进行的如何？希望您能不吝提供您的研究发现与成果，也希望来年有机会能亲自走访该地，一见究竟。函中所提对台湾农村发展极感兴趣之事，是否希望能来一看究竟，抑或是希望能获得相关资讯，尚祈来信指教。

敬颂　教安

后学　成之约

10月5日

秋水先生尊鉴：

　　收到先生寄来的《战略研究通讯》，翻阅之后，甚佩服先生多年来的努力。先生能以知识报效乡里。实乃知识分子之典范。盼此风能继续，先生之努力将更能开花结果。

　　留此
　　顺颂商祺！

叶启政敬上

1992 年 7 月 8 日

（叶启政：台湾大学社会学系教授）